COLLECTION DES CENT-QUINZE

DE LA SOCIÉTÉ

DES BIBLIOPHILES LANGUEDOCIENS

HISTOIRE
DE LA VILLE
DE MONTPELLIER

AVIS IMPORTANT

La Société, laiffant à chaque auteur ou éditeur la refponfabilité de fes écrits, déclare ne point accepter la folidarité des opinions énoncées dans les ouvrages qu'elle fait imprimer.

(*Statuts*, extr. de l'art. 1er.)

HISTOIRE
DE LA VILLE
DE
MONTPELLIER

Depuis fon origine jufqu'à notre temps

Par Charles D'AIGREFEUILLE

NOUVELLE ÉDITION

PUBLIÉE SOUS LA DIRECTION

De M. de la PIJARDIÈRE

Archiviste de l'Hérault
Bibliothécaire honoraire de la bibliothèque Sainte-Geneviève, Préfident de la Société des Bibliophiles Languedociens

ET

PAR PLUSIEURS MEMBRES DE CETTE SOCIÉTÉ

TROISIÈME VOLUME

A MONTPELLIER
CHEZ C. COULET, Libraire-Éditeur
de la Société des Bibliophiles Languedociens
Grand'rue, 5
—
M DCCC LXXIX

HISTOIRE
DE LA VILLE
DE MONTPELLIER,
SECONDE PARTIE

CONTENANT

L'ORIGINE DE SON EGLISE,

La fuite de fes evêques, fes eglifes particuliéres, fes monaftéres anciens & modernes, fes hôpitaux. Avec un abregé hiftorique de fon univerfité & de fes colléges.

Par Meffire CHARLES DEGREFEUILLE, prêtre, doêteur en théologie chanoine de la cathédrale.

A MONTPELLIER,
Chez les fieurs RIGAUD pere & fils, marchands-libraires, ruë de la Barralerie, à la Bible d'or.

M. DCC. XXXIX.
AVEC PRIVILEGE DU ROY

APPROBATION

J'Ay lû par ordre de Monseigneur le Chancelier cette seconde partie de l'Histoire de la ville de Montpellier, & je n'y ai rien trouvé qui doive en empêcher l'impression. A Paris le premier février mil sept cens trente-huit.   L'ABBÉ DUBOIS.

PRIVILEGE DU ROY

LOUIS PAR LA GRACE DE DIEU, ROY DE FRANCE ET DE NAVARRE : A nos amez & feaux conseillers, les gens tenans nos cours de parlement, maîtres des requêtes ordinaires de notre hôtel, grand conseil, prévôt de Paris, baillifs, sénéchaux, leurs lieutenans-civils & autres nos justiciers qu'il apartiendra, Salut. Notre cher & bien-amé le sieur DEGREFEUILLE, docteur en théologie & chanoine de l'église cathédrale Saint-Pierre de Montpellier, nous ayant fait remontrer qu'il souhaiteroit faire imprimer & donner au public un ouvrage qui a pour titre, *Histoire de la ville de Montpellier, deuxième partie*, de sa composition, s'il nous plaisoit lui accorder nos lettres de privilége sur ce nécessaires ; offrant pour cet effet de le faire imprimer en bon papier & en beaux caractères, suivant la feuille imprimée & attachée pour modéle sous le contre-scel des présentes. A ces causes, voulant favorablement traiter ledit sr. exposant, nous lui avons permis & permettons par ces présentes, de faire imprimer ledit ouvrage exposé, en un ou plusieurs volumes, conjointement ou séparément, & autant de fois que bon lui semblera & de le faire vendre & débiter par tout notre royaume, pendant le tems de neuf années consécutives, à compter du jour de la datte desdites présentes : faisons défenses à toutes sortes de personnes de quelque qualité & condition qu'elles soient, d'en introduire d'impression étrangere dans aucun lieu de notre obéissance ; comme aussi à tous libraires, imprimeurs & autres, d'imprimer, faire imprimer, vendre, faire vendre, débiter ni contrefaire ledit ouvrage ci-dessus spécifié, en tout ni en partie, ni d'en faire aucuns extraits, sous quelque prétexte que ce soit, d'augmentation, correction, changement de titre ou autrement, sans la permission expresse & par écrit dudit sieur exposant ou ceux qui auront droit de lui, à peine de confiscation des exemplaires contrefaits, de trois mille livres d'amende contre chacun des contrèvenants dont un tiers à nous, un tiers à l'Hôtel-Dieu de Paris, l'autre tiers audit sieur exposant, & de tous dépens, dommages & interêts ; à la charge que ces présentes seront enregistrées tout au long sur le régître de la communauté des imprimeurs & libraires de Paris, dans trois mois de la datte d'icelles ; que l'impression de cet ouvrage sera faite dans notre royaume & non ailleurs, & que l'impétrant se conformera en tout aux réglements de la librairie, & notamment à celui du 10 avril 1725 & qu'avant que de l'exposer en vente, le manuscrit ou imprimé qui aura servi de copie à l'impression dudit ouvrage, sera remis dans le même état où l'approbation y aura été donnée, ez mains de notre très-cher & féal chevalier, le fieur d'Agueffeau, chancelier de France, commandeur de nos ordres; & qu'il en fera enfuite remis deux exemplaires dans notre bibliothéque publique, un dans celle de notre château du Louvre, & un dans celle de notredit très-cher & féal chevalier le fieur d'Aguef-feau, chancelier de France, commandeur de nos ordres, le tout à peine de nullité des préfentes, du contenu defquelles vous mandons & enjoignons, de faire joüir ledit fieur expofant ou fes ayans-caufe, pleinement & paifiblement, fans fouffrir qu'il leur foit fait aucun trouble ou empêchement. Voulons que la copie defdites préfentes qui fera imprimée tout au long au commencement ou à la fin dudit ouvrage, foit tenuë pour dûë fignifiée, & qu'aux copies collationnées par l'un de nos amés & féaux confeillers & fecrétaires, foi foit ajoûtée comme à l'original. Commandons au premier notre huiffier ou fergent, de faire pour l'exécution d'icelles tous aêtes requis & néceffaires, fans demander autre permiffion, & nonobftant clameur de haro, chartre-normande & lettres à ce contraire: CAR tel eft notre plaifir. DONNÉ à Verfailles le feptiéme jour du mois de mars, l'an de grace mil fept cens trente-huit, & de notre regne le vingt-troifiéme. Par le roy en fon confeil,

Signé SAINSON.

Régîtré fur le régître X de la Chambre royale & fîndicale de la librairie & imprimerie de Paris, n° 1, fol. 1, conformément au réglement de 1723, qui fait défenfe, art. IV, à toutes per-fonnes de quelque qualité qu'elles foient, autres que les libraires & imprimeurs, de vendre, débiter & faire afficher aucuns livres pour les vendre en leurs noms, foit qu'ils s'en difent les auteurs ou autrement, & à la charge de fournir à la fufdite Chambre les huit exemplaires prefcrits par l'ar-ticle CVIII du même réglement. A Paris, le 15 mars 1738.

LANGLOIS, fíndic.

Et ledit fieur DEGREFEUILLE *a cedé le prefent privilege aux fieurs* RIGAUD *pere & fils, marchands-libraires à Montpellier, pour en jouir fuivant l'accord fait entr'eux.*

A MONSEIGNEUR
MONSEIGNEUR GEORGE-LAZARE-BERGER
DE CHARANCY
EVÊQUE DE MONTPELLIER

Et à Meſſieurs les venerables prevôt, dignités, perſonats
& chanoines de la cathedrale

ET A TOUS LES ORDRES DU CLERGÉ DE MONTPELLIER.

MONSEIGNEUR,

J'AY *crû ne pouvoir vous offrir, à votre heureuſe arrivée en cette ville, un préſent plus digne de vous, que l'hiſtoire de votre égliſe. Vous y verrez,* MON-SEIGNEUR, *la ſuite de vos prédeceſſeurs, dont les uns s'atta-chérent à préſerver leur dioceſe des erreurs des albigeois; & les* autres dans ces derniers siécles n'épargnerent rien pour reparer les desordres que les calvinistes y avoient causés. L'heureux succès dont Dieu accompagna leur zéle, nous présage celui dont il accompagnera le vôtre ; & nous pourrons tout esperer de la solidité de votre esprit, de la bonté de votre cœur, & de votre expérience dans le gouvernement de l'église ; votre chapitre, qui connoît toute la valeur du présent que le roy nous a fait, levera les mains au ciel pour la conservation d'une santé aussi précieuse que la votre & tous les ordres de votre clergé, animés par vos instructions & par vos exemples, coopéreront avec zéle à vos travaux.

Pour moi, MONSEIGNEUR, qui ai crû pouvoir joindre aux fonctions de mon état une étude particuliére de l'histoire de ma patrie, je m'estimerai heureux de pouvoir vous présenter les antiquités vénérables de votre église, & vous marquer le respectueux attachement avec lequel j'ay l'honneur d'être,

MONSEIGNEUR,

Votre très-humble & très-obéïssant serviteur,

DEGREFEUILLE, chanoine.

PRÉFACE

L'Eglife de Maguelone, ayant fouffert depuis fon établiffement divers changemens confidérables, j'ai crû, pour les rendre plus fenfibles à mes lecteurs, en devoir faire les principales époques de cette hiftoire. Ainfi, aprés avoir raporté dans le premier livre, tout ce qu'on trouve de plus certain fur fon origine & fur fes premiers evêques, jufqu'à la deftruction de Maguelone fous *Charles Martel*, je parcours dans le fecond les evêques qui tinrent leur fiége à *Subftantion* pendant trois cens ans. Ils retournerent enfuite à Maguelone dans le douziéme fiécle, ou ils établirent une nouvelle maniére de vivre parmi les chanoines, ce qui fera le fujet du III & du IV livre. Enfin, fous le roy François I, le fiége de Maguelone & fon chapitre ayant été transferez à Montpellier, ils y furent expofez à tous les troubles que les calviniftes cauferent dans cette ville, jufqu'au regne de Louis XIII.

L'hiftoire particuliére des monaftéres & des hôpitaux, m'a parû avoir une fi grande liaifon avec celle de nos evêques, que j'ai crû ne pouvoir me difpenfer d'en faire des articles particuliers, tant pour la fatisfaction des perfonnes qui y demeurent, que pour fervir de confirmation à tout ce que j'en aurai touché dans le corps de cet ouvrage.

J'ai crû auffi devoir comprendre dans ce même volume, l'article de l'Univerfité de Montpellier, à caufe de la prérogative qu'ont nos evêques d'en être les chanceliers. Et pour ne pas oublier les perfonnes diftinguées par leur pieté, qui font originaires de cette ville ou de fon diocéfe, je donne un abrégé de leur vie, comme la partie la plus précieufe de l'hiftoire ecclefiaftique.

Enfin, pour donner des preuves de tout ce que j'ai dit dans l'hiftoire des evêques, j'ai crû devoir y ajouter celle qu'Arnaud de Verdale, evêque de Maguelone, écrivit dans le xve fiécle fur tous fes prédeceffeurs, dont le pere Labbe nous a donné des fragmens dans fa bibliothéque & que j'infere dans fon entier, ayant été affez heureux pour en recouvrer les manufcrits de feu Mr. Plantavit de la Pauze, evêque de Lodeve & du célébre François Bofquet, evêque de Montpellier.

HISTOIRE
DE LA
VILLE DE MONTPELLIER

SECONDE PARTIE

SUITE CHRONOLOGIQUE

DES EVÊQUES DE MAGUELONE ET DE MONTPELLIER

La pagination eſt celle de la première édition, dont les chiffres ont été maintenus dans les marges de cette réimpression.

Années.		Pages du Livre.	Années.		Pages du Livre.
451.	ÆTHERIUS.	3.	1216.	BERNARD, de Mezoa.	50.
550.	VINCENT Ier.	4.	1234.	Jean II, de Montlaur.	54.
572.	VIATOR.	ibid.	1247.	RAYNIER.	58.
589.	BOISSI.	ibid.	1248.	PIERRE II, de Conchis.	63.
600.	GENIEZ.	ibid.			
672.	VINCENT II.	7.	1256.	GUILLAUME IV, Chriſtophle.	66.
788.	JEAN Ier.	9.			
804.	STABELLUS.	ibid.	1262.	BERENGER, de Fredol.	69.
812.	RICUIN Ier.	ibid.			
818.	ARGEMIRE.	10.	1296.	GAUCELIN Ier, de la Garde.	75.
878.	ABBO.	ibid.			
894.	GONTIER.	11.	1304.	PIERRE III, de Levis.	79.
937.	WIBAL.	12.	1309.	JEAN III, de Comminges.	80.
975.	RICUIN II.	ibid.			
999.	PIERRE Ier.	13.	1317.	GAILLARD, de Saumate.	83.
1048.	ARNAUD Ier.	ibid.			
1078.	BERTRAND Ier.	19.	1318.	ANDRÉ, de Fredol.	ibid.
1080.	GOTHOFROI.	ibid.	1328.	JEAN IV, de Viſſec.	85.
1110.	GAUTIER.	25.	1334.	PICTAVIN, de Monteſquiou.	99.
1129.	RAYMOND.	29.			
1190.	GUILLAUME Ier, Raymond.	39.	1339.	ARNAUD II, de Verdale.	102.
1197.	GUILLAUME II, de Fleix.	42.	1352.	AUDOIN.	111.
			1353.	DURAND, des Chapelles.	112.
1203.	GUILLAUME III, d'Altiniac.	45.	1362.	DEODAT.	116.

Années.		Pages du Livre.
1366.	GAUCELIN II, de Deux.	121.
1373.	PIERRE IV, de Vernobs.	132.
1389.	ANTOINE Ier, de Louvier.	139.
1405.	PIERRE V, Adhemar.	ibid.
1421.	B. LOUIS ALLEMAN.	142.
1424.	GUILLAUME V, dit le Roy.	145.
1429.	LEGER Saporis.	ibid.
1431.	BERTRAND II.	144.
1433.	ROBERT de Rouvres.	ibid.
1450.	MAUR de Valeville.	ibid.
1471.	JEAN VI, Bonail.	146.
1487.	ISARN de Barriere.	ibid.
1498.	GUILLAUME Ier, Peliffier.	149.
1527.	GUILLAUME II, Peliffier.	150.
1573.	ANTOINE II, dit Subjet.	170.
1597.	GUITARD de Ratte.	172.
1602.	JEAN VII, dit Garnier.	175.
1608.	PIERRE V, de Fenoüillet.	177.
1657.	FRANÇOIS BOSQUET.	183.
1677.	CHARLES DE PRADEL.	184.
1696.	CHARLES-JOACHIM COLBERT.	187.
1738.	GEORGE-LAZARE BERGER de Charancy.	

II. PARTIE DE L'HISTOIRE
DE MONTPELLIER

LIVRE PREMIER
Contenant la fuite des evêques de Maguelone jufqu'au renverfement de cette ifle fous Charles Martel

CHAPITRE I.

I. Sentiment de Gariel fur l'origine de l'églife de Maguelone. II. Ce que l'on peut croire de fon fentiment. III. Preuves certaines de fes evêques dans le cinquième fiécle.

QUOIQUE l'églife de Maguelone paffe conftamment pour une des plus anciennes du Languedoc, il faut néanmoins avoüer que fa premiere époque n'eft pas bien certaine. Pierre Gariel, dans la fuite qu'il a donné au public des evêques de Maguelone, fait une differtation pour établir, autant qu'il le peut, que Simon le Lepreux, chez qui le Sauveur mangea à Bethanie fix jours avant fa paffion, ayant été mis fur un vaiffeau fans voiles & fans rames avec le Lazare, Marthe & Magdeleine, ils arriverent heureufement fur les côtes de Provence, où Lazare fonda l'églife de Marfeille, & Simon vint établir celle de Maguelone. Il nous aprend en même tems qu'il y fouffrit le martyre, ayant été fubmergé dans l'étang des Volfques qui

Series præful. Magalon.

environne la ville de Maguelone. *Simon, stagno Volscarum immersus, nobile fecit martyrium.*

Il faut avoüer qu'une origine aussi ancienne seroit bien glorieuse pour l'église de Maguelone; mais la vérité de l'histoire ne permet point d'embrasser une opinion, précisément parce qu'elle est avantageuse : car il faut auparavant qu'elle soit probable. Or il est très-douteux, selon nos plus anciens auteurs, que la religion chrétienne ait été reçuë dans les Gaules du tems des apôtres. *Sulpice Severe qui vivoit dans le cinquiéme siécle, en parlant des martyrs de Lyon qui soufrirent sous Marc Aurele dans la Ve persécution, c'est-à-dire, environ l'an de Jesus-Christ 180, dit positivement, que ce fut alors qu'on vit pour la premiere fois des martyrs dans les Gaules, parce, ajoute-t-il, que la religion chrétienne y fut reçuë bien tard, *tum primum intra Gallias martyria visa, serius trans Alpes Dei religione suscepta*. Et Gregoire de Tours, parlant des premiers evêques qui porterent l'évangile dans les Gaules en deçà de Lion, dit aussi que, durant la paix que les empereurs Philippe pere & fils laisserent à l'Eglise, le pape Fabien & ses successeurs envoyerent dans les Gaules Denis, qui fut evêque de Paris, Trophime à Arles, Paul à Narbonne, Gatien à Tours, Stremoine en Auvergne, Martial à Limoges, & Saturnin à Toulouse, qui moururent tous, sur la fin du troisiéme siécle, les uns durant la persécution de Dece, & quelques autres plus tard.

Ce sentiment a si fort prévalu parmi les habiles critiques, que les églises que je viens de nommer ont repris, dans la reformation de leur breviaire, l'ancienne tradition, & abandonné les actes apocrifes qu'ils avoient du neuviéme ou du dixiéme siécle. Ainsi, Paris ne pretend plus avoir pour apôtre saint Denis l'Aréopagite, comme Hilduin, abbé de St-Denis commença de le pretendre dans le IXe siécle. Ainsi, Narbonne n'assûre plus Paul Serge le proconsul pour son apôtre, mais seulement ce même Paul qui fut envoyé dans les Gaules sous l'empire de Dece. Par où l'on peut fixer l'époque de St. Aphrodize, evêque de Beziers, disciple de St. Paul de Narbonne; celle de St. Papoul, disciple de Saturnin de Toulouse; celle de Crescent, evêque de Carcassonne & disciple de St. Paul; celle de St. Flour, evêque de Lodeve, que Mr. Plantavit dit qu'il faut mettre du tems de St. Martial.

Je ne parle point de quantité d'autres anciennes églises du Languedoc, qui ont prétendu avoir pour fondateurs quelqu'un des disciples des apôtres; mais elles se trouvent dans de grandes peines pour leur donner des successeurs durant les quatre ou cinq premiers siécles. Ainsi Narbonne ne compte que le seul Estienne, entre Paul son premier evêque, & Hilaire, à qui le pape Boniface écrivit en 423. Toulouse n'en peut nommer que quatre ou cinq, qui même lui sont disputez, entre Saturnin & Exupere qui vivoit dans le cinquiéme siécle. Beziers ne connoit que Agritius & Paulin, depuis St. Aphrodize jusques bien avant dans ce même siécle. Agde & Nîmes ne montent pas plus haut que dans le sixiéme. Lodeve ne compte que deux evêques entre St. Flour & Helladius, qui vivoit en l'année 451. Carcassonne ne sçait qu'incertainement le tems où vivoient St. Gimier & St. Hilaire, qu'elle reconnoit pour ses evêques, & la suite de leurs successeurs ne commence que dans le sixiéme siécle. Cominge & Perpignan ne montent pas plus haut.

Il n'est pas necessaire de faire ici mention de Montauban, Mirepoix, Castres, Lavaur, Alet, St-Pons, St-Papoul, Rieux & Pamiers, dont les églises sont très-modernes; le pape Jean XXII, comme tout le monde sçait, ayant érigé en evêché les abbayes, prieurez ou simples églises paroissiales qui étoient auparavant dans ces villes.

Il est vrai que les églises du Puy & de Viviers ont conservé dans leur legende une suite de leurs evêques des cinq premiers siécles; mais elle ne contient que leur nom, sans marquer le tems où ils vécûrent, ni les actions de leur vie. Ainsi l'église d'Alby, quoiqu'ancienne, ne se trouve avoir rien de bien certain que dans le Ve siécle; & celle de Mende, dont les evêques sont apellez evêques de Gevaudan, *episcopi Gabalitani*, ne trouve de successeur à St. Privat, son premier evêque, que dans le premier concile d'Arles en 314, & dans celui d'Agde en 506.

On aporte pour raison de cette obscurité les persecutions générales & particulieres, qui desolerent l'Eglise jusqu'à Constantin, & particulierement celle de Diocletien, qui donna des ordres très-severes de déchirer les livres & les écrits des chrétiens. Mais si c'est une excuse de l'ignorance où nous sommes sur ces premiers siécles, cette raison n'établit rien de positif, & nous ne sommes * pas moins en peine sur les faits dont nous aurions besoin d'être éclaircis. Cependant, comme l'histoire ne doit donner pour certain que ce qui l'est, je me contente de dire, sans m'arrêter à des simples conjectures, que le plus ancien témoignage que nous ayons pour l'église de Maguelone est tiré de Mariana dans son Histoire d'Espagne, où il dit, en citant un auteur arabe * qui vivoit dans le sixiéme siécle, que l'empereur Constantin ayant donné la paix à l'Eglise, donna aussi plusieurs evêques à des villes d'Espagne qui en manquoient, & à la Gaule Narbonnoise, dans laquelle il nomme Narbonne, Beziers, Toulouse, Maguelone, Nîmes, Carcassonne, Lodeve & Elne, aujourd'hui Perpignan. *Constantinus multis urbibus episcopos dedit eo honore carentibus... Ergo viris idoneis ad se vocatis, civitates in hunc modum distribuit.* Primo *Narbo designata est, aliæque septem urbes, cum*

PAGE 3.

* *Razez Arabs.*

Liv. VI. chap. 16.

potestate jura sacra populis dandi moresque corrigendi. Earum hæc sunt nomina : Beterris, Tolosa, Magalona, Nemausus, Carcasso, & præter has *Lutebe & Helena*.

Sur quoi M. Gariel (qui m'a indiqué cet endroit de Mariana) se fait une difficulté qui vient naturellement. Pourquoi (dit-il) fixer la fondation de ces églises au tems de Constantin, puisqu'il est certain que plusieurs d'elles avoient auparavant des evêques, comme Narbonne & Touloufe? A quoi il répond avec esprit, que la crainte des persecutions ayant cessé, & la religion ayant la liberté de se montrer à découvert sous le règne de Constantin, elle parut prendre dès-lors son commencement de la manière qu'il est dit dans la Genese, qu'Enoch commença d'invoquer le nom du Seigneur, *Enoch cæpit invocare nomen Domini*, quoiqu'il soit constant qu'il y avoit avant Enoch des adorateurs du vrai Dieu.

Quelque ingenieuse que soit cette réponse, elle ne nous instruit pas davantage, & nous ne sommes pas moins en peine de sçavoir le nom de ces premiers evêques qui nous furent donnez par Constantin. Il est vrai qu'on auroit pû tirer quelque éclaircissement de la souscription des conciles qui furent tenus dans la Gaule Narbonoise durant le IVe & le cinquiéme siècle; mais, malheureusement pour nous, les evêques qui y souscrivirent se sont contentez de faire mention de leur siège sans y mettre leur nom. C'est ce que l'on voit dans le premier concile d'Arles, sous l'empereur Constantin en 314, dans le second de la même ville sous l'empereur Constance en 353, durant lequel Saturnin, evêque d'Arles, fit déposer Paulin, evêque de Treves. On le voit encore dans le conciliabule de Beziers, sous le même empereur, en 356, durant lequel la faction du même Saturnin fit exiler St. Hilaire, evêque de Poitiers. Les Actes du concile d'Orange sous Valentinien en 441, ni ceux du troisiéme d'Arles, sous Avitus en 455, ne nous marquent rien qui puisse nous donner connoissance d'aucun evêque de Maguelone. Ainsi il faut recourir à d'autres preuves qu'à celles que nous aurions pû tirer de tous ces conciles.

Je dirai donc que le plus ancien evêque de Maguelone, dont nous ayons quelque témoignage, est *ÆTHERIUS*, qui souscrivit avec St. Rustique, archevêque de Narbonne, à la lettre que les evêques de la province écrivirent en 451, au pape St. Léon, laquelle commence par ces mots : *Perlata ad nos epistola beatitudinis vestræ, quam ad orientem pro catholicæ fidei assertione misistis*, &c. On trouve cette lettre dans le premier volume des conciles du P. Sirmond, où veritablement on ne voit la souscription d'Ætherius qu'en ces termes : *Ego Ætherius sanctitatem tuam in Domino saluto*, sans qu'il y soit fait mention de la ville de Maguelone. Mais ce défaut est avantageusement reparé par un autre exemplaire de la même lettre, recüeilli par feu Mr Savaron préfident en la fenéchauffée de Clermont en Auvergne, dont le fçavoir & le merite fut connu dans toute la France. Car, dans les manufcrits qui ont refté au pouvoir des Chartreux de Bonpas, on trouve cette même lettre avec la foufcription de tous les evêques de la province en cet ordre.

<blockquote>
Rufticus, epifcopus Narbonenfis.
Helladius, epifcopus Lodovenfis.
Ætherius, epifcopus Magalonenfis.
Eugenius, epifcopus Nemaufenfis, &c.
</blockquote>

CHAPITRE SECOND.

PAGE 4.

I. Succeffeurs d'Ætherius dans l'evêché de Maguelone. II. Revolte de l'evêque Guimilus contre le roy Vamba. III. Irruptions des Sarrafins dans le Languedoc qui occafionnerent la deftruction de Maguelone. IV. Et le changement du fiége à Subftantion.

SUIVANT le manufcrit de Savaron dont j'ai déjà parlé, Ætherius eut pour fucceffeur dans le fiége de Maguelone VINCENT I, qui fut contemporain de St. Firmin, evêque d'Ufez, environ l'an 550. Il eft fait mention de lui dans l'hiftoire des archevêques d'Arles, car on lui attribuë ces paroles de Saxius, qui a compofé cette hiftoire : *De Meffano presbitero eft elegans epiftola in noftro codice, de confecratione ecclefiæ D. Hermetis ad Vincentium epifcopum.*

VIATOR foufcrivit, comme evêque de Maguelone, au concile de Prague tenu en l'année 557, comme il confte par les chroniques d'Efpagne, d'Ambroife Moralez, & plus encore par l'édition des conciles imprimée à Cologne en 1552, veritablement Gariel fe fait fur cela diverfes difficultez, mais il n'eft pas fuivi par Mrs de Ste Marthe, qui comprennent Viator parmi les evêques de Maguelone.

Chap. 62.

BOETIUS fut du nombre des evêques du royaume des Vifigots, que le roy Recarede, après fa converfion à la religion chrétienne, invita de fe trouver au IIIe concile de Tolede, qu'il fit affembler en 589. L'evêque de Maguelone, ne pouvant y affifter en perfonne, y envoya fon archidiacre Genefius, qui foufcrivit pour lui en ces termes : *Ego Genefius in Chrifti nomine, archidiaconus ecclefiæ Magalonenfis, vicem gerens domini Boetii epifcopi, fubfcripfi.*

Sur la fin de la même année, le roy Recarede ayant fait tenir un concile provincial à Narbonne pour y faire recevoir les decrets du concile de Tolede, Boëtius fut en état de s'y rendre en personne; & c'est au bas de la souscription des evêques qui y assisterent qu'on voit la sienne en ces termes : *Boetius, in Christi nomine ecclesiæ Magalonensis episcopus, in has constitutiones interfui & subscripsi.*

On ajoûte que le roy Recarede étant venu à Gironne, où il mit sa couronne royale sur le tombeau de St Felix, Boëtius s'y rendit, & assista à cette pieuse cérémonie.

GENESIUS qui, en qualité d'archidiacre, avait signé pour Boëtius, son evêque, au IIIe concile de Tolede, lui succeda dans le siége de Maguelone. Il est connu par la souscription de son archidiacre Estienne, qui assista pour lui en 633 au IVe concile de Toledé, auquel présidoit St. Isidore, evêque de Seville.

Quelques auteurs ont voulu lui donner pour successeur un Eumenius, qui se trouve signé au Ve concile de Tolede en 652, mais cet Eumenius est visiblement un abbé qui avoit assisté à ce concile.

GUIMILUS a flétri sa mémoire par la conspiration où il entra contre son souverain, & par les troubles qu'il causa dans le Languedoc.

Rerum Hispan. scriptores.

Nous en aprenons l'origine, & la suite des historiens espagnols, qui nous marquent que le roy Vamba, l'un des princes visigots les plus religieux, ayant ordonné aux juifs de sortir de ses états, plusieurs de cette nation s'arrêterent dans le Languedoc, où ils gagnerent par leurs présens Ilderic, comte de Nîmes, Guimilus, evêque de Maguelone, & un abbé nommé Raminir ou Ramir. Ces trois personnes ayant pris les juifs sous leur protection, voulurent entraîner dans leur parti Aregius, evêque de Nîmes; mais l'ayant trouvé toûjours inflexible, ils le firent charger de chaînes, le priverent de son evêché, & mirent à sa place l'abbé Ramir, qui se fit sacrer par deux evêques étrangers, sans confirmation du prince, ni du métropolitain.

PAGE 5.

Le roy Vamba, averti de ces desordres, envoya des troupes sous la conduite * du comte Paul, grec de nation; mais cet infidèle, s'étant joint aux revoltez, ne songea qu'à se rendre maître de tout le pays. Après s'être assûré de Nîmes & de Maguelone, il surprit Agde & Beziers, d'où il alla se presenter devant Narbonne. Agebalus, qui en étoit archevêque, tâcha de lui en faire fermer les portes; mais le comte Paul, l'ayant prévenu, y mit une forte garnison, & fit entendre au peuple qu'il ne devoit plus reconnoître le roy Vamba, dont il décria beaucoup le gouvernement. A quoi le duc Renoscinde ajoûta qu'on ne pouvoit mieux faire que de choisir le comte Paul lui-même, ce qui fut agréé & suivi par tout le peuple. Le comte ayant donc accepté sa nomination, il se fit prêter serment de fidelité, & pour se maintenir dans son usurpation, il se menagea le secours des François & des Espagnols de la province de Tarragone.

Cette revolte, qui devenoit très-serieuse pour le roy Vamba, l'obligea de composer avec les peuples de la Biscaye ausquels il faisoit actuellement la guerre, & faisant marcher son armée vers le Languedoc, il la divisa en trois corps, l'un desquels avoit ordre de passer á la vûë de Maguelone.

Le roy, qui suivoit de près, vint se presenter devant les murailles de Narbonne. A son arrivée, le comte Paul prit la fuite, se contentant de laisser la garde de cette place au duc Renoscinde, qui fit une longue & belle resistance. Le roy n'ayant jamais voulu lever le siége, obligea enfin la ville de se rendre. Après quoi il conduisit son armée à Beziers & Agde; ce qui donna (dit l'historien) bien de l'épouvante à Guimilus, evêque de Maguelone, qui, voyant les préparatifs qu'on faisoit déja pour venir l'assieger par eau & par terre, prit aussitôt la fuite, & se rendit par des chemins écartez dans la ville de Nîmes où le comte Paul s'étoit refugié.

Les revoltez vinrent se presenter devant l'armée du roy pour lui disputer les aproches de Nîmes; mais la partie n'étant pas égale, le comte jugea plus à propos de faire retirer ses troupes dans la ville, & d'en soûtenir le siége. Il se défendit si bien contre les premieres attaques, qu'il fit souvent douter du succès de cette guerre; mais les assaillans ayant redoublé leurs efforts, & étant prêts de forcer les murailles, le comte commença de perdre courage & s'enfuit dans le château des Arenes, qui est l'amphiteâtre de la ville. Cette démarche acheva d'ôter le cœur à ceux qui combattoient pour lui. Les soldats du roy entrerent dans la ville, la mirent au pillage, & y firent un si grand carnage que les ruës étoient pleines de corps morts.

Le comte qui, du haut de l'amphiteâtre, voyoit une si grande desolation, comprit qu'il ne restoit d'autre ressource qu'en la clemence du roy. Il commença par quitter tous les ornemens royaux, en presence de ceux qui l'avoient suivi dans les Arenes, & pour fléchir le roy, s'il étoit possible, il employa le même archevêque de Narbonne, dont nous avons parlé. Ce bon prélat, après avoir offert le sacrifice, sortit de la ville revêtu des mêmes ornemens avec lesquels il avoit célébré; & aussitôt qu'il put être aperçu du roy, il descendit de son cheval, courut se jetter à ses pieds, & les larmes aux yeux, il le conjura de vouloir épargner la vie de ses sujets, quoique coupables. Le roy lui répondit qu'il étoit las de répandre du sang, & qu'il vouloit bien épargner ceux qui avoient échapé du carnage; mais qu'une aussi grande faute que celle des revoltez demandoit un exemple. L'archevêque ayant voulu insister, le roy n'en parut pas content, & marchant aussitôt vers la ville, il y entra avec le reste de ses troupes. Le comte Paul, frapé alors plus que jamais de l'horreur de son crime & de la crainte des punitions qu'il meritoit, alla se cacher dans une des caves de l'amphiteâtre, où deux officiers de l'armée de Vamba l'ayant découvert, ils l'en tirerent de force, & le traînant par les cheveux, ils l'amenerent au roy.

A peine ce traître eût aperçû son maître, qu'il quitta sa ceinture & se jetta à ses pieds. Le roy ayant fait signe qu'on l'ôtât de sa vûë, il le fit garder étroitement, jusqu'à ce qu'il eût deliberé avec son conseil ce qu'il en devoit faire. Il congedia cependant les gentilshommes françois qui s'étoient trouvez avec * le comte Paul, leur permettant de se retirer & de retourner dans leur maison.

Trois jours après, les coupables furent conduits les fers aux pieds devant le roy pour entendre leur jugement. La forme qu'on observa dans cette procedure nous a été conservée par Julien de Tolede ; & peut-être que le lecteur ne desaprouvera pas que j'en raporte le détail, quand ce ne seroit que pour juger des mœurs et des maniéres de ce tems-là. Le roy donc étant assis sur son trône, au milieu de son armée & des seigneurs de la cour, commanda au comte Paul & à ses complices de lui dire, sous le sceau du serment, s'ils avoient jamais reçû aucun déplaisir de lui, qui eût pu les porter à prendre les armes contre son service. À quoi le comte ayant répondu que, bien loin de là, il avoit reçû de lui plus de biens & de faveurs qu'il n'en meritoit. Pourquoi donc, repliqua le roy, vous êtes-vous revoltez ? C'est le diable qui nous l'a fait faire, dirent-ils tous comme de concert. Cette réponse faite, on leur fit reconnoître leur seing dans le serment de fidelité que toute la nation avoit prêté au roy Vamba ; & la lecture en ayant été faite, on lut aussi le serment que le comte Paul avoit exigé de ceux qu'il avoit entraîné dans sa revolte.

Le tout ayant été verifié, on fit lire les decrets des conciles de Tolede, consentis par toute la nation, contre ceux qui auroient troublé le repos de l'État, ou qui auroient attenté contre l'autorité du prince. On fit aussi la lecture des loix des Visigots sur le même sujet, & le conseil étant venu aux avis, il fut décidé que, puisque les conciles avoient prononcé sentence d'excommunication contre l'ame de ceux qui auroient troublé l'État, il étoit hors de doute que la justice du roy ne pût les punir en leur corps par une mort infame. Que si pourtant le roy vouloit leur faire grace, ce ne devoit être que pour être enfermez pour toûjours dans une prison, après avoir eu les yeux crevez & tous leurs biens confisquez, pour leur propre punition, & pour l'exemple des autres.

Ce jugement ainsi rendu, le roy resta dans son camp, qu'il fit garder avec foin, en attendant de voir fi quelqu'un remueroit dans le pays; mais les partifans des rebelles étoient fi effrayez qu'ils difparurent par tout, excepté du côté de Beziers, où le duc Lupus fit quelque ravage. Le roy y accourut avec fes troupes; & au feul bruit de fa marche, Lupus, qui étoit à Afpiran, prit la fuite avec tant de précipitation, qu'il abandonna fes équipages.

Vamba, s'étant rendu à Narbonne, y congedia une partie de fes troupes. Il nomma de bons gouverneurs pour les places qu'il laiffoit dans le Languedoc, & renouvella fes ordonnances contre les juifs, qu'il chaffa de tout le pays. Puis, prenant la route d'Efpagne, il envoya devant lui fur des chariots les rebelles qu'il avoit vaincu & fait juger à Nîmes.

Julien de Tolede, qui nous a donné l'hiftoire de ce grand évenément, nous a confervé auffi le détail de cette trifte marche. Il raporte que ces miferables étoient fur leurs chariots vêtus de méchans habits, tiffus de poil de chameau, la tête & la barbe rafe, & pieds nuds. Que le comte Paul, qui avoit pris les marques de la royauté, paroiffoit à leur tête, portant une couronne de cuir noircie avec de la poix, & qu'en cet état ils firent leur entrée dans la ville de Tolede, au mileu des huées d'un nombre infini de peuple.

Depuis ce tems, il n'eft plus parlé de Guimilus, evêque de Maguelone, qui, felon toutes les aparences, finit fes jours dans la prifon à laquelle il avoit été condamné.

Les chanoines de Maguelone demanderent alors au roy Vamba, Vincent II, qui fe trouve le fucceffeur immédiat de Guimilus. Ce fut de fon tems qu'on fit en Efpagne une divifion de toutes les metropoles du royaume, où l'on voit les limites des evêchez de leur fuffragance. J'ai crû devoir en extraire ce qui regarde le diocéfe de Maguelone & ceux qui lui font voifins, de la maniere que Duchefne le raporte : *Hift. franç., tom. prem., pag. 834.*

Narbonæ metropoli fubjaceant hæ fedes.

Beterris hæc teneat, de Staleth ufque Barcinona. De Macai ufque Ribafora. Agatha hæc teneat, de Nuza ufque Riberam. De Gallar ufque Mirlam. Magalona* hæc teneat, de Nuza ufque Angeram. De Caftello ufque Sambiam. Luteba hæc teneat, de Lambia ufque Rabaval. De Anges ufque ad Montem Rufum. Carcaffona hæc teneat, de Monte Rufo ufque Angeram. De Angera ufque Montana. Elna hæc teneat, de Angera ufque Rocinolam. De Laterofa ufque Lamufam. PAGE 7.

On trouve ce même partage dans l'hiftoire d'Efpagne de Lucas Tudenfis, avec une alteration peu confiderable de quelques-uns de ces noms. Mais ils nous font également inconnus, & il feroit bien difficile de regler aujourd'hui fur cet ancien partage les limites de nos diocéfes.

Peu de tems aprés qu'on eut fait ces reglemens, le roy Vamba fut dépoffedé par Ervige, qui cherchant, comme la plûpart des roys fes prédéceffeurs, à faire confirmer dans des conciles leur legitime élection, ou leur ufurpation violente, fit affembler le xiiie de Tolede, où Vincent II, evêque de Maguelone, fut apellé avec fes autres comprovinciaux. On voit leur feing dans les actes de ce concile, & l'on ajoûte que Vincent fut enfuite le trifte témoin des irruptions que les Sarrafins, maîtres de l'Afrique, commencerent de faire alors fur les côtes de l'Europe qui regardoient la Mediterranée. Leurs vaiffeaux ayant fouvent porté la defolation dans la Sicile & dans l'Italie, entrerent enfin dans le Languedoc par le Grau de Maguelone, d'où ils allerent ravager toutes les terres des environs. Il eft fort croyable (comme Gariel l'affûre) que Vincentius vivoit alors; mais il eft difficile à croire (comme il ajoûte) que ce même evêque fût encore en place en 737, qui eft l'année fatale du premier changement de fon fiége, puifqu'il lui auroit falu cinquante-quatre ans d'épifcopat, depuis l'année qu'il affita au concile de Tolede, jufqu'à la deftruction de Maguelone.

On fçait affez, par tout ce que j'en ai déjà dit, que les Sarrafins ayant pénetré en France, furent repouffez par Charles Martel jufques fur nos côtes, où il ordonna qu'on démolît toutes les villes qui pouvoient fervir de retraite à ces infidéles. Maguelone fut la premiere qui fe reffentit de cet ordre rigoureux : fes murailles furent entierement démolies, & fes habitans contrains d'aller chercher ailleurs une habitation. Cet évenément célebre donna lieu à l'établiffement de Montpellier, que plufieurs de ces fugitifs entreprirent de bâtir. Mais l'evêque & le clergé de Maguelone ayant befoin de trouver un lieu tout formé, crûrent ne pouvoir mieux faire que de choifir l'ancienne ville de Subftantion, connuë du tems des Romains fous le nom de Sextaftatio. Elle eft fur les bords de la riviere du Lez, au-deffus de Caftelnau, & du même côté en montant la riviere. C'eft là que les anciens comtes qu'il y avoit à Maguelone changerent leur demeure, de même que fon clergé, qui y refta trois cens ans, comme nous le dirons dans le livre fuivant.

HISTOIRE ECCLESIASTIQUE
DE MONTPELLIER

LIVRE SECOND

Contenant la fuite des evêques qui réfidérent à Subftantion
depuis 737 jufqu'au onziéme fiécle

CHAPITRE PREMIER.

I. Raifons du vuide qui fe trouve dans l'hiftoire des premiers evêques qui réfidérent à Subftantion.
II. Suite de ceux qui nous font connus. III. Premier et fecond concile de Villa-Portus, dans le diocéfe de Maguelone.

A difperfion des habitans de Maguelone, jointe aux troubles qui arriverent dans le pays fous le regne du roy Pepin, & fous une bonne partie de celui de Charlemagne, nous ont fait perdre les mémoires d'où nous aurions pû tirer la fuite des premiers evêques qui refiderent à Subftantion. Nos regîtres publics ne montent pas fi haut, & ce n'eft que par l'hiftoire générale de l'Églife que nous connoiffons :

JEAN I, qui eft figné dans les actes du concile de Narbonne tenu en 788, contre Felix d'Urgel; d'où l'on doit inferer que cet evêque étoit contemporain de St. Benoît d'Aniane, qui eut beaucoup de part à la tenuë de ce concile.

Evêques à Subf-
tantion.

I.

II.

La protection finguliere que les empereurs Charlemagne & Loüis le Débonnaire donnerent à cet illuftre abbé, tourna beaucoup à l'avantage des églifes de la province; car, outre les graces qu'il obtint pour elles de ces deux princes, il leur procura de dignes evêques, parmi lefquels on marque:

STABELLUS, qui fucceda à Jean I dans le fiége de Maguelone, dont il occupoit déja la place en 804, comme il confte par le nom des evêques qui affifterent cette même année à la dédicace de l'églife de St.-Sauveur d'Aniane. Stabellus y eft nommé *epifcopus Magalonenfis*; d'où l'on infere qu'il fut dans une grande liaifon avec St. Benoît d'Aniane, dont la mort lui fut revelée après fon decès, quoiqu'ils fe trouvaffent alors fort éloignez l'un de l'autre. *Ejus etiam obitus Stabello Magalonenfi epifcopo revelatus eft*, dit l'auteur de la vie de ce faint.

RICUIN I eft reconnu pour avoir tenu le fiége de Maguelone durant cinq années, qui commencerent en 812 & finirent en 817. Ce fut de fon tems que les comtes de Subftantion ayant accordé leur protection aux fugitifs qui étoient venus fe refugier à Montpellier, on fit le partage des deux diftricts de Montpellier & de Montpelieret. Alors l'evêque Ricuin, pour leur donner le moyen de * s'affembler pour l'exercice de leur religion, confacra une chapelle à l'honneur de la Ste Vierge, dans le même lieu où eft aujourd'hui Nôtre-Dame des Tables.

Après fa mort, il y eut de grands troubles dans le pays pour lui donner un fucceffeur. Bernard, duc de Septimanie, portoit un nommé Fulbold, homme riche & de grande naiffance, mais de fort mauvaifes mœurs. D'un autre côté, le clergé de Maguelone vouloit Fredol de Subftantion, homme noble & recommandable par fa piété. Le duc en étant venu aux voyes de fait, le peuple & le clergé (au raport d'Aimon le moine) porterent leurs plaintes au roy Loüis le Débonnaire, qui, rejettant les deux concurrens, nomma un faint prêtre, qui fut

ARGEMIRE, connu dans nos archives par la protection & par les liberalitez qu'il reçut de l'empereur Loüis le Débonnaire. Car, outre les terres du Terrail, de Baillargues, de Vedas, de Montelz, de Chaulet & de Locon qu'il lui donna, comme nous l'aprenons de Verdale, nous voyons par un refcript de cet empereur, donné à Aix-la-Chapelle le jour des ides de mars & la fixiéme année de fon empire, c'eft-à-dire en 819, qu'il fit rendre à l'églife de St. Pierre de Maguelone, *ubi Deo authore Argemirus præft*, le lieu de Villeneuve dans le terroir de Maguelone, de la maniere que le comte Robert l'avoit euë, *in beneficium*. Et par d'autres lettres que nous avons, de même date, il prend fous fa protection imperiale les biens & les perfonnes de l'église de St. Pierre de Maguelone, *ubi venerabilis Argemirus episcopus præest.*

Une si haute protection l'ayant mis à l'abri des troubles qu'il auroit pû recevoir des seigneurs de son voisinage, il s'attacha à faire fleurir la religion dans Montpellier, qui devenoit la portion la plus considerable de son diocése. Il le partagea en deux paroisses dont l'une, sous le nom de St.-Firmin, comprenoit les trois quarts de la ville, & l'autre, sous l'invocation de St.-Denis, étoit pour Montpelieret & pour son fauxbourg. Mais pour exciter dans son peuple une plus grande dévotion pour la Ste Vierge, à l'honneur de laquelle on avoit déjà dressé une chapelle, il obtint du pape Gregoire IV une bulle, que l'on conserve dans les archives de l'hôtel de ville, dans laquelle le saint Pere accorde plusieurs graces spirituelles à ceux qui contribueroient de leurs biens à l'édifice & à l'augmentation de cette église.

Abbo, son successeur, continua cet ouvrage; & nos historiens remarquent que le pape Jean VIII, ayant été contraint de quitter la ville de Rome pour venir se refugier en France, il fut invité par Abbon, à son passage par Arles, de venir à Montpellier, pour voir la nouvelle église qu'il y avoit bâti, & que Dieu avoit déja renduë célèbre par les guerisons miraculeuses qu'on y recevoit. Mais le pape s'étant excusé sur la necessité d'aller joindre le roy qui l'attendoit, il engagea l'evêque Abbo de le suivre au concile de Troyes qu'il devoit tenir. En effet, on trouve sa souscription parmi celle des evêques qui assisterent à ce concile, & on la trouve de même à la fin des reglemens qui furent faits à Compiegne lors du couronnement de Loüis le Begue en 877, signez en ces termes : *Abbo, episcopus Magalonensis, subscripsi.* *Baluse,Capitulaires,liv.2,pag.276.*

Mais nous trouvons deux occasions plus interessantes pour notre diocése & pour la province de Narbonne, où ce prélat eut beaucoup de part. J'entends parler des deux conciles tenus de son tems dans un petit lieu apellé III. Villa-Portus, aujourd'hui Nôtre-Dame des Ports, sur les limites des diocéses de Nîmes & de Maguelone.

La vie de St. Theodard, natif de Montauban, & archevêque de Narbonne, raportée par Catel dans ses memoires du Languedoc, nous aprend *Pag. 760.* le nom des evêques qui assisterent à ces conciles, & le sujet qui les fit assembler.

Un nommé Selva, soi-disant archevêque, avoit chassé de Gironne Servus Dei, & mis à sa place Ermemirus, qui trouva le moyen de se faire sacrer par Frodon de Barcelone & par Godmar d'Ausone. Les plaintes en ayant été portées au pape Estienne VI, il envoya sur les lieux pour en être mieux informé, & commit Theodard, archevêque de Narbonne, de qui les evêques de Catalogne ressortoient alors, parce que Tarragone leur metropole étoit

PAGE 11.

occupée par les Maures. Le faint archevêque fit un voyage dans fa province, pour inviter tous les * evêques & leurs voifins même de venir au concile. Les archevêques d'Arles & d'Embrun, avec les evêques d'Apt, de Marfeille & quelques autres, lui promirent de s'y trouver. Cependant St. Theodard fit affembler tous les fuffragans, fçavoir : les evêques de Nîmes, Carcaffone, Alby, Ufez, Maguelone, Agde, Beziers, Elne, Aufone, Urgel, Gironne, Touloufe & Lodeve, & tous enfemble, avec ceux de la Provence, qui s'étoient déjà rendus à Villa-Portus, ils commencerent la tenuë du concile le xv. des kal. de decembre 886, felon Catel & le P. Sirmond.

886.

Selva & Ermemirus y furent dépofez & reduits à la communion laïque. Mais Frodon & Godmar ayant imploré la mifericorde des peres du concile en fe jettant à leurs pieds, reçûrent le pardon de leur faute, fous certaines conditions qui ne font pas de nôtre hiftoire.

Le fecond concile tenu en ce même lieu en 897, ne fut pas fi nombreux en evêques que le premier, mais nous en avons les actes plus entiers, que nous devons aux foins de Mr Baluze, qui les ayant découverts dans les archives de Narbonne, les a donnez au public dans fon livre qui a pour titre : *Concilia ecclefiæ Narbonenfis*.

Ces actes nous aprenent que Abbo, evêque de Maguelone, en fit le principal fujet, puifque ce concile ne fut tenu que à l'occafion des plaintes que porta contre lui un prêtre nommé Adalphredus, chargé du foin de la paroiffe de St-Jean-de-Cocon (aujourd'hui le Mas-de-Manfe).

Il s'agiffoit des dîmes de cette paroiffe, dont une partie avoit été détournée en faveur de l'églife de St-Andoque, nouvellement bâtie dans la paroiffe de Cocon. Le prêtre Adalphredus difoit que fon églife avoit joüi des dîmes depuis près de cent ans, & que celle de St-Andoque ne les percevoit que que depuis fept années.

L'evêque Abbo foûtenoit le contraire, ce qui rendit les peres du concile fort incertains fur l'éclairciffement du fait. Alors tous d'un commun avis prierent Abbo de leur dire ce qu'il fçavoit de certain fur cette affaire. Et le prélat (comme difent les actes), aimant mieux déclarer la vérité que de la tenir cachée, dit, en préfence de tous les evêques, abbez & autres perfonnes qui compofoient l'affemblée, que le droit étoit plus canoniquement acquis à l'églife de St-Jean-de-Cocon.

CHAPITRE SECOND.

I. Concile de St.-Vincent de Jonquieres. II. Suite des evêques jusqu'à Arnaud premier.
III. Qui forme le dessein de rétablir l'église de Maguelone.

GONTIER, successeur immédiat de l'evêque Abbo, assista en 894 au concile de Maguelone, tenu cette même année à St. Vincent de Jonquieres, *apud Juncharias*. C'est une ancienne église, tout auprès de Poussan, à trois lieuës de Montpellier, située dans un fonds marécageux rempli de joncs, qui lui ont fait donner le nom de Jonquieres. L'église portoit le nom de St. Vincent dans le tems que le concile y fut assemblé. Elle fut ruinée dans les premieres guerres des huguenots; mais on en voyoit encore de grands restes dans le tems que Gariel composoit son histoire des evêques de Maguelone; car il dit qu'on pouvoit juger de la hauteur de la voute de cette église, par la hauteur des fenêtres qui y restoient, & par un grand escalier en limaçon qui s'étoit conservé, d'où l'on pouvoit connoître que tout l'édifice avoit été conduit par quelque habile architecte. Cette église fut donnée dans le douziéme siécle aux Benedictins de la Chaize-Dieu (comme nous le verrons en son lieu), & dans l'acte de donation, elle est apellée St. Vincent de Jonquieres. Ce que je marque exprés pour éclaircir les differentes erreurs des copistes, qui ont mis *apud Juniarias*, ou bien, * *apud Januarias*; ce qui a donné lieu à quelques auteurs de croire que ce concile avoit été tenu à Juvignac. Mais cette derniere paroisse est dédiée à St. Gervais, & celle de Jonquieres l'a été toûjours à St. Vincent.

Le sujet de ce concile fut une suite du premier qu'on avoit tenu à Villa-Portus. Le comte Surianus ou Soarius, premier comte d'Urgel & fils de Guillaume le Chevelu, comme Baluze le croit dans ses notes sur ce concile, avoit été excommunié dans la concile de Troyes sous le pape Etienne VI, pour avoir soûtenu les entreprises de Selva contre les evêques d'Urgel & de Girone. Quoique cette affaire eût été terminée de la maniere que nous avons dit, le comte avoit toûjours resté dans son excommunication; mais étant enfin revenu à lui, il eut recours à son metropolitain qui assembla ses suffragans à Jonquieres, pour sa reconciliation. Delà vient, comme nous les voyons dans les actes, que les peres de ce concile prient l'archevêque de s'assûrer de la penitence du comte, & d'examiner tant lui que ses enfants,

GONTIER.
894.

PAGE 12.

Vita Sti Theo-
dardi apud Cas-
tellum, pag. 761.

leurs femmes & leurs vaffaux, pour découvrir s'il ne leur refte point dans l'ame quelque mauvaife volonté *ut in vifceribus eorum nulla machinamenta,*

<small>Baluze, Conc. prov. Narbon.</small> *nec ulla fallacia diaboli remaneat.* Et au cas qu'il confte à l'archevêque de leur converfion fincere, ils le chargent d'abfoudre le comte avec toute fa famille, & de les combler des benedictions exprimées, dont on voit un grand détail dans les actes de concile.

Nous aprenons de Gariel, dans l'article de l'evêque Gontier, qu'il y eut de fon tems de grands démêlez entre les habitants de Montpelier & de Montpelieret, pour attirer chez eux les chanoines de Subftantion, qui fe plaignants du mauvais air que leur caufoient les broüillards de la riviere du Lez, fouhaitoient de fe changer à Montpellier, plûtôt que de fuivre leur evêque à Villeneuve, où il fe tenoit ordinairement. Les differents projets qu'on fit alors ayant agité quelque tems les efprits, tomberent enfin d'eux-mêmes; & ce ne fut qu'après bien des fiécles que ce projet fut executé d'une maniere beaucoup plus avantageufe qu'elle n'auroit été alors.

<small>937. VUIBALD.</small> VUIBALD ou VUABALB, eft connu par la confecration faite, en 937, de l'abaye de St.-Pons de Tomieres, que Pons, comte de Touloufe, & fa femme Garcinde, venoient de fonder à l'honneur de St. Pons, martyr. Vuibald eft nommé comme evêque de Maguelone dans les actes de cette cérémonie, qui nous aprenent qu'elle fut faite par Aimery, archevêque de Narbonne, affifté de Vuibald & des evêques de Carcaffonne, de Beziers & de Lodeve.

RICUIN II nous eft beaucoup plus connu que Vuibald, fon predeceffeur, tant à caufe des chofes memorables qui fe pafferent durant fon pontificat, que parceque nous en avons des mémoires plus particuliers, puifque c'eft à lui que commence l'hiftoire que Verdale nous a donné des evêques de Maguelone.

Il eft à obferver que quelques écrivains étrangers ont confondu fouvent les faits arrivez fous Ricuin I & Ricuin II; mais nos auteurs modernes, par l'interêt qu'ils y avoient, ont examiné les chofes de plus près, & en comparant les faits particuliers avec l'hiftoire générale, ils ont débroüillé la vérité obfcurcie par les opinions des écrivains qui regardoient les chofes de fort loin.

L'évenément le plus digne de remarque eft la donation que les fœurs de St. Fulcran firent à l'evêque Ricuin, de Montpellier & de Montpelieret, comme nous l'avons déjà dit au commencement de cet ouvrage. Et enfuite la ceffion que Ricuin fit du diftrict de Montpellier à Gui, qui fit la fouche de nos Guillaumes.

Si l'on peut regarder cette donation comme un effet de la piété des perfonnes qui la firent, on peut auffi en tirer des confequences de l'eftime & de la confiance qu'eurent les feigneurs du païs pour Ricuin, auquel ils reftituerent les terres de l'églife qu'ils occupoient, & lui en donnerent gratuitement quelques autres.

Les plus remarquables font la reftitution du château de Gigean, que Berenger, comte de Melguëil, lui fit. La donation de Bernard, fon fils, des terres de Prunet, dans le diocéfe de Beziers. Celle de Xindrio, d'Arboras, de Murmuranegues, de Suffargues, de Novigens & de l'églife de St-Bauzeli dans le terroir d'Agonez.

Verdale nous marque encore que Gerard, homme noble, donna Vic avec toutes fes apartenances. Qu'un nommé Auftraldus, apellé homme illuftre, lui donna le lieu * de Virag, avec celui de Mafcalgo, & que Fredol, feigneur de La Verune, lui fit reconnoiffance de fon château, que fes fucceffeurs ont toûjours tenu depuis des evêques de Maguelone.

PAGE 13.

PIERRE I eft celui de nos evêques dont le pontificat fut le plus long, puifqu'il le commença en 999 & ne le finit qu'en 1048.

Tout ce que Verdale nous aprend de lui, c'eft que de fon tems Bernard, comte de Melgueil, fit donation en 1013, & fous le regne du roy Robert, de l'églife de Ste. Croix, proche de Melgueil, au monaftere de Clufa, dans le Piémont.

999.

Nos autres hiftoriens, comme Gariel, & un vieux manufcrit de l'evêché, nous aprennent qu'il fit la confecration de l'églife des religieufes de St. Geniez, & que, dans les actes qui font confervez dans cette abbaye, Pierre y eft apellé patriarche.

On trouve auffi, dans les archives de l'hôtel de ville, un accord fait entre Pierre, evêque de Maguelone, & les habitans de Montpellier, qui a pour titre : *Concordia quam fecit Petrus epifcopus cum hominibus Montis-peffulani fuper leudas apud Narbonam.* Les habitans de Montpellier qui y font nommez font : Aimeric, Eftienne, Guillaume Arnal & Guillaume Aimon, avec lefquels Pierre, evêque de Maguelone, regle le droit de leude, que les habitans devroient payer pour les denrées qu'ils auroient fait venir de Narbonne, tant par eau que par terre.

On met de fon tems la mort d'un chanoine de Subftantion, dont l'épitaphe, qui s'eft trouvée depuis, eft d'un ftile tout-à-fait énigmatique, & qui eft expliquée au bas; je vais la raporter de la maniere que Gariel nous l'a donnée :

SUM. FUI. NON SUM. NON ERO.

Et à quelques interlignes :

SUM IN CÆLO. FUI IN CORPORE. ERO DENUO CUM ILLO. NON ERO CUM EJUS FRAGILITATE, GRAVITATE, IMPOTENTIA, REBELLIONE.

CHAPITRE TROISIEME.

I. Paroles de Verdale fur le deſſein projetté par l'evêque Arnaud. II. Bulle qu'il obtient pour cet effet du pape Jean XX. III. Obſervations ſur Verdale. IV. Dédicace de l'égliſe de Maguelone.

ARNAUD.

ARNAUD I, ſucceſſeur de Ricuin II, eſt célébre dans notre hiſtoire par le projet qu'il forma, le premier, de ramener à Maguelone les chanoines qui étoient à Subſtantion depuis trois cens ans. Comme c'eſt une époque des plus remarquables pour l'égliſe de Maguelone, j'ai crû devoir raporter mot à mot les paroles de Verdale, perſuadé comme je le ſuis que la naïveté toute ſimple des anciens plaira beaucoup plus que ne feroit une narration étudiée. Je le fais avec d'autant plus de raiſon qu'on y pourra voir une confirmation de tout ce que j'ai déjà dit ſur Maguelone.

I.
MAGUELONE.

« Pour l'intelligence (dit Verdale) de tout ce que j'ai à dire, il faut
« ſçavoir que la cité de Maguelone, autrefois fameuſe & abondante en
« richeſſes, étoit floriſſante du tems des anciens ; car il y avoit là un port
« de mer apellé juſqu'à preſent le port Sarraſin, auquel les galeres de ces
« infidéles avoient un accés libre, en paſſant par le grau qui communique
« de la mer à l'étang.

« Les Sarraſins y faiſoient ſouvent des deſcentes, & emportoient du
« continent tout ce qu'ils y trouvoient. Mais du tems du grand empereur
« Charles, la cité de Maguelone fut détruite par ſon ordre : non pas qu'il
« le fît en haine de l'Égliſe, mais parce que les Sarraſins venoient s'y refu-
« gier en paſſant par le grau, & de là ils ravageoient les châteaux & les

PAGE 14.

« villes voiſines, qui veritablement * n'étoient pas alors conſiderables,
« parce que Montpellier n'étoit pas encore bâti.

« Le renverſement que Charles fit de la cité de Maguelone priva les
« habitans de leurs anciennes demeures, & les Sarraſins du lieu de retraite
« qu'ils y avoient. Mais, quoique cette ville perdit alors ſon ancien luſtre,
« elle conſerva néanmoins ſon nom, & ne ceſſa point d'être le ſiége de
« l'evêché ; car les chanoines de Maguelone, qui étoient alors ſéculiers, &
« au nombre de douze, ſe retirerent à Subſtantion, cité aſſez forte & ſituée
« auprés de Châteauneuf.

« Ils y demeurerent durant trois cens ans, avec un petit nombre de clercs
« ou de prêtres qui les aidoient à chanter, & ils faiſoient tous enſemble

« leurs petits offices, *sua officiola celebrabant*, auprès des reliques précieuses
« des saints qui y étoient en grand nombre, & qu'on y a gardées soigneu-
« sement depuis ce tems-là jusqu'au tems present.

« Les evêques (durant ces trois cens ans) venoient rarement à Mague-
« lone. Ce qui fut une grande desolation qui dura pendant un grand nombre
« d'années & durant la vie de plusieurs evêques, sans que personne en fût
« touché ; car tous ceux qui voyoient la tristesse & la desolation de cette
« église, passoient sans lui donner aucun secours, comme firent le prêtre
« & le levite dont il est parlé dans l'Evangile, à l'occasion de cet homme
» qui étoit tombé entre les mains des voleurs.

« Dieu, enfin, touché de son état, dit, comme nous lisons dans le second
« chapitre du livre des rois : Je me susciterai un serviteur fidéle qui agira
« selon mon esprit & mon cœur.... Ce prêtre fidéle fut le seigneur Arnaud,
« d'heureuse mémoire, premier de ce nom, evêque de Maguelone, de qui
« nous avons maintenant à parler.

« Ce digne prélat, considerant dans le desert les tristes ruines de son
« église & l'impuissance où il étoit de la relever, tant à cause que ses
« revenus n'étoient pas suffisans pour cela, que parce que les terres de son
« evêché étoient détenuës par les nobles du pays ou par leurs vassaux, il
« n'osa point mettre la premiere main à son entreprise ; mais jettant toute
« sa confiance en Dieu, il prit la resolution d'aller trouver le très-saint
« Pere Jean XX pour lui exposer l'etat miserable de son église. Il se mit
« donc en chemin où il eut à souffrir beaucoup de peines d'esprit & de corps.
« Le saint Pere ayant consideré attentivement tout ce qu'il lui dit, lui donna
« les expediens qu'il put trouver, & le chargea d'une lettre adressée au
« peuple du diocése de Maguelone & à leurs voisins, qu'il fit signer par
« tous les evêques de sa cour, dont voici les propres termes :

« Jean, evêque, serviteur des serviteurs de Dieu. A tous ceux qui feront II.
« du bien à l'église de Maguelone, dédiée, & à dédier à l'honneur de
« St. Pierre, prince des apôtres, & de St. Paul, docteur des gentils, salut
« & benediction apostolique. Nous avons apris que l'église de Maguelone
« est presque reduite à rien, par l'effet ordinaire du peché ; ce qui nous
« cause d'autant plus d'affliction, que la desolation des églises tourne toû-
« jours à la perte des fidéles. Pour cette raison, nous avons crû devoir ins-
« pirer, tant aux fidéles de ce diocése qu'à tous ceux des environs, de
« travailler à la restauration de cette église, leur promettant par toute nôtre
« autorité apostolique, qu'ils meriteront du juste juge le pardon & la remis-
« sion de leurs pechez, s'ils contribuent à relever cette église, en donnant
« de leurs propres biens, ou en restituant ceux qu'ils détiennent. Car il y

« aura une recompense particuliere pour ceux qui donneront du leur, &
« pour ceux qui remettront dans la masse commune les benefices usurpez.
« Nous donnons egalement aux uns & aux autres notre benediction &
« absolution apostolique.

« Que si quelque evêque ou autre personne constituée en dignité, telle
« qu'elle soit, ose aliener, vendre ou usurper quelque chose de ce qui aura
« été donné pour le rétablissement de cette église, qu'il soit frapé d'ana-
« thême, & retranché du corps des fidéles & du royaume de Dieu.

PAGE 15.   « Et pour donner plus de force à ces lettres, nous avons voulu les faire
« signer * par tous les evêques qui se sont trouvez auprès de nous, & qui
« en ont été priez par Arnaud, de même que par nous. »

Olderic, evêque de Verceil.	Estienne, evêque d'Ancone.
Raynaud, evêque de Pavie.	Aribert, episc. Lunensis.
Pierre, evêque de Ste. Ruffine.	Alvicus, evêque d'Ast.
Olderic, ev. de l'église d'Orleans.	Waudin, evêque de Turin.
Osmido, archevêque d'Embrun.	Bernard, evêque d'Agen.
Raymond, evêque de Mende.	Deodat, evêque de Toulon.
Deodat, evêque de Cahors.	Pierre, evêque de Marseille.

III. Avant que de continuer la narration de Verdale, je crois devoir faire une observation sur ces paroles qu'il dit au sujet de la destruction de Maguelone. *Temporibus magni imperatoris Caroli, ipso jubente, destructa fuit;* ce qui donneroit lieu de penser qu'elle arriva sous Charlemagne, & non sous Charles Martel. Mais, outre le témoignage d'un très-grand nombre d'historiens, comme Vincent de Beauvais, Guillaume de Conchis, Bernard Guido,

*Conc. sacerd. & imp., cap. 3. St. Antonin, Genebrard & M. de * Marca, qui mettent tous la destruction de Maguelone à la premiere expedition de Charles Martel dans le Languedoc en l'année 737, il est certain que le mot d'*imperator* ne désigne pas toûjours ce que nous entendons maintenant sous le nom d'empereur, mais qu'il est souvent donné à un général d'armée, tel que l'étoit Charles Martel; outre qu'il est constant que Charlemagne ne fut couronné empereur par le pape Leon III qu'en l'année 801, &, que depuis son couronnement, nous n'avons aucune certitude qu'il soit venu dans le Languedoc, qui faisoit alors partie du royaume d'Aquitaine, qu'il avoit donné à son fils Loüis le Débonnaire.

« L'evêque Arnaud (continuë Verdale), ayant cette lettre du pape entre
« les mains, partit de la ville de Rome, & voulant suivre le conseil de
« l'apôtre, qui nous avertit de faire le bien tandis que nous en avons le
« tems, il mit aussi-tôt la main à l'œuvre, & ayant disposé à grands fraix
« & beaucoup de travaux tout ce qui étoit nécessaire pour la dédicace de
« son église, il se mit en chemin pour aller inviter les archevêques & evê-
« ques ses voisins, & même plusieurs autres qui étoient beaucoup plus
« éloignez. Or, afin que l'on connoisse mieux la solennité avec laquelle
« tout se fit, nous allons raporter le nom, la ville, la province de tous les
« prélats qui y furent presents, afin de donner du respect & de la crainte
« aux esprits présomptueux & superbes.... Voici donc le nom de ces evê-
« ques, de leur siége & de leur province : »

IV.

Gifroid, archev. de Narbonne.	Bernard, evêque de Beziers.
Leger, archev. de Vienne.	Gontier, evêque d'Agde.
Rambaut, archev. d'Arles.	Rostang, evêque de Lodeve.
Guinervinarius, arch. d'Embrun.	Elephantus, evêque d'Apt.
Austindus, archev. d'Auch.	Gilibert, ev. de Barcellone.
Hugues, evêque.	Arnauld, evêque d'Elne.
Froterius, evêque de Nîmes.	Wifred, ev. de Carcassonne.

« Tous ces prélats étant assemblez, Arnaud leur presenta la lettre du
« pape Jean qu'il avoit en main, & leur exposa les raisons qu'il avoit eu de
« les prier de venir à Maguelone. Alors, tous ensemble, ils confirmerent
« les decrets apostoliques, * & pour ajoûter quelque chose aux graces déjà
« accordées, ils donnerent un decret, portant :

Page 16.

« Que tout homme qui, durant sa vie, donneroit son hérédité à la nou-
« velle église, pour en être joüi par elle après sa mort, & qui choisiroit sa
« sepulture dans le cimetiere, recevroit absolution de tous les pechez pour
« lesquels on lui auroit imposé penitence, & qu'il seroit fait participant de
« la vie éternelle & du royaume de Dieu.

« Que tous ceux (de quelque pays qu'ils soient) qui, venant assister à la
« solemnité de la dedicace, qu'on renouvellera tous les ans, offriront à
« Dieu leur travail, ou quelque portion de leur bien, & confesseront leurs

« pechez dans l'efpace de huit jours, obtiendront une pareille abfolution
« pour tout le cours de cette année.

« Et fi un penitent, auquel l'entrée des églifes auroit été deffenduë, vient
« à celle de Maguelone, il pourra y entrer, & être admis au baifer de paix
« & aux autres communications des fideles, excepté à la participation de la
« fainte Euchariftie. »

On voit, dans ce dernier decret, des veftiges de la penitence publique qui fe pratiquoit autrefois, & qui dura encore long-tems après dans l'églife de Maguelone, comme nous le verrons dans la vie de Jean de Montlaur.

« Ces chofes faites (c'eft toûjours Verdale qui parle), l'evêque Arnaud,
« de fainte mémoire, concevant de plus grands deffeins, fe hâta, pour
« mettre Maguelone à l'abri des pirates, de fermer le grau qui communi-
« quoit de la mer à l'étang. Ce qu'il fit avec de grands quartiers de pierre,
« arrêtez par une groffe charpente. Et enfuite, pour faciliter l'entrée & la
« fortie de fon ifle, où auparavant on ne pouvoit aborder que par eau, il
« ramaffa des barques plates qu'on enfonça dans l'eau, pour fervir de fon-
« dement au pont qu'on bâtit dans l'étenduë de l'étang, depuis la terre
« ferme jufqu'à l'ifle, ce qui procura pour toûjours une grande commo-
« dité aux paffants, & a rendu fa mémoire éternelle.

« Ce travail étant achevé, il affembla fes diocéfains, & par les faintes
« exhortations qu'il leur fit de contribuer à rétablir l'églife, il les perfuada
« fi fort, que plufieurs donnerent pour la remiffion de leurs pechez, des
« vignes, des prez, des métairies, de l'argent comptant, & toute autre forte
« de biens, avec lefquels Arnaud fit conftruire fplendidement l'églife de
« Maguelone, les tours, les murailles, les lieux publics, les forts, tels que
« tout le monde qui vient à Maguelone les voit encore. »

Bernard de Treviers, chanoine de cette églife, qui vécut quelque tems après lui, & qui fe rendit célèbre par fes poéfies à la façon de ce tems-là, nous a laiffé en vers ce que Verdale nous dit en profe; mais il range les évenemens dans un autre ordre que Verdale ne le fait, & il nous aprend même des chofes que Verdale ne nous dit point. Par exemple, après avoir dit qu'Arnaud fit fermer l'ancien grau pour fe garantir des pirates, il ajoûte qu'il en fit bâtir un autre, non loin de Maguelone; qu'il reforma ce qu'il y avoit à reprendre dans la conduite des prêtres de fon diocéfe, & il nous donne lieu de penfer que la derniere action qu'il fit à Maguelone, fut la conftruction du pont dont il a été parlé, puifqu'il fait mention, d'abord après, du voyage d'Arnaud à la Terre Sainte, dont le retour fut bientôt fuivi de fa mort & de fa fepulture... Voici ces vers, où le poëte commence par parler de la ville de Maguelone & de fa defertion durant trois cens ans :

> *Inde manens annis urbs hæc deferta trecentis,*
>
> *Tandem pontificem reperit artificem.*
>
> *Præfulis Arnaldi fit femper fubdita laudi,*
>
> *Cujus nacta vicem, crevit in hunc apicem.*
>
> *Hic muros jecit, hic turres undique fecit,*
>
> *Clerum divinis contulit officiis.*
>
> * *Ipfe gradum claufit quo fæpe piraticus haufit*
>
> *Sæpe latrociniis littora noftra fuis.*
>
> *Navibus introitus per eum gradus alter apertus,*
>
> *Non procul a terris eft Magalona tuis.*
>
> *Illicitumque thorum diffolvit prefbiterorum,*
>
> *Pontem conftituit, trans mare poft abiit.*
>
> *Ut rediit moritur, in fua fede fepelitur,*
>
> *A fe compofitum fervet ut illa locum.*

PAGE 17.

Verdale parle avec plus de ménagement que le poëte du defordre des prêtres, & il fe contente de raporter la maniére dont Arnaud s'y prit pour faire embraffer à fes chanoines la vie commune, & leur faire prendre l'habit régulier. Voici fes propres paroles :

« Enfin confiderant que les douze chanoines & les douze prébendiers de « fon églife, qui étoient tenus d'y réfider, fe regardoient comme releguez « dans l'ifle de Maguelone, il lui vint dans la penfée que les chanoines « reguliers, qui par leur état font plus apliquez à la contemplation & à la « vie folitaire, fe refoudroient plus volontiers à y demeurer, & rendroient « plus de fervice à Dieu & à St. Pierre, il perfuada aux chanoines féculiers « qu'il avoit auprès de lui d'embraffer la regle de St. Auguftin ; & fur ce « qu'ils lui reprefenterent que leurs revenus n'étoient pas fuffifans pour « fuporter toutes les charges aufquelles ils feroient engagez, l'homme de « Dieu leur répondit : Je vous promets que Dieu & moi pourvoirons fi

« bien vôtre communauté, que vous & vos succeſſeurs, aurez largement
« tout ce qui vous fera néceſſaire. Et pour lors ayant acheté d'une comteſſe
« de Melguëil l'étang de Maguelone avec ſa pêcherie, il la donna libe-
« ralement à la communauté de ſes chanoines, avec le pré de Villeneuve,
« la condamine & le jardin contigu. De plus, il leur donna le moulin de
« Tetramendic, qui lui apartenoit en propre, & le planterium de Cocon.

« Les choſes étant en cet état, il ne lui reſtoit que de faire un grand
« logement pour les chanoines & prébendiers qui devoient tous vivre en
« commun. Mais comme c'étoit un long ouvrage, il crut, tandis qu'on y
« travailloit, *dum communiam ipſam conſtitueret ad regulares canonicos ſuſten-*
« *tandos,* pouvoir entreprendre de paſſer la mer, pour avoir la conſolation
« de viſiter le ſaint ſepulcre de Notre Seigneur ; ainſi ayant fait heureuſe-
« ment le trajet de la Mediterranée, il ſatisfit ſa devotion. Mais à ſon retour,
« il fut attaqué préciſement à la vûë de Maguelone, d'une maladie qui
« l'obligea de s'arrêter à Villeneuve, où il finit ſes jours, l'an 1078 & le
« IV des kalendes de juillet, ayant laiſſé à ſes ſucceſſeurs le ſoin de mettre
« la derniére main au grand deſſein de la regularité. »

Le même chanoine, dont j'ai raporté les vers, en fit quelque tems après pour être mis ſur le tombeau du ſaint evêque, qui ſont comme la ſuite de ceux qu'on a déja vû. Ils duroient encore du tems de Verdale, & ils nous aprennent que l'evêque Arnaud ayant été enſeveli ſur la porte du cloître, il fut transferé dans l'égliſe, par un avertiſſement ſecret qu'en eut Godefroy, ſon ſucceſſeur.

Hic jacet Arnaldus, ſedis pater hujus & auctor,

Annis triginta præditus officio.

Qui poſtquam Hieroſolymam devotus adivit,

Ut redit, in villa fertur obiſſe nova.

PAGE 18. * *Protinus hinc julias tranſlatus quarto calendas,*

In foribus clauſtri ſub gradibus ſitus eſt.

Nocte vero monitus præſul junior Gotofredus,

Iſtuc condigno tranſtulit obſequio.

Tout ce que Verdale nous aprend de cet evêque, eſt plus que ſufiſant pour en donner beaucoup d'eſtime. Mais il auroit été à ſouhaiter que pour la clarté de fon hiftoire, Verdale nous eût marqué l'année ou fe pafferent les divers évenémens qu'il raconte. Pour y fupléer en quelque façon, j'ajoûterai ici les conjectures qu'on peut tirer des actes autentiques que nous trouvons dans les archives de l'evêché & dans ceux de l'hôtel de ville.

On trouve fon feing avec celui des evêques de Beziers, d'Agde, de Lodeve, de Nimes, de Carcaffonne, de Gironne & de Barcelonne, dans les actes du concile de Narbonne, tenu en 1050, par Guifroy, archevêque de cette ville. 1050.

Par un acte de 1055, fous le regne d'Henry Ier, Adelle, comteffe de Melguëil, Raymond, fon fils, & Beatrix, fa belle-fille, donnerent à Dieu et à St. Pierre de Maguelone, *ad vitam ufumque canonicorum qui in fraterna focietate, Deo & beato Petro ibidem defervire videntur, eorumque fucceſſorum qui fub canonicali regula inibi habitare voluerint*, une partie de l'étang de Maguelone, qui eft à droite depuis l'embouchure de la riviere de Lamouffon, en droite ligne, jufqu'à la mer, avec tous les droits qui fe levent dans cette étenduë. L'acte eft figné par Arnaud evêque, Pons prévôt, & Dalmas archidiacre. 1055.

On peut inferer de cet acte que la vie reguliere étoit déjà commencée dès l'an 1055, & que les vingt-trois années d'épifcopat qui refterent encore à Arnaud furent employées à perfectionner ce grand ouvrage, autant que fes autres occupations pouvoient le lui permettre.

Nous trouvons qu'en l'année fuivante 1056, Arnaud affifta au concile de Touloufe, affemblé par ordre du pape Victor II, contre les fimoniaques. Son nom fe trouve avec celui des dix-huit evêques qui compofoient ce concile, *Arnaldus Magalonenfis*. 1056.

Nos auteurs, fur l'autorité des archives de l'hôtel de ville, nous aprennent qu'il ne borna point fa magnificence aux feuls ouvrages qu'il entreprit à Maguelone, mais qu'il les étendit encore à Montpellier, où il bâtit les églifes de St. Paul, de St. Mathieu, de St. Thomas & de St. Nicolas (dont nous parlerons en détail dans leur article particulier); & pour entretenir la devotion des habitans de cette ville envers la Ste Vierge, il embellit & augmenta beaucoup l'églife de Notre-Dame des Tables.

On trouve encore par des anciennes fondations qu'il établit dans le fauxbourg, près la chapelle de St. Cléophas, un grand cimetiére qui fut apellé depuis St. Barthelemy, dans le même lieu où font aujourd'hui les Carmes déchauffez. D'où l'on peut inferer que Montpellier étoit déjà bien grand, puifque fes fauxbourgs alloient de ce côté là auffi loin qu'ils vont maintenant.

CHAPITRE QUATRIÈME

I. Bertrand, evêque de Maguelone, est déposé comme simoniaque. II. Godefroy est mis à sa place. III. Il perfectionne la regularité déjà établie dans son chapitre. IV. Pierre, comte de Melguëil, se rend feudataire du Saint Siége. V. Le seigneur de Montpellier rend hommage à Godefroy. VI. Qui assiste à plusieurs conciles.

I. La même année qui finit la vie du saint homme Arnaud, fut le commencement de l'épiscopat de Bertrand, qui donna dans son siécle une preuve convaincante que les successeurs des grands hommes ne leur sont pas toûjours semblables. Il trouva le moyen de se faire nommer à l'evéché de Maguelone; mais le mauvais usage qu'il fit des biens que son prédécesseur avoit acquis à son église, fit rechercher plus attentivement son ordination, qui, s'étant trouvée simoniaque, le fit déposer selon les dispositions toutes récentes du dernier concile de Toulouse, dont nous avons parlé.

Verdale a si fort marqué le peu d'estime que la posterité conserva pour lui, que je crois devoir raporter les propres paroles qu'il nous a laissées.

« Bertrand (dit-il) fut élû en 1078, mais il fut déposé de l'épiscopat à « cause du crime de simonie dont il fut convaincu. C'est pourquoi il ne « merite pas d'être nommé parmi les autres evêques, ni d'être compris « dans le present catalogue, & c'est la raison pour laquelle on ne dit pas « ordinairement qu'il ait été le successeur immédiat du seigneur Arnaud, « mais bien Godefroy. »

Son épiscopat, néanmoins, doit avoir duré plus de deux ans; car, outre qu'il conste que Godefroy ne fut mis à sa place qu'en 1080, nous trouvons qu'il est reconnu pour evêque dans une donation faite par le comte Pierre de Melguëil, en 1079, où il est dit que l'acte en fut passé en presence de l'evêque Bertrand, *coram Bertrando, Magalonensi episcopo, ipso præsulante.* Par cette donation, il engage pour mille sols à la communauté des chanoines de Maguelone, les navires qu'il avoit dans l'étang & dans la mer, & il veut que, s'il vient à mourir sans enfans legitimes, ces navires leur restent en propre. *Volens* (dit-il) *aliquid de honore meo ad altare Sancti Petri Magalonensis sedis & congregationem ejusdem loci dicare, &c.* Par où l'on peut se convaincre que, si la communauté des chanoines n'avoit pas encore toute la perfection qu'elle reçut sous Godefroy, elle étoit déjà commencée, & qu'on regardoit dès-lors les chanoines de Maguelone comme reguliers.

A peine l'evêque Bertrand eut été dépofé, que le comte de Melguëil mit II. Godefroy à fa place, felon le droit que fes prédéceffeurs avoient ufurpé, comme on peut l'inferer de la renonciation que ce même comte fit quelque tems après du droit prétendu de nommer à l'evêché de Maguelone. Le choix qu'il fit pour cette fois fut très-heureux; car nous n'avons guères d'evêques qui ayent fait paroître plus d'aplication à leurs devoirs, plus de zéle pour le bien de leur églife, & plus de fermeté à en foûtenir les droits.

Il monta fur le fiége de Maguelone l'an 1080, comme nous l'aprenons de Verdale, & dés la même année, il acheva le grand ouvrage de la reformation de fon clergé, en affermiffant pour toûjours dans fon chapitre la profeffion de la regle de St. Auguftin,

1080.

« Il faut fçavoir (je raporte les propres paroles de Verdale) qu'environ III. « l'an 1080, l'evêque Godefroy, de bonne mémoire, acheva, avec le fecours « de Dieu, ce qu'Arnaud, fon prédéceffeur, avoit commencé, pour l'établif- « fement des chanoines reguliers dans Maguelone. La mort l'avoit empêché « de finir ce grand ouvrage ; mais Godefroy y établit derechef les chanoines « reguliers, & pour l'entretien de leur communauté, il leur donna le revenu « d'un grand nombre d'églifes, dont voici les noms :

Toutes celles de Montpellier & de Montpelieret; celle de Villeneuve, de Ste. * Eulalie & Leocadie du Val; de Singrio, de Cocon, de Montelz, de Chaulet, de Prunet, de St. Côme & St. Damien; de Juvignac, d'Autignargues, de Pignan, St. Jean de Vedes, St. George de Dorcas, St. Jean de Murviel, St. Etienne de Gineftet, St. Denis, St. Brez, St. Felix de Subftantion, de Caftelnau, de St. Seriez, de Clapiers, de St. Jean de Bueges, St. Barthelemy de Baillargues, St. André de Bueges, St. Vincentien, Ste. Marie du Garnier & l'églife de Calciat.

Page 20.

Ce grand ouvrage fini, Godefroy fe donna tout entier au bien général de fon églife et de fon diocéfe. Nous allons parcourir, felon l'ordre du tems, ce qu'il fit de plus utile pour l'un & pour l'autre; car nous fommes affez heureux de trouver dans Verdale, ou dans les actes publics, le tems des principaux évenémens que nous allons raconter.

En 1082, le comte Pierre de Melguëil, touché de la bonne odeur que les chanoines reguliers de Maguelone répandoient dans tout le pays, leur abandonna les navires qu'ils avoient en engagement pour mille deux cens trente fols. Il leur fit un autre abandonnement de diverfes terres & poffeffions qu'il détenoit auprès du port des navires. Et enfin, trois ans après, c'eft-à-dire en 1085, il fe rendit, pour toute la comté de Melguëil et Subftantion, feudataire de St. Pierre, fous la redevance d'une once d'or, payable tous les ans au Saint Siége; & il renonça en faveur du pape Gregoire VII,

1085.

IV.

qui vivoit alors, à la nomination de l'evêché de Maguelone, afin (dit-il) que, fous l'autorité du St. Pere, le clergé de cette église pût choisir à l'avenir une personne capable pour la gouverner, sans aucune contradiction de sa part ni de ses successeurs, *per authoritatem summi pontificis liceat Magalonensi ecclesiæ idoneam personam in episcopatu eligere, absque ulla mei aut successorum meorum contradictione.*

Cet acte, très-important pour l'église de Maguelone, a été conservé soigneusement : on le voit tout au long dans presque tous nos auteurs. * Et c'est par les signatures qui y sont que nous aprenons qu'Almodis fut l'épouse du comte Pierre, & que Pons de Montlaur étoit prévôt de Maguelone, & Auger archidiacre. Sig. *Pontii de Montelauro Almodis comitissa firmavit* Testis *Augerius archidiaconus. Raymundus filius Petri firmavit.*

* *Bosquet, Catel, Gariel, Cazeneuve.*

1085.

Le pape Gregoire VII étant mort dans la même année que cette donation fut faite, & Victor III, qui lui succeda, n'ayant rempli le St. Siége que fort peu de mois, Urbain II, dès qu'il eut été élû à sa place, ne differa point de confirmer cette donation, & il écrivit du 19e des kalendes de janvier, à Godefroy, de prendre un soin particulier de la comté de Substantion (qui est la même chose que Melguëil). *Fraternitati tuæ, tuisque successoribus prædicti Substantionensis comitatus curam injungimus.* Ce qui valut enfin aux evêques de Maguelone cette même comté, comme nous le verrons en parlant des albigeois.

1090.

Les affaires ainsi terminées à Maguelone & à Melguëil, Godefroy songea à regler celles qu'il avoit avec les seigneurs de Montpellier. Nous avons vû dans la vie de Guillaume, fils d'Ermengarde, qu'en 1090 il rendit à Godefroy les églises de Notre-Dame de Montpellier & celle de Montpelieret, dont il s'étoit emparé.

Peu après, il lui fit une reconnoissance publique du fief de Montpellier, que lui & ses prédécesseurs (dit l'acte) tenoient de l'evêque de Maguelone. Mais le cérémonial qui fut observé, en cette occasion, a quelque chose de si particulier, que je crois devoir le marquer ici, tel qu'on le voit dans les archives de l'hôtel de ville & de l'evêché.

Godefroy ayant cité Guillaume, fils d'Ermengarde, à une assemblée où se trouverent Pierre, archevêque d'Aix, Hugues, evêque de Grenoble (si connu par l'histoire des Chartreux); Didier, evêque de Cavaillon; Pons, prévôt de Maguelone, avec nombre de ses chanoines, Alquier, archidiacre de Lodeve, & plusieurs laïques; il leur exposa le sujet de ses plaintes contre Guillaume, son vassal, qui, bien loin de le deffendre, avoit usurpé les biens de son église : à quoi Guillaume n'ayant rien à repliquer, il fut condamné à perdre le fief qu'il tenoit de l'evêque de Maguelone, *propter malefacta quæ episcopo & clericis fecerat.*

Guillaume, voyant qu'il ne pouvoit se maintenir dans la seigneurie de Montpellier qu'en gagnant les bonnes graces de son evêque, le pria avec instance* de lui rendre le fief, *quod ipse & antecessores sui tenuerant.* Et Godefroy, qui songeoit moins à le dépouiller qu'à l'instruire, exigea de lui une reconnoissance que je ne puis mieux exprimer que par les propres paroles de l'acte.

PAGE 21.

« Reconnoissez-vous (lui dit-il) que le fief que vous tenez de moi & de
« St. Pierre de Maguelone, est meilleur qu'aucun autre fief que vous ayez ?
« Je le reconnois, dit Guillaume.
« Reconnoissez-vous qu'il vous est plus avantageux d'être notre hom-
« mager que d'aucun autre ? Je le reconnois.
« Rendez-vous à Dieu, à St. Pierre & à moi, l'église de Ste Marie de
« Montpellier avec tous ses clercs ? Je les rends.
« Renoncez-vous au tiers des dîmes que vous preniez sur tous les clercs
« de cette ville, & aux deux tiers que Pierre Ticas tenoit de St. Pierre au-
« delà des murailles & fossez de Montpellier? *Quod est infra vallatos & foris*
« *muros de Montpeslier ?* J'y renonce.
« Alors l'évêque lui donna en entier tout le fief de ses prédécesseurs,
« excepté l'église de Ste Marie de Montpellier, celle de Montpelieret, &
« toutes les autres églises, sur lesquelles Guillaume ne pourroit plus
« exiger la dîme, ni exercer aucune juridiction sur les clercs. »

Mais pour adoucir en quelque maniere la soûmission que Guillaume venoit de faire, Godefroy lui donna tout ce que Pierre Ticas possedoit au-delà des fossez de la ville, avec le tiers des maisons déja bâties & à bâtir à Montpelieret. *Tertiam partem novorum ædificiorum quæ facta sunt vel erunt in Montepesleireto,* sauf toûjours les églises, les cimetieres & leurs dépendances. Guillaume paya pour le tout trois cens sols melgoriens, & fit entre les mains de Godefroy le serment de fidélité qui est écrit dans nos archives, commençant par ces mots : *Audi tu, Gothofrede episcope.*

Enfin, en 1093, & le 8 des kalendes de may, Guillaume lui rendit dans l'église de St. Nicolas toutes les dîmes qu'il tenoit en son propre nom, ou sous le nom d'autrui. Et cela (dit l'acte), *non coactus, sed spontanea & sincera voluntate, & pro remissione peccatorum.* D'où l'on peut inferer que Godefroy sçavoit mêler la persuasion & la douceur avec la fermeté.

Cependant il ne se refusoit point aux besoins généraux de l'Eglise ; car nous trouvons que dans l'espace de six années, il assista à quatre diferens conciles, soit dedans ou dehors du royaume.

Le premier fut celui de Narbonne, du 20 avril 1090, où l'archevêque d'Almace assembla les evêques de sa province, parmi lesquels on nomme Godefroy de Maguelone.

V.

Le second fut celui d'Autun dans la Bourgogne, convoqué en 1094 par Hugues, archevêque de Lyon, & legat du St. Siége, à l'occasion des grands démêlez qu'il y eut dans ce siécle, entre Henry IV, empereur, & les papes Gregoire VII, Urbain II & Pascal II, au sujet des investitures. L'empereur, qui avoit fait élire Guibert de Ravenne pour l'oposer à ses adversaires, fut excommunié dans ce concile avec son nouveau pape, qui avoit pris le nom de Clement III, & l'on y proceda contre le roi Philippe, qui, du vivant de Foulques, comte d'Anjou, avoit épousé Bertrade, sa femme.

Le troisiéme, encore plus célébre, fut celui de Plaisance en Italie, l'an 1095, où l'assemblée fut si nombreuse, que le pape Urbain II, qui y présidoit en personne, fut obligé de le tenir en pleine campagne. On y renouvella ce qui avoit été fait à celui d'Autun, & l'on y fit le premier projet des croisades. Godefroy, à son retour, aporta une bulle du pape Urbain II, où après avoir loüé les chanoines de Maguelone de la vie reguliere qu'ils avoient embrassée, il les exhorte à y perséverer, & confirme en leur faveur la donation de toutes les églises que Godefroy leur avoit faite.

PAGE 22.

CHAPITRE CINQUIÉME.

I. Regles principales des chanoines réguliers de Maguelone. II. Le pape Urbain II à Maguelone où il benit & consacra l'église. III. Suite de la vie de l'evêque Godefroy. IV. Son voyage & sa mort dans la Palestine.

NOUS aprenons de la bulle que Godefroy aporta de Plaisance les regles fondamentales des chanoines reguliers établis à Maguelone.

I. Nul d'entre vous (dit le pape Urbain II), après s'être engagé à la vie reguliére, ne pourra la quitter, pas même sous prétexte d'embrasser une religion plus austére, sans la permission du prévôt & de toute la communauté. *Sine præpositi, totiusque congregationis permissione.*

Bullaire du chapitre.

L'evêque ne pourra rien donner de ce qui appartient à l'église cathédrale à aucun moine, ni à aucun chanoine, sans le conseil de la communauté. *Absque vestro consilio. Aliter vero, acceptum irritum habeatur.*

La mort de l'evêque arrivant, les chanoines se saisiront provisionnellement de tous les effets qu'il laissera. *Quæcumque ejus sunt, sub vestra provisione remaneant.*

Et, dans ce cas, l'élection de son successeur apartiendra aux seuls chanoines. *Quam subrogationem vestra potissimum volumus electione constitui.*

Le quatriéme concile où Godefroy se trouva fut celui de Clermont en Auvergne, où le pape Urbain II, en 1096, forma la premiere croisade, dans laquelle nous avons vû que Guillaume de Montpellier, fils d'Ermengarde, s'étoit engagé. Godefroy, son evêque, ne put le suivre pour cette fois dans ce pieux voyage; mais, dix ou douze ans après, il le fit de son chef, & y finit glorieusement ses jours, comme nous le verrons dans la suite.

1096.

Ce concile de Clermont avoit été précédé de l'arrivée du pape Urbain II. à Maguelone, où Guillaume, fils d'Ermengarde, vint lui rendre ses honneurs avec toute la noblesse du pays. Mais je ne dois pas oublier ce que Godefroy fit de son côté, ni les graces que l'église de Maguelone obtint du pape Urbain qui, dès le lendemain de son arrivée, prêcha la veille de saint Pierre & de saint Paul à cette grande foule de monde que sa venuë y avoit attiré. Il le fit avec cette dignité que tous les historiens lui reconnoissent; & ayant pour ses assistans les archevêques de Pise & de Terragone, les evêques de Segni, d'Albano, de Nîmes & de Maguelone; il benit solemnellement l'isle de Maguelone, & fit une absoute pour tous ceux qui y étoient enterrez, en accordant des indulgences à ceux qui y choisiroient leur sepulture. Il augmenta si fort les privileges de l'église, que Godefroy, pour en conserver la mémoire, ordonna qu'on fît tous les ans à pareil jour une procession générale autour de l'isle, & qu'on fournît largement la subsistance à douze pauvres passans.

II.

Verdala in Gothofredo.

Il fut obligé, durant la tenuë du concile de Clermont, de porter ses plaintes contre l'abbé & les religieux d'Aniane qui, au préjudice d'une bulle d'Alexandre II, donnée du tems d'Arnaud, son prédécesseur, prétendoient se souftraire à la juridiction de l'evêque de Maguelone, & recevoir ceux qu'il avoit excommuniez; de pouvoir aussi recourir à tout autre que lui pour les ordinations & pour la consecration de leur église; enfin, de donner chez eux sepulture aux étrangers sans la participation de leur evêque. Le pape & les peres du concile reprouverent ces abus, & obligerent l'abbé & les religieux de rendre à l'evêque de Maguelone l'obéissance qu'ils lui devoient, sans préjudice des autres privileges qu'ils pouvoient avoir.

III.

Peu de tems après, Godefroy se trouva engagé dans un autre different qui eut de plus longues suites. Pierre, comte de Melguëil, étant venu à mourir, Raymond Bernard, son fils & son héritier, ne jugea point à propos de tenir tout ce que son pere avoit promis, & au lieu de laisser à l'église de Maguelone la * possession libre & entiere de son étang, il y établit un droit de naufrage, & se faisoit payer des albergues jusques dans Villeneuve.

PAGE 23.

Godefroy lui objecta la donation que son pere avoit faite de tous ses droits sur l'étang de Maguelone, qu'il avoit confirmée lui-même; mais toutes ces bonnes raisons furent inutiles contre un jeune homme rempli des préventions où étoient les seigneurs de ce tems-là contre les gens d'église. Raymond continua d'employer les voyes de fait, & Godefroy n'ayant que les armes de l'église à lui opofer, il fut enfin contraint, après plusieurs monitions, de le déclarer excommunié, comme il s'y étoit soûmis lui-même dans l'acte qu'il avoit signé. Alors le jeune seigneur prit le parti d'en apeller à Rome; mais Godefroy l'ayant prévenu, il se rendit dans cette grande ville, où Raymond le suivit pour plaider sa cause. L'affaire y ayant été discutée en présence du pape & des cardinaux, Raymond reconnut son tort. Il renonça aux albergues & aux nouveaux droits qu'il avoit établis dans les terres de St. Pierre de Maguelone; il fit hommage au pape de sa comté de Melguëil, qu'il reconnut tenir du St. Siége, & étant de retour, il ratifia tout ce qu'il avoit promis à Rome, en présence d'Augerius, archidiacre, de Bernard Gaucelin, & de Pons Gaucelin, chanoines, promettant dans ce même acte que bien loin de s'oppofer à la communauté des chanoines de Maguelone, il la foûtiendroit contre tous. *Infuper quod nunquam communiam destrueret, sed defenderet & juvaret contra omnes homines.*

On peut observer par le nom des chanoines que je viens de raporter, la bonne idée qu'on avoit dans le pays de la communauté établie à Maguelone, puisque la seule maison des Gaucelins, seigneurs de Lunel, lui avoit donné deux sujets.

Mais, ce qui n'est peut-être pas moins digne de considération, c'est la bonne foi du comte Raymond qui, ayant reconnû le tort qu'il avoit, & cherchant à reparer le mauvais exemple qu'il avoit donné, entreprit le voyage de St. Jacques, par penitence, ayant rendu auparavant tout ce qu'il retenoit du bien de l'Eglise, & ayant aussi terminé un autre different qui étoit entre les moines d'Aniane & les chanoines de Maguelone, au sujet de l'église de St. Côme, qu'il rendit à ces derniers, après avoir jetté au feu les papiers sur lesquels les moines d'Aniane fondoient leur procez. Il fit encore bien plus pour marquer sa parfaite reconciliation avec le clergé de Maguelone : car il se donna lui-même à leur église après sa mort, selon l'expression de l'acte qu'il en passa. *Donavitque se ibi ad sepeliendum, sicut & pater ejus fecerat.*

Godefroy, durant le voyage qu'il fit à Rome à l'ocasion de son different avec le comte Raymond, assista au concile que le pape Urbin y tint la derniere année de sa vie (1099), composé de cent cinquante evêques, parmi lesquels étoit St. Anselme, archevêque de Cantorbery. On y renouvella les canons du concile de Plaifance contre l'ordination des fimoniaques & des fchifmatiques, & l'on en fit quelques autres pour la difcipline ecclefiaftique.

Depuis fon retour dans fon diocéfe, il s'attacha d'y entretenir un bon accord parmi les fiens & parmi fes voifins. Chaque année du refte de fa vie eft marquée par quelque œuvre remarquable de liberalité ou de charité chrétienne.

En 1100, il donna au monaftere de Gelon, aujourd'huy St. Guillem du Defert, le château de St. Martin de Londres, ne s'en refervant que quelques droits. La même année il fit donner par fes chanoines cent foixante-dix fols melgoriens à Pons Jourdan, qui, voulant faire le voyage de Jerufalem, leur engagea, felon l'ufage ordinaire de ce fiécle, les vignes, terres & jardins qu'il poffedoit, avec quelques chenevieres, * le tout à la charge de rachapt pendant fa vie. * Canabafios.

En 1102, il unit à fa communauté les églifes de Caftelnau, de St. Martin du Crez, de Mirevaux, & celle de la Verune, dont il reçut l'hommage de Pierre, fils de Roftang, feigneur de ce lieu. Peu de tems après il confirma à l'abbé & aux moines de Pfalmodi, les églifes de Celaigo, de Ste. Colombe & de Mudaifon, dont il fe referva néanmoins le quart des fruits.

Toutes ces differentes donations de Godefroy, & celles que plufieurs feigneurs du voifinage firent à l'églife de Maguelone furent terminées par la difpofition * de Raymond, comte de Melguëil, qui, fe preparant au Page 24. voyage de la Terre Sainte, qui faifoit la grande devotion de ce tems-là, fit fon teftament en 1110, par lequel il donna à la communauté des chanoines, au cas qu'il vînt à mourir dans ce voyage lui & fon fils, fans héritiers, *unam mejanam*, dans les falines, avec le port des navires ou grau, par lequel les navires avoient un paffage libre, *per quem naves intrant & exeunt*, & tous les droits & ufages qu'il en percevoit, y compris la pêche de toute la partie de l'étang qui lui apartenoit: *Pulmentum pifcium quod de toto ftagno habeo ubicumque fit.* Il leur donne de plus tout ce qu'il avoit dans la terre de Lamouffon, auprès du moulin apellé de Tetramendic, ce qui eft defigné le long du chemin qui conduit à Vic du côté gauche, tant dans l'eau que fur la terre, excepté ce que fa fœur Adelle avoit dans la métairie de Pierre du Puy. Je marque cette circonftance parce qu'elle fert à nous faire connoître une de fes fœurs; & un autre article qui précéde, dans lequel il excepte ce que Pierre du Puy avoit eu de fa fœur, nous donneroit lieu de penfer que ce Pierre du Puy étoit le mari de fa fœur Adelle: *Excepto eo quod habet idem Petrus de Podio de Adella forore mea.*

Le voyage de Raymond à la Terre Sainte excita le courage de Godefroy. IV.

Il se reprocha de ne pas faire ce qu'avoit fait Arnaud, son prédécesseur, & ce que faisoient le commun des fidéles, en ce tems-là, pour voir les lieux saints qui avoient été honorez de la présence de Jesus-Christ. Il entreprit ce voyage avec d'autant plus de facilité qu'il n'avoit qu'à passer la mer, de Maguelone à la Terre Sainte, dont les croisez s'étoient rendus les maîtres depuis peu d'années. Nous ne sçavons pas précisément le tems que Godefroy s'embarqua pour y aller; mais nous sçavons qu'après avoir satisfait sa dévotion, il y fut attaqué d'une grande maladie qui l'obligea de se retirer au château Pelerin, près de Tripoli de Syrie, que le comte Raymond de Touloufe & Guillaume de Montpellier avoient fait bâtir durant la premiere croisade. Ce fut de là que, sentant affoiblir ses forces, il écrivit une lettre pleine de tendresse à sa communauté, comme pour lui dire le dernier adieu. « Je ne vous donne point (leur dit-il) ma derniere benediction & à mon
« cher troupeau de Maguelone, car je la reserve pour le tems où, ayant
« achevé d'expier mes pechez par le secours de vos prieres, je prierai Dieu
« moi-même qu'il répande les siennes plus abondamment sur vous. La
« recompense que j'espere est la même qui attend chacun de vous, si vous
« soûtenez avec courage la regularité que vous avez embrassée, & dont le
« Sauveur vous adoucira les peines. Je vous embrasse tous dans les
« entrailles de Jesus-Christ. »

Cette lettre, qui fut conservée cherement à Maguelone, s'est trouvée parmi les vieux manuscrits qui nous en restent. Et si elle sert à nous faire connoître l'affection de ce saint prélat pour son église, nous pouvons aussi juger de l'estime & de la vénération qu'on eut pour lui par l'éloge qu'en a laissé le chanoine de Maguelone dont j'ai déjà parlé. Il fait en vers son caractére tel qu'il resulte de tout ce que nous avons déjà raporté de sa vie, qui finit l'année 1108, & la vingtiéme de son episcopat.

* Arnaud.
† Bertrand.

Inde Deo fidus succeffit ei * *Gothofridus,*
    Ante simoniaco præsule † *deposito.*
Hic penitus munus virtutum contigit unus,
    Doctor veridicus pontificumque decus.
Nos in apostolicæ fundavit ordine vitæ,
    Et libertatem reddidit ecclefiæ.
Militibus tulit ecclefias, comitefque coegit
    Se verfis vicibus subdere præsulibus.
Post mare transivit, loca contemplatus obivit,
    Conditus in gremio, mons Peregrine, tuo.

CHAPITRE SIXIÉME*.

I. Gautier fuccede à Godefroy. II. Il fait plufieurs prefents à fon églife cathédrale & aux autres de fon diocéfe. III. Il y termine plufieurs differents. IV. Le pape Gelafe II à Maguelone, où l'abbé Suger va le vifiter de la part du roy Loüis le Gros. V. Suite de la vie de l'evêque Gautier. VI. Son voyage et fa mort dans la Paleftine.

APRÈS qu'on eut rendu à Maguelone les derniers devoirs à Godefroy, les chanoines s'affemblerent pour lui donner un fucceffeur, felon le droit qu'ils avoient d'en faire le choix. Ils élûrent tous unanimément Gautier, que l'on affûre avoir été chanoine parmi eux & natif du pays, comme on peut l'inferer de ces deux vers qui fuivent ceux que j'ai raporté ci-devant de Godefroy :

> *Huic fuccedit Galterus filius ejus,*
> *Filius obfequio, filius officio.*

Il marcha conftamment fur les traces de fon prédéceffeur; car toute fa vie fut pleine d'actions utiles pour fa communauté, pour les monafteres voifins & pour le refte de fon diocéfe. Voici comment Verdale s'explique au fujet de l'églife de Maguelone :

« Gautier travailla beaucoup pour le culte divin, & à l'avantage des chanoines de l'ordre de St. Auguftin établis à Maguelone. Il fit reparer la voûte de l'églife qui menaçoit ruïne, & pour la fortifier, il fit conftruire la tour du St. Sepulcre. Il bâtit jufqu'aux fondemens le cellier, le refectoire & le dortoir, qu'il mit dans fa perfection. Il donna à fon églife un calice d'or pefant quatre marcs, & une croix d'or & d'argent, des chapes, des tuniques, des dalmatiques & des chafubles d'or & de foye; des livres & quantité d'autres ornemens précieux. A tous ces préfents, il ajoûta, en faveur de fa communauté, les églifes de St. Brez & de Lauret qu'il leur donna. »

Quant à fes liberalitez envers les monafteres voifins, nous les aprenons des archives même des maifons à qui elles furent faites.

Par un acte où il prend la qualité de *Magalonenfis ecclefiæ fervus & epifcopus*, il donna à l'abbé de la Caze-Dieu & à fes freres l'églife de St. Vincent de

Jonquieres, qu'ils aſſûroient tenir de l'evêque Godefroy, ſon prédéceſſeur, à laquelle il ajoûta l'égliſe de St. Pierre de Pouſſan & celle de Cocon, qu'il leur donna à perpetuité, avec toutes leurs apartenances, dîmes & ſepultures, à la charge par eux de payer tous les ans à ſon égliſe deux muids de froment et un troiſiéme d'orge, meſure de Monpellier, & d'aporter à la tenuë de chaque ſinode, dans ſon palais épiſcopal, cent fours d'oignons & dix-huit ſols melgoriens, ne ſe reſervant autre choſe de ces trois égliſes que le reſpect qui lui étoit dû comme evêque. Il déclare, dans l'acte de cette donation, qu'il l'a faite à la priere des evêques de Viviers & d'Avignon, & qu'elle a été paſſée en preſence de Godefroy, ſon archidiacre, de Guillaume de Limoges, Guillaume de Dia, Arnaud Aurad & Hugues de Caſtelnau, tous pris du corps de ſon clergé. Fait à Nimes, le 6ᵉ de juin 1116.

1116.

Par autre acte, qui eſt conſervé dans les archives de St. Guillem du Deſert, il confirma à ce monaſtere la donation faite par Godefroy de l'égliſe de St. Martin de Londres, ſe reſervant néanmoins le quart des dîmes, des offrandes & le reſpect qui lui étoit dû, & les chargeant de payer tous les ans à ſes chanoines reguliers de Maguelone douze ſols melgoriens, qui pourroient être compenſez par une vache.

III. Toutes ces actions de liberalité furent mêlées de pluſieurs accommodemens qui ne furent pas moins utiles pour le repos public. Le premier, ſelon l'ordre du tems, fut le ſien propre avec Guillaume, fils d'Ermengarde, qui ſe preſſant, * après ſon retour de la Terre Sainte, de ſe refaire des grandes dépenſes où ce voyage l'avoit engagé, fit pluſieurs entrepriſes ſur ſes voiſins, & particulierement ſur Montpelieret, qui apartenoit à l'evêque. Nous avons une longue liſte des griefs que Gautier avoit contre lui, ſous ce titre : *Querimoniæ quæ fuerunt inter Guillelmum, Montiſpeſſullani dominum, & Gualterum, Magalonenſem epiſcopum*, où l'on voit qu'outre le refus que Guillaume faiſoit de lui prêter hommage pour la ville de Montpellier & pour ce qu'il tenoit de lui à Lates, il empêchoit ſes vaſſaux, qui tenoient du bien de St. Pierre, de faire leur reconnoiſſance à l'evêque. Ces gens-là, abuſant de la protection que Guillaume leur donnoit, entreprenoient ſur les bois & ſur les maiſons de St. Pierre (car c'eſt ainſi qu'on apelloit l'égliſe de Maguelone); & comme ils ne pouvoient le faire ſans trouver quelquefois de la reſiſtance, ils en venoient à maltraiter les clercs & leurs valets qui s'y opoſoient; ce qui donnoit lieu à la ruïne des métairies & à la profanation des égliſes & de leurs cimetiéres. Mais une choſe qui peut ſervir à faire connoître l'ancien Montpellier, c'eſt que Gautier ſe plaint que Guillaume avoit fait faire les foſſez de la ville dans le fonds de l'evêque, ce qui lui avoit

PAGE 26.

fait perdre les censives qu'il en retiroit auparavant, & les habitans de Montpellier, non contents de détourner les eaux de la ville dans les maisons & les jardins de l'evêque, faisoient couler les eaux & les immondices de leurs toîts & de leurs terrasses sur les maisons de Montpelieret : *pro fidelitate quam Guillelmus debet episcopo, debet facere justitiam de hominibus Montispessulani, qui canales in muris & solariis suis noviter construxerunt, per quos aqua cum immunditiis super domos episcopi defluit.* Cela nous donne lieu de penser que Montpellier & Montpelieret étoient déja contigus, puisqu'on ne peut entendre par ces mots, *domus episcopi*, que celles de Montpelieret, qui de tout tems avoient apartenu à l'evêque.

Tous ces griefs, & quelques autres que j'omets, furent apaisez par la patience de Gautier qui, avec le tems, gagna si bien la confiance & l'amitié de Guillaume, que ce seigneur, en partant pour son expedition de Mayorque, en 1104, lui laissa la disposition de plusieurs de ses terres, au cas qu'il vînt à perir dans cette guerre.

Le second raccommodement que Gautier eut à faire, fut entre Bernard, comte de Melgueïl, & Guillaume de Montpellier, au sujet d'une digue sur la riviere du Lez, dont j'ai déja parlé dans l'article de Guillaume, fils d'Ermengarde. Le nommé Bernard Galdemar avoit si fort broüillé ces deux seigneurs, qu'après plusieurs hostilitez de part & d'autre, il falut en venir au jugement des experts qui auroient été nommez par l'evêque, *judicio eorum quos episcopus nominaverit*, qui les obligerent enfin d'en venir aux preuves nobles, & de s'en tenir, pour les griefs reciproques, au serment d'un nombre de chevaliers choisis de part & d'autre.

La paix ainsi terminée, Gautier songea à la cimenter par le mariage de Bernard, comte de Melgueïl, & Guillelme, fille du seigneur de Montpellier. Le contrat en fut passé le 11 janvier 1120. Mais ce qu'il y eut de plus singulier & qu'on regardoit sans doute en ce tems-là comme quelque chose de bien beau, c'est que le commencement du contrat est en prose rimée, & qu'en parlant du sacrement de mariage, on y remonte jusqu'à celui d'Adam & d'Eve.

Le troisiéme raccommodement où Gautier eut à travailler, fut entre son chapitre & les moines d'Aniane, qui, en vertu de differentes bulles, disputoient à l'église de Magueloné plusieurs benefices du diocése, & à l'evêque une partie de sa juridiction. Gautier en écrivit au pape Honoré II, qui par une bulle que nous avons encore, nomme l'archidiacre & le précenteur d'Agde pour entendre les parties, avec pouvoir de les contraindre par censures, eux & leurs témoins s'il en étoit besoin, & de prononcer définitivement sur cette matiére, sans apel.

L'affaire ayant été examinée, on reduifit le jugement à divers articles, qui furent jurez par les parties devant l'autel de St. Brez, en prefence de Guillaume de Montpellier, de Guillaume de Cornon, de Dalmas de Caftries, & quantité d'autres * feigneurs de la meilleure nobleffe du pays.

<small>PAGE 27.</small>

Dans les premiers articles, l'abbé promet obéïffance à l'evêque & à fes fucceffeurs, & lui remet les bulles qu'il avoit obtenuës du St. Siége, pour les benefices qu'il prétendoit lui avoir été accordez. Il convient enfuite :

« Que les chapelains établis par lui ou par fes religieux, pour le fervice
« des âmes dans les églifes de leur dépendance, feront tenus de fe préfenter
« à l'evêque ; & que fi les religieux defservoient eux-mêmes ces églifes, ils
« feroient tenus de venir au finode & de répondre à l'evêque du foin des
« âmes. » Voilà pour la juridiction.

Quant aux benefices en litige, on fit une efpece d'échange. L'abbé renonça à l'églife de la Verune, & remit la bulle de Pafcal II, qui la lui avoit accordée, & il reçut de Gautier celle de Roüet, avec fes droits & toute juftice.

L'abbé remit à l'evêque les églifes de St. Sebaftien de Marolio, de St. Felix de Murles, de St. Maur de Subftantion, de St. Paul de Frontignan, de St. Côme, de St. Eftienne de Nuntio, de St. Jean de Felines & de Ste Marie de Fabregues.

Et l'evêque lui donna les églifes de St. Martin d'Efcophiac, de Balanicis, de St. Clement de Fons, fituée près du château de Montferrand, de St. Sauveur du Pin, de St. Eftienne de Viols, de St. Silveftre de Brouffes, de St. Martin de Valleratenfi, avec leurs chapelles, dîmes & prémices, fous la referve néanmoins du quart de la dime des grains pour l'églife de Maguelone.

IV. J'ay raconté tout de fuite ces differens évenémens, quoique dans les intervales il fe fût paffé bien des chofes remarquables, dont la plus confiderable eft l'arrivée à Maguelone, en 1118, du pape Gelafe II, qui, fuyant les perfecutions de l'empereur Henry V, quitta l'Italie pour venir implorer en France la protection du roy Loüis le Gros. L'abbé Suger, premier miniftre de ce prince, en nous donnant dans la vie de fon maître une relation du voyage du pape, nous décrit l'ifle de Maguelone où il vint aborder. *Applicuit Magalonam*, dit-il, *arctam in pelago infulam, cui fupereft folo epifcopo & clericis rara familia, contempta, fingularis & privata. Imo tamen, propter mare commeantium Sarracenorum impetus, munitiffima civitas.*

<small>Chap. 21 dans Duchefne.</small>

Gelafe s'arrêta quelques jours à Maguelone, durant lefquels il figna une bulle en faveur du monaftere de la Grace, qu'on y conferve encore, donnée à Maguelone le 2 des calendes de décembre 1118, & la premiére année de son pontificat. De là il passa à Melgüeil & à St. Gilles, où Pons, abbé de Cluny & frere du comte de Melgüeil, le vint recevoir avec une nombreuse suite, & l'amena dans son abbaye. Ce bon pape, accablé des grandes fatigues de son voyage, y finit ses jours; & aussitôt les cardinaux qui se trouverent auprès de lui élûrent d'une commune voix le cardinal Guy, archevêque de Vienne, proche parent du roy de France & de l'empereur, qui prit le nom de Calixte II, & fit confirmer son élection par les autres cardinaux qui étoient restés à Rome.

Le nouveau pape, touché des peines que l'empereur Henry avoit fait souffrir à Gelase, son predecesseur, l'excommunia dans un concile qu'il tint à Cluny avec les evêques qui s'étoient rendus auprès de lui, parmi lesquels on compte Gautier, evêque de Maguelone. Calixte en tint plusieurs autres en France, dont celui de Paris est le plus considerable, par les beaux réglemens qu'on y fit sur la discipline ecclesiastique. Et étant retourné à Rome, il termina enfin, après divers évenemens, la grande querelle des investitures.

Cependant Gautier remplissoit dans son diocése les devoirs d'un pasteur vigilant & actif. Ayant eu avis qu'un prêtre nommé Jean avoit bâti comme par miracle l'église de Murles (Verdale n'en dit pas la maniere), l'evêque de Maguelone se transporta sur les lieux; & ayant reconnu qu'il y avoit quelque chose de merveilleux, il aprouva tout ce qui avoit été fait, & ordonna qu'on fit tous les ans un anniversaire pour ce bon prêtre... L'année d'après il consacra l'église des templiers, comme nous l'avons vû dans la vie de Guillaume, fils de Sibille; mais nous ne sçavons pas précisément l'année où il se trouva à la consecration de l'église de Cassan, quoiqu'il conste qu'il fut assistant d'Antoine, * archevêque d'Arles, avec les evêques de Carcassonne & de Nîmes.

Toutes ces actions differentes de charité chrêtienne & de pieté furent en quelque façon recompensées dès ce monde par les restitutions & par les liberalitez que plusieurs seigneurs du pays firent à son église. Les archives de l'hôtel de ville & de l'evêché nous fournissent plusieurs actes que le lecteur me dispensera bien de raporter, à cause de leur prolixité; mais peut-être sera-t-il bien aise de sçavoir le nom des seigneurs de ce tems-là que ces actes nous ont conservé.

En 1111, Eleazar de Castries laissa à St. Pierre de Maguelone & à Gautier, son evêque, tous les biens de l'église de St. Martin de Crez avec ses revenus, c'est-à-dire les dîmes, le cimetiere, les offrandes, les maisons & toutes leurs apartenances. De plus, la troisiéme partie des dîmes de St. Sebastien de Meirargues, & la quatriéme partie des dîmes de St. Michel de Guzargues.

En 1112, Guillaume de Fabregues, Guimaude, fa mere, & Ermenfende, fa femme, avec leurs fils & leurs filles, d'un commun confentement, donnerent à Gautier, evêque de Maguelone, & à fes chanoines reguliers, *omnibufque ibidem fæculo relicto fervientibus,* le puech où eft fituée l'églife de St. Bauzille, à la charge de n'y bâtir jamais ni fortereffe ni ville. De plus ils donnerent tout ce qu'ils avoient dans la vallée apellée Carriere, à la charge que fi celui qui viendra pour y fervir Dieu vient à être fait chanoine, moine ou prêtre, il ne joüira point de cette donation. D'où l'on infere que c'étoit pour l'hermitage que l'on découvre de Montpellier, fur la petite montagne, à main gauche de Fabregues, où l'on voit fur le haut un logement tout propre pour un hermite. C'eft là où le préfident Nicolas Boëri, l'un des plus grands ornemens de notre ville (& qui nous a laiffé la pofition de cet hermitage), regrettoit fi fort de n'avoir pû fe retirer. *Proh dolor! quia fi contigiffet mihi aliquando mei juris effe, deliberaveram intrare erimitagium Sti. Baufilii fupra quemdam montem in diocefi Magalonenfi, prope villam novam & oppidum miræ vallis exiftens, & a quolibet per leucam diftans,* dans fon Traité fur l'autorité du grand confeil, page 860.

Page 860.

In Tractatu de auth. magni confilii.

En 1114, Guillaume de Cornon, fils de Guillaume Raymond Gaucelin, voulant aller vifiter le St. Sepulcre, engagea, pour fubvenir aux fraix de fon voyage, la quatriéme partie du bois d'Arefquiez, aux chanoines de Maguelone, & s'étant établi avantageufement dans la Paleftine, il écrivit de la ville d'Acre à Otton de Cornon, fon coufin, de laiffer joüir l'églife de Maguelone de tout ce qu'il lui avoit engagé, à laquelle il tranfporte tout le droit qu'il pourroit y avoir.

Mff. d'Aubais.

Dans cette même lettre que nous avons, où il invite fon coufin à faire le voyage de la Terre Sainte (en lui offrant, quand il y feroit, de lui faire part de fa bonne fortune), il fait mention de Guillaume de Montpellier, qu'il apelle fon feigneur, & de Dalmas de Caftries.

Raymond Pons & Geura, fa femme, avec leurs fils & leurs filles, d'un commun confentement, donnerent à Dieu & aux chanoines de Maguelone tout ce qu'ils avoient de dîmes dans le prieuré & cimetiere de Pignan, & ils en firent la délivrance à Gautier, qui fut confirmée par les freres, les neveus & les parens de Raymond Pons.

Le grand abus où les laïques étoient alors de s'aproprier les revenus ecclefiaftiques (comme on le voit par les canons fi fouvent reïterez dans les conciles de ce tems-là), porterent Gautier à leur reprefenter l'injuftice de l'ufurpation qu'eux ou leurs peres avoient faite d'un bien qui n'avoit été donné que pour l'entretien des pauvres & des miniftres de l'Eglife. Plufieurs, pour la décharge de leur confcience, les remirent gratuitement, &

quelques autres ne voulurent les rendre que moyenant une somme qu'il falut leur payer. L'evêque de Maguelone ne refusa pas souvent ce moyen; car nous trouvons que pour cinquante sols melgoriens qu'il donna à Elzear, fils de Bertrand de Montredon, il en retira toutes les dîmes qu'Elzear tenoit sous son nom ou sous le nom d'autrui, à St Giles du Fesc. Il retira de même, pour quatre livres de deniers *(sic)*, un fief tenu dans le terroir de Gigean par Pierre de Salsas, Ermengarde, sa femme, & Raymond, leur fils.

* Le comte R. Bernard de Melguëil, & Guillelme, sa femme, lui rendirent un cimetiere & un stare attenant l'église de St Romain de Melguëil, & Ademar de Montarnaud lui délaissa l'église de Murviel & celle de Centrairargues. PAGE 29.

Enfin, ce saint prélat qui avoit si bien marché sur les traces de Godefroy, VI. son prédécesseur, voulut l'imiter dans le voyage qu'il avoit fait à la Terre Sainte, où il finit ses jours comme lui, dans la vingt-uniéme année de son pontificat. Il fut inhumé au mont Pelerin, auprès du tombeau de Godefroy, ce que Bernard de Treviez, chanoine de Maguelone, & auteur des vers que nous avons déjà raportez, a renfermé dans ceux-ci, où il fait l'éloge du zele, de la douceur & de l'habileté de Gautier, à maintenir le bon ordre dans son diocése & dans sa communauté de Maguelone.

> *Doctus & astutus, percomis, clarus, acutus.*
> *Magnus consilio, magnus & eloquio.*
> *Corpore sincerus, & religione severus.*
> *Impatiens sceleris, compatiens miseris.*
> *Formæ cultores, & nostros auxit honores;*
> *Crevit thesaurus, fabrica, fama, domus.*
> *Inde, sequens tristi vestigia forte magistri,*
> *Interiit, positus quo pater ante suus.*

Feu Jean de Rignac, conseiller en la cour des aydes, dans les mémoires qu'il nous a laissé sur l'histoire de Montpellier, raporte une dissertation de Bruno, evêque de Segni, adressée à Gautier, evêque de Maguelone, sur les habits sacerdotaux de l'ancienne & de la nouvelle loi. Par où l'on peut juger avantageusement de la science de ces deux evêques, & aprendre en même tems que Gautier fit un voyage à Rome, dont ses autres historiens n'ont pas parlé. *Mss. d'Aubaïs.*

Le P. Mabillon, dans ſes *Analectes*, raporte une lettre qui a pour titre : *Galteri epiſcopi Magalonenſis, ad Robertum præpoſitum inſulanum, de Floribus ſanctorum a Lietberto collectis*. Et dans les notes que ce ſçavant critique a fait ſur cette lettre, il fait obſerver que Gautier, evêque de Maguelone, avoit exercé les fonctions de legat apoſtolique, ce qui n'avoit pas été marqué avant lui. Il met ſa mort en 1129, & ſon entrée dans l'epiſcopat en 1103.

CHAPITRE SEPTIÉME.

I. Raymond Ier fait pluſieurs reparations à Maguelone. II. S'attire la confiance de Bernard, comte de Melguëil. III. Reçoit à Maguelone le pape Innocent II, refugié en France. IV. Doutes que l'on a s'il ſçut ſe conſerver les bonnes graces de ce pape. V. Ses démêlez avec les ſeigneurs de Montpellier. VI. Et avec ſon chapitre. VII. Il fait une donation à l'hôpital St Jean de Jeruſalem. VIII. Reçoit des graces d'Anaſtaſe & d'Adrien quatriéme. IX. Et obtient du roy Loüis le Jeune la confirmation des privileges de ſon égliſe. X. Fin de la vie de cet evêque.

I. L'ELECTION de Raymond Ier ſuivit de près la nouvelle qu'on reçut de la mort de Gautier; mais elle ne laiſſa pas d'être traverſée par le comte Bernard de Melguëil, qui voulant faire revivre l'ancien uſage où ſa famille avoit été de nommer à l'evêché de Maguelone, envoya des gens de guerre pour faire du dégât dans les terres de l'Egliſe. Mais, malgré ces voyes de fait, Raymond * fut ſacré par Arnaud, archevêque de Narbonne, & Bernard reconnut ſi bien le tort qu'il avoit eu dans cette occaſion, qu'il en fit une reparation autentique, comme nous le verrons plus bas.

Gariel nous aſſûre qu'il étoit chanoine de Maguelone & doyen de Poſquieres (aujourd'hui Vauvert), quoique Verdale n'en parle pas. Mais on redreſſe Verdale pour l'année de ſon election qu'il met en 1133, ſur ce que Raymond ſe trouve ſigné, en qualité d'evêque, dans le contrat de mariage de Guillaume de Montpellier avec Sibille, paſſé en 1129. D'où l'on conclut qu'il fut élû pour le moins cette même année, & que la faute qui ſe trouve dans Verdale vient de ſes copiſtes.

Il nous aprend plus exactement ce que Raymond fit pour la décoration de ſon égliſe & pour la commodité du logement des chanoines. « Il leur « fit bâtir (dit-il), un lieu deſtiné pour tenir le chapitre. Il leur donna une « grande citerne, & il acheva tout ce qui reſtoit à faire à la tour du St Se-

« pulcre & à celle de St Côme. Il conſtruiſit depuis les fondemens la tour
« de la Cuiſine, & fit élever dans l'égliſe l'autel de St Pierre, en plaçant
« derrière cet autel ſa chaire pontificale. Il fit le lavoir du cloître ſuperieur,
« le *corticale* & *portalia*. Il fit clorre le cimetiere des laïques & conſtruire
« la maiſon du moulin, celle où l'on enfermoit les bois des lits, celle des
« convers & le bâtiment qui, à l'avenuë du pont, ſervoit à enfermer les
« chevaux de ceux qui arrivoient de la terre ferme. » Je raporte toutes
ces particularitez que Verdale nous a marqué, parce qu'elles ſerviront à
connoître l'état où l'iſle de Maguelone ſe trouvoit depuis la tranſlation des
chanoines de Subſtantion.

« De plus (c'eſt toûjours Verdale qui parle), Raymond donna à ſa com-
« munauté les égliſes de St Drezery & de Molines, avec les terres qu'il
« avoit acquiſes de Guillaume Helbrard de Coconet, & il enrichit ſon égliſe
« de livres, de calices & de divers ornemens précieux. »

Ces liberalitez ne laiſſerent point de tourner à l'avantage temporel de celui II.
qui les faiſoit. Car le comte Bernard, touché ſans doute du bon uſage que
Raymond faiſoit des revenus eccléſiaſtiques, ſe reprocha d'avoir troublé
ſon élection; & pour reparer le dommage qu'il avoit cauſé en cette occaſion à l'égliſe de Maguelone, *pro emendatione damni* (dit-il dans l'acte) *quod
tempore electionis Raymundi epiſcopi, injuſte eidem eccleſiæ Magalonenſi intuli*, il
s'oblige & ſes ſucceſſeurs de donner à chaque fête de Notre-Dame de la
mi-août un très-bon repas à tous ceux qui demeurent à Maguelone. *Optimum apparatum omnibus Magalonæ commorantibus.* Mais afin que ſes preſents
euſſent quelque choſe de plus ſtable, il leur donna la pêche de l'étang,
depuis l'embouchure du vieux Lez juſqu'à celle de Lamouſſon, & tout ce
dont lui & Pons d'Obillon s'étoient emparez, appartenant aux chanoines
de Maguelone, ſelon qu'il ſera decidé par Pons de Montlaur, Roſtang de
Arzas, Berenger Aymard, Bertrand le Moine, & quelques autres perſonnes
qui ſeront apellées pour cet effet. La comteſſe Guillelme, ſon épouſe, ſigna
cette donation, & il eſt ajoûté par apoſtille que les limites de l'étang qu'il
donne ſont depuis le vieux Lez juſqu'à Folzerats.

L'année 1130 fut heureuſe à Raymond & aux chanoines de Maguelone III.
par l'arrivée du pape Innocent II, qui vint y aborder, pour fuïr (comme
nous l'aprenons de l'abbé Suger) les perſécutions qu'il ſouffroit à Rome. In vita Ludocraſſi.
Pierre de Leon, fils d'un des plus riches citoyens romains, ayant eu le
crédit de ſe faire élire par un petit nombre de cardinaux & de chaſſer enfin
Innocent de Rome, ce pape prit la France pour ſon refuge. Raymond eut
le bonheur de l'accuëillir à Maguelone avec Guillaume de Montpellier,
qui dans cette occaſion donna au pape de ſi grandes marques de reſpect &

d'attachement, qu'il en obtint les trois brefs dont nous avons déjà parlé, dans lesquels Innocent le prend sous sa protection, lui & tous ses biens, sçavoir : Montpellier & le château de Lates, *amorem & servitium quod B. Petro & nobis exhibere non cessas, frequenter recolimus, &c.* Il le suivit avec Raymond à St Gilles, au Puy, à Clermont & à Etampes, qui fut la route que le pape tint ; & son election ayant été confirmée dans l'assemblée d'Etampes, où St Bernard soûtint vivement sa cause, il fut reconnu * par la France, l'Angleterre & l'Allemagne, qui se rangerent sous sa communion. Raymond eut l'avantage d'assister à toutes les assemblées qui se tinrent sur cette grande affaire, & de se trouver au concile de Reims, où le roy de France fit sacrer le roy Loüis le Jeune, son second fils, après la perte qu'il venoit de faire de Philippe, son aîné, qui malheureusement avoit peri dans les ruës de Paris d'une chûte de cheval.

IV. Depuis cette époque remarquable jusqu'en 1139, nous ne trouvons aucune mention de Raymond dans les actes publics, quoiqu'il se fût passé dans le pays bien de choses remarquables. Par exemple, il n'est rien dit de lui ni devant ni après le voyage que Guillaume de Montpellier entreprit en 1134 pour aller secourir Alphonse, roy de Castille. On ne trouve non plus rien de lui dans le mariage de Beatrix, fille du comte Bernard de Melgueil, avec Berenger Raymond, frere du comte de Barcelonne, qui se fit après la mort du comte Bernard, en 1140. On trouve, au contraire, une bulle du pape Innocent II, pour l'établissement des moines de Cluny à Montpellier, adressée à Guillaume, dans le tems du soûlevement de ses habitans contre lui, en 1141. Le pape qui ne donna jamais aucune commission à Raymond sur cette affaire, ayant marqué à Guillaume qu'il avoit écrit aux evêques de ses quartiers d'ordonner, sous peine d'excommunication, à Alphonse, comte de Toulouse, d'abandonner le parti des séditieux, ajoûte ces paroles : Quant à votre evêque de Maguelone, vous aprendrez par le retour de votre envoyé ce qui en a été fait. *De episcopo vestro Magalonensi quid actum sit, per nuntium agnoscere poteris.* D'où l'on peut inferer tout au moins que le pape & le seigneur de Montpellier vécurent dans une assez grande indifference pour l'evêque Raymond. A quoi l'on pourroit ajoûter que Guillaume voulant, trois années après, faire bâtir la chapelle du château, il obtint du pape Celestin II une commission pour l'abbé de St Gilles d'y mettre la premiere pierre, sans qu'il y soit fait aucune mention de l'evêque diocésain..

V. Mais ce qui prouve plus positivement que Raymond eut plusieurs démêlez, soit avec Guillaume, fils d'Ermensende, soit avec son chapitre, c'est que nous avons divers concordats passez entre eux, & des lettres des papes écrites à ce sujet.

En 1139, il fut convenu que le château de Lates, auquel Guillaume faifoit faire de grandes reparations, lui apartiendroit en entier, mais qu'il en feroit reconnoiffance à l'églife de Maguelone, *ecclefiæ Magalonenfi beneficiario jure mancipetur*; & que la chapelle qu'il avoit conftruit au même lieu de Lates, feroit de la dépendance de l'evêque Raymond pour tout ce qui concerne le fervice divin. Que Guillaume payeroit la dîme de fes moulins, & qu'il ne porteroit aucun trouble à la levée des droits que l'evêque de Maguelone avoit fur le port de Lates.

Ce peu d'intelligence qu'il y avoit eu entre Raymond & Guillaume, fils d'Ermenfende, fut peut-être caufe des démêlez que le même Raymond eut peu de tems après avec fon fils; car nous trouvons que Guillaume de Sibille ayant fuccedé à fon pere en 1147, il menagea fi peu Raymond & l'èglife de Maguelone, qu'il s'empara des églifes de Ste Croix & de St Nicolas, & qu'il s'attribua l'inftitution & la deftitution des prêtres qui les deffervoient, comme il refulte d'un bref que le pape Eugene III en écrivit à Guillaume, & que nous avons dans le bullaire de l'hôtel de ville. Le pape lui marque de rendre non-feulement ce qu'il détient, mais encore de faire reftituer par les habitans de Montpellier tout ce qu'ils avoient pris de force à l'églife de Maguelone.

La chofe fut executée felon les ordres du pape, par la renonciation que fit Guillaume à tous fes droits prétendus, & par l'échange qu'il fit avec le prieur de S. Firmin, aux conditions que j'ai marquées dans la vie de Guillaume, fils de Sibille.

Mais ce démêlé fut à peine terminé qu'il en furvint un autre à Raymond avec fon chapitre, ce qu'on n'avoit pas encore vû. Car depuis près d'un fiécle que la regularité avoit été établie à Maguelone, l'union avoit été parfaite entre l'evêque & fes chanoines. Il n'apartient pas à un particulier comme moi, qui * écrit cinq ou fix cens ans après, de décider fur le tort d'une des deux parties; mais s'il eft permis de regler fon jugement fur la fentence des arbitres qui furent nommez alors, il ne fera pas difficile de prononcer. PAGE 32.

L'evêque Raymond s'aproprioit les dîmes de Notre-Dame de Montpellier, de Montpeliret, des moulins de Lates & de la paroiffe de St Eftienne de Villeneuve. Pierre, archevêque de Narbonne, & Pierre Raymond, evêque de Lodeve, furent choifis pour juger leur different. Par leur fentence, l'eglife de Notre-Dame de Montpellier fut déclarée en faveur des chanoines, libre de toutes charges. *Statutum eft ut ecclefiam fanctæ Mariæ de Montepeffulano liberam per omnia, falva reverentia epifcopali Magalonenfi, canonici habeant.* Les dîmes de Montpeliret leur furent adjugées; mais à la charge de rendre à l'evêque mille fols qu'il avoit donné pour retirer lefdites dîmes de Bernard Aranfredy. Celles des moulins de Lates furent déclarées leur apartenir, felon l'article de la tranfaction paffée entre Guillaume d'Ermenfende, d'une part, & Raymond avec fes chanoines de l'autre. Enfin il fut reglé que les chanoines auroient la dîme du pain & du vin, que l'evêque prenoit dans la paroiffe de St Eftienne de Villeneuve. A quoi (dit l'acte) Raymond acquiefça, *quæ omnia fe obfervaturum promifit Raymundus, anno 1152.*

Cette fentence, après avoir été acceptée des parties, comme nous venons de le voir, paroît avoir remis entr'elles une parfaite intelligence. Car nous trouvons dans les archives de St Jean de Jerufalem de la ville d'Arles, que

VII. l'evêque Raymond, du confentement de fes freres les chanoines, donna l'année fuivante (c'eft-à-dire 1153) à l'hôpital de la maifon de Jerufalem à Montpellier, fon jardin & une piece de terre fituée tout auprès, avec une rente de cinq fols, *& quinque folidos cenfuales.*

L'exaltation d'Anaftafe IV fur la chaire de St Pierre, parut à Raymond une occafion favorable de fe mettre dans l'efprit du nouveau pape mieux qu'il n'avoit été fous Eugene III, Lucius II & Celeftin II, fes predeceffeurs. Il profita pour lui écrire de la mort du comte de Melguëil, affaffiné, comme nous l'avons dit ailleurs, par les ordres du feigneur de Baux, au fujet de quoi il lui rapelle les droits que le St Siége avoit fur le comté de Melguëil, & lui demande fur cela fes ordres dans le pays. Ce qui lui attira une réponfe d'Anaftafe, qui le chargea, lui & fes fucceffeurs dans l'églife de Maguelone, de difpofer de la comté de Melguëil au nom du St Siége, au cas qu'elle vînt à vacquer fans fucceffeurs legitimes. *Et fi ipfius comitatus hæredum fucceffio defecerit, noftra, noftrorumque fuccefforum vice, comitatum ipfum regendo difponatis.* Mais la précaution fut inutile pour cette fois, parce que Beatrix, veuve du comte Raymond, époufa en fecondes nôces Bernard Pelet, comte d'Anduze, de qui elle eut des enfans.

Dans cette même lettre Anaftafe prit fous fa protection (à l'exemple d'Urbain II) l'églife de Maguelone, confirmant à l'evêque & à fa communauté tous les biens dont ils jouiffoient, & particulierement l'églife de Montefevo, aujourd'hui Gigean.

<small>In regiftro epifcopali.</small> Cependant la divifion qui avoit été entre l'evêque Raymond & fon chapitre recommença de nouveau, au fujet d'un droit de leude qu'on levoit à Villeneuve, & que l'evêque avoit inféodé à quelques particuliers. Le findic du chapitre reclama fes droits, & l'affaire auroit eu de plus longues fuites, fi quelques chanoines n'avoient traité amiablement avec Raymond, qui compofa avec eux.

Il fut plus heureux, comme les mêmes regîtres le marquent, avec Guillaume de Tortofe, frere du feigneur de Montpellier, dans l'acquifition qu'il fit, pour le prix de cent fols melgoriens, de divers pâturages que Tortofe avoit dans le terroir de St Martin du Crez.

Dans ce même tems il eut de nouvelles occupations qui lui vinrent de l'exaltation d'Adrien IV au fouverain pontificat. Ce pape, anglois de nation, & qui dans fa jeuneffe avoit été obligé de paffer en France pour y fubfifter, avoit été reçû parmi les clercs de St Jacques de Melgueil, d'où étant entré dans une abbaye de l'ordre de St Auguftin, il fut élevé par fon merite à la qualité d'abbé.* Quelques démêlez qu'il eut enfuite avec les religieux de fon ordre l'obligerent d'aller à Rome, où il fut connu & goûté du pape Eugene III, qui le retint auprès de lui & le fit cardinal evêque d'Albano. La mort d'Anaftafe, qui ne tint le fiège pas plus de deux ans, l'éleva auffitôt à la premiere place de l'Eglife. Et comme dans les plus grandes élévations, on n'oublie pas toûjours les lieux où l'on a paffé fa jeuneffe, Adrien conferva de l'affection pour le diocéfe de Maguelone & pour les perfonnes qu'il y avoit connu. PAGE 33.

Guillaume de Montpellier fut des premiers qui lui ayant écrit une lettre de felicitation, s'attira un bref adreffé à l'archevêque de Narbonne, à fes fuffragans, à Raymond, evêque de Maguelone, au prieur, aux archidiacres & au peuple de cette églife, par lequel Adrien prend fous fa protection Guillaume de Montpellier avec tous les fiens, & nommément Tortofe, fon frere, avec fon château de Caftries; voulant que fi quelqu'un attentoit contr'eux, il fût procedé envers l'agreffeur par excommunication & par interdit du lieu de fa demeure, excepté néanmoins les églifes de Notre-Dame & de St Firmin, qui ne pourroient être foumifes à l'interdit, n'étant pas jufte (ajoute le pape) qu'un auffi grand peuple que celui de Montpellier fût privé du culte divin par la faute d'un particulier. *Indignum enim eft ut tantus populus, ex culpa & maleficiis cujufcumque perfonæ, a divinis debeat officiis abftinere.*

Ce bref en faveur de Guillaume fit naître la penfée à Raymond d'en demander un femblable au pape Adrien pour la confirmation de toutes les poffeffions & droits acquis par lui ou par fon chapitre. Ce qu'il obtint par un bref du mois d'avril 1155. Mais pour lui donner plus de force par le fecours de la puiffance royale, Raymond demanda la même grace au roy Loüis le Jeune, comme au feigneur dominant de tout le pays. Nous avons les lettres de ce prince, où il prend le titre d'empereur des François & d'augufte. Et ce font les premieres lettres que nous ayons de nos rois, depuis celles de Loüis le Débonnaire, dont j'ai parlé ci-devant dans la vie d'Argemire, evêque de Maguelone. 1155.

Le roy, qui adreſſa ſa lettre à Raymond & à ſa communauté, *Raymundo episcopo Magalonenſi, & ejuſdem eccleſiæ ſacro conventui*, marque à Raymond : que ſur la priere qu'il lui en a faite, il prend ſous ſa protection, à l'exemple du roi Loüis, ſon prédéceſſeur, tous les biens acquis & à acquerir par l'égliſe de Maguelone. Et entrant dans un plus grand détail, il ſpecifie l'iſle de Maguelone, où l'égliſe eſt ſituée, avec toutes ſes appartenances, ſoit dans la mer, ſoit dans l'étang. C'eſt-à-dire pour la mer (ajoûte le roy), *hoc eſt in mari piſcationes ſuas ; & ubicumque in Subſtantionenſi comitatu, portus, qui dicitur gradus, aperiatur*, les droits de pêche & le port apellé Grau, quelque part qu'il vienne à s'ouvrir dans la comté de Subſtantion. De toutes les rentes qui en proviendront, l'égliſe en aura la moitié, *de omnibus reditibus qui inde provenient, medietatem*. Et dans l'étang, elle aura la pêche & tout le poiſſon, *et in ſtagno piſcationes ſuas, & pulmentum*.

Outre cet article, le roy accorde, *concedimus*, à l'égliſe de Maguelone & à Raymond, les châteaux de Villeneuve & de Gigean, avec toutes leurs apartenances ; les lieux de Baillargues, du Terrail, de Montpelieret, de Guzargues, de Ganges & de Vic ; tout le château de la Verune, avec ſes apartenances ; tout le fief que tient Guillaume de Montpellier, ſçavoir : Montpellier & le château de Lates, avec deffenſe à tout comte & à tout prince d'établir ou exiger des albergues ou des quêtes dans tous ces lieux, & nommément dans ceux de St Denis, de St Brez, de Pinet, diocéſe de Beziers, & dans la terre de Roüet, ſituée dans le terroir de Subſtantion, où il ne ſera permis à autre qu'à l'evêque Raymond d'exercer la juſtice & d'établir des impôts. *Et nulli unquam homini liceat in his locis, ſive in alio Sancti-Petri de Magalona, honores, juſtitias, vel alias exactiones exigere, niſi tibi & ſucceſſoribus tuis*.

Enfin le roy, ſous titre de donation, comprend dans ſes lettres-patentes les lieux de Xindrio, Lamouſſon, Maurin & Cocon. *Adhuc etiam donamus vobis villam de Xindrio, de Amanſione, villam de Maurino, de Cocone, cum omnibus pertinentiis ſuis, ſicut ſunt de terminio caſtri de Villanova*.

Depuis ce tems-là, chaque année eſt remarquable par quelque action où l'evêque Raymond prit quelque part.

Page 34. * Sur la fin de cette même année 1155, il fit la viſite de ſon diocéſe, durant laquelle il publia ſes ordonnances ſinodales, & il ſepara les deux égliſes de Ganges & de la Roque-Ainier, en établiſſant un vicaire dans chacune de ces égliſes, & en leur donnant des fonts baptiſmaux & un cimetiere particulier.

En 1157, il fut preſent avec Jean, prieur de St Firmin, au teſtament d'Ermenſende, fille de Dalmas de Caſtries, & femme de Guillaume de Tortoſe, qui se sentant en danger de mourir de ses couches (comme elle fit en effet) donna tous ses biens à son mari, pour en disposer à sa volonté.

Cette même année, les habitans de Montpellier voulant agrandir & orner l'église de Notre-Dame des Tables, qui devenoit tous les jours plus célèbre par les miracles que Dieu y operoit, obtinrent une bulle d'Adrien IV, qui leur est adressée, & à Guillaume, leur seigneur, par laquelle il leur permet, du consentement du prieur de Notre-Dame, d'employer pour l'ornement de cette église les offrandes qui seroient faites durant cinq ans à l'autel de St Sauveur ; mais à la charge que le prieur rentreroit dans la joüissance desd. offrandes après les cinq années révoluës.

L'année d'après 1158, le pape donna avis à Raymond de la grace qu'il venoit d'accorder à Guillaume de Montpellier & aux habitans ; & presqu'en même tems il fut obligé de lui écrire un peu fortement sur les plaintes que ses chanoines portoient contre lui.

Par le bref donné au palais de Latran le 6 des kal. de novembre dans la quatriéme année d'Adrien, c'est-à-dire 1158, il paroît que Raymond n'avoit pas executé la sentence de l'archevêque de Narbonne & de l'evêque de Lodeve, touchant les dîmes de Montpelieret, dont il a été parlé ci-devant. On l'accusoit aussi de vouloir disposer à son gré du bien de son église. C'est pourquoi le pape lui enjoint de n'en faire aucune disposition, sans le consentement de ses archidiacres & de la plus saine partie de son chapitre. Il lui ordonne de rendre en entier ce qu'il a pris & de laisser joüir les chanoines de la dîme de Montpelieret, supofé qu'il eût été déja payé de ce qu'il avoit avancé pour la retirer. Le surplus de la lettre du pape Adrien est un avertissement qu'il fait à Raymond de ne pas donner à ses clercs de nouveaux sujets de murmure, pour ne pas le mettre dans la nécessité de lui écrire plus durement.

C'est la derniere piece que nous ayons touchant la vie de cet evêque, qui selon toutes les apparences mourut cette même année ; car nous trouvons que son successeur remplissoit le siége de Maguelone sur la fin de 1158.

1158.

Il ne me reste qu'à faire mention d'un article qui a échapé à Gariel. C'est que dans le second livre des Decretales il y a un rescript du pape Eugene III, adressé à l'evêque de Maguelone (qui étoit alors le même Raymond dont nous parlons) conjointement avec l'evêque de Nîmes, ausquels le pape mande qu'il a déchargé un abbé de l'ordre de Clairvaux avec ses religieux de prêter le serment de calomnie, qui étoit alors en usage au commencement des procès ; à l'occasion de quoi le pape ordonne qu'on établira désormais un économe, qui au nom de la communauté prêtera ce serment, qui est maintenant abrogé.

Titre 8. De juramento ecclesiæ.

III. 7

CHAPITRE HUITIÉME.

I. Election de Jean de Montlaur à l'evêché de Maguelone. II. Il termine plusieurs grandes affaires dans son diocése. III. Donne des marques de son zéle pour la discipline ecclésiastique & pour son chapitre. IV. Fait plusieurs reparations à son église. V. Obtient diverses graces du roy Loüis le Jeune. VI. Assiste au concile général de Latran contre les Albigeois, dont il preserve son diocése. VII. Actions particulieres de cet evêque avant sa mort.

I. RAYMOND Ier eut pour successeur immédiat Jean de Montlaur, l'un de nos evêques qui ait soûtenu sa dignité avec plus d'éclat & de modération tout * ensemble. Il fut l'arbitre de plusieurs particuliers & des grands seigneurs de la province, qui de son tems eurent de grands démêlez dans son voisinage ; & après avoir entretenu son diocése & la communauté dans une grande paix, il eut l'honneur d'assister à un concile général, & termina glorieusement son épiscopat, après vingt-neuf ans de siége.

Tous nos auteurs conviennent qu'il étoit fort sçavant dans les saintes lettres, & l'éloquence naturelle qu'ils lui attribuent, jointe à son ancienne noblesse, lui concilierent facilement la confiance de tous ceux qui eurent à traiter avec lui.

Son pere étoit Pons de Montlaur, & son ayeul Guillaume, frere de ce Bernard de Valhauquez, qui partit pour la premiere expedition de la Terre Sainte, avec Raymond, comte de Toulouse, & Guillaume de Montpellier, comme nous l'avons déja vû. Je crois pouvoir observer, pour la satisfaction du lecteur, que cette maison est celle qui vient de finir par la mort du dernier seigneur de Murles.

Jean étoit chanoine de Maguelone lorsqu'il fut élû pour en remplir le siége. Mais, comme si son étoile eût été de trouver partout des obstacles pour avoir ensuite la gloire & le bonheur de les surmonter, son élection fut si fort traversée, que Verdale n'a pû s'empêcher d'apeller fils de Belial ceux des chanoines qui lui furent contraires. Il est vrai que leur oposition ne venoit d'aucun éloignement qu'ils eussent pour sa personne ; mais seulement du prétexte qu'il falloit auparavant élire un prévôt : soit que les deux places vacassent à la fois, soit qu'ils voulussent suprimer celle de prévôt, comme on pourroit l'inferer de ces paroles du même Verdale, *licet duæ partes & amplius nollent præpositum habere.* Cependant (ajoûte-t-il) le chapitre delibera (pour éviter le scandale) d'élire un nouveau prévôt, qui sans préjudice de la dignité de l'evêque & de celle du grand prieur, ne se mêleroit en aucune maniere du spirituel de la maison, mais seulement du temporel de la communauté & des procés qui pourroient lui survenir. Par cet expedient tous concoururent à l'élection de Montlaur, & ils nommerent ensuite Bernard pour prévôt.

Nous aprenons que ce Bernard étoit de la maison des Gaucelins, seigneurs de Lunel, par une permutation passée la veille du dimanche des Rameaux, où il est dit que l'evêque cede au chapitre les églises de Lunel Viel, de St Fructueux & de St Paul de Cabrieres, & Bernard Gaucelin, prévôt, en son nom & celui du chapitre, cede à l'evêché de Maguelone l'église de Gigean, avec toutes ses apartenances & quelques vignes situées dans le terior de Montpellier.

Fulcran, qui succeda cette même année à Bernard dans la prevôté, remit à l'evêque, par ordre du chapitre, six cens soixante sols melgoriens, que Raymond, son prédécesseur, leur devoit. Le chapitre lui abandonna aussi plusieurs choses, *pleraque alia Joanni episcopo dereliquit* (dit l'acte). Et pour lui donner de plus grandes marques d'attachement pour sa famille, il fut pris délibération que l'on feroit tous les ans dans l'église de Maguelone un service solemnel, *honeste & honorifice*, pour l'âme de tous les parens & proches de Jean de Montlaur.

L'année d'après 1161, il fut décidé en chapitre, l'evêque present, que ce seroit au prévôt à établir le celerier de Maguelone, pour prendre soin de la table commune, comme aussi de nommer un garde meuble de tous ceux qui viendroient à mourir ; & de prendre soin des églises apartenantes à la communauté, pendant la vacance des titulaires, jusqu'à ce qu'il y fût pourvû en plein chapitre, l'evêque & le prévôt présents.

En 1163, il fut permis à l'evêque de prendre des livres des armoires de la communauté, & il fut convenu qu'il auroit toute la justice à Villeneuve ; mais que le prévôt pourroit, dans ce même lieu, exiger les censives qui lui seroient dûës, & terminer les procés civils de ses vassaux.

Ces manieres reciproques de confiance & de ménagement formerent entre lui & sa communauté une liaison qui dura toute sa vie, & qui lui laissa plus de loisir pour vacquer aux grandes affaires de dehors, qui exercerent ses grands talents.

Les premieres, selon l'ordre du tems, furent la pacification des troubles causez* par le demêlé qu'il y eut entre Bernard Pelet, comte de Melguëil, & Guillaume de Montpellier, l'arbitrage du procés entre ce dernier & Guy son frere, pour la succession de leur autre frere Tortose, enfin l'arrivée & le retour du pape Alexandre III à Maguelone, qui font trois évenémens où Jean de Montlaur eut la principale part, & que je ne retouche point, parce que j'en ai parlé affez au long dans la vie de Guillaume fils de Sibille. J'ajoûterai feulement que le pape Alexandre III, étant à Montpellier, y confirma la regle des religieux hofpitaliers d'Aubrac dans le Roüergue; ce qui leur valut dans le XIVe fiécle la confervation de leur ordre, qu'on vouloit fuprimer, fous le pretexte qu'ils n'étoient point religieux.

Ordres religieux, tome 3, page 172.

Deux ou trois autres affaires plus ou moins confidérables furent : 1° l'hommage qu'il fe fit rendre par Guillaume de Montpellier, & que ce feigneur (comme dit l'acte), rendit, non par contrainte, à l'exemple de fes prédéceffeurs, mais par eftime & par reconnoiffance pour Jean de Montlaur. Il donna une grande marque de tous ces fentimens lorfque, faifant fon teftament en 1172 il fit l'evêque de Maguelone tuteur & adminiftrateur des biens de fon fils & voulut mourir entre fes mains; 2° une grande querelle entre deux dames, l'une appelée Alexie Roftang & l'autre Beatrix Jacou; qui pour apuyer leurs differentes prétentions fur la metairie de Maureillan, mirent en armes tous les parens que l'une & l'autre avoient dans le pays. Ils en étoient déjà venus aux voyes de fait, lorfque l'evêque de Maguelone pacifia tout, en reglant (comme nous le voyons dans les regîtres du chapitre) que ladite Roftang payeroit à Beatrix, pendant fa vie, la quatrième partie des revenus de Maureillan, avec une albergue de deux chevaliers & neuf fols de cenfive; 3° la protection qu'il donna aux vaffaux du comte de Melguëil, que ce feigneur accabloit de nouveaux impôts. Jean de Montlaur n'ayant pû rien gagner fur lui en écrivit au pape, comme feigneur dominant de cette comté. Sa lettre en attira une d'Alexandre III à Bernard Pelet, où il ne lui donna pas feulement le falut, *fcripta noftra Bernardo comiti, fine ulla tamen falutatione direximus;* & une commiffion qu'il adreffe à l'archevêque de Narbonne & aux evêques de Nîmes, d'Ufez & de Maguelone, pour interdire la ville d'Alais, apartenante à ce comte, & faire ceffer le fervice divin dans les lieux où il fe trouveroit.

Il ne paroît pas que ces ordres menaçans euffent eu grand effet, peutêtre parce que le comte Bernard Pelet mourut bien tôt après. Mais fa mort caufa de fi grands troubles dans le pays, que l'evêque de Maguelone eut une belle occafion d'exercer fon habileté pour les accommodemens. Nous avons vû dans la vie de Guillaume, fils de Sibille, les differens partis que prirent Bertrand & Ermenfende, feuls enfans de Bernard Pèlet & de Beatrix, fon époufe. Ils fe livrerent l'un à la maifon d'Arragon & l'autre à celle de Touloufe. Ildefonce d'Arragon vint à Melguëil & étoit prêt d'en venir aux mains avec Guillaume de Montpellier, lorfque Jean de Montlaur menagea leurs differens interêts, & pourvut (comme nous l'avons vû) à la fûreté des deux pupilles. Quelques années après, la jeune Ermenfende époufa Raymond, comte de Touloufe, & l'evêque de Maguelone fut employé comme pere commun.

Il fut exercé dans ce même temps par les ravages que les Genois firent fur nos côtes & aux environs de Montpellier (comme nous l'avons vû ci-deffus). Ses repréfentations au peuple de Gennes ayant été inutiles, & les lettres que le pape écrivit à fa priere ayant été fans effet, il employa, de concert avec Guillaume, le fecours du roy d'Arragon, qui donna de la crainte aux Genois & les difpofa mieux à goûter les bonnes raifons que Jean & Guillaume leur firent dire par Hildebrand, conful des Pifans à Montpellier.

Nous aprenons par une lettre qu'André Duchefne a inferé dans fes preuves de l'Hiftoire de France, qu'environ ce tems, Jean de Montlaur s'intereffa beaucoup pour Ermengarde, vicomteffe de Narbonne, contre les ufurpations de plufieurs de fes voifins. Il écrivit au roy Loüis le Jeune que Berenger de Puyferguier, ayant établi de nouveaux péages fur les chemins de Narbonne à Beziers, dans les terres de la vicomteffe, fa majefté lui en avoit fait deffenfe ; mais que * lorfqu'elle lui fut fignifiée en prefence de l'evêque de Nîmes, de l'abbé de St. Gilles et de la fienne, Berenger n'avoit pas daigné la regarder, & qu'il l'avoit jettée à terre, quoique le fceau royal (ajoûte-t-il) y fût attaché. Nous ne fçavons pas l'effet que produifit la lettre de Montlaur ; mais elle peut fervir à nous faire connoître la nobleffe de fes fentimens, fon amour pour la juftice & fon attachement au fervice du roy.

PAGE 37.

Toutes ces occupations au dehors n'empêcherent point l'evêque de Maguelone de veiller au bien fpirituel de fon diocéfe. On verra des preuves de fon zéle pour l'ancienne difcipline de l'églife, dans la vie du B. Bernard, furnommé le Penitent, que je donnerai fur la fin de cet ouvrage. On troüve auffi une marque de fon attention pour le bon ordre de fa communauté dans une déliberation qu'il fit prendre en plein chapitre, lui prefent, où il eft dit « que dans les differentes congregations qu'il y a de chanoines « reguliers, les unes ont certains ufages que les autres n'ont pas : ce qui « pourroit faire craindre qu'une trop grande frequentation avec toute forte « de chanoines ne caufât de la confufion parmi ceux de Maguelone, fur- « tout entre les plus jeunes ; c'eft pourquoi les anciens evêques Godefroy, « Gautier & Raymond auroient deffendu, fous peine d'excommunication, « d'admettre aucun chanoine étranger au fecret du chapitre, à l'étude du « cloître & au repos du dortoir. »

III.

IV. Jean de Montlaur confirma ce reglement & déclara que les feuls chanoines étrangers qui ne feroient pas compris dans la deffenfe étoient ceux de St. Ruf, de Caffan, de Mende & d'Ufez, qui feroient admis partout avec ceux de Maguelone... Fait l'an 1169, du confentement de tout le chapitre, le jour de St. Pierre & de St. Paul. Préfident, Jean de Montlaur, evêque ; Fulcran, prévôt ; Guillaume de Camps, prieur, & Pierre Bertold ; Guillaume de Roveret & Guillaume de Sobeyran, archidiacres.

Peu de tems après, l'evêque de Maguelone fit plufieurs décorations à fon églife. Il bâtit la grande tribune qui eft fur la principale entrée de fon églife, où les chanoines pouvoient venir du cloître fuperieur, fans fe mêler jamais avec les laïques. En même tems, il fit conftruire la façade, telle que nous la voyons aujourd'hui, & la porte de marbre blanc, qui eft ornée de diverfes figures, dans le meilleur goût qu'on eût en ce tems-là. Tout l'ouvrage fut achevé en 1178, comme il paroît par le millefime que Bernard de Treviez fit graver au bas des quatre vers fuivans, qui font fur la porte :

Ad fontem vitæ fitientes quique venite ;

Has intrando fores, veftros componite mores.

Hûc intrans, ora, femper tua crimina plora,

Quidquid peccatur, lacrymarum fonte lavatur.

B. DE III. VIIS M. C. LXXVIII.

V. Cette même année, Jean de Montlaur fut obligé d'écrire à Loüis le Jeune une lettre, qui eft raportée dans les preuves d'André Duchefne fur fon Hiftoire de France. Le prélat en chargea l'archidiacre de Maguelone, le facriftain & le prieur de Lunel, qui avoient à demander de fa part quelque grace à ce prince. Montlaur, en les recommandant au roy, le remercie du bon accueil qu'il avoit déjà fait à fes autres envoyez. Ce qui a augmenté (ajoûte-t-il) le dévoûment & la fidelité qu'il avoit pour fon fervice.

Le roy lui fit expedier des lettres-patentes données l'an 1179, à Neuville, dans le diocéfe de Beauvais, par lefquelles il permet à l'evêque Jean de Montlaur & à fes fucceffeurs de faire tenir des foires & des marchez publics dans les lieux qu'ils tiennent du roy, & d'établir fur lefdites foires & marchez les droits que les autres feigneurs ont coûtume d'en retirer. Or (ajoûtent ces lettres), les lieux que l'evêque tient du roy font les châteaux de Villeneuve & de * Gigean, où nous voulons qu'il exerce la juftice en entier : *Juftitias cum integritate habeant & exerceant.* Et parce que tous ceux qui ont du bien à Villeneuve le tiennent aussi de nous, nous leur ordonnons d'obéir à l'evêque & de lui être fidéles.

Ces lettres ne trouverent point Jean de Montlaur dans son diocése, parce qu'il étoit déjà parti pour se rendre au troisiéme concile général de Latran, que le pape Alexandre III célébra cette même année 1179. Une des principales affaires qu'on y traita fut la condamnation des Vaudois & des Albigeois, qui menaçoient déjà le Languedoc. Montlaur connut si bien leur pernicieuse doctrine, qu'il n'est pas de soin qu'il n'employât pour en preserver ses diocésains ; il en inspira de l'horreur dans tous ses sermons, et ses successeurs, qui suivirent ses traces, soûtenus par les seigneurs de Montpellier, preserverent heureusement la ville & le diocése de la contagion de leurs voisins, malgré toutes les tentatives que ces hérétiques firent pour s'y glisser.

A son retour de Rome, il termina avec Gaucelin, evêque de Lodeve, les démêlez qui étoient entre Guillaume, fils de Mathilde, et les habitans de Montpellier.

En 1180, il porta le même Guillaume à donner, en faveur de l'école de medecine, la declaration dont nous parlerons dans l'article de cette faculté. Il reçut en même tems de lui un pareil hommage qu'il avoit reçu de Guillaume, fils de Sibille, son pere, pour la ville de Montpellier & pour la seigneurie de Lates.

Le reste de la vie de Jean de Montlaur est marqué, année par année, dans nos actes publics, qui prouvent évidemment qu'il vécut jusqu'en 1190, ce qui redresse Verdale, ou l'erreur de ses copistes, qui ont inseré entre lui & Guillaume Raymond, son successeur, un Raymond Gaucelin, qu'ils suposent avoir rempli le siége de Maguelone durant neuf ans, quoiqu'ils avoüent n'avoir pû trouver aucune action de sa vie, *quamvis aliqua gesta sua non potuerimus reperire*.

En 1181, Amedée, abbé de Valmagne, lui paya, à la persuasion de Bertrand, evêque de Beziers, la dîme des terres que son abbaye possedoit dans le diocése de Maguelone, & specialement auprès de Montpellier... Cette même année, Pierre de la Verune fit cession (dit l'acte) à Jean de Montlaur, evêque de Maguelone, de quelques salines qu'il avoit dans les confins de Villeneuve et de Ste-Marie-Magdelaine de Xindrio. * ... Raymond & Jean de Fleix lui firent reconnoissance d'autres salines qu'ils tenoient à Camponovo... Cette même année, il fit l'ouverture du testament d'Othon de Cornon, par lequel il cedoit une maison à l'église de Montbazen, & dans un vieux manuscrit de Maguelone il est dit que Jean de Montlaur y fit faire un service solemnel & magnifique pour l'âme du pape Alexandre III, decedé cette même année.

VI.

1180.

VII.

* *Métairie, dite de la Magdelaine.*

1182.

En 1182, il fit une permutation avec Bernard, abbé d'Aniane, de l'églife de St-Paul de Merojol, avec celle de St-Martin d'Efcofiat.

Cette même année, il y eut trois fondations confiderables dans l'églife de Maguelone, qui toutes furent reçûës & approuvées par Jean de Montlaur.

La premiere fut d'un anniverfaire pour le feu evêque Raymond, fondé par fon neveu Bertrand, facriftain de Maguelone, & pour lequel il donna quatre fétiers de froment et autant de fétiers de vin pur. Et, pour rendre le fervice plus folennel, il ajoûta douze autres fétiers de vin & de bled.

La feconde fut de Pierre Ruffi, qui, voulant être enterré dans le cimetiere des chanoines, leur donna par fon teftament cinq cens fols melgoriens, & chargea fon héritier de donner tous les ans, à fon anniverfaire, quatre fétiers de bled purgé, autant de vin & une fomme de vingt fols, payable tous les ans, le jour de fon décès, & après la mort de fa femme, il donne à la communauté des chanoines tout le bien qu'il avoit dans le terroir de Aufanicis.

La troifiéme fut une donation de Guillaume Bedoc, qui, venant à fe faire chanoine de Maguelone, donna à la communauté tout le bien qu'il avoit dans la paroiffe de Baillargues & de Prades.

1184.

PAGE 39.

Mais ce qui prouve plus autentiquement que Jean de Montlaur vécut durant toutes ces dernieres années que je viens de dire, c'eft la lettre que * le pape Lucius III lui adreffa nommément le ixe des calendes de février 1184, par lefquelles il lui confirme les églifes de St-Geniez, de St-André de Cuculles, de St-Michel de Mujolan, avec celles de Cazillac & de St-Pierre de Ganges.

La fin de fa vie fut occupée a remedier aux defordres qui fuivirent le divorce de Guillaume de Montpellier avec Eudoxie. Il confola de tout fon pouvoir cette princeffe affligée, & il écrivit pour elle à Rome, d'où il obtint des ordres qui lui furent adreffez, conjointement avec l'archevêque de Narbonne. Mais tous fes foins ne pûrent jamais furmonter l'afcendant qu'Agnés avoit pris fur l'efprit de Guillaume, fils de Mathilde.

CHAPITRE NEUVIÉME.

I. Guillaume Raymond, abbé d'Aniane, fuccede à Jean de Montlaur. II. Il fait plufieurs traitez avec fon chapitre. III. Reçoit les reconnoiffances de divers feigneurs de fon diocéfe. IV. Preuves qui nous reftent de la fcience & de la piété de ce prélat.

LA mort de Jean de Montlaur fut bientôt fuivie de l'élection de Guil- I.
laume Raymond, chanoine de Maguelone & abbé d'Aniane. Verdale nous marque qu'il étoit d'une maifon illuftre, & Gariel ajoûte qu'il étoit oncle d'un de nos Guillaumes, dont il donne pour preuve les armoiries qu'on voyoit dans la fale de l'evêque, & le fceau qui refte encore dans plufieurs actes de fon tems, où l'on voit Guillaume Raymond, affis en habits pontificaux, la main levée comme pour donner la benediction, & à fes pieds un écu chargé d'un bezan ou tourteau, qui de tout tems a fait les armoiries des Guillaumes & de la ville de Montpellier. Il eft vrai qu'on y voit encore un croiffant & deux étoiles, qui font prifes comme des brifûres que prennent ordinairement les cadets des maifons illuftres.

Guillaume Raymond monta fur le fiége de Maguelone en 1190, fous le pontificat de Clement III & le regne de Philippe Augufte. Il le tint (felon Verdale) fix années quatre mois & douze jours, durant lefquelles il ne paroît pas qu'il ait eu grande part aux affaires publiques; d'autant plus que la molleffe où Guillaume, fils de Mathilde, paffa les dernieres années de fa vie, ne fit naître dans le pays aucun événement remarquable. Mais dans les regîtres, tant de l'evêché que du chapitre, il eft fait mention de lui par les differens actes qu'il paffa durant fon épifcopat.

1190.

Le plus remarquable eft une tranfaction entre lui & le prévôt de fon II. églife, qui peut fervir à l'hiftoire de Villeneuve-lez-Maguelone : voici les paroles de Verdale :

« Dans le mois de novembre, Guillaume Raymond compromit pour
« diverfes chofes avec Guy, prevôt de l'églife de Maguelone : 1º fur la
« conftruction des murailles de deffenfe que l'on fit autour de la châte-
« lainie de Maguelone ; 2º fur la conduite du vieux gazillan dudit lieu,
« apellé autrement cloaque ; 3º fur l'efpace qu'on devoit laiffer entre les
« murailles de la ville & les maifons des particuliers. »

Tout ce détail, qui marque un deffein formé de rendre Villeneuve fûre & habitable, me doneroit lieu de penfer que l'enceinte de cette place, telle que nous la voyons aujourd'hui, fut faite alors ; d'autant plus que les chanoines de Maguelone, devenus plus riches & plus commodes, étoient bien aifes de pouvoir quitter quelquefois leur ifle & d'avoir une retraite fûre dans le lieu qu'on apelle encore le Capitoul ; 4° (ce font encore les paroles de Verdale); « il compromit, avec le même prévôt, fur la dîme du bêtail, « des jardins, des vignes & des métairies qui apartenoient à l'evêque dans « la dîmerie de Villeneuve. Sur la juridiction dudit lieu, fur la pêche, les « falines & autres droits de l'evêque* qui furent tous reduits en articles, fur « lefquels il y eut un jugement d'arbitres, qui fut confirmé par le pape « Celeftin III, en 1197.

Quelques années auparavant, il avoit paffé plufieurs autres actes qui fervent à nous faire connoître divers feigneurs de ce tems-là.

III. En 1191, il donna à Pons Godefroy cinq pieces de vigne fituées dans la paroiffe de St-Denis de Montpellier, fous l'albergue de deux fétiers d'orge. Il reçut de Raymond de Cornom la reconnoiffance de tout ce qu'il poffedoit dans le terroir de Lates. Et peu de tems après, le même Raymond de Cornom & autre Raymond Berenger de Gigean lui reconnurent tout ce qu'ils avoient audit lieu de Gigean. Mais l'acte le plus mémorable en ce genre, fut le ferment de fidelité que Guillaume de Montpellier, fon neveu, lui prêta dans la chapelle de St Nicolas, en prefence du cardinal George de St Ange, de l'archevêque de Narbonne & de Gimond de Larida ; ce que Pierre de la Verune fit auffitôt après pour fa feigneurie.

En 1193, il donna (comme Verdale le raporte) fix pieces de vigne & fix autres de terre labourable à Bernard de la Lauze, fous la redevance de vingt-trois fétiers d'orge. Et dans la même année, Raymond de Cornom lui fit hommage d'une partie de la feigneurie de Gigean qu'il avoit acquife depuis peu ; & Berenger de Gigean lui prêta ferment pour l'autre partie, fous la redevance de trois chevaliers par an.

Enfin, l'an 1195 & au mois d'août, Guillaume de Montferrier donna à l'églife de Maguelone généralement tout ce qu'il avoit dans la paroiffe de St André de Maurin, confiftant en terres, hommes, femmes, quarte part & ufages ; n'en exceptant que deux pieces de terre, qu'il donna l'une à l'evêque Guillaume, & l'autre à l'aumônerie de Maguelone, où il fonda un anniverfaire, pour lequel il ceda tous les ufages & autres droits qu'il avoit au terroir de Villeneuve.

IV. Guillaume Raymond mourut en 1196, vers le mois de juillet, à en juger par les fix ans quatre mois d'epifcopat que Verdale lui donne. On le loüe comme un prélat pieux et fçavant ; pour preuve de quoi on cite quelques homélies fur le tems du Carême qu'on lui attribuë, auffi bien que des vers léonins, sur la maniere de chanter l'office, que nos evêques ont fait mettre, depuis, à la tête du directoire qu'ils font imprimer tous les ans, & qui commencent par ce vers :

Clerice, paufando dic horas, & non properando, etc.

Mais la profe fuivante, dont Gariel affûre que Guillaume Raymond fut auteur, ferviroit encore plus à nous faire connoître combien ce prélat entroit dans l'efprit de l'èglife, puifqu'il marque fi bien les devoirs eccléfiaftiques, en rapellant les principaux motifs que l'évangile leur propofe. J'ai crû que cette piece pouvoit trouver ici fa place, tant comme un monument de la pieté de nos anciens que comme une des meilleures pieces en ce genre, par la fimplicité, l'exactitude & la cadence du ftile.

ANTIQUA ADMONITIO AD CLERUM.

I

Venerabiles facerdotes Dei,
Præcones altiffimi, lucerna diei,
Charitatis radio fulgentes & fpei,
Auribus percipite verba oris mei.

II

Vos in fanctuario Dei defervitis,
Vos vocavit palmites Chriftus vera vitis :
Cavete ne fteriles aut inanes fitis,
Si cum vero ftipite vivere velitis.

III

Vos eftis catholicæ legis protectores,
Muri domus Ifraël, morum correctores,
Sal terræ, lux hominum, ovium paftores,
Judices ecclefiæ, gentium doctores.

IV

Si cadit protectio legis, lex labetur ;
Si fal evanuerit, in quo falietur ?
Si lux non appareat, via nefcietur ;
Si paftor non vigilat, ovile frangetur.

V

* *Vos cœpiftis vineam Dei procurare,*
Quam doctrinæ rivulis debetis rigare,
Spinas atque tribulos procul extirpare,
Ut radices fidei poffint germinare.

VI

Vos eftis in area boves triturantes,
Prudenter a palea grana feparantes,
Vos habent pro fpeculo legem ignorantes
Laici, qui fragiles funt & inconftantes.

VII

Quidquid vident laici vobis difplicere,
Dicunt, procul dubio, fibi non licere ;
Quidquid vos in opere vident adimplere,
Credunt effe licitum & culpa carere.

VIII

Cum paftores ovium fitis conftituti,
Non eftote defides, ficut canes muti ;
Vobis non deficiant latratus acuti,
Lupus rapax invidet ovium faluti.

IX

Grex fidelis triplici cibo fuftinetur :
Corpore dominico, quo falus augetur ;
Sermonis compendio, quod difcrete detur ;
Mundano cibario, ne periclitetur.

X

Omnibus tenemini vestris prædicare;
Sed quid? quibus? qualiter? ubi? quando?
quare?
Debetis sollicite præconsiderare,
Ne quis in officio dicat vos errare.

XI

Spectat ad officium vestræ dignitatis,
Gratiæ, petentibus, dare dona gratis,
Sed, si umquam fidei munera vendatis,
Incursuros Giezi lepram vos sciatis.

XII

Gratis Euchariftiam plebi ministrate,
Gratis confitemini, gratis baptizate,
Secundum apostolum cuncta gratis date,
Solum id quod fuerit vestrum, confervate.

XIII

Vestra conversatio sit religiosa,
Munda conscientia, vita virtuosa,
Regularis habitus, mensque gratiosa,
Nulla vos coinquinet labes criminosa.

XIV

Nullus fastus deprimat signum vestræ vestis,
Gravis in intuitu habitus sit testis,
Nihil vos illaqueet curis inhonestis,
Quibus claves traditæ regni sunt cœlestis.

XV

Estote breviloqui, ne vos ad reatum
Protrahat loquacitas, nutrix vanitatum,
Verbum quod apponitis sit abbreviatum,
Nam in multiloquio non deest peccatum.

XVI

Estote linguæ providi, sobrii, prudentes,
Justi, casti, simplices, pii, patientes,
Hospitales, humiles, subditos docentes,
Consolantes miseros, pravos corrigentes.

XVII

Utinam sic gerere curam pastoralem
Velitis, & gerere vitam spiritalem,
Ut cum exueritis clamydem carnalem,
Induat vos Dominus stolam æternalem.
Amen.

CHAPITRE DIXIÉME.

PAGE 42.

I. L'élection de Guillaume de Fleix est confirmée par le pape Celestin III. II. Un different arrivé dans son chapitre donne lieu à la decretale Cum olim. *III. Transactions entre le prévôt de Maguelone & quelques seigneurs de son voisinage. IV. Consecration de l'église de Ste-Croix à Montpellier. V. Soins de l'evêque pour garantir son diocèse de l'herefie des Albigeois. VI. Et pour en entretenir les hôpitaux. VII. Il est dépositaire du testament du dernier des Guillaumes, seigneurs de Montpellier.*

I. GUILLAUME de Fleix, chanoine de Maguelone, fut élû par son chapitre après la mort de Guillaume Raymond, & son élection fut si agréable au pape Celestin III, qu'il l'approuva & la confirma avec éloge l'année suivante 1197.

Lib. 2, chap. 12.

A peine fut-il en place, qu'il arriva dans son chapitre une grande dispute, qui fait la matiere de la décretale *Cum olim. De sententia, & re judicata*, & qui nous donne lieu de connoître plufieurs particuliers qui compofoient alors le chapitre. Voici le fait :

Un des archidiaconez étant venu à vacquer, l'evêque y nomma Pierre de Caftelnau, du confentement de Pierre d'Aigrefeüille, autre archidiacre, de Bernard, prieur clauftral. Guy de Ventadour, alors prévôt, prétendant avoir double voix en chapitre, s'opofa à cette nomination, & en releva apel au St. Siége. L'evêque lui niant toûjours cette double voix, & lui foûtenant que la collation de cet archidiaconé & de la facriftie lui apartenoit, inveftit Pierre de Caftelnau par la tradition de fon anneau paftoral. Ce qui, ayant irrité davantage le prévôt, il nomma un autre fujet à cet archidiaconé ; de forte que lui & Pierre de Caftelnau furent obligez d'aller fe prefenter au pape Celeftin, qui ayant caffé tout ce qui avoit été fait de part & d'autre, écrivit fur les lieux d'avertir charitablement les parties de s'accorder, & qu'à leur refus on pourvût à cet archidiaconé. Après quoi, Celeftin, furpris par les intrigues du prévôt, confera, à l'infçû de l'evêque, ce même benefice à Gerald Joannin, qui précifément, étoit le même fujet que le prévôt avoit nommé, quoiqu'il ne fût point encore promû à l'ordre du diaconat.

Voilà ce qui fait le fujet de la décretale que j'ai déjà citée. Et ce procès n'ayant pû être terminé fous le pontificat du pape Celeftin, parce qu'il mourut en 1198, il fut porté à Innocent III, fon fucceffeur, qui décida qu'il y avoit dans cette affaire une fubreption manifefte, & qu'il falloit reformer la fentence de fon pédéceffeur. En confequence de quoi il annulla le titre obtenu par Gerald Joannin, quoique, pour fortifier fon droit & pour éluder la grace du St. Siége, il eût eu recours à l'evêque, & pris de lui un nouveau titre. Sur quoi, Innocent III, impofant fur le paffé un perpetuel filence, ordonne que tous ceux qui fe trouveront dans l'églife de Maguelone s'affembleront dans un mois pour proceder à une nouvelle nomination ; ce qui n'ayant pas été fait dans le terme, l'archevêque d'Arles inveftit Pierre de Caftelnau, comme nous l'aprenons de la lettre que le pape lui en écrivit.

Nous trouvons, dans les regîtres du chapitre, que ce nouvel archidiacre ne tarda point d'agir en cette nouvelle qualité ; car, fur la fin de 1199, il fut arbitre d'un grand different qui furvint entre divers feigneurs qui étoient en pariage de la feigneurie de Vic d'une part, & le prévôt de Maguelone de l'autre. Ces feigneurs étoient Guillaume de Cornon, Ricarde, veuve de Bertrand de Montlaur, & Pierre Bernard de Montagnac, qui, ne pouvant s'accorder avec le prévôt Guy de Ventadour fur leurs differentes prétentions au fujet de cette terre, compromirent entre les mains de Raymond de Caftries, chevalier, de Pierre de Caftelnau & de Pierre d'Aigre-

II.

1198.

III.

1199.

feüille, archidiacres, avec gages & ferment qu'ils s'en tiendroient à leur décifion.

PAGE 43.   *Par la fentence des arbitres, il fut arrêté que les feigneurs de Vic auroient à perpetuité la moitié de la pêche; que le prévôt & l'églife de Maguelone auroient, pour toûjours, toute celle qui va de la mer à l'étang, avec les ufages; que la partie du marais qui eft au nord de l'étang feroit aux feigneurs de Vic, & que, de tout le refte du marais, on en feroit deux portions, dont l'une appartiendroit aux confeigneurs de Vic & l'autre au prévôt & à fon églife, à laquelle on adjugea encore le marais fuperieur, apellé l'étang de Maureillan. Il fut aufli arrêté que l'églife de Maguelone auroit en alleu fept portions du bois d'Arefquiez, & les confeigneurs de Vic la huitiéme, qu'ils tiendroient à fief de l'églife St-Pierre de Maguelone.

IV.   Dans le mois de novembre 1200, pour profiter de la prefence du cardinal de St. Prifque, legat du pape contre les Albigeois, le feigneur de Montpellier, voulant faire confacrer folemnellement l'églife de Ste-Croix fondée par fes ancêtres, au lieu apellé aujourd'hui la Canourgue, l'archevêque d'Arles, Imbert de Aquaria, en fit la cérémonie, ayant pour affiftans les evêques de Maguelone, d'Agde, de Beziers et d'Ufez. Le fait refulte d'une infcription en lettre gotique qu'on y fit mettre, & qui s'eft confervée en fon entier dans la facriftie des penitens, où on la voit encore. Je la raporterai dans l'article de l'églife Ste-Croix.

V.   Le refte de la vie de Guillaume de Fleix fut occupé du foin de feconder les legats du pape contre les Albigeois, & à entretenir les bonnes difpofitions du feigneur de Montpellier contre ces hérétiques. Ils travaillerent enfemble fi heureufement, que tout le diocéfe de Maguelone en fut garanti; & notre evêque eut encore le loifir d'entrer dans beaucoup de bonnes œuvres en faveur de trois differens hôpitaux dont nos regîtres nous ont confervé la mémoire.

Au commencement de l'an 1202, non feulement il confirma la donation d'un jardin qui avoit été faite à l'hôpital du St. Efprit par fon prédécefleur, mais encore il y en ajoûta un autre qui lui apartenoit en propre.

Il confirma de même un accord paffé entre Guy de Ventadour, au nom du chapitre de Maguelone, & l'hôpital de St. Jean de Jerufalem, au fujet de l'étang de Cuculles & la métairie de Grenoüilleres, que les Templiers avoient acquis auparavant du prévôt Fulcrand, comme il eft porté dans une lettre du pape Innocent III, de la collection de Baluze.

Epift. 506, liv. 1.   Selon les mémoires qui m'ont été envoyez de la ville d'Arles, cette acquifition avoit été faite par les Templiers dans le mois de fevrier 1175, où les chevaliers du Temple (qui n'épargnoient aucun travail pour bonifier leurs terres) firent faire les canaux foûterrains qu'on y voit encore, pour deffecher toutes les eaux qui étoient auprès du château de Launac, lequel eft paffé depuis (fans que l'on fçache comment) aux chevaliers de Malthe, qui l'ont attribué à la commanderie de Montpellier.

Guillaume de Fleix termina auffi dans ce même tems un procès commencé entre le commandeur de St. Antoine de Cadoule & Guy de Ventadour, prévôt du chapitre. Il fut convenu que l'églife de Maguelone cederoit au commandeur tout le droit qu'elle avoit fur l'hôpital St. Antoine, à la charge que le commandeur & fes religieux payeroient tous les ans un écu d'or.

La derniere chofe que Verdale nous marque de cet evêque eft la confirmation qu'il donna à l'acte de donation que fon prédéceffeur avoit faite de la métairie de la Lauze *ad acapitum*. Mais nous aprenons par le teftament du dernier de nos Guillaumes, & par l'ouverture de ce même acte, que Guillaume de Fleix fut non feulement un de ceux à qui il recommanda fes enfans, mais encore qu'il fut comme le dépofitaire de fon teftament; car il eft marqué qu'il en fit la publication, & qu'il en donna fa déclaration fignée de lui & fcellée de fon fceau.

C'eft là proprement la derniere action de fa vie; car il eft marqué qu'il mourut bientôt après, en forte que les deux puiffances, fçavoir la temporelle & la fpirituelle, manquerent prefqu'en même tems à Montpellier. La feigneurie de cette ville, avec toutes fes dépendances, paffa dans la maifon d'Arragon, où elle refta jufqu'en 1349, que Philippe de Valois en fit l'acquifition. Nous allons voir dans le livre fuivant la vie des evêques de Maguelone qui occuperent ce fiége pendant le regne des princes de cette maifon. Mais, auparavant, je crois ne *devoir pas oublier l'épitaphe que Gariel nous affûre avoir été mife fur le tombeau de Guillaume de Fleix : PAGE 44.

Hic requiefcit Guillelmus de Flexio, patria Monfpelienfis, epifcopus Magalonenfis,
qui, de religione & de republica bene meritus, obiit idibus decemb.
1203, vixit in epifcopatu annos VII, *fedentibus Romæ*
Celeftino III & Innocentio III, regnante
in Gallia Philippo, a Deo dato...

HISTOIRE DE MONTPELLIER

LIVRE SECOND

Contenant la vie des evêques de Maguelone qui tinrent le fiége de cette ville fous la domination des rois d'Aragon & de Mayorque.

CHAPITRE PREMIER

I. Guillaume d'Altiniac, evêque de Maguelone. II. Sauvegarde du pape Innocent III, pour les habitans de Montpellier, durant la guerre des Albigeois. III. Canons du concile de Montpellier en 1215. IV. Union de la comté de Melguëil à l'evêché de Maguelone. V. Vente des bois. VI. Acquifitions faites par le chapitre. VII. Erection de N.-Dame des Tables en paroiffe.

NOUS avons remarqué, en finiffant le dernier livre, que les deux puiffances temporelle & fpirituelle manquerent prefqu'en même tems dans Montpellier par la mort de Guillaume de Fleix, evêque de Maguelone, qui ne furvécut que de quelques mois à Guillaume fils de Mathilde. Auffitôt après fa mort les chanoines de Maguelone élûrent (felon le droit qu'ils en avoient) un de leurs confreres qui avoit paffé par tous les degrez de la clericature. Ce

I.

fut Guillaume d'Altiniac, d'une famille illuftre, dans le diocéfe de Lodeve, & proche parent de Berenger Gaucelin, archevêque de Narbonne, qui le facra en 1203, affifté des evêques Raymond d'Agde, Pierre de Lodeve & Raymond d'Ufez.

Son entrée dans l'épifcopat fut beaucoup exercée par les mouvemens que l'artificieufe Agnez excita dans Montpellier, & par les troubles que les Albigeois cauferent dans le Languedoc.

PAGE 46.

Il reçut (comme nous l'avons déjà dit dans le premier tome de cette hiftoire) l'hommage qu'Agnez fe preffa de lui faire rendre par fon fils, qui vouloit fe * maintenir dans la feigneurie de Montpellier, contre le bon droit de Marie, fa fœur, & après le mariage de cette princeffe avec Pierre, roy d'Aragon, l'evêque de Maguelone fut pris pour médiateur dans la plûpart des affaires qui arriverent alors. La plus confiderable de toutes eft l'accommodement important qui fut fait entre le roy & les habitans de Montpellier, par l'entremife de Pierre de Caftelnau & des autres evêques dont j'ai parlé, parmi lefquels on ne doit pas omettre Guillaume d'Altiniac, puifque l'accommodement fut dreffé à fon nom.

Les affaires des Albigeois lui donnerent beaucoup plus d'exercice, parce que tous les évenémens qui arriverent jufqu'à la mort de Pierre, roy d'Aragon, fe pafferent de fon tems. Il reçut à Montpellier, en 1208, Diego de Azebes, evêque d'Ofma, qui s'arrêta en cette ville avec St. Dominique, alors chanoine regulier de fa cathedrale. En 1207, il eut le déplaifir d'aprendre le meurtre du B. Pierre de Caftelnau, arrivé à St-Gilles, prefqu'à fa fortie de Montpellier, & en 1209, il affifta à la mort le legat Milon, qui mourut en cette ville fur la fin de la même année.

II. Environ ce tems, l'armée des croifez devant entrer dans le Languedoc, Guillaume d'Altiniac, qui vouloit garantir fon diocéfe des défordres qui fuivent d'ordinaire la marche des armées, demanda au pape Innocent III une fauvegarde pour les habitans de Montpellier & pour leurs biens de la campagne. Le pape la donna en forme de lettre adreffée à fes legats, dans laquelle

De Valenc.

il dit « que les habitans de Montpellier ayant toûjours rejetté les Albigeois
« & donné des marques de leur attachement au St. Siége, il leur mande
« de ne pas permettre qu'ils foient moleftez en aucune maniere par l'armée
« des croifez, mais qu'ils foient regardez comme bons catholiques & affec-
« tionnez à l'églife romaine : *tanquam viros catholicos, & ecclefiæ romanæ*
« *devotos, in quibus expedit confovendo, non permittatis a fideli exercitu fignatorum*
« *in aliquo moleftari.* »

En 1212, Guillaume d'Altiniac fut compris dans une affaire particuliere qui intereffe l'hiftoire de notre province; car nous aprenons d'un acte raporté par M. Jean Plantavit de la Paufe, evêque de Lodeve, que Simon, comte de Montfort, après avoir obtenu la feigneurie des terres conquifes par les croifez, voulut contraindre Aimery, vicomte de Narbonne, de lui faire l'hommage qu'il avoit rendu auparavant en préfence de l'evêque de Maguelone, à Arnaud, fon archevêque, duquel on voit une lettre remplie de plaintes contre Simon de Montfort, adreffée au college des cardinaux. Nous aprenons, de cette même lettre, que ce fut par les inftances réiterées du comte, que le roy Loüis VIII ordonna la démolition des murailles de Narbonne; & les infcriptions, qu'on y voit encore de nos jours, nous aprenent qu'elles fûrent bientôt rétablies par les foins & aux fraix des fuffragans de cet archevêché : *ab hinc ufque huc epifcopus Biterrenfis ædificavit hanc civitatem*, & ainfi des autres.

Chronol. præful. Lodov., pag. 114.

Ibid.

En 1214, et aux fêtes de Noël, on ouvrit le concile de Montpellier, dont nous avons déjà parlé, durant lequel le comte Simon de Montfort, qui n'ofoit entrer dans la ville, fe tint au château du Terrail, apartenant à l'evêque de Maguelone. J'ai dit à ce fujet tout ce qui fut arrêté dans ce concile pour le gouvernement politique, & j'ai remis à raporter les canons qui y fûrent faits pour la difcipline ecclefiaftique & monaftique, dont je crois que c'eft ici la place naturelle. Ils ferviront à nous faire connoître les mœurs de ce tems-là, & à nous aprendre les précautions qui parurent alors les plus propres pour arrêter le progrès de l'héréfie.

III.

« Les archevêques & evêques porteront l'habit long & le rochet, lorf« qu'ils fortiront à pied de chez eux, & même dans leur maifon, lorfqu'ils « donneront audience à des étrangers. Ils n'auront pas des oifeaux de « chaffe dans leur maifon, & ne les porteront pas fur le poing lorfqu'ils « fortiront avec des laïques pour aller chaffer, ce qui doit arriver rare« ment.

Tom. XI, Conc., pag. 103.

« Ils donneront gratuitement les benefices. Ils n'admettront point à « leur table des excommuniez. Ils auront auprès d'eux des clercs fans « reproche, & s'ils ne vifitent pas leurs églifes, ils n'en prendront pas le « droit de vifite.

« Ils ne donneront point des cures à des jeunes garçons, ou à des clercs « qui n'ont que les ordres mineurs.

* « Les chanoines porteront toûjours le furplis, & quand ils iront à « cheval, ils auront un manteau noir fermé, fans fourrure. Ils n'auront ni « éperons dorez, ni bride dorée, & ne frequenteront point les femmes, « *quod domejare vulgo appellatur*. Leur chauffure ne fera ni de rouge ni de « verd, & leurs habits, qui doivent être de laine ou de lin, feront fermez « par devant & par derriere. Ils porteront de grandes couronnes, & celles

PAGE 17.

« des moines feront très-grandes, enforte que le tour de cheveux qu'ils
« auront à la tête ne foit que de deux ou trois doigts au plus.

« Nul moine ou chanoine regulier n'aura rien en propre, le fuperieur
« même ne pourra leur en donner la licence. Ils ne recevront point de
« l'argent pour leur veftiaire ; mais, dans chaque monaftere, on mettra une
« fomme entre les mains d'un particulier d'entr'eux, qui fournira des
« habits à fes autres freres, afin qu'ils puiffent y obferver la regularité. Les
« fuperieurs, foit evêque, prieur ou prévôt, felon qu'il les concerne, uni-
« ront deux ou trois eglifes à un prieuré, & le prieur, à qui ces églifes
« unies repondront, les fera fervir par des chapelains feculiers. »

Voilà pour le bon ordre & pour la reformation du clergé & des moines. Après quoi le concile, s'attachant aux moyens de prévenir les troubles qui pouvoient favorifer le progrès des hérétiques, fit une confederation pour l'obfervation d'un ferment qu'on avoit déjà exigé depuis trois ans dans tous les lieux catholiques de la province.

Ce ferment, que les confuls de Montpellier fignerent en 1209, portoit en fubftance « qu'ils n'auroient aucune communication avec le comte de Tou-
« loufe, tant qu'il feroit rebelle à l'Eglife. Qu'ils veilleroient à la fûreté des
« chemins dans tout le diocéfe de Maguelone. Qu'ils n'y établiroient
« aucun nouveau péage, ou autres droits. Qu'ils conferveroient aux églifes
« toutes leurs immunitez. Qu'ils feroient obferver la paix dans leur diocéfe.
« Qu'ils pourfuivroient les hérétiques & leurs croyans, qui feroient
« dénoncez par l'evêque ou autres perfonnes ecclésiaftiques. Qu'ils ne fe
« ferviroient des juifs pour aucun ufage prohibé par les loix. Qu'ils feroient
« payer cent fols melgoriens à tout excommunié qui n'auroit pas fatisfait
« dans le mois, & s'il n'étoit pas en état de payer, ils le mettroient au ban.
« Qu'ils feront tous les ans prêter le même ferment aux confuls qui leur
« fuccederont, & que, fur leur refus, ils les tiendront pour hérétiques. »

Ce même ferment fut comme la bafe des ftatuts que fit le concile pour la confédération de la paix. On établit des commiffaires qui furent nommez paciaires, *paciarii*, dont la fonction étoit d'exiger d'un chacun le ferment ci-deffus, & de prononcer fur tous les cas qui arriveroient au fujet de la paix. Pour quel effet, il leur étoit ordonné de s'affembler tous les ans pour en connoître, & de fe regler dans leurs jugemens fur les décrets fuivans :

« Tout homme qui méprifera les paciaires fera excommunié par l'evêque
« & fa terre mife à l'interdit.

« Celui qui aura violé la paix ne fera point admis à un nouveau ferment,
« qu'il n'ait donné des gages au gré des paciaires.

« Ils admonefteront les vaffaux revoltez contre leur feigneur, & fi leurs
« avis ne font pas fuivis, la confédération de la paix affiftera le feigneur
« contre fes vaffaux. Ceux qui recevront un violateur de la paix feront tenus
« aux mêmes peines que lui, et un pere, dans ce cas, répondra pour fon
« fils, s'il l'a en fa puiffance.

« Lorfque l'armée des croifez marchera contre les violateurs de la paix,
« on leur fera payer le dommage que les terres auront fouffert à leur occa-
« fion, & tous les foirs le fon des cloches avertira de l'excommunication
« qu'ils auront encouruë.

« Sous peine d'anathême, on n'établira point de nouveaux péages, on
« n'augmentera point les anciens, & on ne changera point le lieu où on
« a coûtume de les payer.

« Les barons et les feigneurs qui ont des péages établis feront garder les
« chemins * publics, & fi les marchands ou les voyageurs fouffrent quelque   PAGE 48.
« dommage dans leurs diftricts, le feigneur du péage fera tenu de les
« indemnifer.

« Le finode profcrit toute nouvelle confraternité, fans la permiffion des
« feigneurs du lieu & de l'evêque diocéfain. Mais quant à celles qui font
« déjà établies, il fe referve le jugement des plaintes qu'on en fera.

« En renouvellant les décrets du concile d'Avignon, il eft ordonné que
« les evêques choifiront dans chaque ville un prêtre, ou trois laïques de
« bonne reputation, pour veiller fur les hérétiques & pour les déferer aux
« puiffances ecclefiaftiques & féculieres, afin qu'ils foient punis fuivant les
« peines canoniques. »

La célébration de ce concile fut bientôt fuivie d'un évenément fort IV.
remarquable dans le pays, qui fut l'union de la comté de Melguëil à l'evêché
de Maguelone. Mais avant que de raconter la maniere dont le pape Innocent III la donna à Guillaume d'Altiniac, il eft bon de fe fouvenir que le
comte Pierre, en 1085, en avoit fait donation à l'églife romaine, pour la
tenir d'elle en fief, & qu'en vertu de cette donation, les papes exercerent les
droits de feigneurs fur cette comté. Ainfi, nous avons vû qu'en 1190,
Urbain II obligea Raymond de Melguëil, fils du comte Pierre, de lui en
faire hommage. Que le pape Anaftafe IV commit Raymond, evêque de
Maguelone, à la regie de cette comté, lors de la viduité de Beatrix, &
qu'après que cette même Beatrix eut époufé en fecondes nôces Bernard
Pelet, Alexandre III écrivit à ce feigneur, comme à fon vaffal, de foulager
fes fujets d'une partie des impôts dont il les chargeoit. Leur fille Ermenfende ayant depuis porté cette comté à Raymond, comte de Touloufe, ce
feigneur en fit hommage au St. Siége, & confentit, lors de fon abfolution à

St. Gilles, que la comté de Melguëil fut perduë pour lui sans retour, s'il manquoit jamais aux paroles solemnelles qu'il avoit données. La chose n'étant que trop souvent arrivée, les terres furent données à Simon de Montfort, comme nous l'avons vû, & la comté de Melguëil ayant été exceptée de cette donation, on la reserva au St. Siége, comme lui appartenant.

Alors les peuples de Melguëil, se felicitant d'être revenus sous la puissance du pape, écrivirent à Innocent III pour le prier de ne pas les soûmettre à d'autre juridiction que la sienne. Ce qui leur attira la lettre que nous voyons dans la collection de Baluze, où le pape les exhorte de perseverer dans la fidelité qu'ils lui doivent, & il leur donne, sur le reste de leur demande, de très-bonnes esperances.

Epist. 103, l. 20.

Cependant, l'evêque de Maguelone, connoissant parfaitement tous les avantages qui lui reviendroient de cette acquisition, fit representer au pape Innocent III qu'il en coûteroit beaucoup à la cour romaine pour le seul entretien des officiers qu'elle seroit obligée de tenir à Melguëil, & il offrit de prendre cette comté à fief, pour la tenir de l'église romaine, sous une redevance dont on pourroit convenir. La proposition en fut faite en 1213, par Constantin, frere convers des Chartreux, comme nous l'aprenons de la lettre qui est dans la collection de Bosquet. Et le pape ayant commis Pierre Marc correcteur de ses lettres, pour traiter de cette affaire avec l'evêque de Maguelone, Guillaume d'Altiniac prit le parti d'envoyer à Rome des deputez pour en presser la conclusion.

Epist. 153, l. 3.

Ces deputez, après un sejour considerable, obtinrent enfin une bulle d'Innocent III, du 13 avril 1215, par laquelle il donne à l'evêque de Maguelone & à ses successeurs la comté de Melguëil avec toutes ses appartenances, sous une redevance annuelle de vingt marcs d'argent, sans préjudice d'autre censive qui lui étoit dûe par l'église de Maguelone, à la charge de foy & hommage, de guerre & de paix, & de n'aliener jamais les châteaux de Melguëil & de Montferrand, qui étoient les chefs-lieux de la comté. Et pour avoir égard aux prières des habitans de Melguëil, il ajoûta que l'evêque ne pourroit infeoder aucune terre de la dependance de Melguëil, qu'aux seuls habitans de Montpellier.

Cette union fut souvent disputée aux evêques de Maguelone, comme nous le verrons dans la suite : ensorte qu'Arnaud de Verdale, pour faire voir qu'elle étoit à titre onereux pour son église, nous a transmis un compte de ce qu'il en avoit coûté à ses predecesseurs. Je le raporte tel qu'il le donne, pour la satisfaction des curieux.

Page 49.

*Or, dit-il, afin que la posterité sache tout ce qu'il en a coûté à l'evêque

Guillaume pour l'acquifition de Melguëil, on doit fçavoir que, felon nos archives qui font très-dignes de foy, il fut donné au pape Innocent, mille deux cens vingt marcs fterlings d'argent.

« Aux feigneurs cardinaux, cinq cens livres de provifions.

« Au camerier du pape, trois cens vingt livres de provifions, valant cent « marcs fterling.

« Un rouffin et une mulle qui coûterent trente-cinq livres.

« Aux chapelains, notaires, officiers & autres domeftiques du pape, cinq « cens livres.

« Pour écrire & buller les lettres, cinq livres.

« Pour la dépenfe des procureurs, negociateurs, à aller, féjourner & « revenir, trois cens livres.

« Pour les échanges & remife des efpéces, deux mille cinq cens fols.

« Revenant le tout, quant à la cour romaine, à fix mille fix cens livres « melgoriennes, fans conter ce qu'il en coûta enfuite fur les lieux pour « recouvrer les biens alienez, & pour foûtenir les procez qui furent intentez « à ce fujet. »

Gariel nous aprend qu'on trouva, dans les archives du domaine, à Nîmes, une obligation de trente-quatre mille fols que fit Guillaume d'Altiniac, pour refte de ce traité, à Jean Bocados, qu'il avoit envoyé à Rome pour négocier cette affaire.

V. De fi grandes fommes pour ce tems-là ne pouvoient être prifes fur les feuls revenus de l'evêque de Maguelone. Il fut obligé de chercher quelque expedient pour fatisfaire aux emprunts qu'il avoit fait, & il n'en trouva point d'autre que de vendre à la communauté de Montpellier le bois de Valene, pour fervir au chaufage des habitans de la ville. L'acte en fut paffé peu de tems après l'expedition de la bulle d'Innocent III. D'où nous pouvons inferer que c'étoit un deffein déjà projeté, & d'autant plus avantageux pour la ville de Montpellier, qu'ayant avec abondance dans fon terroir tous les befoins de la vie, elle ne manquoit pas de bois à brûler, qu'elle tire encore de nos jours de la forêt de Valene. Par ce même acte que l'on conferve foigneufement dans nos archives, la ville acquit de Guillaume d'Altiniac deux deniers, de douze que les comtes avoient coûtume de prendre fur la monnoye de Melguëil, & elle lui paya vingt-cinq mille fols. L'evêque, dans ces aliénations, n'impofa à la ville que dix chevaliers d'albergue, avec défenfe d'exiger rien au-delà des anciens péages, conformement aux decrets du dernier concile de Montpellier.

VI. Le chapitre de Maguelone, fuivant l'exemple de fon evêque, donna quinze cens fols, pour la feigneurie de Prades & de Barbeirargues, qu'il acquit en

Regiſtrum epiſ- ce tems-là de Marie, fille de feu Bertrand de Montmirac, par l'intervention
copale. d'Ermengaud, doyen du monaſtere de St. Gilles, ſoit qu'il fût parent de la
demoiſelle, ou que cette terre dependît de ſon égliſe.

Nous trouvons auſſi que le même chapitre acquit, pour cinq mille ſols, de Pierre de Tropaſſens, les moulins des Chazaut & de Linfernet, avec leurs dependances, ſur la riviere de Lamouſſon, & qu'il fit juger en ſa faveur les differens qu'il avoit avec les habitans de Villeneuve, au ſujet des bords de la riviere de Lamouſſon, du côté de la garrigue du pont. De plus, que, par un échange entre Pierre de Cornon & Bernard de St. Gervais, chanoine de Maguelone, le chapitre acquit tout ce que Pierre avoit au bois d'Areſquiez & de Salzeiret, moyennant une cenſive de treize ſetiers & demi d'orge & un denier que le prévôt avoit à Cornon-Terrail.

Guillaume d'Altiniac intervint dans toutes ces acquiſitions, comme il étoit intervenu, à ſon entrée dans l'épiſcopat, à une convention entre Guy de Ventadour, alors prévôt de ſon égliſe, & Bernard de la Treille, ſacriſtain, ce que je marque pour ſervir à la ſuite de nos prévôts. Il ratifia dans ce même tems un autre accord entre ce même Guy de Ventadour & le maître de la milice de la maiſon de St. Gilles, au ſujet des égliſes de leurs dépendances. Il obtint du roy Philippe-Auguſte la confirmation des privileges de Maguelone, avec une conceſſion de quelques pieces de terre ſur le
PAGE 50. chemin de Maurin, pour Guillaume du * Mas de Dieu & pour ſa femme. Il acheta de Pierre de Monteleon la moitié de la viguierie de Montpellier, pour cinq cens ſols melgoriens, & il accorda à l'égliſe de St. Martin de Londres & à Fredol de la Roquette, moine & prieur de cette égliſe, les dîmes que Raymond Guerre y poſſedoit, ne retenant pour ſoi que cinq ſetiers de bled & autant d'avoine.

VII. La derniere action de ſa vie eſt remarquable, pour la ville de Montpellier, par l'érection de l'égliſe de Notre-Dame des Tables en paroiſſe. A quoi les conſuls avoient donné occaſion, en repréſentant au pape Innocent III que la ſeule paroiſſe de St. Firmin ne pouvoit ſuffire à toute la ville; à raiſon de quoi ils le prioient de vouloir bien marquer quatre ou cinq égliſes dans Montpellier, auſquelles on pût recourir pour les ſacremens. Le pape, ſur leur demande, écrivit à l'evêque de Maguelone d'y pourvoir. Et en conſequence, Guillaume d'Altiniac ſe rendit à Notre-Dame des Tables le 29 may 1216, où en preſence des prêtres de cette égliſe, ſçavoir : P. Garcin, archidiacre de Maguelone & prieur de cette égliſe, Guillaume de Montauberon, chapelain, Raymond Girard, archiprêtre, & Géraud de Fornoles, ſacriſtain, avec grand nombre d'autres perſonnes, dont le lieu étoit plein, il érigea en paroiſſe l'égliſe de Ste-Marie auprès des tables des changeurs, *juxta tabulas cambiatorum,* comme porte l'acte que les confuls firent inferer dans leurs regîtres, où on le voit encore, avec la preftation du ferment des nouveaux prêtres qui y furent établis.

Fort peu après, Guillaume d'Altiniac laiffa fon fiége vacant, après l'avoir tenu (felon Verdale) douze ans & quatre mois. Il fut enfeveli à Maguelone, comme nous l'aprenons des livres de cette églife & de ceux de l'hôtel de ville de Montpellier. Tal., fol. 9 & 10.

CHAPITRE SECOND.

I. Commencemens de Bernard de Mezoa, evêque de Maguelone. II. Protection du pape Honoré III pour la ville de Montpellier. III. Fondations qui y furent faites de plufieurs maifons religieufes. IV. Reglemens pour l'école de medecine. V. Temporel de l'evêché.

BERNARD de Mezoa, natif de Montpellier, fucceda à Guillaume I. d'Altiniac, après avoir paffé par les dégrez de chanoine & de prévôt de l'églife de Maguelone, où il avoit été élevé dès fa premiere jeuneffe. Il fut facré par Amalric, archevêque de Narbonne, & auffitôt après, il eut à regler les differens qui furvinrent à l'occafion de la nouvelle paroiffe de Notre-Dame des Tables, & de l'acquifition de Melgueïl que fon prédéceffeur avoit faite.

On pourra juger, par les reglemens qui furent faits en faveur du prieur de St-Firmin, que celui de Notre-Dame lui donnoit de la jaloufie; mais on verra auffi l'attention qu'on avoit en ce tems-là de ne donner aucune atteinte aux anciens droits dont les églifes étoient en poffeffion. Voici un précis de la fentence qui fut donnée à ce fujet, & que l'on fit autorifer du feing & du fceau du cardinal Preneftin :

« L'églife de Notre-Dame fera fujette à celle de St-Firmin.

« Il n'y aura que deux prêtres pour oüir les confeffions & pour adminif-
« trer les facremens.

« Le prieur ne pourra rien demander des droits funeraires, mais celui de
« St-Firmin en prendra tout le produit.

« Il n'accordera à perfonne le droit de fepulture dans fon églife, fans la
« permiffion de celui de St-Firmin & par grace fpeciale de lui.

« Le prieur & les chapelains feront tenus de venir à toutes les proceffions
« de St-Firmin, & la croix de St-Firmin paffera toûjours & par tout la
« premiere.

« Les cloches de St-Firmin doivent fonner aux feftivitez avant celles de
« Notre-Dame. * S'il arrive qu'un legat, ou autre perfonne de la premiere
« diftinction vienne à Montpellier, & qu'il veüille être reçû dans l'églife
« Notre-Dame des Tables, ce fera au prieur de St-Firmin de le recevoir.

« Le jour des Rameaux la feule églife de St-Firmin a droit de faire la
« benediction & enfuite la proceffion folemnelle qui fe fait après la bene-
« diction des rameaux. Auquel jour l'églife de Notre-Dame (de même que
« toutes les autres églifes qui font dans la paroiffe de St-Firmin) doit
« faire ceffer l'office pour fe trouver à la proceffion.

« Elle ne doit pas avoir de fermon ce jour-là, puifque tous les paroiffiens
« de St. Firmin font tenus d'affifter à la benediction des rameaux & à la
« proceffion générale, &c. »

L'affaire de Melguëil n'étoit pas moins importante que celle de la paroiffe Notre-Dame, puifqu'il s'agiffoit de réûnir les habitans de cette comté avec ceux de Montpellier, qui avoient toûjours eu de grands differens, comme on a pû l'obferver dans le cours de cette hiftoire. Ceux de Montpellier aprehendoient que lorfque l'evêque auroit fait cette acquifition, leurs anciennes diffentions ne continueroient pas moins.

Pour prevenir tous leurs fujets de crainte, Bernard de Mezoa paffa un acte à Montpellier, en 1216, dans la fale de l'evêque, par lequel il promit aux confuls, pour lui & pour fes fucceffeurs, de n'aliener jamais les châteaux de Melguëil & de Montferrand, & de n'en bâtir aucun nouveau dans toute la comté de Melguëil, à plus près que de deux lieües de Montpellier, fans la permiffion des confuls. Et en même tems, pour intereffer dans fa caufe la cour de Montpellier, il lui atribua les apellations qu'on auroit portées devers lui de toute la comté de Melguëil.

Mais, comme il lui étoit encore plus important de mettre dans fes interêts les roys d'Aragon, feigneurs de Montpellier, il difpofa avec les officiers du jeune roy Jacques I un traité qui fut conclu deux ans après, c'eft-à-dire en 1218, par lequel l'evêque de Maguelone ceda au roy quatre deniers pour livre fur la monoye de Melguëil, avec tous les droits qu'il avoit fur les châteaux de Pignan & de Pouffan. Par ce même traité, il remit au roy l'hommage d'un marabotin d'or qu'il lui devoit pour les châteaux de Frontignan, de Caftelnau & de Centreirargues, ne fe refervant qu'une legere fomme d'argent dont ils convinrent, avec le droit de retour au cas que ces terres fûffent demembrées du domaine de Montpellier.

II. Dans ces entrefaites, Honoré III, de la maifon de Savelli, ayant fuccedé au pape Innocent III, mort en 1216, les confuls de Montpellier eurent recours à fa protection pour mettre leur territoire à l'abri des domages que les croifez pouvoient leur faire. Ils en obtinrent une bulle qu'ils confervent dans leurs archives, par laquelle nous aprenons qu'ils avoient offert au St. Siége une redevance annuelle de deux marcs d'or, évaluez chacun à cent mazumetins : *duas marchas auri, centum mazumetinis computandis pro marcha, quas fedi apoftolicæ obtuliftis, nobis & fuceſſoribus noftris, fingulis annis in fefto refurectionis dominicæ perfolvetis.*

Ils ne tarderent pas de reſſentir les bons effets de cette protection; car le jeune Amaury, comte de Montfort, ayant fur le cœur ce que l'on avoit fait contre fon pere & contre lui durant la tenuë du concile, vint fur la fin de 1218 faire du ravage aux environs de la ville, où après avoir brûlé Boifferon & quelques autres lieux, il fut obligé de retirer fes troupes, fur les ordres qu'il en reçut du pape Honoré III, à qui il ne pouvoit rien refufer, après les obligations que fon pere et lui avoient au St. Siége.

L'evêque de Maguelone eut recours à la même protection dans une affaire qui lui furvint en ce même tems avec Guillaume d'Altiniac, abbé d'Aniane. Cet abbé, nouvellement élû, vint demander à Bernard de Mezoa la confirmation de fon élection, qu'il lui accorda. Mais l'evêque ayant indit un finode, l'abbé refufa d'y venir, & fur les plaintes qui en furent portées à Rome, Honoré III commit l'archidiacre & le precenteur d'Agde pour juger deffinitivement & fans apel de cette affaire, avec pouvoir de contraindre les parties par les cenfures de l'Eglife * à l'obfervation de ce qu'ils auroient décidé. Par leur fentence, l'abbé d'Aniane & fes fucceſſeurs furent tenus de fe rendre aux finodes que l'evêque de Maguelone, leur diocéfain, auroit convoqué.

Sous ce même pape, Bernard de Mezoa vit établir à Montpellier un grand nombre de religieux, dont les ordres venoient d'être aprouvez ou confirmez par le pape Honoré III. Quoiqu'on ne fache pas bien précifément l'année de la fondation d'un chacun en cette ville, on peut juger, par la confecration de leurs églifes, qui fut faite par Bernard de Mezoa, & par les lettres que le pape écrivit en leur faveur, qu'ils furent établis à Montpellier à peu de diftance les uns des autres.

Nous avons une lettre du pape Honoré III, adreſſée aux confuls & au peuple de Montpellier, du 6 avril 1216, par laquelle il les prie, les avertit & les exhorte à proteger la maifon & les biens des freres de la Ste Trinité des Captifs de Montpellier. *Pro dilectis filiis magiftro & fratribus Sanctæ Trinitatis Captivorum Montifpeſſulani, veftram univerfitatem rogamus, monemus, & exhortamur, quatenus,* &c.

Les freres prêcheurs qui avoient pris origine dans le pays par les travaux de St. Dominique, leur fondateur, furent reçûs à Montpellier avec l'aplaudifférement de toute la ville, en 1220, felon Malvenda, leur hiftorien. Et la chofe eft affez probable, puifque nous trouvons dans notre petit Talamus que Bernard de Mezoa confacra leur églife en 1225, avec celle de Grandmont, dont j'ai déjà parlé dans la vie du dernier de nos Guillaumes.

Ad ann. 1225.

Les freres mineurs, que St. François venoit d'établir, furent introduits à Montpellier quelques années après par le roy Jacques I, qui fit commencer en 1230 le grand & fpacieux couvent qu'ils avoient en cette ville, comme nous le dirons en parlant de chaque couvent en particulier.

Le zéle des habitans parut encore, fous le même evêque, par la fondation de quelques hôpitaux & par le rétabliffement d'autres maifons de charité.

L'hôpital St-Jacques avoit été établi un peu auparavant les freres Mineurs par les liberalitez de Guillaume Perefixe, habitant de Montpellier, qui, étant de retour de St-Jacques de Compoftelle, donna tous fes biens en faveur des pauvres pelerins, pour être reçûs dans cet hôpital, fains & malades. Le roy Jacques I, voulant entrer dans cette bonne œuvre, céda toutes les redevances qu'il avoit fur les maifons qu'on avoit prifes pour cet établiffement, dont on voit encore les marques auprès du jardin du roy.

Un nommé Pierre Lauri fuivit l'exemple de Guillaume de Perefixe, en leguant tous fes biens à l'églife de Notre-Dame; mais l'execution de fon teftament donna bien de l'exercice à l'evêque de Maguelone, qui, en étant enfin venu à bout, fit faire avec les confuls de Montpellier des reparations fi confiderables à cette églife, qu'on crut en devoir faire une nouvelle confecration. Pour la rendre plus folemnelle, ils s'adrefferent au pape Gregoire IX, fucceffeur d'Honoré III, qui écrivit aux archevêques de Narbonne, d'Arles & d'Aix, de fe trouver à cette fête avec leurs fuffragants, & d'accorder au peuple de Montpellier quelques relaxations des peines canoniques. On remarque, à cette occafion, que les evêques de Marfeille & de Riez, n'ayant pû s'y rendre qu'après la folemnité, ils ne laifferent pas d'accorder au peuple des indulgences, dont ils donnerent leurs lettres, que nos confuls prirent foin de faire enregiftrer dans les archives de la ville, avec les autres piéces concernant cette cérémonie.

Nous trouvons, dans les mêmes archives, que l'hôpital de Notre-Dame des Tables, près la porte d'Obilion (aujourd'hui la porte de Lates), s'enrichit par la donation que lui fit Eleazare de Caftries & Roftang de Pofquieres, fon mary, de tous les biens qu'il avoit à Meirargues & à Veirargues, & qu'en même tems Guy de Beaulieu & Petronille, fa femme, s'étant obligez par vœu de garder la chafteté & de fervir les pauvres, donnerent tous leurs biens à cet hôpital, ne fe refervant que trois cens fols melgoriens pour leur fepulture à Maguelone.

Les mêmes archives nous ont confervé la lettre que le pape Honoré III 1227. addreffa au bailli, confuls & peuple de Montpellier, en faveur de l'hôpital du * St-Efprit de cette ville. Elle eft de la premiere année de fon pontificat, PAGE 53. c'eft-à-dire de 1227.

On trouve auffi que l'evêque de Maguelone confirma Pierre de St. Gervais dans la charge de precepteur ou commandeur de l'hôpital de Salaifon, où il avoit été nommé par tous les freres & fœurs de cette maifon.

Mais une chofe des plus remarquables où Bernard de Mezoa eut beau- IV. coup de part, eft la nouvelle forme que reçut alors l'école de medecine de Montpellier, par les réglemens que lui donna le cardinal Conrad Eginon d'Urach, legat du faint-fiége contre les Albigeois. Ce feigneur, qui étoit fils du comte de Scinex en Allemagne & neveu de Bertold duc de Turinge, ayant tout quitté pour fe faire religieux de Cîteaux, fut fait cardinal évêque de Porto par Honoré III, qui l'envoya legat dans le Languedoc, pour s'opofer aux entreprifes du comte de Toulouze; & étant arrivé à Montpellier, en 1220, il fut prié par les evêques de Maguelone, de Lodeve, d'Agde & d'Avignon, de donner des reglemens à l'école de medecine, pour foûtenir la grande reputation qu'elle avoit déjà. Il le fit avec tant de fageffe, que le principal reglement qui fut fait alors a fervi de baze aux érections des univerfitez qui furent faites depuis. Il porte qu'aucun ne fera reçû comme maître dans cette fcience, qu'il n'en aye donné des preuves par quelque exercice public, en préfence de l'evêque & des profeffeurs en medecine. Les lettres qu'il en fit expedier (& que je raporte dans l'article de cette faculté) font dattées de Montpellier du premier feptembre 1227. 1227.

Les autres actions de Bernard de Mezoa regardent le temporel de fon V. églife, dont Verdale nous donne un affez long détail.

Il marque une ceffion que fit cet evêque aux habitans de Villeneuve, & à Bernard Ouvrier de Maguelone, des ufages qu'il avoit fur une partie des vignobles de ce lieu, moyennant neuf cens fols melgoriens. Deux autres ceffions faites à Jean de Montlaur, prévôt de Maguelone, l'une de certaines poffeffions fituées à Maurin, fous albergue, & l'autre de la maifon du Château de Londres, fous foy & hommage.

Un partage des pâturages de Montauberon fait à égales parts entre lui & Roftang de Montauberon.

Un échange de quelques métairies qui lui reftoient à Pignan. Autre échange des ufages qu'il prenoit fur une metairie de Gontard de Montpellier, dans la dîmerie de St. Denis, contre d'autres ufages que le même Gontard avoit à Montauberon.

Les hommages qu'il reçut des confeigneurs d'Affas pour leur châtelenie,

& du feigneur de Ganges, avec Raymond de Roquefeüil, chacun pour une moitié du château de Briffac. La foûmiffion que lui fit Lechas, prieur de l'églife de Cluzenet, fituée entre la ville de Montpellier & la riviere de Lez, lequel reconnut à l'evêque de Maguelone le droit qu'il avoit de vifite & de nomination à fon églife.

Enfin, deux recouvremens qu'il fit, l'un de la baillie de Melguëil, des mains de Raymond de St. Firmin, à qui fon predeceffeur l'avoit engagée pour douze fols de rente. Et l'autre, beaucoup plus confiderable, fut celui du château de Balaruc, qui lui fut adjugé par fentence de l'archevêque de Narbonne, commis par le pape pour juger entre lui & Guy Cap de Porc qui s'en étoit emparé de force.

1232.
En 1232, Bernard de Mezoa ayant voulu faire un voyage à Rome pour des affaires que nos hiftoriens ne nous marquent pas, mourut en chemin cette même année, après avoir tenu le fiége de Maguelone quatorze ans, cinq mois & quatorze jours.

PAGE 54.

CHAPITRE TROISIÉME.

I. Fondation des religieufes de St. Leon, par Jean de Montlaur. II. Commencements de cet evêque. III. Hugues de Miramar. IV. Abbaye de St. Geniez. V. Brefs du pape Gregoire IX pour Montpellier. VI. Broüillerie entre le roy Jacques I & l'evêque de Maguelone. VII. Faculté des arts. VIII. Premier concile de Lyon.

I.

1234.
LA mort de Bernard de Mezoa laiffa un intervalle de plus d'une année dans le fiége de Maguelone; car nous aprenons de Verdale que Jean de Montlaur, fon fucceffeur, ne fut facré qu'en 1234, par Pierre Almaric, fon métropolitain. Il étoit de la même maifon que cet autre Jean du Montlaur, dont nous avons parlé ci-devant, dans le fecond livre, & foit qu'il eût été nommé grand vicaire par fon predeceffeur, lorfqu'il partit pour Rome, ou qu'il ne le fût qu'après la vacance du fiége, il eft certain qu'étant grand vicaire, il établit un monaftére fous le nom de St. Leon, fur une colline près de Montlaur, pour dix-fept filles ou veuves, qui, fans diftinction, pouvoient y être reçûës. Il lui unit, étant evêque, l'églife de St-Germain de Forneil, avec l'hôpital de Selve Gautier, fous diverfes referves pour l'evêque de Maguelone, pour le prévôt & pour les chanoines. Nous verrons que, par fucceffion de tems, elles furent unies au prieuré de St-Felix de Monfau, près de Gigean.

La premiere action que nous trouvons de Jean de Montlaur, après son II. sacre, est un mandement raporté au long par Gariel, en faveur des pauvres lepreux de Castelnau, qu'il recommande aux charitez de ses diocésains, du 23 mars 1234, dans laquelle année il eut l'honneur de recevoir, dans l'église de Notre-Dame des Tables, Marguerite de Provence, épouse du roy St. Loüis, laquelle fut invitée, par le roy Jacques I, de passer à Montpellier avant que de se rendre à Sens, où son mariage fut celebré, vers la fin du mois de may, par l'evêque de cette ville.

Ces deux actions furent bientôt suivies d'une grande broüillerie qui survint entre l'evêque de Maguelone & son propre frere, Rostang de Montlaur, lequel, après lui avoir fait hommage de sa terre, alla, sur quelque démêlé qu'ils eurent ensemble, la reconnoître du roy Jacques I, qui refusa de son côté, à l'evêque de Maguelone, l'hommage que les seigneurs de Montpellier, ses predecesseurs, avoient prêté pour ladite ville & pour le château de Lates. Les plaintes en ayant été portées à Rome, Gregoire IX en écrivit à l'archevêque de Narbonne, pour exhorter le roy à rendre ce qui étoit dû à l'evêque de Maguelone, & lui manda de le proteger, lui & son église, contre tous ceux qui voudroient leur causer du trouble. En consequence, le roy Jacques prêta son serment, où l'on voit l'ancienne formule que suivoient nos Guillaumes, moitié latin, moitié patois. *Et si in illo honore quem tu possides, & canonici Magalonenses habent, ego tollerem; ou rendray, ou emendaray.* L'acte est du 26 decembre 1235.

1235.

Cette affaire, qui paroissoit finie, eut des suites bien plus fâcheuses, III. comme nous le verrons bientôt; mais, pour garder l'ordre du tems, je crois devoir faire ici mention d'un archidiacre de Maguelone, à l'honneur duquel le chapitre fit graver de beaux vers à la façon de ce tems-là. C'étoit Hugues de Miramar, homme pieux et sçavant, qui composa plusieurs traitez qu'il écrivit sur du beau velin, tels qu'on les voit encore dans la Chartreuse de Montrieu, diocése de Marseille, où il se retira sur la fin de ses jours. En quittant son archidiaconé, il fit présent à l'église de Maguelone de treize grands livres de chant, dont le chapitre voulant témoigner sa reconnoissance, fit graver les vers suivans, qu'on voyoit à Maguelone avant les troubles de la religion, & qui nous aprenent que ce présent fut fait en 1236, & que le chapitre prit toutes les précautions qu'il put pour conserver ces livres, même en employant la voye d'excommunication.

Anno milleno, ter deno cumque duceno
Sexto; juconda septembris luce secunda;
Libros divinos denos dedit utique trinos

PAGE 55.

1236.

Illos, totales fuerint vel particulares.
Hæc a paſtore ſententia fertur, ab ore
Papæ firmata : tua ſint Hugo dona beata.
Egregiæ vitæ, venerabilis archilevitæ,
Perpetuo donis domus hæc lætetur Hugonis.

IV. Environ ce tems, Jean de Montlaur, qui n'étant que grand-vicaire de Maguelone avoit fondé les religieuſes de St. Leon, voulut, pendant ſon epiſcopat, faire reconnoître ſes droits en qualité de comte de Melguëil ſur l'abbaye de St. Geniés, qui ſans contredit étoit le plus ancien monaſtére des filles de tout ſon diocéſe. Nous avons la reconnoiſſance qui lui en fut faite par l'abeſſe Ermeniarde de Montdidier, où elle dit que, ſuivant ſes propres connoiſſances & celles de ſes anciennes, ſuivant le témoignage des perſonnes les plus âgées, tant du clergé que des laïques, & conformement à la voix publique & aux titres qu'elle a trouvé dans ſes archives, leur monaſtere a été bâti dans un fonds qui leur avoit été cedé par les anciens comtes de Melguëil, avec toute juriſdiction mere & mixte. Et parce qu'elle reçut alors de l'evêque de Maguelone le terroir de Meſſanergue avec la paroiſſe de Sainte-Colombe, elle obligea ſon monaſtere à payer cinquante ſols melgoriens à chaque mutation d'abeſſe ou d'evêque.

1237.

V. Le pape Gregoire IX fit expedier dans l'année ſuivante 1237 trois brefs pour Montpellier, que nos conſuls prirent grand ſoin de faire inſerer dans leurs regîtres. Par le premier, du 17 mars, adreſſé au prieur de Notre-Dame des Tables, il accorde une indulgence de vingt jours à ceux qui, dans un eſprit de contrition & d'humilité, viſiteront cette égliſe, dans laquelle (ſuivant l'expoſé que les conſuls lui ont fait) Dieu opere pluſieurs miracles. Par le ſecond, adreſſé aux conſuls & au chapitre, il blâme l'exaction que faiſoient les clercs pour la ſonnerie & pour le portement de la croix aux enterremens, exhortant néanmoins les fidéles de garder ſur cela les loüables coûtumes. Par le troiſiéme bref, il mande à l'evêque de voir ce qu'il conviendra faire ſur la demande des conſuls & du peuple de Montpellier, pour obtenir la permiſſion à l'égliſe de Notre-Dame de faire la proceſſion des Rameaux & des Rogations. Mais nous ne trouvons pas qu'il fût rien ordonné pour lors ſur cet article.

Le roy Jacques, dans ce même tems, voulant gratifier ſa cour de juſtice de Montpellier, donna une declaration du 4 fevrier 1237, que nos anciens ont pris grand ſoin de conſerver, où il eſt dit qu'à l'excluſion de toute cour civile & eccleſiaſtique, le roy veut que les procès de tous ſes ſujets ſoient portez à la cour de Montpellier : *Ut nullus audeat de cœtero, coram aliquibus judicibus seu curia civili vel ecclesiastica, alium convenire, aut aliquatenus de cætero litigare, præterquam in prædicta nostra Montifpessulani curia, quæ inter alias* (ajoûte-t-il) *circa juris & causarum examinationem dici potest merito præfulgere.* Et au cas que quelqu'un ofât aller contre fa deffense, il le déclare déchû de toutes fes demandes en justice, sans aucun espoir.

Je ne sçai si cette déclaration ne fut pas donnée en partie pour faire de la peine à l'evêque de Maguelone, ou si ce prélat ne se crut pas bien offensé de l'exclusion qui étoit portée contre fa cour ecclesiastique : il est toûjours certain qu'il ne tarda pas de faire un coup des plus éclatans, qui fut de déclarer le roy Jacques Ier coupable de felonie & déchû de tous ses droits fur la feigneurie de Montpellier. En consequence, Montlaur se rendit à Milhau dans le Roüergue, apartenant au comte de Touloufe, & là, dans le tems que le roy Jacques arrivoit à Montpellier, * il fit transport au comte de Toulouse de tous les droits que le roy Jacques avoit fur cette ville, & le comte, de son côté, s'obligea envers lui & l'église de Maguelone à diverses choses contenuës dans l'acte dont voici le précis :

PAGE 56.

« Jean, par la grace de Dieu, evêque de Maguelone, sçachant que le roy
« d'Aragon est tombé dans le cas d'être privé de la feigneurie de Mont-
« pellier & de celle de Lates, qu'il tient de nous & de notre église, & vou-
« lant la pourvoir & nous aussi d'un feudataire utile, nous donnons à
« vous Raymond, par la grace de Dieu, comte de Toulouse, cette partie
« de Montpellier & le château de Lates, qui fut jadis à Guillaume, fei-
« gneur de Montpellier & de Lates, avec tous leurs droits, pour en joüir
« vous & vos successeurs comme de votre chose propre ; renonçant à toute
« loi contraire, & vous permettant d'aliener le tout ou en partie.

« Et moi, Raymond, par la grace de Dieu, comte de Toulouse & mar-
« quis de Provence, en recevant le prefent que vous nous faites, nous pro-
« mettons de vous conferver la partie que vous avez dans Montpellier
« exempte de toute vexation & exaction ; de ne rien exiger, tant pour le
« civil que pour le criminel, dans l'étenduë de votre juridiction ; au con-
« traire, nous vous remettons & à vos successeurs les droits que Guillaume
« de Montpellier avoit dans Montpeliret, dans le bourg apellé Villefranche
« & dans le champt d'Atbrand.

« Nous promettons de vous faire foi & hommage pour la ville de
« Montpellier, lorsque nous en aurons acquis la possession ; de conserver
« les libertez de l'église de Maguelone, avec les biens & personnes des
« habitans de Montpellier... De vous remettre les châteaux de Mireval,
« Frontignan & Balaruc. Mais si après votre mort nous voulons reprendre

« Balaruc, nous affignerons à celui qui vous fuccedera dans l'evêché de
« Maguelone une rente de cent livres melgoriennes, en tel lieu que
« l'evêque d'Agde les reglera.

« Nous vous accordons une porte & avant-porte à Montpelieret, dont
« vous aurez les clefs pour entrer & fortir, vous & les vôtres, quand vous
« voudrez; & vous pourrez encore exercer la juftice fur les gens con-
« damnez par votre cour, & paffer par le lieu apellé la Pierre jufqu'à la
« porte d'Obilion & au-delà.

1238.
« Nous vous accordons de plus les alleux qui furent jadis de Bonet
« d'Avignon, fur la riviere du Lez, au-deffous du pont de Caftelnau. Fait
« à Milhau, le 28 août 1238, en préfence de Berenger Arnaud, chanoine
« de Maguelone, de B. Long, de Montpellier, &c. L'evêque jurant fur les
« faints évangiles, & pour lui, Bernard de Fefc, fon notaire; Raymond
« Gaucelin, feigneur de Lunel, pour les deux parties; & pour le comte de
« Touloufe, R. de Beaux, prince d'Orange, & Roftang de Montpezat. »

Les fuites firent voir que Jean de Montlaur n'avoit fait que donner des marques de fa mauvaife volonté; car le comte de Touloufe n'étoit pas alors en état de faire valoir la donation qui venoit de lui être faite; & il parut même y compter fi peu, qu'il ne tarda pas de venir trouver le roy Jacques, qui arriva dans ce même tems à Montpellier, où il entra avec lui dans les traitez dont nous avons parlé dans le premier tome de cette hiftoire. Le roy, de fon côté, qui fit durant ce voyage un long féjour à Montpellier, porta un coup à l'authorité des evêques de Maguelone dont ils ne font plus

1239.
revenus; car, par fes lettres du 17 octobre 1239, il les exclut de l'affiftance qu'ils avoient par eux-mêmes ou par d'autres à l'élection des confuls; & il ordonna que ni les confuls qui étoient actuellement en charge, ni leurs fucceffeurs, ne prêteroient jamais ferment, à raifon de leur office, entre les mains de l'evêque ou de fon député : *Nullo deinceps tempore, præfentes vel futuri confules jurent in manu epifcopi, vel alterius pro ipfo, nec juramentum præ/tent, quod ratione officii præ/tare tenentur.*

Cette deffenfe donna occafion au reglement qui fut fait pour l'élection des confuls, telle que je l'ai raportée dans mon premier tome, fous le regne de Philippe de Valois.

Nous ne voyons point que Jean de Montlaur eût rien fait directement contre l'exclufion que le roy venoit de lui donner. Mais nous trouvons qu'il lâcha une fentence d'excommunication contre les feigneurs de Montpellier qui avoient compris quelques clercs dans les impôts publics. Nos

PAGE 57.
archives confervent encore l'abfolution [*] que l'evêque leur en donna, après avoir rendu à fes clercs ce qu'ils en avoient déjà pris.

Tout ce que je viens de raporter de lui nous fait entendre que, bien qu'il fût de la même famille & du même nom que cet autre Jean de Montlaur, evêque de Maguelone, qui fut de fon tems l'arbitre des plus grandes affaires, il ne le prit pas néanmoins pour fon modéle dans cet efprit de ménagement & de douceur qui eft fi convenable dans les hautes places.

VI. Dans le cours des broüilleries entre le roy d'Aragon & Jean de Montlaur, le roy ne laiffa point de donner des marques de bienveillance au corps epifcopal, en accordant à l'evêque d'Agde un fief dans la ville de Montpellier, apellé de fon nom le Plan d'Agde, & par corruption le Plan d'Atte.

Les lettres qu'en donna ce prince font des ides d'octobre 1239, portant amortiffement des maifons que l'evêque voudroit acquerir dans Montpellier, fans payer aucun droit de lods ni confeil, avec injonction & défenfe au gouverneur de Montpellier, préfent & à venir, de rien prendre ni exiger à cet effet dudit feigneur evêque.

Bernard I, en faveur de qui je crois que ces lettres furent données, joüit toute fa vie de la grace accordée; fes fucceffeurs en joüirent de même, & ce ne fut qu'en 1476 que, le procureur du roy ayant voulu difputer ce droit à l'evêque d'Agde, il y fut maintenu par fentence du gouverneur de la même année.

VII. Mais une chofe qui a rendu Jean de Montlaur célèbre dans notre univerfité, c'eft le bon ordre qu'il tâcha d'y établir par fes reglemens qu'il fit pour la faculté des arts, du confentement des maîtres & écoliers, comme il eft marqué par exprés dans le mandement qu'il leur adreffe en ces termes: *Dilectis filiis magiftris & fcholaribus in grammatica & logica apud Montempeffulanum, vel Montempeffulanulum ftudentibus.* Je raporterai au long ces reglemens dans l'article de la faculté des arts, fur la fin de ce dernier tome, auquel je prie le lecteur d'avoir recours.

Cependant les affaires fe broüilloient plus que jamais entre l'empereur Frederic & le pape Innocent IV, qui, étant obligé de quitter l'Italie, fongea de fe refugier en France & de s'y établir pour un long tems, comme il le fit propofer à faint Loüis dans un chapitre général de Cîteaux, où ce prince s'étoit voulu trouver. Il chercha le même refuge dans les états des rois d'Aragon & d'Angleterre; mais leur confeil n'ayant pas jugé expedient de l'y recevoir, il fe détermina de s'arrêter à Lyon, ville neutre, apartenante alors à fon archevêque, d'où il écrivit des lettres circulaires pour la convo- VIII. cation d'un concile général, qui ne put être tenu en cette ville qu'en 1245. 1245. Jean de Montlaur reçut fa lettre comme les autres evêques, & il fe rendit au concile qui fut ouvert le 28 juin, & où dans les trois feffions qu'on y tint, il fut refolu de fecourir la Terre Sainte & Baudoüin, empereur de Conftantinople, & enfin on y proceda à l'excommunication de Frederic.

Le concile ayant été ainfi terminé, Innocent IV, qui n'avoit point d'autre refuge, s'arrêta à Lyon, où il fut bien aife, pour groffir fa cour, d'attirer tout autant d'evêques qu'il pourroit. Celui de Maguelone fut du nombre de ceux qui fe rendirent des plus affidus auprès de lui. Mais dans un voyage qu'il fit à Lyon, au commencement de 1247, il y mourut, ayant tenu le fiége de fon églife quatorze ans & neuf mois.

1247.

On met fous fon épifcopat l'établiffement des religieux de la Mercy à Montpellier, que le roy Jacques, feigneur de cette ville, avoit fondé en 1218, & qu'il fit confirmer enfuite par Gregoire IX, en 1230. Il ne tarda point de les établir à Montpellier, comme il avoit déjà fait à Barcelone, car nous aprenons de l'hiftoire que Vargas a donné de fon ordre, que leur maifon de Montpellier commença en 1239, qui eft le tems où Jean de Montlaur occupoit le fiége de Maguelone.

Les autres actions de cet evêque ne nous font connuës que par les archives de l'evêché, citées en partie par Verdale.

En 1238, il reçut l'hommage pour la terre de Briffac, qui lui fut rendu par Hugues, comte de Rodez, mari d'Elizabeth de Roquefeüil, fille & héritière de Raymond.

PAGE 58.

* Le dixiéme du mois de may fuivant, Pierre & Pons de Figuieres, enfans de Guillaume, reconnurent tenir de lui, fous l'albergue de deux chevaliers, le lieu de Figuieres, dans la paroiffe de Violz.

En 1239, Roftang d'Affas lui fit hommage pour fon château.

En 1245, il donna à Pierre de Monteilz, en nouvel achapt, le lieu de la Lauze & celui de Noalz, & il accorda aux confeigneurs de Montferrier la permiffion de faire du bois à Valene, fous l'albergue de deux chevaliers.

En 1246, Guillaume de Montarnaud reconnut tenir en fief de l'églife de Maguelone la terre de St. Martin de Londres, faifant pour lui fes tuteurs, qui étoient Bernard Ademar & Berenger Dalmas fon frere, qui, les mains jointes, en firent hommage à Jean de Montlaur dans fon château du Terrail.

Enfin, en 1247, & au commencement de cette année, les confuls de la communauté de Lates, fçavoir Guiraud de Melguëil avec dame Guillelme, femme de Bertrand Blandiac, confeigneurs par indevis de l'eftang de Melguëil, reconnurent au procureur de Jean de Montlaur, dans l'églife de St. Marcel, le droit qu'ils prenoient des habitans de Lates fur la pêche du poiffon.

CHAPITRE QUATRIÉME.

I. Reinier, evêque de Maguelone. II. Defcription des anciens bâtimens de cette églife. III. Maniere de vivre des anciens chanoines. IV. Le prévôt eft fubftitué au pouvoir du prieur majeur pour le fpirituel. V. Differens entre le prévôt & l'evêque. VI. Collation des benefices. VII. Prieurés de la campagne. VIII. Dépendance de tous les membres du chapitre. IX. Dignitez & offices clauftraux. X. Mort de l'evêque Reinier.

LA mort de Jean de Montlaur, arrivée à Lyon dans le tems que le pape Innocent IV s'y trouvoit actuellement, donna lieu à une innovation bien confiderable pour l'églife de Maguelone, dont le fiége avoit toûjours été rempli par quelqu'un de fes chanoines. Le pape voulut en difpofer dans cette occafion, comme d'un benefice qui vaquoit *in curia*, & il nomma pour le remplir un religieux de l'ordre des frères Prêcheurs, nommé Reynier, qui avoit été vice-chancelier de Grégoire IX, & dont on voit un éloge dans Tritheme, qui nous aprend qu'il étoit de Pize, & qu'il avoit compofé une Somme de cas de confcience en deux grands volumes, difpofez par ordre alphabetique.

Son entrée dans Maguelone ne fouffrit aucune difficulté de la part du chapitre; mais il ne tarda point d'y faire une fin très-funefte (comme nous le dirons dans la fuite). Nous trouvons que dans les dix-huit mois qu'il remplit ce fiége, il fit une acquifition fort convenable à fa nouvelle feigneurie de Melguëil, en acquerant du chapitre l'églife paroiffiale dudit lieu, qu'il unit à fa manfe épifcopale, & par ce moyen il devint prieur & feigneur du chef-lieu de fa comté. Mais en dédommagement il donna au chapitre les églifes de Cornon, de Cazevielle, de Caftries & de Veirargues.

L'acte en fut paffé le 17 mars 1247, & cette même année il fit dans le chapitre l'augmentation d'une place beneficiale, en érigeant l'office du veftiaire en benefice, avec le confentement de Bernard de Murviel, alors prévôt, & de toute la communauté. Dans le titre de cette érection, il affigne au nouveau beneficier les églifes de Grabelz & de Juvignac, avec tous les droits que le prieur de St. Firmin prenoit dans l'archidiaconé de Maguelone; un cellier dans Montpellier, qu'il défigne entre la maifon canonicale de St.-Firmin & le cellier du prévôt; moyenant quoi le veftiaire feroit tenu d'habiller tous les chanoines & les convers, excepté les prieurs de la campagne, qui devoient eux-mêmes donner tous les ans au veftiaire quarante

I.

PAGE 59. sols melgoriens, payables moitié à la St.-Luc, & * moitié à Pâques. Il fut établi en même tems que le vestiaire fourniroit des habits aux chanoines étudians, lorsqu'ils seroient sortis de Maguelone avec la permission de l'evêque & du prévôt. Bien entendu que dans le lieu de leurs études, ils porteroient l'habit de leur regle & non autrement.

II. Ce petit détail de la vie reguliere de nos anciens chanoines m'engage d'en donner ici une connoissance plus étenduë, & pour rendre plus sensible tout ce que j'en aurai à dire, je prie le lecteur de se rapeller tout ce que j'ai déjà dit en divers endroits de cet ouvrage du local de Maguelone, & des bâtimens qui y furent faits par les premiers evêques qui s'attacherent à y maintenir la regularité.

Nous avons vû que, dans le circuit d'environ deux mille pas qui enferment l'isle de Maguelone, l'evêque Arnaud repara (dans le onziéme siécle) l'église qui avoit été abandonnée dans le huitiéme, sous Charles Martel. Je dis qu'il repara, parce qu'au sentiment des plus habiles connoisseurs, le chevet de cette église est d'une structure beaucoup plus ancienne que les autres bâtimens qui furent faits depuis. Je me contente de citer pour cela Mr de Vair, sacristain de Cluny, connu par la reformation du breviaire de son ordre, qui, ayant visité Maguelone, porta ce jugement sur le chevet de l'église, & sur une tour dont on voit encore de grands restes au côté droit en entrant.

Verdale dit que Gautier repara la voûte de l'église; ce qui peut faire penser que Arnaud & Godefroy, ses prédécesseurs, n'avoient pas eu besoin d'y toucher, & que l'église resta en l'état où Gautier la mit ensuite, jusqu'au tems de Jean de Montlaur I, qui fit bâtir la façade de l'entrée, & par-dessus, dans l'interieur de l'église, le chœur des chanoines.

Les evêques qui précéderent Jean de Montlaur avoient fait les bâtimens du dehors de l'église, qui étoient fort considerables. Gautier commença une grande tour, qu'on apelloit du Sepulcre, soit qu'elle dût servir pour enfermer les titres & les meubles les plus précieux, soit qu'elle fût regardée comme le donjon de toute l'isle. Il fit depuis construire le dortoir, le refectoire & le cellier. Son successeur, Raymond I, acheva la tour du Sepulcre, bâtit une autre tour, apellée de Ste-Marie, & celle de la cuisine (car Verdale lui donne ce nom, *turrim culinæ*), & il est vrai qu'à en juger par ce qui nous en reste, elle pouvoit porter ce nom, puisque le seul tuyau qui sort d'une large & très-solide cheminée, qui subsiste encore, alloit se perdre dans les nuës, en forme de tour ronde, dans laquelle deux ou trois hommes pouvoient passer.

Le même evêque fit une grande & profonde citerne au milieu du grand cloître. Il fit un lavoir dans cet autre petit cloître, dont on voit encore un côté attenant à l'église, & qui eft apellé par Verdale cloître fuperieur, fans doute à caufe de fon élevation fur l'autre cloître, qui étoit plus bas. Il bâtit un grand logement pour les convers, un autre pour ceux qui avoient foin du moulin. Il fit clorre le cimetiere des laïques, bâtit un grand gardemeuble & fit conftruire de grandes écuries au bout de la chauffée, qui traverfoit l'étang du côté de Villeneuve.

Tous ces bâtimens furent clos par l'evêque Raymond de fortes murailles, garnies de bonnes portes de défenfe : *cortinale & portalitia fecit*. Mais ce qui relevoit le prix de tous ces ouvrages eft le bon choix qu'on faifoit des matériaux, & l'adreffe avec laquelle on les mit en œuvre; car nous voyons encore les pierres de l'églife fi bien liées enfemble, que lorfque le vent du nord y pouffe la pluye, on la voit couler fur la muraille comme fur une glace. Les pierres en font vives & luifantes comme du caillou poli, & tout l'ouvrage du dehors de l'églife étoit de la même ftructure, comme je l'ai vû, & mille autres perfonnes avec moi, dans les debris affreux qui resterent longtems fur la place, après que le roy Loüis XIII eut fait miner & petarder ce grand édifice. On voyoit alors de grands quartiers de muraille, d'une ou deux toifes de longueur & de cinq à fix pieds d'épaiffeur, qui avoient cédé à l'effort de la poudre, fans que les pierres de ces gros quartiers fe fuffent ébranlées. On les a depuis rompuës & emportées dans l'étang, pour y former ce canal qui donne aujourd'hui paffage aux barques, qui vont depuis le port de * Cete jufqu'à l'embouchure de notre riviere. Ainfi, nos fucceffeurs ne verront autour de l'églife de Maguelone qu'une place déferte, que nous avons vûë remplie de grandes ruines, & où nos dévanciers avoient vû de grands bâtimens, qui portoient à jufte titre le nom de fortereffe, dont le roy Loüis XIII prit ombrage, & les fit démolir, crainte d'une defcente en tems de guerre.

PAGE 60.

Je ne dois pas oublier deux canaux foûterrains & bien mûrés, qui vont d'une pointe de l'ifle à l'autre, du levant au couchant. Ils partent tous deux du lieu où étoient les logemens dont je viens de parler. L'un fervoit d'égout pour les immondices de la maifon, qu'il portoit dans les eaux de l'eftang, du côté de l'occident, & l'autre fervoit (comme il fert encore) d'acqueduc à une fontaine qui fort à la pointe de l'ifle, du côté du levant, & que l'on croit fortir du milieu de l'ifle, de cette profonde citerne dont j'ai déjà parlé, où les eaux de l'eftang filtrées dans le fable forment un refervoir d'eau douce qui s'écoule par la fontaine.

C'eft dans ce lieu (tel que je viens de le décrire) que vecûrent les fucceffeurs des douze chanoines qui étoient venus de Subftantion pour s'y établir avec l'evêque Arnaud. Leur nombre augmenta fi fort, foit par l'union qu'on fit de plufieurs églifes à leur manfe, foit par les épargnes qu'ils firent eux-mêmes, en mettant tous leurs biens en commun, que je ne ferois pas difficulté de croire, comme beaucoup de gens éclairez me l'ont dit, qu'ils étoient plus de cent au fervice de leur églife. La chofe me paroît d'autant plus croyable que, dans une tranfaction raportée dans une bulle d'Alexandre III, trente-trois chanoines s'y trouvent nommez & les autres compris dans ces termes généraux : *& multorum aliorum canonicorum ;* ce qui marque un plus grand nombre & un nombre confiderable. Or, en y ajoûtant les étudians, & ceux qu'on envoyoit fervir les églifes de la campagne, il eft facile de comprendre qu'avec les convers, ils devoient aller tout au moins au nombre que j'ai dit.

III. Nous n'avons point de recüeil particulier des regles fous lefquelles ils vivoient, à moins qu'on ne veüille dire (ce qui eft fort croyable) que celles qui font encore entre les mains des autres chanoines reguliers de St. Auguftin leur étoient communes. Mais ce défaut eft avantageufement reparé par un bullaire qu'ils avoient autrefois, & qui nous refte encore, écrit fur du velin en lettre gothique. Il contient quatre-vingt-dix bulles pleines des conceffions ou reglemens faits par les papes fur differens points de leur difcipline. On lui a donné le nom de *privilegia ecclefiæ Magalonenfis,* quoique ces bulles contiennent beaucoup plus de reglemens que de privileges ; car elles ne font, la plûpart, que des refcripts des fouverains pontifes fur les cas qui leur étoient propofez, & des décifions fur les differens qui furvenoient entre les particuliers du corps, qui recouroient aux papes dans les affaires même temporelles, comme nous recourons au parlement ; ces refcripts n'étant pas moins efficaces que les arrêts d'aujourd'hui, à caufe des cenfures qui leur étoient attachées le plus fouvent.

Nous aprenons de la bulle d'Urbain II, dont j'ai déjà parlé, donnée en 1095, la regle fondamentale qui les attachoit à la maifon de Maguelone pour toute la vie, après y avoir fait profeffion. Elle leur deffendoit de la quitter, même fous prétexte d'entrer dans un ordre plus auftere, à moins que le prévôt & la communauté n'y donnât un confentement exprès.

Bulle 57. Ils ne pouvoient avoir rien en propre. Que fi quelque frere (ce que Dieu veüille détourner, dit Alexandre III) fe trouve avoir quelque chofe, elle retourneroit au commun, ou bien à l'evêque, fi elle lui appartenoit.

Outre la dépendance où ils vivoient de leur evêque, ils avoient pour le fpirituel, dans l'interieur de la maifon, un fuperieur particulier, qu'on apelloit prieur majeur, qui eut le foin des âmes, dans la communauté de Maguelone, jufques fur la fin du douziéme fiécle, où le prévôt Fulcrand (qui fut depuis evêque de Touloufe) obtint une conceffion de l'evêque (confirmée depuis par le pape) pour exercer dans la communauté les pouvoirs qu'avoit eu le prieur majeur.

Nous aprenons toutes ces particularitez d'une bulle de Celeftin III, en 1194, adreffée au prévôt & au chapitre : *Priorem majorem ex antiqua inftitutione in ecclefia* * *Magalonenfi fuiffe, qui curam animarum a prædeceʃʃoribus noʃtris & a vobis habens, exceʃʃus capituli regulariter corrigebat, & primum locum, poʃt epiʃcopum, in capitulo, circa ʃpiritualium correɡionem habeat.* <small>PAGE 61. Bulle 47.</small>

Le pape ajoûte enfuite, pour raporter les raifons du prévôt moderne, à qui l'on objeɡoit cet ufage : *Quod licet prior major, quondam in ecclefia Magalonenfi, quæ prædiɡa funt obtinuerit, tamen præpofitus, ex communi epifcopi & fratrum aʃʃenʃu eleɡus, omnia hæc debebat habere fecundum ʃanɡi Auguʃtini regulam, præfertim cum Fulcrandus prædeceʃʃor tuus (qui nunc epifcopus eʃt Toloʃanus) ex epiʃcopi conceʃʃione ac domini papæ confirmatione illa obtinuiʃʃet.*

En confequence, le pape Celeftin prononce, dans cette même bulle, que l'evêque de Maguelone doit avoir une autorité fuperieure fur tous les membres du corps. Qu'il peut lier & délier, corriger les fautes, & que tous, tant les dignitez que les fimples chanoines, lui doivent obéiffance dans le fpirituel, comme à leur pafteur, qui eft chargé du foin de leurs ames. *Statuimus quod epiʃcopo Magalonenfi, ut patri & domino, tam prælati quam fimplices ejufdem ecclefiæ canonici abfque rebellione fubditi eʃʃe debent : fuper toto capitulo Magalonenfi fpiritualem habeat authoritatem tam folvendi atque ligandi, & corrigendi exceʃʃus atque errata; fibique omnes obediant ficut paʃtori, qui fuperiorem fuper eos curam obtineat animarum.*

Mais, parce qu'il n'étoit pas poffible à l'evêque d'être toûjours réfident à Maguelone, le pape ordonna qu'en fon abfence, le prévôt auroit l'authorité fpirituelle fur fes freres, pour l'obfervation des régles & pour la correɡion des fautes. *Poʃt epiʃcopum vero, præpofitus Magalonenfis curam animarum ab epiʃcopo, & fpiritualem inter fratres obtineat authoritatem circa obʃervantiam ordinis & erratorum correɡionem.* <small>IV.</small>

Le prieur majeur étant privé, par cette derniere difpofition, de l'autorité qu'il avoit euë jufqu'alors, il fut ordonné, par cette même bulle, que fa place feroit fuprimée. *Prior major in ecclefia Magalonenfi non inʃtituatur*; de peur que, fi le fpirituel & le temporel étoit divifé entre lui & le prévôt, il n'arrivât quelque fujet de fcandale & de difcorde. *Ne ʃi forte alter fpiritualibus, alter temporalibus præeʃʃet, fcandali & difcordiæ occaʃionem & materiam præʃtaret.*

Par ce furcroît d'autorité, le prévôt devint bientôt le maître des affaires; car l'evêque de Maguelone, n'y étant que fort rarement, le prévôt avoit un champ libre pour faire prendre au chapitre les déliberations qu'il jugeoit à propos. Ce qui lui étoit d'autant plus facile que les particuliers avoient journellement besoin de lui dans tous les petits détails de la maison.

V. Il paroit que les evêques prirent souvent jalousie de cette autorité du prévôt, & qu'ils chercherent à le traverser, en procedant même par les voyes canoniques. Mais le prévôt, en mettant le chapitre de son côté, trouvoit de la protection auprés du St Siége, qui le mit enfin à couvert des poursuites de l'evêque. Ainsi nous voyons que, par les bulles d'Alexandre IV & de Clement IV, en conformité de celles de Celestin & d'Alexandre III, il est défendu à l'evêque de Maguelone de donner aucune sentence d'interdit ou d'excommunication contre le prévôt, ni contre ceux dont il se serviroit pour les affaires de l'église, sans le consentement de la plus saine partie du chapitre. Par une autre bulle d'Alexandre III, les causes civiles contre le prévôt sont dévoluës à l'evêque suivant l'usage; mais, dans les criminelles, l'evêque ne peut rien faire que conjointement avec le chapitre.

Bulle 65.

Et parce que les evêques, sous prétexte qu'on prenoit des déliberations à leur insçû, crûrent devoir se rendre maîtres du sceau du chapitre, il fut ordonné, par deux bulles d'Alexandre III, que le sceau resteroit entre les mains du prieur claustral, ou de telle autre personne qui resideroit toûjours à Maguelone, & non entre les mains de l'evêque, qui n'étoit censé présent que lorsqu'il demeuroit dans le cloître, dans l'isle ou dans Villeneuve, ausquels cas il devoit être toûjours apellé aux deliberations.

VI. Toutes ces dispositions regloient assez ce qu'il y avoit à observer dans l'interieur du cloître; mais il restoit pour le dehors un article fort important, qui étoit la collation des benefices & la nomination des offices claustraux. Il paroit que les * evêques auroient voulu s'en rendre les maîtres; car nous avons une bulle de Calixte III, qui revoque un indult déjà obtenu par l'evêque, pour conferer les archidiaconez & la sacristie, attendu (dit le pape) que cet indult étoit au préjudice du prévôt & de la communauté. Il dit, dans une bulle suivante, que, puisque les biens & possessions de la sacristie apartiennent au prévôt & au chapitre, ce doit être à eux à disposer de la place lorsqu'elle viendra à vaquer, avec le conseil de l'evêque, & à la pluralité des voix. Quant à la nomination des archidiaconez, Clement III avoit ordonné, avec Celestin, que l'evêque en disposeroit, du consentement du prévôt, de l'archidiacre vivant, des prieurs majeur & mineur & du sacristain, & que, s'ils ne pouvoient convenir, l'affaire seroit portée en plein chapitre, où l'on en decideroit à la pluralité des voix.

Page 62.
Bulle 4.

5ᵉ.

22ᵉ. Par une bulle d'Alexandre III, donnée à Sens, le prévôt devoit être élû de l'autorité du St Siége, & toute opposition cessant, par la partie la plus faine du chapitre, foit que fa place vaquât par mort, par entrée en religion ou autrement.

Il avoit le pouvoir d'inftituer le dépenfier de Maguelone, le procureur de la table commune, le gardien des lits & draps des morts, & il obtint du pape Celeftin III la permiffion d'établir un precenteur, & de le placer après les archidiacres & le facriftain, tant dans le chœur que dans le chapitre, pourvû qu'il pût fe fuftenter honnêtement des biens à lui baillez par le prévôt & dépendans de lui. 57ᵉ.
 60ᵉ.

Dans la vacance des benefices dépendans de la communauté, c'étoit au prévôt d'en prendre les clefs & de les garder jufqu'à ce qu'il y fût pourvû par le confeil de l'evêque & par la plus faine partie du chapitre, lui apellé.

En ce cas, le chapitre étoit obligé de préfenter à l'evêque le chanoine qui devoit fervir dans ces benefices vacans, pour recevoir de l'evêque l'inftitution & la cure des ames. Mais le chapitre étoit toûjours le maître de deftituer ces chanoines nommez pour les églifes de la campagne. C'eft un des articles des mieux établis dans le bullaire, d'où j'ai tiré tout ce que je viens de dire & ce qui me refte encore à y ajoûter. 57ᵉ.

Pour mieux éclaircir ce point de difcipline domeftique, il eft à obferver que, de ce grand nombre de chanoines qui étoient à Maguelone, on en prenoit tout autant qu'il en faloit pour le foin des ames & pour adminiftrer les biens temporels du chapitre dans les benefices de fa dépendance. Ils étoient apellez prieurs, & ces prieurs étoient fouvent négligens à rendre compte de leur adminiftration, & de porter à Maguelone leur quotité des fommes qu'ils devoient fournir tous les mois pour l'entretien de la maifon de Maguelone. Le chapitre, ne pouvant pas toûjours s'en faire faire raifon, prit fouvent le parti de les deftituer, felon le pouvoir exprès que toutes les bulles lui en donnoient. Mais les prieurs, de leur côté, prétendirent qu'ils n'étoient pas obligez de déferer aux actes qui les deftituoient, & ils firent fi fouvent revivre leurs prétentions fur cet article, qu'il fallut dans le douziéme fiécle plus de vingt bulles de papes pour les y foûmettre. On en voit de Pafcal II, d'Urbain, Clement & Celeftin troifiémes, qui exhortent & menacent les chanoines commis à l'adminiftration des églifes du chapitre, s'ils ne rendent leurs comptes. Alexandre III, en entrant dans les raifons qu'ils alleguoient fouvent, veut que fi par fterilité ou guerre qui feroit dans le pays, ils ne pouvoient payer les procurations qu'ils doivent tous les mois, le prévôt y fuplée. Enfin, leur negligence & leur mauvaife volonté n'ayant que trop paru, Clement, Urbain & Honoré III, Gregoire IX & Alexandre IV leur deffendirent de rien entreprendre au préjudice de leur VII.

 Bulle 32.

 Bulles 28, 30, 37.

 Bulles 9, 10, 12, 43, 59.

destitution, & voulurent que le prévôt les contraignît par excommunication, tout apel cessant.

VIII. Selon cette même regle, le prévôt, qui par une bulle d'Alexandre III, donnée à Montpellier, avoit au dedans & au dehors de Maguelone l'administration de tous les effets de la communauté, devoit en rendre compte au chapitre une ou deux fois l'année, & ne pouvoit de son chef aliener aucun immeuble de la communauté ; & au cas qu'il le fît, l'evêque & le chapitre avoient droit de revoquer ce qu'il avoit fait. Le chapitre, par une bulle d'Alexandre III, devoit aider le prévôt * dans son administration ; mais l'un & l'autre étoient dispensez par une autre bulle de Celestin III d'obeïr à l'evêque dans ce qui étoit contraire aux accords passez entr'eux, & confirmez par des lettres apostoliques. L'evêque avoit droit de prendre sa portion du vestiaire commun ; mais il lui étoit deffendu d'augmenter ce droit au-delà de ce qui étoit déjà établi. Car nous avons une bulle qui lui deffend de prendre plus que ses prédécesseurs avoient coûtume de faire, & de se servir de chapelains séculiers dans son église de Maguelone.

Bulle 54.
Bulle 36.
Page 63.
Bulle 8.

Tout ce que nous venons de dire fait voir que pour entretenir une plus grande liaison entre le chef & les membres de la communauté, on s'étoit attaché à les rendre dependans les uns des autres, par les bornes que l'on donnoit aux pouvoirs d'un chacun. Ainsi Alexandre III fait inhibitions de recevoir aucun chanoine que du consentement de tous les freres ou de la plus saine partie, quelque instance qui pût être faite de la part de qui que ce fût. Ainsi le prévôt, avec toute cette grande autorité qu'il avoit, étoit obligé de consulter la communauté dans le choix des prieurs, des dignitez & des personats de l'église.

Bulle 53.

Les dignitez & personats consistoient, selon une transaction confirmée par une bulle d'Alexandre III au prévôt, aux deux archidiacres, au sacristain & à l'archiprêtre, qui y est nommé avec le procureur de la table commune ; auxquels on peut ajoûter le precenteur, le prieur claustral, qui prit ce nom après la supression du prieur majeur, & le vestiaire, dont la charge fut erigée en benefice par l'evêque Reynier, comme nous l'avons vû.

Il est tems de raconter la fin malheureuse de cet evêque, telle que Verdale nous l'aprend. Voici ses propres paroles, qui auront plus d'énergie que tout ce que j'en pourrois dire. « Nous avons oüi dire (dit cet auteur) que
« plusieurs de nos anciens dignes de foi, & qui ont assûré avec serment
« l'avoir apris de leurs peres, que cet evêque fut empoisonné avec une
« hostie consacrée. Ce qui donna occasion d'établir dans l'église de Mague-
« lone que le diacre & le sous-diacre qui assisteroient le prêtre au grand

« autel de St. Pierre, communieroient avec lui, de la même hoftie & du
« même calice. »

Gariel ajoûte que le chapitre, pour enfevelir, s'il étoit poffible, le fouvenir d'une action fi horrible, delibera de n'en faire point de perquifition ; mais que fi le tems ou quelque accident en faifoit découvrir les auteurs, on en feroit la pourfuite aux fraix du chapitre, & qu'aucun de la famille des coupables ne pourroit, jufqu'à la quatriéme génération, poffeder aucun benefice dans le diocéfe.

Je finis ce chapitre, où j'aurois pû ajoûter quelques autres remarques fur la communauté de Maguelone. Mais, pour éviter la longueur, je les referve pour une autre place auffi convenable que celle-ci.

CHAPITRE CINQUIÉME.

I. Election de Pierre de Conchis. II. Religieufes du Vignogoul & du Paradis. III. Reglemens d'Alexandre quatriéme pour le chapitre de Maguelone. IV. Affaires particulieres de l'evêché & du chapitre. V. Reconnoiffance faite par l'evêque au roy St. Loüis. VI. Guillaume Criftophle fuccede à Pierre de Conchis. VII. Son accommodement avec le roy d'Aragon. VIII. Il eft protegé auprès du roy St. Loüis par Clement IV. IX. Lettre du pape fur la monnoye de Melgüeil.

APRÈS la mort de l'evêque Reynier, arrivée fur la fin de 1248, Pierre de Conchis, chanoine de Maguelone, fut élû pour remplir fa place. Il étoit d'une famille de Montpellier connuë dans nos archives par un grand nombre de fujets qui en avoient été tirez pour remplir les premieres charges municipales. On remarque même qu'un Thomas de Conchis fe trouva premier conful lorfque cet evêque mourut, fept ou huit ans après.

La premiere action que notre hiftoire nous marque de lui eft un voyage * qu'il fit à Lyon en 1248, auprès du pape Innocent IV, pour fe plaindre de l'evêque d'Avignon, fon vice-legat dans la province de Narbonne, qui pour fubvenir aux befoins de la cour de Rome refidente alors à Lyon, avoit recours à ces expediens odieux dont l'hiftoire ecclefiaftique fait mention & qu'il faifoit valoir par les excommunications & les interdits qu'il lâchoit contre les pafteurs & contre leurs églifes. Pierre de Conchis revint de fon voyage avec un indult d'Innocent IV, portant qu'aucun député du St. Siége

I.

PAGE 64.

Fleury, Hiftoire eccl., L. 82, n. 28.

ne pourroit porter contre sa personne aucune sentence d'excommunication, de suspense & d'interdit, sans un mandat spécial du St. Siége, où il seroit fait mention du présent indult.

Series, pag. 261.

1249. En 1249, on parla de terminer les differens qui étoient depuis long-tems entre le roy Jacques Ier & les evêques de Maguelone. Le roy accepta la médiation de Guillaume de Broa, archevêque de Narbonne, qu'il fit proposer à l'evêque & au chapitre par le jurisconsulte Guy Cap de Porc, duquel nous avons la lettre de créance que le roy lui donna, exprimée en ces termes : Nous vous prions d'ajoûter foy à tout ce que vous dira de notre part notre bien aimé Guy Cap de Porc. Donné à Montpellier, le 27 février 1249. Mais nous ne trouvons pas quel fut alors l'effet de cette négotiation, dont le succès ne parut que sous le successeur de Pierre de Conchis, & par un autre médiateur que Guillaume de Broa.

II. On commence à connoître dès ce tems-là l'abbaye du Vignogoul par une transaction qui fut passée entre Pierre de Conchis & l'abesse de ce monastére, à l'occasion d'une portion du terroir de la Serre, sur les confins de la terre de la Verune, qui fut adjugée à l'evêque.

1254. Nous connoissons aussi par le même moyen l'abbaye de Sainte Claire, que Pierre de Conchis déclara, par acte de 1254, exempte de tout droit episcopal, tant dans le temporel que dans le spirituel, ne se reservant pour le temporel qu'une livre de cire tous les ans, & pour le spirituel la benediction de l'abesse, la consecration des religieuses, la dedicace de l'eglise & des autels, avec l'administration des sacremens lorsqu'il en sera requis par elles. Autrement, il leur permet de s'adresser à tout autre evêque catholique ayant la communion du St. Siége.

Le pape Alexandre IV confirma tous ces priviléges par une bulle du 5 mars 1254, dans laquelle il rapelle les exemptions accordées à ce monastére par Pierre de Conchis.

Series, pag. 266.

III. Le même pape lui envoya l'année suivante 1255, une bulle contre ceux
1255. de ses chanoines qui vouloient se soustraire à la jurisdiction correctionale, sous pretexte des bulles de Celestin & d'Alexandre III, suivant lesquelles l'evêque ne pouvoit employer contre eux les peines canoniques sans le consentement du chapitre. Alexandre IV, pour remedier à cet abus sans donner atteinte aux indults accordez par ses predecesseurs, écrivit à l'evêque de fixer un tems au chapitre, durant lequel il eût à corriger les abus dont on se plaignoit : après quoi, si le chapitre manquoit à y remedier, l'evêque pourroit user selon Dieu des censures ecclesiastiques contre les coupables, nonobstant tous indults & coûtumes contraires.

Par la même voye, Pierre de Conchis arrêta quelques chanoines que l'amour du plaifir & de la liberté tenoit, hors de leur cloître, à la pourfuite des affaires feculieres. Il fit renouveller par ce pape les peines portées par fes predeceffeurs contre ceux *qui ad leges, ad nundina fordida, ad fecularia negotia fe prefumptuofe transferunt, ut ibi libentius poffint voluptatibus defervire :* ce qui peut nous faire entendre que le relâchement commençoit à s'introduire dans Maguelone, à la faveur des troubles que les Albigeois avoient caufé dans la province. Mais je ne fçay fi on ne peut point tirer une conjecture plus certaine du derangement qui étoit alors dans les affaires temporelles du chapitre. Car nous trouvons dans le bullaire dont j'ay déjà parlé, cinq bulles du feul pape Innocent IV, qui vont toutes à obliger les chanoines à payer leurs dettes, ou à prendre des expediens pour y fatisfaire, tantôt par la médiation de l'archevêque de Narbonne, tantôt par celle du prévôt de Nîmes, qui y eft propofée. Clément IV, peu de tems après, ayant fçû que les chanoines qui s'étoient fait nommer aux prieurez de la campagne negligeoient non-feulement d'y refider, mais encore de prendre les ordres facrez que leur benefice exigeoit, ordonna au prévôt de Maguelone d'employer les cenfures, * pour les y contraindre à la premiere admonition, tout apel ceffant. *Bulles 68, 71, 72, 73.*

PAGE 65.

Nous aprenons quel étoit le droit de l'evêque fur le veftiaire de Maguelone, par une tranfaction paffée en 1250, par Pierre de Conchis avec Guillaume Chriftophle & Jean le Blanc, chargez de la procuration de Raymond de la Roche, veftiaire & étudiant alors à Paris; par laquelle ils cederent à l'evêque les albergues que le veftiaire tiroit de Pons de Valhauquez, à condition que Pierre de Conchis renonceroit à vingt fols melgoriens qu'il prenoit annuellement du veftiaire en qualité d'evêque. IV.

Nous avons plufieurs autres actes de cet evêque fur des fujets particuliers qui ne font pas indifferens à notre hiftoire. Mais pour éviter la longueur, je me contente de les indiquer à ceux qui voudront les voir plus au long dans Gariel.

En 1251, il recouvra la juridiction temporelle de Murviel, que le prieur de ce lieu avoit auparavant. Il changea avec les hofpitaliers de St. Jean la redevance de deux livres de poivre & d'une livre de cire, que leur maifon faifoit à l'evêque pour le jardin de St. Jean, & quelques pieces de terre fituées dans les fauxbourgs de Montpellier, contre quatre fétiers de grain & deux deniers de monnoye, que Guillaume, precepteur de St. Jean, affigna dans le tenement de Laiguelongue. *Series, page 262.*

En 1252, il reçut l'hommage des propriétaires de Maureillan. Et le prévôt de fon églife acheta de Pierre de Soregue la garrigue del Romant pour le prix de cent fols. *Series, page 263.*

Le même prévôt, avec Berenger de Fabregues, déterminerent les confronts de la garrigue del Chazaut; & peu après, on termina le procès entre le prieur d'Aires & le précepteur de St. Jean de Jerufalem d'Alais, au fujet de la dîme d'une métairie entre Aires & Lanuejols, qui fut adjugée au prieur.

En 1253, le fénéchal de Beaucaire confirma par fentence, à l'evêque de Maguelone, le droit de déport, *jus portorii*, qui lui avoit été établi par des lettres du roy Philippe, & il fixa les lieux de Reftincliere & de Ste. Croix, pour la perception de ce droit.

En 1254, Pierre de Conchis fit vente à Geraud Gautier, de Lyon & à Marquette, fa femme, d'un fol ou place dans Montpelieret, avec la faculté d'en donner une partie en emphitéofe, afin (dit l'acte) que Montpelieret fe peuplât davantage & que la jurifdiction de l'evêque augmentât en habitants.

En 1255, Bernard de Murviel, prévôt de Maguelone, acheta, pour le prix de dix livres, cinq fols melgoriens, un ufage de cent deniers fur les biens que Gaucelin de Montpeiroux avoit par indivis avec Raymond Bernard, fon oncle, dans la paroiffe de Vic.

Enfuite, Bernard de Bruguieres, prieur de St. Martin de Londres, fit reconnoiffance à Pierre de Conchis de tous les biens qu'il avoit acquis de Bernard Guillaume, écuyer, pour lequel il fe foûmit à une albergue de dix chevaliers.

V. Mais de tous les actes qui furent paffez fous cet evêque, nul n'eft plus digne de remarque que la reconnoiffance qu'il fit au roy St. Loüis du lieu & diftrict de Montpelieret & de toutes fes dépendances : ce qu'on peut regarder comme la premiere démarche qui fut faite alors pour faciliter un jour à la maifon de France l'acquifition de Montpellier. Afin de mettre le lecteur plus en état de juger de cette affaire, je le prie de fe fouvenir qu'en 1229, le comte Raymond de Touloufe avoit fait une ceffion de fes états en faveur du mariage de fa fille Jeanne, qui fut accompli en 1241, avec Alphonfe, frère du roi St. Loüis ; & qu'après la mort du comte Raymond, arrivée en 1249, Alphonfe fut maître de tous les états de fon beau-pere : enforte que dans tout le Languedoc, dont il acquit la propriété, la feule ville de Montpellier fe trouvoit fous une domination étrangère. Dans ces conjonctures, les bons ferviteurs de la reine Blanche firent leur poffible pour procurer un jour à fes enfans l'acquifition de cette ville. Un particulier fe chargea de cette négociation ; & l'heureux fuccès qu'il eut, non-feulement dans cette affaire, mais encore dans plufieurs autres où il fut conftamment employé, l'éleverent par degrez à la premiere dignité de l'églife. Ce particulier eft Guy (dit le Gros), fils de Fulcodi, natif de la ville de St. Gilles, qui après avoir été homme de guerre, s'appliqua à l'étude des loix & devint si habile qu'il fut conseiller * du roy st. Loüis, ensuite evêque du Puy, & successivement archevêque de Narbonne, cardinal & enfin pape, sous le nom de Clement IV. Il disposa si bien l'esprit de l'evêque de Maguelone, qu'il lui fit prêter serment pour toute la ville de Montpellier, entre les mains de la reine Blanche, comme il paroît par l'acte qui en fut dressé le 14 d'avril 1255. Trois ans après la mort de cette illustre reine, Guy Fulcodi fut chargé de la procuration du roy st. Loüis, & il reçut avec le sénéchal de Beaucaire la reconnoissance que leur fit Pierre de Conchis, dont voici le précis tiré des originaux qui sont dans la chambre du domaine.

<small>PAGE 66.</small>

<small>1255.</small>

« Sçachent tous, presens & à venir, que nous Pierre, par la misericorde
« de Dieu, evêque de Maguelone, comme certains du droit & du fait, *de jure*
« *& facto certiorati*, reconnoissons à vous Guillaume de Anthomne, sénéchal
« de Beaucaire & de Nîmes, & à vous Guy Fulcodi, nommez à cet effet par
« le sérénissime roy de France, que toute la ville de Montpelieret avec ses
« apartenances, est & a été depuis un tems dont on n'a point de souve-
« nance, un fief de la couronne, que nous tenons, & que nos prédécesseurs
« ont tenu des rois de France ; & que l'autre partie de la ville, avec le
« château de Lates, que tient de nous, en fief, l'illustre roy d'Aragon, non
« comme roy, mais comme seigneur de Montpellier (dont il a fait hom-
« mage à Jean de Montlaur notre prédécesseur), est du même domaine.

<small>Gariel, Series, page 169.</small>

« Nous reconnoissons donc au roy de France tant ce que nous tenons à
« Montpellier que ce que le roy d'Aragon y tient de nous, dont nous
« prêtâmes ci-devant serment de fidelité à madame Blanche, mère du roy.
« Ce que nos successeurs seront tenus de faire comme nous.

« Nous vous reconnoissons aussi toutes les terres contenuës dans les
« lettres des privileges accordez par le roy Philippe, desquels nous vous
« remettons une copie autentique, signez, l'evêque, le sénéchal & Fulcodi.

« A Sommieres, le 14 avril 1255, temoins, Michel de Moreze, archidiacre ;
« Berenger Arnaud, Fredol de la Verune, prieur de Castries, & plusieurs
« autres chanoines de Maguelone, qui sans préjudice des libertez, usages &
« coûtumes de leur église, ont aprouvé le présent acte lû en plein chapitre,
« le 28 avril de la même année 1255. »

Cet evêque ne survécut guéres à la passation de cet acte, car il mourut au commencement de l'année suivante 1256, après avoir tenu le siège de Maguelone environ sept ans. Aussitôt on élut à sa place Guillaume Christophle, archidiacre de son église, avec lequel nous avons vû qu'il transigea au sujet du vestiaire.

<small>1256.</small>

<small>GUILLAUME CHRISTOPHLE</small>

Les principaux évenémens arrivez sous Guillaume Christophle, sont :

<small>1258.</small>

1258.

1258.

Page 67.

Hift. Eccl., Liv.
84, n. 50.

1259.

1260.

1° la tenuë d'un concile provincial affemblé à Montpellier, le 6 de feptembre 1258, par Jacques, archevêque de Narbonne, fucceffeur immédiat de Guillaume de la Broüe. Nulle affaire politique ne donna lieu à ce concile, comme il étoit arrivé dans les deux de 1114 & 1124, mais on s'y borna à faire les reglemens fuivans pour les mœurs des ecclefiaftiques & pour la confervation des biens de l'églife.

« Dans le premier article, le concile déclare excommuniez par le feul fait
« ceux qui ufurpent les biens de l'églife, entreprennent fur fes droits &
« fes libertez, ou infultent aux perfonnes ecclefiaftiques. Sur la requifition
« de l'evêque lezé, l'excommunication fera dénoncée dans tous les diocéfes
« de la province; & ce ftatut fera publié tous les dimanches dans toutes
« les paroiffes.

« Celui qui prononce quelque cenfure en qualité de commiffaire du
« pape, ou de fubdelegué, doit montrer fa commiffion.

« L'evêque, en donnant la tonfure, prendra garde principalement que
« celui qui la demande foit âgé de vingt ans, & qu'il fe préfente par devo-
« tion & non par fraude.

« Les clercs qui tiennent boutique, qui trafiquent publiquement, qui
« exercent les arts mécaniques, travaillent à la journée, ou ne portent point
« l'habit clérical, ne joüiront ni de l'exemption des tailles, ni des autres
« privileges de la clericature.

« * On n'adjugera point en juftice les ufures aux juifs.

« On permet au fénéchal de Beaucaire d'arrêter les clercs pris en flagrant
« délit pour rapt, homicide, incendie & crimes femblables, à la charge de
« les remettre à la cour de l'evêque. En quoi, dit M. Fleury, qui raporte
« tous ces décrets, je crois voir le commencement du cas privilegié. »

Ce dernier réglement fert à nous faire connoître l'état où les troubles des Albigeois avoient réduit le clergé, fi l'on veut en juger fuivant la régle fi fouvent établie par l'abbé Fleury, que les conciles, en faifant des loix pour la difcipline, fe régloient ordinairement par les abus qui regnoient de leur tems.

Le fecond événement arrivé fous Guillaume Chriftophle eft la pefte violente qui ravagea le Languedoc en 1259, & qui donna beaucoup d'exercice au zéle de notre prélat. Enfin on compte pour le troifiéme événement, la fin des broüilleries commencées fous Jean de Montlaur, entre le roy Jacques d'Aragon, feigneur de Montpellier & les evêques de Maguelone, qui furent terminées en 1260, par la médiation de Guy Fulcodi, alors evêque du Puy.

Cet homme illuftre, qui fut promû cette même année à l'archevêché de

Narbonne, regla tous les points qui avoient divifé durant plus de vingt ans, à Montpellier, le facerdoce & l'empire.

« Par le premier article on reconoît que l'evêque a pleine jurifdiction
« dans la partie epifcopale pour le criminel, & qu'il peut y faire faifir les
« coupables, leur faire le procès & les condamner.

« 2° Si toute fois (ajoute l'acte), le crime eft d'une nature à mériter la
« mort ou la mutilation des membres, le bailly royal fera apellé à l'in-
« ftruction du procès & au jugement, & envoyera, pour la punition, le cri-
« minel à la cour du roy, qui pourra changer la fentence de la cour de
« l'evêque.

« 3° Le crime d'hérefie regardant en feul la cour de l'evêque, elle ne
« renvoyera le criminel à la cour du roy que lors qu'il devra être puni de
« mort; mais s'il n'eft condamné qu'à la prifon ou autre moindre peine, la
« cour de l'evêque en difpofera. Que s'il eft condamné à une confifcation
« de biens, qui fe trouveront dans la dépendance du roy, les biens apar-
« tiendront au roy, & ceux qui feront dans les terres de l'evêque appar-
« tiendront à l'evêque.

« 4° Le roy et l'evêque fourniront au prorata la nourriture des héréti-
« ques emprifonnez. »

« 5° Le champ d'Atbrand & l'ifle que l'evêque a dans Montpelieret lui
« font adjugez & à fes fucceffeurs, de même que tout ce qui eft depuis la
« porte d'Obilion jufqu'à la maifon qui fut jadis à R. Lambert.

« 6° Convenu que les habitans de la partie epifcopale prefens & à venir,
« feront tenus de jurer fidelité au roy & a fes héritiers dans la feigneurie
« de Montpellier, fans leur faire fervice de guerre, comme les autres habi-
« tans de la partie royale.

« 7° Il fera permis à l'evêque d'ouvrir les murs de la ville auprez de fa
« maifon & d'y faire une porte de ville pour fa commodité & pour celle
« des habitans de fa partie epifcopale, dont les clefs feront gardées par ceux
« qui ont coûtume de garder les clefs des autres portes de la ville.

« 8° Il ne fera point permis à l'evêque de faire dans fa partie une poif-
« fonerie ou une teinturerie d'ecarlate, fans le confentement du roy, ou de
« ceux qui lui fuccederont dans la feigneurie de Montpellier.

« 9° Item, le feigneur roy donnant les mains à ce qui a été réglé par
« Guy Fulcodi, a reconnu pour lui & pour fes fucceffeurs, qu'il tient de
« l'evêque & de l'eglife de Maguelone, tout ce qu'il a, ou qu'il doit avoir
« dans Montpelliér & dans le château de Lates, pour lefquels il fit autre-
« fois hommage les mains jointes *& dato ofculo* à l'evêque.

« Fait à Montpellier, dans le palais du roy, l'an 1260, en préfence de

1260.

1260.

PAGE 68.

« Hugues, comte de Rodez, de Raymond Gaucelin, seigneur de Lu-
« nel, &c. »

Les affaires ayant été terminées de la sorte entre l'evêque de Maguelone &
le roy d'Aragon, il en survint une nouvelle à ce prélat avec le roy de
France à qui l'on fit entendre que la comté de Melguëil n'étoit pas pos-
sedée à juste titre par les evêques de Maguelone. Le roy saint Loüis qui
gouvernoit alors son royaume *, & qui n'étoit pas moins jaloux de la
justice qu'il devoit aux autres que des droits de sa couronne, ne voulut
rien entreprendre sans avoir consulté Guy Fulcodi, à qui il avoit donné sa
confiance depuis longtems & qui étant du païs, pouvoit sçavoir mieux
qu'un autre la vérité des choses. Il venoit d'être élu pape sous le nom de
Clement IV & sa nouvelle dignité ne pouvoit le rendre suspect au roy, qui
le connoissoit pour un homme d'un si grand désintéressement, qu'étant
devenu pape, il ne voulut jamais agrandir sa famille. Il répondit au roy
qu'après avoir consulté les archives de l'église romaine, il paroissoit constant
par des titres fort anciens que la comté de Melguëil étoit un fief censuel
du st. siege, possedé justement durant quelque tems par Bernard Pelet, un
des ancêtres de Pierre Pelet, maintenant comte d'Alais, & vassal du roy.
Mais qu'après Bernard, la comté de Melguëil étoit tombée entre les mains
du comte de Toulouse, qui la tint justement ou injustement, selon differens
avis ; & qu'après que le pere du dernier comte de Toulouse eût été, avec
justice, privé de ses terres par Innocent III, Pierre de Benevent, alors legat
du st. siege dans le Languedoc, réünit à l'église romaine la comté de Melguëil, que le même pape Innocent III, donna en fief à l'evêque de Maguelone & à ses successeurs, sous une redevance annuelle. C'est pourquoi
(ajoûte le pape en s'adressant au roy) « vous ne devez pas, très-cher fils,
« vous laisser persuader qu'on vous ait causé aucun préjudice dans toute
« cette affaire. »

J'ai à faire observer ici que cette réponse du pape Clement IV est une
confirmation de tout ce que j'ai dit ci-devant au sujet de la comté de Melguëil, & je crois devoir ajoûter, pour éclaircissement à ce qui est dit de la
maison de Pelet que ce Pierre, comte d'Alais, dont il est fait mention, étoit
(selon la genealogie qui m'a été remise de cette maison), l'arriere petit-fils
de ce Bertrand Pelet, dont j'ai parlé dans la vie de nos Guillaumes, qui
ayant revendiqué inutilement sur le comte de Toulouse, son beau-frère, la
comté de Melguëil, qu'il avoit eû en épousant sa sœur Ermensende, transmit ses droits à ses descendans, qui ne furent pas plus heureux que lui
contre une aussi forte partie que les comtes de Toulouse. Mais la seigneurie
ayant été confisquée sur eux & donnée aux evêques de Maguelone, Pierre

Pelet crut alors que l'occasion étoit devenuë favorable pour faire revivre ses droits, en implorant la justice & la protection du roy saint Loüis.

Le pape, qui venoit d'écrire au roy de la maniere que nous venons de dire, crut devoir en donner avis à l'evêque, afin qu'il n'ignorât pas la mauvaise intention de ses ennemis : *Irritatus à susurronibus* (lui dit-il) *carissimus in Christo filius noster Ludovicus rex Francorum illustris, super Melgorii comitatu, quem in ejus præjudicium & injuriam à te possideri dicebat, prudenter nos consuluit.* Il ajoute qu'il a exposé au roy toute la vérité du fait dont il croit qu'il sera content, & il exhorte l'evêque de ne pas s'allarmer des menaces qu'on lui pourroit faire, parce que ceux qui vous toucheront (lui dit-il) toucheront à la prunelle de notre œil, puisqu'il s'agit de notre propre affaire.

Ensuite il touche un article qui me paroît très-remarquable pour la monnoye de Melguëil, dont nous aurons assez souvent à parler, car il paroît par cette lettre qu'il est hors de doute que les evêques de Maguelone faisoient battre la monnoye à Melguëil, puisque le pape blâme beaucoup celui-ci de la faire battre au coin de Mahomet, c'est-à-dire en faisant des marabotins qui portoient l'empreinte de Mahomet, & que les Maures d'Espagne avoient introduit en Europe. *Quis enim catholicus* (lui dit-il) *monetam debet cudere cum titulo Mahometi ?* Mais il paroît aussi que le pape n'étoit pas convaincu du droit de l'evêque de Maguelone, car il lui fait encore cette demande : « A qui est-ce qu'il est permis de battre la monnoye d'un
« autre ? Personne ne le pouvant même dans son propre pays sans la per-
« mission des papes ou des rois. Si vous alleguez la coûtume, vous vous
« accusez vous & vos prédécesseurs, puisque les mauvaises coûtumes sont
« toujours des abus condamnables ; & si vous n'avez ni la coûtume ni le
« droit, c'est donc pour l'amour du gain que vous le faites : ce qui est
« d'autant plus blâmable dans un evêque qu'il est condamné dans les
« simples clercs. De là vient, très-cher frere, que nous * vous mandons   PAGE 69.
« d'obëir eux défenses du roy, si c'est dans ses terres que vous faites battre
« la monnoye & si c'est hors de sa dépendance, gardez-vous de continuer,
« puisque ce que vous faites est désagréable à Dieu, & mal séant à votre
« état. Donné à Viterbe, le 17 de septembre, & la seconde année de notre
« pontificat, c'est-à-dire 1266. »   1266.

Cette date d'une lettre du pape Clement IV adressée à Guillaume, evêque de Maguelone, me fait soupçonner quelque erreur dans les copistes de Verdale, qui mettent la mort de Guillaume Christophle tantôt en 1262, tantôt en 1263. Il faut nécessairement qu'il ait vécu jusqu'en 1266, qui est precisément la seconde année du pontificat de Clement IV, puisque cette lettre qu'il adreffa à un Guillaume, evêque de Maguelone, ne peut convenir à Berenger, fon fuccefleur.

CHAPITRE SIXIEME.

I. Berenger de Fredol, evêque de Maguelone. II. Affaires temporelles qu'il eut dans fon diocéfe. III. Autres affaires avec les reguliers. IV. Autres avec le roy d'Aragon au fujet de l'univerfité. V. Bulle du pape Nicolas IV. VI. Differens entre les officiers du roy & ceux de l'evêque. VII. Qui finiffent par un interdit géneral.

I.

BERENGER DE FREDOL

Le fiége epifcopal, après la mort de Guillaume Chriftophle, fut rempli par Berenger de Fredol, chanoine de Maguelone, d'une famille illuftre dans le pays, qui poffedoit depuis longtemps la terre de la Verune, & qui donna dans ce même fiécle à l'èglife de Beziers deux evêques qui furent enfuite cardinaux; un fecond evêque à l'eglife de Maguelone, & un autre à celle d'Huefca en Aragon. Ils étoient tous proches parens des comtes d'Alais Pelet, & le frere de celui dont nous parlons, appellé Pierre, feigneur de la Verune, prenoit le titre de damoifeau & de chevalier.

Le nouvel evêque, pour rendre fon élection plus authentique, voulut fe faire reconnoître dans un finode. Car il eft marqué qu'il affembla tous les prêtres de fon diocéfe, pour donner leur approbation aux fuffrages qu'il avoit déja reçû des chanoines.

Comme fon epifcopat fut des plus longs & qu'il fe paffa pendant ce tems beaucoup de chofes plus ou moins remarquables, je crois, pour les rendre plus fenfibles, devoir les ranger fous une même matiére. Ainfi, après avoir parlé des affaires temporelles qu'il eut pour fon eglife, je parlerai de celles qu'il eut avec les reguliers, avec les confuls, avec les roys d'Aragon, de Mayorque & de France, qui font tous des évenémens remarquables pour notre hiftoire.

II. Il paroît d'abord que la lettre du pape Clement IV au fujet de la monoye de Melguëil dont nous avons parlé dans le chapitre précédent, n'arrêta point les prétentions des evêques de Maguelone fur le droit qu'ils croyoient avoir de faire battre la monoye. Car nous trouvons une commiffion que Berenger donna au commencement de fon pontificat aux nommez Jean de Ripa, Giles Jean & Giraud Gros, habitans de Montpellier, de fabriquer des millarez qui étoient une autre forte de monoye de ce tems-là. Je ne repete point ici tout ce que j'ai déjà dit à cette occafion dans le premier tome de cette hiftoire, à l'article de l'hôtel des monoyes de cette ville. *Pag. 570.*

Berenger, dans le cours de fon epifcopat, reçut l'hommage de plufieurs feigneurs du païs pour les terres qui relevoient de lui en qualité de comte de Melguëil & de Montferrand. Henry de Roquefeüil, fils de Raymond, le lui prêta en 1266, pour fon château de Briffac, & vingt-cinq ans après, c'eft-à-dire en 1291, le même Henry, qui prend dans l'acte la qualité de comte de Rodez, lui en renouvella le ferment en préfence de Pons de Canillac, abbé d'Aniane, & de Pierre Pelet, feigneur d'Alais. Je trouve que Berenger voulut dans ce même tems lui acheter cette terre; car nous avons l'acte d'une vente qu'il fit à Ademar de Cabreroles, alors prévôt de Maguelone de la Montagne, de Saint-Bauzile de Montfeau, & de la garrigue de Noals, pour faire les trois mille livres qu'il devoit donner pour l'achat du château de Briffac. *Mfs. de Rignac.* *PAGE 70.*

Il avoit reçû, en 1268, l'hommage des confeigneurs de Vic, qui étoient alors Raymond Vaffadel, Raymond de Montlaur, damoifeau, & Raymond de Bociacis, prévôt de Maguelone. Plufieurs années après il reçut celui que lui prêta à genoux & les mains jointes Bernard Gauldemar, chevalier, pour tout ce qu'il avoit à Affas. *1268.*

Les acquifitions particulieres que Berenger fit étant evêque nous font connoître divers particuliers de fon tems. Il acquit dans fes premieres années toutes les cenfives & droits que Boniface Guy Cap de Porc avoit dans les paroiffes de Juvignac, Grabels, Subftantion, Murles & Montarnaud. Il acheta au nom de fon églife, pour la fomme de quinze cens livres melgoriénes, tous les droits utiles & honorables que Michel de Montpeiroux avoit dans les paroiffes de Sainte-Eulalie & Leocadie, c'eft-à-dire Vic & Mirevaux. Il acquit en 1268, pour cent livres melgoriénes, le four de Balaruc, de Dieudonné Dupuy, & les leudes de Gigean, de Bernard de Grafilargues, pour onze livres.

Nous aprenons que Bertrand Durfort étoit veftiaire de Maguelone, par une tranfaction qu'il paffa cette année avec Bertrand de Valhauquez, damoifeau, fur la baffe jurifdiction de Grabels, qui fut confirmée par l'evêque Berenger, qui ratifia de même un échange que Raymond de Bociacis fit avec Bernard de St. Juft, damoifeau de Montferrier, au fujet de la métairie de Verreriis, & qui acquit du même prévôt le moulin de Raftagnal & tout ce qu'il avoit fur les rives du Lez, dans la paroiffe de Saint-Jacques de Prades.

Au commencement de fon épifcopat, Berenger avoit voulu revenir fur la vente du bois de Valene, qu'il prétendoit n'avoir pû être démembré de la comté de Montferrand. Mais les consuls lui ayant objecté l'acte qu'ils avoient passé avec son predecesseur, & l'affaire ayant été remise à des arbitres, la ville fut maintenuë dans sa possession, & la haute justice de Valene fut adjugée à l'evêque.

1268.

Il ressentit, en 1268 le bon effet qu'avoit eu la réponse du pape Clement IV au roy saint Loüis sur le sujet de la comté de Melguëil, car ce prince écrivit par deux fois au sénéchal de Beaucaire de défendre l'evêque de Maguelone contre les violences qu'on pourroit lui faire dans les fiefs qu'il tenoit de la couronne, ou dans les biens qu'il tenoit en propre.

III.

Nimis iniqua, 16. De excess. prælatorum.

Les religieux mandians qui avoient été fondez au commencement de ce siécle & qui avoient des maisons à Montpellier, y furent traitez avec plus de douceur que dans d'autres diocéses, où les evêques vouloient exercer sur eux & sur leurs biens un pouvoir absolu. Il fut necessaire de faire limiter ce pouvoir des evêques par diverses bulles des papes, & enfin par la disposition du concile général de Vienne.

L'evêque de Maguelone y avoit déjà pourvû, comme nous le voyons par une transaction passée en 1266 avec les frères prêcheurs, par laquelle on peut juger d'une partie des articles qui leur étoient disputez ailleurs. Cet acte qui les régle avec l'evêque & le chapitre, fut passé entre Berenger, evêque, Jean Atbrand, alors prévôt, Pons Sorege, sacristain, Raymond de Bociacis, chanoine & prieur de St. Firmin, d'une part, & frere Guiraud, prieur du couvent des freres prêcheurs de Montpellier, d'autre, avec toute sa communauté; qui conviennent que l'evêque, du commun consentement du chapitre de Maguelone, permet aux freres prêcheurs d'agrandir leur cimetiere, d'augmenter le nombre des autels de leur église, & de prêcher avec toute permission, à moins (dit l'acte) que quelqu'un de MM. les chanoines se trouvant prêt de prêcher, ne voulût le faire.

Il leur remet la dîme des jardins, terres & vignes renfermées dans le clos de leur couvent, de même que les droits de sepulture, lits funeraires, offrandes, legs pies & donation en cas de mort.

Mais les freres dudit couvent, pour reconnoître l'evêque & l'église de Maguelone, feront tenus de donner tous les ans dans l'octave de St. Pierre & de St. Paul un marabotin à l'evêque, un autre au prévôt, & un autre au sacristain; & deux freres seront obligez, le jour de la fête de St. Firmin, de suivre la procession de la paroisse.

Page 71.

* Ces bons traitemens & quantité d'autres marques de distinction accordées aux religieux de St. Dominique & de St. François, causerent une si grande jalousie entre ces deux ordres, qu'elle éclata sans ménagement en

Allemagne, en Angleterre & en France. On s'en reſſentit à Montpellier, où le pape Clement IV, n'étant encore qu'archevêque de Narbonne, avoit pû en être temoin lui-même. Comme il aimoit les freres Mineurs de cette ville, dont on marque qu'il avoit conſacré l'égliſe en 1264, n'étant encore que cardinal, il voulut, étant devenu pape, arrêter le ſcandale que cette meſintelligence cauſoit dans nos provinces, &, pour cet effet, il écrivit une lettre que nous avons encore, adreſſée aux prieur & lecteur des freres Prêcheurs, & aux cuſtode & lecteur des freres Mineurs de Montpellier.

Rading ad ann. 1237. Ray. old. n. 60.

Fleury. Hiſt. eccl. Liv. 81, n. 3.

« Après leur avoir marqué le déplaiſir qu'il a eu d'aprendre l'aigreur
« avec laquelle ils ſe traitent reciproquement dans les diſcours particuliers
« & dans les ſermons qu'ils font au peuple, il leur ordonne que ſi quel-
« qu'un de leurs freres, dans toute l'étenduë des ſénéchauſſées de Carcaſ-
« ſonne & de Beaucaire, dans la Provence, comté de Forcalquier & pro-
« vince d'Arles, vient à offenſer de parole ou d'action quelqu'un des freres
« de l'ordre oppoſé, ils l'obligent à en faire ſatisfaction de la maniere qui
« leur paroîtra la plus convenable; & que s'il refuſe d'obéïr, ils ayent à le
« contraindre par les cenſures eccleſiaſtiques, nonobſtant tous privileges de
« leur ordre. Donné à Viterbe, le 23 juin, & la ſeconde année de ſon pon-
« tificat, c'eſt-à-dire 1256. »

L'année ſuivante il fut obligé de leur écrire ſur les plaintes qu'on lui porta de la conduite qu'ils tenoient envers les jeunes perſonnes qu'ils engageoient dans leur ordre; & il leur ordonne d'obſerver à peu près les regles que l'égliſe a preſcrites depuis. Sa lettre eſt adreſſée aux abbez, abbeſſes, prieurs & gardiens des freres Prêcheurs & Mineurs, & autres religieux de Montpellier ou de ſes fauxbourgs, & à tous autres, de quelque ordre qu'ils ſoient, Cîteaux ou Prémontré, dans le dioceſe de Maguelone.

« Il leur dit qu'ayant apris qu'ils attiroient à leur religion des jeunes
« garçons & de jeunes filles en conſideration des biens qu'ils auroient eu
« en reſtant dans le monde, il leur fait deffenſe de donner leur habit à
« aucun enfant de famille avant l'âge de puberté, ſans le conſentement de
« leur pere ou de leur tuteur, pour ne donner (ajoûte-t-il) aucun ſujet de
« reprehenſion. Donné à Viterbe, le 26 avril, & la troiſiéme année de ſon
« pontificat. »

Les filles dont il parle dans ſa lettre étoient les religieuſes de Ste Claire, gouvernées par les freres Mineurs, & celles de Proüille ou de St. Dominique, établies depuis peu à Montpellier par les freres Prêcheurs, comme je le dirai plus amplement dans l'article de ces deux communautez.

Une choſe que je crois ne pas devoir omettre (parce qu'elle ſert à juſtifier que les Trinitaires étoient déjà établis à Montpellier) eſt un acte que nous avons, passé en 1275, entre Berenger, evêque de Maguelone, & frere Nicolas, ministre de la Ste Trinité, *prope villam Montispessulahi*, par lequel l'evêque lui remet l'usage, le lods & le domaine de cinq sols melgoriens, qu'il prenoit sur une piece de terre contiguë à la maison de la Ste Trinité, & le ministre cede à l'evêque pareille somme qu'il prenoit ailleurs.

Le dernier article concernant les maisons regulieres dont j'aye à faire mention, est la transaction des religieuses de St. Leon de Montlaur, à St. Felix de Montesevo, près de Gigean, pour l'entretien desquelles Berenger de Fredol assigna les revenus de l'église de St. Bauzile de Montmel, à la charge de pourvoir au service de cette église & de conserver l'hospitalité qu'on y exerçoit auparavant. La chose fut aprouvée par deliberation du chapitre, le 28 decembre 1291, signée par Ademar de Cabreroles, alors prévôt.

Nous trouvons aussi que le même evêque fit une échange avec la prieure de ces religieuses, de l'église de St. Michel *de villa Paterna* près de Gigean, contre l'église paroissiale de Ste Cristine de Melgueïl, que ces religieuses lui cederent.

IV. L'accord dont nous avons parlé dans le chapitre précédent entre l'evêque de * Maguelone & le roy Jacques d'Aragon, n'avoit pas si bien reglé tous les articles qu'il ne survînt encore un nouveau sujet de dispute à l'occasion de l'université, dont il n'avoit été fait aucune mention. Le roy, en 1268, crut pouvoir disposer des places de professeur, & il en favorisa un nommé Surgerius, qui, sur les provisions du roy, fit ses leçons publiques de droit civil. L'evêque de Maguelone, qui ne pouvoit s'oposer à cette innovation, employa les armes de l'église & prononça une sentence d'excommunication contre le professeur & contre ceux qui assisteroient à ses leçons. Les plaintes en furent aussitôt portées au roy, qui s'en plaignit lui-même au pape. C'étoit précisément le même qui avoit reglé l'accord fait en 1260. Clement IV, dans une ample réponse qu'il lui fit, cite le canon d'un concile du pape Eugene, qui charge les evêques du soin d'établir les maîtres & les docteurs qui devoient enseigner. Et quant à l'objection que faisoit le roy Jacques, que si l'evêque avoit donné la licence dans les autres facultez, il ne l'avoit pas donnée dans celle du droit, le pape lui répond que cela pouvoit être arrivé parce qu'on ne l'avoit pas demandée à l'evêque, ou que l'occasion ne s'en étoit pas presentée, mais que le droit ne lui en étoit pas moins acquis. Il ajoûte que lui-même, avant que d'être pape, avoit donné la licence dans la salle de l'evêque de Maguelone, par ordre exprès d'Urbain IV, son prédecesseur immédiat. *Nos cum minori officio fungeremur, de Felicis memoriæ Urbani papæ predecessoris nostri speciali mandato, in aulâ episcopi Magalo-*

nenfis, doctorum & fcolarium multitudine convocata, dedimus licentiam, & librum tradidimus, folita folemnitate fervata.

Nous ne trouvons point que Berenger de Fredol ni fes fucceffeurs ayent V. été inquietez depuis fur cet article; au contraire, il fut encore mieux établi dans fes droits fur l'univerfité par une bulle remarquable du pape Nicolas IV, qui fut donnée deux ans aprés. Elle a été regardée comme le titre d'erection de notre univerfité par ceux qui n'avoient point connoiffance des études déjà établies à Montpellier. Je raporterai tout au long cette bulle dans l'article que je deftine pour notre univerfité, & je me borne pour le prefent à donner fur cette queftion les paroles décifives du pape Nicolas IV : *Statuentes ut quoties aliqui ad magifterium fuerint promovendi, præfententur epifcopo Magalonenfi, loci diocefano, vel ei quem ad hoc idem epifcopus duxerit deputandum.*

Il eft tems que je revienne maintenant aux differens que les officiers du VI. roy d'Aragon prirent foin de fomenter entre lui & l'evêque, en pretendant que l'accord de 1260 ayant reglé tout ce qui concernoit les deux jurifdictions dans Montpellier, il n'avoit point parlé des terres du dehors, où les deux puiffances avoient de differens droits. Le roy Jacques qui étoit alors fur la fin de fa vie, & occupé en Efpagne à de plus grandes affaires, jugea à propos de faire regler celle-ci fur les lieux par des arbitres. Il nomma les deux jurifconfultes, Jean Brunenchi & Arnaud de Peirelade pour prononcer fur la jurifdiction de Cornon, fur la leude dite Stachas, que le bailly & les commis aux droits de leude pretendoient à Lates, à raifon du paffage de la mer, de la plage & des graux. Ils ajoûtérent quelques articles fur les délits qui fe commettoient dans les deux parties royale & épifcopale, quoique l'affaire eût été fuffifamment reglée par l'accord de 1260.

Tout cela me perfuade que les officiers du roy, profitant de fon grand âge & des troubles qu'ils fçavoient être dans la famille royale, étoient bien aife de broüiller les affaires à Montpellier; & ce qui me détermine le plus à le croire, c'eft que peu d'années après ils eurent befoin de lettres de remiffion, que Berenger de Fredol leur obtint du nouveau roy Jacques de Mayorque, données à Elne au commencement de fon regne.

Mais, malgré tous fes bons offices, ils ne laifferent pas de fufciter les confuls contre lui & contre fon clergé : ce qui finit par un interdit géneral. Nous en aprenons le fujet d'une lettre que le pape Clement IV leur avoit écrit en 1267, dans laquelle il les blâme des entreprifes qu'ils faifoient fur les biens de l'églife de Maguelone : *Quod clericos Magalonenfis ecclefiæ angariis, perangariis & aliis exactionibus indebitis aggravatis.* Et non contens d'exiger des clercs qui defservoient cette églife, * ils avoient étendu leur jurifdiction PAGE 73. fur leurs perfonnes, jufqu'à les faire emprifonner & les condamner à mort :

Interdum quoque ipfos non fine facrilegio aufu capere, & quandoque infuper (quod eft gravius) ad mortem non veremini condemnare.

Cet avertiffement de la part d'un pape très-confideré du roy saint Loüis, & connu particulierement dans notre province (dont il étoit natif) fit fufpendre pendant quelques années les exactions qu'avoient fait les confuls de Montpellier. Mais ceux-cy ayant renouvellé depuis ces mêmes exactions, malgré toutes les réprefentations qui leur avoient été faites, on en vint enfin à la fentence d'excommunication que le vicaire général fulmina contre eux dans la fale de l'evêque, le 19 juillet 1291.

1291.

Elle commence par cette priere redoutable : *Exfurgat Deus & diffipentur inimici ejus.* Et après avoir expofé les attentats contre les libertez de l'églife, commis par les confuls & par les officiers des tribunaux majeur & mineur, qui s'étant efforcez (dit la fentence) « de foûmettre les églifes & leurs rec-
« teurs à toutes les taxes des laïques, les ont chaffez de leurs maifons,
« qu'ils ont enfuite fait fervir aux ufages les plus abjets; & qui, malgré
« tous les avertiffemens charitables, n'ont pas laiffé de proceder à une élec-
« tion, nommement à celle de Guillaume de Verteil, auteur de tout le mal,
« en la place de bailly; lequel, nonobftant l'excommunication qu'il avoit
« encouruë, s'eft encore choifi d'autres officiers curiaux, fes complices;
« fçavoir, Jean Barthelemi, pour vice-bailly, & Jean de Trontin, pour
« vicaire. Ce qui ne pouvant être régardé que comme un mépris formel
« des clefs (chefs?) de l'églife, il ne refte d'autre moyen pour les faire
« rentrer en eux-mêmes que de proceder à l'interdit.

« Pour raifon de quoi, nous Bertrand Matthæi, chanoine de Viviers &
« official de Maguelone, avec l'affiftance & confentement d'Ademar de
« Câbreroles, prévôt, de Jean de Montlaur, archidiacre, Bernard de Viffec,
« archidiacre, Raymond Albert, auffi archidiacre, Berenger d'Omelas,
« facriftain, & autres, en grand nombre, prieurs & chanoines de Mague-
« lone, foûmettons par le préfent acte, toute la ville de Montpellier avec les
« fauxbourgs à l'interdit général : faifant défenfe que dans le cours de cet
« interdit on y célèbre l'office divin, & qu'on n'y adminiftre les facremens
« que de la maniere qui eft marquée dans les faints canons pour ces fortes
« de cas. Publié dans la cour epifcopale, le 19 juillet 1291. Regnant, Phi-
« lipe, roy des François. Berenger étant evêque de Maguelone. En préfence
« de difcretes perfonnes, Etienne Ortouls, prieur de l'églife de Montfer-
« rier; Aymeric Madalon, prieur de St. Guillem de Montpellier, & autres,
« tant laïques que clercs, avec Bernard de Ferrariis, notaire du feigneur
« evêque. »

Ce coup excita un grand mouvement parmi ceux qui n'avoient eu aucune part au fujet du trouble. Ils coururent à Narbonne implorer la médiation de Gilles Ancelin, archevêque de cette ville, qui étant venu à Montpellier y radoucit beaucoup les efprits, & fit diminuer confiderablement le terme de fept mois que l'official avoit marqué pour l'interdit.

Cependant l'evêque de Maguelone, fatigué de tous les mauvais cas qu'on n'avoit ceffé de lui faire durant près de trente ans d'épifcopat, & voyant qu'on ufurpoit toûjours fur fon authorité, fe determina à une chofe qui eft devenuë une époque des plus remarquables de notre hiftoire : ce fut de ceder au roy de France tous les droits qu'il avoit fur Montpellier en qualité d'evêque de Maguelone, afin de fe delivrer par ce moyen des perfecutions que lui & fes prédeceffeurs y avoient fouffertes, & en fatisfaifant fon inclination pour la maifon de France, oppofer à fes ennemis une autorité incomparablement plus forte que la fienne. 1292.

Cette affaire après avoir traîné quelque tems, fut enfin terminée en 1292, de la maniere que je l'ai raconté dans la premiere partie de cette hiftoire, où j'ai donné le précis de tous les actes qui furent paffez à ce fujet, entre les deleguez de Philipe le Bel & les députez de l'églife de Maguelone. Ces derniers, en vertu de leur procuration, cederent au roy la partie epifcopale de Montpellier, avec tous fes droits ; & ils reçûrent en dédommagement la baillie de Sauve,* les terres de Durfort, de Pontanés & la portion de Pouffan qui apartenoit au roy. PAGE 74.

On marque la mort de Berenger de Fredol quatre années après cet échange, c'eft-à-dire en 1296. Il fut enterré à Maguelone à côté du grand autel, dans le tombeau qu'il s'étoit preparé lui-même. 1296.

HISTOIRE DE MONTPELLIER

LIVRE TROISIÉME PAGE 75.

Evêques de Maguelone depuis l'acquifition de Montpelieret par le roy Philipe le Bel, jufqu'à l'acquifition de Montpellier par Philipe de Valois.

CHAPITRE PREMIER.

I. Gaucelin de la Garde eft transferé de Lodéve à Maguelone. II. Il travaille à pacifier fon chapitre. III. Il eft protegé par Boniface VIII au fujet de la comté de Melgueïl. IV. Il reçoit plufieurs reconnoiffances des feigneurs de fon diocéfe. V. Il prend part aux demêlez entre Boniface VIII & Philipe le Bel. VI. Il meurt en 1303.

ANS le tems de la mort de Berenger de Fredol, Jacques, fecond roy de Mayorque & feigneur de Montpellier, étoit dans le fort de fes peines pour le recouvrement de fon royaume que les Aragonois lui detenoient. Tous les efprits n'étoient occupés d'autre chofe à Montpellier, où l'attente de l'évenement tenoit les habitans dans une agitation qui parut s'être communiquée à Maguelone pour l'élection d'un évêque. Tout y fut en divifion, parce qu'un parti ayant nommé Bernard de Viffec, chanoine de Maguelone

GAUCELIN DE LA GARDE

Voyez Tom. prem., page 100.

I.

& prieur de St. Firmin, l'autre parti s'y oppofa fortement fous pretexte de l'incapacité du fujet. Le nouvel élû fut obligé, avec fes partifans, de fe prefenter au pape Boniface VIII pour faire confirmer fon élection. Mais l'examen ne lui ayant pas été favorable, il fut renvoyé avec fes partifans à Maguelone, pour y proceder à l'élection de quelqu'autre de leur corps qui eût les qualitez requifes. On s'y affembla de nouveau ; mais aucun des deux partis ne voulant relâcher de fes premieres vûës, il fallut avoir recours à quelqu'autre expedient extraordinaire. On n'en trouva point d'autre que de chercher hors de Maguelone ce qu'on ne vouloit pas * trouver dans le chapitre. Et chacun des particuliers qui le compofoient ayant mieux aimé un étranger, ils refolurent de faire au pape Boniface VIII la poftulation de Gaucelin de la Garde, evêque de Lodéve, pour être transferé de fon fiége à celui de Maguelone.

Page 76. 1296.

Le pape ayant aprouvé leurs vûës, fit cette tranflation, par une bulle donnée à Anagnie, le 10 d'août, dans laquelle il loüe la fcience, les mœurs & l'experience du nouvel evêque. Il étoit de la maifon de la Garde, dans le diocéfe de Mende, & fut (comme le remarque Verdale) le premier evêque qui eût été pris du corps féculier, depuis que la regularité avoit été introduite à Maguelone : *Erat clericus fecularis, domus de Gardia, mimatenfis diæcefis*. Ainfi la divifion des chanoines caufa cette premiere innovation, qui accoûtuma infenfiblement les papes à leur donner des evêques étrangers, qui n'ayant jamais profeffé la vie reguliere, eurent moins de zéle pour maintenir à Maguelone les anciens ufages.

In bullario epifcopali.

II. Gaucelin de la Garde ne laiffa pas d'y donner fes premiers foins, en faifant confirmer dans un chapitre général les reglemens que Berenger, fon prédeceffeur, avoit faits fur la dépoüille des chanoines, lorfqu'ils venoient à mourir dans leurs prieurez ou dans le cloître de Maguelone. Ils font diftinguez par ces mots : *Canonici priores, canonici clauftrales*. Et cette diftinction nous donne lieu d'aprendre la difference dénomination de chanoines prieurs & de chanoines clauftraux. Le reglement portoit que tous les effets que les uns & les autres auroient laiffé en mourant ne pourroient tourner au profit d'aucun particulier; mais qu'ils feroient remis entre les mains de celui qui en auroit charge du chapitre, pour fervir à payer les dettes du défunt, ou être apliquez au bien de la communauté. A ce reglement on en ajoûta un autre, qui regloit ce que chaque recteur, prieur ou chanoine pouvoit emporter lorfqu'il étoit transferé d'une place en une autre, & en même tems ce qu'il devoit y laiffer.

Series, pag. 300.

Mais ce qui prouve mieux la divifion qui regnoit alors dans le chapitre, & la confiance qu'ils eurent en même tems pour leur evêque, c'eft que, ne pouvant s'accorder sur la collation des benefices, ils passerent un acte par lequel ils le firent arbitre de tous leurs differents, & lui transporterent pour cinq ans tout le droit qu'ils avoient de pourvoir aux dignitez, personats, églises, prieurez & benefices, tant de la collation du prévôt que du chapitre, avec la précaution néanmoins que l'evêque feroit sa déclaration comme il n'agissoit en cela qu'au nom & à la place du chapitre. Cet acte, signé par Ademar de Cabreroles, prévôt, Jean de Montlaur & Jean de Chambron, archidiacres, Berenger d'Omelas, sacristain, & autres prieurs & chanoines de Maguelone, fut passé au mois de décembre 1296, qui étoit la même année que Gaucelin de la Garde fut transferé à Maguelone : d'où nous pouvons inferer qu'il ne tarda pas de travailler utilement pour l'union des esprits dans son chapitre.

Nous avons plusieurs reconnoissances qui lui furent faites environ ce même tems & qui servent à nous faire connoître plusieurs seigneurs de son diocése.

En 1297, Pons de Petra, seigneur de Gange, lui fit hommage pour le château de Brissac, dont il étoit conseigneur.

Environ ce tems, Gaucelin de la Garde reçut une marque singuliere de la confiance du pape Boniface VIII, qui le fit juge des plaintes reciproques des chevaliers de St Jean de Jerusalem & des religieux hospitaliers d'Aubrac dans le Roüergue. Ceux-ci, pour faire revoquer une bulle qui adjugeoit leurs biens à l'ordre de Rhodes, sur le prétexte qu'ils n'étoient point religieux, justifierent que leur régle avoit été approuvée par Alexandre III, à son passage par Montpellier. Sur quoi, Boniface ayant commis sur les lieux l'evêque de Maguelone, il revoqua en 1247, sur son raport, la bulle subreptice qu'on avoit obtenuë de lui.

En 1299, Guillaume de Fabregues, seigneur partiaire de ce lieu, reconnut à Gaucelin, evêque de Maguelone, en qualité de comte de Melguëil & de Montferrand, toute la tour Magne de Fabregues, par indivis. Pierre de Cornon, seigneur de Cornon-Terrail, lui fit hommage pour la moitié de son château, avec toutes ses dépendances. Raymond Atbrand, seigneur de Saussan & de Pegueirolles, lui reconnut * une condamine sise dans le terroir de Saussan, & la reconnoissance que Guillaume de Fabregues lui avoit déjà faite de la tour Magne lui attira une autre reconnoissance des autres conseigneurs de cette terre, sçavoir : Pierre de Fredol, pour une portion, Pierre le Moine pour une autre, & Guillaume de Fabregues pour le reste.

L'an 1300 fut une année des plus critiques pour Gaucelin de la Garde, parce que les officiers de Philipe le Bel, voulant renouveller les anciennes querelles qu'on avoit fait aux evêques de Maguelone sur la comté de Mel-

1297.

Ordres religieux.
Tom. 3, pag. 171.

PAGE 77.

III.

1300.

gueil, firent entendre au roy leur maitre que Gaucelin poſſedoit cette terre à ſon préjudice & en conſequence ils inquieterent beaucoup l'evêque & ſes vaſſaux de Melgueil. Boniface VIII, qui n'étoit pas encore broüillié avec Philipe le Bel, lui écrivit une lettre que nous avons donnée à Anagnie le 18 juillet 1300, dans laquelle il rapelle toute la conduite du roy ſt. Loüis ſont ayeul ſur cette même affaire & lui certifie (comme avoit fait le pape Clement IV) que cette comté avoit été anciennement un fief du St. ſiége, & il prie le roy d'ordonner à ſon ſénéchal & à ſon bailly de ne pas troubler l'evêque de Maguelone, ni le chapitre dans la poſſeſſion où ils étoient.

Series, pag. 220.

IV. En 1302, Guy de la Roche fit reconnoiſſance à Gaucelin du château de Pouſſan; & la même année le roy Philipe le Bel étant venu à Montpellier avec la reine Jeanne de Navarre ſon épouſe, il fut reçû par les conſuls ſous un riche daix & conduit à l'égliſe Notre-Dame, où Gaucelin l'attendoit avec ſon clergé, & d'où, après le *Te Deum* chanté en muſique il ſuivit le roy à la ſale de l'evêque qui lui avoit été préparée pour ſon logement. Ce fut alors que Philipe le Bel, pour donner à Gaucelin une marque de ſa confiance, le nomma avec l'evêque de Soiſſons pour terminer quelques differens qu'il eut avec Jacques roy d'Aragon, comme nous l'aprenons d'une charte du tréſor royal de Paris, citée par Mrs de Ste Marthe.

1302.

Petit Talam., ad an. 1302.

In Gallia chriſtiana.

L'année ſuivante 1303, Gaucelin & Raymond evêque d'Agde reglerent les limites de leurs dioceſes en fixant des bornes dans l'étang de Tau pour en faire la ſéparation de ce côté-là. Mais le déperiſſement de ces bornes, ou le changement du nom qu'on leur avoit donné, a cauſé depuis, entre les ſucceſſeurs de ces deux evêques, une diſpute qui n'a pû encore être terminée.

1303.

Raymond Ademar, damoiſeau, reconnut en ce même tems la moitié par indivis du fief de Careſcauſes dans la dîmerie de Juviniac, ſous l'albergue d'un chevalier par an. Et Bernard du Puy, chanoine de Maguelone & prieur de Grabels, fit en public ſon hommage pour cette terre, à genoux & les mains jointes.

V. Ce fut en cette année qu'éclata le fameux démêlé de Boniface VIII & de Philipe le Bel, qui pour prévenir les menaces que le pape lui faiſoit de l'excommunier, d'interdire ſon royaume & de diſpenſer ſes ſujets du ſerment de fidélité, fit aſſembler, le 10 d'avril 1303, dans l'égliſe N.-Dame de Paris, les ſeigneurs & prélats de ſon royaume, qui reſolurent que les evêques de France n'iroient point à Rome où ils étoient citez par le pape. Cette premiere aſſemblée fut ſuivie d'une ſeconde, tenuë au Louvre, le 13 mars 1303, avant Paques, dans laquelle Guillaume de Nogaret accuſa Boniface de pluſieurs crimes qu'il offrit de prouver dans un concile général dont il requit la convocation. Ce qui ayant été approuvé de tous les assistans, le roy envoya dans toutes les provinces pour engager les corps & communautez de son royaume à adhérer aux resolutions prises dans la derniere assemblée de Paris.

Les agents qui furent envoyez dans le Languedoc étoient Amalric, vicomte de Narbonne, & Denis de Sens, clerc du palais du roy; lesquels, après avoir parcouru les villes, bourgs & communautez de la sénéchaussée de Carcassone, vinrent à Montpellier où la noblesse de la sénéchaussée de Beaucaire s'assembla dans le couvent des freres Mineurs de cette ville. Les seigneurs qui composoient cette assemblée, après avoir protesté de leur attachement & fidélité pour le service du roy, adhererent aux résolutions prises à Paris.

Dans l'acte de leur adhesion, qui est inséré dans l'histoire de ce grand different rapportée par Mrs Dupuy, on voit le nom des gentilshommes qui assistèrent * à cette assemblée, sçavoir : Guillaume de Randon, pour lui & pour le seigneur de Braconet ; Marc de Canillac, pour lui & pour Raymond de Roquefeüil, chevalier; Raymond Pelet, seigneur d'Alais & de Chaumont; Guerin de Tournel, Decan de Bellegarde, Pons de Gaudet de Anatico, Guy de Senaret, fils de Guibert de Senaret, comte de Montferrand; Bernard de Languissel d'Aubais, Guillaume de Brinhon, Arnaud de Becorton de Beauchâtel, Arnaud, vicomte de Polignac; Guillaume de Château-Neuf St. Remezi, Bernard de Barre, pour lui & pour autre Bernard son fils, chargé aussi de la procuration de Pierre de Barre, chevalier ; Astorg de Peire, Guerin d'Acher, Raymond d'Anduze de Florac, Pons Bremond du Chailar, Guichard de Pierre Serriete, Bremond de Pierre-Fort, seigneur de Ganges & de Sansuhac, Gontrand Amic de Rochefort, Guïot de Tournon, Gibert de Solempniac, Gui, procureur de Brulhon de Serriete, Bremond de Vignorio, pour lui & pour Raymond de la Voute; seigneur de Bidage, Pons de Mirabel, Guillaume de Montrodat, Arnaud de Monterenc, Guillaume de Baladun, Pierre de Montlaur, damoiseau, pour lui & pour tous ses vassaux de la sénéchaussée de Beaucaire.

Acta sunt hæc in Montepessulano, in domo fratrum Minorum, anno dominicæ Incarnationis 1303. VI kal. augusti. En présence de noble & puissant homme Jean de Varenes sénéchal de Beaucaire, & autres témoins.

Les freres Prêcheurs, de Montpellier firent beaucoup plus de difficultez que n'avoient fait les gentilshommes de la sénéchaussée. Car ayant été sommez par les agents du roy d'adherer à ce qui avoit été fait contre le pape Boniface, ils répondirent qu'ils ne le pouvoient sans un ordre exprès du prieur général qui étoit à Paris. Les agents du roy, peu contens de cette

Page 141.

PAGE 78.

1303.

reponfe, dirent qu'ils vouloient fçavoir l'intention d'un chacun en particulier, & en fecret. Et les religieux ayant perfifté dans leur refus, les agents leur enjoignirent de fortir du royaume dans trois mois, leur déclarant qu'ils n'étoient plus fous la protection du roy. Dont ils drefferent leur verbal, qui eft raporté par Mrs Dupuy dans l'hiftoire de ce grand démêlé.

Page 154.

Pendant que toutes ces affaires fe traitoient à Montpellier, l'evêque de Maguelone étoit dans fon ancien diocéfe de Lodéve, où il s'étoit fait porter pour rétablir fa fanté. Les agents du roy ne laifferent pas de le faire folliciter à l'adhefion; ce qu'il fit, en fignant un acte raporté au même lieu, dans lequel il dit : qu'étant obligé de défendre le roy, fon état, fes droits & libertez contre qui que ce foit, même contre le pape Boniface, il déclare qu'il adhere à tout ce que le roy a réfolu contre ledit Boniface, & qu'il ne fe fervira d'aucuns indults du pape, ni d'aucune décharge du ferment de fidelité; à la charge néanmoins que le roy ne prétendra point, pour ce fait, acquérir aucuns droits fur fon églife. *Actum & datum apud Ripam Lodovenfis diocezis ubi* (ajoûte-t-il) *fumus debiles exiftentes. 13. kal. feptembris, anno Domini 1303.*

Page 164.

1303. VI. Gaucelin ne furvécut pas beaucoup à cette derniere action; car on marque fa mort au onziême du mois de mars, qui finiffoit l'année 1303. Il mourut dans fon château du Terrail où il s'étoit fait tranfporter, affifté des evêques de Beziers, d'Agde, de Lodéve, & des abbez d'Aniane, de Valmagne & de St. Gilles. Son corps fut porté en grande cérémonie à Maguelone, où il fut inhumé devant le grand autel, après avoir tenu le fiege de cette églife huit ans fix mois & trois jours.

Page 79.

CHAPITRE SECOND.

I. Troubles dans le chapitre pour donner un fucceffeur à Gaucelin de la Garde. II. Le pape nomme à fa place Pierre de Levis, qu'il transfere enfuite à Cambray. III. Jean de Cominges lui fuccede. IV. Grande fechereffe à Montpellier. V. Jean de Cominges eft fait premier archevêque de Touloufe.

I. LA mort de Gaucelin fit éclater la divifion qui continuoit toûjours dans le chapitre de Maguelone. Les factions y devinrent fi animées qu'on aima mieux laiffer le fiége vacant plus d'une année que de s'accorder. On en vint même à des fcandales publics, que je n'oferois croire, fi nos archives ne les avoient très-bien circonftanciez, & je ne me refous à les raporter que dans la perfuafion où je fuis qu'un abus exceffif fert fouvent à confirmer dans le bien par l'horreur du mal qu'il infpire.

1304.

Voici donc les propres paroles de nos mémoires : « Gaucelin étant « mort, Pons de Lunel, facriftain, & Jean Atbrand, avec quelques autres « chanoines de Maguelone, leurs complices, s'éleverent contre le chapitre « & contre l'églife de Maguelone, leur mere, en traduifant le chapitre « devant le vice-legat d'Avignon, qui affigna le procureur du chapitre en la « ville de Salon en Provence, où perfonne n'ofoit aprocher fans danger de « perdre la vie. Car il arriva que le procureur du chapitre ayant voulu fe « rendre au lieu affigné, quelques foldats vinrent en armes s'opofer à fon « paffage, en forte qu'il fut obligé, lui & fes compagnons, de fe refugier « dans une forterefse apellée St. Martin. Or, un mardi avant la fête de St. « Michel, dans le tems qu'on tenoit à Maguelone le chapitre général, où le « plus grand nombre travailloit de toutes fes forces à la reformation de « l'ordre & de la difcipline reguliere, les fufdits Pons & Atbrand, avec leurs « complices, ne voulant point fe trouver au chapitre, refterent à Montpel-« lier, où s'étant affociez de certains laïques excommuniez, ils s'emparerent « des plus grandes & meilleures églifes du chapitre ; où, étant les maîtres, « ils fe faifirent des maifons, granges & biens qui en dépendoient, qu'ils « employerent à toute forte de mauvais ufages ; & ayant donné la garde « de ces églifes, granges & maifons aux laïques excommuniez qu'ils « avoient avec eux, il arriva que ces hommes, ennemis capitaux du cha-« pitre, ne les quitterent point qu'ils n'euffent confumé le bled, le vin & « autres provifions qu'il y avoit. Ils en emporterent auffi les livres : & ce « qui eft plus horrible à dire, ils rompirent la caiffe où le corps de Jefus-« Chrift étoit gardé, en forte qu'il tomba par terre. Après quoi, courant en « armes dans les ruës de Montpellier, fuivis de plufieurs foldats qui mar-« choient à enfeigne déployée, ils prenoient les prêtres, diacres & clercs de « Maguelone qu'ils rencontroient, bleffoient les uns & mettoient en prifon « les autres. »

Mff. de Rignac.

Tous ces defordres engagerent l'archidiacre Jean de Montlaur, vicaire général dans la vacance du fiége, de courir à Lyon auprès du pape Clement V, qui avoit arrêté fon féjour en cette ville depuis le premier paffage qu'il avoit fait à Montpellier. Il lui expofa la trifte fituation où étoit l'églife de Maguelone ; & le pape ayant bien compris que les chanoines ne recevroient jamais pour evêque aucun de leur corps, il leur envoya Pierre de Levis qui n'étoit point chanoine parmi eux.

II.

PIERRE DE LEVIS.

Il étoit petit-fils de ce Guy de Levis, qui, par fes grands fervices durant la guerre des Albigeois, avoit acquis la terre de Mirepoix & le titre de maréchal de la foy. Sa mere étoit Elizabeth de Marliac, alliée à la maison de Montmorency. Ce nouvel evêque s'employa beaucoup à pacifier son chapitre ; mais nous ne trouvons point quel en fut le succès. On s'est contenté de nous marquer qu'en 1307 il obligea Jean Marc, jurisconsulte, de lui faire hommage pour la seigneurie * de Boutonnet, & que dans la même année il reçut celui que Pons de Petra lui rendit pour la terre de Ganges ; & que, pour remedier aux contestations que lui faisoient les officiers du roy pour la terre de Melgueïl, il fit regler les limites qui devoient la separer des terres de Lunel.

1307.
PAGE 80.

Dans le cours de cette année, Pierre de Levis eut le plaisir de voir à Montpellier le pape Clement V, son bienfacteur, qui vint en cette ville pour la seconde fois, & logea dans la maison des Templiers, dans le tems qu'il se preparoit à suprimer entierement leur ordre.

1309. III. JEAN DE COMINGES

En 1309, il fut transferé au siége de Cambray par le pape Clement V, qui nomma aussitôt Jean de Cominges, depuis cardinal, pour remplir le siége de Maguelone. Nous trouvons, en effet, que Jean de Cominges occupoit cette place en 1309, puisque dans cette même année Clement V lui adressa un bref, conjointement avec l'evêque de Mayorque, en faveur d'un hermite appellé Jacques de Rome, qui s'étoit devoüé à l'éducation des pauvres enfans orphelins des diocéses de Montpellier & de Mayorque. Cette lettre, qui est du 23 juin, fut donnée à Avignon, la quatriéme année du pontificat de Clement V & dans l'année suivante, qui est expressément marquée en 1310. Jean de Cominges donna des lettres de recommandation, par lesquelles nous aprenons que Jacques Rome avoit déjà commencé ses écoles ou hôpital appellé *della Misericordia*, & que ceux qui alloient recueillir pour lui les aumônes des fidelles avoient permission de porter les clefs de Saint-Pierre, avec la figure des deux orphelins & une clochette, en signe d'hospitalité : *Ut claves sancti Petri, cum effigiebus duorum orphanorum, cum campanella, in signum hospitalitatis prædictæ, authoritate nostra portare valeant, licentiam impertimur.*

Series, pag. 321.

1310.

Datum apud Murum Veterem 4 kal. februarii. An. 1310.

Cette date me donne occasion de faire connoître Murviel, l'un des plus anciens lieux du diocese. Il est à deux lieües de Montpellier, du côté du couchant. Les evêques de Maguelone y avoient un ancien château, que l'on voit encore, avec des fenêtres à la gothique. Les murailles se soûtiennent par la bonté de leur maçonnerie, malgré les crevasses qu'il y a en plusieurs endroits. On voit au bas de la colline où Murviel est situé les vestiges du grand chemin que les Romains firent dans toute la longueur de la Gaule Narbonoise. Et tout auprès il y a une fontaine très-abondante, entourée d'un ancien bâtiment avec cette inscription latine : *Nebruf. Sump.*, ce qui veut dire *Nebrufii fumptibus*. La bonne eau que ce riche romain procura aux habitans de Murviel feroit digne d'envie dans des villes beaucoup plus confiderables. On voyoit ailleurs dans ce même lieu un pied d'eftail en forme d'autel, qui depuis peu a été porté à Montpellier dans le jardin du prefident d'Aigrefeüille, où ces lettres font gravées :

D. M.

* P. ANTHEMII LOG. F.

PATRIS SACRORUM.

CORNELIA LUCII FIL.

D. S. P.

Ce qu'on explique ainfi : *Diis manibus Publii Anthemii Logiftæ filii, patris facrorum. Cornelia Lucii filia de fuo pofuit.*

Dans le tems que Jean de Cominges aprouvoit à Murviel l'établiffement de charité qui a donné lieu à la petite digreffion que je viens de faire, un autre hermite apellé Gautier, fonda dans les fauxbourgs de Montpellier un hôpital pour les * étrangers & pour les malades dont nos archives font mention. J'en parlerai dans l'article des hôpitaux de cette ville.   PAGE 81.

Cependant l'evêque de Maguelone fut tiré de Murviel pour fe rendre au concile général de Vienne en Dauphiné, où il foufcrivit à tous les décrets qui y furent faits en 1311. Il y étoit encore lorfqu'il aprit la mort de Jacques II, roi de Mayorque, & l'avenement du roy Sanche à cette couronne & à la feigneurie de Montpellier.   1311.

Le retour de Jean de Cominges en cette ville eft marqué dans les regitres du chapitre, par un accord très-important qu'il fit en 1312, entre Raymond de Beaupry, prévôt de Maguelone, & la communauté de Villeneuve, au fujet de l'eftang qui les fepare. L'affaire ayant été remife à l'evêque, il finit le procès qui étoit entre eux en reglant la maniere & le tems que les habitans de Villeneuve pouvoient pêcher & chaffer dans l'eftang.   1312.

L'année 1313 lui donna une plus grande occafion d'exercer fon zéle IV. durant une fechereffe de fept mois qui affligea le païs. On eut recours aux   1313.

---

* *Logifta*, dans le calepin de la Cerda, eft pris pour receveur, pag. 983.
Et Grævius, fur le nom de *curator*, ajoûte : *qui Græco vocabulo logifta nuncupatur*. T. VIII, p. 163.
Pontifex veftræ, idem, pater facrorum, Achaiæ nominatur, dit Grævius. T. V, p. 15.

prieres publiques, que l'on reïtera jufqu'a faire quatre proceffions générales où tous les religieux affifterent en portant la Ste épine des freres Mineurs & toutes les faintes reliques qui étoient à Montpellier. Mais pour cela (dit notre petit Talamus) Dieu ne voulut pas nous entendre, parce qu'il ne fembloit pas qu'on y fût venu en dévotion. Les paroles originales du Talamus s'en exprimeront mieux que moi, & je crois pouvoir ici les rapporter, quand ce ne feroit que pour faire connoître aux curieux de notre langage, le changement qui y étoit déja arrivé.

L'an 1313, fou tan moult grand fecada, que ben eftet fept mezes que non ploou, en tal maniera que fou tan grand fec, que tous blati comenfavan à fecar avant que foffen efpigats. En guifa que an fach proceffion per quatre vegadas am tots los Religiosos, & portavan la fanta efpigna de los frares Menors, & todas las fantas reliquias que eron à Monpelier. Et per tout aco noftre fignor no volguet auzir, car no femblava que hom y vengués am devotion.

« Dans cette affliction générale, on eut recours à une forte de penitence
« que les Flagellans venoient d'introduire en Italie dans ce même fiécle.
« Plus de mille perfonnes tant hommes que femmes s'affemblerent, à
« Montpellier, & courant toute la nuit, il fe flagelloient jufqu'au fang, &
« venoient à Nôtre-Dame des Tables la prier (dit notre petit Talamus),
« d'interceder auprès de fon cher Fils pour qu'il leur accordât de la pluye.
« Ils portoient des torches & des chandelles qui brûloient jour & nuit à
« Notre-Dame ; & après avoir continué cet exercice pendant quatre nuits,
« Notre-Dame leur obtint une pluye qui reftaura tous les bleds qui étoient
« perdus. » *

L'année 1314, fut encore trifte pour Jean de Cominges par la mort du pape Clement V, fon bienfacteur, qui mourut cette année à Roquemaure, près d'Avignon, & laiffa le St. fiége vacant durant deux ans, trois mois & dix-fept jours. Dans cet intervalle l'evêque de Maguelone fut exercé à Montpellier par une calamité publique toute differente de celle que nous venons de raconter. Car en 1315, il tomba une fi grande abondance de pluye, que

---

* *Una nioch que feron ben may de millo, que hommes que femnas, que anavon tota nuech, & batien fe tang que fang venié. Et en grand lacrymas & en grands plours venien à noftra Dona de las Taulas, & aqui pregon Noftra Dona quelle pregueffo fon car Filh qu'el tramefeffa pleya. Et portavan l'y torcas & candelas que cremeron nueich & jour devan Noftra Dona. En tal guifa que quand ou agueron tengut per quatre nueichs, Noftra Dona nous tranfmefe la fiena gratia de plueya. En tal guifa que tots los blads n'en foron reftaurats. Liquels eron perdus.*

les herbages & toutes les productions de la terre en furent corompuës; de sorte que les bestiaux périrent & que la peste fut à Montpellier durant six mois. Après quoi le ruisseau du Merdanson, qui coule auprès des murs de la ville, venant à grossir par les eaux de la montagne, renversa tous les ponts & toutes les maisons qui se trouverent sur son passage, entra dans la ville & se repandant dans la campagne y fit des ravages qu'on auroit peine à croire, si l'experience que nous en avons fait * de nos jours ne nous avoit apris que ses inondations sont très-violentes. Jean de Cominges fit paroître en cette occasion son désinteressement & sa charité envers les pauvres, car il est marqué qu'il vendit pour les secourir ses chevaux et sa vaisselle.

<small>PAGE 82.</small>

Cependant le comte de Poitiers, connu depuis sous le nom de Philipe le Long, roy de France, trouva le moyen d'assembler à Lyon les cardinaux divisez en deux puissantes factions d'Italiens & de François. Car les ayant fait venir dans le couvent des freres Prêcheurs de cette ville, il leur déclara qu'ils n'en sortiroient point qu'ils n'eussent élû un pape, ce qu'ils firent le 7 août 1316, en élisant le cardinal Jacques d'Ossa ou d'Euse, natif de Cahors, qui prit le nom de Jean XXII.

<small>V. 1316.</small>

Ce nouveau pape étant parti pour Avignon où il vouloit tenir sa cour, y fit le 17 décembre de cette même année 1316, une promotion de cardinaux, dont le premier fut Bernard de Castanet, natif de Montpellier, & le cinquième Bertrand de Montfavet, grand jurisconsulte, qui avoit longtemps enseigné le droit en l'université de cette ville. Il établit au commencement de son pontificat l'usage, qui a continué depuis dans l'église, de faire sonner l'*Angelus*. Ce que nos consuls (dit notre chronique) ordonnerent d'observer soigneusement dans Montpellier; & l'evêque de Maguelone ayant confirmé leur ordonnance, attacha des indulgences à cette pieuse pratique. Jean de Cominges se rendit en 1317 à Avignon, où il assista à la canonization de s^t Loüis, evêque de Touloufe, que Jean XXII fit le jeudy de la semaine de Pâques, 7 avril; & dans ce voyage le pape lui déclara les vûës qu'il avoit sur sa personne pour un grand changement qu'il projettoit de faire dans les églises du Languedoc.

<small>Fleury, Hist., Liv. 92, n. 23.</small>

<small>Pet. Tal., ad an. 1316.</small>

<small>1317.</small>

Ce changement étoit de démembrer les diocéses de Narbonne & de Toulouse, pour y créer de nouveaux evêchez. En effet cette même année il érigea St. Pons & Aleth en evêchez, dont il prit les diocéses de celui de Narbonne. Il exempta pour toûjours de la jurisdiction de cette ancienne metropole l'evêque de Toulouse, qui jusqu'alors avoit été de sa suffragance; & il érigea son siége en archevêché. Mais, comme il falloit lui donner des suffragants, il retrancha de son diocése tout ce qu'il falut pour former ceux de Montauban, de St-Papoul, de Rieux & de Lombez, où il nomma des evêques qu'il rendit fuffragants de Touloufe, avec Pamiers érigé déjà en evêché par le pape Boniface VIII. Il divifa en même tems le diocéfe d'Alby, & en forma celui de Caftres. Je ne raporte point les autres érections qu'il fit hors de notre province, non plus que le nom des premiers evêques qu'il créa dans la nôtre. Mais je ne puis omettre celui du premier archevêque de Touloufe, puifque ce fut le même Jean de Cominges que nous avions pour evêque à Maguelone. Il confentit fans peine à la deftination que le pape avoit fait de lui; & il eut le plaifir d'avoir pour fuffragant à Lombez, Arnaud Roger de Cominges, fon frère, premier evêque de cette ville. A toutes ces graces, le pape ajoûta celle de nommer pour fon fucceffeur, à Maguelone, Simon de Cominges, fon autre frere. Mais fa mort arrivée avant qu'il fût facré, a été caufe qu'on ne l'a pas mis dans le catalogue de nos evêques.

1317.

Je ne dois pas oublier que Jean de Cominges, avant que de nous quitter, obtint du roy Philipe le Long, un ordre au garde du petit fceau de Montpellier, en faveur des ecclefiaftiques, par lequel il lui étoit défendu de capturer les prêtres, clercs, ou autres perfonnes conftituées dans les ordres facrez, quand même ils fe feroient foûmis aux rigueurs du petit fceau. *Ne cuftos hujufmodi capiat presbiteros, aut clericos, aut alios in facris ordinibus conftitutos, et fi obligatos viribus parvi figilli : quod fi ipfos ceperit, epifcopo Magalonenfi, aut ejus vicario, requifitus, reftituat.*

PAGE 83.

CHAPITRE TROISIÉME.

I. Gaillard de Saumate, evêque de Maguelone, transferé à Arles. II. André de Fredol lui fuccede. III. Affaire qu'il eut avec fon chapitre & avec les feigneurs de fon diocéfe. IV. Mort de faint Roch fuivie de celle d'André de Fredol. V. Jean de Viffec, evêque de Maguelone. VI. Chapitre général des chevaliers de Rhodes tenu à Montpellier. VII. Grands reglemens faits par les chanoines de Maguelone.

I.
GAILLARD
DE SAUMATE.

La mort prematurée de Simon de Cominges procura le fiége de Maguelone à Gaillard de Saumate, qui étoit particulierement connu du pape Jean XXII & eftimé de lui par une réputation des mieux établies. Il étoit de Villeneuve, dans le diocéfe de Riez, felon les regîtres du Vatican, citez par MM. de Sainte-Marthe, & non du diocéfe de Rodez, comme les copiftes de Verdale l'ont inferé dans fon catalogue des evêques de Maguelone.

Gallia Chriftiana.

Le pape Jean XXII le nomma dans le mois de novembre 1317, mais il le retint en même tems auprès de fa perfonne, & Gaillard fut obligé d'envoyer à Maguelone Olderic Saumate, fon oncle, pour regir en fon nom ce diocéfe.

1317.

Tout ce que nous trouvons de la regie qu'il en fit durant neuf mois qu'elle dura, eft un differend qu'il eut avec Raymond de Conches, qui ne vouloit point reconnoître tenir de lui la metairie de Deux Cafes, fituée dans la paroiffe de Saint-Vincent. Ce refus obligea Olderic de prendre cette metairie *in commiffum*. Mais à la priere de Pierre d'Offa, frere du pape Jean XXII, de qui (comme dit Verdale) Raymond de Conches fe difoit parent, Olderic lui donna cette metairie en nouvel accapt.

Sa regie finit au mois d'août fuivant 1318, où Gaillard, fon neveu, fut transferé à l'archevêché d'Arles par Jean XXII, qui voulant pourvoir à la difcipline reguliére qui s'étoit fort relâchée à Maguelone fous le gouvernement des evêques pris du corps feculier, voulut y envoyer un homme élevé dans l'efprit de la régle qu'on y profeffoit. Pour cet effet, il choifit André de Fredol qui avoit été tiré du chapitre de Maguelone pour être evêque d'Ufez, & il le transfera de cet evêché à celui de Maguelone, comme étant plus propre à remettre le bon ordre dans la communauté des chanoines. Ils aprirent tous avec joye qu'ils avoient un evêque de leur corps & de leur pays ; & pour lui en donner des marques, ils fûrent le recevoir à Lunelviel, où ils lui aprirent la grande diffipation qui avoit été faite des biens du chapitre par la negligence ou la foibleffe de leur prévôt. Il forma le deffein d'y remédier, & il le leur promit. Mais, comme les plus grands abus ont toûjours leurs partifans, il trouva de fi grandes opofitions, qu'il fut obligé d'être lui-même fur la défenfive, par les procès que Guillaume de la Tour, prévôt de Maguelone, lui intenta.

II.

ANDRÉ DE FREDOL

« Il difputoit à l'evêque le droit & la jurifdiction de la Peirade, ou jettée
« de pierres qui alloit le long du pont de Maguelone jufqu'à Villeneuve :
« *Suborta contentio de jure & omnimoda jurifdictione peiratæ Pontis Magalonæ*
« *verfus Villanovam*. Par où nous voyons clairement qu'il y avoit un pont
« & une chauffée de Villeneuve à Maguelone, comme je l'ai déjà dit, &
« comme on le verra dans la fuite d'une maniere plus convaincante.

III.

« Il prétendoit que le droit de péage ou de leude, pour le bois de char-
« pente qui entroit dans l'eftang de Maguelone par celui qu'il apelle d'Al-
« bian, n'apartenoit pas à l'evêque.

« Que le prévôt avoit en feul le droit de faire élever des fourches fur le
« pont de la Mouffon.

« Que l'evêque n'avoit pas droit d'inftituer des vicaires dans les bene-

PAGE 84.
1319.

« fices dépendants de la prévôté, & que le prévôt n'étoit pas tenu de luy
« préfenter ceux qu'il avoit choifi. »

* Toutes ces conteftations qui commencerent en 1319, fufpendirent l'effet des bonnes intentions du nouvel evêque. Il fut reduit à attendre une difpofition plus favorable dans les fujets fur qui il avoit à travailler; & cependant, pour terminer tous ces procès qu'on lui intentoit, il s'en remit à la décifion de Jean de Montlaur, prieur de St. Firmin, & de Berenger de Fabregues, prieur de ce même lieu.

Environ ce tems, le roy Sanche qui avoit la feigneurie de Montpellier, y établit l'hôpital St. Antoine, & le roy Philipe le Long, qui étoit maître de Montpelieret, voulant faire ceffer les tracafferies que fes officiers fufcitoient fans ceffe à l'evêque, leur ordonna d'ajoûter au ferment qu'ils prêtoient en entrant dans leur charge, qu'ils conferveroient les droits de l'evêque & ceux du chapitre. En conféquence, Hugues de Carfan, recteur de la Part-Antique,

1320.

prêta ferment en ces termes : *Juro ego Hugo de Carfano miles, rector regius Montifpeffulani, quod jura domini epifcopi & capituli Magalonæ, pro poffe meo, quamdiu ero rector regius Montifpeffulani, fervabo illæfa. Sic me Deus adjuvet.*

L'efprit d'independance qui regnoit à Maguelone parut s'être répandu dans le refte du diocéfe, où les feigneurs particuliers qui devoient leur reconnoiffance à l'evêque la lui refuferent. Le premier qu'André de Fredol

1321.

eut à reduire fut Raymond de la Roche, moine de St. Guillem du Defert, prieur de Saint-Martin de Londres & feigneur d'Affas. Bertrand de Villeneuve, comme veftiaire de Maguelone, fe foûmit en 1321, pour Grabels ; & Guillaume de Vallauquez, pour Montredon. Son propre oncle, Pierre de Fredol, abbé de Franquevaux, luy fit hommage, & les feigneurs de

1322.

Fabregues, d'Aifiniers & Rotilens, fe foûmirent à leur tour en 1322.

Sur la fin de cette année André de Fredol alla à Touloufe pour fe trouver à l'arrivée du roy Charles le Bel, qui vint en cette ville comme nous l'avons dit dans l'article du roy Sanche. Peu de tems aprez fon retour en France, il fit expedier à l'evêque de Maguelone des lettres de protection & de fauve-

1323.

garde données à St. Germain en Laye au mois de may 1323, dans lefquelles le roy dit que fes predeceffeurs font les fondateurs & bienfacteurs de l'églife de Maguelone, *quæ a noftris prædeceffforibus fundata exiftit & dotata, ob fuæ devotionis exigentiam.* Et quoique l'evêque & le chapitre foient depuis longtems (ajoûte le roy) fous notre garde royale, *& licet in eadem gardia regia fuerint ab antiquo*, il les y reçoit de nouveau, & il ordonne au fénéchal de Beaucaire & à fes autres officiers de la fénéchauffée de maintenir l'evêque & le chapitre de Maguelone dans tous leurs droits, ufages, libertez & franchifes.

La fechereffe qui étoit alors dans le bas Languedoc & qui empêcha le roy Charles le Bel (comme nous l'avons dit) de prendre fa route par Montpellier, donna bien de l'exercice à l'evêque lorfqu'il y fut revenu. Il trouva que des rhûmes violents, caufez par des chaleurs exceffives, y faifoient de grands ravages. A caufe de quoy (dit notre chronique) fut faite proceffion & predication, & le même jour fe mit à pleuvoir.

Tom. pr., pag. III.

Pet. Tal. ad an. 1323.

En 1324, les religieux Auguftins tinrent à Montpellier un chapitre général de leur ordre, comme on le verra plus au long dans l'article qui les regarde. L'evêque de Maguelone fit en même tems ordonner par le pape Jean XXII qu'aucun chanoine de fon églife ne pourroit exercer la charge de juge apoftolique qu'il ne fût en dignité, ou dans les premieres places du chapitre. C'étoit fans doute pour limiter fes emplois à un petit nombre, afin de retenir à Maguelone ceux que l'ambition ou l'amour de l'independance portoient à briguer ces fortes de commiffions, comme il ne fut que trop ordinaire dans le tems que les papes fe tenoient à Avignon.

1324.

Le roy Sanche étant venu à mourir dans ce tems-là, André de Fredol luy fit faire de magnifiques obfeques à Maguelone, & les confuls de Montpellier lui en firent faire pareillement dans l'églife de Nôtre-Dame des Tables.

Nôtre petit Talamus a crû devoir marquer un prefent confiderable qui fut fait à cette églife peu de tems aprez celui dont nous venons de parler. C'étoit une grande ftatuë de la fainte Vierge, tenant fon fils entre les bras, qu'un * orfevre de la ville, nommé Raymond Cogat, avoit travaillé luimême avec beaucoup de foin, & dont il fit préfent à l'églife de Nôtre-Dame des Tables, en reconnoiffance de la fanté qu'il avoit recouvré par l'interceffion de la Vierge. Nous verrons dans la fuite qu'on avoit coûtume de porter cette ftatuë dans les proceffions générales qui devinrent fort fréquentes à Montpellier.

PAGE 85.

L'année 1326 eft marquée dans les archives de l'evêché par l'union que Fredol obtint du pape Jean XXII, de l'eglife de Ganges à la manfe epifcopale. Mais un évenement infiniment plus intereffant pour notre ville eft la mort de st Roch, qui arriva l'année fuivante 1327. Ce faint, qui étoit de la famille de Roch, très confiderable dans Montpellier, comme on a pû l'obferver dans le cours de cette hiftoire, fe voyant fans pere ni mere, quitta fon pays & paffa fa jeuneffe dans des pelerinages en Italie, qui étoit alors afligée de la pefte. Il y fervit les peftiferez, & fut attaqué lui même de ce mal. Après en avoir été gueri comme par miracle, il voulut revenir à Montpellier. Mais ayant été arrêté aux approches de cette ville par les foldats qu'on fut obligé d'y entretenir dans le tems que les Aragonois com-

1326.

IV.

1327.

mençoient à inquieter le roy Jacques III, s^t Roch fut pris comme espion & conduit dans les prisons de Montpellier, où n'ayant jamais voulu se faire connoître, il y mourût le 16 du mois d'août 1327, comme nous l'aprenons du martirologe romain. Un évenément si interessant pour notre ville mérite sans doute un plus grand détail que celuy que je viens de donner : c'est pourquoi je reserve d'en parler plus au long dans un article separé, lorsqu'à la fin de cet ouvrage je traiterai des personnes de Montpellier distinguées par leur sainteté.

La mort du grand maître de Rhodes, Foulques de Villaret, qui arriva cette même année, eut beaucoup plus d'éclat aux yeux des hommes. Il avoit été demis de sa charge par les chevaliers, mécontents de son gouvernement; & étant venu à Avignon pour se justifier devant le pape Jean XXII, il avoit été rétabli. Mais, soit qu'il voulût se procurer du repos, ou qu'il y eût une convention secrete, il donna volontairement sa démission après avoir été rétabli & vint passer les quatre dernieres années de sa vie au château de Teyran, qui n'est qu'à une lieüe de Montpellier, & qui apartenoit alors à une de ses sœurs. Il mourut le premier du mois de septembre 1327, comme nous l'aprenons de son epitaphe qui étoit au grand St Jean où il fût inhumé, et que je raporterai en son lieu.

Hist. de Malthe, liv. 3, chap. 2 & 3.

1328. V. L'an 1328 donna un sujet particulier de joye à la ville de Montpellier par la promotion au cardinalat de Jean de Cominges, ancien evêque de Maguelone, & celle d'Imbert Dupuy, natif de cette ville & parent du pape Jean XXII. Mais la mort d'André de Fredol, qui arriva sur la fin de cette même année, inspira des sentimens bien differens. Il mourut à Avignon après dix ans & vingt & trois jours d'episcopat, le dernier fevrier 1328, qui finissoit alors à Pâques. Son corps, porté d'Avignon à Maguelone, y fut enseveli auprez des autres evêques ses prédecesseurs.

1328.

JEAN DE VISSEC

Jean de Vissec fut choisi pour remplir sa place par le pape Jean XXII qui voulut continuer de donner aux chanoines de Maguelone un evêque qui eût professé la vie réguliere parmi eux. On marque en effet que Jean de Vissec, de la noble famille de ce nom, dans le diocése de Lodeve, avoit été élevé fort jeune à Maguelone, où ayant fait ses études sous les maîtres établis par le chapitre, il passa docteur en droit canon & parvint à la prévôté de cette église, d'où ayant été attiré auprès du pape Jean XXII pour être son auditeur de rote, il fut enfin nommé à la place d'André de Fredol. Le séjour qu'il fut obligé de faire à Avignon, durant quelques mois après sa nomination, retarda d'autant le serment de fidélité qu'il devoit au roy de France; d'où le sénéchal de Beaucaire prenant occasion de marquer son zéle pour les intérêts du roy son maître, fit saisir les revenus du nouvel evêque, qui en ayant écrit au roy Philipe de Valois, & représenté les besoins que ses sujets avoient encore de lui à Avignon, obtint non-seulement un sursis pour la prestation du serment, mais encore la main-levée de la saisie.

Durant son absence, Raymond de Canillac, son vicaire général & prieur de St. * Firmin, autorisa la fondation de l'hôpital de la Magdeleine, avec une chapelle qu'un citoyen de Montpellier, nommé Pierre Causiti, venoit d'y fonder dans le faux-bourg de la Saunerie le long de la dougue, ou contrescarpe, qui conduit à la porte de St. Guillem. Mais l'action la plus éclatante que fit en ce même tems ce grand-vicaire fut l'interdit des peres Carmes, qui par pitié ou autrement, recevoient indifféremment tous ceux qui étoient poursuivis en justice, & prétendirent dans les suites avoir un droit d'azile établi chez eux. La chose parut d'autant plus importante, que ces religieux ayant tout ce grand espace qu'occupe aujourd'hui l'hôpital général, pouvoient aisément, par les différentes portes qui étoient dans leur enclos, donner entrée à ceux qui venoient s'y réfugier, & faciliter ensuite leur évasion. Comme c'étoit un usage nouveau pour la France, où les aziles n'ont point lieu, les magistrats se plaignirent; & le grand-vicaire n'ayant pas crû pouvoir refuser son autorité, proceda par un interdit auquel ces peres defererent, & ainsi les choses furent remises en l'état qu'elles étoient auparavant.

PAGE 86.

Voyez l'art. des Hôpitaux.

L'an 1330 fut remarquable par l'arrivée de Jean de Vislec à Montpellier & par le synode qu'il y tint. Mais ce qui causa le plus de mouvement en cette ville fut le chapitre général que le grand maître de Rhodes y vint tenir cette année. Ce fait est d'autant plus remarquable, que Montpellier est peut-être la seule ville de France qui ait été honorée d'une assemblée si illustre, & que les réglemens qui y furent faits ont servi depuis comme de baze & de fondement au gouvernement de tout l'ordre.

1330.

VI.

Pour mettre le lecteur plus au fait de tout ce qui donna occasion à cette assemblée, je dirai qu'après la démission de Foulques de Villaret, dont j'ai déja parlé, Elion de Villeneuve, grand-prieur de St Gilles, fut élû à Avignon par les chevaliers provinciaux qui s'y trouverent; & que le bruit ayant couru en même tems que les Turcs menaçoient l'isle de Rhodes, il reçut ordre du pape de partir incessamment. Mais avant que de se mettre en chemin il voulut prendre les mesures nécessaires pour le bon gouvernement de l'ordre dont il étoit chargé. Dans cette vuë il convoqua un chapitre général à Montpellier, comme nous l'apprenons de l'histoire de Malthe.

On créa les baillifs conventuels pour chefs de chaque langue, pour former le conseil du grand maître, & porter les grandes croix. Les officiers créez alors furent Pierre de Plancy, prieur de l'église; Guillaume de Relavie, grand commandeur; Giraud de Montaigu, hofpitalier; Federic de Faugerolles, maréchal; Emmanuel de Carrête, amiral; Jean de Buiboux, turcopolier; Arnaud d'Olives, drapier, & Atin d'Aire, tréforier. On fit en même tems d'autres prieurs & baillifs qu'on appelloit de deçà la mer, & qui ne pouvoient être changez que par le chapitre général.

On permit à chaque grand prieur de difpofer des commanderies vacantes dans fon prieuré, à la referve de deux que le grand maître fe referva dans chaque prieuré, pour les conferer en dix ans à ceux qu'il lui plairoit des refidents au couvent. Il obtint qu'il pourvoiroit de grand-croix les commandeurs d'Armenie, de Naples & d'Athenes; les prieurs de Hongrie, de Caftille & de Catalogne; la châtellenie d'Empofte & la comté d'Alife. Enfin pour acquiter les dettes de l'ordre, il impofa quatorze mille florins payables toutes les années en parcelles, afin d'achever en dix ans le payement de tous les créanciers.

Ce bon ordre établi dans un corps religieux des plus confidérables de la chrétienté, fous les yeux (pour ainfi dire) de Jean de Viffec, evêque de Maguelone, l'animerent, felon toutes les apparences, à travailler pour fon chapitre de la maniere que le grand maître de Rhodes venoit de faire pour fon ordre. Il n'ignoroit point les divifions qu'il y avoit depuis longtems à Maguelone, & les prétentions de chaque particulier dans leurs differens emplois, qui étoient capables d'y entretenir le trouble. Pour y remedier il prit des mefures avec Raymond de Canillac, prevôt de fon églife, & l'un des plus dignes hommes de fon temps, pour regler fi bien le détail économique de cette maifon, qu'il n'y eût plus à craindre les diffentions qu'il y avoit eu. Il écouta pour cet effet les plaintes d'un chacun; il examina les

Page 87. differents droits des officiers de cette grande communauté; * & aprés avoir pris les moyens les plus convenables pour concilier tous les efprits, il les fit confentir à la publication des ftatuts qu'ils avoient dreffé avec les plus capables de leur corps. Cette publication fut faite dans un chapitre général qu'il tint à Maguelone le quatre & le cinq de novembre

1331. 1331, & dans lequel il entre dans un très grand detail des fonctions de tous les officiers.

Regitre B. fur la fin. J'ai eu le bonheur de trouver ces ftatuts dans les archives de l'evêché fans lefquels nous ne connoîtrions gueres le gouvernement économique de cette ancienne maifon, non plus que la diftribution de fes grands bâtimens. J'ai devoré avec plaifir toute la peine que j'ai eu à déchifrer ce long & vieux acte qui contient cinquante-deux pages in-folio; & quoiqu'il foit défectueux en quelques endroits, j'ai pû en tirer fufifamment de quoi nous donner une idée jufte & certaine des obfervances fous lefquelles vecûrent plus de quatre cens ans tant des perſonnages diſtinguez qui ſortirent de cette maiſon.

« Je dirai donc que Jean de Viſſec, qui prend à la tête de ces ſtatuts la
« qualité de réſident & de préſident au chapitre général, avoüe d'abord que
« le culte divin, le bon ordre dans les aumônes & l'hoſpitalité qu'on avoit
« exercé de tout tems à Maguelone avec liberalité & profuſion, avoient ſouf-
« fert du relâchement par l'amour propre des particuliers, qui s'étoient
« cherchez eux-mêmes, plûtôt que l'honneur & l'avantage de leur maiſon.
« Ce qui l'ayant porté à examiner avec tous les membres du chapitre les
« juſtes devoirs des officiers & de tous les particuliers, il règle pour toû-
« jours l'étendüe & les bornes des obligations d'un chacun, en préſence
« de Raymond de Canillac, prévôt; de Hugues d'Affinel, prieur clauſtral;
« Guillaume de Laudun, veſtiaire; Geoffroy de Villeneuve, prieur de St.
« Firmin, & autres prieurs ou chanoines clauſtraux, au nombre de plus de
« ſoixante. »

Il nous fait entendre d'abord que le prévôt avoit l'adminiſtration générale du temporel de la maiſon, quoiqu'il eût ſous lui pluſieurs officiers pour le ſoulager dans ce grand détail & ſuppléer pour lui dans ſon abſence.

Mais ce qui le regardoit en propre, étoit la proviſion du pain & du vin qu'il devoit fournir abondamment aux chanoines & à leurs valets, *canonicorum ſcutiferis & famulis;* aux hôtes qui venoient par dévotion ou par curioſité à Maguelone; aux amis & parents des chanoines & à toute leur ſuite; aux étrangers qui y tomboient malades, & à toutes les bonnes gens (ce ſont ſes termes) qui vouloient y venir, leſquels devoient être pourvûs de pain, de vin & de bons lits aux dépens du prévôt, ſelon la qualité & condition d'un chacun, ſauf aux autres officiers de les pourvoir du reſte. *Page 2.*

Le pain qu'il étoit obligé de donner devoit être de pur froment & ſans aucun mélange d'orge. Son vin devoit être pur, loyal, ſain & ſans aigreur, *merum francum, purum, ſanum & non acetoſum.* Il pouvoit ſeulement, à la table de la grande ſale apellée la ſale des hôtes, faire ſervir du vin honnêtement trempé, *de bono vino, ſed ſufficienter limphato.* *Page 3.*

Cette diſtribution nous aprend qu'il y avoit à Maguelone des convers qui portoient la ſoutane & des donats qui ne la portoient pas: *converſi qui appellantur de ſoquania, alii donati conventus ſine ſoquania.* Les uns & les autres devoient avoir du même pain & du même vin que les chanoines. Et par un article ſeparé, il eſt permis aux donats de prendre la ſoutane les jours de fête, comme on voit chez les Chartreux les donats, qui ſont habillez de brun pendant la ſemaine, prendre l'habit blanc les jours de dimanche. 1331.

Dans l'hoſpice du couvent de Villeneuve, le prévôt devoit faire ſes honneurs comme dans Maguelone, & y défrayer les chanoines qui y venoient avec leur équipage & leur compagnie, fans recevoir d'eux ni argent ni quoi que ce fût. On entre fur cela jufqu'au détail de l'avoine qu'il faudroit donner à leurs chevaux.

Cet article me conduit infenfiblement aux autres régles qui font prefcrites pour l'hofpitalité qu'on devoit exercer à Maguelone & à Villeneuve. Je vais les raporter dans le chapitre fuivant.

CHAPITRE QUATRIÉME.

I. Hofpitalité exercée à Maguelone. II. Mandat quotidien. III. Celerier, refeĉlorier, nourriture des chanoines. IV. Veftiaire, infirmier. V. Fonds pour l'entretien de tous les officiers.

I. IL paroît que l'hofpitalité étoit exercée à Maguelone à peu près fur le modelle de celle qu'on voit encore de nos jours dans les grandes maifons des Chartreux, des Benediĉtins & des Bernardins, dont les ordres avoient déjà commencé lorfque la régularité fut introduite à Maguelone. Les riches y étoient reçûs fous le nom d'hofpitalité, & les pauvres fous le nom d'aumône. Les uns & les autres avoient des officiers pour prendre foin d'eux, & le prévôt, qui avoit une intendance générale fur les officiers, devoit entretenir les meubles & les gens neceffaires à leurs offices.

Ainfi, dans la maifon de l'aumônerie, il devoit fournir trente lits de fangle, avec des matelats remplis de bonne laine, un drap & une couverture pour les pauvres clercs qui venoient à Maguelone. A la cuifine, il devoit entretenir & payer les valets, leur fournir abondamment toute la batterie de cuifine qui eft marquée dans un grand détail, jufqu'à une pierre à aiguifer les couteaux. Au four, il devoit tenir tous les uftenfiles neceffaires, qui par leurs termes latinifés nous font connoître qu'on leur donnoit dès ce tems-là les mêmes noms que le vulgaire leur donne encore parmi nous : *caffas, pilas, peirols, femalas, fcobas, palas, plumals pro fcopandis tabulis, &c.*

La paneterie, qui étoit un office feparé du four où l'on conservoit le pain qui étoit déjà fait, avec la farine qui fervoit à le faire, le prévôt devoit y entretenir de grands coffres pour y ferrer l'un & l'autre, de même que le fon qu'il appelle *furfur* feu *bren*. Fournir des *barutelles* des *efpals*, & pourvoir des bons *fourniers, barutelliers*, aufquels il devoit entretenir un logement qui étoit auprès du four, avec le puits qui y fervoit.

Les provisions faisoient le premier fonds de la dépence qu'on devoit faire pour les pauvres venans, en quelque tems qu'ils se presentassent, & en quelque nombre qu'ils fussent. *Pauperibus quotidie & quotidie venientibus, quantumcumque sint.* Les pauvres clercs étoient reçûs à souper & à coucher, & le lendemain on leur donnoit abondamment à manger ; mais les mêmes ne devoient pas revenir de huit jours, & cette même régle devoit être observée par les pauvres lepreux, qui dans ce siecle (comme tout le monde sçait) étoient en fort grand nombre, & qui pour dissiper leur ennuy passoient souvent leur vie à voyager d'une maison de charité à l'autre. Ils étoient reçûs au bout du pont, dans un portique bâti exprès pour eux, où ils recevoient une grosse livre de pain & une mesure de vin qu'on appelloit livrale.

1331.

Le tems du séjour des pauvres clercs étoit prolongé aux plus grandes fêtes. Car il est dit que, soit qu'ils viennent pour chanter, ou seulement pour assister aux fêtes de Noël, de Pâques & de la Pentecôte, & à celle de St. Pierre & de St. Paul, il doivent rester les deux jours suivants & être traités comme la communauté.

Mais ce qui marque encore mieux l'esprit d'hospitalité qui regnoit dans cette maison, c'est le soin qu'on exigeoit de celui qui étoit chargé de la table des hôtes. On veut que s'il trouve quelque étranger dans la cour, il l'invite à entrer dans la sale ; qu'il lui tienne compagnie à table, & que par son entretien & par ses bonnes manières, il rende ses hôtes persuadez de la joye qu'on a de les avoir. *Debet se exhibere verbo & opere bonæ affectionis & voluntatis, cum multa hilaritate & affabilitate honesta, &c.* Les Juifs & les Sarazins ne devoient pas être exclus de cet hospice ; car il est dit que par humanité & par esperance de leur * conversion, il faut les recevoir quand ils voudront venir dans l'isle & manger dans la maison.

PAGE 89.

Tous les jours on lavoit les pieds à quelques pauvres : ce qu'ils appelloient mandat quotidien. La cérémonie s'en faisoit dans le cloître, où les pauvres étoient assis sur des bancs de noyer qui regnoient tout à l'entour, avec leur dossier de même. Chaque pauvre devoit avoir un tapis sous ses pieds, afin que les chanoines pussent s'y agenoüiller. On leur donnoit à manger sur le lieu même, & l'aumônier étoit chargé de tenir un parevent devant leur table pour les garantir du vent & de la pluye. Cette même cérémonie se faisoit avec plus de solemnité le samedi de Rameaux : car alors ils passoient du cloître au refectoire, où l'evêque (& à sa place le plus éminent du chapitre) benissoit la table, baisoit la main à chaque pauvre & lui donnoit un denier qui devoit être fourni par le prévôt. Le nombre des pauvres étoit alors proportionné à celui des chanoines présents ; & si l'evêque y assistoit en personne, il y avoit six pauvres pour lui et quatre pour le

II.

prévôt, s'il y étoit présent. Cette sorte de mandat ou lavement de pieds étoit si fort en usage, que les chanoines le pratiquoient entre eux, soit par propreté, soit par religion, ou par l'un & l'autre motif : *item quia canonici faciunt sibi ipsis, præpositus mandatum tenetur habere garciferos qui canonicorum abluant pedes.*

Je crois avoir trouvé dans les règles particulieres de l'aumônier le nombre des pauvres qu'on employoit dans le mandat quotidien : car il est dit que lui ou son lieutenant pourvoiront de trois pauvres clercs pour le mandat quotidien, ou de trois pauvres laïques, s'il ne se trouve point de clercs. Lorsque l'evêque ou quelques autres prélats venoient pour faire le mandat, l'aumônier devoit preparer un agenoüilloir avec son carreau & du beau linge, ouvrage de France, *de opere Franciæ*. Mais au mandat des chanoines c'étoit au maître des armoires à fournir le linge & à l'aumônier à fournir l'eau chaude. Une autre ancienne coûtume étoit de donner à chaque pauvre du mandat une paire de chauffons de laine, depuis la fête de tous les saints jusqu'à Pâques. L'observation en est fort recommandée à l'aumônier ; & afin qu'il sçût où prendre leur nourriture, on marque que son lieutenant ira prendre du celerier le pain & le vin nécessaire, & du cuisinier une portion de chanoine, pour chaque pauvre. Et pour nourrir les pauvres qui n'étoient pas du mandat, il alloit partager avec le celerier tout ce qui restoit du repas des chanoines.

III. Le celerier, qui necessairement devoit être du corps des chanoines de Maguelone, étoit proprement le substitut du prévôt dans l'intendance de la maison. Il suppleoit pour lui dans tout le détail ; mais il étoit chargé en son propre de recevoir tous les venants à titre d'hôtes, comme l'aumônier étoit chargé de ceux qui venoient à titre de pauvres. Il lui est fort recommandé de leur faire bon visage, *debet cellerarius hospites recipere cum læta facie*. Et pour l'aider à se mieux acquiter des devoirs de l'hospitalité, on luy laissoit le choix de telle personne de la maison qu'il voudroit pour prendre soin de la sale des hôtes. Ce second officier, à qui l'on donne le nom de *salarius*, avoit encore sous luy un chambrier ou camerier pour tenir toutes les chambres en état ; & le prévôt devoit le pourvoir abondamment de tout ce qu'on peut entendre sous le nom de *rauba*, pour l'usage de ceux qu'il recevoit, afin (dit l'acte) que les bonnes gens qui auront été reçûs s'en aillent contens.

Un autre des principaux soins du celerier, étoit l'inspection générale de tous les domestiques de la maison, qui étoient en très-grand nombre. Il avoit sur eux droit de correction, & il n'en devoit souffrir aucun qui eût offensé quelque chanoine, à moins qu'il ne lui eût fait une satisfaction convenable.

II. Partie. Livre second.

Après avoir parlé des officiers destinez à l'hospitalité, je crois devoir dire quelque chose des offices qui étoient communs aux hôtes & à la communauté ; j'entends la cuisine & le refectoire, d'où l'on tiroit la nourriture des uns & des autres. Nous trouvons d'abord un intendant de cuisine apellé *coquinarius,* que je ne puis mieux exprimer en langage du tems que par le titre de maître d'hôtel. Il avoit plusieurs personnes sous lui, ausquelles il se contentoit de donner ses * ordres pour les choses de son ressort. Le premier étoit le cuisinier apellé *coquus,* qui devoit prêter serment en chapitre de ne recevoir ni préparer aucune viande gâtée, & de faire les portions comme de coûtume. Il avoit deux aides de cuisine & deux marmitons, *quatuor famulos, quorum alter sit subcoquus, alius centrellarius, & alii sint solhardi.*

PAGE 90.

Le refectorier étoit du corps des chanoines, & choisi par le celerier, qui le présentoit au prieur claustral, des mains duquel il recevoit les clefs de son office. Il avoit sous lui un convers pour préparer les tables & pour veiller à la netteté du réfectoire. Ce convers assistoit en soutane à tous les repas ; & dans les differentes saisons il pourvoyoit aux commoditez qu'on pouvoit procurer dans le refectoire. Les deux qui m'ont paru les plus remarquables, sont une feüillée au-dessus des fenêtres, & un grand éventail fait avec des feüilles de palmier pour chasser les mouches durant l'été, *ad deffendendum muscas in æstate, qui debent esse de palmis.*

1331.

Le soin de pourvoir au dessert regardoit aussi le refectorier, qui devoit aller lui-même dans le tems de Pâques à la grange du prévôt (désignée au-dessus du pont de la Mousson) & y faire traire le lait des chevres du prévôt, pour avoir suffisamment du caillé pour toute la communauté. Et dans le tems des figues & des raisins, il passoit à Villeneuve pour en prendre dans les vignes du prévôt & dans les jardins de l'intendant de la cuisine.

On aura peut-être la curiosité de sçavoir quelle chere on faisoit dans cette maison : A quoi je puis répondre, que si je raportois tout le long détail qu'on en fait dans l'acte, dont je donne ici le précis, j'ennuyerois assûrement mon lecteur. Je me contenterai donc de dire qu'on y faisoit un gros ordinaire, puisqu'il est dit que tous devoient être servis abondamment & que leurs restes devoient être partagez entre le celerier & l'aumônier, pour servir aux valets de la table des hôtes & aux pauvres du dehors. Deux occasions particulieres nous feront connoître la grande consommation qui se faisoit dans cette maison. La premiere est tirée des jours qu'ils appelloient de misericorde, c'est-à-dire d'obit ou d'anniversaire ; car alors l'officier qui faisoit faire la misericorde donnoit à la cuisine six moutons, six chevreaux, & deux jambons pesant au moins six livres chacun. La seconde est tirée des jours d'extraordinaire, qui étoient assez frequens, & où le prévôt faisoit ce qu'ils apelloient *convivium generale*. Il étoit obligé de leur donner au dîné, outre le pain de touzelle & le bon vin clairet (dont il est fait une expresse mention) une purée avec du petit salé, une bonne piece de bœuf *cum piperato*, des lapins au civet, des baignets abondamment, du fromage & des crespets, avec de l'hypocras. Au soupé je trouve des coutelletes de porc salé, du fromage, des pommes, des dates, figues, noix, avelanes, nefles & hypocras, le tout abondamment, tant pour les chanoines que pour les hôtes.

Page 15.

Aux jours maigres le prévôt donnoit pour la dépense de la cuisine quarante sols, avec lesquels on achetoit de trois sortes de poisson pour chacun de ceux qui mangeoient à la table commune. Ceux qui ne vouloient pas de quelque plat pouvoient l'échanger contre cinq œufs; & ces sortes d'échanges devoient être fort ordinaires, puisqu'on entre sur cela dans un fort grand détail. J'ajoûte qu'il y est souvent parlé de langue de bœuf, de fouques ou macreuses, & des anguilles salées, & qu'on y ordonne pour tous les jours maigres, depuis la St Michel, jusqu'à Pâques, une sauce au poivre, *cum piperato*; & depuis Pâques jusqu'à la St Michel, du verjus, apellé dans cet acte comme nous faisons en patois, *agrestum* ou *agras*. D'où l'on peut conclure qu'à Maguelone on s'accommodoit fort du haut goût. On a regardé dans ces derniers tems comme un préjugé de la bonne chere qu'on faisoit autrefois à Maguelone la découverte qui y fut faite (après la translation du chapitre à Montpellier) du traité d'Apicius *De re culinaria*, comme on peut voir dans le dictionaire de Bayle sur le mot *Apicius*, & dans la préface du traité de ce fameux gourmand, qui a été donné au public.

1331.

J'espére que le lecteur voudra bien me souffrir ce petit détail en faveur d'une maison qui fut si respectacle à nos peres, & d'où la compagnie dont j'ai l'honneur d'être tire son origine. On ne peut juger plus sûrement de l'esprit qui * y regnoit, que par les régles que tous avoient embrassées; & un peu de détail sur cela nous mettra plus au fait de tout ce qu'on pourroit nous dire d'une maniere vague & générale. Ainsi je ne ferai pas difficulté de raporter encore comment on pourvoyoit aux autres besoins des chanoines, soit dans la santé ou dans la maladie.

PAGE 91.

IV. Le vestiaire, qui devoit être pris du corps du chapitre, pourvoyoit aux habits de tous ceux de ses confreres qui résidoient à Maguelone. Les deux termes qu'il avoit pour leur en donner de neufs étoient Pâques & la Toussains. Son lieutenant devoit aller prendre tous les quinze jours dans le dortoir ce que chacun avoit de sale & de décousu; & le samedy suivant il alloit remettre le tout bien lavé & bien rétabli sur le lit de chaque chanoine.

Pour cet effet, le vestiaire devoit entretenir dans l'isle un bon tailleur & un bon cordonnier, avec son garçon chacun, qui ne devoient rien prendre des chanoines. Pour la même raison, il étoit chargé du soin de la lavanderie, où nous aprenons qu'il y avoit un gros canal de plomb pour y conduire l'eau du puits dans la grande chaudiere.

Par succession de tems le vestiaire fit abonner le prix de chaque habit; d'où vient qu'il est marqué qu'il donnera aux convers pour toute l'année cinquante sols de monnoye courante; &, à chaque chanoine, quarante sols au chapitre de Pâques, & des habits en espèce à celui de la St. Luc, pour le montant de pareille somme. Sur quoi je laisse faire les réflexions qui viennent naturellement sur la valeur de l'argent en ce tems-là.

L'infirmier faisoit soigner les malades tant les novices que les chanoines claustraux. Il devoit leur fournir toutes sortes de remedes, & les pourvoir d'un bon medecin, qui de son côté prêtoit serment au chapitre qu'il n'agiroit point par des affections particulieres dans la cure de ses malades. Il est fort recommandé à l'infirmier de leur procurer toutes les commoditez qu'on pourra imaginer, d'être bien pourvû d'huile, de roses & de violettes, de sirop d'Alexandrie, &c. Pour cette raison, on lui affectoit toutes les roses, les mûres & les amandes qui croissoient dans l'enceinte de l'isle. Les convers, les religieux étrangers ou moines ayant confraternité avec Maguelone y devoient être soignez, de même que les prieurs & leurs vicaires qui tomboient malades dans l'isle. Mais, comme ceux-cy avoient de bons revenus, ils devoient ensuite rembourser l'infirmier.

1331.

On lui donnoit pour aide un homme apellé le bayle de l'infirmerie, *bajulus infirmariæ*, qui devoit, sous ses ordres, prendre soin de toutes choses, tenir un inventaire des meubles de son office, manger avec les malades quand ils étoient seuls, & s'apliquer à bien faire les distillations de l'eau rose & autres semblables. Il avoit de plus un cuisinier particulier & un valet sous lui pour faire les lits de l'infirmerie, & lorsqu'il en falloit davantage, le prévôt étoit obligé d'en fournir à ses depens. Un autre de ses soins étoit de faire bonne provision de volaille; car lorsque les malades étoient en état d'en manger, ils devoient avoir deux poules de trois en trois; & cet usage s'obseroit pendant trois jours pour les chanoines qui venoient par précaution à l'infirmerie, comme pour se faire seigner ou pour autres petits remedes. Alors le prévôt en devoit faire la dépense; mais lorsqu'ils étoient effectivement malades, l'infirmier payoit tout.

Page 3.

On me demandera peut-être quels fonds avoient tous ces officiers pour fournir à la dépense qu'ils étoient obligez de faire? A quoi je repondrai qu'ils avoient chacun une ou plusieurs églises de la manse capitulaire,

V.

dont les revenus etoient affectez à leur office. Ainsi le vestiaire (comme on a pû l'observer cy-devant) retiroit tous les fruits des prieurez de Grabels & de Juviniac, & il avoit à Montpellier une grande maison, dont le puits attenant portoit un revenu fort considerable pour ce tems-là. Le sacristain avoit le benefice de Montels. L'aumônier faisoit cultiver à son profit de grandes pieces de terre à Villeneuve & à St. André de Maurin, dont (par exprés) il étoit exempt de payer la dîme au prévôt.

Je ne parle point du celerier qui étant le vicaire & le substitut du prévôt, avoit l'administration de ses grands revenus & prenoit par ses mains ce qui étoit necessaire aux choses de son office, sauf à en rendre compte. Ce que je dis de *ceux-cy peut être apliqué aux autres officiers ; & si l'on veut ajoûter que le prévôt (comme je l'ai déjà observé) leur fournissoit les meubles & les gens qui leur étoient necessaires, & qu'il donnoit tout le pain & tout le vin qui se consommoit dans l'isle, on comprendra aisément qu'ils étoient fort soulagez ; sans parler de plusieurs provisions qu'il donnoit en espece, par exemple, deux mille anguilles à l'aumônier pour les jours maigres, & quantité d'autres semblables choses que je ne raporte point, pour ne pas trop insister sur ce detail. Ce que je dois le moins oublier, c'est que si par sterilité, par cherté ou contagion, l'aumônier ne pouvoit pas fournir aux fonctions de son office, le prévôt y devoit suppléer pour l'amour de Dieu, comme il y étoit obligé par acte public.

Mais ce qui augmentoit considerablement le revenu de tous ces officiers, étoit une pension que les prieurs de la manse du chapitre leur devoient payer en argent ou en denrées à tous les chapitres généraux, ou à certains autres jours de l'année. Cette pension pouvoit bien être ce qui est appellé procuration dans les bulles des papes dont j'ai parlé ci-devant. Mais dans les statuts dont je donne icy le précis, c'est une taxe où tous les prieurs sont compris, les uns envers chaque officier de Maguelone, les autres envers quelque officier seulement. On y entre dans un fort grand detail, qu'il ne convient pas que je raporte icy au long ; mais on en jugera suffisamment par la taxe établie pour l'intendant de la cuisine.

A CHAQUE SINODE.

Le prieur de Montauberon,	XV livres.
Le prieur de Frontignan,	X livres.
Le prieur de Notre-Dame des Tables,	C sols.
Celui de Ozorio,	C sols.

Le prieur de St. Jean de Buëges,	L fols.
Le prieur de la Verune,	L fols.

Et ainfi des autres prieurs de la manfe capitulaire.

JOURS PARTICULIERS.

Le prévôt, à la veille de tous les Saints,	XVI livres.
Le prieur de Caftelnau, la veille de Noël,	XX livres.
Le prieur de Lunel, la veille de St. Jean l'Evangélifte,	XVI livres.
Le prieur de St. Denis de Montpellier, le jour des Rois,	XVI livres.
Le prieur de Montauberon, le mardi gras,	XXX livres.
Le prieur de St. Denis de Gineftet, à la veille de Pâques,	XX livres.

De cette maniére, l'intendant de la cuifine faifoit une groffe collecte à tous les chapitres généraux; & l'on peut obferver l'attention particuliere que l'on avoit eu de luy menager fes payemens aux jours où il étoit obligé de renforcer l'ordinaire de la communauté. Par cette même regle, le veftiaire, l'infirmier, l'aumônier, l'ouvrier, le facriftain & le pontaudier, recevoient en differens tems de quoi fournir aux charges de leur office; & ces mêmes officiers fe devoient reciproquement l'un à l'autre une penfion, felon le befoin qu'ils avoient les uns des autres: par exemple, le veftiaire & le facriftain payoient une penfion à l'ouvrier, parce qu'il prenoit foin des bâtimens de leur office, & l'ouvrier avec les autres en payoient une au pontaudier, parce qu'il entretenoit la communication de Villeneuve à Maguelone, par le moyen du pont dont il étoit chargé.

CHAPITRE CINQUIÉME.

I. Vie privée des chanoines. II. Office de l'église. III. Sacriſtain & ſes fonctions. IV. Bâtimens de l'iſle. V. Pont de Maguelone. VI. Droit d'entrée des chanoines.

1331. I. DE tout ce que j'ay déjà dit, on peut inferer que l'eſprit de ceux qui dreſſerent les réglemens du chapitre de Maguelone avoit été de tenir les chanoines dans une eſpéce de dépendance les uns des autres pour y entretenir l'union. Ainſi les chanoines clauſtraux voyageans dans le diocéſe devoient être reçus chez les prieurs comme dans leur propre maiſon. Les prieurs, de leur côté, étoient ſervis à Maguelone ſains & malades. S'ils mouroient oberez, ſans pouvoir être ſecourus des biens de leur pere ou de leur mere, le prévôt, en prenant d'ailleurs toutes les précautions poſſibles, devoit rendre les créanciers taiſans. Lors qu'étant à Montpellier avec permiſſion des ſupérieurs, ils venoient à y tomber malades, l'infirmier de Maguelone devoit fournir à leurs beſoins; mais il faloit être ſorti de Maguelone avec permiſſion, pour joüir de tous ces avantages; & il eſt dit expreſſement que ſi l'infirmier lui-même, étant hors de l'iſle, rencontroit le prieur clauſtral, il doit lui dire qu'il eſt ſorti pour les affaires de ſon office, & lui demander la permiſſion de reſter déhors, ce que l'autre ne refuſera point.

On donnoit d'ailleurs aux chanoines clauſtraux toutes les douceurs qu'ils pouvoient raiſonnablement exiger. S'ils vouloient aller voir leurs amis ou parens & ſe promener avec eux ſur l'étang, ou ſe divertir au bord de la mer, on leur donnoit des bateaux pour les y conduire, & à leur retour on devoit les regaler eux & leur compagnie. Si quelqu'un vouloit quitter Maguelone pour aller ſervir dans une paroiſſe du chapitre, il n'avoit qu'à ſe faire demander par le prieur chez qui il vouloit aller: alors le prévôt ne pouvoit refuſer. Mais ſi deux prieurs concouroient en même tems à demander le même ſujet, c'étoit au chanoine clauſtral à dire chez lequel des deux prieurs il vouloit aller. D'un autre côté, les prieurs, qui étoient tenus d'avoir un compagnon ou aſſocié avec eux, devoient le demander au prévôt dans l'eſpace de huit jours, ce qu'ils appelloient preſenter; mais s'ils laiſſoient paſſer ce terme, le prévôt de plein droit pouvoit y nommer.

Je ne ſçai ſi j'ajouteray encore, pour faire voir dans quel détail on deſcendoit en faveur des chanoines, qu'afin de leur diverſifier le poiſſon de mer qu'on leur ſervoit à table, on ordonnoit à l'intendant de la cuiſine d'acheter à certains jours des efturgeons lorfqu'il s'en trouveroit à Montpellier & de leur en donner outre la portion ordinaire. *Tenetur coquinarius dare conventui, fi poffit reperiri in Montepeffulano, de pifce dicto efturjon, fimul cum alio generali pifcium.* On veut que fi le pain ordinaire n'eft pas trouvé affez bon, on en achete d'autre ; & afin qu'ils euffent lieu d'être contens du vin qu'on devoit leur fervir, on préfcrit des formalitez remarquables pour proceder à l'ouverture d'un nouveau muid. *Statuimus quod cellarius, aut ejus locum tenens, non audeat vinum pro conventu dozillare, nifi vocato priore clauftrali : qui prior debet vocare fecum tres vel quatuor clauftrales canonicos bonos viros, ut videant fi vinum fufficiens fuerit pro conventu.* *Page 24* *Page 18.*

Tout ce qu'on exigeoit des chanoines clauftraux étoit l'étude & le fervice du chœur. Ils avoient un maître d'étude pour la jeuneffe & un quartier pour les étudians. Tous pouvoient aller étudier à la bibliotéque, où les livres étoient attachez avec des petites chaines de fer fur des pupitres, felon l'ufage de ce tems là. Les livres dont on faifoit le plus de cas étoient ceux de théologie qui étoient gardez dans des grandes armoires par un officier appelé armoirier, *armarius*. Il devoit pourvoir de livres la facriftie & le chœur ; & fi les moyens venoient à lui manquer, il lui eft ordonné de vendre les livres que les chanoines auroient laiffé en mourant, excepté ceux de théologie, *exceptis theologis, qui nequaquam vendantur*, pour en employer le prix à acheter ceux qui lui manqueroient. 1331.

* Le fervice du chœur obligeoit d'affifter à matines, à la grand'meffe & à vêpres. Cette obligation étoit fi étroite que l'infirmier même avoit befoin de la permiffion du prieur clauftral pour s'en exempter. Toute la grâce qu'on lui faifoit étoit de l'affujettir à la grand'meffe les jours communs ; mais aux jours de dimanche & à ceux qu'ils apelloient de deux, trois & quatre chapes, il étoit tenu d'affifter à matines & à vêpres. Ce nombre de chapes qu'on portoit à l'office en marquoit la folemnité. Le foreftol au milieu du chœur étoit couvert d'un tapis, & les chantres y portoient des bourdons dont on nous donne un inventaire, fçavoir : fix avec des pommes de criftal, deux d'ivoire & deux de bois peint pour les morts. Les meubles de l'autel étoient beaucoup plus riches, car dans les regles particulieres du facriftain, il eft fait mention des croix, des encenfoirs, des livres plaquez d'argent, des baffins, des burettes & des miffarabes d'argent : *Baffinos, urceolos, & miffaraba argentea ad ufum altaris fancti Petri, &c.* II. *Page 94.*

Ces dernieres paroles nous donneroient lieu de penfer qu'on retenoit encore à Maguelone quelque chofe du rit mofarabe établi dans le IIIe concile de Tolede & ordonné pour tous les diocéfes de la domination des rois vifigots. Il eft vrai que les villes du bas Languedoc reconnurent ces princes jufqu'à la décadence de leur empire, & que les evêques de Maguelone étoient appellez aux conciles de Tolede; mais nous n'avons rien de certain pour le rit qu'on obfervoit dans leur églife, & il eft probable que le changement des chanoines de Maguelone à Subftantion caufa quelque alteration aux cérémonies exterieures du fervice divin, & que ce petit nombre de chanoines fe conforma infenfiblement à l'ufage des autres églifes de France. Il ne nous refte aucun vieux livre qui puiffe nous donner des éclairciffemens fur cet article; & nous n'avons confervé que l'office de plufieurs faints d'Efpagne, comme ft. Hermenegilde, fte Eulalie, fte Leocadie, fts Juft & Pafteur; les fts Acifcle & Victoire, martirs de Cordoüe, &c.

Ce que j'ai pû tirer de l'acte dont je donne ici le precis, c'eft que la fufpenfe du St Sacrement étoit en ufage à Maguelone : *tenetur facrifta facere funem ex qua pendet corpus Chrifti fuper altare, & caxulam in qua moratur.* L'autel devoit être garni *palliis, nappis & tapetis,* comme on fait encore dans plufieurs anciennes églifes. On tenoit au bas de l'autel deux grands chandeliers qui portoient deux cierges pefant vingt-cinq livres chacun, & qui n'étoient renouvellez qu'aux fêtes de Noël, de Pâques, de St Pierre et de la Touffaints. Depuis ces chandeliers jufqu'à l'autel, regnoient de grands rideaux courant fur des tringues de fer, pour couvrir le celebrant. Trois grandes lampes, qui devoient brûler nuit & jour, pendoient à une groffe poutre qui traverfoit le fanctuaire, avec cette difference que la lampe du milieu étoit garnie d'un cierge & les deux autres avec de l'huile. Le fanctuaire étoit fermé par des grilles de fer qu'il apelle *cledas ferreas,* fur lefquelles on mettoit un grand nombre de petits cierges à l'arrivée d'un evêque, d'un cardinal, ou d'un archevêque. Du milieu de cette grille fortoit un grand bouquet de pointes de fer qu'ils apelloient l'arbre, & qu'on rempliffoit de petits cierges pour brûler, jufqu'à ce que la priere du prélat fût finie, *ita ut tota arbor plena cereis ardentibus & munita exiftat.*

1331.

III. Le facriftain, qui devoit être conftitué dans l'ordre de prêtrife, étoit chargé de tout ce foin. Il avoit en garde le tréfor de la facriftie, & pour le foulager dans cet emploi, on lui laiffoit le choix d'un fous-facriftain, & à celui-ci un lieutenant pris du corps du chapitre. Ils travailloient tous enfemble aux devoirs de leur charge, & principalement à la fabrique des chandelles & des cierges dont on faifoit une grande confommation à Maguelone. Le tems d'y travailler étoit aux approches des quatre grandes fêtes de l'année, & alors il fe faifoit aider par les deux clercs de la facriftie, par les quêteurs que le facriftain avoit droit de tenir au-dedans & au-dehors de l'églife, & par les deux fonneurs des cloches, apellez efcaboliers, qui étoient fous fes ordres. Les efcaboliers devoient porter la foutane, & il leur étoit defendu de paroître dans le chœur, ou en préfence de la communauté affemblée, fans avoir leurs fouliers aux pieds.

La façon & la diftribution des chandelles étoit la charge la plus penible & la plus difpendieufe pour le facriftain ; car il devoit généralement fournir tout * le luminaire qui fe brûloit dans l'ifle. On entre fur cela dans un fort grand détail, & l'on marque ce qu'il devoit donner pour la chambre de l'evêque & pour celle du prévôt ; aux officiers de la maifon, pour eux & pour leurs offices ; aux chanoines clauftraux, foit qu'ils dormiffent dans le dortoir, ou dans l'apartement bas ; à leur paffage pour aller de nuit à matines, & en hyver à complies. Je paffe tout le refte de ce détail qui pourroit être ennuyeux, pour dire les moyens qu'on lui donnoit de fournir à cette dépenfe. Nous trouvons pour cela une taxe confidérable établie en fa faveur fur divers prieurs du diocéfe, qui la payoient en argent ou en denrées. Mais il y a cette différence pour les denrées, que le bled étoit portable à Montpellier dans la maifon qu'il y avoit, & le vin dans fon cellier, à Montelz. Quant à l'huile que le prieur de Frontignan lui devoit pour le St Crême, le facriftain étoit obligé de l'envoyer querir le jour des Rameaux.

Une autre charge de fon office étoit de pourvoir aux funérailles, felon le cérémonial particulier qu'on obfervoit à Maguelone. La régle vouloit que fi le chanoine étoit mort dans quelque benefice, le prieur & ceux du paffage devoient nourrir fept pauvres pour le falut de fon âme, & fournir le luminaire & les voitures pour porter fon corps à Villeneuve, où le prévôt envoyoit le prendre. Si le chanoine étoit mort à Montpellier, le prévôt faifoit accompagner le corps avec fix flambeaux de cire de cinq livres chacun jufqu'à un certain arbre qui étoit fur le chemin de Maguelone, où le facriftain devoit tenir toutes chofes prêtes pour le recevoir, en jettant fur le corps un drap d'or, qui devoit être (comme dit l'acte) bon & fuffifant : *Debet etiam facrifta ponere fuper corpus hujufmodi defuncti canonici unum pannum aureum bonum & fufficientem.* Je trouve que dans l'églife on mettoit quatre cierges autour du corps, deux à la tête & deux aux pieds. On étaloit en même tems fur la biere les marques diftinctives des chanoines, qui étoient l'aumuffe avec le furplis ; & parce qu'ils vivoient fous la régle de St. Auguftin, on y ajoûtoit le fcapulaire & le capuce qu'ils portoient en hyver ; un couteau, du fil & une aiguille, dont je ne trouve d'autre origine que l'ufage des autres religieux fondez avant eux.

Toutes les dépoüilles des morts étoient partagées entre l'infirmier & le veftiaire par le prieur clauftral, qui prenoit deux prêtres avec lui pour faire ce partage. Mais ce qui eft réglé pour les étrangers eft beaucoup plus remarquable. « Si quelque baron ou chevalier (dit le règlement) fe fait porter à

« Maguelone après fa mort avec fa banniere, fon écû, fa lance, fon cheval,
« & autres armes, fon écû fera apendu dans le cloître, fa banniere dans
« l'églife, les autres armes données en garde au celerier, & le cheval refervé
« pour le prévôt. » Il eft encore à obferver que lorfqu'un étranger choifif-
foit fa fepulture à Maguelone (ce qui étoit fort ordinaire aux gens des environs), on portoit avec fon corps tout ce que le défunt avoit legué à l'églife
en argent ou en denrées ; & alors fi la fomme ne paffoit pas dix fols, elle
étoit toute pour le procureur des morts, qui étoit un officier de la maifon
commis à l'enterrement des étrangers. Si elle alloit jufqu'à cinquante, il
tiroit d'abord fes dix fols, & le refte étoit partagé entre le prévôt & lui ; que
fi la fomme paffoit cinquante, elle étoit toute pour le prévôt. Sur cette
même régle on évaluoit les denrées qui étoient portées en efpèce, & ils fe
les partageoient entre eux dans la même proportion.

Tom. 2.

Les mifericordes ou anniverfaires dont j'ai déjà parlé, qui étoient célé-
brez au refectoire après l'avoir été à l'églife, nous font connoître plufieurs
anciens bienfacteurs de Maguelone. Il eft fait mention de Bernard de
Mezoa, de Guillaume Gaucelin, de Jean de Montlaur de Murles, *pro anima
Joannis de Montelauro de Murlis*, tous evêques de Maguelone ; de Fredol de
St. Bonnet, evêque du Puy, jadis chanoine de Maguelone ; d'Hugues de
Miremaix, dont j'ai parlé ci-devant ; de Guillaume Beffede, Guiraud Mercadier, N. Gaillard, Pierre d'Almeras, Pierre Albon, & dame Ermenfende,
qui avoit donné au chapitre le maifonage de Pechabon, & quantité d'autres perfonnes moins connuës. Mais la plus remarquable de toutes ces
mifericordes eft celle dont le veftiaire étoit chargé pour le jour des faints

1331.

Gervais & Protais, où l'on devoit donner pour le refectoire fept moutons,
fept chevreaux, dix-huit livres de petit falé, deux quintaux & demi de

Page '96.

farine, quatre mefures de vin ; &, * pour toute cette dépenfe, on affecte le
revenu du puits qui eft à Montpellier auprès de la maifon du veftiaire, *pro
qua mifericordia facienda funt reditus putei pofiti juxta hofpitium veftiariæ obli-
gati*. Je doute fort que ce ne foit le puits que nous apellons aujourd'hui de
las efquilles, qui n'eft feparé que par la ruë de la maifon du préfident Belleval, qui conftamment étoit autrefois la maifon du veftiaire.

IV. Il eft tems que je parle des bâtimens de Maguelone, dont j'ai déjà touché
quelque chofe dans le cours de cette hiftoire, & fur lefquels nous pouvons
tirer de plus grands éclairciffemens de l'acte dont je continuë le précis. Il
eft dit dans les régles particulieres de l'ouvrier « qu'il eft obligé, par les
« devoirs de fon office, d'entretenir le toit de l'églife St. Pierre, de St.
« Auguftin & de St. Pancrace, la tour de Ste Marie & celle de St. Jacques,
« & généralement tous les ouvrages en pierre du chapitre, du dortoir, du

« cloître, du fort, avec les autres édifices qui font entre les portes de fer. » D'où nous devons naturellement conclurre que toutes les pieces que nous venons de nommer étoient dans l'enceinte des portes de fer qu'on fermoit à certaine heure tous les foirs, & qu'on n'ouvroit plus de toute la nuit d'abord que les ponts étoient levez.

L'églife de St. Pierre étoit la même que nous voyons à prefent : longue de 23 cannes 6 pieds dans œuvre, large de 13 dans la nef, & de 16 dans la profondeur des deux chapelles qui forment la croix. La chapelle du côté de l'évangile où le peuple dit qu'étoit le tombeau de la belle Maguelone & de Pierre de Provence, étoit appellée du St. Sepulcre, & on y dreffa depuis un grand mauzolée au cardinal de Canillac, qui fit donner fon nom à cette chapelle. L'autre, qui étoit du côté de l'epître, portoit le nom de Ste Marie, de même que la grande tour qui étoit au-deffus.

L'entrée de l'églife étoit à niveau du dehors, fur lequel on marchoit fept ou huit pas, après lefquels on defcendoit quatre marches pour trouver le plein pied de la nef, & au-deffus de l'entrée, en dedans l'églife, étoit en forme de tribune le chœur des chanoines, que je ne puis mieux comparer qu'à celui de la Daurade, qu'on dit être la plus ancienne églife de Touloufe.

L'églife ou chapelle de St. Auguftin ne m'eft pas connuë, mais celle de St. Pancrace fubfifte encore dans fon entier. Elle eft au-deffus de la chapelle de Canillac, & à niveau des apartemens hauts de la maifon. Sa voûte eft fort exhauffée, & l'on y voit de beaux bancs de pierre tout autour. C'eft une petite églife interieure, ou fi l'on veut, une grande chapelle domeftique, à portée du logement des chanoines, comme on voit à l'archevêché de Paris & au palais des vice-legats d'Avignon, des chapelles domeftiques à niveau des apartemens hauts.

Les tours de Ste Marie & de St. Jacques ne fubfiftent plus. Il ne refte aucun veftige du chapitre ni du dortoir apellé *dormitorium,* où dans une longue fale, coupée à droite & à gauche par plufieurs petites cellules, ils dormoient tous enfemble, & étoient éclairez en cas de befoin par des lampes qui brûloient toute la nuit dans l'allée du milieu.

Le petit cloître & la cuifine fe font connoître encore par les arceaux qui regnent le long de l'églife en dehors, & par la grande cheminée qui eft terminée en forme de tour ronde. Elle eft apellée dans cet acte *turris culinæ,* comme dans Verdale.

1331.

Le fort dont il eft fait mention fe reffentit le premier de la démolition qui fut ordonnée en 1632 par le roy Loüis XIII, de forte qu'on n'en peut rien dire pour l'avoir vû. Mais nous aprenons de l'acte fur lequel j'écris que le prévôt de Maguelone étoit obligé d'entretenir dans ce fort une sentinelle pour faire la ronde & pour sonner du cor aux heures de la nuit : *debet præpositus in fortalitio tenere unum hominem qui vocatur bada, bonum & sufficientem, qui debet buccinare horas noctis. Et ille homo debet habere unum namphile ad buccinandum dictas horas, & dicta gacha tenetur facere falsas.* Il ajoûte que lorsqu'il sera nécessaire d'avoir un plus grand nombre de gens pour faire les veilles de la nuit, le prévôt en fournira. Et comme la guerite où la sentinelle se tenoit étoit plus élevée que le reste du bâtiment, le reglement veut que le prévôt lui fasse donner une bonne échelle pour y * monter, avec des paniers ou corbeilles pour tirer à soi les vivres qu'on lui portera : *Item tenetur providere de scala ad ascendendum super dictam turrim, & de bono paniero vel cophino quibus ascendant victualia necessaria eidem badæ.*

PAGE 97.

Tous ces bâtimens & plusieurs autres que nous ne sçavons pas, étoient entourez de hautes murailles qui formoient une enceinte, où l'on ne pouvoit entrer que par les portes de fer qui étoient fermées selon les saisons à differentes heures du jour. L'on haussoit le pont-levis, après quoi les chanoines qui arrivoient dans l'isle, *post ascensionem arcubii*, ne pouvoient être reçûs dans l'enceinte dont nous venons de parler ; mais ils alloient se retirer dans l'aumônerie, où on leur donnoit à souper, & on les faisoit coucher dans la chambre des quatre lits. L'aumônerie, l'infirmerie & autres offices étoient hors de cette enceinte, & l'ouvrier qui devoit en entretenir les bâtimens jusqu'à faire arracher les herbes & les racines qui naîtroient aux murailles entre les portes de fer, n'étoit aucunement chargé des bâtimens du dehors. L'aumônier, l'infirmier, le vestiaire & autres, pourvoyoient, chacun à leurs dépens, aux reparations des lieux qui leur étoient propres, avec le droit seulement de prendre gratuitement du celerier & du cuisinier les alimens nécessaires aux ouvriers qu'ils employoient.

L'église de St. Blaise, qui étoit hors de cette enceinte, servoit de paroisse à toute la famille de Maguelone. L'aumônier qui en étoit chargé tenoit un prêtre pour y dire la messe tous les jours, & pour chanter une messe haute tous les dimanches & fêtes en faveur des pauvres clercs qui s'y assembloient. Il leur annonçoit, & à toute la famille de Maguelone, aux jours de dimanche, les jeûnes & fêtes de la semaine, & y entretenoit aux dépens de l'aumônier une lampe bien garnie d'huile pour brûler toute la nuit, & fournissoit des torches à l'élevation du corps de Jesus-Christ. Lorsqu'on aportoit de nuit quelque mort pour être enseveli dans St. Pierre, on le mettoit par entrepôt dans l'église de St. Blaise ; & lorsqu'un chanoine étant mort à l'infirmerie ne pouvoit être porté à St. Pierre à heure convenable, on le mettoit en dépôt dans la même église à la chapelle de St. Jean.

II. Partie. Livre troisiéme.

Il ne me reste qu'à parler du pont de Maguelone qui communiquoit à V. Villeneuve. Cette communication a paru surprenante à diverses personnes. Mais outre les vestiges qui nous en restent, on ne peut pas raisonablement 1331. s'opposer à l'autorité des actes publics. J'ai dit que l'on voit encore dans le trajet de Villeneuve à Maguelone des piliers ronds de distance en distance, élevez considerablement sur l'eau, épais de cinq à six pieds de diametre, sur lesquels étoient de grosses piéces de bois en travers pour porter avec les arcboutans qui étoient par dessous, les poutres qui joignoient un pilier à l'autre. Ces poutres étoient couvertes de grosses planches qui formoient un pont de bois fort long & étroit, pour les gens à pied, tandis que les grosses voitures passoient sur une jettée de pierres apellée Peirade, pour laquelle nous avons vû qu'il y avoit eu du differend entre l'evêque & le prévôt.

La nouvelle peirade qu'on a fait de nos jours sur le même estang pour passer au port de Cette, peut servir à nous donner une idée de celle qu'il y avoit autrefois à Maguelone ; les restes qu'on en voit encore mettent la chose hors de doute. Mais ce qui est plus convainquant, est l'établissement d'un officier particulier pour l'entretien de ce pont, & la contribution imposée en sa faveur sur tous les prieurs de la manse capitulaire. Il étoit apellé pontaudier, *pontauderius*, & il étoit chargé, suivant les termes de l'acte que je transcris, de faire & de reparer à perpetuité le pont de Maguelone, avec la maison qui étoit au bout du pont, & le portique tout joignant cette maison, pour y mettre à couvert les pauvres. Dans le tems qu'il y faisoit travailler, il tiroit du celerier la nourriture de ses ouvriers, qu'il payoit lui-même de son argent, & pour cela on lui avoit établi un droit sur chaque prieuré dépendant de l'église de Maguelone, qui est aprochant de celui dont j'ai parlé en faveur de l'intendant de la cuisine.

Je crois, avant de finir ce chapitre, devoir raporter deux articles importans VI. qui nous aprenent le droit d'entrée que chaque chanoine devoit payer lorsqu'il étoit reçû à Maguelone : le premier regardoit les meubles qu'il devoit porter pour son * propre usage : le second, les présens qu'il devoit faire à la Page 98. sacristie.

Dans le premier il est dit que chaque nouveau chanoine portera, en entrant & à ses dépens, trois surplis. *superpellicia tres camisias, tria femoralia*; trois paires de souliers, deux paires de ce qu'il entend sous le nom de *raubas*, une chape, *unum supertunicale cum pellibus*; un couteau, un peigne avec son étui, des aiguilles & du fil.

Le second article porte qu'il donnera à son entrée une piéce de drap d'or, de la valeur de cent vingt tournois d'argent de bon aloy & de bon poids, pour faire des chapes & des ornemens à l'église de Maguelone, & que le tout fera remis entre les mains de celui qui en eſt chargé. D'où l'on peut inferer qu'attendu le grand nombre de chanoines qu'il y avoit, la facriſtie devoit être abondamment pourvûë de riches ornemens.

1331.

L'acte d'où j'ai tiré tout ce que je viens de dire dans ces deux derniers chapitres eſt dans les archives de l'evêché, fur la fin du regître B, commençant par ce mot *falvator*, où l'on peut voir dans un grand détail tout ce que j'ai dit en abrégé. Mais il eſt tems de reprendre la vie de Jean de Viſſec, qui fut le principal moteur de tous ces règlemens.

CHAPITRE SIXIEME.

I. Dernieres actions de Jean de Viſſec. II. Pictavin de Montefquiou lui fuccede. III. Ses differends avec les confuls & les Auguſtins. IV. Chapelle de l'hôtel de ville. V. Dernieres actions de Pictavin avant fa tranſlation à Alby.

I. LA premiere action de l'evêque de Maguelone après le chapitre général dont nous venons de parler, fut la reconciliation des habitans & des confuls de Montpellier, dont la diviſion cauſa cette même année de grands troubles dans la ville. Le peuple s'y plaignoit de diverfes impoſitions que les confuls avoient faites fans en connoître l'emploi. Il publioit que fes magiſtrats regardoient les deniers de la ville dont ils avoient l'adminiſtration comme une fontaine publique, où chacun d'eux croyoit avoir droit de puifer felon fes befoins. Les confuls, d'autre côté, regardant cette plainte comme une infulte, firent arrêter ceux qui leur parurent les plus mutins; en forte que les plaintes du peuple ayant cauſé une grande émotion, il falut recourir à l'evêque & au fénéchal de Beaucaire qui gouvernoit alors à Montpelieret pour le roy de France. L'evêque employa les armes de l'églife pour arrêter les entrepriſes de part & d'autre, & ayant conféré avec Roger de Roveirac qui rempliſſoit alors cette place de fénéchal, ils apaiferent toute l'émeute.

Cet accord plût fi fort à nos ancêtres, qu'ils crûrent devoir en conferver la memoire à la poſtérité; & pour marquer leur reconnoiſſance à Jean de Viſſec, qui en fut le principal auteur, ils le repreſenterent dans le Talamus, où on le voit encore dans fa chaire pontificale, levant la main pour bénir ou pour abfoudre deux confuls qui font à fes genoux, avec cette parole qu'il font fortir de la bouche de l'evêque: *abfolutio*. Veritablement les figures en font mal deffignées, felon le goût du tems, mais cela fert toujours à nous faire connoître l'évenément dont nous parlons, & la reconnoiffance de nos peres pour leur evêque.

On remarque qu'une inondation extraordinaire du Lez, arrivée en ce même tems, fervit beaucoup à faire revenir les efprits. Car, quoique le tems eût été fort ferein depuis plufieurs jours, la riviere enfla tout à coup fi violemment, qu'elle abbatit le pont de Caftelnau & le pont Juvenal. Cette perte, avec les autres ravages qu'elle fit à la campagne, fut regardée comme une punition du ciel pour tous les excès où l'on s'étoit porté dans la derniere émeute; tant il eft vrai qu'un mal fubit & inopiné fert quelque fois à faire rentrer en foi-même.

Les regîtres de l'evêché nous font connoître pour l'année 1332 quelques feigneurs * du diocéfe qui firent hommage à Jean de Viffec. De ce nombre eft un feigneur du Caila qui lui reconnut la feigneurie de Montlaur; un autre de Cornon qui fit fon hommage pour la terre de Cornon-Terrail dont il étoit confeigneur. L'evêque de Maguelone voulant prevenir les difputes qui pouvoient naître entre fes officiers de Melguëil & ceux du roy de France, maître de Montpelieret, fit regler les limites qui devoient feparer le territoire de Melguëil d'avec celui de la partie royale de Montpelieret, échangé (dit l'acte) avec le feigneur roy de France. Les mêmes actes nous aprenent ce que valoit alors la pêche de l'eftang de Villeneuve, car ils marquent que le procureur de Raymond de Canillac, prévôt de Maguelone, afferma cette pêche, en 1333, pour le prix de cent foixante livres, payables tous les ans.

1332.
Page 99.

1333.

L'année fuivante, 1334, termina les jours de Jean de Viffec, à qui l'hiftoire donne une place parmi les plus faints evêques qui ayent fiegé à Maguelone. Ce bon prélat, ayant reçû au commencement de cette année une lettre du pape Jean XXII en faveur des moines de la Chaize-Dieu, leur confirma la poffeffion où ils étoient du prieuré de Pouffan, dans fon diocéfe; & après cet acte de juftice & de charité, il tomba malade au château du Terrail, où il mourut le 28 du mois d'août, après avoir recommandé à fon chapitre, qui accourut auprès de lui, la paix & l'union qu'il avoit tâché de leur infpirer pendant fa vie. Il occupa fon fiége durant fix ans fix mois & douze jours, laiffant après fa mort une grande odeur de fainteté.

Ses obfeques ayant été faites à Maguelone, où il voulut être inhumé, les chanoines, qui depuis le féjour des papes à Avignon, avoient reçû leur evêque de la main du ft. fiege, voulurent fe faire un merite auprès du pape Jean XXII, en lui demandant un fucceffeur au prélat qu'ils venoient de

II.

PICTAVIN DE MONTES-QUIOU. perdre. Le pape, qui mourut lui-même trois mois après, leur nomma Pictavin de Montefquiou, docteur en droit, de l'illuftre maifon de ce nom dans le diocèfe d'Auch. Il étoit evêque de Bazas lorfqu'il fut transferé à Maguelone. Et quoique Gariel, ni Mrs de Ste-Marthe, ne nous ayent pas marqué cette circonftance, on n'en peut guéres douter, après les preuves que Baluze
Tom. 2, pag. 547. nous en donne dans fes notes fur la Vie des papes d'Avignon.

 Les officiers du nouvel evêque, attentifs à fes droits, lui attirerent au commencement de fon epifcopat deux reconnoiffances que nous ne trouvons pas avoir été faites auparavant; l'une d'un hôpital apellé de St. Simon & de St. Martial, qu'un prêtre nommé René lui fit pour la maifon, l'églife & le verger des pauvres qui y logeoient; l'autre par les péres Auguftins, pour l'emplacement de leur couvent fur le chemin de Caftelnau. Mais cette reconnoiffance fut bientôt fuivie d'une action d'éclat, qui donna occafion à Pictavin de faire paroître fa modération & fa bonté. Les actes portent que fes officiers ayant donné une fentence contre quelques perfonnes qui avoient

III. trouvé le moyen de fe réfugier chez les Auguftins, ils furent maltraitez à la porte du couvent lorfqu'ils allèrent reclamer leurs criminels. Ce qui les ayant obligez de revenir avec main-forte, ils fe faifirent de quatre religieux dont ils avoient le plus de fujet de fe plaindre, & ils les traduifirent dans la prifon de l'evêque. L'affaire étoit dans cet état, lorfque le prieur ayant fait à Pictavin des fatisfactions convenables, il lui relâcha fes religieux pour
1334. les juger lui-même, & les punir felon la difcipline de leur maifon.
Gariel, pag. 342. On a mis fous le pontificat de cet evêque une lettre de Philipe de Valois au fénechal de Beaucaire, en faveur des evêques de Maguelone, pour la confervation de la juftice haute, moyenne & baffe, dans les lieux où ils fe trouveront l'avoir déjà. Mais je foupçonne fort qu'elle n'ait été expédiée fous Jean de Viffec, quoiqu'elle n'eût été rendue qu'à Pictavin, qui parvint trois mois après au fiége de Maguelone. Ma raifon eft que cette lettre eft datée de Paris, le 8 mai 1334, où Jean de Viffec vivoit encore. Et ce qui peut fortifier ma penfée, c'eft qu'aucun des deux prélats n'eft nommé dans cette lettre, où le roy parle en general des evêques de Maguelone.

1335. Pictavin eut l'honneur, l'année fuivante, 1335, de recevoir dans fa mai-
Pet.Talam., fol. 89 fon epifcopale, à Montpellier, le roy Philipe, qui arriva en cette ville au
PAGE 100. commencement * du carême, & y féjourna huit jours avec la reine fon époufe, le duc Jean fon fils aîné, & un grand nombre de feigneurs qui étoient à fa fuite. Le roy confirma les privileges de la ville, comme il eft marqué dans le Talamus. Et dans cette même année Pictavin tranfigea avec les habitants d'Aiguemorte fur les droits qu'ils devoient payer au paffage de Carnon, qui eft entre la mer & l'étang. Je ne dis rien du détail de

cette transaction, parce que je n'ai pû la trouver. Mais je puis parler plus au long de l'établissement que les consuls de Montpellier firent cette même année de la chapelle de l'hôtel de ville.

Les actes en font raportez fort au long dans le grand Talamus, où l'on voit par les procedures qui y sont marquées que l'étude du droit avoit déjà aguerri nos ancêtres ; & qu'à force de précautions, on donnoit plus de matière aux procès. Il y est dit que le 28 décembre 1336, vénérables & religieux hommes, Guillaume Fulci, prieur de Montauberon, & Bernard de Texeri, prieur de Frontignan, chanoines de Maguelone & vicaires généraux dans le spirituel & temporel de reverend pere en Dieu Pictavin, evêque de Maguelone, alors absent, *in remotis agente*, avoient remis aux consuls une lettre qui leur étoit adressée de sa part, portant en substance que, « sur « les demandes qu'ils lui en avoient faites, il leur permettoit de fonder « dans l'enceinte de leur maison consulaire (& non ailleurs) un oratoire « ou chapelle à l'honneur de la Vierge, qu'ils seroient tenus de doter des « biens de la ville. Que cette chapelle ne pourroit avoir qu'un seul autel, « & n'auroit point de cloches pour apeller les gens du dehors. Qu'elle « seroit desservie par un prêtre, pour y célébrer chaque jour la messe à voix « basse (tout juste empêchement cessant) qui seroit actuellement dans l'or-« dre de prêtrise lorsque les consuls en feroient la présentation, qui ne « pourroit entendre les confessions ni administrer les sacremens, & qui « seroit soûmis à toutes les loix du diocèse. » On fait ensuite de grandes reserves sur les droits de l'evêque, & du prieur de St. Firmin, dans la paroisse duquel la maison consulaire étoit située. Donné à Avignon, le 12 décembre 1336, & la seconde année du pontificat de Benoît XII.

IV.

1336.

Avec cette lettre les vicaires généraux présentèrent aussi celle qu'ils avoient reçû eux-mêmes, dans laquelle l'evêque leur donnoit pouvoir de recevoir l'offre des consuls, & d'établir le prêtre qu'ils lui presenteroient, à la charge qu'ils s'obligeroient par serment de ne recourir ni au pape ni au roy pour déroger aux conditions dont ils seroient convenus, & qu'ils donneroient au moins vingt livres tous les ans au prêtre chapelain.

1336.

Après la lecture de ces deux lettres, qui fut faite dans la sale de l'evêque, en présence de Bertrand de Villeneuve, prieur de St. Firmin, six des douze consuls, d'une part, sçavoir : Durand de Peirolis, Guillaume Peregrin, Philipe de Crozols, Pierre Teyseri, Dieu-Donné Boüis & Jean Claparede, requirent les grands-vicaires, tant pour eux que pour leurs collegues absents, de procéder au contenu des lettres de l'evêque de Maguelone. Les consuls absents étoient Pierre Aycard, Bernard d'Aigrefeüille, Guillaume André,

Jean Joannin, Pierre Salas & Raymond Dieu-Donné, qui firent faire leur requifition par Bernard de Peirofo, findic de la ville.

Le prieur de St. Firmin commença les difficultez en objectant les droits de fon églife, & prétendant que l'inftitution du chapelain devoit lui appartenir. Sur quoi il fit les proteftations, dont il demanda acte, & qu'il en fût fait mention dans tous les écrits qu'on pafferoit à ce fujet ; enforte (difoit-il) que tout ce qu'il figneroit à l'avenir ne pût jamais déroger à fa proteftation. Les vicaires généraux, d'autre part, foutenoient fortement les droits de l'evêque, ce qui faillit à faire rompre l'affaire, lorfqu'on prit le parti de donner au prieur de St. Firmin acte de fa proteftation, & de lui paffer toutes les conditions qu'il voudroit ajoûter à celles qui étoient portées dans les lettres de l'evêque. Il exigea :

« Que le chapelain porteroit au prieur toutes les offrandes qui feroient
« faites à la chapelle du confulat.

« Qu'il feroit tenu d'affifter, en habit d'églife, aux proceffions de St. Fir-
« min, comme les autres prêtres ou recteurs des autres chapelles de Mont-
[PAGE 101.] « pellier, qui * étoient foûmifes à l'églife de St. Firmin. D'où nous pou-
« vons inferer que St. Firmin avoit déjà plufieurs annexes : *Teneatur adeffe*
« *indutus veftibus facerdotalibus in proceffionibus Sti. Firmini ut alii facerdotes feu*
« *rectores aliarum capellarum Montifpeffulani fubjectarum ecclefiæ Sti. Firmini.* »

« Qu'il ne pourra faire fupléer pour lui au fervice de fa chapelle au-delà
« d'un mois, fans l'agrément de l'evêque, du prieur & des confuls.

« Que s'il vient à acquérir des terres dans la dîmerie de St. Firmin, il
« fera fujet à en payer la dîme.

« Qu'il payera à l'evêque deux tournois d'argent en figne de foûmiffion,
« & vingt le jour de St. Firmin, au prieur. »

Je ne raporte point plufieurs autres petites charges que l'on mit fur le nouveau chapelain, & qui font voir l'attention infinie que chacun avoit alors pour fes intérêts. Mais ce qui le prouve encore mieux, c'eft que les confuls ayant préfenté le nommé Berenger Palifla de Montarnaud, les vicaires généraux foupçonnerent auffitôt quelque collufion, parce que le préfenté fe trouvoit actuellement logé dans la maifon du prieur de St. Firmin ; ils en firent grand bruit, & proteftèrent contre l'acte que le prieur venoit de leur faire, comme pouvant nuire un jour aux droits de l'evêque.

1336. Mais dans le fonds tous ayant envie de finir cette affaire, ils prirent le parti de s'en remettre au ferment du préfenté, auquel ils firent mille queftions, en le menaçant de la rigueur des prifons de l'evêque, établies alors au château de Montferrand ; *fub pænâ carceris Montisferrandi dicti dni epifcopi*.

Berenger Palifla fatisfit à tous les articles fur lefquels ils exigerent fon ferment; & ayant confenti à toutes les obligations qu'on voulut lui impoſer, Bernard d'Aigrefeüille & Pierre Teyſeri, au nom de tous leurs collegues, requirent les deux vicaires généraux de l'inſtaler dans la nouvelle chapelle, ce qui fut fait le même jour en préſence des parties.

Le roy Philipe de Valois accorda cette même année des lettres de ſauvegarde à Piĉtavin nommément, & à ſon chapitre ; ce qui me fortifie dans la penſée de ce que j'ai déjà dit au ſujet des lettres qui furent expédiées en 1334, & ce qui me fait croire que nos evêques prenoient la précaution d'en demander de ſemblables une fois en leur vie.

Piĉtavin ayant établi en ce même tems une taxe ſur les barques d'Aiguemortes, au paſſage de Carnon, ſes chanoines en prirent ombrage à cauſe de la pêche de l'eſtang qui leur apartenoit; ils demanderent une portion de cette taxe, & l'affaire ayant été miſe en arbitrage, on partagea le different en adjugeant la moitié de ce droit à l'evêque, & l'autre moitié au chapitre.

L'evêque de Maguelone obtint preſqu'en même tems des immunitez confiderables pour les ouvriers employez à la monnoye de Montpellier ; car il eſt dit que le nommé Guillaume Holans, ſon agent auprès du roi Philipe, lui aporta des lettres-patentes qui exemptoient les ouvriers de la monnoye des charges publiques, & d'être citez pour crimes ailleurs que par-devant les juges royaux, ſauf les cas de rapt, d'homicide & de larcin.

Ses chanoines reſſentirent, en 1338, les bons effets de ſa protection auprès du roy, car le prévôt ayant négligé de payer les droits royaux pour la portion du chapitre ſur la terre de Vic, les officiers du roy la firent ſaiſir ; & il fallut que Piĉtavin écrivît à Philipe de Valois pour obtenir (comme il fit) la main levée de la ſaiſie.

Ce bon office n'empêcha pas que le chapitre ne revendiquât ſur lui les droits qu'ils avoient ſur les Graux depuis Frontignan juſqu'à Melguëil. Mais le même eſprit qui avoit porté Piĉtavin à terminer toutes ſes affaires à l'amiable, le porta à choiſir des arbitres pour finir celle-ci.

La plus confiderable de toutes celles qu'il eut pendant ſon epiſcopat, eſt un fameux different qu'il fut obligé d'avoir avec la faculté du droit de Montpellier, qui produiſit enfin ſous Arnaud de Verdale, ſon ſucceſſeur immédiat, les ſtatuts ſous leſquels elle a vecu depuis. Nous aprenons de la bulle de Benoît XII, qu'on avoit obtenu au commencement de ces ſtatuts, que le rećteur d'alors ayant* voulu faire de ſon chef quelques nouveaux reglemens, il y indiſpoſa non-ſeulement les doćteurs, les bacheliers & les étudiants, mais encore l'evêque de Maguelone, aux droits duquel il donnoit atteinte. Cette entrepriſe attira ſur le corps de la faculté une ſentence d'excomunication que l'evêque fit publier par ſes grands-vicaires ; & le rećteur en ayant relevé

V.

Series, pag. 341.

Ibidem.

1337.

1338.

Livre du rećteur de l'Univerſité.

PAGE 102.

1338.

apel à la metropole de Narbonne, l'evêque fit autorifer fa fentence par des lettres apoftoliques. Toutes ces procédures, qui ne pûrent être faites fans caufer du trouble & du fcandale (comme dit le Pape Benoît XII), porterent les parties à recourir au pape, qui commit le cardinal Guillaume Daura, abbé de Montolieu, diocéfe de Carcaffonne, pour prendre connoiffance de cette affaire, & pour la terminer. Dans ces entrefaites Piétavin de Montefquiou fut transféré à Alby par le pape Benoît XII, où ayant été fait cardinal du titre des douze apôtres, en 1350, il mourut en 1356.

CHAPITRE SEPTIÉME.

I. Arnaud de Verdale, evêque de Maguelone, auteur de l'Hiftoire des evêques fes prédeceffeurs. II. Commencement de fon epifcopat. III. Sinode qu'il tient pour fon diocefe. IV. Ses foins pour l'univerfité. V. Affaires particulieres qu'il eut. VI. Sa mort & fon éloge.

I.

1339.
Gall. chriftiana, epifc. Magal.

LA tranflation de Piétavin de Montefquiou fut bientôt fuivie de la nomination d'Arnaud de Verdale à l'evêché de Maguelone, qui fut faite le 20 avril 1339, comme nous l'aprenons des actes du Vatican, citez par Ste. Marthe. Il étoit natif de Carcaffone, & (felon le même auteur) de l'illuftre maifon de cette ville qui donna dans le xvime fiecle un grand-maître à l'ordre de Malte, Hugues de Loubens de Verdale, depuis cardinal du titre de St. Marie, *in porticu*.

Balufe, Pap. aven., tom. 2, pag. 740.

Nous trouvons, à n'en pouvoir douter, qu'Arnaud commença fes emplois dans l'églife par être chanoine & official de Mirepoix, où fon evêque Raymond Athonis (qu'on croit avoir été de la même maifon que lui) le fit inquifiteur de la foy pour purger fon diocéfe de quelques reftes qu'il y avoit encore d'albigeois & de beguins. Il y fut connu de Benoît XII, qui fous le nom de Jacques Fournier, avoit été le fucceffeur immédiat de Raymond Athonis avant que d'être fait cardinal & depuis pape. Auffitôt après fon exaltation il apella auprès de fa perfonne Arnaud de Verdale, qu'il employa dès le commencement de fon pontificat à vifiter (avec Hedofe, prieur de St. Paul de Fenoüilledes) les provinces de Narbonne & d'Arles, pour la réforme qu'il projetta dès lors des églifes cathédrales & des monafteres. Arnaud de Verdale étant de retour à Avignon, obtint une chaire de profeffeur à Montpellier & fut choifi enfuite pour remplir le fiége de Maguelone.

Sa promotion fait une époque pour notre hiftoire, parce que c'eft précifément à ce tems-là qu'il compofa lui-même l'hiftoire de fes prédeceffeurs fur les actes & la tradition de fon églife. Cet ouvrage, qui eft cité par tous nos auteurs, a refté en manufcrit durant plufieurs fiécles, jufqu'à ce que le pere Labbe en fit imprimer une partie dans le premier tome de fa biblioteque. Les alterations que les copiftes y avoient faites, foit pour le nom particulier des lieux & des perfonnes du pays qui n'étoient point connües du pere Labbe, arrêterent ce fçavant homme, & il laiffa (comme il le dit luimême) à quelqu'un du pays le foin de rectifier les copiftes; pour moi qui dans tout ce que j'ai déjà écrit ay été obligé d'avoir toujours Verdale devant les yeux, & de le comparer fouvent avec nos actes particuliers, ou avec l'hiftoire générale, j'ai eu occafion de corriger plufieurs fautes, & pour encourager ceux qui viendront après moi à faire encore mieux, j'ai projetté de la donner en entier à la fin de ce deuxième tome, pour ne pas laiffer perdre un fi beau monument de notre hiftoire, qui eft reçû dans nos cours de juftice & dans le parlement même pour la juftification des faits dont * les preuves peuvent êtres tirées de Verdale.

II.

Tom. premier, pag. 60.

1339.

PAGE 103.

Il eft tems de parler du gouvernement de fon églife, où il paroît qu'il tarda quelques mois de fe rendre. Car nous trouvons qu'avant fon arrivée à Montpellier, fes deux grands vicaires, Jean de Verniole & Paul des deux Vierges, fe firent rendre hommage à Jacques Marc pour la feigneurie de Boutonnet; mais il faut que ce retardement ne fût pas bien confiderable, puifqu'avant le 20 octobre de cette même année 1339, il affembla fon finode. Nous trouvons auffi qu'il finit alors l'ancien procès que les confuls avoient eu avec fes prédeceffeurs pour le bois de Valene & pour la feigneurie de Carabettes, ce qui fut fuivi de la permiffion qu'il leur donna d'avoir une cloche à leur chapelle, pour fonner à l'élevation du St. Sacrement. Il fit convenir Guillaume de Landorre, abbé d'Aniane, que les evêques de Maguelone avoient droit de faire élever des fourches à Piechagur, que l'on défigne entre le Terrail, la Verune & Fabregues. Il reçut de Guillaume de Laudun, veftiaire de Maguelone, fon hommage pour Grabels, & la reconnoiffance de Guillaume de Montlaur, fous l'albergue de cinq chevaliers, pour tout ce qu'il poffedoit à Gigean.

Mais l'action la plus remarquable de toute cette année eft la tenuë de fon finode diocefain, dont les ftatuts ne ferviront pas peu à faire connoître les mœurs de fes chanoines & de fes autres ecclefiaftiques. Il en fit la cérémonie dans l'églife de St. Denis de Montpelieret, en préfence des prieurs, recteurs, vicaires, chapelains & autres clercs de fon diocéfe, où il fit publier les ftatuts fuivans, divifés par articles :

III.

III.

1° Que le nombre des chanoines foit rempli, de peur que le culte divin & que l'obfervance reguliere n'en souffrent; fur quoy, rapellant un ftatut déjà fait par le pape, qui ordonnoit d'y proceder dans un mois, il déclare qu'il le fera lui même s'ils y manquent.

2° Que les chanoines, de quelque condition qu'ils foient, qui n'auront pas fait leur profeffion, ayent à la faire dans deux mois; à laquelle il promet de les admettre fans difficulté, autant que la raifon le voudra.

3° Il leur ordonne, en vertu de la fainte obéïffance, de fe rendre en perfonne aux chapitres annuels que s'ils font legitimement empechez, qu'ils envoyent leur procuration à quelqu'un qui foit au fait des affaires du chapitre pour rendre compte de leur adminiftration.

1339.

4° Il protefte qu'il eft prêt (comme il eft de fon devoir) de leur choifir un maître qui leur enfeigne les fciences à Maguelone, & parce que le retardement feroit nuifible, il les exhorte de concourir avec lui dans ce choix, principalement ceux qui veulent s'addoner à la vertu, c'eft-à-dire aux fciences.

5° Et parce que, felon l'ufage de cette églife, conformément aux mandats du pape, il doit y avoir quarante moines toûjours réfidens à Maguelone, dont on en prendra un de chaque vingtaine pour aller étudier dans les univerfitez, il ftatuë qu'on y en envoyera deux tous les ans, dont il reglera la penfion avec les anciens du chapitre.

6° Il ordonne la refidence des prieurs dans leur benefice, & parce que l'evêque doit lui donner des compagnons avec le confeil du chapitre, il requiert le chapitre d'y concourir dans l'intervale d'un chapitre général à un autre, faute de quoi il protefte qu'il le fera lui-même.

7° Il exhorte & commande en vertu de la fainte obéïffance à l'infirmier de Maguelone de prendre foin des malades, comme les ftatuts de l'églife, les devoirs de fa charge & la charité le demandent.

8° Il avertit les chanoines qui ont l'âge d'être promus aux ordres de fe faire ordonner avant le chapitre général.

9° Il veut que tous les chanoines, de quelque condition qu'ils foient, à l'avenir ne portent que des habits décents.

10° Qu'ils ne prennent les intérêts que fur le pied qui aura été réglé dans le chapitre général : *Ne mutua accipiant, nifi fecundum quantitatem quæ fuerit in generali capitulo ordinata.*

Page 104.

11° Que les procureurs de la communauté n'arrentent point les prieurez, * & autres revenus du chapitre fans obferver les folemnités requifes.

12° Que tous obfervent les conftitutions apoftoliques, & particulierement ce qu'elles ordonnent pour les regîtres, les inventaires, les privileges de la maifon & la célébration des meffes. Qu'ils évitent d'encourir les peines portées contre les chaffeurs, contre le port des armes, contre les délateurs & ceux qui font des confpirations; ceux qui ont quelque chofe en propre, ou qui fe mêlent de negoce. A ce fujet, il ordonne, fous peine d'excommunication *ipfo facto*, à tous ceux qui auront connoiffance d'une confpiration de la reveler; & parce qu'il lui eft revenu que quelques chanoines de Maguelone s'adonoient à des études contraires à leurs ftatuts & aux faints canons, il déclare qu'ils ont encouru l'excommunication.

Publié le 20 octobre 1339. Indiction feptiéme.

De tous ces ftatuts, nous pouvons inferer que le nombre des chanoines refidens à Maguelone, appellez ci-devant clauftraux, étoit alors fixé au nombre de quarante, où l'on ne doit pas comprendre les prieurs ni leurs compagnons, à qui la réfidence dans leur benefice étoit ordonnée; & fi l'on veut faire attention à ce grand nombre de benefices qu'ils deffervoient par eux-mêmes, on jugera aifément que le nombre des prieurs pris du corps de la communauté égaloit bien tout au moins celui des refidens à Maguelone. Je ne fçai pourquoi Verdale les apelle moines *monachi* (ce que je trouve pour la premiere fois dans les actes publics), à moins qu'on ne veüille dire qu'on commença dans ce fiecle de donner indiftinctement ce nom à tous ceux qui profeffoient la vie reguliere. Les loix qu'il fit pour les ordres, pour la profeffion & pour les habits décents, regardoient fans doute la jeuneffe du chapitre plus que tout le corps de la communauté, & celles qu'il fait pour les études font conformes au goût qu'on avoit déjà pris pour les univerfitez depuis leur établiffement. Mais les défenfes qu'il ajoûte contre les études particulieres & curieufes nous donnent lieu de penfer qu'on ne negligeoit point à Maguelone le fecours des belles-lettres. Je ferois plus en peine de dire ce qu'il entend fous le nom de confpiration, à moins qu'il ne veüille marquer les partis & les cabales qui font prefque inévitables dans les communautez.

1339.

Dans le même finode où Arnaud de Verdale publia les ftatuts pour le chapitre de Maguelone, il en fit d'autres pour le refte de fon clergé & pour tout fon diocefe. Nous y voyons, entre divers ufages particuliers de ce tems-là, qu'on avoit grand goût pour les pieces de théatre, fur des fujets de piété, & qu'elles étoient permifes.

Dans le premier, fecond & troifiéme article, il revoque toutes les commiffions déjà accordées pour la cure des ames, toutes les difpenfes pour l'abfolution des cas prohibez, *a jure vel ab homine*, toutes celles que les reguliers peuvent avoir obtenu de ne pas refider dans leur cloître ou dans leur benefice. Il veut fur cela que toutes ces difpenfes lui foient prefentées dans vingt jours pour en connoître lui-même.

IV. Il ordonne à tous les reguliers & feculiers de refider perfonnellement dans leurs benefices, à moins qu'ils n'ayent une difpenfe du pape ou de luy-même, pour jufte caufe.

V. Il valide & confirme les ftatuts faits par fes prédeceffeurs, qui refteront en vigueur jufqu'à ce qu'il en ait été ordonné autrement, par lui ou fes fucceffeurs, voulant que chaque curé en tienne un exemplaire complet.

VI. Il deffend qu'on enterre aucun corps dans l'ēglife fans fa permiffion ou celle de fon grand-vicaire.

VII. Il renouvelle l'ufage des prieres pour la paix, établies par le pape Jean XXII, qu'on devoit dire à la fin de la meffe, & il y attache des indulgences.

VIII. Il donne aux détenteurs des titres de l'ēglife dix jours pour les rendre, & autant à ceux qui en ont connoiffance pour les reveler, faute de quoi il les menace d'excommunication.

IX. Il deffend fous les mêmes peines, à tous feculiers & reguliers, d'employer dans les feftins, danfes ou jeux publics ou particuliers, les habits d'église, comme furplis, aumuffes & autres ornemens, ni de les prêter ou confeiller de les emprunter.

Page 105.

X.* A moins (ajoûte-t-il) que ces jeux ne fuffent faits avec le confentement des fuperieurs pour l'honneur de Dieu & des faints, comme feroit la reprefentation de la paffion de Jefus-Chrift ou de quelqu'autre faint, la joye de la refurrection & la miffion du St. Efprit.

1339.

XI. Il deffend que dans les proceffions generales qu'on fera à Montpellier on y porte le furplis & le capuce tout enfemble.

XII. Ordre à tout prêtre beneficier & curé d'avoir dans un an le furplis, l'aumuffe & les habits facerdotaux avec lefquels il doit être enterré.

Publié le même jour que les ftatuts précédents.

IV. Les affaires du diocéfe ayant été reglées de la forte, Arnaud de Verdale étendit fes foins fur la faculté de droit, dont il ne pouvoit ignorer les troubles, ayant été lui-même membre de ce corps. Et il eft croyable qu'il eut beaucoup de part aux fages loix qui lui furent données alors. Mais il eft tems de reprendre cette affaire en l'état où je l'ai laiffée fous Piċtavin.

Livre du Recteur, fol. 29 & feq.

Je dirai donc, comme nous l'aprenons des lettres qui font à la tête des ftatuts de cette faculté, qu'après que le cardinal Guillaume d'Aura, du titre de St. Etienne, *in Cælio monte*, eut pris la premiere connoiffance de cette affaire, le pape Benoît XII jugea à propos de la remettre entierement au cardinal Bertrand de Deuxio (du titre de St. Marc), archevêque d'Embrun. Ce cardinal, après avoir écouté (comme il le dit lui-même dans fes lettres) toutes les parties intereffées, & après avoir examiné avec foin les ftatuts qui avoient été faits par les recteurs précédens, il prit le parti de les fuprimer tous & d'en faire de nouveaux, où en entrant dans un fort grand détail, il regle les droits & les obligations de chaque membre du corps; & il donne des loix pour la difcipline academique & pour les mœurs des écoliers; mais parce que les grandes affaires où il fut employé en Italie, en Arragon & en France, ne lui permirent pas de venir en perfonne à Montpellier, il commit, felon le pouvoir fpecial qu'il en avoit du pape, fon neveu Paul de Deuxio, moine & camerier de St. Guillem-du-Defert, pour venir notifier aux membres de la faculté les nouveaux ftatuts qu'il avoit dreffé pour eux & qu'il avoit pris foin de faire aprouver au pape.

La chofe fut executée au commencement de 1340, fans aucune contradiction des parties. On leva l'excommunication prononcée du tems de Pictavin contre le recteur, les confeillers, docteurs & étudiants qui promirent tous d'obferver à perpetuité les nouveaux ftatuts, fous peine d'excommunication refervée à l'evêque de Maguelone & à fes fucceffeurs. Ces ftatuts ont été regardez depuis ce ems-là comme les loix fondamentales de la faculté; & fi l'evêque ou les recteurs en ont fait quelqu'un de nouveau, ce n'a été qu'en explication de ceux du cardinal Bertrand. Il femble que je devrois en donner ici un détail, mais comme ce chapitre eft deja affez chargé de loix particulieres, je crois que dans l'article de la faculté du droit je leur trouverai une place auffi naturelle.

1340.

En confequence de ce qui venoit d'être réglé, Etienne Martinengue, nouveau recteur, fit confirmer fon élection par l'evêque de Maguelone, & lui prêta ferment comme chancelier de l'univerfité. En cette qualité, Arnaud de Verdale donna des lettres de docteur cette même année à Guillaume Colombari, & ayant réglé fon chapitre, fon diocéfe & l'école du droit de la maniere que nous venons de le voir, il fe donna tout entier au détail du gouvernement.

On marque pour cette année l'accord qu'il fit entre le prieur de Montbazen & fes paroiffiens pour le payement de la dîme; la permiffion qu'il donna aux habitans du lieu des Matelles, qui relevoient de la comté de Montferrand, de tenir marché une fois la femaine & d'avoir une foire deux fois l'année; l'hommage qu'il fe fit rendre par Berenger de Laftour & par Guillaume de Pignan pour les cenfives qu'ils lui devoient à Murviel, à St. Jean & à Pignan; la confecration qu'il fit de la chapelle de St. Blaife, dans

V.

le château de Combalioux, fondée par Jean de Viffec, avec fa nomination du premier prêtre qui la deffervoit. Tous ces actes qui font au long dans les regîtres de l'evêché n'ont befoin que d'être indiquez, & il n'eft pas befoin que je m'y arrête.

Mais deux autres affaires qu'on lui fit, l'une à la cour de France & l'autre à * la cour de Rome, méritent plus d'attention. Les officiers du roy, ignorant (fans doute) les précautions qu'Arnaud de Verdale avoit déjà pris, voulurent faifir fon temporel, faute par lui d'avoir prêté fon ferment de fidélité. Mais les lettres de furfeance qu'il avoit déjà obtenues du roy Philipe de Valois, arrêterent toutes les pourfuites de Hugues de Carfan, qui geroit les affaires du roy à Montpelieret. On voit ces lettres dans Gariel, données à Vincennes le 7 novembre 1339, ce qui donneroit lieu de croire qu'Arnaud de Verdale fe contenta de ne les montrer à Hugues de Carfan que lorfqu'il fut inquieté à ce fujet. Par la même protection, il mit à couvert les biens de l'églife de Maguelone, en opofant aux pourfuites du recteur de Montpelieret les lettres de fauvegarde qu'il avoit obtenue du roy pour fon chapitre. Ces mêmes officiers ayant voulu difputer à l'evêque le péage que fes prédeceffeurs avoient depuis longtems à Ste Croix, Verdale eut des lettres-patentes qui lui confirmerent ce droit, avec permiffion de faire dreffer un poteau dans le territoire de Ste Croix.

L'autre affaire qu'on lui fufcita n'étoit pas moins intereffante, puifqu'on lui demandoit quatre cens marcs d'argent pour les arrerages des cenfives que fon églife devoit au St. Siége depuis vingt ans, pour les comtez de Melgueil & de Montferrand. Arnaud de Verdale s'en excufoit fur ce que André de Fredol, Jean de Viffec & Pictavin de Montefquiou, fes prédeceffeurs dans l'evêché de Maguelone, devoient en avoir payé les charges en leur tems, puifqu'ils en avoient perçû les fruits. Il reprefentoit qu'il n'étoit pas jufte qu'il fouffrît de l'indulgence que le faint fiége avoit eu pour eux, & il offroit à découvert les vingt marcs qu'il devoit de fon chef pour la premiere année de fon épifcopat qui étoit déjà échûe.

Nous ne fçavons pas s'il fut traité à la rigueur, & fi la charge étant réelle on n'exigea pas le tout de lui, fauf fon recours contre les héritiers de fes prédeceffeurs. Mais à en juger par la lettre que Benoît XII écrivit fur ce fujet à Pierre de la Taillade, chanoine de Chartres, fon chapelain & fon député pour la levée de fes deniers dans les diocéfes de Maguelone, d'Avignon & de Marfeille, il y a lieu de croire qu'il fut traité avec douceur; car Benoît XII, qui étoit d'ailleurs fort équitable & défintereffé, après avoir marqué à fon chapelain les raifons de l'évêque de Maguelone, il lui mande de s'informer de toutes chofes fans forme de procès & de rendre une entiere juftice aux parties : *Quatenus vocatis vocandis hinc inde, pleniter & de plano, fine ftrepitu ftudeas exhibere fupra prædictis juftitiæ complementum.*

Toutes ces tracafferies n'empêcherent pas l'evêque de Maguelone de s'apliquer au bien fpirituel de fon églife & particulierement de fon chapitre, auquel il fit recevoir (dans l'intervale des deux affaires dont je viens de parler) la bulle de Benoît XII pour la reformation des églifes cathédrales. Ce pape qui en avoit déjà donné plufieurs pour la reforme des ordres religieux, n'oublia point les chanoines reguliers, pour qui il en fit publier une en 1339. Verdale en avoit touché les principaux articles dans les ftatuts dont j'ai déjà parlé, mais pour leur donner plus d'autorité, il voulut faire recevoir folemnellement par le chapitre cette même bulle qui ordonnoit tout ce qu'il leur avoit déja prefcrit. Je n'ai à ajoûter au contenu de cette bulle que l'abftinence de la viande, qui y eft ordonnée pour le tems de l'Avent, fans prejudice de plus grandes, qui étoient ufitées dans quelques maifons; & à ce fujet je crois devoir dire que par les ftatuts de Maguelone faits fous Jean de Viffec, on y obfervoit non-feulement l'abftinence de l'Avent, mais encore des mercredis, vendredis & famedis de l'année.

Les divifions qui éclaterent en 1341 entre Pierre, roy d'Aragon, & Jacques, roy de Mayorque, donnerent un exercice particulier à Arnaud de Verdale par la défiance qu'en prit le roy de France. Il apréhenda qu'à l'occafion de leur démêlé, la guerre ne fût portée dans le Languedoc, où le roy Jacques avoit la feigneurie de Montpellier. Et pour mettre à couvert cette province, il donna ordre à Guillaume d'Efperiac, fénéchal de Beaucaire, de vifiter toutes les côtes. En execution de cet ordre, le fénéchal partit pour vifiter l'ifle de Maguelone par où les barques de Mayorque & de Catalogne pouvoient introduire des troupes dans le Languedoc. L'evêque & le fénéchal ayant fait tous les deux enfemble leurs obfervations, * revinrent à Montpellier, où ils reglerent dans la fale de l'evêque tout ce qu'il convenoit de faire pour mettre Maguelone en fûreté.

1341.

PAGE 107.

Les foins qu'Arnaud s'étoit donné dans cette occafion pour le fervice du roy, furent recompenfez l'année fuivante 1342, d'un ordre que Philipe de Valois envoya à fon fénéchal d'obliger Jean de Sauffan de prêter l'hommage qu'il devoit à l'evêque de Maguelone pour Sauffan & pour la Roque-Ainier; ce qui fut executé par fa veuve au nom de Guillaume fon fils, alors en tutelle. Guillaume de Fredol en fit autant pour Fabregues, & l'année d'après Raymond de Mujolan, confeigneur de Montarnaud, lui fit reconnoiffance pour tout ce qu'il tenoit de lui à Pouffan.

1342.

Le roy, voulant encore témoigner plus particulièrement à Verdale la fatisfaction qu'il avoit de fes fervices, lui envoya des lettres de fauvegarde pour toutes ses terres & pour celles du chapitre, avec un ordre qu'il avoit demandé pour le sénéchal de Beaucaire, de maintenir les habitans de Montpellier dans la liberté de faire dépaître leurs troupeaux aux environs de la ville, tant du côté de Montpellier que de Montpelieret.

Mais tandis qu'Arnaud recevoit des marques de protection de la cour de France, il n'en étoit pas de même de celle d'Avignon, où Clement VI,[*] qui avoit été élû à la place de Benoît XII, le 7 may 1342, ouvrit la porte aux appellations qui attirerent à sa cour tous les mécontans de la jurisdiction des ordinaires. La chose ne tarda point de se faire voir dans le diocése de Maguelone, où plusieurs habitans de Villeneuve, ayant été excommuniez par Raymond Taixier, grand-vicaire de l'evêque, ils en apellerent au nouveau pape, qui envoya aussitôt sur les lieux son chapelain Amans Cassan, chanoine de Châlons, pour connoître de la sentence, & pour les en relever comme il fit. L'année d'après, deux seigneurs de la maison de Levis (Philipe & Bertrand) ayant voulut contester à Arnaud la justice haute & basse du lieu de Poussan, le pape lia les mains à l'evêque sous prétexte de faire terminer l'affaire par des arbitres.

[* Pierre Roger, card. de St-Nerie.]

1343.

Peut-être que l'espérance d'une semblable protection donna lieu à une entreprise que nos regîtres marquent de Raymond de Montlaur, qui peu de tems après, non content de faire dire la messe dans son château de Murles contre la volonté du prieur, voulut encore s'aproprier les offrandes qu'on faisoit au prêtre durant le service. Mais il faut que cette entreprise n'eût pas été soûtenuë à Avignon, parce que l'interdit que Arnaud de Verdale jetta sur son château de Murles subsista toujours, & que Raymond lui fit hommage pour Murles & pour Valhauquez.

1344.

Environ ce même-tems, Verdale fit à Maguelone un accord beaucoup plus remarquable par la qualité des personnes qui y entrerent, que par le sujet qui les mit en dispute. On s'y plaignoit de Guillaume de Laudun, neveu de l'archevêque de Toulouse (de ce même nom) & vestiaire de Maguelone, au sujet des vêtemens qu'il devoit fournir aux chanoines; & à cette occasion on lui fit saisir les fruits du prieuré de Grabels & de Juvignac, avec ceux de la chapelle de Aufanicis affectez à son office. L'affaire ayant traîné quelque tems, elle fut enfin terminée en 1345, par la médiation de Jean de Baux, archevêque d'Arles, de Raymond de Canillac, prévôt de Maguelone, & du cardinal Guillaume d'Aura, du titre de St. Etienne du mont Cœlius, parent du vestiaire. Il fut convenu que ses benefices lui seroient rendus à la charge de fournir les vêtemens aux chanoines & de payer à l'evêque ce qu'il avoit coûtume de recevoir.

1345.

Cette même année la guerre s'étant échauffée plus que jamais entre les roys de Mayorque & d'Aragon, Arnaud de Verdale acquit en fon privé nom la terre de St. Jean de Vedas, que le roy de Mayorque lui vendit pour le prix de mille trois cens livres. Dès lors ce prince commença de dépoüiller fa feigneurie de Montpellier de plufieurs de fes apartenances, & l'on remarque que les plus anciens titres des terres qui en furent démembrées font d'environ ce tems là.

1345.

Ce prince infortuné perdit, en 1346, la reine Conftance d'Aragon, fon epoufe, qui fut enfevelie dans l'églife des freres Mineurs, ce qui donna lieu à une confultation de nos profeffeurs en droit, d'autant plus remarquable qu'elle eft fignée par Guillaume Grimoard, depuis pape fous le nom d'Urbain V.

1346.

Page 108.

L'expofé qui fut fait au nom des confuls portoit que le jour des funerailles de la reine de Mayorque, quelques habitans de Montpellier, pour lui faire honneur, convinrent entr'eux d'accompagner le corps, qui devoit être enterré dans l'églife des freres Mineurs, & de porter chacun un grand cierge, avec les armes de fon office ou metier. Ils convinrent auffi avec les confuls, qu'ils raporteroient leur cierge à leur maifon, & qu'il fuffiroit au prieur de St. Firmin de retirer ceux qui lui auroient été offerts par les confuls; furquoi difpute ayant été émuë entre le prieur & ces particuliers, les confuls, qui prenoient leur fait & caufe, demanderent aux profeffeurs de l'univerfité leur avis fur le cas propofé : lefquels repondirent que le prieur n'avoit droit que fur ce qui lui étoit offert. Or ces cierges (difoient-ils) n'ont été portés que pour honorer la famille royale, d'où vient que l'on dit *Pompæ exequiarum magis funt vivorum folatia quam fubfidia mortuorum :* d'où ils conclurent que le prieur de St. Firmin n'avoit aucun droit fur les cierges de ces particuliers.

Dico ego *Stephanus Martinenchas, alias Trocha, utriufque juris doctor.*

Dico ego *Guillelmus Grimoardi, doctor decretorum, decanus cluniacenfis.*

Dico ego *Guiraudus Pargez, legum doctor.*

Et ego *Guillelmus d'Efpinaffone, doctor decretorum.*

L'année 1347 fut remarquable à Montpellier par la mort du cardinal Imbert du Puy, natif de cette ville, qui mourut entre les bras de l'evêque de Maguelone, laiffant à executer la fondation qu'il avoit faite de l'églife collegiale de St. Sauveur, dont je parlerai plus au long dans un article feparé. Arnaud de Verdale, après lui avoir rendu les derniers devoirs, fe rendit à Avignon près du pape Clement VI, qui l'avoit invité, avec les evêques voifins, de venir affifter à la canonifation de St. Yves, qu'il fit le 16 juin de cette même année; mais la pefte générale qui commença de

1347.

1348.

ravager toute l'Europe, l'obligea bientôt de revenir à Montpellier, où l'on marque qu'elle fut si violente, qu'elle emporta tant les riches que les pauvres, & qu'elle rendit la ville presque toute deserte.

Ce triste évenément fut suivi en 1349 de la vente que fit le roy Jacques de la seigneurie de Montpellier, à laquelle Arnaud de Verdale survêcût encore plus de deux ans. Pour finir son article, je diray qu'il est encore fait mention dans Gariel d'un acte où Raymond, damoiseau, vassal de l'evêque pour l'estang de Melguëil, est ajourné au mardi après la fête de Noël à lui payer une albergue de chevalier qu'il lui devoit; & faute par lui de l'avoir fait, il perdit son fief que l'évêque de Maguelone reprit en 1350.

Series, pag. 374.

1349.

1350.

Cette même année les peres Augustins firent une échange avec lui de quelques quarterées de terre qu'ils avoient loin de leur monastère, contre huit autres que l'evêque avoit tout joignant, qui étoient fort à leur bienséance pour l'agrandissement qu'ils vouloient faire à leur cloître & à leur dortoir; l'acte est du 25 février, signé par Alphonse de Tolede, docteur en théologie, sindic de leur couvent, & par Pierre Guy leur prieur.

1351.

La derniere action que nous trouvons d'Arnaud de Verdale se passa au concile provincial que Pierre de la Jugée, archevêque de Narbonne, tint à Beziers, le 7 novembre 1351, avec grand nombre de suffragans, qui sont nommez en cet ordre : Arnaud de Maguelone, Jean de Blandiac, evêque de Nîmes, & dépuis cardinal, Guillaume, evêque d'Alet, Elie de St. Yrier, evêque d'Usez, & depuis cardinal, Pierre Berrardi, de la maison de Ceslac, dans le Quercy, evêque d'Agde, Girbert Dejan, evêque de Carcassonne, Hugues de la Jugée, frere de l'archevêque de Narbonne, evêque de Beziers. Dans ce concile, l'evêque de Carcassonne prétendit que le rang devoit être réglé entr'eux par l'ancienneté de leurs églises : surquoi y ayant eu quelque dispute, il fut prononcé par l'archevêque président, que l'evêque de Carcassonne ne seroit assis qu'après celui de Maguelone qui étoit son * ancien de promotion, sauf à lui à prouver dans l'année la prerogative particuliere de son église si elle en a : *Pro bono pacis duximus ordinandum quod dictus Carcassonensis episcopus sedeat post venerabilem fratrem nostrum Magalonensem episcopum qui antiquior est in promotione hoc salvo quod episcopo Carcassonensi nullum præjudicium generetur si probare possit infra annum se habere debere prærogativam prædictam.*

VI.

Page 109.

Concil. provinc. Narbon.

Baluze, page 101.

1352.

Arnaud survêcut encore plus d'une année à la tenuë de ce concile ; car sa mort est marquée, dans notre petit Talamus, au troisiéme décembre de l'année suivante : Ledit jour qui étoit lundi, troisiéme décembre 1352, Arnaud de Verdale evêque de Maguelone trépassa, & fut porté audit Maguelone le lendemain qui étoit mardy.

HISTOIRE DE MONTPELLIER

LIVRE QUATRIÉME

Contenant la suite des evêques, depuis Philipe de Valois, jusqu'à la sécularisation de Maguelone sous François Ier.

CHAPITRE PREMIER.

I. Audoüin, cardinal, nommé à l'evêché de Maguelone. II. Il fonda le college de ce nom dans la ville de Touloufe. III. Durand des Chapelles lui succede. IV. Qui prête serment au roy. V. Et transige avec ses chanoines.

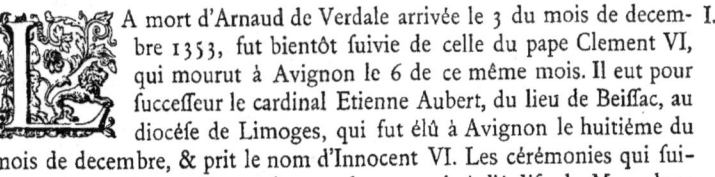

A mort d'Arnaud de Verdale arrivée le 3 du mois de decembre 1353, fut bientôt suivie de celle du pape Clement VI, qui mourut à Avignon le 6 de ce même mois. Il eut pour successeur le cardinal Etienne Aubert, du lieu de Beissac, au diocése de Limoges, qui fut élû à Avignon le huitiéme du mois de decembre, & prit le nom d'Innocent VI. Les cérémonies qui suivirent son exaltation l'empêcherent de pourvoir à l'églife de Maguelone

I.

avant le quinze de février, auquel jour ayant fait cardinal Audoüin Aubert, son neveu, il le transfera d'Auxerre à Maguelone, afin qu'il en pût prendre le titre.

Fleury, dans son *Histoire ecclesiastique*, nous en explique la raison, en nous aprenant que l'usage étoit alors de donner aux cardinaux le nom d'une église qu'ils eussent gouverné. Mais comme Audoüin avoit été précédé à Auxerre par deux cardinaux qui vivoient encore, sçavoir Talerand de Perigord & Pierre Ductos, il ne pouvoit être apellé cardinal d'Auxerre, & il falloit lui donner un autre titre. Le pape, son oncle, lui donna celui de Maguelone qui vaquoit alors, & parce qu'il ne paroît pas qu'il y soit jamais venu, quelques-uns ont oublié de le comprendre dans le catalogue des evêques de cette ville. Cependant il conste qu'il en conserva le titre après même qu'il eût été fait evêque d'Ostie, & qu'en cette qualité il fit la cérémonie du sacre & du couronnement du pape Urbain V, *in palatio coronatus per dominum Magalonensem qui tunc fuit Ostiensis episcopus*. Mais la chose paroit encore mieux par son épitaphe, & par la fondation remarquable qu'il fit à Touloufe.

* L'épitaphe ou éloge funebre tel que Gariel l'a tiré du nécrologue de la Chartreuse de Villeneuve-lez-Avignon, porte : *Audoinus Alberti Lemovicensis, fratris Innocentii VI, filius ex episcopo Magalonensi, presbiter cardinalis sanctorum Joannis & Pauli tit. Pammachii postea episcopus Ostiensis, consecravit Urbanum V, romanum pontificem. Vir doctrina & pietate insignis, animo nobili & sincero, moribus etiam honestissimis & gravibus, qui illum reddebant unicuique gratissimum, ab omnibus diligebatur. Conversatione se ostendit urbanum & civilem. Maximam devotionem in religionem Carthusianorum habuit, multa bona domui Carthusianorum vallis benedictionis donavit. Obiit sexto idus maii anno Christi 1363, Avenione in domo habitationis suæ ; sepultus est in eodem cænobio Carthusianorum, in medio chori.*

Cet éloge funebre nous aprend la douceur de ses mœurs & son affection pour l'ordre des chartreux. Mais son testament nous fait mieux connoître son esprit épiscopal qui le porta (selon le goût qui regna dans son siecle) à fonder un college pour des jeunes étudians. Il se détermina de l'établir dans la ville de Toulouse, où son oncle qui en avoit été juge-mage avant que d'entrer dans les ordres, avoit fondé le college de St. Martial. Celui du cardinal Audoüin conserve encore le nom de college de Maguelone, que l'on voit à droite en allant de l'église du Taur à celle de S. Sernin. La fondation qu'il en fit par son dernier testament porte que ses executeurs testamentaires établiront une bourse d'écoliers de grammaire, de logique & autres arts liberaux, en aussi grand nombre que ses biens pourront le suporter. Voulant que les prieres qu'ils feront tournent au foulagement de l'ame du roy de France, afin qu'il protege cette bonne œuvre & qu'il la recommande aux capitouls & à l'archevêque de Touloufe. Il fait ce college héritier univerfel de tous fes biens, meubles, immeubles & autres droits, quels qu'ils foient, qui lui pourront apartenir.

Catel nous aprend dans fes Mémoires du Languedoc que Jean, cardinal de St. Marc & puis de Ste Sabine, l'un de fes executeurs teftamentaires, obtint du roy Charles V les lettres d'amortiffement néceffaires pour cette fondation; & qu'en 1370, Gregoire XI, fucceffeur d'Urbain V, lui donna pouvoir de faire des ftatuts pour la direction de ce college. Il ajoûte que frere Dominique de Florence, archevêque de Touloufe, commis à cet effet par Martin V, regla que dorénavant, outre dix écoliers qu'il y avoit déjà dans le college de Maguelone, il y en auroit un onzième qui feroit prêtre & pour toute fa vie, au lieu que les autres bourfiers ne pouvoient garder leur place que pendant fept ans. Par ces mêmes ftatuts la collation des places eft dévoluë aux executeurs teftamentaires du cardinal de Ste Sabine, & à leur défaut, abfence ou négligence, au chancelier & recteur de l'univerfité de Touloufe.

Page 271.

Le cardinal Audoüin (comme le remarque M. Fleury) avoit commencé par un canonicat de Ste Radegonde de Poitiers, que le pape Benoît XII lui donna avec l'expectative d'une prébende. Clément VI le fit evêque de Paris en 1349, après la mort de Foulques de Chanac, d'où il fut transferé à Auxerre en 1350, & enfin à Maguelone, comme nous l'avons vû. Il paroit par les regîtres du Vatican qu'il occupa cette derniere place jufqu'en 1354, où il eft dit expreffement que Durand lui fut fubrogé dans l'evêché de Maguelone; ce qui fait dire à Mrs de Ste Marthe que c'eft avec grande raifon que Gariel a compris le cardinal Audoüin parmi nos evêques, d'autant plus qu'il a de fon fentiment Onufre, Ciaconius, Bofquet & Colomby.

1354.

III.

Durand, qui lui fucceda, a été furnommé des Chapelles, fans qu'on en fçache bien la raifon. On ignore même le lieu de fa naiffance, mais on a des preuves certaines qu'il occupa le fiége de Maguelone durant fix ou fept années.

DURAND DES CHAPELLES.

Gariel nous aprend qu'ayant été nommé par le pape Innocent VI, fur la démiffion du cardinal Audoüin, il fut facré à Avignon, en préfence du pape & du facré college, & qu'étant venu à Maguelone pour s'y faire inftaler, il trouva une fi grande opofition de la part du plus grand nombre des chanoines, qu'on lui refufa jufqu'aux provifions du pain & du vin, qui ne devoient pas, felon leurs ftatuts, être refufées au moindre étranger: *Negata provifio* (dit l'acte) *panis & vini & victualium quæ, fecundum ftatuta & ordina-*

PAGE 113. *tiones ecclesiæ, tenentur præstare etiam * judæis.* Cette dureté ne venoit d'aucun éloignement qu'on eût contre sa personne; mais par un de ces orages qui s'élevent quelquefois dans les compagnies, surtout dans la persuasion où ils étoient qu'ils ne pouvoient que par un grand éclat faire revivre leurs anciens droits sur l'élection de l'evêque.

Durand n'opposa rien à cette résistance, car il prit le parti de se retirer au château du Terrail, avec quelques donats & quelques convers qui voulurent le suivre. Il y attendit patiemment que l'orage fût passé, voyant bien que la conduite des chanoines ne seroit approuvée ni du pape, ni du roy. Cependant il se hâta de rendre son hommage pour les terres de l'evêché qui relevoient de la couronne. L'acte que nous en avons est du 13 février 1353, c'est-à-dire 1354.

IV. « Moy, Durand, evêque de Maguelone, dit-il, je reconnois à vous, fénéchal de Beaucaire, commissaire du roy, & nommé par luy à cet effet, tout ce que je tiens de lui en fief, à raison de l'église de Maguelone; excepté tout ce que le seigneur roy a acquis dans Montpellier, & au château de Lates de l'evêque de Maguelone, nôtre prédécesseur, pour cause de l'échange faite avec lui.

« Je reconnois tenir de lui, au nom de l'église de Maguelone, tout ce que le seigneur roy a donné à mes prédécesseurs à raison de cet échange, dans la ville de Saure & dans les châteaux de Durfort, Poussan & autres lieux, pour lesquels je dois & promets d'être fidéle au roy. Et en mettant la main sur ma poitrine, j'en fais le serment à vous, sénéchal, au nom du roy, promettant de faire tout ce que je suis tenu de faire à son égard lorsque j'en aurai eu connoissance. »

L'orage qui avoit fait rétirer l'evêque de Maguelone au château du Terrail, passa d'autant plus vite qu'il avoit été plus violent. Les chanoines ne furent pas longtems à reconnoître l'inutilité de l'éclat qu'ils avoient fait, & Durand n'eut pas beaucoup de peine à ramener des esprits déjà ébranlez. Il y réüssit si bien qu'il tint avec eux un chapitre général, digne de quelque remarque par les statuts suivants :

I. Un chanoine ne pourra s'absenter par mois au-delà de quatre jours, & sans avoir gagné auparavant dix jours de presence dans lesquels les fêtes solemnelles ne seront point comprises.

II. Nul n'aura voix en chapitre qu'il ne soit prêtre, ou du moins sousdiacre.

III. Défense à toute personne, sous peine d'anathême, d'engager ou détourner à son profit les biens de l'église, ni de les aliener pour toute autre cause que pour un besoin pressant de l'église, ou pour le soulagement des pauvres.

Cette bonne intelligence entre l'evêque & fon chapitre fut fuivie de 1354. l'hommage que tous les vaffaux de l'evêché firent à Durand, pour les terres qu'ils tenoient de lui. On trouve dans les archives de l'evêché le ferment de fidélité qui lui fut prêté par les feigneurs de Ganges, de Pouffan & de la Valette. Les archives de l'hôtel de ville raportent au long la réconnoiffance qui lui fut faite le 1er juillet 1354 par les confuls de Montpellier, pour les bois de Valene, où en rapellant toutes les tranfactions paffées fous Guillaume, evêque de Maguelone en 1215, & fous Berenger de Fredol en 1261, les confuls reconnoiffent lui devoir une albergue annuelle de deux chevaliers en étant requis. Plus trois chevaliers pour le mas de Caravetes, & l'ufage annuel de neuf fols pour le mas de la Boiffiere. Sur toutes lefquelles chofes l'evêque a droit de lods & de confeil avec la haute juftice & l'exécution de fang, & les confuls ont les autres juftices, jufques & non inclus l'effufion du fang.

Durand, après avoir établi de la forte le temporel de fon églife, s'appliqua entierement à profiter des occafions d'être utile à fon diocéfe. Il ne tarda point d'apprendre que depuis 1349 il avoit été fait une fondation avantageufe au public, en faveur des religieufes de St. Gilles, à qui un nommé Berenger Mairofe avoit legué trois mille cinq cens livres, & nommé pour fes exécuteurs les ouvriers de la commune clôture. Il arriva par la négligence inévitable dans les affaires qui dépendent de plufieurs differentes perfonnes, que ces religieufes, longtems après la fondation, n'étoient pas mieux pour le temporel ni pour le fpirituel. Durand en ayant été informé, mit en mouvement les ouvriers, & les ayant porté à mettre en état le logement de ces religieufes, il leur dreffa des reglemens particuliers, * du con- PAGE 114. fentement, dit-il, du chapitre de Maguelone & du prieur de St. Denis, dans la paroiffe duquel leur nouveau monaftere étoit bâti.

L'acte le plus remarquable que nous ayons de fon épifcopat eft une V. tranfaction paffée entre lui & fon chapitre, par la médiation de deux chanoines de Lodeve, Pons de Lauziere, docteur en droit canon, & Berenger de Villeneuve, commis de part & d'autre. Ils prononcerent article par article fur tous les griefs réciproques; ce qui peut fervir à nous faire connoître le relâchement qui s'étoit introduit à Maguelone pendant la longue abfence de fes evêques, puifqu'on eft obligé de defcendre dans un affez grand détail des procédures criminelles contre les chanoines qui auroient donné lieu d'en faire. Les dix premiers articles regardent divers droits particuliers difputez entre l'evêque & le chapitre, comme les droits de fon entrée, les obfervances regulieres, la collation des bénéfices, &c.

« 1º A la première entrée de l'evêque de Maguelone, le prévôt lui four-

« nira & à fes gens le pain & le vin. Le facriftain, le luminaire. Et le chef
« des cuifines, la viande ou le poiffon, felon le jour. Les autres officiers,
« felon leur charge, lui donneront ce qu'ils ont coûtume de donner à la
« communauté & aux chanoines réfidens. Le prévôt, dans ces occafions,
« fournira aux gens de la fuite de l'evêque le bois, verres, pots & autres
« uftenciles qu'il reprendra lorfqu'ils fe retireront.

« 2° La correction fera faite à Maguelone par le feul evêque, s'il eft pre-
« fent ; à fon abfence par le feul prevôt ; & au deffaut de tous les deux,
« par le prieur clauftral, auquel l'evêque & le prevôt doivent leur protec-
« tion.

1356.
« 3° Pour la collation des bénéfices hors de l'églife de Maguelone, on
« impofe filence à l'evêque & à fes fucceffeurs.

« 4° Le prevôt ne fera point nommé dans les affaires criminelles.

« 5° Au fujet de la plage qui eft entre la mer & l'étang de Villeneuve,
« on gardera de point en point la tranfaction paffée entre Guillaume de
« Laudun, veftiaire de Maguelone, & Pictavin de Montefquiou, dans le
« tems qu'il en étoit evêque.

« 6° On impofe filence à l'evêque fur ce qu'on difoit lui être dû par le
« veftiaire.

« 7° Le prevôt ne payera rien pour le droit du fceau dans les procès
« qu'il aura ; les parties des chanoines le payeront en entier fi elles vien-
« nent à fuccomber, & les chanoines ne payeront que les écritures.

« 8° Le prieur clauftral pourra donner permiffion aux chanoines de
« fortir pour un mois hors de l'ifle, à moins que l'evêque ne juge à propos
« de révoquer expreffément & nommément les lettres que le prieur auroit
« données.

« 9° Si l'evêque & le prevôt font dans le même lieu, le chanoine qui
« voudra fortir hors de la province de Narbonne doit s'adreffer à l'evêque
« feul. Mais s'ils font en des lieux feparez, le chanoine eft maître de
« s'adreffer à celui des deux qu'il voudra, & ayant obtenu la permiffion de
« l'un d'eux, elle ne pourra être révoquée par l'autre. Mais tous les cha-
« noines ne pourront fortir de la province que pour les affaires de leurs
« prieurez ou de leur adminiftration.

« 10° L'evêque ne prendra qu'une fois l'année le droit de vifite des
« églifes. »

Voilà pour divers points des obfervances domeftiques ; voici pour la procedure qu'on devoit garder dans les affaires civiles des chanoines & enfuite pour les criminelles, ce que nous ne voyons pas avoir été reglé jufqu'alors.

« 11º Les caufes civiles des chanoines, donats ou convers, ne feront
« point traitées dans l'audiance publique, mais dans la chambre de l'offi-
« cial ou du vicaire pour le fpirituel. »

Si le chanoine affigné refufe de comparoître en perfonne ou par procureur, il fera cité par trois fois, avec intervale de fix jours d'une citation à
l'autre ; & s'il perfifte dans fa contumace, il lui fera fait commandement en
vertu de fainte obéïffance, de fatisfaire à fon ajournement. Mais afin que
fon obftination ne tourne pas à fon avantage, il eft ordonné que fi le défail-
lant poffede cent florins ou cent livres de rente, felon l'ancienne taxe des
décimes, il payera toutes les femaines, fans aucune rémiffion, deux florins
ou deux livres aux adminiftrateurs du cloître * qui feront chargez de le
nourrir. S'il a plus ou moins de revenu, il payera plus ou moins à proportion. Et fi le chanoine, le donat ou le convers n'a aucun revenu, qu'il foit
difcipliné en chapitre par ordre du prieur clauftral chaque jour, ou bien
deux ou trois fois par femaine, jufqu'à ce qu'il ait comparu en perfonne
ou par procureur, & qu'il ait obéï à fon ajournement ou fatisfait à fa
partie.

PAGE 115.

Quant aux caufes criminelles, elles feront jugées par l'evêque et par le
chapitre. Le chanoine, donat ou convers, contre qui il faudra procéder, fera
faifi par les gens de l'evêque, & traduit auffitôt à Maguelone, à moins qu'il
n'y eût à craindre qu'il ne fût enlevé en chemin ; mais le peril venant à
ceffer, on le traduira à Maguelone pour y être puni.

On déclare excommuniez, *ipfo facto*, ceux qui tireront de prifon le coupable qui y aura été mis par fentence de l'official, & ils ne pourront être
relevez de l'excommunication que par le confentement exprés de l'evêque
& du chapitre.

« On donne pouvoir aux officiers de l'evêque de faire faifir & vendre les
« effets des chanoines, donats & convers, jufqu'à la concurrence des
« fommes qu'ils auront été condamnez de payer.

1356.

« Que fi les officiers de l'evêque étoient troublez dans ces fortes d'exé-
« cutions, il leur fera permis de récourir aux officiers du roy. A quoi les
« chanoines, donats & convers fe foûmettent par exprés dans le prefent écrit,
« en fe refervant néanmoins la voye d'apel, & de n'être pas tenus, s'ils
« veulent, au prefent règlement pour les affaires civiles commencées
« depuis dix ans paffez. »

Tout ce détail paroîtra peut-être à quelques-uns de mes lecteurs moins
gratieux que ne le feroit le récit d'un fait hiftorique, qui réjoüit l'efprit fans
l'appliquer ; mais je les prie d'obferver qu'outre la variété que l'hiftoire
demande pour donner du plaifir, elle nous eft beaucoup plus utile par les

réflexions qu'elle nous donne occafion de faire, que par le fimple récit d'un évenément. Ainfi je ne crains point de continuer le précis que j'ai déjà commencé, puifqu'il fert à connoître les abus qui fe gliffent infenfiblement dans les communautez les mieux reglées, & en même tems le remede que les perfonnes bien intentionnées tâchent d'y aporter par de fages loix.

« 12° Afin que l'evêque ne gréve point la communauté de Maguelone
« par de trop fréquentes vifites, on regle que le prevôt & les autres officiers
« lui fourniront les chofes de leur office à certains jours marqués dans les
« anciennes coûtumes. Sçavoir : le jour des Cendres, le Mercredi-Saint &
« les cinq jours fuivans. La veille de la Pentecôte & les deux jours fui-
« vans. La veille de Noël & les trois fuivans. Enfin toutes les fois
« que les devoirs de fa charge, ou le befoin & l'utilité de fon églife deman-
« deront qu'il y vienne. Mais on remet le tout à fa confcience & à celle de
« fes fucceffeurs.

« 13° On impofe filence au chapitre, qui prétendoit que l'evêque ne
« pouvoit point procéder criminellement contre les clercs & laïques de fon
« diocéfe, fans le confentement du prévôt & du chapitre. »

« 14° Dans la perception du droit de vifite, l'evêque s'en tiendra à ce qui
« eft prefcrit par le droit.

« 15° Dans les permiffions qu'on donnera aux laïques de fe marier hors
« de leur paroifle, & d'y recevoir les facrements de l'églife, l'evêque & fes
« officiers font exhortez de ne les accorder qu'avec modération, afin que
« les paroifles ne foient pas défertées. Sur quoi on s'en remet aux ftatuts
« déjà publiez.

« 16° L'evêque donnera les permiffions d'aller aux ecoles publiques, en
« obfervant la forme du droit.

« 17° L'evêque & le chapitre fe payeront reciproquement les cenfives &
« les lods pour les fiefs & arriere-fiefs qu'ils ont les uns des autres.

« 18° On impofe filence aux chanoines & prieurs qui difoient que l'evê-
« que empêchoit les curez d'obliger par cenfures leurs paroiffiens de payer
« la dîme.

« 19° Et fur la plainte qu'ils faifoient, que l'evêque ne s'en tenoit pas
« aux réglements déjà faits pour le droit de charnage, on dit qu'il les obfer-
« vera inviolablement.

« 20° Sur la conteftation entre l'evêque & le veftiaire de Maguelone,
« pour * une certaine piéce de terre, on renvoye l'affaire à celui qui a con-
« noiffance des affaires temporelles du chapitre, ou à un accord amiable
« entre parties.

« 21º On ne permet qu'aux feuls chanoines de Maguelone, qui ont des
« benéfices dans Montpellier, d'y paffer les nuits.

« 22º Les arbitres remettent jufqu'à la fête de tous les Saints de décider
« fur le refus que faifoient certains prieurs de l'églife de Maguelone, de
« payer le droit de vifite. Et pour prévenir les difputes, les fraix, & les
« fcandales arrivez à l'occafion des articles ci-deffus reglés, on dit que les
« evêques à l'avenir, dans le premier mois de leur entrée, jureront à la
« réquifition du procureur du chapitre fur les faints Evangiles & la main
« fur la poitrine, de faire obferver le préfent règlement. Tous les prévôts
« à venir feront le même ferment en touchant de la main les mêmes faints
« Evangiles, lorfqu'ils en feront requis par l'evêque ou par le chapitre. Les
« officiers clauftraux de Maguelone, les bénéficiers & prieurs ne feront pas
« tenus de rendre obéïffance à l'evêque, ni de donner au prevôt les chofes
« de leur office, que l'un & l'autre n'ayent promis d'obferver le prefent
« reglement, par le moyen duquel les parties ont dit avoir la paix & con-
« corde. Signé par le feigneur Durand, evêque de Maguelone; Pons
« d'Olargues, prévôt, & plufieurs chanoines pour le chapitre, le 18 novem-
« bre 1356. »

Gariel nous aprend que le même evêque régla les limites de fon diocéfe, *Series, pag. 336.*
avec celui d'Agde; mais les changemens qui font arrivez à ces limites, terminez d'un côté par la mer, & de l'autre par l'eftang de Tau, laiffent encore
de nos jours la chofe indécife. Elle eft devenuë plus difficile à vuider depuis
les travaux qui ont été faits au pied de la montagne de Sette, pour la jonc-
tion de la mer & de l'étang, parce que le canal qu'on y a fait n'a pas fuivi
les anciennes limites des deux diocéfes; mais ils ont pris de l'un & de l'autre, felon la facilité du creufage.

On ne trouve autre chofe que ce que je viens de dire de cet evêque, qui 1359.
fiégea jufqu'en 1359, & on n'a aucune connoiffance certaine du tems de fa
mort. On fçait feulement que fon fiége vaquoit l'année fuivante 1360, où 1360.
les archives de l'hôtel de ville marquent que l'evêché de Maguelone étant
gouverné par un vicaire général, Bernard, evêque de Brixia, dans les etats
de Venife, & fuffragant de l'archevêché de Milan, fe trouvant malade à
Montpellier, laiffa par fon teftament trois mille quatre cens florins pour la
fondation d'un collége pour dix pauvres ecoliers, qui devoient étudier en
droit civil & canonique. Ce college par le malheur des tems ne fubfifte
plus, comme nous le dirons dans l'article qui le concerne, à la fin de l'article
de l'univerfité de Montpellier.

CHAPITRE SECOND.

I. La chapelle de l'hôtel de ville conſacrée ſous Deodat, evêque de Maguelone. II. Création du pape Urbain V. III. Qui fonde le prieuré de St. Germain à Montpellier. IV. Son arrivée en cette ville. V. Il y fait la dédicace de l'autel de St. Germain. VI. Il nomme à l'evêché de Maguelone Gaucelin de Deux.

1361.

DEODAT.

PAGE 117.

Deodat fut ſubrogé à la place de Durand des Chapelles environ l'an 1361, car on marque ſa mort en 1366, enſorte qu'il ne tint le ſiége de Maguelone guére plus de quatre ans. L'acte le plus certain que nous ayons de lui eſt une lettre du roy Jean, donnée près de Compiegne, le 9 du mois de juin 1362, par laquelle il ordonne au ſénéchal de Beaucaire de rendre à Deodat, *nunc Magalonenſem epiſcopum*, tout ce qui pourroit lui avoir été ſaiſi à raiſon du ſerment de fidélité qu'il devoit au roy pour le temporel de ſon evêché. Et par ces mêmes lettres il prolonge à l'evêque le terme d'un an, afin (dit le roy) de recevoir nous même ſon ſerment, au cas que nous allions en perſonne vers ces quartiers : *Si contingat infra dictum terminum nos ad eas partes accedere*. Le roy méditoit ſans doute le voyage qu'il fit à Avignon, peu après la promotion d'Urbain V, * où, durant un ſéjour de pluſieurs mois, il ſe croiſa (comme nous l'avons vû) pour la Terre-Sainte ; mais fort à contre-tems pour les affaires de ſon royaume, qui étoient toûjours dans le trouble depuis ſon retour d'Angleterre.

I. Deodat, quoique nommé à l'evêché de Maguelone avoit ſéjourné à Avignon durant les dernieres années d'Innocent VI, ſon protecteur, ſuivant l'uſage aſſez ordinaire aux evêques de ſon tems. Il y a même lieu de croire qu'il s'y arrêta durant toute la premiere année du pontificat d'Urbain V, car nos archives marquent que nos conſuls voulant faire conſacrer la chapelle de leur nouvelle maiſon conſulaire, ils s'adreſſerent à Pons de la Garde, chanoine de Maguelone, prieur de St. Firmin & grand vicaire pour le ſpirituel & pour le temporel de Deodat, evêque de Maguelone, abſent. Ils prierent en même tems Theobald (evêque de Coron dans la Morée) qui ſe trouvoit alors à Montpellier, d'en faire la cérémonie; & toutes les permiſſions en ayant été accordées par le vicaire général, l'evêque de Coron fit la conſecration de la chapelle, le 25 du mois d'octobre 1363.

1363.

Urbain V, avoit été élevé ſur la chaire de St. Pierre vers la fin de l'année précédente 1362, ce qui fait une époque des plus remarquables pour la ville de Montpellier, où ce pape avoit paffé une partie de fa jeuneffe, & à laquelle il ne ceffa de faire de très-grands biens durant fon pontificat. Je crois que la reconnoiffance exige que je n'omette point ici ce que nous trouvons de plus digne de remarque dans les auteurs contemporains qui en ont écrit, & dans nos archives, qui parlent fouvent de lui.

Guillaume Grimoard, du lieu de Grifac, diocéfe de Mende, étoit fils de II. Grimoard, chevalier, feigneur de Grifac, dans le Gevaudan, qui eut le bonheur de furvivre pendant quelques années à l'exaltation de fon fils. En fa premiere jeuneffe il embraffa la vie monaftique, & fut reçû dans le monaftere de Chiriac, au même diocéfe, dépendant de St. Victor, de Marfeille; d'où, après s'être inftruit des fciences regulieres, il vint étudier à Montpellier avec tant de fuccès, qu'il devint docteur fameux en droit civil & en droit canon, qu'il enfeigna plufieurs années, tant à Montpellier qu'à Avignon : *Rexitque multis annis tam in Montepeffulano quam in Avenione*, dit l'auteur de fa vie. Sa reputation le fit nommer à l'abbaye de St. Germain d'Auxerre, & enfuite à celle de St. Victor, de Marfeille.

1363.

Il occupoit cette derniere place, lorfqu'il fut choifi par le pape Innocent VI, pour aller à Naples, en qualité de legat, auprès de la reine Jeanne, qui venoit de perdre fon fecond mari, Loüis de Tarente ; mais il en fut rapellé après la mort d'Innocent VI, arrivée le 12 du mois de feptembre 1362. Car les cardinaux étant affemblez au conclave, après la mort du pape, ne pûrent jamais convenir du fucceffeur qu'ils devoient lui donner, quoiqu'il fe trouvât entr'eux plufieurs perfonnes de mérite. Ils fe déterminerent enfin à l'abbé de Marfeille, quoiqu'abfent, & quoiqu'il ne fût pas cardinal. Mais parce qu'ils doutoient s'il voudroit confentir à fon élection, ils l'envoyerent querir, fous prétexte de le confulter fur une affaire preffante ; & étant arrivé à Avignon, le 30 d'octobre, ils lui déclarerent l'élection qu'ils faifoient de lui : & l'ayant fait couronner dans le palais même par le cardinal de Maguelone, qui étoit evêque d'Oftie, ils firent publier fon election fous le nom d'Urbain V.

Petrarque qui vivoit de fon tems, releve le choix qu'on fit de lui, comme l'ouvrage de Dieu feul, quoique tous les cardinaux lui euffent donné leur voix. « *Deus te profecto* (lui dit-il) *Deus, inquam, folus & nemo mortalium te ele-*
« *git, linguis licet illorum ufus, quas ad aliud difpofitas ad fuum vertit obfequium*
« *quodque ipfe volebat per nolentes fecit*. Certainement vous avez été élû de
« Dieu feul, & non pas d'aucun des mortels, quoique Dieu fe foit fervi de
« leur langue pour vous nommer ; ils les a faites fervir à fes deffeins, toutes
« difpofées qu'elles paroiffoient à autre chofe ; & il a fait ce qu'il vouloit
« par ceux-même qui lui étoient les plus contraires. » C'eft ainfi (par une

PAGE 118.

providence particuliere de Dieu) qu'après que les hommes ont exercé inutilement leurs paffions pour parvenir à leurs vûës les plus humaines, ils fe trouvent comme forcez de * revenir à la premiere vûë qu'ils auroient dû avoir.

La conduite qu'Urbain V garda durant fon pontificat juftifia pleinement la penfée de Petrarque; car il n'y a eu guéres de pape qui ait joint à une grande capacité plus de vertus convenables au bon gouvernement & à l'édification des fidéles. Il fut non-feulement irréprochable dans fes mœurs, mais d'une vie fi exemplaire, qu'on travailla après fa mort à fa canonifation. Il eut une aplication continuelle à pourvoir l'églife de bons fujets, & à connoître ceux qui fe formoient dans les univerfitez. Sa charité envers les pauvres, fon défintereffement pour fes parens, & fa magnificence pour le fervice divin, ont rendu fa mémoire pleine de bénédictions, depuis près de quatre cens ans.

III. Parmi les fondations & les bâtiments fomptueux qu'il fit en divers lieux, comme à St. Victor de Marfeille, à Avignon, à Rome, & dans le diocéfe de fa naiffance, on marque le monaftére de St. Germain de Montpellier, comme un de fes plus beaux ouvrages. L'intérêt particulier que nous devons y prendre m'oblige d'en parler plus au long, & de raporter icy ce que nous trouvons dans nos archives. Elles nous aprennent que ce pape voulant faire un établiffement utile à la ville de Montpellier, & à l'ordre de St. Benoît, réfolut dès le commencement de fon pontificat de fonder une maifon pour un grand nombre de religieux dont une partie s'occuperoit pendant un certain tems à l'étude des fciences & l'autre feroit attachée pour toûjours au fervice divin. Dans cette vûë (comme il connoiffoit parfaitement la ville) il choifit un quartier retiré, regardant le nord & apellé par cette raifon Cofte-Frège, où il fit acheter les maifons qui lui étoient néceffaires, dont il demanda l'amortiffement des tailles au roy Charles-le-Sage, qui l'accorda par fes lettres-patentes, données dans le même tems qu'on fe difpofoit à mettre la premiere pierre à fa nouvelle églife.

1363.

1364.

La cérémonie en fut faite le premier du mois d'octobre 1364, où nos archives marquent que les confuls de la ville, les ouvriers et les confuls de mer partirent de l'hôtel de ville en proceffion, & fe rendirent à Cofte-Frège avec des cierges allumez & faifant porter fous un riche dais la tête de St. Blaife, qui étoit une ancienne relique de la ville. L'office fut célébré par Jean Gafc, abbé d'Aniane, & le fermon par Guy Tinel, gardien des freres Mineurs; après lequel le célébrant mit une premiere pierre au milieu du chevet de l'églife, les confuls une feconde au côté droit, fous laquelle on marque qu'ils jetterent une poignée d'argent monnoyé, & qu'ils donnerent pour étrenne fix taffes d'argent marquées aux armes de la ville & poinçon de la monnoye. Les officiers curiaux, Philipe de Antilla, recteur, & Jacques de la Mahania, bailly, mirent une troifiéme pierre du côté gauche; & la cérémonie ayant fini par la publication des indulgences accordées par le pape, on travailla dès le lendemain à avancer ce grand édifice.

Nous ne trouvons pas qu'il foit fait aucune mention de Deodat, evêque de Maguelone, durant toute cette cérémonie; ce qui nous donne lieu de croire qu'il étoit alors hors de fon diocéfe. Mais nos archives ne laiffent aucun lieu de douter qu'il n'y fût revenu l'année fuivante 1365, puifqu'elles marquent que le jour de la Nativité de la Vierge, il fut fait, de fon autorité, l'union des religieufes de Nôtre-Dame de la Rive, avec celles du fauxbourg St. Gilles, enforte (dit nôtre Talamus) que les religieufes blanches & noires habiterent enfemble. Nous dirons en fon lieu quelles étoient ces deux maifons; mais il nous fuffira pour le prefent de remarquer pour l'evêque Deodat qu'il n'eft plus parlé de lui dans nos archives, & que l'on croit qu'il mourut fur la fin de 1365, c'eft-à-dire, comme nous comptons à prefent au commencement de 1366.

1365.

1366.

Le fiege refta vacant tout le refte de cette année, durant laquelle on fit à Montpellier deux reparations bien remarquables, fçavoir, celle des murailles du Peirou, & celle de la paliffade qui clôturoit les fauxbourgs. Pour l'intelligence de ces deux articles, il eft à obferver que felon nôtre petit Talamus, le mur & la tour du palais étoient tombez le 12 février 1364 & felon le même témoignage, on les fit refaire au mois de may 1366, où l'on commença en même tems un mur de pierre pour fermer les fauxbourgs de la ville. Le motif preffant de ces reparations étoit les courfes des mauvaifes compagnies qui faifoient mille défordres aux environs * de Montpellier. Ce fait n'eft pas équivoque, comme nous l'avons affez dit dans le premier tome de cette hiftoire. Mais la difficulté (s'il y en a) eft de fçavoir à qui nous avons obligation des murailles du Peirou ? Au pape Urbain ou au cardinal Pierre de Lune, comme une tradition populaire le porte. Pour moi qui n'ai trouvé rien de décifif fur cela dans nos archives, j'avoüe que je me déterminerois plus volontiers pour le pape Urbain : 1° parce que Pierre de Lune n'étoit point encore cardinal, puifqu'il ne le fut que neuf années après, c'eft-à-dire, à la promotion que Grégoire XI, fucceffeur d'Urbain V, fit à Avignon le 20 décembre 1375 ; 2° parce que je trouve en termes exprès dans le livre de Gariel qui pour titre : *Origine & changements de l'églife St. Pierre de Montpellier*. Le pape Urbain V fit ceindre de murailles une partie de la ville; & pour rendre l'ouvrage plus digne de fes foins & de fes dépenfes il l'embellit de belles tours; furquoi je ne puis

* Page 119.

assez admirer l'affectation qu'on a eu à Montpellier depuis les deux derniers siécles, de faire honneur à cet antipape de plusieurs choses qui ne lui apartenoient pas.

Mais pour donner quelque connoissance de ce mur de pierre, que nôtre petit Talamus marque avoir été fait autour des fauxbourgs, je dirai que c'étoit une enceinte de murailles à hauteur d'homme, pour empêcher les coups de mains, dans un tems où l'usage de l'artillerie n'étoit point connu. Cette enceinte laissoit une entrée à l'avenuë des grands chemins qui aboutissoient à la ville, où l'on entroit par de grandes portes, telles qu'on voit encore sur le chemin de la Mousson, au lieu dit la Portaliere, & en un autre endroit plus bas vers le nord, où l'on voit une grande porte isolée, qui paroît avoir été liée par les côtés à une muraille jusqu'à une certaine hauteur.

Cependant l'édifice de St. Germain s'avançoit à Montpellier avec une extrême diligence; en sorte que le pape forma le dessein de le venir voir lui-même, mais il voulut auparavant faire préceder les riches présens qu'il lui destinoit. Nos archives pour faire honneur aux liberalitez du pape, nous marquent que l'abbé de Mont-Majour qui en étoit chargé, arriva en cette ville le vingt-neuviéme du mois de juillet 1366, & qu'il y fut reçû par une procession générale, après laquelle il remit les présens, qui consistoient en une precieuse relique de la tête de saint Germain, en une très-riche chasuble & un calice d'or.

1366.

La chasuble qui est encore fameuse parmi nous, étoit d'une grosse étoffe d'or semée de petites perles & bordée de plus grosses. On y avoit formé de gerbes de bled dont les tuyaux étoient d'argent fort relevé, & les épis de fil d'or chargez de perles ou de grains. La croix du milieu étoit d'une grosse broderie d'or & d'argent, mêlée de pierreries pour en relever l'éclat; & le tout étoit d'un si grand poids, que la chasuble étant dressée sur une table elle ne s'abatoit point, mais le prêtre passoit dessous pour la charger; & lorsqu'il étoit obligé de faire quelque mouvement dans le cours des cérémonies, il y avoit des gens pour la lui soûlever.

Le calice qui étoit grand & large, selon la mode de ce tems-là, étoit émaillé d'azur turquin par le dehors, & garni de pierreries tout autour de la poignée, & au pied du calice, mêlées des petites fleurs en émail. Environ ce même tems, Urbain envoya aux freres mineurs de Montpellier un bras de saint Loüis, evêque de Touloufe, dans un reliquaire d'argent garni de pierreries, qui leur fut aporté par Pierre d'Arragon, du même ordre, neveu du saint & oncle du roi d'Arragon.

Ces riches présens animérent les ouvriers de la bâtisse de St. Germain, qui fçavoient que le pape viendroit vifiter leur ouvrage; ils firent une fi grande diligence qu'après avoir commencé les fondemens de l'églife dans le mois d'octobre 1364, ils l'eurent mis en état de recevoir le pape en 1366. Il vint, en effet, comme il avoit fait efperer. Et c'eft au commencement de février 1367 que nos archives marquent fon arrivée en cette ville.

Tout le monde fortit à fa rencontre. L'archevêque de Narbonne, Pierre IV. de la Jugée, qui s'étoit rendu à Montpellier, conduifit le clergé & les religieux bien avant au-delà de Caftelnau. Les curiaux du roi de France pour la Part-Antique, & ceux du roi de Navarre pour Montpellier, venoient enfuite; les confuls, avec un * riche dais à huit bâtons, l'attendoient à Caftelnau. On marque que ce dais étoit garni de plufieurs écuffons aux armoiries du pape & à celles de la ville, avec vingt-quatre clochettes d'argent doré.

Page 120.

Le pape, fuivi des cardinaux de Boulogne, de Canillac, de Terragone & de Sarragoce, defcendit au monaftere des Auguftins, qui étoit fur fon chemin, pour y prendre les habits pontificaux avec lefquels il vouloit faire fon entrée. Après s'en être revêtu, il s'avança vers la ville, étant fous un dais porté par les confuls, & à la porte du Pile St. Gilles, il trouva le duc d'Anjou qui l'y attendoit pour le recevoir. Ce prince, à fon aproche, defcendit de cheval & l'accompagna à pied jufqu'à l'hôtel de ville, où l'on avoit préparé le logement du pape.

A peine y fut-il entré qu'il alla du même pas à Notre-Dame des Tables, & après y avoir fait fa priere, il revint à l'hôtel de ville, où il reçut les refpects & les foûmiffions des feigneurs de la province qui s'étoient rendus à Montpellier, & enfuite de tous les corps les plus confiderables de la ville.

Parmi ceux qu'il diftingua davantage, on marque le recteur de la Part-Antique, qui étoit un venerable vieillard avec qui Urbain avoit converfé familierement tandis qu'il enfeignoit le droit canon à Montpellier. Le pape l'embraffa fort tendrement, & il écouta avec bonté une longue harangue qu'il lui fit, où il tâcha de lui exprimer fa joïe particuliere & celle de toute la ville. Il ne manqua point de rapeller dans fon difcours le voïage des papes fes prédeceffeurs, qui avoient honoré Maguelone & Montpellier de leur préfence, fçavoir: Urbain II, Gelafe II, Calixte II, Alexandre III, Nicolas IV & Clement V; d'où il conclut que fi la ville avoit été alors fort honorée, elle l'étoit incomparablement plus, ayant l'honneur de recevoir un pape qui avoit été un de fes habitans, & qui ayant illuftré fon univerfité, vouloit bien encore l'honorer de fa vifite dans le changement le plus éclatant de fa fortune.

1366.

Toutes les harangues finies, le pape, après dîné, voulut aller vifiter l'églife de St. Germain. Il se fit revêtir de ses habits pontificaux, & monta à cheval, suivi des consuls qui marchoient à pied après ses gardes. Il trouva l'église comme elle l'est encore, longue de vingt-huit toises dans œuvre depuis la porte jusqu'au chevet, & large de quatorze depuis le fonds d'une chapelle à l'autre. La nef a neuf toises de largeur, qui avec les deux & demi que chaque chapelle a de profondeur, font les quatorze toises. Néanmoins le pape n'en parut pas content, & en s'adressant à l'architecte : J'avois mandé, dit-il, de bâtir une église, & vous n'avez fait qu'une chapelle. Puis, en examinant le dessin du cloître : Vous faites, ajoûta-t-il, la maison des serviteurs plus grande que celle du maître. Mais l'église étant trop avancée pour pouvoir y retoucher, on se contenta de la perfectionner & de la preparer pour la dedicace que le pape vouloit faire du grand autel.

Tandis qu'on y travailloit avec une diligence incroyable, les consuls employoient les orfevres à un tabernacle d'argent, où ils firent enchasser une image de la Vierge d'argent doré, dont le pape leur avoit fait present avec beaucoup de pierreries pour orner tout l'ouvrage. Dès qu'il fut achevé, on le porta processionnellement dans la nouvelle église le 30 janvier, où nos annales marquent que l'archevêque de Narbonne officia en presence de sa sainteté, par ordre duquel il donna des pardons fort amples à ceux qui étant contrits de leurs pechez prendroient une bonne résolution de mieux vivre.

V. Enfin le jour de la dédicace fut marqué au 14 de fevrier, où le pape s'étant rendu à la nouvelle église, consacra le grand autel à l'honneur de la vierge Marie, de Dieu & de saint Benoît. Il marqua celui de la droite pour saint Blaise, & celui de la gauche pour saint Germain ; après quoi il chanta la messe pontificalement & benit le peuple, en l'exhortant à la reconnoissance qu'ils devoient à Dieu pour les biens qu'ils en recevoient. Après midi on revint à l'église pour y chanter vêpres, après lesquelles l'archevêque de Narbonne monta en chaire & expliqua au peuple la ceremonie de la dédicace, qui dans l'esprit de l'église nous représente, dit-il, la joïe des saints à loüer Dieu dans le ciel. Il publia ensuite les indulgences accordées par le pape, par les cardinaux & par les evêques qui se trouvoient à Montpellier; car il n'y en eut aucun qui ne voulût répandre en ce jour * de fête les graces spirituelles dont la disposition leur est commise.

Le lendemain 15 fevrier le pape donna des marques particulieres de son estime à la faculté de droit, en nommant un de ses docteurs regens à l'evêché de Cahors, qui venoit de vacquer par la mort de Bertrand de Cardaillac. Le nouvel evêque étoit apellé Bec de Castelnau, docteur en droit, & actuellement lisant en l'université de Montpellier, comme disent nos annales.

Il fut lacré le dimanche fuivant, 21 du mois, avec quelques autres nouveaux evêques, dans l'églife de St. Germain, par le cardinal de Canillac.

Pendant le fejour que le pape Urbain V continua de faire à Montpellier, il accorda aux confuls diverfes bulles qu'on a pris grand foin d'inferer dans nos archives, où on les voit encore; l'une eft la confirmation de celle de Gregoire VIII, qui défendoit aux ecclefiaftiques d'exiger de l'argent pour les mariages & pour les fepultures; l'autre d'Honoré III, contre les exactions que l'on faifoit pour le droit de fepulture avant que d'ouvrir la terre. Par un bref particulier, le pape Urbain commua la cenfive que la ville de Montpellier faifoit au faint fiége depuis longtems, en écus de monnoye courante; & par une grace fpeciale pour les marchands de la ville, il leur permit d'équiper fix navires chargez de leurs marchandifes pour commercer dans les terres du foudan de Babylone, mais à la charge de ne pas lui aporter des armes prohibées, & de ne faire avec lui aucun traité qui pût nuire au paffage des armées chrétiennes; voulant de plus qu'ils ne puffent tranfmettre à aucun autre le préfent privilege.

On met en ce même tems les travaux de la paliffade qu'il continua de faire conftruire autour des fauxbourgs; ce qui a donné lieu à nos modernes de dire que le pape Urbain V avoit projetté d'agrandir la ville de Montpellier depuis la tour des Carmes jufqu'à celle de la Babotte, par un long circuit qui auroit pris les deux portalieres dont j'ai parlé ci-devant. Mais outre qu'on ne trouve rien de ce deffein dans nos archives, il n'y a pas aparence que le pape eût entrepris cet agrandiffement dans le tems qu'il étoit le plus occupé du grand bâtiment de St. Germain, & que la feule paliffade étoit fuffifante pour garantir la ville de l'infulte des foldats qui couroient la campagne.

Je crois ne devoir pas oublier la cérémonie que le pape fit le jour de la Chandeleur, à l'églife des Jacobins de cette ville, où la benediction des cierges ayant été faite pendant matines, dans le chapitre du couvent, par le cardinal Anglic, le pape s'y rendit pendant l'office de prime, y chanta folemnellement la meffe, & diftribua les cierges benits à douze cardinaux & à quantité d'autres prélats, qui s'étoient rendus à Montpellier depuis fon fejour en cette ville.

VI. Avant que de la quitter, le pape voulut pourvoir au fiége de Maguelone, qui vaquoit depuis près d'une année. Et par le choix qu'il fit de Gaucelin de Deucio, il nous donna une nouvelle marque de fon affection; car ce prélat (comme nous le verrons) étoit bien avant dans fes bonnes graces: il occupoit actuellement le fiége de Nîmes, où il avoit eu trois prédéceffeurs de fon nom & de fa famille. Urbain V déclara le choix qu'il avoit fait

1367.

1367.

de lui pour Maguelone, le 5 du mois de mars 1367, & en même tems il nomma pour fon fucceffeur à Nîmes le même Jean Gafe, abbé d'Aniane, que nous avons vû avoir mis la premiere pierre à l'églife de St. Germain, dans laquelle il fut facré deux jours après par le cardinal de Canillac, evêque de Prenefte.

Enfin, le pape qui méditoit un plus grand voyage, partit de Montpellier le huitiéme de mars pour fe rendre à Avignon, jufques où nos confuls & les perfonnes les plus qualifiées de la ville allèrent l'accompagner. Nous verrons dans le chapitre fuivant les principaux évenémens de fon pontificat & la continuation de fes bienfaits pour Montpellier.

PAGE 122.

CHAPITRE TROISIEME.

I. Gaucelin dans les bonnes graces du pape. II. Urbain part de Marfeille pour Rome. III. Bulle de la fondation du prieuré St. Germain de Montpellier. IV. Naiffance de Charles, fils du roy de France. V. Fondation du college des douze médecins. VI. Retour du pape Urbain à Avignon, & fa mort. VII. Arrivé de Gaucelin à Montpellier, où il meurt.

I.

LE pape Urbain V étant parti de Montpellier le huitiéme de mars 1367 Gaucelin de Deucio ou de Deux, qu'il venoit de nommer à l'evêché de Maguelone, fit fon entrée à Montpellier le lendemain 9 de ce mois, comme nos archives le marquent expreffement. Je crois devoir dire à fon fujet que Bzovius l'apelle Gaucelin de Pradelles, qui eft un village dans le diocéfe d'Ufez, apartenant à la famille de Deucio, où Gaucelin pouvoit être né; mais tous nos auteurs, comme Ste Marthe, Catel, Gariel & Baluze lui confervent le nom de fa famille en l'apellant Gaucelin de Deux; & ils reconnoiffent qu'il avoit fuccedé dans l'evêché de Nîmes à Bertrand, Paul & Jacques de Deux, qui occuperent ce fiége l'un après l'autre; & que Gaucelin avec eux tous étoient de la même maifon que ce cardinal Bertrand de Deucio, archevêque d'Embrun, qui donna à la faculté de droit de Montpellier les réglemens dont j'ai parlé dans la vie d'Arnaud de Verdale.

Le grand voyage que le pape méditoit (comme nous l'avons dit) n'étoit autre que celui de Rome, d'où fes prédéceffeurs s'étoient abfentez depuis près de foixante ans. On donne pour conftant qu'il s'y détermina par des motifs de confcience; mais, comme tout eft fujet à differentes interpretations, on ajoûte auffi qu'il vouloit voir par lui-même les fuccès étonnans qu'avoit eu le cardinal Giles Alvares d'Albornos dans fon adminiftration du patrimoine de St. Pierre. Quoiqu'il en foit, Urbain partit d'Avignon le dernier d'avril 1367, pour aller s'embarquer à Marfeille, où il logea dans fon ancienne abaye de St. Victor, qu'il avoit fait reparer & fortifier confiderablement depuis fon exaltation.

Durant le fejour qu'il y fit, il envoya diferens brefs à Gaucelin, evêque de Maguelone, qui marquent l'eftime & la confiance toute finguliere qu'il avoit pour lui. « Les vertus dont il a plû à Dieu de vous orner (dit le pape « dans un de ces brefs) & les fervices que vous avez rendu au faint fiége « dans les charges de la tréforerie & autres commiffions qui vous ont été « données, *quibus te nobis & apoftolicæ fedi amabilem reddidifti, &c.*, nous por- « tent à vous relacher deux mille florins d'or qui nous font dûs par vôtre « églife, tant de votre chef que de la part de vos prédécefleurs. » C'étoit pour les arrérages de la cenfive que les evêques de Maguelone faifoient au faint fiége depuis l'acquifition de la comté de Melguëil.

Par un autre du quinziéme du mois de may, il le charge de prendre foin pendant fon abfence du temporel de l'églife d'Avignon, & il lui permet de retenir tous les ans, avec les autres clercs de la chambre apoftolique, mille florins pour être employez par lui aux befoins de cette églife.

Dans un autre de la même date, il lui dit que la bienveillance qu'il a pour lui l'a porté à lui donner les moyens de fe faire aimer dans fon diocéfe; c'eft pourquoi (ajoûte le pape) je vous accorde le pouvoir de conférer tous les bénéfices du diocéfe de Maguelone, dont la collation pourra apartenir au faint fiége, pourvû que leur revenu n'excede point vingt livres petits tournois. La grace n'étoit point petite, fi l'on en juge par la valeur de l'argent en ce tems-là, comme nous le dirons plus bas.

Par divers autres brefs qui font dans les archives de l'evêché & datez du monaftere de Saint Victor de Marfeille, le pape lui donne pouvoir de procéder contre les détenteurs des debtes & deniers de la chambre apoftolique; d'abfoudre & de faire quelque grace à ceux qui fe mettront en état d'y fatisfaire; de proceder contre les abus qu'on aura fait des lettres apoftoliques; de corriger & de punir les religieux exempts, & d'empêcher que les chanoines de Maguelone n'habitent, à Montpellier, dans des maifons où il y aura des femmes.

Urbain (après avoir donné ordre aux affaires de France) partit de Marfeille le 19 mai 1367, fur une flote de vingt-trois galeres, que la reine Jeanne de Naples, les Vénitiens, les Genois & les Pifans lui avoient magnifiquement préparée. Il arriva le 23 de may à Gennes, où il féjourna cinq jours, durant lesquels il fut visité par les personnes les plus éminentes des environs, au nombre desquelles nos annales marquent Izabelle, marquise de Montferrat, fille de Jacques III, roy de Mayorque, dont nous avons souvent parlé.

De Gennes, le pape arriva le 28 de may à Portovenere, & le 3 de juin, à Corneto, qui est dans l'etat ecclesiastique. Nos annales qui marquent exactement toute sa route, n'ont pas oublié les tentes d'étoffes de soye, & les feüillées d'arbres que le cardinal Albornos avoit fait dresser sur le rivage, pour le pape & pour toute sa suite. Il reçut à Corneto les deputez des romains, qui vinrent lui offrir la seigneurie de leur ville & les clefs du château St. Ange, qu'ils tenoient auparavant; & étant parti de Corneto, il arriva le neuviéme de juin à Viterbe, où il demeura quatre mois.

Pendant le tems qu'il y resta, on fit à Montpellier l'élevation de deux grandes cloches, qu'il avoit ordonné pour sa nouvelle église. Je raporte les propres paroles de nôtre Talamus : Le 20 août 1367, la grosse cloche de notre st. pere le pape fut montée sur la grosse tour, proche le portail de l'église, du côté des murs de la ville, laquelle cloche a nom Urbain ; & le lundi après fut montée la seconde cloche en ladite tour, qui fut apellée Germain ; d'où nous pouvons inférer que l'église & les tours étoient déjà finies. Et l'on peut observer que l'usage étoit déjà établi de donner aux cloches d'une grosseur considérable le nom de ceux qui les avoient fait faire, comme Cardaillac à Toulouse, & Amboise à Roüen. J'ajoûte que par la désignation du clocher où elles furent montées, ce devoit être le même clocher où est aujourd'hui la cloche de St. Pierre, puisqu'il est proche le portail de l'église, & du côté des murs de la ville; mais il semble, par cette désignation expresse, qu'il devoit y avoir un autre clocher de l'autre côté du portail (comme notre tradition le porte), parce qu'il auroit été inutile de le désigner de la sorte, s'il n'y en avoit eu qu'un seul.

Peu de jours après, le pape reçut à Viterbe un grand sujet d'affliction par la mort du cardinal d'Albornos, arrivée le 24 août, dans le tems qu'il comptoit le plus sur les instructions & les services de ce cardinal, qui dans l'espace de quatorze ans qu'avoit duré sa légation en Italie, ramena plusieurs villes à l'obéissance de l'église, tant par la force des armes, que par des compositions amiables. Sa perte fut d'autant plus sensible, que le peuple de Viterbe ne tarda point de se soulever; ensorte que les cardinaux françois demeurerent enfermez chez le pape jusqu'à ce qu'on eût fait aprocher des troupes pour faire cesser le tumulte.

Ce désordre ne servit pas peu pour déterminer Urbain de se rendre incessamment à Rome, où il entra enfin le seiziéme du mois d'octobre 1367, précisément soixante-trois ans après que Benoît XI s'en étoit retiré : il y fut reçû des Romains avec grande joye ; & après avoir fait sa priere dans l'église de St. Pierre, où il fut installé, suivant la coûtume, dans sa chaire pontificale, il passa au palais du Vatican, qui tomboit de vieillesse, mais qu'il fit bientôt réparer.

Tandis qu'on y travailloit de son ordre, il pourvut aux affaires les plus pressantes d'Italie, en établissant son vicaire général pour le gouvernement de l'état ecclésiastique Anglic Grimoard, son frere, qu'il avoit déjà fait cardinal & evêque d'Albano ; il envoya à Naples le cardinal Guillaume d'Aigrefeuille, l'ancien, à qui il donna le titre de Ste Sabine, vacant par la mort du cardinal d'Albornos.

Toutes ces affaires, si interessantes pour le repos de l'Italie, ne l'empêcherent point de suivre l'établissement qu'il avoit commencé à Montpellier ; il sçavoit que son église de St. Germain étoit achevée, & que le cloître pour les religieux qu'il vouloit y mettre s'avançoit toûjours ; il crut qu'il étoit déjà tems de publier la bulle de sa fondation, ce qu'il fit le premier de février 1368.

On voit tout au long cette bulle dans Gariel, qui la fit extraire de l'original * conservé à St. Victor de Marseille ; je me contente d'en donner ici le précis, où j'ai tâché de ne rien omettre d'essentiel.

« Après avoir marqué la distinction où est l'ordre de St. Benoît, dans
« l'église, il dit que pour la propagation de ce même ordre, dont il avoit
« embrassé la régle dès sa jeunesse, pour l'augmentation du culte divin &
« pour l'entretien des belles-lettres, il veut que l'église qu'il a déjà bâti &
« doté en partie dans la célèbre ville de Montpellier, où les études, surtout
« celles du droit, fleurissent depuis longtemps, *in qua generale studium,*
« *maxime in utriusque juris facultate, dudum floruit prout floret,* soit un prieuré
« de St. Benoît soûmis immédiatement au monastére de St. Victor de
« Marseille ; qu'il y ait à perpétuité vingt moines conventuels, l'un desquels sera prieur annuel pour gouverner ledit prieuré & prendre soin du
« spirituel. Que pour l'augmentation du culte divin qui doit être abondant dans la maison du Seigneur, il y ait douze prêtres pour la célébration
« des messes, & pour assister aux offices du jour & de la nuit. Que pour
« l'illustration de l'ordre de St. Benoît, par les sciences divines & humaines,
« *sine quibus,* ajoûte-t-il, *mortalium non bene vita geritur,* il y ait à perpétuité
« seize moines profez de l'ordre, choisis par l'abbé de St. Victor, dans son
« propre monastère ou dans les prieurez & autres lieux de sa dépendance,
« qui viendront étudier en droit canon à Montpellier, & servir au culte
« divin selon les réglemens qui leur seront donnez. Nous voulons (ajoûte

III.

1368.

Series, pag. 1414.
PAGE 124.

1368.

« le pape) qu'il y ait quatre places parmi les clauftraux, et fix parmi les « étudians, pour des moines natifs de la ville ou diocéfe de Mende, fi « l'on en peut trouver affez pour remplir ce nombre. Ordonnons, de plus, « que les perfonnes & lieux dépendans du nouveau prieuré joüiront de « toutes les immunitez, libertez, exemptions & privileges dont joüit le « monaftère de St. Victor. Donné à St. Pierre de Rome, le premier « février 1368, & la fixieme année de nôtre pontificat. »

Le fecond jour de mars, le pape Urbain alla coucher à St. Jean de Latran, où il fit retirer de deffous l'autel les chefs de ft. Pierre & de ft. Paul, pour lefquels il fit faire deux riches buftes eftimez trente mille florins d'or, fur la poitrine defquels on voit encore une fleur de lys en pierreries, données par le roy de France Charles V; & au mois de may fuivant, les chaleurs commençant à fe faire fentir à Rome, le pape partit pour Montefiafcone, près de Viterbe, où il refta jufqu'au mois d'octobre. Pendant le féjour qu'il y fit, on rétablit, à fa priere, à Montpellier, l'églife des Carmes, qui avoit été détruite en 1361, à l'occafion des courfes des Anglois dans le Languedoc : nôtre Talamus en marque l'époque, & la nouvelle difpofition qu'on donna à cette églife. L'an 1368 & le 25 août, l'églife neuve des carmes de Montpellier fut commencée avec leur jardin à la tête du dortoir neuf : le grand autel eft vers l'eau, & l'églife s'étend vers le grand chemin qui conduit de la porte du Legados à l'églife de St. Cofme.

IV. Le même Talamus nous marque qu'on fit à Montpellier, fur la fin de cette année, une grande fête à l'occafion de la naiffance de Charles, fils aîné du roy de France, né à Paris le troifieme décembre; il nous apprend que les lettres qui en donnoient la nouvelle à nos confuls étoient écrites au nom de la reine, & que les confuls donnerent au porteur vingt-cinq francs d'or; mais le détail de la proceffion qu'ils firent à ce fujet peut mériter de trouver ici fa place. En icelle (dit-il) les curiaux de la ville, des cours fpirituelle & temporelle, & tous les officiers du confulat : tous les métiers de la ville, chacun fa chandelle allumée; les bannieres alloient devant, fçavoir, celle de France, puis celle du confulat, & après celle de St. Firmin; il y eut deux fermons de deux docteurs en théologie; le premier d'un frere prêcheur & l'autre d'un frere mineur; le premier fut dit à Notre-Dame des Tables, & le fecond devant l'hôtel de ville. Nous verrons dans la fuite de cette hiftoire que l'ufage s'introduifit alors de prêcher & de chanter la meffe dans les cérémonies publiques, fous les arceaux de la galerie qui eft à côté de la porte de l'hôtel de ville.

Un evêque de l'ordre des freres prêcheurs (ajoûte nôtre Talamus) fit la proceffion à caufe que l'evêque de Maguelone étoit à Avignon. Ce qui nous donne lieu de croire que les commiffions, dont le pape avoit chargé Gaucelin de Deux, le * retenoient alors dans le comté Venaiffin, & qu'il y refta encore plus longtems, puifque nous ne trouvons dans nos archives aucun acte de lui qu'après la mort d'Urbain V.

PAGE 125.

Cependant le pape vaquoit à Rome aux affaires de l'églife durant l'hyver, & à Montefiafcone durant l'été. Il y fut vifité par l'empereur Charles IV & par l'imperatrice, fon époufe, qu'il couronna dans l'églife de St. Pierre. La reine Jeanne de Naples, Pierre de Lufignan, roy de Chypre, & Jean Paleologue, empereur de Conftantinople, vinrent lui parler de differentes affaires qui regardoient leurs états; mais toutes ces grandes occupations avec le foin général de l'églife ne l'empêcherent pas de penfer à la ville de Montpellier, qu'il honora toûjours de fa bienveillance. Il fe propofa d'y faire un établiffement pour l'école de médecine, comme il avoit déjà fait pour l'école de droit, & ayant fait acheter les maifons qu'il lui falloit pour ce deffein, il le rendit public par la bulle de fondation qu'il donna le 26 feptembre 1369. On verra par le précis que j'en vais donner, qu'en favorifant la ville de Montpellier il n'oublia point le diocéfe où il avoit pris naiffance.

V.

1369.

Après avoir parlé de l'utilité des fciences & fait un grand éloge de l'école de médecine de Montpellier, que je raporterai dans l'article de cette faculté, il dit qu'il fonde à perpetuité un collége de douze étudians en médecine dans la ville de Montpellier & dans la maifon qu'il a fait acheter dans la ruë de St. Mathieu, qu'il défigne de la forte : confronte d'une part la maifon de Jean Jacobi, maître en medecine, la ruë Entre-Deux qui defcend à la Blanquerie. D'autre part, confronte la maifon de Jean de Tournemire, profeffeur en medecine, deux habitations entre deux. Et du côté de l'entrée confronte la ruë des Medecins, autrement dite la ruë de Saint-Mathieu. Il veut que le collége foit appellé le collége des Douze-Medecins; qu'ils foient tous de la ville ou du diocéfe de Mende; qu'ils faffent leur demeure dans ce collége, en y étudiant & gardant les réglemens qui feront dreffés par fon ordre; mais parce qu'un pareil établiffement ne pourroit fubfifter fans dotation, nous nous propofons (ajoûte le pape) de lui en affigner une bien fuffifante dans peu de tems. Donné à Viterbe, le 26 feptembre 1369.

Peu après l'expédition de cette bulle Urbain fe rendit à Rome pour y paffer tout l'hyver felon fa coûtume; & en étant parti dans le mois d'avril 1370 pour Viterbe & pour Montefiafcone, il déclara le deffein qu'il avoit de retourner à Avignon pour ménager la paix entre la France & l'Angleterre; & afin que toute fa cour pût fe difpofer à ce voyage, il donna des vacations depuis le commencement de juin jufqu'au commencement d'octobre.

1370.

Dans cet espace de tems, sainte Brigitte de Suede, qui étoit pour lors à Rome, demanda au pape la confirmation de sa regle, pour un grand monastère qu'elle avoit établi dans son païs, ce qu'elle obtint; mais elle ne put lui cacher qu'elle avoit eu revelation que s'il retournoit à Avignon, il y mourroit aussitôt. Tous les auteurs de la vie de ce pape conviennent du fait; mais il faut qu'Urbain n'y ajoûtât pas une grande foy, puisqu'il partit le vingt-sixieme jour pour Corneto, où il s'embarqua le cinquieme septembre, & arriva à Marseille le 16 du même mois, & enfin le 24 à Avignon, où il fut reçû avec grande joye.

Il résolut aussitôt d'aller en personne négocier la paix entre Charles V, roy de France, & Edouard III, roy d'Angleterre : il fit quelques préparatifs pour ce voyage; mais il fut bientôt attaqué d'une maladie qui lui faisant connoître que sa fin étoit proche, il ne songea qu'à ce qui régardoit son salut. Dans cette maladie il donna des grandes marques de la soûmission qu'il devoit à l'église, & de cette éminente piété que tous les historiens lui reconnoissent; il mourut le jeudi dix-neuvième de decembre 1370, après avoir tenu le St. Siege huit ans, un mois & dix-neuf jours.

Parmi les grandes vertus qu'il fit paroître durant son pontificat, on marque son désinteressement & sa modestie : il ne voulut jamais permettre que son pere acceptât une pension que le roy de France lui faisoit offrir; & quoi qu'il donnât à ses parens de quoi s'entretenir selon leur état, il ne voulut jamais les élever. Le cardinal Anglic, son frere, fut le seul de sa famille à qui il donna cette dignité, encore ne fut-ce qu'après de grandes instances du sacré college & à la fin de la quatriéme année de son pontificat, *cum magna precum dominorum cardinalium instantia fratrem suum promovit ad summum cardinalatus apicem, licet probatissimus esset.* On marque encore Bernard de Castelnau, du diocése d'Agde, son parent, qu'il fit evêque de St. Papoul; mais ils furent les seuls, & je crois ne devoir pas oublier à ce sujet un article que je trouve dans sa vie, qui interesse particuliérement la ville de Montpellier : c'est qu'il ne voulut pas que le fils unique de son frere cherchât une alliance relevée, & il se contenta de lui faire épouser la fille d'un marchand de Montpellier, dont il connoissoit la probité & la vertu; *Nepotem suum unicum ad quem paterna hæreditas pertinere debebat, non cum altiori, imo nec cum æquali in genere voluit copulari; suscepit enim sibi in uxorem filiam cujusdam mercatoris Montispessulani satis, simplicis sui generis respectu.* On ne nous a point conservé le nom du marchand qui fut honoré de cette alliance; mais je trouve que sa fille s'apelloit Jaquette, comme il résulte du testament du cardinal Anglic, qui raporte une clause du testament de son neveu, mort avant lui, *exceptis legatis per me factis quæ tangunt Jacobam uxorem meam & hæredis inftitutionem.*

La nouvelle de la mort d'Urbain V caufa dans Montpellier des regrets proportionnez à la grande eftime & à la reconnoiffance qu'on lui devoit. Nos confuls & les ouvriers lui firent faire un fervice folemnel, à Nôtre-Dame des Tables, la veille de Noël, où ils jetterent, felon l'expreffion de notre Talamus, un drap d'or, fil de Luques, bordé de vingt-quatre flambeaux, & les ouvriers y jetterent un autre drap d'or avec dix flambeaux ; la meffe fut chantée par Berenger de Sauve, chanoine de Maguelone & prieur de Nôtre-Dame, en l'abfence de Gaucelin de Deux, qui refta à Avignon pour les obfeques de fon bon maître, qui furent faites à Nôtre-Dame de Dons, & enfuite à la tranflation de fon corps dans l'abbaye de St. Victor de Marfeille, où il fut porté le dernier du mois de may de l'année fuivante.

1371.

Durant ce tems, les cardinaux affemblez à Avignon élûrent par acclamation, le 29 décembre, le cardinal Pierre Roger, fils du comte de Beaufort, dans le Limoufin, qui fut facré le cinquiéme de Janvier 1371, & prit le nom de Gregoire XI. Nos confuls (comme nous l'aprenons du Talamus) affifterent à fon facre avec quelques autres habitans des plus qualifiez de la ville ; & à leur retour ils firent monter la groffe cloche de Nôtre-Dame des Tables, qui fut benite par le prevôt de Maguelone, à l'abfence de l'evêque.

Ce prélat revint enfin après s'être acquitté de tout ce qu'il devoit à la mémoire d'Urbain V ; mais à fon arrivée il eut une grande difcuffion avec nos confuls, qui avoient fait dreffer un pilory dans le terroir de Caravetes : l'evêque prétendit que ce droit n'apartenoit qu'à lui feul, en qualité de comte de Melgueil & de Montferrand, d'où Caravetes relevoit ; & les confuls foûtenoient qu'ayant droit de peine afflictive contre les malfacteurs, ils pouvoient dreffer ce poteau pour les intimider. Dans ce different on convint de s'en remettre à Jean de Blandiac, cardinal de Nîmes, qui confervoit le nom de cette ville, dont il avoit été evêque ; mais dans le tems qu'il s'inftruifoit de l'affaire, Gaucelin eut recours aux voyes de fait, & fit enlever le pilory ; d'où les confuls ayant pris occafion de fe plaindre au roy Charles V, il ordonna au fénéchal de Beaucaire de faire remettre ce poteau, fauf, en toutes chofes, les droits & l'autorité de l'evêque.

1372.

Depuis ce tems nous ne trouvons aucune mention de Gaucelin de Deux, & nos archives ne marquent pour le refte de fon pontificat qu'un feul événement, qui y eft raporté fort au long : c'eft une vifion qu'eut le miniftre des religieux de la Trinité, le onziéme may 1372, dans fon couvent de

Pet. Talam., ad. ann. 1372.

St. Maur, sur le chemin de Castelnau, où il vit un demon en figure humaine habillé de rouge, qui se présenta à lui en faisant mille grimaces, & qu'il chassa avec de l'eau benite hors des fenêtres de sa chambre. A peine ce spectre fut-il dehors qu'il quitta sa figure humaine, & il se forma aussitôt un orage qui déracina les arbres, & emporta jusque dans la ville le linge qu'on avoit étendu sur les bords de la riviere du Lez. On ajoûte qu'il fut vû des feux sur le puy de St. Loup, que le soleil parut sanglant pendant deux heures, la terre trembla; & la foudre étant tombée sur l'église St. Firmin abatit l'aiguille du clocher, qui en tombant enfonça les chambres des prêtres, & endommagea les maisons voisines.

PAGE 127.

Ces malheurs furent suivis de la mort de Gaucelin de Deux, que l'on marque au dernier de mars 1373, comme il resulte de nos archives & de l'inscription qu'on a mis sur son tombeau à Maguelone: *Hic jacet R. in Christo Pater D. D. Gaucelinus, primo venusini comitatus rector. Demum Magalonensis episcopus, qui obiit anno M. III. LXXIII. die ultima mensis Martii, cujus anima R. I. P. A.*

CHAPITRE QUATRIÈME.

I. Mort du cardinal de Canillac. II. Fondation de son collége de la Trinité. III. Description de l'église & monastere de St. Germain.

1372.

I.

L'Église de Maguelone qui venoit de perdre son evêque, ne tarda pas plus de trois mois à faire une autre grande perte en la personne du cardinal Raymond de Canillac, qui avoit été durant plusieurs années prévôt de Maguelone, où il travailla utilement pour sa communauté, sous trois evêques consecutifs, sçavoir: Jean de Vissec, Pictavin de Montesquiou, & Arnaud de Verdale, comme on a pû le voir dans tout ce que nous avons déjà dit. Il fut tiré de Maguelone en 1345, précisément dans le même tems que Guillaume, comte de Beaufort, frere du pape Clement VI, épousa en secondes nôces Garcine de Canillac, niéce du prévôt de Maguelone & héritiére universelle de tous les biens de sa maison. Le pape Clement VI ne voulut pas laisser plus longtems à Maguelone l'oncle de sa belle-sœur, & il profita de la démission de Guillaume de Laudun, archevêque de Toulouse, qui étoit devenu aveugle, pour nommer à sa place Raymond de Canillac, qui fut sacré la même année, selon les preuves qu'en raporte Baluze, il le fit

enfuite cardinal en 1350, dans la même promotion où Pictavin de Montef- *Pap. Aven.,*
quiou & Guillaume d'Aigrefeuille, parent & camerier du pape, furent faits *tom. 1, pag. 832.*
cardinaux.

En 1361, le pape Innocent VI, fit evêque de Prenefte le cardinal de *Gallia christiana in Archiep. Tolofanis.*
Canillac, qui eut onze voix pour la papauté dans le conclave d'Urbain V,
comme nous l'aprenons de Ste-Marthe. Mais fous le pontificat de ce pape,
il parut s'être retiré des affaires pour s'occuper plus particulièrement à l'é-
tude & aux fonctions de fon état. Il ne fuivit point le pape Urbain dans
fon voyage de Rome; mais il s'arrêta à Avignon, où il écrivit le traité que
Ciaconius apelle *Librum Recollectorum*, qu'il dit avoir été dédié à un archevêque de Narbonne. Après la mort d'Urbain V, le cardinal de Canillac fe
propofa de faire à Maguelone une fondation confidérable, pour laquelle il
demanda les pouvoirs au pape Gregoire XI, qui étoit fils du premier lit du 1373.
comte de Beaufort, fon beau-frere. Nous ne pouvons mieux juger de fon
deffein que par la bulle que le pape lui fit expédier à Avignon, le 19 de
mars 1372, où Grégoire lui dit :

« Que fur l'expofé qu'il lui avoit fait, de vouloir fonder dans l'ifle de
« Maguelone une chapelle fous le nom de la Ste Trinité, avec clocher &
« cloches, maifons & autres piéces néceffaires à douze ou plus de chape-
« lains, fi Dieu lui en donnoit les moyens, pour réfider dans l'ifle, & y
« célébrer des meffes pour le repos de fon âme & celle de fes parens. Auf-
« quels chapelains le cardinal Raymond offroit de donner des revenus fuf-
« fifans, & de prefcrire les reglemens qu'ils devroient fuivre. Sur quoi,
« ajoûte le pape, vous demandez les pouvoirs néceffaires. Et nous, en
« aprouvant un deffein fi loüable, vous donnons plein pouvoir de faire par
« vous-même ou par autrui cette fondation dans l'ifle de Maguelone, de
« douze ou plus de chapelains, dont l'un fera doyen & chef de tous les
« autres, *aliis præfit*; & en leur affignant réellement & de fait une dot fuf-
« fifante : nous vous donnons pouvoir de leur dreffer des ftatuts, felon lef-
« quels ils feront tenus de vivre & de fe gouverner, fauf le droit de l'églife
« de Maguelone & de tout autre. Donné à Avignon, &c. »

En conféquence de ces pouvoirs, le cardinal de Canillac fit les amas PAGE 128.
néceffaires pour fa fondation; mais avant que de les avoir finis, il fut furpris de la mort à Avignon, en 1373 le 19 de juin, qui eft le jour où l'on
célébre encore fon anniverfaire. Son corps fut mis en dépôt dans l'églife
des freres Mineurs d'Avignon pour le refte du mois, d'où il fut transféré à
Maguelone, le 4 de juillet, en préfence de Pierre de la Jugée, archevêque de
Narbonne, de Jean, evêque de Nîmes, d'Hugues, evêque d'Agde, neveu du
cardinal de Mantaruco, de l'evêque d'Huefca, avec l'abbé de St. Guillem.

On le mit dans l'église cathédrale dont il avoit été prévôt si longtems, & on lui dressa un tombeau magnifique, pour le goût de son tems, dans la chapelle du côté de l'evangile, & qu'on apella depuis la chapelle de Canillac.

Ses executeurs testamentaires travaillerent aussitôt à finir son ouvrage. Ils firent bâtir du côté de la mer, hors l'enceinte du logement des chanoines de Maguelone, une chapelle de la Ste Trinité avec les autres bâtimens nécessaires ; & ayant recouvré une partie des fonds assignez pour cette fondation, ils s'adresserent au pape pour lever un obstacle qui ne peut être mieux expliqué que par la bulle qui fut donnée à ce sujet & qui rapelle toute l'affaire.

« Nous ayant été exposé autrefois (dit Gregoire XI), par Raymond, de
« bonne mémoire, evêque de Preneste, qu'il vouloit fonder dans l'isle de
« Maguelone une chapelle, sous le nom de la Sainte-Trinité, pour douze ou
« plus de chapelains, dont l'un seroit doyen ou chef de tous les autres, *qui*
« *aliis præesset*, pour y célébrer des messes & l'office canonial, Nous en
« aurions donné plein pouvoir au susd. Raymond, evêque, comme il est
« contenu dans les lettres données à cet effet.

1373.

« Mais nous ayant été représenté depuis par le cardinal Anglic, evêque
« d'Albano, par le cardinal Pierre de Montaruc, vice-chancelier & evêque
« de Pampelone, du titre de St. Anastase, & par maître Pons de la Garde,
« prieur de St. Firmin de Montpellier, de l'ordre de St. Augustin, notre
« notaire & autres exécuteurs dudit Raymond, evêque de Preneste, que
« ledit Raymond avoit affecté pour ladite fondation deux cens cinquante
« florins d'or de revenu annuel, pour en être faite la distribution par ses
« executeurs testamentaires ; & que pour certaines causes raisonnables, il
« auroit voulu que le doyen, qui doit avoir la préféance dans cette chapelle,
« fût un chanoine de l'église de Maguelone ; en consequence dequoi lesdits
« executeurs auroient fait bâtir, depuis la mort de Raymond, la chapelle
« avec cloches, clocher & autres édifices ; & ayant acquis une grande
« partie des revenus assignez, ils nous auroient supplié humblement que
« pour prévenir les dissentions qui pourroient naître entre le prévôt & le
« chapitre de Maguelone d'une part, & le doyen & les chapelains de l'autre,
« il nous plût ordonner, comme chose très-expédiente, que le doyen de
« ladite chapelle fût un chanoine de Maguelone, auquel les autres chape-
« lains seront soûmis suivant la disposition desdits executeurs.

« Nous, à ces causes, ayant en recommandation les vûës loüables de
« Raymond, statüons & ordonnons d'autorité apostolique que celui qui
« présidera à cette chapelle, & qui sera apellé doyen, doive à perpétuité être

« un des chanoines de Maguelone, auquel les autres chapelains feront foû-
« mis, felon les réglemens qui leur feront donnez par lefdits executeurs.
« Donné à Avignon le 25 d'octobre & de nôtre pontificat l'année qua-
« triéme. »

Les ftatuts qui furent donnez aux nouveaux chapelains ne le furent qu'en 1376, par le cardinal Anglic & par Pons de la Garde, ancien prieur de St. Firmin, devenu déjà evêque de Mende. Nous remettons à dire tout ce qui concerne cette fondation dans l'article des églifes collegiales, pour ne pas interrompre confiderablement le cours de cette hiftoire.

Cependant le cardinal Anglic n'étoit pas fi occupé de la fondation du II. cardinal de Canillac, qu'il ne fongeât à finir l'établiffement que fon frere avoit déjà commencé à Montpellier. Il y donna plus particulierement fes foins lorfqu'il fut revenu d'Italie après la mort d'Urbain V, enforte que tous les bâtimens étant finis en 1373, il choifit le onziéme de feptembre pour faire la confecration de la nef de l'églife dont le pape Urbain n'avoit confacré que le grand autel. Notre Talamus s'en exprime en ces termes.

PAGE 129.

Le onze de feptembre, le cardinal d'Albe, frere du pape Urbain, de fainte mémoire, facra l'eglife St. Germain & ordonna que la fête du facre fût célébrée le premier dimanche après la Nativité de Nôtre-Dame. Nous nous en tenons prefentement à la dedicace du grand autel qui avoit été faite le 14 fevrier 1367, par le pape Urbain V, & nous en faifons la fête ce jour-là. Mais il eft tems de parler dans quelque détail de ce grand bâtiment qui comprenoit l'églife & le monaftere qui lui étoit contigû.

L'églife dans toute fa dimenfion de vingt-huit toifes de longueur dans œuvre, a le fanctuaire au fonds qui fe prefente en entrant avec les deux chapelles qui font à côté & qui font face à la grande porte d'entrée; il y a cinq toifes de profondeur, & avec les chapelles il occupe la largeur de la nef. Cette nef eft élevée de quatorze toifes, voûtée en croifée d'ogive, avec des pilaftres, ornée de moulures gothiques qui portent les arcs doubleaux de la voûte; elle a fix chapelles de chaque côté à droite & à gauche, dont l'élévation va aux deux tiers de la voûte.

1373.

Le pape Urbain avoit confacré l'autel du fanctuaire & les deux autres qui font à côté, en les dédiant (comme je l'ai déjà dit) à St. Benoit, à St. Blaife, & à St. Germain; mais les chapelles des deux côtez de la nef n'étoient pas encore confacrées ni dédiées à aucun faint en particulier. Le cardinal Anglic en fit alors la cérémonie & les diftribua en cet ordre : à droite en entrant, Ste. Marie, St. Victor, Ste. Cecile, Ste. Urfule, St. Martin, Ste. Catherine; & fur la gauche toûjours en entrant, Ste. Marguerite, St. Loüis, Ste. Croix, Ste. Marie Magdelaine, St. Lazare, St. Michel.

La plus confiderable de toutes ces chapelles étoit celle de St. Loüis, qui eft la feconde à main gauche en entrant, où l'on voit encore à la clef de la voûte les armoiries de France. Elle fut fondée par le roi Charles V, dans le tems que le pape Urbain prit la réfolution de venir à Montpellier. Nous l'aprenons des lettres même du roi, où il dit qu'ayant apris que le pape avoit donné ordre de bâtir une magnifique églife à Montpellier, *ordinavit miro opere conftrui ecclefiam in villa Montifpeffulani.* Il s'eft propofé d'y fonder une chapelle à l'honneur de St. Loüis, pour laquelle il affigne aux chapelains qui la defferviroient quarante livres fur la communauté de St. Pons de Mauchiens, diocéfe de Beziers ; plus une maifon que poffedoit Raymond Izalquier, chevalier dans le lieu de Magalas; cent foixante feftiers d'orge, une faumée de vin, trente-trois feftiers d'huile, trois fols tournois, & la tafque de trente feftiers d'orge dûë par divers particulier de Magalas, & celle de vingt-cinq feftiers d'orge avec huit fols tournois fur le territoire de Pechfalicon. Voulant (ajoûte le roi) que fi les chapelains viennent à aliener ou vendre quelqu'un de ces effets, ils ne foient pas tenus de nous en payer aucune finance. Donné à Vincennes, le 18 du mois d'octobre 1367.

Gariel, feries, page 423.

La grande porte de l'églife, telle qu'elle étoit alors, nous donneroit lieu à une belle defcription, fi les huguenots ne fe fuffent pas attachez, comme ils firent, à la détruire entierement. Gariel nous aprend qu'elle étoit à deux battans feparez par une colonne canelée, que l'huiferie étoit couverte de lames de fer, & tournoit fur des pivots de bronze, & qu'au deffus de la porte étoit une ftatuë de la Vierge portant fon fils entre fes bras au milieu des douze apôtres, chacun dans fa niche.

Changemens de l'églife St. Pierre, pages 78 & 79.

Mais une chofe qui a échapé aux fureurs des guerres paffées, eft le portique de l'églife formé par deux tours rondes & maffives de vingt-quatre pieds de diametre qui portent une voûte élevée jufqu'à la hauteur de l'eglife, & vont enfuite fe terminer en pointe comme l'aiguille d'un clocher. Ce morceau, qui fubfifte encore dans fon entier, n'eft pas un des moins confiderables de tout ce grand édifice.

Toute la maffe de l'églife étoit flanquée de quatre tours carrées, placées aux quatre coins de l'églife; celles qui étoient à côté de la grande porte d'entrée avoient vingt-quatre toifes de hauteur, & cinq de large fur chaque face : les deux autres qui portent fur les chapelles du côté du fanctuaire font un peu moins larges * & un peu moins hautes ; mais elles fervoient également à marquer de loin un grand édifice; & les deux premieres étoient bonnes en tems de guerre pour placer de l'artillerie fur leur terraffe, comme on fit durant le fiége de Montpellier.

Page 130.

Le monaftere dont le plan avoit parû au pape Urbain V plus grand &

plus beau que celui de l'églife, devint en effet un des plus beaux monaftéres de France, à n'en juger que par les beaux reftes qui fubfiftent encore; il étoit à l'occident de l'églife, & formoit avec elle un quarré parfait. Ses murs, épais de plus de fix pieds, s'élevoient jufqu'à la hauteur de l'églife; ils étoient terminés, du côté de l'entrée qui regarde le midy, d'un entablement de pierre en forme de meurtrieres qui fubfiftent encore, & où les eaux du couvert venoient fe rendre dans un canal creufé tout au long, pour s'écouler par les tuyaux. J'obferverai en paffant que le couvert, porté fur une forte charpente, avoit plus de pente que n'en ont ordinairement les couverts en ce païs-ci, où l'on n'eft pas fujet, comme en France, au féjour & à l'abondance des neiges. Celui du monaftére de St. Germain aprochoit beaucoup des toits que nous apellons à la françoife, comme on peut le remarquer à la tour du grand clocher où le toit du corps de logis voifin venoit aboutir fous une chaîne de pierres taillées en pente pour le garantir des goutieres.

Ce grand quarré de bâtiment formoit dans fon milieu un cloître voûté en ogive dont il ne refte en fon entier que le feul côté qui apuye à l'églife. Il a huit arceaux larges dans œuvre de dix à treize pieds. Au-deffus de ce premier cloître il y en avoit un autre de la même cimetrie, qui régnoit autour du fecond étage; mais du côté de l'églife il ne communiquoit que par une terraffe ouverte pour ne pas boucher le jour des fenêtres de l'églife. Les voutes de ce fecond étage portoient une galerie ouverte qui régnoit autour du troifiéme étage; & afin qu'on y pût marcher à l'abri de la pluye, on y avoit fait un toit de charpente, dont on voit encore les trous des folives tout le long de ce grand bâtiment. Ce toit venoit repofer fur des pilliers de pierre, qui fortoient d'une baluftrade à hauteur d'apuy au-deffus des voûtes.

On ne montoit au quatrième étage que par divers petits dégrez difperfez dans l'intérieur des trois grands corps de logis dont j'ai parlé. Il feroit à fouhaiter de fçavoir la diftribution qu'on avoit fait des apartemens; mais la chofe paroît impoffible, furtout du côté du midy, où l'on a bâti depuis le palais epifcopal; on peut dire feulement, à en juger par les fenêtres anciennes qui reftent au-deffus de la bibliotéque de Mr. l'evêque, qu'il y avoit là des chambres de religieux ou d'etudians, car ces fenêtres ne peuvent convenir qu'à des celules.

On ne trouve rien d'affuré pour le côté qui regarde le couchant, mais vers celui du feptentrion, on trouve des marques de la cuifine qui ne font pas équivoques; car il y refte encore une vafte cheminée, dont le tuyau de maçonnerie a trois pieds de diametre, taillé en rond & va fe perdre dans les airs. La dépenfe étoit derriere cette cheminée, comme le défigne une

1373.

ancienne porte qui eſt à côté. Le refectoire fuivoit en deçà la cuifine & s'étendoit jufque vers l'églife dans le lieu où eſt aujourd'hui la chambre capitulaire. Il eſt défigné dans le verbal de la fecularifation en ces termes : *in clauſtro baſſo à parte ſeptentrionis.*

La bibliotéque étoit immédiatement ſur la cuifine & ſur le refectoire ; elle étoit voûtée deſſus & deſſous, & prenoit jour par des fenêtres fort exaucées, qu'il y avoit des deux côtez. On y ménagea, pour étudier plus en repos, divers réduits dans l'épaiſſeur de la muraille, ou deux hommes pouvoient s'enfermer en prenant du jour d'une petite fenêtre qui paroît encore dans chaque réduit. J'en ai vû de femblables à Ste. Genevieve de Paris & aux petits Peres de la place des Victoires ; mais les nôtres étoient plus folidement conſtruits, puifqu'ils durent encore depuis plus de trois cens ans. Une chofe qui exerce fouvent les curieux en cet endroit-là, c'eſt une traînée de trous quarrez d'un pouce & demi qui regnent tout le long des murailles de la bibliotéque, à la diſtance de deux pieds l'un de l'autre. Tous ces trous paroiſſent avoir été remplis de bonnes chevilles de bois, fur quoi nos curieux font divers fiſtêmes, dont le plus naturel & le plus fimple eſt que toutes ces chevilles étoient pour recevoir les clous avec lefquels on attachoit des planches pour garantir les livres de l'humidité.

Le reſte du bâtiment de ce côté-là, tirant vers l'églife, s'eſt mieux confervé ; car on y voit encore des chambres du fecond, troifiéme & quatriéme étage. Il y en a une grande occupée aujourd'hui par nôtre facriſtain, qui eſt adoſſée à une chapelle voûtée deſſus & deſſous, où l'on voit deux fenêtres longues à côté de l'autel, & une autre en rond par-deſſus. Je ferois tenté de croire que l'infirmerie étoit en cet endroit, tant par le bon afpect qu'on y avoit que par la commodité d'une grande tribune, ménagée dans la chapelle de St. Michel, d'où les convalefcens pouvoient entendre le fervice divin.

Je trouve dans nos vieux actes qu'il y avoit trois chapelles dans l'enclos du monaſtère, deux de la Vierge, & une troifiéme dédiée à ſt. Sebaſtien, avec confrérie, qui pour cette raifon auroit dû être dans le cloître bas ; mais il eſt bien difficile d'en marquer la pofition.

Je fuis dans la même peine pour placer la porte d'entrée de ce grand monaſtère, dont il ne reſte aucun veſtige depuis qu'on en a pris une partie pour y bâtir la maifon epifcopale. Gariel nous aprend qu'on y voyoit autrefois cette infcription :

URBANUS V. PONT. MAX. MONASTERIUM ET COLLEGIUM HOC SCIENTIARUM SEMINARIUM, PRO SUA IN CHRISTIANAM RELIGIONEM ET ORDINEM S. BENEDICTI OBSERVANTIA EXTRUXIT ET DOTAVIT ANNO VIRGINEI PARTUS M. CCC. LXVI.

II. Partie. Livre quatriéme.

Il ne me refte que de parler de ce grand vacant qu'il y avoit autrefois depuis le chevet de l'églife jufqu'à la ruë des Carmes, & qui eft rempli maintenant par la maifon curiale, par celle de la maîtrife, par un jardin infeodé à un particulier, & par le cimetiere de la paroiffe; fur quoy j'ay à faire obferver, que par les fondemens qui reftent autour de ce grand enclos, il paroît que toute la clôture étoit de la même pierre & de la même maçonnerie que tout le monaftére, & qu'au bout de l'angle qui tourne vers les douze pans de la ville, on avoit écorné la pointe du coin pour donner plus de tournant aux charrettes qui y entroient par la porte de la menagerie, dont on y voit encore les marques.

Quant à la diftribution de ce grand efpace, je ne trouve rien de certain que pour l'emplacement de la maifon curiale, qui fervoit de cimetiere aux religieux de la maifon, comme on le découvrit au commencement de ce fiécle en remüant la terre pour l'agrandiffement qu'on a fait à la maifon curiale; on y trouva plufieurs bierres qui renfermoient des corps morts revêtus de dalmatiques & de chafubles de prix; car le fils de l'architecte, qui vit encore, m'a dit que ces habits d'églife étoient garnis de galons d'or & d'argent, dont la foye s'en alloit en pouffiere à mefure qu'on les touchoit; enforte qu'il ne reftoit que l'or & l'argent des galons, que les ouvriers ramafferent avec foin, & dont le fils de l'architecte me dit avoir fait pour fa part dix ou douze écus.

Si ceux qui ont fait bâtir la maîtrife, où il y a un puits fort large & fort ancien, avoient eu quelque attention fur ce qu'ils trouvoient en foüillant la terre, nous aurions pû en tirer quelque éclairciffement. J'en dis de même du jardin inféodé qui règne le long des douze pans, & qui eft terminé vers le monaftere par une ancienne muraille épaiffe de cinq à fix pieds. On y voit une naiffance d'arceau, qui répond à une autre naiffance du côté du monaftere qui eft vis-à-vis, d'où il femble que l'entre-deux devoit être rempli pour la commodité des offices, de plufieurs bâtimens plus bas que le monaftere; comme on peut l'inferer des marques qui reftent au petit logement du fonneur, & fur les hautes murailles de St. Germain qui répondent à cet endroit.

1373.

Je croirois volontiers qu'entre l'endroit dont je parle & le cimetiere des religieux, occupé aujourd'hui par la maifon curiale, étoit le jardin du monaftere, apellé dans quelques actes *Viridarium*, où l'on entroit de l'interieur de la maifon par la feule porte qu'il y avoit de ce côté-là; elle étoit furmontée * d'une meurtriere que l'on voit encore au-deffus de la facriftie, qui eft garnie aujourd'hui d'armoires à droite & à gauche. Il eft à croire que c'étoit un paffage pour aller du cloître au jardin, comme on peut l'inferer

Page 132.

du grand arceau qui fepare le cloître de cette facriftie, où l'on a bâti depuis une legere muraille pour en faire la féparation.

Tout ce que je viens de dire pourra paroître ennuyeux aux étrangers, qui ne font pas obligez de prendre le même interêt que nous à tout ce détail. Mais, comme j'écris pour mes concitoyens, je prie les autres d'excufer, dans cette partie de mon ouvrage, les particularitez où je fuis obligé de décendre, en faveur de ceux à qui le détail de leurs affaires domeftiques fait toûjours plaifir. Mais avant que de finir ce chapitre, j'obferverai une chofe également curieufe pour mes compatriotes & pour les étrangers; c'eft que tout ce grand édifice, qu'on ne feroit pas maintenant (au dire des architectes) pour huit cens mille livres, ne coûta pas ce que nous employerions aujourd'hui à une fimple maifon bourgeoife. Car un des écrivains de la vie du pape Urbain V, voulant faire valoir les grandes dépenfes qu'il fit pour la conftruction de l'églife & du monaftere de St. Germain, prend à témoin les commiffaires députez à ce bâtiment, pour nous affurer qu'il y employa jufqu'à fept mille livres & au-delà, *& audivi ab his qui dicti operis faciendi erant commiffarii deputati quod in feptem millia francorum & ultra in opere illo expenfa fuerant, cum dependentibus fubfecutis.* J'avoûe qu'en lifant cet endroit, j'ai foupçonné de quelque erreur les copiftes de l'abbé de Moiffac, qui a écrit cette vie; mais j'ai été détrompé en trouvant dans nos archives une entiere conformité avec cet auteur; car on voit dans notre grand Talamus la décharge qui fût donnée à nos confuls par Pierre de Cros, archevêque d'Arles & camerier du pape, contenant ce qu'ils ont payé aux ouvriers des bâtimens que le pape Urbain V avoit fait faire à Montpellier, la fomme de fept mille fix cens quatre-vingt florins qui leur avoient été delivrez à cet effet. D'où l'on peut inferer que fur la fin du quatorzième fiécle, l'argent valoit cent fois plus qu'il ne vaut à prefent, puifqu'on fit avec fept mille livres ce qui en coûteroit maintenant fept cens mille.

1373.

CHAPITRE CINQUIÉME.

I. Nomination de Pierre de Vernobs à l'evêché de Maguelone. II. Lettres qu'on reçoit de lui à Montpellier. III. Gregoire XI transfere le St. Siege d'Avignon à Rome. IV. Il procure à l'université de Montpellier une relique de St. Thomas d'Acquin. V. Il meurt à Rome, & Urbain VI est élû à sa place. VI. Robert de Geneve dispute la papauté à Urbain VI. VII. Le cardinal Anglic fonde à Montpellier le college de St. Ruf.

UN mois avant la consecration de la nef de St. Germain par le cardinal Anglic, le pape Gregoire XI avoit nommé Pierre de Vernobs à l'evêché de Maguelone, qui vaquoit depuis trois mois. Notre Talamus s'en explique en ces termes :

Le 13 août 1373, le pape fit evêque de Maguelone Pierre de Vernobs de Murat, abbé d'Aniane, lequel vaquoit depuis la mort de Gaucelin de Deucio. Ce prélat étoit actuellement tréforier du pape ; ce qui fut cause qu'il séjourna longtemps à Avignon, avant que de se rendre à son evêché.

I. PIERRE DE VERNOBS.

On marque dans la premiere année qu'il eut été nommé, les honneurs funebres qui furent faits à Montpellier à la reine de Navarre, dont j'ai marqué le passage en cette ville dans le premier tome de cette histoire. Nos archives entrent dans un détail de cette cérémonie, qu'il ne sera peut-être pas indifferent de rapporter pour connoître les usages particuliers de ce tems-là.

« Le six décembre, jour de St. Nicolas, le gouverneur de Montpellier &
« autres officiers de la ville firent faire un service pour la reine de Navarre
« dans l'église des freres Mineurs, & firent dresser dans le chœur un tom-
« beau avec chapiteaux. La messe fut célébrée par l'abbé de St. Iberi, & un
« docteur en théologie prêcha. Il y eut quatre draps d'or & environ cent
« flambeaux partout.

PAGE 133.

« Le lendemain la ville fit faire les honneurs à ladite reine aux freres
« Prêcheurs. Il y eut un tombeau avec chapiteau, & sur le chapiteau quatre
« cens chandelles environ d'un quarteron chacune avec huit flambeaux,
« & autour du chœur en haut quatre-vingt flambeaux avec armoiries, &
« sur le tombeau un drap bordé de noir, avec les armoiries du consulat. »

« Les ouvriers y jetterent un drap d'or avec armoiries, & cent flambeaux.

« Les consuls de mer un drap armorié & douze flambeaux aussi armoriez. »

« Quelques particuliers de la ville y jetterent cinq draps d'or avec
« foixante flambeaux; & Bernard Alemannes, natif de Mende, doƈteur en
« decret de Montpellier, & evêque de Condom, y chanta la meffe, & frere
« Jean Soquier, prieur, y fit le fermon.

« Le neuviéme decembre l'univerfité fit faire un autre fervice aux freres
« Prêcheurs, & y jetta vingt draps draps d'or avec vingt-quatre flambeaux,
« la meffe ayant été chantée par ledit evêque de Condom. »

1374. L'année 1374 eft mémorable par la pefte qui ravagea toute la France, & durant laquelle on fit à Montpellier cette bougie dont j'ai parlé dans le premier tome de cette hiftoire; le mal dura encore bien avant dans l'année fuivante, ce qui donna lieu à divers petits établiffemens de piété; car les confuls firent alors une confrerie de Nôtre-Dame de Bethléem dans leur chapelle de l'hôtel de ville, pour tous les officiers de cette maifon. Ils en obtinrent la confirmation de l'evêque de Maguelone, & l'on marque que cette confrerie fubfifta jufqu'aux premiers troubles de la religion, en 1559. Les mêmes confuls firent benir de nouveau leur chapelle, après y avoir fait bâtir un clocher, dont la cloche leur devint fi funefte lors de la grande fédition de Montpellier, fous le duc d'Anjou. Ils firent auffi monter la groffe cloche de Notre-Dame pefant 88 quintaux, & la moyenne dite d'Efquille, pefant fept quintaux.

Au milieu de toutes ces actions de piété, on en marque une de juftice contre les banqueroutiers, dont le nombre avoit augmenté par les malheurs **1376.** des tems. Nos archives raportent qu'un nommé Brunenc, faƈteur de Jean Colombier, voulant fe dérober à la juftice, alla fe réfugier aux Auguftins, où il fe croyoit en fûreté; mais le bailly avec main forte alla le tirer de ce couvent, en vertu, difent nos annales, du privilege accordé à la ville par Alexandre IV, qu'on avoit pris foin de faire confirmer par Urbain V, contre *Grand Talam.* le droit d'azile prétendu par les réguliers.

II. Environ ce même tems, on reçut à Montpellier trois lettres de Pierre de Vernobs, evêque de Maguelone, dattées d'Avignon, où il étoit arrêté par fes fonƈtions de tréforier du pape: dans la premiere, du onziéme de janvier 1376, adreffée au clergé & au peuple, il les exhorte à faire des prieres pour le bon fuccès des conférences commencées entre le duc d'Anjou, le duc de Lancaftre & les nonces du pape, pour moyenner la paix entre la France & l'Angleterre; il accorde pour cet effet aux véritables pénitens qui feront les exercices de piété qu'il leur marque des indulgences qui devoient finir lorfque la paix feroit faite; dans la feconde, du dix-fept de janvier, adreffée à tous les fidelles de fon diocéfe, il les exhorte à la dévotion de la fainte Vierge, & leur rècommande l'églife de Nôtre-Dame des Tables : enfin la troisiéme, du dix-neuf septembre, adressée aux consuls, est un reproche charitable de ce qu'on a reçû à Montpellier les Florentins excommuniez par le pape.

Pour l'intelligence de ce fait, il est à observer que les Florentins ayant formé une ligue où ils engagerent presque toutes les villes de l'état ecclesiastique, tuërent ou chasserent honteusement les officiers du pape, & que pour animer les peuples dans leur revolte, ils prirent pour signal un etendart où étoit écrit ce mot latin : *libertas*. Le pape procéda contre eux par les censures de l'èglise, & deffendit à tous les fidéles de les recevoir & de leur donner aucun secours, sous peine d'excommunication pour les personnes & d'interdit pour les villes. Malgré cette * défense ils furent reçûs à Montpellier, où ils avoient beaucoup de correspondans à cause de leur commerce de mer : c'est ce que nous aprenons de la lettre de Pierre de Vernobs, où il dit aux consuls : *Nunc autem dolenter accepimus quod omnes Florentini illarum partium ad locum vestrum declinaverunt quod vix sufficimus admirari*. Il ajoûte qu'il n'a obtenu qu'après de grandes instances l'absolution des peines qu'ils avoient encouruës, & il les exhorte à éviter la récidive, qui n'est pas (dit-il) un signe de pénitence, mais une marque de mépris.

PAGE 134.

1376.

Dans ces entrefaites, mourut à Montpellier Bernard de Castelnau, que nous avons dit avoir été fait evêque de St. Papoul par Urbain V, de qui il étoit parent. Nos archives marquent qu'il fut enseveli le lendemain de sa mort, arrivée le 7 de mars 1376, dans l'èglise de St. Benoît, devant le grand autel, du côté de l'évangile.

Cependant Gregoire XI, persuadé que le long séjour des papes à Avignon autorisoit la non-résidence des evêques & autres bénéficiers, résolut de s'en rétourner à Rome, & fit publier une constitution du 29 de mars 1374 qui ordonnoit à tous les evêques, de quelque dignité qu'ils fussent, aux abbez reguliers & aux chefs d'ordre de se rendre dans un mois à leurs églises.

III.

La guerre qui étoit alors échaufée entre la France & l'Angleterre fit suspendre encore quelque tems son départ; mais ayant perdu l'esperance de procurer la paix de ces deux couronnes, il écrivit au commencement de l'année suivante à tous les princes chrétiens pour leur faire part de son dessein. Le roi Charles V fit partir aussitôt son frere Loüis, duc d'Anjou, qui étoit à Toulouse, pour se rendre à Avignon & tâcher de rompre le voyage du pape. Ce prince lui prédit tout ce qui arriveroit à Rome, s'il venoit à y mourir, comme il en étoit ménacé; mais le pape, plus touché des prédictions qu'il avoit oüi faire par Ste Brigitte au pape Urbain, son prédécesseur, & par tout ce que lui dit encore Ste Catherine de Sienne, que les Florentins venoient de lui envoyer pour faire leur paix avec lui, le rendit enfin aux follicitations des Romains qui firent partir Luc Savelli, pour lui repréfenter que fi le pape qui eft apellé par tous les chrétiens le pontife romain, ne revenoit pas à Rome, ils étoient refolus de fe pourvoir d'un pape qui y réfidât.

1376.
Tous ces motifs le déterminerent enfin de partir d'Avignon le 13 de feptembre 1376, y laiffant feulement fix cardinaux, du nombre defquels étoit Anglic Grimoard, evêque d'Albano. Il féjourna douze jours à Marfeille, où s'étant embarqué avec fa fuite, il arriva à Gênes le 18 octobre, & le 6 de novembre à Pife, où il féjourna plufieurs jours. Les capitulations qu'il fallut faire avec les Romains, pour la fûreté de fa perfonne, l'obligerent de s'arrêter cinq femaines à Cornetto, d'où s'étant rendu à Oftie, il entra dans

1377.
Rome le 17 janvier 1377, & y fut reçû avec toutes les démonftrations poffibles de joye.

IV. Peu après fon arrivée en cette grande ville, il voulut bien s'intereffer pour une grâce que l'univerfité de Montpellier demandoit avec inftance depuis longtems au général des Jacobins, à qui le pape Urbain avoit accordé depuis quelques années le corps de faint Thomas d'Aquin. On fit alors une diftribution de quelques parties de ce faint corps, & comme la ville de Montpellier eut le bonheur d'y participer, je crois devoir prendre ici la chofe de plus haut, mais avec beaucoup de précifion.

Ce faint docteur, ayant été apellé en 1274 au fecond concile de Lyon, mourut en chemin dans l'abbaye de Foffeneuve, ordre de Citeaux, diocéfe de Terracine. Les moines de cette abbaye conferverent foigneufement fon corps jufqu'en 1349, qu'il leur fut enlevé par Honorat, comte de Fondi, fuivant une prétenduë dévotion qui étoit fort ordinaire en ce tems-là; il le garda dix ans, au bout defquels il le rendit aux moines de Foffeneuve, par un fcrupule qu'on lui fit naître. Mais les Jacobins, qui fouhaittoient beaucoup d'avoir le corps de ce faint, l'un des plus grands ornemens de leur ordre, firent leur poffible pour porter le comte de Fondi à tâcher de le ravoir. Ce feigneur donc vint à l'abbaye, fous prétexte d'y chercher un réfuge contre des ennemis dont il difoit être pourfuivi, & pour plus grande fûreté, il demanda à loger dans une tour du clocher, où il fçavoit que les réliques du faint étoient enfermées dans la muraille; & afin que les moines

PAGE 135.
de * l'abbaye n'entendiffent point le bruit qu'il ne pourroit éviter de faire dans fon opération, il fuppofa que pour éloigner fes ennemis il falloit fonner toutes les cloches; & pendant qu'elles faifoient le plus de bruit, il fit ouvrir la muraille, enleva le corps & traita avec les Jacobins.

Cette affaire fit grand bruit en Italie, & donna lieu à plufieurs fentences d'excommunication, jusques-là, que frere Helie, général des Jacobins, s'étant préfenté en ce tems-là à Urbain V, dont il avoit été pénitencier, le pape ne put s'empêcher de lui dire: *Latro, bene veneris, furatus es fanctum Thomam.* Vous voilà donc arrivé, voleur qui avez dérobé le corps de faint Thomas ? A quoi l'on marque que le général répondit par ces paroles des freres de Jofeph : *Caro* (fic) *& frater nofter eft*, pour faire entendre qu'il n'avoit pris que ce qui lui apartenoit.

Cependant les moines de Foffeneuve pourfuivirent avec chaleur la reftitution de ce vol. Urbain, pour fe conformer à l'ufage de la cour romaine, laiffa traîner l'affaire pendant un tems confidérable durant lequel les Jacobins firent dire dans tout leur ordre un très-grand nombre de meffes pour prier Dieu de leur rendre le pape favorable. Il parla enfin en leur faveur & leur fit expedier une bulle datée de Montefiafcone, le 18 juin 1368, par laquelle il deftine le corps de ce faint pour leur couvent de Touloufe, par la raifon (dit-il) *quia ibi eft univerfitas nova, quam volo fundare in doctrina folida atque firma, qualis eft doctrina iftius fancti.* Il régla en même tems qu'on donneroit au couvent de Paris, où ft Thomas avoit enfeigné, le bras droit de ce faint, & le refte du précieux dépôt fut porté à petit bruit, en paffant par Montpellier, jufqu'à Proulhe, d'où il fut conduit à Touloufe & reçu avec grande folennité par le duc d'Anjou & grand nombre de feigneurs de fa fuite, le 28 janvier 1369.

Le roi Charles V (dit le fage) reçut, cette même année, le bras droit qui étoit deftiné pour Paris; & trois ans après on accorda au païs de la naiffance du faint un os entier de son autre bras, qui fut porté au couvent des freres Prêcheurs de la ville de Naples.

Alors l'univerfité de Montpellier, fe confiant à la protection du pape Urbain V, lui fit de grandes inftances pour obtenir une pareille grâce, qu'elle réïtéra fous Grégoire XI; mais, foit que les préparatifs de ce pape pour fon voyage de Rome euffent arrêté l'effet des démandes de l'univerfité, foit qu'il y eût quelqu'autre raifon qu'on ne marque point, ce ne fut qu'après l'arrivée de Grégoire à Rome que le général des Jacobins vint lui-même à Montpellier pour y remettre la relique qui lui avoit été deftinée. On en dreffa un acte autentique qui eft dans nos archives, & raporté par Gariel & par le P. Jacques Percin dans les Monumens de fon couvent de Touloufe, où il a inféré l'hiftoire de la tranflation du corps de ft Thomas, que j'ai fuivi littéralement dans le narré que je viens de faire.

1377.

« L'acte qui eft dans nos archives porte qu'en l'année 1377, & le troi-
« fième decembre, indiction XV, en la feptiéme année du pontificat de
« Grégoire XI, & fous le règne de Charles, roy de France, le reverend frere

« Helie, général des freres Prêcheurs, apporta lui-même à la chapelle du
« consulat de Montpellier *quoddam os sive nodum costarum beati Thomæ in
« duobus frustis de juxta renes, videlicet de illa parte corporis in qua per angelos
« Dei fuit cinctus cingulo castitatis*, en assurant, foy de prêtre & avec serment,
« qu'il avoit tiré lui-même cette rélique de la chasse où étoit le corps de
« st Thomas. Aprés quoi étant revêtu d'habits sacerdotaux, il en fit la
« délivrance aux consuls & au recteur de l'université, pour être portée à
« la chapelle de St. Thomas dans l'église des freres Prêcheurs de cette
« ville.

« Les consuls anciens & modernes, qui étoient alors Jacques Guigues,
« Bernard Saporis, Dominique Pascal, Hugues de Pertuis, Pierre Teule,
« Mathieu Solas, Raymond Lauthier, Raymond Martin, Pons de Cabanes,
« avec noble homme Philippe de Beaufort, bachelier ez loix, chanoine
« & chantre de l'église St. Pierre de Troyes, & recteur général de l'univer-
« sité de Montpellier pour la nation de Bourgogne, reçûrent avec respect
« lesdites réliques des mains du pere général, & les remirent aussitôt à
« vénérable religieux homme Hugues de Nolhac, chanoine de Mague-
« lone * & prieur de St. Firmin de Montpellier, pour être portées par lui
« processionellement en la chapelle de St. Thomas.

PAGE 136.

« Le prieur de St. Firmin, ayant pris ses habits d'église, reçut avec res-
« pect les réliques, & étant assisté des consuls, du recteur de l'université,
« des ordres mendians & du clergé séculier, il marcha vers le couvent des
« freres Prêcheurs, où il déposa les réliques dans la chapelle du saint (size
« dans le chapitre de ce couvent) pour être à la garde & au pouvoir des
« religieux de la maison, de quoi il fut donné acte public au pere général
« comme il l'avoit demandé. »

Toutes ces choses (continuë l'acte) se passerent successivement dans les lieux sus-mentionnez en présence de reverend pere en Dieu Hugues de Manhania, evêque de Segovie, des reverends freres Pierre Rives, de l'ordre des freres Prêcheurs, Pierre Berton, prieur du couvent, vénérables & discretes personnes Berenger de Rovere, vicaire général & official de Maguelone, de Jacques Maissende, juge de la cour du palais de Montpellier, lieutenant de noble & puissant homme Berenger de Pavo, chevalier gouverneur de ladite ville, & des docteurs ez loix Jacques Rebuffi, Laurens Paz, Guillaume Antoine & autres.

Cette sainte rélique, après avoir été obtenuë après tant d'instances, fut honorée à Montpellier jusqu'en 1562, où les prétendus réformez brûlérent tout ce qui servoit à nôtre culte, qu'ils traitoient d'idolâtrie. Le bruit courut qu'ils en avoient fait autant au reste du corps de st. Thomas, lorsqu'ils se rendirent maîtres de Touloufe, le onziéme mai de cette même année; mais en ayant été chaffez fix jours aprés, ils n'eurent pas le loifir d'executer la chofe, comme il fut vérifié autentiquement le 13 janvier 1587.

Tout ce que les prétendus reformez continüerent de faire contre les réliques des faints contribüa dans la fuite à augmenter le culte de St. Thomas d'Aquin, à Touloufe. Les religieux de fon ordre firent élever à leur dépens, en 1628, le magnifique maufolée qu'on y voit dans leur grande églife, & par les liberalitez du roy Loüis XIII, du duc de Montmorenci, gouverneur du Languedoc, de M. de Vervins, archevêque de Narbonne, du clergé de France, de la ville de Touloufe, de Mrs le Mazuyer et Caminade, premier & fecond préfidens au parlement, on fit faire la chaffe d'argent doré, qui renferme les offemens de ce faint, fur laquelle on peut rémarquer l'écuffon des armoiries du pape Urbain V.

1377.

Grégoire XI ne furvécut pas de beaucoup à la grace qu'il avoit procuré à l'univerfité de Montpellier, car il mourut à Rome le 27 de mars de l'année fuivante 1378, dans la quarante-feptiéme de fon âge. Sa mort eut toutes les fuites que le duc d'Anjou lui avoit predit à Avignon, car les Romains, perfuadés qu'ils n'auroient jamais une plus belle occafion d'avoir un pape italien, firent pour cet effet de très-preffantes rémontrances au facré college, & cette voye ne leur paroiffant pas affez forte, ils en vinrent aux menaces du feu qu'ils croyoient les plus capables d'intimider les cardinaux. Eux de leur côté divifez en trois fractions de françois, d'italiens & de limoufins, ne purent s'accorder qu'à choifir un italien qui ne fût pas du collège des cardinaux, ils s'arrêtérent à Barthelemi de Prignano, archevêque de Barri, qu'ils envoyerent querir fous pretexte d'une autre affaire. On lui déclara fon élection, on exigea fon confentement, on l'intronifa, & ayant fçû de lui qu'il prenoit le nom d'Urbain VI, on le falüa fous ce nom comme pape, & on publia fon élection aux fenêtres du conclave, felon la coûtume.

V.

1378.

Le lendemain, dixiéme jour d'avril, il defcendit avec les cardinaux dans l'églife de St. Pierre, où on le fit affeoir dans la chaire pontificale devant le grand autel; & aprés qu'il eut fait tout le fervice de la femaine fainte, il fut couronné folemnellement le jour de Pâques en préfence des feize cardinaux qui étoient alors à Rome, & qui continüerent pendant trois mois à lui rendre les devoirs accoutumez, & à vivre avec lui comme un vrai pape. Les fix cardinaux qui étoient demeurez à Avignon fuivirent l'exemple de ceux de Rome, lorfqu'ils eurent apris par leur lettre qu'ils avoient élû librement & unanimement le feigneur Barthelemi, archevêque de Barri, & qu'ils avoient déclaré fon élection en préfence d'une grande multitude de peuple.

PAGE 137.   Ils y répondirent par une autre lettre dans laquelle*ils reconnoiſſoient Urbain pour pape; & le cardinal d'Amiens, qui ſeul étoit abſent à cauſe de ſa légation de Toſcane, en étant revenu le 15 d'avril, fut réçû en conſiſtoire comme legat, & ſalüa Urbain comme pape. Ainſi il fut reconnu expreſſement par tous les vingt-trois cardinaux qui compoſoient alors le ſacré collége.

1378.   « La nouvelle étant venüe à Montpellier, on y fit une publication ſolem-
« nelle (dit nôtre Talamus) de l'élection de l'archevêque de Barri; &
« enſuite une grande fête le jour de St. Michel avec proceſſion générale &
« ſermon, qui fut dit à la place de l'Hôtel de Ville par F. Pierre Borron,
« maître en théologie, prieur des freres Prêcheurs; préſens, Hugues de
« Manhania, evêque de Segovie, Raimond de Sala, hoſtalier d'Orilhac,
« vicaire de l'evêque de Maguelone, Raymond de Caſtellar, recteur de
« l'univerſité, & outre grand nombre de peuple. »

La ſurpriſe y fut bien grande quelques jours après, lorſqu'on apprit qu'il y avoit un ſecond pape, & qu'il avoit été élû preciſement lorſqu'on célébroit à Montpellier l'élection du premier. Tant il eſt vrai que les petits dépendent du mouvement qu'il plaît aux grands de ſe donner; car les cardinaux qui étoient à Rome, fachez de pluſieurs mauvaiſes maniéres que le nouveau pape avoit eu avec eux, prirent le parti de ſe retirer à Anagni & de là à Fondi, où, en rapellant toutes les frayeurs que les Romains leur avoient donné avant l'élection d'Urbain VI, ils crurent pouvoir s'en ſervir pour la rompre, & ils élûrent en effet, le vingtiéme de ſeptembre, Robert, cardinal de Geneve, qui prit le nom de Clement VII.

VI.   Urbain, pour remplacer les cardinaux qui l'avoient quitté, fit une nouvelle promotion, & Clement, pour groſſir ſon parti, en fit de même. Ils écrivirent l'un & l'autre aux princes chrétiens & aux univerſitez pour ſoûtenir chacun ſon élection, & à force de multiplier leurs écrits, ils rendirent l'affaire plus difficile à débroüiller. Clement, qui n'avait que trente-ſix ans, entreprit le voyage de Naples pour mettre dans ſes interêts la reine Jeanne, dont il étoit parent; mais les Napolitains qui vouloient Urbain, leur compatriote, aſſiegerent Clement dans le château de l'Œuf, & le reduiſirent à ſe jetter dans les premiers bâtimens qu'il trouva pour venir en France. Il

1379.   arriva à Marſeille le dixiéme de juin 1379, & de là à Avignon, où il fut reçû avec grande joye, particuliérement des cardinaux qui y avoient reſté depuis le départ de Gregoire XI, & qui avoient déjà réſolu de reconnoître Clement pour legitime pape.

De ce nombre étoit le cardinal Anglic, qu'il envoya trois mois après à Montpellier, & qu'il eſt bien tems de faire connoître après tous les ſervices qu'il rendit à cette ville.

Anglic Grimoard, à qui les écrivains de la vie d'Urbain V donnent des grandes loüanges pour ses vertus chrêtiennes & ecclesiastiques, étoit entré dès sa jeunesse dans l'ordre de St. Ruf, où il fut prieur de St. Pierre de Die dans le Dauphiné. Urbain, son frere, l'en retira dès qu'il fut élevé sur la chaire de St. Pierre, & le nomma à l'archevêché d'Avignon, que ses predecesseurs Clement VI & Innocent VI avoient laissé vacant. Il attendit néanmoins jusqu'à la quatriéme année de son pontificat à le faire cardinal; en sorte que ce ne fut qu'au 18 septembre 1366, c'est-à-dire peu de mois avant le voyage du pape Urbain à Montpellier, qu'il fit son frere cardinal du titre de St. Pierre aux Liens.

VII.

Le nouveau cardinal suivit son frere dans son voyage d'Italie, où après la mort du cardinal d'Albornos, le pape ayant besoin d'un homme de confiance, le nomma à l'evêché d'Albano & à la legation de Boulogne pour y faire sa residence. Pendant le sejour qu'il y fit, il executa le dessein qu'il avoit de faire à Montpellier une fondation pour l'ordre de St. Ruf, pareille à celle que son frere y avoit déjà fait pour celui de St. Benoît; & comme son frere y avoit établi un college ou seminaire pour des jeunes étudians de son ordre, le cardinal Anglic voulut en faire de même pour le sien. Il semble même qu'il ne voulut pas separer de lieu les deux fondations, puisqu'il choisit un grand emplacement à Coste Frege, vis-à-vis le college de St. Germain.

1379.

Nous en parlerons plus amplement dans l'article des colleges; mais je dois dire * ici pour la suite de mon histoire que le cardinal Anglic ayant quitté Boulogne après la mort de son frere, il revint à Avignon, où il s'apliqua sans relâche à presser les bâtimens de S. Germain & de St. Ruf. Le séjour qu'il fut obligé de faire à Montpellier donna occasion aux habitans de cette ville de connoître son heureux caractère, qu'il fit connoître parfaitement dans toute la conduite qu'il garda durant la sédition de Montpellier; aussi les habitans, de leur côté, firent bien paroître la confiance qu'ils avoient en lui, comme nous l'avons raconté dans le premier tome de cette histoire.

PAGE 138.

Je dirai à cette occasion que Nostradamus, dans son *Histoire de Provence*, a jetté dans l'erreur tous les historiens qui l'ont suivi, & qui, sans examiner la sentence du duc d'Anjou (toute decisive qu'elle est), non plus que les actes particuliers de ce tems-là, ont mis à Montpellier le cardinal Pierre de Lune, dans le tems qu'il étoit en Espagne pour les interêts de Clement VII, comme Baluze l'a fort bien remarqué dans ses notes sur la vie des papes d'Avignon.

Tom. 1, pag. 170 & suiv.

Tom. 1, pag. 1192, in notis.

CHAPITRE SIXIÉME.

I. Suite de l'article de Pierre de Vernobs, evêque de Maguelone. II. Clement VII nomme à sa place Antoine de Lovier. III. Particularitez de la vie de cet evêque. IV. Pierre Ademar lui est subrogé après sa mort. V. L'empereur Sigismond à Montpellier. VI. Passage de St. Vincent Ferrier par cette ville.

<small>I.
PIERRE DE VERNOBS.
1380.</small>

LES changemens que nous venons de voir arrivez à la cour du pape déterminerent Pierre de Vernobs à quitter Avignon pour venir dans son evêché, où nous trouvons qu'il étoit déjà en 1380, lors du passage par Montpellier de Yoland, comtesse de Bar, qui alloit épouser à Perpignan Jean, comte de Gironne, fils de Pierre le Cérémonieux, roy d'Aragon. L'evêque de Maguelone eut l'honneur d'accompagner cette princesse; & l'on marque qu'à son retour il fit, dans l'église de Nôtre-Dame des Tables, l'oraison funebre du roy Charles le Sage, mort au château de Beauté, le 16 septembre de la même année.

On marque aussi qu'il donna dès-lors son consentement à la transaction qui fut faite quelques années après des religieuses de St. Dominique dans le faubourg St. Guillem, où elles sont encore à present. J'en raporterai le procès-verbal dans l'article qui les concerne, où l'on pourra observer qu'elles s'engagent expressement à faire des prieres pour Pierre de Vernobs, evêque de Maguelone.

Peu de tems après, il tint à Maguelone un chapitre général, remarquable par l'établissement qu'on y fit de cinq commissaires pour la régie du temporel du chapitre, deux desquels devoient être nommez par l'evêque, un par le prevôt, & les deux autres par toute la communauté. Ce fut en cette même assemblée que le chapitre, pour reconnoître les bons offices qu'ils avoient reçû de leur evêque auprès des papes d'Avignon, délibera de fonder à perpetuité, dans l'église de Maguelone, trois chapellenies qui seroient desservies par trois chanoines, pour dire tous les jours trois messes, l'une en plain-chant, & les autres à la volonté du célébrant, pour l'ame de tous les parens de Pierre de Vernobs, & particulierement pour Gregoire XI, son insigne bienfaiteur; il fut encore déliberé qu'à chaque mois de l'année, & au jour qui feroit marqué par le prieur claustral, on feroit un obit pour lui, de la maniere qui se pratiquoit pour les autres evêques, ses prédécesseurs; ce qui fit tant de plaisir à Pierre de Vernobs, qu'il donna au chapitre une maniguiere avec tous ſes revenus, droits & dépendances, & deux mille florins, dont les cinq (comme dit l'aɕte) faiſoient quatre francs. *Series, pag. 441.*

Ste Marthe, dans l'article de cet evêque, nous aprend qu'il fut permis de ſon tems aux juifs de Montpellier de bâtir une ſinagogue, & qu'ils furent condamnez à une amande de quatre cens tournois toutes les fois qu'ils auroient manqué de ſe lever par reſpeɕt au paſſage de leur evêque. *Gallia chriſtiana, tom. 3, pag. 810.*

*Il obtint cette même année de Clement VII l'union du bénéfice de Lunel à la dignité de prévôt de Maguelone, & il fit enfermer dans la maiſon des filles pénitentes de la Magdeleine quelques réligieuſes, qui étant ſorties de leur couvent, avoient mené une vie déreglée. PAGE 139.

Enfin, Pierre de Vernobs étant tombé malade à Montpellier ſur la fin de ſeptembre 1389, mourut dans ſon palais épiſcopal (dit la ſale de l'evêque) le 3 d'octobre de la même année. Son corps fut mis en dépôt dans l'ègliſe des freres Mineurs, où un réligieux de l'ordre fit ſon oraiſon funebre, & après les obſeques qui lui furent faites, il fut tranſporté à Maguelone, où il eſt enſeveli. 1389.

Clement VII, qui agiſſoit à Avignon en véritable pape, ne laiſſa pas vaquer plus long-temps l'evêché de Maguelone. Il y nomma, dès le 18 octobre de la même année, Antoine de Lovier, ſon tréſorier, natif de Revel, diocéſe de Vienne en Dauphiné. Son habileté dans le droit canon l'ayant élevé à la dignité de doyen de la métropole de Vienne, il paſſa à la cour d'Avignon, où ſon mérite le fit connoître du pape Clement VII, qui le fit ſon tréſorier. La choſe paroit par un mandement, de la ſomme de quarante mille francs d'or, que Clement lui ordonnoit de compter à Loüis, duc de Bourbon, envoyé par le roy de France au ſecours de Loüis, roy de Sicile. II. ANTOINE DE LOUVIER.

Pendant le ſéjour que ſa charge de tréſorier l'obligea de faire à Avignon, il nomma pour ſon grand-vicaire à Maguelone Barthelemi Barrière, du diocéſe de Caſtres & archiprêtre de Montardier. Cependant, pour fermer la regale, il ſe hâta de rendre ſon hommage pour les châteaux de Lates, de Durfort & de Pouſſan, ce qu'il fit en perſonne entre les mains du ſénéchal de Beaucaire, comme il paroît par les regîtres du domaine de Nîmes. Peu de tems après il fonda dans l'égliſe de Vienne une chapelle dite de Maguelone, où l'on continue encore de célébrer un obit pour lui tous les mois de l'année. III.

Le voyage que le roy Charles VI fit en Languedoc, en 1389, engagea l'évêque de Maguelone de venir à Montpellier, où il eut l'honneur de recevoir le roy à l'entrée de la porte de Nôtre-Dame des Tables. Il eut encore celui de le loger dans la ſale de l'evêque, dont le roy ſe ſouvint quelques années après en lui accordant ſa proteɕtion contre quelques ſeigneurs de IV.

son diocése, qui, pour se souftraire à sa juridiction, avoient pris des officiers du roy des lettres de fauvegarde en vertu desquelles ils arboroient sur leurs châteaux les pennons du roy exclusivement à ceux de l'églife de Maguelone. Sur quoi, Charles VI fit expédier des lettres qui sont raportées tout au long dans Ste. Marthe, où il mande au sénéchal de Beaucaire, au recteur de la Part-Antique, au châtelain de Somiéres, & à ses autres officiers, d'examiner les plaintes de l'evêque, « & que s'il leur paroît que les lettres de « sauvegarde obtenües par ces particuliers soient au préjudice de l'evêque, « ils ayent à les révoquer, casser & annuler, leur récommandant expresse-« ment d'empêcher que l'evêque dorénavant soit troublé pour le même « sujet, mais qu'au contraire ils donnent tous leurs soins à remettre les « choses en l'état qu'elles étoient avant cette querelle. Donné à Paris, le 5 « septembre 1396. »

Gallia chrisiana.

1396.

Ces lettres produisirent un si bon effet, qu'on compte depuis ce tems-là plusieurs hommages qui furent faits à Antoine de Lovier, dont les plus remarquables sont : 1° celui de Bertrand de Pierre pour la seigneurie de Ganges & pour le château de Brissac; 2° celui de Guillaume de Fredol pour le château de la Verune, qu'il rendit selon les termes de l'acte, *clavium traditione, vexilli erectione, buccinatione præconis.*

1405.

On met la mort de cet evêque en 1405, & l'on ajoûte que son corps ayant resté pendant trois jours dans l'église des Augustins, sur le chemin de Castelnau, fut transporté de là à Vienne en Dauphiné, où il avoit élû sa sepulture dans la chapelle de Maguelone.

.V

PIERRE ADEMAR.

Page 140.

1408.

Le fameux Pierre de Lune, qui avait été élû à Avignon après la mort de Clement VII, sous le nom de Benoît XIII, nomma aussi-tôt à l'evêché de Maguelone Pierre Ademar, chanoine infirmier de cette église, & ancien professeur en l'université de Montpellier, qu'il avoit connu autrefois en cette ville dans * le tems qu'il y enseignoit lui-même le droit canon.

On trouve qu'en 1408, les habitans de Montpéllier & de Villeneuve lui jurerent foy & hommage pour les terres qu'ils avoient dans le comté de Melguëil, & que ceux de Montferrand lui payerent les cinquante livres qu'ils devoient à leur seigneur à sa prise de possession.

Environ ce tems, on eut le bonheur à Montpellier d'entendre pendant huit jours st Vincent Ferrier, le plus celebre prédicateur de son siècle, dont les sermons firent tant d'impression sur l'esprit de nos ancêtres, qu'ils jugerent à propos de transmettre à la postérité le texte & le sujet de ses prédications. Voici comme on les voit encore dans le petit Talamus.

« Le jeudi 29 novembre 1408, le reverend frere Vincent, de l'ordre des « Prêcheurs, entra dans la présente ville de Montpellier; & le lendemain,

« jour & fête de S. André, il prêcha dans le cloître du couvent de son ordre,
« où l'on souloit prêcher avant la grande mortalité qui dépeupla Mont-
« pellier en 1348, il fit son sermon sur ſt André, & prit pour texte : *Dives*
« *in omnes qui invocant eum*. Le samedi suivant sur l'Avent : *Ecce dies Domini*
« *veniunt*. Le dimanche sur la venüe de J. C. au jugement universel : *Bene-*
« *dictus qui venit in nomine Domini*. Et le lundi d'après sur l'avenement de
« l'antechrist, en expliquant comment il attireroit à lui tant de monde, ce
« qui lui fit repeter souvent ces paroles qu'il avoit pris pour texte : *Indui-*
« *mini arma lucis*. Dans la prédication suivante qu'il fit le mardi d'après*,
« il dit que l'antechrist étoit déjà venu, et même déjà né depuis cinq ans,
« suivant quelques révelations : *Reminiscamini quia ego dixi vobis*. Le mecredi
« d'après, qui étoit le jour de St. Nicolas, il prêcha sur ce saint, prenant
« ces paroles pour texte : *Dilectus Deo & hominibus*; & le jour de la Concep-
« tion de la Vierge : *Ego jam concepta eram*. Après quoi il partit à pied l'après-
« midi du même jour, accompagné d'un maître en théologie de son ordre,
« & d'un frere qui lui servoit de compagnon, & alla coucher à Fabre-
« gues, où le lendemain matin il prêcha sur l'aproche de la fin du monde,
« prenant pour texte : *Erunt signa in sole & lunâ, &c*.

« Le grand nombre de personnes qui l'avoient suivi de Montpellier à
« à Fabregues, le suivit encore jusqu'à Loupian, où il prêcha sur l'état des
« ames en paradis, dans le purgatoire & en enfer ; en sorte que ses paroles
« (ajoûte le Talamus) sembloient plus des paroles divines que des paroles
« humaines, *semblavan mais paraulas divinas que humanas*. »

Il est observé (dans le même livre) que pendant son séjour à Montpellier il alla prêcher aux trois monastéres de filles qu'il y avoit alors, c'est-à-dire aux Proüillanes, à celles de St. Giles, & aux Minorettes, mais il ne voulut jamais permettre qu'aucun étranger assistât aux exhortations qu'il leur fit.

L'evenément le plus remarquable de la vie de Pierre Ademar est l'arrivée de l'empereur Sigismond à Montpellier, qu'il eut l'honneur de recevoir à la porte du pila St. Gilles pour le conduire à l'église de Nôtre-Dame des Tables, où il le harangua à la tête de son clergé. Ste. Marthe raporte cette circon-stance qui a été oubliée dans le petit Talamus, où l'on trouve seulement
« que le mardi 13 août 1415 arriva à Montpellier l'empereur Sigismond,
« roi de Hongrie, qui étoit parti de la ville de Constance, où l'on tenoit
« actuellement un concile général pour l'union de nôtre mere ste église ;
« & que l'empereur avoit déjà tant fait que d'obtenir la rénonciation à la

1415.

---

* Il expliqua pourquoi Dieu permettroit tous les maux que devoit faire l'antechrist : *Scitote quia Dominus his opus habes*.

« papauté de Jean XXIII & Grégoire X ; mais comme il manquoit encore
« celle de Benoît XIII, autre concurrent, l'empereur alloit à Perpignan pour
« conferer avec le roy d'Aragon & avec Benoît, afin de le porter à donner
« une ceffion de fes droits pour procurer la paix de l'églife. Il y eft marqué
« que ce prince étoit accompagné de l'archevêque de Reims, ambaffadeur
« de France au concile de Conftance, d'un grand feigneur des plus confi-
« derables de fon royaume de Hongrie, d'un bacha de Turquie, fon pri-
« fonnier qu'il menoit avec lui, & plus de * cent allemans ou Hongrois
« qui étoient fuivis de plus de mille chevaux. Pierre de Lune prit avantage
« de la renonciation de fes deux concurrens, pour tâcher de perfuader à
« Sigifmond qu'il étoit feul & veritable pape. » Alors tous les royaumes
d'Efpagne s'étant féparez de fon obédience, par le confeil de ft Vincent
Ferrier, l'empereur ne douta point que Benoît ne fe réduifît bien-tôt; d'où
vient qu'étant revenu à Montpellier dans le mois de decembre, il dit aux
confuls qu'on pouvoit tenir pour certaine la réünion de l'églife.

Et al 18 decembre tornet à Montpeller lodig fegnor emperador & certificet los coffols de bocca que l'on avia la union tota entiera.

Le même Talamus a marqué fous Pierre Ademar le premier acte d'inquifition que nous trouvions avoir été fait à Montpellier depuis l'établiffement des inquifiteurs de la foy; car il y eft dit qu'en 1417 l'evêque de
Maguelone, avec le lieutenant du gouverneur & le recteur de l'univerfité,
affifterent à l'execution de la fentence prononcée par Raymond Cabaffe,
vicaire de l'inquifiteur de la foy, contre Catherine Sauve, recluse de la
porte de Lates, qui s'étant échauffée le cerveau dans fa retraite, débitoit à
ceux qui venoient la voir plufieurs erreurs, dont voici les principales :

« Que les enfans qui mouroient après le baptême, avant l'ufage de la
« raifon, ne pouvoient être fauvez, puifqu'ils ne croyoient pas.

« Qu'il n'y avoit eu de vrai pape, d'evêque, ni de prêtre, depuis que
« l'election des papes fe faifoit fans miracle.

« Que l'églife catholique confifte feulement dans les hommes & les
« femmes qui menent la vie des apôtres & qui aiment mieux mourir
« qu'offenfer Dieu ; tous les autres étant hors de l'églife.

« Que le baptême, reçû d'un mauvais prêtre, ne fert de rien pour le
« falut.

« Que les mauvais prêtres ne fçauroient confacrer le corps de Jéfus-
« Chrift, quoiqu'ils proferent les paroles facramentelles.

« Qu'elle ne pouvoit adorer une hoftie confacrée, puifqu'elle ne voyoit
« pas que le corps de Jefus-Chrift y fût.

« Qu'il ne falloit pas fe confeffer à un prêtre, mais feulement à Dieu ;

« & qu'elle aimeroit mieux se confesser à un prud'homme laïque qu'à un
« prêtre.

« Qu'un mari & une femme ne peuvent sans peché se rendre le devoir
« conjugal.

« Qu'après la mort il n'y aura point de purgatoire, parce qu'il faut le
« faire dès cette vie. »

Pour toutes ces erreurs, qui reviennent à celles des anabaptistes & des sacramentaires, elle fut condamnée au feu, qu'elle souffrit à la Portaliere, auprès du couvent des freres Prêcheurs; & l'usage s'étant introduit de punir en ce même lieu les personnes accusées de sortilege, le peuple s'accoûtuma de l'apeller le portail *de las Masques,* qui en langage du pays veut dire sorcieres.

J'observerai à l'occasion de l'inquisiteur de Montpellier que sa charge n'étoit qu'une simple délégation de l'inquisiteur général du royaume, lequel donnoit des lettres de vicariat à qui il jugeoit à propos dans certains diocéses. Ainsi, nous voyons encore dans les regîtres de la sénêchaussée de Carcassonne des lettres de vicariat, données en 1428, par Raymond Dutil, inquisiteur de la foi dans tout le royaume de France, & d'autres en 1450, par Jean Vinet, procedant en la même qualité.

Nous ne trouvons plus aucune autre particularité de la vie de Pierre Ademar, qu'on croit être mort en 1421, puisqu'on assure que Loüis Aleman, son successeur, fut nommé cette même année à l'evêché de Maguelone.

CHAPITRE SEPTIEME.

Page 142.

I. Aggrégation de l'ecole de théologie au corps de l'université par Loüis Aleman, evêque de Maguelone. II. Qui est transferé à l'archevêché d'Arles. III. Guillaume le Roy lui succede à Maguelone. IV. Puis Leger Saporis. V. Bertrand. VI. Et Robert de Rouvres.

LOUIS Aleman, de l'illustre maison de ce nom, dans le pays du Bugey, étoit chanoine & comte de St. Jean de Lyon, lorsqu'il fut nommé à l'evêché de Maguelone par le crédit de François de Conzié, son oncle, qui étoit legat à Avignon.

LOUIS ALEMAN

I.

Le nouveau prelat signala son entrée dans son diocése par l'union des écoles de théologie de Montpellier au corps de l'université de cette ville. Il obtint pour cet effet une bulle du pape Martin V (que je raporterai dans l'article de la faculté de théologie) dans laquelle ce pape fait une mention expreffe de Loüis Aleman : *Sicut exhibitum nobis eft ex parte venerabilis fratris noftri Ludovici epifcopi Magalonenfis.*

1422.

Peu de tems après, le roi Charles VII lui fit expedier des lettres à Touloufe, pour être payé par fes emphitéotes de Sauve, Durfort, Ste Croix & Fontanez, des ufages, cenfives & autres droits qu'ils lui devoient, comme à leur feigneur, le 22 fevrier 1422.

Nous trouvons dans les regîtres de la fénêchauffée de Carcaffonne, que le chapitre de Maguelone eut de fon tems un procès criminel, dont on ne peut mieux juger que par les plaintes de fes findics, Jean de Gozon, prieur de Fabregues, & Jean Dupuy, prieur de Notre-Dame des Tables, tous deux chanoines & findics du chapitre, lefquels expofent « que le nommé Vitalis « & autres, fes complices, du lieu de Villeneuve, s'étant faifis d'un bat- « teau chargé de vivres pour les chanoines de Maguelone, avoient enlevé « les provifions, percé le batteau & rempli de pierres pour le faire couler « à fond ; afin (dit l'acte) que les chanoines périffent tous de faim, *ut « omnes famé perirent*. Après quoi ces mêmes gens étant entrez dans le « *capitou* de Villeneuve, y auroient pris & brûlé tous les harnois du labou- « rage, & bleffé griévement les valets du chapitre. Mais afin de couvrir « leurs violences, ils avoient porté leurs plaintes au juge du fenêchal de « Nîmes, qui avoit ajourné les findics du chapitre; à raifon de quoi ils en « apellerent au parlement de Toulouse, qui par fes lettres du 18 decembre « évoqua à foi cette affaire. »

1423.

L'année d'après 1423, Loüis Aleman qui n'avoit pas encore rendu hommage pour les terres de fon evêché, obtint du roy Charles VII un délai de

II. deux ans; mais avant que ce terme eût fini, il fut transféré à l'archevêché d'Arles par le pape Martin V, qui bientôt après le fit cardinal du titre de Ste Cecile.

Je n'entrerai point dans le détail de tout ce qu'il fit après fa tranflation; il me fuffira de dire qu'ayant été nommé par le même pape legat à Boulogne, & l'un des préfidens du concile de Bafle, il concourut à l'élection d'Eugene IV, après la mort de Martin V, decedé pendant la tenuë de ce concile, que le nouveau pape voulut changer en Italie, fous prétexte qu'on y feroit plus commodement pour traiter de l'union des Grecs avec l'églife romaine. Ce deffein indifpofa fi fort contre lui les peres de Bafle, qu'ils le dépoferent & élûrent à fa place Amedée, duc de Savoye, qui prit le nom de Felix IV.

On marque que le grand attachement qu'avoit Loüis Aleman pour la difcipline ecclefiaftique lui fit fouvent blâmer la facilité qu'avoit le pape à en accorder des difpenfes, & le porta enfin à fe joindre à fes adverfaires. Cette démarche lui attira l'indignation d'Eugene IV, qui le priva du nom & dignité de * cardinal. Mais Nicolas IV ne tarda point de le rétablir; il le fit même fon legat en Allemagne, où il eut beaucoup à fouffrir pour procurer la paix de l'églife.

<small>Page 143.</small>

Après fon retour dans fon diocéfe, il ne s'occupa que des devoirs de fon état. Ses aumônes, fon efprit de priere & fes foins pour la décoration des autels, le mirent en fi grande vénération, qu'auffitôt après fa mort arrivée en 1450, il fut invoqué comme un faint; fon corps fut porté de Salon en Provence (où il étoit mort) dans fa metropole d'Arles, où les guerifons miraculeufes qui furent faites à fon tombeau porterent enfin le pape Clement VII (de la maifon de Medicis) à permettre aux chanoines de la ville d'Arles d'en faire l'office femi-double, comme d'un confeffeur pontife.

Dans l'efpace de vingt-fix ou vingt-fept ans, qui s'écoulerent depuis la tranflation du bienheureux Aleman, il y eut quatre evêques qui remplirent fon fiege de Maguelone, le premier defquels eft :

III.

Guillaume le Roy, abbé de Compiegne, qui fit fon entrée à Montpellier en 1424. Nos regîtres marquent qu'il fut reçû à la porte de la Saunerie par le clergé feculier & regulier, par toute la nobleffe de fon diocéfe & par les magiftrats royaux qui le conduifirent à Notre-Dame des Tables & l'accompagnerent de là jufqu'à la fale de l'evêque.

<small>GUILLAUME LE ROY

1424.</small>

Pour reconnoître en quelque maniere ce bon accüeil, Guillaume le Roy entreprit le voyage de Paris, pour délivrer (s'il étoit poffible) fon diocéfe & la ville de Montpellier des foldats qui couroient la province fous le règne de Charles VII. Il en confera avec le duc de Foix, nouveau gouverneur du Languedoc & de la Guienne, qui lui donna des lettres de fauvegarde, avec lefquelles l'evêque revint à Montpellier. Cette même année, le duc de Foix étant venu dans fon gouvernement, Guillaume le Roy obtint de lui une remife de la portion que la ville devoit contribuer pour la fomme de foixante-huit mille livres qui lui avoit été accordée par la province.

On voit encore dans les regîtres de l'evêché une quittance des lods qu'il donna pour la vente de quelques vieilles boutiques fervant à la débite du fel, dans le faubourg de Lates. Et l'on met de fon tems le célébre Caftiglione Brando, depuis cardinal, qui étant alors veftiaire & vicaire général de Maguelone, fit titre du prieuré de Beaulieu, diocéfe de Maguelone, à Antoine Audibert, prêtre.

<small>Gariel, feries, pag. 469.</small>

Mais l'évenement le plus remarquable qui foit arrivé fous Guillaume le Roy, eft la confommation de l'ordonnance qui avoit été faite pour l'union de la faculté de théologie avec celle du droit. Cette affaire qui avoit fouf-

|1427.|fert beaucoup de difficultez, fut enfin terminée en 1427, après que l'evêque eut chargé Robert Pinchon, recteur de l'univerſité, de dreſſer des réglemens pour cette union. Les membres des deux facultez s'y ſoûmirent de bonne grace, & Guillaume le Roy les confirma par des lettres que je raporterai dans l'article de la faculté de theologie.

Depuis ce tems il n'eſt plus fait mention de lui dans nos archives, ce qui donne lieu de croire qu'il ne paſſa point l'année 1429, où l'on trouve, pour evêque de Maguelone, Leger Saporis, natif de Montpellier, & d'une ancienne famille de cette ville; puiſque nous avons vû qu'un de ſes auteurs fut fait chevalier par le roi Jacques Ier. Son habileté dans les matieres de droit le rendit ſi utile à ſon prédéceſſeur, que quelques uns ont crû qu'il l'avoit demandé pour ſon coadjuteur.

LEGER SAPORIS.

Nos archives de la ville marquent expreſſement de lui qu'il fit la bénédiction de la chapelle de Nôtre-Dame de Bonnes-Nouvelles, fondée & bâtie par les habitans de Montpellier lorſqu'ils eurent apris la levée du ſiége d'Orléans par les Anglois, & le ſacre du roy Charles VII en la ville de Reims.

Petit Talamus, ad ann. 1428.

On trouve dans les regîtres de l'evêché qu'il reçut en 1429 le ferment de fidelité de Guerin Thauleri, commandeur de l'hôpital du St. Eſprit, & l'hommage qu'Antoine de Murviel, chevalier du dioceſe de Beziers, lui prêta à genoux & les mains jointes pour la terre de Pouſſan.

Nous avons de lui une procuration qu'il donna à Pierre Andrieu, prieur de St. Mathieu de Montpellier, pour recevoir les réconnoiſſances qui lui étoient dûes par ſes emphiteotes de Murviel & de Cazillac, & le titre qu'il fit à un prêtre nommé Pierre Gauſſelin, d'une chapelle fondée dans la principale égliſe de Ganges par Eleazar de Palma.

PAGE 144.

BERTRAND

Il faut qu'il n'ait tenu l'evêché de Maguelone gueres plus de deux ans, puiſqu'on trouve encore dans les regîtres du domaine le ferment que Bertrand, ſon ſucceſſeur, prêta au ſénéchal de Nîmes, en 1431. Il étoit, ſelon Catel, préſident en la cour des aydes de Paris, lorſqu'il fut nommé evêque de Maguelone; & l'on aſſure qu'il eut beaucoup de part à la confiance du pape Eugene IV, qui l'employa avec l'archevêque de Tarragone à la tranſlation du concile de Baſle en la ville de Ferrare; ce qui l'empêcha de venir dans ſon dioceſe, où l'on ne trouve aucun acte de lui, étant mort en 1433.

1431.
Mémoires du Languedoc, p. 993.

1433.
ROBERT DE ROUVRES.

Robert de Rouvres, ſon ſucceſſeur dans l'evêché de Maguelone, fut employé comme lui dans les affaires politiques, ayant toûjours reſté auprès du roy Charles VII durant les troubles qui agiterent la France pendant ſon regne. Nous n'avons de lui que le mandement qu'il fit pour nommer des grands-vicaires en ſon abſence.

« Robert, par la grace de Dieu & du faint-fiége apoftolique, evêque de *Series, pag. 476.*
« Maguelone, à tous ceux qui ces préfentes lettres verront, falut & éter-
« nelle félicité. L'impoffibilité où nous fommes de nous rendre dans nôtre
« diocéfe, tant à caufe des grandes affaires dont nous fommes chargez par
« le roy de France, nôtre feigneur, qu'à caufe de la difficulté des chemins
« qui augmente tous les jours dans ces tems fâcheux, nous font fouhaiter
« de tout nôtre cœur de pourvoir aux befoins fpirituels & temporels du
« troupeau qui nous eft commis, par les foins des perfonnes habiles &
« récommandables par leur bonnes vie, mœurs & capacité. Auquel effet
« connoiffant, comme nous faifons, les grands talens de reverend pere en
« Dieu Guillaume, evêque de Laon, & de Fabri de Actiles, prévôt de
« nôtre églife de Maguelone, des vénérables & difcretes perfonnes Me Jean
« Henri, chanoine de l'églife de Turin, & de Guillaume de Valois, bache-
« lier en droit canon & chanoine de l'églife d'Orleans, dans l'efperance que
« leur préfence supléera à nôtre abfence : nous les nommons, par ces pré-
« fentes, nos vicaires generaux dans le fpirituel & temporel, leur donnant
« nant plein pouvoir de régir, régler & gouverner les églifes de nôtre dio-
« céfe. »

En vertu de ces pouvoirs, fes vicaires-generaux firent hommage pour lui
au fénéchal de Beaucaire, des terres de l'evêché de Maguelone, & ils reçû-
rent celui qui leur fut rendu par Guillaume Pelet, pour la terre de la *Archives de Nîmes.*
Verune ; & pour celle de Fabregues, par Charles de Frontignan.

On trouve dans les regîtres du chapitre qu'en l'année 1439, Guillaume
de Valois, l'un de fes grands-vicaires, donna à nouvel achapt certaine piéce
de terre dans la dîmerie de Montauberon, qui avoit été réprife par Pierre
Lyfippi, chanoine & facriftain de Maguelone, à qui elle apartenoit; & qu'en
1440, le même grand-vicaire donna en nouvel achapt à Triftan de Montlaur, feigneur de Murles, une contenance de terre énoncée dans l'acte.

On met la mort de cet evêque en 1445, durant la maladie contagieufe 1445.
qui courut toute la France, & qui enleva Robert de Rouvres le feiziéme juin
de cette même année ; il eft compris parmi les gardes des fceaux de France,
& il exerça quelques mois la charge de chancelier, felon ces paroles de le
Feron, dans fon *Hifloire des grands officiers de la couronne :* « Robert de Rou-
« vres, evêque de Maguelone, tint le fceau, vacant par la mort de Renaud
« de Chartres, arrivée le 4 avril 1445 ; & la chancellerie fut pour lors
« exercée par ledit evêque de Maguelone jufqu'au 16 juin dudit an, que
« fut pourvû Guillaume Juvenal des Urfins. »

Maur de Valeville, chanoine de Maguelone, fut nommé pour fucceder à MAUR DE
Robert de Rouvres ; mais on n'en fçait pas bien exactement le tems ; car on VALEVILLE.

1450.

Page 145.

ne trouve son sacre qu'en l'année 1450, par Jean de Harcour, archevêque de Narbonne, assisté de Guillaume de Montjoye, evêque de Beziers, & Etienne de Cambray, evêque d'Agde. Il commença son épiscopat par la célébration du jubilé accordé à Rome cette même année, durant laquelle on marque qu'il donna le baptême à plusieurs Maures, qui se trouvant à Montpellier voulurent * embrasser la réligion chrêtienne; il fit cependant visiter son diocèse par son vicaire général, Jacques Vivens, de qui l'on a le procès-verbal de la visite qu'il fit à Maguelone, où il est parlé des chapelles de St. Nicolas & de St. Augustin qu'il y avoit dans cette église.

Le même grand-vicaire fit la benediction d'une nouvelle cloche des freres Mineurs, sur laquelle on fit graver les vers suivans, que Gariel nous a conservez.

LAUDO DEUM VERUM, POPULUM VOCO, CONGREGO CLERUM.
DEFUNCTOS PLORO, PESTEM FUGO, FESTA DECORO,
HÆC VOX CUNCTORUM SIT TERROR DÆMONIORUM.

1456.

En 1456, Maur de Valeville acquit de l'abbé d'Aniane le terroir dit de l'Emperi, qu'il joignit à son château du Terrail, & en reconnoissance de la cession qui lui en fut faite, il relâcha à cet abbé le prieuré de Valflaunez.

1459.

En 1459, il obtint du pape Pie II l'union du prieuré de St. Paul de Frontignan au chapitre de Maguelone; & peu après il confera par droit de patronage ceux de St. Saturnin d'Agonez & de Ste Foy.

Je ne sçai à quelle occasion les consuls de Montpellier lui démanderent la déclaration suivante sur le bois de Valene & sur le mas de Caravettes.

« A tous ceux qui ces présentes verront, salut. Maur, par la misericorde
« de Dieu, evêque de Maguelone, comte de Melguëil & de Montferrand,
« seigneur de Durfort de la Marquerose & de Brissac; nous déclarons,
« qu'ayant fait faire à la requisition des consuls de Montpellier (dans nôtre
« diocèse) une exacte recherche dans nos archives & dans celles de nôtre
« église, nous y avons trouvé la bulle du pape Innocent III, d'heureuse
« mémoire, du 18 des kalendes de janvier, dans la 18e de son pontificat,
« contenant l'inféodation des comtez de Melguëil & de Montferrand, par
« lui faite à Guillaume d'Altiniac, evêque de Maguelone, l'un de nos pré-
« decesseurs, sous certaine censive, payable tous les ans à l'église romaine,
« au jour de la Resurrection de Nôtre-Seigneur. Lesquelles comtez de Mel-
« guëil & de Montferrand avoient été tenuës par noble Raymond, comte
« de Toulouse, qui les perdit pour crime notoire d'hérésie, à raison de

« laquelle lefdites comtez furent reprifes par l'églife romaine. De plus, nous
« avons trouvé dans les mêmes archives l'inféodation du bois de Valene &
« du mas de Caravettes, faite par le fufdit evêque Guillaume aux confuls
« de Montpellier, pour les tenir de nous, fous l'albergue de dix chevaliers
« & neuf fols melgoriens, tous les ans, lorfque nous les demanderions; ce
« qui fut reconnu dans le tems de cette inféodation par les confuls de
« Montpellier à Guillaume d'Altiniac, & depuis renouvellé par eux à
« Berenger de Fredol, Gaucelin de Deux & Antoine de Louvier, nos pré-
« déceffeurs, à raifon de quoi ils nous ont fait la même réconnoiffance,
« comme leur feigneur fuzerain, & nous, de nôtre côté, conformément à
« tous les titres que nous en avons, nous réconnoiffons tenir ces comtez
« de nôtre faint pere le pape & de l'églife romaine, de la maniere que nos
« prédéceffeurs l'ont tenuë. Donné dans nôtre château du Terrail, le
« 1er décembre 1464. »

Dans un chapitre tenu à Maguelone en 1465, l'evêque préfident, il eft dit que le chanoine, ouvrier de cette églife, donna en emphitéofe à André de Mirevaux, cent quarterées de terre, dans la paroiffe de Ste Magdeleine de Zindrio, dans le lieu dit Larzac, jurifdiction de Villeneuve ; ce que je marque pour faire connoître cette ancienne paroiffe, qui ne fubfifte plus, quoiqu'il en foit fouvent parlé dans nos vieux actes : ce n'eft maintenant qu'une groffe metairie dite la Magdeleine, apartenante à MM. Duché.

On trouve que Maur de Valeville, en 1471, conféra les deux chapelles de St. Jean-Baptifte & de St. Jean l'Evangelifte, fondées dans l'églife de St. Firmin par Jean Dumas.

L'année fuivante fut la derniere de fa vie, étant mort, felon un vieux necrologue de Maguelone, le 28 février 1472, auquel jour le chapitre étoit tenu de faire un fervice pour lui, en réconnoiffance du legs qu'il leur avoit fait de fa bibliotéque * & de fa chapelle, confiftant en un calice & un ciboire d'argent, avec deux cens écus d'or & vingt fols melgoriens pour fon anniverfaire.

Après le décès de Maur de Valeville, le chapitre étant rentré en vertu de la pragmatique fanction de Charles VII dans fon ancien droit d'élire fon evêque, choifit Jean Bonail, chanoine, veftiaire de Maguelone, & grand-vicaire du diocéfe, qui s'étoit rendu recommandable dans fa compagnie par fon efprit de paix, par fon fçavoir & par fa charité envers les pauvres. Il étoit natif de Ganges, diocéfe de Maguelone, & eut pour pere Barthelemi Bonail, feigneur du Fefquet & de la Baume. On marque que le fiége de Narbonne fe trouvant vaquer dans le tems de fon élection, il eut recours à Bernard de Rofegio, archevêque de Touloufe, pour être facré evêque ; &

qu'aussitôt après il s'apliqua à pourvoir son diocése de bons sujets & à réprimer les fréquentes absences des chanoines de Maguelone.

1476. En 1476, le chapitre lui donna le droit de nomination d'un canonicat de son église; & l'on marque qu'en 1479 il fit la consecration du grand autel de Nôtre-Dame des Tables, & de celle de Nôtre-Dame du Charnier, dans le cimetiere de St. Barthelemi.

1482. En 1482, il autorisa la fondation de trois chapelles faite dans l'église de St. Guillem, par un bourgeois nommé Antoine Châlon, & il en consacra les autels, dont l'un étoit dedié à la Vierge, l'autre à St. Antoine, & le troisiéme à St. Cleophas.

1487. Enfin, après seize ans d'épiscopat, il mourut à Montpellier, dans la sale de l'evêque, le 15 d'août 1487, ayant laissé sa bibliotéque & sa chapelle à son chapitre; il fut enseveli à Maguelone, dans le tombeau qu'il avoit fait dresser pendant sa vie auprès du grand autel, où l'on voit encore ces paroles autour de sa réprésentation : *Joannes Bonail Magalonensis episcopus comes Melgorii & Montisferrandi.*

Quelque tems après, ses amis jugerent à propos de faire graver sur un marbre noir les vers suivans, qui ne donnent pas une grande idée de l'habileté du poëte.

Hic jacet Joannes, præsul quondam Magalonensis,

Clarus honore simul, simul & ingenio.

Maxime devotus, civis bonus, urbis amator,

Principi amabilis, refugiumque bonis.

Si quis in hoc saxo suum legis advena nomen,

Non dedigneris dicere bene vale.

IZARN DE BARRIERE Izarn de Barriere, d'une famille de Montpellier, qui avoit eu la seigneurie de Poussan, fut élû après la mort de Bonail par le crédit de François de Hallé, archevêque de Narbonne, & de Jean de Costa, prévôt de Maguelone, qui dissiperent un parti formé contre Barriere par un nommé Loüis, son concurrent. On assure qu'il s'excusa sur son âge, & que pour éviter son election il s'enfuit secretement à Villeneuve; mais qu'ayant été découvert par le bruit des cloches qui sonnerent d'elles-mêmes, il se laissa conduire à Beziers, où il fut sacré par l'archevêque de Narbonne, assisté des evêques d'Agde, de Beziers & de Nîmes.

Après avoir fermé la regale, en prêtant son serment de fidélité entre les mains du sénéchal de Beaucaire qui en avoit une commiffion fpeciale du roy Loüis XII, le nouvel evêque donna tous fes foins à l'entretien de la religion & de la paix dans fon diocéfe.

On a des lettres de lui par lefquelles il accorde plufieurs indulgences en faveur de Nôtre-Dame du Charnier, dans le cimetiere de St. Barthelemi, & de celle de Ste Croix, dans la ville. Series, pag. 500.

Il pacifia les diffentions qui étoient entre les profeffeurs de l'univerfité & les chanoines de Maguelone, en donnant aux profeffeurs les metairies de Lefcarrie & de Mefclas, fous la redevance de fix livres tournois pour l'evêque de Maguelone *, & de quatre autres pour le chapitre. 1487.
PAGE 147.

L'année fuivante 1488, il fe régla lui-même avec fes chanoines pour la collation des benefices de fon diocéfe, dont il fut dreffé un acte qui eft digne de remarque. 1488.

« Il y eft dit qu'en 1488, le lendemain de la fête de tous les faints, aprés
« midi, le chapitre de Maguelone s'étant affemblé au fon de la cloche,
« Me Jean de Cofta, docteur en decret & prévôt du chapitre, tant en fon
« propre nom qu'en celui du facriftain, du prieur clauftral, & autres prieurs
« ou chanoines clauftraux, prefenta requête à reverend pere en Chrift, Izarn,
« evêque de Maguelone, préfident de l'affemblée, difant qu'on ne pouvoit
« ignorer qu'il n'y eût dans leur églife plufieurs dignitez, perfonats &
« prieurez, qui joüiffoient par les anciens réglemens & coûtumes, de
« plufieurs prérogatives & prééminences, particuliérement de la collation
« de divers benefices, dont le premier étoit la dignité du prévôt, l'office
« du facriftain, le prieuré de St-Firmin, l'office du veftiaire & autres divers
« prieurez; mais que nonobftant leurs privileges, feu Jean Bonail, dernier
« evêque, avoit conferé la vicairie de Perols (dont la collation appartenoit
« notoirement au prévôt), fous prétexte que par le droit commun l'evêque
« conferoit les bénéfices de fon diocéfe, ce qui eft vifiblement contraire
« aux anciens reglemens & privileges. De plus, qu'arrivant la vacance du
« prieuré de St-Maurice de Sauret, dont la collation appartenoit au prieur
« de St. Firmin, le même evêque y avoit nommé en l'abfence des cardi-
« naux qui joüiffoient du prieuré de St. Firmin, & durant celle des autres
« commandataires feculiers qui ont joüi de ce prieuré pendant plus de
« cent ans, comme ils en joüiffent encore, lefquels fe contentent d'en reti-
« rer les fruits, fans s'intereffer à la confervation des droits de leur
« églife.

« Toutes lefquelles chofes il a crû devoir reprefenter à l'affemblée, tant
« afin que les prieurs de St. Firmin & autres du diocéfe qui ont la colla-
« tion de divers benefices ne foient pas privez de leur droits, qu'afin de

« prévenir les domages & les fcandales qui en arriveront fi l'affemblée n'y
« apporte quelque remede; c'eft pourquoi il les requiert de régler le droit
« de patronage des benefices du diocéfe, pour terminer les procez déjà mûs
« & à mouvoir, pour conferver à chacun fon droit, & donner la paix à
« leurs églifes.

« Alors le feigneur evêque, oüie la repréfentation du fieur prevôt, &
« fçachant qu'il ne faut jamais rejetter les demandes qui font juftes, prit les
« avis de l'affemblée, & s'étant fait reprefenter les titres & documens de
« l'églife de Maguelone, donna la déclaration fuivante :

« Nous, Izarn, par la mifericorde de Dieu, evêque de Maguelone, ayant
« oüi les plaintes qui nous ont été faites de vive voix, & par écrit,
« par honorables & religieufes perfonnes, le prévôt & prieurs de nôtre
« églife de Maguelone, difant qu'au préjudice de leurs prédeceffeurs qui
« avoient le patronage de plufieurs benefices, il avoit été néanmoins difpofé
« par les evêques qui nous ont precedé, de plufieurs prieurez, vicairies per-
« petuelles & chapellenies, en l'abfence des patrons legitimes, ce qui au-
« roit donné lieu à plufieurs procés qui fubfiftent encore. Nous, à ces caufes,
« ne voulant ufurper le droit de perfonne, encore moins donner atteinte
« aux libertez & privileges du chapitre, par le confeil des perfonnes les
« plus éclairées fur cette matiere, tant dans nôtre diocéfe que du chapitre de
« Maguelone, reconnoiffons & déclarons à perpetuité que la collation des
« benefices fuivans appartient aux dignitez & perfonats de nôtre églife de
« la maniere que nous allons énoncer :

1488.

« 1° Au prévôt de nôtre églife, la provifion & totale difpofition de
« l'office d'aumônier qui a coûtume d'être exercé par un chanoine de nôtre
« églife.

« 2° Audit prévôt, conjointement avec le chapitre, le prieuré de notre-
« Dame d'Adau, diocéfe d'Arles, qui eft auffi gouverné par les chanoines
« de Maguelone, & dont la collation appartient au chapitre.

« 3° Audit prévôt, les prieurez de Baillarguet, de Jacou, de St. Brez, de
« Lauret, de St. Jacques de Prades ; la vicairie de Villeneuve, de Courbeffac
« & de Perols, dont la préfentation appartient au prévôt & à nous l'in-
« ftitution.

Page 148.

« *4° Au même fr prévôt, conjointement avec le prieur clauftral & le prieur
« de St. Firmin, le doyenné du collége de la Ste. Trinité de Maguelone, qui
« en ont la collation & préfentation ; mais à nous appartient l'inftitution,
« fi nous jugeons digne le fujet qu'ils nous ont préfenté ; quant à l'inftitu-
« tion des collegiez dud. chapitre, nous reconnoiffons qu'elle appartient au

« prévôt et au prieur de St-Firmin de la maniere qu'il eſt marqué dans
« l'acte de fondation dud. chapitre.

« 5º Au même prévôt, la collation de la chapelle de St. Thomas de
« Montpellier, dans la paroiſſe de St. Firmin, & celle de St. Simeon, dans
« la paroiſſe de St. Denis.

« 6º Au veſtiaire de Maguelone, la collation & totale diſpoſition de la
« chapelle de Ste. Marie d'Olivet, près de Villeneuve, ſauf nôtre droit de
« ſuperiorité.

« 7º Au ſr veſtiaire de Maguelone, la préſentation aux vicariats de
« Juvignac & de Grabels, ſauf toûjours nôtre droit de ſuperiorité, au cas
« qu'il préſentât un ſujet indigne ou moins propre.

« 8º Au prieur de St. Firmin de Montpellier, l'office de ſacriſtain de
« ſon égliſe (qui a coûtume d'être exercé par un chanoine de Maguelone),
« lequel office eſt conferé de plein droit par led. prieur, de même que le
« prieuré de St. Sebaſtien de Caſſanhac, la vicairie de St. Martin de Prunet
« & de Ste-Cecile de trois Loups, pour leſquelles il nous preſente un ſujet
« qui reçoit de nous le ſoin et l'adminiſtration des ames.

« 9º Nous déclarons auſſi que la collation des chapellenies de St. Paul,
« de la Magdeleine, de St. Acace de Boutonet & de St. Coſme, appartient
« au prieur de St. Firmin, de même que la preſentation des curez de St.
« Mathieu, de St. Thomas & de St. Guillem de Montpellier.

« 10º Au prieur de la Verune, la préſentation de la vicairie de Sauſſan,
« qui eſt unie à ſa paroiſſe, & eſt deſſervie par un prêtre ſeculier, ſauf nôtre
« droit de collation et d'inſtitution.

« 11º Au prieur de notre-Dame des Tables, la collation & totale diſpo-
« ſition de l'office de ſacriſtain de ſon égliſe, qui a coutûme d'être exercé par
« un chanoine de Maguelone.

« Item, la collation de la chapelle de Ste. Foy de la ville de Montpellier,
« deſſervie ordinairement par un prêtre ſeculier, de même que la chapelle
« de St-Jean dans l'égliſe de nôtre-Dame des Tables, qu'il a droit de con-
« ferer conjointement avec l'official de Maguelone.

« Tous leſquels uſages & privileges, nous ratifions par cette preſente   1488.
« conſtitution, pour obvier à tous les procès qui pourroient naître à ce ſujet,
« & pour être obſervée à l'avenir, tant par nous que par nos ſucceſſeurs, &
« par les dignitez, perſonats & prieurs de notre égliſe, ſauf toujours le droit
« de recours & de ſuperiorité qui nous appartient, & tout autre qui pour-
« roit nous appartenir. Signé Izarn, evêque de Maguelone. »

En 1496, Izarn de Barriere fit des reglemens pour l'élection du recteur   1496.
de l'univerſité, que l'on voit dans le livre apelé le livre du recteur. Et dans

la même année il confirma la fondation du college de Ste. Anne, dont il fut dressé un procès-verbal que je raporterai dans l'article de cette églife collegiale.

On marque que le roy Charles VIII, ayant accordé environ ce tems-là cinq fols fur chaque minot de fel pour la reparation des murailles & églifes de Montpellier, il commit fpecialement Izarn de Barriere au bon emploi de l'argent qui en proviendroit. Il procura à l'ecole de medecine de Montpellier la confirmation de tous fes privileges, dans laquelle Charles VIII ordonne: 1º qu'aucune perfonne n'entreprenne d'exercer dans la ville qu'après avoir fubi l'examen, fous peine de deux marcs d'argent, aplicables l'un au fifc, & l'autre à l'univerfité; 2º que le chancelier de medecine faffe tous les ans la vifite des drogues qui feront employées par les apoticaires; 3º que les chirurgiens ne puiffent exercer fans l'approbation des docteurs en medecine.

1498.

Enfin, après onze ans d'epifcopat, Izarn de Barriere mourut le 19 avril 1498, & fut enfeveli à Maguelone, où l'on voit fur fon tombeau les vers qu'un de fes freres, nommé Albert, y fit graver.

PAGE 149.

Ille ego qui quondam Magalonæ præful Izarnus,

Quem genuit miro Monfpeffulanus honore.

Cujus in hac tenerum corpus circumdedit urnâ,

Barriere Albertus, fratris non immemor hujus.

Sufcipe, fancte parens, precibus fi flecteris ullis,

Hanc animam, æthereo fedeatque repofta cubili.

Obiit anno 1498, die vero 19 aprilis.

GUILLAUME PELISSIER. Premier.

Guillaume Peliffier, chanoine & celerier de Maguelone, fut élû par fes confreres peu de jours après la mort d'Izarn de Barriere. Il étoit natif de Melguëil & fort verfé dans les matieres de théologie.

Dans la premiere année de fon epifcopat, qui fut auffi la premiere du régne de Loüis XII, il reçut des lettres de ce prince, pour l'établiffement de quatre profeffeurs royaux, de la maniere que j'expliquérai dans l'article de cette faculté.

Series, pag. 511.

On raporte pour preuve de fon bon cœur & de fa reconnoiffance la remife qu'il fit d'une grande partie des lods de la feigneurie de Pouffan, acquife de François de Cruffol par Marguerite Bucelli, veuve de Jean de

Narbonne, en reconnoiflance des fervices que fon frere Tannequin de Bucelli, chevalier de St. Jean de'Jerufalem, & commandeur de Montpellier, lui avoit rendu à Rome pour l'expedition de fes bulles, & en confideration de fon autre frere, Jacques de Bucelli, habitant de Montpellier, qui l'avoit prié de confirmer cette vente & d'accorder une remife des lods.

La pefte qui fut portée à Montpellier par les foldats de l'armée de Catalogne & qui donna lieu aux proceffions qui furent faites en cette ville, en 1505, donna auffi beaucoup d'exercice à l'evêque de Maguelone, qui remplit dans cette trifte occafion tous les devoirs d'un pafteur charitable. 1505.

Son zele pour la difcipline reguliere ne parut pas moins dans tout ce qu'il fit pour feconder le général des freres Prêcheurs, qui vint à Montpellier pour vifiter le couvent de fon ordre & pour y mettre la réforme.

Cependant les démêlez qui furvinrent entre Jules II & le roy Loüis XII, donnerent lieu au concile national tenu en la ville de Tours, où Guillaume Peliffier fut apellé avec les autres evêques de France, & y foufcrivit à la convocation d'un concile général à Pife, où l'on marque qu'il affifta aux premieres feffions avec Guillaume Briçonet, evêque de Lodeve.

Pendant fon abfence, fon vicaire-général fit prendre au confeil de ville une déliberation remarquable pour les écoles de grammaire. Elle portoit qu'on en ôteroit la regie aux etudians en droit & en medecine, pour la donner à des perfonnes mûres & capables d'élever la jeuneffe dans les bonnes mœurs & dans la religion chrétienne. 1514.

Après fon retour dans fon diocéfe, Guillaume Peliffier permit, à la priere de Bernard de Bofc, chanoine de Maguelone & prieur de St. Denis de Gineftet, l'établiffement dans le même lieu d'une confrerie de St. Denis, qui fubfifta jufqu'aux premiers troubles des huguenots. Il aprouva les ftatuts qui furent dreffez pour cette confrèrie; & en 1518 il confirma une fondation faite à St. George de Dourgues par le nommé Jean Pertuis, habitant de Montpellier. 1518.

Dans ce même tems, fut tenuë en cette ville la célebre conference entre Guillaume de Chievres & Artus de Gouffier Boiffy, pour concilier les interêts de leur maîtres, l'empereur Charles Quint & le roy François Ier; mais on perdit tout le fruit qu'on attendoit de la concertation de ces deux grands miniftres, par la mort prématurée d'Artus de Gouffier, qui fut affifté dans fa maladie par l'evêque de Maguelone.

On lui attribuë la reformation qui fut faite alors des livres d'églife à l'ufage de fon diocéfe, confiftant en meffel, breviaire & rituel. On voit deux de ces meffels, l'un dans la bibliotéque de l'evêché, & l'autre dans la facriftie de l'œuvre de Frontignan, écrits à la main fur du velin, en lettre gothique. PAGE 150.

Quant au breviaire, je n'en ai pû voir aucun exemplaire, quoiqu'ils fuffent affez communs du tems de Gariel; mais, pour le rituel, j'en ai vû un exemplaire qui eft au pouvoir de M. Pouget, chanoine de la cathédrale, imprimé à Lyon, en lettres gothiques, en l'année 1533.

Peu d'années auparavant, ce prélat, refpectable par fon fçavoir & fon grand âge, fe démît de fon evêché en faveur de Guillaume, fon neveu, qui donnoit déjà de grandes efperances pour fon heureux génie pour les fciences.

GUILLAUME PELISSIER II.

Guillaume Peliffier, fecond du nom, n'étoit pas encore dans les ordres facrez lorfqu'il fut nommé coadjuteur de Maguelone. On marque pour la premiere fonction de fon épifcopat la tranflation, qu'il fit conjointement avec le vice-legat d'Avignon, des religieufes de Ste Claire de Montpellier dans le couvent de la Petite Obfervance.

Ste Marthe, Gal. Chriftiana.

Les grandes difpofitions qu'on lui reconnut pour les belles lettres lui acquirent bientôt l'eftime générale des fçavans de l'Europe, & le firent connoître au roy François Ier, qui lui trouvant encore plus de genie pour les affaires, le nomma parmi les feigneurs qui accompagnerent la duchefle d'Angoulême, fa mere, au traité de Cambray.

En 1532, il eut l'honneur de recevoir & de haranguer le prince à la porte de Nôtre-Dame des Tables, lors de fon paflage par Montpellier. Ce fut pendant fon féjour en cette ville que, le roy ayant voulu vifiter l'ifle de Maguelone, Peliffier prit occafion de lui reprefenter les convenances qu'il y avoit de transferer le fiége épifcopal en la ville de Montpellier; ce qu'il fit apuyer par une requête dreffée au nom des chanoines de Maguelone & des habitans de Montpellier. Elle fut reçûë fi favorablement, que le roy promit dès-lors de donner ordre à l'evêque de Chalon, fon ambaffadeur à Rome, de folliciter auprès du pape la tranflation du fiége à Montpellier. Mais pour lever toutes les difficultez qu'on prévoyoit dans cette affaire, on crut que perfonne ne feroit plus propre que l'evêque de Maguelone luimême. Ainfi, Guillaume Peliffier, profitant du voyage que le roy alloit faire à Marfeille, il eut l'honneur de le fuivre & d'affifter au mariage du fecond fils du roy avec Catherine de Medicis. Il partit de là pour Rome, où, après trois années de féjour, il obtint enfin une bulle pour la fécularifation de fon chapitre & la tranflation de fon fiége à Montpellier.

Comme cet évenément eft une époque des plus remarquables de nôtre hiftoire, j'ai crû devoir donner un peu plus d'étenduë à la narration que j'en vais faire dans le livre fuivant.

HISTOIRE DE MONTPELLIER

LIVRE CINQUIÉME

Depuis la fécularifation du chapitre de Maguelone, jufqu'au rétabliffement de la religion catholique dans Montpellier fous le roy Loüis XIII.

CHAPITRE PREMIER.

PAGE 151.

I. *Premier motif de la tranflation de l'evêché de Maguelone.* II. *Difficulté qu'on y trouve.* III. *Expediens qu'on prend pour les furmonter.* IV. *Bulle du pape Paul troifiéme pour cet effet.* V. *Il fuprime les deux églifes de Maguelone & de St. Germain pour en former celle de Montpellier.* VI. *Il décore cette ville du titre de cité.* VII. *Partage des bénéfices entre l'evêque, les dignitez, perfonats & chanoines du nouveau chapitre.* VIII. *Noms de tous les particuliers.* IX. *Leur rang & leur place dans le chœur & ailleurs.*

BULLE DE SECULARISATION.

'ANNÉE 1536 fera toûjours mémorable dans ce diocéfe par la tranflation qui fut faite du fiége de Maguelone à Montpellier. Elle avoit été réfolüe auparavant entre le pape Clement VII & le roy François Ier, à la follicitation de Guillaume Peliffier (dernier de ce nom), evêque de Maguelone, & du chapitre de fon églife.

III. 29

I. Les motifs qui les firent tous agir, & qui font raportez dans la bulle de cette tranflation, furent qu'il ne reftoit prefque plus de marque de cité dans l'ifle de Maguelone; *& inibi fere nulla civitatis veftigia fint,* parce que l'air y étant devenu fort mauvais, il n'y avoit d'autres habitans que les feuls miniftres de l'églife cathédrale & ceux de l'églife collégiale de la Trinité; encore étoient-ils en fi petit nombre, qu'ils avoient prefque tous des maifons dans Montpellier, où ils faifoient la plûpart leur réfidence ordinaire. *Ut in ea nulli habitatores fint, paucis exceptis prædictæ ecclefiæ miniftris, & unius collegiatæ inibi exiftentis, & epifcopus * & fere omnes ipfius ecclefiæ Magalonenfis officiales & miniftri domos & habitationes fuas in oppido Montifpeffulani habeant.*

PAGE 152.

La dificulté qu'on avoit de trouver des fujets qui vouluffent aller à Maguelone pour y profeffer la vie reguliere fervit à faire mieux goûter au pape & au roy les avantages qui reviendroient de cette tranflation à tout le clergé; car les études floriffant beaucoup à Montpellier, les miniftres de l'églife auroient beaucoup plus de fecours pour fe rendre habiles, & les peuples du diocéfe qui venoient journellement à la ville pour leurs affaires, pourroient plus commodement communiquer avec leur evêque.

II. Toutes ces raifons étoient de puiffans motifs pour l'exécution du projet; mais il y avoit auparavant bien de dificultez à prévoir & à furmonter. Il falloit dans Montpellier une églife aux chanoines de Maguelone qui quitteroient la leur, & il convenoit d'en augmenter le nombre, afin qu'ils fuffent plus en état de faire le fervice avec décence dans la grande ville où on vouloit les changer.

Pour cet effet, on projetta de les unir avec les religieux de St. Benoît, du prieuré de St. Germain, fondé dans Montpellier par le pape Urbain V, environ cent foixante-dix ans auparavant. Par ce moyen, on leur procuroit (dit le pape) une églife plus convenable au fiége d'une cathedrale qu'à l'habitation de fimples religieux. *Cujus ecclefia cum illo adjacente clauftro miris conftat ædificiis, quæ magis fpeciem cathedralis habent quam habitationi monachorum congruant;* & les places de ces religieux étant unies à celles des chanoines de Maguelone, on trouvoit le moyen d'augmenter confiderablement leur nombre.

Mais pour en venir là, il y avoit mille differens interêts à ménager; car le prieuré de St. Germain étant de la dépendance de l'abbaye de St. Victor de Marfeille, il faloit, dans l'union projettée, faire trouver quelque avantage, tant aux religieux de cette abbaye qu'à leur abbé commandataire. D'ailleurs les religieux de St. Germain ayant pour la plûpart des benefices attachez à leurs offices clauftraux ou à leurs portions monachales, il ne paroiffoit pas jufte de les en dépoüiller en les incorporant à la manfe commune.

L'expedient qu'on prit fut de donner à l'abbé de St. Victor & à ses suc- III.
cesseurs la nomination à un canonicat de la nouvelle église avec d'autres
distinctions honorables, que l'on verra dans la bulle; & pour les bénéfices
possedez par les particuliers du prieuré de St. Germain, on projetta de leur
en laisser la joüissance leur vie durant, à la charge qu'ils seroient reünis
après leur mort à la manse capitulaire.

Cet obstacle levé, on poursuivit à Rome l'exécution du projet au nom du
roy de France, & du consentement de toutes les parties interessées. L'affaire fut discutée assés longtems en présence du pape Paul III, qui venoit de
succeder à Clement VII. Il donna enfin sa bulle du 6 des calendes d'août
1536, par laquelle il suprime d'abord, tant l'église de Maguelone, ordre de
St. Augustin, que le prieuré de St. Germain de Montpellier, ordre de St.
Benoît; &, cette supression faite, il érigea une église cathédrale de chanoines
séculiers dans le prieuré de St. Germain, qui sera (dit-il) apellée St. Pierre,
pour être desservie par vingt-quatre chanoines majeurs, dont quatre auront
le rang & le titre de dignitez, quatre autres seront apellez personats, & les
seize restans seront simples chanoines majeurs.

Le pape créa ensuite un grand nombre de chanoines mineurs pour contenter sans doute les particuliers qui étoient attachez aux deux maisons
supprimées, ausquels il vouloit faire trouver quelque avantage dans cette
nouvelle érection; car, dans la même bulle, il marque qu'après leur mort,
leurs places avec le nom de chanoines mineurs seront supprimées, & que le
chapitre fera faire leur service par des prêtres à gages.

Il fait un partage des bénéfices de deux anciennes manses, tant à l'evêque
qu'aux dignitez, personats & chanoines. Il régle le droit & la maniére de les
conferer, la place que chacun doit tenir dans le chœur, & la maniére du
service que le chapitre sera tenu de faire continuer dans l'église de Maguelone.

Comme toutes ces differentes dispositions sont contenuës bien au long
dans la bulle * qui sera toûjours un titre des plus importans pour l'église & PAGE 153.
pour la ville de Montpellier, j'ai crû en devoir donner le texte au bas de cette
page, & continuer cependant le précis que j'ai commencé, afin de soulager
les personnes qui seroient obligées de la lire dans le texte. Car cette bulle
étant très-longue & pleine de repetitions dans le stile de ces sortes de piéces,
il n'est pas possible qu'on ne se lasse en la lisant; & pour faciliter à ceux
qui chercheroient quelque article & le moyen de le trouver, je les marquerai
relativement sous un même chifre, dans le texte & dans le précis que je vais
continuer.

Paul III, après avoir marqué au commencement de sa bulle le besoin & IV.

l'utilité de cette tranflation, avec les inftances réiterées que François I lui en avoit fait par fon ambaffadeur à Rome (Charles Emard, evêque de Châlon, dépuis transféré à Amiens, & enfin cardinal fous le même pape) *(a)* il expofe l'état de l'églife de Maguelone & du prieuré de St. Germain, tel à-peu-près que nous l'avons raporté ci-devant. Et entrant dans un fort grand détail des places & des bénéfices attachez à chacune des deux manfes, il nous apprend le nom de tous les fujets qui les rempliffoient & des bénéfices dont ils joüiffoient.

Il veut que la jufte valeur des bénéfices qu'on eft obligé d'exprimer dans les unions, foit cenfée avoir été faite en cette occafion. Il commence par exempter le monaftére de St. Benoît de toute dépendance de St. Victor de Marfeille, et cela du confentement exprès du cardinal Augufte Trivulce qui en étoit abbé commandataire.

V. Il fuprime à Maguelone le nom & titre d'églife cathédrale avec toutes les dignitez & offices qui y étoient, de même dans le prieuré de St. Benoît, le nom & titre de monaftére avec tout ce qui en dépendoit. Et parce que felon la difpofition des canons, on ne doit établir de fiége epifcopal que dans une cité, il en donne le nom & le titre à la ville de Montpellier. *Nec*

VI. *PAULUS episcopus, servus servorum Dei, ad perpetuam rei memoriam. In eminenti militantis ecclesiæ specula, (licet immeriti) divina dispositione constituti, & in cunctas orbis ecclesias, terræque amplitudinem, præcipuum facultatis obtinentes principatum, ex incumbentis nobis apostolicæ solicitudinis officio debito, circa ecclesiarum præsertim cathedralium & monasteriorum quorumlibet, ac in eis altissimo famulantium personarum potissime religionis titulo insignitarum statum prospere & salubriter dirigendum, ac concedente Domino in melius commutandum, circumspectæ considerationis intuitum libenter dirigimus, & illorum profectibus consulte satagentes, statum ipsum & cum specialis honoris prærogativa interdum immutamus & alteramus, ac desuper disponimus, pro ut salus animarum exigit, piaque catholicorum regum vota exposcunt, & rationabiles causæ persuadent, nec non locorum & temporum qualitatibus & conditionibus diligenter consideratis, pro ecclesiarum & monasteriorum ac personarum earundem felici successu ac decore & venustate, divinique cultus augmento conspicimus in domino salubriter expedire, & ad illos dexteram nostræ liberalitatis extendimus, quos ad id propria virtutum merita multipliciter recommendant.*

Sane cum à tempore cujus initii hominum memoria non existit, in insula maris Mediterranei, partium regni Franciæ & provinciæ Narbonensis (a) Magalonensis nuncupata, ad litus ipsius maris, & certo loco palustri, una civitas quæ Magalonensis nuncuparetur, ac inibi una cathedralis ecclesia ordinis sancti Augus-

non oppidum Montispessulani civitatis titulo insignimus, cum juribus & pertinentiis quibus aliæ civitates gaudent.

VII.

* Cette suppression & extinction des deux manses une fois faite, le pape érige une église cathédrale sous l'invocation de St. Pierre, dans le monastére jadis de St. Benoît, voulant que l'evêque Guillaume, ci-devant evêque de Maguelone, porte le nom d'evêque de Montpellier, sans aucune nouvelle provision, qu'il ait généralement tous les droits dont il joüissoit comme evêque de Maguelone, & qu'on lui rende dans l'église nouvellement érigée les mêmes services qu'on lui rendoit à Maguelone.

PAGE 154.

La premiere dignité de cette nouvelle église, après celle de l'evêque, sera la grande prévôté ; *præposituram majorem post pontificalem.*

La seconde, le grand archidiaconné, apellé aussi *Majorem*, comme la prévôté. Mais les deux autres archidiaconnez, l'un apellé de Valence & l'autre de Castries, sont déclarés *non majores post pontificalem dignitates.*

La chantrerie, la sacristie, l'aumônerie & l'ouvrerie, ne sont que des personats : *Personatus inibi.*

Quant à la distribution des bénéfices, le pape dit que pour aider l'evêque à soûtenir ses nouvelles charges & pour exercer l'hospitalité, on lui donne,

tini, sub invocatione beati Petri apostoli, pro uno episcopo Magalonensi nuncupando qui eidem ecclesiæ præesset, pro ut ex tunc præfuit, certo territorio seu districtu eidem civitati pro illius diæcesi assignato, apostolica authoritate erectæ fuerint, ac successu temporis, causantibus orthodoxæ fidei hostium insultibus, qui insulæ & civitatis prædictarum incolas infestarunt, ac morbis quibus incolæ ipsi ob ejusdem palustris loci corruptum aerem frequenter laborabant : insula & civitas prædictæ adeo desertæ & habitatoribus vacuæ effectæ extiterunt, ut inibi fere nulla civitatis vestigia, imo nec ulli (paucis prædictæ & unius collegiatæ inibi consistentis ecclesiarum ministris exceptis) habitatores existant, & venerabilis frater noster Gulielmus modernus, ac pro tempore existens episcopus Magalonensis, &

fere omnes ipsius ecclesiæ Magalonensis officiales ac ministri, domos & habitationes suas in oppido Montispessulanensi Magalonensis diæcesis habeant : & canonici ejusdem, insulam & ecclesiam Magalonensem prædictas deserentes (paucis in eadem ecclesia Magalonensi ad divinum cultum peragendum remanentibus) in ipso oppido habitant : quo fit ut dictus episcopus ecclesiæ suæ, & populo sibi commisso simul adesse & populum ipsum docere nequeat, & iis potissimum temporibus quibus in insulis dura est congregatio.

Et ne dum merita, sed etiam corporum mortalium vires adeo defecerunt ut admodum pauci regularis vitæ austeritatem & sacrorum canonum rigorem perferre velint & possint, de facili non reperiantur viri litterarum scientia & nobili-

outre le canonicat & la prébende, qui sera unie á sa place episcopale, les bénéfices suivans :

St. Bauzile de Putois.

St. Jean de Cuculles.

St. Etienne de Cazevieille.

St. Saturnin d'Agonez.

St. Nazaire & Celse de Brissac.

PAGE 155. * A la prévôté nouvelle on unit les bénéfices de Lunel & de St. Drezeri, comme ils l'étoient auparavant, & au lieu de celui de St. Denis de Ginestet qui lui étoit uni autrefois, on lui donne celui de St. André de Molines.

Au grand archidiaconné, Ste Sigalene de Grave avec l'église de Cortade qui lui étoit annexée dans le diocése d'Albi.

A l'archidiaconné de Valence, Ste Marie de Valence & St. Amans de Cambous, dans le même diocése d'Alby, avec St. Jean de Nods, diocése de Rhodez.

tate clari qui in ipsa ecclesia Magalonensi ordinem ipsum profiteri, ac inibi residere velint; ac oppidum prædictum insigne & unum ex principalibus dictæ provinciæ Narbonensis oppidis & multa nobilium & plebeiorum generositate refertum sit, & ad illud (in quo etiam peculiari privilegio divinarum & humanarum legum, ac artium liberalium & medicinæ generalia studia vigent) officiales prædicti, canonici præfati, ac totius prædictæ diæcesis Magalonensis populus, pro iis quæ ad divinum cultum & fidei catholicæ conservationem ac causarum decisionem attinent confluant.

Et in eodem oppido sit unum notabile monasterium ordinis sancti Benedicti, sub invocatione ejusdem sancti, per priorem annalem claustralem nuncupatum gubernari solitum à monasterio sancti Victoris

Massiliensis dicti ordinis (quod dilectus filius noster Augustinus, sancti Adriani diaconus cardinalis de Trivultiis nuncupatus, ex concessione apostolica in commendam obtinet) dependens & olim per felicis recordationis Urbanum papam quintum prædecessorem nostrum fundatum, constructum & dotatum, in quo ex ipsius Urbani fundatoris decreto, viginti religiosi ad divinum cultum in illius ecclesia peragendum, & duodecim ad studendum in jure canonico ad decennium, ac quatuor ad studendum in grammaticalibus, ad quadriennium constituti fuerint. Et cujus ecclesia cum illo adjacente claustro miris constet ædificiis, quæ magis speciem ecclesiæ cathedralis habent, quam habitationi monachorum congruant, & charissimus in Christo filius noster Franciscus Francorum rex christianissimus

A celui de Caſtries, le bénéfice de St. Etienne de Caſtries.
A la chantrerie, St. Gilles du Feſc de Fiſco.
A la facriſtie, St. André de Bueges de Bodia, diocéſe de Maguelone.
A l'aumônerie, St. Sauveur de Montils près Lunel, & St. André de Verargues, *ad collationem ipſius epiſcopi ſpectantes.*
A l'ouvrerie, St. Pierre de Blagnaux, diocéſe   , & St. Andrien d'Adiſſan, diocéſe de Beziers.

Tous les bénéfices qui ont apartenu ci-devant aux deux manſes de Maguelone & de St. Benoît, ſont généralement unis au nouveau chapitre avec tous leurs droits & dépendances, ſpecialement le prieuré de St. Denis de Gineſtet, ci-devant uni à la prévôté de Maguelone ; & toutes les dignitez & perſonats à qui des bénéfices viennent d'être affectez, en joüiront paiſiblement, à la charge d'y faire faire le ſervice comme auparavant. Ils préſenteront des ſujets à l'evêque pour les bénéfices qui ſeront à charge d'ames. *Per eumdem epiſcopum ad ipſorum præſentantium nutum deputandos.*

Ceux qui joüiſſent actuellement des bénéfices ſuprimez continueront d'en joüir pendant leur vie. Mais en attendant que les bénéfices ſoient unis

qui nuper cum ejus regnum prædictum & dictam provinciam Narbonenſem, perſonaliter viſitaſſet, inſulam & eccleſiam Magalonenſem & oppidum hujuſmodi adiit & viſa dicta inſulæ ſolitudine, conſiderans quantum illa eſſet orthodoxæ fidei hoſtium incurſibus hujuſmodi expoſita, ac quod epiſcopi non in caſtellis aut villis, ſed in civitatibus majoribus & frequentioribus populis conſtitui debent, & quod ſi dictum monaſterium ſancti Benedicti, in quo unus prioratus clauſtralis, pro uno priore annali, & una præpoſitura quæ dignitas reputatur ac unus præcentoriatus pro uno præcentore ad nutum amovili, nec non una celeraria, & una ſacriſtia, ac una pitanciaria, & una cameraria, cui ſancti Petri de Blannavis, & ſancti Adriani de Adiſſano, uticenſis & biterrenſis dioceſis, ejuſdem ordinis ſancti Benedicti prioratus, perpetuo annexi exiſtunt, nec non una infirmaria quæ inibi officia clauſtralia exiſtunt : & à quo ſancti Martini de Areis & beatæ Mariæ de Ambileto, ejuſdem ordinis Nemauſenſis & Albienſis diœceſis prioratus, in quibus videlicet de Areis una cameraria & una ſacriſtia, ac beatæ Mariæ prioratibus hujuſmodi una ſacriſtia, ſimiliter officia clauſtralia fore noſcuntur dependent.

Nec non in quo ac eiſdem dependentibus prioratibus alia loca & monachales portiones, ad litterarum ſtudia aut alias fundata & inſtituta fore noſcuntur à dependentia monaſterii ſancti Victoris, hujuſmodi perpetuo ſegregaretur & ſepararetur, ac in dicta eccleſia Magalonenſi in qua ſimiliter una præpoſitura quæ inibi dignitas poſt pontificalem major exiſtit ;

à la manse capitulaire, les titulaires payeront au chapitre, pour l'aider à en suporter les charges, une cotte part exprimée dans la bulle.

PAGE 156.

Qu'il soit permis (dit le pape Paul III) à ceux qui voudront se servir du bréviaire * romain de le dire hors du chœur & en particulier : *Qui voluerit extra chorum horas canonicas diurnas, pariter & nocturnas, ac alia divina officia secundum usum Romanæ ecclesiæ, etiam noviter editum, absque alia concessione dicere & recitare valeant* ; ce qui est regardé comme une preuve que l'église de Maguelone avoit un bréviaire particulier, qu'elle garda même après la sécularisation, puisque les particuliers n'auroient pas eu besoin de dispense pour pouvoir dire le romain.

Ensuite le pape permet à l'evêque & aux nouveaux chanoines de tester, ce qu'ils ne pouvoient faire auparavant, étant réguliers. Il interdit au chapitre & à tous autres le droit de dépoüille, voulant que les biens des chanoines morts, *ab intestat*, aillent à leurs plus proches parens, sauf les maisons & jardins qu'ils auroient possédé dans l'enceinte du cloître de ladite église, qui de plein droit doivent revenir au chapitre après leur mort, & que le chapitre pourra vendre, loüer & donner en emphiteose à celui des chanoines ou autres ministres de l'église qui en offriront davantage, pour en

& cui sancti Dionysii prope & extra muros dicti oppidi ac ejusdem beatæ Mariæ Lunelli novi, ac sancti Desiderii ordinis sancti Augustini & diæcesis Magalonensis prædictorum prioratus ab eadem ecclesia Magalonensi dependentes perpetuo annexi existant; & unus prioratus claustralis pro uno priore annali. Ac una sacristia quæ inibi dignitas non major post pontificalem, seu officium reputatur, & una vestiaria, ac una eleemosinaria, nec non infirmaria & una operaria; quæ ac forsan prioratus & sacristia prædicti, officia claustralia inibi existunt, ac certa loca & canonicales portiones fore noscuntur. Et à qua etiam sanctarum ecclesiæ de miris Vallibus & Leocadiæ de Vico, invicem unitæ, sancti Firmini de Montepessulano, ac ejusdem beatæ Mariæ de Tabulis, in quibus videlicet sancti Firmini una, & beatæ Mariæ, aliæ sacristiæ officia claustralia existunt, & sancti Georgii de Dorgues, sancti Marcelli de Fraires sive de Frejorgues, sancti Joannis de Bodia, sancti Jacobi de Fabricis, sancti Ægidii de Fisco, sancti Andreæ de Bodia, ejusdem sancti Dionysii de Ginesleto. Sanctorum Juliani & Basilissæ de Balhanicis, ac ejusdem Beatæ Mariæ de Aquis, de Claperiis, sancti Theodoriti de Vendranicis, sancti Stephani de Castriis, ac ejusdem beatæ Mariæ de Latis, ac ipsius beatæ Mariæ de Londris, sancti Vincentii de Lunello veteri, sancti Hilarii de Santeiranicis, ejusdem sancti Andreæ de Novis gentibus, sancti Stephani de Soregio, ejusdem beatæ Mariæ de Gornerio, sancti Vincentiani, sancti Brissii, ejusdem sancti Andreæ de Mollinis, sancti Petri de Veruna, ejusdem beatæ Mariæ de

joüir durant leur vie, avec droit de retour pour le chapitre, qui en mettra le prix dans le tréfor de l'églife.

Les chanoines pourront poffeder des bénéfices en titre ou en commande, comme s'ils n'avoient jamais été réguliers. Ils pourront les ceder & établir des penfions annuelles, & être élevez à toutes dignitez ecclefiaftiques, même à la chaire epifcopale.

Ils conferveront tous les priviléges, libertez & immunitez qu'ils avoient étant réguliers, comme s'ils l'étoient encore. Ils ne feront foûmis qu'à la feule jurifdiction de l'evêque de Montpellier, quand même ces privileges n'auroient été accordez que pour autant de tems qu'ils profefferoient la vie régulière. Ils joüiront, tant conjointement que féparement, de toutes les graces accordées à l'églife de Maguelone & au monaftere de S. Benoît; & toutes les places, bénéfices, penfions qui avoient été fuprimées, font rétablies par cette nouvelle érection, comme fi elles n'avoient pas été fuprimées.

Quant à la diftribution des bénéfices de la nouvelle manfe, le pape laiffe :
A Guillaume Peliffier, evêque, tout ce qu'il a déjà.   PAGE 157.
A Jean de Sarrat, qui étoit prévôt de Maguelone, la nouvelle prévôté.

Caftellonovo, fanctæ Crucis de Cornonc-Terralio, dictæ Magalonenfis, ejufdem beatæ Mariæ de Adano Arelatenfis diœcefis, fanctæ Catharinæ prope & extra muros Maffiliæ, prioratus, feu ecclefiæ forfan parrochiales dependentes, & per illius regulares canonicos, obtineri confueverunt : nomen & titulus cathedralis ecclefiæ, ac in monafterio fancti Benedicti hujufmodi, nomen & titulus monafterii, ac invocatio, & in eifdem ecclefia & monafterio nec non ab eifdem dependentibus prioratibus & membris, & per illorum canonicos & monachos refpective obtineri folitis, ecclefiis & ecclefiafticis beneficiis, ordines prædicti, & dependentiæ omnes quæ ftatus regulares, nec non omnia & fingula utriufque ipforum ecclefiæ Magalonenfis, & monafterii fancti Benedicti præpofituræ, ac aliæ dignitates, prioratus clauftrales, perfonatus, adminiftrationes, officia, beneficia nec non loca & canonicales ac monachales portiones, nec non una fancti Stephani de Villanova, & alii fancti Xifti de Perolis, & alia beatæ Mariæ de Pignano, & alia fancti Michaelis de Montilis, & alia fancti Martini de Pruneto, & alia fancti Jacobi de Pradis, & alia de Grabellis, & alia de Juvigniaco dictæ Magalonenfis diœcefis, parrochialium ecclefiarum quæ inter alia de menfa capitulari ipfius ecclefiæ Magalonenfis : aut ab eadem mediate vel immediate dependentes exiftunt perpetuæ vicariæ, feu prioratus, per clericos fæculares teneri folitos, feu foliti penitus fupprimerentur & extinguerentur, ac Magalonenfis & monafterii fancti Benedicti hujufmodi ecclefiæ, ad ftatum fæcularem reducerentur & oppidum Montifpeffula-

III.

A Pierre Nougarede, ci-devant celerier du monaſtére St. Benoît, le grand archidiaconné.

A Jean de Lauzelergues, auparavant ſacriſtain, l'archidiaconné de Valence.

A Bernardin de Ranco, auparavant veſtiaire de Maguelone, l'archidiaconné de Caſtries.

A Guillaume Pelet, prieur de St. Vincent de Lunel-Viel, la chantrerie.

A Jean de Blandiac, prieur de St. Jacques de Fabregues, la ſacriſtie.

A Jean de Saurin, auparavant pitancier, l'aumônerie.

A Antoine Albi ou le Blanc, camerier du monaſtére St. Benoît, l'ouvrerie.

Quant aux chanoines majeurs formez reſpectivement de l'égliſe de Maguelone & du monaſtére de St. Benoît, il leur laiſſe auſſi les bénéfices qu'ils pouvoient avoir, & il les nomme en cet ordre ·

IX.   Guillaume de Peliſſier, evêque.
Guillaume Cambais l'ancien, apellé Senior.
Ange Compaigne.

nenſe, in civitatem, nec non eccleſia monaſterii ſancti Benedicti hujuſmodi, in cathedralem eccleſiam erigerentur & inſtituerentur, ac titulus, & ſedens epiſcopalis Magalonenſis, cum illius juribus, ad eccleſiam erigendam hujuſmodi transferrentur, nec non omnes & ſinguli fructus, reditus & proventus, ſupprimendorum dignitatum, & perſonatuum, prioratuum clauſtralium, officiorum & beneficiorum ac locorum canonicalium, ac monachalium portionum, & vicariarum, hujuſmodi capitulari menſæ ipſius erigendæ, eccleſiæ perpetuo applicarentur, & appropriarentur. Et tam canonici eccleſiæ quam monachi monaſterii prædictorum, cum non conveniat religioſæ diverſæ profeſſionis & diverſi habitus in eodem loco reſidere, poſt hac ſæculares & ab obſervantia regularium conſtitutionum dictorum ordinum liberi eſſent, ac unum capitulum conſtituerent : profecto divini cultus augmento, & animarum ſaluti populi dictæ diœceſis, ac ipſius, orthodoxæ fidei conſervationi, & ſtabilimento, nec non pauperum Chriſti ad idem oppidum confluentium alimoniæ, & aliorum piorum operum exercitio plurimum conſuleretur : faciliuſque viri moribus & ſcientia præditi, qui dictæ eccleſiæ deſervire, & illius dignitates, ac canonicatus & præbendas, ac officia & beneficia obtinere vellent, reperirentur. Habita ſuper iis per ipſum regem, cum prælatis & proceribus dicti regni ſui, matura deliberatione ſummopere deſideret, ſtatum ipſius eccleſiæ Magalonenſis, pro feliciori illius & perſonarum ejuſdem, nec non cleri ac univerſorum incolarum & habitatorum oppidi & diœceſis Magalonenſis hujuſ-

Bernard de Solaiges.
Guillaume de Claret.
Jean Sarnelli.
Guillaume d'André.
Aimeric de Cofta.
Guillaume Inguimbert.
Bertrand Etienne.
Jean Pelegrin.
Secundin Bonal.
Gaillard Coftanni.
Pierre Manni.
Antoine de Montlaur.
Jacques de Manfo.

*Qui tous feize, avec les huit dignitez & perfonats marquez ci-devant, faifoient le nombre de vingt-quatre. Il confirme à plufieurs autres particuliers qu'il nomme (& qui ne font pas compris dans le nombre des chanoines) la poffeffion des bénéfices qu'ils avoient déjà, & au corps du chapitre, prévôt & archidiacres, les prééminences, prérogatives & autorité qu'ils avoient par

PAGE 158.

modi fucceffu tuitione & tranquillitate, ut præfertur immutari.

Nos qui dudum inter alia voluimus, quod petentes beneficia ecclefiaftica, aliis uniri, tenerentur exprimere verum annuum valorem, fecundum communem æftimationem tam beneficii uniendi, quam illius cui uniri peterentur, alioquin unio non valeret, & femper in unionibus commiffio fieret ad partes, vocatis quorum intereffet, ac omnes canonicatus & præbendas ac dignitates, perfonatus, adminiftrationes & officia, necnon prioratus, cæteraque beneficia ecclefiaftica cum cura, & fine cura, apud fedem apoftolicam tunc vacantia, & in antea vacatura, collationi & difpofitioni noftræ refervamus: decernentes ex tunc irritum & inane, fi fecus fuper iis à quoquam quavis authoritate fcienter vel ignoranter contigerit

attentari: quique ecclefiarum & monafteriorum quorumlibet, ac perfonarum eorum decorem & venuftatem, ac in melius directionem nec non in illis divini cultus augmentum & animarum falutem, noftris potiffimum temporibus, finceris defideramus affectibus, cupientes quantum cum Deo poffumus, præfatorum ecclefiæ Magalonenfis, monafterii fancti Benedicti, ac illarum perfonarum profectui, & directioni, in præmiffis, falubriter confulere.

Ac præfatum Guillelmum epifcopum, nec non dilectos filios capitulum ecclefiæ Magalonenfis, & modernum priorem, ac conventum monafterii fancti Benedicti prædictorum & eorum ac illorum infrafcriptorum fingulis à quibufvis excommunicatione, fufpenfione, & interdicti, aliifque ecclefiafticis fententiis, cenfuris &

les statuts de leur église. Mais il leur ôte toute jurisdiction contentieuse dans l'église nouvellement érigée, de même qu'en aucune partie de la cité ou diocése de Montpellier.

X. *Places & rang des chanoines dans le chœur.*

Le prévôt, au premier siége du chœur, du côté gauche en entrant. *In prima cathedra à parte sinistra.*

Le grand archidiacre, au premier siége, du côté de l'evêque. *In prima cathedra post cathedram episcopalem in parte dextra.*

L'archidiacre de Valence, à côté du prévôt. *In prima cathedra post cathedram præpositi.*

L'archidiacre de Castries, à côté du grand archidiacre. *Post cathedram majoris archidiaconi à parte dextra.*

Le chantre aura son rang après l'archidiacre de Castries, & sera placé dans le chœur, à la premiere place à droite en y entrant. *In suprema cathedra juxta portam sive ingressum chori à parte dextra.*

Le sacristain, à la premiere place, à gauche de l'entrée du chœur. *In suprema cathedra juxta portam sive ingressum chori à parte sinistra.*

pænis, à jure vel ab homine quavis occasione vel causa latis, à quibus quomodolibet innodati existant, ad effectum præsentium duntaxat consequendum, harum serie absolventes, & absolutos fore censentes, nec non episcopalis & capitularis mensarum ac singulorum canonicalium & monachalium portionum nec non dignitatum, personatuum, administrationum, officiorum, prioratuum, ecclesiarum, vicariarum, membrorum & omnium beneficiorum ecclesiasticorum prædictorum, ac hujusmodi & aliorum illis respective annexorum fructuum, redituum, & proventuum, veros annuos valores præsentibus pro expressis habentes.

Habita desuper cum venerabilibus fratribus nostris, sanctæ Romanæ ecclesiæ cardinalibus matura deliberatione, ac de illorum consilio, & apostolica potestatis plenitudine, Guillelmi episcopi, & capituli, ac moderni prioris & conventus respective majorum partium, ad hoc expresso accedente consensu, & ab eodem Francisco rege, nobis super hoc, tam per suas litteras, quam per venerabilem fratrem nostrum Carolum, episcopum Matisconensem ejus, apud nos & sedèm prædictam oratorem humiliter supplicantem, authoritate apostolica, tenore præsentium ad omnipotentis Dei laudem & gloriam, ac militantis ecclesiæ exaltationem, nec non ecclesiæ Magalonensis, & monasterii sancti Benedicti prædictorum, feliciorem & tranquilliorem statum, & successum, dictum monasterium sancti Benedicti, una cum omnibus & singulis illius membris, dependentiis, juribus, & pertinentiis, tam in dicta diœcesi Magalonensi quam alibi consistentibus, ab omni præfati monaste-

II. Partie. Livre cinquiéme.

L'aumônier, à la premiere place à côté du chantre du côté droit. *Post cathedram cantoris à parte dextra.*

L'ouvrier, à la premiere place après celle du facriftain, au côté gauche. *In prima cathedra post cathedram facriftæ à parte finistra.*

Le tems de la reception réglera les places des autres chanoines dans le chœur, dans les marches & dans l'ordre d'opiner. Mais les chanoines majeurs précederont les mineurs; & on n'aura pas égard aux ordres facrez dans le rang, dans la féance, ou dans la marche, ni à aucun grade ou dignité, fauf celles de l'églife, mais feulement à l'ordre de la reception.

CHAPITRE SECOND. PAGE 159.

I. Privileges accordez aux nouveaux chanoines. II. Droits de l'evêque. III. Droits du prévôt. IV. Reduction de plufieurs places après la mort des titulaires. V. Collation des dignitez & canonicats du chapitre. VI. Maniere de les conferer. VII. Droit d'entrée de chacun du chapitre. VIII. Etabliffement d'un théologal. IX. Service de l'ancienne églife de Maguelone.

LES chanoines majeurs conftitueront le chapitre féculier de ladite I. églife fans les mineurs ou autres miniftres inferieurs. Ils auront toutes les prérogatives, prééminences & autorité des autres chapitres cathédraux des églifes féculieres de la province, avec pouvoir d'établir

rii fancti Victoris dependentia ac ipfius Augustini cardinalis & commendatarii & pro tempore existentis illius abbatis feu commendatarii jurifdictione, fubjectione & fuperioritate (ejufdem Augustini cardinalis & commendatarii ad hoc expreffo accedente confenfu), perpetuo fegregamus, & difmembramus, & eximimus.

Ac in ecclefia Magalonenfi, nomen & titulum cathedralis ecclefiæ, necnon in monasterio fancti Benedicti hujufmodi, fimiliter nomen & titulum monasterii ac etiam invocationem fancti Benedicti, nec non in ejufdem ecclefiæ & monasterio ac omnibus & fingulis eorum membris, &

illis annexis, necnon prædictis & aliis ab eis dependentibus prioratibus, ac fupradictis cæterifque quibufcumque per illorum canonicos & monachos refpective obtineri folitis ecclefiis, & ecclefiafticis beneficiis. Ita ut de cætero prioratus ecclefiæ & beneficia fæcularia existant. Ordines prædictos, & omnem dependentiam, ad ftatum regularem, ipforumque ecclefiæ Magalonenfis, & monasterii fancti Benedicti, prioratuumque prædictorum, præpofituras prioratus clauftrales, facriftias, infirmarias, vestiariam, & eleemofynariam, operariam, cclerariam, pittanciariam, camerarias, & alia quæcumque fi quæ fint dignitates, perfonatus, adminiftrationes, des ministres à gages & pour le tems qu'ils voudront, *conductitios & temporales*, soit pour le gouvernement des biens de la manse, soit pour le culte divin. Ils pourront statuer sur la distribution des prébendes, en les faisant égales ou inégales. Sur les cérémonies dans le chœur & pour le culte divin; sur l'absence ou la présence des ministres, avec pouvoir de résoudre tous les doutes qui pourroient survenir à l'occasion des présentes, *ac declarandi quæcumque dubia circa contenta in præsentibus occurrentia;* & de faire toutes autres choses qui sont de la competence des chapitres cathédraux des églises séculieres.

II. L'evêque percevra les fruits de deux prébendes, *quamdiu præsens fuerit in civitate Montispessulani*. Mais s'il en est absent, il ne les percevra que d'une seule. En quoi n'est pas compris le tems qu'il employe aux visites de son diocése, & autres fonctions des devoirs de sa charge dans ladite enceinte. Car durant ce tems, il percevra les fruits de deux prébendes.

Il présidera dans les chapitres toutes les fois qu'il y sera présent. Il opinera le premier, il recueillera les voix & conclura à la pluralité. *Emittatque vocem, sive * votum primo loco*. Mais lorsque le nombre des voix sera égal, la partie des opinans qui aura l'evêque avec soi sera regardée comme la plus grande, & selon elle on devra conclure.

officia, & alia ecclesiastica beneficia, nec non omnia & singula loca, & canonicales & monachales portiones, necnon vicarias perpetuas hujusmodi, ac omnium illorum qualitates & denominationes, sic quod de cætero, præpositura, prioratus, sacristiæ, infirmariæ, vestiaria, eleemosynaria, operaria, celeraria, pittanciaria, cameraria, dignitates, personatus, administrationes, officia ecclesiastica, beneficia, loca & canonicales seu monachales portiones & vicariæ perpetuæ dici, nommari & censeri non possint : penitus & omnino, perpetuo supprimimus & extinguimus; ac Magalonensem de cætero ecclesiam sancti Petri insulæ Magalonensis, nuncupandam, & monasterium sancti Benedicti, ecclesias hujusmodi ad statum sæcularem reducimus, nec non oppidum Montispessulanum prædictum civitatis titulo insignimus, illudque in civitatemque Montispessulanensis nuncupetur, cum juribus & præeminentiis quibus aliæ civitates partium earumdem utuntur, potiuntur & gaudent, ac potiri, uti & gaudere poterunt quomodolibet in futurum.

Ac ecclesiam monasterii sancti Benedicti hujusmodi in cathedralem ecclesiam sæcularem, sub invocatione ejusdem beati Petri apostoli, cum insigniis & jurisdictionibus episcopalibus, ad instar aliarum circumvicinarum sæcularium dictæ provinciæ cathedralium ecclesiarum, ita ut idem Guillelmus episcopus, pro ut hactenus dictæ ecclesiæ Magalonensi præfuit, eidem erigendæ ecclesiæ, vigore præsentium litterarum absque alia provisione de

Le prévôt aura les fruits d'une prébende entiére & la moitié d'une autre, qu'il gagnera en affiftant tous les jours à une des heures principales, qui font matines, la meffe & vêpres.

Les autres chanoines majeurs gagneront leurs prébendes en affiftant tous les jours à une des heures principales & à une des moindres.

Le nombre des chanoines majeurs fera réduit à vingt-cinq, compris le canonicat & la prébende unic à la manfe épifcopale. Et, pour cet effet, lorfque quelqu'un de ceux qui ont été pourvûs cette premiere fois viendra à quitter fon canonicat par mort ou autrement, ou qu'il fera promû à une dignité ou perfonat, dès-lors la prébende & le canonicat dont il joüiffoit fera fuprimé, & nul ne pourra lui fuccéder en cette place jufqu'à ce que le nombre des canonicats & prébendes (y compris celles qui font annexées à la manfe épifcopale, aux dignitez & aux perfonats) foient réduites au nombre (*fic*) de vingt-cinq.

Selon la même régle, le nombre des canonicats & prébendes mineures fera réduit à trente-deux ; en forte que quelqu'un de ceux qui les occupent actuellement venant à les quitter par mort, ou par promotion à un canonicat majeur, fa place fera éteinte & nul ne pourra y être nommé jufqu'à ce que le nombre foit réduit à trente-deux.

III.

IV.

perfona fua illi facienda, in omnibus & per omnia, præfit, & illius verus præful exiftat, ipfeque Guillelmus & pro tempore exiftens ejufdem ecclefiæ præful de cætero epifcopus Montifpeffulanenfis, & dicta diæcefis Magalonenfis nuncuparetur.

Ac idem epifcopus Montifpeffulanenfis eifdem privilegiis, facultatibus, juribus, præeminentiis, libertatibus, honoribus, indultis apoftolicis, regiis, & aliis quibus tanquam epifcopus Magalonenfis, hactenus apoftolica, regia, delegata, vel ordinaria authoritatibus, ufus eft, perinde ac fi epifcopus Magalonenfis adhuc nuncuparetur & effet, utatur, potiatur & gaudeat. Necnon ecclefia & diæcefis Montifpeffulanenfis, ac corumdem civitatis & diæcefis clerus, & populus, curæ & jurifdictioni dicti epifcopi Montifpeffulanenfis pro tempore exiftentis, prout epifcopo Magalonenfi, pro tempore exifenti, refpective fuberant, fubfint & fubeffe cenfeantur, & dictæ erigendæ ecclefiæ, per perfonas & miniftros qui nunc in Magalonenfi & monafterii fancti Benedicti ecclefiis, hujufmodi inftituti exiftunt, juxta providam ordinationem dictorum capituli defuper faciendam, in divinis laudabiliter deferviatur.

Necnon in ipfa ecclefia erigenda unam præpofituram majorem, poft pontificalem, pro uno præpofito. Ac unum majorem, pro uno majore. Et alium de Valentia pro alio de Valentia. Et alium archidiaconatus de Caftriis, nuncupandos non majores poft pontificalem, dignitates, pro alio de Caftriis nuncupandos archidiaconatus.

Et par une plus grande réduction, à mesure que ces trente-deux canonicats viendront à vacquer par mort, ou par quelqu'autre maniere que ce soit, ces sortes de places seront dès-lors éteintes & suprimées, sans qu'elles puissent déformais être régardées ni apellées canonicats ou prébendes. Mais qu'à la place de ces trente-deux chanoines mineurs le corps du chapitre établisse six hebdomadiers pour les grandes messes & pour matines, avec vingt-six autres sujets qui seront apellez vicaires des chanoines majeurs.

Lorsque la place d'un des six hebdomadiers vacquera, l'evêque en aura la libre & pleine institution & destitution, de sorte que leur place soit amovible au choix de l'evêque ; mais ils ne pourront être reçus qu'ils ne soient dans l'ordre de prêtrise * & trouvez capables par les députez du chapitre, qui les examineront sur le chant, sur la lecture & sur les autres dispositions & bienséances du corps.

Lorsqu'un hebdomadier aura servi pendant cinq ans, il ne pourra être destitué par l'evêque dont il auroit reçu l'institution, ni par ses successeurs, sans l'avis & le consentement du chapitre.

De cette sorte l'evêque aura deux vicaires pour lui, & chaque dignité ou chanoine aura le sien ; chacun d'eux pourra les instituer & destituer, ces places devant être toûjours amovibles. Ils ne pourront les faire recevoir

PAGE 161.

Necnon unam cantoriam pro uno cantore. Et aliam sacristiam, pro uno sacrista. Ac unam eleemosynariam, pro uno eleemosynario. Ac unam operariam, personatus inibi, pro uno operario.

Ac triginta duos majores : & sexaginta quatuor alios minores nuncupandos canonicatus & præbendas erigimus & instituimus : necnon ecclesiam Sti. Petri, insulæ Magalonæ, prædictam, cum omnibus juribus & pertinentiis, dictæ mensæ capitulari, necnon mensæ episcopali, ac præposituræ & singulis archidiaconatibus, ac singulis ex cantoria, sacristia, eleemosynaria, & operaria, personatibus prædictis, unum & unam ex triginta duobus canonicatibus, & totidem præbendis erectio hujusmodi. Ita quod ille de qua ecclesiæ Montispessulanensi, & aliis

personis, quibus de præpositura, & archidiaconatibus ac cantoria, sacristia, eleemosynaria & operaria prædictis: pro tempore providebitur, etiam de canonicatu & de præbenda ejusdem ecclesiæ, tamquam mensæ ac dignitatibus & personatibus hujusmodi annexis, provisum, & quicumque, aliquam ex pontificali, & aliis dignitatibus & personatibus ecclesiæ Montispessulanensis canonicus assequetur, ejusdem ecclesiæ Montispessulanensis canonicus actu & præbendatus, eo ipso sit & esse : ac dum provisio ecclesiæ Montispessulanensis de persona jam canonici aut dignitatibus vel personatibus hujusmodi jam canonico fiet, canonicatus & præbenda per eum prius obtenti vacare censeantur.

Et ultra canonicatus & præbendas uniendos prædictos mensæ episcopali, fans être prefentez au chapitre, qui les fera examiner fur le chant & ordre de prêtrife qu'ils doivent avoir, & autres capacitez.

Les deux vicaires de l'evêque feront exempts de l'examen du chapitre; mais aucun des hebdomadiers ou vicaires qui feront de la forte établis, ne pourront être apellez chanoines, ni regardez comme titulaires, encore moins faire chapitre ou communauté, *univerfitatem*.

Les chanoines mineurs qui fe trouveront établis à la nouvelle érection de l'églife de Montpellier auront durant leur vie les trois quarts d'une prébende canonicale; & lorfque leur place aura été fuprimée, les hebdomadiers n'auront d'autre portion que celle que le chapitre voudra leur faire, laquelle il pourra augmenter ou diminuer felon l'occurrence du tems. Mais outre cette portion, ils auront chacun tous les ans vingt-cinq livres tournois.

La collation de la prévôté apartiendra de plein droit au chapitre, dans le cas de vacance; en forte que celui que le plus grand nombre aura élû, fera cenfé en avoir les provifions. Et après avoir prêté le ferment accoûtumé entre les mains de l'evêque, & à fon refus, entre les mains du plus ancien, ou de celui que le chapitre aura nommé à cet effet, il fera inftalé, mis en pofleffion réelle & regardé comme prévôt.

V.

cum facta tranflatione fedis epifcopalis ab infula ad civitatem Montempeffulanenfem, hujufmodi ipfius erectæ ecclefiæ præful, majora, onera, pro hofpitalitate fervanda, reftaurandis domibus & prædiis, quorum maxima pars, caufantibus bellis, & aliis finiftris eventibus, qui partes illas diutius afflixerunt & devaftarunt, & quarum aliqua in eremum reducta, fubiturus fit. Eidem menfæ epifcopali, ultra alia beneficia, & redditus illi unita, & applicatos, fancti Baudilii de Peducio, fancti Joannis de Cucullis, & fancti Stephani de Cafaveteri, & fancti Saturnini de Agonefio, & fancti Nazarii & Celfi de Brixiaco.

Nec non præpofituræ erectæ, beatæ Mariæ Lunelli novi, & fancti Defiderii, fuppreffæ præpofituræ, ante illius fup-

preffionem hujufmodi ut præfertur, perpetuo unitos, illorum unione, per fuppreffionem eandem diffoluta, per diffolutionem hujufmodi, apud fedem prædictam vacantia, ac loco prædicti prioratus fancti Dionyfii, fimiliter ante fuppreffionem hujufmodi fuppreffæ præpofituræ ecclefiæ Magalonenfis prædictæ, ut præfertur, perpetuo annexi, fancti Andreæ de Molinis.

Ac majori, fanctæ Sigolenæ de Grava cum illis annexa ecclefia, dictæ Albienfis diœcefis.

Nec non de Valentia, beatæ Mariæ de Valentia, fancti Amantii de Cambous, ejufdem Albienfis diœcefis, ac fancti Joannis de Nodo, Ruthenenfis diocefis.

Nec non de Caftriis archidiaconatibus, dignitatibus, fancti Stephani de Caftriis.

La collation du grand archidiaconné & de la chantrerie apartiendra à l'evêque, dans le cas de vacance, de même que l'aumônerie, avec les canonicats & prebendes qui leur font annexées. De plus, il aura le pouvoir de conferer à tel clerc féculier qu'il jugera à propos, la chapelle des onze mille vierges, située dans le cloître de Maguelone, qui auparavant n'étoit conferée par l'evêque qu'aux feuls chanoines de ladite églife.

* L'evêque aura auffi le pouvoir d'établir & députer un docteur en théologie, pour lire & pour prêcher (felon qu'il fera reglé par les ftatuts que l'on dreffera à cet effet) dans l'églife nouvellement érigée. Ledit théologal percevra les fruits d'une prébende canonicale fans le titre ni le droit de chanoine. Il fera inquifiteur de la foy dans le diocéfe de Maguelone, par excluſion à tout autre, & il joüira de tous les droits que le faint fiége a accordé aufdits inquifiteurs. Mais Guillaume Peliffier (actuellement evêque), ni fes fucceffeurs, ne pourront établir ledit théologal qu'il n'ait été examiné & admis par le prévôt & par les archidiacres.

Le prévôt aura la collation de tous les benefices aufquels il nommoit comme prévôt de Maguelone, excepté l'aumônerie & les prieurez reguliers dépendans de ladite églife, avec les autres paroiffes dont l'union a été faite à la manfe du chapitre, & qui feront deffervies par des prêtres gagez : *Per*

Ac cantoriæ, fancti Ægidii de Fifco. Et facriftiæ fancti Andreæ de Bodia Magalonenfis prædictæ.

Nec non eleemofynariæ, fancti Salvatoris de Montilis & fancti Andreæ de Veranicis, Magalonenfis diœcefis, ad collationem ipfius epifcopi fpectantes.

Ac operariæ, perfonatibus, illorum unionibus, per fuppreffionem camerariæ, monafterii fancti Benedicti, cui ut præfertur, uniti erant, fancti Petri de Blanaris, & fancti Adriani de Adiffano.

Nec non menfæ capitulari præfatis fimiliter illius unione per fuppreffionem præpofituræ ecclefiæ Magalonenfis, hujufmodi refpective diffolutos, per diffolutionem eamdem, apud fedem prædictam vacantem, fancti Dionyfii prioratus prædictos, eidem menfæ capitulari, ultra alia beneficia & reditus ecclefiafticos, eidem jam pridem unita & applicatos omnes & fingulos fupradictos & dependentes prioratus, & fupradicta, & alia quæcumque cum cura, vel fine cura, per canonicos, vel monachos præfatos, obtinere folita, ecclefias & beneficea cum omnibus juribus & pertinentiis fuis, ac omnia, & fingula, fructus, reditus, & proventus, jura & obventiones, & emolumenta præpofiturarum, dignitatum, perfonatuum, prioratuum adminiftrationum, officiorum, beneficiorum ecclefiafticorum, & locorum ac canonicatuum & monachalium portionum, ac vicariarum perpetuarum; fupprefforum prædictorum, perpetuo unimus, connectimus & incorporamus.

Itaque liceat præpofito, beatæ Mariæ

presbiteros conductitios in divinis deferviantur; & lorſque le prieuré de St. Firmin aura été uni à la manſe capitulaire, le nouveau prévôt aura la collation des prieurez ou égliſes de St. Paul, de St. Mathieu, St. Nicolas, Ste Croix et St. Thomas de Montpellier, qui dépendent de St. Firmin.

Le grand archidiacre preſentera aux rectories & autres benefices dépendans du prieuré d'Ambialet, dans le diocéſe d'Alby, & il joüira des mêmes droits qu'avoit ci-devant le celerier, à qui ce benefice étoit venu, & auquel le grand archidiacre eſt ſubrogé.

Mais il ne nommera pas à la vicairie perpetuelle de Nôtre-Dame de Valence, comme faiſoit ci-devant le celerier; ce benefice étant affecté à l'archidiacre de Valence qui en aura la collation, avec celle de la chapelle d'Olivet, près de Villeneuve, diocéſe de Maguelone.

Le canonicat & la prebende qui ont été déjà conferez à Sebaſtien, ci-devant mentionné, ſera dorénavant à la collation du cardinal Auguſtin Trivulce, abbé commandataire de St. Victor, qui y nommera durant ſa vie, & après lui, ſes ſucceſſeurs en ladite abbaye.

Tous les autres benefices de l'égliſe nouvellement érigée, tant dignitez, canonicats, perſonats, que prebendes & paroiſſes qui ne ſont pas affectées à l'evêque ou aux dignitez & perſonats, ni aux abbez de St. Victor, ſeront à la collation du chapitre.

* Quant à la maniere de les conferer : la voici. Dès le jour de la publi- PAGE 163.

Lunelli novi & ſancti Deſiderii, ac operario ſancti Petri de Blanaris, & ſancti Adriani de Adiſſano. Nec non capitulo, præfatis ſancti Dionyſii prioratuum prædictorum ex tunc. Nec non eiſdem épiſcopo, præpoſito, archidiaconis, cantori, ſacriſtæ, & eleemoſynario, reſpective cedentibus, vel decedentibus, ſimul vel ſucceſſive, alios prioratus & eccleſias & beneficia unita hujuſmodi, nunc in titulum vel commendam aut alias obtinentibus, ſeu illa alias quomodolibet tàm ſimpliciter quam ex cauſa permutatione, etiam in manibus noſtris, ſeu pro tempore exiſtentis romani pontificis, dimittentibus, & illis quibuſvis modis, ſimul vel ſucceſſive vacantibus etiam apud ſedem antedictam, per ſe vel alium ſeu alios, corporalem poſſeſſionem prioratuum, eccleſiarum, ac beneficiorum unitorum, juriumque præeminentiarum, prædictorum propriâ authoritate libere apprehendere, & perpetuo retinere, illorumque fructus & reditus & proventus, in menſarum, & præpoſituræ, nec non archidiaconatuum, & perſonatuum unitorum ac prioratuum, eccleſiarum, & beneficiorum, hujuſmodi uſus & utilitatem reſpective convertere.

Nec non præpoſito, archidiaconis, cantori, ſacriſtæ, eleemoſynario, operario, & capitulo, prioratuum dignitatibus & perſonatibus, ac menſæ capitulari prædictis unitorum.

cation de la préfente bulle, on commencera un tour de femaines, à compter d'un famedi à l'autre au foleil couchant. L'evêque commencera le tour, & enfuite chaque dignité, perfonat ou chanoine, felon fon rang, entrera en femaine, pour conférer les bénéfices qui viendront à vacquer, & qui ne feront pas compris dans les refervations déjà faites.

Il eſt à obferver que l'evêque aura deux femaines au commencement de chaque tour, de forte que le prévôt qui devoit entrer en femaine immédiatement après l'evêque, n'entrera que dans la troifiéme femaine de chaque tour : après quoi tous & chacun des dignitez, perfonats & chanoines auront leur femaine, & lorfque tous auront paffé, le premier tour aura fini.

Dans le nouveau tour qu'il faudra recommencer (ce qui eſt appelé fecond tour), on fait un changement remarquable en faveur de l'evêque & du prévôt. Car il eſt dit que l'evêque qui commencera ce fecond tour par une double femaine, comme il avoit fait dans le premier, aura encore une femaine fimple au milieu de ce fecond tour, & le prévôt après lui en aura un autre. C'eſt-à-dire (ajoûte la bulle) que la quinziéme femaine de ce fecond tour étant affectée à l'evêque, & la feiziéme au prévôt, le tour des chanoines fuivans eſt fufpendu & n'eſt repris qu'à la dix-feptiéme femaine.

Mais il eſt à remarquer que les chanoines nouvellement reçûs n'entrent jamais en femaine dans le tour déjà commencé lors de leur réception, & il faut, pour y entrer, qu'ils attendent le tour fuivant commencé par l'evêque.

Nec non fupradictis eidem menfæ capitulari unitis ecclefiis & beneficiis, per prefbiteros, & alios miniſtros idoneos, conductitios in numero confueto, in dignitatibus videlicet & perfonatibus, per dignitates & perfonatus ipfos pro tempore obtinentes in aliis vero menfæ capitulari unitorum prioratuum, & aliis unitis ecclefiis & beneficiis hujufmodi, per eofdem capitulum fi curam habeant animarum dicto capitulo præfentandos, & per eundem epifcopum ad ipforum præfentantium nutum deputandos.

Si vero curati non fuerint, ad eorum dignitates & perfonatus obtinentium ac capituli prædictorum nutum, refpective ponendos & amovendos, in divinis deferviri facere.

Ipfifque capitulo, fimiliter cedentibus, vel decedentibus, dignitates, perfonatus, officia, beneficia, loca & portiones, fic fuppreffa, hujufmodi nunc obtinentes, qui quo ad vixerint illorum fructus, reditus, & proventus (confuetis aut aliis eorum loco per eofdem capitulum eis imponendis oneribus fupportatis) percipiant & percipere poffint feu illa alias fimpliciter vel ex caufa permutationis, etiam in eifdem manibus noſtris, feu pro tempore exiſtentis romani pontificis, dimittentes, & illis quibufvis modis vacantibus, & apud fedem apoſtolicam, per fe, vel alium feu

Tous & chacun des dignitez, perfonats & chanoines ne peuvent faire ces collations que par eux-mêmes, ou par leurs procureurs pris du corps du chapitre.

Si le collateur vient à mourir dans fa femaine, le prévôt nomme à la place qu'il laiffe vacante par fa mort & aux bénéfices que le défunt avoit droit de conferer, fans que cela puiffe être compté fur fon tour.

Durant la vacance du fiége, le chanoine qui eft en femaine nomme à tous les bénéfices qui appartiennent à l'evêque & au chapitre, tant conjointement que féparément, la feule prévôté exceptée.

* Les abbez de St. Victor, lorfqu'ils viendront à Montpellier & qu'ils voudront affifter au chœur, ou le fuivre, auront la premiere place après l'evêque; mais ils ne joüiront de ce privilege, non plus que de la collation du canonicat qui leur eft affecté, qu'ils n'ayent donné leur confentement, eux & les religieux de St. Victor par un acte capitulairement pris, aux exemptions, fupreffions & érections faites par cette bulle, en tant qu'il les concerne.

Aucun ne pourra être promû à aucune dignité ou perfonat de l'églife nouvellement érigée, qu'il ne foit actuellement chanoine majeur & du nombre defdits chanoines; & lorfqu'un fimple canonicat majeur viendra à vacquer, il fera conferé, préferablement à tout autre, à un des chanoines mineurs, tout le tems qu'il y en aura.

PAGE 164.

alios corporalem poffeffionem illorum bonorum, ac jurium pertinentiarum omnium eorundem propriâ authoritate libere apprehendere & perpetuo retinere, illorumque fructus, reditus & proventus, jura & obventiones & emolumenta prædicta quæ ex tunc menfæ capitulari prædictæ perpetuo applicata fint & effe cenfeantur: percipere, & in fuos & prædictæ menfæ ufus & utilitatem convertere. (Diœcefanorum locorum aut quorumvis aliorum licentiâ fuper iis minime requifitâ) fic quod inter in quamdiu qui nunc dignitates, prioratus, officia, & beneficia, loca, & portiones fuppreffa prædicta obtinent, ea obtinebunt feu fructus illorum percipiant; & donec fructus ipfi, eidem capitulari menfæ realiter & cum effectu applicati fuerint: pro oneribus in dicta ecclefia magalonenfi fupportari folitis.

De Valentia qui in locum facriftæ magalonenfis, ducentas, & de Caftriis archidiaconi qui in locum veftiarii ecclefiæ Magalonenfi hujufmodi furrogantur, trecentas & triginta libras turonenfes. Ac infirmarius qui ulterius ab eifdem capitulis alimenta fuorum fervitiorum percipi folita, & archidiaconatûs de Valentia prædicti oblationes in dictis magalonenfi aut fancti Benedicti in cathedralem erecta ecclefiis, faciendas, non percipiant, triginta fex fextaria bladi thofellæ, & duo modia vini puri.

Et archidiaconatus major pro omnibu

Les provisions obtenuës contre ces régles seront nulles & dévoluës à l'evêque, & de lui au pape.

En cas de litige pour le petitoire ou pour le possessoire de quelque bénéfice de ladite église, soit des majeurs ou des mineurs, aucun des collitigans ne percevra aucun fruit jusqu'à ce qu'il n'en ait eu la recréance.

Les fruits d'un bénéfice en litige tourneront au profit du chapitre, ou seront remis dans le trésor de l'église. Mais aussi, afin que le service divin n'en souffre point, le chapitre fera faire le service par une personne idoine qu'il choisira pour cet effet, & à qui l'on donnera ce qu'on jugera raisonnable.

VII. Comme il est necessaire que l'église soit pourvûë de livres & d'ornemens pour le service, chaque recipiendaire fera une offrande à sa reception. L'evêque donnera cinquante écus d'or du soleil & en or, les dignitez & personats quarante écus semblables, & les simples chanoines trente. Aucun ne percevra les fruits de son bénéfice qu'il n'ait payé cette somme, & jusqu'à ce qu'il l'ait fait, les fruits retourneront au profit de l'église. Mais l'evêque n'y sera tenu qu'après un an & un jour de sa reception dans la prébende qui lui est attachée. Que s'il y avoit contestation entre deux elûs à la chaire episcopale, les fruits que l'église percevra durant le litige tiendront lieu de cette somme, lorsqu'ils seront parvenus à sa valeur.

L'évêque sera tenu de choisir un sujet du corps du chapitre actuellement chanoine * pour connoître des causes tant civiles que criminelles des digni-

---

oneribus erectæ ecclesiæ prædictæ, ratione mercedum sindici, medici chirurgici, fornerii, capellani, capellæ sancti Martini deservientis, ac pensiones annuæ eidem ecclesiæ sancti Petri magalonensis pro prioratu sancti Petri de monte albedone solvi solitæ, & aliorum, per celerarium ejusdem monasterii pro tempore existentem in cujus celerarii locum, idem archidiaconus major surrogatur, solvi consuetis, debite supportandis, ducentas libras similes, ac quadringenta & quinquaginta novem sextaria bladi thosellæ, & quinquaginta quatuor modia vini, cum dimidio alterius similis modii.

Sacrista vero monasterii ejusdem, quandiu fructus sacristæ illius percipiet, quadraginta libras similes. Et infirmarius dicti monasterii qui nunc sunt, quandiu fructus officii infirmariæ illius percipiet, triginta libras similes, nec ulterius aliquas oblationes in ecclesia erecta hujusmodi, quoquomodo faciendas aut ipse vel infirmarius hujusmodi pro dictis officiis sacristiæ & infirmariæ, alimenta suorum servitiorum percipiant.

Modernus vero pittanciarius dicti monasterii quandiu fructus dictæ pittanciariæ illius percipiet, quadringentas & decem libras : nec ulterius sal de mirsi, vallibus percipiet.

Camerarius vero ipsius monasterii,

tez, perfonats, chanoines, hebdomadiers, vicaires des chanoines, & autres miniftres de l'églife. Lequel fera tenu de les oüir, & terminer leurs affaires dans un lieu feparé du peuple, & non dans l'officialité : il ne pourra donner contr'eux aucune fentence par autrui, ni mettre moins de fix jours d'intervale, *nifi quatuor edictis per fex dierum, inter fingula edicta intervalla prœcedentibus.*

Si le vicaire de l'evêque a une dignité, ou perfonat, il gardera fa place dans le chœur & fon rang dans les proceffions ; mais s'il n'eft que fimple chanoine, il n'opinera qu'immédiatement après l'ouvrier, marchera d'abord après lui, & fera affis dans le chœur du côté gauche auprès de l'archidiacre de Valence. Cette prérogative lui fera confervée tout le tems de fon vicariat.

IX. Le chapitre pour l'entretien du fervice dans l'églife de l'ifle de Maguelone, nommera un chanoine majeur avec fon vicaire, & fix autres prêtres à gages *conductitios*, pour y réfider durant fix mois à commencer du premier lundy après la fête de St. Luc (auquel jour on tient un chapitre général) jufqu'au chapitre général du lundi du dimanche où l'on chante l'evangile *Ego fum paftor bonus*, auquel jour on nommera un autre chanoine majeur pour recteur de l'églife St. Pierre de l'ifle de Maguelone, pour s'y rendre avec fon vicaire & fix autres prêtres que le chapitre lui aura donnés pour y réfider & faire le fervice jufqu'à la fête de St. Luc d'après. Bien entendu que durant le tems de leur fervice, ils feront cenfez préfens dans l'églife de Montpellier, & les fruits de leur prébende qu'ils gagneront en entier leur tiendront lieu de paye : *Stipendia.*

Que fi le chanoine majeur qui a été nommé, ou quelqu'un de ceux qui doivent le fuivre à Maguelone, refufent d'y aller, ils feront punis par le retranchement de tout ce qu'ils auroient gagné durant fix mois ; & on nommera un autre chanoine à la place du premier, auquel le chapitre donnera vingt-cinq livres tournois pour la célébration des meffes & des heures canoniales, qui fe fera de la manière que le chapitre le réglera dans la fuite.

Et pour la garde de l'ifle on députera un capitaine avec deux foldats, &

quandiu fructus camerariæ percipiet, centum & fexaginta tres libras fimiles capitulo dictæ ecclefiæ erectæ hujufmodi refpective folvere teneatur, jure epifcopi alias in omnibus femper falvo.

Et infuper fedem epifcopalem magalonenfem, nec non epifcopalem & capitularem menfas, ipufis ecclefiæ magalonenfis cum honoribus, præeminentiis, prærogativis, fructibus, reditibus, proventibus, obventionibus, legatis, juribus, & bonis univerfis ad eafdem ecclefiam & menfas quomodo libet fpectantibus ad dictam erectam ecclefiam transferimus.

trois hommes de fervice, fçavoir un boulanger, un cuifinier & un batelier, qui feront tous nourris et gagez par le chapitre. Le chanoine-recteur de l'ifle pourra prendre avec lui un feul valet, qui fera nourri aux dépens du chapitre, mais * s'il en amenoit davantage il pourvoira du fien à leur entretien.

Cette maniére, prefcrite pour le gouvernement de l'ifle, ne pourra être changée fans le confentement exprés de l'evêque, quand même tout le Chapitre unanimèment l'auroit refolu.

Et pour donner plus de force à la prefente bulle, le pape veut qu'elle ait toute celle qu'auroit un contrat, tranfaction ou concordat entre le roy & le fiége apoftolique, en faveur de l'érection de cette églife; en forte que la bulle foit mife au rang des priviléges du royaume, & que les unions qui y font faites ne foient jamais comprifes dans aucunes revocations, fufpenfions ou dérogations faites ou à faire à l'avenir par le pape ou par le faint fiége. En confequence de quoi Paul III nomme les evêques de Cazerte dans le royaume de Naples, & de Vabres, dans le Roüergue, avec l'official de Nîmes, pour l'exécution des prefentes ; & donne pouvoir à eux tous, & à chacun d'eux de la publier à la premiére requifition d'une des parties; de faire les fupreffions, érections, unions, &c., qui y font portées, & de mettre en place chacun des particuliers déjà nommés pour remplir les canonicats; dérogeant de nouveau, dans un fort grand détail exprimé dans la bulle, à tous les priviléges accordez à l'ordre de St. Benoît, aux claufes de fondation qui pourroient être contraires à la prefente difpofition, & generalement à toutes autres claufes qui pouroient être alleguées contre. Voulant que dans & hors de jugement, entiere foi foit ajoûtée aux copies de cette bulle, fignée & fcellée par un notaire public. Donné à Rome, *apud S. Petrum,* l'an de l'Incarnation de Notre-Seigneur, 1536, le fecond de fon pontificat, & le 6 des kalendes d'avril.

CHAPITRE TROISIÉME.

PAGE 167.

I. Formalités observées pour la publication de la Bulle. II. Signification qui en fut faite à Montpellier. III. Installation des nouveaux chanoines. IV. Continuation de l'evêque Pelissier. V. Renversement de la religion catholique à Montpellier.

LE dix-huit du mois d'avril suivant, Pierre Lambert, l'un des dix secretaires du pape, correcteur des lettres apostoliques, evêque de Cazerte & referendaire du pape, fit à Rome la promulgation de la bulle & en dressa l'acte, où il dit, qu'à la requisition du seigneur Guillaume, evêque de Montpellier, & du chapitre, & des chanoines nommez dans la bulle, procedant à l'exécution des pouvoirs qui lui sont donnez par le saint siége, il leur intime à eux tous & à chacun d'eux, tant conjointement que séparément, les lettres apostoliques, & leur enjoint de s'y conformer dans tous les chefs qu'il rapelle dans un grand détail; mais ne pouvant (ajoûte-t-il) se rendre sur les lieux pour proceder par lui-même à l'exécution de la bulle, il en donne la commission à tous & chacun des ecclesiastiques & notaires publics qui en seront requis. Donné & fait à Rome, le 18 du mois de juin 1536, & la seconde année du pontificat de notre saint pere Paul III.

Præsentibus domino Sebastiano Galtero, archidiacono, de numero participantium acholito, &c. Signé *Alfonse de Castellanes, archivi Romanæ curiæ scriptor*.

I.

II.

Guillaume Pelissier ayant reçû la bulle de la part de l'evêque de Cazerte, la fit signifier au chapitre, qui s'étant assemblé dans le refectoire ou grande salle du monastére de St. Benoît & St. Germain, *existentem in claustris bassis collegii à parte septentrionis*, comparurent à Montpellier par devant vénérable & circonspecte personne Pierre Trial, maître bachelier en droit canon, prieur de St. Jean de la Roque-Ainier, diocése de Maguelone, collegier de l'église seculiere & collegiale de Ste Anne du même diocése, les vénérables & scientifiques personnes Jean Martin, doyen du chapitre de Maguelone, avec Claude Deveze, licentié en droit & sindic du college de St. Benoît & St. Germain, lesquels assistez de Jean de Lausselergues, sacristain, licentié en droit, Bernardin Duranc, vestiaire, Aimeri de Costa, bachelier en droit & prieur de Baillargues, Secondin Bonal, prieur de Ste Marie de Londres, Antoine Durantin, prieur de Vendargues, Antoine de Montlaur, prieur de Novigens, Jean de Brignac, bachelier en droit, prieur de St. Brez, Pierre Doumergue, prieur de Gornier, Girard Chamdori, Antoine Raymundi, dit de Brignon, Olivier Perinel, Raymond Engaran, Pierre Trincaire, Jean de la Sale, Pierre Malipelli, Pierre Manni, Pierre Baftier, Marcellin Blanchon, François Cailar, tous chanoines réguliers de l'églife cathédrale de Maguelone.

Et reverend Pons de Raneo, chanoine régulier de l'églife cathédrale de Nîmes, abbé de Franquevaux, François Peliffier, clerc de Melgüeil, Jean Saurin, pitancier, Guillaume Inguimbert, infirmier, Galhard Coftanni, Jacques de Manfo, bachelier en droit, Pierre Talaifac, Vincent de Rocheblanc, vicaire de Lanuejols, diocéfe de Nîmes, Etienne Bonet, Pierre de Ratte, Guillaume Caniboici, profeffeur en droit canon, Barthelemi Martin, Jacques Calvin, Pierre de la Sale, Firmin Blanchon, Arnal Arnaudi, Pierre Solier, Hugues Clauzel, Jean Ferrand, Antoine Barthelemi, Jean Pinel, tous moines du monaftére St. Germain.

Lefquels dirent que notre faint pere Paul III, pour la gloire de Dieu, pour la devotion du peuple, pour l'augmentation du culte divin & pour l'ornement de la ville de Montpellier qui eft fort peuplée, *quæ multum extitit populata*, & pour autres caufes qui font inferées dans les lettres qu'il en a données, a éteint & fuprimé dans l'églife de Maguelone le nom & titre d'églife cathédrale, & dans le prefent monaftére de St. Benoît il a éteint & fuprimé le nom de * monaftére, qu'il a illuftré du nom de cité la ville de Montpellier, & érigé l'églife de St. Benoît en églife cathédrale féculiere, fous l'invocation de St. Pierre, avec tous les honneurs & jurifdiction épifcopale, de la même maniére que les autres églifes épifcopales de la province de Narbonne.

De toutes lefquelles chofes il a été expedié des lettres qui ont été fulminées par le reverendiffime pere en Dieu, Me Pierre Lambert, légat du faint fiége en France, *per eamdem fanctam fedem apoftolicam legatum in Francia*.

Les findics & autres fufnommés remirent ces dernieres avec la bulle du pape au fieur Trial, & le requirent de proceder à l'exécution defdites lettres en inftallant les prefens, & en leur perfonne les abfens, tant de l'églife de Maguelone que du monaftére de St. Benoît, dans les places qui leur font affignées dans l'églife nouvellement érigée; la teneur de la lettre de l'evêque de Cazerte étoit telle.

A l'archevêque de Narbonne ou à fon vicaire général, au vénerable abbé & religieux de St. Victor de Marfeille. A tous abbés, prieurs, ecclefiaftiques, notaires, tabellions, citoyens & habitans de la cité & diocéfe de Montpellier, ci-devant appellé de Maguelone. A tous ceux qui pourront y prendre interêt, fous quelque pretexte que ce foit, & au clerc qui fera fur ce requis.

« Nous Pierre Lambert, evêque de Cazerte, referandaire du pape, &c.,
« conjointement avec nos autres collégues députés à cet effet, avec la
« claufe *quatenus ipfe vel duo illorum*, vous certifions de la vérité de la bulle
« de notre faint père le pape Paul III, dont la teneur s'enfuit. Laquelle
« nous avons reçûë avec le refpect qui lui eft dû, fcellée d'un fceau en
« plomb, pendant à un cordon de foye rouge & jaune, felon l'ufage de la
« cour de Rome.

« Nous vous l'adreffons en bon état & en fon entier, faine, non vitiée
« & nullement fufpecte d'erreur dans aucune de fes parties, comme il
« vous paroîtra du premier afpect, afin qu'elle ferve à Guillaume, evêque
« de Montpellier, jadis evêque de Maguelone, au chapitre & chanoines de
« Montpellier, ci-devant chanoines de l'églife cathédrale de Maguelone,
« ordre de St. Auguftin, & aux moines du monaftére de St. Benoît, gou-
« verné par un prieur, pour être mife par vous en execution, felon que vous
« en ferez requis.

« Le fieur Pierre Trial, à qui l'on s'étoit adreffé, reçut avec honneur III.
« cette commiffion; & commençant à faire fes fonctions de fubdelegué, il
« ordonna en vertu de fainte obédience à tous les chanoines de Mague-
« lone & aux moines de St. Benoît de fe conformer pour l'habit & pour
« les autres marques exterieures aux chanoines feculiers des églifes cathé-
« drales voifines.

« Lefquels ayant obéi à fes ordres (continuë le procès-verbal) fe dépoüil-
« lerent des habits reguliers qu'ils avoient coûtume de porter, & ayant pris
« des furplis blancs à la façon des prêtres feculiers, ils marcherent deux à
« deux jufqu'au cimetiere, & de là ils vinrent à la principale porte de
« l'églife, où les findics renouvellerent leur requifition au fieur Trial, com-
« miffaire fubdelegué, lequel s'avançant à la tête de tous, entra dans
« l'églife & leur donna de l'eau bénite; puis les conduifant au grand-autel
« il le leur fit baifer & leur donna le meffel à ouvrir; après quoi les faifant
« marcher dans le même ordre vers le chapitre, il les fit affeoir dans le
« rang affecté aux dignitez, perfonats & chanoines, d'où les ayant ramenez
« dans le chœur de l'églife il les inftalla chacun à fa place; ce qui fut fuivi
« du *Te Deum* chanté par la mufique & d'une meffe du St. Efprit, & cele-
« brée avec folemnité. »

Après les avoir inftalé de la forte, tant les prefens que les abfens, il les
déclara tous fecularifez felon l'efprit & la teneur de la bulle, dont acte fut
dreffé par Jorymar, ci-devant notaire du chapitre de Maguelone, & maintenant fecretaire de l'églife cathédrale de Montpellier, en prefence de Jacques Calmez, prieur de Villegly, diocéfe de Carcaffone, Pierre Anglade,

prêtre, & Jean Ranchin, licentié en droit, avec un grand nombre d'autres personnes accouruës à cette ceremonie.

IV. Tandis qu'on se donnoit tous ces soins à Montpellier pour l'execution de la bulle, Guillaume Pelissier qui avoit toûjours resté à Rome pendant le cours * de cette affaire, reçut ordre du roy François Ier d'aller à Venise pour y acheter tout ce qu'il pourroit trouver des rares manuscrits que les Grecs fugitifs de Constantinople aportoient à Venise. La parfaite connoissance qu'il avoit des langues grecque, hébraïque & siriaque, lui en fit recouvrer un très-grand nombre qu'il corrigea en partie, ou qu'il rétablit sur les meilleurs exemplaires, comme il le marque lui-même dans sa lettre au roi François Ier, du 29 août 1540, qui est rapportée par Gariel. Ainsi cet evêque a été un des premiers à former la bibliotheque du Louvre, qui a été augmentée depuis par les sçavans hommes à qui nos rois ont commis la garde de ce précieux dépôt.

La mort de François Ier arrivée en 1547, fit revenir l'evêque de Montpellier dans son diocése, où il eut deux occasions remarquables d'exercer le talent particulier qu'il avoit pour la réconciliation des esprits. La premiere lui vint des chanoines de sa cathédrale, distinguez, suivant l'esprit de la bulle, en chanoines majeurs & en chanoines mineurs. Ces derniers se plaignirent hautement de cette distinction & de l'inégalité de leurs revenus, dont ils porterent des plaintes au parlement de Toulouse, au conseil du roi & à la cour de Rome, d'où ils furent renvoyez à leur evêque. Alors Pelissier les ayant oüis, crut devoir ceder au tems pour conserver la disposition de la bulle dont il étoit lui même le principal auteur. Il les remit tous dans l'égalité pour le reste de leur vie ; à la charge toûjours que les mineurs venant à mourir, leur place seroit suprimée, & leurs bénéfices réünis au corps du chapitre. La seconde occasion lui vint des consuls de Montpellier qui demandoient dans l'église de St. Pierre la place qu'ils y avoient avant son érection en cathédrale. L'evêque jugea à propos de leur accorder leur demande, malgré les sindics du chapitre qui s'y oposoient de toutes leurs forces.

V. Le bonheur de ce prélat auroit été digne d'envie s'il eût travaillé aussi heureusement à prévenir les nouveautez en matiere de religion qui se glisserent alors dans Montpellier, & qui y causerent le renversement que nous avons vû dans le premier tome de cette histoire. Il fut témoin des assemblées secretes qu'on y tint & du mépris du peuple pour les puissances legitimes, qui produisit enfin la demolition de toutes les églises. Malheureusement pour la mémoire de cet evêque, il fut soupçonné violemment de favoriser le parti des novateurs, & sa conduite (comme il resulte des regitres de la cour des aydes) ne prouva que trop la conformité de fes fentimens avec les leurs fur le celibat des prêtres. La chofe éclata fi fort, que le comte de Villars, légitimé de Savoye, lieutenant général de la province, fe crut obligé de le faire enlever & de l'enfermer dans le château de Beaucaire; d'où il ne fortit que par les fortes follicitations du chapitre de Narbonne, fans qu'il parût que le fien fe fût donné aucun mouvement pour le fortir de prifon. Il eft à croire que les mauvaifes difpofitions de la plûpart de fes chanoines furent caufe de cette indifference pour lui; car on ne peut pas préfumer qu'ils euffent pour fa perfonne plus de zéle que pour leur religion, qu'ils abandonnerent honteufement par libertinage ou par intérêt, lorfqu'ils virent que les nouveaux religionnaires s'étoient emparez de tous les biens ecclefiaftiques du diocéfe. Nous aprenons des regîtres du confiftoire l'hiftoire de leur apoftafie, où il eft dit qu'au mois de may 1563, tels & tels exprimez par leur nom, furnom & âge, tous chanoines de St. Pierre, au nombre de dix-fept, vinrent fe prefenter à l'affemblée, & la requirent, qu'attendu qu'ils vouloient vivre & mourir dans la religion réformée, fans plus participer à la romaine, il plût à l'affemblée les pourvoir de penfions convenables fur les revenus de leurs benefices qui étoient au pouvoir de la religion réformée. Leur mauvais exemple entraîna un chanoine de la Trinité, deux de St. Sauveur, un de Ste Anne & fix collegiez de St. Ruf, qui tous vinrent faire la même demande, & aufquels on affigna une penfion modique, payable par le confiftoire de trois en trois mois. J'ai crû que la verité de l'hiftoire ne me permettoit pas de fuprimer ce fait perfonnel, qui (tout déplorable qu'il eft) ne peut réjaillir fur le refte de leurs confreres, lefquels donnerent dans toutes les occafions des preuves autentiques de leur religion & de leurs bonnes * mœurs. Ils le firent bien paroître à la défenfe de l'églife de St. Pierre, où l'un d'eux perdit la vie; & lorfqu'ils eurent été contraints de ceder à la force & de quitter la ville, ils fe retirerent à Frontignan jufqu'à l'arrivée de M. d'Ampville, gouverneur de la province, qui fit fon entrée à Montpellier au mois de novembre 1563. Ils vinrent de Frontignan pour fe trouver à fon entrée, & ils eurent le courage de fe montrer en furplis pour prèceder fa marche & le conduire à Nôtre-Dame des Tables, où ils chanterent le *Te Deum*.

Cette action de la part du chapitre, jointe à la confideration de M. le gouverneur, firent revenir à Montpellier Guillaume Peliffier, qui s'en étoit abfenté depuis le commencement des troubles. Il y refta pendant le féjour de M. d'Ampville, mais ce feigneur en étant parti pour aller vifiter fon gouvernement, Peliffier fe retira au château de Montferrand, où il fe tint à l'abri des troubles qui recommencerent de plus fort dans Montpellier. Ce

1563.

Page 170.

fut là que cet infortuné prélat fut atteint d'un ulcére qui lui rongea les entrailles, caufé par l'ignorance ou la malice d'un apoticaire qui lui donna des pilules de coloquinte mal broyée. Il y mourut le 25 janvier 1568, laiſſant une reputation fort équivoque de ſa catholicité, quoique les ſçavans de ſon ſiécle euſſent fait des grands éloges de ſon érudition, comme on le voit dans l'hiſtoire de M. de Thou, dans Scevole de Ste Marthe, dans Cujas, Turnebe, Sylvius, & pluſieurs autres grands genies de ſon tems. Il fut porté à Maguelone le lendemain de ſa mort, ſans aucune pompe ; & par une ſuite du dérangement de ſes affaires, ſa riche bibliotéque fut miſe au pillage avec ſes *Commentaires ſur Pline* & ſes autres ouvrages ſur pluſieurs auteurs anciens.

Auſſitôt après ſa mort, M. Dampville fit nommer à ſa place Pierre de la Rouille, abbé de   , qui en eut le brévet du roy, mais il n'en reçut jamais les bulles de Rome, ce qui a été cauſe que Gariel ne l'a pas compris dans la Suite des evêques de Montpellier. Il paroît à la vérité qu'il gera par procureur durant trois ou quatre ans le temporel de ſon evêché, puiſque pendant cet eſpace de tems la ſeigneurie de Beaulieu fut infeodée à MM. de Rabin ; mais il eſt certain que perſonne n'adminiſtra à ſon nom le ſpirituel de ſon diocéſe, qui fut gouverné comme dans une vacance par Leonard d'Aiguillon, prévôt du chapitre, & après la mort de celui-ci par Guillaume Pelet, ſon ſucceſſeur dans la prévôté.

Je ne ſçai ſi la crainte des troubles qui regnoient alors dans Montpellier lui fit négliger de pourſuivre l'expedition de ſes bulles, mais, quoiqu'il en ſoit, le roy Charles IX connoiſſant le beſoin qu'avoit cette ville d'un evêque qui y réſidât, nomma à ſa place.

CHAPITRE QUATRIÉME.

I. Antoine Subjet eſt nommé par le roy Charles IX à l'evêché de Montpellier. II. Il eut beaucoup à ſouffrir durant ſon epiſcopat. III. Qu'il le ſoûtint avec beaucoup de courage & par une vie fort exemplaire. IV. Guitard de Ratte eſt nommé à ſa place par le roy Henry IV. V. Il fait ſon entrée publique à Montpellier. VI. Prête ſerment au chapitre. VII. Il rétablit le culte dû aux ſaintes reliques. VIII. Viſite ſon diocéſe. IX. Et meurt en allant à Toulouſe.

ANTOINE SUBJET, doyen de Taraſcon, qui compoſa avec Pierre de la Roüille. On marque ſon arrivée à Montpellier au commencement de 1572, préciſément dans le tems que le maréchal Dampville ſongeoit à s'unir avec les huguenots ; & l'on ajoûte que ſa premiere fonction en cette ville fut d'officier publiquement à une procession où le maréchal voulut assister pour rassurer les catholiques.

L'evêque profita de cette occasion pour faire entrer dans Montpellier quelques * religieux qu'il nourrit à ses dépens dans des maisons particuliéres, & dont il se servit utilement dans une maladie épidemique durant laquelle il s'exposa lui-même pour le service des pauvres. Mais le maréchal s'étant broüillé de nouveau avec les huguenots, l'evêque fut chassé de la ville & contraint de se retirer à Frontignan avec ses chanoines. PAGE 171.

Le séjour que la reine Catherine de Medicis fit à la Verune, à son passage par le Languedoc en 1579, ayant valu aux catholiques la liberté de rentrer dans la ville, Antoine Subjet y ramena son chapitre, qu'il plaça dans la même maison du vestiaire de Maguelone (dite la Canourgue). Et ayant voulu, en vertu des derniers édits de pacification, mettre en état l'église de Nôtre-Dame pour y faire le service, il arriva la guerison miraculeuse d'un enfant muet qui travaillant à en ôter les ruines, découvrit sur les murailles une image de la Vierge qu'il se sentit fortement sollicité d'invoquer; & sa priere ayant été faite, il recouvra l'usage de la langue, ce qui remplit d'admiration tous les assistans. Ce fait, qui est raporté par Ste Marthe & par Gariel, m'a paru ne devoir pas être oublié ici. 1579.

Page 609.

Les huguenots rendirent inutiles tous les travaux de l'evêque, en faisant saper le clocher qui subsistoit encore dans cette église du côté de l'hôtel-de-ville. Ainsi le chapitre fut réduit à se contenter de faire l'office à la Canourgue, jusqu'à ce que la peste qui survint en 1580, l'obligea de se refugier à Villeneuve-lez-Maguelone. 1580.

En même tems la disette de bons sujets porta l'evêque de Montpellier à se servir des religieux pour les bénéfices de la campagne, d'où vient le titre que Gariel nous a conservé du prieuré de St. Just qu'il confera au pere Phiolon, religieux carme, homme sçavant & bon prédicateur, qu'il fit aussi son vicaire forain dans ce quartier. *Series, pag. 609.*

On a de lui deux ordonnances remarquables : l'une concernant ses chanoines, qu'il astraint sous diverses peines à prendre l'ordre de prêtrise ; l'autre pour régler le service de son église cathédrale, voulant qu'aux jours solemnels l'evêque étant empêché, une des dignités ou personats fasse l'office & que les chanoines lui servent d'assistant, de diacre & de sôudiacre, ce qui s'observe encore depuis l'établissement qu'il en fit. *Page 612.*

On trouve dans son testament une fondation qui n'est pas moins remarquable : ce fut l'augmentation de deux enfans de chœur, outre les six que le chapitre avoit déjà ; voulant que ces nouveaux enfans fussent appellés les petits sujets, & que la messe qu'on dit après matines pour les enfans de chœur, ces deux petits fujets vinfent avec un grand flambeau allumé à l'élevation du faint facrement, & qu'au *memento* pour les morts ils fe leveroient & approcheroient du prêtre facrifiant (ce font les propres paroles) & lui diroient en grande reverence & humilité, à voix mediocre & bonne prononciation, afin que le peuple les pût oüir & entendre : *Sacerdos Dei memento etiam animæ reverendi SUBJECTI præfulis noftri defuncti.* Cette cérémonie, que des perfonnes encore vivantes fe fouviennent d'avoir vû, n'a plus été continuée, & l'on fe contente de faire dire après matines une meffe baffe où les enfans de chœur affiftent au nombre de fix.

1596.

Ce digne prelat après avoir travaillé fans rélache pour fon diocéfe durant vingt-quatre ans des plus difficiles, mourut accablé de fatigues en 1596, & l'on mit autour de fon tombeau à Maguelone : *Hic offa reverendi Antonii Subjecti, primi poft fecularifationem epifcopi, qui in Domino obdormivit anno Domini 1596, vj. idus novembris, & facramentis omnibus ut viator munitus, in cœlum ut paftor chriftianiffimus evolavit.*

Page 172.

Nous aprenons plufieurs particularitez de fa vie, d'un eloge funébre que fon neveu, le fieur Honoré Hugues, docteur en droit, prieur de Grammont, chanoine & chantre de l'églife de Montpellier, fit graver à côté de fon tombeau, où il dit que fon oncle avoit commencé par être enfant de chœur à St. Simphorien d'Avignon, d'où étant parti pour le pelerinage de la Terre Sainte & de St. Jacques, il revint en France & fut choifi à caufe de la beauté de fa voix * pour la chapelle des roys François Ier & Henry II, qui lui donnerent fucceffivement l'archidiaconé de Notre-Dame des Dons à Avignon, & enfuite l'abbaye de Tiron, dans le diocéfe de Chartres. Le bon ufage qu'il fit de fes revenus & la pieté conftante qu'il fit paroître dans toute fa conduite, lui attirerent la bienveillance du roy Charles IX, qui voulant (après la mort de Peliffier) donner au diocéfe de Montpellier un prélat exemplaire, le nomma à cette place, avec l'aplaudiffement de tous les bons catholiques. Il travailla fans rélache à la confervation de fon troupeau, & s'attira l'eftime des ennemis même de la religion, par la pureté de fes mœurs, par fa fobrieté & par fa charité envers tous. Il finit fes jours en répetant ces paroles de St. Paul : Je fouhaite de mourir pour être plutôt avec Jefus-Chrift.

IV. On voit dans les lettres du cardinal d'Offat, chargé à Rome des affaires de France, qu'Antoine de Subjet, fur la fin de fes jours, donna la demiffion de fon evêché en faveur de Guitard de Ratte, archidiacre de fon églife & fon grand-vicaire. Mais fa mort étant arrivée avant que fa démiffion eût été admife, ce cardinal écrivit au roy de nommer à l'evêché de Montpellier, comme vacant par mort, ce qui ayant été fait, il follicita les bulles pour

1598.

GUITARD DE RATTE, natif de Montpellier, & d'une famille de robe, qui a donné des officiers de merite à toutes les cours de juftice de cette ville. Comme il étoit lui-même confeiller d'églife au parlement de Touloufe, il y contraéta une grande liaifon avec Jean-Etienne Duranti, premier prefident, & Jacques Dafis, avocat general. Ces trois magiftrats s'étant déclarez fortement pour les interêts du roy contre le parti de la Ligue, Ratte fut envoyé à Paris pour informer Henry III de l'état de fes affaires, ce qui heureufement lui fauva la vie ; car, à peine étoit-il en chemin, que le premier préfident & l'avocat général furent arrêtez & mis à mort par les ligueurs, qui ayant couru à la maifon de Ratte & voyant qu'il leur avoit échapé, pillerent fes meubles & livres, & lui firent faire fon procès par le parlement, qui le condamna par contumace à avoir la tête tranchée.

Dans ces conjonétures, le roy Henry IV étant parvenu à la couronne, donna plufieurs marques de fon affection à Guitard de Ratte, qu'il indemnifa des pertes qu'il avoit faites à Touloufe par une penfion de douze mille livres fa vie durant, & lui donna enfuite les abbayes de St. Sauveur de Lodeve, & de St. Chinian, diocéfe de St. Pons. Mais pour lui marquer encore mieux fa confiance, il le chargea d'aller traiter en Normandie avec Gafpard de Pelet, fon parent, qui étoit lieutenant de roi de cette province, & gouverneur du château de Caën, afin qu'il lui confervât cette place, & qu'il entretinf la noblelfe du pays dans la fidelité à fon fervice. Cette négociation ayant réüffi felon les defirs du roy, Ratte eut le malheur, en revenant, de tomber entre les mains des ligueurs, dont il fut retiré par Henry IV, qui le fit reclamer de fa part, & lui donna l'abbaye de Valricher, diocéfe de Bayeux.

Environ ce tems, Antoine de Subjet lui ayant refigné l'evêché de Montpellier, il en obtint les bulles par les bons offices du cardinal d'Offat, de la maniere que j'ai dit ci-devant. J'obferverai à cette occafion que dans la lettre de ce cardinal, Guitard de Ratte y eft apellé aumônier du roy ; ce qui nous donne lieu d'inferer que le roy Henry IV avoit voulu l'attacher plus particulierement auprès de fa perfonne.

Dès qu'il eut reçû fes bulles, il fe fit facrer par le cardinal Pierre de Gondi, evêque de Paris, & partit pour Montpellier, où il fit fon entrée le cinquième novembre 1597.

La rélation que nous en avons porte qu'étant forti du château du Terrail, il s'arrêta dans une maifon du faubourg de la Saunerie pour y prendre fes habits pontificaux, & qu'étant defcendu dans la ruë, il s'y tint affis fur un banc couvert de tapis, où les chanoines de fon églife, le juge-mage & les officiers du gouverneur, le reéteur de l'univerfité avec les profeffeurs &

autres perfonnes de diftinction lui vinrent baifer la main. Après quelques prieres, le chapitre précedé de fes muficiens, commença la marche pour entrer dans la ville. Il n'y avoit point de religieux (dit la rélation), parce que les huguenots, maîtres de la * ville, n'y en vouloient point fouffrir, mais immédiatement après le chapitre, venoit un dais, porté à vuide par quatre gentilshommes, & enfuite le porte-croffe, & deux ecclefiaftiques tenant un efpéce de devant d'autel appellé *pallium*, devant M. de Ratte, qui portoit une mitre de drap d'or enrichie de pierreries, & une chafuble de velours cramoifi, fuivi de fes officiers & d'une infinité de peuple de tout âge & de tout fexe. En cet état, il fut conduit le long des ruës de la Saunerie, de l'Argenterie, de l'Hôtel de Ville, du Puits du Fer & de St. Firmin jufqu'à la Canourgue, qui fervoit de cathédrale, parce que toutes les autres églifes (ajoûte la rélation) étoient démolies. Il fit quelques prieres à la porte de l'églife de la Canourgue & au pied de l'autel, où ayant donné la bénédiction à toute l'affemblée, il quitta fes habits pontificaux & fe retira à la fale de l'évêque, où les confuls qui n'avoient pas voulu fe trouver à fon entrée, parce qu'ils étoient huguenots, ne laifferent pas de venir le jour même le faluer en chaperon & fans robe.

On marque dans la même rélation que le recteur de l'univerfité avec les profeffeurs ne l'accompagnerent pas dans fa marche, à caufe des difputes qui furvinrent pour la préléance entr'eux & le juge-mage, comme il n'eft que trop ordinaire en ces fortes d'occafions.

VI. Après la prife de poffeffion du nouvel évêque, il fit entre les mains du chapitre le ferment que Gariel raporte en ces termes : « Moi, Guitard de « Ratte, par la grâce de Dieu & du faint fiége apoftolique, évêque de Mont-« pellier, je jure en préfence de Dieu & de fes anges, & promets à vous « mes chers freres, les chanoines & chapitre de l'églife cathédrale, que je « garderai les ftatuts de ladite églife, que j'en conferverai les biens & que « dans tout ce qui regardera fon gouvernement, je ne ferai rien fans votre « confeil. J'aprouve de plus le tour de cheville & tout ce qui a été fait juf-« qu'à ce jour par le chapitre. Ainfi Dieu m'aide. G. évêque de Montpel-« lier. »

Guitard de Ratte voulant réveiller le zéle des catholiques pour le culte des faints, fit expofer à leur vénération plufieurs reliques autrefois enlevées à fon églife, qui furent récouvrées alors par l'occafion que je vais dire.

VII. Dans le tems que l'églife de St. Pierre fut affiégée de la maniere qu'on a pû le voir dans le premier tome de cette hiftoire, un de fes chanoines, nommé Mathe, natif de Martégue dans la Provence, cherchant à garantir les précieufes reliques de fon églife, prit foin d'en ramaffer tout autant qu'il put & de les aporter dans le lieu de sa naissance, où il les consigna en mourant entre les mains des consuls de Martégue, qui les remirent dans leur église paroissialle. Or dans le tems de la nomination de Guitard de Ratte, un chanoine de Montpellier ayant été prêcher à Marseille, passa par Martégue, où il aprit que dans l'église du lieu il y avoit une grande vénération pour certaines reliques qui apartenoient originairement au chapitre de Montpellier; il eut la curiosité de les aller voir & de demander le verbal qui en avoit été dressé. Le fait lui paroissant fort clair & bien circonstantié, il en donna avis au chapitre de Montpellier qui de son côté lui envoya les mémoires qu'il avoit sur cette affaire & le chargea de poursuivre en son nom la restitution de ces reliques. Le prieur & les consuls de Martégue qui sçavoient la vérité du fait, crûrent ne pouvoir pas lui refuser & à son chapitre ce qu'ils demandoient, & ils lui remirent quatre petits paquets envelopez dans du tafetas rouge, chacun avec son écriteau en parchemin : le tout enfermé dans une boëtte de plomb, dont il est dit qu'il donna sa décharge aux prieurs & consuls, qu'il fit ratifier ensuite par le chapitre.

Cette boëtte ayant été ouverte par l'evêque & par le chapitre, ils trouverent qu'elle contenoit des ossemens dans chaque paquet : l'un de St. Germain, l'autre de St. Maur, le troisiéme de St. Cristophle, & le quatriéme de St. Lazare, que l'evêque de Ratte fit enfermer dans un reliquaire & exposer à la vénération des catholiques qui leur rendirent le culte permis par l'église, jusqu'aux nouveaux troubles survenus à Montpellier, pendant lesquels ces reliques furent brûlées & les cendres jettées au vent.

Les annales de Toulouse nous aprennent qu'en ce même tems le parlement de * cette ville, par arrêt du 20 août 1598, donné à la requête du procureur général, ordonna que l'arrêt de prise de corps & celui de condamnation de mort contre M. de Ratte seroit tiré du regître, & les procedures sur lesquelles ces arrêts avoient été rendus, biffées & lacerées.

Dans ce même tems cent cinquante ministres du Languedoc s'étant assemblez à Montpellier sous prétexte d'y tenir un sinode, Guitard de Ratte leur fit proposer quelques points de controverse pour en conferer avec eux; mais, soit par un dédain affecté de leur part, ou par la crainte de se commettre avec lui, aucun d'eux ne voulut accepter ce parti. Et les suites ayant fait voir clairement qu'ils n'étoient assemblez que pour prendre des mesures entr'eux sur les affaires présentes du royaume, l'evêque de Montpellier en donna avis au roy Henry IV, qui dissipa cette assemblée.

Leur mauvaise disposition parut aussitôt après l'édit de Nantes, qui leur permettoit l'exercice libre de leur religion, mais qui rétablissoit aussi les catholiques dans leurs droits ; car alors les religionnaires de Montpellier

PAGE 174.
1598.
Tome 2, pag. 519.

firent leur possible pour empêcher que le chapitre ne trouvât des fermiers. Et lorsqu'ils ne pouvoient les détourner par persuasion, il les accabloient de tailles & autres impositions qu'ils regloient eux-mêmes à l'hôtel-de-ville.

VIII. Guitard de Ratte les mit à la raison par son crédit & par sa fermeté; mais, voulant tâcher de les gagner par des voyes plus douces, il entreprit une visite générale de son diocése, où il se fit accompagner par des prédicateurs capables de toucher & d'instruire. Ce fut dans le cours de cette visite qu'en consequence des édits, il ordonna le rétablissement des églises de Mirevaux, de Pignan & de Cornon-Terrail; mais l'obstination de ses adversaires fut si grande qu'ils détruisoient toutes les nuits ce qu'il avoit bâti pendant le jour. En sorte qu'il fut obligé de ceder au tems & de se contenter de faire faire le service dans des maisons particulieres, où les catholiques s'assembloient pour la célébration de la messe & pour les instructions chrétiennes qu'il prenoit soin qu'on leur fît.

IX. Mais lorsqu'il fallut executer les ordres qu'il obtint du roy pour la restitution de l'église de Nôtre-Dame, il fit voir (comme je l'ai raporté ailleurs) l'intrepidité dont est capable un esprit naturellement courageux lorsqu'il est animé par un motif de religion. Sa fermeté en cette occasion mérita l'éloge qu'en fit publiquement le roy Henry IV, lequel, voulant être obéi au sujet de cette église, prit de nouvelles mesures pour la faire rendre aux catholiques. Ce fut en ôtant les ruines dont elle étoit remplie, qu'on découvrit la chapelle soûterraine de la Magdeleine, qui fut trouvée dans son entier, telle qu'on la voit encore aujourd'hui. M. de Ratte la fit nettoyer & y célébra les saints miftéres, pendant lesquels il confera les ordres à quelques jeunes ecclésiastiques, parmi lesquels Pierre Gariel dit avoir été du nombre.

1602. Tandis qu'on esperoit le plus du zéle, du crédit & de la fermeté de cet evêque, on eut le malheur de le perdre dans un voyage qu'il fit à Toulouse pour les affaires de son église; car on raporte qu'aux aproches de cette ville, son cheval épouvanté par trois dogues qui le vinrent assaillir, lui fit faire une chûte si malheureuse qu'il fallut le porter à Toulouse, où il mourut le 5 juillet 1602. Son corps raporté à Maguelone y fut mis dans un tombeau, où l'on voit autour cette inscription : *Guitardus de Ratte, Monspeliensis episcopus, obiit Tolofæ* VII. *Julii anno Domini M. DC. II. Ætatis quinquagesimo, episcopatus VI. R.I.P.A.*

Son neveu, Pierre de Ratte, conseiller en la cour des aydes de Montpellier, fit ajoûter à cette inscription les vers suivans, qui nous aprennent la famille de sa mere, d'une des plus illustres maisons du pays :

* *De Cambous materna dedit de Ratte Paterna,*
  Stemmata, fed virtus nobiliora dedit.
Ob decus ingenii fummo fplendore Tolofa,
  Inter facratos vidit honore Patres.
Hic meritis majora dedit rex figna favoris,
  Cum Magalonenfes pafcere juffit oves.
Cum lupus arma parat, rapuit te paftor olimpi,
  Tutus ut in cœlo pafcua tuta petas.

On peut juger de l'amour de cet evêque pour les fciences & pour les belles lettres par la dédicace que plufieurs ecrivains de fon tems lui firent de leurs ouvrages, comme Theodore Marfille de fes notes fur la loy des douze tables, Clovius sur Sidonius Appollinaris; & le pere Sebaftien Michaëlis de l'ordre des freres prêcheurs, de fon Traité de controverfe fur l'Euchariftie, qui parlent tous de lui comme du plus grand ornement de fa patrie & du plus fort foûtien de la religion.

CHAPITRE CINQUIÉME.

I. Jean Garnier fuccede à Guitard de Ratte. II. Il travaille efficacement pour fon diocèfe. III. Rétablit l'églife N. Dame des Tables. IV. Reprime les ministres prétendus réformés. V. Va à Touloufe & en revient avec la maladie dont il mourut. VI. M. de Fenoüillet lui fuccède. VII. Naiffance de cet evêque & fes progrès. VIII. Il affifte au concile de Narbonne. IX. Introduit les capucins à Montpellier. X. Il fait l'oraifon funèbre du roi Henry IV. XI. Affifte aux etats généraux tenus à Paris. XII. Exhorte le roy Loüis XIII d'entreprendre le fiége de Montpellier. XIII. Après lequel il apelle dans la ville tous les religieux qui en avoient été chaffez. Fait donner le collége de la ville aux jefuites. Fonde le monaftère de la Vifitation & de Ste Urfule. Entreprend de bâtir une cathédrale.

JEAN GARNIER fut nommé par Henri IV à l'evêché de Montpellier, dans la même année qu'il eut affifté à la mort le maréchal duc de Biron, c'eft-à-dire en 1602. Il étoit docteur de Sorbonne, religieux benedictin, curé de St. Albin de Châlons fur Marne, & prédicateur renommé de fon tems. On marque qu'après avoir été facré à Paris, il fe rendit à Avignon jufques où les députez de fon chapitre vinrent à fa rencontre, & qu'à fon entrée dans Montpellier il jura l'obfervation des ftatuts du chapitre, qui lui furent préfentez par l'archidiacre de Valence.

Un de fes premiers foins fut de pourvoir au fervice que le Chapitre étoit tenu de faire faire à Maguelone, & de rebâtir à Montpellier l'églife de Notre-Dame des Tables, pour laquelle il employa fept mille écus d'or, qu'il tira de la vente de quelques biens de fon églife, qu'il fit du confentement du chapitre. En ce même tems les miniftres de la religion proteftante, ayant fait mettre fur la porte de leur temple cette infcription : *Veræ religioni facrum*, comme fi leur religion était la feule véritable, l'evêque en porta fes plaintes à Henri IV, qui donna ordre de la faire ôter. Mais les miniftres fubftituerent à fa place ce mot grec, *Trifagio*, pour fignifier la fainteté de Dieu & la trinité des perfonnes.

PAGE 176.
1607.

* En 1607, Jean Garnier étant en procés avec fes chanoines pour les ornemens de l'églife de Notre-Dame des Tables, entreprit un voyage à Touloufe pour y faire juger cette affaire; il en revint avec une longue maladie durant laquelle il lui arriva un accident extraordinaire qui fit grand bruit dans Montpellier, & que Gariel raporte en ces termes.

« Depuis fon retour de Touloufe, il fut retenu au lit d'une hidropifie,
« mais il n'étoit pas fi bas encore que fon efprit ne fût affez fort & fon
« entretien agréable. Or un foir qu'on aportoit de la lumière dans fa cham-
« bre, on le vit tout-à-coup fe lever & s'affeoir fur fon lit en criant: fortés
« Mr. le prefident Robin, je ne puis plus avoir de commerce avec vous; on
« le prie de fe remettre, en lui proteftant que le prefident Robin n'étoit
« point là, qu'il ne pouvoit même y être, étant actuellement malade dans
« fa maifon auffi bien que lui. Non, non, replique l'evêque, je ne rêve point,
« étant, graces à Dieu, dans mon bon fens, mes yeux ni ma memoire ne
« me trompant point; je viens de voir le prefident Robin qui a été de mes
« particuliers amis avec fa robe rouge, & qui me tendant la main, m'invi-
« toit à faire le même voyage que lui. On envoye à la maifon de ce préfi-
« dent, & l'on trouve qu'il avoit rendu l'âme en même tems que ce prélat
« avoit jetté ce grand cry; furquoi il eut la force de faire quelques belles
« remarques fur l'immortalité de l'âme, & dit qu'il avoit autrefois com-
« pofé un traité des efprits où il difputoit de la nature de celui qui parut à
« Saül par le moyen de la Pythoniffe.

On marque fa mort au 15 de feptembre de la même année, & qu'il fut enfeveli dans l'églife de Notre-Dame des Tables qu'il avoit fait reparer. On voyoit fur fon tombeau cette epitaphe que Gariel nous à confervée.

Siste viator. Ossa quæ calcas rogant,
Somnum supremum dormit hic GARNERIUS.
Negotiosus semper in vitâ fuit,
Tandem quiescit mortuus. Primos deo
Dicavit annos, & juventutem abditam,
Sacro in recessu, missa cœlo oracula,
Et sanctiorum disciplinarum chorum,
Non indiscretâ miscuit facundiâ.
Illi Magistra texuit lauro piam
Sorbona frontem, differenti regias,
Henricus aures præbuit; tandem infulis,
Quas non patebat auctus, hanc ædem sacram,
Quam restituerat virgini tumulo occupat.
Ejusque tabulis voluit inscribi cinis,
Ut inseratur animus albo cœlitum.

PIERRE DE FENOUILLET, natif d'Annecy dans la Savoye, étoit compatriote & contemporain de St. François de Sales, qui écrivit en sa faveur au pape Clement VIII, lorsque Henry IV l'eut nommé à l'evêché de Montpellier, aprés la mort de Jean Garnier.

Le saint prélat parle de Mr. Fenoüillet comme d'un homme fort exercé dans le ministère de la prédication, & qui avoit prêché avec succés dans son diocése & dans l'église de Gap, où il fut fait théologal. Ses talens pour la chaire * l'ayant attiré à Paris pour y prêcher le carême, il fut choisi par Henri IV pour son prédicateur ordinaire, & après l'oraison funèbre du chancelier Pompone de Bellièvre qu'il fit en 1607 il fut nommé à l'evêché de Montpellier, ce qui donna tant de joye aux catholiques de cette ville, qu'ils firent (comme nous l'aprenons encore de St. François de Sales) une députation solennelle à Henry IV pour le remercier du digne prélat qu'il leur avoit donné. Dans cet intervale il fut chargé de l'oraison funebre de François de Bourbon, duc de Montpensier, qui augmenta beaucoup sa réputation. Enfin, après avoir reçû ses bulles, il se fit sacrer à Paris. Il partit pour son diocèse & fit son entrée à Montpellier au commencement de 1608 avec

PIERRE DE FENOUILLET.

Œuvres de saint François de Sales, épit. VI.

1607.

PAGE 177.

Ibidem.

1608.

les cérémonies accoutumées. On marque qu'il fut harangué en latin par Loüis de Claret, prévôt du chapitre (dépuis évêque de St. Papoul) & en françois par Mr. Joly, avocat général en la cour des aydes.

1609. En 1609, il affifta au concile provincial de Narbonne, convoqué par Loüis de Vervins, archevêque de cette ville, & figna tous les décrets de ce concile avec fes comprovinciaux, qui y font marqués en cet ordre : Chriftophle de Leftang, evêque de Carcaffonne; Bernard Dupuy, evêque d'Agde; Pierre de Fleires, evêque de St. Pons; Pierre de Valernod, evêque de Nîmes; Loüis de Vigne, evêque d'Ufez; Etienne Pulveret, evêque d'Aleth; Pierre Fenoüillet, evêque de Montpellier; Fulcrand Barrez, grand-vicaire de Jean de Bonzi, evêque de Beziers; François Federic de Charpenne, provincial des Auguftins & grand-vicaire de Geraud de Robin, evêque de Lodeve, chargé de fa procuration.

On marque que pendant le féjour de M. de Fenoüillet à Narbonne, il commit Pierre d'Arles, fon vicaire général à Montpellier, pour faire la bénédiction d'une chapelle que la confrérie des pénitens de cette ville fit bâtir fur les ruïnes de l'ancienne églife de Ste Croix à la Canourgue, ce qui fut fait dans la femaine fainte 1609.

Dans cette même année il obtint du roy Henry IV la permiffion d'établir à Montpellier les peres Capucins, pour lefquels il acheta près la porte des Carmes un grand fol qu'on apelloit alors le Grand Jardin, occupé maintenant par MM. Défaut & Paquier; mais lorfqu'il fallut les y établir, il trouva les mêmes oppofitions qu'avoit eu Guitard de Ratte, fon prédéceffeur, au fujet de l'églife de Nôtre-Dame des Tables, & il s'en fallut peu qu'il n'arrivât une pareille fédition; car les confuls de la ville qui étoient tous de la réligion, refuferent de confentir à cet établiffement, tant à caufe

1610. que les Capucins n'avoient jamais eu de domicile dans la ville, que parce que le lieu où on vouloit les mettre étoit trop proche des murailles de la ville. L'evêque leur répondit que pour leur donner le tems de faire entendre leurs raifons au roy, il fe contenteroit d'élever une croix dans le Grand-Jardin, & qu'il attendroit que le roy eût déclaré plus expreffement fa volonté.

Après cette conteftation, les confuls avec ceux de leur parti allerent s'affembler chez le préfident d'Airebaudoufe, & les catholiques à l'églife de la Canourgue, où ils firent la bénédiction de la croix; & après avoir oüi la prédication du pere Archange, provincial des Capucins, ils marcherent en proceffion au nombre de quatre ou cinq mille catholiques vers le lieu où la croix devoit être plantée. Les foldats huguenots qui bordoient les ruës les laifferent paffer librement, mais lorfque la proceffion fut arrivée au coin de la ruë du Grand-Jardin, ils la trouverent barricadée avec des tonneaux, & les foldats qui la gardoient ménacerent de tirer fur eux s'ils ne fe retiroient; mais l'evêque, accompagné du marquis d'Oraifon, du comte de Rieux, du chevalier de Montmorency, de MM. de St. Auban, de Piétor, de Murles, de Treffan, du chevalier de Montpezat & autres gentilshommes de diftinction, avec quelques magiftrats, enfonça la barricade & paffa avec tout le peuple.

Alors les huguenots voyant la barricade forcée, crûrent leur faire peur en déchargeant leurs moufquets qui n'étoient point chargez à bale; mais l'evêque, élevant fa voix, en fe tournant vers les gentilshommes qui l'accompagnoient : Courage, Meffieurs, on faluë la croix. Vive Jéfus ! Ils parvinrent enfin au Grand-Jardin * où ils arborerent la croix à la vûë de la tour des Carmes, d'où les confuls firent rétirer leurs troupes & tournerent en plaifanterie tout ce que les catholiques venoient de faire, en difant que la croix étoit efpagnole, parce qu'elle étoit teinte en rouge & qu'elle préfageoit quelque grand malheur. *PAGE 178.*

Cependant, malgré toutes les affemblées qu'ils tinrent encore à ce fujet, la croix refta en place jufqu'en 1617, par les ordres exprès qu'en donna Henry IV.

Malheureufement pour la France ce grand prince ne dura guéres plus longtems, puifqu'il perit (comme tout le monde fçait) au mois de may 1610. Alors l'evêque de Montpellier, prévoyant les funeftes fuites que cette grande perte devoit avoir pour la réligion, ordonna des priéres publiques à tous les bons catholiques, & pour marquer fa réconnoiffance particuliére, il fit l'oraifon funebre d'Henry IV avec l'éloquence qui lui étoit ordinaire.

Peu de tems après, le connétable Henry de Montmorency étant venu à Montpellier chargé des ordres de la reine-mere, M. de Fenoüillet vint le faluër à la tête de fon clergé & prêta entre fes mains le ferment de fidelité qu'il devoit au roy Loüis XIII. *1611.*

Cependant la reine, craignant avec raifon les troubles dont elle étoit menacée au commencement de fa regence, convoqua les états généraux du royaume en la ville de Paris, où les députez de Montpellier fe trouverent, ayant à leur tête M. de Fenoüillet, qui fut beaucoup employé dans cette affemblée pour conferer avec le tiers-état fur les articles qui divifoient les chambres. On prit foin d'entretenir cette divifion ; en forte que les députez s'étant féparez fans avoir eu aucune réponfe à leur cayer, l'evêque de Montpellier revint dans fon diocéfe où, pour rétablir les exercices de la faculté de théologie, il admit aux actes publics un religieux Auguftin du couvent de Beziers, auquel il conféra le degré de docteur. *Procès-verbal des états généraux.*

1612.

Peu de tems après, la reine ayant affigné une affemblée de notables en la ville de Roüen pour y répondre aux cayers des états-généraux, M. de Fenoüillet obtint un arrêt du confeil, confirmé par lettres-patentes, qui enjoignoit aux gouverneur & confuls de Montpellier de donner une entrée libre aux prédicateurs qu'il envoyeroit pour l'inftruction de fes diocéfains;

1617.

mais la fedition furvenuë en cette ville en 1617, empêcha l'effet de ces belles difpofitions & réduifit l'evêque durant quelque tems de fe tenir fur la deffenfive.

Néanmoins, malgré toutes les traverfes qu'il eut, il fit valoir hautement les droits de fes prédeceffeurs dans l'univerfité de médecine; car deux

1618.

profeffeurs étant morts en 1618, il fit difputer leur chaire felon l'ufage, & les conféra à deux catholiques qui furent maintenus par arrêt du parlement de Touloufe.

On marque pour ce même tems une célèbre difpute de controverfe, à laquelle il eut beaucoup de part: elle commença entre dix habitans de la ville de Gignac, dont cinq étoient catholiques & les cinq autres calviniftes, qui convinrent par écrit d'embraffer celle des deux religions qui fe trouveroit la plus conforme aux quatre premiers fiécles de l'églife. Les calviniftes furent blâmez par leurs confreres d'avoir compromis leur caufe avec précipitation, & les catholiques prierent un pere Recollet de leur ville de ramaffer toutes les autoritez des quatre premiers fiécles qui paroîtroient decifives pour leur different. Ce qui étant venu à la connoiffance de M. de Fenoüillet, il offrit de fe rendre fur les lieux & de donner dans une conference reglée les éclairciffemens qu'on demandoit. On prit jour de part & d'autre, mais M. de Fenoüillet s'étant rendu à l'affignation, fe trouva tout feul, & trois jours après on vit venir de Montpellier le miniftre Faucher, qui intima à tous fes collegues un ordre du confiftoire de ne pas fe commettre avec l'evêque de Montpellier.

Cette conduite déplut fi fort à M. de Ranchin & aux cinq calviniftes qui avoient occafionné la difpute, qu'ils fe plaignirent hautement de la mauvaife foi de leurs miniftres, & qu'ayant oüi les éclairciffemens que M. de Fenoüillet leur donna, ils le prièrent de recevoir leur abjuration qu'ils firent entre fes mains, dans l'églife de Gignac.

PAGE 179.

*Cependant les religionnaires de Montpellier fe dédommagerent du mauvais fuccès de cette conference par les voyes de fait où ils fe porterent depuis 1619 jufqu'au fiége de leur ville en 1622. Ce fut alors que M. de Fenoüillet quitta le château de Montferrand, où il s'étoit retiré à caufe des troubles, pour venir haranguer le roy Loüis XIII au château de la Verune,

Mercure françois. où il fit un difcours qui eft raporté dans les mémoires du tems, pour exhorter fa majefté de réduire fes fujets rebelles & délivrer la réligion opriméc. Le fiége ayant été refolu & la ville reduite, M. de Fenoüillet fe trouva à l'entrée du roy dans Montpellier; il prêcha devant fa majefté dans l'églife de la Loge, le jour de la proceffion où Loüis XIII fuivit le faint facrement qui fut porté par la ville.

Alors la religion catholique commençant à prendre l'afcendant, l'evêque de Montpellier publia un mandement pour exhorter tous les religieux qui en avoient été chaffés de profiter de la protection du roy pour y revenir. Les Capucins y rentrerent en 1623 & furent établis dans le même lieu où ils font aujourd'hui. En même tems il fit donner aux Trinitaires l'ancienne églife de St. Paul, & les Jacobins s'étant préfentés en 1626, il les fit rentrer dans celle de St. Mathieu qu'ils avoient occupé avant le fiége. Les Auguftins & les Carmes abandonnerent leur ancien emplacement hors la ville, pour fe loger dedans; mais les Cordeliers, plus attachés à leur ancienne demeure, y jetterent les fondemens du beau couvent qu'ils ont aujourd'huy.

Après ces établiffemens particuliers, il ne reftoit à l'evêque de Montpellier que de rétablir fa cathédrale, que les troubles paffés avoient mis hors d'état de pouvoir fervir; mais comme il n'avoit que des idées grandes, il fe propofa de la bâtir dans un endroit plus élevé qu'elle n'étoit & plus à portée de tout le monde. Pour cet effet, il obtint du roy Loüis XIII une augmentation fur chaque minot de fel, qui lui fervit à jetter les beaux & magnifiques fondemens qu'on voit encore autour de la Canourgue; fon bâtiment, dont on conferve le modelle dans les archives de St. Pierre, auroit renfermé les maifons qui font à l'entrée de la Canourgue, & donnoient une églife baffe au-deffous de la grande, qui étoit à niveau de la rüe qui vient du palais. Les ornemens dans le goût moderne n'y étoient point épargnés, & tout l'ouvrage devoit être terminé par un grand dôme qui auroit dominé fur toute la ville & fur la campagne.

Les ennemis fecrets de l'evêque firent ceffer ce travail, en infinuant au cardinal de Richelieu qu'il détournoit à d'autres bâtimens les fonds deftinez à celui de la Canourgue. Ce miniftre voulant s'en inftruire par lui-même, vint à Montpellier après le fiége de Privas en 1629, & ayant été vifiter les travaux de la Canourgue, d'où il découvrit les mafures de St. Pierre, il demanda fi on ne pourroit pas les réparer, & ayant appris qu'il n'y avoit qu'à en tirer les décombres & rebâtir un coin de l'églife qui devoit porter deux croifées de la voûte, il en donna le foin au prefident Baudan, chez qui fon eminence étoit logée.

Pour faire mieux goûter au public ce nouveau projet, on répandit un écrit (dont j'ai une copie) où l'on agitoit la queſtion ſi le chapitre feroit mieux à St. Pierre qu'à la Canourgue, & parmi les raiſons pour l'affirmative, on difoit que les chanoines y feroient plus récueillis pour le ſervice, & que le ſéjour qu'ils feroient obligés de faire dans ce quartier le rendroit beaucoup plus fréquenté.

C'eſt ainſi que l'inquiétude de quelques particuliers priva la ville de Montpellier d'une des plus belles cathédrales qu'il y auroit eu dans le royaume, ſi on avoit laiſſé continuer M. de Fenoüillet; mais ce prélat cherchant à ſe rendre utile au public par quelqu'autre endroit, fit donner par le roy Loüis XIII, aux peres Jeſuites, le college que les religionnaires avoient à Montpellier; & pour les y mettre plus au large, il leur donna l'iſle voiſine qui lui appartenoit (dite la ſale de l'evêque) où nous avons vû ces peres avant qu'ils fiſſent le nouveau bâtiment qu'ils ont aujourd'huy.

1629.

En ce même tems la ville de Montpellier ayant été affligée d'une grande & longue peſte, ſon evêque prit ſoin des malades avec un zéle, une attention & une activité admirable; & lorſqu'il vit la contagion ceſſée, il attira à Montpellier les dames de la Viſitation, que la mémoire de St. François de Sales lui * rendoit très-cheres. Il acheta pour elles un grand nombre de maiſons à la Blanquerie, & leur fit bâtir avec les materiaux qui lui reſtoient de la Canourgue un grand & beau monaſtere qu'on dit être ſur le modelle de celui d'Annecy.

1630.
Page 180.

Les troubles qui ſurvinrent dans le Languedoc en 1632 & qui mirent à l'épreuve la fidélité de pluſieurs evêques de la province, ne pûrent jamais ébranler celle de M. de Fenoüillet, qui fut toûjours inflexible pour ce qui regardoit le ſervice du roy; mais il ne put garantir Maguelone des démolitions qui furent ordonnées dans le Languedoc en 1633, car il vint une commiſſion à Jean-Jacques de Plantade, conſeiller à la cour des comptes, aydes & finances, de faire pétarder tous les bâtimens de Maguelone qui pourroient ſervir de rétraite aux ennemis de l'état. En conſéquence il fit abattre les murailles, les tours & les grands bâtimens du château de Maguelone, en ſorte qu'il ne reſte que l'égliſe & une ſeule maiſon pour le fermier que le chapitre tient dans cette iſle.

1632.

1633.

En cette même année il fut fait un changement remarquable dans la maniére de conferer les dignitez ou perſonats vacans : j'explique le fait.

Selon l'ancien uſage de Maguelone, conſervé à Montpellier depuis la tranſlation du chapitre, lorſqu'un chanoine étoit nommé à une dignité, il quittoit ſa prébende pour prendre celle qui étoit annexée à la dignité vacante; mais il arrivoit quelquefois que la dignité lui étant diſputée par les graduez, expectans ou autres, il fe trouvoit dépoüillé de fa premiere prebende fans avoir celle qui étoit annexée à la dignité.

Pour obvier à cet inconvénient, M. de Fenoüillet fit prendre une déliberation où il affifta lui-même, le 12 avril 1633, par laquelle il fut refolu que fous le bon plaifir du pape, le collateur en femaine confereroit les dignitez ou perfonats vacans à un chanoine actuellement en place, lequel conferveroit fon premier canonicat avec fa nouvelle dignité ou perfonat, & que le collateur difpoferoit de la prébende annexée à la dignité en faveur de qui il voudroit.

En confequence on pourfuivit à Rome une fignature où l'on expofa fimplement le fait, à laquelle il fut répondu, *fiat ut petitur;* & pour lui donner plus de force, le chapitre pourfuivit des lettres-patentes du roy qui furent enregîtrées au grand confeil & homologuées au parlement de Touloufe.

Depuis ce tems, on defunit dans les collations des dignitez ou perfonats les prébendes qui leur étoient annexées; en forte que le nouveau pourvû poffede la dignité avec le canonicat qu'il avoit déja, & le collateur confere à qui il veut le canonicat annexé à ladite dignité.

Cette fignature a confervé le nom de la claufe *perinde valere*, qui y eft apofée, & on ne la nomme pas autrement, toutes les fois qu'on en parle.

En 1635, M. de Fenoüillet fut appellé à l'affemblée générale du clergé de France, tenuë à Paris cette même année, & on le trouve figné dans la déliberation qui y fut prife au fujet du mariage de Monfieur Gafton de France. Le cardinal de Richelieu voulut abfolument que l'evêque de Montpellier fût député à Rome pour y pourfuivre la confirmation de la déliberation du clergé, mais la chofe fouffrit les difficultez qu'on peut voir dans les mémoires de M. de Montchal, archevêque de Touloufe.

1635.

Page 36.

A fon retour de Rome, M. de Fenoüillet arriva à Montpellier le 20 septembre 1636, où il eft marqué que le chapitre alla le complimenter. Ce fut alors qu'il commença dans le jardin de M. de St. Romans, fon neveu, ce grand & beau bâtiment que nous avons vû fur pied jufqu'à la fin du dernier fiécle qu'il fut entiérement démoli, & les pierres employées à bâtir les maifons des fieurs Delfau & Senar.

1636.

En 1638, le roy Loüis XIII ayant mis fa perfonne & fes états fous la protection de la Ste Vierge, ordonna par fes lettres-patentes du 10 de février qu'il y auroit dans toutes les églifes cathédrales un autel affigné pour le vœu de fa majefté; en conféquence de quoi M. de Fenoüillet marqua la premiere chapelle du côté de l'épître dans l'églife St. Pierre, où l'on voit encore le roy Loüis XIII & la reine Anne d'Autriche aux pieds de la Ste Vierge, qui lui préfentent leur fceptre & leur couronne.

1638.

1641.

PAGE 181.   En 1641, ce même prélat fit à Montpellier l'établiffement des religieufes de Ste Urfule, & le roy Loüis XIII étant mort environ deux ans après, M. de Fenoüillet, quoique fort âgé, eut le courage de faire fon oraifon funébre, comme il avoit fait celle du roy Henry IV trente-trois ans auparavant.

Sa vieilleffe, néanmoins, fut violemment exercée par un grand nombre de procès civils & criminels, à l'occafion de plufieurs voyes de fait où il s'étoit porté avec fes parties, felon le goût qui regnoit de fon tems. Enfin après avoir terminé ceux qu'il avoit avec fon chapitre, il entreprit le voyage de Paris, où il mourut le 23 novembre 1652. Son corps fut inhumé à St. Euftache & fon cœur porté à Montpellier, dans l'églife des dames de la Vifitation, où l'on voit l'infcription fuivante que fes neveux firent graver quelques années après :

Hic Petri Fenollieti cor jacet

Tenues magni præfulis Monfpelienfis reliquiæ,

Cui pro meritis laudando impar ftilus omnis,

Quia parem eloquentia vix habuit.

Ita difciplinis omnibus excelluit

Ut fingularis videretur in fingulis.

Paftoralium virtutum numeros implevit

Afflictis folatium,

Pauperibus victum,

Religiofis familiis annonam largiter fuppeditavit.

Omnibus divini verbi pabulum facundus difpenfavit.

Œconomus

Quin & præter opes profuse fparfas, femetipfum

Lue contactis, bonus paftor impendit

Regibus noftris

Præfertim Henrico IV unice carus,

Omnibus demum amabilis

Unis exosus hereticis

Quos verbi doctrinæque gladio scitè perdomuit.

Qui tantis in gregem suum

Cœlestis amoris flammis exarsit

Nil mirum

Si cor in cineres defluat, vere beatos

Cum divini quo semper flagravit

Incendii sint partus. R. I. P. A.

Mœsti posuere nepotes anno 1658.

RENAUD, cardinal d'Este, de l'illustre maison de Ferrare & de Modene, étoit protecteur des affaires de France à la cour de Rome, lorsqu'il fut nommé par le roy Loüis XIV à l'evêché de Montpellier, après la mort de M. de Fenoüillet. On marque qu'il étoit fils d'Alfonce, duc de Ferrare, & d'Elisabeth de Savoye ; qu'il fut fait cardinal le 16 septembre 1641, par le pape Urbain VIII, & qu'après avoir assisté à l'élection d'Innocent X, il reçut de ses mains le chapeau de cardinal. Il étoit evêque de Regio lorsqu'il fut nommé à Montpellier ; mais on n'eut jamais le bonheur de le voir dans cette ville pendant les deux années & demi qui s'écoulerent depuis sa nomination jusqu'à la démission qu'il donna de cet evêché en faveur de M. Bosquet, evêque de Lodeve.

CHAPITRE SIXIÉME.

I. François Bosquet succede à M. de Fenoüillet. II. Il se rend recommandable par son grand sçavoir & par une vie episcopale. III. Son neveu, Charles de Pradel, est son coadjuteur, dont la vie fut toute employée au soin de son diocése. IV. Charles-Joachim Colbert gouverne après lui l'église de Montpellier & tint le siége durant quarante-deux ans. V. Le roi nomme à sa place George-Lazare Berger de Charenci.

FRANÇOIS BOSQUET.

FRANÇOIS BOSQUET, l'un des plus sçavans hommes & des plus illustres prélats de son siécle, naquit à Narbonne en 1605, & fit ses études à Toulouse dans le college de Foix, en même tems que M. de Marca, Baluze & Plantavit de la Pauze, avec lesquels il conserva depuis une étroite liaison. Les progrès qu'il fit dans la connoissance du droit & dans l'histoire ecclesiastique furent si grands, qu'il donna divers ouvrages au public avant même qu'il eut atteint sa vingtiéme année.

Le premier de tous est un *Abregé de Jurisprudence*, que Psellus avoit composé en vers grecs, pour l'empereur Michel Ducas, duquel il étoit précepteur dans le onziéme siécle. Non-seulement M. Bosquet le traduisit en latin, mais il y ajoûta des notes, qui marquent les sources où Psellus avoit puisé & expliquant les passages les plus difficiles de cet auteur.

Sa famille l'ayant attiré alors à Narbonne pour lui faire prendre la charge de juge royal, il donna sous cette qualité au public la *Vie des papes françois qui siegerent en France*, & qu'il dédia au sçavant Henry Sponde, evêque de Pamiers, en 1632.

L'année suivante 1633, il fit imprimer à Paris, chez Jean Camusat, l'*Histoire de l'Eglise de France*, depuis que la religion chrêtienne eut été reçûë dans les Gaules jusqu'au regne de Constantin.

Enfin, en 1635, il fit imprimer à Toulouse, par la société des libraires, un gros in-folio des *Epitres du pape Innocent III*, qu'il a éclairé de notes fort recherchées.

Tous ces ouvrages lui acquirent l'estime des plus sçavans hommes du royaume : en sorte qu'ayant été obligé d'aller à Paris pour un procès contre le viguier de Narbonne, M. le président Henry de Mêmes se déclara son protecteur, & le fit connoître à M. le chancelier Seguier, qui étant envoyé dans la Normandie en 1639, pour y apaiser la sédition dite des pieds-nuds, prit avec soy François Bosquet & le fit procureur général après l'interdiction du parlement de Roüen; il le fit ensuite nommer à l'intendance de Guienne

& enfin à celle du Languedoc, qu'il exerça dans le tems de la sédition des partisans, dont j'ai parlé, en l'année 1645.

On admira dans ces occasions délicates le zéle de M. Bosquet pour les interêts du roy & son attention pour le soulagement du peuple, auquel on marque qu'il donnoit un accés très-facile & qu'il avoit le secret de renvoyer toûjours * content. Le roy recompensa ses services d'une charge de conseiller d'état, & peu de tems après, sa majesté agréa la démission que Mre Jean Plantavit de la Pause, evêque de Lodeve, donna de son evêché en faveur de M. Bosquet, son ancien ami. <small>PAGE 183.</small>

Il en prit possession dans le tems qu'on agitoit avec plus de chaleur les fameuses disputes sur les cinq propositions de Jansenius, & cette affaire ayant été portée à Rome, le clergé de France y députa M. Bosquet, que le roy chargea aussi des affaires de France. Il reçut dans ce voyage des marques singuliéres de l'estime & de la confiance du pape Innocent X & de tout le sacré collége; mais celui des cardinaux qui lui en donna des marques plus essentielles fut le cardinal d'Este, qui, voulant opter l'evêché de Regio préférablement à celui de Montpellier auquel il avoit été nommé, en donna sa démission en faveur de M. Bosquet.

Il vint prendre possession de ce nouvel evêché après son retour de Rome, c'est-à-dire en 1657, & on ne tarda point à Montpellier de reconnoître en lui les grandes vertus qu'on lui avoit vû pratiquer dans ses emplois précédens, surtout beaucoup d'humanité envers tous & encore plus de charité pour les miserables. On se souvient encore de l'embarras où il jetta son maître d'hôtel, pour un flambeau d'argent qu'il avoit donné à son insçû à une personne qui lui vint representer sa misere. La frugalité de sa table fut toûjours exemplaire, & l'on marque qu'il ne mangea jamais hors de chez lui. Il ne paroissoit dans les ruës qu'en camail & rochet, par où il s'attira une vénération extraordinaire du peuple & des huguenots même, quoiqu'il eût obtenu contr'eux la démolition de plusieurs de leurs temples, comme celui de Montpellier apellé le petit Temple, celui de Melguëil, & de ceux de Poussan, Pignan & Cornon-Terrail. Son domestique étoit réglé comme une maison religieuse, & il pratiquoit lui-même plusieurs austeritez des plus saints pénitens. On parle encore d'un lit dérobé, fort dur & incommode, où il alloit coucher la veille des jours qu'il devoit officier. Il aimoit si fort ses fonctions, qu'il restoit souvent dans le cours de ses visites trois heures sur pied; & une fois qu'on voulut lui dire qu'il en faisoit trop, il répondit que ce seroit peut-être la derniere action de sa vie. <small>1657.</small>

Ce fut lui qui distribua la ville en trois paroisses qui subsistent encore : sçavoir celles de Notre-Dame, de St. Pierre & de Ste Anne, dans chacune desquelles il établit une confrérie du St. Sacrement, pour accompagner le bon Dieu lorsqu'on le porte aux malades; dans la paroisse de St. Pierre, il établit la confrérie de l'Ange-Gardien, & dans celle de Notre-Dame, celle de St. Roch.

Comme il ne trouva en arrivant à Montpellier aucune maison pour les evêques ni à la ville, ni à la campagne, il demanda au chapitre une partie des masures du cloître de St. Pierre, où il fit bâtir un palais épiscopal qui a servi depuis à ses successeurs; &, pour se loger à la campagne, il fit reparer le château du Terrail & celui de Gigean, que les troubles avoient renversés.

1670. En 1670, ayant été apellé à l'assemblée générale du clergé de France, il y parut comme un des plus sçavans evêques du royaume. Mais rien ne fut plus glorieux pour lui que la marque d'estime que le roy lui donna, en lui accordant pour coadjuteur l'abbé de Pradel, son neveu. Sa majesté même eut la bonté de dire qu'elle n'avoit pû resister à un prélat si vertueux & si illustre; & quand M. le coadjuteur vint l'en remercier, elle lui fit l'honneur de lui dire qu'il n'avoit qu'à imiter son oncle & qu'elle seroit toûjours contente de lui.

1676. M. Bosquet n'eut pas la satisfaction de voir longtems son neveu en place, car il fut attaqué d'une appoplexie qui l'enleva le 24 juillet 1676.

Aprés sa mort on trouva quelques écrits de sa main, sur des questions concernant les libertez de l'église de France, qui avoient été agitées de son tems; ce qui donna lieu à l'auteur de la *République des Lettres* d'annoncer au public un traité sur cette matiere, que les neveux de ce prélat devoient bientôt faire paroître. Mais j'ai apris d'un homme très-digne de foi, qui étoit tout de sa maison, que M. de Pradel ayant remis les écrits de son oncle entre les mains de M. de St. Michel, son grand-vicaire, cet homme très-

Page 184. capable d'en juger, répondit * qu'il n'étoit pas possible de faire de ces écrits un corps d'ouvrage. Ainsi on ne peut mettre parmi les œuvres de M. Bosquet ce *Traité des libertez de l'Eglise gallicane*.

Il fut enseveli dans sa cathédrale, à la chapelle de l'Ange-Gardien, où depuis quelques années on lui a dressé un mausolée, avec cette inscription :

D. O. M.

Franciscus Bosquet,

Vir summa eruditione ac pietate inclytus.

Qui è patria Narbonensi ad aulam vocatus,

Comes consistorianus ante annos XXXVI.

Aquitaniæ, dein Occitaniæ præfectus.

ANNOS VI.

Singulari religione ac diligentia,

Populorum pacem, regis obsequium promovit.

Mox ad omnia factus ut omnibus proficeret,

Ad Innotentium X à rege missus.

Regni, religionis, cleri gallicani,

Solus Romæ negotia sustinuit.

Tandem episcopus Lodovensis, ac brevi post Monspeliensis.

Dispersas oves revocavit,

Profana templa diruit,

Sacra restauravit,

Gregem verbo & exemplo sedulo pavit.

Largus erga pauperes, sibi parcissimus,

Omnibus benignus,

Plenus operibus, obiit anno repar. salutis M. DC. LXXVI.

Ætatis suæ LXXI, pont. XXI.

Avunculo suo posuit Joan. Franc. de Negre de Sacan. archidia major.

CHARLES DE PRADEL, pour marcher sur les traces de son oncle, profita de toutes les conjonctures du tems pour exercer sa charité envers les pauvres & son zèle pour la réligion.

Au commencement de son episcopat, le roy Loüis XIV lui ayant écrit

CHARLES DE PRADEL.

1677.

PAGE 185.

pour l'établiffement d'un hôpital général à Montpellier, il fit preparer le logis du Cheval-Vert, dans le faubourg de la Saunerie, pour y recevoir les orphelins & les invalides, en attendant qu'on pût les loger dans un lieu plus fpacieux & plus commode.

La chofe ne put être exécutée qu'en 1680, où l'evêque de Montpellier ayant fait acheter l'ancien clos des peres Carmes hors la porte de la ville, il y jetta la * premiere pierre du grand bâtiment qu'on y a élevé depuis.

Dans cet intervale il fit l'établiffement des religieufes du Refuge, & donna fon mandement du 12 fevrier 1677, que je raporterai dans l'article de cette maifon.

En 1682, les contraventions des religionnaires aux édits & déclarations du roy, ayant donné lieu de demander la démolition du feul temple qui leur reftoit à Montpellier, il fit un voyage à Touloufe, d'où il revint avec un arrêt du parlement, qui ordonnoit de le faire abatre; & la chofe ayant été exécutée par M. le duc de Noailles, commandant de la province, M. Pradel fit la benediction d'une grande croix de pierre, qu'on éleva au milieu de la place, où il eut la confolation de recevoir l'abjuration de trente-deux perfonnes de diftinction : leur exemple fut fuivi de fix mille habitans de Montpellier, qui allerent faire enregiftrer leur abjuration à l'hôtel-de-ville; mais M. l'evêque prévoyant bien que leur converfion ne feroit pas durable fi on ne prenoit foin de les inftruire, établit des conferences publiques & des inftructions fur la foy catholique, qu'on faifoit tous les jours de la femaine dans l'églife de Notre-Dame des Tables, & le dimanche dans celle des Jacobins.

Toutes ces converfions difpoferent infenfiblement les efprits au grand coup que le roy frapa dans le mois d'octobre, par la révocation de l'édit de Nantes. Le pere Bourdaloüe fut envoyé par le roy pour venir feconder le zèle de M. de Pradel; il prêcha le carême de 1686 avec une affluence extraordinaire & fit tous les après-midi des conférences de controverfe dans l'églife des jefuites, où tous les nouveaux convertis avoient la liberté de propofer leurs difficultez.

Mais avec toutes ces voyes de douceur & de perfuafion, on ne put jamais bien effacer en eux les préjugez de l'éducation & de l'enfance. Plufieurs chercherent à fortir du royaume malgré la rigueur des loix, ce qui fit juger à M. de Pradel qu'il travailleroit plus utilement fur les enfans que fur les perfonnes âgées ; pour cet effet, il établit des écoles royales, dont il commit le foin pour les garçons, à des maitres éprouvés, & pour les filles, à des demoifelles venuës de Paris, qui font devouées à l'éducation des perfonnes de leur fexe : & pour affermir ces jeunes plantes dans les bonnes impreffions qu'on leur avoit donné, il leur confera le facrement de la confirmation, au nombre de cinq à fix cens, & fit faire leur première communion aux fêtes de Pâques de 1687, avec la folemnité que j'ai racontée dans le premier tome de cette hiftoire. *Page 2.*

Son zéle ne fe bornant point aux nouveaux convertis, il fit faire par le P. Honoré de Cannes une grande miffion, qui eft devenuë célébre par les reftitutions & les reconciliations éclatantes qu'elle produifit. Mais pour entretenir ces bons fentimens, l'evêque de Montpellier eut une attention particuliere de pourvoir fa cathedrale d'excellens prédicateurs pendant le carême; tels que furent le P. de la Ruë deux diverfes fois, le P. Patoüillet & le P. de la Ferté.

On marque pendant fa vie plufieurs reparations confiderables faites aux églifes de la ville, dont il fit la bénédiction par lui-même ou par fes grands vicaires. En 1684, il facra l'églife de Notre-Dame, qui venoit d'être mife dans fa perfection; en 1687, celle des Auguftins, qu'on avoit augmentée confiderablement, & en 1689, celle des Recolets qui avoit été bâtie de fonds. Il changea fon feminaire pour le mettre dans le lieu où il eft aujourd'hui, & en fit bénir la chapelle en 1690, dans la même année qu'on bénit celle du palais, que MM. de la cour des aydes avoient fait mettre en l'état qu'on la voit. Il favorifa la tranflation des religieufes du Vignogoul à Montpellier, & il attira en cette ville les Urfulines de Lunel, qu'il plaça près de St. Pierre, fous le nom de St. Charles, fon patron.

On convient que fon diocéfe fut un des mieux réglés du royaume, foit à caufe de l'attention qu'il eut d'y entretenir les conferences ecclefiaftiques que fon oncle avoit établies, & aufquelles il préfidoit lui-même dans la ville, foit par le choix qu'il fit des plus diftinguez de fon clergé pour l'aider dans le gouvernement * de fon diocéfe, ce qui lui procura avec le tems un *Page 186.* bon nombre d'excellens fujets; il aprouva une confraternité de curez & d'eccléfiaftiques qui fubfifte encore, pour s'entraider dans leurs maladies & pour fe fecourir après la mort par un grand nombre de meffes; il les affembloit tous les ans dans fon feminaire, où il faifoit une retraite de huit jours avec eux & s'informoit dans le plus grand détail du befoin des paroiffes, auquel il rémédioit fur le champ, ou dans le cours de fes vifites qu'il faifoit dans toutes les faifons de l'année, fans diftinction de l'hyver ni de l'été; il établit un fi bel ordre pour les églifes de la manfe capitulaire, qu'avec une fomme médiocre que le chapitre donne tous les ans, elles font toutes pourvûës de vafes facrés & d'ornemens fort honêtes; il mit le fanctuaire de fa cathédrale dans l'état où on le voit aujourd'huy, & fit faire à fes dépens la chaire pontificale, qui marque, comme tous fes autres ouvrages, le bon goût qu'il avoit dans tous les deffeins ; le palais épifcopal s'en reffent, par le jardin en terraffe qu'il fit faire le long des murailles de la ville, & par le grand vaiffeau qui renferme la bibliotéque de fon oncle, augmentée de celle de M. Plantavit de la Paufe, evêque de Lodeve.

Peu d'années avant fa mort, ayant obtenu permiffion d'aliener la baronnie de Sauve, dans les Cevenes, il en employa le produit à acheter la terre de la Verune près de Montpellier, qui eft devenuë la plus belle maifon de campagne qui foit aux environs de cette ville.

C'eft là qu'on découvrit le mal qu'il avoit pris dans la derniere vifite de fon diocéfe, pendant les plus grandes chaleurs de l'été ; l'épuifement qu'elle lui caufa joint à la malignité de la fièvre qui le prit, l'obligerent de fe faire porter à Montpellier, où il fit fon teftament en faveur des pauvres de l'hôpital général, au milieu defquels il voulut être enfeveli ; on voit fon tombeau au pied de l'autel, avec cette infcription que les directeurs de cette maifon y firent graver :

1696.

Æternæ memoriæ
Caroli de Pradel epifcopi Montifpeffulani
Qui quas error diftraxerat
In ovile reduxit oves.
Qui totum gregem ingenti cura pavit
Fovitque.
Nec annis confectus
Sed minifterii laboribus fractus
Occubuit.
Qui tot largitionibus
Subftantiam pauperibus profudit
Ut vix fuperfuerit quod moriens largiretur.
Quod tamen fuperfuit
Eorum juris fecit.
Nec quia facere fatis paternæ caritati vifum eft
feipfum

Deum inter & pauperes
Divifit.
Corpus pauperibus dedit
Animam Deo tradidit
XVII feptembris, ætatis LII.
Ærœ Chrifti M. DC. LXXXXVI.
Lugentes pauperes pofuerunt.

PAGE 187.

CHARLES-JOACHIM COLBERT, fils de meffire Charles Colbert, marquis de Croiffy, & fecretaire d'état, & de Françoife Beraud, fille unique de Joachim Beraud, grand audiencier de France, étant actuellement agent général du clergé, fut nommé à l'evêché de Montpellier le 1er novembre 1696, peu de tems après la mort de M. Charles de Pradel, fon prédeceffeur immédiat. Il fut facré à Paris, le 10 mars de l'année fuivante, dans l'églife des Fëuillans de la rue St. Honoré, par meffire Jean-Baptifte Colbert, archevêque de Roüen, affifté de MM. Colbert, evêque d'Auxerre, & François Chevalier de Sault, premier evêque d'Alais. L'affemblée fut une des plus illuftres par le grand nombre de cardinaux, d'evêques & de cordons bleus qui s'y trouverent avec le nonce du pape, & tout ce qu'il y avoit de plus diftingué à la cour & à la ville.

CHARLES-JOACHIM COLBERT.

1696.

Auffitôt après fon facre le nouvel evêque partit pour fon diocéfe, où il arriva le 21 du mois de may 1697, & donna beaucoup de marques de ferveur & de zéle : il projetta dès-lors de faire dreffer, pour l'inftruction des anciens & nouveaux catholiques, un grand catéchifme, pour expliquer par l'écriture fainte, par la tradition & par l'hiftoire de l'églife, les dogmes de la foy, la morale chrétienne, les facremens, les prieres, les cérémonies & les ufages de l'églife.

1697.

Cet ouvrage commença de paroître en 1701, & perfonne n'ignore le bon accueil qu'il reçut du public.

1701.

En ce même tems, M. de Montpellier voulant pourvoir au fervice des fauxbourgs de la ville, réfolut d'ériger dans celui de la Saunerie une nouvelle paroiffe fous le nom de St. Denis, pour fervir à ce faubourg & aux deux voifins, qui font ceux de Lates & de St. Guillem. Il obtint du chapitre & de la ville les fommes neceffaires pour la conftruction de cette églife paroiffiale, dont il chargea le célébre architecte Auguftin d'Aviler, qui s'en acquitta fi bien que fon ouvrage eft regardé par tous les bons connoiffeurs comme un des plus beaux & de meilleur goût qui foit dans Montpellier. L'infcription fuivante, qu'on y voit gravée à un coin de l'églife, marque le tems où l'on commença de la bâtir.

> Regnante Ludovico magno triumphatore
> Semper augufto.
> Antiftite Carolo-Joachimo Colbert
> Hoc facrum curiale conftructum eft
> Ad majorem Dei gloriam
> Et ad utilitatem fuburbanorum.
> Confulibus & tribunis Montifpeffulani Stephano Seguin copiarum pedeftrium Præfecto primo confule, Bernardo Delfau, Jofepho Pavon, Joanne Guyot, Stephano Ferriere, Petro Chevalier, & Joanne Bonnier, fcriba.
> *ANNO REPARATÆ SALUTIS M. DCC. I.*

PAGE 188.

* Le tems qu'il fallut pour achever cet ouvrage donna le loifir de difpofer toutes chofes pour l'union de cette paroiffe avec l'oratoire, & les difficultez qui fe préfenterent ayant été levées, M. l'evêque fit faire par fon grand-vicaire la bénédiction de cette églife, le trentiéme du mois d'octobre 1707.

1707.

Peu de jours auparavant, M. de Montpellier avoit facré lui-même l'églife des Carmes déchauffez, & mis dans le mois de juin la premiére pierre à celle des Jéfuites.

Il a fait au château de la Verune une magnifique chapelle, incruftée de marbre & ornée de bronze doré ; mais fa magnificence paroît encore plus dans fes ornemens d'églife, qui font des plus riches & des plus recherchez. Sa bibliotéque eft eftimée la plus nombreufe de toutes celles de la province, car outre les livres de M. Plantavit de la Pauze, evêque de Lodeve, qu'il acquit au commencement de fon épifcopat, avec ceux de M. Bofquet, l'un de fes prédeceffeurs à Montpellier, M. Colbert les a augmenté du double, en y ajoûtant tout ce qui a paru dans l'Europe des meilleurs auteurs depuis quarante-deux années d'épifcopat. Il les finit aux fêtes de Pâques mil fept cent trente-huit, d'une inflammation au bas-ventre, qui l'enleva après fept à huit jours de maladie ; il a voulu être enterré à l'hôpital général, auprès de M. Charles de Pradel, fon prédeceffeur immédiat, & a laiffé les pauvres de l'hôpital fes héritiers ; défendant qu'on lui fit aucune epitaphe, voulant feulement qu'on mit fur fon tombeau fon nom, les années de fon épifcopat & le jour de fa mort.

1738.

HISTOIRE
DE L'ÉGLISE
DE MONTPELLIER

LIVRE SIXIÉME

Contenant le nom de plufieurs autres evêques, pris du clergé de ce diocéfe.

CHAPITRE PREMIER.

I. Evêques pris de la maifon des Guillaumes, feigneurs de Montpellier. II. Quelques autres des maifons confiderables du diocéfe. III. Ceux que la feule maifon de Fredol a donné.

'IL eſt heureux pour une églife particuliere d'avoir eu de grands evêques, il n'eſt pas moins glorieux pour elle d'en avoir donné aux autres églifes. Comme celle de Montpellier joüit de ce double avantage, j'ai crû que les prélats qui ont été pris de fon clergé entroient naturellement dans fon hiſtoire, & qu'après avoir parlé de ceux qui l'ont gouvernée, je ne devois pas oublier ceux qu'elle a donné aux autres églifes de la chrêtienté. Je m'y fuis porté d'autant plus volontiers qu'on trouve dans nos archives des particularitez remarquables, qui n'ont pas été connuës des auteurs du *Gallia chriſtiana*. Ainfi j'efpere que cet article fera également bien reçû des étrangers & de mes concitoyens.

St. Fulcran, evêque de Lodeve, dans le neuviéme siécle, est le premier que nous trouvons avoir été pris du clergé de Maguelone, où il étoit archidiacre, comme Verdale le dit expressement. Il étoit aussi natif du diocése, étant de la maison des comtes de Substantion, alors maîtres du lieu où Montpellier est bâti. Je donnerai à la fin de cet ouvrage un article particulier sur ce grand saint, dans le livre que je reserve pour les personnes du diocése distinguées par leur sainteté.

I.

<small>Page 190.</small>

*Raymond Guillaume, evêque de Nîmes, commença, selon Ste Marthe, en 1098 & finit en 1112. Il étoit de la branche des vicaires de Montpellier, & cousin-germain de Guillaume, fils d'Ermengarde, seigneur de cette ville,

<small>Page 13.</small>

auquel il ceda (comme nous l'avons vû dans le premier tome de cette histoire) tout ce qu'il avoit reçû de lui en engagement, lorsqu'il partit pour la premiere croisade. L'acte de cette cession a pour titre : *Resignatio quam fecit domino Montispessulani Raymundus Guillelmus, episcopus Nemausensis, & Bernardus frater ejus, postquam Guillelmus de Montepessulano ivit in Jerusalem.*

Raymond Guillaume, dit de Posquieres, evêque de Maguelone en 1129, étoit de la maison des seigneurs de Montpellier, comme Ste Marthe le dit expressement, *e nobili Guillelmorum toparcharum sanguine natus.* Il retint le nom de Posquieres (aujourd'hui Vauvert) parce qu'il en étoit doyen lorsqu'il fut fait evêque de Maguelone. Ce fut de son tems que Bernard, comte de Melgueil, renonça au droit qu'il prétendoit avoir de nommer à l'evêché de Maguelone.

Guillaume II, evêque de Beziers, en 1150. On marque de lui que les Juifs s'étant fort multipliez à Beziers, les chrétiens de cette ville s'accoûtumerent à les insulter dans la semaine sainte, ce qu'ils regarderent dans la suite comme un droit acquis. De quoi leur evêque ayant été touché, il permit aux Juifs de se redimer de cette vexation, moyenant six cens sols melgoriens, qu'ils donnerent à l'église de St. Nazaire, & autre quatre livres qu'ils s'obligerent de payer tous les jours de Rameaux pour les ornemens de cette église.

Il étoit evêque dans le tems qu'Alexandre III vint aborder à Maguelone ; car il est dit qu'il alla trouver le pape à St. Gilles & lui porta plainte de certains abus qui s'introduisoient dans son diocése, pour lesquels il demanda un legat apostolique.

<small>Cronolog. episcoporum Lodovens.</small>

Raymond Guillaume, evêque de Lodeve, fut élevé à cette place en 1187 & mourut en 1207. Il est apellé Guillaume de Madieres par M. Plantavit de la Pause, qui dit expressement qu'il étoit frere du seigneur de Montpellier, auquel appartenoit la terre de Madieres, comme nous l'avons vû cy-

<small>Tome 1, page 53.</small>

devant. Le seigneur de Montpellier dont il étoit frere, étoit Guillaume, fils de Sibille; ce qui eft démontré par la remife que cet evêque fit à Guillaume, fils de Sibille, fon neveu, du prix de certains fonds qu'il avoit acquis dans le diocéfe de Lodeve, *libero & abfolvo Guillelmum dominum Montifpeffulani nepotem meum in perpetuum, abfque ulla retentione*. Il acquit toute la comté de Montbrun, qui eft encore la plus belle feigneurie de fon evêché, pour laquelle & pour quelques autres moins confidérables, il paya foixante mille fols melgoriens, qui valoient vingt-quatre mille livres tournois, fuivant la fupputation de M. Plantavit; car, ajoûte-t-il, un fol melgorien valoit huit fols monnoye de France, *valebat enim affes octo gallicos hodierni temporis folidus unus melgorienfis*.

<small>Cronol. ep. Lod., pag. 96.</small>

Guillaume Raymond, evêque de Maguelone, que Ste Marthe apelle Guillaume de Montpellier, parvint à ce fiége après la mort de Jean de Montlaur en 1189; c'eft de lui que nous avons la profe rimée, que j'ai raportée ci-devant, fur les devoirs des ecclefiaftiques. Il avoit été chanoine de Maguelone & abbé d'Aniane avant fon épifcopat, durant lequel il reçut le ferment de fidélité de Guillaume, feigneur de Montpellier, fon neveu, comme Ste Marthe le dit en propres termes: *Guillelmus, Montifpeffulani dominus epifcopi nepos, fidei facramentum patruo juravit in aula Sti. Nicolai Magalonæ*.

Raymond Guillaume, evêque d'Agde en 1170, étoit neveu de R. Guillaume, dit de Madieres, evêque de Lodeve, & par confequent frere de Guillaume fils de Mathilde, feigneur de Montpellier; ce qui confte par un article du teftament de ce feigneur, où il dit qu'il laiffa fa feigneurie & fes vaffaux fous la garde, protection & défenfe de Raymond, fon frere, evêque d'Agde: *Terram & homines meos relinquo fub gardia & defenfione Raymundi fratris mei Agathenfis epifcopi*.

On marque qu'il reduifit fes chanoines au nombre de douze, aufquels il legua fa bibliothéque, & qu'il fit préfent à l'abbaye de Valmagne d'un pfautier qu'il avoit fait lui-même à l'honneur de la vierge.

* Renaud de Montpellier, evêque de Beziers en 1209, étoit neveu de Guillaume, dit de Madieres, avec lequel il affifta à la tranflation des réliques de St. Fulcran en 1197. On ajoûte qu'il n'étoit alors que fimple chanoine de Beziers, n'ayant été élu evêque de cette ville qu'en 1209. Il eft célébre dans l'hiftoire des Albigeois par les foins & les peines qu'il prit pour ramener ceux de Beziers, & garantir leur ville du pillage de l'armée des croizés. Pierre de Valfernay a fait un chapitre entier à l'honneur de cet evêque; mais il faut qu'il fût alors avancé en âge, puifque cet auteur parle de lui comme d'un prélat vénérable par fes années, par fon fçavoir & par l'intégrité de fes mœurs.

<small>PAGE 191.
Ste. Marthe, p.409.
Chronol. Lodov.
Chap. 18, Hift. Albig.</small>

Après que la maison des Guillaumes de Montpellier eut fini (comme nous l'avons vû au commencement du treiziéme siécle) on prit dans les familles considérables du diocése quelques evêques pour les villes voisines. Le premier que nous trouvons est :

II. Raymond de Vaillauquez, de la maison des seigneurs de Murles, qui fut fait evêque de Beziers en 1242. On marque qu'il assista avec les evêques d'Agde & de Maguelone au sacre de Guillaume de Cazouls, evêque de Lodeve, & qu'il fut présent à la cession que Trincavel, vicomte de Beziers, fit au roy St. Loüis de tous les droits qu'il avoit sur les villes de Carcassonne & de Beziers, le 6 avril 1249, devant la grande porte de l'église de St. Felix de cette ville. Il fut médiateur avec Guy Fulcodi (depuis pape sous le nom de Clement IV) des differens entre Guillaume de Broa, archevêque de Narbonne, & Amalric, vicomte de cette ville. Il est fait mention de lui dans un recueil des sinodes de Beziers, conservé en manuscrit dans les archives de cet evêché; & l'on ajoûte que dans un concile provincial tenu à Beziers en 1254, il prend la qualité de premier suffragant de l'archevêché de Narbonne. Il mourut le sixiéme juin 1261.

Pons de St. Just, fils de Bertrand, seigneur de St. Just près de Lunel, & d'Aigline de Castries, succeda dans le siége de Beziers à Raymond de Vaillauquez, son proche parent, qui l'avoit fait chanoine de sa cathédrale, puis camerier & ensuite grand archidiacre. Il eut au commencement de son épiscopat de grands differens avec les chanoines de St. Aphrodise pour l'élection de leur abbé, qui furent terminez à l'avantage de l'evêque. On marque qu'il bâtit deux hôpitaux à Beziers : l'un au bout du pont au-delà de la rivière, pour les lepreux, & l'autre dans la ville, à la décente du pont, où il établit trente religieuses & trois chapellains; ce qu'il fit confirmer par le pape Boniface VIII & par le roy Philipe le Hardy. Il fit aussi plusieurs fondations avantageuses pour le service divin dans sa cathédrale.

En 1276, il assista au concile de Beziers tenu par le cardinal de Ste Cecile, legat du saint-siége.

En 1283, à l'élection de Pierre de Montbrun, archevêque de Narbonne, où se trouverent avec lui Berenger de Fredol, evêque de Maguelone, & ses autres comprovinciaux; qui tous ensemble écrivirent au roy Philippe pour l'assûrer que l'archevêque qu'ils venoient d'élire lui seroit fidéle, & pour le prier d'en agréer l'élection.

Deux ans après, ce même roy ayant porté ses armes dans la Catalogne, où il prit Gironne & Figeres, mourut à Perpignan le 6 d'octobre 1285, & son corps ayant été porté à Narbonne, Pons de St. Just se trouva aux honneurs funébres qu'on lui rendit, & à l'inhumation de fes entrailles dans un tombeau relevé, qui eft dans le chœur de l'églife métropolitaine.

Il mourut lui-même quelque tems après, & l'on obferve que peu avant fon decès il fit faire cent calices & cent ciboires d'argent, qu'il diftribua aux paroiffes de fon diocéfe qui en avoient le plus de befoin.

Tous ces evêques, dont je viens de parler, eurent pour contemporains plufieurs evêques de Maguelone qui furent pris du corps du chapitre pendant le tems des élections. On aura pû les remarquer dans la fuite que j'ai déjà donné des evêques de cette églife ; mais pour réprefenter fous un même œil ceux qui étoient natifs du diocéfe, j'en vais raporter les noms, avec l'action de leur vie qui peut les caracterifer davantage.

Gautier, evêque de Maguelone, au commencement du douziéme fiécle, fe rendit recommandable * par toutes fortes de vertus, & finit fa vie au Mont-Pelerin dans la Terre-Sainte, en 1129.   PAGE 192.

Jean de Montlaur, premier du nom, acquit une confiance fi générale dans le pays, qu'il fut l'arbitre de tous les feigneurs de fon voifinage & des particuliers de fon diocéfe. Il mourut en 1195.

Guillaume de Fleix donna tous fes foins pour garantir fon diocéfe de la doctrine des Albigeois. Il affifta au teftament du dernier de nos Guillaumes, & mourut lui-même peu de tems après, en 1203.

Bernard de Mefoa, natif de Montpellier, fut élevé dans fa jeuneffe à Maguelone, où il fut chanoine, prévôt du chapitre, & parvint au fiége de cette églife en 1215. On marque de fon tems l'établiffement des religieux mandians à Montpellier, & les premiers réglemens qui furent faits pour l'ecole de medecine de cette ville par le cardinal Eginon.

Jean de Montlaur, fecond du nom, fe rendit célèbre par les démêlez qu'il eut avec Jacques Ier, roy d'Aragon & de Mayorque, & par les réglemens qu'il fit pour l'école des arts.

Pierre de Conches, d'une famille confiderable de Montpellier, qui donna plufieurs officiers aux charges municipales de cette ville, fut pris du chapitre de Maguelone pour remplir le fiége de cette églife. Une action des plus remarquables de fa vie eft la reconnoiffance qu'il fit au roy St. Loüis de Montpellier & de Montpellieret, ce qui facilita avec le tems aux rois de France l'acquifition de cette ville.

Guillaume Chriftophle, archidiacre de Maguelone, fous qui fut tenu le concile provincial de Montpellier en 1256. Il termina heureufement par la médiation de Guy Fulcodi (depuis pape fous le nom de Clement IV) les differens que fes prédéceffeurs avoient eu avec Jacques Ier, roy d'Aragon ;

mais il en eut perfonnellement avec les officiers de ce prince, qui le porterent à mettre Montpellier en interdit.

III. Berenger de Fredol, evêque de Maguelone en 1267, fit échange de Montpellieret avec le roy Philippe le Bel, qui lui donna la baronie de Sauve avec quelques autres terres. Il étoit de l'illuftre maifon de Fredol, qui poffeda longtems la feigneurie de la Verune, à une lieüe de Montpellier. Sa famille donna deux cardinaux à l'églife romaine & plufieurs evêques à diverfes églifes.

Le cardinal Berenger de Fredol, dit l'Ancien, l'un des compilateurs du Sexte, nâquit environ 1250, au château de la Verune.

Sa vie eft marquée par tous les progrès qu'un particulier peut faire, & par les emplois les plus diftinguez où un homme de mérite peut être employé.

Dès fa premiere jeuneffe il fut chanoine de Beziers, enfuite fuccenteur, abbé de St. Aphrodife, & enfin evêque de cette ville en 1298.

Il en étoit déja evêque lorfque Boniface VIII le choifit avec Guillaume de Mandagot, archevêque d'Embrun, & Richard de Sienne, pour la compilation des décrétales du Sexte. La bulle qui eft à la tête de ce livre le marque pofitivement en ces termes : *Nos pro utilitate publica, per venerabiles fratres noftros Guillelmum archiepifcopum Ebredunenfem, & Berengarium epifcopum Bitterenfem, & dilectum filium Ricardum de Senis decretales hujufmodi diligentius fecimus recenferi.*

Clement V ayant été fait pape en 1305, huit ou neuf mois après la mort de Boniface, fit auffitôt cardinal Berenger de Fredol, dans la premiere promotion qu'il fit à Lyon cette même année.

Dès-lors il l'employa conftamment dans toutes les grandes affaires qui l'occuperent fon pontificat, telles que le procès contre les Templiers, le concile de Vienne, les difputes des freres Mineurs, & quantité d'autres que je vais rapporter dans l'ordre que M. Baluze nous a tracé dans la *Vie des papes d'Avignon.*

En 1306, il fut envoyé avec le cardinal Etienne de Sufiac au roy Philippe le Bel, pour ménager une entrevûe de ce prince avec le pape. Sa lettre de créance, rapportée par Baluze, fait voir l'eftime générale qu'on avoit de lui.

L'entrévûe s'étant faite à Poitiers, l'année fuivante 1307, il fut refolu entre Philippe & Clement, que l'on feroit des informations contre les Templiers. Auffitôt le roy * ayant donné des ordres très-fecrets, les fit arrêter par toute la France en un même jour; & cent quarante de ces chevaliers ayant fubi l'interrogatoire dans la maifon du Temple à Paris, & ayant confeffé les crimes dont on les accufoit, ils furent gardez par ordre du roy dans une étroite prifon, de même que ceux qu'on amenoit journellement de toutes les provinces de France.

Alors le pape, craignant qu'on fût allé trop vite, & fe plaignant que le roy eût entrepris fur la jurifdiction ecclefiaftique, lui envoya le cardinal Berenger de Fredol avec le cardinal de Sufiac, afin qu'il remît entre leurs mains les perfonnes & les biens des templiers. Le roy leur remit les perfonnes, & fit garder les biens; mais pour avancer cette affaire, il eut une nouvelle conference avec le pape, en 1308, à Poitiers, où ils firent conduire un grand nombre de templiers pour leur faire entendre leurs volontez.

Le grand-maître de l'Ordre, le commandeur de Chypre, le vifiteur de France, avec les commandeurs d'Aquitaine & de Normandie, étant reftez malades à Chinon en Touraine, le pape y envoya, pour les examiner, Berenger de Fredol, Etienne de Sufiac & Landolphe Brancacio, tous cardinaux, qui, après avoir reçu la confeffion des accufez, la redigerent en forme authentique & l'envoyerent à Poitiers, où il fut refolu entre le pape & le roy qu'on affembleroit un concile général.

Le pape y fit expedier la bulle de convocation qui fut adreffée à tous les archevêques pour envoyer chacun trois députez de leur province. Ceux de Narbonne, furent les évêques de Touloufe, de Maguelone & de Beziers; & dans les commiffions qui furent envoyées en même tems dans les provinces pour informer contre les templiers par des commiffaires differens, on compte parmi ceux de la province de Sens, l'archevêque de Narbonne, & Jean de Montlaur, archidiacre de Maguelone.

Comme par la bulle, le concile ne devoit fe tenir que deux années après fa convocation; le pape quitta Poitiers & parcourut les provinces de France, d'où il ne fortit jamais durant fon pontificat. Fredol le fuivit à Bourdeaux, à Touloufe & à Saint-Bertrand-de-Comenges, où il affifta à la rélevation des reliques de ce faint, que le pape y fit avec beaucoup de folemnité; & quelques mois après, le cardinal Bucamat ayant laiffé vacante par fa mort l'églife de Tufculum, Clement la confera à Berenger Fredol, qui, depuis, fut appelé le cardinal Tufculan & devint bientôt enfuite grand penitencier du pape.

Cependant les grandes difputes qui durèrent durant tout ce fiécle entre les freres Mineurs, fur l'obfervation de leur règle, s'étant échauffées de plus fort en 1310, Clement V commit Berenger de Fredol, évêque de Tufculum, Guillaume Arrufat & Thomas Jorzi, cardinaux, pour entendre les deux partis, dont l'un fe nommoit des fpirituels & l'autre des freres de la communauté. L'animofité qui étoit entr'eux rendit inutiles tous les foins des commiffaires, & leurs démêlez ayant continué fous le pontificat de plufieurs autres papes, l'événement en devint funefte à quatre freres mineurs qui furent brûlés à Marfeille & à frere Bernard de Montpellier, furnommé Delicieux, qui périt dans les prifons de Carcaffonne.

En même tems, le roy Philippe-le-Bel ayant renouvellé les inftances auprès du pape pour la condamnation de la mémoire de Boniface VIII, avec qui, de fon vivant, il avoit eu de fi grands démelez, Clement V, pour faire oüir la foule de témoins que le roy produifoit, commit Berenger de Fredol, évêque de Tufculum, & Nicolas de Freauville du titre de Saint-Eufebe; & les auditions ayant été faites & pourfuivies durant quelques mois avec beaucoup de chaleur & de chicane, l'affaire finit par la révocation que fit le pape de tout ce que Boniface avoit fait au préjudice du roy de France & par le défiftement que Philippe donna de toutes fes pourfuites.

Enfin, vers la mi-feptembre de 1311 Clement fit l'ouverture du concile géneral de Vienne qui finit dans le mois de may de l'année fuivante. On y fuprima l'ordre des templiers; on y fit des conftitutions pour les freres mineurs & pour les réguliers; on rétablit la mémoire de Boniface, en déchargeant le roy * de tout ce qu'il avoit fait contre lui, ce qui nous donne lieu de croire que le cardinal Tufculan, qui affiftoit à ce concile, eut beaucoup de part aux décrets qui y furent faits puifqu'il en avoit tant eu aux affaires qui l'avoient fait affembler.

Avant que les peres fe feparaffent, il obtint du roy, qui étoit prefent au concile, la permiffion de donner cent livres tournois de revenu au monaftere des chanoineffes qu'il avoit fondé à Beziers & qu'on appelle aujourd'huy l'abbaye du Saint-Efprit. Peu de tems après, ayant fuivi le pape à Avignon, il y confacra Adulphe de la Mark, évêque de Liege, qui, le jour precedent, avoit été fait prêtre par le cardinal de Mandagot.

Clement V étant mort en 1314, & les cardinaux, partie italiens, partie françois, ayant été deux ans & trois mois fans pouvoir s'accorder pour l'élection d'un pape, le roy Philippe-le-Bel, dans cet intervale, écrivit à Fredol les lettres que nous avons encore; & fon fils, Philippe-le-Long, ayant trouvé le moyen d'enfermer les cardinaux à Lyon, dans la maifon des freres prêcheurs, ils élurent Jean XXII durant l'abfence de Fredol, *qui, au raport de Villani, paffoit dans le public pour devoir être fait pape.

L'année d'après, qui fut 1317, Jean XXII ayant fait faire le procès à Hugues Geraud, évêque de Cahors, Fredol eut la trifte commiffion de le dégrader en public avec toutes les cérémonies ufitées en ce tems-là.

Il continua d'être employé par le même pape dans des affaires particulières qui demandoient un homme des plus verfez dans le droit canon; mais comme elles n'intereffent pas beaucoup l'hiftoire, je les paffe fous filence, en ayant déjà assez dit pour faire connoître l'estime générale que le cardinal Berenger de Fredol reçût de son tems.

Il mourut en 1323, comme il paroît par le necrologe de l'église de Narbonne, qui nous apprend en même tems qu'il avoit été archidiacre de Corbiéres & chanoine de cette église avant que d'être fait evêque de Beziers. *Anno M. CCC. XXIII. idus junii, obiit reverendissimus in Christo pater dominus Berengarius Fredoli, qui fuit archidiaconus Corbariensis & canonicus in ecclesia Narbonensi. Postea vero fuit episcopus Biterrensis, deinde episcopus Tusculanus & S. R. E. cardinalis.*

Il composa divers ouvrages que l'on voit encore dans la bibliotéque de Colbert & dont Mr Baluze nous a laissé le détail, sçavoir : un Traité de l'excommunication qu'il composa étant évêque de Beziers ; *Inventarium juris canonici; Inventarium speculi judicialis*, & d'autres écrits sur la Somme du cardinal d'Ostie.

CHAPITRE SECOND

I. *Le cardinal de Castanet.* II. *Suite des evêques de la maison de Fredol.*
III. *Le cardinal Imbert Dupuy.*

J'interromps la suite des évêques de la maison de Fredol pour placer, selon l'ordre du tems, le cardinal Castanet, leur compatriote & leur contemporain, qui fit honneur à sa patrie par toutes les qualitez d'un pieux & sçavant evêque.

BERNARD DE CASTANET, natif de Montpellier, prit naissance dans cette ville environ l'année 1230; il y fit toutes ses études & y prit le bonnet de docteur en l'un & l'autre droit. La grande habileté qu'il y acquit le fit employer dans la cour de Rome sous differens papes.

I.

Duchesne, Vie des cardinaux françois.

Clement IV, dont il étoit chapelain en 1268, l'envoya legat en Allemagne & lui donna l'administration de l'église de Treves, après la déposition d'Henry, qui s'en prétendoit archevêque; la chose paroit par une lettre du pape au roy saint Loüis, rapportée par Baluze, page 1418. *Et nunc maxime per dilectum filium magistrum Bernardum de Castaneto, capellanum & subdiaconum nostrum, per quem etiam nosse* potesquare* (sic) *legatio in Teutoniam tantum fuerit prorogata.*

Pap. Avenion., tom. 1.

PAGE 195.

III.

Il fut auditeur du sacré palais sous Gregoire X, qu'il suivit au second concile de Lyon en 1271.

Innocent V, sous qui il exerça la même charge, lui donna l'evêché d'Alby en 1276, comme nous l'aprenons de Bernard Guido, evêque de Lodeve, qui dit dans sa chronique d'Innocent V : *Hic præfecit episcopum ecclesiæ Albiensi venerabilem virum dominum Bernardum de Castaneto, de Montepessulano, hunc sacri palatii auditorem pontificatus sui anno primo.*

Tom. I, pag. 21. La charte de l'èglise d'Alby, raportée dans le *Gallia christiana* des peres benedictins, dit la même chose : *Innocentius V de ipso domino Bernardo, qui à Magalonensi diœcesi & villa Montipessulani traxit originem ecclesiæ Albiensi in urbe Romana providit.*

La mort d'Innocent V & celle d'Adrien V, qui arriverent toutes deux dans la même année, retarderent la prise de possession de Bernard Castanet, qui ne vint dans son église que sous le pontificat de Jean XXI, où, à peine fut-il arrivé, qu'il travailla à réünir son chapitre entierement divisé & à commencer la construction de la belle église de Sainte-Cécile qu'on y voit encore.

Il donna, pour cet effet, la vingtième partie de ses revenus & porta ses chanoines à en faire de même durant vingt ans. Il destina de leur consentement à cet ouvrage les revenus des églises vacantes, tant de sa collation que de celles du chapitre.

Les fondemens en furent jettez dans un lieu plus éminent que ne l'étoit l'ancienne èglise, située sur les rives du Tarn; ses successeurs en continüerent le bâtiment durant plus de deux cens ans, & ce ne fut que sous Loüis d'Amboise, évêque d'Alby, qu'elle fut consacrée, en 1480, après que ce digne prélat, frere du cardinal George d'Amboise, eut fait construire ce beau chœur de pierre percée à jour qu'on y voit encore & qui est sans contredit un des plus beaux du royaume.

Cependant Castanet, pour contenter ses chanoines & pour se servir d'un remede que l'église a souvent employé utilement, poursuivit la sécularisation de son chapitre qui vivoit sous la regle de saint Augustin, & ayant obtenu en 1278 une bulle du pape Nicolas III, qui commettoit les evêques de Rhodez & de Mende pour instruire cette affaire, elle fut executée sous le pontificat de Boniface VIII.

Castanet passa trente-deux ans dans cet evêché, toujours occupé de ses fonctions. On le trouve signé au concile de la province de Bourges, tenu à Aurillac cette même année, 1278, à celui de 1286 tenu à Bourges, & aux autres sinodes provinciaux des années 1290 & 1291.

En 1293, il mit la première pierre au couvent des freres prêcheurs de la ville d'Alby, où ce même Bernard Guido, dépuis evêque de Lodeve, que j'ay déjà cité, lui fervoit de diacre durant cette cérémonie, comme il le dit lui-même dans le cathalogue des prieurs de ce couvent.

Peu de tems auparavant, le pape Nicolas IV l'avoit commis pour informer dans le diocéfe de Lodeve contre les ufurpateurs des biens ecclefiaftiques, & enfuite le roy Philipe-le-Bel le chargea de folliciter avec Guillaume de Flavacourt, archevêque de Roüen, la canonifation du roy faint Loüis, dont le pape Boniface VIII publia lui-même la bulle.

Sa vertu fut long tems exercée à Alby, à l'occafion des fameufes difputes des freres Mineurs. Frere Bernard de Montpellier, furnommé Délicieux, l'un des plus zelez & des plus ardens, foûleva les habitans de cette ville & de celle de Carcaffonne contre les inquifiteurs qu'il en fit chaffer; il fongea même à faire livrer ces deux villes à Ferdinand, fils du roy de Mayorque, qu'il alla trouver lui-même au nom des confuls de Carcaffonne. Cela caufa la mort de plufieurs perfonnes, qui perirent entre les mains de la juftice. Mais, comme l'évêque d'Alby voulut interpofer fon autorité pour calmer ces troubles, frere Bernard fe déchaîna contre lui & blâma hautement les fentences qu'il avoit porté contre quelques hérétiques. Il ne fut puni de tous ces excès qu'après la mort de Caftanet. Cependant * ce bon prélat, ami de la paix & de la tranquilité, fongea dès lors à fe la procurer en changeant d'évêché, ce qu'il n'exécuta pourtant qu'en 1308.

Fleury, l. 92, p. 49.

PAGE 196.

Toutes ces traverfes ne l'empêcherent pas de donner des marques fignalées de fon zéle au roy Philipe-le-Bel durant les guerres qu'il eut en Flandres, ce qui lui attira & à fon églife les beaux priviléges que ce roy leur accorda en 1304, comme on peut les voir dans l'acte raporté dans le *Gallia chriftiana* des bénédictins.

Tom. 1, pag. 11, aux preuves.

Enfin il fut transferé, en 1308, à l'évêché du Puy, beaucoup moins riche que celui d'Alby, & il difoit à ce fujet qu'il compenfoit les grands revenus qu'il avoit quitté par la protection de la Sainte-Vierge, à qui fon églife du Puy étoit plus particuliérement dévoûée : *ficque videamur* (ajoûte-t-il) *in hoc portionem acquirere magis uberem quam derelictam.*

On marque qu'il fit recevoir en cette ville la régle de faint Auguftin aux religieufes du monaftere de Valz, qui auparavant étoient pénitentes.

Il fut fait cardinal à la première promotion que fit Jean XXII aux ides de décembre 1316, & en même tems le pape lui donna l'évêché de Porto avec la faculté de garder en commande celui du Puy; mais il ne joüit pas long tems de toutes ces graces, car il mourut huit mois après à Avignon, en 1317, dans une grande vieilleffe, & il fut enterré dans la cathédrale de la même ville.

Tous les auteurs qui ont parlé de lui, & qui font en grand nombre, en font de grands éloges. Ughel, dans son histoire des évêques de Porto, dit de luy : *Antiquæ probitatis ac dignitatis, deque Christi ecclesia optime meritus præsul.*

Quelques-uns ont altéré son nom, comme il arrive à tous les noms latinisez ; ils l'ont appellé de *Castineto*, de *Castanieto*, que Morery a traduit Chatanier. Mais je m'arrête, pour le latin, au nom que les papes & les auteurs contemporains lui donnent ; & pour le françois, à celui de Castanet, comme a fait Mr Fleury dans son Histoire ecclesiastique.

II. Le cardinal Berenger de Fredol (dit le Jeune), neveu de l'ancien, étoit chanoine & camérier de Saint-Nazaire lorsqu'il fut élevé, en 1309, sur la chaire de Beziers. Le pape Clement V le fit cardinal du titre de Saint-Nerée & Achilée à la seconde promotion qu'il fit à Avignon.

Les statuts de son église lui donnent le titre de Saint-Nerée en parlant de la fondation qu'il fit de six chapelains appelez du Saint-Esprit. *Anno* 1317. *D. Berengarius cardinalis tituli sanctorum Nerei & Achillæi instituit sex capellanos in honorem Dei Patris & Filii & Spiritus Sancti, & præcipue in honorem sti. Spiritus, in capella sti. Spiritus, ecclesiæ ss. Nazarii & Celsi, pro sua salute & prosperitate perpetua & temporali. Nec non Clementis V qui ipsum cardinalem creaverat, & propinquorum, &c.*

En 1318, le pape Jean XXII lui donna l'évêché de Porto après la mort du cardinal Castanet, ce qui le fit appeller le reste de sa vie *Berengarius cardinalis Portuensis,* pour le distinguer du cardinal son oncle, qu'on apelloit *Berengarius episcopus Tusculanus.* Il faut, selon les notes de Mr Baluze, qu'il ne soit mort qu'en 1323, comme il le démontre en réfutant M^r d'Este, qui avoit mis la mort de ce cardinal en 1316.

Guillaume de Fredol, frere du dernier cardinal de ce nom, lui succeda dans l'evêché de Beziers en 1318, lorsque son frere eut été nommé à l'évêché de Porto. On marque qu'il fonda un anniversaire pour l'âme de son pere, Pierre de Fredol, seigneur de la Verune ; qu'il convoqua un sinode le 17 avril 1320, dans lequel il fit plusieurs décrets contre les juifs, & qu'en 1342 il tint un chapitre général où furent dressez les statuts du chapitre de Saint-Nazaire. Sa mort arriva le 23 décembre 1349.

André de Fredol, son autre frere, qui avoit été tiré de Maguelone en 1308 pour être évêque d'Usez, fut transferé à Maguelone dix ans après par le pape Jean XXII, qui le crut plus propre que tout autre pour entretenir à Maguelone la régle de saint Augustin qu'il avoit embrassé dès sa jeunesse. On met sous son épiscopat la mort de saint Roch, & la sienne en 1388.

Jean de Vissec, son successeur dans l'evêché de Maguelone, fut pris comme * lui, par le pape Jean XXII, du chapitre de Maguelone pour en remplir le fiége; & fes deux prédeceffeurs immédiats, Pierre de Levis & Jean de Cominges, avoient été tirez du fiége de Maguelone, le premier pour l'archevêché de Cambray, & le fecond pour premier archevêque de Touloufe lorfque cette églife eut été érigée en archevêché, de la manière qui a été dit dans l'article de ces deux prélats. Ils eurent pour contemporain :

Le cardinal Imbert Dupuy, natif de Montpellier, fut élevé à cette III. dignité par le pape Jean XXII en 1327. Bernard Guido, dans la vie de ce pape, fait mention de ce cardinal en ces termes : *Imbertum de Puteo de Montepeffulano.*

Page 197.

B. Guido, in vita Joan. XXII.

Il étoit de la maifon des Caturce, établie à Montpellier depuis plus d'un fiécle, ce qui a donné occafion à Villani de dire que le cardinal Imbert étoit de Cahors, d'où le pape Jean XXII étoit lui-même; mais Mr Baluze, qui raporte une réconnoiffance faite au roy faint Loüis en 1261 par les enfans de Raymond Caturce, bourgeois de Montpellier *(burgenfis Montifpeffulani)*, concilie les fentimens de Bernard Guido & de Villani fur la naiffance du cardinal Imbert, & il établit fans en laiffer aucun doute qu'il étoit de Montpellier.

Pap. Avenion., tom. 1, pag. 768.

Sa nouvelle dignité ne changea rien à la vie retirée qu'il avoit mené jufqu'alors; car on ne trouve, ni avant ni après fa promotion, qu'il ait été employé dans la cour romaine aux légations & autres grandes affaires qui occupoient alors la plûpart des cardinaux, quoiqu'il ait joüi de cette dignité durant plus de vingt ans.

La chofe qui a rendu parmi nous fa mémoire plus recommandable eft la fondation de l'églife collegiale de Saint-Sauveur, dont je raporterai le détail dans un article particulier fur cette églife.

Il fit, pour cela, diverfes acquifitions; car, outre l'emplacement qu'il acheta des chevaliers teutons établis déjà à Montpellier, il profita du dérangement des affaires du roy de Mayorque, Jacques III, pour acquérir de lui, en 1343, la prairie de Lates avec deux moulins qui ont fait long tems le principal revenu de l'églife de Saint-Sauveur. On trouve dans Baluze la confirmation de cette vente par le roy Philipe-de-Valois, du 9 juin de cette même année, & il raporte en même tems les lettres d'amortiffement que ce prince donna l'année fuivante pour cent livres de terres acquifes pour cette fondation par le cardinal Imbert.

Ibid., pag. 769.

Nous aprenons des lettres de Clement VI, de l'an 1342, raportées par le même auteur, que ce cardinal, felon l'ufage fort ordinaire de fon tems, ne dédaigna point, tout cardinal qu'il étoit, la cure de Frontignan : *Quod dilectus filius noster Imbertus duodecim apostolorum presbiter cardinalis parrochialem ecclesiam Sti Pauli de Frontiniano Magalonensis diœcesis, tunc vacantem, per nos in supportationem onerum & expensarum eidem incumbentium sibi collatam, est canonice assecutus, & ipsius pacificam possessionem adeptus.*

Il mourut à Montpellier le 26 mai 1348, entre les mains d'Arnaud de Verdale, évêque de Maguelone, laissant imparfaite sa fondation de l'église de Saint-Sauveur, qui ne fut achevée qu'après sa mort par ses executeurs testamentaires, comme nous le dirons dans l'article de cette église.

Le cardinal Pictavin de Montesquiou, après avoir tenu le siége de Maguelone durant quatre ou cinq années, fut transferé à Alby par le pape Benoît XII, qui le fit cardinal du titre des Douze-Apôtres après la mort du cardinal Imbert qui avoit eu ce même titre.

Le cardinal Raymond de Canillac, ayant servi très-utilement l'église de Maguelone dont il avoit été prévôt durant plusieurs années, fut fait archevêque de Toulouse par le pape Clement VI, qui le fit aussi cardinal du titre de Sainte-Croix-en-Jerusalem; il fut depuis evêque de Preneste & voulut être enseveli à Maguelone, où l'on voit encore son tombeau.

Il fonda, dans cette isle, l'église collegiale de la Sainte-Trinité, dont j'ai donné un article séparé.

Pons de Garde ou de la Garde, chanoine de Maguelone & prieur de Saint-Firmin de Montpellier, fut fait evêque de Mende en 1375.

Il est beaucoup parlé de lui dans la fondation du college de la Sainte-Trinité de * Maguelone par le cardinal Raymond de Canillac, qui le nomma pour adjoint aux cardinaux Anglic Grimoard & Pierre de Montaruc, ses executeurs testamentaires. Il est à croire que Pons de la Garde, étant sur les lieux, eut beaucoup de part à cet établissement & qu'il fournit aux deux cardinaux les mémoires sur lesquels ils agirent auprès du pape pour lever tous les obstacles qui survinrent à l'execution de cette fondation. Voyez l'article de l'église collegiale de la Sainte-Trinité.

Les papes qui résidoient à Avignon continuérent, pendant le séjour qu'ils y firent, de donner des évêques à plusieurs villes de France, parmi lesquels on compte :

Pierre Ademar, pris du chapitre de Maguelone, où il étoit chanoine infirmier, pour être évêque de Lescar; mais Benoît XIII, connu sous le nom de Pierre de Lune, qui l'avoit connu à Montpellier dans le tems qu'ils enseignoient ensemble dans l'université de cette ville, le tira de Lescar pour le rendre à Maguelone. C'est ce qui paroît par la lettre qu'il écrivit au roy Charles VI sur cette translation, où il marque au roy que l'église de Lescar, étant sous la règle de saint Augustin, il a crû que Pierre

Ademar feroit plus en état de travailler utilement pour celle de Maguelone, qui étoit fous la même règle. *Attendentes quod idem Petrus qui Lafcarienfis ecclefiæ regimini præfuit, prædiĉtam ecclefiam Magalonenfem fciet & poterit regere & feliciter gubernare.*

Le B. Louis Aleman fut nommé en 1421 pour fucceffeur de Pierre Ademar dans l'évêché de Maguelone; mais le pape Martin V le tira de ce fiége peu d'années après pour le faire archevêque d'Arles & enfuite cardinal du titre de Sainte-Cecile. Je ne repeterai point ici ce que j'ai déjà dit de lui dans la fuite des évêques de Maguelone.

Leger Saporis occupoit la chaire de Maguelone en 1429, c'eft-à-dire fix ans après la tranflation de Loüis Aleman. Il eft célèbre dans les archives de la ville par la bénédiĉtion qu'il fit de la chapelle de Notre-Dame-de-Bonnes-Nouvelles, bâtie par les habitans de Montpellier en aĉtion de graces de la levée du fiége d'Orleans & du couronnement du roy Charles VII en la ville de Reims.

La pragmatique fanĉtion que ce prince fit publier en 1438 ayant rendu aux chapitres la liberté des éleĉtions, celui de Maguelone choifit en 1472 :

Jean Bonail, natif du diocéfe & chanoine-veftiaire de leur églife. Son gouvernement fut doux & paifible, & après fon décès, arrivé en 1487, le chapitre élut :

Izarn de Barriere, d'une famille de Montpellier, qui avoit eu la feigneurie de Pouffan; il gouverna fon diocéfe durant douze ans avec beaucoup de fageffe & de bonté, & étant mort en 1498, le chapitre nomma à fa place :

Guillaume Pelissier (dit l'Ancien), chanoine & celerier de Maguelone, natif de Melguëil dans le même diocéfe.

François de Faucon, qui fut succeffivement évêque de Tulles, d'Orleans, de Meaux & de Carcaffone, étoit né à Montpellier fur la fin du quinziéme fiécle, d'une famille originaire de Tofcane qui, ayant fuivi en France le roy Charles VIII, s'établit à Montpellier, où elle exerça differentes charges dans le feiziéme fiécle, comme on a pû le voir dans le premier tome de cette hiftoire, où il eft marqué qu'elle logeoit dans la maifon de faint Roch.

Cette famille, ayant quitté Montpellier pour fe changer à Paris dans le fiécle fuivant, donna deux premiers préfidens au parlement de Normandie & un autre au parlement de Bretagne, fous le nom de Faucon de Ris, qui y eft devenu illuftre.

L'evêque qui donne lieu à cet article mourut dans fon evêché à Carcaffonne, le 22 septembre 1565, en réputation d'homme des plus fçavansde fon tems.

GUILLAUME PELISSIER (fecond du nom) fucceda à fon oncle fur la démiffion qu'il donna de fon évêché en fa faveur; il fe rendit recommandable par fon grand fçavoir & par la tranflation du fiége de Maguelone à Montpellier, qu'il obtint du pape Paul III à la recommandation du roy François Ier.

PAGE 199. Depuis le concordat que ce prince fit avec le pape Leon X en 1515, la nomination * aux évêchez de France fut dévoluë à nos rois, qui prirent quelque fois des fujets du diocéfe de Montpellier pour l'évêché de cette ville & pour quelques autres du royaume. Le premier de tous eft :

GUITARD DE RATTE, nommé par le roy Henry IV à l'évêché de Montpellier en 1596. J'ai donné un article fur ce digne prélat, où je crois pouvoir renvoyer le lecteur.

LOUIS DE CLARET, d'une ancienne maifon qui eft fonduë dans celles de Toiras & de Montpeirous, étoit prévôt de l'églife cathédrale de Montpellier, confeiller au parlement de Touloufe & grand-vicaire du cardinal de la Valette, archevêque de cette ville, lorfqu'il fut nommé en 1626, par le roy Loüis XIII, à l'évêché de Saint-Papoul. Il fut facré l'année fuivante, dans l'églife métropolitaine de Touloufe, par Bernard Dafis, évêque de Lombez, Jean-Loüis de Bertier, évêque de Rieux, & Jean-Jacques de Fleyres, coadjuteur de Saint-Pons. Il affifta, en 1627, à l'affemblée générale du clergé tenuë à Poitiers & mourut durant celle des états du Languedoc en 1636.

ARMAND-BAZIN DE BESONS nâquit à Montpellier en 1654, Mr de Befons, fon père, confeiller d'état ordinaire, étant alors intendant de la province du Languedoc. Il fut tenu, en cette ville, fur les fonts baptifmaux, par fon alteffe Monfeigneur Armand de Bourbon, prince de Conty, gouverneur de la province, & dame Elifabeth de Bonzi, marquife de Caftries.

Après avoir fait fes études à Paris, il prit le bonnet de docteur & fut reçu de la maifon & fociété de Sorbonne.

En 1680, il fut agent général du clergé de France par la nomination de la province de Narbonne.

En 1685, le 15 du mois d'août, le roy le nomma à l'évêché d'Aire. Son facre fut différé, comme tous ceux qui furent nommez dans cet intervale, à caufe des differens furvenus entre la cour de Rome, à l'occafion de la régale, & de ce qui s'étoit paffé dans l'affemblée de 1682, le pape ayant refufé d'accorder des bulles jufqu'en 1693, que l'accomodement fut fait. Alors Armand de Befons fut facré le 12 d'octobre par Mgr l'archevêque de Reims, affifté des évêques de Tarbe & de Bazas, dans l'églife des réligieufes de Ville-l'Evêque, à Paris.

En 1695, il fut député par la province d'Auch à l'affemblée générale qui fe tint à Saint-Germain-en-Laye.

En 1698, il fut transferé de l'evêché d'Aire à l'archevêché de Bordeaux. Etant archevêque de Bordeaux, il affifta à l'affemblée du clergé de France en 1700, à l'affemblée de 1705, à l'affemblée extraordinaire de 1707, à celles de 1710, de 1711, à celles de 1713 & 1714, & à celle de 1715.

Après la mort de Loüis XIV, monfeigneur le duc d'Orleans, regent, ayant établi plufieurs confeils pour le gouvernement du royaume, monfeigneur de Befons fut fait du confeil de confcience, dont il alloit raporter les affaires une fois la femaine au confeil fuprême de régence.

En 1716, il fut chargé de la direction générale de l'économat des églifes de France.

En 1718, il fut fait du confeil fuprême de régence, & la même année, au mois d'avril, il fut transferé de l'archevêché de Bordeaux à celui de Roüen, qu'il conferva jufqu'au 8 octobre 1721, que ce prélat mourut dans le château de Gaillon, maifon dépendante de l'archevêché de Roüen. Son corps fut porté à Paris & enterré dans l'églife de Saint-Côme, où eft le tombeau de fa famille.

Tout le monde fçait avec quel zéle, quelle capacité & quelle fageffe ce prélat a gouverné les differentes églifes aufquelles la providence l'avoit apellé; les régrets que ces églifes firent paroître quand elles l'eurent perdu font une preuve qui ne peut être équivoque.

La réputation qu'il s'étoit acquife dans les differens emplois dont il avoit été chargé, & principalement dans les affemblées du clergé, où il étoit toûjours fouhaité, n'eft ignorée de perfonne.

Le cardinal ANDRÉ-HERCULE DE FLEURY, que l'églife de Montpellier a eu l'honneur de compter parmi fes chanoines depuis 1668, qu'il * fut inftallé, jufqu'en 1694, qu'il réfigna fon canonicat en faveur de Jean-Loüis de Roffet de Roquezel, fon proche parent. PAGE 200.

Dans cet intervale, il prit fes dégrez de Sorbonne, fut aumônier de la reine Marie-Therefe d'Autriche & enfuite du roy Loüis XIV.

Ce grand prince l'ayant nommé à l'évêché de Frejus en 1698, il fut facré le premier novembre, dans l'églife des Fucillants, par monfeigneur le cardinal de Noailles, affifté des evêques d'Amiens & de Langres.

En 1715, le feu roy lui fit l'honneur fingulier de le nommer dans fon teftament pour précepteur du jeune roy Loüis XV, fon arriére-petit-fils. Ainfi, la France doit aux foins de ce grand prélat l'éducation chrétienne du prince réligieux qui la gouverne.

En 1726, fur la fin de juillet, le roy Loüis XV le fit fon premier miniftre, & peu de mois après le pape Benoît XIII le fit cardinal.

Toute la France connoît depuis long tems la douceur de fes mœurs, fa modeſtie & la bonté qui le fait defcendre fouvent jufqu'aux béfoins des fimples particuliers. L'hiſtoire du royaume tranfmettra à la poſtérité quel fut fon défintereſſement dans la premiére place de l'état, fon zéle pour la gloire du roy, fon maître, fa fermeté à foûtenir dans un âge avancé le poids de la derniére guerre & l'heureufe paix dont le ciel a béni fes travaux, tandis que l'hiſtoire de l'églife publiera la modération de fon gouvernement & les fages ménagemens qu'il prit pour calmer les troubles qui agiterent l'églife de France.

Celle de Montpellier ne ceſſera de faire des vœux pour fa confervation, après avoir reſſenti fouvent des marques eſſentielles de fon illuſtre protection.

ARMAND-PIERRE DE LA CROIX DE CASTRIES, fils de meſſire René-Gafpard de la Croix, marquis de Caſtries, baron de Gordiéges & de Caſtelnau, lieutenant-général des armées du roy, l'un de fes lieutenans-généraux en Languedoc, chevalier de fes ordres, gouverneur de Sommieres & de Montpellier, & de dame Elifabeth de Bonzi, fœur de fon éminence monfeigneur le cardinal Pierre de Bonzi, nâquit à Montpellier en 1664, & fut tenu fur les fonts de baptême par M^r le prince de Conty, de qui il reçut le nom d'Armand, auquel on ajoûta celui de Pierre, à l'honneur du cardinal, fon oncle.

Après avoir commencé fes études à Montpellier, il alla les continuer à Paris, où il prit le bonnet de docteur en Sorbonne, & revint en province pour être vicaire-général de monfeigneur le cardinal de Bonzi, archevêque de Narbonne.

En 1596, il fut fait aumônier ordinaire de madame la Dauphine, mére du roy Loüis XV, & peu de tems après prémier aumônier de madame fille de France, ducheſſe de Berry.

Le 29 janvier 1717, il fut nommé archevêque de Tours & honoré la même année d'une place au confeil de confcience.

Enfin, il a été transferé en 1719 à l'archevêché d'Alby & rendu à fa province, dont il foûtient les interêts dans l'aſſemblée des états avec un zéle & une éloquence dignes de lui & de fes ancêtres.

FRANÇOIS DE BOUCAUT, d'une noble & ancienne famille de robe de Montpellier, étoit déjà docteur de Sorbonne lorfqu'il fut nommé par le chapitre de cette ville pour remplir un canonicat électif de fa collation. Il fut durant pluſieurs années grand-vicaire de meſſire Jean-François-Gabriël de Henin Lietard, évêque d'Alais, & nommé le 16 octobre 1723 à l'évêché d'Aleth. Son facre fut fait le onze du mois de juin 1724, dans la chapelle interieure de Saint-Sulpice, à Paris, par meſſire René-François de Beauveau, archevêque de Narbonne, affifté de meffeigneurs les evêques de Vabres & de Sarlat.

En 1728, il fut député pour porter au roy le cayer des états de la province du Languedoc, & dans la préfente année 1735, il affifte pour la province de Narbonne à l'affemblée générale du clergé.

CHAPITRE TROISIÉME

PAGE 201.

Suite des prévôts du chapitre de Montpellier.

LES auteurs du *Gallia chriftiana* s'étant fait une efpece de loi de donner après les evêques de chaque diocéfe une fuite des chefs de leur chapitre, tous les différens noms de doyen, prévôt ou grand archidiacre, j'ai crû ne devoir pas omettre ici la fuite de nos prévôts qui tiennent la premiere place dans l'églife cathédrale de Montpellier. Je l'ai tirée en partie des vieux actes de l'evêché ou du chapitre, du catalogue d'Arnaud de Verdale, ancien evêque de Maguelone, des Mrs de Sainte-Marthe & des regîtres du chapitre Saint-Pierre de Montpellier, où l'on trouve le jour de leur inftallation & titres fur lefquels ils font entrez dans cette place.

Il eft à obferver que le chapitre de Maguelone, avant que d'être féculariféé, fut toûjours en droit d'élire fes prévôts fans que ceux-ci pûffent tranfmettre ou réfigner leur place. Mais par la bulle de fécularifation, les prévôts peuvent réfigner, comme on le verra dans les derniers tems de ceux que je vais nommer.

PONS DE MONTLAUR, felon Mrs de Sainte-Marthe, eft le même qui fe trouve figné dans la donation que Pierre, comte de Subftantion, fit à l'églife de Maguelone en 1079, & dans celle que l'évêque Arnaud avoit fait à fon chapitre en 1055 d'une partie de l'étang.

Gallia chriftiana.

Præpofiti Magalonenfes.

Il eft auffi nommé prévôt du chapitre dans un acte original qui eft dans les archives de l'évêché, contenant l'hommage que Guillaume fils d'Ermengarde rendit à l'évêque Godefroy.

BERNARD GAUCELIN affifta comme prévôt, en 1161, au ferment que Guillaume fils de Sibille, feigneur de Montpellier, prêta à Jean de Montlaur, évêque de Maguelone : *In præfentia Raymundi de Caffaniaco prioris, & Bernardi Gaucelini præpofiti.*

On ne doute point que ce prévôt ne fût de la maison des Gaucelin, seigneurs de Lunel, suivant les preuves que j'en ai raporté dans l'article de Jean de Montlaur.

Fulcrand est remarquable dans notre histoire par le récit que fait Verdale des troubles qu'il y eut à son élection pendant la vacance du siège de Maguelone; car il dit que les chanoines n'étant pas d'accord sur l'étenduë du pouvoir que devoit avoir le prévôt, il fut deliberé qu'il seroit borné au temporel du chapitre, sans préjudice de l'autorité de l'évêque & du prieur claustral pour le spirituel.

Il est fait mention de lui dans plusieurs actes du douziéme siécle. En 1169, il assista à la donation que l'évêque Jean de Montlaur fit au chapitre de Maguelone des églises de Lunel-Viel & de Sauffan. Il signa, cette même année, un acte de confédération entre l'église de Mende & celle de Maguelone.

Sur la fin de sa vie, il eut quelque different avec son evêque sur la provision des benefices deffervis par le chapitre de Maguelone, qu'il fit décider en sa faveur par le pape Alexandre III & confirmer depuis par le pape Celestin en 1180.

Mrs de Sainte-Marthe remarquent que dans le contrat de mariage entre Bernard, comte de Cominges, & Marie de Montpellier, R., évêque d'Agde, est pris pour témoin avec un Helie, frere de Fulcrand, prévôt de Maguelone : *Helias frater Fulcrandi præpositi*. Il assista aussi à la cession qu'on fit faire à Marie de tous ses droits paternels.

Guy de Ventadour, en 1199, transigea, comme prévôt du chapitre, avec le commandeur de l'hôpital Saint-Jean de Jerusalem, de la maison de Montpellier, au sujet de l'estang de Cuculles & de la metairie de Grenouilleres. On trouve * aussi une concession qu'il fit à Guillaume de la Treille, sacristain de Maguelone, d'une portion de terre auprès des fauxbourgs de Villeneuve pour en joüir sa vie durant.

Page 202.

Bernard de Mesoa étoit prévôt de Maguelone lorsqu'il fut élevé au siège de cette église en 1216. Voyez son article parmi les évêques.

Jean de Montlaur. Il est fait mention de lui dans Verdale sous l'article de Bernard de Mesoa, où il est dit qu'en 1225 cet evêque ceda, *Joanni de Montelauro præposito certas possessiones apud Coconum & Maurinum*, sous certaine censive, & qu'il lui donna le domaine du château de Londres, sous foy & hommage.

Ce même prévôt en 1228 obtint du pape Gregoire X la confirmation des privilèges de Maguelone.

Bernard de Murviel, de l'ancienne maison de ce nom, étoit prévôt de Maguelone, lorfque l'evêque Reynier acquit l'églife de Nôtre-Dame de Melgueïl, pour laquelle il ceda au chapitre de Maguelone les églifes de Cocon, de Cazevieille, de Caftries & de Veirargues.

De fon tems, l'office de veftiaire de Maguelone fut erigé en titre de bénéfice aux charges que j'ai dites dans l'article de l'evêque Reynier.

GAUDALRIC, felon Mrs de Ste Marthe, étoit prévôt dans le tems de l'épifcopat de Guillaume IV, qui l'aida beaucoup à maintenir les immunités du chapitre.

PONS II. Prévôt de Maguelone, eft nommé en cette qualité comme témoin avec l'archevêque de Narbonne & les evêques du Puy, de Barcelone, d'Elne, de Rhodez & de Maguelone, dans des lettres patentes données par Jacques premier, roy d'Aragon, le 4 des ides de décembre 1258.

JEAN ATBRAND, d'une ancienne famille de Montpellier, eft nommé comme prévôt dans la tranfaction que Berenger de Frédol, evêque de Maguelone, Pons de Sorege, facriftain, & Raymond de Bociacis, prieur de St. Firmin de Montpellier, pafferent avec les frères Prêcheurs de cette ville, en 1263.

RAYMOND DE BOSSAGE étoit prieur de St. Firmin lorfqu'il fut élû prévôt de Maguelone après la mort d'Atbrand, fon prédéceffeur immédiat. On a confervé, dans les articles du chapitre, une tranfaction qu'il paffa avec Berenger de Frédol, fon evêque, pour certains ufages qu'il avoit à Villeneuve, & un échange qu'il fit avec Bernard de St. Juft, damoifeau de Montferrier, de quelque redevance en pain & en vin, avec quelques fols melgoriens qu'il lui devoit contre les droits honorifiques que Bernard avoit fur la métairie de Verrieres. Il eft fait mention de lui comme prévôt dans les lettres patentes du roy Jacques le Conquerant, fur la monnoye de Montpellier & de Melgueïl. Voyez dans le premier tome l'article de l'hôtel des monnoyes.

ADEMAR DE CABREROLES acheta de Berenger de Fredol, fon evêque, la montagne de St. Bauzile de Montefevo & la garrigue de Noals. Il fut préfent à l'interdit prononcé contre la ville de Montpellier, en 1291, par Bertrand Mathæi, official de Maguelone. Il confentit à la donation qui fut faite aux réligieufes de St. Leon de l'églife St. Bauzile de Montmel; & il intervint au nom de l'evêque & du chapitre à l'échange de Montpelieret, qui fut fait avec le roy Philipe le Bel, contre le baillie de Sauve & autres terres.

RAYMOND DE BEAUPUY. Il compromit en fon nom & à celui du chapitre au fujet de la pêche de l'étang entre les mains de fon evêque, qui régla la manière dont les habitans de Villeneuve pourroient faire cette pêche.

GUILLAUME DE LA TOUR. J'ai raconté dans l'article d'André de Fredol, fon evêque, les differens qu'il eut avec lui au fujet de la peirade de Maguelone, & pour la préfentation aux bénéfices dependans de la prévôté. Ce different & un autre qu'il eut pour les fourches du pont de Villeneuve, furent terminez par la médiation de Jean de Montlaur, prieur de St. Firmin, & de Berenger de Fabregues, prieur dudit lieu, tous chanoines de Maguelone.

JEAN DE VISSEC, fut transferé de la prévôté de Maguelone au fiége de cette églife en 1328. Voyez fon article parmi les evêques.

PAGE 203. *RAYMOND DE CANILLAC, dont il a été fouvent parlé dans le cours de cette hiftoire, tranfigea avec Piétavin de Montefquiou, evêque de Maguelone, fur la propriété de l'étang depuis Frontignan jufqu'à Melguëil; il fut arbitre du different entre le veftiaire & les chanoines de Maguelone. Il obtint du roy Philipe le Long la confirmation des priviléges du chapitre; il mourut cardinal & archevêque de Touloufe en 1373.

PONS D'OLARGUES eft figné comme prévôt dans les réglemens qui furent faits pour terminer les differens du chapitre avec Durand des Chapelles, evêque de Maguelone en 1356. J'ai raporté ces réglemens dans l'article de cet evêque.

ASTORG DE GOZON. Ste Marthe dit de lui qu'il termina, conjointement avec l'abbé de Pfalmodi & autres arbitres, quelques conteftations entre le chapitre de Maguelone & Antoine de Louvier, leur evêque.

FABER DACTILES eft nommé prévôt de Maguelone dans les lettres de grand vicariat que Robert de Rouvres donna dans le tems que cet evêque étoit retenu auprés du roy Charles VII. Voyez l'article de Robert de Rouvres.

SECUNDIN DE SARRAT étoit prieur de St. Firmin, en 1493, lorfqu'il tranfigea avec les confuls de Montpellier fur la dîme des olives dans l'étenduë de fa paroiffe (comme il a été dit dans le chapitre 2 du livre 12 de ce volume), il fut fait enfuite prévôt de Maguelone, & l'on conjecture qu'il étoit d'une famille de robe qui donna des officiers à la cour des aydes en 1462 & 1467. On a pû voir dans l'article de Jean Granier, evêque de Maguelone, que ce même prévôt ayant nommé au prieuré vacant de St. Maurice de Sauret, il eut un grand démêlé avec Jean Bonail, fon evêque, qui ne put être terminé que fous la vie des fucceffeurs de l'un & de l'autre. On marque auffi qu'il obtint l'alternative avec Charles de Beaufort marquis de Canillac, de la nomination aux bénéfices de la collégiale de la Ste Trinité.

JEAN DE COSTA, étant prévôt, contribua beaucoup avec François de

Halé, archevêque de Narbonne, à faire élire Izarn de Barriere, evêque de Maguelone. Il obtint de ce prélat les réglemens qui furent faits le 2 de novembre 1496 pour la collation des bénéfices du diocéfe entre l'evêque & le chapitre. On le trouve auffi nommé comme prévôt dans l'érection de l'églife de Ste Anne en collégiale; mais l'on ne fçait s'il étoit de la même famille que quelques officiers de la cour des aydes, qui portoient alors le même nom que lui.

MICHEL DE SARRAT eft nommé dans la bulle de fécularifation du chapitre de Maguelone, comme premier prévôt commandataire du chapitre de Montpellier. On le croit de la même famille que Secundin de Sarrat, dont il a été parlé ci-devant. 1536.

LÉONARD D'AIGUILLON, prévôt de Montpellier, étoit en même tems officier de la cour des aydes, ce qui le fit employer fouvent dans les confeils politiques de la ville pendant les troubles des religionnaires, comme on le voit dans les mémoires de Philippy.

Le chapitre l'élut vicaire général après la mort de Guillaume Pelicier fecond de ce nom, & pendant l'abfence de PIERRE DE LA ROÜILLE, qui fut nommé à l'evêché de Montpellier par le crédit du connétable Henry de Montmorency. 1568.

Il exerça jufqu'en 1572 le grand vicariat, qui fut donné après fa mort, avec fa prévôté, à:

GUILLAUME PELET, de l'ancienne maifon de ce nom. Il continua d'être grand vicaire pendant la vie d'ANTOINE DE SUBJET, fucceffeur de Guillaume Pelicier; & après la mort de cet evêque, il le fut encore pendant la vacance du fiége. 1572. 1596.

LOUIS DE CLARET, proche parent de la maifon de Toiras fut reçu prévôt de Montpellier le 15 juillet 1600, fur la réfignation en cour de Rome de Guillaume Pelet; il fut enfuite evêque de St. Papoul, & mourut en 1636. 1600.

CLAUDE DE ST. BONNET DE TOIRAS, ayant perdu fon evêché de Nîmes de la maniere que nous avons dit ci-devant, fut élû par le chapitre de Montpellier en la dignité de prévôt, après la mort de Loüis de Claret. 1636.

* CHARLES-RAYMOND DE BRIGNON fut pourvû en la cour de Rome le 4 août 1651 par la réfignation de meffire Claude de St. Bonnet de Toiras, ancien evêque de Nîmes. Sa mémoire eft encore en finguliere vénération par la vie très-exemplaire qu'il mena toûjours, par fa charité envers les pauvres & par fon zéle pour la décoration des autels. PAGE 204. 1651.

FRANÇOIS DE BEAUXHOSTES Sr. DE ROANEL, d'une ancienne maifon de Montpellier, qui a donné des premiers préfidens à la cour des comptes, aydes & finances, fut élû prévôt de la cathédrale le 12 avril 1660. 1660.

1667.	JEAN-ANTOINE DE BEAUXHOSTES, Sr. DE STE. COLOMBE, frere de François, fon prédéceffeur, fut reçû à la prévôté le 23 juin 1667 fur la réfignation de fon frere.
1683.	CLAUDE DE PRADEL, frere de meffire Charles de Pradel, evêque de Montpellier, fut élû à la prévoté vacante par la mort de Mr. de Ste Colombe, le 27 janvier 1683.
1688.	FRANÇOIS D'HAUDESSENS, fur la réfignation en cour de Rome de fon prédeceffeur, fut reçû prévôt le 8 janvier 1688.
1724.	PIERRE MAS, auparavant archidiacre de Caftries dans l'églife de Montpellier, obtint la prévôté dans une élection qui fut faite le 21 janvier 1724.
1726.	FRANÇOIS IGNACE DE BELLEVAL, d'une famille de Montpellier qui a déjà donné trois préfidens à la cour des comptes, aydes & finances, fut élû prévôt par le chapitre le 21 feptembre 1726.

༺༺༺༺༺༺༺༺༺༺༺༺༺༺༺༺༺༺༺༺༺༺༺༺༺

CHAPITRE QUATRIÉME.

Perfonnes diftinguées par leur fainteté, de la ville ou diocéfe de Montpellier.

I. St Benoît d'Aniane. II. St. Fulcran, evêque de Lodeve. III. Frere Guillaume de Montpellier, religieux de Cîteaux. IV. Jean, dit le Penitent. V. Le B. Pierre de Caftelnau, martir. VI. Guy de Montpellier, fondateur des hofpitaliers du St. Efprit. VII. F. Guillaume Arnaud, inquifiteur de la foy & martir. VIII. Les deux jumeaux de Montpellier. IX. Guillaume de Bas, fecond général de la Mercy. X. Saint Roch. XI. Dominique Serano, onziéme général de la Mercy, cardinal. XII. Marie de Montpellier, reine d'Aragon.

François Ranchin, Traité de la pefte, ch. 23.	JE crois ne pouvoir mieux terminer cette hiftoire que par les perfonnes recommandables par leur pieté, natifs de la ville ou du diocéfe de Montpellier; perfuadé (comme le dit un de nos célébres auteurs) que la plus grande gloire qu'une ville puiffe avoir, c'eft d'avoir produit un grand faint ou quelque grand perfonnage. Je vais donc commencer l'abrégé de leur vie, tant pour leur honneur particulier, que pour l'édification publique.

HISTOIRE DE MONTPELLIER

LIVRE SEPTIÉME
Des perſonnes diſtinguées par leur ſainteté dans le diocéſe de Montpellier.

SAINT BENOIT D'ANIANE
FONDATEUR DE L'ABAYE DE CE NOM.

AINT Benoît d'Aniane a été un des plus grands ornémens de nôtre patrie, par ſa naiſſance, par ſa pieté, par ſon zéle pour la réligion chrétienne & pour la perfection de la vie monaſtique, dont il fut le reſtaurateur en France & en Allemagne.

Il étoit fils d'Aigulfe, comte de Maguelone, dans le tems que Charles Martel ruïna cette iſle. Benoît ſon fils nâquit peu de tems après, &, ſoit néceſſité ou politique, il fut envoyé fort jeune à la cour du roy Pepin fils de Charles Martel, où il fut élevé parmi les jeunes ſeigneurs de la cour. Charlemagne ayant ſuccedé au roy Pepin ſon pere, Benoît, qui étoit déjà en âge de porter les armes, ſuivit ce grand prince dans ſes premieres expeditions avec un de ses freres, qui lui donna occasion d'executer le projet, qu'il méditoit depuis long-tems, de se retirer du monde ; car on raconte que son frere étant tombé dans le Tésin prés de Pavie, & Benoît voulant lui donner du secours, il fut entraîné par les eaux, d'où s'étant heureusement échapé, il fit vœu d'accomplir son premier dessein, & retourna dans le Languedoc sans en rien dire à son pere. Après y avoir resté quelque temps, & s'y être fortifié dans sa résolution, par les conseils d'un solitaire du pays à qui il se confioit, * il quitta ses parens comme pour aller à Aix-la-Chapelle, où étoit la cour ; mais en chemin il s'arrêta au monastére de St. Seine, à cinq lieuës de Dijon, où il embrassa la vie monastique la même année que Charlemagne soûmit l'Italie, c'est-à-dire en 774.

<small>PAGE 206.</small>

Il passa cinq années à St. Seine dans la pratique la plus austére de la vie religieuse ; & au bout de ces cinq ans, en ayant été élû abbé, il ne voulut point y rester, voyant trop de difference entre les mœurs de ces moines & les siennes. Il retourna dans le diocése de Maguelone, & se retira dans une terre de son patrimoine, sur un ruisseau nommé Annian, aujourd'hui Corbieres. Là, prés d'une chapelle dédiée à St. Saturnin, il bâtit un petit monastére, où il vécut durant deux ans, avec quelques autres solitaires, dans une très-grande pauvreté. On compte ce premier etablissement vers l'an 780. Mais le nombre de ses disciples augmentant tous les jours, & le valon où il s'étoit d'abord établi étant fort étroit, il commença de bâtir au bout du même valon, & à l'entrée d'une belle & fertile plaine, qui est arrosée de la riviére de l'Eraut. On marque ce second etablissement en 782. Il dédia son église à St. Sauveur ; & elle fut si fort enrichie par les liberalitez des ducs & des comtes, qu'il fut en état de l'orner magnifiquement, & d'établir dans son monastére des chantres, des lecteurs, des grammairiens & des théologiens, dont quelques-uns furent depuis evêques.

Sa réputation étant allée jusqu'à la cour, il fut apellé auprés du roy Charlemagne, qui lui donna de grandes immunitez pour son monastére d'Aniane, & lui fit present de quarante livres d'argent, qu'il distribua aux autres monastéres du pays : car il étoit le nourricier (disent les auteurs de sa vie) de tous ceux de Provence, de Gothie & de Novempopulanie, c'est-à-dire du Languedoc & de la Gascogne. Il gagna entierement la confiance de ses moines par sa charité, par son bon exemple & par sa sage conduite. Leur nombre s'etant augmenté jusqu'à plus de trois cens, il fit un bâtiment long de trois cens coudées, & large de vingt, & il établit en plusieurs lieux des céllules ou petits monastéres, ausquels il donna des superieurs particuliers, ce qu'on apella depuis des prieurez.

Sa maison eut bien tôt la reputation qu'il s'étoit acquise lui-même. On lui demanda de toutes parts des religieux, pour établir ou pour reformer plufieurs monaftéres de France. Leidrade, archevêque de Lyon, lui en demanda vingt pour rétablir le monaftère de l'Ifle-Barbe. Alcüin, abbé de St. Martin de Tours, l'un des plus fçavans hommes de ce fiécle, en obtint autant pour l'abbaye de Cormery, qu'il fonda. Theodulfe, evêque d'Orleans, lui en prit quatre pour le monaftère de Micy, ou de St. Mefmin, que les guerres du roy Pepin contre Gaïfier, duc d'Aquitaine, avoient entierement ruïné.

Mais celui qui l'employa avec plus de fuccès fut Loüis, roy d'Aquitaine, quatriéme fils de Charlemagne, à qui fon pere, dès fon vivant, avoit donné ce royaume, qui comprenoit toutes nos provinces en deça la Loire. Comme ce prince, qui étoit fort religieux, vouloit rétablir dans fes états la difcipline clericale & monaftique, il fe fervit de St. Benoît d'Aniane, qu'il avoit pris en affection : il lui demanda pour Menat ou Manlieu, en Auvergne, douze moines qui en attirerent bien tôt foixante ; vingt pour St. Savin, en Poitou, & quarante pour Maffiac ou Meffay, en Berry. Il l'établit fur tous les autres monaftéres qu'il fonda de nouveau ou qu'il repara dans fon royaume, dont les plus connus font St. Filbert, dans l'ifle d'Hero ou Noirmouftier, Charroux, St. Maixant, Noüaillé, tous quatre dans le diocéfe de Poitiers, & Ste. Radegonde, ou plûtôt Ste. Croix, dans la même ville ; Conques, dans le diocéfe de Rodez, Menat ou Manlieu, en Auvergne, Moiffac, en Quercy, St. Chaffre, dans le diocéfe du Puy, Solognac, près de Limoges, Ourbion ou la Grace, dans le diocéfe de Carcaffonne. Le roy Loüis donna tous ces monaftéres à Benoît pour foulager celui d'Aniane, qui fe trouvoit furchargé d'un trop grand nombre de religieux, trop nombreux pour fon étendüe, & Benoît mit en chacun d'eux un abbé, en fe refervant l'infpection fur tous.

Il eft à obferver que la plûpart de ces monaftéres reconnoiffent l'empereur Charlemagne pour leur fondateur, peut-être parce qu'ils furent établis de fon vivant, ou que le roy Louis ne faifoit rien fans l'ordre ou le confeil de fon pere ; mais * il eft conftant qu'ils font dans les états du royaume d'Aquitaine tel que l'avoit le roy Loüis, & qu'ils furent établis dans le tems qu'il en étoit en poffeffion.

PAGE 207.

Ces divers établiffemens furent mêlés du foin d'une plus grande affaire qui intereffoit toute l'églife, & pour laquelle on employa l'abbé d'Aniane. Felix, evêque d'Urgel dans le Rouffillon, qui étoit alors du royaume de France, y renouvelloit les erreurs de Neftorius, & foûtenoit que Jefus-Chrift en tant qu'homme, n'étoit fils de Dieu que par adoption, ou nuncupatif (comme il difoit) c'eft-à-dire de nom feulement.

Elipand, archevêque de Tolede, uni d'amitié avec lui, répandoit en Efpagne les mêmes erreurs que Felix dans le Languedoc. Pour remedier à ce mal, on cita Felix au concile de Ratisbonne, où, après avoir été ouï, il fut condamné & envoyé à Rome au pape Adrien, devant qui il fit une feconde abjuration; mais étant de retour à Urgel, il retomba dans fes erreurs; ce qui ayant engagé Alcüin à lui écrire, l'engagea lui-même à lui répondre par un long écrit où il foûtenoit ouvertement fon héréfie. Alcüin & Paul, archevêque d'Aquilée, lui répliquerent, & tous ces differens écrits avec ceux de Felix ayant été portez au concile de Francfort, il y fut condamné de nouveau, & enfuite à Rome par le pape Léon III.

Dans ces conjonctures, le roy Charlemagne, qui cherchoit à le ramener, fit partir pour Urgel Leidrade, archevêque de Lyon, Nefridius, archevêque de Narbonne, & Benoît, abbé d'Aniane. Le fuccés de leur voyage fut que Felix, à leur perfuafion, vint à Aix-la-Chapelle, qu'il y reconnut fincerement fes erreurs, & donna fon abjuration par ecrit en forme de lettre adreffée à fon clergé & au peuple d'Urgel, où il donnoit des marques d'un véritable répentir. Néanmoins, à caufe de fes fréquentes rechûtes, il fut dépofé & relegué à Lyon; & pour réparer les maux qu'il avoit fait dans fon diocéfe, les mêmes archevêques avec l'abbé d'Aniane y furent renvoyez en 800, pour achever d'y éteindre fon héréfie.

Cette affaire ayant été heureufement terminée, Benoît, revenu à Aniane, s'apliqua à la conduite fpirituelle d'un des plus grands feigneurs du royaume, qui s'étoit mis fous fa direction. Ce fut Guillaume, neveu de Charlemagne, que cet empereur avoit employé très-utilement contre les Sarrazins avec le titre de duc d'Aquitaine. Il avoit toutes les belles qualitez du corps & de l'ame qui pouvoient faire un feigneur accompli. Benoît en fit un parfait chrétien. Guillaume commençant à fe détacher du monde, choifit à une lieüe d'Aniane la valée de Gelone pour y bâtir un monaftère : c'eft ce qu'on appelle aujourd'hui St. Guillem du Défert, dans le diocéfe de Lodeve, & à mi-chemin de cette ville à Montpellier. Il y mit la premiere pierre en 804, & les bâtimens étant bien avancez, il obtint la permiffion de l'empereur, fon maître, de s'y retirer avec les moines qu'il avoit attiré d'Aniane. Il y prit l'habit de religieux en 806, et y mourut en odeur de fainteté le 8 may 812.

En janv. 814. Après fa mort & celle de Charlemagne qui arriva vingt mois après, le roy Loüis, qui lui fucceda à l'empire, appella auprés de foi l'abbé Benoît à Aix-la-Chapelle, où il faifoit fa réfidence ordinaire. Il lui donna en Alface le monaftère de Maur ou Mormonfter près de Saverne, où il mit plufieurs moines de fon obfervance tirez d'Aniane. Mais l'empereur le trouvant encore trop éloigné de lui, l'obligea de mettre un autre abbé dans ce monaſtére, & de ſe rendre auprés de ſa perſonne avec quelques-uns de ſes moines. Il lui fit bâtir à deux lieues d'Aix un monaſtére que l'on nomma Inde, d'un ruiſſeau qui y coule, & il voulut qu'il y eût trente moines que Benoît choſit en diverſes maiſons. « Il commença donc à frequenter le palais & à « recevoir les requêtes qu'on préſentoit au prince. De peur de les oublier, il « les mettoit dans ſes manches, ou dans les manipules que les prêtres por- « toient encore ordinairement à la main, & l'empereur le foüilloit ſou- « vent pour prendre ces papiers & les lire. Il conſultoit Benoît non-ſeule- « ment ſur les affaires particulieres, mais encore ſur le gouvernement de « l'Etat. » Il lui donna l'inſpection de tous les monaſtéres de ſon royaume, comme il la lui avoit donnée autrefois ſur ceux d'Aquitaine; & ce fut par ſon ordre qu'il travailla à la reforme qui en fut faite l'an 817. *Fleury, Hiſt. eccleſ., liv. 46.*

Par cette réforme, qui a pour titre Règlemens d'Aix-la-Chapelle, on réduiſit * tous les moines à une diſcipline uniforme; « car encore qu'en la « plûpart des monaſteres on fît profeſſion de ſuivre la règle de Saint Benoît, « il y avoit bien de la varièté dans la pratique de ce qui n'eſt pas écrit, d'où « il arrivoit que l'on faiſoit paſſer les rélachemens pour d'anciennes coû- « tumes autoriſées par le tems, & que les moines même voiſins étoient « étrangers les uns aux autres. » PAGE 208.

Ce règlement, diviſé en prés de quatre-vingt articles, marque les heures & la maniere de l'office, du travail, du jeûne, des habits, de la nourriture, du dormir, de l'épreuve des novices, du ſoin des écoles & de la punition des fautes. L'empereur, qui confirma ce règlement, le fit obſerver par ſon authorité.

Mais Benoît pour aider davantages ſes réligieux fit un recueil de toutes les régles monaſtiques, connu ſous le nom de Code des régles, & diviſé en trois tomes, dont le premier contient les régles des moines d'Orient. Le ſecond celle des moines d'Occident. Le troiſième celles des religieuſes, à la fin duquel on voit un récueil des homelies ou traitez des SS. Peres les plus utiles pour l'inſtruction des réligieux. Le ſçavant M. Holſtenius, bibliotécaire du Vatican, les a donné depuis au public en 1663, par où l'on voit l'aplication infatigable de ce ſaint abbé pour la perfection de ſon ordre.

Dans ce même tems de l'aſſemblée d'Aix-la-Chapelle, Benoît obtint de l'empereur un ſoulagement confidérable pour les pauvres communautez qui étoient obligées à differentes charges envers le roy. Les prémieres devoient des gens de guerre, des préſens & des prières au roy. Les ſécondes ne devoient que des préſens & des prières. Les dernieres devoient ſeulement des prières pour la perſonne du roy. On en fit une liſte qui eſt encore parmi les capitulaires, & dans le rang des dernieres qui ne devoient que des prières, on trouve marqué nommement les monasteres de St. Gilles de Pſalmoid, d'Aniane, St. Tiberi, Villemagne, qui sont tous dans nos cantons, d'où l'on peut conclure de leur ancienneté.

Parmi les autres ouvrages qu'il fit pour l'instruction de ses religieux, on marque la concorde de la régle, que don Hugues Menard de la congrégation de St. Maur, a donné depuis au public, où le saint abbé montre le raport & les convenances de la régle de St Bénoît avec les autres régles monastiques : il leur laissa aussi un Penitentiel, qui se trouve imprimé dans l'addition des capitulaires, & plusieurs lui attribuent l'ordre de la Conversation monastique, qu'on croyoit auparavant être de St. Benoît du Mont-Caffin.

Tant de travaux de corps & d'esprit, joints à ses austeritez, le rendirent infirme sur les dernieres années de sa vie, durant lesquelles il ne voulut jamais user de la permission que la régle donne aux malades de manger de la viande. Enfin ses maux ayant augmenté dans le tems qu'il étoit au palais, quatre jours avant sa mort, l'empereur le fit transporter dans son monastére d'Inde, où il finit ses jours dans l'exercice continuel de la priére. Sa mort arriva le onziéme de fevrier 821, & la 71e année de son âge.

Il fut cheri de l'empereur son maître, estimé de tous·les grands hommes de son tems, & régardé par tous les moines de France & d'Allemagne, comme leur pere. Theodulfe, evêque d'Orleans, dit qu'il fut, en France & en Allemagne, ce que le patriarche St. Benoît avoit été en Italie ; & le sçavant Alcüin se lia d'une si étroite union avec lui, & lui écrivit tant de lettres, qu'on en fit un récueil particulier.

Son corps fut enterré dans le monastere d'Inde, apellé dépuis St. Corneille, pape & martyr, sous le nom duquel il en avoit fait dédier l'église. On y conserve encore soigneusement ses réliques, & l'on y fait sa fête le 12 de février qui fut le jour de ses funerailles ; mais à Aniane on la célèbre le onze, qui fut celui de sa mort.

Ardon Smaragde, son disciple, écrivit sa vie, que Bollandus a inserée dans les actes de la vie des saints du mois de fevrier, pag. 610. Voyez l'histoire ecclesiastique de Fleury, livres 44, 45 & 46.

SAINT FULCRAND
EVÊQUE DE LODEVE.

Q UOIQUE le diocéfe de Lodeve aye lieu de fe glorifier de la naiffance de ce faint prélat, Montpellier auffi peut s'en faire honneur, tant parce qu'il tiroit fon origine par fa mere des premiers feigneurs de cette ville, aufquels il fucceda lui-même, que parce qu'il occupoit une des premieres places dans le chapitre de Maguelone lorfqu'il fut promû à l'epifcopat.

Les écrivains de fa vie nous aprennent que fa mere s'apelloit Euftrogie, qu'elle étoit fille des comtes de Subftantion, alors feigneurs de Montpellier, & qu'ayant fuccedé à tous les biens de fon pere, elle en tranfmit la poffeffion à fon fils & à fes deux filles, qui font celébres dans notre ville par la donation qu'elles en firent à l'églife de Maguelone.

Verdale, qui nous a confervé l'hiftoire de cette donation, s'en explique en ces termes : *Beatus namque Fulcrandus à Subftantionenfium comitum ftemmate maternum fanguinem ducens, Magalonenfis archidiaconus, gloriofiffimus poftmodum Lodovenfis epifcopus, iftarum frater fuiffe comprobatur.* Il renonça en faveur de fes fœurs à fes droits fur Montpellier pour être plus libre de fuivre l'heureux penchant qui le portoit à la vertu. Il paffa toute fa jeuneffe dans l'application à l'étude, dans la fuite des occafions qui peuvent corrompre les bonnes mœurs, dans la pratique de la mortification, qui eft d'un fi grand fecours contre les attraits du plaifir. Par de fi faints moyens, il fe difpofa à recevoir tous les ordres, qu'il prit fucceffivement fous la conduite de Thierry, evêque de Lodeve, qui avoit pris dès fon enfance un foin particulier de lui.

Ces heureufes difpofitions, jointes à la confideration de fa naiffance, le firent recevoir avec aplaudiffement dans le chapitre de Maguelone; & de la dignité d'archidiacre qu'il y occupa, il y auroit été vraifemblablement élevé à une plus grande, fi la mort de Thierry n'avoit donné occafion au clergé de Lodeve de choifir Fulcrand pour remplir fa place. Les regrets furent les mêmes, tant de la part du chapitre de Maguelone que de la fienne ; il prit la fuite pour fe cacher & pour fe dérober à la recherche du peuple & du clergé de Lodeve ; mais ayant été découvert, il fut enlevé de force, comme on en voit bien des exemples dans l'hiſtoire de l'égliſe, ſurtout dans le tems des élections ; & ayant été conduit à Narbonne, il y fut ſacré evêque par Aimeric, ſon metropolitain, l'an 949.

La grace de ſa vocation ſe fit ſentir toute entiere dès le commencement de ſon pontificat, & Dieu lui donna des occaſions éclatantes d'exercer ſa charité envers les miſerables, ſa fermeté pour l'extirpation du vice, & ſon zéle pour la diſcipline & pour l'augmentation du ſervice divin.

La peſte & la famine ayant ſucceſſivement affligé ſon diocéſe, il ſervit lui-même les malades ; & après avoir conſommé tous ſes révenus & vendu ſes meubles, il engagea ſon fonds & fit de grands emprunts, dont il acheta des troupeaux & du bled, qu'il fit venir du Roüergue.

Les grands du pays menant une vie ſcandaleuſe & tiranniſans le peuple, il leur réſiſta de toutes ſes forces, & Dieu bénit ſi heureuſement ſes travaux, qu'il n'eut ſouvent beſoin que de la priere pour les reduire ; car on raconte que ces petits tirans s'étant rendus maîtres du château de Gibret, & d'où ils mettoient tout * le pays à contribution, il fit faire une proceſſion autour du château, en invoquant le nom de Dieu ; & au troiſiéme tour qu'il eut fait, les murailles, comme autrefois celles de Jerico, croulerent à terre, ce qui ayant réduit les affiégez à la diſcrétion du ſaint prélat, il ſe contenta de les obliger à reſtituer les voleries qu'ils avoient faites, & les exhorta à mieux vivre ; après quoi il ſe trouva fort peu de gens qui oſaſſent lui reſiſter ouvertement.

Cet heureux calme lui donna le tems & le moyen de bâtir ſa cathédrale, qui depuis long-tems menaçoit ruïne ; il la recommença dépuis les fonde-mens, & la rendit beaucoup plus grande & plus belle qu'elle n'étoit aupa-ravant. Le vicomte de Lodeve ayant voulu s'oppoſer avec violence à l'éle-vation d'une grande tour qu'il voulut y ajoûter, le ſaint evêque qui, par la conceſſion de nos roys, avoit toute juriſdiction dans la ville, ſçut le reprimer & l'obliger de reparer les maux qu'il avoit fait à cette occaſion ; l'ouvrage étant heureuſement achevé, il en fit la conſecration l'an 975, en préſence d'Aymery, archevêque de Narbonne, de Ricuin, evêque de Maguelone, & de Dieu-Donné, de Rodez, qu'il avoit invité à cette ceremonie.

Son zéle pour la diſcipline eccleſiaſtique lui fit ſouhaiter d'avoir dans ſa ville un monaſtére de religieux, dont le bon exemple pût animer ſon clergé : il y appella des moines de St. Benoît, à qui il bâtit & dota le monaſtére de St. Sauveur, qui eſt tout près de la cathédrale ; & pour ſe les attacher plus particuliérement, il ſe reſerva à lui & à ſes ſucceſſeurs toute autorité ſur eux & ſur leur abbé. Les evêques de Lodeve ont conſervé cette autorité durant

PAGE 210.

plusieurs siécles ; mais les religieux de St. Sauveur, en s'unissant à ceux de St. Victor de Marseille, ont prétendu en avoir toutes les immunités.

Le même zéle lui fit entreprendre la reforme du monastére de Jaucelz, dans le diocése de Beziers, à trois lieües de la ville de Lodeve. L'ignorance & le relâchement qui regnerent dans ce siécle & dans le precedent y avoient introduit le desordre & causé la ruïne des bâtimens du monastére: St. Fulcrand en chassa les moines incorrigibles, y mit des nouveaux sujets qui donnoient des bonnes esperances, & il leur donna pour les conduire l'abbé Etienne, qui se trouva très-digne de son choix ; il se lia une si grande amitié entr'eux, qu'elle produisit à ce monastére des dons considerables de la part du saint evêque.

Comme la pauvreté est souvent aussi dangereuse que les richesses, il voulut assurer à son chapitre un revenu honnête, afin que la crainte de manquer du nécessaire ne détournât point les ministres du service de l'églife. Dans ce dessein, il ajoûta aux benefices qu'ils avoient déjà un droit sur les autres benefices du diocése qui dure encore, & qu'on appelle *tierces*; c'est une quantité de grain & de vin que le chapitre leve, tant sur les benefices de la manse episcopale que sur les prieurs particuliers, même sur l'ordre de Malthe. Des personnes chargées de la levée de ce droit m'en ont fait voir un état qui monte à sept cens cinquante-sept sétiers & demi de grain, & vingtun muids de vin. Mr. Plantavit de la Pauze, dans la vie qu'il a écrite de ses predecesseurs, evêques de Lodeve, assurè que St. Fulcrand etablit ce droit, & qu'il a toûjours été payé, quoiqu'il aye été bien onereux à ses successeurs.

Ces fonctions exterieures d'un fidelle économe & d'un prélat zélé, ne diminuerent rien de la régle austére qu'il s'étoit faite pour sa conduite particuliére : toutes les fêtes de Notre-Seigneur, des Apôtres, & durant tout le carême, il servoit douze pauvres à sa table, & leur lavoit les pieds : il eut une si grande attention à conserver le précieux don de la chasteté, qu'il ne se permit jamais la moindre licence, & qu'il la prévint par des mortifications secrettes, dont il avoit commencé l'usage dès sa premiere jeunesse.

Une marque celebre de sa délicatesse de conscience, & qui est attestée par tous les auteurs de sa vie, c'est qu'ayant un jour ouï dire qu'un evêque de sa connoissance avoit embrassé le judaïsme, il dit, dans l'indignation que cette apostasie lui causa, qu'il mériteroit d'être brûlé ; & ayant apris ensuite que les diocésains de cet evêque l'avoient fait perir par le feu, il craignit que ce qu'il avoit dit sans dessein ne fût cause de sa mort: son regret en fut si grand, qu'il alla * à Rome pour en avoir l'absolution ; & lorsqu'il fut aux portes de la ville, il se serra les côtez d'épines, & se fit fustiger le long des

PAGE 211.

ruës jufqu'à l'églife de St. Pierre ; fa crainte lui faifant encore regarder fa penitence comme infuffifante, il fit par trois fois le même voyage, où il ne ceffa de donner des nouvelles marques de penitence & de charité.

Dieu parut en être fatisfait par le don de miracles qu'il lui accorda, dont on peut voir le détail dans les ecrivains de fa vie ; un des plus fenfibles eft la confervation de fon corps que l'on trouva fix vingts ans apres fa mort, auffi entier que le jour où elle arriva ; il fe conferva toûjours au même état jufqu'en 1571, où les huguenots s'étant faifis de Lodeve, le retirerent de fa châffe & le jetterent au feu ; l'integrité de fon corps étoit fi fort reconnuë, qu'elle paffa en proverbe ; & dans ce pays où les comparaifons font fort ordinaires dans la bouche du peuple, on difoit en parlant d'un homme vivant : il eft en chair & en os comme St. Fulcrand de Lodeve. Il mourut le treizième de février l'an mille & fix dans la cinquante-feptième année de fon pontificat.

L'églife de Montpellier, qui eft la même que celle de Maguelone d'autrefois, en fait l'office double comme d'un faint qui lui eft propre, & celle de Lodeve chante des hymnes particuliers pour lui, où j'ay remarqué deux mots qui font l'éloge d'une perfonne conftituée en dignité, *& præfuit & profuit*. Il fut inhumé dans fon églife cathédrale qu'il avoit fait bâtir et confacrée en l'honneur de St. Geniez d'Arles, martyr, & qui depuis a été apellée de fon nom St. Fulcrand.

F. GUILLAUME DE MONTPELLIER
RELIGIEUX DE CITEAUX.

DANS l'abrégé que j'ai donné de la vie de Guillaume, fils d'Ermenfende, je me fuis réfervé à parler, fur la fin de cet ouvrage, des vertus qu'il pratiqua dans l'ordre de Cîteaux où il mourut en odeur de fainteté.

Vitæ fli Bernardi, liv. V.

Je commencerai de dire en me fervant des propres paroles de l'auteur de la vie de St. Bernard, que frere Guillaume ne fut pas moins illuftre dans le cloître qu'il l'avoit été dans le monde : *Frater Guillemus de Montepeffulano (cujus & fupra fecimus mentionem) magnificus in fæculo fuit, fed magnificentior in fæculi fuga.*

A peine eût-il quitté sa famille pour se retirer comme il fit en 1147 dans l'abbaye de Gransselve, ordre de Citeaux, diocèse de Toulouse, qu'il s'attacha plus particuliérement à la pratique de la pauvreté & de l'humilité chrétienne. Les personnes experimentées dans les voyes du salut sçavent combien ces deux vertus servent à nous détacher du monde & à nous rapprocher de Dieu. Le frere Guillaume y fit un si grand progrès, que l'auteur que j'ai déjà cité, & qui fut son contemporain, fait son caractére par ces deux vertus chrétiennes & religieuses. *Olim Montispessulani dominus, nunc verus Christi pauper & humilis degit in cœnobio quod Grandissilva vocatur.* Il s'y occupoit (comme avoit fait St. Guillaume, duc d'Aquitaine, dans St. Guillem du Désert) aux offices les plus bas de la maison; & se bornant à la seule pratique de la vertu sans vouloir acquerir de plus grandes connoissances, il se contenta (comme on le remarque) de sçavoir ces deux mots latins : *Ave Maria.*

Guill. de Baldæ.

Sa candeur & sa simplicité chrétienne lui attirerent l'estime & la confiance de tous les gentilshommes de son voisinage, & c'est de l'un d'eux qu'il apprit un miracle fait en sa faveur par St. Bernard, de la manière que l'auteur de sa vie le rapporte en ces termes :

Liv. 8, qui est 47, pag. 2010, cap. 1.

* « Je ne doute point, dit-il, qu'un grand nombre de personnes ne con-
« noissent la réputation du vénérable frere Guillaume qui, après avoir été
« seigneur de Montpellier, est maintenant un veritable pauvre de J. C. dans
« le monastere de Gransselve.

PAGE 212.

« Il nous a raconté lui-même ce qu'il a appris de la propre bouche de
« celui à qui la chose que nous allons raconter est arrivée.

« Dans la ville d'Auch, metropole de la Gascogne, il y avoit un homme
« de guerre qui étoit obligé de garder le lit à cause d'une si grande dou-
« leur qu'il sentoit de la ceinture en bas, qu'il étoit comme demi-mort de
« cette partie du corps; en cet état ayant pensé à ses pechez & prenant con-
« fiance en Dieu, il ordonna à ses gens de l'apporter à quelque prix que ce
« fût auprès de St. Bernard, dont la réputation étoit répanduë partout aux
« environs; il étoit déjà en marche depuis quelques jours, & il n'avoit
« pas moins avancé dans la foi & dans la dévotion, lorsque le bon Dieu,
« ayant pitié de lui, voulut le guerir de son infirmité & lui épargner une
« plus grande fatigue, car un inconnu s'étant présenté à lui dans son che-
« min, & lui ayant demandé qui il étoit, où il alloit, & quel étoit le motif
« de son voyage : Je vous ordonne, lui dit-il, de la part du saint que vous
« allez trouver de vous en retourner chez vous, sçachant certainement que
« vous serez guéri dès que vous aurez mis le pied dans votre maison.
« Alors Dieu, qui est le maître de toutes choses & de nos cœurs, persuada

« au malade d'ajoûter foi aux paroles de cet homme. Il rebrouffa chemin, « & à mefure qu'il approchoit de fa maifon il fe fentoit foulagé, de forte « qu'à peine il y fut arrivé qu'il reçut une guerifon parfaite. »

On peut inferer d'un autre endroit du même auteur que frere Guillaume refta quelque tems avec St. Bernard, auprès duquel il fe fortifia dans la pratique de toutes les vertus dont ce faint fut fans contredit un des plus grands modéles de fon tems.

<small>Vitæ fti Bernardi, pag. 1049, liv. 5.</small>

« Le frere Guillaume de Montpellier s'étant fait moine dans l'abbaye de « Granfelve, alla vifiter par un grand fentiment de dévotion le St. pere Ber- « nard ; mais lorfqu'il fallut le quiter, il ne put s'empêcher de verfer des « larmes en fe plaignant tendrement de ce qu'il ne le verroit jamais plus ; « à quoi l'homme de Dieu, touché de fa plainte, lui répondit : ne craignez « point, je vous affûre que vous me verrez encore une fois. Confolé de « cette promeffe, il en attendoit les effets par tous les exercices d'une véri- « table dévotion, lorfque la même nuit que le bienheureux pére mourut à « Clairvaux, il apparut à frere Guillaume, & l'appellant par fon nom, il lui « commanda de le fuivre. Ravi de joye à cette voix fi refpeétable, il lui « fembla qu'ils s'en alloient tous deux vers une haute montagne, & que « lorfqu'ils furent au pied, le faint lui demanda s'il connoiffoit le lieu où « ils étoient arrivez ? Et comme il lui eut répondu qu'il n'en fçavoit rien, le « faint réprit : nous fommes au pied du mont Liban, arrêtez-vous y tandis « que je monterai au haut de la montagne. Et pourquoi (lui dit-il), mon « pere, voulez-vous y monter tout feul, & me laiffer privé de votre com- « pagnie ? C'eft pour apprendre, lui fut-il répondu. Pour apprendre, répar- « tit-il tout étonné, eh que voulez-vous apprendre, vous que tout le monde « dit n'être fecond à perfonne dans les fçiences ? Frere Guillaume (inter- « rompit le faint), il n'y a point ici bas de fcience, il n'y a point de con- « noiffance affûrée du vrai, mais la plenitude de la fçience, & la connoif- « fance certaine de la vérité font en haut. » En achevant ces paroles il s'éloigna de lui, & le frere Guillaume, en le fuivant des yeux, le vit élevé jufqu'au haut de la montagne ; alors il difparut à fes yeux, & frere Guillaume en fut fi affligé que la douleur qu'il en reffentit le fit éveiller. Et auffitôt la premiere penfée qui lui vînt fut cette parole que St. Jean oüit autrefois : Bienheureux les morts qui meurent dans le Seigneur.

Auffi-tôt qu'il pût parler le matin à fon abbé & à fes freres, il leur raconta fa vifion, & ne put s'empêcher de leur dire qu'il falloit que leur St. Pere fût mort. Ils attendirent des nouvelles plus certaines, & après les avoir reçûës, ils trouverent que les chofes étoient arrivées comme frere Guillaume leur avoit dit.

Le ménologe de l'ordre de Cîteaux met fa mort au neuviéme d'avril fans en marquer l'année, & dit de lui : *Ita vitam inftituit ut vivens egregiis vir-* PAGE 213. *tutibus, mortuus crebris miraculis clarus effulferit.*

Le pere dom Chriftophle Butkens, coadjuteur de St. Sauveur d'Anvers, a dreffé une carte généalogique des defcendans de ce faint homme, où l'on voit tous les roys d'Aragon venir de lui par la reine Marie de Montpellier, fon arriere petite-fille, & les roys de France, par Ifabelle, fille de Jacques le Conquerant, & époufe de Philippe le Hardy.

BERNARD LE PENITENT

LA vie de ce faint homme, qui renouvella de fon tems les plus grandes aufteritez des anachoretes, a été écrite par un auteur contemporain, raportée au long dans Bollandus au fecond tome du mois d'avril. On en voit encore un abrégé dans le ménologe de l'ordre de St. Benoît, écrit par Gabriël Bucelin, & augmenté enfuite par dom Hugues Menard.

Ils conviennent tous qu'il étoit né aux environs de Montpellier : *civis Magalonenfis e confinio Montifpeffulani ;* & la chofe paroît clairement par les lettres qu'il prit de fon evêque avant que de commencer les longs pelerinages qu'il entreprit par un efprit de pénitence.

Ces lettres, qui nous rapellent l'ancienne difcipline de l'églife, ont été confervées par l'hiftorien de fa vie ; & j'ai crû devoir ici les raporter au long, tant comme un monument refpectable que comme un éclairciffement pour la vie de ce faint.

Joannes Dei gratia Magalonenfis epifcopus, omnibus ecclefiæ catholicæ rectoribus, fubjectis æternam in Domino falutem. Notum fit vobis omnibus, quod Bernardo præfentium litterarum latori talem pænitentiam pro peccatis fuis horribilibus injunximus. Quod ufque ad feptem annos nudis pedibus incedat. Camifiam non ferat omnibus diebus vitæ fuæ. Quadraginta dies ante natale Domini in cibis quadragefimalibus jejunet. Quarta feria à carne & fanguine abftineat. Sexta feria præter panem & vinum nihil comedat. In omni fexta feria quadragefimæ & quatuor temporum præter aquam nihil bibat. Omni fabbato exceptis folemnibus diebus & nifi ægritudo interceferit a carne & fagimine abftineat. Quapropter clementiam veftram fupliciter exoramus quatenùs pro remedio animarum veftrarum præfatum pœnitentem quia pauperrimus eft in veftibus & victualibus, mifericorditer fuftentetis. De pœnitentia etiam sibi injuncta, secundum quod ratio exigit benigne relaxetis. Anno ab incarnatione Domini, millesimo centesimo septuagesimo. Usque ad septem annos tantùm valeat.

Il paroît par ces lettres qu'il fut obligé, par sa penitence, de marcher nuds-pieds durant sept ans ; de ne porter point du linge ; de faire un carême particulier de quarante jours avant les fêtes de Noël ; de s'abstenir tous les mercredis de chair & de graisse ; de se contenter tous les vendredis ordinaires du pain & du vin, mais de ne boire que de l'eau dans ceux du Carême & des Quatre-Tems. Quant aux samedis, sauf le cas de maladie & les fêtes solemnelles, on l'oblige, comme le mercredi, à se priver de l'usage de la viande.

L'histoire ne marque point quels furent les horribles pechez qui lui attirerent une si rude penitence : l'auteur se contente de dire qu'il avoit eu part au meurtre d'un seigneur de son voisinage qui oprimoit son peuple, & que du reste, il n'avoit commis aucun crime infamant. Cependant, comme tout véritable penitent augmente ses fautes plûtôt que de les diminuer, il voulut passer pour avoir commis des pechez horribles, & être traité comme tel. Il reçut donc de son evêque les lettres que j'ai raportées ; & étant parti de Maguelone l'an 1170, il commença de longs & grands pelerinages, selon le goût que les croisades avoient déjà introduit * parmi les chrétiens de l'Europe. On marque qu'il fut trois fois à Jerusalem, & qu'à la faveur des conquêtes que les croisez avoient faites dans la Mesopotamie jusqu'à Edesse, il poussa plus avant pour visiter le tombeau de St. Thomas, apôtre. Après avoir employé plusieurs années à ces longs & rudes voyages, il vint (comme on croit), par Constantinople & par l'Allemagne jusques en Flandres, où il s'arrêta à St. Omer auprès de l'abbaye de Saint Bertin, où un saint homme, nommé Guillaume, l'invita de passer le reste de ses jours.

Page 214.

Bernard y augmenta ses austeritez & son assiduité à la priere, car son historien rapporte que, non content de jeûner trois fois la semaine au pain & à l'eau, & de faire quatre carêmes chaque année, de quarante jours chacun, il portoit sur sa chair nuë cinq petites chaînes de fer, & par-dessus un cilice couvert d'une cuirasse ou côte de maille, à l'exemple de plusieurs autres saints penitens, dont l'histoire ecclesiastique nous a conservé la mémoire. Tout son tems étoit employé à la priere dans les églises, où on ne le vit jamais s'asseoir, quoiqu'il s'y rendît le premier & qu'il en sortît presque toujours le dernier ; encore s'arrêtoit-il à prier hors de la porte lorsqu'il étoit obligé d'en sortir : & pour son délassement, il nettoyoit les avenuës de l'église & ramassoit les cailloux qui s'y trouvoient pour les aller porter ailleurs.

Cette grande dureté pour son corps lui fit rejetter les soulagemens qu'il auroit pu trouver dans le tems de la douleur, car son historien, qui fut témoin oculaire de la plûpart de ſes actions, raporte que ſes vieux haillons, lui ayant cauſé de grandes pourritures, il n'en voulut jamais changer, & ſes pieds s'étant fendus du froid pendant l'hyver, il y mit de la cire fonduë. Une autre fois, étant tombé dans la neige en allant viſiter le recluſ de St. Michel hors la porte de St. Omer, il revint ſans ſécoüer la neige dont ſes habits étoient remplis, & la laiſſa fondre ſur ſon corps. C'eſt ainſi qu'on remarque encore qu'en été il demeuroit dans les lieux les plus chauds, & en hyver dans les plus froids ; & pour rendre ſa couchette moins commode, il la ſemoit de petites pierres ſur leſquelles il prenoit ſon ſommeil.

La ſobrieté où ſes jeûnes l'engagerent lui faiſant trouver du ſuperflû dans les aumônes qu'il recevoit, il alloit lui-même les diſtribuer aux pauvres ; & on marque qu'il ne s'en réſerva que pour acheter un pſautier, avec lequel il alloit aux écoles des clercs, où il aprenoit tous les jours à lire quelque choſe, de ſorte qu'il parvint bien-tôt à le lire tout entier.

Une vie ſi peu ordinaire ne pouvoit durer long-tems. Il eut un preſſentiment comme certain qu'elle devoit finir bien tôt ; ce qui l'obligea d'aller dire adieu au recluſ de St. Michel, avec qui il étoit uni d'une ſainte amitié ; & étant venu au monaſtére de St. Bertin, il demanda de mourir dans l'habit réligieux, ce qu'on lui accorda ; en cet état, il rendit ſon âme à Dieu le 29 d'avril 1182, & le douziéme de ſa pénitence.

L'odeur de ſa ſainteté ſe répandit ſi fort dans le pays, qu'il accourut d'abord à ſon tombeau une grande quantité de malades, & les gueriſons miraculeuſes qui s'y firent furent en ſi grand nombre, que l'abbé Simon, quatre mois après la mort du ſaint, fit rétirer ſon corps de la chapelle de Ste. Catherine, où il avoit été inhumé, pour le mettre dans un mauſolée qu'il lui fit dreſſer dans l'égliſe. Le concours du peuple augmenta ſi fort, & les graces que Dieu accordoit par ſon interceſſion furent ſi connuës, que les réligieux de l'abbaye crûrent devoir conſerver à la poſtérité la mémoire de ce ſaint homme : ils chargerent un d'entr'eux d'écrire ſa vie & de récueillir les miracles qui s'étoient faits à ſon tombeau ; il en raporte plus d'une quarantaine, dont quelques uns arriverent durant ſa vie, & les auteurs qui ont écrit après lui n'ont pas heſité de lui donner le nom de ſaint & de bienheureux, comme on peut voir dans Molanus, Lemire, Roſveide, Ferrarius, Sauſſay, & dans es ménologes de l'ordre de St. Benoît.

LE B. PIERRE DE CASTELNAU

LEGAT DU SAINT SIEGE ET MARTYR A SAINT GILES.

L'HOMME apoftolique dont j'ai à parler perit au commencement des troubles que les Albigeois cauferent dans le Languedoc, peu avant que les croifez entraffent dans cette province, & fa mort fut comme le fignal qui y attira leurs armes.

Hift. eccl., l. 76, n. 12.

Nous apprenons de Bollandus, cité par Mr. Fleury, que Pierre de Caftelnau avoit été cet archidiacre de Maguelone, qui donna fujet à cette décretale dont j'ai parlé dans la vie de Guillaume de Fleix. Le voyage qu'il fit à Rome à cette occafion le fit connoître au cardinal Lothaire, qui fut depuis Innocent III, car ce pape lui en rapelle le fouvenir dans une lettre qu'il lui écrivit dés la première année de fon pontificat, 1198. *Cujus facti nos in minori tunc officio conftitutos habuiftis in veftris quæftonibus auditores.* Pierre de Caftelnau fut, quelque temps, après renvoyé à Rome pour les interêts de fon evêque, comme la même lettre nous l'apprend *cum tunc apud fedem : apoftolicam pro epifcopo moraveris*, & étant révénu à Maguelone, il s'y employa durant toute l'année 1199 aux affaires de fon églife, comme nous l'avons raporté dans le corps de cet ouvrage.

Bolland. V, mars, tom. 6, pag. 411.

La grande odeur de fainteté que répandoit alors la réforme nouvellement établie par S. Bernard porta Pierre de Caftelnau à l'embraffer & à quitter Maguelone, pour fe retirer dans l'abbaye de Fontfroide, diocéfe de Narbonne. Il y refta quelque peu d'années, après lefquelles le pape Innocent III, qui avoit befoin d'ouvriers evangeliques, le tira de fa folitude pour l'opofer aux progrès des Albigeois. Il lui donna en 1204, & à Raoul, moine de la même abbaye, l'autorité de fes légats; & peu après il leur joignit Arnaud, abbé de Cîteaux. Ces nouveaux legats firent à Toulouse, à Narbonne & à Beziers ce que nous avons raconté dans le troifième livre de cette hiftoire, mais étant rebutez du peu de fuccés de leur miffion, ils étoient prêts à la quitter, lorfque l'evêque d'Ofma, Diego de Azebes, paffant à Montpellier en 1206, les encouragea en s'offrant pour travailler avec eux. Ils le mirent à leur tête & partirent enfemble pour Carman; c'eft à l'occafion de ce départ que l'ancien traducteur de Valfernay nous apprend le lieu de la naiffance de Pierre de Caftelnau. L'evêque Oxonien, dit-il, renvoya toute fa famille, ne fe refervant qu'un feul compagnon (c'eft St. Dominique) avec les deux moines fouvent nommez Pierre de Caftelnau & Raoul, enfans de Montpellier.

Arnaud Sosbix, prieur de Montech, chap. V.

Ils révinrent de Carman à Beziers; & Pierre de Caftelnau en étant parti pour Carcaffonne avec F. Raoül, ils s'attirerent la haine des Albigeois après une conference publique qu'ils eurent à Montreal durant quinze jours, où ils confondirent ceux que ces hérétiques apelloient leurs croyans; la honte que ceux-ci en eurent, jointe à la protection qu'ils fe fentoient de la part de Raymond, comte de Touloufe, & de Roger, comte de Foix, les porta à tout entreprendre contre les miffionnaires. On craignit beaucoup pour Pierre de Caftelnau à qui ils en vouloient le plus, ce qui fit qu'on lui confeilla de fe retirer en Provence, pour y reünir la nobleffe du pays, & avec le fecours de ceux qui avoient juré la ligue, purger d'hérétiques la province de Narbonne.

Le comte de Touloufe s'y opofa de toutes fes forces jufqu'à ce qu'il fut obligé d'accepter la paix, tant par les guerres que lui firent les nobles de Provence, que par la fentence d'excommunication que Pierre de Caftelnau porta contre lui. Alors il jura la paix & la jura plufieurs fois, mais il ne l'obferva pas; de forte que Pierre lui reprocha en face fes parjures avec un courage intrepide; car, au lieu de craindre la mort, il difoit: « L'affaire de Jefus-Chrift ne reüffira jamais en ce pays jufqu'à ce que quelqu'un de nous autres prédicateurs meure pour la défenfe de la foy, & Dieu veüille que je fois la premiére victime du perfecuteur. »

PAGE 216.

Hift. des albigeois, chap. 64.

Enfin, le comte, ufant de fes artifices ordinaires, apella les legats à St. Gilles, promettant de les fatisfaire fur tous les chefs dont il étoit accufé; il témoigna même vouloir bien recevoir leurs avis, mais peu après il les rejetta abfolument, & fachant qu'ils vouloient fe retirer de la ville, il les menaça publiquement de mort, difant que, quelque chemin qu'ils priffent par eau ou par terre, il les feroit épier foigneufement.

L'abbé de St. Gilles, les confuls & les bourgeois, n'ayant pû adoucir la fureur du comte, conduifirent malgré lui les legats au bord du Rhône, où ils coucherent à caufe de la nuit, fans s'apercevoir qu'ils étoient fuivis de deux hommes envoyez par le comte. Le lendemain matin, les legats ayant dit la meffe à leur ordinaire fe preparoient à paffer la riviére, quand un de ces hommes donna un coup de lance à Pierre de Caftelnau, au bas des côtes. Pierre le regarda & lui dit: « Dieu veüille vous le pardonner comme je vous le pardonne, » ce qu'il repeta plufieurs fois, & mourut peu après, priant toûjours avec ferveur.

Sa mort eut des suites très-funestes pour le comte de Toulouse que je ne dois pas raporter ici; mais je ne puis suprimer l'éloge que fait le pape Innocent III de ce bienheureux martyr, comme il l'apelle lui-même dans une lettre circulaire qu'il écrivit aux archevêques & evêques des provinces d'Arles, d'Embrun, de Vienne, d'Aix & de Narbonne. Elle est datée de Rome du 9 mars 1208, ce qui montre que le B. Pierre de Castelnau devoit avoir été tué au plûtard dans le mois de fevrier, quoique l'église honore sa mémoire le cinquième jour de mars.

<small>Epit. 26, liv. 11, collection de Baluze.</small>

Sane rem audivimus detestabilem, & in communem luctum generalis ecclesiæ deducendam. Quod cum sanctæ memoriæ frater Petrus de Castronovo, monachus & sacerdos vir inter viros utique virtuosos, vita, scientia & fama præclarus, ad evangelisandum pacem & astruendam fidem in eamdem provinciam à nobis cum aliis destinatus, in commisso sibi ministerio laudabiliter profecisset & proficere non cessaret, quippe qui plene in scola Christi didicerat quod doceret, & eum qui secundum doctrinam & fidelem sermonem est, in sana poterat exhortari doctrina, & contradicentes revincere. Paratus semper omni poscenti reddere rationem, ut pote vir in fide catholicus, in lege peritus, & in sermone facundus concitavit adversus eum diabolus ministrum suum comitem tolosanum qui, &c. Le Pape raconte ensuite tout ce que nous avons dejà dit de sa mort, & dans les mêmes circonstances.

<small>Hist. des albigeois, chap. 12.</small>

Valsernay ajoûte que le corps de Pierre de Castelnau, qui avoit été mis dans l'église basse de St. Gilles, en ayant été tiré long-temps après pour être transféré dans la haute église, il fut trouvé aussi sain & entier que s'il avoit été enterré le même jour, & qu'il sortit une odeur admirable de son corps & de ses habits, *miri etiam odoris fragantia de corpore sancti & vestibus emanarit.*

<small>Page 217.</small>

GUY DE MONTPELLIER
FONDATEUR DES HOSPITALIERS DU S. ESPRIT.

JE commence cet article par le témoignage de l'auteur qui a le plus écrit contre l'hôpital du St. Esprit de Montpellier en faveur de celui de Rome, à l'occasion de la qualité de chef d'ordre, disputé dans le dernier siècle entre les deux commandeurs de ces deux maisons : c'est

F. Pierre Saulnier, profez de la maifon de Rome, dans fon livre *de Capite ordinis Sancti-Spiritûs*, imprimé à Lyon en 1649, in-4°.

Il reconnoît dans tout fon ouvrage que Guy, de la maifon des feigneurs de Montpellier, a été le fondateur de fon ordre, & il nous le fait connoître par l'abregé de fa vie qu'il a mis à la tête des premiers maîtres du St. Efprit, dont il nous donne la lifte au chapitre fixième, §. 2.   *Page 32.*

« Le premier de tous (dit-il) eft Guy : françois de nation & natif de
« Montpellier, homme de noble extraction, & qui avoit le titre de comte.
« Il étoit fort riche des biens de la fortune, mais il devint plus illuftre par
« les dons de la fageffe chrêtienne. Rempli de foi & de charité, il cherit fi
« fort les pauvres qu'il les regarda comme fes feigneurs, les cultiva comme
« fes protecteurs, les aima comme fes freres, les foigna comme fes enfans,
« & les refpecta comme les images de Jefus-Chrift. Il érigea dans Mont-
« pellier, ville célèbre du Languedoc, un hôpital pour les pauvres, & il
« inftitua pour les fervir un ordre régulier fous l'invocation du St. Efprit. Il
« reçut tant de fecours d'une fi haute protection que plufieurs villes s'empref-
« ferent delui demander des enfans de fon ordre, qu'il envoya dans plufieurs
« endroits de la France, & jufques à Rome même, où Innocent III, l'un des
« plus dignes papes qui ayent porté ce nom, donna, dès la première année
« de fon pontificat, deux bulles en fa faveur. »

Dans la premiere, adreffée à tous les archevêques, evêques & prélats de   *Epit. 95, liv. 1, collection de Baluze.*
l'églife, il dit qu'ayant apris par le témoignage certain de plufieurs perfon-
nes, que dans l'hôpital fondé à Montpellier par les foins de frere Guy,
« *hofpitale Sancti-Spiritûs quod apud Montepeffulanum dilecti filii fratris Guido-*
« *nis follicitudo fundavit*, on donne à manger à ceux qui ont faim, on vêtit
« les nuds, on foigne les malades, & l'on pourvoit aux indigens, de forte
« que le maître de l'hôpital avec fes freres ne font pas tant les intendans
« des pauvres que leurs propres ferviteurs. » Il prie les evêques de leur
laiffer bâtir des maifons, des églifes & des cimetieres pour leur famille, &
d'établir dans leurs oratoires des prêtres pour les fervir.

Par la feconde bulle du vingt-troifième avril de la même année 1198,
adreffée à Guy & à fes frères, *Guidoni fundatori hofpitalis Sancti-Spiritûs ejuf-*   *Epift. 97.*
que fratribus tam præfentibus quam futuris regularem vitam profeffis in perpe-
tuum, il leur dit « qu'il prend fous la protection de St. Pierre & la fienne,
« l'hôpital du St. Efprit de Montpellier, où ils fe font dévoüez au fervice
« de Dieu, avec toutes fes dépendances, maifons, terres, vignes, jardins,
« *& omnia quæ in territorio Montifpeffulani & in locis circum adjacentibus pof-*
« *fidetis;* » fçavoir : la maifon que vous avez à Marfeille, à Milhau, au cap de
Male-Vieille, au bourg St. Julien de Brioude, à Barjac, à Argentiere, en la

cité de Troyes, & à Rome, près Ste-Marie au-delà du Tybre, & à Ste. Agathe à l'entrée de la ville de Rome, avec toutes les dependances de ces maisons.

PAGE 218. «*Voulant & statuant que toutes les maisons que vous avez maintenant, « & que vous pourrez acquerir, soient soumises pour toûjours à celle de « Montpellier & à vous frere Guy & à vos successeurs. » *Prædicto hospitali Sti. Spiritus Montispessulani & procuratores eorum tibi fili Guido & successoribus tuis perpetuo subjacere debeant & humiliter obedire, & correctionem tuam & successorum tuorum recipere humiliter & servare.*

« Il leur donne permission d'avoir un cimetiere pour leur famille du « consentement des ordinaires.

« De bâtir des oratoires qui seront desservis par des prêtres instituables « sur leur présentation & destituables par les evêques des lieux.

« De recevoir les personnes qui, se retirant du siécle, voudront entrer « parmi eux, avec défense de les quitter à tout frére qui aura fait profession « d'en sortir.

« Il veut que le saint crême & les saintes huiles leur soient fournis gra-« tuitement par les evêques. Donné à St. Pierre le ix des kal. de may l'an « de l'Incarnation 1198 & le premier de son pontificat. »

Quatre ans après (je reprends les paroles de Saulnier) « le pape Innocent « III appela Guy à Rome avec plusieurs de ses freres pour prendre soin de « l'hôpital Ste Marie, *in Saxia*, qu'il avoit destiné pour les enfans trouvez & « pour les malades. Il fut si satisfait du bon ordre qu'ils établirent dans « cette maison, qu'il résolut de l'unir à celle de Montpellier, ce qu'il fit par « une bulle de l'an 1204, adressée à frere Guy, à qui il donne le titre de

Page 23. « maître des hôpitaux de Rome & de Montpellier : *Guidoni magistro hospi-« talium Stæ. Mariæ in Saxia & Sancti-Spiritus in Montispessulano*, où il lui dit « que, puisque par la grace de Dieu l'hospitalité fleurit si fort dans l'hôpital « de Montpellier, il l'unit, du conseil des cardinaux, à celui de Rome, *illud « isti & istud illi de consilio fratrum nostrorum unimus*, afin que celui de Rome « serve à celui de Montpellier, par la proximité qu'il aura du pape, dont il « pourra lui ménager la protection. *Quanto vicinius nobis existens defensionem « nostram illi facilius poterit implorare*. Et celui de Montpellier servira celui de « Rome par les bons ministres qu'il lui fournira, d'autant que les sujets « qu'on y éleve sont beaucoup plus propres aux fonctions de l'hospitalité, « *quanto personæ conversantes in illo, ad hospitalitatis sunt officium aptiores.* »

Ces paroles d'un si grand pape font l'éloge de la maison du St. Esprit de Montpellier & de Guy, son fondateur, qui gouverna les deux maisons de Rome & de Montpellier jusqu'à sa mort, arrivée à Rome l'an 1208. Nous aprenons cette circonftance de la lettre qu'Innocent III adreffe aux freres des hôpitaux du St. Efprit de Rome & de Montpellier, & qui commence : *Defuncto Romæ felicis memoriæ Guidoni qui veftrorum hofpitalium primus extitit inftitutor & rector.* « Il leur dit que des freres de l'hôpital de Montpellier & « de Rome l'étant venus trouver à Anagnie il a ftatué de leur confente- « ment comme chofe trés-convenable, que le chef-lieu de leur ordre foit à « perpetuité à Rome dans l'hôpital du St. Efprit *in Saxiâ*, de forte que le « recteur de cette maifon foit le fupérieur de tous les freres de l'ordre tant « préfens qu'à venir, & que tous foient tenus de lui rendre l'obéïffance & le « refpect porté par leur régle.

Epit. 104, liv. X, collection de Baluze.

« Et parce qu'il faudra procéder à l'élection d'un recteur de l'hôpital de « Montpellier, on le fera dorénavant de l'avis & confentement de celui de « Rome ; c'eft pourquoi (ajoûte-t-il), en confequence de la préfente con- « ftitution, nous avons fait élire pour grand recteur de l'hôpital du St. « Efprit *in Saxiâ*, nôtre bien aimé fils frere Pierre de Granier par l'avis & « confentement duquel on élira le recteur de l'hôpital du St. Efprit de « Montpellier, & nous vous avertiffons par ces lettres apoftoliques de gar- « der inviolablement, vous & vos fucceffeurs, ce que nous venons d'établir « pour l'utilité de votre ordre : laiffant en leur vigueur les priviléges que « nous avons déjà accordez à chacune des deux maifons. Donné à Anagnie « le 8 de juin & l'an onzième de nôtre pontificat, c'eft-à-dire 1208. »

Il faut que cette dernière bulle n'ait pas été connuë de frere Nicolas Gautier, qui écrivit en 1655 la défenfe du chef de l'ancien ordre des hofpitaliers du St. Efprit de Montpellier contre frere Pierre Saulnier, qui avoit écrit en 1649 fon livre de *capite ordinis Sancti Spiritûs*, puifqu'ils ne font mention ni l'un ni l'autre* de cette bulle de 1208 qui paroît decifive, & que frere Saulnier, dans la lifte des chefs de fon ordre, a oublié ce Pierre de Granier choifi par Innocent III pour fucceffeur immédiat de frere Guy de Montpellier.

PAGE 219.

Je diray dans l'article de l'hopital du St. Efprit de Montpellier ce que nous avons de plus certain fur cette maifon, les difputes qui fe font élevées à ce fujet dans le dernier fiécle. Mais il me refte, pour l'article préfent, à éclaircir les qualitez de laïque & de comte qu'on donne à frere Guy, fon fondateur.

Quant à l'état de laïque qu'il voulut toûjours garder, la chofe n'eft pas extraordinaire dans l'églife, puifque nous lifons la même chofe de St. Pacôme, de St. Benoît, de St. François & de Gafton de Vienne, qui ne voulurent jamais être promûs à l'ordre de prêtrife, quoiqu'ils fuffent fondateurs de differens ordres religieux ; & on n'ignore point que les fept premiers généraux de l'ordre de la Mercy furent pris d'entre les chevaliers laïques, qui, avec les clers, formoient tout le corps de cet ordre.

La qualité de comte que M. l'abbé Fleury lui réconnoit, & que frere Saulnier a mis au bas de son portrait en ces termes : *Guido ex comitibus Montispessulani*, pourroit souffrir quelque difficulté, parce que les seigneurs de Montpellier n'ont jamais pris la qualité de comte ; & Gariel s'en fait une autre de ce qu'il ne trouve dans la famille des seigneurs de Montpellier aucun Guy qui aye pû fonder cet ordre en 1144, où le *Monasticon Sti. Augustini*, marque cette fondation ; mais, sans vouloir décrediter le *Monasticon*, qui pourroit bien s'être fait honneur de quelques ordres qui ne lui apartiendroient pas, je me contente de lui opposer la bulle d'Innocent III, adressée à Guy en 1204, qui ne peut pas laisser croire qu'il eût fondé son ordre soixante ans auparavant ; mais nos regîtres éclaircissent mieux la chose, en marquant, comme ils font, que Guillaume, evêque de Maguelone, & Guillaume, seigneur de Montpellier, concoururent tous deux à la fondation de frere Guy, en lui rèmettant tous les droits qu'ils avoient l'un & l'autre sur l'emplacement de son hôpital : par où l'on voit qu'il ne peut avoir fondé son ordre avant 1190, qui est l'année où Guillaume I monta sur le siége de Maguelone.

Series præsulum, pag. 178.

Cette époque de la fondation sert à nous faire connoître la personne du fondateur, que l'histoire des ordres monastiques dit avoir été le quatriéme fils de Guillaume fils de Sibille, seigneur de Montpellier, & véritablement tout convient à ce sistême, car le quatriéme fils de ce seigneur est nommé Guy dans le testament de son pere, fait en 1172, & avec l'âge qu'il avoit alors, il pouvoit bien, vingt ans après, s'être devoüé au service des pauvres. Gariel se fait une objection de ce qu'il avoit été destiné, par le testament de son pere, à être chevalier du Temple ; mais on sçait bien que ces sortes de destinations n'avoient pas toûjours lieu, & particuliérement dans la maison des Guillaumes, où nous voyons que de six enfans du dernier, aucun ne suivit la destination de son pere.

Tome 2, pag. 210.

Quant à la qualité de comte, qu'il est certain que les seigneurs de Montpellier ne prenoient point, il est aussi certain que les étrangers la leur donnoient, & quelquefois même de plus grandes, comme celle de prince, qu'Alanus donne (à la tête de son livre contre les Vaudois) à Guillaume, fils de Mathilde : d'où il n'est pas surprenant que les Italiens ayent donné à Guy, qui étoit son frere, le titre de comte.

F. GUILLAUME ARNAULD
INQUISITEUR DE LA FOY, ET MARTIR.

NOUS devons au pere Percin, religieux dominicain, l'hiſtoire la plus entiere que nous ayons du ſaint homme dont j'ai à parler. Il raporte dans ſon traité ſur les martirs d'Avignon, & inferé dans ſon livre qui a pour titre *Monumenta conventus Toloſani FF. prædicatorum*, pluſieurs actes concernans la vie & la mort de Guillaume Arnauld ; nous y voyons qu'il étoit de Montpellier, qu'il fut prieur du grand couvent de Toulouſe, docteur de Paris, & l'un des premiers peres de ſon ordre, puiſqu'il fut inquiſiteur de la foy immédiatement après St. Dominique, avec Pierre Cellani, toulouſain : *Petrus Cellani qui erat de Toloẓa, cum fratre Guillelmo Arnaldi qui erat de Montepeſſulano.*

Ils commencerent leurs fonctions dans la ville de Cahors, où ils firent le procès à pluſieurs perſonnes déjà décedées, dont ils firent déterrer les corps, les traîner par les ruës & brûler dans la place publique, ſelon l'uſage de l'inquiſition. Je ne raporte point le nom de ces miſerables, que l'hiſtorien a jugé à propos de nous conſerver, & je me contente de dire que les inquiſiteurs, après avoir exercé leur zéle à Cahors, furent le continuer à Moiſſac, où ils firent de pareilles exécutions.

Le pere Martene, dans ces anecdotes, raporte une piéce qui a pour titre : *Narratio Arnaldi inquiſitoris*, d'où nous aprenons qu'Arnaud, ayant été envoyé à Alby par ſon provincial en 1234, pour y proceder en qualité d'inquiſiteur, il ordonna qu'on déterrât le corps d'un nommé Beſleire, condamné comme hérétique ; mais il y eut une ſi grande ſédition, qu'il fut très-mal traité en ſa perſonne, & qu'on l'auroit jeté dans le Tarn ſi des gens puiſſans n'euſſent arrêté la fureur du peuple.

Ces rigueurs rendirent les freres prêcheurs ſi redoutables dans tout le pays, que les légats du pape crûrent devoir leur donner pour collègue dans l'inquiſition un frere mineur, afin de tempérer leur ſéverité : *Quia prædicatores ut magis rigidiores timebant* (dit Guill. de Puy-Laurens), *de ordine FF. minorum collega additur qui videretur rigorem manſuetudine temperare.*

De là vient peut-être que dans la ſentence raportée par le P. Percin contre les capitouls de Toulouſe, le F. Etienne, de l'ordre des freres mineurs, eſt nommé avant F. Guillaume Arnauld, de l'ordre des freres prêcheurs. Par cette fentence, ils excommunioient les capitouls de Touloufe, nommez expreffement, avec quelques autres particuliers de la ville, comme atteints & convaincus d'héréfie, & ils firent publier leur fentence dans l'églife de St. Etienne.

Ce dernier coup irrita fi fort les Touloufains, qu'ils chercherent mille moyens pour fe défaire des inquifiteurs ; ils réüffirent fi bien, que tous les freres prêcheurs furent contraints de fortir de Touloufe avec l'evêque de cette ville, parce qu'il étoit de leur ordre : *Cœperunt* (dit le même Guill. de de Puy-Laurens) *difficultates opponere quibus poffent inquifitionis officium impedire. Quod adeo profecit in pejus atque prævaluit, ut inquifitores villam exire, idemque epifcopus cogeretur & etiam totus conventus fratrum prædicatorum.*

Raymond avoit été leur provincial.

Chap. 43.

Gariel prétend que Guillaume Arnauld vint alors fe refugier à Montpellier, où il établit l'inquifition qu'on y exerça depuis à la Portaliere, tout auprés de leur ancien couvent. Sur quoi le P. Percin opofe le filence des auteurs ; mais fans entrer * maintenant dans leur difpute, il fuffira de dire qu'il eft certain par Guillaume de Puy-Laurens que l'inquifition demeura fufpenduë en vertu d'un refcript de Rome : *Donec per litteram de curia manfit diù inquifitio in fufpenfo.* On ne fçait pas précifement combien dura cette fufpenfe ; mais il eft certain que les inquifiteurs étoient déjà rétablis en 1242, où les Albigeois, qui cherchoient à les perdre, trouverent enfin le moyen de les affembler & de les prendre tous comme d'un feul coup de filet. La chofe fut executée le 29 de may 1242, à Avignonet, petite ville du diocéfe de St. Papoul, & alors de celui de Touloufe, où le bailly du lieu, officier du comte de Touloufe, les affembla dans le château fans qu'on dife par quelle adreffe, & en ayant bien fait garder les avenuës, il introduifit ceux que ces hérétiques apelloient leurs croyans, qui fe mirent d'abord en état de faire main-baffe fur les inquifiteurs & fur toute leur fuite. Ils étoient onze en tout, fçavoir trois freres prêcheurs, Guillaume Arnauld, Bernard de Rochefort & Garcias Dauria ; deux freres mineurs, Etienne de Narbonne & Raymond de Carbon. Le prieur d'Avignonet, moine de Cluze, Raymond, chanoine & archidiacre de Touloufe ; Bernard, fon clerc ; Pierre Arnaud, notaire ; Fortanier & Ademar, clercs. Ces onze, voyant les épées nuës, entonnerent le *Te Deum ;* & foit qu'on en voulût à Guillaume Arnauld plus qu'à tout autre (comme la chronique le marque), ou qu'il chantât avec plus d'ardeur, un des affaffins tira fon couteau & lui coupa la langue avant qu'on l'égorgeât.

PAGE 221.

Il périt dans cette occafion avec tous les autres que je viens de nommer ; & les catholiques des environs en ayant eu le bruit, vinrent en armes pour enlever leurs corps, ce qui donna lieu à un combat dans l'église du lieu, qui resta interdite durant plusieurs années. Leurs corps furent portez à Toulouse dans les maisons de leur ordre : les trois freres prêcheurs à leur église, les deux freres mineurs à la grande observance, & celui de l'archidiacre à St. Etienne de Toulouse, où l'on voit encore dans le cloître son tombeau, que M. de Montchal fit relever en 1653. Les Jacobins ont travaillé à la canonisation de Guillaume Arnauld avec ses compagnons ; & l'on voit dans le Traité du P. Percin plusieurs miracles attribuez à ce saint homme, pour être employez dans le procés de sa canonisation. *Page 207.*

Les cardinaux qui étoient à Rome pendant la vacance du St. Siége, ayant appris le genre de mort dont avoit péri Guillaume & ses compagnons, en écrivirent au provincial de Provence, au nom de tous leurs confreres, une lettre où ils qualifient de martirs ceux qui avoient perdu la vie en cette occasion, attendu la cause & les circonstances de leur mort, & le pape Innocent IV, qu'ils élûrent peu de tems après, écrivit au provincial & aux inquisiteurs du Languedoc qu'il ne doutoit pas qu'ils ne fussent déjà dans le ciel au nombre des martirs, après avoir répandu leur sang pour le nom de J.-C. *Quos fuso pro Christi nomine sanguine, firmiter credimus martirum collegio sociatos.* *Page 208.*

LES DEUX B. JUMEAUX
DE MONTPELLIER.

NOUS venons de voir dans l'article précédent un grand exemple de zèle & de force dans ces saints missionnaires qui s'étoient dévoüez au service du prochain. Nous allons en voir un autre aussi admirable de la simplicité chrétienne & religieuse.

Bzovius nous en a conservé l'histoire dans la vie d'Innocent III, où l'on peut  encore remarquer la simpathie que la nature met souvent entre les freres jumeaux. « L'année 1250, dit cet auteur, est remarquable par la « mort de quelques hommes illustres de l'ordre de St. Dominique, & sur- « tout de Pierre & Arnaud, freres jumeaux de Montpellier. Ils vinrent au « monde le même jour, ils furent ensemble à Paris pour y étudier, ils y « prirent les grades de philosophie le même jour, & se firent religieux de

Page 222.

Article VII.

« St. Dominique en même tems; enfin ils moururent dans des fentimens
« tous femblables, prefque à la même heure & dans la même maifon.

« Lorfque Pierre, arrivé à la fin de fa courfe, eût reçu le viatique & l'ex-
« trême-onction, il demanda, tout ravi de confolation, à fon fuperieur qu'eft-
« ce qu'il lui plaifoit de lui ordonner, & où eft-ce qu'il lui commandoit
« d'aller: A Jefus-Chrift, que vous venez de recevoir, lui répondit le prieur.
« J'y irai certes, répliqua-t-il avec un air plein de joye, qui ne fentoit rien
« moins que les aproches de la mort. Oüi, j'irai à lui le plûtôt qu'il me fera
« poffible, puifqu'il m'a apellé; fon fang a lavé mes fautes, fon précieux
« corps élevera mon âme dans le ciel. Auffi-tôt il expira, & le prieur avec
« fa communauté étant allés à Arnaud, qui étoit malade, ils le trouverent
« rendant les derniers foûpirs. Un des freres nommé Vincent, plus faint &
« plus fervent que les autres, vit une troupe d'anges au millieu des rayons
« de lumière, & St. Dominique au milieu, qui recevoit l'âme de ces deux
« jumeaux, l'avertit lui-même de fe tenir prêt pour les fuivre, ce que l'éve-
« nément confirma bien tôt. »

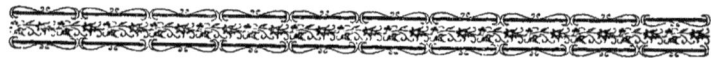

GUILLAUME DE BAS

IIe GENERAL DE LA MERCY.

LES hiftoriens de l'ordre de la Mercy nous font connoître ce général comme natif de Montpellier, & ils nous fervent en même tems à éclaircir la fucceffion du dernier de nos Guillaumes.

Tous conviennent que le roy Jacques, fils de Marie de Montpellier, ayant refolu, par le confeil de Raymond de Pennafort, fon confeffeur, de fonder un ordre pour la rédemption des captifs, Pierre Nolafque, gentilhomme d'auprès de Caftelnaudary, qui n'avoit jamais quitté le roy depuis fa prifon fous le comte Simon de Montfort, fut le premier à concourir à l'exécution de ce deffein; il fe fit revêtir du nouvel habit de l'ordre par Berenger, evê-que de Barcelone, & il le donna enfuite lui-même à treize gentishommes, dont le premier eft nommé Guillaume de Bas, feigneur de Montpellier.

Ordre monafti-que, tom. 3, p. 250.

Le pere Colombis le fait fils de Guillaume de Montpellier qui avoit épousé la fille de l'empereur de Conftantinople, dont il raconte le mariage dans les mêmes circonftances que nous avons raporté. Il prétend même fi

Pages 98 & 99.

pofitivement qu'il fut fils d'Agnez qu'en plufieurs endroits de la Vie de St. Pierre Nolafque, qu'il a compofée en efpagnol, il appelle Guillaume de Bas frère de la reine Marie, mère du roy Jacques ; en d'autres endroits il l'appelle oncle du roy, & le pere Alfonce Remond, dans fon Hiftoire générale de l'ordre de la Mercy, l'apelle parent du roy par la reine fa mere.

De cette maniere nous aprenons le fort de l'aîné des enfans mâles de Guillaume, fils de Mathilde & d'Agnez fa bien-aimée. Il fuivit le roy Jacques, fon neveu, dans fes états d'Efpagne, comme firent fes autres freres, il donna dans la dévotion, & parce que l'ordre de la Mercy fut fondé d'abord comme un ordre militaire, il fut le premier à s'y engager en 1218.

* Il ne refteroit qu'à fçavoir d'où lui vint le nom de Bas, mais s'il eft permis de juger des liberalitez que fit le roy Jacques à Bernard Guillem & à Tortozet, fes oncles, on pourra croire qu'il donna à celui-ci la vicomté de Bas, qui eft fur les frontières de Catalogne, & que nous avons vû avoir été fi foigneufement gardée par Pierre le Cérémonieux lorfqu'il voulut empêcher Jacques III, roi de Mayorque, de le venir trouver.

PAGE 223.

Le nouveau chevalier fe livra entièrement à la conduite de fon général, Pierre de Nolafque, qui le mena avec lui à plufieurs rédemptions, & le fit fon compagnon & fon fecretaire : *Frater Guillelmus de Bas, miles ordinis beatæ Mariæ de Mercede, focius & fecretarius magiftri generalis*, dit un vieux original.

Enfin St. Pierre Nolafque s'étant démis du généralat le 2 mai 1249. Guillaume de Bas fut nommé à fa place & confirmé par Innocent IV. Son ordre s'étendit beaucoup de fon tems, difent les conftitutions : *Tempore illius ordo multum fuit dilatatus*. Le roy fon neveu (ajoûte Colombis) lui donna la baronie d'Algar pour lui & pour les autres généraux, fes fucceffeurs, avec voix délibérative dans les etats du royaume ; & pour l'avoir plus près de fa perfonne, il voulut qu'il prît un apartement dans fon palais. Il l'envoya pour fixer les limites des royaumes de Murcie & de Valence entre lui & le roy de Caftille. Il l'employa à la réconciliation de dom Alfonce, l'aîné de fes fils, qui s'étoit éloigné de la cour dans le tems des troubles que fes enfans de differens lits cauferent en Efpagne, comme nous l'avons raporté dans fa vie, & pour diftinguer en la perfonne du général tout l'ordre de la Mercy, il lui permit & à fes religieux, par lettres-patentes, de porter l'écu d'Aragon fur leur fcapulaire, ce qu'il n'avoit accordé que de vive voix à St. Pierre Nolafque.

Page 102.

Toutes fes occupations auprès du roi fon neveu ne l'empecherent point de vacquer au bon gouvernement de fon ordre. On marque qu'il commença fon généralat par vifiter les maifons qu'il avoit en France où l'on comptoit dès lors Perpignan, Montpellier, Touloufe & St. Nicolas de Por-

Page 100.

tel; & voyant à Montpellier que les bâtimens n'y étoient pas achevez, il donna liberalement tout l'argent qu'il avoit, afin (dit Colombis) que les réligieux qu'il envoyeroit dans cette univerſité, alors très-célébre, fuſſent commodement logés.

Il fit faire pluſieurs rédemptions pendant ſon généralat, & il alla lui même à Grenade, où pour délivrer un gentilhomme de la maiſon de Lara que les Maures vouloient pervertir, il ſe mit en ôtage pour lui juſqu'à ce qu'on eût payé une ſomme exceſſive qu'ils demandoient pour ſa rançon, & que le roy Alfonce de Caſtille paya pour tirer Guillaume de Bas de priſon.

En 1268 il voulut ſuivre l'exemple de St. Pierre Nolaſque, qui avoit donné ſa démiſſion avant ſa mort. Il offrit la ſienne dans un chapitre général qui ne voulut pas l'accepter; mais il ne ſurvêcut pas de beaucoup à cette derniére action; car on marque ſa mort ſur la fin de l'année ſuivante 1269, laiſſant après lui une grande odeur de ſainteté, de ſorte que Vargas, hiſtoriographe de l'ordre, dit que c'eſt avec raiſon qu'ils le mettent au rang des bienheureux : *Merito inter beatos noſtri ordinis enumeratur.*

Page 224.

SAINT-ROCH

I. Natif de Montpellier. II. Ses pelerinages en Italie. III. Son retour & ſa mort à Montpellier. IV. Réponſe aux objeƈtions.

I. IL eſt conſtant, par tout ce que nous avons raporté dans le cours de cet ouvrage, qu'il y avoit à Montpellier une famille de Roch très-conſiderable dans les treize & quatorzième ſiécles.

On trouve dans un aƈte de confederation entre les habitans de Montpellier & Amalric, vicomte de Narbonne de l'an 1254, Etienne Roch ſigné pour la ville avec Pierre de Murles.

Guillaume Roch ſert de ſecretaire au roy Jacques le Conquerant dans l'aƈte de prêtation de ferment fait à ce prince par les conſuls de Montpellier en 1258.

Jacques Roch, depuis evêque d'Hüeſca eſt appellé ſon chancelier dans le teſtament de ce prince fait en 1272.

Raymond Roch fut envoyé en 1341 au roy d'Aragon, Pierre le Ceremonieux, pour foûtenir les interêts de fon maître Jacques III, roy de Mayorque & feigneur de Montpellier, ce qu'il fit de la maniere genereufe que nous avons raconté dans le premier livre de cette hiftoire.   *Page 119.*

Nos tables confulaires marquent quatre ou cinq perfonnes de cette famille qui remplirent la place de conful dans les treize & quatorziéme fiécles. Quelques autres ont rempli celle de bailly; & en 1371 Imbert Roch fut député de la ville au pape Grégoire XI, de qui il obtint des lettres de récommandation auprès du roy Charles V pour être foulagez des impôts dont le duc d'Anjou les chargeoit; ce que je remarque (dit Mr Baluze) afin qu'on ajoûte plus de foi à ceux qui difent que St. Roch eft natif de Montpellier; *quod hic annoto ut major fides eis adhibeatur qui aiunt fanctum Rochum è Montepeffulano ortum fuiffe.*   *Pap. Avenion., tom. 1, pag. 1329.*

C'eft donc de cette famille, au fentiment de Mr Baluze, que nâquit le faint dont nous parlons, car fa naiffance [eut lieu] en 1295, & fa mort en 1327, n'ayant vêcu en tout que trente-deux ans. *Is patriam habuit Montempeffulanum, Narbonenfis provinciæ,* difent François Diedo & Louis Maldura, qui les premiers ont écrit la vie de ce faint. Pierre Dupin, Claude de la Roüe, Pierre de Natalibus, Krantzius dans fa metropole de Saxe, Vadingue, Catel, Mr. Baillet, & Mr Fleury, difent pofitivement qu'il étoit de Montpellier, & ils ne nous difputent point cet avantage.

Quant à fa mort, on ne peut raifonnablement douter qu'elle ne foit arrivée à Montpellier même, après l'autorité du martyrologe romain, qui marque pour le 16e jour d'août la mort de St. Roch. *In Gallia Narbonenfi apud Montempeffulanum depofitio fancti Rochi confefforis, qui multas Italiæ urbes à morbo epidimiæ figno crucis liberavit; cujus corpus Venetias poftea tranflatum eft.*

Les principales actions de fa vie font qu'il nâquit vers les commencemens du regne de Philippe le Bel, fous lequel Jacques II, roy de Mayorque, étoit feigneur de Montpellier. Il vint au monde marqué d'une croix rouge fur l'eftomac, ce que fon pere & fa mére regarderent comme un heureux préfage. L'éducation chrétienne qu'ils lui donnerent lui fit prendre dès fa jeuneffe un attrait fingulier pour l'abftinence & pour la mortification. Ayant perdu fon pere & fa mere à l'âge de vingt ans, il voulut fuivre les confeils de l'evangile & embraffer la pauvreté de Jefus-Chrift. Il diftribua fecretement aux pauvres tout ce qu'il put retirer de fes biens; mais, parce que les loix ne lui permettoient pas à fon âge de difpofer du fonds, il en laiffa l'adminiftration à fon oncle paternel, & s'étant dérobé de fon pays, il prit le chemin de Rome en habit de pelerin.   II.

*Etant arrivé à Aquapendente, ville de Tofcane, appartenante à l'etat   PAGE 225.

ecclefiaftique, il aprit que la pefte y étoit très-violente, & il alla auffi-tôt s'offrir à l'adminiftrateur de l'hôpital pour fervir les peftiferez. La bénédiction que Dieu donna à fa charité augmenta fon courage, & lui fit prendre la réfolution de fe confacrer à ce fervice fi rebutant. La pefte ayant ceffé à Aquapendente, il s'en alla à Cezene, ville de la Romagne, où il aprit qu'elle faifoit de grands ravages. Il paffa de là à Rimini, dans la même province, fur les côtes de la mer Adriatique, & partout où il alloit, il fembloit que le mal fuyoit devant lui.

Le défir qu'il avoit eu en partant de Montpellier d'aller à Rome fe reveilla à la nouvelle que cette grande ville étoit affligée de la contagion ; il y alla donc & y paffa trois années dans l'exercice des fonctions de charité qu'il avoit embraffée. Il revint enfuite dans cette partie de l'Italie qu'il avoit déjà parcouruë, & après avoir paffé quelques années dans diverfes villes de la Lombardie, il fe rendit à Plaifance, où il aprit que regnoit l'épidemie, qui eft une forte de pefte populaire : c'eft là où Dieu, qui l'avoit fi long-temps préfervé du mal, voulut le lui faire éprouver pour recompenfe de fa charité ; il fe fentit attaqué d'une fiévre très-ardente & d'une douleur à la cuiffe gauche dont la violence étoit prefque infuportable. Les cris qu'elle l'obligeoit de pouffer lui firent craindre d'incommoder les autres malades de l'hôpital ; il voulut en fortir, & fe retira dans un bois voifin de la ville, où il trouva une petite hûte qui lui fervit de couvert. Dieu, qui vouloit feulement l'exercer pour le difpofer à d'autres chofes, le fit découvrir par un chien d'un homme de qualité nommé Gothard, qui avoit une maifon auprès de là. Ce feigneur, touché de pitié, lui donna du fecours, & Dieu bénit fi heureufement fes foins, que le malade recouvra la fanté, & que Gothard lui-même prit le parti de la retraite par les confeils & la direction du ferviteur de Dieu.

III. St. Roch, après avoir refté quelque temps avec fon bienfacteur, reprit le chemin de France, & lorfqu'il fut dans le Languedoc, il trouva les environs de Montpellier pleins d'hoftilitez, de foupçons & de perils, à l'occafion des prétentions de Jacques II, roy d'Aragon, fur la feigneurie de Montpellier, contre Jacques III, roy de Mayorque, apellé par le roy Sanche à fa fucceffion. La mine étrangere de Roch le fit arrêter comme un efpion : on le conduifit au juge de Montpellier, qui étoit fon propre oncle, & qui, fans le reconnoître, le fit renfermer dans une prifon. Le faint, accoûtumé, comme il étoit, à la fouffrance & aux humiliations, ne voulut rien dire, & ne donna aucun éclairciffement qui pût le faire connoître : il refta deux ou trois ans dans fa prifon, après lefquels il y termina fa vie l'an 1327, fans que perfonne eût jamais fongé à s'intereffer pour lui : mais Dieu ne tarda point à faire connoître fa fainteté ; & les marques en furent fi promptes & fi éclatantes, que Mr Baillet, l'un des plus habiles critiques fur la vie des faints, reconnoît qu'on ne peut guéres douter que la dévotion du peuple pour St. Roch n'ait commencé dés le jour de fa fepulture, & qu'elle n'ait été toûjours en augmentant.

On en peut juger par ce qui arriva dans le pays fur la fin du même fiécle où ce bienheureux étoit mort. L'hiftoire de la ville d'Arles, citée par François Ranchin, nous aprend que Geoffroy de Boucicaut (dit le Maingre), gouverneur du Dauphiné, ayant rendu de grands fervices au Languedoc durant les troubles qui l'avoient agité, ce feigneur ne demanda d'autres marques de gratitude qu'une partie du corps de St. Roch, qu'il fçavoit être à Montpellier. La chofe lui ayant été accordée, il en fit dépofer les reliques dans l'églife des Trinitaires de la ville d'Arles, d'où on en a fait depuis de grandes diftributions. Ce fait eft certifié par meffire Gafpard du Laurens, archevêque d'Arles, qui dit dans une lettre autentique qu'il donna fur ce fujet au mois de juillet 1617: *Memoriæ fiquidem traditum eft quod major pars corporis B. Rochi per illuftrem comitem Walfridum Mingrium Delphinatus gubernatorem fub Carolo fexto Francorum rege depofita fuerit in ecclefia conventus reformatæ congregationis fanctiffimæ Trinitatis redemptionis captivorum hujus civitatis Arelatenfis.*

1399.
Hift. de la pefte, pag. 142.

Mff. du château de Caftries, n. 1, pag. 28.

Mais ce qui contribua le plus à étendre fon culte dans toute la chrêtienté, c'eft le recours que les peres du concile de Conftance eurent à fon interceffion l'an 1414; car la pefte s'étant communiquée à cette ville, & les prélats étant déjà refolus * de s'en retirer, ils ordonnerent auparavant un jour de jeûne & une proceffion générale où l'on porta l'image de St. Roch, & où fon nom fut invoqué dans les litanies. Le cardinal Baronius, dans fes notes fur le martirologe romain, dit que la pefte ceffa auffi-tôt: *Solemni pompa ejus imaginem omni comitante populo per urbem detulerunt, quo facto, peftis mox evanuit.*

PAGE 226.

Dépuis ce tems-là, fon culte s'étendit dans la Soüabe, les Suiffes, la Lombardie, & dans les provinces voifines. Les villes d'Italie qui avoient été honorées de la vifite du faint durant fon vivant, furent les plus zélées. François Diedo, fenateur de Venife, étant gouverneur de la ville de Breffe, entreprit par devotion de compofer la vie du faint en 1477. Pierre Loüis Maldura la continua telle qu'on la trouve dans le recueïl de Surius, & elle ne contribua pas peu à faire encore plus connoître St. Roch; mais elle fervit auffi à faire perdre à la ville de Montpellier ce qui lui reftoit de fes précieufes reliques, car les Venitiens, que leur commerce du Levant expofoit fouvent à la pefte, fouhaitant d'avoir St. Roch pour protecteur, confpirerent, par un de ces pieux larcins dont on voit plufieurs exemples dans l'histoire ecclesiastique, d'enlever à Montpellier ce qui y restoit des reliques de St. Roch. Ils y envoyerent quelques avanturiers en habit de pelerins qui, ayant fait leur expédition, emporterent à Venise, en 1485, le reste du corps de ce saint, qui y fut reçû du senat & du peuple avec une joie indicible. On y bâtit aussi-tôt une église magnifique en son honneur, où l'on déposa solemnellement ses reliques.

Venise les a conservées plus soigneusement que les Mathurins de la ville d'Arles, qui, en divers tems, en ont fait des distributions considerables qu'on peut voir dans Baillet, Vie de St. Roch.

IV. Ce que nous venons de dire suffit pour prouver quil étoit natif de Montpellier, qu'il y mourut, & que son culte commença dans le même siécle où il finit ses jours. Il reste à répondre à quelques objections que j'ai oüi faire à son sujet, car ce saint éprouve encore après sa mort cette parole de Notre-Seigneur : qu'un homme est rarement prophète dans son pays.

J'ai vû des gens vouloir laisser à douter si St. Roch a jamais existé, & s'il a été natif de Montpellier : non qu'ils disent rien de positif contre les autoritez que nous avons raportées ; mais, comme s'ils suposoient qu'on n'en a aucune preuve, ils demandent d'un grand air de confiance s'il y a eu un St. Roch, & s'il a été de Montpellier : sur quoi j'ai eu quelque fois occasion d'alleguer le concours des autheurs déja raportez & l'autorité du concile de Constance, qui ordonna des prieres publiques à l'honneur de ce saint ; mais je ne sçai si cette derniere raison étoit celle qu'ils attendoient, &, si au contraire, ils n'auroient pas voulu insinuer que ce concile avoit erré dans une question de fait. Mais sans entrer dans la question (si l'église est faillible ou non dans les questions de fait), je me contenterai d'observer que l'evêque de Maguelone & les députez de l'université de Montpellier étoient actuellement au concile lorsque les peres de Constance décernerent à St. Roch le culte des saints, & qu'il est plus que croyable qu'ils ne le firent pas sans avoir pris d'eux tous les éclaircissemens & sûretez necessaires. Ainsi, pour révoquer en doute l'existence de St. Roch, il faudroit suposer que les peres du concile negligerent les sûretez que l'on prendroit dans les moindres affaires, ou que l'evêque de Maguelone, avec les députez de l'université de Montpellier, s'accorderent ensemble pour tromper grossièrement les peres du concile, ce qu'aucune personne raisonnable n'oseroit penser.

L'autre objection est de François Ranchin, dans son Traité de la peste, où, sans révoquer en doute le fait ci-dessus, il se plaint du silence de nos regîtres & de nos livres d'église sur St. Roch, d'où il prend occasion de blâmer Montpellier d'ingratitude, puisque (ajoûte-t-il), il n'est rien de plus glorieux à une cité que d'avoir produit un grand saint.

J'avoüe qu'en lifant cet endroit de fon ouvrage, j'ai été touché du reproche qu'il nous fait, parce que je fupofois qu'il avoit parcouru nos anciens livres d'églife & foüillé dans nos archives ; mais, en examinant de plus près la chofe, j'ai vû avec étonnement que Ranchin n'ait pas obfervé l'interruption qui eft* dans notre petit Talamus depuis 1428 jufqu'en 1502, & que le commencement de cet intervale étant précifement le tems où le culte de St. Roch fut établi, il n'eft pas furprenant qu'on eût manqué de faire mention de ce faint dans les années fuivantes.

<small>PAGE 227.</small>

Cependant, en cherchant dans les regîtres dont François de Ranchin fe plaint, j'y ai trouvé des preuves qui ont échapé à fes récherches, & que je vais raporter pour détromper le lecteur de ce filence prétendu.

Dans un vieux livre en parchemin de la cour du petit fceau de cette ville, qui contient les anciennes ordonnances de nos rois fur fa jurifdiction, on voit à la tête un ancien calendrier des jours feriez, où on lit pour le feizième du mois d'août, en groffes lettres gothiques : *Sti. Roqui confefforis*, & en plus petit caractere & fort ancien : *oriundi de Montepeffulano*. Il eft à obferver que la dernière ordonnance de nos rois raportée dans ce livre eft du roy Charles VI, de l'année 1412 & la 32e de fon regne, d'où l'on peut inferer que le calendrier qui eft à la tête devoit avoir été mis auparavant, & par conféquent être du quatorziéme fiécle où St. Roch étoit mort.

Dans un miffel de Maguelone, du quinfiéme fiécle, écrit fur le vélin en lettres gothiques, qui eft dans la bibliothéque de l'evêché, on lit pour le même jour feiziéme d'août : *Sti. Roqui*, & l'on y a ajoûté *martyris*, ce qu'on fit fans doute parce qu'on le regardoit comme martyr de la charité.

Dans la defcription que fait nôtre Talamus d'une proceffion pour la pefte, faite au mois de mars 1505, il eft dit que la proceffion alla aux freres prêcheurs hors la ville où étoit la chapelle de St. Roch. Or, fi la chapelle étoit dédiée fort peu d'années auparavant, comme il eft vraifemblable, elle étoit du quinziéme fiécle. On trouve dans un vieux manufcrit, apellé *Cérémonial de la ville de Montpellier* :

<small>Archives du château de Caylries, Mff. n. 1, pag. 19.</small>

« Le feiziéme d'août eft la fête de Monfieur St. Roch, enfant de Montpellier, & eft fondée fa chapelle aux Jacobins, & les fieurs confuls vont ledit jour audit couvent, & ne y a qu'un feul pavillon, & fonne la cloche de Nôtre-Dame des Tables à l'honneur du faint; » ce qui eft une preuve que le culte de St. Roch eft beaucoup plus ancien dans Montpellier qu'on n'auroit voulu le faire entendre.

Dans un rituel de Maguelone en lettres gothiques, qui eft au pouvoir de Mr. Pouget, chanoine de nôtre cathedrale, renouvellé en 1533, on y rapelle l'ancienne oraifon de St. Roch, couchée en ces termes : *Deus, qui Leato*

Rocho per angelum tuum tabulas eidem afferentem permisisti, ut qui ipsum invocaverit à nullo pestis cruciatu lederetur, præsta ut qui ejus memoriam agimus, meritis ipsius à mortifera peste corporis & animæ liberemur.

Et Catel, dans ses Memoires du Languedoc, ecrit que de son tems on montroit à Montpellier la maison de ce saint, comme nous la montrons encore attenant le bureau des trezoriers de France : par où l'on voit l'ancienne croyance de nos peres sur St. Roch, & qu'ils ne furent pas si nonchalans qu'on a prétendu l'insinuer sur le culte d'un saint, leur concitoyen. Je ne desespere pas qu'on ne trouve après moi dans nos archives quelque nouvelle preuve qui m'aura échapée.

Il ne reste qu'à répondre à l'étonnement que se fait Mr. Ranchin de ce que le pape Urbain V, qui fit présent de plusieurs réliques à l'église de St. Germain, n'y en eût pas mis de celles de St. Roch. Mais il n'y a qu'à concilier les tems ; St. Roch mourut en 1327, & le pape Urbain consacra l'église de St. Germain en 1367 ; ce n'étoit qu'une distance de quarante années. Or il ne convenoit pas que le pape le canonisât si tôt, comme il auroit fait en quelque sorte s'il l'avoit exposé de son autorité à la vénération publique.

Son culte fut interrompu, dans Montpellier, durant les soixante années que les prétendus réformez en furent les maîtres, mais on ne tarda pas de le renouveller après la réduction de cette ville sous les armes du roy Loüis XIII.

En 1629, dans le tems de la grande peste dont nous avons donné l'histoire, le conseil de ville fit vœu de faire bâtir une chapelle à son honneur.

En 1661, on érigea une confrérie de St. Roch dans l'église de N. Dame des Tables, dont Mr. le marquis de Castries fut le premier prieur, & Mr. de Boirargues soû-prieur.

*Enfin durant la peste qui de nos jours a affligé la Provence, la ville a recouru à ce saint comme à son concitoyen, & a fait mettre au bas du tableau des consuls qui est dans l'église Nôtre-Dame des Tables :

BEATO ROCHO

CONCIVI SANCTISSIMO

CIVIT. ET COSS. MONSPELL.

OPEM QUAM SÆPIUS EXPERTI SUNT

CONTRA IMPENDENTEM LUEM IMPLORANT.

Les frequentes alliances qu'il y eut entre les maisons de la Croix & celle de Roch, toutes deux des plus considerables de Montpellier dans les XIII & XIV siècles, ont donné lieu à l'ancienne tradition qui assûre que la maison de la Croix est la même que celle de St. Roch. Je n'oferois confondre ces deux maisons, mais il est bien certain qu'il ne nous reste aucune maison alliée de plus près à celle de St. Roch que celle de la Croix.

DOMINIQUE SERANO
XIᵉ GENERAL DE L'ORDRE DE LA MERCY, ET CARDINAL.

LE livre qui a pour titre Histoire de l'ordre sacré, royal & militaire de Notre-Dame de la Mercy, nous aprend que « Dominique Serano, « onziéme général de l'ordre, naquit à Montpellier, ville du bas « Languedoc, de parens originaires d'Avila en Espagne, qui n'excelloient « pas moins en pieté qu'en noblesse. » *Page 280.*

Il fut envoyé jeune à Paris pour y étudier la jurisprudence où il se rendit si habile, qu'il y enseigna le droit à l'âge de vingt-quatre ans, & composa deux sçavans livres, l'un *De sententia matura deliberatione danda*, & l'autre fut un commentaire *super legem Corneliam de Beneficiis*.

L'historien de sa vie raporte qu'étant chargé d'examiner les prétendans aux grades, il refusa un jeune gentilhomme de Mallemont ou Maumont en Limosin, qu'il trouva fort foible, d'où il prit occasion de l'exhorter à mieux étudier, lui promettant de le recevoir lorsqu'il s'en seroit rendu capable. Le jeune homme entra dans l'ordre de St. Benoît en suivant le conseil du docteur Serano, & il étudia si bien qu'il fut nommé avec le tems evêque d'Arras, puis archevêque de Roüen, créé cardinal du titre des sts Achille & Nerée, & enfin pape, en 1342, sous le nom de Clement VI. *Page 281.*

Dominique Serano, touché de Dieu, quitta Paris & vint à Montpellier, d'où il se rendit à Barcelone pour se faire religieux de la Mercy. Il s'y distingua par son amour pour la retraite & par toutes les vertus de son état. Il fut envoyé redempteur en Afrique, où il racheta six vingt captifs; & deux ans après, il alla dans le royaume de Grenade, d'où il en ramena soixante.

* Il fut envoyé à Naples sur la demande qu'en fit le roy Robert, & l'auteur de cette histoire raporte plusieurs sages conseils qu'il lui donna. *Page 229.*

Revenu en Aragon, il eut occafion de découvrir au roy une confpiration faite contre fa perfonne : & Alphonfe, onzième roy de Caftille, l'engagea d'écrire un traité fur les levées d'argent que les princes peuvent faire fur leurs fujets.

Clement VI, devenu pape, voulut avoir fon fentiment par écrit fur des affaires d'état, & ayant été fort fatisfait de fes réponfes, il lui envoya un bref plein de témoignages d'amitié & d'eftime.

En 1345, il fut élû général de fon ordre : cette charge étant déjà fortie des mains des chevaliers laïques pour n'être conférée qu'aux religieux clercs, il eut le fuffrage de tous les vocaux, & il convoqua auffi tôt un chapitre général à Notre-Dame del Puch dans le royaume de Valence, où il fit de beaux réglemens pour la fûreté des aumônes deftinées à la redemption des captifs.

Sur la fin de cette année, il vint en France pour y foûtenir les droits que les papes & les rois avoient donné à ceux de fon ordre d'enfeigner publiquement dans les univerfitez.

L'an 1348, le pape Clement VI, qui l'avoit confirmé avec joye dans fon généralat, le fit cardinal-prêtre du titre de St-Calixte dans une troifième promotion faite extraordinairement pour lui & pour un fien neveu nommé Pierre Roger, fils du comte de Beaufort, qu'il fit cardinal-diacre du titre de Sainte-Marie la Neuve.

On compte, parmi les écoliers qu'il avoit à Paris, les ducs de Bourgogne, le comte d'Armagnac & celui d'Alençon, qui tous lui témoignèrent leur joye de fa promotion, & le roy d'Aragon lui députa dom Alfonfe de Cabrera pour le feliciter de fa part à Montpellier, où il reçut la nouvelle de fa promotion.

Tandis qu'il fe difpofoit à fe rendre à Avignon auprès du pape Clement VI, la ville de Montpellier fe reffentit de la pefte générale, qui ayant commencé à Florence dans le mois d'avril, fe communiqua en France & en Efpagne, & de là dans tout le refte de l'Europe. Le nouveau cardinal, qui n'avoit pas encore quitté le généralat de fon ordre, ne voulut pas abandonner fes religieux dans des conjonctures fi intereffantes; il fut attaqué luimême du mal dont il mourut le 9 du mois de juillet 1348, un mois & fix jours après fa promotion. Il fut enfeveli dans fon couvent de Montpellier, où l'on voyoit fon tombeau avant les défordres de 1562. Vargas, en parlant de fon grand âge & des maladies que fon attachement à l'étude lui avoit caufé, dit qu'il voulut venir mourir à Montpellier, fa patrie : *Ob id citiffime in*

Liv. 2, chap. 6. *Galliam reverfus eft, ut in civitate Montifpeffulani, patria fua, animæ corporifque falmi confuleret, ne mors, ut ipfe dicebat, imparatum eum reperiret, &c.*

MARIE DE MONTPELLIER
REINE D'ARAGON.

JE ne rapelle point tout ce que j'ai déjà dit dans le premier tome de cet ouvrage qui peut fervir à nous confirmer dans l'idée que les auteurs efpagnols ont eu de cette reine, qu'ils apellent *la reyna fancta dona Marit, que fo molt fancta & buena a Deus & al mond. Infignem pietate & probilate fœminam*, dit Zurita. *Beuter.*

La haine de fa marâtre & le mauvais traitement de fes differens maris font affez marquez pour juger que Dieu voulut la fanctifier fur le trône par des croix domeftiques qui font ordinairement les plus fenfibles. Dès l'âge de onze à douze ans, elle fuivit aveuglement les volontez de fon pere, qui la maria à Barral, vicomte de Marfeille. Devenuë veuve à l'âge de quinze, elle fit, pour un * bien de paix, la renonciation que fa marâtre voulut; &, dépouillée de tous fes droits, elle fut livrée au comte de Cominges, qui étoit plongé dans la diffolution & dans l'héréfie. *Montaner.*

Page 230.

La patience & la vertu qu'elle fit paroitre dans toutes ces épreuves intereffa davantage pour elle les habitans de Montpellier après la mort de fon pere. Ils foûtinrent conftamment fes droits contre les brigues de fa marâtre: & devenuë reine d'Aragon par fon mariage avec le roy Pierre, elle paroiffoit être à l'abri de toutes les agitations paffées, lorfque les mépris du roy fon époux la jetterent dans de nouveaux troubles. Il fallut une protection toute vifible du ciel pour la rendre mere du roy Jacques, par ce pieux artifice que j'ai raconté dans le IVᵉ livre. La naiffance de ce jeune prince ne changea point les difpofitions du roy fon pere; il mit la reine dans l'obligation d'aller à Rome en perfonne pour s'oppofer à la rupture de fon mariage. *Page 99 du 1ᵉʳ volume de la préfente réimpreffion.*

Ce fut alors que fa vertu parut comme fur un plus grand théâtre. Le pape Honoré III fit fon éloge lorfqu'écrivant au roy pour lui perfuader d'abandonner fon deffein, il le prie de confiderer la piété de la reine & la bonté de fes mœurs : *præcipue cum fit mulier timens Deum, magna prædita honeftate, & ex ea filium fufceperis;* mais la paffion du roy l'ayant emporté fur tous ces égards, il alla fe jetter dans le parti des Albigeois, où il perit malheureufement à la bataille de Muret, l'an 1213.

La reine, son épouse, étoit morte quelques mois avant lui, quoiqu'on n'en sçache pas précisément le tems. Son dernier testament qu'elle fit à Rome est du 20 d'avril de la même année, c'est-à-dire qu'elle mourut entre ce jour & le treiziéme de septembre qui fut celui de la mort de son mari.

En aquest an 1213 (dit nôtre Talamus), *mori a Rome madona Maria, regina d'Arragon, & pueis à 13 septembre, mori à Muret Peyre, rei d'Arragon.*

Je ne rapelle point ici les observations que j'ai faites ailleurs sur la pensée de Zurita pour l'année de la mort de la reine ; je me contente de dire que, conformément à l'article de son testament, par lequel elle vouloit être enterrée dans l'église de St-Pierre de Rome, on l'inhuma, comme nous l'aprenons de Beuter, Rivarius & Zurita, auprès du tombeau de Ste. Petronille ; & Gariel nous aprend qu'on mit au bas de celui de la reine ces paroles, dont les premieres font allusion à ces mots de Guillaume de Puy-Laurens qui, parlant du mariage que Pierre, roi d'Aragon, contracta avec elle, dit : *quod autem fecit rex ambitione dominandi per eam in Montepessulano.* Les paroles dont je parle sont :

> *Ambitio mihi regem virum dedit,*
>
> *Pia fraus filium regem maximum,*
>
> *Sancta mors cœleste regnum.*

Un des articles de son testament, des plus interessans pour notre diocése, est la donation qu'elle fit de son château de Mirevaux aux filles de St. Felix de Montseau, dites aujourd'hui de Gigean. Nous verrons dans l'article de ce monastére l'indemnité que donna le roy Jacques, son fils, pour rentrer dans cette terre, où la reine sa mere se plaisoit beaucoup à cause du voisinage de Maguelone & des religieuses de St. Felix.

HISTOIRE DE MONTPELLIER

LIVRE HUITIÉME
DES EGLISES PARTICULIERES

CHAPITRE PREMIER.
DE L'EGLISE CATHEDRALE St PIERRE.

'EGLISE cathédrale a fuivi tous les changemens qui font arrivez au fiége de Maguelone, c'eft-à-dire qu'ayant commencé dans cette ifle environ le cinquiéme fiécle, elle fut changée à Subftantion dans le huitiéme, d'où l'evêque Arnaud la rétablit à Maguelone dans le onzième, & fut enfin transferée à Montpellier fous le regne de François Ier.

On obferve que dans tous ces differens lieux elle a porté toûjours le nom de St. Pierre, comme il paroît (quant à fa premiere fondation) par ces paroles de Verdale au fujet de la donation que les fœurs de St. Fulcrand firent à l'églife & à l'evêque de Maguelone : *Hoc ergo votum perfolventes, has villas* (c'eft-à-dire Montpellier & Montpellieret) *Domino Deo, & beatis Petro & Paulo Magalonenfis fedis, & Ricuino, ejufdem fedis venerabili epifcopo, donatione in perpetuum valitura deftinaverunt.*

Le fait n'eft pas moins certain pour le tems que le fiége refta à Subftantion, car il n'eſt rien de plus ordinaire dans les actes de ce tems-là que de voir nommer l'égliſe cathédrale *ecclefiam Sti. Petri Subftantionenfis.*

Il en fut de même lorſque l'evêque Arnaud eut ramené ſon chapitre à Maguelone, où la cathédrale fut toujours apellée St. Pierre de Maguelone, ce qui conſte plus particulierement par la bulle de ſa tranſlation à Montpellier, dans laquelle Paul III dit qu'il transfere l'égliſe cathédrale St. Pierre de Maguelone dans celle de St. Benoît & de St. Germain de Montpellier, voulant que le nom de *monaſtère & d'égliſe de St. Benoît reſte ſuprimé, & que la nouvelle égliſe conſerve toûjours le nom de St. Pierre qu'elle avoit à Maguelone. *In monafterio Sti. Benedicti nomen & titulum monafterii, ac etiam invocationem Sti. Benedicti extinguimus, ita ut de cætero ecclefia Sti. Petri Magalonenfis nuncupetur fub invocatione ejufdem B. Petri apoftoli.*

PAGE 232.

On ne ſçait pas ſi poſitivement dans quelle forme l'égliſe cathédrale fut bâtie dans ces differens lieux, quoiqu'on aſſûre que dans le tems de ſa premiere fondation à Maguelone, elle fut à peu près comme elle eſt encore aujourd'hui, parce qu'au jugement des plus habiles antiquaires, le chevet de l'égliſe d'apréſent eſt beaucoup plus ancien que le reſte du bâtiment d'où l'on infere que l'evêque Arnaud, en la faiſant retablir, lui donna ſon ancienne dimenſion, & qu'il ſe contenta de lier les nouvelles murailles au chevet de cette égliſe, qui s'étoit mieux conſervé que tout le reſte du bâtiment.

Quant à la manière dont elle étoit bâtie à Subſtantion, on n'en peut mieux juger que par ſes vieilles maſures qui nous préſentent encore un eſpace de dix à douze toiſes de long ſur quatre ou cinq de large, enfermé entre quatre murailles, dont celle qui répond à la porte d'entrée eſt ſurmontée d'un fronton ouvert à jour pour trois cloches qu'on ſonnoit en branle.

On raconte que ces vieux reſtes ſouffrirent beaucoup ſur la fin du dernier ſiécle, à l'occaſion des réparations qu'on fut obligé de faire à l'égliſe de Caſtelnau qui eſt tout auprès, car les maçons qui en avoient le prix-fait, ayant obtenu du chapitre de Montpellier la permiſſion de prendre quelques pierres à Subſtantion, ils en laiſſerent emporter un grand nombre à quelques habitans de Caſtelnau qui les employerent dans leurs maiſons de campagne. De cette ſorte, la curioſité des voyageurs n'eſt pas fort ſatisfaite lorſqu'ils vont voir cette ancienne égliſe qu'on ſçait d'ailleurs n'avoir jamais été remarquable, ni par le nombre de ſes miniſtres ni par la ſolemnité du ſervice :

Verdala in Arnalue. *Ubi pauci clerici feu presbiteri qui cantandi habebant officium in eadem ecclefia, apud fanctorum reliquias, quæ multæ atque pretiofiffimæ, ibidem ufque hodie fervatæ funt, fua officiola celebrabant.*

Je ne répeterai point ici tout ce que j'ai dit ailleurs des augmentations que les succeffeurs de l'evêque Arnaud firent à l'églife de St. Pierre de Maguelone, & je n'ajoûterai rien à la defcription que j'ai donnée des grands bâtimens de St. Pierre de Montpellier lorfque le chapitre y fut transferé, en 1537 ; il me fuffira de dire, pour la fuite de l'hiftoire, que le fervice y ayant été aboli en 1567, les chanoines fe réfugièrent tantôt à Frontignan, tantôt à Villeneuve, où ils firent le fervice jufqu'après le fiege de Montpellier, en 1622.

Ce fut alors que le roy Loüis XIII, voulant rétablir le culte catholique à Montpellier, affigna fur les gabelles des fonds fuffifans pour y bâtir une cathédrale. Mr. de Fenoüillet, qui en étoit evêque, en fit jetter les fondemens à la Canourgue ; mais fes envieux le rendirent fufpect au cardinal de Richelieu, qui, étant venu à Montpellier après le fiége de Pr̀vas, ordonna qu'on fufpendît les travaux de la Canourgue & qu'on réparât l'églife de St. Pierre pour la mettre en état d'y faire le fervice.

Le foin en fut donné au préfident Baudan (chez qui fon éminence logeoit), lequel fit rébâtir l'angle de cette églife qui répond à la ruë publique ; & ayant rétabli deux arceaux de la voûte qui y manquoient, il fit remettre cette églife aux chanoines pour y faire le fervice.

Il falut alors que le chapitre fît faire à fes dépens les réparations intérieures, comme il paroît par les régitres de fes délibérations, où l'on trouve un bail paffé avec le nommé Maltois, fculpteur, pour les chaifes du chœur ; un autre pour les vitres & pour le pavé de l'églife dans toute fon étenduë, où l'on peut obferver qu'on mit ce pavé au même niveau que l'ancien, comme il paroît par le focle des piliers de l'églife & par la hauteur des niches à la gothique qui font à côté de l'autel de chaque chapelle pour y fervir de crédence. *Reg. 40.*

Le chapitre fit auffi réparer le clocher qui eft à côté de la grande porte de l'églife ; & pour en augmenter la cloche, il délibera le 2 may 1633 de bailler au feigneur evêque le canon qu'on avoit trouvé à Maguelone lors de fa démolition, en 1632. Je ne fçai pourquoi cette délibération ne fut executée que vingt * ans après, comme nous l'aprenons de l'infcription qui eft autour de cette cloche, où il eft marqué qu'elle avoit été donnée à l'églife de Maguelone en 1518 par Antoine du Cailar de Montferrier, chanoine & facriftain de Maguelone, & qu'elle fut augmentée du double lorfque le chapitre de Montpellier la fit refondre, en 1653. PAGE 233.

Cymbalum hoc à domino Antonio du Cailar de Monteferrario Magalonenfi facrifta anno Domini MDXVIII, dono datum, & injuria temporis effractum, Monfpelienfe capitulum refecit, & in duplum auxit anno domini MDCLIII. Ste Petre, ora pro nobis.

A côté, il y a deux médailles de St. Pierre & de St. Paul ; & au bas, on voit le nom du fondeur en ces termes : L. Bordes m'a faite.

J'entre dans tout ce détail pour faire voir le dénüement où se trouvoit cette églife, & combien il falut du tems pour la mettre en état d'y pouvoir faire le fervice avec quelque décence.

On trouve, dans les délibérations du chap'tre, qu'il fit faire en 1634 une tapifferie de haute lice reprefentant les principales actions de St. Pierre, pour parer le fanctuaire de fon églife ; mais depuis que feu Mr. de Pradel, evêque, y eut fait mettre les grands tableaux qu'on y voit, cette tapifferie fert autour du chœur par-deffus les chaifes hautes des chanoines.

Peu de tems après, le chapitre fit faire les grandes orgues qui font au fonds de l'églife, au-deffus de la principale porte d'entrée ; & parce que, dans ces premiers commencemens, la facriftie manquoit de tout, quelques chanoines lui firent des préfens qui n'ont pas été oubliez dans les regîtres du chapitre. Le Sr. Mongranier y eft compris pour un benitier d'argent, & Mr. Rebuffi, grand-vicaire, pour un ornement complet de velours. Mrs. de Brignon, prévôt, Boufquet de Montlaur, abbé de Franquevaux, & Ranchin, grand-vicaire, donnerent les vafes facrez & les ornemens qu'ils avoient à eux, & par les augmentations que ce chapitre y a fait, fon argenterie aproche de vingt mille écus.

C'eft ainfi qu'après deux cens ans, l'églife de St. Pierre s'eft un peu rélevée de fes anciennes pertes, par où l'on voit clairement qu'il faut fouvent des fiecles entiers pour réparer les défordres qu'une populace furieufe eft capable de faire en un jour.

Avant de finir cet article, je ne dois pas oublier l'horloge qu'on a mis depuis peu fur le clocher de St. Pierre pour regler le fervice divin & pour l'utilité du public, qui l'entend de la plus grande partie de la ville & de toute la campagne voifine de St. Pierre ; mais ce qui la rend infiniment plus eftimable, c'eft de la tenir des liberalitez d'un grand cardinal, * premier miniftre, que le chapitre ne peut affez fe glorifier d'avoir eu l'honneur de poffeder durant plufieurs années.

Nos fucceffeurs verront avec plaifir les reparations qu'on va faire au fanctuaire de cette églife, où il doit y avoir un autel à la romaine du plus beau marbre d'Italie, orné de bronze doré, auquel le chapitre a fait fervir le droit d'entrée qui lui revenoit de meffire Charles Joachim Colbert, fon evêque.

* Mfgr le cardinal de Fleury.

CHAPITRE SECOND

DES EGLISES COLLEGIALES

L'EGLISE COLLEGIALE DE NOTRE-DAME DU PALAIS
Dite du Château.

DURANT la sédition arrivée à Montpellier en 1141 contre Guillaume, fils d'Ermenfende, ce seigneur, qui s'étoit retiré à Lates, fit vœu de bâtir une chapelle à l'honneur de Nôtre-Dame, dans son château de Montpellier, ce qui ne put être exécuté que par son successeur, Guillaume, fils de Sibille, comme il le dit lui-même dans l'acte de fondation de l'église de Ste. Croix, où il fait certaines réserves pour servir un jour à la dotation de l'église du château, qu'il devoit faire bâtir. *Retentis aliis ad opus capellæ, & ecclefiæ quam Deo authore fundaturus sum in castello meo.*

* Nous trouvons dans les archives de l'evêché que Raymond I, evêque de Maguelone, fit la consécration de cette église en 1156, & il faut qu'elle fût dans sa perfection en 1162, puisqu'Alexandre III, ayant été reçû à Montpellier cette même année, avec les honneurs que nous avons dit dans la vie de Guillaume, fils de Sibille, ce pape lui accorda un bref par lequel il exempte de tout interdit sa chapelle de Montpellier, *capellam quoque tuam in Montepessulano nullus audeat interdicere, quominus tibi & familiæ tuæ exclusis excommunicatis & interdictis, divina officia celebrentur.*

Guillaume, fils de Mathilde, par son testament de l'an 1202, ordonna qu'outre le chapelain majeur, le sacristain & les autres clercs qui y étoient du tems de son pere, on y ajoûtât un autre chapelain, un diacre, un soûdiacre, un clerc & un escapolier ou sonneur de cloche, *qui omnes decantent ecclesiam, & serviant.*

Le roy Jacques le Conquerant, successeur des biens & de la pieté de ses ayeuls maternels, agrandit cette église, en lui donnant cinq cannes & demi de largeur sur quinze de longueur dans œuvre. *In latudine quinque cannas & dimidiam, & in longitudine quindecim cannas, non comprehensis in his parietibus ejusdem ecclesiæ.*

Elle étoit à côté de l'entrée du palais, comme il paroît par la naissance de son ancienne voûte, qu'on voit encore au-dessous de l'horloge, précisément au même lieu où Mrs. de la cour des aydes ont fait bâtir la grande sale qui leur sert de chapelle. Sa principale entrée étoit à côté de celle du

PAGE 234.

Spicilege de d'Achery, tom. 3, page 561.

palais, enforte qu'il eſt dit dans une ſentence criminelle que j'ai vû, qu'un homme condamné à faire amande honorable la fit devant la porte de cette égliſe ; & enſuite, ſans changer de lieu, devant celle du palais.

Pour illuſtrer cette égliſe, le roy Jacques la fit ériger en collégiale, & l'honora des mêmes exemptions que le roy St. Loüis, ſon contemporain, avoit accordé à la Ste. Chapelle de Paris. *Concedimus Domino Deo beatæ genitrici & capellæ noſtræ de Montepeſſulano omnia laudimia, accapta, ſive conſilia, ſine omni retentione noſtri vel noſtrorum, mandantes, &c.* ; & pour la rendre plus vénérable, nos conſuls y ramaſſerent un grand nombre de réliques, à l'exemple des ſaintes chapelles de Paris, de Vincennes, de Dijon, de Bourges & de Bourbon, où les princes qui les fonderent prirent ſoin d'y faire aporter pluſieurs reliques des ſaints.

Nous avons un acte du 17 janvier 1365, dans lequel Pierre Garrigue, prêtre & prieur de l'égliſe collégiale de Ste. Marie du Château, proche le palais du roy, avec les autres prêtres ſes collegues, reconnoiſſent aux conſuls de Montpellier qu'il a été de nouveau érigé en ladite égliſe une confrérie en l'honneur de St. Onufre, dont ils avoient reçû les reliques, avec celles de St. Sebaſtien, des ſaints Sixte & Hippolite, martyrs, de St. Martin, confeſſeur, de Ste. Eulalie, vierge & martyre, du mont du Calvaire & du ſepulcre de Notre-Seigneur. A raiſon de quoi ils s'obligent tous les ans, le 13 de juin, à un anniverſaire pour l'âme des conſuls décédez, & à une meſſe le jour du décès des conſuls actuellement vivans, & à une meſſe du St. Eſprit la veille de St. Onufre, pour la proſperité des conſuls, leur accordant de faire graver leurs armes ſur la châſſe deſdites reliques.

Le roy Loüis XII, dans ſes lettres données au Pleſſis-lez-Tours, l'an 1510, fait mention d'une portion de la vraye croix & d'une épine de la couronne du Sauveur, donnée à cette égliſe par Philippe le Bel ; puis, en rapellant les privileges accordez à cette égliſe par ſes prédéceſſeurs, les rois de Mayorque, de Navarre & de France, il veut (comme on le pratiquoit de leur tems), qu'il ſoit pris du tréſor royal tout ce qui ſera néceſſaire pour le ſervice & pour les réparations de cette égliſe.

Cet uſage eſt confirmé par un article des ſtatuts dreſſez le 12 novembre 1410 par le gouverneur de Montpellier, où il eſt dit : *Item eſt de more & conſuetudine quod omnes reparationes neceſſariæ in dicta capella regia, ſicut in parietibus, in opertura, in cloquerio, in cimbalis, in indumentis ſacerdotalibus, in calicibus, in libris, & aliis dicta capellæ neceſſariis, fiant & fieri conſueverunt per theſaurarium, ſive receptorem receptæ ordinariæ regiæ Montiſpeſſulani, de pecunia dictæ ſuæ receptæ juxta ordinationem magiſtri operum regiorum, ſive ejus locum tenentis de mandato dicti domini gubernatoris, patroni dicti collegii.*

*Le titre de patron de cette églife, que les lieutenans du roy prenent dans quelques actes, vient fans doute à caufe qu'elle étoit de la fondation de nos anciens feigneurs de Montpellier dont ils tenoient la place. C'eft pour cette raifon qu'ils y faifoient affembler tous les ans les perfonnes qui devoient proceder à l'élection du bailly (comme on a pû l'obferver dans l'article de la Bayllie), & que ces mêmes lieutenans ou gouverneurs mirent leur nom à la tête de divers règlemens qui furent faits pour le fervice de Notre-Dame du Palais.

Par ces mêmes ftatuts, les chapelains devoient dire fix meffes tous les jours & régler entr'eux le famedy avant vêpres celle que chacun devoit dire dans la femaine ; les deux premières étoient à voix baffe, la troifiéme eft apellée la meffe de paroiffe, avec chant ; la quatriéme fe difoit à voix baffe pendant la meffe de paroiffe, la cinquième après que la meffe paroiffiale étoit finie ; & enfin la dernière qui eft apellée la meffe majeure : *Singulis diebus fabbati ante vefperas eligi confueverunt fex prebifteri, qui in feptimana fequenti habent celebrare miffas. Videlicet unus primam, alter fecundam, alter miffam parochialem cum nota; alter aliam miffam baffam dum miffa parochialis dicitur, alter poft miffam parochialem, & alter miffam majorem.*

Il paroît par ces ftatuts & par les lettres de nos rois qu'on y chantoit les heures canoniales, *nocturnum officium pariter & diurnum.*

Pour donner le moyen à tous ces prêtres de vacquer plus librement au fervice de cette églife, on leur donna quelques bénéfices & des droits confiderables dans la ville & à la campagne, mais les grands renverfemens que les troubles de la religion cauferent dans cette province fe firent fentir à l'églife royale de Notre-Dame du Palais ; elle ne fut pas plus refpectée que les autres de la ville ; les chapelains furent difperfez pendant foixante ans, après lefquels leurs places furent données à de nouveaux prêtres qui ramafferent les débris de leur ancienne dotation & rentrerent dans les bénéfices de St. Martin de Lairargues, diocéfe de Montpellier, & de Notre-Dame de Rouviege, diocéfe de Beziers. Ils ont recouvré, par les notes des notaires, quelqu'une des redevances qu'ils avoient à Montpellier, à Montel & à Celleneuve, mais ils n'ont pû encore faire le fervice en corps d'églife collégiale, tant à caufe de la modicité de leurs revenus que par le défaut d'une chapelle où ils pûffent s'affembler. Celle que la cour des comptes, aydes & finances a fait bâtir dans leur ancien fonds, eft deffervie par des religieux, & les prêtres de cette ancienne églife, réduits à fix, difent les meffes aufquelles ils font tenus dans la chapelle de la Providence.

L'EGLISE COLLEGIALE DE St. SAUVEUR.

LE cardinal Imbert Dupuy, d'une famille très-confiderable à Montpellier, pendant le treize & le quatorzième fiécle, ayant deffein de fonder une églife collégiale de prêtres pour vacquer aux fonctions de la priere & de l'hofpitalité tout enfemble, acheta dans le faubourg de la Saunerie l'ifle qu'on voit aujourd'hui vis-à-vis le logis du Cheval-Vert, où il y avoit un hôpital apellé Ste. Marie des Teutons. La maladie dont il mourut l'ayant empêché de finir fon deffein, il en chargea fes exécuteurs teftamentaires, qui étoient Bertrand, evêque d'Oftie, Guillaume de Texeriis, chanoine de Nîmes, de l'ordre de St. Auguftin, François Bedoc, chanoine d'Aix, & Guillaume Dupuy, chevalier du diocéfe de Maguelone, lefquels demanderent au pape Clement VI les pouvoirs néceffaires pour exécuter cette fondation : il les leur accorda par une bulle donnée à Avignon le jour des kal. d'octobre 1349. Et en confequence ils drefferent les reglemens fuivans, où l'on voit le nombre des prêtres qui devoient remplir cette fondation, le fervice auquel ils étoient tenus, tant pour l'églife que pour l'hôpital, les biens qu'on leur laiffa pour leur entretien, & la diftribution qui en devoit être faite entr'eux, enfin leur habit d'églife & leur habitation.

PAGE 236.

Prieur & chapelains.

Nomination aux places.

* « ll eft dit d'abord qu'il y aura douze chapelains, dont l'un aura le
« titre de prieur, deux autres feront diacres & un autre facriftain.

« Le prieur aura la premiere voix en chapitre, & la premiere place dans
« le chœur fur la main droite.

« Le facriftain aura la premiere place du côté gauche, & la feconde voix
« en chapitre, mais les autres dix chapelains felon le rang de leur
« réception.

« Quant à la nomination des places, les rois de France à perpétuité au-
« ront la nomination d'une de ces chappellenies pour laquelle ils prefente-
« ront un fujet au prieur & au college.

« Le prieur fera pris du corps des chapelains qui auront droit de l'élire,
« mais il fera tenu de demander la confirmation à l'evêque de Maguelone.
« Quant à la provifion & collation des autres places de chapelains, du
« facriftain & du diacre (lorfqu'elles feront vacantes par mort ou par cef-
« fion), elle apartiendra au prieur conjointement avec la plus grande partie
« du college, enforte néanmoins que fi une prébende facerdotale vient à
« vacquer, on la conferera à l'un des diacres de cette églife, fi d'ailleurs on
« l'en juge digne.

« L'élection du prieur, les provisions & collations de la sacristie, des cha-
« pellenies & des diaconats doivent être faites par le college dans un mois,
« autrement elle appartiendra pour cette fois à l'evêque de Maguelone.

« Le prieur, le sacristain & les chapelains seront tenus d'être prêtres dans
« l'an, & les diacres de même pour leur ordre ; s'ils y manquent (sans
« empêchement légitime), ils seront censez privez de leur benefice, & l'on
« en nommera d'autres à leur place.

« Chaque jour on celebrera deux grandes messes *cum nota* (c'est-à-dire *Service de l'église.*
« en plain-chant), l'une apellée prime & l'autre apellée tierce, & les autres
« chapelains qui n'auront pas été chargez de ces deux messes ne laisseront
« pas d'être tenus de la dire tous les jours, & s'ils y manquent sans cause
« legitime, le prieur a droit de correction & de punition.

« Vêpres, matines, prime, tierce, sexte, none & complies se diront en
« chantant, & les diacres serviront de leur office aux grandes messes, à l'or-
« dre & volonté du prieur, du sacristain & des chapelains qui devront la
« chanter.

« Les diacres seront tenus de sonner la cloche aux heures accoûtumées,
« de porter la croix & faire les autres services du culte divin, qui leur
« seront marquez par le prieur, sacristain & administrateurs du college, au-
« trement ils seront soûmis à la correction & punition du prieur ou du
« sacristain, en son absence.

« Le prieur, sacristain & chapelains, qui resideront dans l'église de St.
« Sauveur, feront par tour leur service des deux grandes messes & de
« l'office de la nuit & du jour, à moins que le prieur n'en voulût la pré-
« ference.

« Nous incorporons (disent les executeurs testamentaires) à l'église de *Biens temporels du Collége.*
« St-Sauveur tous les fruits & rentes qui ont appartenu à l'hôpital, maison
« & église que le cardinal Imbert acheta pendant sa vie des freres de l'or-
« dre de Ste. Marie des Teutons de la ville de Montpellier, soit que ces
« revenus soient en bled ou en argent, droit de lods, meubles ou immeu-
« bles, biens temporels ou spirituels, quelque part qu'ils soient, & par
« quelques personnes qu'ils soient dûs pour le present & pour l'avenir.

« Nous assignons & incorporons à ladite église & audit college, comme
« au veritable heritier du cardinal Imbert, toute la prairie du ténement de
« Lates, que ledit seigneur cardinal acheta de l'illustre roy de Mayorque,
« avec le sol, les herbes, les pascages, les eaux, les arbres, & le droit de
« donner l'eau, avec tous les autres droits qu'il y a acquis.

« Nous leur assignons deux moulins avec leurs quatre roües, maisons,
« isles, eaux, pascages, possessions, avec le droit de percevoir une certaine

« fomme d'argent pour l'arrofage des prés voifins, & généralement tous
« les droits, priviléges & coûtumes dont joüiffoit le roy de Mayorque, lef-
« quels moulins font hors du château de Lates & fur la rivière du Lez.

« Nous lui affignons en franc-alleu un four fis hors des murs de la ville
« de Montpellier, au Corral.

PAGE 237.

« *Item, une moitié d'un autre four fitué à Montpellier, dans la ruë de
« St. Guillem, qui eft commun avec Guillaume Caufit, bourgeois de la
« ville, enfemble les bûchers, étables, couverts, & toutes fes autres appar-
« tenances.

« Et généralement tout ce qui a appartenu & fe trouvera appartenir à la
« fucceffion du cardinal Imbert, après avoir payé fes autres legs, conftituant
« le prieur & collége des chapelains fufnommez, les maîtres & fucceffeurs
« dudit cardinal.

« Le prieur, avec les chapelains, pourra dreffer des réglemens & ftatuts,
« aufquels tous ceux dudit collége feront tenus d'obéïr.

« Nous ordonnons que le prieur & collége tiennent l'hôpital bien pourvû
« des meubles pour y recevoir les pauvres durant la nuit (comme il eft de
« coûtume), & qu'ils établiffent un hofpitalier capable, qui des biens du
« collége fourniffe en tout tems & d'une manière convenable les vivres &
« les autres chofes neceffaires aux pauvres ; & fi l'on fait quelques legs à
« l'hôpital, que l'hofpitalier le reçoive & qu'il en rende compte tous les ans
« au prieur & au collége.

Service de l'hôpital.

« Nous ordonnons que le prieur, avec le collége, tiendront tous les ans
« un chapitre général, dans l'octave de Pâques, où ils établiront deux pro-
« cureurs qui rendront un compte exact & loyal à la fin de l'année.

« Lorfque l'hofpitalier viendra à mourir, que le prieur & le collége re-
« çoivent ce qu'il aura laiffé, & qu'ils l'apliquent au profit & à l'amélioration
« de l'hôpital.

Honoraire des chapelains.

« Les charges fpirituelles & toutes dettes déduites, on payera le prieur,
« le facriftain, les chapelains, les diacres & l'hofpitalier en cette forte :
« le prieur aura vingt-fix deniers de monnoye courante à Montpellier ; le
« facriftain vingt, les chapelains feize, les diacres dix, pour leur diftribution
« quotidienne. Quant à l'hofpitalier, on lui donnera tous les ans quinze
« livres de penfion.

« Mais aux fêtes folemnelles de Noël, de Pâques, de l'Afcenfion & de
« la Pentecôte, de même qu'aux quatre feftivitez de la Vierge & aux jours
« de tous les Saints, de la Nativité de St. Jean & de la dédicace de l'église
« de St. Sauveur (où l'on doit faire l'office double), le prieur, le facriftain,
« les chapelains & les diacres recevront une double diftribution, qui fera

« partagée en égales parts pour l'office de matines, pour celui de la grand'
« meffe & pour celui de vêpres ; mais pour y être cenfé préfent, il faut être
« à matines avant la fin de l'invitatoire, à la grand meffe avant le *Kyrie*
« *eleifon* commencé, & à vêpres avant la fin du premier pfeaume, où il fau-
« dra refter jufqu'à la fin, à moins que pour quelque grave neceffité il ne
« fallût fortir pour un moment & revenir auffitôt.

« Les abfens pour maladie ou pour les affaires de l'églife feront cenfez
« préfens ; mais les diftributions de ceux qui fe feront abfentez fans aucune
« de ces deux caufes feront partagées moitié aux préfens & moitié apliquées
« en livres, ornemens ou autres néceffitez de l'églife.

« Pour cet effet, le prieur & le collège nommeront un pointeur, qui
« marquera les abfens fans haine, affection ni crainte.

« Nous ordonnons de plus que le prieur, le facriftain, les chapelains & *Habit d'églife.*
« les diacres affifteront à matines, à la grand meffe, à vêpres & autres heures
« de la nuit & du jour avec des furplis honnêtes & à longues manches, tous
« uniformes, & qu'ils porteront des aumuffes de brunet ou autre étoffe
« noire, doublée s'ils veulent de peaux ; & s'ils manquent de paroître dans
« l'églife avec le furplis & l'aumuffe, qu'ils foient regardez comme abfens
« & punis au jugement du prieur.

« Les offrandes du pain & du vin, la cire, les étoffes ou l'argent, & autres
« chofes qui feront léguées fans une deftination marquée, feront communes
« & partagées entr'eux.

« Nous ordonnons que le prieur, facriftain, chapelains & diacres demeu- *Habitation com-*
« rent enfemble dans le même lieu, qu'ils y mangent & qu'ils y dorment *mune.*
« en commun, les exhortant au bon exemple qu'ils fe doivent les uns aux
« autres, & à gagner des ames à Dieu par leur fainte vie.

« Donné à Avignon, dans la maifon de Bertrand, evêque d'Oftie, le 28 PAGE 238.
« du mois de janvier, l'an de la Nativité de Notre-Seigneur 1349, indiction
« feconde, & la feptiéme année du pontificat de Clement VI. »

* Cette maifon avec fon hôpital fubfifterent jufqu'aux premiers troubles
de la réligion. On acheva de les rafer lorfqu'on voulut fe préparer aux differens fiéges dont Montpellier fut ménacé dans le cours de cette guerre :
alors on détruifit la paliffade du fauxbourg qui lui étoit contiguë, avec la
portaliere dite de St. Salvaire, de St. Sauvaire ou de St. Sauveur, par où
l'on entroit dans le fauxbourg de la Saunerie. On a pû remarquer ce que je
dis dans la defcription que j'ai donné de l'entrée de l'archiduc à Montpellier, en 1503, & l'on en trouve de plus grandes preuves dans les archives
de l'Hôtel-de-Ville & dans les regîtres de la Bourfe.

Les chapelains de cette églife ayant été difperfez pendant tout le tems

Etat prefent du chap. de St. Sauveur. des troubles, ils revinrent à Montpellier aprés le fiége qu'en fit Loüis XIII ; alors ils rentrerent dans les poffeffions qui leur avoient apartenu ; & les places vacantes ayant été conferées à des nouveaux prêtres, ils s'unirent avec ceux de Ste. Anne & de la Trinité pour rebâtir l'églife Ste. Anne & y faire tous enfemble l'office divin.

Nous les y avons vû jufqu'en 1687, que meffire Charles de Pradel, evêque de cette ville, voulant augmenter le fervice de la cathédrale, y attira les collégiales qui étoient à Ste. Anne, comme nous l'avons dit dans l'article de cet evêque : ils ont place aux chaifes hautes, & portent le nom de chanoine ; mais leur manfe eft entierement féparée, & ils n'ont rien de commun avec la cathédrale que leur affiftance au chœur.

La modicité des revenus de leur églife fit prendre la refolution, au commencement de ce dernier fiécle, de réduire les douze places de leur fondation au nombre de fix ; mais l'affaire ayant fouffert plufieurs difficultez au parlement, où elle fut portée, le nombre des prêtres fondez par le cardinal Imbert a fubfifté.

L'EGLISE COLLEGIALE DE SAINT RUF

CETTE églife fut fondée en 1368 par le cardinal Anglic Grimoard, frere du pape Urbain V, en faveur des chanoines reguliers de St. Ruf, d'où il avoit été tiré par le pape, fon frere, pour être archevêque d'Avignon, & enfuite cardinal du titre de St. Pierre aux Liens. Aprés avoir achevé les grands bâtimens que fon frere l'avoit chargé de faire pour le monaftere de St. Germain ou de St. Benoît (aujourd'hui St. Pierre), il voulut fonder lui-même une maifon de St. Ruf, dont il fait la defcription en ces termes : *Ædificium quod à fundamentis, propriis fumptibus, ædificari & confirui fecimus, infra villam Montifpeffulani, Magalonenfis diœcefis, prope ecclefiam Sti. Benedicti ejufdem villæ, mediante platea & juxta vias publicas à duabus partibus.* La place dont il parle eft celle qui eft entre St. Pierre & St. Ruf, & les deux rües font celles de Côte-Frege & celle qui defcend du palais à l'evêché.

Dans l'acte de fondation figné à Boulogne le 13 avril 1368, le cardinal Anglic dit qu'il fonde dix-huit places pour des jeunes chanoines de St. Ruf qui devoient faire le cours de leurs études à Montpellier, & aider en même tems au fervice de leur églife.

Art. 1. Il veut qu'ils foient gouvernés par un prieur annuel, dont il fe referve la nomination pendant fa vie, voulant qu'après fa mort, l'abbé de St. Ruf en ait le choix avec fon confeil.

Il ôte à l'abbé de St. Ruf toute jurifdiction fur les 18 chanoines qui feront à Montpellier, donnant au prieur de cette maifon tout pouvoir fur eux, à moins qu'il ne s'agît d'un crime fort grave, dont la punition feroit dévoluë à l'abbé. *Art. 5.* *Art. 8.*

Il ordonne, pour le fervice de la chapelle, qu'on y dife autant de meffes qu'il fe pourra; & s'il arrivoit qu'il n'y eût pas dans la maifon trois chanoines en état de la dire, il veut qu'on apelle un prêtre féculier, & qu'à toutes les meffes on faffe commemoraifon du fondateur, du pape Urbain V & des bienfacteurs de la maifon. *Art. 13.*

*Aux fêtes folemnelles de Nôtre-Seigneur & de la Vierge, à celles de St. Jean-Baptifte, de St. Pierre & de St. Paul, de St. Ruf & de St. André, apôtre (dont il y avoit un autel dans leur chapelle), il ordonne qu'on s'affemble au fon de la cloche pour dire toutes les heures de l'office divin à deux chœurs; mais aux jours ordinaires, il fuffira qu'on dife le foir matines & laudes. Il y aura continuellement une lampe allumée devant le St. Sacrement, & tous ceux qui ne feront pas prêtres communieront de quinze en quinze jours. Page 239. *Art. 18.*

Les malades feront tenus de fe confeffer au deuxième jour de leur maladie, & le prieur n'épargnera rien pour leur guerifon; il leur affignera un des valets de la maifon pour les fervir, & il les fera vifiter par le medecin que la maifon doit tenir à fes gages. Lorfqu'un malade fera décedé, la maifon fera les fraix de fa fepulture, à moins que les parens du deffunt ne vouluffent les faire. *Art. 20.*

Quant à l'adminiftration du temporel, le cardinal Anglic ordonne que tous les ans, après la fête de Pâques, on choififfe deux procureurs ou findics, pour aller vifiter tous les mois les prieurés & granges de la maifon collégiale, dans laquelle ils feront porter toutes les denrées afin de les vendre après en avoir réfervé leur provifion; il veut que de l'argent qui en proviendra on fourniffe au veftiaire des chanoines & du prieur, & qu'on enferme le refte de l'argent dans un cofre à deux ferrûres, afin que fi la fomme devient confiderable on l'employe à augmenter le nombre des places de la fondation.

Après avoir reglé qu'on fera une lecture pendant les repas, & qu'on tiendra tous les dimanches un chapitre particulier pour la correction des mœurs & pour le bon ordre de la maifon, il ordonne qu'on faffe quatre exemplaires des prefens ftatuts fur du parchemin, & qu'on en faffe la lecture tous les mois.

Datum & factum Bononiæ, in domo habitationis noſtræ, anno à nativitate Domini 1368, menſe aprili, die 13. Indictione ſexta. Pontificatus S. D. N. papæ Urbani V anno ſexto. Præſentibus Stephano, abbate Sti Victoris prope Maſſiliam, &c.

Le pape Urbain V confirma peu de tems après cette fondation par ſes lettres données à Rome *apud Sanctum-Petrum*, le 5 des kal. de may, en la ſixiéme année de ſon pontificat, par leſquelles il donne pouvoir à ſon frere de fonder telle maiſon de pieté qu'il voudra, & particulierement le college de St. Ruf : *In quo ordine*, ajoûte-t-il, *per triginta annos educatus extitiſti*, ce qui nous aprend le long ſéjour que le cardinal Anglic avoit fait dans l'ordre de St. Ruf.

Nous avons vû au ſujet de la ſédition arrivée à Montpellier en 1379 que ce cardinal, voulant fléchir la colere du duc d'Anjou contre les habitans de cette ville, vint à Montpellier dans ſa maiſon de St. Ruf, où il ménagea tous les eſprits pour terminer cette importante affaire : depuis ce tems, il ne ceſſa de s'employer pour la ville & de faire du bien à ſa maiſon de St. Ruf, qu'il établit ſon héritier univerſel : *Hæredem meum univerſalem facio, ac ore meo proprio nomino collegium Sti. Ruffi Montiſpeſſulani.*

<small>Baluze, Pap. avenionenſium, tom. 2, pag. 1021.</small>

Dans ce teſtament, ſigné à Avignon le 16 avril 1388, il fait un très-grand nombre de legs conſiderables à diverſes perſonnes & à pluſieurs couvens ou paroiſſes ; mais parmi ſes legataires particuliers, il donne par préciput à ſa maiſon de St. Ruf tout ce qui ſe trouveroit lui apartenir dans l'enceinte du college, ſoit en or, en argent ou en meubles, tous les droits par lui acquis dans le dioceſe de Maguelone & dans le château & terroir d'Armazan, dioceſe de Nîmes, deux maiſons conſiderables à Avignon, dont il marque les confronts, & tous les beſtiaux qu'il avoit à St. Gilles de Vauvert, autrement de *Poſqueriis*, à Armazan, dioceſe de Nîmes, & à Melgueïl, dioceſe de Maguelone.

Les liberalitez qu'il fit à l'égliſe de St. Ruf ſont remarquables : il lui donne une croix d'argent du poids de douze marcs, à la charge qu'elle ne pourroit jamais être venduë ni alienée ; trois des meilleurs tapis qu'il ſe trouveroit avoir, au choix du prieur & du ſacriſtain ; trois pieces de tapiſſerie de laine ouvrage d'Angleterre où il y avoit des animaux & des arbres de differentes couleurs pour parer, dit-il, les murailles de l'égliſe ; une chapelle noire d'etoffe de Luques, qu'il avoit dans ſa maiſon d'Avignon conſiſtant en une chaſuble, deux pluviaux, deux dalmatiques, deux tunicelles, & l'etoffe qu'on met autour de la chaire du prélat qui officie.

<small>PAGE 240.</small>

*Un parement de drap d'or, où il y avoit les images de la Vierge & autres ſaints, entourées, dit-il, de ſes armoiries, *in cujus circuitu ſunt arma mea.*

Un autre parement d'autel de même étoffe.

Deux autres paremens blancs d'étoffe de Luques qu'il avoit dans sa maison d'Avignon.

Deux autres paremens rouges de même ouvrage.

Un frontal d'étoffe rouge où il y avoit des images en broderie d'or pour mettre sur l'autel.

Plus, cinq aubes avec leur amits, des plus belles qu'il se trouvera avoir, au choix du prieur clauftral & du sacriftain du college; toutes les napes d'autel qui lui apartiennent, & deux cens francs d'or pour achever les reparations qui restent à faire.

On attribuë à ses liberalitez les benefices & les fonds de terre dont l'église collégiale de St. Ruf joüit encore; sçavoir : le prieuré de St. Martin de Caveirac, près de Melguëil ; le prieuré de Gadagne dans le comtat d'Avignon; le benefice de Sarniac, diocése de Nîmes; celui de Villeneuve-la-Cremade, diocése de Beziers; & St. Martin d'Escofiac, près de Cornonsec. A tous ces benefices le cardinal Anglic ajoûta des prairies à Lates, des champs près du grand St. Jean, au terroir de Tournemire; une vigne considérable à Lantiflargue, dite la vigne des Larmes; la seigneurie directe sur toutes les maisons de la Barlerie, à main droite en venant de la place des Cevenols, & la conseigneurie de Caftelnau près de la riviere du Lez.

Avec tous ces secours, la maison de St. Ruf se conserva jusqu'aux guerres de la religion, pendant lesquelles elle subit le sort des églises de Montpellier : les chanoines furent obligez de se retirer ailleurs, & ce ne fut qu'après la réduction de cette ville qu'ils y revinrent en 1627.

Alors le Sr. Pierre Argoud, sacriftain, fit clorre de murailles leur ancienne enceinte & bâtit le corps de logis qui fait face à leur jardin. Enfin, en 1645, le sieur Alexis Rochon, cloîtrier de cette maison, fit le second corps de logis qui regarde l'église de St. Pierre ; mais les remüemens de terre qu'on fit à cette occasion acheverent d'effacer tous les vestiges de l'ancien bâtiment du cardinal Anglic dont il ne reste qu'une grosse muraille qui sert de soûtenement aux terres d'un jardin superieur.

Le service de l'église n'est fait à present que par un prieur triennal, par un sacriftain à titre & par trois autres cloîtriers, le reste des étudians étant retenus à Valence par leur abbé général aux dépens de la maison de Montpellier, qui fournit aussi à leur entretien dans les seminaires où on les envoye pour se preparer aux ordres.

Cet usage, qui s'est introduit depuis le commencement de ce siécle, a fait naître la pensée à messire Loüis Pierre Chomeil, dernier abbé de St. Ruf, de faire attribüer à la maison de Valence (qui est le chef-lieu de son ordre) tous les revenus de la maison de Montpellier dont il a demandé la supression à la cour. Sur cette demande, le roy nomma dom Joseph d'Argenvilié, abbé de Septfons, ordre de Cîteaux, pour faire les informations préalables à un pareil changement. Son arrivée à Montpellier, fur la fin de l'année 1727, donna lieu à des opositions de la part de la ville, de l'univerfité, de Mr. le procureur général au parlement de Touloufe, & de Mr. le comte de Roure, lieutenant général de la province, en qualité de chef de la maifon de Grimoard, ce qui a fait fufpendre l'execution de ce projet jufqu'à prefent.

L'EGLISE COLLEGIALE DE LA SAINTE TRINITÉ

PAGE 241.

Series præfulum de Gariel.

CETTE églife a pour fondateur le cardinal Raymond de Canillac, qui avoit été auparavant prevôt de l'églife de Maguelone. Nous aprenons par une bulle du pape Gregoire XI, donnée à Avignon le 19 de may 1372, que ce cardinal, lui ayant demandé les pouvoirs nécef-faires pour faire cette fondation, il les lui accorda ; mais qu'ayant été pré-venu par la mort, les exécuteurs teftamentaires, fçavoir : Anglic Grimoard, cardinal-evêque d'Albano, Pierre de Montaruc, cardinal, vice-chancelier, evêque de Pampelune, & Pons de la Garde, prieur de Saint-Firmin de Montpellier, depuis evêque de Mende, s'adrefferent au même pape pour lever plufieurs difficultés qu'ils trouvoient aux dernieres volontés du car-dinal de Canillac.

Gregoire XI leur ayant donné plein pouvoir, ils firent bâtir dans l'ifle de Maguelone, à la diftance d'environ cent pas de l'églife cathédrale, du côté qu'elle regarde la mer, une églife collégiale avec cloche, clocher, cimetiére, & autres édifices pour douze chapelains.

Ils crûrent, afin d'interefler le chapitre de Maguelone dans cette fonda-tion, devoir affecter à un de leur corps la premiere place de cette nouvelle églife ; & en ayant obtenu du pape Gregoire XI un pouvoir fpécial, ils firent les réglemens fuivans, pour le temporel & pour le fpirituel.

Art. premier.

« Nous érigeons (difent-ils), par l'autorité apoftolique qui nous a été
« accordée à cet effet, la chapelle de la Ste. Trinité en collégiale & fecu-
« liere pour joüir de tous les droits & privileges des églifes collégiales.

Dignités & offi-ces de cette églife.

« Le chef de tous les chapelains fera apellé doyen, & pris du corps des
« chanoines clauftraux de l'églife de Maguelone, fans qu'on en puiffe choifir
« d'ailleurs, *quorum primus decanus, canonicus clauftralis ecclefiæ Magalonenfis*

« effe debeat. Et ad quem decanatum nullus alius affumi debeat, nifi canonicus
« clauftralis ecclefiæ Magalonenfis ; la feconde place fera pour le facriftain, &
« la troifiéme pour le précenteur ; & tous les autres prêtres féculiers feront
« appellés fimplement chapelains de la chapelle de la Ste. Trinité de Ma-
« guelone : *Capellani capellæ Stæ Trinitatis Magalonæ nuncupentur* ; enforte
« que le feul doyenné foit une dignité, & la facriftie avec la précentorie
« foient des offices : *Decanatus dignitas, facriftia vero & præcentoria officia*
« *exiftant*.

« Nous reglons & ftatuons (continuent les exécuteurs teftamentaires) *Art. 2.*
« que, lorfque le doyenné viendra à vacquer, le prevôt de Maguelone, le
« prieur de St. Firmin & le prieur clauftral choifiront dans tout le mois un *Collation du doyenné.*
« chanoine qui foit prêtre & profés de leur maifon, ou qui puiffe l'être dans
« un an, à compter du jour de fes provifions ; que s'ils concourent tous
« trois, ou deux pour le moins au même choix, ils feront tenus, dans les
« dix jours après l'élection, de prefenter à l'evêque de Maguelone celui
« qu'ils auront choifi, pour en obtenir la confirmation & l'inftitution.

« Cette élection fera faite à Montpellier, dans la maifon du prevôt de
« Maguelone, & en fon abfence, dans celle du prieur de St. Firmin ; que
« fi elle n'eft pas faite dans le premier mois de la vacance, elle fera dévoluë
« pour cette fois à l'evêque de Maguelone.

« Le prieur de St. Firmin & le baron de Canillac préfenteront alterna- *Nomination ux chapellenies.*
« tivement aux chapellenies qui viendront à vacquer ; & s'ils laiffent paffer
« le premier mois, leur droit eft dévolu au prévôt de Maguelone, qui en
« donnera l'inftitution. Quant aux offices de facriftain & de précenteur, le
« doyen, avec le chapitre de la Trinité, pourvoiront celui des chapelains
« qu'ils en eftimeront le plus digne.

« Les chapelains, lorfqu'ils feront préfentés, doivent être prêtres, ou du
« moins avoir atteint la vingt-cinquiéme année, pendant laquelle ils pour- *Art. 4.*
« ront obtenir l'ordre de prêtrife ; & s'ils y manquent, leur place vacquera
« du feul fait. Aucun d'entr'eux (pas même le facriftain ni le précenteur),
« ne pourront tenir aucun * benefice à charge d'âmes, ni aucun autre qui *Page 242.*
« oblige à réfidence. *Art. 5.*

« Il eft réglé que le doyen aura la premiere place dans l'églife, & la pre- *Places & rangs dans le chœur & en chapitre.*
« miere voix en chapitre, enforte que fa voix vaille autant que deux autres :
« *Primam vocem quæ pro duabus valeat ;* le facriftain opinera après lui, enfuite
« le précenteur, & puis les autres chapelains, felon l'ordre de leur recep-
« tion. La place du doyen dans le chœur fera à main droite en y entrant, *Art. 7.*
« celle du facriftain à main gauche de la même entrée, & le précenteur fera
« affis du côté du doyen, deux places entr'eux : *Duabus tantum fedibus mediis.* »

rt. 8.   Le doyen eſt déclaré le chef de tous ſes collégues, *caput ſit & præſit omnibus, & ſingulis perſonis dictæ capellæ & collegii.* On lui donne droit de correction & de punition pour tout ce qui regarde l'office divin, & pour les crimes commis par les collégues : *Corrigat & puniat tam circa divinum*
Art. 47.   *officium quam circa alia crimina per eoſdem commiſſa.* Cette punition eſt reduite, dans un des derniers articles des ſtatuts, à une penitence ſalutaire, en une amande envers ceux qu'ils auront offencé, ou à être deferé à l'official de Maguelone.

Art. 9.   C'eſt au doyen à convoquer le chapitre tant qu'il eſt preſent, &, à ſon abſence, au ſacriſtain ou précenteur, ſi la place de ces premiers ſe trouve vacante.

Art. 10.   Le devoir du ſacriſtain eſt de garder les livres, les calices, les croix, les habits ſacerdotaux & autres ornemens de l'égliſe. Celui du précenteur eſt d'officier par lui-même, *officiare per ſe* ; & s'il ne le peut pour cauſe raiſon-
Art. 12.   nable, de le faire faire par quelqu'un du corps, & non autre. Il réglera le chant des grandes meſſes, celui des pſeaumes & antiennes qu'on chante alternativement des deux côtés du chœur ; tous devront lui obéir dans les proceſſions & dans ce qui regarde le ſervice de l'égliſe & du chœur.

Art. 54.   La loi de réſidence perſonnelle oblige également le doyen, le ſacriſtain, le précenteur & les autres chapelains, qui ne peuvent s'abſenter ſans cauſe
Art. 25.   legitime. Aucun d'eux ne pourra permuter ou réſigner ſon benefice ſans une
Art. 17.   expreſſe permiſſion de tous les membres du chapitre, ce qu'ils promettront
Service divin.   avec ſerment lors de leur reception.

    Quant au ſervice divin (ajoutent les executeurs teſtamentaires), nous ordonnons, par l'autorité apoſtolique dont nous ſommes revêtus, que dans
Art. 18.   la chapelle de la Ste. Trinité, on chante diſtinctement & devotement les heures canoniales, ſelon le rit & coûtume de l'égliſe de Maguelone : *In quibus dicendis uſum & conſuetudinem eccleſiæ Magalonæ volumus obſervari.* Et que tous les jours de dimanche & de fête, on y célébre, ſur les * neuf heures, une meſſe conventuelle, & qu'aux autres jours feriés, on pourra la dire aux heures qu'ils voudront, *quando eis videbitur,* afin que chacun ait le tems de vacquer à ſes affaires ; mais en carême, en avent & aux jours de jeûne, qu'on diſe deux meſſes conventuelles : l'une après prime, & l'autre aux heures qu'on a coûtume de la dire dans l'égliſe de Maguelone. *Horis debitis, ut in eccleſia Magalonæ eſt fieri conſuetum.*

---

* Dans l'original il y a *hora tertia*, qui répond à neuf heures du matin, parce qu'on comptoit les heures à Maguelone comme on fait encore en Italie, où la premiere heure de la nuit commence à ſix heures du ſoir, & la premiere heure du jour à ſix heures du matin.

Aux fêtes folemnelles où l'office eft double-majeur, & qui font affectées à l'evêque pour chanter la grande meffe à Maguelone, le doyen de la Trinité dira dans fa chapelle une meffe conventuelle où il chantera lui-même l'évangile, affifté d'un jeune prêtre du chapitre de la Trinité qui lui fervira de diacre; le même doyen fera ce jour-là l'office à vêpres & à matines; mais, s'il eft legitimement empêché, le facriftain fupléera pour lui; & au défaut du facriftain, le précenteur; dans les autres meffes conventuelles que le doyen n'eft pas tenu de chanter, le facriftain & le précenteur les diront par femaine tour à tour. Que s'il arrivoit que par maladie ou abfence légitime, on ne pût célébrer avec décence ces meffes conventuelles, on les dira à voix baffe aux heures accoûtumées, & tous feront tenus d'y affifter, fous peine de punition par le doyen. *Art. 19.*

L'anniverfaire du cardinal de Canillac fera célébré le 19 de juin, qui fut le jour de fa mort; fon fervice commencera la veille, après vêpres, où l'on dira tout l'office des morts; que fi ce jour tomboit au dimanche, on remettra au lundy la * grande meffe qu'on doit chanter pour le repos de fon âme; on dira une pareille meffe le quatrième de juillet, auquel jour il fut enterré à Maguelone, dans la chapelle du St. Sepulcre, & on y fera une abfoute fur fon tombeau. *Service pour le cardinal de Canillac. Art. 20. PAGE 243.*

Tous les jours libres on dira deux meffes baffes dans la chapelle du St. Sepulcre & dans celle de la Trinité; on chantera pour lui toutes les femaines une grande meffe des morts, après laquelle on fera dans le chœur une abfoute pour lui & pour fes parens défunts. *Art. 21.*

Tous les chapelains de la Ste. Trinité qui diront la meffe dans l'enceinte de l'ifle de Maguelone aux jours non empechez, diront une collecte pour lui, pour fes parens ou bienfacteurs, & après matines, le doyen & les chapelains de la Trinité diront tous les jours un *De profundis* avec l'oraifon *Deus qui inter apoftolicos*, ce qui fera obfervé à l'action de graces après le répas & après complies; mais après la meffe conventuelle qu'on dife le répons *Libera me*, avec fes verfets, & après vêpres le répons *Qui Lazarum, &c. Art. 22 & 23.*

Lorfque les chanoines de Maguelone viendront dans la chapelle de la Ste. Trinité (ce qu'ils peuvent faire quand ils voudront) le facriftain leur fournira tout ce qui leur fera neceffaire. *Art. 24.*

L'habit de chœur pour le doyen & pour les chapelains dépuis la veille de Pâques jufqu'à la veille de tous les faints, confifte en un furplis & une aumuffe qui fera pour le doyen la même qu'on porte à Maguelone, & pour les autres une aumuffe fimple, doublée s'ils veulent de peaux d'agneau; mais dépuis la veille de tous les faints jufqu'à la veille de Pâques, ils porteront fur le furplis une chape noire, felon l'ufage de l'églife de Maguelone. *Art. 25. Habit de chœur.*

Art. 27. Lorsqu'ils viendront à l'église pour y célébrer l'office divin, ils y entreront la tête découverte, ils s'inclineront dévotement devant le grand autel, & après que la cloche aura fini, ils attendront encore les absens pendant l'espace d'un *De profundis*.

Art. 29. Il y aura au moins deux lampes dans l'église qui brûleront pendant la messe, pendant matines & à vêpres; hors ce tems il suffira qu'il y en ait une qui brûle continuellement devant le St. Sacrement.

Art. 30.
Chapitres généraux. Tous les mécredis après l'octave de Pâques, le doyen avec les autres chapelains tiendront le chapitre général qui pourra être continué pendant les deux jours suivans, & davantage s'il est necessaire; on en fera de même le mécredi après la fête de tous les saints, & dans ces deux chapitres généraux il sera fait lecture des présens statuts afin que personne ne puisse s'excuser sous prétexte d'ignorance.

Art. 32 & 33. Le procureur ou sindic ne pourra aliener quoi que ce soit des biens apartenans à cette église collégiale, sans la participation du chapitre à qui il rendra un compte exact de toute son administration.

Art. 42.
Sceau du chapitre. Le sceau du chapitre sera dans une cassette à trois clefs, dont l'une restera toûjours entre les mains du doyen, la seconde sera gardée pendant une année par le sacristain, & l'autre année par le précenteur, la troisième clef restera au pouvoir d'un prêtre du chapitre qui sera choisi pour cet effet toutes les années.

 Le doyen, le sacristain & le précenteur auront chacun une chambre affectée, mais lorsque les autres chambres des chapelains viendront à vacquer, elles seront à l'option du plus ancien.

Art. 39.
Table commune. Le pain, le vin & la viande seront communs à tous, mais le doyen aura double portion. Il recevra quinze livres tournois à chaque chapitre général, & les autres n'en auront que le tiers; ils mangeront tous dans le même réfectoire, & pendant le repas on fera quelque lecture de piété.

Art. 45. Tous les chapelains pourront tester en laissant un tiers de leur bien au chapitre, mais s'ils meurent *ab intestat*, le chapitre leur succédera en entier.

Art. 36. Ils sont exhortez, vû la proximité où ils seront des chanoines de Maguelone, à leur marquer du respect dans toutes les conversations qu'ils auront avec eux.

 Acta & promulgata fuerunt subscripta omnia & singula Avenione, in domo habitationis & camera secreta domini cardinalis Albanensis prædicti : sub anno à nativitate Domini millesimo trecentesimo septuagesimo sexto, indictione decima quarta, & die 2 mensis octobris pontificatus S. D. N. Gregorii papæ XI anno sexto.

Page 244. * Il paroît par cette dernière date que l'établissement du collége de la Trinité ne commença qu'environ 1376, puisque le cardinal Anglic qui dressa les ftatuts de cette maifon, en parle toûjours au futur. Elle fubfifta à Maguelone après que le chapitre de la cathédrale eut été transferé à Montpellier en 1536, & lors des grandes démolitions qui furent faites en cette ville en 1562, l'églife de la Trinité fe conferva encore à Maguelone jufqu'à ce que les Huguenots fe rendirent maîtres de cette ifle en 1568.

Depuis ce tems jufqu'après le fiége de Montpellier par le roy Loüis XIII leur fervice fut interrompu faute d'une églife à pouvoir s'affembler. Guillaume Pelliffier, fecond du nom, evêque de Montpellier, fe fit nommer doyen de la Trinité pour conferver les biens de cette églife; mais les chanoines de fa cathédrale qui fuccederent dans cette place firent des pertes confiderables, tant à caufe d'une aliénation de leur temporel qu'ils firent en 1590, que par la fupreffion qui fut faite des falines de Mirevaux & de Villeneuve, fur lefquelles le collége de la Trinité avoit à prendre fa provifion de fel. On trouve dans leurs anciens régîtres qu'ils avoient des fiefs à Meze, à Loupian & à Marfillan dans le diocèfe d'Agde, & un autre fief encore plus confiderable dans la paroiffe de Juvignac, qui comprenoit tout le devis comtal. Mais il ne refte préfentement à cette églife que les prieurez d'Auroux & de St. Nazaire, diocèfe de Montpellier, avec celui de Servian, diocèfe de Beziers, & quelques ufages à Mirevaux & à Montpellier: la diminution de leurs rentes fit diminuer le nombre des chapelains, qu'on réduifit à fix, y compris le doyen qui eft toujours un chanoine de la cathédrale. Je trouve qu'ils firent le fervice dans l'églife de la Loge en 1643, & enfuite dans celle de Ste Anne qu'ils contribuerent à rébâtir; enfin Mr. de Pradel, evêque de Montpellier, les ayant attiré dans fa cathédrale en 1687, ils y affiftent à l'office avec les collégiaux de St. Sauveur & de Ste. Anne.

Etat prefent du chapitre de la Trinité.

Leur reduction au nombre de fix leur avoit attiré en 1682 un grand procès au parlement de Touloufe, qui fut jugé en leur faveur contre les impetrans par arrêt du 19 juillet 1683. Depuis ce tems, il s'en eft élevé un autre au fujet de leur doyenné, qui fe trouve avoir été conferé diverfement depuis la tranflation de l'églife cathédrale de Maguelone à Montpellier. On vient de contranfiger que Mr. l'evêque en feroit titre fur la prefentation du prévôt de St. Pierre & fur celle du chanoine qui fe trouveroit en tour de femaine comme repréfentant le prieur de St. Firmin dont le benefice eft uni au chapitre; quant au prieur clauftral de Maguelone, qui eft nommé pour l'un des patrons dans la bulle de fondation, il n'en eft fait aucune mention, fa place ayant été fupprimée.

L'EGLISE COLLEGIALE DE Ste. ANNE.

Page 505.

ON trouve dans le *Series* de Gariel le procés-verbal de l'érection de cette église avec le nom des perfonnes qui y concoururent, & les regles qu'on établit pour cette fondation.

Fondation de cette église.

Il y eft dit qu'en la quatriéme année du pontificat du pape Alexandre VI, Pierre Arifteri, prieur de St. Martin de Suffargues, & titulaire de la chapelle de Ste. Anne dans la ville de Montpellier, fe préfenta à Maguelone le 2 de novembre 1496, pardevant reverend pere en Dieu Ifarn de Barriere, evêque, Jean de Cofta, prévôt du chapitre de Maguelone, affemblez capitulairement, & qu'il fuplia l'evêque d'ériger en collégiale fa chapellenie de Ste. Anne, où il vouloit fonder quatre places dont la premiere feroit pour un prieur, la feconde pour un facriftain, & les deux autres pour deux chapelains: il demanda pour eux la permiffion de s'affembler & les autres privileges accordez de droit aux eglifes collégiales, priant l'evêque d'interpofer fon autorité pour cet établiffement, d'autant plus (ajoûta-t-il) qu'il avoit déjà le confentement du prieur de St. Firmin dans la paroiffe duquel fa chapelle de Ste. Anne étoit fituée. Il offrit en même tems de donner pour cette fondation,

Page 245.

non-feulement fon prieuré de * Suffargues, pour être uni à la nouvelle églife collégiale, de l'autorité de l'evêque & du chapitre de Maguelone, mais encore certaines métairies où il y avoit des champs & des prés; fes livres de grammaire, de théologie, de droit canon & civil, & generalement tous fes biens, meubles & autres effets qu'il pouvoit avoir.

Le prieuré de Suffargues lui eft uni.

Il eft marqué que fa propofition fût bien reçûë de toute l'affemblée, & que l'evêque ayant pris confeil du prévôt, du facriftain & autres chanoines de Maguelone, il fit l'union propofée en fe refervant la collation, provifion, & toute autre difpofition de la vicairie perpetuelle qui feroit établie à St. Martin de Suffargues, à condition que cette paroiffe ne fouffriroit aucun préjudice de cette union, & que le vicaire feroit tenu d'y réfider en perfonne, d'y célébrer l'office divin, & d'adminiftrer les facremens aux paroiffiens, comme il avoit été fait auparavant.

Art. 1.
Droits du vicaire qu'on établit dans ce prieuré.

« Pour cet effet il ordonne que le vicaire auroit tous les émolumens de
« l'églife de Suffargues, c'eft-à-dire les offrandes, les droits de fepulture,
« une partie de la maifon clauftrale & du verger; qu'il recevroit tous les ans
« des prieurs, facriftains & collegiez de Ste. Anne, dix fétiers de froment,

Art. 2.

« deux muids de vin bon & pur, tel qu'il fort de la cuve, moyennant quoi
« il fuporteroit les charges ordinaires du benefice, fur tout de l'hofpitalité.

« Quant aux charges extraordinaires, comme droits de finode, décimes
« & tous autres, quels qu'ils puiffent être, le prieur & les collegiez feront
« tenus de les payer, & lorfqu'à la célébration du finode, le prieur & le
« vicaire de Suffargues feront apellez, le prieur de Ste. Anne feroit tenu
« de répondre *adfum, domine*.

Art. 3.
Charge des giez de Stè pour l'églife de Suf-fargues.

« Si les collegiez fe trouvent à Suffargues le jour de la St. Martin, le
« vicaire cedera la premiere place au prieur & au facriftain, & il fournira les
« vivres aux collegiez pendant tout le jour, & le lendemain à diner.

Art. 4.

« Les autres émolumens du benefice de Suffargues tourneront au profit
« du prieur, facriftain & collegiez de Ste-Anne & feront partagez également
« entr'eux, après que le prieur aura pris pour lui un dixième, outre fa qua-
« trième portion de tous les revenus.

Art. 5.

« Les collegiez feront tenus de réfider à Ste. Anne, d'y celebrer tous les
« jours la meffe, d'en dire deux tous les dimanches & fêtes, l'une en plain-
« chant & l'autre à voix baffe, & de chanter vépres le foir.

Art. 6.
Leur réfidence à Ste Anne, & le fervice qu'ils étoient tenus d'y faire.

« Tous les lundis ils diront deux meffes, l'une pour les défunts parens
« de Pierre Arifteri, leur fondateur, & l'autre felon la dévotion de celui qui
« la dira. »

« La collation du prieuré de la collegiale de Ste. Anne apartiendra au
« prieur de St. Firmin & à fes fucceffeurs; celle du facriftain & des autres
« collegiez à l'evêque de Maguelone, qui fe referve fur eux toute jurif-
« diction.

Collation des places.

Art. 7.

« Il leur permet de s'affembler au fon de la cloche le jour & le lende-
« main de la fête de St. Luc pour élire le findic qui doit prendre foin de
« leurs affaires & rendre compte à la fin de l'année de fon adminiftration,
« fous lefquelles conditions (ajoûte le procès-verbal) l'evêque, avec le
« confentement du chapitre de Maguelone, autorifa l'union du prieuré de
« St. Martin de Suffargues, & donna fon décret dont il fut expedié copie à
« Pierre Arifteri, qui l'avoit demandée, & en confequence les collegiez de
« Ste. Anne furent mis en poffeffion du benefice de Suffargues le 16 de
« novembre 1496. »

Art. 8.
Chapitre général.

Art. 9.

Depuis ce tems, ils firent leur fervice dans l'églife de Ste. Anne jufqu'à
la ruine generale des églifes de Montpellier en 1562. Les troubles qui continuérent en cette ville durant près de foixante ans, les empêcherent de s'y
affembler, & ce ne fut qu'après la reduction de Montpellier en 1622 qu'ils
refolurent de rebâtir l'églife Ste. Anne où ils firent l'office avec les collégiaux de St. Sauveur & de la Trinité jufqu'en 1687, qu'ils furent attirez
dans la cathédrale pour y affifter aux offices, comm'ils font encore.

Etat préfent du chapitre collégial de Ste Anne.

L'EGLISE COLLEGIALE DE St. JEAN.

Par Mr. Raimbaud.

PAGE 246.

SELON les mémoires qui m'ont été envoyez du grand prieuré de St. Gilles, les chevaliers de St. Jean de Jerufalem furent établis dans l'enceinte de Montpellier, * dans le même fiècle que les chevaliers du temple le furent hors du faubourg de la Saunerie. On donne pour preuve de ce fait deux actes du douzième fiècle dans l'un defquels Raymond, evêque de Maguelone, confirme en 1145 la donation faite par Hugues Berenger aux chevaliers de St Jean, d'une maifon & jardin attenant leur habitation dans la ville, ce qui fut accepté (dit l'acte) par Aymé, grand-prieur de St. Gilles.

L'autre acte eft de l'année 1153, par lequel le même Raymond, evêque de Maguelone, confirme aux chevaliers de St. Jean toutes les donations qui leur avoient été faites dans l'étenduë de fon diocéfe.

On raporte pour le fiecle fuivant une tranfaction paffée en 1203 entre le chapitre de Maguelone & le commandeur de Montpellier au fujet des offrandes faites dans l'églife de St. Jean, du droit de fepulture & autres articles qui furent terminez par la médiation de Guillaume, évêque de Nîmes, & de Guillaume, évêque d'Avignon.

Les chevaliers ayant acquis en 1311 la grande maifon des Templiers, hors la porte de la Saunerie, ils y firent leur principale demeure, comm'il paroît par la tenuë du chapitre général de l'ordre, qui y fut faite en 1330, & par la fepulture que Foulques de Villaret, leur grand-maître, choifit à Ste. Marie de Lezes qui étoit l'ancienne églife du Temple. Celle de St-Jean commença dès-lors à décheoir, & ce fut pour y rétablir le fervice que Merauld de Maffes, grand-prieur de St. Gilles, y fonda par fon teftament du 26 décembre 1345 un collége compofé de quatre prêtres & d'un clerc, y compris le facriftain du temple, c'eft-à-dire du grand St. Jean qui feroit le chef de tous les autres. Il les oblige aux heures canoniales, fçavoir matines, tierce, fexte & none, à voix baffe, après lefquelles ils devoient chanter la grand' meffe, & le foir vêpres & complies à voix haute, fuivant le chant qui eft ufité dans les églifes de la religion de Malthe. Il laiffe à la volonté du commandeur de St. Jean le choix & la deftitution de tous ces prêtres, voulant néanmoins que le facriftain ait la liberté de fe choifir le clerc qui devoit les fervir à l'églife.

Fondation des chapelains de St. Jean.

Charges qui leur furent impofées.

Renverfement de leur églife.

Douze ou quinze années après cet établiffement, arriverent à Montpellier les premiers troubles de la religion qui cauferent en cette ville la ruine de toutes les eglifes: celle de St. Jean y fut comprife comme les autres, & ce ne fut qu'après la réduction de Montpellier fous les armes de Loüis XIII que les chevaliers de Malthe firent bâtir la petite chapelle qu'on voit à un coin de leur ancien emplacement.

Alors les quatre prêtres fondez par le grand-prieur de Maffés furent rétablis au petit St. Jean, mais la diminution de leur revenus fit reduire le fervice à une meffe par jour qu'ils difent tour à tour l'un après l'autre. *Leur rétabliffement.*

Il paroît par le teftament de leur fondateur qu'il leur affigna fix mille livres fur les terres de la Palûlongue & de la Marquife dans l'ifle de la Camargue; mais ces terres ayant paffé au marquis de Calviffon, & de lui au fieur de Perrin, de la ville d'Arles, les chapelains furent quelque tems en fouffrance jufqu'à ce qu'après avoir retiré le capital avec les rentes arréragées, ils en ont fait un fonds qui doit être placé fur quelque communauté. *Fonds affigné pour leur entretien.*

L'ancien emplacement de la commanderie de St. Jean forme un triangle à la pointe de la feconde ifle, qu'on trouve à main droite en defcendant de l'églife St. Paul vers la porte de la Saunerie: les ruines de l'églife & du refte du bâtiment ont comblé tout cet emplacement qui forme de tous côtés une terraffe fort élevée fur la ruë; de cette forte il n'eft pas poffible de former aucun jugement affûré fur la diftribution des bâtimens qu'il y avoit autrefois : il refte feulement attenant la maifon du Sr. Gregoire, une ancienne porte gothique qui pouvoit être la porte de l'églife, & du côté opofé tout joignant la chapelle d'aujourd'hui il y a un grand puits, fort utile à tout le voifinage, qui fervoit (felon toutes les aparences) aux logemens qui étoient de ce côté-là. *Etat préfent de l'ancienne églife du petit St Jean.*

EGLISES PAROISSIALES

L'EGLISE PAROISSIALE DE SAINT FIRMIN

PAGE 247.

MONTPELLIER & Montpelieret ayant toûjours été fous differens feigneurs, jufqu'à la réunion qu'en fit le roy Philippe de Valois, il paroiffoit neceffaire qu'il y eût deux differentes paroiffes pour adminiftrer les facremens aux habitans de ces deux differentes feigneuries. De là vient qu'en remontant jufqu'au commencement de nos archives, on trouve qu'il y eft fait toûjours mention de l'églife de St. Firmin comme de la feule paroiffe de Montpellier, & de celle de St. Denis comme l'unique paroiffe de Montpelieret. Tous les nouveaux établiffemens qui furent faits dans la suite ne le furent qu'avec le confentement des prieurs de ces deux églifes, qui eurent une grande attention (comme nous le verrons) à charger de quelque rédevance les nouvelles fondations qui fe faifoient en figne de leur fuperiorité.

Gariel met la fondation de St. Firmin fous Argemire, evêque de Maguelone, dans le IXe fiécle ; mais la négligence qui regna dans ce fiécle & dans le fuivant nous a privé des actes qui auroient pû nous donner des connoiffances plus claires.

Le teftament de Guillaume, fils d'Ermengarde, fait en 1114, nous aprend, à n'en pouvoir pas douter, que les deux paroiffes de St. Firmin & de St. Denis exiftoient longtems avant lui : *dono totum illud quod habeo in parochia Sti. Firmini & Sti. Dionifii.*

Guillaume, fils d'Ermenfende, fit tranfiger fon fils aîné avec le prieur de St. Firmin pour avoir un logement auprès de fon églife.

Guillaume, fils de Sibille, fe maria dans St. Firmin avec Mathilde de Bourgogne ; & le fils aîné qui vint de leur mariage (dit Guillaume fils de Mathilde), donna par fon teftament, fait en 1202, un calice d'argent à cette églife.

Le prieur de St. Firmin étoit pris du corps des chanoines de Maguelone ; ce qui donna lieu au nom de chanoinie, que nos anciens titres donnent à la maifon prieurale, *canonicam domum Sti. Firmini.* Cette maifon étoit auprès de l'églife, d'où vient qu'il eft raporté dans nôtre Talamus que l'aiguille du clocher ayant été abatuë par la foudre, la maifon des prêtres & quelques autres voifines furent fort endommagées. Cette églife eft encore apellée plebeïenne dans plufieurs actes, parce qu'elle étoit la feule églife paroiffiale dans cette partie de Montpellier qui apartenoit aux Guillaumes.

Je ne fçai fi ce n'étoit point de ce côté-là qu'étoit le fameux verroüil de St. Firmin, fi rédoutable aux banqueroutiers ; car on donne encore pour conftant à Montpellier qu'ils y étoient attachez, *detractis braccis & fuper caput pofitis,* conformément à un ancien ftatut fait par nos confuls en 1213, où tous leurs créanciers avoient droit de leur aller frapper fur le dos, expofé à nud ; après quoi le juge les leur livroit pour les détenir en prifon jufqu'à l'entier payement de leurs dettes. De cette forte, le verroüil de St. Firmin étoit fort femblable à cette pierre appelée *Lapis Vituperii,* fur laquelle on faifoit affeoir les banqueroutiers à Padoüe, comme le raporte * Miffon dans fon voyage d'Italie.

---

* Dans la maifon de ville de Padouë, il y a une pierre fur laquelle font gravez ces mots : *Lapis Vituperii,* parce que tout débiteur eft entierement délivré de la pourfuite de fes créanciers lorfqu'ayant été affis trois

L'étenduë de la paroiffe de St. Firmin en dehors de la ville comprenoit Villefranche, Boutonet, le faubourg St. Jacques, celui de St. Guillem & celui de Villeneuve, dit maintenant la Saunerie, avec le faubourg de Lates jufqu'à la ruë des Cordeliers & dans la ville ; elle étoit divifée de la paroiffe de St. Denis par la ruë qui va droit de la porte de Lates jufqu'au bout de la fale de l'Evêque, en paffant devant Ste. Foy, fous l'arc de Mandronet & les jéfuites. Tout ce que je viens de marquer étoit de la paroiffe de St. Firmin ; & quand on étoit au bout de la fale de * l'Evêque, il falloit tourner à main gauche vers la *Capelle Nove ;* & paffant devant Ste. Urfule, on fortoit par la porte de la Blanquerie ; alors tout ce qui étoit à main gauche étoit de St. Firmin, & la droite de St. Denis. PAGE 248.

Ce grand efpace demandoit fans doute le fecours de plus d'une églife pour l'adminiftration des facremens ; c'eft pourquoi on marque dans la ville, pour annexes de St. Firmin, les églifes de St. Paul & de St. Mathieu ; & dans les faubourgs, celles de St. Thomas & de St. Guillem. *Sunt quatuor capellæ quæ habent curam miniftrandi facramenta, funt autem iftæ capellæ fanctorum Pauli, Mathæi, Thomæ & Guillelmi.*

Les prêtres qui avoient l'adminiftration des facremens dans ces quatre annexes recevoient au finode l'inftitution de l'evêque de Maguelone, conjointement avec le prieur de St. Firmin, & ils prêtoient ferment entre les mains du grand-vicaire de Maguelone & entre les mains du prieur.

Les autres prêtres des églifes ou chapelles qui étoient dans la paroiffe de St. Firmin ne pouvoient adminiftrer aucun facrement fans la permiffion du prieur : ils lui devoient obéïffance & fidélité (comme dit le texte), & ils lui promettoient de garder exactement les droits, prééminences & loüables coûtumes de fon églife.

Ces églifes ou chapelles particulieres étoient en grand nombre, comme on le verra dans la fuite ; mais pour le préfent, je me contente de marquer celles dont la provifion, collation & entiere difpofition apartenoient au prieur de St. Firmin. Ces églifes, felon l'ordre qu'elles font marquées dans le livre déjà cité, étoient : St. Mathieu, Sts Cofme & Damien, St. Acace, St. Maurice, Ste. Croix, Ste. Anne, St. Paul, Ste. Marie-Magdeleine, la vicairie de St. Martin de Prunet, Ste. Cecile des trois Loups, avec l'églife paroiffiale de St. Sebaftien du Triadou, la chapelle de St Jacques, l'inftitution du commandeur dudit hôpital, & la collation du chapelain de celui de St. Eloy.

---

fois les feffes nuës par les fergens, la hâle bien pleine de monde, il déclare avec ferment qu'il n'a pas la valeur de cinq fols. Il y a vingt-quatre ans que cela ne s'eft pratiqué.

Supplement du Voyage d'Italie de Miffon, par Adiffon, page 47.

Tous lefdits prêtres étoient tenus de venir aux proceffions de St. Firmin, d'affifter en furplis & aumufle à la grande meffe, de n'en fortir qu'après qu'elle feroit achevée, afin que le fervice fe fît honorablement ; & fi, pour caufe legitime, ils ne pouvoient venir, ils devoient envoyer un autre prêtre pour tenir leur place, excepté aux grandes fêtes & celle de leur églife particuliére.

« On ne doit (continuë le texte), faire proceffion ni dedans ni dehors « lefdites chapelles particulieres fans la permiffion du prieur, & nonobftant « les priviléges dont joüit Notre-Dame-des-Tables. La proceffion de cette « églife ne peut fortir dans la paroiffe de St. Firmin que le feul jour des « miracles de Notre-Dame-des-Tables.

« Les cloches ne doivent pas fonner pour matines, vêpres, ou l'*Ave* « *Maria* avant celles de St. Firmin, fauf le jour de la fête titulaire defdites « chapelles, ou pour caufe de neceffité, comme pour le feu ou autre acci- « dent funefte.

« Ils obéïront tous aux lettres de la cour de St. Firmin, fuivant l'ancienne « coûtume ; promettront avec ferment d'obferver lefdites chofes, fe foû- « mettant, s'ils contreviennent, à la difcretion du prieur ou de fon vicaire. « Acte paffé le 28 novembre 1403. »

Le vicaire (dont il eft parlé dans cet acte), avoit été inftitué en 1304, au mois d'août : il avoit les prémices de la paroiffe de St. Martin de Prunet, les oblations, vigiles & autres émolumens de cette églife, excepté les droits de funerailles, qui étoient en entier pour le prieur de St. Firmin ; la maifon & verger attenant ladite églife de St. Martin apartenoit audit vicaire, qui d'ailleurs avoit fa dépenfe canonique à la table de la communauté des prêtres & clercs de St. Firmin. Sa place dans le chœur & aux affemblées eft marquée après le facriftain, fi ce facriftain fe trouvoit être chanoine de Maguelone ; & pour marque de la foûmiffion qu'il devoit à fon prieur, il eft marqué que le vicaire lui payera dix fols le jour de la fête de St. Firmin.

Le facriftain, qui avoit la garde des meubles facrés de l'églife, étoit tenu de réfider en perfonne & affifter aux heures canoniales, à moins qu'il en fût difpenfé par le prieur à raifon de fes études. Il étoit obligé, s'il étoit prêtre, de dire les meffes folemnelles aufquelles le prieur étoit tenu, fçavoir : la Noël, St. Etienne, St. Jean, la Circoncifion, l'Epiphanie, la Purification, * l'Annonciation, & la Confecration de l'églife de St. Firmin, le jour de tous les Saints & de St. André ; il devoit affifter aux proceffions, dire la meffe dans l'églife les jours de fête & de l'Avent ; & pour fes émolumens, le prieur devoit lui payer au finode de St. Luc fix livres & autant à celui de Pâques.

Page 249.

La cour de St. Firmin, que j'ai déjà mentionnée, étoit une cour fpirituelle des caufes pies, dont le prieur & fes officiers prenoient connoiffance pendant fix mois de l'année : la chofe confte par une bulle du pape Boniface VIII citée dans le livre des privileges, qui ajoûte que cela avoit été obfervé de tout tems. Il raporte une tranfaction paffée entre l'evêque de Maguelone & le prieur de St. Firmin, par laquelle il eft convenu que dans les mois de fevrier, avril, juin, août, octobre & decembre, le prieur a la faculté de connaître des legats funebres, circonftances & dépendances, & des legs pies délaiffez par teftament, dont ledit prieur a jurifdiction & cenfure ecclefiaftique ; & quant aux mois de janvier, mars, may, juillet, feptembre & novembre, l'evêque de Maguelone en a la jurifdiction, & pour fortifier cette convention il eft ajouté expreffement.

« Que fi un paroiffien de St. Firmin, pour les fufdites matiéres, portoit
« fa caufe à la cour du prieur dans le tems deftiné à celle de l'evêque, ou
« au contraire s'il la portoit à la cour de l'evêque dans le tems deftiné à
« celle du prieur, la caufe fera renvoyée à la cour de celui à qui elle apar-
« tiendra ; & au cas que la cour à qui le paroiffien s'adrefferoit attentoit au-
« delà de fa competence (même du confentement des parties), tout ce
« qu'elle ordonnera fera de nul effet & paffera pour non-avenu. »

Il y a plufieurs autres conventions particulieres avec les confuls, avec les religieux mendians & autres maifons ecclefiaftiques, fituées dans la paroiffe de St. Firmin, que je renvoye à l'article d'un chacun pour ne pas trop charger celui-ci, mais je ne dois pas omettre ce que nous trouvons dans nos vieux actes du local & de la difpofition de cette ancienne églife qui fut détruite en 1562, & il n'y refte préfentement que la moitié de la groffe tour du clocher vers la maifon de Mr. de St. Felix : les murs de l'églife de ce côté-là avançoient beaucoup dans la ruë, comme on l'a reconnu en pavant ladite ruë, où l'on a trouvé au-delà du ruiffeau les anciens fondemens de l'églife : elle avoit plufieurs chapelles, dont la plus remarquable dans l'hiftoire de la faculté du droit eft celle de la Trinité. J'en trouve dix autres dans le livre des privileges de St. Firmin, dont la collation apartenoit au prieur, fçavoir :

La chapellenie de St. Antoine, fondée par Jean Trial, marchand de foye.

De St. Etienne, fondée par demoifelle Marie Bezaffe.

De la Charité, fondée par Guillaume Roftang, docteur és loix.

De St. Blaife, fondée par Pierre de Rodes, marchand pelletier.

De St. Hilaire, fondée par Hugues Hilaire, mercier.

De St. Luc, fondée par Pierre de Almaric, bourgeois.

De N. Dame, fondée par Gaudiaufe, fille de Bernard de Florenfac.

Autre de Notre-Dame, fondée par Bernard Cabanier, prieur de Teiran.

De St. Gregoire, fondée par Pierre & Jean Lautier, freres.

De St. Michel, ayant feulement deux carterées pré au terroir de Lates, lieu appelé Bojay.

On voit chez M. de St. Veran un vieux livre écrit en lettres gotiques fur du velin, contenant les ftatuts d'une confrerie de St. Firmin dans la même églife. Ils font de l'année 1499, aprouvez par tous les confreres, & par Moffen de Villeneuve, prieur de St. Firmin.

Ces ftatuts marquent les prieres que les confreres de l'un & de l'autre fexe devoient dire tous les jours; l'affiftance où ils étoient tenus au convoi des confreres & confrereffes décedez, & à la meffe qu'on faifoit chanter pour eux par les prêtres de la paroiffe.

Page 250.

St. PAUL ANNEXE DE St. FIRMIN, DANS LA VILLE.

QUOIQUE nous n'ayons point l'acte de fondation de cette églife, il est très-croyable qu'elle fut bâtie à méfure que Montpellier s'étendit vers la Valfere, à qui St. Paul fervoit de paroiffe, & pour le plûtard dans le tems qu'on eut achevé de clorre Montpellier de murailles, c'eft-à-dire dans le dix ou onziéme fiécle. On applique à ce fujet les paroles de Verdale, qui en parlant des églifes que Godefroy, evêque de Maguelonne, unit à fon chapitre en 1080, dit qu'il donna à la communauté des chanoines de Maguelone l'églife de Montpelieret, *communiæ dedit ecclefiam de Montepeffulaneto*, au fingulier, c'eft-à-dire St. Denis qui étoit la feule paroiffe qui fût alors dans Montpelieret; mais en parlant de Montpellier, il dit *ecclefias de Montepeffulano* au pluriel, ce qu'on ne peut entendre que de St. Firmin & de fes annexes St. Paul & St. Mathieu, qui fans contredit font plus anciennes qu'aucune autre de celles qui furent bâties dans la paroiffe St. Firmin.

On ne fçait autre chofe du onziéme & du douziéme fiécle, où la négligence des écrivains fut très-grande, mais dans le treiziéme on trouve un autel de St. Jean l'evangelifte fondé dans l'églife de St. Paul, & nous avons un acte du 14 fevrier 1397 par lequel Guillaume Cavalier, qui prend le titre de prieur de St. Paul de Montpellier, donne à la chapelle de Ste. Catherine, dans l'églife N.-Dame des Tables trois maifons fituées dans le faubourg St. Jacques.

J'ai dit dans le corps de cet ouvrage comment la plûpart des vicaires amovibles eurent le credit, pendant le sejour que les papes firent à Avignon, de se rendre titulaires de leur église : Guillaume Cavalier l'étoit déjà lorsqu'il fit sa donation, & tous ses successeurs conserverent le titre de prieur, quoiqu'ils fussent subordonnés au prieur de St. Firmin, qui avoit la collation de leur bénéfice.

De là vient qu'aprés les révolutions qui arriverent à Montpellier dans le sezième siécle lorsqu'on voulut y rétablir les religieux qui en avoient été chassés, Mr. de Fenoüillet fit intervenir le prévôt comme patron, & le Sr. Pouderoux comme prieur titulaire de St. Paul pour y établir les peres trinitaires qui y sont à présent depuis plus d'un siécle.

On verra dans l'article de l'observance de St. François que l'eglise de St. Paul fut assignée aux réligieux de cet ordre pour s'y retirer après les prémiers troubles de 1562, mais ils en furent chassés cinq années après. Cette église n'a plus servi depuis qu'aux PP. Trinitaires.

St. MATHIEU ANNEXE DE St. FIRMIN, DANS LA VILLE.

TOUT ce que je viens de dire de la fondation de l'église de St. Paul peut servir à celle de St. Mathieu, qui est marquée dans tous nos titres comme la seconde annexe de St. Firmin dans l'enceinte de la ville. Je n'ai trouvé pourtant aucun acte particulier qui concerne cette église avant le 14. siecle où Bernard Giniens, habitant de Montpellier, fonda dans l'eglise de St. Mathieu une chapelle dédiée à St. Suffre, autrement St. Suffrede, evêque de Carpentras. Jeanne, femme de Raymond Blancher, et héritière de Pierre Fabre dit Piquet, y fonda la chapelle des onze-mille vierges, & dans le siécle suivant Michel Simeonis, licencié ès loix, y fit une fondation remarquable qui interesse plusieurs de nos églises particulieres.

Je rapporte les articles de son testament qui en ont fait mention, afin que cela serve de preuve à tout ce que j'aurai à dire de nos hôpitaux. Il dit vouloir être * enterré dans l'église de St. Mathieu & dans le même tombeau où sa mere avoit été enterrée, *ubi domina mater ejus sepulta fuit*. Il donne une livre tournois à chacun des quatre ordres mendians, autant à chaque hôpital de Montpellier, sçavoir de St. Guillem, du St. Esprit, de St. Jacques & de Ste. Marthe, autant aux sœurs chanoinesses de St. Gilles, autrement dites de Ste. Catherine.

PAGE 251.

Il donne à l'œuvre de St. Mathieu les sept ducats d'or qu'il avoit prêté au premier ouvrier pour faire dorer la croix d'argent de cette église, & fait héritière Bellete, sa femme, après la mort de laquelle il veut que, des biens qu'il a à Montpellier, Florensac, Agde & Bessan, on en fonde une chapellenie dans l'église de St. Mathieu, pour être desservie par deux prêtres, qui y chanteront une messe chaque jour de la semaine au grand autel. Fait & passé à Montpellier le 6 du mois de février 1456, régnant Charles, roy de France ; & pour ses executeurs testamentaires, il nomme Albert Pomesii, maître général de la monnoye, & Arnaud de Strella, curé de l'église Nôtre-Dame des Tables.

Cette fondation subsiste encore ; mais on n'y a attaché que les biens de Florensac, dont joüissent à présent Mrs de la Croix & Bonnafous, titulaires de cette chapelle.

L'église de St. Mathieu eut le malheur d'être la premiere de celles dont les réligionnaires s'emparerent à Montpellier. J'ai raconté, sous le régne de François II, comme ils partirent de l'école-mage au nombre de douze cens pour aller se saisir de l'église St. Mathieu, où ils firent prêcher publiquement leur nouvelle doctrine ; depuis cette entreprise, qui arriva en 1559, les catholiques ne pûrent plus y rentrer ; les huguenots la démolirent quelques années après, & l'on ne songea qu'en 1617 à y rétablir le service divin, en y logeant les PP. Jacobins, qui en furent encore chassés lorsqu'on voulut se preparer au siége. Enfin, en 1626, ils y furent rétablis de la manière que nous le dirons dans l'article des Freres Prêcheurs.

St. THOMAS, ANNEXE DE St. FIRMIN, DANS LES FAUXBOURGS

DEPUIS qu'on a rétabli la porte de la Saunerie comme elle étoit avant les troubles de la religion, on n'est plus en état de juger de l'ancien emplacement de St. Thomas.

Cette église faisoit le premier bâtiment qu'on trouvoit à main gauche en sortant de la ville ; & selon un acte que je raporterai plus bas, on prit une partie de son bâtiment lorsqu'on voulut, en 1621, se préparer au siége de Montpellier. Le boulevard que nous avons vû de nos jours devant la porte de la Saunerie occupoit une partie de cette église & de la maison claustrale, comme on en peut juger par les puits domestiques qu'on y a trouvé en transportant les terres du boulevard.

Le reste de l'église avançoit dans le faubourg le long de la grande ruë ; & dans la profondeur du bâtiment, il y avoit un jardin ou cimetiere : la chose conste par l'inféodation qui fut faite de ce local en 1637 par Me. Jean Boyer, prêtre & prieur du prieuré St. Thomas, aux nommez Nicolas Valenot, Pierre Fourillet, Loüis Bedoc & Antoine Bouisson, habitans de Montpellier, sous l'albergue de quatre livres de cire blanche, payables tous les ans le jour de St. Thomas.

On trouve dans l'expositif de cet acte tout ce que je viens de raporter ; & il est dit que dans le tems de cette inféodation, faite de l'autorité de l'official, il ne restoit qu'une partie du jardin fait en triangle, & contenant, selon la vérification des experts, vingt-six cannes ou environ. On voit, au bas de l'acte, une note qui marque que lorsque Valenot & ses consors creuserent la terre, ils y trouverent une grande quantité d'ossemens. Maintenant, il n'y a aucun vestige d'église dans tout ce local ; mais, par nos anciens titres, on a des preuves certaines de son ancienneté.

Dans un accord fait le 15 de juin 1273 entre les collecteurs du pape & les consuls de Montpellier, au sujet de la censive papale dont j'ai parlé dans le premier tome de cette histoire, il est dit que les parties s'assemblerent dans l'église * de S. Thomas de Montpellier & au logis du prévôt de Maguelone où l'on régla le prix de chaque marabotin de censive que la ville devoit au pape, à raison de cinq sols monnoye de Melguëil.

PAGE 252.

Dans le siècle suivant, on trouve la fondation d'une chapelle de St. Jean l'évangeliste faite dans l'église de St. Thomas, par Guillaume Caton.

Jacques Barthelemy, prieur de St. Thomas, est mentionné dans un acte que j'ai vû, du 15 octobre 1427 & dans l'établissement des peres de l'observance fait à Montpellier en 1438. Leur nouveau couvent est désigné vis-à-vis la porte de l'église de St. Thomas, dans le faubourg de Villeneuve ou de la Saunerie, *in loco qui dicitur Villanova, ante foras ecclesiæ Sti. Thomæ.*

St. GUILLEM, ANNEXE DE St. FIRMIN, DANS LES FAUXBOURGS.

NOUS sçavons, à n'en pouvoir douter, que cette église fut bâtie dans le douzième siècle par les Guillaumes, seigneurs de Montpellier, pour servir à un hôpital qu'ils firent construire dans le faubourg de ce nom ; mais on ignore précisément le tems où elle fut érigée en paroisse, car on ne trouve pas qu'elle ait porté ce nom avant le XIIIe siècle, où le roy Jacques I donna les biens de cet hôpital aux religieufes de St. Felix de Monceau, en échange de la feigneurie de Mirevaux que la reine fa mère leur avoit leguée; il eft à croire que l'hofpitalité étant déchûë à St. Guillem, le prieur de St. Firmin, qui étoit adminiftrateur de cet hôpital, demanda que la chapelle lui fervît d'églife fuccurfale pour tout le faubourg.

Il eft certain qu'elle continua de l'être dans le xive fiécle, lors qu'on donna l'emplacement de cet hôpital aux filles de St. Dominique, autrement dites les Provillanes, comme on poura le voir dans l'article de ces religieufes, à qui cette églife fervoit conjointement avec le curé.

On a encore des preuves à n'en pouvoir douter qu'il y avoit un curé à St. Guillem en 1446, puifqu'il eft marqué pour témoin dans une tranfaction importante qui fut paffée cette même année entre les Provillanes & les religieufes [du Vignogoul, *præfentibus Jacobo Maillaco prebiftero curato Sti. Guillelmi.*

Cette paroiffe fut abolie avec l'exercice de la réligion catholique dans Montpellier, c'eft-à-dire au commencement des troubles de la religion ; on n'a plus fongé à rétablir la paroiffe ni l'hôpital, mais on a laiffé le grand emplacement aux religieufes de St. Dominique qui y font logées prefentement.

St. DENIS, PAROISSE DE MONTPELLIERET.

L'ANCIENNETÉ de cette églife paroît par la donation que Godefroy, evêque de Maguelone, fit à fon chapitre, en 1080, lors qu'il voulut y introduire la reforme. *Communiæ dedit ecclefiam de Montepeffulaneto,* c'eft-à-dire St. Denis, qui étoit l'unique paroiffe de Montpellier, & Guillaume, fils d'Ermengarde, en fait une mention plus expreffe dans fon teftament de l'année 1114, où il dit, qu'il difpofe de tous les biens qu'il avoit dans la paroiffe de St. Firmin & dans celle de St. Denis, *totum illud quod habeo in parochia Sti. Firmini & Sti. Dionifii.*

Elle étoit fituée dans le même lieu où eft aujourd'huy le baftion de la citadelle, qui regarde le faubourg du Pile St. Giles. La chofe confte par l'Hiftoire du fiége de Montpellier, où l'on voit que les religionnaires s'étant retranchez dans les mafures de cette ancienne églife, donnerent lieu au combat de St. Denis, qui fut fi funefte aux troupes du roi Louis XIII. On y découvrit, il y a peu d'années, les anciennes caves de l'églife, en foüillant

II. Partie. Livre huitiéme.

dans la gorge du Baſtion, pour en tirer la terre qu'on vouloit employer à terraſſer le rempart. Je fus invité par l'entrepreneur* à venir voir la découverte qu'il avoit faite, & j'y trouvai des caves, d'une très-bonne maçonnerie, remplies d'oſſemens qui tomboient en pouſſiere. PAGE 253.

L'étenduë de cette paroiſſe étoit très-conſiderable, car, outre le faubourg du Pile St. Giles & celui de Montpellieret (aujourd'hui l'Eſplanade), elle comprenoit dans la ville tout ce qui y porte le nom de Montpellieret, c'eſt-à-dire depuis la porte de Lates juſqu'à la rüe du Pile St. Giles par le droit chemin, à quoi il faut ajoûter tout ce qu'on trouve à main droite en paſſant à la Capelle nove, & devant Ste. Urſule juſqu'à la porte de la Blanquerie. La choſe conſte par la fondation des religieuſes de Ste. Catherine & St. Giles que je raporterai dans l'article de ce monaſtere.

Le prieur de St. Denis étoit pris du corps du chapitre de Maguelone; de là vient que dans les impoſitions faites ſur les beneficiers du chapitre, il eſt dit que le prieur de St. Denis de Montpellieret payera tous les jours des roys, à la manſe capitulaire, ſeize livres.

J'ai vû le teſtament d'un Guillaume Bon, fils de Jean, du 4 juin 1348, qui dit vouloir être enterré dans l'égliſe St. Denis, à la chapelle de St. Jean. Environ ce tems, Jean Caturce, d'une famille conſiderable à Montpellier, dans le XIII & XIV ſiècle, fonda dans l'égliſe St-Denis une chapelle à l'honneur de St. Fronton. La nommée Florence Raymond y fonda celle de Notre-Dame, & dans l'acte de fondation de la chapelle St. René dans la même égliſe, il eſt dit qu'elle fut faite par Guillaume Mounier, prêtre de Montpellier en l'égliſe paroiſſiale de St. Denis, hors les murs.

Les biens conſiderables qui apartenoient à l'œuvre de cette égliſe ont été unis à celle de N. Dame des Tables, où parmi les titres qui m'en ont été communiquez, j'ai trouvé pluſieurs reconnoiſſances faites en 1506 & en 1524 avec celle de M. le préſident Bocaud pour la Petite-Maiſon aſſujettie à ladite œuvre par le teſtament de Jacques de Bocaud en 1544.

L'action la plus remarquable qui ſe ſoit paſſée dans cette égliſe eſt la tenuë du ſinode général qu'Arnaud de Verdale, évêque de Maguelone, y fit dans le mois d'octobre 1339. On a pû voir, dans l'article de cet evêque, les beaux règlemens qu'il publia pour le chapitre de Maguelone & pour les autres prêtres de ſon diocéſe.

Ste. FOY, ANNEXE DE St. DENIS, DANS LA VILLE.

CETTE églife fut anciennement établie pour le fervice des paroiffiens de St. Denis qui logeoient dans l'enceinte de Montpellier, en cette partie de la ville qui eft appellée Montpelieret. Le befoin qu'ils pouvoient avoir des facremens pendant la nuit fembloit demander qu'ils euffent à leur portée une églife où ils puffent avoir recours. Ste. Foy leur fervit à cet effet jufqu'après l'érection de N. Dame des Tables en paroiffe dans le XIII fiécle où nous voyons que Grégoire IX unit à Notre-Dame quelques chapelles avec leurs dépendances, au nombre defquelles Ste. Foy fe trouve comprife; la chofe confte par un ancien extrait d'une bulle de ce pape, qui eft dans les archives du domaine, & que l'auteur dont j'ay tiré ce fait doit avoir vû lui-même.

Quelque précife que fût cette difpofition de Gregoire IX, elle ne put avoir lieu que dans le fiécle fuivant où nous trouvons que Guillaume Halene, recteur de l'églife & prieuré de Ste. Foy de Montpellier, réfigna & unit fon prieuré à celui de Notre-Dame des Tables de la même ville entre les mains de Hugues de Combret, chanoine de Maguelone, & prieur de Pignan, comme procureur de Berenger, chanoine de Maguelone, prieur de Notre-Dame des Tables, ce qui fut fait à genoux de la part de Halene entre les mains de Combret, avec tous & chacun les droits apartenans au prieuré de Ste. Foy, dont le contract fut reçû par Jean Holanic, notaire de Montpellier, dans la maifon de la Canourgue de Nôtre-Dame des Tables le 30 juin 1342.

PAGE 254. " Depuis cette union, l'églife de Ste. Foy n'eut plus le titre de prieuré, & elle refta comme une fimple chapelle qui n'avoit aucunes fonctions au déhors, ce qui donna lieu trente ou quarante ans après aux confuls de Montpellier de fe fervir de cette églife pour les quatre chapelains que le duc d'Anjou les avoit obligez de doter & d'entretenir en mémoire de leur rebellion.

Ces quatre chapelains y firent leur fervice jufqu'à la démolition des églifes de Montpellier au commencement des troubles de la religion, & depuis que Ste. Foy a été donnée à la confrérie des penitens, ces mêmes chapelains y continüent leur fervice.

Le frontifpice de cette églife, qui eft du X ou XI fiécle, nous en fait connoître l'ancienneté; nous en devons la confervation à Mrs. les tréforiers de

France, qui dans le temps de la démolition générale de nos églises, obtinrent des réligionnaires qu'on épargneroit ce frontispice, parce qu'il sert de butte à l'arceau qui part du bureau des finances & va s'appuyer sur la muraille de Ste. Foy.

NOTRE-DAME DES TABLES ERIGE'E EN PAROISSE
dans le XIII siècle.

LE plus ancien titre que nous ayons de cette église est une transaction du onziéme siécle entre Godefroy, evêque de Maguelone, & Guillaume fils d'Ermengarde, qui rendit, en 1190, l'église de Notre-Dame de Montpellier dont il s'étoit emparé, *Guerpivit Guillelmus ad Gotofredum, ecclesiam Stæ Mariæ de Montpeller.*

L'acte de sa fondation n'est pas venu jusqu'à nous; mais notre tradition constante porte qu'elle commença par une petite chapelle que nos premiers habitans dresserent à l'honneur de N. Dame, dans le tems qu'ils travailloient à l'aggrandissement de Montpellier.

A mesure que la ville se perfectionna, la chapelle s'agrandit, & il faut qu'elle fût déjà ancienne, en 1143, lorsque Guillaume fils d'Ermenfende voyant qu'elle menaçoit ruïne, resolut de la réparer, & acheta pour cet effet les maisons de quelques particuliers qui lui étoient contiguës, afin (dit l'acte) que la procession pût faire le tour de l'église.

Il est marqué qu'il travailla en même tems aux tables des changeurs, qui sont vis-à-vis cette église, d'où plusieurs ont crû que lui étoit venu le nom de N. Dame des Tables, *Stæ Mariæ juxta tabulas cambiatorum.* Quelques autres ont atribué ce nom au grand nombre de tableaux qu'on y voyoit en reconnoissance des guerisons qu'on y avoit reçûës.

Il est vrai que nous n'avons rien de plus constant que les guerisons surprenantes qui s'y faisoient; jusque-là que les médecins en prirent une espece de jalousie, puisqu'au raport de Cezaire, moine d'Heisterbac, qui écrivoit au commencement du 13ᵉ siécle, ils renvoyoient les malades défesperez, en leurs disant, allez à N. Dame de Montpellier. Jacques I, roy d'Aragon, reconnut lui devoir la guerison de la grande maladie qu'il eut en 1272, en faisant mettre dans cette église un grand tableau pour en conserver la mémoire. Loüis de Sancere, maréchal de France, y fit une fondation en reconnoissance des grâces qu'il y avoit reçû : elles devinrent si journalieres que nos ancêtres crûrent en devoir tenir un régître autentique : ce régître eft ainfi défigné dans un vieux inventaire des titres & documens de la maifon confulaire, au chapitre de la claverie.

« Item, un livre couvert de bois, écrit fur parchemin, avec cinq clous
« de leton fur chaque couverture, contenant les miracles de N. Dame des
« Tables. »

Ce livre fut enlevé dans le tems que les P. Réformez étoient maîtres de l'hôtel de ville; mais ils ne fuprimerent point l'ancien cérémonial des confuls où l'on voit encore, dans le cinquantiéme article, tout ce qu'on obfervoit anciennement pour célébrer la fête des miracles de N. Dame des Tables. Il eft dit que « les confuls* majeurs alloient faire vigile à N. Dame
« des Tables (ce qu'on apelloit vigeolar) accompagnez des ouvriers de
« la commune clôture, des confuls de mer, findics & autres officiers, avec
« leurs meneftriers fonans & chantans ; & lorfqu'ils étoient arrivez à l'en-
« trée de la porte qui eft du côté de la loge, un des confuls diftribuoit des
« cierges pour la proceffion folemnelle, où les ouvriers portoient fous un
« dais l'ancienne image de la Ste Vierge, qui y eft apellée, la majefté anti-
« que de Notre-Dame des Tables. »

Pour donner le tems à tous les corps de la ville d'affifter tour à tour à cette fête, on la folemnifoit durant huit jours, pendant lefquels tous y venoient en l'ordre marqué dans une ordonnance qui eft apellée des vejolades.

« Le 31 août, jour de la fête, les peletiers feront leur vejolade avec flam-
« beaux allumez, comme eft la coûtume.

« Le 1 feptembre fera la fête des poivriers ou épiciers.

« Le 2, des marchands canabaffiers.

« Le 3, des travailleurs en foye, apellez fediés.

« Le 4, des poiffonniers.

« Le 5, des mazeliers ou bouchers de mouton, bœuf & cochon, comme
« dit l'acte.

« Le 6, les métiers de l'aiguillerie.

« Le 7, qui eft la vigile de la joyeufe fête de la nativité de Notre-Dame,
« viendront les drapiers de la draperie rouge de St. Firmin.

« Et le 8, jour de la fête, les cambiadours ou changeurs. »

La grande vénération qu'on avoit pour cette églife, la fit choifir pour diverfes actions très-remarquables dans notre hiftoire.

En 1204, Pierre, roy d'Aragon, y jura l'obfervation des ftatuts de Montpellier.

Les deux conciles qui furent tenus en cette ville au fujet des Albigeois, en 1214 & 1224, fe tinrent dans l'églife de Notre-Dame des Tables.

Pierre, infant d'Aragon & fils aîné du roy Jacques I, y célébra son mariage avec Conſtance, fille de Mainfroy, roy de Sicile, en 1262, & l'on a pû obſerver dans le cours de cette Hiſtoire, que nos rois, en faiſant leur entrée dans Montpellier, venoient deſcendre à la porte de Notre-Dame des Tables, où, après avoir fait leur prière, ils alloient au logis qui leur étoit préparé.

Toutes ces conſidérations porterent les conſuls de Montpellier à répreſenter au pape Innocent III que le petit nombre de prêtres que le prieur de St. Firmin tenoit à Nôtre-Dame, ne pouvoit ſuffire au ſervice de l'égliſe; ce qui donna lieu au reſcript dont j'ai parlé dans la vie de Guillaume d'Altiniac, en conſequence duquel cet evêque étant venû, le 29 may 1216, en l'égliſe Nôtre-Dame, l'érigea en paroiſſe, & Bernard de Meſoa, ſon ſucceſſeur immédiat, ayant fait tranſiger le nouveau curé avec le prieur de St. Firmin, fit travailler aux réparations de cette égliſe, qui étant enfin achevées, en 1230, il en fit la conſecration dans la même année, étant conſuls Pierre Bonifaci, Guillaume de Montlaur & autres.

Le nouveau curé de Nôtre-Dame fut pris du corps des chanoines de Maguelone; ce qui continua juſqu'au tems de la ſécularisation du chapitre. Il prit la qualité de prieur de Nôtre-Dame, parceque chaque chanoine prenoit ſur les benefices de la manſe qui lui étoient conferez, les mêmes qualités qu'avoit le chapitre: ainſi nous voyons prieur de Montauberon, prieur de St. Jean de Bueges & autres, dont j'ai aſſez parlé dans les réglemens particuliers des chanoines de Maguelone.

Quelque bonne intelligence qu'il dût y avoir entre les chanoines d'un même corps, le prieur de Nôtre-Dame ne laiſſa pas de ſe ſouſtraire tant qu'il pût à la juriſdiction du prieur de St. Firmin; de là viennent tant de nouveaux accords que nous trouvons pour modifier les prémières conventions paſſées entr'eux, ſous Bernard de Meſoa.

La grande dévotion des peuples pour Nôtre-Dame & la protection des conſuls qui régardoient cette égliſe comme l'égliſe du conſulat, faciliterent aux prieurs l'obtention de pluſieurs bulles & lettres-patentes qui ſont dans les archives de la ville, tantôt pour exciter la charité des fidelles par les indulgences que les papes y attachoient, tantôt par les immunitez & ſecours d'argent qu'on * obtenoit de nos rois pour les réparations & embeliſſemens de cette égliſe.

PAGE 256.

De là vint auſſi cette grande quantité d'argenterie & autres ornemens prétieux que l'on voit dans les inventaires qui en furent faits en 1475 & continués dans le reſte de ce ſiécle. J'aurois été tenté d'en donner ici une copie ſi je n'avois craint la longueur de ces vieux actes qui ſont écrits en catalan ; je me contente de dire que j'y ai trouvé plus de 250 marcs d'argent en croix & calices, ciboires, chandeliers, encenfoirs ou réliquaires, fans parler des croix de jafpe & de criftal, des perles & des pierreries dont il y eft fait mention.

Les principaux réliquaires étoient le chef de St. Marcel avec fon diadême de vermeil pefant 23 marcs deux onces; un bras de la Magdeleine d'argent pefant 4 marcs 21 onces ; une tête & un bras des Innocens en deux réliquaires féparés péfant en tout 4 marcs 7 onces ; deux anges d'argent doré portant chacun un chandelier de même, pefant en tout 33 marcs fept onces 13 deniers, au bas defquels étoient les armes de Pierre Briffonet, général des finances en Languedoc, qui en fit don à cette églife le 22 mars 1496; mais la plus riche de toutes les pièces étoit l'image de la Ste. Vierge tenant fon fils entre fes bras & pofée fur le grand autel ; elle ne pefoit en tout que vingt-deux marcs 3 onces, mais elle étoit chargée de quantité de pierres précieufes, garnies en or, & d'une perle pefant 7 carrats.

Je ne parle point des chapes avec des agrafes d'or, des chafubles, dais, robe de Nôtre-Dame & autres ornemens dont l'inventaire remplit cinq ou fix pages ; il me fuffit de dire qu'ils étoient des plus riches étofes d'or, d'argent & de foye, & quelques-uns même brodés de perles. Il y eft fait mention d'un ornement pour les proceffions que le roy Charles VIII donna le cinq novembre 1488 avec plufieurs joyaux, & j'obferverai pour nôtre ancienne liturgie que les aubes étoient alors garnies par en bas & aux manches, de ces tiffus d'or & de foye dont on conferve encore l'ufage dans l'églife de Narbonne.

Les P. Réformés profiterent de ces riches dépoüilles lorfqu'ils en chafferent les catholiques en 1561 ; mais, comme fi les murailles de cette églife dûffent leur reprocher le vol immenfe qu'ils avoient fait, ils prirent la réfolution de les abatre, en confervant néanmoins la façade du côté de la loge, à caufe de la tour de l'horloge qui étoit au-deffus. Ils abbatirent donc l'églife depuis fon chevet qui regarde l'hôtel de ville jufqu'aux arcboutans qui foûtiennent la tour de l'horloge, & ils laifferent fur pied les deux portes qui font au flanc de l'églife, de peur qu'en les abbatant on n'affoiblît les fondemens de l'horloge.

C'eft de ces vieux reftes que nous pouvons tirer quelques conjectures de l'ancienne conftruction de l'églife Nôtre-Dame. Gariel prétend qu'elle avoit un rang de pilliers qui laiffoient la liberté d'en faire le tour en dedans; mais en ce cas il faut que les chapelles n'euffent pas alors la profondeur qu'elles ont aujourd'hui, parce que la nef auroit eu trop peu de largeur; il eft toujours certain que la voûte étoit plus exaucée qu'elle n'eft maintenant, puifqu'on voit encore la liaifon qu'elle avoit anciennement avec la tour de l'horloge qui eft marquée fept ou huit pieds au-deffus de la voûte d'aujourd'hui : les fenêtres en étoient petites & à plein cintre, comme il paroît par celles qui ont refté au bas de la tour de l'horloge, les portes étoient de même à plein cintre avec des moûlures antiques, portées fur des colonnes de marbre qui fubfiftent encore à la porte du côté de l'hôtel de ville & à celle de la principale entrée. La façade s'en eft confervée dans fon entier; on voit fur la porte une grande tribune dont la baluftrade de pierre eft percée à jour par des fleurs de lys ; à chaque côté il y a un grand lyon de St. Marc qui donne de l'exercice à nos fçavans, & à l'extrémité fur la gauche un écuffon tout fimple chargé de trois fleurs de lys dont on ne fçait pas le temps ; au plus haut de cette façade, & à la naiffance de la tour de l'horloge on découvre fous une corniche des gros caractéres gothiques, d'un grand pied de hauteur, relevés en boffe, dont le tems en a mangé une partie, je n'ai pû en déchiffrer que ces lettres :

Ave Maria grat. . . . . . nos omni horâ.

Les ruines qui y furent caufées par la démolition de 1561 y refterent jufqu'en 1602, où Guitard de Ratte, evêque de Montpellier, ayant obtenu du roi Henry * IV qu'on détruiroit le ravelin ou corps-de-garde, que les religionnaires y avoient fait, on commença d'en enlever les terres, & ce fut alors qu'on découvrit la chapelle foûterraine de la Magdeleine. Garriel qui étoit préfent lorfqu'on fit cette découverte, nous dit qu'elle fut trouvée dans fon entier, & qu'il y reçut les quatre mineurs de fon evêque qui y dit la meffe le 27 de mars 1602. Cette chapelle eft une preuve vifible de l'ancienneté de l'églife, tant par la figure de fes pilaftres & chapiteaux antiques que par le deffein de fa conftruction qui eft inconteftablement dans le goût des anciennes bafiliques.

PAGE 257.

On travailla à réparer l'églife qui ne pût être prête pour le fervice divin qu'en 1608. Le clergé s'y rendit en proceffion la veille de Notre-Dame d'août de cette même année, & il continua le fervice jufqu'à ce qu'elle fut démolie de nouveau par ordonnance du cercle en 1621. Je ne trouve point en quel état elle étoit lors de cette feconde démolition, & il eft à croire (vû les circonftances du tems) qu'on n'avoit pû la réparer auffi bien qu'elle étoit auparavant, ni comme elle l'a été depuis.

Ce ne fut qu'en 1650 qu'on y travailla férieufement, & la juftice que l'hiftoire doit aux bons citoyens, ne me permet pas d'oublier ici ce que fit en cette occafion Mr. de la Foreft de Toiras, fenêchal de Montpellier. Il leva toutes les difficultez qu'avoient fait naître les differens corps qui devoient y contribuer : il régla le prix-fait à quarante-neuf mille livres avec

XI.

Jean Casenove, Pierre Gendron & Guillaume Roux, qui en furent les entrepreneurs.

Dans le tems qu'ils alloient finir ce grand édifice, Mr. de la Forest reçut une marque signalée de la protection de la Ste. Vierge, dont il voulut conserver la mémoire à la postérité en faisant mettre dans sa chapelle un tableau où il est représenté enseveli dans un tas de bois & de pierres d'où la Ste. Vierge le retire en lui tendant la main. On voit au bas de ce tableau l'inscription suivante écrite en lettres d'or.

L'an M. DC. LIV & le 10 de septembre, messire Simon de St. Bonnet, seigneur de la Forêt-Toiras, baron de Castelnau & autres places, conseiller du roy en ses conseils d'état, maréchal de camp de ses armées, sénéchal, gouverneur de Montpellier, âgé pour lors de LXXVI ans, faisant rebâtir la presente église de Notre-Dame des Tables, & regardant le travail des ouvriers, chût d'un échafaut élevé au plus haut d'icelle, à la voûte de laquelle on mettoit la clef qui fondit sous lui, & quoiqu'enseveli parmi tant de ruines, il fut toutefois conservé sain & sauf, sans blessure, par la providence de Dieu & la protection spéciale de la sainte Vierge mère, à laquelle, en reconnoissance de cette grace, il a dédié & orné cette chapelle dans laquelle il a élu sa sepulture.

Il est à observer que ce fait ne fut jamais contesté par les religionnaires qui faisoient alors le plus grand nombre des habitans, & que nos peres nous ont raconté la chose de la maniere que M. de la Forest l'expose lui-même. On voit au bas de cette inscription les vers suivants :

VIRGINI DEIPARÆ SERVATRICI.

Istas dum reparat lapsas Forestius ædes,

Lapsum servasti nempe Maria tibi.

Hæretico credas iterum jacuisse furore,

Ut sic nobilius surgeret & istud opus.

Ast semper tecum & per te servetur olimpi,

Sedibus, has secum nunc tibi Virgo dicat.

Posuit an. Dni. M. DC. LXIII.

PAGE 258. * Cette marque extraordinaire de la protection de la Ste. Vierge anima davantage Mr. de la Forest à achever son ouvrage & à le mettre dans sa perfection pour pouvoir y faire le service. Il entreprit l'enlevement des terres qui rempliſſoient l'égliſe, & il ſçut infpirer une ſi ſainte émulation aux catholiques, que les pauvres gens, au retour de leur journée, venoient y donner quelques heures, & que les riches y mirent eux-mêmes la main avec tant de zèle, qu'ils acheverent en 36 jours un travail qu'on avoit crû devoir durer plus de trois mois.

Enfin les maçons ayant fini en 1655, on prit jour au dimanche des Rameaux pour la benediction de la nouvelle églife. La cérémonie en fut faite par Mr. de Guilhermin, archidiacre, qui y dit la premiere meſſe en prefence des députez des compagnies, de Mr. le fénéchal, des conſuls en robes rouges, & d'un concours incroyable de monde. A l'élevation du St. Sacrement, les fizains firent leur décharge, à laquelle les canons de la citadelle répondirent, & le lundi de Pâques ſuivant, la premiere prédication y fut faite par un aumônier de Mr. le prince de Conty, qui voulut y être préſent.

XII. Trois ans après (c'eſt-à-dire en 1658), Mr. de Fenoüillet, par une ordonnance du 7 avril, déclara l'égliſe de Notre-Dame des Tables être paroiſfiale, au lieu & place de St. Firmin & autres ſuccurſales qui étoient dans la ville & dans les fauxbourgs : en conſéquence, il unit à ſa fabrique celles de St. Firmin, St. Denis, St. Thomas, St. Mathieu & St. Paul. Le recouvrement des titres qu'en ont fait Mrs. les marguilliers, m'a beaucoup ſervi à connoître ces anciennes égliſes ; mais ceux qui ſont particuliers à N.-Dame m'ont apris pluſieurs fondations & pluſieurs chapelles qui y étoient avant la première démolition.

J'y trouve la chapelle de St. Sauveur où Loüis de Sancerre, maréchal de France, fit une fondation de deux meſſes par ſemaine le 12 ſeptembre 1397.

XIII. J'y trouve une chapelle de St. Suffre, fondée par acte du 4 octobre 1343 par meſſire Jacques Suffredi, chanoine celérier, de Beziers.

Celle des SS. Innocens, chargée d'une fondation faite le 5 août 1344 par Agnès de Broa, veuve de Rigaud de Broa, marchand, & fille du Sr. Fubfifart, docteur en droit canon de Maguelone, *doctoris juris canonici Magalonenfis*.

D'une autre par André Turculhas Piſtor en 1405. Et d'une troiſième par Gaudiauſe, veuve de Pierre l'Eſtang en 1447, & où, dépuis, noble Godefroy de la Croix, tréſorier des guerres, en fonda une perpétuelle par ſon teſtament du 14 mars 1514.

De Ste. Catherine, fondée par Barthelemy Alemandi le 29 octobre 1374 & chargée depuis de deux autres fondations, l'une de Raymond Terier par acte du 21 juin 1411 & l'autre de Raymond Bedoc.

De Bethléem, où les femmes qui fortoient de couches alloient faire leur relevailles, ce qui la fit appeller par le peuple Notre-Dame qui Chay ou qui Gift.

De St. Blaife, chargée des fondations faites par Pierre Soquier, bourgeois, en 1393, & depuis par Pierre Canet, marchand.

Celle de St. Martin, fondée par Mathieu de Mafet, prêtre, prieur de Suffargues, dont la première collation eft de 1406.

Celle de St. Jean-Baptifte fondée par Etienne Roch en 1441.

Celle de l'Annonciade, avec fondation de Raymond Dupuy, ecuyer: le plus ancien acte qu'on en aye n'eft que de 1458.

De St. Pierre de la Tribune, qui devoit être une chapelle élevée au-deffus de quelqu'une des portes, femblable à celle qui eft à St. Pierre au-deffus de la porte du cloître.

Celle de l'Affomption, fondée par Guillaume Dupuy, chevalier, dont on n'a les reconnoiffances que depuis 1505.

De toutes les anciennes fondations de cette églife, la plus remarquable eft celle du luminaire qu'ils appelloient Raifen, je ne fçai pourquoi. Martial de Broa, par fon teftament de 1348, donne cinq francs pour une chandelle de cire de demi carteron pour brûler toutes les nuits devant l'autel de Nôtre-Dame des Tables; Guillaume Bon, dans la même année, affigne pour l'entretien de cette chandelle un champ fitué fur le chemin qui conduifoit des Minoretes au portail St. Sauveur; & par acte du * 25 avril 1432, Braidette Palmiere, femme du noble Izarn Teinturier, prend la qualité de gouvernante & directrice du Raifen de Nôtre-Dame des Tables; & Michel Teinturier qui étoit peut-être le fils de cette Braidette, déclare dans fon teftament du 15 janvier 1485 que depuis deux cens ans fes auteurs ont gouverné une chandelle qui brûle nuit & jour dans l'églife de Nôtre-Dame des Tables qu'on appelle Raifen; il donne pour fon entretien quelques ufages qu'il avoit acquis dans le terroir de la Lauze; il veut que fa femme, gouvernante de ladite chandelle, & après elle la femme du plus ancien de fes heritiers, faffent avertir pour le lundi avant la fête de l'Annonciation toutes les femmes des plus notables maifons de Montpellier de fe trouver à l'églife de Nôtre-Dame des Tables pour aller faire la quête par toute la ville pour la confection du Raifen, comme il eft accoûtumé de tout tems.

Et parce que la fomme qu'on y met tous les ans monte ordinairement à celle de trente livres, il veut que fi la quête & les ufages qu'il a donné nétoient pas fuffifans, les héritiers & fucceffeurs à perpétuité fourniffent le refte, afin, dit-il, que la glorieufe vierge les illumine de fa grace & les faffe vivre en paix & en profperité. Tels étoient les fentimens de nos ancêtres pour le culte de la mere de Dieu.

Mr. Bofquet, evêque de Montpellier, étant parvenu à cette place en 1651, voulut remplacer en quelque manière les reliques des faints que les huguenots avoient enlevé de l'églife de Notre-Dame des Tables ; il lui deftina une partie de celles qu'il venoit de recevoir de notre faint père le pape qu'il avoit fait enchaffer dans quatre buftes dorés. A cette occafion il renouvella dans Montpellier une cérémonie qu'on n'y avoit pas vû depuis près de cent ans : ce fut de les porter à Notre-Dame en proceffion folemnelle ; les ruës étoient tapiffées, tous les prêtres du finode qui fe tenoit alors marchoient deux à deux ; Mr. l'evêque & Mr. de Brignon, prévôt de la cathédrale, portoient fur leurs épaules un de ces buftes pofé fur un brancart & furmonté d'un pavillon ; fix prieurs du diocéfe portoient les trois autres ; & la proceffion, fuivie des tréforiers de France, du préfidial & des confuls, étant arrivée dans l'églife, on y dépofa les faintes reliques. M. de Bofquet fit à ce fujet une de ces prédications inftructives qu'il fçavoit fi bien faire, & ayant laiffé à Notre-Dame les reliques de St. Fauftinien & de Ste Agnes, il raporta dans le même ordre à St. Pierre celles de St. Lucius & de Ste. Silvie qu'il avoit deftiné pour fa cathédrale.

Les fommes que Mrs. les marguilliers avoient retirés des fonds unis à leur fabrique, les mirent en état d'entreprendre en 1670 la conftruction du rétable de pierre de perne d'Avignon qu'on y voit prefentement. Toutes les années fuivantes furent marquées de quelque nouvelle décoration : en 1671 ils firent faire le chœur avec fon baluftre. En 1672, le banc & la tribune de l'œuvre ; l'année fuivante, ils firent le tabernacle ; & en 1674, ils commencerent la tribune des orgues qui ne furent achevés que deux années après, & dans cet intervale on fit orner la chaire du prédicateur de la manière qu'on la voit à prefent.

XIV.

Enfin l'églife fe trouvant dans fa perfection, elle fut facrée en 1684, comme on le voit par cette infcription gravée fur une ardoife en lettres d'or, qui eft au milieu de l'églife fur la droite en entrant :

Monfeigneur Charles de Pradel, evêque de Montpellier, a facré cette églife le dimanche quatorzième de may mille fix cens huitante-quatre, à la requifition de Mrs les confuls, des marguilliers & ouvriers de l'églife.

EGLISES PARTICULIÉRES.

St. COSME ET St. DAMIEN.

PAGE 260.

IL eſt fait mention de l'églife de Saint Coſme dans l'acte de fondation de l'églife de Sainte Croix faite en 1144 par Guillaume, fils d'Ermenfende, qui donne à la nouvelle églife le jardin qu'il avoit auprés de Saint Coſme, *totum meum hortum qui eſt in via qua itur ad ecclefiam Sti. Coſmæ :* ce qui prouve que fa fondation eſt anterieure à celle de Sainte-Croix, & qu'on pourroit bien lui donner la même ancienneté qu'à l'école de médecine de Montpellier.

Elle ſervoit en effet aux Mes. chirurgiens de cette ville, qui ſont apellés dans tous nos vieux titres chirurgiens de St. Coſme; ils étoient tenus de s'y rendre la veille de St. Coſme & de St. Damien pour aſſiſter aux vigiles & le lendemain à la proceſſion, après laquelle ils nommoient les conſuls & les prévôts de la confrérie, comme il conſte par leurs anciens ſtatuts en datte du 5 octobre 1418, qui m'ont été communiqués par Mr. de Maſſillan, juge-mage.

Je trouve dans ces mêmes ſtatuts que les conſuls & prévôts de St. Coſme étoient chargés de faire faire le pain de *las caritats*, que la ville avoit coûtume de diſtribuer le jour de l'Aſcenſion, comme on le verra plus au long dans l'article des hôpitaux.

Il eſt dit dans notre petit Talamus, pour l'année 1361, qu'un parti des Anglois qui couroient le royaume après la priſe du roy Jean, étant venus juſqu'aux murailles de Montpellier, prirent dans l'églife de St. Coſme quelques hommes & femmes de la ville qui s'y étoient réfugiés.

L'article 58 du cérémonial de l'hôtel de ville marque pour l'année 1400 que le cardinal de Veniſe fit à l'églife de St. Coſme de Montpellier un préſent conſidérable, à la prière de ſon neveu qui étoit prieur de cette églife; c'étoit un os de la tête de St. Coſme que nos conſuls firent enchaſſer dans un beau reliquaire d'argent. Antoine de Louviers, evêque de Maguelone, le porta ſolemnellement en l'églife de St. Coſme, & de là ſur quelque diſpute qui s'émut entre les conſuls & le prieur, il les raporta à l'hôtel de ville où, pour régler leurs conteſtations, il ordonna que ce reliquaire, dont les conſuls avoient fourni l'argent, reſteroit dans leur chapelle, & que lorſque le prieur de St. Coſme voudroit l'avoir aux jours de fête, il viendroit le leur

II. Partie. Livre huitième. 393

demander, ce qu'on lui accorderoit gratieufement fous l'affurance de le rendre le même jour. Le nom du cardinal eft exprimé de la forte dans l'acte. *Joannes miferatione divina tituli Sti. Ciriaci in termis, fanctæ romanæ ecclefiæ cardinalis vulgariter cardinalis Venetiarum nuncupatus.* Et en parlant du prieur de St. Cofme, fon neveu, il eft dit : *Pium hoc pignus ad ecclefiam fanctorum Cofmæ & Damiani transferri juffit, rogatu Helifæi nepotis fui.*

Cette églife étoit fituée vis-à-vis de Lavanet, fur une pointe de terre qui fait le partage du chemin qui conduit aux moulins à vent, & de celui qui conduit au pont de St. Cofme, à qui cette églife a donné fon nom. On y a vû de nos jours un grand nombre de pierres fepulcrales que le titulaire de cette ancienne églife a fait enlever pour faire cultiver ce fonds où l'on a planté des oliviers.

SAINT NICOLAS.

TOUT ce que j'ai dit dans l'article de Guillaume, fils d'Ermengarde, au fujet des vicaires de Montpellier, nous prouve l'ancienneté de la chapelle de St. Nicolas, qui traverfoit la rue de l'Aiguillerie, & laiffoit un paffage fous un arceau qui partoit de la maifon de Planqué & alloit aboutir à celle de Veiffiere. Le fait eft démontré par nos anciens confrons & par la naiffance du fondement de cet arceau qui fubfifte encore à la maifon de Planque; il en eft fait mention dans la defcription de l'entrée du roy Charles IX dans Montpellier, en 1564.

PAGE 261.

Mais la preuve la plus ancienne que nous en ayons vient des actes que j'ai raportés pour les années 1103, 1118, 1139 & 1150. *Caftellum quod eft fitum juxta portam Sti. Nicolai.... Totum quantum habeo fubtus ecclefiam Sti. Nicolai.... Caftellum quod eft fitum juxta portam Sti. Nicolai, ficut eft claufum cum turribus & muris.... Totum quantum habebat pater meus fubtus ecclefiam Sti. Nicolai.*

Cette églife, durant quelque tems, donna fon nom à la ruë de l'Aiguillerie, dont les marchands font apellez, dans quelques vieux actes, les merciers de St. Nicolas. Ii y avoit un prêtre qui portoit le nom de prieur, & qui étoit fubordonné à celui de St. Firmin ; il avoit la directe fur quelques maifons voifines, & entr'autres fur celle de Planque, qui lui fait encore une rédevance annuelle de dix écus. Les nouveaux titulaires, depuis l'entiére démolition de St. Nicolas, ont coûtume d'aller prendre poffeffion dans la cour de la maifon de Montferrier, qui y eft attenante.

SAINTE CROIX.

CETTE ancienne église, qui ne subsiste plus, mais qui donne encore son nom à un de nos fizains, fut bâtie dans le douzième siècle par Guillaume, fils d'Ermensende, à son retour de Jerusalem (comme il le dit lui-même dans son testament, fait en 1146), *hanc ecclesiam quam ego, Hierosolymis rediens, in honorem Stæ. Crucis juxta domum meam ædificavi.* Il y mit une portion de la vraïe croix de Notre-Seigneur & plusieurs autres reliques qu'il avoit aportées de la Terre Sainte, *& vere dominicum lignum cum pluribus aliis reliquiis ibi attuli.* Il nous aprend qu'il avoit un logement attenant cette église, composé d'une chambre, d'une sale, & d'un avant-chambre qu'il apelle portique. *Cameram scilicet meam quæ est propè ipsam ecclesiam, & porticum qui est ante ipsam cameram,* renfermez (dit-il) entre le pilier de l'église & les murailles de la sale & de la chambre, *sicut determinatum est à pilari usque ad parietem salæ & usque ad parietem cameræ.* Il nous aprend encore que cette église avoit un portique à son entrée & un petit jardin à son chevet, *quamdam pessiam horti qui est ad caput ecclesiæ, & totum illum porticum qui est ante ecclesiam.*

Cette indication n'est faite dans son testament que pour faire mieux entendre ce qu'il donne pour le logement du chapelain qu'il y avoit établi avec un clerc, ausquels il assigne pour leur entretien un jardin entier qu'il avoit sur le chemin de St. Cosme, confrontant d'un côté la rive du Merdanson, *totum meum hortum qui est in via qua itur ad ecclesiam Sti. Cosmæ, qui hortus confrontatur ex una parte cum ripa Merdansionis.* Il ajoûte à cette donation sept quarterées de vignes au terroir de Maranegues, pour le luminaire de l'église & pour le vestiaire du chapelain & de son clerc, *septem carteiratas vineæ in vineto quod vocatur de Maranegues, pro luminaribus ecclesiæ & pro vestitu capellani & clerici sui.* De plus, il veut qu'ils ayent l'un & l'autre leur nourriture dans sa maison : *Insuper dono in perpetuum victum in domo mea capellano ipsius ecclesiæ, cum clerico suo.*

Cette donation eut le sort de la plûpart de celles qui sont à charge aux héritiers. Guillaume, son fils aîné, fit naître des obstacles à l'execution de cet article ; il la differa même jusqu'en 1151, où son pere, étant venu à Montpellier avec le prieur de Gransalve, son superieur, ils finirent cette affaire en convenant que le prieur de St. Firmin, dans la paroisse duquel étoit l'église de Ste. Croix, en auroit la possession ; mais qu'il donneroit au seigneur de Montpellier un logement auprès de son église de St. Firmin, avec trois mille fols melgoriens, en dédommagement des frais que Guillaume, dit fils de Sibille, venoit de faire dans fon expedition en Efpagne contre les Maures.

Quoique, par cette tranfaction, les feigneurs de Montpellier fe fuffent dépoüillez * du droit qu'ils avoient fur cette églife, ils ne laifferent pas de s'en régarder comme les protecteurs, ce qui porta Guillaume, fils de Mathilde, de démander au pape Innocent III qu'elle fût folemnellement confacrée, dans le tems que le cardinal de St. Prifque vint en Languedoc comme legat du pape contre les Albigeois. La chofe fut executée le 5 de novembre 1200, comme il paroît par un ancien marbre qui fut alors attaché aux murailles de l'églife de Ste. Croix, & qui, aprés fa démolition, fut porté dans le jardin du préfident de la Roche, qui en fit préfent à la confrérie des pénitens, où l'on le voit encore dans leur facriftie, avec cette infcription en lettres gothiques.

Anno dominicæ incarnationis M. CC. non. novemb., præfidente romanæ ecclefiæ domino papa Innocentio III pontificatus fui anno 3, confecrata eſt iſta eccleſia, mandato & authoritate ejufdem domini papæ, præfente & mandante domino Joanne de Sto. Paulo tituli Stæ. Prifcæ presbitero cardinali, apoftolicæ fedis legato, à domino Imberto (1). Arelatis epifcopo, in honorem fanctæ & gloriofæ virginis Mariæ & vivificæ crucis, & omnium fanctorum aftantibus & cooperantibus præfato cardinali & domino G. Magalonenfi (2). R. Agathenfi (3). Domino G. Biterrenfi (4). Domino Artaldo (5). Elnenfi, & domino G. Uticenfi (6). Epifcopis, & conftitutum eft confenfu ejufdem domini cardinalis, & omnium prædictorum, ut quicumque in anniverfario ejufdem confecrationis devote convenientes, de injuncta fibi pænitentia, duodecim dierum veniam confequantur.

Cette églife refta depuis fous la dépendance du prieur de St. Firmin, qui en eut toûjours la collation : le chapelain lui devoit obéiffance (comme difent les anciens titres). Il faifoit ferment de garder les droits, prééminences & loüables coûtumes de St. Firmin, & de ne point adminiftrer les facremens dans la paroiffe de St. Firmin, fans la permiffion du prieur.

On vécut fous ces loix jufques bien avant dans le xvie fiécle, où le renverfement général qu'on fit à Montpellier de toutes les églifes entraîna celle de Ste. Croix. Elle refta démolie jufqu'en 1607, que la confrerie des peni-

---

(1) Imbert de Aquaria.
(2) Guillaume de Fleix.
(3) Raymond Guillaume de Montpellier.
(4) Guillaume de Roquefel.
(5) Artaud.
(6) Guillaume de Venejan.

tens entreprit de la rétablir, pendant un de ces bons intervales que les catholiques avoient quelquefois. Ils en obtinrent la permiffion de Mr. Granier, alors evêque de Montpellier, & ils prefferent fi fort l'ouvrage, qu'ils en firent faire la bénédiction dans la Semaine-Sainte de 1609 par Mr. d'Arles, vicaire-général de Mr. de Fenoüillet, qui venoit de fucceder à Mr. Granier.

Ils continüerent de faire leurs exercices dans cette nouvelle églife jufqu'en 1621, où les révoltez, fe préparant à foûtenir le fiége de Montpellier, firent harlan (comme ils difoient eux-mêmes) fur tout ce qui apartenoit aux églifes. Celle de Ste. Croix fut traitée comme les autres ; mais on rémarque qu'après le pillage des ornemens, un nommé St. Roman, le fils du fergent Roman, qui demeuroit près la porte du Peirou, s'étant aperçû qu'il reftoit une croix au haut du clocher de cette églife, voulut y monter pour arracher cette croix ; mais une grande pierre du clocher fur laquelle il avoit le pied s'étant détachée, il fut entraîné à terre, où il s'écrafa en tombant. Serre dit que fon nom fut envoyé à Geneve, où il fut mis au nom de leurs martyrs.

Depuis la réduction de Montpellier fous les armes du roy Loüis XIII, on ne fongea point à rébâtir cette églife, comme quantité d'autres, parce que fon emplacement fut compris dans le grand deffein qu'eut Mr. de Fenoüillet de bâtir fa cathédrale à la Canourgue. Les grands fondemens qu'il y jetta, & qui fubfiftent encore, ont changé la difpofition de l'ancien terrain, & l'on ne peut en tirer aucune conjecture pour marquer l'ancienne fituation de l'églife de Ste. Croix : tout ce qu'on peut obferver, c'eft que dans ces dernières années, où l'on changea la croix de la Canourgue, on trouva à l'endroit où elle eft à préfent, vers Mr. de Cambaceres, de grandes pierres fepulcrales qui nous font entendre que le cimetière de cette églife devoit être de ce côté-là.

SAINT PIERRE DE LA SALE.

PAGE 263.

CETTE églife fervoit anciennement aux officiers que l'evêque de Maguelone tenoit à Montpeliret dans fon palais apellé la fale de l'evêque, qui contenoit toute l'ifle depuis les jefuites jufqu'à la rüe qui monte à la maifon du préfident Bocaud.

Gariel nous affûre que Ricuin la fit bâtir lorfqu'il infeoda Montpellier au premier de nos Guillaumes, en fe refervant Montpelieret, où il voulut avoir un logement pour lui & pour fes officiers. La chofe eft d'autant plus croyable, que l'evêque de Maguelone ne pouvoit fe difpenfer de venir fouvent à Montpellier, encore moins d'avoir une chapelle dans fon palais. Il eft certain que fon official tenoit la juftice ecclefiaftique dans la fale de l'evêque, & que le juge de la temporalité y avoit fon auditoire. On verra dans l'article de l'univerfité qu'on fit fouvent à la fale de l'evêque des actes publics concernant les études, & l'on a pû obferver dans le cours de cette hiftoire qu'un grand nombre de princes, à leur paffage par Montpellier, furent logez à la fale de l'evêque.

Tous ces faits fervent à apuyer le fentiment de Gariel fur la fondation de cette chapelle, qui, à l'exemple de l'églife cathédrale de Maguelone, portoit le nom de St. Pierre. Après avoir duré plus de quatre cens ans, elle fubit le fort des autres églifes qui furent démolies durant la fureur des troubles de la religion. La fale de l'evêque, avec toutes fes apartenances, refta inhabitée durant plus de foixante ans, pendant lefquels quelques particuliers s'emparerent d'une partie du local, & ce ne fut qu'en 1629 que Mr. de Fenoüillet, ayant fait donner aux jefuites le collége que les réligionnaires avoient à Montpellier, il augmenta leur emplacement de tout celui qui reftoit de la fale de l'evêque ; ces peres jetterent un pont de bois fur la ruë qui fépare le collége d'avec cette ancienne fale, où ils bâtirent un corps de logis que nous avons vû avec un grand jardin. Mais le roy Loüis XIV, en 1680, ayant accordé le fiége du petit fceau avec la ruë de Montpelieret pour bâtir le grand & beau logement que les jéfuites ont fur l'Efplanade, ces peres abandonnerent l'ancienne fale de l'evêque, & ils en vendirent le fol à Mr. de Vignes, procureur général en la cour des comptes, aydes & finances, qui y fit bâtir la grande maifon qu'occupe aujourd'hui le marquis de Grave.

On fe fouvient encore qu'avant tous ces changemens, on voyoit plufieurs anciennes portes le long de la muraille du jardin de Mr. de Grave, ce qui fait croire qu'elles fervoient, l'une à la chapelle, l'autre à l'official de l'evêque, & la troifiéme à l'auditoire du juge de Montpelieret. Il y a toûjours un prêtre titulaire de St. Pierre de la Sale, qui eft à la nomination de l'evêque.

SAINTE MARIE DE LEZES.

CETTE église fervoit autrefois aux templiers dans le lieu que nous apellons aujourd'hui le grand St. Jean, hors la porte de la Saunerie : la chofe confte par divers actes de l'hôtel de ville, par des tranfactions paffées avec le chapitre de Maguelone, & particulierement par celle dont j'ai parlé dans le premier tome de cette hiftoire, en l'année 1162, où il eft dit : *Hæc compofitio facta eft in domo militiæ templi, in horto juxta ecclefiam Stæ. Mariæ de Lefis.* Je ne fçai d'où lui vint ce furnom de Lefis, mais nous trouvons que Gautier, evêque de Maguelone, avoit confacré cette église au commencement du douziéme fiécle.

Il eft à croire qu'elle répondoit à la beauté des autres bâtimens de la maifon du temple de Montpellier, qui fervit de retraite & de fûreté à Simon de * Montfort pendant que les peres du concile, affemblez en 1214 dans l'églife de Notre-Dame des Tables, déliberoient fur le choix du feigneur à qui ils devoient confier les places conquifes fur le comte de Touloufe.

Nos annales marquent que le pape Clement V, dans le fecond voyage qu'il fit à Montpellier en 1307, prit fon logement dans la maifon des templiers, peu avant qu'il fit travailler à leur procès & à la fupreffion de leur ordre.

Cette fupreffion, qui fut faite dans le concile de Vienne en 1311, valut aux chevaliers de St. Jean de Jerufalem de Montpellier la maifon du temple & la terre de Launac, que les templiers avoient deffeché avec beaucoup de foin, comm'il paroît par les aqueducs foûterrains qui fubfiftent encore.

Les nouveaux maîtres de cette grande maifon y prirent leur logement, & la firent nommer le grand St. Jean, pour la diftinguer d'une autre maifon qu'ils avoient déjà dans la ville, & qui porte encore le nom de petit St. Jean. Leur grand-maître, Foulques de Villaret, étant venu en France pour les raifons que nous avons dit ci-devant, choifit fa fepulture dans l'églife de Ste. Marie de Lezes, comm'on le découvrit il y a quelques années, lorfqu'un procureur de l'ordre, faifant foüiller dans les mazures de cette églife, il trouva un tombeau où il y avoit par-deffus la figure d'un homme armé, à qui l'on avoit coupé les bras & la tête ; l'infcription, qui n'étoit pas fi maltraitée, portoit :

Anno domini 1327, die fcilicet prima feptembris obiit nobiliffimus dominus frater

Folquetus de Villareto, magister magni hospitalis sacræ domus Sti. Joannis-Baptistæ Hierosolimitani, cujus anima requiescat in pace, amen.

On y trouva quantité d'autres monumens, qui avoient été tronquez dans le tems de la démolition des églises, & dont on ne put déchifrer en entier toutes les inscriptions.

Il y a grande aparence que parmi tous ces tombeaux, on trouva (sans le connoître), celui de Raymond Gaucelin, seigneur de Lunel, neveu de Guillaume, fils de Malthide, & connétable du comte de Toulouse, qui élut pour sa sepulture l'église des Templiers, & lui legua, par son testament, fait en 1215, mille sols melgoriens avec ses armes.

Peu de tems après la mort du grand-maître de Villaret, le plus grand nombre des chevaliers qui étoient en France tinrent, au grand St. Jean & dans l'église de Ste. Marie de Lezes, le chapitre général de l'ordre dont j'ai parlé dans le second tome de cette histoire, en l'année 1330. On y fit plusieurs beaux reglemens, qui servent encore de loi fondamentale à tout l'ordre.

Depuis ce tems jusqu'en 1562, les chevaliers de St. Jean joüirent paisiblement des terres & de la grande maison qu'ils avoient acquis des templiers; mais, dans les premiers troubles que le changement de religion causa à Montpellier, les grands bâtimens qu'ils avoient à la porte de la Saunerie furent renversez avec l'église de Ste. Marie de Lezes: il ne reste qu'une partie de ses fondemens, bâtis de pierre vive & d'un demi-pied en quarré, qu'on peut voir dans la maison du fermier; le reste de ce grand emplacement, après avoir été en friche pendant longtems, est labouré maintenant, & l'on y passe la charruë.

SAINT MARTIN DE PRUNET.

LE plus ancien titre que nous ayons de cette église est le testament que Guillaume, fils d'Ermensende, fit en 1196, dans lequel il prie sa mere de faire rendre à l'église de St. Martin de Prunet & à quelques autres églises le bois de charpente qu'il y avoit pris pendant le siege qu'il avoit été obligé de mettre devant Montpellier : *Domina mater mea emendet illam fustam quam habui de ecclesiis Sti. Martini de Pruneto, & aliis cum eram in obsidione Montispessulani.*

Elle étoit située au midi de Montpellier, sur l'élévation la plus avantageuse des environs, pour découvrir la ville, qui se presente en amphithéâtre

PAGE 265. de ce côté-là : * « Tout auprès (dit Philippy), étoit une fontaine dite com-
« munément la font de las Donfeilhas, où il y avoit deux ou trois cham-
« bres voûtées & bâties dans la terre, environnée de bancs & fiéges de
« pierre, que le peuple croit fabuleufement avoir été le domicile de quelque
« fée, ce qui lui a attiré, en langage du pays, le nom de font de las Fades ;
« mais il eft à préfumer qu'elle fervoit de lavoir public au donfeilles ou
« demoifelles de la ville pendant les chaleurs de l'été. » Nous avons vû
encore de nos jours les veftiges de cette fontaine, qui a été depuis comblée
de terre, & dont l'eau a été détournée pour l'ufage d'un jardin voifin, apellé
le jardin Degrefeüille.

Il eft hors de doute que l'églife de St. Martin de Prunet fut bâtie pour la
commodité des métairies voifines, quoiqu'elle n'eût point le titre de paroiffe ; on voit feulement que le prieur de St. Firmin, ayant inftitué, en
1304, un vicaire pour fon églife, il lui affigna les prémices, les oblations &
autres émolumens de l'églife de St. Martin de Prunet, excepté les droits de
funérailles ; il eft dit, dans le même livre, que la maifon & le verger attenant l'églife de St. Martin apartenoient audit vicaire, qui avoit d'ailleurs fa
dépenfe canonique à la table de la communauté des prêtres & clercs de
St. Firmin.

On vécut fous cette loi jufqu'au commencement des troubles de la réligion, où les feditieux de Montpellier fe hâterent de démolir St. Martin de
Prunet, à caufe qu'il dominoit fur la ville & fur la plaine voifine. L'amiral
de Châtillon, dans cette longue marche qu'il fit en 1570, après la bataille
de Moncontour, s'arrêta à St. Martin de Prunet pour fe faire mieux voir
aux habitans de Montpellier ; mais la bonne contenance des catholiques,
qui étoient alors maîtres de la ville, l'obligea de fe rétirer & de prendre la
route dont j'ai parlé dans le premier tome de cette hiftoire.

Il paroît, par les anciens régîtres du chapitre, que St. Martin fervoit d'entrepôt aux funérailles des chanoines de Maguelone lorfqu'ils étoient morts
à Montpellier & qu'on devoit les tranfporter à Maguelone. L'evêque Gaucelin de la Garde, décédé au château du Terrail en 1303, fut porté à Montpellier, dans l'églife de St. Firmin, & de là conduit en grand convoy à
St. Martin de Prunet, où il fut mis fur un brancart jufqu'à Villeneuve &
Maguelone.

Après la reduction de Montpellier en 1622, les vieilles mazures de
St. Martin fervirent à conftruire les bâtimens que le chapitre de la cathédrale y a fait pour l'ufage de fes fermiers ; ils y ont de grandes écuries,
des gréniers & un puits fort profond pour les gens qu'ils emploient à la
levée du benéfice de la Canourgue : le refte du terrain fert à dépiquer

le bled, & c'est tout ce qui nous reste de l'ancienne église de St. Martin de Prunet.

SAINT ARNAUD, AUJOURD'HUY SAINTE ANNE.

CETTE église donnoit autrefois le nom au fizain St. Arnaud, comme Ste. Anne le lui donne aujourd'hui. Elle étoit située devant une petite place apellée le plan de l'Huile, où, selon un mémoire que j'ai, il y avoit une fontaine qui passoit pour une rareté en cette partie de la ville. *MsS. de Serres.*

Il est parlé, dans un acte du xive siécle, d'un Dominique de Sala, comme insigne bienfacteur de cette église avant qu'elle changeât de nom, c'est-à-dire avant 1496, où Pierre Aristeri, prieur de Sussargues & chapelain de la chapelle de Ste. Anne dans l'église de St. Arnaud, obtint d'Izarn de Barriére, evêque de Maguelone, les pouvoirs nécessaires pour fonder un collége de quatre prêtres dans sa chapelle de Ste. Anne, qui devint plus considérable par cette fondation. On s'accoutûma insensiblement à donner la dénomination de Ste. Anne à l'église de St. Arnaud, ce qui dura jusqu'aux premiers troubles de la réligion. Nous voyons, par la délibération qui fut prise à Montpellier en 1596 pour subvenir aux besoins des pauvres catholiques, que le fizain St. Arnaud portoit déjà le nom de fizain Ste. * Anne ; & cette église, ayant été rétablie après le siége de Montpellier par les collégiez de la Trinité, conjointement avec ceux de St. Sauveur & de Ste. Anne, ils y firent leur service pendant plusieurs années. Enfin Mr. de Bosquet, evêque de Montpellier, érigea Ste. Anne en église paroissiale par son ordonnance du 3 de novembre 1665, & l'on y établit un curé avec deux secondaires, pour administrer les sacremens à cette partie de la ville, qui étoit autrefois de St. Paul, en qualité d'annexe de St. Firmin.

Gariel, Eglises de Montpellier, p. 71.

Voyez l'article de l'hôpital de la Charité.

PAGE 266.

LA CHAPELLE DU CONSULAT.

L'ACTE de fondation de cette chapelle nous apprend que les consuls de Montpellier, ayant acquis en 1358 la grande maison de Pierre Bonami pour servir d'hôtel de ville, au lieu de celui qu'ils avoient eu jusqu'alors dans la place de l'Herberie, ils projetterent aussi-tôt d'y construire une chapelle qu'ils firent confacrer le 5 octobre 1363 par frere Thibaut, de l'ordre des freres mineurs, evêque de Coron, dans la Morée.

Cette chapelle refta en fon entier durant tout le tems que les réligionnaires furent maîtres de la ville, parce qu'ils n'auroient pû la démolir fans faire croûler les bâtimens de l'hôtel de ville, qui font au-deffus ; ils fe contenterent de la faire fervir à d'autres ufages qu'à la célébration de la meffe, qu'ils avoient fupprimée, & ce ne fut qu'après le fiége de Montpellier que le baron de Caftries, étant premier conful en 1623, fit rétablir le fervice dans cette chapelle. On y voit encore fon portrait à genoux dans le tableau de l'autel, avec celui des deux autres confuls catholiques, qui n'étoient alors qu'au nombre de trois, parce que le confulat étoit mi-parti. Gabriël de Graffet, procureur général en la chambre des comptes & premier conful en 1624, fit mettre le fien avec celui de fes collegues catholiques fur les crédences de l'autel, où on les voit encore ; & Pierre Degrefeüille, tréforier de France, premier conful en 1628, fe fit peindre à côté de l'autel avec tous fes collègues, qui commencerent à être pris du corps des catholiques.

L'ufage a ceffé depuis de peindre les confuls dans cette chapelle ; on a placé leurs tableaux dans les fales hautes de l'hôtel-de-ville, où ils font plus en évidence que dans la chapelle, qui eft obfcure ; elle étoit féparée de l'ancienne claverie (aujourd'hui corps-de-garde), par une grande cloifon de menuiferie, où l'on voit encore ces deux vers en lettres d'or au bas d'un crucifix qu'il y avoit :

> *Difce tui pretium, cum fis hoc ære redemptus*
>
> *Quifquis ades, turpique cave vilefcere culpa.*

Ce qui veut dire : *Connoiffez ce que vous valés, par ce qu'il en a coûté pour vôtre rachapt ; & prenés garde de vous ravilir par quelque faute honteufe.*

Le fervice de cette chapelle eft réduit aujourd'hui à une meffe tous les dimanches & fêtes, qui eft dite par un chapelain aux gages & à la nomination des confuls.

NOTRE-DAME DE BONNES-NOUVELLES.

J'AY raconté, dans le premier tome de cette hiftoire, ce qui donna lieu à la fondation de cette églife. Le roy Charles VII, qui, pendant fon féjour en Languedoc, avoit donné beaucoup de marques de bonté à la ville de Montpellier, fit l'honneur à nos confuls de leur dépêcher un cou-

rier avec une lettre du mois de juillet 1429, qui eſt conſervée prétieuſement
dans nos archives, par laquelle il leur fait fçavoir « qu'avec la grace de Dieu,
« il avoit fait lever aux Anglois * le fiége d'Orléans, ruïné leurs fortifica-
« tions, baſtilles & forterefſes, & emporté ſur eux une victoire où huit
« mille Anglois étoient demeurés ſur la place, & plus de deux cens faits
« priſonniers ; de quoi il a voulu les avertir pour en faire rendre publique-
« ment des actions de grâces à Dieu, & il leur demande en même tems un
« ſecours d'hommes & d'argent. »

PAGE 267.

Malheureuſement le courier qui étoit arrivé de nuit ne put entrer dans
la ville à cauſe des précautions qu'on y prenoit dans ce tems de trouble ; il
s'arrêta dans une maiſon du fauxbourg de Montpelieret pour y attendre le
jour, & le lendemain ayant remis la lettre du roy aux conſuls, ils eurent
tant de joye de cet heureux événement qu'ils firent délibérer en conſeil de
ville qu'on bâtiroit une chapelle dans le lieu où le courrier s'étoit arrêté,
en mémoire de la bonne nouvelle qu'il avoit apporté. Leger Saporis, evêque
de Maguelone, fit la conſecration de cette petite égliſe qui ſubſiſta juſqu'à
la demolition de celle de St. Denis, dans la paroiſſe duquel étoit Notre-
Dame de Bonnes Nouvelles.

L'emplacement de cette égliſe eſt déſigné dans la relation d'une proceſſion qui fut faite en 1446 où il eſt dit « qu'elle paſſa à la dougue de
« la porte de Montpelieret, vers la porte de l'evêque, en cotoyant à droite
« la chapelle de Notre-Dame de Bonnes Nouvelles. »

La choſe eſt moins douteuſe depuis les derniers travaux qu'on a faits à
l'Eſplanade, où l'on découvrit près de la croix qui y eſt plantée les fondemens d'une vieille chapelle, avec quelques fragmens de colomnes gothiques & de vieux chapiteaux, qui reſterent long-tems expoſés à la vûë du
public. Il eſt difficile, après toutes ces déſignations, de mettre ailleurs la
chapelle de Notre-Dame de Bonnes Nouvelles, ce que j'obſerve pour répondre à ceux qui ont voulu faire entendre qu'elle étoit dans le même lieu
où eſt aujourd'huy Notre-Dame de Celleneuve.

Le P. Gozel.
Gariel, Idée.

LA CHAPELLE NEUVE.

TOUS nos écrivains font mention de cette chapelle. Le preſident Philippy la comprend nommément dans la liſte des égliſes qui furent
démolies à Montpellier pendant les troubles de la religion. Mr.
Vignes en parle dans le manuſcrit qu'il nous a laiſſé, & Gariel en fait l'ar-

ticle onzième dans son traité sur les anciennes églises de Montpellier, mais aucun d'eux ne nous marque précisement le tems où la chapelle Neuve fut bâtie.

Il est certain qu'elle étoit vis-à-vis le college du Verger apellé aujourd'hui le collége du Droit, & l'on sçait à n'en pouvoir douter qu'après que Jean Brugerie, médecin ordinaire du roy Loüis XI, eut établi à Montpellier deux places pour deux écoliers en médecine, Jean du Verger, président au parlement de Touloufe, baron d'Alais & seigneur de Montlaur, fonda presqu'en même tems deux autres places pour deux étudians en droit, aufquels il donna sa maison qui subsiste encore, pour servir au logement de ces quatre bourfiers.

On fit pour eux en 1468 des statuts que je raporterai dans l'article de ce collége, où l'on verra que les commissaires nommez par le roy Loüis XI donnerent pouvoir à celui qui auroit la protection de ce collége de construire une chapelle dans l'enclos ou attenant ledit collége, & que les bourfiers qui feroient prêtres feroient tenus d'y dire la messe une fois la semaine.

Pour cet effet, Jean du Verger, qui étoit l'un des commissaires, unit à cette fondation la chapelle dite de Broca qu'il avoit déjà fondée & dotée dans l'église de Notre-Dame des Tables à l'autel de St. Jean. Les chapelains y firent le service jusqu'à ce qu'on eût bâti la chapelle Neuve, dans la place qui conserve encore son nom. Elle eut le sort des autres églises de Montpellier qui furent démolies en 1562, mais elle ne fut point retablie comme bien d'autres, & le chapelain qui porte aujourd'hui le nom de prieur, fait le service dans une chambre basse du college qui sert de chapelle depuis que le culte de la religion catholique a été remis en cette ville.

L'EGLISE DU SEMINAIRE.

PAGE 268.

MR. Bosquet, evêque de Montpellier, ayant donné en 1665 son feminaire aux peres de l'Oratoire, ils se logerent dans une maison occupée aujourd'hui par Mr. Cauffe, professeur en droit, dans l'isle apellée la sale de l'evêque. Après y avoir resté environ une quinzaine d'années, ils acheterent la maison de Mr. Planque de la Valette, conseiller au présidial, attenant l'ancienne église de Ste-Foy (aujourd'hui la chapelle des penitens) où ils ont la vûë de l'efplanade, de la citadelle & de la campagne jufqu'à la mer.

Les difficultez qu'ils ont trouvé jufqu'à préfent à pouvoir s'élargir d'un côté ou d'autre, les a reduits à faire une églife de deux fales baffes de leur maifon, où ils eurent l'honneur de recevoir Mrs les princes à leur paffage par Montpellier, en 1700. Cette petite églife eft fort frequentée, & la maniére édifiante avec laquelle on y fait le fervice y attire dans les occafions, un grand nombre de perfonnes de tous les quartiers de la ville.

ANCIENNES CONFRERIES [DE PIETÉ.

QUOIQUE les confréries de piété intéreffent beaucoup l'hiftoire ecclefiaftique, je n'ai pas crû devoir donner un article particulier de tous celles qui ont été fupprimées à Montpellier, ni de quelques autres qui lui font communes avec la plûpart des églifes du royaume; telles que font : la confrérie du St. Sacrement, pour accompagner le bon Dieu lorfqu'on le porte aux malades, celle des morts pour faire prier Dieu pour les trépaffez, & plufieurs autres qui font affectées aux ordres religieux & aux corps des métiers qui s'affemblent tous les dimanches pour affifter à la meffe & pour régler enfemble les devoirs de charité qu'ils pratiquent envers leurs confrères malades. J'indiquerai feulement, comme particuliere à Montpellier, l'archiconfrérie de St. Roch, érigée à l'honneur de ce faint dans l'églife de Nôtre-Dame des Tables, qui a pour prieur perpetuel Mr. le marquis de Caftries, comme iffû de la famille de faint Roch; celle de l'Ange gardien, établie dans la cathédrale St.-Pierre par feu Mr. de Bofquet, evêque de cette ville; mais je ne puis me difpenfer de parler dans un plus grand détail des confréries de la vraye Croix, de St-Claude & des Pénitens, à caufe que cette derniere eft compofée de prefque toutes les familles de Montpellier, & que les deux prémieres font fort anciennes & qu'elles intereffent le temporel de la ville par les redevances qu'elles ont fur plufieurs pieces de terre aux environs.

LA CONFRERIE DE LA VRAYE CROIX

CETTE confrérie n'eſt compoſée que d'artiſans & de travailleurs de terre, néantmoins elle eſt la plus ancienne de la ville, & ſes regîtres ſe ſont conſervés beaucoup mieux qu'aucun autre que j'aye vû.

Ils contiennent les ſtatuts que les confrères & confréreſſes doivent obſerver dans leurs pratiques de dévotion, au bas deſquels on voit ces paroles : « Cette confrérie a été faite à l'honneur de Dieu Nôtre Seigneur & de Nôtre Dame Sainte Marie & de la ſainte vraye croix & de toute la cour celeſtielle, en conſervant & gardant les droits de nôtre ſeigneur le roy de Mayorque & des conſuls de Montpellier & de monſeigneur l'evêque de Maguelonne. »

PAGE 269.   Cette mention expreſſe des rois de Mayorque prouve évidemment qu'elle ſubſiſtoit dans le treizième ſiècle ; je ſoupçonnerois même qu'elle fut établie dans le XIIe ſiècle lorſque Guillaume, fils d'Ermenſende, fonda l'égliſe de Ste. Croix où il mit, comme il s'en explique lui-même, du bois de la vraye croix, *& ibi vere dominicum lignum poſui*. Cette expreſſion *vere dominicum lignum*, avec la dénomination des confrères de la vraye croix, fortifie d'autant plus ma penſée qu'il eſt conſtant par la reconnoiſſance que fit Jean de Galiac en 1398 que les confrères faiſoient leurs exercices dans l'égliſe de Ste. Croix.

Dans le même acte, on voit que la confrérie de St. Suffren lui étoit unie, & dans une autre reconnoiſſance qui leur fut faite en 1472 par Bertrand Roy, il eſt fait mention des confréries de Ste. Marie de Bethléem, de Ste. Catherine, de Ste. Croix & de St. Suffren, unies enſemble dans l'égliſe Ste. Croix de Montpellier.

Je ne ſçay s'ils ne changerent point de place à l'occaſion d'une fondation qui fut faite en 1518 dans l'égliſe de St. Germain (aujourd'huy St. Pierre) par Guigonne de Sernel, de noble extraction, qui du conſentement de Jean de Malrive, ſon mary, donna une grande maiſon qu'elle avoit à Aiguemortes, avec dix carterées de terre & une grande contenance de prés au lieu de St. Laurens de Pſalmodi, pour faire chaque jour le ſervice divin dans la chapelle de Ste. Croix en l'égliſe de St. Germain. Les religieux de ce prieuré en étoient chargez ; mais après leur ſéculariſation en 1536, je ne ſçai que devint cette fondation ; il eſt certain que tout exercice de religion fut ſuprimé en 1562, lorſque les huguenots s'emparerent de l'égliſe de St. Pierre, & ce ne fut qu'en 1661 que la confrèrie de la vraïe croix y fut rétablie dans la premiere chapelle qu'on trouve en entrant fur la main droite : on la changea quelque tems après dans la feconde chapelle du côté gauche, mais depuis on l'a remife dans fa premiere place, près des fonts baptifmaux. C'eſt là que tous les confrères & confrèreſſes aſſiſtent tous les dimanches & fêtes à la meſſe qu'ils y font dire, & qu'ils partent de là pour les proceſſions qu'ils ont à faire, ou pour les enterremens de leurs confrères auſquels ils aſſiſtent avec un cierge à la main dans un grand ordre.

CONFRERIE DE St. CLAUDE.

IL paroît par tous les titres que nous avons de cette confrérie, qu'elle a toûjours été apellée St. Claude du Charnier, à cauſe du cimetière St. Barthelemy, & que l'eſprit de ſa fondation étoit de faire prier Dieu pour l'âme de ceux qui y étoient inhumez. La choſe paroît par les frequens articles de leurs ſtatuts qui font de l'an 1483, où il eſt ſouvent parlé des abſoutes que leurs chapelains devoient faire dans le cimetiere de St. Barthelemy, & du nombre des meſſes des morts qu'ils devoient chanter à Nôtre-Dame du Charnier ou à l'autel St. Claude. Ils ne laiſſoient pas néanmoins de faire l'office canonial le jour de St. Claude, & à toutes les fêtes de Notre-Seigneur & de Notre-Dame, auſquels jours les confrères faiſoient avec leurs chapelains les proceſſions dont il eſt parlé en divers articles de leurs ſtatuts.

Ils étoient gouvernez par quatre prévôts qu'on éliſoit tous les ans, & qui avoient beaucoup d'autorité ſur les confrères, ſur les chapelains & ſur le bedeau, pour le ſervice de l'égliſe. Ce fut à leur priere que Jean de Bonail, evêque de Maguelone, fit au mois de may 1481 la conſecration de Nôtre-Dame du Charnier & de l'autel St. Claude, où les confrères continüerent leurs exercices juſqu'au commencement des troubles du ſiècle ſuivant, qui cauſerent à Montpellier le renverſement total du culte catholique.

On voit dans leurs archives que Guitard de Ratte, evêque de Montpellier, leur permit par une ordonnance du 20 ſeptembre 1601 de s'aſſembler dans l'égliſe de la Canourgue qui ſervoit alors de retraite à tous les catholiques refugiez; mais après que l'égliſe de St. Paul eut été donnée en 1611 aux peres de la Trinité, les confreres de St. Claude paſſerent avec eux un contract en date* du 24 may 1612 par lequel on leur accorda la premiere chapelle de l'egliſe de St. Paul du côté de l'évangile. Ils en joüirent juſqu'au tems du ſiége qu'ils en furent chaſſez, mais après la reduction de la ville, les peres

Page 260.

trinitaires étant rentrez dans la poffeffion de leur églife, les confrères de St. Claude rentrerent auffi dans la poffeffion de leur chapelle.

En 1663, les carmes déchauffez voulant s'établir dans le cimetiere St. Barthelemy, on fit intervenir dans la donation qui leur en fut faite le corps de ville, le chapitre de la cathédrale & les confrères de St-Claude, pour le droit qu'ils avoient refpectivement les uns & les autres fur ce fonds. Enfin les carmes déchauffez ayant achevé en 1704 la belle églife qu'ils ont à préfent, ils cederent aux confrères de St. Claude, à l'entrée de leur cloître, la sale voûtée qui leur avoit fervi de chapelle jufqu'alors : ainfi cette confrérie eft revenüe dans le lieu où elle étoit originairement depuis plus de deux cens cinquante ans ; elle a des redevances à Montarnaud & dans le terroir de Montpellier, qui lui donnent le moyen de faire avec décence le fervice de leur chapelle.

CONFRERIE DES PENITENS BLANCS.

Le sr. Serres.

L'HISTORIEN de cette confrérie nous apprend qu'au commencement du cérémonial qui eft à la fin des heures dont les confrères fe fervent, il eft dit que leur établiffement fut fait du tems de St. François & de St. Dominique, mais il rejette ce fentiment comme entierement contraire à la vérité de l'hiftoire.

Il ajoûte qu'à la tête du premier regître de cette confrérie, on voit ces paroles : «Catalogue des freres de la devote compagnie des penitens blancs de la ville de Montpellier, établie en 1517, & entretenüe fans chapelle jufqu'en l'année 1602. »

Sur quoi il marque que, ni le *Talamus* de la ville, ni les regîtres de la confrérie, ne difent rien de certain fur le tems de fon établiffement, & il conclut (comme tout le monde fçait) que les confréries de penitens ne prirent commencement en France que fous le roy Henry III.

Il eft à croire néanmoins que celle de Montpellier eft une des plus anciennes du royaume, puifque le préfident Philippy remarque pour l'année 1584 que les religionnaires de Montpellier eurent le credit de faire interdire la compagnie des penitens blancs & des penitens gris, fous prétexte que dans leurs affemblées ils pourroient tramer quelque chofe contre le bien public & contre le fervice du roy.

Le calme que le regne de Henri IV procura à fon royaume au commencement du dernier fiècle porta Guitard de Ratte, évêque de Montpellier, d'affigner aux penitens dans la maifon du veftiaire de Maguelone (aujourd'hui la maifon de Belleval) une chambre voûtée pour leur fervir de chapelle, qu'il bénit lui-même au mois de may 1602. Et dans l'année fuivante, les penitens d'Aiguemortes ayant obtenu de la cour la permiffion d'exercer publiquement leur religion, ceux de Montpellier demanderent la même grace qu'ils obtinrent à la recommandation de Jean Garnier, qui venoit de fuccéder à Guitard de Ratte.

Ils demanderent alors au nouveau prélat l'églife ruinée de Ste. Croix, qui leur fut inféodée par Louis de Claret, prévôt de la cathédrale, fous le bon plaifir de l'evêque ; ils entreprirent de la rebâtir, & l'ouvrage étant fini en 1608, ils y tinrent leur première affemblée le 18 janvier de la même année, & firent bénir leur chapelle dans la femaine fainte de 1609 par Guillaume d'Arles, vicaire général de Mr. de Fenoüillet, nouvel evêque.

Les troubles qui furvinrent à la minorité du roy Loüis XIII leur attirerent de la part des religionnaires de nouvelles tracafferies : on raconte qu'en 1612 la féchereffe étant fi grande à Montpellier qu'on avoit été neuf ou dix mois fans avoir de la pluye, les pénitens réfolurent de faire une proceffion à Notre-Dame du Grau; *mais n'ayant pas la liberté de paroître dans la ville avec leurs facs de penitent, ils s'affemblerent au couvent de l'Obfervance hors la porte de Lates, d'où ils partirent pour la proceffion : à leur retour les huguenots leur firent fermer les portes & à tous ceux qui les avoient fuivi, en forte qu'après bien des allées & des venuës auprés des confuls huguenots, on ne leur permit d'entrer qu'après avoir quitté leur fac & voilé le crucifix. PAGE 271.

Ces troubles augmenterent jufqu'en 1621, où les églifes furent d'abord interdites, & enfuite renverfées de l'autorité du cercle : alors les penitens perdirent leur églife de Ste. Croix, & refterent fans aucun exercice jufqu'après le fiége, où le connétable de Lefdiguieres ordonna que les religieux dont on avoit démoli les couvens feroient logez dans des maifons particuliéres aux dépens de la ville, jufqu'à ce que leurs églifes fuffent rétablies. Les penitens, en vertu de cette ordonnance, s'affemblerent chez le général de Grilhe, leur prieur cette année-là, & fuplierent Mrs. de la cour des aydes de leur permettre de faire l'office dans la fale baffe du palais, en attendant qu'ils euffent une églife.

La chofe leur ayant été accordée, ils partirent en proceffion le 24 fevrier 1623, de l'hofpice des Capucins, qui étoit à la *Capelle nove*, pour venir commencer leurs exercices dans la chapelle du palais ; cette même année, ils firent, dans l'octave de la Fête-Dieu, la proceffion du St. Sacrement, dont le dais fut porté par les trois confuls catholiques & par le juge de l'ordinaire, au milieu des régimens de Picardie & de Normandie qui bordoient les ruës.

Leurs regîtres marquent que frere Nicolas Rebuffi, ayant été affaffiné prés de Caftelnau en allant à Baillargues (fans qu'on eût jamais fçû par qui), fon corps fut porté à Montpellier & enterré dans fon tombeau en l'églife ruïnée de Ste. Croix, & ce fut (ajoûtent leurs régîtres), le premier enterrement que les penitens firent publiquement en cette ville, depuis la reduction de Montpellier.

Enfin, Mr. de Fenoüillet leur affûra un lieu fixe, en leur permettant de rétablir l'églife ruïnée de Ste. Foy, dont il leur fit donation pure & irrévocable. Ils en prirent poffeffion en y faifant planter une grande croix peinte en rouge qui fubfifte encore ; & l'on marque que Mr. de Ventadour, lieutenant général dans cette province, avec Mr. de Valancé, gouverneur de la ville, voulurent honorer de leur préfence cette cérémonie.

Les réparations de l'églife de Ste. Foy ayant été données à prix-fait, au commencement de 1624, l'ouvrage fut conduit avec tant de diligence qu'avant la fin de cette même année, Pierre Rebuffi, grand-vicaire de Mr. de Fenoüillet, en fit la bénédiction, ce qui donna lieu à la remarque de leur hiftorien, qui obferve que l'églife Ste. Foy avoit été la première réparée de toutes celles que les réligionnaires avoient démoli. Mr. de Valancé leur donna huit quintaux de métail pour ajoûter à la cloche qu'ils firent réfondre ; & par reconnoiffance, ils y mirent les armes de ce feigneur, avec cette infcription : *Caritate & liberalitate magnificentiffimi comitis de Valance.*

En 1632, ils acquirent ce que nous apellons les douze pans, tant au dedans qu'au déhors de la ville, l'inféodation leur en ayant été faite par les ouvriers de la commune clôture, fous l'albergue d'une paire de gans payables tous les ans.

Leurs régîtres n'ont point oublié l'honneur qu'ils eurent de recevoir cette même année le roy Loüis XIII & la reine, fon époufe, qui choifirent, pendant le féjour que leurs Majeftés firent à Montpellier, la chapelle des pénitens pour y entendre la meffe & pour y faire leur communion le prémier dimanche de feptembre.

Dépuis ce tems-là, ils ont fait à cette chapelle tous les embelliffemens dont elle étoit fufceptible ; le lambris & les murailles font toutes couvertes de tableaux de la vie de Nôtre-Seigneur & de la Ste. Vierge, difpofez avec beaucoup d'art & de fimetrie, le rétable, la chaire du prédicateur, & les jaloufies des tribunes font dorées à plein, & depuis peu, ils ont fait leur autel à tombeau de marbre.

Les états de la province en 1683 s'affemblerent dans cette chapelle pour le convoi funebre de reine *Marie Thereffe d'Autriche*, & Mrs. de l'Académie royale des fciences l'ont choifie pour y célébrer tous les ans la fête de St. Loüis : le concours y eft extraordinaire pendant toute l'octave de la Pentecôte, que l'on célébre avec * beaucoup de fplendeur. Tous les jours il y a fermon ; & parmi les prédicateurs les plus diftinguez, leurs régîtres marquent, en 1625, le pere Regourd, jefuite, qui prêcha avec tant de fruit, que le Sr. Rudavel & trois autres miniftres, avec bon nombre de laïques, abjurerent l'herefie de Calvin. Mr. Joly, depuis evêque d'Agen, y prêcha pendant le carême de 1645, & le célébre pere le Jeune, prêtre de l'oratoire, en 1652.

PAGE 256.

Tous les dimanches & fêtes de l'année, les confreres s'affemblent le matin pour chanter le petit office de la Vierge & pour affifter à la meffe de communauté. Ils chantent vêpres l'après-midi ; & felon l'occurence des affaires, ils s'affemblent en bureau pour affifter les confreres néceffiteux, aufquels ils affignent des penfions, afin qu'aucun d'eux ne foit reduit au pain de l'hôpital.

Ils nomment des députés pour vifiter les confreres malades & pour ne les quitter ni jour ni nuit, ce qui eft pratiqué avec beaucoup d'édification pour le public, & fouvent avec beaucoup de fruit pour les malades.

Comme cette confrérie eft trés-nombreufe & compofée de tous les corps de la ville, on choifit des gens habiles dans les affaires pour terminer les procés qui furviennent entre les confrères : nos plus dignes magiftrats ne fe refufent point à cette bonne œuvre ; & l'on trouve dans leurs régîtres qu'ils ont rayé fouvent du catalogue ceux qui n'avoient pas voulu accepter cette voye de médiation.

Leur compagnie s'eft renduë récommandable par le bon ordre qu'elle obferve dans les cérémonies publiques & par le zéle qu'elle a toûjours fait paroître pour la profperité de l'état & de la maifon royale : non-feulement ils ont donné des marques fignalées de joye à la naiffance & au rétabliffement de la fanté de nos princes, mais encore ils leur ont fait des obfeques magnifiques lorfqu'il a plû à Dieu de nous les ravir, comme ils firent en 1711 pour monfeigneur le Dauphin, & en 1716 pour le roy, fon pere.

HISTOIRE DE MONTPELLIER

LIVRE NEUVIÉME

Des monaſtères anciens & modernes de la ville de Montpellier.

PAGE 273.

CHAPITRE PREMIER.

LES RELIGIEUX DE CLUNY, PRÈS DE SAURET.

E plus ancien monaſtére de religieux que nous trouvions avoir été fondé par les ſeigneurs de Montpellier eſt le monaſtére de Cluny, près de Sauret, à une portée de canon de la ville. L'acte de cette fondation nous aprend à quelles conditions Guillaume, fils d'Ermenſende, donna aux moines de Cluny, vers le milieu du douziéme ſiécle, l'emplacement qu'ils eurent près de Sauret, ſur la riviere du Lez. « Il exige qu'ils ne feront bâtir aucune for-
« tereſſe dans le lieu qu'il leur donne ; qu'ils n'y formeront aucun village ;
« qu'ils n'y établiront aucune foire, & qu'on n'y fera d'autre habitation que
« celle des moines & de leurs domeſtiques.

« Il leur défend de retirer dans leur monaſtére les marchandiſes qui
« pourroient monter par la riviere du Lez, pour ne pas fruſtrer le ſeigneur
« de Montpellier & les marchands de la ville des droits qui leur en
« revenoient.

« Il veut que leur maiſon ne puiſſe ſervir de réfuge aux valets ou ſer‑
« vantes affranchis ou affranchies, qui voudroient fuïr la maiſon de leur
« maître, non plus qu'aux perſonnes qui chercheroient à ſe ſouſtraire à la
« juſtice de la cour ou à la puiſſance du ſeigneur de Montpellier.

« Ils ne pourront faire aucune acquiſition de terre qui relevât du ſeigneur
« de Montpellier, ſans ſon exprès conſentement.

« Que ſi l'evêque de Maguelone (ajoûte-t-il), ou le chapitre de cette
« égliſe me cauſoient de l'inquiétude au ſujet de la preſente donation, vous
« Pierre, abbé de Cluny, me donnerez main-forte... Ainſi promis par
« l'abbé de Cluny. »

PAGE 274. *Le contenu de cet acte mettra mieux au fait de toutes ces conventions:
*In nomine Domini Jeſu-Chriſti. Ego Guillelmus Montiſpeſſulani dominus, & ego
Ermenſendis mater ejus, & ego Sibilia prædicti domini Guillelmi uxor. Authoritate
& præcepto domini papæ Innocentii donamus, & cum hac præſenti carta perpetuo
jure, donamus, tradimus, domino Deo, & beatis apoſtolis Petro & Paulo, & monaſ‑
terio Cluniacenſi, ac monachis tam præſentibus quam futuris, in manu domini Petri
ejuſdem monaſterii religioſiſſimi abbatis, pro redemptione animarum noſtrarum, &
parentum totius noſtri generis, videlicet locum quemdam prope ſalſetum ſupra ripam
fluminis Lezis, ad ſtruendum inibi monaſterium cum cimæterio. Hanc tamen dona‑
tionem (tali tenore & pacto facimus) ut nullæ fiant in prædicto loco, nec in omnibus
ad prædictum locum pertinentibus, munitiones, ſeu forciæ, nec villa, nec publicum
mercatum, neque fiat ibi habitatio aliquorum hominum, niſi tantum monachorum
ibidem Deo famulantium: & propriæ ipſorum familiæ. Negotiatores vero, cauſa
negotii nec merces eorum ibi nullo modo recipiantur, nec fiat ibi aliquid quod leſdæ
domini vel dominæ Montiſpeſſulani, vel utilitas hominum Montiſpeſſulani in aliquo
minuantur. Receptio quoque ſeu defenſio vel refugium ſervorum, ancillarum, liberto‑
rum ſeu libertarum, dominos ſeu patronos fugientium; vel alicujus ſeu aliquorum
hominum vel fœminarum fugitivorum, captorum, condemnatorum, quolibet modo
ſubtrahentium ſe à juſtitia, vel curia ſeu poteſtate domini, vel dominæ Montiſpeſſu‑
lani, tam præſentium quam futurorum, in præſenti loco vel ejus appendiciis nullo
modo fiat. Præterea, non liceat monachis Cluniacenſibus præſentibus nec futuris
honores vel poſſeſſiones ad dominium vel jus domini Montiſpeſſulani præſentium vel
futurorum, vel ad dominium ſuorum pertinentes, emere vel donare, vel permutare,
vel ullo modo acquirere, vel retinere, niſi legitimo conſenſu, & voluntate mei ipſius
Guillelmi prædicti, vel ſucceſſorum meorum, qui fuerit dominus vel dominæ Montiſ‑*

peſſulani. Si vero occaſione hujus donationis epiſcopus Magalonenſis vel ejuſdem loci canonici, vel aliqua alia perſona, moleſtiam ſive aliquam inquietudinem mihi prædicto Guillelmo vel ſucceſſoribus meis, vel ex hominibus Montiſpeſſulani quolibet modo vel quacumque machinatione intulerint, tu Petre abbas Cluniacenſis & ſucceſſores tui, & Cluniacenſe capitulum eritis tam mihi quam ſucceſſoribus meis fideles adjutores, & interceſſores apud ſanctam romanam eccleſiam, donec prædicta moleſtia ſeu inquietudo penitus conquieſcat, & pax priſtina nobis reſtituatur... Et ego prædictus Petrus Dei gratiâ Cluniacenſis monaſterii abbas prædicti loci, donationem cum prædicto tenore de pactionibus ad honorem Dei omnipotentis, & beatorum Petri & Pauli & monaſterii Cluniacenſis, & monachorum tam præſentium quam futurorum ſuſcipimus, & nos & Cluniacenſe capitulum promittimus per ſtipulationem tibi Guillelmo Montiſpeſſulani domino, Ermenſendis filio, & ſucceſſoribus tuis, & hominibus Montiſpeſſulani, quod in prædicto monaſterio vel ejus appendiciis non fiant munitiones, etc. En répetant mot à mot les conditions de la donation ci-deſſus exprimées.

Il paroît que cette fondation ne tarda point d'être exécutée, puiſqu'en 1163, il fallut que le concile de Tours, tenu ſous le pape Alexandre III, prononçat ſur les differens qui ſurvinrent entre les moines de Cluny, près de Sauret, & le chapitre de Maguelone.

La charte que nous en avons eſt adreſſée à Jean, evêque de Maguelone, & à ſon chapitre, à Etienne, abbé de Cluny, & à tous ceux du couvent près de Sauret. Elle porte :

Baluſii Miſcellaneæ, tom. 7, page 87.

« Que ſur les controverſes agitées entr'eux, il eſt décidé que les moines
« de Cluny ne recevront pas les excommuniez du dioceſe de Maguelone
« ni ceux qui auront été interdits.

« Qu'ils ne donneront point la pénitence dans la ville de Montpellier,
« ni autres lieux du dioceſe de Maguelone.

« Qu'ils n'iront point aux malades ſans être apellez.

« Que ſi les malades choiſiſſent leur ſepulture chez eux, ils auront la
« faculté de la leur donner.

« Que les chanoines agiront humainement avec eux lorſqu'ils iront
« accompagner des corps à Maguelone ; mais qu'alors ils payeront aux
« chanoines le tiers de ce que les malades leur auront donné, à moins que
« le mort, avant mourir, * n'eût pris chez eux l'habit de convers, ou que
« l'égliſe de Maguelone n'eût aucun droit ſur eux.

Page 275.

« Si le mort legue une partie aux moines, & l'autre partie aux chanoi« nes, les chanoines auront l'option.

« Les moines ne chanteront point les meſſes des épouſailles & ne rece-

« vront point à la penitence les paroiffiens de Maguelone, qui, dans les
« grandes feftivitez, voudroient fe fouftraire à leur églife.

« Ils ne prendront point les dîmes apartenantes à l'églife de Maguelone,
« mais ils les lui payeront de toutes les terres qu'ils poffedent dans ce dio-
« céfe, & qu'ils pourront acquerir à l'avenir, excepté de tout ce qu'ils ont
« actuellement autour de leur monaftère jufqu'à la rivière. *Sine interpofitione*
« *fluminis.*

« Que s'ils venoient à bâtir un village *(villam)* autour de leur monaftère,
« l'églife de Maguelone y auroit le droit de paroiffe, & les moines le droit
« de choifir un prêtre & de le prefenter à l'evêque.

« Ce préfenté recevra des mains de l'evêque la cure des ames, à moins
« qu'une caufe évidente & raifonnable ne s'y opofe.

« Il ne fera point permis aux moines de Cluny d'être au-delà de deux
« moines dans ce prieuré, ni d'y établir un abbé, ou de bâtir une autre
« églife dans ce diocéfe fans le confentement de l'evêque & du chapitre. »

Ils obtinrent peu de tems après la permiffion de bâtir à l'extrémité de
leur terrain, & tout joignant le chemin de Caftelnau, un oratoire ou chapelle à l'honneur de St. Maur qui fervit de rétraite aux peres trinitaires lorfqu'ils vinrent s'établir à Montpellier en 1218.

Ad annum 1216, § 3. Nous aprenons cette circonftance des annales de l'ordre de la Ste. Trinité. *Ipfum autem facellum, five oratorium Sti. Mauri (vulgo St. Mos) pertinebat
ad monachos Sti. Benedicti qui patribus trinitariis illud donaverunt.*

On peut inferer auffi des mêmes annales que le monaftere de Sauret ceffa
d'être habité par les moines de Cluny vers l'an 1367, lorfque le pape
Urbain V eut fait bâtir pour eux dans Montpellier le grand & beau monaftère de St. Germain: il les engagea pour lors de céder aux trinitaires tous
les droits & dépendances de cette chapelle de St. Maur, dont ils joüiffent
encore. *Donaverunt cum omnibus juribus & appendicibus hujus facelli ad inftantiam Urbani papæ V qui intuïtu hujus donationis, eis ædificari fecit apud Montempeffulanum, templum fancti Germani cum ingenti clauftro, quod hodie eft cathedrale ejufdem Urbis fub titulo Sti. Petri.*

L'auteur de ces annales, nommé Barthelemi Baro, les fit imprimer à
Rome l'an 1684, c'eft-à-dire long-tems après l'érection de St-Germain en
églife cathédrale.

CHAPITRE SECOND.

LES RELIGIEUX DE GRAMMONT.

CET ordre qui avoit été fondé dans le onziéme siécle par Etienne, fils d'un autre Etienne, comte de Thiers, fut établi au voisinage de Montpellier dans le siécle suivant, comme il paroît évidemment par l'acte de donation que Guillaume, fils de Mathilde, fit à ce monastére dans le mois de juillet 1190. Il y parle de ces réligieux comme déjà établis dans la paroisse de Montauberon, tout joignant Montpellier. *Videns* (dit-il) *& cognoscens expensas plurimas, quas dicta domus grandis-montis de monte Arbedone fecit, & quotidie facit, in ædificiis & variis modis, & quod dicta domus non habeat proprias facultates unde sibi & fratribus providere valeat.* Il leur donne dans la ville de Montpellier le four dit du Peirou ou del Castel, sur lequel il se reserve le droit de faire cuire tout le pain nécessaire à son château de Montpellier : *cocto tamen in ipso furno toto pane castelli mei Montispessulani, & facto servitio istius castelli in isto furno, de iis quæ ad convivium castelli pertinent.*

* Pierre, roy d'Aragon, & Marie de Montpellier, son épouse, confirmerent cette donation par acte du mois de janvier 1204, que nous comptons 1205, où il est à observer qu'ils font la même reserve & dans les mêmes termes qu'avoit employé Guillaume, fils de Mathilde, pere de la reine.

Page 276.

Ce four étoit alors où est aujourd'hui l'église des peres Carmes, dont l'isle est encore apellée l'isle du four du Castel. On a changé depuis ce four dans le voisinage pour faire place à l'église des Carmes qui tient toute la longueur de cette isle.

Par les deux actes dont j'ai parlé nous aprenons le nom de deux réligieux de Grammont qui reçûrent au nom de leur maison la donation qui leur fut faite : *hoc donum & laudationem* (est-il dit) dans la donation de Guillaume, fils de Mathilde, *recepit Joannes de Charrot à domino Guillelmo Montispessulani nomine domus grandis-montis ; in viridario quod est juxta ecclesiam castelli, VI kal. Augusti, in præsentia Petri de conchis, Petri Trepassen & aliorum multorum,* & dans la confirmation du roy, Pierre d'Aragon, Bertrand Barach est nommé comme procureur de la maison de Grammont.

Cette maison fut gouvernée jusqu'en 1317 par des superieurs appellés correcteur ou curieux, comme nous l'aprenons de la bulle du pape

Annales de l'ordre par F. Malede.

Jean XXII donnée à Avignon le xv des kal. de decembre, dans la deuxième année de son pontificat, par laquelle il érigea en abbaye le monastère de Grammont en Limousin, qui étoit le chef-lieu de l'ordre; il suprima les supericurs appelés *Correctores seu Curiosos omnium domorum seu cellarum*, & reduisit tous les prieurés de l'ordre au nombre de trente-neuf, ausquels il unit plusieurs des autres monastères.

Celui de Montauberon fut conservé par le pape Jean XXII, avec union des trois autres, qui sont exprimés en ces termes. *Prioratui de Monte-Herbone Magalonensis diæcesis, domos de Salvatico*[1] *ruthenensis diæcesis, de Pelroso*[2] *Caturcensis, de montibus*[3] *Evanicis avenionensis diæcesis, in quo sunt septemdecim fratres.*

[1] *Du Sauvage.*
[2] *Du Peïrou.*
[3] *De Montezergue.*

Cette augmentation de revenus rendit plus considerable le monastère de Montauberon, qui se soûtint dans le xive siécle, mais dans le suivant il commença de décheoir, comme il resulte de l'acte d'infeodation du moulin del Roc, que les religieux firent le 22 janvier 1518 à noble Pierre de Gaudette, où ils disent « que ce moulin, qui étoit de leur ancien patrimoine avoit été « ruiné depuis plus de cent ans, & qu'ils avoient toûjours été, comme ils « le sont encore, dans l'impossibilité de le rétablir : *præ nimia pauperte, quæ dictum monasterium propter guerras & gentes armorum tempestates, & raritatem fructuum, ac etiam persecutionem diversorum processuum in diversis curiis motorum, & solutionem diversarum decimarum papalium, fuit detentum & oppressum.*

Ce qui prouve encore la décadence de cette maison, & le petit nombre de religieux qu'il y avoit en 1518, c'est que dans le dénombrement des religieux capitulairement assemblés pour faire cette infeodation, il n'en est nommé que quatre, y compris le prieur.

Parmi les raisons qu'ils aportent de la préference qu'avoit eu noble Pierre de Gaudette, ils disent qu'après plusieurs proclamations & perquisitions, il avoit fait la condition meilleure à cause de la commodité quil auroit d'y veiller ayant déjà à lui le moulin voisin.

Depuis ce tems jusqu'aux premiers troubles de la religion en 1562, je n'ay trouvé aucun mémoire sur cette maison, qui dèperit entièrement par le séjour des troupes que les catholiques & les huguenots y amenoient pendant les guerres de ce tems-là.

Messire Antoine de Subjet, evêque de Montpellier, demanda ce prieuré en commande en 1580. Quelques autres lui succederent dans cette même qualité, & l'on voit que Me. Jean de Trinquere en fut pourvû par brevet du 28 juin 1657, le Sr. Estival en obtint un autre du 17 août 1668. Enfin le roy Loüis XIV unit & incorpora ce prieuré au seminaire de Montpellier par un brevet du 8 juillet 1701 sous la reserve que sa majesté nommeroit à perpétuité un jeune homme capable pour être reçu & entretenu gratuitement dans le feminaire.

Ce pricuré, qui eft fitué fur un monticule au midi de Montpellier, fe trouve * au milieu d'un bois de quatre cens féterées nobles ; fon églife s'eft confervée par la folidité de fon bâtiment, mais l'ancien cloître a été démoli, & il fert de demeure aux metayers de ce benefice.

PAGE 277.

CHAPITRE TROISIÈME.

LES TRINITAIRES.

APRÈS les religieux de Cluny & de Grammont, fondés à Montpellier dans le tems de nos Guillaumes, je n'en trouve pas de plus anciens que les trinitaires à en juger par la bulle d'Honoré III, que j'ay citée dans la vie de Bernard de Mezoa adreffée aux confuls & à la communauté de Montpellier : *Pro dilectis filiis, miniftro & fratribus Stæ Trinitatis Captivorum Montipeffulani, univerfitatem veftram rogamus, monemus, & exhortamur attente, quatenus ipfos & domum fuam habentes propenfius commendatos, jure eorum manutenere, ac defendere procuretis. Datum Laterani 8, id. April. Pont. an.* 1.

Page 52.

On voit par cette bulle qu'ils avoient déjà une maifon à Montpellier, *domum fuam*, ce qui eft d'autant plus vraifemblable que leur ordre avoit déjà été aprouvé par Innocent III, depuis le 2 février 1199.

Il paroît par tous nos vieux titres que leur couvent étoit hors la ville dans le tenement de St. Maur, fur le grand chemin de Caftelnau, hors la porte du Pile St. Gilles, comme difent les annales de leur ordre : *Conventus PP. Trinitariorum Sti. Mauri cum fuo etiam cæmeterio extructus fuit, extra urbis mænia, in fuburbio portæ quæ ducit ad Fanctum Egidium via regia.*

Ad annum 1216. § 3.

En 1225, ils tranfigerent avec le prieur de St. Denis, dans la paroiffe duquel ils étoient fitués, & il étoit dans l'acte qu'ils ne pourront avoir qu'un oratoire contigu à leur maifon & deffervi par un religieux du même ordre, comme auffi qu'ils payeront à l'églife de Maguelone la dîme de tout les fruits des prairies & vignes, que la maifon de la Trinité avec fon hôpital poffèdent & poffedront à l'avenir dans la dîmerie de la paroiffe.

Annales ordinis, pag. 128, ad annum 1226.

Je m'arrête un moment à ces mots, avec fon hôpital, pour faire obferver que felon le premier efprit de leur régle, on faifoit trois portions des biens de leurs maifons, dont l'une étoit pour l'entretien de l'hôpital, l'autre pour celui des religieux, & l'autre pour le rachapt des captifs : de là vient que leurs annales, en parlant de leur maifon de Montpellier, font mention de l'hôpital en ces termes : *Primus conventus quem patres in illa urbe habuerunt, cum annexo zenodochio & cœmetorio, fub titulo Sti. Mauri fuit extructus ad annum 1218.*

Leurs annales font encore mention d'un échange que fit Nicolas, leur miniftre, en 1279, avec Berenger de Fredol, evêque de Maguelone, de quelques piéces de terre qu'ils avoient loin de leur maifon contre quelques autres qui leur étoient contiguës, & qui apartenoient à l'evêque. Leur maifon y eft défignée hors de la ville, *cum Nicolao, miniftro Sanctæ-Trinitatis prope villam Montifpeffulani.*

J'ai déjà dit dans l'article des moines de Cluny que le pape Urbain V, en apellant les religieux de St. Benoît dans le monaftère de St. Germain de Montpellier, exigea d'eux qu'ils cedaffent aux peres trinitaires ce qu'ils avoient dans le refte du tenement de St. Maur, & véritablement ils y poffedent encore un fonds confiderable qui en conferve le nom, & qui eft de l'autre côté de l'ancien clos des Auguftins, le grand chemin entre deux.

Ces religieux, après y avoir refté pendant près de 350 ans, en furent chaffez en l'année 1562, qui fut fi funefte à toutes les autres maifons religieufes de Montpellier; leurs annales marquent qu'ils perdirent vingt religieux dans cette occafion, *denique viginti ipforum ab hæreticis Hugonotis crudeliter occifi funt.*

Enfin, après le fiége de Montpellier, Mr. de Fenoüillet qui en étoit evêque, ayant invité à revenir dans cette ville tous les religieux qui y étoient établis avant les* troubles, les peres trinitaires furent les premiers à fuivre la voix de leur pafteur qui leur fit donner l'emplacement de l'ancienne églife de St. Paul, par M. de Clavet, à qui la collation en apartenoit comme prévôt de St. Pierre, & par M. Pouderoux, qui en étoit prieur titulaire. Ils en prirent poffeffion en 1623 fous le confulat de Mr. le baron de Caftries, & ils ont déjà près des trois quarts de leur cloître achevez, un logement fort honête, & leur églife voûtée en ogive, avec fes chapelles de même, fur les deux ailes.

CHAPITRE QUATRIÈME.

LES FRÈRES MINEURS CONVENTUELS.

LE couvent des freres mineurs de Montpellier est une des plus anciennes fondations de l'ordre, puisqu'il fut commencé du vivant de St. François.

On raporte même que ce saint, revenant du voyage qu'il fit en Espagne l'an 1213, en passant par Montpellier, où il logea dans un hôpital bâti près la porte de Lates, dit par un esprit prophétique que ses freres seroient un jour établis tout joignant cet hôpital, où il avoit été reçû. *Vading., ad. an. 1214.*

La chose arriva sept années après, lorsque Jacques I, roy d'Aragon, commença en l'année 1220 le magnifique couvent que les religieux de St. François eurent à la porte de Lates, & qui ne put être achevé qu'en 1230.

Durant cet intervale, St. Antoine de Padoüe, qui fut envoyé en France pour l'établissement des maisons de son ordre, vint à celle de Montpellier, où il expliqua quelque tems les saintes lettres, ce qui ne contribua pas peu à donner une grande réputation à ce couvent. *Idem. Eodem, anno, n° 33.*

Le roy Jacques, qui fut magnifique dans tous ses établissemens, fit de grandes dépenses pour celui-ci. L'histoire de l'ordre, écrite par François Gonsague, marque que ce couvent donna un nouveau lustre à la ville de Montpellier, tant par l'étendüe que par la beauté de son bâtiment : *Mirabilis structuræ conventus urbem omnino celebrem reddebat, propter ingentem ejus molem atque venustatem.* *Idem. pag. 819.*

Il fut assez grand pour contenir tous les vocaux de l'ordre qui, en 1287, y tinrent le chapitre général dans lequel Mathieu de Aquasparsa fut élû ministre général de l'ordre de St. François, & créé deux ans après cardinal par Nicolas IV. *Ibidem.*

Neuf années ensuite, les religieux de ce monastère eurent le bonheur d'y recevoir St. Loüis, dépuis evêque de Toulouse, & petit neveu du roy st. Loüis, qui étant sorti de sa prison de Barcelone (où le roy d'Aragon l'avoit retenu en ôtage pour la liberté de son père) vint à Montpellier où il voulut accomplir le vœu qu'il avoit fait de quitter le monde & de prendre l'habit de St. François; mais les religieux de ce couvent n'osant le lui donner par la crainte de déplaire au roy son pere* qui étoit présent, le saint se contenta de réïterer solemnellement son vœu qu'il accomplit ensuite à Rome sous le pontificat de Boniface VIII. Il fut déclaré evêque de Touloüse le jour même *En 1296.* *Charles le Boiteux, roy de Naples.*

de sa profession, & étant venu prendre possession de son evêché, il donna de grandes marques de son affection au couvent de Montpellier.

Les religieux s'y rendirent célèbres par leur doctrine & par leur piété, de sorte qu'ils eurent bonne part, dans le siècle suivant, aux faveurs que le pape Urbain V fit aux gens de lettres dans la ville de Montpellier. Ils donnerent au diocèse & à l'université de bons prédicateurs & de sçavans théologiens, comme nous le verrons dans l'article de l'université de cette ville; mais le relâchement qui étoit devenu presque général dans le royaume vers le regne de François Ier, obligea ce grand prince de faire sortir du couvent de Montpellier les conventuels qui y avoient été jusqu'alors, & d'y mettre à leur place les religieux de l'observance, qui y sont depuis. La chose se fit de l'autorité du roy & du pape Clement VII, dont Vadingue raporte la bulle donnée pour cet effet l'an 1525. On y voit que les peres Jean Morlin & Alexandre Rosset furent chargez de cette commission, & * que l'affaire avança beaucoup par les instances de la duchesse d'Angoulesme, regente du royaume sous François I, & de la duchesse d'Alençon, sœur du roy.

Page 193. Reg. Pontific.

PAGE 262.

Avant ce changement, il se passa dans le couvent des freres mineurs plusieurs faits remarquables pour notre histoire.

Tom. 1 de cette Histoire, liv. 6, chap. 2.

En 1292, l'echange de Monpelieret entre le roy Philippe le Bel & Berenger de Fredol, evêque de Maguelone, fut notifiée au peuple de Montpellier, assemblé dans le couvent des freres mineurs.

En 1358, & le jour de St. Michel (comme porte nôtre Talamus), Isabelle de Mayorque, fille de Jacques III, allant épouser le marquis de Montferrat, passa à Montpellier où elle s'arrêta trois jours, & fut aux freres mineurs faire chanter une grand'messe pour sa mere qui y étoit enterrée, & ensuite elle alla aux freres prêcheurs en faire chanter une autre pour Ferdinand, son frere, qui y étoit enseveli.

En 1346, Marie, fille de Charles le Boîteux, roy de Naples, & veuve de Sanche, roy de Mayorque, étant venuë à Montpellier, y mourut cette même année, & son corps, mis dans une bierre de plomb, fut enseveli au couvent des freres mineurs où on lui éleva un fort beau mausolée. Il est marqué que Jacques de Manhania, chargé comme bailly de la ville, & chargé de faire la levée des droits du roy de Mayorque, seigneur de Montpellier, rendit son compte, & fit voir qu'il avoit employé jusqu'à soixante-quatre livres quatorze sols pour tous les frais de l'enterrement de la reine.

Petit Talamus, ad an 1346.

En 1366, Urbain V fit présent à l'église des freres mineurs du bras droit de st. Loüis de Marseille, dans une chasse d'argent qui y fut aportée par Pierre d'Aragon, frere mineur, neveu de ce saint & oncle du roy d'Aragon.

Nôtre Talamus marque qu'en 1372 la cloche des freres mineurs ayant été bénite & montée fur le clocher, le gouverneur de la ville, Legier Dorgier, qui en fut parrain, lui donna le nom de Claire.

En 1379, la fameufe fentence du duc d'Anjou contre les habitans de Montpellier fut expediée dans le chapitre des freres mineurs : *In flatione fratrum minorum quæ vulgariter capitulum nuncupatur.*

Le même Talamus marque que le roy de Navarre, dépoüillé de la feigneurie de Montpellier, paffant par cette ville en 1341, ne voulut point y entrer, mais qu'il prit fon logement dans le couvent des freres mineurs.

Enfin, en 1391, le chapitre général de l'ordre fut ténu dans ce meme couvent. On peut regarder comme une continuation de l'hiftoire des freres conventuels ce que je dirai des freres de l'obfervance dans le chapitre IX ci-après.

CHAPITRE CINQUIÉME.

LES FRERES PRECHEURS.

UN excellent manufcrit que nous avons de 1625, écrit par feu Mr. Vignes, grand pere du dernier procureur general de ce nom, parle dans ces termes de l'ancien couvent des freres prêcheurs.

« Le couvent des freres prêcheurs, apellez vulgairement Preficadous, au
« chemin de Cellencuve, étoit un édifice excellent & capable de loger un
« roy, & l'églife grande & très-bien bâtie, avec fon clos de grande étenduë,
« & belle fontaine en forme de griffon dans les cloîtres, qui traverfoit tous
« les offices dudit couvent où étoit cette fontaine, la même qui fe voit à
« prefent au jardin de Burgues, qui par des grands aqueducs bien bâtis &
« voûtez (dont partie demeure encore) étoit conduit dans ledit couvent,
« l'enceinte duquel, y compris le clos, étoit eftimée auffi grandeque la
« vieille enceinte de Pefenas, & maintenant font tous champs labourables. »

Celui qui parloit de la forte en 1625, & dans un âge fort avancé, pouvoit * avoir vû lui-même, 63 ans auparavant, le couvent dont il nous donne la defcription.

Page 280.

On ne fçait par aucun acte pofitif l'année de fa fondation, quoique les auteurs de l'ordre la comptent en 1220, c'eft-à-dire du vivant de ft. Dominique, leur fondateur, & dans la quatriéme année de la confirmation de fon ordre par Honoré III. La chofe paroît très-probable, parce que notre

Annales ordinis prædicatorum, par Thomas Malvenda, pag. 322.

Talamus marque positivement que Bernard de Mesoa, evêque de Maguelone fit la consecration de leur église en 1225.

J'ai oüi dire vaguement que ce couvent étoit de fondation royale, mais on ne voit pas quel est le roy qui peut en être le fondateur, car le jeune roy d'Aragon, seigneur de Montpellier, n'avoit alors que douze ans, & il étoit d'ailleurs bien traversé dans les états d'Espagne. Il est vrai que Charles VIII, roy de France, donnant aux freres prêcheurs de Montpellier des lettres d'amortissement de leurs prairies de lates en 1487, s'exprime en ces termes : Considerant que icelle église & couvent est, comme l'on dit, la premiere fondée dudit ordre par monsieur saint Dominique en notre royaume, &c., d'où l'on peut inferer que ceux qui lui exposerent que le couvent de Montpellier étoit le premier de cet ordre dans son royaume, lui auroient bien representé qu'il avoit été fondé par les rois, ses prédecesseurs, dans le royaume de France ou dans la seigneurie de Montpellier, si on avoit crû la chose en ce tems-là. Mais ce doute est encore fortifié par ce que dit Humbert, historien de l'ordre, d'un bourgeois de Montpellier, qui étant à l'extrémité de sa vie, vit dans son jardin situé hors des murailles de la ville, une procession de gens habillez de blanc, & dit hautement à ceux qui étoient présens, qu'ils se gardassent bien de les en chasser, après quoi, dit Humbert, *Page 322, col. 2, apud Malvendam.* les freres prêcheurs occuperent ce jardin : *Post mortem autem ejus, fratres prædicatores illum locum habitaverunt*, ce qui peut marquer une donation faite par le malade ou reputée telle par ses heritiers.

Tome 4. Quoi qu'il en soit, il est certain que ce monastere fut en état de recevoir dans le treiziéme siécle tous les vocaux de cinq chapitres generaux qui furent tenus, comme nous l'aprenons des annales du pere Martene.

Page 1692. Celui de 1247 marque dans le troisiéme article la conduite que les religieux doivent tenir après la déposition de l'empereur Federic par le pape.

Page 1740. Dans celui de 1265, on défend par l'article huitiéme des reglemens qui furent faits de recevoir des novices avant l'âge de quinze ans.

Page 1750. Le chapitre général tenu à Montpellier en 1271 ordonne dans le quatorziéme article des prieres pour l'élection du pape & pour l'âme du roy st. Loüis, qui étoit mort le lendemain de la St. Barthelemy.

Page 1810. A la fin des statuts qui furent faits dans le chapitre général tenu à Montpellier en 1283, il y a une note que dans l'année suivante 1284 il n'y eut point de chapitre général parce que le maître général de l'ordre, Jean de Verceil, étoit mort cette année à Montpellier, *in conventu Montispessulani*, après avoir gouverné son ordre dix-neuf ans & demy.

Un chapitre général tenu à Lisle en 1293, dit *sequens capitulum assignamus apud Montempessulanum in provincia*.

Par ce chapitre général tenu à Montpellier en 1294, on voit que les freres prêcheurs ne mangeoient point de viande, puisqu'il leur est défendu d'en manger chez les princes & les prélats qui les inviteroient à leur table. Dans le seizième article, on y ordonne des prières pour le cardinal Chaulet, pour le cardinal Imbert & pour le cardinal Jordan. Dans le dix-sept on dépose leur provincial d'Espagne, parce qu'il avoit permis à deux de ses réligieux d'accepter les evêchez de Valence & d'Urgel. *Page 1856.*

La disposition du chapitre général tenu à Besançon en 1303 est remarquable pour Montpellier. *Volumus* (est-t-il dit dans l'article vingt-sept) *& ordinamus quod studia generalia remaneant in conventibus Bononiensi, Coloniensi, Barchinonensi & Montispessulani.* *Page 1950.*

Enfin, dans le chapitre général tenu à Montpellier en 1316, on fit des réglémens rémarquables pour l'établissement des études dans chaque province. *Page 1960.*

* On compte pour le premier prieur de Montpellier frere Raymond de Falgario, compagnon de St. Dominique & puis evêque de Toulouse, où il tira les freres prêcheurs de la petite église de St. Rome pour les mettre dans le quartier où ils sont aujourd'hui beaucoup plus au large qu'ils n'étoient auparavant. Son tombeau, qu'on y voit encore, fait mention de sa charge de prieur à Montpellier, *Monspessulanus ipsum de fratre priorat.* PAGE 281.

Il donna une grosse somme pour la construction de la nouvelle église des freres prêcheurs de Toulouse qui ne fut bâtie qu'après celle de Montpellier, ce qui avoit donné occasion à l'exposé qui fut fait à Charles VIII, quoique d'ailleurs il soit très-constant que les Jacobins furent établis à Toulouse plutôt qu'à Montpellier.

Le couvent de Toulouse a été toûjours régardé comme le premier de sa province, & celui de Montpellier a conservé ce rang dans la province de Provence jusqu'à la dernière réforme qui y fut introduite dans le dernier siècle.

Le nombre des religieux de l'ancien monastère de Montpellier fut si considerable qu'on voit dans les actes d'un de leurs chapitres généraux, conservez dans le couvent de Carcassonne, qu'on assigna au couvent de Montpellier vingt-quatre freres convers de differentes nations, comme allemans, italiens, espagnols, polonois & françois, pour y aprendre la pharmacie, d'où l'on peut juger du nombre des autres religieux. *Mss. duP. Gonn.*

Cependant le crédit que l'ordre s'étoit attiré par la protection des papes excita la jalousie des evêques, & donna lieu au canon du concile général de Vienne : *nimis iniqua de excessibus prælatorum.* Mais à Montpellier ils n'eurent pas besoin de recourir aux dispositions de ce concile, parce que Berenger de Fredol, evêque de Maguelone, y avoit déja pourvû dès l'année 1263 en transigeant avec frere Guiraud, leur prieur, à qui il rélâcha tous les droits utiles, ne se reservant qu'une rédevance de quelques marabotins, & l'assistance de deux de ses religieux aux processions de St. Firmin.

Il est fait mention de ce couvent dans les lettres d'amnistie que le roy Jacques I donna en 1258 aux habitans de Montpellier, car il est dit qu'il assembla le peuple au-devant de la maison des freres prêcheurs : *actum in plano quod est juxta domum fratrum prædicatorum de Montepessulano, ubi populus ad mandatum domini regis ad publicum convenerat parlamentum.*

Le roy Jean, en 1350, voulut y prendre son logement lorsqu'il vint voir la nouvelle acquisition que le roy Philippe de Valois, son pere, avoit fait de toute la ville de Montpellier. On dit à ce sujet, & la tradition en est constante, que le roy avec sa maison fut logé dans ce couvent, sans que les religieux quittassent leur cellule.

Le pape Urbain V étant venu à Montpellier en 1367 tint chapelle dans leur église le jour de la Chandeleur, & dix ans après on y aporta la relique de St. Thomas d'Acquin de la manière que je l'ai décrit dans le corps de cette histoire, ce qui donna occasion à l'établissement d'un sermon le jour de sa fête où l'université étoit tenuë de se trouver : *In festo sancti Thomæ de Aquino sermo ad prædicatores*, dit l'ancien kalendrier.

En 1418, le roy Charles de Navarre, passant par Montpellier, & ne voulant point entrer dans la ville, logea aux freres prêcheurs où il arriva le 3 septembre & en partit le 5.

Nous trouvons dans le livre du recteur que l'université y tenoit souvent ses assemblées avant la construction de la tour de Ste. Eulalie. Un statut fait en 1413, à l'occasion de la peste qui ravagea toute l'Europe, établit une procession solemnelle le jour de St. Sebastien où les freres prêcheurs, chez qui on s'étoit assemblé, s'obligerent à un sermon *ad clerum* qui seroit fait par leur prieur ou par un de leurs docteurs en théologie.

Par un autre statut on indique leur couvent pour les assemblées publiques, & leur sacristie pour y garder la capse de l'université, si le recteur le juge à propos. On veut encore que tous les dimanches, dépuis la St. Luc jusqu'à Pâques, les membres de l'université s'y assemblent pour assister à la messe & au sermon, sous peine pour le recteur d'être pointé cinq sols, les docteurs deux sols, & les bacheliers douze deniers.

PAGE 282.

* Mais les statuts pour deux autres messes qui devoient être dites chez eux sont plus remarquables : l'une pour le lendemain de la St. Luc, où l'on disoit une grande messe pour les morts de l'université, *in qua debent portare domini rector, episcopi, nobiles, si sint doctores, licentiati intorstitias in elevatione* *corporis Christi, in eadem missa, & eas tenere usque in finem communionis & similiter omnes studentes debent ire ad offertorium post evangelium cum uno pane, &c...* L'autre est pour l'octave de l'Epiphanie, où tous les membres de l'université se rendoient aux freres precheurs pour le même sujet. Il est marqué qu'il y aura dix torches pour servir à l'élévation, un drap d'or *unus pannus aureus*, & cinquante sols de monnoye courante, pour servir à la pitance des freres prêcheurs.

Ils nous donnerent souvent des prédicateurs dans les occasions extraordinaires, comme on a pû le rémarquer dans le cours de cette histoire ; mais celui dont la mémoire s'est mieux conservée parmi nous, est st. Vincent Ferrier, qui durant l'avent de 1408 prêcha neuf sermons dans le cimetière de leur couvent. Je ne repete point ce qu'en j'en ai déjà dit, non plus que ce qui regarde le pere inquisiteur qu'ils eurent à Montpellier.

Tous ces avantages leur donnerent beaucoup de credit dans la ville, mais ils produisirent enfin un si grand relâchement qu'il fallut que leur général, maître Vincent de Châteauneuf, vînt en personne à Montpellier pour y mettre ordre. Nos annales marquent qu'il y arriva l'an 1503 étant consuls nobles & honorables hommes, sires, Jacques Buccelli, Pierre de Leuse, Loüis Pance, Jean Senilhac, Antoine Magat, & Antoine Blaquiere, lesquels, avec plusieurs bourgeois & autres gens de bien de la ville, firent au maître général grand honneur & reverance telle que lui appartenoit... Et icelui réverend maître général bien & duëment informé de ce que dit est... réforma ledit couvent des freres prêcheurs bien & honnêtement, selon la régle de Mr. st. Dominique, & y mit des freres réformés en bonne quantité, tellement que là où il y avoit dix ou douze freres qui avoient encore peine à vivre... d'à-présent il y en a bien cinquante qui vivent bien & opulemment. Il paroît par le détail du reste de cet acte, que les religieux régardoient leurs places comme des prebendes, ayant chacun son appartement & son jardin, car il y est dit que ledit père général en l'aide de la ville, & autres habitans d'icelle, fit faire & reparer les chambres du dormitoire, & fit en façon que chacun dort seul en sa chambre, là où auparavant ils dormoient en belles chambres, ayant chacun son jardin ; & de cinq ou six jardins, ledit pere général, en l'aide & secours desdits seigneurs consuls, n'en fit faire qu'un jardin commun & général pour tous lesdits freres.

Les autres chefs de réforme furent d'ouvrir la grande & belle porte du couvent qu'on tenoit fermée, & de fermer une petite porte qu'on avoit ouvert du côté de l'abreuvoir ; de mettre une cloche à la grande porte, afin que personne ne pût entrer ni sortir sans qu'on le sçût, de faire un chœur fermé dans l'églife afin que de la nef nul ne pût voir lesdits freres entrer, faillir & chanter.

Cette réforme fubfifta jufqu'en 1562 où ce magnifique couvent fut entièrement détruit. Les réligieux ne pûrent jamais plus s'y rétablir; mais étant venus à Montpellier dans les intervales paifibles que les huguenots laiffoient quelquefois aux catholiques, ils fe logerent dans la maifon du veftiaire, qui fervit de refuge à plufieurs communautés lorfqu'elles révinrent en cette ville. Ils y refterent jufqu'en 1617, où Mr. Loüis de Claret, confeiller-clerc au parlement & prévôt de l'églife cathédrale de Montpellier, leur fit donation du fol de l'églife de St. Mathieu dont il étoit prieur. Ils s'y logerent avec le fecours des aumônes que les catholiques leur firent, mais lorfqu'on commença à Montpellier de fe préparer au fiege, ils furent chaffez une feconde fois; & ce ne fut qu'en 1626 qu'ils y rentrerent, fur un ordre qu'en donna Mr. le connétable de Lefdiguières, en réconnoiffance du fervice qu'ils avoient rendu à l'armée du roy durant le fiege. Pour ce même motif ils obtinrent la confifcation des biens de quelques-uns des rebelles, avec quoi ils bâtirent à St. Mathieu l'églife qu'ils y ont aujourd'hui, où le pere le Pul, qui fut prieur de cette maifon trois diferentes fois, fit faire le dortoir que l'on voit fur le fronton des chapelles.

CHAPITRE SIXIÈME.

LES RELIGIEUX DE LA MERCY.

ON fçait, à n'en pouvoir douter, que ces réligieux furent établis à Montpellier fous le regne de Jacques le Conquerant, qui étoit un des fondateurs de leur ordre, & en même tems feigneur de Montpellier; mais on ne fçait fi leur maifon fut bâtie dans l'intervale de l'inftitution de l'ordre de la Mercy en 1218 & de fa confirmation en 1230, par Gregoire IX. Les archives de cette maifon ne peuvent nous donner fur cela aucun éclairciffement, parce que tout y périt lorfque les huguenots s'en rendirent les maîtres en 1562. Ainfi nous fommes obligez d'avoir recours à l'hiftoire générale de l'ordre pour connoître le commencement & le progrès de leur maifon de Montpellier.

Elle marque que ft. Pierre Nolafque fe rendit à Montpellier auprès du roy Jacques en 1240, mais elle n'ajoûte rien fur l'établiffement de fes réligieux en cette ville.

Ce que l'on trouve dans la vie de Guillaume de Bas, leur second général, est plus positif, puisqu'il est marqué qu'il commença son généralat en 1249 par la visite des maisons de son ordre dans le royaume de France, & qu'ayant trouvé que les bâtimens de leur couvent de Montpellier n'étoient que commencés, il donna tout l'argent qu'il avoit pour les achever.

Depuis ce tems-là, nous trouvons des preuves autentiques dans les bulles de trois papes, données dans ce même siécle, en confirmation de l'ordre & de ses maisons particulières : *Ecclesiam Stæ. Eulaliæ*, dit Urbain IV dans sa bulle de 1261, *sitam in Montepessulano, in loco qui Purgariel vulgariter appellatur. Cum domibus, terris, vineis, possessionibus & pertinentiis suis*. Clement IV, en 1267, & Nicolas IV, en 1291, se servent dans leurs bulles des mêmes paroles d'Urbain IV pour désigner la maison de Montpellier.

Bullarium ordinis, page 14, 18 & 28.

Le livre qui a pour titre : Histoire de l'ordre sacré et royal de la Mercy, fait mention de la visite que frere Bernard de St. Romain, troisiéme général de l'ordre, fit de sa maison de Montpellier; mais ce qui est marqué de son successeur immédiat, frere Pierre Aymeri, est plus remarquable; car il y est dit que ce général établit quatre études generales dans quatre couvens des plus accommodés, qui furent, celui de Montpellier pour la France, de Barcelone pour la Catalogne, de Huesca & de Valence pour l'Aragon, ausquels il fit des belles ordonnances pour regler les droits des regens, l'obligation des ecoliers, & le tems d'étude, ne voulant point (ajoûte-t-il) que les classes se fissent dans les heures destinées au culte divin.

Les études reüssirent si bien dans le couvent de Montpellier qu'il donna de sçavans docteurs à tout l'ordre & à l'université de Montpellier. Le plus ancien & le plus remarquable est Dominique Serano, dont j'aurai lieu de parler, & qu'un historien de son ordre appelle *insignis accademiæ Parisiensis & Montispessulanæ juris utriusque doctor & cathedrarius*. Le second est Jerôme Dumont, qui se rendit célèbre à Montpellier où il étoit docteur en théologie & en droit sous Jean XXII. Le troisiéme est Nicolas Perez XIII, général de l'ordre, qui avoit été professeur en droit dans l'université de Montpellier, & ne cessa depuis de rendre des services très considerables à l'église durant le schisme qui la divisa par l'ambition des antipapes.

J. Lineas.

La maison de Montpellier fut toûjours appellée de Ste. Eulalie, comme celle de Barcelone qui avoit pris son nom de la chapelle du roy à Barcelone, dédiée à cette sainte patrone de la ville. La faculté du droit de Montpellier choisit cette maison pour y tenir ses ecoles, & il n'est rien de plus ordinaire dans ses livres que la mention qu'on y fait de la tour de Ste. Eulalie, où les professeurs faisoient leurs leçons. Le jour de St. Yves, le recteur alloit avec toute sa suite dans* l'église de Ste. Eulalie pour y assister à la messe & au ser-

Page 284.

mon. *In festo Sancti Yvonis sermo in ecclesia Sanctæ Eulaliæ, & missa cum eadem,* dit l'ancien kalendrier; et dans un statut fait en 1433, on y trouve nommé parmi les conseillers de la faculté un Martin Cerrarius, commandeur de Ste. Eulalie de Montpellier, bachelier *in sacra pagina.*

Les etudes publiques y continuerent jusqu'au commencement des troubles des huguenots où la tour & l'ecole furent renversées de la maniére qu'on le voit dans la préface d'Etienne Ranchin. Soixante-neuf religieux qui composoient alors la communauté perirent dans cette occasion, selon le raport d'un de leurs auteurs. *Insuper Montempessulanum cænobium illustribus fabrica, reditibus, possessionibus, celebre primum evertentes, sexaginta-novem fratres conventuales, processionaliter obviam procedentes, quibus commendator venerabilis frater Ludovicus Puell crucem in manu gestans, præibat fidem exaltans crudeliter occiderunt.* Nous ne trouvons néanmoins dans nos archives, ni dans nos mémoires particuliers, aucun vestige de ce grand carnage.

Del Coral, pag. 24.

Ils resterent quatre-vingt-dix ans hors de Montpellier, & ce ne fut qu'en 1651 que le pere Rigaudon ayant été nommé dans un chapitre provincial tenu à Bourdeaux, commandeur titulaire de leur ancien couvent de Montpellier, il vint en cette ville avec le pere Nolasque Tillhol, son provincial, où ils obtinrent des chefs de toutes les compagnies de la ville les pouvoirs nécessaires pour s'y rétablir, Mr. de Fenoüillet, evêque. Mr. d'Aubijoux, gouverneur de la ville & de la citadelle, Mr. de Thoiras, sénéchal, Crouzet, juge-mage, Sengla & Rouviere, prémier & second consuls, se trouvent nommés dans la permission qui leur en fut donnée.

La chose néanmoins ne fut exécutée que dans l'année suivante, où durant la vacance du siège par la mort de Mr. de Fenoüillet, Mrs. du chapitre conduisirent les peres de la Mercy dans une maison qu'ils avoient loüé de madame de l'Epine, où ils resterent dix à onze ans, tandis qu'on bâtissoit sur les ruïnes de leur ancienne maison. Ils y entrerent enfin le 8 decembre 1663, & ils ont fait depuis un second côté de cloître très-solidement bâti, & dans le lieu de la ville qui, sans contredit, a le meilleur air & la plus belle vûë.

J'ai oüi revoquer en doute, s'ils ont aujourd'hui tout l'emplacement qu'ils avoient autrefois, auquel sujet je crois devoir dire que j'ai vû la requête qu'ils présenterent à M. de Baville le 19 avril 1690 lorsqu'on travailloit à la promenade du Peirou, dans laquelle ils exposoient qu'on leur avoit pris une partie du fonds où étoit jadis l'église de Ste. Eulalie; & sur la rélation des experts qui trouverent les fondemens de cette église, il fut ordonné qu'on leur donneroit une indemnité, que la ville leur a payé depuis : d'où l'on peut inferer que leur ancien couvent avançoit beaucoup plus dans la place du Peirou, où l'on ne peut maintenant trouver aucun veftige, depuis que les chemins qui traverfoient cette place ont été aplanis.

CHAPITRE SEPTIÉME.
LES RELIGIEUX CARMES.

DE tous les titres qu'avoient autrefois les peres carmes dans leur ancien couvent de Montpellier, ils n'ont pû fauver du pillage qu'en firent les huguenots en 1562 qu'un exemplaire de leurs conftitutions écrit fur le velin depuis plus de trois cens ans, à la fin duquel on trouve le nom, le tems, & l'élection de tous les généraux de leur ordre jufqu'en 1412 que ce livre fut écrit; & enfuite on y voit une hiftoire fort précife de tous les chapitres généraux qui avoient été tenus jufqu'à ce tems, où l'on trouve le lieu & l'année * de leur tenuë, avec plufieurs évenemens qui intereffent l'ordre des Carmes.

J'ai tiré de ce livre & des archives de notre maifon confulaire tout ce que j'ai à dire fur leur couvent de Montpellier, & quoiqu'on ne puiffe pas marquer précifément l'année de leur établiffement dans cette ville, on ne peut douter que le couvent qu'ils y avoient ne fût très-confiderable dans le treizième fiècle, puifqu'on y tint deux chapitres généraux de l'ordre, l'un en 1277, & l'autre en 1287.

Le premier eft prouvé par le livre dont je viens de parler, qui marque qu'il fut tenu dans le couvent de Montpellier par leur général, frere Pierre de Milhau, *anno domino M. CC. LXXVII in fefto Pentecoftes in conventu Montifpeffulani provinciæ Marbonæ, frater Petrus de Amiliavo tenuit capitulum generale.*

Le fecond eft encore plus marqué par le changement qu'on y fit à l'habit des Carmes qui portoient auparavant des chapes bigarrées de blanc & de brun.

Anno domini M. CC. LXXXVII in fefto beatæ Mariæ Magdalenæ in Montepeffulano. Et in ifto capitulo affumpferunt capas albas dimiffis barratis, ad procurationem dicti fratris Petri de Amiliavo. Ce changement parut fi remarquable à nos ancieus, qu'ils crûrent devoir le marquer dans l'hiftoire de leur ville, d'autant plus qu'il y avoit pris fon commencement. *Aqueft an 1287*, dit notre petit Talamus, *en Pentecofta freres Menors, & à la Madelena Carmes farun capitouls generales, & adonc los Carmes que portavan capas barratas de brun & de blanc, fagueron capas blancas.*

PAGE 285.

Gariel remarque qu'ils ne firent alors que reprendre les chapes blanches qu'ils portoient originairement dans la Paleftine, où les princes Sarrazins qui en étoient les maîtres, obligerent les hermites du Montcarmel de quitter le blanc, parce que cette couleur étoit affectée aux princes de leur maifon, comme elle l'eft encore parmi les Turcs à ceux qui fe prétendent defcendus de leur prophête Mahomet.

Quoiqu'il en foit de fon fentiment, nous n'avons rien de bien conftant fur l'origine des Carmes avant les croifades, durant lefquelles Albert, patriarche de Jerufalem, donna une regle aux hermites qui habitoient le Montcarmel, & dont St. Loüis amena quelques-uns en France à fon retour de la Terre fainte, l'an 1238.

Ils bâtirent alors leur premier couvent près de Marfeille (comme dit notre livre) dans un lieu apellé les Aigalades. *Primum conventum dicti fratres fecerunt juxta Marciliam in Aquilatis ;* & de là ils fe répandirent en plufieurs villes de France, fous le généralat du bienheureux Simon Stoc, qui mourut dans leur couvent de Bourdeaux en 1250.

Idée, page 116.

Gariel croit que quelques hermites de cet ordre vinrent alors s'établir à Montpellier, & qu'ils firent leur premiere demeure à Boutonet, où ils bâtirent une chapelle à l'honneur de la Ste. Vierge, qui conferva le nom de vieux Carme, après que ces religieux fe furent approchez de la ville. Il fonde fa conjecture fur une fondation dont il dit avoir l'extrait, & qui porte : *In ecclefia beatæ Mariæ de Botoneto quæ communiter appellatur vetus Carmen vulgariter.*

Page 114.

La fondation dont il parle eft de 1275, d'où l'on doit inferer que, puifque leur premiere églife de Boutonet avoit alors le nom de vieux Carme, il falloit qu'ils l'euffent déja quittée, & par confequent que la conftruction de leur grand couvent fût déjà faite. Pour cette raifon, & pour ce que j'ai déja dit du chapitre général qui y fut tenu deux ans après, c'eft-à-dire en 1277, je me déterminerois à la fondation de leur grand couvent, plufieurs années avant 1275, quoique faute de titres on n'en puiffe pas fixer le tems ; mais ce fera toûjours entre 1238 qu'ils furent amenez en France par le roy St. Loüis, & 1260, car je mets au moins feize ou 17 ans pour mettre leur grand couvent en état de recevoir un chapitre général.

Selon cette conjecture, on peut affûrer que le grand couvent des Carmes fut bâti fous Jacques I, roy d'Aragon, alors feigneur de Montpellier, puifqu'il ne mourut qu'en 1276. Peut-être même que ce prince, qui bâtit en cette ville les magnifiques couvens des freres Mineurs & de la Mercy, voulut auffi être le fondateur des Carmes. Ma conjecture eft affés probable, après tout ce que j'ai dit des églifes que ce prince avoit fait bâtir.

* Celle des Carmes de Montpellier étoit à la fortie de la porte de l'Egaf- fieu, dite aujourd'hui la porte des Carmes. Sa muraille touchoit le grand chemin qui conduit à l'églife St. Cofme, & fon grand-autel étoit du côté de l'eau; le cloître & le dortoir contingus à l'églife étoient plus avant, & l'on peut juger de leur grandeur & de l'étendue de fes jardins par le grand efpace qu'occupe aujourd'hui l'hôpital général, dont l'emplacement autrefois faifoit l'enceinte de l'ancien couvent des Carmes. PAGE 286.

En 1321, on y tint un troifiéme chapitre général où l'on élut (quoiqu'abfent) pour général de l'ordre, frere Jean de Alexio, qui fe trouvoit actuellement à Paris; ce fut pour fucceder à frere Guy de Perpignan, qui venoit d'être nommé à l'evêché de Mayorque. *Anno domini M. CCC. XXI. in fefto Pentecoftæ in Montepeffulano, frater Joannes de Alexio electus abfens, exiftens parifiis, Guido factus epifcopus Majoricarum.*

Je trouve dans le même livre par une note fur ce chapitre général de 1321, qu'on fit alors la divifion des provinces de Narbonne et de Provence, *nota quod anno Domini M. CCC. XXI, fuit divifa tota provincia Narbonæ à provincia Provinciæ in capitulo generali celebrato in conventu Montifpeffulani.*

Les Carmes refterent paifibles dans leur grande & belle habitation jufqu'aux troubles qui arriverent en France après la prife du roy Jean par les Anglois, qui étant maîtres de la Guienne, firent plufieurs irruptions dans le Languedoc, où ils brûlerent Narbonne, & vinrent fe montrer aux environs de Montpellier: alors les habitans de cette ville voulant fe mettre en état de défenfe, prirent la réfolution d'abattre leurs fauxbourgs, & parce que l'églife des Carmes étoit plus haute que leurs murailles, qui n'en étoient féparées que par le grand foffé de la ville, ils prirent la réfolution d'abattre cette églife avec fon clocher d'où on auroit pû tirer fur eux.

Notre petit Talamus met cet événement en 1361, & ce ne fut que fix ans après qu'on obtint la permiffion de la rétablir; car la crainte des Anglois ayant ceffé, & le pape Urbain V étant venu à Montpellier en 1367 pour y confacrer, comme il fit, l'églife de St. Germain, il s'intereffa beaucoup pour les peres Carmes, & demanda pour eux aux habitans de Montpellier (qui n'avoient rien à lui réfufer) qu'ils pûffent relever les anciens fondemens de leur églife, mais en la laiffant moins élevée qu'elle n'étoit auparavant. Fol. 103.

La chofe fut exécutée par les liberalités de ce grand pape avec tant de diligence, que les Carmes furent en état, aux fêtes de la Pentecôte 1369, de tenir chez eux un autre chapitre général qui eft fort remarquable, parce qu'on y publia un nouveau recueil de leurs conftitutions qui fut diftribué à tous les provinciaux qui compofoient le chapitre. *Anno Domini M. CCC.*

LXIX in feſto Pentecoſtes, fuit celebratum capitulum generale in conventu Montiſ-peſſulani, & ibidem fuerunt datæ provincialibus conſtitutiones correctæ, congregatæ & reductæ per reverendum magiſtrum Johannem Balliſtarii priorem generalem ordinis, ipſo exiſtente & præſidente in eodem capitulo generali.

<small>Gariel. Idée.</small>

Sous l'autorité du même pape, ils furent unis à l'univerſité de Montpellier, où ils eurent juſqu'à ſix regens, comme il conſte par un acte de 1428. On dit que leur ecole étoit dans la grande tour apellée des Carmes, où l'on voit encore au deſſus de la fontaine les débris d'une grande & magnifique ſale qui leur ſervoit à cet effet : leur maiſon eſt encore apellée dans les regîtres de l'hôtel de ville Collége des Carmes, & il y avoit un ſi grand nombre d'étudians, qu'on lui donnoit le nom du couvent des cent freres, *conventum centum fratrum.*

<small>Ms. Delort.</small>

<small>* Par l'Enfant, liv. 14, page 311.</small>

L'hiſtoire du concile de Conſtance* fait mention d'un Carme, profeſſeur en théologie à Montpellier, nommé Bertrand Vacher, qui prononça devant tout le concile le lendemain de la dix-huitième ſeſſion, un diſcours fort véhément pour la réformation des gens d'égliſe, & finit par un grand éloge de l'empereur Sigiſmond.

Un réligieux du même ordre avoit prêché le carême à Montpellier en 1410 avec tant de ſuccès, que notre petit Talamus le compare à St. Vincent-Ferrier, qui avoit prêché auparavant en cette ville.

<small>Page 287.</small>

* En 1562, leur maiſon fut renverſée avec leur égliſe, où parmi les tombeaux remarquables qui y étoient, on voyoit ceux de deux généraux de leur ordre ; l'un de frere Pierre de Milhau, mort en 1284, & l'autre de frere Pierre Raymond de Graſſe, mort en 1357.

<small>3. Trithème. De viris illuſt. Carmel.</small>

Après cette perte, les Carmes reſterent 65 ans ſans rentrer dans Montpellier, & ils n'y revinrent qu'en 1627 ; encore furent-ils obligez de loger dans des maiſons d'emprunt juſqu'en 1639. C'eſt alors qu'ils acquirent dans une petite iſle proche du Peirou, apellée l'iſle du Four du Caſtel une maiſon qui apartenoit au tréſorier Demanſe, où ils dreſſerent une chapelle, dont madame la maréchale d'Alüin de Schomberg mit la première pierre qui avoit été bénie par Mr. Faucher, chanoine & vicaire-général. La vente qu'ils firent dépuis de leur ancien clos à l'hôpital général, leur donna le moyen d'acheter toute la petite iſle du Four du Caſtel, où ils ont bâti une jolie égliſe avec des dortoirs fort commodes pour quinze ou vingt religieux.

CHAPITRE HUITIÉME.
LES RELIGIEUX AUGUSTINS.

NOUS avons plufieurs preuves, dans les archives de l'hôtel de ville & de l'evêché de Montpellier, que l'ancien couvent des Auguſtins de cette ville étoit fort confiderable dans le quatorziéme fiècle, mais nous n'y trouvons pas qu'il en foit fait aucune mention avant ce tems-là.

Les hiftoriens de leur ordre nous aprennent que quelques Florentins chaffez de leur pays vinrent fe refugier à Montpellier, & qu'y étant devenus riches par le moyen du commerce, ils firent bâtir dans les fauxbourgs de la ville, & fur le chemin qui va à Nîmes, un grand & beau couvent que ces religieux occuperent jufques bien avant dans le feizième fiècle.

Il feroit à fouhaiter qu'on nous eût marqué le tems où vêcurent ces Florentins, pour fixer l'époque de la fondation qu'ils firent à Montpellier. Le feul Hierome Romain, qui en 1572 fit imprimer à Alcala l'hiftoire de fou ordre qu'il a écrite en efpagnol, nous dit pofitivement que leur couvent de Montpellier fut bâti en 1120, & il en porte pour preuve une infcription qu'il dit avoir vû lui-même dans la chapelle de Ste. Juliene qui étoit dans leur églife de Montpellier. *Una imagen de Santa Juliana, en a ultima Capilla del lado del evangelio en la paret, de la qual dife que fac edificada en los annos mil ciento & viente.* Il s'attache enfuite à prouver que les religieux de St. Dominique étoient moins anciens dans Montpellier que ceux de fon ordre, mais fans entrer dans cette difpute de preſſéance, je laiffe au lecteur à juger fi cette feule infcription, de la manière qu'elle eft raportée, fuffit pour détruire la preuve négative que nous tirons du filence de nos archives, où l'on ne trouve aucune mention de ce couvent, ni pour le douzième, ni pour le 13ᵉ fiècle. *Chap. 16, fol. 337.*

La grande raifon de douter eft qu'il eft certain par tous les auteurs de l'hiftoire eccléfiaftique que le pape Alexandre IV, voulant rëunir un trèsgrand nombre d'hermites qui étoient difperfez dans tous les états chrétiens, fous différentes regles & fous différens habits, forma de tous ces hermites une regle & un habit uniforme en 1236 fous le nom d'hermites de St. Auguftin. Ce nouvel ordre commença dés lors à jouir des privileges des religieux mandians, & fut reçu à Paris trois années après, c'eft-à-dire en 1259, fous Lanfranc, leur général. De cette manière on peut voir le jugement qu'il faut porter fur l'infcription citée par cet auteur efpagnol, & *Fleury, liv. 84, nº 63.* *Ibidem.*

encore plus fur ce qui eft dit dans un livre imprimé à Cologne en 1627, fous le titre de *Primas Auguftianœus*, où l'on met la fondation des Auguſtins de Montpellier en l'année 900, c'eſt-à-dire trois* ou quatre fiécles avant qu'on eût fondé la congrégation des Auguſtins, & dans un tems où Montpellier commençoit à fe former.

> Page 288.

Les autres particularites que nous trouvons dans les écrivains de leur ordre, font beaucoup plus croyables & pofitives: elles nous aprenent qu'en l'année 1324 il y fut tenu un chapitre general où on élut frere Alexandre de St. Elpide pour cinquième général de l'ordre, d'où l'on peut inferer que ce couvent pouvoit bien avoir pris fon commencement fur la fin du treizième fiécle, puifqu'il falloit bien une vingtaine d'années pour le mettre en état de recevoir un chapitre général.

> Ambrof. Coriogeneralis Auſian. Refponforium, fol. 105.

Les mêmes ecrivains ajoûtent qu'en 1357 il y fut tenu un autre chapitre général où l'on élut frere Gregoire de Arimini. *Gregorius de Arimino doctor fubtiliffimus provinciæ Romandiolæ, fub quo in Montepeffulano, generale capitulum anno 1357, ubi generalis creatus eft, cum anteà vicarius extitiffet.*

Le livre que j'ai déjà cité, imprimé à Cologne en 1627, fait mention de ces deux chapitres generaux, & d'un troifiéme en 1430 qui fut tenu à Montpellier fous B. Auguftin Romain, alors général. *Anno 1430. Capitulum in Montepeffulano, generalis B. Auguftinus Romanus.*

> ciniauæus, pag. 358

Nous trouvons dans les archives de l'evêché qu'en 1350 Arnaud de Verdale, alors evêque de Maguelone, fit un échange de huit carterées de terre qu'il avoit contiguës au clos des Auguftins contre feize autres carterées que ces religieux avoient d'ailleurs, ftipulant pour eux frere Alfonfe de Tolede, docteur en théologie & findic du même couvent, avec frere Pierre Guy, qui en étoit prieur.

Quinze ou feize années après, c'eft-à-dire en 1366, le Pape Urbain V, voulant venir à Montpellier, choifit le couvent des Auguftins pour s'y répofer: avant que de faire fon entrée dans la ville, il s'y revêtit de fes habits pontificaux, & y fut reçu par les confuls, fuivis de tous les corps de la ville, qui vinrent à fa rencontre.

> Petit Talamus, fol. 117.

Nous trouvons dans l'hiftoire de nos evêques qu'Antoine de Lovier, evêque de Maguelone, étant mort à Montpellier en 1405, fut mis en dépôt dans l'églife des Auguftins, & de là transféré à Vienne, fa patrie, où il devoit être inhumé.

Ces religieux vécurent paifiblement dans leur monaftère jufques bien avant dans le feizième fiécle, où les malheurs du temps ayant caufé les troubles qui agiterent fi long-tems la France, ils furent envelopez dans la démolition générale qu'on fit à Montpellier des églises & des maisons religieuses. On peut même dire qu'ils furent des premiers à s'en ressentir, car il paroît par un verbal que les consuls huguenots firent dresser que la nuit du 21 au 22 octobre 1561, un grand nombre de gens armez entrerent dans leur couvent & y briserent tous les coffres, armoires & images, ce qui ayant obligé ces religieux de se disperser, une partie gagna le chemin de Nîmes avec ce qu'ils pûrent emporter de l'argenterie de leur église. Ils furent suivis le lendemain par des gens de condition de la religion protestante, dont je suprime les noms, qui les joignirent auprès du lieu de Vestric, d'où ils les ramenerent pour les mettre dans les prisons de la ville. Leur argenterie fut enfermée dans le trésor public, sauf une patene de calice qu'ils dirent avoir donnée au nommé Planastel pour les avoir servis dans cette expédition.

Il paroît par ce verbal qu'il y avoit un grand nombre de chapelles dans leur église, car il est fait mention de celle de Nôtre-Dame de Grace, de celle de St. Jean apartenant à Mr. de Sarret, Sr. de St. Jean de Vedas, d'une autre sous le nom de St. Etienne apartenant au président Cesélly, & de celle qui est apellée la chapelle de Griffy. Les autres sont de St. Jacques, de Ste. Barbe, de St. Fiacre, des Trois-Rois, des Cinq-Playes, de Ste. Julienne, une sous les dégrez des orgues, & une autre entre la sacristie & le grand autel. Il y est aussi fait mention de la chapelle dite de Boutonet, qui étoit dans le chapitre, d'un grand & d'un petit refectoire, & d'une chambre apellée de la Régence, qui aparemment servoit d'école au docteur regent qu'ils avoient dans leur maison pour leurs jeunes étudians.

Depuis ce tems-là, leur monastere resta exposé au pillage de ceux qui voulurent en enlever les pierres. Mr. de Chatillon acheva de le ruiner entierement lorsqu'il voulut se préparer au siége, car il en fit prendre tous les matériaux * pour la construction de deux demi-lunes qu'il fit faire à la porte de la Blanquerie & à celle des Carmes.

PAGE 289.

Enfin après le siége & la réduction de Montpellier sous les armes du roy Loüis XIII, tous les réligieux qui y avoient eu des maisons, ayant été invités d'y revenir, les Augustins furent des prémiers, & ayant pris des consuls catholiques un certificat qu'ils ont encore de leur ancienne possession, ils furent reçûs dans la ville en 1624, où ils se logerent dans la maison de Sarre Mejean joignant l'autel de la Monnoye en attendant qu'ils pûssent s'établir au même lieu où ils étoient auparavant, c'est-à-dire auprès du clos d'Aiguillon, sur le chemin allant à Nîmes: ils travaillerent en effet à y bâtir un cloître dont on voit encore un côté d'achevé; mais, soit que le gouverneur de la citadelle s'y opposât (comme on l'a publié), soit que ces réligieux se voyant des plus éloignés de la ville, & sur un grand passage, craigniffent d'y être moins en fûreté, ils acheterent dans la ville, au-devant de la place de la Monnoye, les maifons de Rignac & de Clair avec une autre, où ils ont bâti deux ailes de leur couvent & une églife qui fut pouffée en 1680 fur les anciens fondemens des murailles de la ville par la permiffion que Mr. le cardinal de Bonfi leur en obtint du roy Loüis XIV.

CHAPITRE NEUVIÉME.
LES RELIGIEUX DE L'OBSERVANCE.

LES peres de l'étroite obfervance de St. François furent introduits à Montpellier du vivant de St. Bernardin de Sienne, qui eft regardé comme l'auteur de leur réforme. L'acte que je vais raporter marque fi bien toutes les circonftances de leur établiffement en cette ville, que je crois devoir le donner au lecteur tel qu'il fe trouve dans les archives des Récolets, qui l'ont tiré de l'ancien manufcrit qui a pour titre : *Privilegia Sancti Firmini*, où l'on trouve cet acte couché en ces termes:

Diebus noftris, circa horam nonam, anno fcilicet incarnationis 1438 die decima menfis Januarii, venerunt fratres de obfervantia fancti Francifci, in Montepeffulano, qui rogantes ad requeftam gubernatoris, concilium fuit eis dare domum extra muros, in loco qui dicitur Villanova, ante Sanctum Thomam, inter primam infulam carreriæ ante fores ecclefiæ & Sancti Thomæ, & tertiam infulam fubfequentem dictæ carreriæ Villænovæ, in qua infula ut poffint ædificare capellam cum uno altari, & cum una campana autoritate prioris Sancti Firmini fuit eis data licentia : in qua etiam capella poteft effe domus pro ipfis & cœmeterium tantum. Item de proventibus & oblationibus & obventionibus venientium in dicta capella, five oratorio, debet dari quarta pars Sancto Firmino, & non totum pro fe ipfis, feu ad ufus fuos totaliter retinere, feu appropriare, neque dictum monafterium ampliare, nifi quantum ipfa infula continet tantum.

On voit par cet acte qu'ils furent reçûs à Montpellier à la priere du gouverneur de cette ville, Thierry, le comte feigneur d'Arreblay, & que le confeil de ville leur donna dans le faubourg de Villeneuve (c'eft-à-dire la Saunerie) un emplacement qui eft défigné entre la première & la feconde ifle de ce faubourg, en fortant de la ville, vis-à-vis l'églife de St. Thomas, la grande ruë de ce faubourg entre deux. On leur donna permiffion de l'autorité du prieur de St. Firmin d'y dreffer une chapelle & un autel, d'y avoir une cloche, un cimetiere pour eux, & de s'élargir dans toute l'étenduë de l'ifle & non au-delà.

Ils resterent dans ce couvent jusqu'en 1525 ou 1526, qui fut le tems où le pape Clement VII, à la priere d'Aloïse, duchesse d'Angoulême, mere de François I & de Marguerite d'Alençon, sœur du même roy, donna la bulle qui est raportée dans Vadingue, par laquelle il attribua aux réligieux de l'observance les couvens de Narbonne, de Beziers, de Montpellier, Limoux, Nimes & Lunel, qui avoient été occupez jusqu'alors par les conventuels. *Tome 8, page 193*

* Dans cette bulle, le pape nomme pour ses commissaires l'archevêque de Sens & les evêques de Leytoure, de Condom, de Perigueux & de Maguelone, avec pouvoir à chacun d'eux d'agir au défaut l'un de l'autre. PAGE 290.

Il est à présumer que Guillaume Pelissier, alors evêque de Maguelone, ne trouva pas de grands obstacles de la part des conventuels de Montpellier, puisqu'il n'en est fait aucune mention dans nos archives, ni dans celles de leur ordre, & qu'au contraire il est certain que ce même prélat fit peu de tems après la translation des filles de Ste. Claire dans le couvent que les religieux de l'observance venoient de quitter dans le faubourg de la Saunerie, comme on le verra dans l'article des religieuses de Ste. Claire.

Je trouve dans Gonzaga que leur province changea alors de nom, car au lieu de celui de Provence qu'elle avoit porté jusqu'au tems de Clement VII & de François I, on la nomma pour lors la province de St. Loüis, à l'honneur du st. evêque de Toulouse. Elle s'étend depuis Antibes dans le fonds de la Provence jusqu'aux extrémitez du Roussillon, & elle comprend toutes les maisons que les religieux de l'Observance ont au nombre de trente-six, dans la Provence, le comtat Venaissin & le Languedoc jusqu'à Carcassone inclusivement. *Page 817.*

Ces nouveaux réligieux vécurent paisiblement dans le couvent de Montpellier jusqu'aux commencemens des troubles que les calvinistes causerent dans cette province. Le seigneur Dacier (frere du comte de Crussol & d'Uzès), qui tenoit pour eux dans Montpellier, voulant se précautionner contre Mr. de Joyeuse qui s'étoit campé avec l'armée du roy dans le clos de Lates, résolut d'abatre tous les dehors de la ville, & pour lors le couvent des peres de l'Observance eut le sort de tant d'autres qui furent démolis jusqu'aux fondemens l'an 1562.

Je trouve dans Gonzaga que plusieurs de ces réligieux se retirerent dans la ville & logerent dans l'église de St. Paul jusqu'en 1567, où les troubles étant devenus plus forts dans Montpellier, tous les religieux & les chanoines de St. Pierre en furent chassez. Le père Nicolas Bermond, alors gardien, fut conduit en plein consistoire, où ayant disputé contre les ministres avec avantage, il eut beaucoup de peine à se sauver de leurs mains, ce qu'il *Page 821.*

ne fit qu'aprés avoir vû tuer le frere André Robert, fon compagnon, d'un coup de piftolet que ce bon frere reçut en difant *Jefus Maria*.

Livre 15, chap. I. Nous avons vû dans le premier tome de cette hiftoire que le pere François Berald, leur gardien, fut du nombre de ceux qu'on mit à mort dans l'églife de St. Pierre en 1561, en haine de ce qu'il avoit prêché dans l'églife de St. Firmin contre les nouveaux fectaires.

Dépuis ce tems jufqu'à la réduction de Montpellier fous les armes du roy Loüis le Jufte, ces réligieux firent plufieurs tentatives pour entrer dans leur ancienne habitation, mais elles ne leur réüffirent bien qu'en 1631 que *Mff. de Delort.* le pere Antoine Chrétien fit pofer la premiére pierre de leur nouveau cloître, foixante-neuf ans après la démolition de l'ancien. On trouve que celui d'aujourd'hui eft trop enfoncé, & que les bâtimens en font fort bas, ce qu'on dit avoir été fait pour ne pas donner de l'ombrage à la citadelle, qui n'en eft pas loin; mais, malgré ce défaut, ce couvent paffe pour le plus gracieux de leur province, comme il en eft le premier par l'ancienneté de fa fondation. Le public a obligation du bon état où il eft aujourd'hui au feu pere Antoine Trinquaire de la Greffe d'une des plus anciennes & des plus diftinguées maifons de la ville, & dont la mémoire eft encore très-chere à ceux qui l'ont connu. Les vûës qu'il a ménagées au cloître d'en haut, & les embeliffemens qu'il y a àjoûtez, font une preuve de fon bon goût & de l'affection qu'il avoit pour cette maifon.

Page 291.

CHAPITRE DIXIÉME.
LES PERES CAPUCINS.

CES peres ont été introduits dans Montpellier à trois differentes fois la premiére fut en 1609, où Mr. de Fenoüillet ayant acheté un enclos apellé le Grand-Jardin, près la porte des Carmes dans la ville, voulut y placer les RR. peres capucins; mais ce ne fut point fans de grandes contradictions, car les confuls huguenots y firent leur opofition, tant parce qu'il n'y avoit jamais eu (difoient-ils) à Montpellier des gens de cet ordre, que parce que le lieu où on vouloit les placer étoit trop près des murailles de la ville, faifant entendre qu'ils ne répondoient pas d'une fédition fi l'on paffoit outre, fans que le roy Henry IV, qui regnoit alors, eut entendu leurs raifons.

Quelques années après la mort du roy Henry IV, les huguenots étant devenus plus abfolus dans Montpellier, firent quitter aux peres capucins le lieu où la croix étoit élevée, fous prétexte qu'ils étoient trop près des murailles de la ville. Alors Mr. de Fenoüillet les plaça à la Capelle Nove, & leur ayant fait donner deux mille livres pour les dédommager des fraix qu'ils avoient déjà faits, ils en acheterent une maifon à l'endroit où ils font préfentement.

On chercha à leur donner mille inquiétudes, & parce que leur petit logement étoit fur le derrière du temple des huguenots, on débita qu'ils avoient fait une mine pour faire fauter tous les réligionnaires lorfqu'ils y feroient affemblez; fur quoi vérification ayant été faite, & la chofe s'étant trouvée fans fondement, on fe contenta de leur mettre les enfans après, qui leur difoient mille injures, & leur tiroient des coups de fufil en l'air pour les intimider & les obliger de quitter la ville.

Ils en fortirent enfin lorfque les révoltez de Montpellier fe préparerent à foûtenir un fiége contre Loüis XIII, mais après la réduction de la ville les capucins y revinrent des premiers, & ils fe logerent au Campnau dans la dernière maifon qu'ils avoient quitté. Ils en acheterent trois autres en 1624, fçavoir celle de M. le baron de Caftries, celle du préfident Boufquet & celle du tréforier Galieres, là où ils firent bâtir une églife, & commencerent en 1624 à former leur cloître. Leur églife étant achevée fur la fin de l'année fuivante, Mr. de Fenoüillet la facra le premier dimanche de l'Avent qui tomboit au dernier de novembre.

Quelques années après ils acquirent la maifon de Duché avec une rüe qui partoit de là, & alloit fondre à la maifon de Montlaur. La ville leur inféoda auffi une autre rüe dite de l'Orangerie, qui commençoit devant la maifon de Farlet & alloit aboutir au jardin de l'Intendance d'aujourd'hui; enfin ils acquirent la maifon de Montfaucon dite alors la maifon du miniftre, parce que le Sr. du Bourgdieu y logeoit, dont ce miniftre fut fi fâché, qu'il en fit faire des reproches par le confiftoire au fr. de Faucard & aux autres héritiers de Mr. de Montfaucon, à quoi ils répondirent qu'ils n'avoient jamais fçu que cette maifon dût être pour les capucins.

Ces peres ont difpofé fi bien tout cet emplacement qu'ils fe font ménagés un grand jardin d'autant plus eftimable qu'il eft au cœur de la ville. Ils ont une églife très-commode pour le public & des mieux ornées fuivant leur ufage; leur bâtiment eft très confiderable, & on a lieu de penfer en l'examinant que les communautez religieufes peuvent tout efperer lorfqu'elles ont gagné l'eftime & l'affection du public.

CHAPITRE ONZIÉME.

LES RECOLLETS.

CES réligieux, qui commencerent à être connus en France en 1602, parurent pour la première fois à Montpellier pendant le fiege que le roy Loüis le Jufte mit devant cette ville en 1622. Ils fervirent d'aumôniers à fon armée, & ils fuivirent Sa Majefté lorfqu'elle fit fon entrée dans Montpellier, où il eft marqué qu'ils affifterent à la proceffion générale dont nous avons parlé au XVIII livre de cette hiftoire. Il eft dit dans leur régitre que le roy Loüis XIII leur donna des lettres pour s'établir à Montpellier, mais la chofe n'eut fon effet que long-tems après.

En 1633, ils furent reçus à la citadelle de cette ville pour y fervir d'aumôniers : le pere Fulgence de la Barthe, qui en fut fuperieur, prit grand foin d'orner la chapelle & la mit en grande réputation.

Voyez l'article de Sainte Claire. Dès-lors ils travaillerent à s'établir dans la ville, & parmi les moyens qu'ils employerent ils fe firent fubroger à la place des filles de St. Claire, qui logeoient avant les troubles de la religion dans le faubourg de la Saunerie, au lieu dit la petite Obfervance. Mais ce moyen leur ayant manqué, meffire Jean de Sartre, confeiller en la cour des comptes, aydes et finances de Montpellier, leur offrit en 1663 un jardin d'environ dix-fept féterées au tenement dit Villefranche, hors de la porte de la Blanquerie, & fon offre ayant été acceptée, Mr. de Bofquet, evêque de Montpellier prit jour au 10 de mars 1664 pour y élever une croix en figne de prife de poffeffion, ce qui fut fait en préfence de madame la marquife de Caftries, de M. le fénéchal, des confuls en robes rouges, & d'une grande affluence de catholiques.

Cependant les réligieux qui devoient former la nouvelle communauté, prirent leur logement dans la petite maifon du Sr. Fefquet, à la Blanquerie, & avec les fecours qu'ils reçurent de toutes les compagnies de la ville & des feigneurs des états affemblez à Beziers, ils firent bâtir un corps de logis le long du grand chemin qui conduifoit alors de la porte de la Blanquerie à Caftelnau.

Tout étant prêt en 1666 pour les y recevoir, ils partirent proceffionnellement de la maifon du Sr. Fefquet le 3 du mois d'octobre, étant conduits par Mr. de Befons, intendant de la province, par Mr. Sartre, leur fondateur, par Mr. le fénéchal, & par les confuls en robes rouges, qui y trouverent Mr. l'evêque avec fon chapitre pour faire la bénédiction de leur chapelle;

ils la placerent en attendant dans une grande fale-baffe qui fert aujourd'hui de refectoire.

La joye de leur établiffement fut un peu troublée par une déclaration de cette même année 1666 qui ordonnoit la fupreffion des communautez réligieufes, qui fe trouveroient établies fans lettres-patentes. Alors les recollets de Montpellier firent une fommaire-prife des plus anciens habitans de la ville qui les avoient vûs affifter à la proceffion du roy Loüis XIII en 1622; & fur les certificats qu'en donna Mr. de Bofquet, evêque de Montpellier, & Mr. le marquis de Caftries, gouverneur de la ville, ils obtinrent des lettres-patentes du mois de février 1669, par lefquelles le roy déclare que leur établiffement dans la ville de Montpellier doit être compté dés l'année 1622 qu'ils y entrerent publiquement en proceffion générale par ordre du roy Loüis XIII, & à cette fin (dit le roy Loüis XIV): « les avons « confirmez & confirmons dans l'établiffement où ils font à préfent dans « les fauxbourgs de cette ville, comme s'il avoit été fait en 1622, & en « outre les maintenons feuls aumôniers de notre citadelle de Montpellier, « & amortiffons la maifon & l'enclos dudit couvent comme dédiez à Dieu « & à fon fervice. »

Cette déclaration leur donna le courage d'entreprendre le corps de logis de leur * couvent qui fait face à la ville, & le 5 juin 1679 ils firent mettre la premiere pierre à la belle églife qu'ils ont maintenant le long du nouveau chemin de la porte des Carmes, à Caftelnau.

Le pere Seraphin Touzart, un de leurs provinciaux, natif de Montpellier, a rendu ce couvent le plus achevé de tous ceux de la ville; il a fait bâtir le chœur & le clocher de l'églife, le corps de logis double qui regarde leur enclos, le grand efcalier avec la facriftie, il a fini le cloître d'en bas & le dortoir d'en haut, qui eft terminé aux quatre coins par des vûes très-diverfifiées. Cette maifon peut loger un grand nombre de religieux, & elle attire par fa fituation avantageufe & par la commodité de fes jardins, les perfonnes qui cherchent les promenades retirées & en bon air.

CHAPITRE DOUZIÉME.
LES CARMES DECHAUSSEZ.

ON voit dans les regîtres de cette maifon que Mr. de Bofquet, evêque de Montpellier, étant à Paris en 1662, y trouva le pere Dominique de la très-fainte Trinité, général des Carmes Déchauffez, qu'il avoit connu particulierement à Rome, avec qui il fit le projet d'établir à Montpellier les religieux de fon ordre; & pour les faire connoître dans cette ville, il donna le carême de fa cathédrale au pere Paul du St-Sacrement, l'un des meilleurs prédicateurs qu'ils euffent.

Ce pere ayant été fort goûté durant fon carême de l'année 1663, on prit une deliberation au confeil de ville de recevoir les Carmes Déchauffez dans Montpellier, & en confequence on leur affigna un petit logement aux Etuves, derrière la maifon de Fourques, où Mr. de Bofquet, en préfence du marquis de Caftries, gouverneur de la ville, de M. de la Forêt, fénéchal, des confuls & autres perfonnes diftinguées, fit la benediction de leur petite chapelle le 6 may de la même année, & fit un difcours en chape & en mitre fur ces paroles de St. Paul: *Multa mihi fiducia apud vos, multa mihi gloriatio pro vobis.*

Peu de mois après on fongea à leur donner un emplacement convenable à l'efprit de leur état, & l'on n'en trouva point de plus propre que l'ancien cimetiere de St. Barthelemy qui étoit éloigné du bruit de la ville & contenoit un grand efpace de 75 cannes de long fur 61 de large. Mrs. les confuls, Mrs. du chapitre, & Mrs. de St. Claude, intervinrent dans cette donation felon leurs differens droits; & les peres Carmes, comme pour en prendre poffeffion, y firent planter une grande croix le 28 du mois de feptembre, en attendant qu'on pût commencer leur bâtiment. La premiere pierre en fut mife le 30 novembre 1663 par Mr. le marquis de Caftries, revêtu du collier de l'ordre du St. Efprit. On marque que cette première pierre avoit quatre pans & demi en quarré, qu'elle étoit toute azurée, & qu'on y grava en lettres d'or l'infcription fuivante.

D. O. M.

Regn. Lud. XIV in Gall. fedente illu^{mo}, & rev^{mo} D. D. Franc. de Bofquet in fede epifc. Monfpel. Alt. & Pot. D. D. Ren. Gafp. de la Croix March. de Caftries, Baro de Guard, &c. Cent. Cataphr. Milit. Trib. Regi à Conf. & exercitibus utriufque regii ordinis Eques Torq. Urb. & Art. Monfp. Guber. Carm. Excalc. hunc primum ecclefiæ S. Jofeph & Covent. Lap. pofuit.

Ann. Dni M. DC. LXIII. Die xxx. Novemb.

PAGE 294.

*Le pere Paul du St. Sacrement qui avoit prêché le carême à la cathédrale cette même année, fit un difcours où, en parlant des changemens arrivés dans le lieu où il prêchoit, il dit avec efprit que l'héréfie pouvoit être comparée à un torrent qui ravage toutes les terres où il paffe, mais qu'il n'en ôte pas le fonds aux propriétaires.

Le grand-vicaire, accompagné du chapitre & de la mufique, fit la benediction durant laquelle on fit une décharge génerale du canon de la citadelle. Depuis ce tems, on y a bâti deux ailes du cloître & fait en haut des dortoirs qui font blanchis avec du blanc des Carmes. L'églife qui eft entierement achevée, & la plus belle, fans contredit, de toutes les maifons religieufes de cette ville, eft d'un ordre corinthien dans tout le pourtour, ayant un portail d'ordre dorique qui en porte un fecond de l'ordre ionique; elle fut facrée le 23 du mois d'octobre 1707 par meffire Charles-Joachim Colbert, evêque de Montpellier.

On marque parmi les religieux les plus diftinguez qui font fortis de cette maifon le pere Martial de St. Paulin, premier fuperieur de ce couvent, qui fut enfuite général de l'ordre. Le pere Eugene, frere du pere Martial, qui avoit été conventuel à Montpellier, fut auffi général. Enfin le pere Ambroife, qui avoit prêché l'Avent & le Carême à St. Pierre, leur fuccéda dans cette premiére place.

HISTOIRE DE MONTPELLIER

LIVRE DIXIÉME

Des monaſtéres de filles dans le diocéſe de Montpellier.

CHAPITRE PREMIER

ABBAYE DE SAINT GENIEZ.

'ACTE de fondation que je raporterai plus bas nous aprend que cette abbaye fut fondée dans le commencement de l'onziéme ſiécle, par Godranou Gondran, qui ne prend d'autre qualité que celle de pere d'Eleaſar & de Berenger, ſes enfans. Il donne pour cette fondation une égliſe qui étoit déjà bâtie en l'honneur de St. Geniez, martyr, & qu'il avoit auparavant donnée à ſa fille Judith en la mariant, ce qui étoit fort en uſage dans le dixiéme ſiécle, où les ſeigneurs temporels s'emparoient des égliſes & les confondoient dans leur patrimoine.

Sa fille Judith, qu'il apelle dans l'acte de fondation *Deo devota*, eſt regardée par nos écrivains comme une jeune veuve qui voulut donner pour cet établiſſement les biens qu'elle avoit eu de ſon pere dans ſon contrat de mariage, *per confentaneam ejus voluntatem*, & qui finit enfuite fes jours parmi les réligieufes qu'elle avoit aidé à s'établir.

Le lieu qu'elle leur donna dans le comté de Subftantion étoit apellé autrefois *de Marcianicis,* & dépuis la fondation Cherlieu. Il y eft dit qu'elles fuivront la règle de St. Benoît, fous la direction de l'abbé de Pfalmodi, & qu'elles auront la liberté de choifir leur fuperieure.

L'acte eft du 8 juillet 1019, indiction deuxième, fous le règne du roy Robert. Signé Pierre, evêque de Maguelone, Bernard, comte de Subftantion, Geraud, evêque de Nîmes, Varnier, abbé de Pfalmodi, pour toute fa congrégation, Bernard avec fes fils, Pierre avec ses fils, Odon avec fes fils, Bego avec fes freres, Elfred, moine écrivain. Voici la teneur de cet acte :

Fundatio monafterii Sti. Genefii diæcefis Magalon. Per D. Godranum.

PAGE 296.

* *Sacra æditio atque divina eft inftitutio timoris, amorifque divini ut quifquis homo dum poffibilitas, fpatium oportunitafque conceditur ei vivendi, excogitare debeat, qualiter evadere fupplicium gehennæ pænafque Averni, quæ ab antiquo prædoni funt impendendæ, & ideo verbis evangelicis Domini, cæterifque patribus fanctis, follicite intentis auribus in aliquantulum præfto funt, ut ipfe Dominus dicit, date eleemofinam & ecce omnia munda funt vobis. Facile facculos qui non veterafcunt, & thefaurum non deficientem in cælis, quo fur non appropiat, nec tinea corrumpit. Seminate minima ut metatis immenfa, & iterum redemptio animæ viri, divitiæ fuæ. His fermonibus iifdemque confolationibus mens mea confolidata. Propterea ego nomine Godramus filiique mei nomine Elifarius, Berengariufque, cupimus atque volumus fieri monafterium ad laudes Domino proferendas, fanctisque omnibus memoriam faciendam, pro redimendo mea facinora, prolifque meæ tam virilis feminis quam fœminei, omniumque catholicorum vivorum defunctorumque, maxime filiæ meæ Deo devotæ nomine Judita in comitatu Subftantionenfe, in locum qui vocatur Marcianicus, atque alio vocabulo imponitur ei nomen Charus-Locus, & eft ibi ecclefia quæ eft conftructa atque Domino dicata in honorem Sti. Genefii, prætiofiffimi martyris. Illam ecclefiam eamdemque villam quam fuperius jam taxavimus, & dedi ad filiam meam jam nominatam, in die qua tradita eft conjunctio maritalis per confentaneam ejus voluntatem fic dono atque trado tam ego quam filii in domino Deo meo Jefu-Chrifto, cum omnibus adjacentiis, terminationibufque fuis cultis & incultis, arboribus pomiferis & impomiferis tam acquifitis quam acquirendis; in tali vero ratione atque ftabilitate, ut cunctis diebus vitæ hujus fæculi habitatio fit fanctimonialium atque Deo devotarum fæminarum fub regulari vita degentium, fine ulla blanditione atque admiratione habeant, teneant & poffideant tam præfentes quam adventuræ, & quamcumque illæ ipfæ inter fe elegerint five voluerint, in regendo præeffe licentiam habeant fecundum præcepta beati patris noftri Benedicti, vel providentia abbatis cænobii Sti. Petri Pfalmodienfis congregationis fuæ tam prefentis quam fecuturæ, &*

si aliqua causa murmurationis orta fuerit inter illas, contumeliaque à perversis hominibus illata, consolationibus illorum consolentur & adjutorio adjuventur. Quod si quis in supradictam donationem atque scriptionem aut ego, aut aliquis ex hæredibus meis, nec non vivens homo sive aliqua persona fæminea insurgere vel inquietare atque ad aliquod munus inquirendum, ad irrumpendum dissipandumque venerit, in duplo restituat & insuper his maledictionibus atque confusionibus quibus Judas Iscariotes cæterique nequissimi operis, destructores fiant maledicti atque excommunicati, & à communione sanctæ Dei ecclesiæ vel consortio omnium christianorum sequestrati, & in inferno inferiori cum Datan & Abiron sint submersi. Hæc actio atque scriptio exarata atque tradita est anno incarnationis Domini Jesu. M. XIX, indictione II, XV calend. August. disponente, largissima benegnitate Dei regnum sapiente à rege Roberto regente, & bene vivendo ad perpetua felicitatis gaudia merendo pervenire. Signavit Godranus, filiique sui Elisiaris, & Berengarius, qui hanc scriptionem atque donationem scribere postulaverunt, & manibus suis firmiter firmaverunt; in tali vero ratione atque convenientia ut si aliqua perversitas à perversis hominibus fuerit illata, filius meus Elisiaris unusque filius suus cui ille permiserit, vel cui Deus in hoc sæculo majorem prosperitatem dederit pro Dei amore defendendi tuendique potestatem habeat. Signavit Petrus, episcopus Magalonensis, signavit Bernardus, comes Substantionensis, signavit Giraldus, episcopus Nemausensis, signavit Varnerius, abbas cum cuncta congregatione, signavit Bernardus cum filiis suis, signavit Gaucelinus cum filiis suis, signavit Petrus cum filio suo, signavit Vuillelmus sive alius Vuillelmus qui vocatur Bernardus, signavit Nicetius, signavit Dalmatius, signavit Bremundus cum filiis suis, signavit Petrus cum filiis suis, signavit Odo cum filiis suis, signaait Begone cum fratribus suis. Eldefredus & si indignus Monachus scripsit.

Il est à croire qu'après l'acte de cette fondation, il falut quelque tems pour achever la construction de ce nouveau monastére; après quoi, comme nous le trouvons dans un vieux livre de l'Abbaye, toutes les filles de noble extraction qui composoient la communauté, élûrent d'un commun consentement pour leur abbesse Alimburge, d'illustre famille, doüée de toutes sortes de vertus, dans la même année que leur monastere fut achevé d'être bâti, & elle reçut, comme porte le manuscrit, la bénédiction du pontife de Maguelone.

On conserve plusieurs ordonnances que les evêques, ses successeurs donnerent[*] pour le bon ordre de cette maison; mais la plus remarquable est celle du treize avril 1308, donnée du consentement du chapitre de Maguelone, & portant que le nombre des religieuses de cette maison ne pourroit passer celui de cinquante, à moins que le revenu n'en fût augmenté, ce qui dépendra du jugement de l'abbesse, après en avoir obtenu la permission de l'evêque. Il leur eft ordonné de manger en commun, de ne fortir point du couvent & de n'admettre dans leurs chambres ni jeunes enfans ni jeunes filles, &c.

On trouve qu'elles payoient deux marabotins de redevance à l'églife de Maguelone, dont elles ont encore les quittances : chaque marabotin évalué à feize fols trois deniers.

Leur revenu ne confifta d'abord que dans la feigneurie des terres & carrieres de St. Geniez avec la juftice haute, moyenne & baffe, mais elles acquirent en 1254 la chapelle de Nôtre-Dame du Pont-Ambroix, diocéfe de Nîmes, qui fut unie à leur monaftére du confentement de l'evêque de Nîmes, à la charge que quatre réligieufes y feroient leur réfidence. Elles ont eu depuis le prieuré de Ste. Colombe, qui après une infinité d'incidens, ayant été conféré à feu Mr. le cardinal de Bonfi, fut cedé par cette eminence au monaftere de St. Geniez & uni en 1674 par feu M. de Pradel, evêque de Montpellier.

Les actes de cette maifon nous font connoître le plus grand nombre des abbeffes qui y ont été, fçavoir :

    Alimburge. . . . . vers l'année 1020.
    Etiennette. . fans datte du tems qu'elle gouverna.
    Bonafuce. . item.
    Galliciane. . . . . en 1130.
    Guillaumette de Pardelles, nommée dans des contrats de vente
     de 1153, 1157, 1160 & 1168.
    Ermengarde, fille de Roftang. . . . . en 1174.
    Ermeniarde de St. Didier. . . . . . en 1235.
    Burgonde de St. Jean. . . . . . . en 1262.
    Florence Arufat. . . . . en 1288.
    Adelaïs Coronate. . . . . en 1308 & 1321.
    Ermefende de Loziere . . . . en 1328.
    Florence Arufat. . depuis 1353 jufqu'à 1389.
    Jeanne de Bias. . . . . en 1390.
    Marguerite de Gama, depuis 1455 jufqu'à 1480.
    Catherine de Molette . . . . 1489.
    Maragde de Malbefc. . . . . 1530.
    Anne de Molette 1555, par bulle de Paul IV.
    Anne de Malbefc . . . . 1582.
    Anne de Briges. . . . . meurt en 1596.
    Antoinette de Bertrand nommée en 1600 par Henry IV.

Gabrielle de Bertrand de Fayet eſt aprouvéé pour ſa coadjutrice, par lettres du roy Loüis XIII en 1638, vivoit encore en 1667.
Loüiſe-Thereſe de la Croix de Caſtries, 1684.
Renée-Angelique de la Croix de Caſtries, 1723.

CHAPITRE SECOND.

ABBAYE DE St. FELIX DE MONTSEAU, DE MONTESEVO, OU LES RELIGIEUSES DE GIGEAN.

PAGE 298.

NOUS aprenons par une bulle du pape Alexandre III que ce monaſtére fut fondé dans le douzième ſiécle par un evêque de Beziers, nommé Bermond de Leveſone, qui commença d'être evêque en 1128 & mourut en 1150. La bulle dont je parle eſt du 22 juin 1162, dans laquelle Alexandre III prend ſous ſa protection cette maiſon, déjà fondée quelque tems auparavant : *Eccleſiam quam venerabilis frater noſter bonæ memoriæ Bermundus quondam biterrenſis epiſcopus ad perpetuam ibi religionem obſervandam nobis pia devotione noſcitur contuliſſet.* Il ordonna que les ſœurs religieuſes de St. Félix, qui y ſont déjà établies ſous la règle de St. Benoît, continueront de la ſuivre : *Statuentes ut ordo monaſticus qui ſecundùm Deum, & beati Benedicti regulam & inſtitutionem ſororum Sti. Felicis in eodem loco noſcitur inſtitutus, perpetuis ibidem temporibus inviolabiliter obſervetur.*

Cette maiſon, dès le tems de ſon établiſſement, reçut pluſieurs liberalitez des fidéles, car on trouve dans ſes archives une donation faite en 1149 par Flandrine, du conſentement de Pons de Murs, ſon mary, en faveur de Riſcende, ſa mere, qui demeuroit au monaſtére de St. Felix de Montſeau. Adelaïs, veuve de Guillaume de Salaiſon, ſe faiſant religieuſe en 1178 dans le monaſtére de Montſeau, lui donna cinq pièces de terre ; & Huguette, veuve d'Othon de Cornon, ſe faiſant religieuſe comme elle en 1188, donna un bien conſiderable pour entretenir un prêtre qui chanteroit tous les jours à perpetuité une meſſe des morts pour la dame de Cornon & pour ſon mari, à quoi il eſt dit que la ſuperieure donna ſon conſentement.

Mais la plus belle des donations qui leur furent faites eſt celle du château de Mirevaux que la reine Marie de Montpellier leur legua par ſon teſtament du mois d'avril 1213. On voit l'acte de cette donation dans les archives du monaſtére, avec une lettre que Grégoire IX écrivit en 1227 à l'archevêque de Narbonne pour faire lever tous les obſtacles que les officiers du jeune roy Jacques I firent naître pour l'exécution du teftament de la reine. L'affaire traîna plufieurs années jufqu'à ce que le roy leur donna en échange toutes les dépendances de l'hôpital St. Guillem & retint pour lui le château de Mirevaux.

Elles reçurent le ferment des freres & fœurs de cet hôpital & de celui de l'hôpital-Robert à la porte d'Obilion, qui étoit une dépendance de celui de St. Guillem, à l'occafion de quoi il eft marqué que le prieur de St. Firmin, qui avoit droit d'élire l'adminiftrateur de l'hôpital-Robert, renonça à fon droit en faveur de cette union, tant qu'elle fubfifteroit. Tous ces actes font du mois d'octobre 1238.

Cette acquifition valut aux réligieufes de St. Félix plufieurs droits fur diverses maifons de Montpellier, & un moulin auprès du pont Juvenal, apellé dépuis le moulin de St. Felix de Montfeau. De là vient que le pape Innocent IV, en les prenant elles & leurs biens fous fa protection, fait mention dans fa bulle de l'an 1253 de la paroiffe de Ste. Chriftine de Melguëil qui leur apartenoit, de diverfes poffeffions, maifons & moulins qu'elles avoient aux environs de Montpellier, de la métairie de Farlet & autres biens à Melguëil. Mais cette même bulle nous fait entendre qu'elles avoient quitté dés-lors la règle de St. Benoît pour prendre celle de St. Bernard, car le pape, dans cette bulle, défend aux evêques d'empêcher l'élection de leur abbeffe ou de celle qui fera inftituée ou deftituée contre les ftatuts de l'ordre de Citeaux. Il donne enfuite commiffion à l'abbé de Valmagne, ordre de Citeaux, de vifiter & réformer le monaftère de St. Félix, & par une autre bulle adreffée à l'abbé de Fontfroide du même ordre, il le charge de faire * revoquer les aliénations déjà faites des biens de ce monaftère.

PAGE 299.

On peut inferer avec raifon qu'elles fuivirent long-tems la règle de St. Bernard, parce que dans le quinzième fiécle les religieux de Citeaux reclamerent leurs droits fur ce monaftère; jufques-là, que le vicaire de l'abbé de Citeaux fe préfenta pour les vifiter, & fur le refus des religieufes il porta une fentence d'excommunication dont elles interjetterent apel au St. Siége en 1496.

Dix ou douze ans après, c'eft-à-dire en 1507, le vicaire-général de l'abbé d'Eunnes *(sic)* du même ordre, prétendant encore avoir droit de vifite, elles furent obligées de recourir au parlement, qui décida en leur faveur & les maintint fous la jurifdiction de l'evêque de Maguelone. Les raifons qu'elles aportoient pour cela étoient que par la bulle d'Alexandre III elles étoient foûmifes à la jurifdiction de l'evêque, *falva fedis apoftolicæ authoritate & epifcopi diæcefani canonica juftitia*, & pour prouver la poffeffion où étoit l'evêque de Maguelone, elles raportoient plufieurs de fes ordonnances, & particuliérement une de 1332 portant que les religieuses n'iroient pas aux solemnités de noces & ne resteroient point hors du monastére pour les affaires du couvent au-delà d'un mois, sans cause legitime & sans le consentement de la prieure.

Cette question sur la jurisdiction fut agitée précisement dans le tems qu'on fit une union considerable au monastére de St. Felix. C'étoit l'union d'un autre monastére dit de St. Leon que nous avons vû établi en 1223 par Jean de Montlaur, depuis evêque de Maguelone. L'abbé de St. Sauveur d'Aniane, commissaire député par Martin V, fit cette union le 11 juin 1429, en conséquence de la démission que Ricarde Raymonde, prieure de St. Felix, avoit donné en faveur de Jeanne de Montlaur, qui par ce moyen réünit les deux monastéres & les deux superioritez en sa personne.

Il y a aparence que cette nouvelle superieure ayant été à St. Leon sous la jurisdiction de l'évêque, elle ne fut pas fâchée de s'y conserver à St. Felix, & qu'elle apuya les raisons qu'on fit valoir pour cela. On conserve l'aprobation de Leger, evêque de Maguelone, datée du même jour que l'union fut faite, et, parce que le pontificat de Martin V souffrit les contradictions que nous avons vû dans le IVe livre de cette Histoire, on prit soin sous son successeur Eugene IV de renouveller tous les actes déjà faits sous Martin V. De là vient qu'on trouve dans les archives de cette maison les mêmes procédures pour le même sujet sous ces deux papes avec cette seule difference que les unes sont de l'année 1429, sous Martin V, & les autres de 1432 sous Eugene. Il est encore à observer que dans tous les actes concernant cette union, il est toûjours fait mention des prieurés de St. Bauzile de Montmel & de celui de St. Germain de Fournez, parce qu'ils étoient déjà unis depuis long-tems à celui de St. Leon, & qu'on croyoit devoir les énoncer expressement afin de faire voir que le monastére de St. Leon étoit uni à celui de St. Felix avec toutes ses dépendances.

Les religieuses de St. Felix avoient alors leur monastére sur la haute colline que l'on trouve à main gauche aux aproches de Gigean en venant de Montpellier. On y voit encore des restes du grand bâtiment qui faisoit leur ancienne demeure; mais le goût ayant changé dans le seizième siécle, on crut qu'elles feroient beaucoup mieux dans Gigean même qu'au milieu de la campagne où elles avoient été jusqu'alors, & l'on obtint du pape Leon X une bulle du 8 decembre 1514 qui leur permit de se transferer dans le nouveau monastére qu'on leur avoit bâti à Gigean, avec la conservation de tous les priviléges qu'elles avoient eu auparavant.

Elles y sont encore, depuis plus de deux cens ans, sous la conduite d'une supérieure perpétuelle que les anciens actes appellent prieure, & qu'on nomme maintenant abbesse.

Celles dont j'ay trouvé le nom dans leur vieux titres sont :

    Guillaumette de Suriech. . en 1270.
    Cecile de Loziere. . . . en 1339.
    Ricarde Raymonde, qui se démit en 1429.
    Jeanne de Montlaur qui lui succeda la même année.
    Marie Desports en 1457, & l'étoit encore en 1472.
    Jeanne Garsabalde l'étoit au commencement de 1500.
    Anne Garsabalde confirmée par le grand vicaire de Maguelone le 11 may 1517.
    Marie Garsabalde l'étoit encore en 1548.
    Jeanne de Carcassonne de Soubez prêta serment au pape Clement VII au commencement de 1600.
    Marie Bournet de Marignac. . . . . vers 1630.
    Jeanne de Fabre. . . . . en 1656.
    Catherine de Joly . . . . en 1677.
    Renée-Angelique de la Croix de Castries en 1693.
    Anne de la Farre . . . . en 1723.

CHAPITRE TROISIÈME.

L'ABBAYE DE BONLIEU OU DU VIGNOGOUL.

JE n'ay trouvé dans les archives du Vignogoul qui m'ont été ouvertes, aucun titre qui pût fixer l'époque de la fondation de cette abbaye, mais il n'y a pas lieu de douter qu'elle ne fût déjà fondée dans le douzième siècle puisqu'on a encore les actes de plusieurs donations qui furent faites à ce monastère pour la dot des premieres filles qui s'y firent religieuses.

Telle est la donation de huit féterées de terre que Guillaume de Pignan fit à l'église de Bonlieu en 1150, celle de Bernard Arnail du mois d'avril 1153, & quantité d'autres des années suivantes 1162, 1163, 1172, 1173, &c, où il est à observer que les abbesses prennent souvent la simple qualité de prieure.

Le nombre des religieuses se trouvant augmenté considerablement en 1178, le pape Alexandre III les prit sous sa protection; & dans le siècle suivant Jacques I, roy d'Aragon & seigneur de Montpellier, leur donna des lettres-patentes de l'année 1231 par lesquelles il les met sous sa sauvegarde.

Peu d'années après, on fut obligé de restraindre le nombre des filles qui demandoient à entrer dans cette maison, comme il paroit clairement par les lettres d'Innocent IV données à Lyon la seconde année de son pontificat, c'est-à-dire en 1243, par lesquelles il ordonne qu'on ne reçoive dans le monastére de Bonlieu, appellé communément le Vignogoul, au-delà de quarante réligieuses. En même tems il adressa un mandat apostolique à l'abbé de Valmagne, ordre de Citeaux, pour se transporter audit monastère, & y instruire les religieuses des regles de leur état avec ordre audit abbé de leur administrer les sacremens de l'église.

Ce pape donna des nouvelles marques de son affection pour ce monastére dans une bulle de l'an 1245 adressée aux religieuses & à l'abbesse du Vignogoul, par laquelle il les prend sous sa protection, & confirme pour toûjours leur établissement : *Dilectis filiabus & abbatissæ monasterii de Bonoloco seu de Vignovolo Magalonensis diæcesis in quo estis mancipatæ divino obsequio, sub nostra protectione suscipimus.... Statuentes ut ordo monasticus qui secundum Deum & Sti.* Benedicti regulam atque institutionem Cistercientium fratrum à vobis ante concilium generale susceptum in eodem monasterio institutus esse dignoscitur perpetuis ibidem temporibus inviolabiliter observetur.*

Dans cette même bulle Innocent IV leur confirme, selon l'usage de ce tems-là, les possessions qu'elles avoient déjà qui sont énoncées en ces termes : *Possessiones quas habetis in territorio de Malveiranegues, de Palas, de Cumbas, de Prosa, de Fenolleta, de Galsa, de Popiano, de Giniaco.... in territoriis Sti. Stephani de Piniano, Sti. Martini de Vignogou, Sti. Stephani Disensac, &c.*

Toutes ces possessions, avec la protection que ces religieuses eurent de la part des souverains pontifes & des seigneurs de Montpellier, les mirent en état de bonifier considérablement les environs de leur monastere, en entreprenant des travaux qui subsistent encore sur la petite riviere de Gadiran, qui coule entre le lieu de St. George & le château de St. Martin, dans une agreable plaine où l'abbaye du Vignogoul se trouve située. Elles entreprirent d'y faire des digues & des moulins dont elles demanderent la permission à Jacques II, roy de Mayorque & seigneur de Montpellier, qui la leur accorda par ses lettres-patentes donnés à Perpignan le 20 d'octobre 1299 qui sont exprimées en ces termes :

Noverint universi quod nos Jacobus, Dei gratia rex Majoricarum, comes Rossilionis & Ceritaniæ, ac dominus Montispessulani per nos & nostros de gratia speciali concedimus & damus licentiam venerabili abbatissæ monasterii de Vignovolo, & eidem monasterio & conventui & monialibus dicti monasterii præsentibus & futuris in perpetuum quod possint & liceat authoritate nostra facere pixeriam sive

PAGE 301.

pefqueriam in rivo de Gadirano, qui difcurrit & eft inter caftrum de Sanfto-Georgio & dictum monafterium. Et aquam dicti rivi accipere & derivare & conducere infra poffeffiones dicti monafterii, & ibi facere molendinum five molendina in quibus poffint molere feu moli facere blada fua & aliarum perfonarum pro ut eis vifum fuerit expedire, & aquis dicti rivi uti, & eum expletare pro ut utilitati & neceffitati dicti monafterii viderint expedire quam conceffionem facimus & intendimus facere fine præjudicio eorum qui circa dictum rivum habent poffeffiones. Et falvo dare in omnibus, mandamus noftrum locum tenenti in Montepeffulano & cæteris officialibus noftris præfentibus & futuris quod hanc præfentem conceffionem noftram obfervent, & eam faciant inviolabiliter perpetuo obfervare in cujus rei teftimonium & ad majorem firmitatem prædictæ conceffionis noftræ, præfens inftrumentum figillo noftro pendenti juffimus communiri. Datum ad Perpinianum, 12 kal. novembris anno Dni 1299.

L'exemption du payement des dîmes que le iv. concile de Latran avoit accordé à tout l'ordre de Citeaux attira dans ce même tems aux religieufes du Vignogoul un grand procès qui leur fut intenté par les prieurs de Montarnaud & de Valhauquez, qui prétendirent qu'elles leur devoient la dîme pour les métairies de Fenoullette & pour Puy-Maurin. L'affaire ayant été portée à Gaucelin de la Garde, évêque de Maguelone, il commit le facriftain de fon églife nommé Berenger d'Omelas pour en connoître; mais celui-ci ayant été prévenu par la mort, Gaucelin, par des nouvelles lettres données à Murviel le 12 janvier 1300, nomma Jean de Montlaur archidiacre de Maguelone, qui jugea en faveur des réligieufes du Vignogoul, & donna fes lettres adreffées aux recteurs des églifes Ste Marie de Montarnaud & St. Saturnin de Valhauquez, portant qu'attendu qu'elles avoient acquis ces metairies long-tems avant le concile général tenu à Latran fous Innocent III, elles devoient être exemtes du payement des dîmes. *Acta fuerunt hæc in Montepeffulano in canonica ecclefiæ beati Firmini. Anno dominicæ incarnationis 1301 non. Junii.* Signifié aufdits recteurs des églifes de Montarnaud & de Valhauquez par Pierre Cota, avocat de Montpellier & sindic du monaftere du Vignogoul : *per exibitionem litterarum etiam lingua laica factam.*

Il paroît, par la décifion de Jean de Montlaur, que l'acquifition des métairies de la Fenoullette & Puy-Maurin avoit été faite par les réligieufes du Vignogoul long-tems avant le quatrieme concile de Latran, c'eft-à-dire avant 1215, qui fut l'année de la tenuë de ce concile, d'où l'on peut tirer une nouvelle preuve de l'établiffement de cette maifon dans le douzieme fiecle, comme nous l'avons dit au commencement de cet article ; mais je ne fçai fi le même Jean de Montlaur n'avoit point alors une fœur ou une niéce dans ce monaſtere ; car je trouve dans * les archives de l'abbaye une Marguerite de Montlaur qui fut abeſſe en 1327.

Elle conduiſit ſa communauté avec la prudence & l'habileté qui fut propre à ceux de ſa maiſon qui occuperent le ſiege de Maguelone, & les premieres dignitez de cette égliſe ; mais après ſon adminiſtration, les choſes changerent beaucoup dans le gouvernement du Vignogoul ; car une des abeſſes qui lui ſuccederent ayant voulu, par je ne ſçai quel raiſon, unir ſa communauté avec celle des Proüillanes de Montpellier, elle donna lieu à un grand procès qui traîna long-tems à la cour du gouverneur de Montpellier, puis au conſeil du roy à Paris, & enfin à la cour du pape à Avignon, où l'affaire étoit pendante lorſqu'il fut tranſigé entre les deux communautez pour ſe régler enſemble.

Cette tranſaction, que j'ai eu entre les mains, marque ſeulement les conventions paſſées entre elles ; mais on en peut tirer quelque connoiſſance ſur le fonds de leur different. « Il y eſt dit d'abord que les ſœurs du monaſ-
« tére de Proüillan, ſçavoir Catherine de Clapiers, l'ancienne & prieure du
« couvent, les ſœurs Gauſette & Colombiere, autre Catherine de Clapiers
« dite la jeune, Sibille Guiramende, Gaudioſe Roquette, Ginette de
« Cadoule, Ermenſende Jacob, Senezone Alemande, Guillelme de
« St. Quentin, Eleonor Boſquete, & Aſturge de Boſc, autoriſées par
« maître Pierre-Ranchin, provincial des freres prêcheurs de Provence, &
« frere Guillaume Finard, du même ordre, ſupérieur dudit couvent,
« conviennent de tranſiger avec Jean Garnier, prieur de Cardonet, dioceſe
« de Beziers, procureur fondé de la dame abbeſſe du Vignogoul & des
« ſœurs dudit monaſtere, avec Jean, abbé de Valmagne, viſiteur du mo-
« naſtere du Vignogoul, noble & puiſſant-homme Philippe de Pannat ſei-
« gneur d'Aleſt, tant pour lui que pour ſon frere Loüis de Pannat.

« Leſquelles parties convinrent toutes que les religieuſes de Proüillan
« renonceroient à l'union qui avoit donné lieu au procès, à condition
« qu'elles auroient tous les biens immeubles qui avoient apartenu au
« Vignogoul, en maiſons, jardins, prez & champs en cenſives & uſages
« dans Montpellier : Caſtelnau & Lates, excepté la maiſon à trois étages,
« qui eſt déſignée près de ſaint Jean, & dans la ruë dite St. Jean qui devoit
« reſter au Vignogoul, que les dépens feroient compenſés entre les parties,
« que les fruits du paſſé reſteroient entre les mains de celles qui les
« auroient reçûs ; mais qu'à l'avenir, ceux qui feroient à recevoir apartien-
« droient au Vignogoul.

« Les Proüillanes rendront les biens, meubles, comme ſont les calices,
« le bras de ſaint Martin & autres ornemens d'égliſe, avec les papiers qui

« appartiennent au Vignogoul; elles garderont les papiers qui concernent
« les effets qui leur ont été cedés, & celles du Vignogoul leur remettront
« de bonne foy ceux qu'elles pourront trouver.

« Convenu qu'on feroit ratifier la prefente tranfaction par l'abbé de Bon-
« neval, fuperieur immédiat de l'abbaye de Valmagne & du monaftére du
« Vignogoul... & d'autre part, que les Proüillanes la feroient ratifier par le
« géneral de leur ordre. Fait & paffé à Montpellier le 30 feptembre 1466,
« prefent Jacques Malhac, prêtre curé de Saint Guilhem.

« Et le même jour Marguerite d'Aramont abbeffe du Vignogoul, &
« Marguerite de Rochefort, avec toutes les autres religieufes dudit monaf-
« tére, ratifiérent le tout en prefence de l'abbé de Valmagne leur protec-
« teur & vifiteur, & noble Arnaud Dupuy, confeigneur du lieu de Puy-
« voifin : & le famedi fuivant, le prefent acte a été expedié par ordre
« d'excellent homme Jean Angeli, profeffeur ès loix & juge de la cour
« royale du bailly. »

Ratifié & aprouvé le même jour à Montpellier, par frere Martial Auribel
d'Avignon, géneral de l'ordre des freres prêcheurs.

Les conditions de ce traité diminuérent confiderablement les revenus
de l'abbaye du Vignogoul : dès-lors le nombre des religieufes fut beaucoup
moindre qu'il n'avoit été auparavant ; & les troubles de la réligion qui furvinrent dans le fiécle fuivant acheverent de reduire cette communauté à la
feule abbeffe avec quatre ou cinq religieufes. Elles pafferent tout le refte du
feiziéme fiécle, & le commencement du dix-fept dans les craintes & les
frayeurs où fe trouvoient expofées des filles qui habitoient au milieu de la
campagne. Ce ne fut qu'après le fiége de Montpellier qu'elles joüirent de

PAGE 303.   quelques repos ; mais le ravage qui avoit été * fait à leurs terres, & le peu
de difpofition qu'on trouva dans les filles du pays pour venir fe confiner
à la campagne, fit naître la penfée d'attirer à Montpellier les religieufes du
Vignogoul L'affaire traîna durant quelques années, & les permiffions neceffaires ayant été obtenuës du roy, du géneral de leur ordre, de la ville &
de l'évêque de Montpellier, elles acheterent la maifon du fieur de Rignac,
près des Auguftins, où elles defferent une chapelle qui fut benite, le 30 du
mois de juin 1683, par meffire Charles de Pradel, evêque de Montpellier.

Leur ancienne églife du Vignogoul fubfifte encore en fon entier, au milieu des bâtimens qui formoient autrefois le monaftére des religieufes :
elles y envoyent tous les dimanches & fêtes un prêtre de Montpellier pour
y dire la meffe, depuis la démolition de l'églife paroiffiale de Saint Martin
du Vignogoul, dont on voit les ruines entre le château de Saint-Martin &
l'abbaye dudit Vignogoul.

Voici le nom des abbeſſes que j'ay trouvé dans les titres de cette maiſon.

Bernarde . . . . en 1174.
Ermengarde . . . en 1181 & 1191.
Beatrix . . . . en 1239.
Gaudioſe de Avena. . . . en 1300.
Marguerite de Montlaur. . en 1327.
Marguerite d'Aramon ſigna, en 1446, la tranſaction paſſée entre ſa communauté & celle des Proüillanes.
Marguerite de Pannat ſuccéda immédiatement à Marguerite d'Aramon.
Marguerite Almande prit poſſeſſion en 1504.
Jeanne Azemar ſe démit en 1585 en faveur de Jeanne de Claret de S. Felix.
Jeanne de Montenard, reçuë coadjutrice en 1610.
Claudine de St. Bonet de Toiras. . . en 1622.
Tifene-Françoiſe de Nogaret de Calviſſon en 1664.
Loüiſe-Angelique de Berard de Bernis. en 1713.
Eliſabeth-Gabrielle de Bernis, ſœur de Loüiſe, en 1724.
Marie de Berard de Veſtric de Montalet en 1737.

CHAPITRE QUATRIÉME.

L'ABBAYE DE Ste CLAIRE, DITE DU PARADIS ET DE St. DAMIEN.

CE monaſtére fut établi dans le xiii. ſiècle à l'extrémité du faubourg de la Saunerie, dans un champ qui apartient aujourd'huy au ſieur Julien, entre les Carmes Déchauſſés & le grand Saint-Jean. Je ne trouve point d'où lui vint le ſurnom de Paradis; mais on remarque qu'il prit celui de St. Damien de l'égliſe de St. Damien à Aſſiſe, où ſainte-claire avoit fondé la premiére maiſon de ſon ordre : on ajoûte qu'après la canoniſation de cette ſainte, on donna ſon nom au monaſtére de Montpellier, qui fut toûjours depuis apellé de Sainte-Claire.

Les premieres religieuſes de ſon ordre qui s'établirent en cette ville ſont apellées *moniales beatæ Mariæ de Paradiſo, ordinis Sti. Damiani apud Monteinpeſſulanum in ſuburbiis*, comme on le voit dans les lettres que Pierre de Conchis, evêque de Maguelone, leur donna en 1254, par leſquelles il les déclare exemptes de tout droit epiſcopal dans le temporel & dans le ſpirituel ; ne se reservant pour le temporel qu'une livre de cire tous les ans, & pour le spirituel la bénediction de l'abbesse, la consecration des réligieuses, la dédicace de l'église & des autels, avec l'administration des sacremens lorsqu'il en seroit requis par elles.

PAGE 304.   Le pape Alexandre IV confirma ce privilege par une bulle du 5 mars 1255 * dans laquelle il rapelle tout au long les lettres que l'evêque de Maguelone leur avoit déjà donné. Il les nomme sœurs de Notre-Dame du Paradis, recluses de St. Damien, sous la régle de St. Benoît ; & il nous aprend que Gregoire IX, avant que d'être pape, leur avoit donné leur régle. Alexandre IV, après avoir pris sous sa protection les religieuses de ce monastére avec tous leurs biens, leur donne pouvoir de recevoir les personnes libres qui voudront embrasser leur régle, avec défense à celles qui auront fait profession de sortir jamais de leur monastére. Il les exempte de rien donner pour les saintes huiles, & pour l'administration des sacremens, que l'evêque diocésain leur donnera gratis, autrement il leur permet d'avoir recours à tout autre evêque catholique ; & dans la vacance du siége de Maguelone, vous pourés (leur dit-il) « recevoir sans contradicton les « sacremens de tout evêque catholique, sans néanmoins que cela puisse « tirer à aucune consequence contre le nouvel evêque qui sera elû. »

Ensuite il leur permet qu'après la mort de leur abbesse, toutes les sœurs assemblées puissent en choisir une à la pluralité de voix, & qu'au temps d'un interdit général (auquel elles n'auroient pas donné lieu), elles puissent faire l'office à huis clos, annullant toute sentence d'interdit, ou de suspense, qui seroit portée contr'elles par les evêques ou recteurs des lieux, préjudice des indultz accordez par le St. Siége.

Le pape Clement IV, natif du bas Languedoc, donna un bref raporté dans les Analectes du P. Mabillon, par lequel il accorde quarante jours d'indulgence à tous ceux qui, étant contrits & confessés, visiteroient l'église de St. Damien de Montpellier. Donné à Viterbe le 28 avril 1267 et adressé aux réligieuses de ce monastere en ces termes : *Dilectis in Christo filiabus abbatissæ & conventui monasterii Sti. Damiani de Montepessulano, ordinis Stæ. Claræ Magalonensis diœcesis.*

Ces réligieuses, à qui nos archives de l'Hôtel de Ville donnent souvent le nom de Minorctes, après avoir demeuré environ deux cens soixante-six ans dans leur premier monastére, resolurent de s'aprocher de la ville & de se changer dans le faubourg de la Saunerie, au couvent que les religieux de l'Observance venoient de quitter, pour prendre celui des conventuels, où ils furent introduits par le credit de la duchesse d'Angoulême, mére du roy François I.

La tranflation des Minorettes fut faite en 1527, fur la fin de l'épifcopat de Guillaume Peliffier, qui avoit déjà fon neveu pour coadjuteur dans le fiége de Maguelone. Nous aprenons cette circonftance de Gariel dans la Suite des evêques de Maguelone. *Hic juniore nepote, defignato præfule facris nondum initiato, cum avenionenfi legato, divæ Claræ moniales in Obfervantiæ minores, uti vocant cœnobium, tranftulit.*

Elles y refterent jufqu'en 1562, qui fut l'année des premiers troubles que les calviniftes exciterent à Montpellier. La plûpart des religieufes de Ste Claire fe retirerent au monaftere de leur ordre, en la ville de Beziers, comme il eft dit dans un acte que je raporterai plus bas ; & depuis ce tems-là elles ne pûrent plus revenir à Montpellier.

J'ai trouvé dans les archives des peres Recollets de cette ville que les affaires étant devenües plus tranquilles en 1592, les peres Cordeliers de Montpellier eurent la liberté d'y revenir, & que le pere Simon Pibris, leur gardien, fut chargé de la procuration de dame Ifabeau de Pradines, abbeffe du couvent de Ste. Claire de Montpellier, pour vendre & aliener le fol de fon monaftere : en confequence, ledit Simon Pibris fit vente au Sr. Pierre Hermet, apoticaire de Montpellier, d'une partie de l'emplacement du couvent de Ste. Claire, qui eft défigné de la forte.

« Etant ladite place fituée hors les murs de Montpellier, & près la porte
« de la Saunerie, qui confronte avec le tripot appellé de Miron, rüe au mi-
« lieu : d'autre côté confronte avec la rue par laquelle on va à la dougue
« & au portail du Peirou, & avec une maifon de feu Guigon Bedos, &
« fes confrontations plus vrayes fi point en y a, dans laquelle on y a fait
« plufieurs creux remplis de fumier : tellement que icelle place ne fert plus
« d'aucune chofe que de chemin ordinaire à un chacun, étant icelle de
« tout démolie, ayant été emporté toute la pierre jufqu'aux fonde-
« mens, &c. »

* Et par autre acte du même jour le pere Simon Pibris, au même nom de procureur de ladite abbeffe Ifabeau de Pradines, fait vente à Pierre Boiffon, maréchal de Montpellier, « d'un petit cafal avec un petit pâtus hors les
« murs de Montpellier, & au faubourg de la Saunerie, joignant la place
« où autrefois a été le couvent des réligieufes de Ste Claire, qui confronte
« avec autre maifon de Pierre Boiffon, maréchal, & avec une autre maifon
« de Jean Fourelhet, rhodier ; ledit pâtus au milieu avec la rue qui eft entre
« l'églife de St. Thomas & ledit couvent, &c. »

Les troubles n'ayant ceffé à Montpellier qu'après le fiége de 1622, les religieufes de Ste Claire furent invitées avec toutes les autres communautés de revenir à Montpellier ; mais aucunes d'elles n'ayant paru, peut-être à

PAGE 505.

caufe de leur mort, les biens qui leur avoient apartenu furent apliquez à la dotation des filles de la Vifitation, que Mr. de Fenoüillet établit en cette ville en 1630, on leur attribua la métairie dite de las Mourgues, au-delà de St. Martin de Prunet, comme abandonnée par les filles de Ste Claire ; & depuis ce tems-là je ne trouve d'autre mention de leur monaftére que dans les archives des Récollets de Montpellier, où l'on voit un acte paffé par-devant Baiffiere, notaire de Beziers, le 4 janvier 1654, où les réligieufes difent, que « celles du monaftére de Ste Claire de Montpellier ayant été
« contraintes, pendant le trouble des guerres, de quitter leur monaftére de
« Montpellier, & de s'unir à celui de Beziers, où elles ont fini leurs jours,
« il eft notoire que le couvent de Ste. Claire de Montpellier apartient aux
« réligieufes de Ste. Claire de Beziers. A raifon de quoi les déliberantes
« fçachant que le pere Ifidore de l'Eute, récollet de la citadelle de Mont-
« pellier, travaille à établir ceux de fon ordre audit Montpellier, elles fu-
« brogent en leur lieu & place lefdits récollets, pour retirer des mains des
« ufurpateurs le fol où étoit le couvent des réligieufes de Ste. Claire de
« Montpellier. »

La bonne volonté de ces réligieufes pour les récollets n'eut aucun effet, parce que les particuliers qui avoient acquis une partie de l'emplacement produifirent leurs titres, en vertu defquels ils furent maintenus dans leur poffeffion, & d'autres perfonnes charitables, dont il a été déjà parlé dans l'article des récollets, leur donnerent le moyen de s'établir ailleurs plus avantageufement. Ainfi les chofes cédées refterent en l'état où elles étoient, les acquereurs conferverent l'emplacement qu'ils avoient acquis, & qu'ils ont encore dans la grande ruë du fauxbourg de la Saunerie ; mais le derriere de leurs maifons qui confifte en un grand jardin potager, fous le nom de la petite Obfervance, retourna aux cordeliers, qui en joüiffent préfentement.

Je n'ai trouvé dans les titres de cette maifon d'autre nom de leurs abbeffes que celui d'Ifabeau Pradines, qui donna en 1592 fa procuration au pere Pibris, pour aliener les effets que fes réligieufes avoient quitté.

CHAPITRE CINQUIÉME.
LES RELIGIEUSES DE St. DOMINIQUE, DITES LES PROUILLANES.

L'Hiftoire de l'ordre de St. Dominique nous aprend que le chapitre provincial tenu à Avignon en 1294, commit & députa le pere Bernard Grandis, pour faire à Montpellier la fondation d'un monaftére de filles de leur ordre, aufquelles on donnoit alors le nom de Proüillanes, à cause du monastère de Proüille, dans le diocèse de St. Papoul, fondé du vivant de saint Dominique.

La même histoire ajoûte qu'on donna pour adjoins au pere Grandis deux autres réligieux natifs de Montpellier, l'un apellé Dieudonné Fabri, & l'autre Gautier Aiguillon, lesquels choisirent un emplacement sur le chemin de Celleneuve au-dessus du couvent que les religieux de leur ordre avoient déjà à la Portaliere. On marque que c'est tout joignant le lieu dit aujourd'hui la métairie de Burgues, * dans une enceinte de murailles apellée le clos d'Arnail, & que Berenger de Fredol, evêque de Maguelone, y consacra leur église. La premiere religieuse qui y prit le voile est nommée la vénérable mere Prestendine, qui fut suivie de dix autres, & bientôt elles augmenterent jusqu'au nombre de trente-quatre.

Page 506.

Jacques II, roy de Mayorque, qui étoit alors seigneur de Montpellier, voulant favoriser leur établissement, leur permit d'acquerir des ter res jusqu'à la concurrence de deux cens cinquante livres melgoriennes de revenu, qui étoit une somme confiderable pour ce tems-là, comme on a pû le voir dans cette histoire, à l'occasion de l'échange de Montpelieret avec la baronie de Sauve. Nous avons les lettres que Jacques II. leur fit expedier à Perpignan le cinq de janvier 1296, dont voici la teneur.

Noverint universi quod nos Jacobus; Dei gratia rex Majoricarum, comes Rossilionis & Ceritaniæ, & dominus Montispessulani, cum hoc nostro instrumento damus & concedimus licentiam & potestatem priorissæ & conventui sororum monasterii Pruliani, noviter constituti in Montepessulano, emendi seu alio titulo acquirendi in Montepessulano, & dominatione nostra, & baronia ac districtu ejusdem, scilicet de allodiis & malodiis tantum possessiones & reditus, sive jura allodialia quæ communi æstimatione ascendant seu valeant ducentas libras Melgorienses in reditibus. Et in hac concessione jurium & valoris dictarum ducentarum librarum intendimus, & volumus esse inclusa bona immobilia sive jura allodialia quæ jam seu acquisiverunt infra terram & jurisdictionem nostram Montispessulani, excepto loco in quo jam ædificaverunt vel ædificare intendunt monasterium, & horto ejusdem, quem locum ultra concessionem nostram prædictam dictæ priorissæ ac conventus ejusdem esse volumus assignatum pro dicto monasterio ibidem construendo, & horto ibidem necessario ad usus suos tantum, ita quod dicta priorissa & conventus ejusdem possint emere & acquirere dicta jura & possessiones allodiales usque ad dictam quantitatem sine impedimento nostro & nostrorum, ut superius continetur. Mandantes tenenti locum nostrum & procuratoriis nostris in Montepessulano & universis aliis officialibus nostris præsentibus & futuris, quod prædictorum concessionem nostram firmam habeant & observent, & ne contra veniant nec aliquem contra venire permittant aliqua ratione, & ad majorem firmitatem omnium prædictorum præsens instrumentum figillo noftro pendente juffimus communiri, datum Perpiniani idibus januarii, anno Domini millefimo ducentefimo nonagefimo fexto.

Dans le mois d'août fuivant, le roy Philippe le Bel, qui depuis peu d'années avoit acquis Montpellieret, voulut fuivre l'exemple du roy de Mayorque en faveur de ces religieufes, en leur permettant d'acquerir dans le diftrict qui lui apartenoit jufqu'à deux cens cinquante livres tournois de rente. Ses lettres font datées de Paris, du mois d'août, l'an de l'incarnation 1296.

Philippus, Dei gratia Francorum rex illuftris, notum facimus univerfis, tam præfentibus quam futuris, quod cum magnificus princeps cariffimus avunculus & fidelis nofter Jacobus, Dei gratia Majoricarum rex illuftris, religiofis mulieribus, sororibus beati Dominici de Pruliano duxerit concedendum : quod ipfæ apud Montempeffulanum conftruere fibi poffint monafterium & poffeffiones feu allodia ad opus monafterii fupradicti. Nos cupientes cultum augeri divinum, confilium hujufmodi laudamus, approbamus & tenore præfentium confirmamus, addentes & eifdem fororibus divini amoris intuitu concedentes, quod ipfæ ufque ad fummam ducentarum librarum turonenfium annui & perpetui reditus, quæ fint tamen allodia ad ipfius opus monafterii acquirere cum fibi viderint, expedire valeant, eafque perpetuo poffidere pacifice & quiete, abfque coactione vendendi, vel extra manum fuam ponendi, falvo in aliis jure noftro & quolibet alieno. Quod ut ratum & ftabile permaneat in futurum, præfentibus litteris noftrum fecimus apponi figillum. Actum Parifiis, anno incarnationis dominicæ millefimo ducentefimo nonagefimo fexto, menfe Augufti.

Nous avons dans les archives de la ville le vifa de ces deux lettres-patentes, expedié par Deodat Ambrofi, bailly royal de Montpellier, le 21 de janvier 1406.

Cependant les religieufes de St. Dominique fe trouvant plus expofées qu'aucune autre communauté au ravage que les troupes congediées firent dans le pays, après la prife du roy Jean, elles réfolurent de changer de lieu ; & pour le faire* avec avantage, elles firent agir l'abbeffe de Proüille auprès du cardinal Anglic Grimoard fon proche parent, à qui les confuls de Montpellier n'avoient rien à refufer, depuis les fervices effentiels qu'il avoit rendu à la ville pendant la fédition arrivée tout recemment fous le duc d'Anjou. Ce cardinal employa heureufement fon crédit, qu'il fit prendre une délibération dans le confeil de ville, de donner aux religieufes de Proüillan l'hôpital de St. Guillem, dans le faubourg du même nom, fondé autrefois par Guillaume, fils d'Ermenfende.

Le verbal qui en fut dreffé contient plufieurs circonftances curieufes pour notre hiftoire, que j'ai crû devoir raporter ici. Il y eft dit que «le 4 de-
« cembre 1381, les confuls de Montpellier, fçavoir : Jacques de Manhania,
« Pons Sabran, Pierre Seguier, &c. patrons de l'hôpital St. Guillaume,

« expoferent à Bernard Texier, bailly royal de Montpellier, que les reli-
« gieufes de N. Dame de Proüillan étant expofées dans le lieu où elles
« font, aux courfes des voleurs qui ravagent actuellement le pays : *Præ-*
« *fentem patriam hoftiliter deprædantium.* Le cardinal Anglic auroit induit les
« confuls, par fes inftantes prieres, de leur donner l'hôpital St. Guillem, ce
« qu'ils auroient fait, après avoir affemblé un confeil général de deux cens
« vingt hommes de Montpellier, pris *de majoribus, de mediocribus* & *de mino-*
« *ribus villæ,* qui y ont confenti : par quoi ils requierent le bailly de ratifier
« cette donation ; ce qu'il a fait (dit l'acte) comme chofe raifonnable,
parce que la vie contemplative (ajoutent-ils) vaut bien les fonctions labo-
rieufes de Marthe. En confequence de quoi ils mettent en poffeffion pour
lefdites religieufes, frere Pierre Montanier leur fuperieur, de tous les droits &
apartenances dudit hôpital, à la charge qu'elles feront chanter tous les ans
une meffe folennelle le jour de Ste. Catherine pour les morts, & tous les
jours de l'année de dire à la meffe une oraifon pour l'âme des fondateurs,
& de prier pour la profperité de la ville . . . . . . , en foûmettant le tout
aux rigueurs du petit sceau royal de Montpellier.

Le lendemain 5 décembre, leur fuperieur frere Montanier & Agnes de
Auffac, prieure, Saure *(sic)* de Heufiere, foû-prieure, & 41 réligieufes affemblées
en chapitre, au fon de la cloche, accepterent le tout aux conditions portées,
difant que n'ayant, comme difoit faint Pierre, ni or, ni argent, pour leur
rendre, elles offroient leurs prieres, qui étoient les feules chofes qu'elles
avoient à leur difpofition, ce qu'elles promettent de faire pour la profperité
du St. pere Clement VI, du cardinal Anglic, de R. Pere en Chrift Pierre de
Vernobs, evêque de Maguelone, & de vénérable homme Me. Jean de Tournemire, médecin du pape, qui s'étoit fort intereffé pour elles, & pour toute
la communauté de Montpellier.

Parmi les quarante-une réligieufes fignées dans cet acte, comme faifant
la plus faine et la plus grande partie de la communauté, les noms les plus
connus outre Saure d'Heufiere, foû-prieure, font : Martine-Portale, Gaudiofe
de Cazes, Beatrix de Quarante, Raymonde Bonami, Françoife de Vernet,
Ricarde Trinquere, Marguerite Caufide, Florence Ricarde, Aigline d'Aigrefeüille, Sibille Texier, Rique Vidal, Marthe Boiffiere, Caufide de Caftanis,
Catherine de Clapiers.

« Et incontinent les fufdits confuls, comme patrons dudit hôpital, y
« conduifirent le pere Montanier, qu'ils firent entrer par la principale porte,
« promener dans la maifon, fermer & ouvrir les portes, & faire (dit l'acte)
« tout ce qui eft neceffaire pour une prife de poffeffion. »

Tout ce que je viens de raporter eft écrit tout au long dans la bulle de confirmation que le pape Clement VI donna à Avignon le 12 des kal. de juin l'an quatrieme de son pontificat, c'est-à-dire 1346, où il fait mention des insultes & des dangers auxquels ces religieuses se trouvoient exposées dans leur premiere maison. Il leur ordonne qu'en abandonnant ce monastère, elles ne le laissent point servir à des usages prophanes ; mais qu'un prêtre capable y aille faire le service : *quoddam hospitale pauperum*, dit le pape, *quod est situm juxta ecclesiam Sti. Guillelmi*.

Il paroit par ces derniers mots de la bulle de Clement VI qu'elles joüirent de l'hôpital et de l'église de St. Guillem ; mais il faut qu'il leur manquât un refectoire convenable, puisqu'on trouve dans leurs archives que Dominique de Florence, evêque de St. Pons, qui avoit été de leur ordre, mit en 1382, la première pierre au refectoire de leur nouveau couvent.

PAGE 308. * Elles y étoient encore logées dans le tems du grand procès qu'elles eurent en 1446, & qui leur valut l'acquisition des droits que les religieuses du Vignogoul avoient dans Montpellier. J'en ai parlé suffisamment dans l'article de cette abbaïe ; mais je ne puis omettre que dans le siécle suivant, elles furent chassées de cette maison par les huguenots, & qu'elles ne purent y revenir qu'après le siége de Montpellier.

Ce fut en 1635 que Madame de la Chaise (tante du pere de la Chaise, confesseur du roy Loüis XIV) partit de la ville du Puy avec quelques religieuses de son ordre, pour rétablir leur maison de Montpellier. Elles se logerent aux environs dans le jardin de Mr. de Trinquere, juge-mage ; mais suivant le goût où étoient alors la plûpart des communautés, de s'établir dans la ville plûtôt que dans les faubourgs, elles choisirent au milieu de la ville la maison de Mr. Duché, près des Capucins. Le voisinage de ces bons peres leur faisant connoître que les deux maisons se nuiroient l'une à l'autre, elles allerent à la Blanquerie dans une maison de Mr. du Robin ; enfin, après avoir levé tous les obstacles qu'on leur faisoit pour rentrer dans leur ancien emplacement, elles s'y logerent avec le secours que M. Sartre, conseiller en la cour des comptes, aydes & finances de Montpellier, & madame d'Estoubleau sa fille, donnerent à ces bonnes religieuses.

Leur maison, qui est la plus austere de tous les couvens des filles de Montpellier, a augmenté considerablement par les agrandissemens qu'elles y ont fait, & par le nombre des religieuses qu'elles ont reçû.

CHAPITRE SIXIÉME.

LES RELIGIEUSES DE Ste. CATHERINE ET DE St. GILLES.

CES réligieufes, qui avoient leur monaftere dans le faubourg du Pile St. Gilles, près des murailles de la ville, ne nous font bien connües que par leur tranflation dans l'enceinte de Montpellier, qui fût faite en 1337, par Durand des Chapelles, evêque de Maguelone.

Nous aprenons des réglemens que cet evêque leur donna, qu'elles portoient autrefois le manteau blanc, & qu'après leur tranflation, il fut réglé qu'elles le porteroient noir. *Licet dominæ moniales & earum prædeceſſores uſæ fuiſſent portare mantellum album, propter commutationem tamen & apparentiam majoris devotionis & religionis, ædem dominæ moniales & earum ſucceſſores portare poterunt, & debebunt in antea mantellum nigrum ex ordinatione & ſtatuto per dictum dominum epiſcopum jam factis.* Les ouvriers de la commune clôture intervinrent dans l'acte de leur tranflation, avec le chapitre de Maguelone & Guillaume de Vefenobre, prieur de St. Denis, dans la paroifſe duquel elles étoient établies.

Ce qui donna lieu à cette tranflation, fut le teftament d'un nommé Berenger Meyrofe, riche bourgeois de cette ville, qui legua, par acte du 23 avril 1348, trois mille cinq cens livres, pour être employées en bonnes œuvres, & particulierement à l'établiffement d'un couvent de réligieux où de réligieufes. Il fubrogeoit aux quatre executeurs qui font nommés dans fon teftament les ouvriers de la commune clôture, lefquels voyant que depuis neuf ans les executeurs teftamentaires n'avoient rien fait, ils s'adrefſerent à Durand, evêque de Maguelone, avec lequel ils projetterent de mettre dans la ville les filles de St-Gilles, dont le monaftere, fitué dans le faubourg de ce nom, avoit été détruit. *Attendentes quod nuper quoddam monaſterium vocatum religioſarum dominarum monialium Sancti Egidii, juxta muros communis clauſuræ Montiſpeſſulani, & prope portale vocatum Sancti Egidii ſituatum, propter præſentium guerrarum diſcrimina, penitus ac funditus fuerit dirutum, deſtructum & inhabitabile.*

Pour cet effet, ils acheterent plufieurs maifons attenantes à la chapelle de Ste. Catherine, qui étoit fituée dans l'efpace qui fait aujourd'hui le jardin de Ste Urſule, * ils y établirent les réligieufes de St. Gilles, qui, après la perte de leur monaftére, fe trouvoient réduites à la derniére pauvreté : *dominæ moniales virgines, quæ in dicto monaſterio exiſtebant, totaliter erant miſerabiles factæ.*

PAGE 309.

Leur nombre étoit réduit à fix, qui font ainfi nommées dans l'acte fur lequel j'écris : Raymonde Gafque, prieure ; Jeanne Poffel, Marthe Domenge, Marguerite de Briffac, Agnes du Crez, Jacquette Bourges. On leur bâtit un logement convenable auprès de Sainte Catherine, & l'evêque ayant fait la benediction de leur autel, leur donna des réglemens par lefquels, outre le changement de leur habit, que j'ay déjà marqué, il régle qu'elles ne pouront paffer le nombre de vingt religieufes de chœur, & de quatre converfes qu'il appelle Donates. Il veut qu'elles foient toutes de la ville de Montpellier ou des faubourgs, nées de légitime mariage, & vraifemblablement vierges. Il les foûmet à fa jurifdiction immédiate, & leur prefcrit de garder la régle de faint Auguftin, qu'on obfervoit à Maguelone, & qu'elles avoient profeffé auparavant. *Perpetuo fervabunt regulam fancti Auguftini, fecundum ufum ecclefiæ Magalonæ, pro ut per ipfas promiffum erat retroactis temporibus.* Il ordonne qu'elles feront appelées à l'avenir les réligieufes de N. Dame & de St. Gilles ; qu'elles garderont une clôture perpétuelle, parce (ajoute-t-il) que le cloître eft pour les perfonnes confacrées à Dieu, ce que l'eau eft aux poiffons. *Quia ficut pifcis fine aqua, fic nec monachus feu monaca fine clauftro vivere poteft.*

Leur prieure perpétuelle fera élûe par les religieufes, toutes les fois que le cas en échéra, & confirmée enfuite par l'evêque, qui aura droit de la fufpendre & de la deftituer.

Elle ne pourra donner l'habit à aucune fille fans le confentement des ouvriers de la commune clôture. Chaque fille qui voudra être reçûe pour religieufe portera dix marcs d'argent, bon & fin, pour fubvenir aux befoins du monaftére, & fes parents feront tenus de lui affurer une penfion de dix livres tournois, payables tous les ans, pour lui fournir des voiles, des habits, des fouliers & autres neceffités ; elle portera à fon entrée un coffre fuffifamment garni de tout le linge qui devra fervir à fon ufage.

L'argent que les filles porteront à leur entrée, & les autres dons qui feront faits au monaftére, feront gardés dans un coffre à trois clefs, dont l'une reftera entre les mains de la prieure, l'autre entre les mains de l'official de Maguelone, & la troifiéme fera remife aux ouvriers de la commune clôture, qui auront auffi un inventaire de tous les biens de la maifon ; mais fi les dons qui feront faits au monaftére n'excédent pas la fomme de vingtcinq livres, la prieure pourra s'en fervir pour l'entretien de fa communauté.

Par une autre difpofition de ces réglemens, il paroît évidemment, que la chapelle de Ste. Catherine étoit de la paroiffe de Montpelieret, & comme nous l'avons obfervé dans l'article de l'églife de Saint Denis. *Quia vero* (dit l'evêque de Maguelone), *prædictum monafterium, de novo infra dictam parro-*

chiam Sti. Dionifii fundatur & inftituitur, prout superius eft expreffum, ut inde ipfa parrochialis ecclefia debitam honorificentiam confequatur.

Il ordonne que les prieures du nouveau monaftére payeront à l'avenir tous les ans, au prieur de Saint Denis, la fomme de quatre livres tournois en monnoye courante, dans laquelle somme feront compris les cinquante fols tournois qu'elles lui payoient auparavant pour leur ancien monaftére du faubourg Saint Gilles.

Il finit ces réglemens, en leur permettant d'avoir un cimetiére dans le cloître ou dans le chœur, pour les religieufes & pour les converfes. Il charge de leur fepulture le prêtre qui devoit leur adminiftrer les facremens de la penitence, de l'euchariftie & de l'extrême onction, & qui devoit lui être préfenté tous les ans, ou à fon grand-vicaire, par les ouvriers de la commune clôture, dans le tems du finode de la Saint Luc. Ce prêtre étoit auffi tenu d'affifter aux proceffions de Saint Denis, comme il étoit d'ufage, & de dire toutes les femaines une meffe des morts pour l'ame de Berenger de Meyrofe, fondateur de la maifon, après que les religieufes auroient dit pour lui l'office des morts.

*Tout ce que je viens de dire eft tiré de l'acte de fondation, qui m'a été communiqué par les dames de Sainte Urfule, comme propriétaires du fonds qui apartenoit autrefois aux religieufes de Sainte Catherine. [PAGE 310.]

Leur ancien emplacement eft défigné de la forte dans les reconnoiffances faites en 1386 & 1467. La première au nom de Jean de Codo, leur prêtre fondé de procuration, donne pour confronts de ce monaftére : la ruë de la Blanquerie d'un côté, celle de Sainte Catherine de l'autre, par derriére les douze pans de la ville, & du côté du levant une petite traverfe qui fervoit à aller de la ruë de Sainte Catherine aux douze pans. La feconde reconnoiffance, faite le 2 juin 1467 par Jean Andrieu, leur prêtre & leur procureur, donne les mêmes confronts; & ce n'eft que depuis les acquifitions faites par les religieufes de Sainte Urfule, que cet emplacement va au delà de la traverfe, qui eft mentionée dans les deux reconnoiffances.

La chapelle de Sainte Catherine, donna le nom aux religieufes de cette maifon, quoiqu'il eût été réglé par l'evêque de Maguelone qu'elles feroient appellées de Notre Dame, & de Saint Gilles. Elles furent difperfées comme les autres communautés de la ville, dans la premiere fureur des troubles de la religion ; & tous leurs biens ayant été unis après le fiége de Montpellier aux dames de la Vifitation, les religieufes de Sainte Urfule acheterent cet ancien emplacement, qu'elles ont fort augmenté.

CHAPITRE SEPTIÉME.

LES RELIGIEUSES DE LA VISITATION

La grande veneration que Mr. de Fenoüillet avoit confervé pour la mémoire de saint François de Sales, fon ancien evêque, le porta fept ou huit ans aprés la mort de ce faint, & autant aprés le fiége de Montpellier, à attirer en cette ville les filles qu'il avoit établi fous le nom de la Vifitation de Ste. Marie. Il communiqua fon deffein à Jean-François de Sales, frere & fucceffeur du faint evêque de Geneve, qui fit partir, au mois de may 1631, fix religieufes de la maifon d'Annecy, premiére maifon de l'ordre, pour venir fonder celle de Montpellier.

Le nom de ces premiéres fondatrices, qu'on a confervé avec foin, à caufe de leur éminente vertu, font :

Loüife-Dorothée de Marigny, parente de faint François de Sales, & qui avoit reçû le voile de fes mains, aprés fix ans de fupériorité à Montpellier, elle en fut tirée pour être fuperieure au Puy & à Billom en Auvergne.

Gafparde-Angelique Brunier, de Moular en Savoye, avoit auffi reçû le voile des mains de leur faint fondateur; & aprés avoir été envoyée aux fondations du Bellay & de Chambery, elle vint à Montpellier, où elle finit fes jours en 1660.

Marie-Renée Faber, de la ville de Chambery, fut reçuë par la mere de Chantal, fuperieure générale de l'ordre, & nommée par elle pour la fondation de Montpellier, d'où elle alla faire celle de Touloufe, & y fut fuperieure durant fix ans.

Marie-Jacqueline Grafcy vécut à Montpellier quatorze ans, & y mourut en 1645, âgée de 36 ans.

Marie-Marguerite de Vallon, d'une noble & ancienne famille du Châblias, mourut à Montpellier en 1688.

Marie-Eleonor des Nouvelles, du duché de Savoye, accompagna la mere de Faber à la fondation de Touloufe, où elle fut affiftante, & y mourut âgée de 68 ans.

Toutes ces dames etant parties d'Annecy, fe rendirent à Avignon par le Rhône, pour venir à Aiguefmortes, d'où elles pafferent à Perols, où Mr. de Fenoüillet les envoya prendre, & les fit loger chés le Sr. Bofanquet, en attendant qu'on leur cût bâti un monaftère.

* Pendant le fejour qu'elles firent durant cinq ans chés le Sr. Bofanquet, Mr. de Fenoüillet obtint pour elles, du roy, l'union de l'ancienne abbaye de Ste. Claire & du prieuré des réligieufes dites de Ste. Catherine & de St. Gilles. On projetta dès-lors de prendre pour les loger l'emplacement de ce dernier monaftère; mais Mr. de Fenoüillet ayant formé un plus grand deffein, il fit conftruire à fes dépens le beau bâtiment qu'elles ont à la ruë de la Blanquerie.

Dans cet intervale, leur nombre augmenta confiderablement, en forte qu'elles fe trouverent au nombre de plus de vingt réligieufes lorfqu'il falut aller prendre poffeffion de leur nouveau monaftére. On prit jour au 25 de juin 1636, qu'elles partirent proceffionnellement de chés le Sr. Bofanquet, pour aller habiter dans leur nouvelle maifon. Madame la ducheffe d'Alüin, gouvernante de la province, voulut bien les y conduire, fuivie des principales dames de la ville. Le chapitre de la cathedrale, en l'abfence de fon evêque (qui étoit pour lors à Rome), affifta à leur proceffion avec la mufique de St. Pierre, & tous les habitans, pour folemnifer la fête, tapifferent les ruës par où elles devoient paffer.

En cette même année, elles eurent la confolation de récevoir la mere de Chantal, leur fuperieure generale, qui revenant de Paris, féjourna cinq jours avec elles à Montpellier. On marque qu'après avoir vifité toute leur maifon, elle leur dit qu'elle y trouvoit une entiere conformité avec leur premier monaftere d'Annecy.

L'églife dont elles manquoient ne put être commencée qu'environ dix ans après. Je trouve dans leurs mémoires qu'on grava fur la premiere pierre cette infcription :

HIC LAPIS FUNDAMENTO ECCLESIÆ VISITATIONIS BEATÆ MARIÆ POSITUS EST. INNOC. X. S. PONT. LUD. XIV. GAL. ET NAV. REG. DIE XXII FEB. M. DC. XLVI.

Cette même églife n'a pû être achevée qu'en 1655, elle fut facrée le jour de St. Mathias, 24 fevrier, par Mr. de Comenges, frere de M. le marechal du Pleffis-Pralin.

Cet édifice, qui dans fon genre eft un des plus beaux de la ville, fe trouva en état de récevoir la reine Anne d'Autriche, qui vint y faire fes dévotions lors du paffage du roy Loüis XIV, fon fils en 1660. On raporte que cette pieufe reine voulut voir leur monaftere ; & que s'étant aperçûë que les réligieufes, par modeftie, ne la regardoient pas, elle le leur commanda.

Leur communauté s'eft renduë confiderable par le nombre & la qualité des fujets. Elle a fourni des réligieufes pour les fondations de Touloufe &

de Nimes; & l'interieur de leur maison a reçû plusieurs embellissemens par les soins & le crédit de Madame Henriette de la Croix de Castries, qui en a été superieure.

CHAPITRE HUITIÉME.

LES RELIGIEUSES DE SAINTE URSULE

L'Education des pauvres filles, dont les parens n'avoient pas le moyen d'y pourvoir, fit naître la pensée à Mr. de Fenoüillet d'attirer à Montpellier les réligieuses de Ste. Ursule, qui par leur état sont consacrées à cette bonne œuvre. Il obtint de messire Fulcrand de Barrés, evêque d'Agde, six réligieuses du monastere de Pesenas, qui arriverent à Montpellier le 17 avril 1641, pour y établir la premiére maison de leur ordre 1641.

Nous aprenons le nom de ces premieres fondatrices, par les lettres que leur donna l'evêque d'Agde pour venir à Montpellier : Marie de Martin, y est * nommée comme superieure, & Françoise de Treffan comme assistante ; les autres sont Anne de Bousigues, Marie de Fontés, Jeanne de Gardés, & Marie de Reilhac.

Ces dames, par une espece de pronostic du lieu qu'elles devoient habiter un jour, vinrent se loger tout joignant la porte de la Blanquerie, dans quelques petites maisons qui apartenoient autrefois au monastére de Ste. Catherine & de St. Gilles. Le peu de commodité qu'elles y trouverent les empêcha de pouvoir y ouvrir leurs écoles, d'où quelques personnes, qui leur étoient contraires, prirent occasion de les décrier dans l'esprit du public & dans celui de leur evêque.

Les chroniques de leur ordre marquent que le P. Bourgoin, général de l'Oratoire, étant venu à Montpellier dans ces conjonctures, il les anima beaucoup par ses exhortations, & leur rendit de bons offices auprès de Mr. de Fenoüillet, qui voyant par lui-même l'impossibilité qu'il y avoit d'assembler les filles de la ville dans un lieu si étroit & si éloigné, prit le parti de loüer à ses dépens la maison de Manny, auprès de N. Dame des Tables, où il les logea.

La situation de cette maison, au milieu de la ville, leur facilita le moyen d'avoir des pensionnaires & d'ouvrir leurs classes, où l'on accourut de tous les quartiers de la ville. Après y avoir exercé leur zéle pendant quatre ans, elles se raprocherent de l'ancien monastére des filles de Ste Catherine, en achetant au bout de la rue de Capelle Nove la maison du Sr. Barthelemy. En

PAGE 312.

même-tems elles traiterent avec les dames de la Vifitation pour l'achapt de l'ancien emplacement de Ste. Catherine; & le contrat leur en ayant été paffé, Mr. de Fenoüillet, qui l'aprouva, fit commencer le grand & beau cloître qu'elles ont aujourd'hui.

Malheureufement pour elles, la mort de ce prélat, arrivée en 1652, arrêta tous les travaux commencés. Il fallut qu'elles cherchaffent du fonds dans leurs épargnes pour continuer leur bâtiment; & l'hiftoire de leur ordre marque que, n'ayant fouvent ni de quoi payer les ouvriers, ni de quoi s'entretenir elles-mêmes, il leur vint des fecours imprévus, & que les réligionnaires même, touchés de leur état, fournirent fouvent à leur fubfiftance.

Leurs moyens ayant augmenté dans la fuite, par le grand nombre de filles qu'elles reçûrent, l'emplacement de leur monaftere s'élargit beaucoup par l'inféodation des douze pans & de la petite ruëlle qui y conduifoit, ce qui leur a donné, avec le tems, prefque tout l'efpace qui eft entre la ruë de la Blanquerie & celle de la Capelle Nove.

Je crois ne devoir pas oublier l'éloge qu'on voit dans leurs chroniques, de leurs premieres fondatrices, qui fe diftinguerent par leur amour pour la retraite, & par le grand éloignement du monde où elles vécurent.

CHAPITRE NEUVIÉME.

SECOND MONASTERE DE Ste. URSULE, DIT St. CHARLES.

LE même motif qui avoit porté Mr. de Fonoüillet à attirer à Montpellier les religieufes de Ste. Urfule, porta meffire François de Bofquet, fon fucceffeur, à faire un pareil établiffement dans la ville de Lunel, qui eft la feconde de fon diocéfe, & où le grand nombre de nouveaux catholiques qu'il y avoit, fembloit demander une plus grande attention pour l'inftruction des jeunes filles.

La propofition en ayant été faite au confeil de ville de Lunel, le Sr. de Cunny, premier conful, vint à Montpellier pour en faire la demande à Mr. de Bofquet au nom de toute fa communauté. Ce prélat, qui n'attendoit que leur dernicre refolution, jetta les yeux fur les urfulines de Lodeve, pour faire l'établiffement de Lunel: il en écrivit à meffire Roger de Harlay, fon fucceffeur en l'evêché de Lodeve, pour lui demander quatre religieufes, qu'il lui envoya, fçavoir: la mere de la Treille pour fuperieure, la mere de Pradel pour affiftante; & pour compagnes, la fœur de la Treille, fœur de la fuperieure, avec la fœur de la Tude, & la demoifelle de Vailier, native de Gignac, qui vouloit contribuer à cette fondation par une fomme affez confiderable dont elle avoit à difposer.

Elles arriverent à Lunel le 5 decembre 1664, où elles furent reçûës à la porte de la ville par Mrs les confuls, qui les conduifirent à la grande églife, & de là dans la maifon qui leur étoit preparée. La bénédiction que Dieu répandit fur leurs travaux leur attira plufieurs bons fujets, qui formeront bien-tôt une communauté affez nombreufe ; mais les maladies dont elles furent affligées, & le trouble que le paffage des troupes leur caufoit fouvent à Lunel, toucha M. de Pradel, neveu & fucceffeur de Mr. de Bofquet, qui forma le deffein de les transferer à Montpellier, où elles pouvoient travailler plus utilement à l'inftruction des nouvelles catholiques.

Dans cette vûë, il leur deftina une maifon dite la Providence, que Mr. de Bofquet fon oncle avoit établi pour ce deffein, dans la rue de la Blanquerie, vis-à-vis le monaftere de la Vifitation. Après avoir obtenu le confentement de la ville, il les fit venir dans le mois de juin 1679, c'eft-à-dire quinze ans après leur établiffement à Lunel. Elles pafferent une année entiere dans la maifon de la Providence, en attendant qu'elles puffent fe loger auprès de St. Pierre, dans une grande maifon qu'elles acheterent de M. de Briffac, à qui on donna le nom de St. Charles, pour les diftinguer du premier monaftere de leur ordre, qui étoit déjà dans Montpellier. Tout y étant prêt pour les recevoir, elles en prirent poffeffion le 28 juin 1680, & commencèrent dès le lendemain toutes les fonctions de leur inftitut. Leurs claffes furent bien-tôt remplies, & le nombre des penfionnaires augmenta fi fort, que dès la premiere année il y en eut jufqu'à huit qui demandèrent le voile. Le bon ordre & l'union qui regnent dans cette communauté l'ont augmentée confiderablement. Elles vont tour à tour exercer leur zèle dans la maifon de la Providence, où l'on envoye à chaque trienne de fuperiorité trois religieufes de la maifon de St. Charles.

La maifon de la Providence, qui eft fous leur direction dépuis leur établiffement à Montpellier, eft deftinée à l'inftruction des nouvelles catholiques, comme je l'ai déjà dit. Elle a changé diverfes fois pour la plus grande commodité du logement ; car en la tirant de la ruë de la Blanquerie, où elle eut fon premier établiffement, on la mit près de St. Pierre vis-à-vis la porte de l'églife de St. Charles ; mais dépuis 1704 on l'a transferée dans la maifon du feu abbé de Franquevaux, où la bonté de l'air, l'étendue du bâtiment & l'agrément du jardin, contribuent à rendre le féjour plus fain & plus agréable.

CHAPITRE DIXIÉME.
NOTRE-DAME DU REFUGE.

Les lettres de meffire Charles de Pradel, evêque de Montpellier, du 12 fevrier 1677, nous aprennent les circonftances de l'établiffement du refuge avec tant de netteté, que j'ai crû devoir les mettre à la tête de cet article.

« Charles de Pradel, par la grace de Dieu & du faint fiége apoftolique, « evêque de Montpellier, comte de Melguëil, & de Montferrant, marquis de « la Marquerofe, baron de Sauve, confeiller du roy en fes confeils : ma-« dame la duchefle de Verneüil nous ayant fait connoître le défir qu'elle a « d'établir dans la préfente ville une maifon de refuge fous la conduite « des dames réligieufes de Notre-Dame du Refuge, & fous notre jurifdic-« tion ; & qu'à ces fins il y a environ un an que par l'aprobation de feu « notre très-honoré oncle meffire François Bofquet, evêque de Montpel-« lier, & du contentement de la communauté de ladite ville, en attendant « qu'elle eût la permiffion du roy, elle fit * venir des réligieufes dudit or- PAGE 316. « dre pour commencer ledit établiffement, lequel auroit eu déjà tant de bé-« nédiction, que dans la maifon où l'on a logé lefdites réligieufes, il y a « une vingtaine de femmes, qui ayant quitté leur mauvaife vie, donnent « des marques d'une vraye pénitence. Nous, défirant contribuer à une œu-« vre fi fainte & fi neceffaire, attendant qu'il ait plû au roy d'accorder des « lettres-patentes pour ladite fondation, permettons, fous le bon plaifir de « Sa Majefté, aufdites réligieufes du Refuge, de refter dans fadite maifon, « ou de fe loger en telle autre de ladite ville qu'elles jugeront commode, « pour y vivre en communauté & en clôture, fuivant leurs régles & confti-« tutions, pour y recueillir & gouverner tant les femmes qui s'étant reti-« rées de leur mauvaife vie, font déjà enfermées dans ladite maifon par « notre permiffion, que celles qui étant de même condition y feront remi-« fes à l'avenir. » Fait à Montpellier dans notre palais epifcopal, le douzième de fevrier mil fix cens foixante dix-fept.

On voit dans ces lettres que madame la duchefle de Verneüil, gouvernante du Languedoc, forma le premier deffein de cet établiffement, que la ville y donna fon confentement, & que l'ouvrage ayant commencé fous meffire François Bofquet, fut heureufement achevé fous Charles de Pradel, fon neveu, & fon fucceffeur dans cet evêché.

Les mémoires particuliers de cette maifon, nous aprennent que madame la duchefle de Verneüil s'étant adreffée à Mr. d'Olivier, confeiller au parlement, & fondateur de la maison du refuge à Toulouse, ce magistrat dévoüé à toutes les bonnes œuvres qui se présentoient, lui destina pour Montpellier sa propre nièce Angelique de Catalan, avec une ancienne & une converse.

Elles arriverent à Montpellier le 13 fevrier 1676, & furent reçûës au couvent de la Visitation, où elles demeurerent pendant trois mois, en attendant que leur logement fût prêt à la maison qui sert aujourd'hui aux demoiselles de Colomby, dans la rüe de Mr. de Murles : alors la ville leur établit une pension, & Mr. l'evêque leur donna les lettres que nous venons de voir ; enfin elles reçurent, en 1680, les lettres-patentes qui rendoient leur établissement stable, & pour lors les dames de la Miséricorde, qui avoient partagé le détail du soin de leur maison, s'en déchargerent entierement sur elles.

- L'attribution que les lettres-patentes du roy faisoient à leur maison, de tout ce qui avoit apartenu autrefois aux Repenties, leur donna lieu de demander la maison de la Providence dans la rüe de la Blanquerie, qui servoit alors à un autre usage ; Mr. de Pradel finit toutes les discussions qu'il y eut à ce sujet, en obligeant les dames de St. Charles (à qui il avoit donné le soin de la Providence) de céder cette maison aux dames du Refuge, moyennant une indemnité pour les réparations qu'elles y avoient déjà faites.

Tandis qu'elles travailloient à mettre en état cette nouvelle maison, elles perdirent leur grande protectrice Madame la conseillere du Bousquet, & la mere de Catalan leur superieure. Ces deux pertes furent suivies du départ de Madame la duchesse de Verneüil, qui les jetta dans des grandes inquiétudes ; mais le bon Dieu leur suscita madame la prémiere présidente Marie de Sartre, qui leur fournit plusieurs moyens pour entretenir leur maison, & pour l'agrandir par l'acquisition de quelques autres du voisinage.

Avec son secours, & celui de quelques personnes charitables, elles commencerent un bâtiment assez spacieux, qui contient le quartier des dames réligieuses, & celui des filles penitentes, volontaires ou forcées. Ces penitentes sont sous la conduite des réligieuses, & des plus anciennes des penitentes, dont la conversion & la capacité ont été éprouvées.

L'utilité que la ville reçoit de cet établissement, a porté plusieurs habitans à fonder diverses places pour les filles qu'on y reçoit, parmi lesquels je crois ne devoir pas oublier Me Charles Bravard, prêtre chanoine de la cathédrale, qui nomma la maison du Refuge pour son héritier, à la charge d'y recevoir un certain nombre de penitentes, dont il laissa le choix à ses executeurs testamentaires.

CHAPITRE ONZIÉME.

LE BON-PASTEUR.

LE même esprit qui fit faire à Montpellier l'établiffement du Refuge donna commencement à celui du Bon-Pafteur. On l'attribûë au zèle des dames de la Mifericorde, & particuliérement à celui de la préfidente de Croufet, qui fut fort zelée toute fa vie pour le falut des pauvres filles engagées dans le vice.

On les enferma d'abord dans un quartier de l'Hôpital General, de même qu'elles le font à Touloufe dans l'hôpital de la Grave; mais l'expérience ayant fait connoître qu'il convenoit de les tenir plus refferrées, on choifit dans la ruë de Mr. de Murles la maifon du Sr. Fontanon, où il y avoit un grand efpace qui fervoit de manége. Le confeil de ville ayant réfolu par déliberation de 1696, de faire cette acquifition, on jeta les yeux fur les demoifelles de Colomby pour prendre foin de la conduite & du détail de ce nouvel établiffement.

Ces demoifelles, qui depuis dix à douze ans avoient été affemblées dans le voifinage par mademoifelle de Colomby, fœur & heritière d'un confeiller en la cour des aydes, n'étoient occupées que de l'inftruction des jeunes filles, lorfqu'on jugea à propos de les charger de la maifon du Bon-Pafteur; la proximité qu'il·y a d'un lieu à l'autre les détermina à accepter cette charge; elles n'ont en effet qu'à traverfer la ruë pour être dans la maifon du Bon-Pafteur, où quatre d'entre elles fe devoüent au fervice des pauvres filles qui y font renfermées. On y a bâti par leurs foins une fort belle chapelle : on a mis le logement en très-bon état, & on y tient une quarantaine de filles qui font occupées toute la journée à des exercices de réligion & au travail des mains, d'où elles tirent de là une partie de leur nourriture; la ville fourniffant au refte : ce qui donne droit à Mrs. les confuls d'y envoyer les perfonnes qu'ils jugent à propos. Elles y reftent jufqu'à ce qu'on aye des marques certaines de leur amendement; & il arrive même que quelques unes préferent l'état de penitence où elles vivent à la liberté qu'elles auroient d'en fortir.

HISTOIRE DE MONTPELLIER

LIVRE ONZIÉME

Hôpitaux anciens & modernes de la ville de Montpellier.

'Etablissement des hôpitaux n'intereſſe pas moins la police que la réligion, puiſque dans l'ordre naturel, toutes les parties d'un corps doivent s'entre-ſecourir. De là vient que les deux puiſſances, temporelle & ſpirituelle, ont toûjours concouru à l'entretien des hôpitaux, & que les communautez entiéres ont ſouvent adopté, pour le bon ordre du gouvernement, les fondations que les ſimples particuliers avoient entrepris par un motif de réligion.

La choſe paroit dans l'hiſtoire particuliére des établiſſemens de charité qui ont été faits à Montpellier dépuis le commencement de cette ville, où l'on vit dans chaque ſiécle quelque nouvel hôpital, qui enfin ont tous été réünis à celui de St. Eloy oú à l'hôpital général, pour être entretenus aux dépens de la ville, & par les libéralités des particuliers qui paſſent ſouvent les fonds de ces deux maiſons.

A peine Montpellier commença de devenir conſidérable, qu'on fit près du pont de Caſtelnau un établiſſement pour les lepreux, qui étoient alors fort communs en France.

Nos Guillaumes fonderent en même-temps l'hôpital St. Guillem pour les malades; & dans le douziéme siécle on établit l'hôpital du St. Esprit, pour les enfans trouvés & pour les invalides.

Les hôpitaux de Notre-Dame à la porte de Lates, de St. Barthelemy, & des Teutons (qui sont aussi anciens que celui du St. Esprit) étoient particuliérement pour les pauvres passans, qu'on y récevoit sains ou malades; ce qui donna lieu dans le treiziéme siécle à un habitant de Montpellier qui revenoit de St. Jacques, de fonder l'hôpital de ce nom en faveur des pelerins.

En 1310, un hermite, nommé frere Gautier Compaigne, fonda un hôpital pour les pauvres passans etrangers, malades ou blessés : *in suburbiis Montispessulani extra portale prædicatorum, de eleemosinis hominum Montispessulani, & consulatus ejusdem.*

La même année Jacques Bona en fonda un autre pour les pauvres orphelins & enfans exposez, comme il conste par un rescript du pape Clement V en faveur de ces deux dernières fondations.

Le roy Sanche, seigneur de Montpellier, établit en 1320 l'hôpital St. Antoine, & peu de tems après, un particulier de la ville fonda celui de Ste. Marthe pour les pauvres femmes.

* Environ ce tems, quelques dames des plus charitables de Montpellier formerent une confrerie à peu près comme celle de la Misericorde d'aujourd'huy, pour aller visiter tous les mecredis de la semaine les pauvres malades, qui restoient dans leur maison sans se faire porter aux hôpitaux. Ce jour qu'elles avoient choisi pour leurs principales fonctions, les fit appeler en langue vulgaire, les Dames du Dimecre, comme on le voit dans nos vieux titres. Elles continuerent leurs exercices de charité jusqu'aux premiers troubles de la religion P. R., & dans cet intervale elles firent diverses acquisitions, dont il est parlé dans les regîtres de l'Hôtel-de-Ville, & dans ceux de l'église Notre-Dame des Tables.

Je crois pouvoir mettre au rang de ces sortes d'établissemens un usage si ancien dans Montpellier, qu'il est dit dans l'acte sur lequel j'écris, qu'il n'y avoit point de mémoire de son commencement. Il consistoit en une aumône generale qu'on faisoit en pain le jour de l'Ascension ; ce qui fit appeler ce jour, le jour de la Caritats (comme on l'appelle encore à Beziers). On y distribuoit aux etrangers & à ceux de la ville une grande quantité de pain, *quamdam generalem caritatem, seu eleemosinam panis caritativam,* où tout le monde y avoit part, excepté cinq à six mille personnes qui n'en prenoient point: *ultra quinque aut sex millia personarum.* La benediction en étoit faite solemnellement dans l'église de St. Firmin ; & après une grande procession, où ce pain étoit porté, on en faisoit la distribution.

Nous aprenons toutes ces circonftances d'une requête préfentée par nos confuls en 1464, au cardinal Pierre de Foix, vicaire-général à Avignon pour le fpirituel & temporel du pape, & fon légat à latere dans les provinces d'Arles, d'Embrun, Vienne, Narbonne & Touloufe. Nos confuls lui expofent tout ce que je viens de marquer, & prient le légat de commettre quelque perfonne pour faire la benediction du pain de la charité, que le prieur de St. Firmin avoit refufé (pour certaines raifons) de faire, comme il avoit accoûtumé : fur quoi le cardinal commit, pour cette fois feulement, l'abbé de Valmagne & le prieur de l'églife collégiale de St. Sauveur dans les fauxbourgs de Montpellier, pour faire l'un pour l'autre au refus du prieur de St. Firmin, la bénediction accoûtumée du pain de la charité. Donné à Avignon le 8 du mois de may 1464, & le 2 du pontificat de Pie II.

Cet ufage finit à Montpellier avec l'exercice de la religion catholique. Le fonds deftiné à cette aumône fut détourné ailleurs par les religionnaires, qui fe faifirent auffi de la plûpart des terres qui avoient apartenu aux hôpitaux démolis, dans les fauxbourgs de la ville : ils fe contenterent alors de conferver pour les malades de Montpellier l'hôpital St. Eloy, qu'ils transfererent de la porte de Lates où il étoit, à la ruë de l'Aiguillerie, & de là dans celle de la Blanquerie, où il eft encore aujourd'hui.

Enfin, après le fiége de Montpellier, l'experience faifant voir que les enfans & les perfonnes décrepites ne pouvoient fe paffer d'une maifon de retraite, on en établit une pour eux dans le faubourg du pile St. Gille, fous le nom d'Hôpital de la Charité, qui a fubfifté jufqu'à l'établiffement de l'Hôpital Géneral en 1680.

Après cette idée generale des maifons de charité qu'on établit en differens fiécles dans la ville de Montpellier, je crois devoir les faire connoître plus en détail, pour conferver à la pofterité ces anciens monumens de la piété de nos peres.

CHAPITRE PREMIER.
LA MALADERIE DE CASTELNAU.

Page 319.

Plufieurs particuliers, qui ont laiffé des manufcrits fur notre hiftoire, difent que la maladrerie de Caftelnau eft auffi ancienne que la ville de Montpellier, & qu'elle commença fous les comtes de Subftantion, d'où vient (ajoûtent-ils) que les comtes de Melgueïl fe regarderent toûjours comme les protecteurs de cet hôpital, auffi bien que les feigneurs de Montpellier.

Il est constant qu'il étoit déjà établi dans le XII. siécle, & peut-être même dans le onziéme, puisque nous avons des réglemens faits pour la reformation de cette maison en 1153, ce qui suppose qu'elle existoit long-tems auparavant.

On trouve que les comtes de Melgueïl & les premiers seigneurs de Montpellier firent diverses aumônes à cette maison, tantôt en pain, vin ou viande, tantôt en linge ou en habits : nous en avons la donation que Guillaume, fils d'Ermensende, fit en 1143 à l'hôpital de St. Lazare, proche le pont de Castelnau, d'un champ qui joignoit la métairie d'un nommé Pierre Donat.

Le même seigneur, par son testament du 2 décembre 1146, donna aux pauvres malades du pont de Castelnau le moulin qui est auprès de leur maison, avec sept carterées de vignes dans le terroir de Sauset, dont la dame Ermensende sa mere avoit la joüissance pendant sa vie. *Infirmis qui morantur prope pontem de Lezio dono & concedo, ac de meo jure in eorum jus transfero in perpetuum illum molendinum qui est juxta domum ipsorum infirmorum, illum videlicet quem mater mea tenet ac possidet, & dono similiter septem carteiratas de vineis in terminio de Salseto, quas habet domina mea mater, & possidet in vita sua.*

Guillaume, fils de Malthide, leur legua dans son testament du 4 novembre 1202, une somme d'argent, qui étoit considerable en ce tems-là ; & la reine Marie, sa fille, ne les oublia pas non plus dans le testament qu'elle fit à Montpellier, avant que de partir pour Rome.

On peut juger du premier esprit de cet établissement par les réglemens dont j'ay déjà parlé, qui ont pour titre: Decret du venerable Raymond, evêque de Maguelone, de Jean, archiprêtre de Saint-Firmin, du seigneur Guillaume de Montpellier, & de dame Ermensende son ayeule, pour être observé à perpetuité dans la maison des pauvres infirmes du pont de Castelnau ; le voici mot à mot :

« Si quelque lépreux se présente pour être reçû dans la maison, il doit
« promettre de se donner à Dieu, de le servir, & de rendre l'obéïssance qu'il
« doit aux administrateurs de l'hôpital.

« S'il refuse de le promettre, il ne doit pas être reçû ; mais s'il le promet,
« qu'il aye remis aux administrateurs l'argent qu'il portoit avec lui, on le
« gardera pendant neuf jours, & au dixiéme on le fera venir devant tous
« les freres, en préfence desquels on lui demandera si la régle de la maison
« lui convient : s'il répond qu'elle lui plaît, qu'il demeure dans la maison
« jusqu'à sa mort : mais s'il dit qu'elle ne lui convient pas, qu'on lui rende
« son argent & qu'il se retire.

« Mes freres ne foyés point fornicateurs, ni quereleux, ni voleurs, ni mé-
« difans, ni flateurs, & n'ayez point de difcorde entre vous : voici ce que
« vous devez obferver pour le fervice de l'églife. »

« Lorfque les freres ou les fœurs entendront le fon de la cloche, ils fe
« leveront auffi-tôt, & fe rendront à l'églife, en gardant toûjours le filence,
« foit en allant ou en revenant. Vous devez, étant à l'églife, rendre graces
« à Dieu de tous fes bienfaits, & prier affidûment pour vos bienfacteurs,
« afin qu'ils obtiennent le pardon de leurs pechez. »

« La meffe étant finie, chacun doit fe retirer en bon ordre dans fa cellule;
« mais fi la maladie empêche quelqu'un de venir à l'églife, qu'il s'acquite
« de la penitence* que le prêtre lui aura impofé : il dira à la mort de ceux   PAGE 320.
« qui lui auront donné l'aumône treize fois le *Pater*, & les fept pfeaumes
« penitentiaux; mais à la mort de quelqu'un des freres de la maifon, il lira
« le pfeautier.

«Après la refection, tous doivent aller à l'églife pour y rendre graces à Dieu,
« & enfuite (fi c'eft en été) ils iront faire la méridiane, après laquelle ils de-
« manderont à Dieu de paffer le refte de la journée fans pécher.

« Mes très-chers freres, fi vous gardez de bonne foy tous ces reglemens,
« vous obtiendrez de Jefus-Chrift la remiffion de vos pechez, & la vie éter-
« nelle, avec une furabondance des biens de ce monde, & l'affection de
« toutes les perfonnes qui fçauront votre bonne conduite. »

Il eft à croire que ce bon ordre fubfifta longtems dans la maladerie de
Caftelnau, puifqu'elle s'eft confervée jufques vers la fin du dernier fiécle, c'eft-
à-dire durant plus de quatre cens ans, depuis que ces reglemens furent faits.

Des perfonnes vivantes fe fouviennent d'avoir vû cette maifon en bon
état : on y alloit par dévotion le cinquiéme vendredy du carême, où on lit
l'evangile de la refurrection du Lazare; & on y affiftoit à vêpres & à la prédication. Nous avons vû pendant la femaine fainte, les pauvres de cette
maifon fe tenir dans les carrefours de Montpellier pour y amaffer des aumônes; mais ce qui les rendoit plus remarquables, étoit les cliquettes
qu'ils étoient obligez de porter, pour avertir le monde de ne pas les aprocher, de crainte de prendre du mauvais air.

L'union qui fut faite en 1672 des maladeries du royaume à l'ordre militaire de St. Lazare, fit tomber peu à peu la maladerie de Montpellier; dès-
lors il n'y eut plus de pauvres, les bâtimens tomberent en ruine, la cloche
fut emportée, les vignes & les terres voifines devinrent incultes, & l'on fut
obligé de murer la porte de l'églife, afin qu'elle ne fervît pas de rétraite aux
vagabonds, qui paffent continuellement fur le pont de Caftelnau, qui lui eft
voifin.

Enfin le roy Loüis XIV, par arrêt du conseil d'etat du 10 juin 1695, confirmé par lettres-patentes du mois de novembre 1696, unit à l'hôpital general de Montpellier tous les biens & revenus de l'ordre de St. Lazare ; & parce que certains particuliers qui devoient des pensions annuelles à la maladerie de Castelnau, refuserent de les payer, sous prétexte qu'elle n'étoit point énoncée dans l'arrêt, ni dans les lettres-patentes, le roy, par nouvel arrêt du 31 juillet 1713, déclara qu'elle demeureroit comprise dans l'union, & ordonna que tous ceux qui devoient des pensions ou autres droits à la maladerie de Castelnau, seroient contrains de les payer à l'hôpital general.

CHAPITRE SECOND.

HOPITAL DE St. GUILLEM.

IL est constant par nos vieux titres que cet hôpital étoit de la fondation des premiers seigneurs de Montpellier. Guillaume fils d'Ermensende, à son retour d'Espagne en 1136, le dota de cent sols de censives : il étoit construit dans le lieu qui est occupé aujourd'hui par les religieuses de Ste. Catherine de Sienne, & il donna son nom au faubourg St. Guillem, & à la porte de la ville qui lui est la plus voisine.

L'hospitalité y fut exercée jusqu'au tems de Jacques I, roy d'Aragon, seigneur de Montpellier, qui voulant retirer le château de Mirevaux que la reine sa mere avoit legué dans son testament aux réligieuses de Gigean, leur donna en échange toutes les dépendances de l'hôpital St. Guillem, tant dedans que dehors la ville.

Il est a présumer que l'hospitalité étoit déjà diminuée à St. Guillem, sur tout depuis que les hôpitaux du St. Esprit & celui de St. Eloy près la porte de Lates, étoient devenus beaucoup plus considerables ; ce qui, peut-être, fit naître la pensée* au prieur de St-Firmin qui avoit l'administration des hôpitaux de St. Guillem & de celui de Lates, de faire de l'église de St. Guillem une église succursale pour sa paroisse, comme on voit qu'elle le fut en ce tems-là.

Page 32:.

Les choses changerent de face dans le 14. siécle, lorsque le cardinal Anglic eut obtenu l'hôpital St. Guillem pour les réligieuses Proüillanes, *hospitale quoddam pauperum, quod est situm juxta ecclesiam Sti. Guillelmi*, dit le pape Clement VII dans la bulle qu'il donna en confirmation de cette translation. Alors l'église fut unie à leur monastére, comme nous l'aprenons du livre qui a pour titre : *Privilegia Sti. Firmini*, où il est dit en parlant de ces réligieufes, *monafterium habent fatis amplum, & capellam Sti. Guillelmi quæ unita fuit dicto monafterio.*

Cette églife, à qui le prieur de St. Firmin donne le nom de chapelle, devint commune aux réligieufes & au curé, qui continua d'y faire fes fonctions, comme il eft en ufage dans plufieurs villes d'Italie & de France, où les églifes des réligieufes fervent quelquefois d'églife paroiffiale. Celle de St. Guillem avoit encore fon curé en 1466, c'eft-à-dire, quatre-vingts ans après l'union qui en fut faite du monaftére des Proüillanes : ce fait confte par la tranfaction qu'elles pafferent avec les réligieufes du Vignogoul, où il eft dit qu'elles tranfigerent en préfence de Jacques Malhiac, prêtre-curé de St. Guillem, *præfentibus Jacobo Maillaco presbitero curato Sti. Guillelmi, &c.*

Les troubles arrivez à Montpellier en 1562 cauferent le renverfement entier de l'hôpital St. Guillem & de fa paroiffe, dont il n'eft plus fait mention dans nos archives.

CHAPITRE TROISIÉME.

HOPITAL DU St. ESPRIT, CHEF-LIEU DE L'ORDRE.

CEt hôpital, qui dépuis plus d'un fiécle donne matiére à de grands procès, étoit fitué dans le faubourg du Pile St. Gilles, près du pont des Auguftins. Il étoit borné au levant & au nord par le ruiffeau du Merdanfon, au midi par le grand chemin qui traverfe le faubourg, & au couchant par la ruë qui va du grand chemin à la fontaine du Pile St. Gilles. Il fut fondé dans le XIIe fiécle par frere Guy, quatriéme fils de Guillaume fils de Sibille, feigneur de Montpellier, comme on a pû le voir plus amplement dans un article féparé que j'ai donné en parlant des perfonnes de Montpellier diftinguées par leur fainteté.

L'emplacement de cette maifon fut donné à Guy fon fondateur, par Bertrand de Montlaur & Marie de Fabregues fon époufe, qui font mention, dans l'acte de leur donation, d'un jardin & d'un logement qu'ils y avoient. Guillaume de Ganges lui donna plufieurs arbres pour la charpente de fon bâtiment, & Guillaume, evêque de Maguelone, oncle de Guy, avec Guillaume, fils de Mathilde fon frere, cederent, en faveur de fa fondation, tous les droits feigneuriaux qu'ils avoient l'un & l'autre fur ce local.

Guy donna le nom du St. Efprit à fon hôpital, où il établit un fi bon ordre, qu'il s'attira bien-tôt un grand nombre de freres qui fe dévoüerent, comme luy, au fervice des pauvres, & qui allerent dans plufieurs villes du royaume faire des pareils établissemens : la chose conste par les lettres d'Innocent III, de l'année 1198, où il est dit qu'il y avoit déjà à Marseille, à Milhau, à Brioude, à Barjac, à l'Argentière & à Troyes, des hôpitaux établis par les freres de l'hôpital de Montpellier. Innocent voulut en avoir à Rome pour les hôpitaux de Ste. Marie au-delà du Tibre, & à Ste. Agathe à l'entrée de Rome; enfin ce même pape, ayant cormnsié leur institut, déclara la maison de Montpellier chef-lieu de l'ordre, & voulut que toutes les maisons déjà établies ou à établir réconnussent à perpetuité frere Guy & ses successeurs, pour superieurs generaux. *Prædicto hospitali Sti. Spiritus Montispessulani & procuratores eorum, tibi fili Guido & successoribus* tuis perpetuo subjacere debeant & humiliter obedire, & correctionem tuam & successorum tuorum recipere humiliter & servare.*

En 1202, frere Guy partit pour Rome, pour y prendre soin de l'hôpital de Ste. Marie, *in Saxia* que le pape unit à celui de Montpellier, par un bref de l'année 1204, adressé à frere Guy avec ce titre : *Guidoni magistro hospitalium Stæ. Mariæ in Saxia, Sti. Spiritus Montispessulani.*

Voilà les premiers titres sur lesquels on a établi la qualité de chef-lieu pour l'hôpital de Montpellier, & celle de grand-maître de l'ordre pour les commandeurs de cette maison : il est vrai que frere Guy exerça la charge de grand-maître jusqu'à sa mort, arrivée en 1208; mais alors Innocent III lui fit nommer un successeur dans la commanderie de Rome, à qui il parut affecter la grande maîtrise, en ordonnant que l'élection du superieur de Montpellier seroit faite du consentement de celui de Rome.

Les papes ses successeurs firent à ce sujet des dispositions différentes, d'où on a tiré des inductions toutes contraires : j'ai crû devoir les marquer en abrégé, afin que le lecteur soit mieux au fait des grands procés qui se sont émûs à cette occasion.

Honoré III, successeur immédiat d'Innocent III, désunit les deux hôpitaux de Montpellier & de Rome, & en se servant des paroles de son prédecesseur, il dit: *Statuentes, ut nec istud illi, nec illud isti, in aliquo teneatur, nec vobis & illis aliquid sit commune, nonobstante privilegio dicti prædecessoris nostri.* Par cette bulle de l'année 1225, il soûmet à l'hôpital de Montpellier tous les hôpitaux de la chrétienté, excepté ceux d'Italie, de Sicile, de Hongrie & d'Angleterre, c'est-à-dire qu'il réduisoit sa jurisdiction aux hôpitaux de France, d'Espagne & d'Allemagne.

Grégoire X lui ôta cette jurisdiction & voulut que l'hôpital du St. Esprit de Montpellier obéît à celui de Rome.

Nicolas IV, dans une bulle de l'an 1291, dit que le maître de Montpellier s'étoit soûmis volontairement, & il ordonne qu'il payera tous les ans à celui de Rome trois florins d'or.

Sixte IV se plaint de ce qu'il y avoit en deçà les monts des personnes qui prenoient la qualité de general, & il les soûmet au maître de Rome, comme seul general de l'ordre.

Paul V et Gregoire XV rendirent le generalat au commandeur de Montpellier, à condition qu'il dépendroit de celui de Rome.

Enfin Urbain VIII lui accorda cette dignité sans aucune dépendance.

Voilà les differens titres sur lesquels on a fondé les disputes qui s'éleverent au commencement du dernier siécle sur la qualité de chef d'ordre des hospitaliers du St. Esprit.

Comme la plûpart des contendans affecterent le titre de commandeur de Montpellier, je crois devoir donner un peu plus d'étenduë au récit de cette affaire, qui nous intéresse plus particuliérement.

Le nommé Antoine Pons, qui prenoit la qualité de procureur general de l'ordre du St. Esprit, obtint des lettres du roy Henry IV en 1608, & de Loüis XIII en 1610, pour rentrer dans les biens usurpez de son ordre ; mais, non content de ces pouvoirs, il s'avisa de falsifier les bulles des papes, & de suposer des indulgences en faveur de ceux qui voudroient contribuer à son rétablissement. La chose devint si publique, qu'il fut décreté de prise de corps en 1612, par sentence du sénéchal de Moissac, confirmée au parlement de Toulouse.

Olivier de la Trau, Sr. de la Terrade, parut quelque tems après lui. Il obtint en 1619 & 1621, des papes Paul V & Grégoire XV, la qualité de general aux conditions que j'ai déjà dit, & en cette qualité, regardant son ordre comme un ordre militaire, il créa des chevaliers purement laïques, & même engagez dans le mariage.

D'autre part, on vit un nouveau prétendant à la commanderie generale de Montpellier, qui faisoit des chevaliers pour lesquels tout le monde prit un merveilleux goût. Ce prétendant étoit Nicolas Gautier, que la Terrade fit déclarer apostat de l'ordre des capucins, & enfermer dans les prisons de l'officialité, où il fut lui-même à son tour.

* Après leur mort, Jean-Alexandre des Escures, comte de Lyon, prit la qualité de vicaire general, & fit des chevaliers aussi bien que plusieurs autres qui se disoient officiers de l'ordre. Alors le roy, par arrêt du conseil 1655, commit l'official de Paris avec quatre docteurs, pour examiner les pouvoirs de ces prétendus officiers, & par sentence de l'année suivante, il fut fait défense à des Escures de prendre aucune qualité de l'ordre du St. Esprit, d'en porter les marques, & d'en faire aucune fonction, à peine d'excommunication *ipso facto*.

PAGE 323.

Nonobstant cette sentence, des Escures obtint, deux ans après, un arrêt du grand conseil, du 3 septembre 1658, par lequel il lui fut permis de prendre possession de la commanderie de Montpellier, à condition d'obtenir des bulles dans six mois : il les obtint en effet du pape Alexandre VII, & prit possession de cette commanderie en 1659, avec la qualité de grand-maître de l'ordre.

J'ai en original une commission signée de sa main & scellée du petit sceau de son office, où il prend ce titre : Jean-Alexandre des Escures, par la grace de Dieu & du St. Siége commandeur du sacré apostolique archi-hôpital du St. Esprit de Montpellier, chef general, grand-maître de tout l'ordre & milice des hospitaliers du St. Esprit, colloque sous la régle & entre les chanoines reguliers de St. Augustin, archi-hospitalier de toute la chrétienté, protonotaire de l'église romaine & du St. Siége, du nombre des participans, conseiller du roy en ses conseils, & comme tel le plus humble serviteur des pauvres de Dieu, nos perpetuels seigneurs. A tous ceux qui ces presentes lettres verront, salut, &c.

Je ne sçay quel usage on fit de ces commissions, qui étoient données en blanc à qui en vouloit pour amasser des aumônes sous ces magnifiques titres; mais je trouve que par sentence du Châtelet de Paris, du 29 août 1667, ce grand archi-hospitalier fut mandé, blâmé, nüe tête & à genoux, avec défenses de prendre la qualité de general, & par arrêt du parlement, du 29 mai 1668, il fut banni pour neuf ans.

En consequence, le roy, par son brevet du 21 septembre de la même année, donna la commanderie de Montpellier à Mgr Rousseau de Baroche, evêque de Cezarée, conseiller au parlement de Paris, & sur les oppositions qu'y formerent le Sr. Campan, qui se prétendoit pourvû de cette commanderie, & Mr. des Escures, qui soûtenoit toûjours ses prétentions, il intervint un arrêt du conseil d'état du 9 septembre 1669, par lequel l'evêque de Cezarée fut maintenu dans cette commanderie, contre Campan & des Escures.

Ce nouveau commandeur ne put jamais obtenir des bulles à Rome, & étant mort en 1671, Mr. Morin du Colombier, aumônier du roy, se fit pourvoir par un bref du pape Clement X, du mois de fevrier 1672, de la commanderie de Montpellier, vacante (disoit-il) depuis quarante ans.

Son nouveau titre ne servit qu'à lui attirer des nouvelles contestations de la part de plusieurs autres, qui se prétendoient officiers ou superieurs de l'ordre : de sorte que le roy, fatigué de toutes ces divisions, & informé des abus qu'on faisoit en recevant chevaliers ceux qui donnoient le plus d'argent, donna son edit du mois de decembre 1672, par lequel il met l'ordre du St. Esprit de Montpellier au nombre de ceux qui étoient déclarez éteints de fait, & suprimez de droit, & il en réünit tous les biens à l'ordre des chevaliers de St. Lazare, dont Mr. de Louvois fut fait grand-maître, sous le nom de vicaire general.

Cet edit souffrit d'abord deux opositions, l'une de la part de Mr. du Colombier, qui eut recours à Rome, & obtint au mois de janvier 1673 des lettres de François-Marie Phœbus, archevéque de Tarse, commandeur de l'hôpital de Rome & general de l'ordre du St. Esprit, par lesquelles il l'établissoit son vicaire général & visiteur en France & dans les provinces adjacentes; ce qui lui procura un séjour de huit années à la Bastille.

L'autre oposition vint de la part de ce grand nombre de chevaliers, qui avoient été faits par les prétendus officiers de l'ordre : ils continuérent à s'assembler & même à recevoir des chevaliers. Le Sr. de la Coste se dit alors grand-maître, comme ayant été canoniquement élû par les chevaliers; mais le roy, par deux arrêts du conseil d'état, de 1689 & de 1690, fit deffense à * ce grand-maître de prendre cette qualité à l'avenir, ni de porter la croix & l'épée lui & les siens, & déclara toutes les receptions & prétenduës lettres de provision par eux expediées nulles & de nul effet, &, sans avoir égard à leurs opositions, ordonna que son edit seroit executé.

PAGE 324.

L'affaire parut alors entierement finie; mais la mort de Mr. de Louvois, arrivée le 16 juillet 1690, fit réünir les religieux profés & les chevaliers qui avoient été toûjours en division. Les chevaliers offrirent au roy de lever & d'entretenir à leurs dépens un regiment pour agir contre les ennemis de l'état, & les religieux profés, pour éluder les motifs & l'execution de l'edit, dirent qu'ils n'avoient point discontinué de recevoir les enfans exposez dans les maisons conventuelles dont ils restoient en possession, & qu'ils n'avoient jamais dépendu de l'hôpital de Montpellier; que par ainsi le roy n'avoit pas eu dessein de donner atteinte à leurs droits, puisqu'il n'avoit prononcé que sur la supression d'un ordre qu'il avoit crû éteint de fait, & qui étoit sous le titre de Montpellier.

Ils furent favorablement écoutez. Le roy accepta, en 1692, le regiment offert par les chevaliers, & en 1693, il revoqua son édit de 1672, rétablit l'ordre, lui rendit tout ce qui avoit été uni à celui de St. Lazare, & nomma pour grand-maître Mr. l'abbé de Luxembourg, Pierre-Henry Thibaut de Montmorency.

On vit alors des chevaliers de grace, des chevaliers d'obédience, des chevaliers servants, & de grands & de petits officiers, en si grand nombre, qu'ils réveillerent la jalousie des religieux profés. Ceux-ci crûrent n'avoir pas de meilleur parti à prendre que de réclamer la maison de Montpellier, qu'ils avoient défavoüée, & ils foûtinrent que l'ordre du St. Efprit étoit purement régulier, & que la milice étoit une nouveauté du fiécle, qui ne s'étoit ingerée que par ufurpation dans l'adminiftration des biens de l'ordre.

Sur cette conteftation, le roy nomma des commiffaires. Les chevaliers faifoient valoir leur antiquité prétenduë, qu'ils faifoient remonter jufqu'à fainte Marthe; & ils raportoient un prétendu chapitre general tenu à Montpellier en 1032, plus de cent cinquante ans avant que Guy, leur fondateur, eût établi fon ordre.

Enfin le roy décida, le 10 may 1700, en faveur des religieux. L'ordre du « St. Efprit fut déclaré purement régulier & hofpitalier par arrêt du confeil « d'etat; & Sa Majefté fit défenfe à tous ceux qui avoient pris les qualitez « de fuperieurs, officiers & chevaliers de l'ordre militaire du St. Efprit de « Montpellier, de prendre à l'avenir ces qualitez, ni de porter aucune mar- « que de cette prétenduë chevalerie; de plus, que le brevet de grand-maître, « accordé à Mr. l'abbé de Luxembourg, feroit raporté comme nul & de nul « effet, & qu'il feroit furfis à faire droit aux demandes des religieux, pour « être remis en poffeffion des maifons & biens de cet ordre, qui avoient « été unis à celui de St. Lazare, jufqu'à ce que Sa Majefté eût pourvû au « rétabliffement de cet ordre, & de la grande maîtrife reguliere du St. Ef- « prit de Montpellier. »

En confequence de cet arrêt, M. l'abbé de Luxembourg remit entre les mains du roy fon brevet de grand-maître; & étant mort quelque temps après, les chevaliers ne fe tinrent pas pour vaincus, car ils firent de nouvelles tentatives, qui porterent le roy à nommer, par arrêt du confeil d'état du 16 janvier 1701, M. le cardinal de Noailles, M. Boffuet, evêque de Meaux, le pere de la Chaife, Mrs. l'abbé Bignon, de Pomereu, de la Reynie, de Maillac & d'Agueffeau, pour examiner tous les titres concernant cet ordre, & voir s'il étoit poffible de rétablir la commanderie generale du St. Efprit de Montpellier; & par deux autres arrêts confecutifs, le roy nomma pour raporteur M. l'Augeois d'Imbercout, maître des requêtes.

L'affaire traîna jufqu'en 1707, où M. le duc de Châtillon, Paul Sigifmond de Montmorency, demanda au roy la grande maîtrife de cet ordre; il lui fut permis d'en faire connoître le veritable caractere & la milice: fur quoi ayant affemblé plufieurs docteurs de Sorbonne & neuf célebres avocats, il en eut une décifion favorable à fon deffein, & il obtint même le confentement des religieux profés. Tout paroiffoit difpofé à l'effet de fa demande, lorfque le roy, par arrêts du confeil d'état du 4 janvier 1708, confirma celui de 1700, & ordonna que * l'hofpitalité feroit rétablie & obfervée dans la commanderie générale, grande maîtrife régulière de l'ordre du St. Efprit de Montpellier, par le commandeur general grand-maître regulier qui y feroit inceffamment rétabli.

Je m'arrête à cette dernière époque, & je me borne, pour le préfent, à donner quelque idée de l'état de la maifon de Montpellier, qui depuis fa démolition en 1562, ne commença d'être rébâtie qu'environ 1660. M. Campan en prit le foin, dans le tems qu'il joüit de fa commanderie fous Mr. des Efcures; il jetta les fondemens d'une grande chapelle du côté du levant, le long de la grande ruë, qu'on voit encore fept ou huit pieds hors de terre; il bâtit un corps de logis ifolé du côté du midi, du couchant & du nord, & qui tenoit du levant à la chapelle par un grand efcalier furmonté d'un pavillon quarré, que j'ai vû autrefois en fort bon état; mais, tandis que Mr. Campan alloit finir fon ouvrage, il perdit fon procés contre M. Rouffeau de la Bafoche, & tout refta imparfait. Depuis ce tems-là, les differens arrêts qui font intervenus fur l'ordre du St. Efprit de Montpellier ont arrêté le bâtiment & tout exercice d'hofpitalité en cette ville. Les revenus en font levez par un fequeftre, & les biens dépériffent tous les jours, de même que le bâtiment : je ne connois pour le préfent de tous les grands biens qu'il y a eu autrefois, qu'un domaine à St. Onés, qu'une redevance de quarante écus fur le fief de Ferrieres, & quelques autres qu'on tire des maifons qui ont été bâties dans l'enclos de cet hôpital.

Cet ordre, qui s'eft confervé en Pologne, fleurit encore en Italie, & principalement à Rome, dans le magnifique hôpital du St. Efprit *in Saxia*, qui a plus de cinq cent mille livres de revenu, & qui dans fon enceinte, forme une petite ville, divifée en differens logemens, pour le fpirituel & le temporel. Les malades y font reçus, quelque maladie qu'ils ayent, enfans & filles, phrenetiques & infirmes, qui font fervis en vaiffelle d'argent : un cardinal eft toûjours commandeur de cette maifon, où il a un palais pour lui; les réligieux qui y font en grand nombre, & les officiers de la maifon, ont leur quartier féparé des malades: tous les pelerins y font reçûs, de quelque nation qu'ils foyent, & traitez magnifiquement durant cinq jours.

En France, les principales maifons de cet ordre font à Dijon, Befançon, Poligni, Bar-fur-Aube, Sainte Phanfel en Alface. Les réligieux font habillez comme les ecclefiaftiques, & portent feulement une croix de toile blanche à douze pointes fur le côté gauche de leur foutane & de leur manteau. Ils ont dans l'églife une aumuffe de drap noir doublée & bordée d'une fourure noire.

L'ordre du St. Efprit a pour armes de fable, à une croix d'argent à douze pointes; & en chef un faint Efprit d'argent en champ d'or dans une nuée d'azur.

CHAPITRE QUATRIÉME.

HOPITAL DE LA PORTE D'OBILION OU DE LATES
Dit aujourd'hui l'hôpital St. Eloy.

CET hôpital, qui est aujourd'hui très-considerable dans la ville, sous le nom de Saint-Eloy, commença dans le faubourg de *Lates* en 1183, il eut pour fondateur Robert Pellier, qui l'établit pour y recevoir les malades & les pauvres passans. Vadingue raporte que st. François d'Assise, revenant d'Espagne en 1213, y fut reçu, & qu'il dit, par un esprit prophetique, que ses enfans habiteroient un jour tout joignant cet hôpital. Il étoit en effet situé dans le jardin (dit aujourd'hui de Perier) qui n'est séparé du clos des Cordeliers, que par une rue du faubourg.

Il fut agrandi considerablement en 1228 par les libéralités de Rostaing Poscher, & d'Aigline sa femme, qui lui donnerent toutes les terres qu'ils avoient à* Meirargues & à Veiras. Peu de tems après, Guy de Baulieu & Petronille sa femme suivirent leur exemple, en donnant tout leur bien à cette maison, où ils se consacrerent au service des pauvres, entre les mains de Guiraud de Benevent, qui est nommé (dans l'acte) precepteur de cet hôpital.

Il est apellé dans quelques vieux titres, l'hôpital Robert, du nom de son fondateur, & en d'autres l'hôpital de Notre-Dame des Tables, à cause de la chapelle Notre-Dame qui étoit tout joignant, comme nous l'aprenons du livre qui a pour titre: *Privilegia Sti. Firmini. Item procurator hospitalis Sti. Eligii solvet pro capella beatæ Mariæ juxta dictum hospitale XV solidos.*

Le prieur de St. Firmin étoit administrateur né de cet hôpital, & on devoit lui en remettre les clefs à la mort de chaque directeur, qui étoit obligé, avant que d'en prendre possession, de jurer obéissance entre les mains de l'evêque de Maguelone & du prieur de St. Firmin.

Ce fut à leur sollicitation que la reine Jeanne de France, épouse de Charles roy de Navarre, alors seigneur de Montpellier, écrivit une lettre, qui est dans les archives de l'hôtel-de-ville, donnée à Evreux le 14 septembre 1373, par laquelle elle ordonne au bailly de Montpellier & à ses autres officiers de faire payer tout ce qui se trouveroit dû aux pauvres de l'hôpital Notre-Dame dans le faubourg, & aux autres hôpitaux de la ville : *Ad supplicationem pauperum hospitalis beatæ Mariæ in suburbiis Montispessulani, & aliorum hospitalium dictæ villæ, &c.*

Ce nom d'hôpital Nôtre-Dame fut changé quelque tems après en celui de St. Eloy, dont la chapelle étoit en grande vénération : il portoit déjà ce nom dans le xve siécle, comme il paroît par ce que j'ai raporté du livre des priviléges de St. Firmin ; & il le conferva dans le fiécle fuivant, lorfqu'il fut transferé dans la ruë de l'Aiguillerie, à caufe des differens fiéges dont on fut alors menacé. On marque que ce fut dans la maifon de Jean Chriftol (maintenant de Verchant), mais l'incommodité que les voifins en recevoient, & les dificultés qu'on trouvoit à pouvoir s'y élargir, firent chercher un lieu plus fpacieux à quelque extremité de la ville. On prit pour cet effet l'école Mage (qui fut transferée ailleurs), & l'on y commença les bâtimens qui ont été continués dépuis pour le fervice des pauvres malades. La chofe confte par l'infcription de 1600, qui eft fur la porte de l'hôpital St. Eloy

Tous ces changemens ayant été faits dans le grand effort des troubles de la réligion, nos confuls, qui agiffoient au nom de la ville, prirent pour l'entretien de St. Eloy le révenu des hôpitaux particuliers qui avoient été démolis dans les fauxbourgs ; de ce nombre furent l'hôpital St. Jacques, celui de Tournefort, & tout ce qui avoit apartenu à la confrérie des dames du Dimecre, dont l'hôpital St. Eloy joüit encore : nos confuls en furent les feuls adminiftrateurs jufqu'après le fiége de Montpellier, qu'on jugea à propos de leur donner pour adjoints quelques habitans de la ville ; mais on a donné depuis une nouvelle forme au gouvernement de cette maifon, par la création qui fut faite en 1694, d'un bureau de direction, compofé de Mr. l'evêque ou de fon vicaire-general, des maire & confuls de la ville, n'ayant tous qu'une feule voix, de quatre intendans pris indifferemment de tous les corps de compagnies, & de quatre findics perpetuels, qui font pris auffi fans diftinction du corps des compagnies, des marchands, bourgeois & procureurs. *Par arrêt du mois d'octobre 1694*

On n'y reçoit que les pauvres malades, à l'entretien defquels la ville fuplée, lorfque les fonds de la maifon ne fe trouvent pas fuffifans.

CHAPITRE CINQUIÉME.

HOPITAL ET CIMETIERE SAINT BARTHELEMY.

PAGE 327.

CET ancien hôpital, avec fon cimetiére, contenoit autrefois tout l'efpace qui eft occupé aujourd'huy par les peres carmes déchauffés ; il y avoit une églife dediée à faint Barthelemy, où les confuls & le clergé de St. Firmin portoient en proceffion le corps de faint

Cleophas tous les jours de Pâques, & alloient le reprendre le lendemain en grande folemnité, pour le remettre à St. Firmin.

Il paroît auffi qu'attenant cette églife, il y avoit un hôpital dont il eft fait mention dans nos vieux actes; & il eft marqué dans le petit Talamus que la reine de Navarre, venant à Montpellier en 1373, s'arrêta devant l'hôpital de St. Barthelemy, où elle entra pour accommoder fes habits, avant que de faire fon entrée publique dans la ville.

Il eft conftant que ce cimetiere fervoit déjà dans le douziéme fiécle, puifque Placentin y fut enterré en 1192, & on y a trouvé dans ces derniers tems le tombeau d'un Pifan avec cette infcription: *Hic requiefcit Raynerius Galdi Pifanus, qui obiit in Domino anno Domini* 1167. Les regîtres des carmes déchauffés parlent d'un tombeau qu'ils trouverent d'un chanoine de Maguelone avec fon habit de St. Auguftin, & d'un autre dont la couverture étoit d'une feule pierre femée de fleurs de lys; mais l'infcription en étoit fi effacée, qu'ils ne purent jamais la déchiffrer, d'où l'on peut préfumer que ce cimetiere fervoit long-tems avant 1167.

Dans le xve fiécle on fit bâtir à l'extrémité de ce grand cimetière, vers le Nord, une chapelle de la Vierge, qui fut appellée Notre-Dame du Charnier. Jean Bonal, evêque de Maguelone en fit la confecration en 1481, où il eft dit que ce fut à la priere des confréres de St. Barthelemy & de St. Claude: la premiere de ces deux confréries ne fubfifte plus, mais celle de St. Claude continuë toûjours; il paroît même, par fes vieux titres, qu'elle étoit déjà établie long-tems avant la confecration de Notre-Dame du Charnier: alors les confréres avoient leur chapelle féparée de l'églife de St. Barthelemy, mais maintenant elle eft dans le corps du bâtiment des carmes déchauffés, à l'entrée du cloître. Ils ont des redevances fur plufieurs piéces de terre aux environs de Montpellier: & en qualité de propriétaires d'une partie du fonds de St. Barthelemy, ils intervinrent, en 1663, dans les conceffions qui en furent faites aux carmes déchauffés par la ville & par le chapitre: il eft dit dans la conceffion que firent les confréres de St. Claude qu'ils permettent aux carmes de bâtir leur églife & leur couvent dans le fonds de l'églife de St. Claude, & de prendre la pierre qui s'y trouvera des anciennes ruines, fondemens & voûtes de leur églife.

Les carmes remüérent fi bien toutes ces terres, qu'ils y trouvérent (fuivant leurs mémoires) cent cinquante toifes de pierre de taille, ou de moëlon, avec une mine abondante de fable, & un grand puits tout formé, rempli d'une eau excellente. Ils ont clos de murailles tout ce grand cimetiére qui étoit coupé (lorfqu'ils le prirent) par plufieurs chemins, que les voifins y avoient faits pour aller plus commodément à leurs terres; il n'eft rempli

CHAPITRE SIXIÉME.

HOPITAL DES TEUTONS.

Nous ne connoiſſons cet ancien hôpital que par l'acquiſition qu'en fit le cardinal Imbert Dupuy, lorſqu'il fonda l'égliſe collégiale de St. Sauveur. *Hoſpitale quod dominus quondam Imbertus cardinalis emit tempore quo vivebat, à fratribus Sanctæ Mariæ Teutonicorum dicti loci de Montepeſſulano,* dit la bulle de fondation de St. Sauveur.

Il étoit ſitué dans le faubourg de la Saunerie, vis-à-vis du logis du Cheval-Vert, & occupoit toute l'iſle qui eſt au-devant. Nous ne ſçavons pas préciſement le temps où cet hôpital des Teutons fut fondé à Montpellier, mais il eſt à croire que ce fut dans le xiiie ſiécle, parce que l'ordre des chevaliers teutoniques, qui avoit été confirmé en 1193 par le pape Celeſtin III, commença dans le xiiie ſiécle de ſe rendre ſi puiſſant en Allemagne, qu'il acquit en ſouveraineté la Pruſſe royale & ducale, la Livonie, les duchés de Courlande & de Semigale, qui ſont des provinces d'une vaſte étendue.

Il eſt très-vraiſemblable que ces chevaliers, voulant faciliter à ceux de leur nation le pelerinage de St. Jacques, pour lequel on a une grande dévotion en Allemagne, ils firent à Montpellier l'établiſſement d'un hôpital, où les pelerins allemans ſeroient reçûs & ſervis, s'ils venoient à y tomber malades.

La bulle qui marque l'acquiſition qu'en fit le cardinal Imbert ne raporte aucune circonſtance d'où l'on puiſſe tirer quelque éclairciſſement pour l'hôpital des Teutons; mais il paroît par cette même bulle que l'hoſpitalité ne ceſſa point dans cette maiſon, puiſque les executeurs teſtamentaires du cardinal Imbert chargerent le prieur & le chapelain de St. Sauveur d'entretenir cet hôpital, pour lequel ils firent les réglemens que nous avons vû dans l'article de St. Sauveur.

CHAPITRE SEPTIÉME.

HOPITAL SAINT MAUR, OU DES TRINITAIRES.

IL paroît par la tranfaction dont j'ai parlé dans l'article des peres trinitaires, qu'ils eurent à Montpellier, dans le tems de leur établiffement en cette ville, un hôpital contigu à leur maifon, *cum annexo xenodochio & cæmeterio*, conformément au premier efprit de leur ordre, qui vouloit qu'ils fiffent trois portions de leurs biens, la premiere pour l'entretien de l'hôpital, la feconde pour eux, & la troifiéme pour la redemption des captifs.

Les annales de leur ordre font une mention expreffe de cet hôpital, comm'on a pu le voir dans ce même article : & il eft conftant par le livre que j'ai fouvent cité, des privileges de St. Firmin, que cet hôpital exiftoit encore dans le quinziéme fiécle, puifqu'on y trouve un article des hôpitaux du St. Efprit, de la Trinité, & de St. Antoine, qui reftraint l'ufage de leur cimetiere aux feuls pauvres & aux religieux de la maifon.

CHAPITRE HUITIÉME.

HOPITAL SAINT JACQUES.

UN habitant de Montpellier, nommé Guillaume de Pierrefixe, étant de retour de St. Jacques de Compoftelle, fonda cet hôpital en 1220, en faveur des pauvres qui entreprendroient ce pelerinage. Il le fit bâtir hors des murailles de la ville, entre les portes du Peirou & des carmes, à peu près dans la place où l'on voit encore les fondemens d'une chapelle, que la confrerie des pelerins de St. Jacques fit élever en 1650.

Les liberalitez de Jacques I, roy d'Aragon, rendirent cet hôpital fi confiderable, qu'il donna fon nom à tout le faubourg, où il acquit beaucoup de cenfives, particulierement fur les maifons qui rempliffoient le grand efpace qu'occupe aujourd'huy le jardin du roy.

Pour aller plus commodément à cet hôpital, on ouvrit les murailles de la ville pour y faire une porte, qui fut appellée de St. Jacques, dont on voit encore l'embrafure dans le petit jardin du premier préfident. On y venoit de la ville par une ruë droite qui commençoit devant la maifon de Sarret, & traverfoit à côté de celle de Fermaud, pour fe joindre à la ruë qui paffe devant le logis de la Souche.

Les anciens regîtres de St. Firmin marquent que le premier directeur de cet hôpital fut un nommé Brugier, à qui Guillaume Criftophle, prieur de St. Firmin, donna permiffion d'avoir deux cloches à fa chapelle, & d'y tenir un prêtre pour y dire la meffe, fous l'obligation d'affifter aux proceffions de St. Firmin & de prêter le ferment accoûtumé par les chapelains des autres églifes.

On donnoit alors le nom de chapelle à toutes les églifes particulieres qui n'avoient aucune fonction au dehors; mais on ne laiffoit pas d'y dreffer plufieurs autels qui étoient deffervis par des chapelains à titre. Ainfi l'on trouve une chapelle de Notre-Dame de Pegairolles, fondée en l'églife St. Jacques de Montpellier, qui avoit une directe à Pignan, évaluée foixante livres, & diverfes redevances dont on a les reconnoiffances.

Cet hôpital eut le fort des autres bâtimens des fauxbourgs, qui furent démolis pendant les troubles de Montpellier, depuis 1560 jufqu'en 1622, & ce ne fut qu'après le fiége de cette ville que, l'exercice de la réligion catholique ayant été rétabli, les pelerins de St. Jacques formerent une confrerie qui affiftoit aux proceffions générales; nous les y avons vû paroître avec le bourdon, le rochet & le chapeau garni de coquilles, faifant porter devant eux une croix de criftal, d'où pendoit une écharpe rouge frangée d'or. Ils voulurent avoir une chapelle qu'ils commencerent de faire bâtir environ l'an 1650, fur les anciennes ruines de l'hôpital St. Jacques; mais le nombre des pelerins ayant diminué confiderablement dans la fuite, l'ouvrage a refté imparfait, & la confrérie s'eft entièrement diffipée.

Les biens de cet hôpital ont été unis à celui de St. Eloy, & il ne refte que quelques titulaires des chapelles qui y étoient anciennement.

CHAPITRE NEUVIÉME.

HOPITAL, OU COMMANDERIE DE St. ANTOINE.

J'Ai raporté dans le premier tome de cette hiftoire l'acte de fondation de cette maifon, qui fut faite en 1320 par le roy Sanche, feigneur de Montpellier; il fe priva du logement & des beaux jardins qu'il avoit au faubourg de Villefranche, en faveur des pauvres malades du feu facré qu'on apelloit alors le mal St. Antoine.

Dans cette fondation, le roy exige que l'abbé de St. Antoine y tienne à perpetuité un prêtre, comme on l'y entretenoit auparavant ; & il fe referve la directe & quarante fols de cenfive à chaque mutation d'abbé, fur la maifon de Villefranche, qu'il dota de cent cinquante livres petits tournois.

J'ai marqué dans la vie de ce roy la fituation de cette commanderie, qui étoit précifement dans le lieu dit aujourd'hui l'Aire de Brun, acquife depuis par Mr. Jaufferan, confeiller au préfidial : les confrons, qui font marquez dans l'acte de fondation, fervent de preuve que le faubourg de Villefranche avoit fa paliffade, comme les autres faubourgs de la ville, & qu'il y avoit une portaliere d'où on alloit par le grand chemin jufqu'à la porte du Pile St. Gilles.

Du levant (dit l'acte) confronte avec un jardin de noble Deodat de Bouffagues, feigneur de Puy-Selicon, muraille mitoyenne.

Du midi, où eft la rive du Ribanfon, autrement Merdanfon, avec le verger de Pierre de Ferrieres, & celui de Jean Domenge.

Du couchant, avec le jardin d'honorable homme de Albia, docteur en droit, muraille mitoyenne.

Et du nord vers Caftelnau, confronte avec le chemin qui conduit à la portaliere de Villefranche, d'où l'on va vers la maifon du St. Efprit.

Les réligieux de St. Antoine de Vienne, qui avoient la conduite de cette maifon, en furent chaffez dans les premiers troubles de réligion en 1560. Il ne paroît point qu'après le fiége de Montpellier ils fiffent aucune démarche pour rentrer dans leur ancienne poffeffion, comme firent alors tous les autres réligieux. Leurs titres refterent entre les mains de ceux qui s'en étoient emparez ; & il ne nous refte que le feul acte de leur fondation, qui fut faite à Perpignan par le roy Sanche. Il réfulte d'une défignation qui eft faite dans un acte particulier, que le clocher de leur églife étoit en forme de piramide à quatre angles, & nous trouvons dans le livre des privileges de St. Firmin, que leur cimetiere ne devoit fervir que pour leurs malades, ou pour les réligieux de la maifon, & qu'ils ne pouvoient paffer proceffionnellement dans la paroiffe de St. Firmin, fans la permiffion du prieur.

Quoique leur ancien emplacement foit réduit maintenant à des terres labourables, on ne laiffe point de connoître que ce fonds étoit autrefois un lieu habité, à caufe des puits domeftiques qu'on y voit en grand nombre ; ce qui fait une efpece de démonftration en ce genre.

CHAPITRE DIXIÉME.

HOPITAL DE LA MAGDELEINE.

UN particulier de Montpellier, nommé Pierre Caufiti, d'une famille qui fut confiderable en cette ville durant le xiv. & xv. fiécle, fit cet établiffement en 1328. Nous avons un acte dans lequel il expofe à Raymond de Canillac, prieur de St. Firmin, qu'ayant déjà établi un hôpital à l'honneur de fainte Marie-Magdeleine dans le faubourg près de St. Barthelemy, il auroit intention d'y fonder & bâtir un oratoire ou chapelle tout joignant, à laquelle il vouloit faire mettre deux cloches, *fignificavit quod propè Sanctum-Bartholomæum extra muros communis clauſuræ juxta hoſpitale ſuum beatæ Mariæ Magdalenæ in ſuburbiis, vult fundare, ædificare & erigi facere unum oratorium, ſive capellam, cum duabus campanis.*

Sur quoi le prieur ordonne qu'il y aura deux cloches & un prêtre pour y celebrer les divins offices, lequel feroit préfenté audit prieur pour y être inftitué, après avoir prêté entre fes mains le ferment accoûtumé par les autres prêtres des chapelles qui font fujettes à St. Firmin. Il exige enfuite.

« Qu'aucun chapelain ne pourra impetrer aucun privilége au préjudice
« de fon ferment & des droits de l'églife paroiffiale; qu'il affiftera aux pro-
« ceffions, vêtu comme les autres chapelains; qu'il obéïra aux lettres de la
« cour de l'evêque de Maguelone & de St. Firmin; qu'il promettra de
« n'aliéner jamais le bien de ladite chapelle; qu'il payera la dime & les pre-
« mices des poffeffions en terres, jardins ou beftiaux qui lui apartiendront,
« & qu'à perpetuité il fera tenu, en figne de fubjection, de payer au prieur
« de St. Firmin un florin d'or évalué vingt fols. »

En confequence, Pierre Caufiti ayant acquiefcé à toutes ces conditions, préfenta un prêtre qui fut inftitué le 4 novembre 1330, comme il apert de l'acte paffé chez Etienne Clary, notaire.

L'emplacement de cet hôpital étoit dans la traverfe qui va aujourd'hui de la dougue entre St. Guillem & la Saunerie vers le Cours, tel qu'il eft défigné dans le plan que j'ai donné de la ville de Montpellier avant les guerres de la réligion P. R.

Gariel nous aprend dans le traité qu'il a mis à la fin de fon Idée de Montpellier, des églifes, couvens & hôpitaux de cette ville, que l'églife & la maifon de Ste. Magdeleine fut deftinée quelque tems après pour les filies pénitentes ou répenties qui vouloient fe retirer du vice.

CHAPITRE ONZIÉME.

HOPITAL SAINTE MARTHE.

Et hôpital étoit dans le faubourg de la Saunerie, vis-à-vis l'église de St. Sauveur, à peu près où est aujourd'hui le logis du Tapis-Vert. Il fut fondé dans le xive siécle par un habitant de Montpellier nommé Pierre Gras, dont nous avons le testament du 23 juillet 1370. Il y ordonne qu'il sera fait un hôpital dans sa maison située en la ruë des Vieilles-Etuves; & pour cet effet, il donne une autre maison contiguë à celle-là, qu'il dit avoir été acquise par feu son pere d'un marchand de Montpellier nommé Pierre Rhodes : à ces deux donations il * ajoûta quelques usages énoncés dans son testament, pour servir à l'entretien d'un chapelain qui seroit tenu de dire à perpétuité une messe tous les jours, & qui devoit être nommé par ses executeurs testamentaires, & après eux par les ouvriers & directeurs dudit hôpital.

PAGE 332.

Les officiers du roy Charles V, alors seigneur de Montpellier, s'oposerent à cet établissement dans la ruë des Etuves, par la règle qu'on avoit observé jusqu'alors de ne laisser établir dans l'enceinte de la ville aucun hôpital ni aucune communauté réligieuse. Cette oppofition obligea les executeurs testamentaires de Pierre Gras à chercher dans le faubourg voisin ce qu'ils ne pouvoient avoir dans la ville. Ils choisirent, pour cet effet, l'emplacement qui est désigné de la sorte : Un tenement de maison avec traverse, & moitié d'un puits devant l'église de St. Sauveur de Montpellier, au dedans de la palissade, dans lequel tenement il y a deux maisons du côté de la ruë droite, & quatre du côté de la traverse, & d'autre part la maison de Guillaume Hôte dans la ruë publique.

Le Sr. Jean de Villaret, qui ne prend d'autre qualité que celle de prêtre de Montpellier, les aida beaucoup dans l'execution de leur projet : non seulement il prévit (comme dit l'acte) que les officiers du seigneur de Montpellier ne permettroient pas que l'hôpital fût établi dans la maison de Pierre Gras, mais il leur donna, par acte du 2 octobre 1375, une maison qu'il avoit près de l'église de St. Paul, avec une autre dans la ruë des Vieilles-Etuves, pour servir à la fondation de l'hôpital Ste. Marthe.

Cet hôpital est apellé dans les mémoires de Philippy & dans le manuscrit de Mr. Vignes, hôpital des femmes, sans expliquer s'il étoit pour les femmes malades ou décrépites; mais Gariel, dans son Idée de Montpellier, nous fait entendre qu'il étoit destiné à l'éducation & à la sûreté des filles, jusqu'à ce que l'on trouvât à les établir.

Les calvinistes épargnerent cette maison, de même que les autres hôpitaux de la ville, lorsqu'ils firent à Montpellier les démolitions que nous avons vû en 1562, mais dans le reste de ce siécle, ils l'abatirent entierement lorsqu'ils voulurent se prémunir contre les differens siéges dont ils furent ménacés.

Le titre du chapelain de Ste. Marthe subsistoit encore en 1612, comme il paroît par diverses reconnoissances de cette même année, & particuliérement une du dernier mars 1612, faite par Daniel Bouques, d'une maison sise dans la ruë des Etuves, sisain Ste Foy.

Il faut aussi que dans l'église de St. Sauveur il y eût une chapelle de Ste. Marthe, puisqu'il est dit dans un acte de 1547, retenu par Lambert, notaire, que le chapelain de Ste. Marthe, en St. Sauveur, doit payer une pension annuelle de quatre livres à l'hôpital Ste. Marthe.

CHAPITRE DOUZIÉME.

SAINT JULIEN DE TOURNEFORT.

Cet hôpital portoit le nom d'un marchand de Montpellier, nommé Guillaume Tournefort, qui le fonda en 1360, comme il paroît par les lettres d'amortissement du roy Charles VI, du mois d'avril 1434. Il étoit situé à l'entrée du cours du côté de la Saunerie, & il donnoit son nom à toute l'isle où il étoit bâti. Ce fait conste par un acte de 1465, tiré des regîtres de la Bourse, où il est dit, en parlant d'un grenier à foin qu donnoit matière de contestation, *unum paillarium situm in palissatis, in insula hospitalis Sancti Juliani de Tournefort*. On voit plus bas, dans le même acte, qu'il étoit entre la portaliere de St. Sauveur & celle des freres prêcheurs, *inter portale Sancti Salvatoris & portale prædicatorum*, ce qui fait précisément toute l'étenduë du cours : mais ce qui prouve qu'il étoit plus près de St. Sauveur que des freres prêcheurs, est un acte du même régistre, fol. 283, * où l'isle de l'hôpital de Tournefort est désignée vis-à-vis le collège de St. Sauveur, regardant par la façade du devant la muraille de la palissade, & du derriére, l'hôpital de Ste. Marthe. *Situm in insula existente ante ecclesiam & collegium Sancti Salvatoris vocata vulgariter l'isla de l'hespital de Tournefort*, confrontant, *à parte ante cum pariete palissatarum præsentis villæ, & à parte retro cum hospitali Sanctæ Marthæ.*

Nous avons jusqu'en l'année 1556, des reconnoissances féodales, consenties au profit des hôpitaux de St. Jacques & de St. Julien ; mais depuis ce tems-là, qui fut bientôt suivi des troubles de la religion à Montpellier, on ne trouve plus de reconnoissance consentie à leur profit : elles sont toutes au nom de l'hôpital de St. Eloy, où il est dit que les hôpitaux de St. Jacques & de Tournefort lui avoient été unis.

CHAPITRE TREIZIÉME.
L'HOPITAL DE LA CHARITÉ.

Dans les premieres années de tranquilité que le règne du roy Henry IV procura aux villes de son royaume, les catholiques de Montpellier, voulant pourvoir aux besoins des pauvres de leur religion, tinrent une assemblée le 17 avril 1596, où assisterent Antoine de Subjet, évêque de Montpellier, avec les députez du chapitre de l'église cathédrale St. Pierre, Pierre de Rosel, premier président en la cour des aydes, avec plusieurs généraux de ladite cour, le président d'Aiguillon, avec d'autres officiers de la chambre des comptes, & bon nombre des principaux catholiques de la ville, qui délibererent tous de choisir chaque année six bons habitans, sous le nom de procureurs des pauvres, pour quêter dans la ville & aux portes des églises en faveur des pauvres catholiques.

Il fut réglé en même tems qu'un des six seroit receveur de toutes les aumônes, qu'un autre en seroit le controlleur, & qu'ils s'assembleroient tous six deux fois la semaine, pour conferer ensemble sur les besoins des familles nécessiteuses : Voilà les premiers commencemens de l'hôpital de la Charité.

Mais, pour conserver le nom des citoyens charitables qui se dévoüérent les premiers à cette bonne œuvre, je crois devoir les marquer ici, comme je les trouve dans les regîtres qui m'ont été communiquez par Mrs. de l'hôpital general.

Pour le sifain Ste Foy, Mr. des Champs.
Pour le sifain Ste. Anne, Sr. Raymond Trial.
Pour le sifain St. Firmin, sire Rafinesque.
Pour le sifain St. Paul, Sr. Hilaire Gentil.
Pour celui de Ste Croix, Sr. Henry Aulagne.
Pour celui de St. Mathieu, Sr. Simon Gousc.

Mr. l'evêque fe taxa tous les mois en faveur de cette bonne œuvre ; le chapitre de fa cathédrale fuivit fon exemple, & enfuite les églifes collégiales en cet ordre : St. Ruf, Notre-Dame du Palais, Ste. Anne, St. Sauveur & la Trinité ; & plufieurs d'entre les catholiques augmenterent les fonds du bureau de charité par les legs qu'ils lui firent. Les plus remarquables font : Mrs. Remiffe, Valcourtois, Rochemore, lieutenant principal, le préfident d'Aiguillon, Mr. Fabre, chanoine de la cathédrale, le préfident de Chef-de-Bien, le préfident de Ratte*, les fieurs Verchant, Andrieu, lieutenant ordinaire, & Madame d'Aumelas.

On garda cet ordre jufqu'au fiége de Montpellier en 1622, où les quêtes furent interrompuës ; mais après la réduction de la ville, les catholiques ayant pris l'afcendant, ils délibererent, le 30 avril 1627, d'augmenter le nombre des procureurs des pauvres, & d'en mettre deux dans chaque fifain, au lieu d'un feul qu'il y avoit eu auparavant.

Dès lors le produit de la quête augmenta confiderablement, & les catholiques à l'envi léguerent quelques fommes au bureau de la charité. On trouve dans les regîtres de ce tems-là, parmi les bienfacteurs de cette maifon, Mr. du Boufquet, abbé de Franquevaux, quatre chanoines de la cathédrale, fçavoir : Mrs. Hugues Gramon, Enguerran & Vidal, David Varanda, profeffeur ès loix, Samüel Trinquere, juge-mage, Mademoifelle de Beauxhoftes, & Marguerite de Tufani, veuve d'Antoine de Grille, général des aydes. Mais l'aumône la plus confiderable qui foit marquée dans leurs regîtres eft celle du duc d'Offone, qui paffant à Montpellier, donna au baffin des pauvres cent piftoles d'Efpagne, évaluées dans le compté de la recette à quatorze cens foixante-dix livres.

Ces fecours, qui devinrent affez ordinaires, mirent le bureau en état d'entreprendre quelque chofe de plus pour le foulagement des pauvres. On crut qu'il ne fuffifoit pas de fecourir les familles néceffiteufes, mais qu'il falloit encore retirer les orphelins & les invalides : pour cet effet, pendant le féjour que le cardinal de Richelieu fit à Montpellier en 1629, on projetta d'acquérir à l'extrémité du faubourg du Pile St. Gilles plufieurs maifons, qu'on apelloit, dans le tems de la grande pefte, l'hôpital des Trois-Couronnes (François Ranchin nous aprend cette circonftance dans fon hiftoire de la grande pefte de Montpellier) & tout ayant concouru pour faciliter cet établiffement, on commença d'affembler les orphelins & les invalides dans l'hôpital des Trois-Couronnes, qu'on apella depuis l'hôpital de la Charité. On fe fouvient encore d'y avoir vû les vieilles femmes occupées à filer, les enfans à faire des épingles & les hommes à faire des futaines, ou s'employer aux travaux de la maifon, felon leurs forces.

PAGE 334.

Alors on déchargea les procureurs des pauvres du soin de la quête, qu'ils avoient accoûtumé de faire aux portes des églises, & l'on y envoya les enfans bleux de la Charité, avec des troncs portatifs, où les personnes charitables jettoient leurs aumônes. On n'a pas oublié la formule dont ces enfans se servoient pour exciter la charité des fidéles; ils la disoient en chantant, & ils la recommençoient tour à tour.

Leur nombre ayant augmenté considerablement par le surcroit des enfans trouvez, dont on chargea l'hôpital de la Charité, on crut, en 1652, devoir augmenter le nombre des administrateurs de cette maison, & pour interesser davantage toutes les compagnies à la proteger, on forma un bureau composé de quatre intendans pris tous les ans des officiers de justice & du chapitre de la cathédrale; de douze recteurs tirez d'entre les bourgeois, dont la moitié ne devoit être changée que de deux en deux ans, & de quatre sindics perpetuels.

Cet ordre parut si bon, que le roy Loüis XIV, en établissant à Montpellier un hôpital general en 1678, ordonna que le même ordre qu'on gardoit à la charité seroit suivi à l'hôpital general, comme nous allons le voir dans l'article suivant.

CHAPITRE QUATORZIÉME.

L'HOPITAL GENERAL.

LA déclaration que le roy Loüis XIV avoit donnée, en 1662, pour l'établissement d'un hôpital général dans les villes & gros bourgs de son royaume, ne commença d'avoir lieu à Montpellier qu'en 1676, où Sa Majesté écrivit à Mr. de Pradel, evêque de cette ville, & à Mr. d'Aguesseau, intendant de la province, * pour leur faire sçavoir ses intentions, & pour leur dire de donner leur avis sur tous les obstacles qu'ils pourroient prévoir à l'établissement d'un hôpital general à Montpellier, avec les mesures qu'ils croiroient pouvoir être prises pour les faire cesser.

Ces messieurs, pour obéïr aux ordres du roy, dresserent un mémoire où, après avoir exposé la maniére dont on pourvoyoit aux besoins des pauvres dans l'hôpital de la charité, ils marquerent au roy les obstacles & les facilitez qu'ils prévoyoient à l'établissement d'un hôpital general : sur quoi Loüis XIV fit expedier des lettres-patentes, données au camp de Vetere, au mois de may 1678, par lesquelles il ordonna qu'on établît à Montpellier un hôpital general, auquel il unit pour toûjours la maison de la charité avec les autres hôpitaux du diocéſe, excepté celui de St. Eloy, qui ſervoit aux pauvres malades.

On mit auſſitôt la main à l'œuvre, & parce qu'on n'avoit pas de maiſon pour tous les invalides qui ſe préſenteroient, on prit l'iſle du Cheval-Vert dans le faubourg de la Sauneric, où l'on dreſſa une chapelle, deux réfectoires, l'un pour les hommes, l'autre pour les femmes, de grandes chambres à coucher, & d'autres chambres de travail.

Cependant on jetta les yeux ſur quelque grand emplacement, où l'on pût, avec le tems, faire les bâtimens néceſſaires au grand nombre des pauvres qu'on ſe propoſoit d'y recevoir. On ne trouva pas de lieu plus convenable que l'ancien clos des peres carmes, qui s'étoient logés dans la ville, & qui ne ſongeoient plus à bâtir ſur les anciennes ruines de leur monaſtère hors la porte des carmes Le marché fait avec eux, Mr. de Pradel y mit en 1680 la première pierre, & l'on creuſa les fondemens de deux grands bâtimens quarrés, qui forment aujourd'hui l'hôpital general, et qui ſervent , l'un aux hommes, & l'autre aux femmes.

Tout le rez-de-chauſſée eſt occupé par l'égliſe, la ſale du bureau, les chambres du travail, l'apoticairerie, les réfectoires, les cuiſines, les priſons & le lieu où l'on diſtribuë journellement du pain aux pauvres familles de la ville. Le premier étage ſert au logement des prêtres, des officiers de la maiſon, des ſœurs qui prennent ſoin des jeunes garçons & des jeunes filles, à la draperie, à la lingerie & aux ſales à coucher pour les vieillards & pour les vieilles femmes : au plus haut couchent les jeunes garçons dans de longues ſales, & dans l'autre quarré les jeunes filles ; & les grands pavillons qui ſont aux quatre coins du bâtiment ſervent à faire ſécher le linge dans le mauvais tems. On a ménagé à l'entrée de la maiſon une cours très-ſpacieuſe pour le divertiſſement des enfans, & au-delà du bâtiment, il y a des jardins potagers d'une très grande étenduë.

On reçoit dans cette maiſon les pauvres vieillards & les vieilles femmes, les enfans expoſés & orphelins, quelquefois des perſonnes de bonne famille que le beſoin reduit à l'hôpital. On compte prés de ſix cens bouches dans cette maiſon, ſans parler d'un plus grand nombre de familles neceſſiteuſes de la ville, à qui l'hôpital donne tous les jours une certaine quantité de pain : il tient en nourrice les enfans trouvés, il les entretient & les fait élever juſqu'à l'âge de ſeize ans, auquel tems il donne un métier aux garçons, & un mariage aux filles.

Il ſeroit impoſſible de ſoûtenir cette maiſon, ſans le bon ordre qui y regne. Le roy Loüis XIV, ſatisfait de celui qu'on gardoit à la charité, ordonna, par le deuxiéme article des réglemens qu'il fit en 1678, que l'hôpital general feroit regi ainfi que la maifon de la charité l'avoit été cy-devant, c'eft-à-dire par l'evêque de Montpellier, par quatre intendans qui feroient tirés de la cour des comptes, aydes & finances, du bureau des tréforiers de France, du préfidial & du chapitre de l'églife cathédrale, tour à tour & fucceffivement.

En 1694, le nombre des intendans & des findics fut augmenté par arrêt du confeil du 4 octobre, qui fixe les uns & les autres au nombre de fix ; de cette forte tout le bureau eft compofé de vingt-fix perfonnes, fçavoir : de l'evêque quand il peut s'y trouver, de fix intendans qui changent tous les ans, de douze recteurs pris du corps des bourgeois, pour ne changer que par moitié de deux en deux ans, de fix findics perpetuels, & d'un tréforier annuel, qui par arrêt du confeil de 1711 eft qualifié d'intendant-tréforier, & que le bureau* peut choifir dans tous les ordres de la ville fans exception. Il reçoit tous les revenus de l'hôpital & fait toutes les avances neceffaires pour l'entretien de la maifon, qui lui font remboursées par fon fucceffeur, à quelque fomme qu'elles puiffent exceder la recette.

Les privileges que le roy accorda à l'hôpital general, dans le tems de fon établiffement, font une partie de fes revenus & diminüent confidérablement fes charges : telle eft l'exemtion des fubfides, impofitions, charges ordinaires & extraordinaires, pour la clôture de l'hôpital general, jufqu'à la concurrence de trente cêterées, la permiffion de prendre à perpetuité chaque jour, depuis le premier octobre jufqu'au premier de mars, deux charges de mule ou de mulet de bon bois au bois de Valene, apartenant aux confuls & habitans de Montpellier ; & depuis le premier avril jufqu'au dernier feptembre, une charge par jour, fans en payer aucun droit apartenant à la ville ; l'union à l'hôpital general de toutes les aumônes de fondation en grain ou en argent, dont fe trouveront chargez les abbez, prieurs, communautez féculiéres & régulières, même les particuliers, habitans de la ville & du diocéfe ;

Obligation aux notaires d'envoyer gratuitement des extraits des teftamens qu'ils auront reçû, & autres actes faits au profit de l'hôpital general ;

Pareille obligation aux corps des métiers, de donner un ou deux compagnons, pour inftruire les enfans de la maifon, felon l'inclination qu'on pourra reconnoître en eux, avec faculté aufdits compagnons, après avoir fidélement fervi pendant fix années de pouvoir tenir boutique ;

La même grâce eft accordée aux compagnons chirurgiens ou apothicaires qui auront fervi l'hôpital le même efpace de tems ;

Permiffion aux adminiftrateurs d'y établir toutes les manufactures qu'ils jugeront utiles audit hôpital, & de faire quêter privativement à tous autres, dans tous les lieux où l'on peut être excité à faire l'aumône;

Attribution audit hôpital de toutes les aumônes ordonnées par la cour des comptes, aydes & finances, & par les officiers du préfidial, en procédant à l'entcrinement des lettres de grace, remiffion & abolition; & en outre, fur toutes les lettres de légitimation & naturalité, dons & autres grâces adreffées à la cour des comptes, aydes & finances, fur lefquelles il fera mis telle aumône que les officiers jugeront en faveur de l'hôpital.

Mais pour affûrer à cette maifon quelque revenu plus fixe, le roy permit au diocéfe d'impofer annuellement & à perpétuité quinze cens livres au profit des pauvres, & à la ville de Montpellier deux deniers fur chaque livre de viande qui feroit venduë à Montpellier, Boutonnet & Caftelnau, ce qui produit une fomme très-confidérable.

Néanmoins, avec tous ces fecours & avec les conftitutions de rente que l'hôpital a acquis, fes revenus fixes feroient infuffifans de moitié, s'ils n'avoient les revenus fortuits qui lui viennent de la charité des fidèles; l'ufage s'eft heureufement introduit, que toutes les perfonnes aifées léguent quelque fomme à l'hôpital; & il arrive fouvent que des particuliers, furtout les ecclefiaftiques, font hériter l'hôpital general: c'eft avec ce fecours qu'on a fait dépuis quinze ans un quartier pour les incurables, qu'on y reçoit en très-grand nombre.

Il y a tout lieu d'efperer du bon gouvernement qui s'obferve dans cette maifon, que Dieu fera continuer les bonnes œuvres qu'on y exerce déjà dépuis cinquante ans.

CHAPITRE QUINZIÉME.

L'HOPITAL DES PETITES MAISONS.

EN l'année 1716, le confeil de ville ayant jugé à propos d'enfermer, à l'exemple de Paris & autres villes du royaume, les infenfez qui couroient la ville, & qui y caufoient fouvent du défordre, fit propofer à Mrs. du bureau de l'hôpital St. Eloy de vouloir fe charger de ces pauvres infenfez, moyennant deux cens livres que la ville leur donneroit tous les ans, pour chacun de ceux qui leur feroient envoyez par Mrs. les confuls, avec offre, de la part de la ville, de contribuer à la conftruction des loges qui feroient néceffaires pour les tenir enfermez.

La propofition ayant été acceptée par Mrs. du bureau, ils deftinerent à cet établiffement le jardin qu'ils venoient d'acquerir de Mr. de la Greffe, doyen de la cour des comptes, aydes & finances, qui n'étant féparé de l'hôpital St. Eloy que par une ruë fur laquelle on a jeté un arceau, femble être contigu à l'hôpital St. Eloy.

En même-tems, le diocéfe de Montpellier fit un pareil traité avec les directeurs de l'hôpital, en confequence duquel, ces Mrs. firent conftruire, moyennant les fommes dont la ville convint, treize loges ou petites maifons, pour y recevoir les infenfez de la ville & du diocéfe. Quoique ces petites maifons ne foient pas ordinairement toutes remplies, le public a la fatisfaction de ne pas voir dans les ruës ces triftes objets, & d'être à l'abri des attaques de ces pauvres infenfez, qui font foignez dans leurs loges par des fœurs de la charité, avec la patience & l'exactitude qui eft ordinaire à ces charitables filles.

HISTOIRE DE MONTPELLIER

LIVRE DOUZIÉME

Des anciennes écoles de Montpellier & de son Université d'aujourd'huy.

QUOIQUE les écoles publiques n'ayent pris le nom d'université qu'au commencement du treiziéme siécle, comme l'a remarqué Mr. de Fleury dans son cinquiéme discours sur l'histoire ecclesiastique, il n'est pas moins certain, selon ce même auteur, que les études fleurissoient, longtems auparavant, dans plusieurs villes de l'Europe & de la France, parmi lesquelles Montpellier étoit celèbre pour la science du droit, que Placentin & Azoy enseignerent dans le douziéme siécle, & par les écoles de medecine, que les disciples d'Averroës & d'Avicenne y avoient déjà établi.

Les règlemens faits en 1220 par le cardinal Conrad Eginon, servent de témoignage public en faveur de l'école de medecine de Montpellier, qui, selon les paroles de ce même cardinal, s'étoit renduë illustre depuis longtems & avoit produit des fruits trés-utiles dans plusieurs parties du monde : *Sane cum dudum medicinalis professio sub gloriosis titulis in Montepessulano claruerit, floruerit & fructum fecerit multipliciter in diversis mundi partibus salubrem, &c.*

La reputation de Placentin & d'Azo, qui les premiers enseignérent le droit à Montpellier, rendit leur école l'une des plus célèbres de l'Europe, comme on pourra le voir plus au long dans l'article particulier que j'en donnerai.

Enfin les réglemens que Jean de Montlaur, evêque de Maguelone, fit en 1242 pour l'école des arts, prouve que cette science fleurissoit à Montpellier de son tems.

Toutes ces considerations porterent le pape Nicolas IV, sur la fin du treiziéme siécle, à ériger les écoles de Montpellier en étude générale, ou université, dans laquelle les maitres pourroient enseigner & les écoliers s'instruire dans toutes les *sciences permises, afin (dit le pape) qu'après avoir fait le cours de leurs études, ils puissent recevoir la licence ou permission d'enseigner les autres : *Authoritate præsentium indulgemus ut in dicto loco sit deinceps studium generale in quo magistri doceant, & scholares libere audiant in quavis licita facultate. Et si qui processu temporis in eodem studio fuerint, qui scientiæ bravio assecuto, sibi docendi licentiam, ut alios libentius erudire valeant, petierint, impertiri.*

On pourra observer dans la bulle du pape Nicolas IV, que je raporte au bas de cette page, qu'il fait une mention expresse du droit canon & civil, de

Series præsul. Mogul., pag. 294.

NICOLAUS, episcopus, servus servorum Dei, filiis doctoribus & scholaribus universitatis apud Montempessulanum commorantibus, salutem & apostolicam benedictionem. Desiderabiliter affectamus quod litterarum studia in quibus pretiosa reperitur à sedulo quærentibus margarita, multiplicentur ubique, maxime in illis locis quæ ad grana multiplicanda doctrinæ, ad producenda salutaria germina disciplinæ, idonea existere dignoscuntur. Cum autem LOCUS MONTISPESSULANI, celebris plurimum & famosus, aptus valde pro studio consideratis diligenter ejus conditionibus dignoscatur. Nos utilitati publicæ expedire credentes ut, in loco ipso cultores sapientiæ inserantur, fructum desideratum largiente scientiarum Domino in tempore producturi, authoritate præsentium indulgemus ut in dicto loco sic deinceps STUDIUM GENERALE in quo magistri doceant, & scolares libere studeant & audiant in quavis licita facultate. Et si processu temporis in eodem studio fuerint, qui scientiæ bravio assecuto, sibi docendi licentiam, ut alios libentius erudire valeant petierint, impertiri. Præcipimus ut in JURE CANONICO & CIVILI, necnon & in MEDICINA & ARTIBUS examinari possint ibidem, & in eisdem facultatibus DUMTAXAT titulo magisterii decorari. STATUENTES ut quoties aliqui ad magisterium fuerint promovendi, præsententur EPISCOPO MA-

la médecine & des arts, sans y nommer la théologie, qui ne commença d'être enseignée à Montpellier que dans les couvens des religieux mandians nouvellement établis; mais le pape Martin V, en 1420, la comprit parmi les autres facultés * de l'université de Montpellier & il l'unit à celle du droit canon & civil, pour ne faire qu'un même corps avec elle, comme nous le dirons dans l'article de la théologie.   *Page 341.*

Dans ces premiers commencemens, les papes & les rois de France accorderent à l'envi plusieurs beaux privileges à l'université de Montpellier. Martin V, par une bulle expresse, lui donne pour conservateurs l'archevêque de Narbonne, l'abbé d'Aniane & le prévôt de Maguelone. Par une autre bulle il exempta les professeurs & les étudians d'être cités hors la ville pour quelque   *Livre du recteur, page 194. Ibidem, pag. 197.*

GALONENSI loci diœcesano, qui pro tempore fuerit, vel ei quem ad hoc idem episcopus duxerit deputandum, qui magistris facultatis illius in qua examinatio facienda fuerit, de universitate vestra in eodem studio præsentibus convocatis, eos gratis & difficultate quacumque sublata, de scientiæ facundia, de modo legendi & de aliis quæ in promovendis ad doctoratus officium requirentur, examinare studeant diligenter & illos quos idoneos repererint, & petito secreto eorumdem magistrorum consilio (quod consilium in ipsorum consulentium dispendium vel jacturam revelari quomodolibet sub divinæ maledictionis interminatione districtissime prohibemus), approbent & admittant, eisque licentiam largiantur; alios minus idoneos repellendo, postpositis omnino gratiis, odio vel favore. Cæterum ne vacante ecclesia Magalonensi contingat promoveri volentes ad magisterium impediri, volumus ut cum ipsa ecclesia tres etiam archidiaconi assumantur, archidiacono majori præsente, vel eo in remotis agente, aut etiam impedito secundo; vel illis præpeditis, tertio: promovendi hujusmodi vacationis tempore præsententur, qui eos examinent, & examinatores approbent vel reprobent secundum modum in episcopo prænotatum. Illi autem qui in loco præfato examinati & approbati fuerint, ac docendi licentiam obtinuerint, ut est dictum, tunc absque examinatione, vel approbatione alia, legendi ac docendi ubique plenam & liberam habeant facultatem, nec à quopiam valeant prohiberi. Sanè ut in præfatis examinationibus rite procedatur, præcipimus ut magistri legere in eodem studio cupientes, antequam incipiant, præstent publicè juramentum quod ipsi vocati ad examinationes easdem venient, nisi fuerint legitimè impediti, ac gratis, sine difficultate, odio vel favore postpositis, dabunt examinatori fidele consilium, qui de examinatis vel ut digni approbari debent, vel ut indigni merito reprobari. Nulli ergo hominum liceat paginam hanc, &c. Datum apud Sanctam Mariam-Majorem vij. Kal. novembris, pontificatus nostri anno secundo. (C'est-à-dire en 1289, ce pape ayant été élû le 15 fevrier 1288, selon Mr. Fleury, liv. 88.)

affaire que ce fût. Nos rois leur accorderent l'immunité & l'exemtion des tailles qui a été depuis convertie en une indemnité en argent; ils furent aussi exemtés de toutes les charges municipales; mais ce dernier privilége commença de recevoir quelque atteinte en 1355, lorsque les consuls de Montpellier ayant nommé les officiers de la monnoye & les supôts de l'université pour monter la garde dans la ville, pendant la guerre des Anglois contre le roy Jean, le comte d'Armagnac, gouverneur de la province, y contraignit les uns & les autres par provision. Alors les professeurs suspendirent pour quelque tems leurs leçons; ce qui est marqué dans l'histoire de ce tems, comme la premiere interruption arrivée aux études de l'université de Montpellier : *Anno 1355, rex Angliæ graviter impugnare cœpit regnum Franciæ, ita quod studium in Montepessulano suspensum fuerit ad tempus*, dit l'auteur de la vie d'Innocent VI, raporté dans Baluze.

La seconde interruption arriva lors de la fameuse sédition de Montpellier sous le duc d'Anjou en 1379, durant laquelle les écoliers abandonnerent Montpellier & donnerent lieu à l'établissement de l'université d'Orange, comme il est raporté dans l'histoire de cette principauté.

Mais à cette occasion, on peut remarquer l'estime que le duc d'Anjou conservoit toûjours pour l'université de Montpellier, puisque dans la mitigation de sa sentence, il fait une expresse mention des études de Montpellier, en faveur desquelles il dit avoir adouci les peines portées contre la ville.

La troisiéme interruption fut au commencement des troubles de la religion, qui causerent en 1562 la ruine de plusieurs édifices publics & particuliérement celle de la tour de Ste Eulalie, qui servoit aux exercices de la faculté du droit. Etienne Ranchin, dans la préface de ses Décisions, dit en déplorant ces troubles : *Domi latitabamus, à negotiis publicis & forensibus, & à nostris publicis lectionibus prohibiti*.

Cette interruption continua par intervales, durant les troubles de la religion, où l'on quittoit le soin des études, à mesure qu'on reprenoit les armes. De cette sorte les exercices publics ne devinrent bien stables à Montpellier qu'après la reduction de la ville sous les armes du roy Loüis XIII, car alors chaque faculté reprit ses leçons ordinaires; mais celle de droit, autrefois si célèbre, se ressentit beaucoup des interruptions précédentes, & celles de théologie & des arts souffrirent les changemens que nous dirons dans l'article de chaque faculté. Celle de médecine se soûtint mieux que les autres, parce que dans ce tems de mouvement & de guerre, on ne pouvoit se passer de médecins.

Toutes ces quatre facultez reconnoissent l'evêque de Montpellier pour leur chancelier, c'eſt-à-dire, que les lettres de tous les gradués ſont expediées à ſon nom, après avoir été examinez devant lui, ou par ſon délegué. Ce droit étoit acquis aux evêques de Maguelone avant l'érection des univerſités, comme il paroît par le démêlé qu'il y eut à ce ſujet, entre Jacques le Conquerant & Berenger de Fredol, evêque de Maguelone. Toutes les bulles qui ont été [données depuis confirment ce droit à l'evêque : *qui promovendi fuerint præſententur epiſcopo Magalonenſi,* dit Nicolas IV dans la bulle d'érection de cette univerſité ; & Martin V, en lui donnant des conſervateurs, donne le nom de chancelier à l'evêque de Maguelone : *pro parte venerabilis fratris noſtri Ludovici, epiſcopi Magalonenſis, cancellarii,* ce qui a été ſuivi ſans interruption dans les autres bulles des papes, dans les lettres-patentes de nos rois, dans les réglemens faits pour l'univerſité & dans l'expedition des lettres des graduez. On verra une confirmation de tout ce que je viens de dire dans le détail de chaque faculté.

Mém. du clergé, tome 2, part. 1, pag. 105 & ſuivantes.

CHAPITRE PREMIER.

DE LA FACULTE DE MEDECINE

Pag. 512.

L'ECOLE de médecine de Montpellier peut être miſe au rang de ces anciens établiſſemens qui n'ont point d'époque certaine, & dont l'origine ſe perd dans les ſiécles paſſez : ceux qui l'ont fondée n'ont laiſſé aucun mémoire qui puiſſe nous éclaircir ſur le tems qu'elle commença ; mais à leur défaut, nous tirons des livres publics des preuves certaines que l'école de médecine étoit déjà célébre à Montpellier dans le douziéme ſiécle.

La premiére preuve eſt tirée d'une lettre de ſaint Bernard, qui dit en parlant d'un archevêque de Lyon, que ce prélat étant tombé malade en allant à Rome, ſe détourna de ſon chemin pour venir à Montpellier, où durant ſon ſéjour il dépenſa auprès des médecins tout ce qu'il avoit & ce qu'il n'avoit pas. *Cumque infirmaretur, pertranſiit uſque ad Montempeſſulanum, ubi aliquamdiù commoratus, cum medicis expendit & quod habebat & quod non habebat.* Cette lettre eſt pour le plus tard de l'année 1153, qui fut celle de la mort de St. Bernard, d'où l'on infere qu'il avoit fallu un tems confidérable aux médecins de Montpellier pour ſe mettre en réputation, & que nos marchands, qui frequenterent beaucoup l'Egypte & la Paleſtine depuis la premiére croiſade,

Lettre 307.

Apollinare sacrum de F. Ranchin.

avoient amené d'Alexandrie quelques difciples d'Avicenne qui fleuriffoit dans le onziéme fiécle.

Quoi qu'il en foit de ce fentiment, il eft certain que les difciples d'Averroës, qui vécut à Cordoüe dans le fiécle fuivant, vinrent à Montpellier pour y exercer la médecine, & que les médecins qui y étoient déjà établis, s'opoferent de toute leur force à leur établiffement; ce qui donna lieu à Guillaume fils de Mathilde, feigneur de Montpellier, de donner une déclaration de l'année 1180 par laquelle il défend à qui que ce foit de s'arroger en feul le droit d'enfeigner la médecine à Montpellier, voulant & ordonnant qu'à perpetuité, tout homme quel qu'il fût & de quelque pays qu'il vînt, pût tenir école de médecine à Montpellier. *Mando, volo, laudo atque concedo in perpetuum, quod omnes homines quicumque fint, vel undecumque fint, fine aliqua contradictione regant fcolas de phifica in Montepeffulano.*

En vertu de cette déclaration, les difciples d'Averroës furent reçûs à Montpellier, où ils travaillerent avec ceux d'Avicenne à fe faire des écoliers fans être liez par aucun ftatut ou réglement particulier, qui foit venu jufqu'à nous.

Fleury, Hiftoire eccl., liv. 78.

Les plus anciens réglemens que nous ayons furent faits par le cardinal Conrad, que le pape Honoré III envoya legat en France contre les Albigeois en 1220. Ce prélat, qui étoit fils d'Epignon d'Urach, comte de Seinen & neveu de Bertold, duc de Turinge, fut à peine arrivé à Montpellier, que

PAGE 343.

tous les evêques des environs * le prierent de régler la difcipline qu'on devoit obferver dans les écoles de médecine : il le fit après avoir pris leur avis (comme il le dit lui-même), & il nous aprend l'origine du nom de

Series praef. Magal., pag., 155.

IN nomine Domini Noftri Jefu Chrifti, anno ab Incarnatione 1180, menfe januario. Ego Guillelmus Dei gratia Montifpeffulani dominus, filius Mathildis duciffae, ad communem utilitatem Montifpeff. & univerfae terrae meae, dono & firmitate perpetua concedo Domino Deo & probis viris Montifpeffulani praefentibus & futuris & univerfo populo, quod ego de caetero, prece aliqua vel pretio, vel follicitatione alieujus perfonae, non dabo conceffionem feu praerogativam aliquam alicui perfonae, quod unus folus tantummodo legat feu regat in Montepeffulano fcholas in facultate phificae difciplinae; quia acerbum eft nimium & contra fas uni foli dare monopolium in tam excellenti fcientia & quia hoc fieri aequitas prohibet, & juftitia, uni foli in pofterum nullatenus dabo & ideo mando & volo, laudo atque concedo in perpetuum, quod omnes homines quicumque fint, vel undecumque fint, fine aliqua interpellatione regant fcholas de phifica in Montepeffulano. Et injungo omni fucceffori meo quod contra hoc non audeat venire.

chancelier de médecine, & les loix que les étudians, les docteurs & les professeurs devoient suivre.

« Nul (dit-il) ne pourra enseigner à Montpellier qu'il ne soit aprouvé par
« l'evêque de Maguelone & par les régens que ce prélat voudra s'associer.

« Chaque étudiant s'attachera à un professeur déterminé.

« L'evêque de Maguelone, avec le plus ancien professeur & deux autres
« des plus capables, choisira un d'entr'eux trois, ou des autres du corps,
« pour rendre justice à ceux qui porteront des plaintes contre quelqu'un
« des membres de l'université.

« Ce qui est entendu (ajoûte-t-il) seulement des causes civiles ; parce que
« dans les criminelles on doit recourir à l'evêque de Maguelone.

« Celui qui aura été choisi pour connoître de ces causes civiles pourra
« être apellé chancelier de l'université.

« Mais l'evêque de Maguelone doit aider, s'il est nécessaire, par censures
« ecclésiastiques, l'execution des sentences dudit chancelier.

« Que si le siége de Maguelone vient à vacquer, le prieur de St. Firmin
« fera ce qu'auroit dû faire l'evêque.

« Aucun maître ou écolier ne sera reçû dans aucune assemblée publique,
« qu'il ne porte la tonsure clericale, suposé qu'il joüisse de quelque béné-
« fice, ou qu'il soit dans les ordres sacrés ; par la même régle aucun régu-
« lier ne pourra paroître sans l'habit de son ordre. »

Il résulte de cet article que dans le treiziéme siécle, les ecclésiastiques étudioient & pratiquoient la médecine. Nous en avons une autre preuve pour le siécle suivant, tirée de la bulle que le pape Clement V donna à Avignon le 6 des ides de septembre 1308, où ce pape dit qu'il a déliberé sur les réglemens qu'il ordonna dans cette bulle avec Jean de Alesto, son chapelain, qui avoit longtems regi l'école de medecine de Montpellier : *Cum dilecto filio Joanne de Alesto, capellano nostro, qui diu rexit in prælibato studio* ; à quoi l'on pourra ajoûter, pour les réligieux, la disposition du chapitre général des freres prêcheurs (dont j'ai parlé cy-devant) qui ordonne que l'ordre tiendra dans le couvent de Montpellier vingt-quatre freres convers de differentes nations, comme Allemans, Italiens, Espagnols, Polonois & François, pour aprendre la pharmacie.

Avant que d'entrer plus avant dans les réglemens du cardinal Conrad, je crois devoir faire deux observations sur ces paroles : « Celui qui aura été

CONRADUS *miseratione divina, Portuensis & Sanctæ Rufinæ episcopus, apostolicæ sedis legatus, universis sanctæ matris ecclesiæ filiis, salutem in Christo Jesu.*

Ideo legum & constitutionum vigor in

choisi pour connoître des causes civiles pourra être apellé chancelier de l'université; » par où il ne faut pas entendre que ce cardinal voulût donner quelque atteinte à l'autorité de l'evêque de Maguelone sur toutes les facultez qui composoient l'Université; mais * seulement dire que celui qui seroit choisi pour connoître des causes civiles pourroit être apellé chancelier, c'est-à-dire juge, selon Mr. du Cange, sur le mot de chancelier.

Au reste, ce mot d'université, qui y est ajoûté, ne peut désigner que la faculté de médecine avec ses supôts, de même qu'il est pris en ce sens dans les status de la faculté du droit, qui y est souvent apellée université.

« Lorsqu'un professeur (continuë le cardinal Conrad) sera obligé d'inten-
« ter procès, pour quelque injure reçûë par lui ou par les siens, tous les maî-
« tres & écoliers (en étant avertis) doivent l'aider de leurs conseils & de
« leur secours, avec modération néanmoins, pour ne pas se deshonorer ou
« se porter préjudice.

« Si un professeur a disputé avec quelqu'un de ses disciples, à raison de
« son salaire ou de quelque autre chose, nul autre professeur, en étant averti,
« ne doit recevoir ce disciple avant qu'il n'aye satisfait à son premier
« maître.

« Qu'aucun d'eux n'attire sciemment le disciple d'un autre, soit par
« prière, par présent, ou d'autre manière, par soi ou par autrui.

medium à sanctis patribus ecclesiæ moderatoribus productus est, ut humana exerceatur temeritas, tutaque sit inter improbos innocentia & in ipsis improbis formidato supplicio refrenetur nocendi facultas, cum teste apostolo, lex data sit propter transgressores.

Sane, cum dudum MEDICINALIS *scientiæ professio sub gloriosis titulis in* MONTEPESSULANO *claruerit, floruerit & fructum fecerit multipliciter in diversis mundi partibus salubrem. Tanto ad conservationem medicinalis studii duximus studendum & ejus occurrendum dispendiis (communi utilitate & singulorum in hac facultate studentium pensata) quanto ipsius exercitium rerum familiare naturis, discretiores suos reddit opifices & humanæ infirmitati instaurationi gratius adminiculatur. Nimirum hanc scientiam sapientis sententia suadet venerari, testans* quia Altissimus creavit de terra medicinam & homo prudens non abhorrebit eam.

Ut igitur impedimentis hujus studii prudenter ocurramus, ne recidiva (quod absit) inania prævaleant, sed potius valida validentur conservatione & liberiore multiplicentur incremento: de communi consensu & consilio venerabilium fratrum nostrorum Magalonensis(1), Agatensis (2), Ludovensis (3), & Ave-

(1) Bernard de Mezoa, evêque de Maguelone.
(2) Tedivius, evêque d'Agde.
(3) Pierre IV du nom, dit de Lodeve, dont il étoit evêque.

« Tous refpecteront leurs anciens & leur cederont le pas & la prélféance,
« en forte qu'on defére les honneurs à ceux qui auront travaillé dépuis
« plus longtems.

« Pour cette raifon, le plus ancien fera fçavoir aux autres les jours fé-
« riés, tant pour lui que pour eux.

« Tous, tant les maîtres que les écoliers, affifteront exactement & avec
« modeftie à l'enterrement de leurs confrères.

« Lorfqu'un étudiant reviendra des lieux où il aura pratiqué, il pourra
« choifir le régent qu'il voudra, pourvû qu'il ne doive rien au premier qu'il
« avoit, foit pour fon falaire ou pour autre chofe.

« Généralement parlant, tout écolier doit oüir le même maître fous le-
« quel il aura commencé d'étudier pendant un mois.

* « Nous ordonnons (continuë le cardinal Conrad) qu'on faffe lecture PAGE 345.
« des prefens réglemens à toutes les premieres ouvertures des claffes, &
« qu'on ne reçoive aucun docteur fans faire une pareille lecture en prefence
« des maîtres & des écoliers affemblés ; on en fera auffi jurer l'obferva-
« tion fur les faints évangiles à tout nouveau profeffeur qui voudra com-
« mencer fes leçons. Il fera fait trois exemplaires de ces reglemens, dont
« l'un fera gardé par l'evêque de Maguelone, l'autre par le prieur de St. Fir-

nionenfis (1), *epifcoporum & aliorum prælatorum, necnon univerfitatis medicorum, tam doctorum quam difcipulorum Montipeffulani, perpetua conftitutione ordinamus, promulgamus & ftatuimus, fubfequentia irrefragabiliter obfervanda, authoritate legationis qua fungimur.*

Nullus qui antea non rexit in Montepeffulano de cœtero publice regat, nifi prius examinatus fuerit & approbatus ab epifcopo Magalonenfi & quibufdam regentibus bona fide fibi adjunctis, juxta fuæ arbitrium difcretionis.

Nullus fit in Montepeffulano nomine fcholaris, nifi certi magiftri fit addictus regimini.

(1) Pierre de Corbaria, evêque d'Avignon.

Epifcopus Magalonenfis adjuncto antiquiori magiftro & poft eum aliis duobus eis adjunctis magiftris difcretioribus & laudabilioribus, juxta teftimonium extrinfecus & fecundum confcientiam propriam eliget cum prædictis fibi adjunctis, unum de magiftris fuis five de illis tribus, five de aliis, qui juftitiam exhibeat magiftris, fcholaribus, vel aliis contra magiftros vel fcholares agentibus, querimonia apud eum depofita.

Quod fi fuerit appellandum, ad epifcopum Magalonenfem appelletur, falva fedis apoftolicæ in omnibus authoritate.

Hæc autem dicimus in caufa civili tantum, nam caufa criminalis ad prædictum Magalonenfem deferatur tractanda, cujus erit de ea cognofcere.

Ille autem magifter electus ad cognof-

« min & le troisième par le chancelier de l'université, afin que chacun
« d'eux qui en seroit requis puisse exhiber son exemplaire, bien entendu
« qu'on le leur rendra fort exactement.

« Donné à Montpellier, l'an de Notre Seigneur mil deux cens vingt & le
« XVI des kalendes de fevrier. »

Le bon ordre que ces reglemens produisirent dans l'école de medecine de Montpellier la rendirent bientôt célebre dans toute l'Europe, selon divers témoignages que nous en avons de ce même siécle.

Le premier est de Cesaire, prieur d'Heisterbach, ordre de Citeaux en Allemagne, qui parle de Montpellier, comme de la source de medecine, *in Montepessulano, ubi fons est artis phisicæ.* On sçait que le mot de phisique & de médecine a été pris souvent pour la même chose.

Le second est de Mathieu Paris, qui prend occasion de l'arrivée du roy St. Loüis à Marseille, en 1254, à son retour de la Terre Sainte, pour parler de l'école medecine de Montpellier : *In partibus Massiliæ, quæ non multum distat à Montepessulano, ubi floret phisica.*

Le troisième est du même auteur, sur l'année 1267, où il dit, en parlant de l'évêque d'Erfort, que le bruit couroit en Angleterre que ce prélat étoit allé à Montpellier pour guérir de sa maladie : *Dicebatur tamen ab aliquibus quod ad Montempessulanum curreret ab infirmitate qua laborabat sanandus.*

cendum de causis civilibus (ut prædictum est) appellari potest Cancellarius *universitatis.*

Episcopus vero Magalonensis juvet & promoveat sententiam dicti cancellarii ad exequendum per ecclesiam districtionem.

Quod si pro tempore sedes Magalonensis vacaverit, interim præpositus Sti. Firmini ad episcopum pertinentia exequatur, ut superius est ordinatum.

Nullus magister vel scholaris, inter magistros, vel inter scholares alicubi in conventibus, incœptionibus, vel in scholis recipiatur nisi deferat tonsuram clericalem ecclesiasticum beneficium fuerit assecutus, vel in sacris ordinibus constitutus, similiter vel aliquis regularis nisi habitum deferat regularem, juxta ritum suæ professionis.

Si magister prosequatur suam vel suorum injuriam contra aliquem qui non fuerit scholaris, omnes magistri vel scholares ad hoc commoniti juvent illum consilio vel auxilio, ratione tamen prævia, ne per hoc inhonorentur, vel damnificentur.

Si magister habeat causam adversus discipulum super salario, vel super alia re, nullus alius magistrorum illum recipiat (postquam commonitus fuerit) in scholis suis, donec discipulus ille certa caverit cautione magistro conquerenti, qui vel satisfaciet ei, vel qui juri parebit.

Nullus magistrorum scholarem alterius scienter alliciat, vel sollicitet preci-

Le quatrième témoignage est tiré des lettres-patentes de Jacques II, roy de Mayorque, qui, après avoir fait mention des priviléges accordez à l'école de medecine* de Montpellier par le roy son pere, ajoûte ces paroles dignes de remarque : *Nos volentes dicti domini patris nostris vestigiis inhærere, & considerantes quod medicinale studium nunc longe lateque per vastam mundi solitudinem extensis fructuosis propaginibus dilatatum fuerit, &c.*

<small>Page 346.</small>

Ces lettres qui sont de l'année 1281 furent bientôt suivies de l'érection des écoles de Montpellier en univerfité, faite par le pape Nicolas IV, en 1289, ce qui donna un nouvel éclat à la faculté de medecine.

Sa réputation attira à Montpellier, dans le XIV. siécle, Jean, roy de Bohême, pere de l'empereur Charles IV, qui dit, dans l'hiftoire de fa vie, que le roy son pere, ayant déja perdu un œil & craignant pour l'autre, il alla incognito trouver les médecins de Montpellier, pour tacher de guerir de son infirmité : *Illis diebus cum pater meus unum oculum perdidiffet, in altero incipiens infirmari, tranfivit in Montempeffulanum fecreto, ad medicos fi poffet curari.*

<small>Baluze, Pap. avenion., tom. 1, pag. 1053.</small>

Je me contente de ces témoignages, pour les treizième & quatorzième siécles, parce qu'on trouvera fuffifamment des preuves pour les fiécles fuivans dans les divers traités que les medecins de Montpellier donnérent dès ce tems-là ; leurs écrits furent confervés avec foin dans les bibliothèques,

bus, pretio, aut quocumque modo, ad hoc ut eum fubtrahat magiftro fuo, per fe vel per alium.

Debitus honor exhibeatur antiquioribus magiftris in fedibus & in inceffu, ut is alios antecedat reverentiæ fcholafticæ exhibitione, quem labor prolixior docendi fecerit anteire.

Ideo is qui plus & prius magiftraverit denuntiari faciat aliis quibus diebus & quantum fuerit à lectionibus & difputationibus ceffandum & quantum & quando ipfe ceffaverit & alii cefferint, nifi familiaris neceffitas, ut puta infirmitas eum compulerit ad ceffandum.

Omnes tam magiftri quam fcholares diligenter & devote profequantur exequia mortuorum.

Quando fcholaris redit de locis in quibus praticaverit, libere fibi abdicat quemcumque magiftrum, dum tamen priori magiftro fuo non teneatur ratione falarii vel alterius alicujus rei.

Scholaris fub eo incipiat magiftro, cujus continuo ante incæptionem fuam fuerit fcholaris ad minus per unum menfem.

Præcipimus quod tota præfens pagina in fingulorum magiftrorum incæptionibus publice recitetur. Nec celebretur incæptio alicujus magiftri, nifi præfens pagina tota magiftrorum & fcholarium conventu attendenter & audienter in audientia prius recitetur communi.

Nec etiam pro magiftro habeatur incæpturus nifi prius in medio juret fupra fancta Dei evangelia fe obfervaturum ea omnia quæ in præfenti carta continentur.

jusqu'à ce que l'imprimerie ayant été trouvée dans le quinziéme siécle, on commença de les donner au public.

De ce nombre étoient les commentaires de Jean de Tornamire, doyen de cette faculté, sur Galien, sur Rases & sur Almansor, dont il est dit que le pape Urbain V fit présent à son collége des Douze-Medecins; les commentaires d'Armengaud Blasius de Montepessulano sur Avicenne & Averroës, avec un traité de la theriaque, qu'il avoit traduit de l'arabe en latin : ce célébre médecin vivoit en 1300.

Vander, pag. 55.

Le gros volume intitulé Lilium Medicinæ, de Jean Gordon, médecin de la faculté de Montpellier, qui vivoit en 1305.

In codice, 3088.

Le traité d'anatomie de Guy de Chauliac, qui est gardé dans la bibliothèque de Colbert sous ce titre : *Incipit inventorium seu collectorium in parte chirurgicali seu medicinæ, compilatum & completum anno Domini 1367 per Guidonem de Cauliaco chirurgum & magistrum in medicina in præclaro studio Montispessulani.*

Un autre volume, sous le nom de Philon, composé par Valescus de Tarenta, qui exerçoit la médecine à Montpellier en l'année 1382.

Ces livres & quantité d'autres donnerent entrée aux medecins de Montpellier dans la cour des papes & des rois, qui en rétinrent plusieurs auprès de leur personne. Clement V (comme nous l'avons déjà vû) prit pour son medecin Jean de Alesto, qui avoit été chancelier de cette faculté : il apella ensuite Arnaud de Villeneuve & il se servit beaucoup des conseils de Guillaume de Mazéres, qui avoit longtems regi les écoles de Montpellier. Ur-

Tria autem instrumenta eumdem tenorem continentia, ad cautelam fieri præcipimus: quorum unum præcipimus custodiri ab episcopo Magalonensi, reliquum à priore Sti. Firmini, & tertium à cancellario universitatis, ita ut, à quocumque requisitus fuerit aliquis eorum à cancellario, vel a magistro antiquiori sive ab universitate magistrorum, sive à duobus magistris faciat instrumenti penes se existentis copiam.

Debitum erit sine difficultate illud restituere, nec differat is cui facta fuerit ejus copia.

Si quis autem huic nostræ constitu-

tioni vel his nostris constitutionibus ausu temerario contra ierit, vel obviare præsumpserit, authoritate Dei omnipotentis & nostræ noverit se anathematis mucrone percelli & à sanctæ matris ecclesiæ gremio sequestratum.

Observatores autem præsentium benedictione æterna & nostra gratulari mereantur.

Ut autem perpetuo robore prædicta firmentur, sigillum nostrum præsentibus fecimus appendi. Datum apud Montempessulanum, anno Domini millesimo ducentesimo vigesimo, XVI Kalendas februarii.

bain V prit pour son médecin Guy de Chauliac & le roy Charles VI. Valescus de Tarenta, auteur du livre intitulé Philon. Adam Fumée, docteur de Montpellier, fut premier medecin du roy Charles VII & Dieu-Donné Baffole, son medecin ordinaire : ils continuerent* l'un & l'autre à servir en cette qualité sous Loüis XI, qui commit Adam Fumée à la garde des sceaux de France, en 1479. Charles VIII prit dans la faculté de Montpellier Jean Martini & Jacques Ponceau pour ses premiers medecins : il eut encore Jean Graffin, pour son medecin ordinaire, avec Jean Troffellery qui eut l'honneur d'acompagner le roy dans son voyage d'Italie. Page 347.
Le Faron, Hist.
des chanceliers de
France, page 50.

Honoré Piquet servit auprés de Loüis XII en qualité de premier medecin. Antoine Tremolet sous François I. qui lui donna des lettres de nobleffe en 1525. Honoré Caftellan, sous les rois Henry II., François II. & Charles IX. Le roy Henri IV fit expedier au camp de St. Clou des lettres de premier medecin à Nicolas d'Orthoman, conseiller professeur stipendié en l'université de Montpellier, datées du 3 août 1589. Ces lettres (que j'ai vû) marquent qu'il étoit auparavant médecin ordinaire de Sa Majesté, & aprés sa mort, qui arriva en 1603, le roy Henry IV donna sa place au celebre André du Laurens, chancelier en la même faculté.

L'affection de nos princes pour les medecins de Montpellier parut avoir diminué sous le regne de Loüis XIII, durant lequel les medecins de Paris obtinrent l'exclusion de tous les medecins étrangers, pour pouvoir pratiquer à Paris. Cette défense ne put être faite sans causer beaucoup d'animosité entre les facultés de Paris & de Montpellier. Michel de la Vigne, de Vernon en Normandie, & medecin de Paris, fit imprimer, en 1644, deux discours contre Theofraste Renaudot, medecin de Montpellier & contre tous les medecins étrangers. La dispute s'échauffa davantage en 1650, entre Charles Guillemeau, medecin de Paris & Jean Cortaud, medecin de Montpellier, sur la préexcellence de leurs écoles. Ils soûtinrent leur querelle par des écrits trés-violens (comme on en peut juger par le seul titre des livres de Guillemeau) qui sont raportez dans Van der Linden. Malgré tous les efforts des medecins de Montpellier, l'exclusion subsista toûjours & pour si habile que fût un médecin étranger, il falut qu'il récommençât à Paris le cours de ses études, avant que de pouvoir y exercer la medecine. Cette défense néanmoins n'a pas regardé les medecins étrangers qui sont auprés de nos princes & des grands seigneurs de la cour. De ce nombre a été Pierre Chirac, professeur de Montpellier, qui aprés avoir été medecin de feu M. le regent, est mort premier medecin du roy Loüis XV, heureusement régnant, qui vient de donner cette place à François Chicoyneau, chancelier de l'université de Montpellier, où il étoit depuis longtems récomman- Guy Patin, lettre 84.

Page 107.

dable par sa charité envers les pauvres, par sa politesse & par sa longue experience.

Après tout ce que nous venons de dire, il n'est pas surprenant que les papes & les rois qui se servirent des medecins de Montpellier, ayent accordé à leur priere plusieurs graces à cette faculté. Gregoire IX, Alexandre IV, Jean XXII & Clement VI donnerent diverses bulles, pour autoriser le bon ordre de leurs écoles & l'élection de leur chancelier. Urbain V fit bâtir dans le xiv. siecle le collége apellé des Douze-Medecins. Le roy Charles VIII, en 1490, fonda deux nouvelles chaires de professeurs, qui, avec le chancelier & le doyen, furent apellés tous quatre professeurs stipendiés du roy : il leur permit de porter la robe rouge & de se faire précéder par un bedeau portant une masse d'argent & parce qu'ils n'avoient eu jusqu'alors d'autres émolumens que ceux qu'ils tiroient des écoliers, ce même roy leur assigna cinq cens francs de gages, à se partager entre eux, ce qui étoit pour ce tems-là une somme considerable.

Charles IX, en 1564, augmenta leur gages de 300 liv. chacun & le roy Henry IV créa deux nouvelles chaires de professeurs, qui furent données l'une de botanique & d'anatomie à André Laurens, & l'autre de chirurgie & de pharmacie, à François Ranchin.

Par cette augmentation, il y eut six chaires de professeur, ausquelles il en fut ajoûté deux autres, sous le roy Loüis XIV, avec confirmation de leur franc salé & autres priviléges.

Ces huit professeurs avec deux agregez, les docteurs & les étudians, forment une université particuliere & distincte pour le gouvernement, des autres facultez de theologie, du droit & des arts.

PAGE 348. * Le chancelier est juge & recteur distinct de celui que les autres facultés reconnoissent.

Le doyen est le maître des écoles.

Les agregés doivent supléer pour les professeurs, en qualité de conseillers procureurs de l'université : ils ont voix délibérative dans les assemblées ordinaires.

Les simples docteurs ne sont apellés que dans les assemblées extraordinaires.

Les étudians ont leurs conseillers particuliers, pris tous les ans du corps des bacheliers, au nombre de quatre. Leur charge est de procurer à ceux-ci tout ce qui peut leur être utile pour les études, comme de les conduire au jardin des plantes & au théatre d'anatomie, de proposer aux professeurs les traitez les plus convenables pour leurs préleçons & d'attester ensuite par ferment, devant le préfidial, qu'ils fe font acquittez de leur charge, comme il eft réglé par arrêt du parlement de Touloufe.

L'evêque & le gouverneur de Montpellier ont le titre de confervateurs de la faculté de médecine; mais l'autorité de l'evêque eft plus confidérable, tant à caufe qu'il confere la licence fur le témoignage du chancelier, que parce qu'il préfide à l'élection des profeffeurs & qu'il peut même faire de nouveaux ftatuts.

Je crois qu'après tout ce que nous venons de dire, le lecteur verra avec quelque plaifir la fuite des chanceliers de médecine, dont j'ai tiré la plus grande partie de l'*Apollinare facrum* de François Ranchin, & rectifié le refte, pour la cronologie, fur les titres & memoires qui m'ont été communiquez par les familles de ceux qui fubfiftent encore à Montpellier.

En 1239, Henry de Guintonia.

En 1260, Pierre Guazanhaire.

En 1303, Jean de Alefto, qui fut depuis médecin du pape Clement V.

En 1319, Guillaume de Beziers.

En 1321, Guillaume Galberti.

En 1328, Jacques Ægidii, ou Gilles.

En 1334, Jacques de Marcillia.

En 1338, Raymond de Moteriis.

En 1360, Bernard de Colonis.

En 1364, Jean Jacobus, fon élection ayant été conteftée par apellation au St. Siège, comme faite contre les règles par le vicaire de Maguelone, le pape Urbain V nomma pour fon commiffaire le cardinal de St. Marc, qui déclara cette élection nulle & invalide. Mais, touché enfuite par la foûmiffion & les prières de Jacobus, il lui confera d'autorité apoftolique la dignité de chancelier, *per annuli traditionem*, comme portent les lettres qu'il en fit expedier à Avignon le 17 octobre 1364, fans prétendre (ajoûte-t-il), augmenter par là l'autorité du St. Siége, *neque intendere per hoc poteftatem fanctæ fedis ampliare*.

En 1380, Jean de Pifis.

Page 412. En 1400, Jean de Tournemire, qui laiſſa des manuſcrits ſur Almanzor & ſur le texte de Razes, avec un traité des fiévres, qu'on imprima dépuis à Lyon in-folio, en 1501 & à Veniſe en 1507.

En 1439, Jean Angelis.

Page 213. En 1450, Gerald de Solo (dit l'expoſiteur), dont les ouvrages furent imprimez à Veniſe, en 1505 & 1520.

Page 349. *En 1455, Guillaume Merven. Il laiſſa poſterité à Montpellier, qui donna des officiers à la cour des aydes & un premier conſul à la ville en 1500.

En 1470, Martial de Genoüillac ne tint cette place que peu d'années.

En 1475, Dieu-Donné Baſſole, n'étant plus au ſervice du roy Loüis XI, il revint à Montpellier, où il fut fait chancelier de médecine en 1475 & mourut à Beziers en 1484.

En 1484, Jean Troſſellery, natif du Gevaudan, étoit chancelier lorſqu'il fut tiré de cette place, pour être médecin du roy Charles VIII, qu'il eut l'honneur de ſuivre dans ſon expedition de Naples.

En 1496, Jean Corandius & en François Cabride.

En 1504, Honoré Piquet fut tiré de cette place pour être premier médecin du roy Loüis XII.

En 1505, Jean Graſſin, après avoir été medecin ordinaire du roy Charles VIII, ſucceda à Honoré Piquet dans la charge de chancelier.

En 1524, Gilbert Gryphius, ou Griffy, a laiſſé une poſterité qui ſubſiſte encore à Montpellier & qui donna en 1617 un préſident à la cour des aydes, dit le préſident St. George.

Page 404. En 1536, Jean Schyron, dont les ouvrages furent imprimez après ſa mort, à Genève, chez François Choüet, en 1608, & puis à Montpellier en 1609.

En 1555, Guillaume Rondelet, natif de Montpellier, duquel je donnerai un article ſeparé.

En 1566, Antoine Saporta, fils de Loüis Saporta, profeſſeur en medecine.

II. Partie. Livre douzième.

Nous avons de lui un traité *De tumoribus præter naturam*, avec un autre traité *De lue venerea* de Jean Saporta son fils, qui furent imprimez dans un même tome, à Lyon, chez Jean Ravaud, en 1624, par les soins de Henry Gras, medecin de Montpellier. La famille de Saporta, après avoir donné des officiers au presidial, au bureau des finances & à la chambre des comptes, est tombée maintenant dans celle de Veissiere.

En 1573, Laurent Joubert, de Valence en Dauphiné. Il a laissé à Montpellier une posterité qui a donné des officiers de merite au presidial de cette ville & trois sindics generaux à la province, de pere en fils. Nous aprenons de l'éloge des hommes sçavans, tiré de l'histoire de Mr. de Thou, que Laurent Joubert, ayant été mandé par Marguerite, femme du roy de Navarre, vint à Paris, où il fit imprimer son livre des Erreurs populaires, qui lui acquit une grande reputation. Ses autres ouvrages sont en si grand nombre que leur catalogue tient deux pages entieres dans le livre de Vander-Linden, *De scriptis medicorum*. *Page 572.* *Page 434.*

En 1582, Jean Hucher, de Beauvais en Picardie, après avoir fait ses études à Montpellier, fut professeur en 1570, chancelier, en 1582 & medecin ordinaire du roy Henry IV en 1598. Nous avons de lui un gros in-douze, de *De sterilitate utriusque sexus*, imprimé à Lyon, chez Jean de Harsy en 1601, & à Genéve en 1609; mais celui de tous ses écrits qui interesse le plus l'école de Montpellier est un discours qu'il fit en 1567, imprimé depuis dans le premier tome des œuvres de Laurent Joubert, qui a pour titre: *Oratio pro philosophica Monspeliensis academiæ libertate, ad ejusdem principes, doctores & medicos, habita X. kal. Martii an.* 1567. Il laissa une posterité à Montpellier, qui a donné des officiers à la cour des comptes, aydes & finances. *Page 370.*

En 1603, André du Laurens, de la ville d'Arles, succeda à Jean Hucher. Son Histoire de l'anatomie du corps humain servit beaucoup à l'élever à cette dignité;* mais il ne l'exerça pas longtems à Montpellier, parce qu'il fut bientôt apellé par la reine Marie de Medicis. Le roy Henry IV le fit ensuite son premier medecin, après la mort de Nicolas d'Ortoman. *Page 350.*

En 1609, François Ranchin, natif de Montpellier, duquel je donnerai un article separé.

En 1640, Martin Richer de Belleval, dans le Blaisois. Il acquit en 1652 un office de conseiller en la cour des comptes, aydes & finances de Montpellier. Ses defcendans de pere en fils ont donné trois préfidens à la même cour.

En 1665, Michel Chicoyneau fut pourvû, par un brevet du roy, de la charge de chancelier de medecine, que Martin Richer de Belleval fon oncle avoit laiffé vacante dès l'année précédente. Il exerça cette charge avec beaucoup de diftinction, & il eut le bonheur, avant fa mort, de pouvoir tranfmettre fa place à trois de fes enfans qui fuivent.

En 1689, Michel-Amé Chicoyneau fucceda à fon pere en la charge de chancelier, dont il ne joüit pas longtems, car il eut le malheur de fe noyer en herborifant dans notre riviere.

Gafpard Chicoyneau fucceda à fon frere en 1691, & celui-ci, venant encore à mourir, il laiffa fa place à

François Chicoyneau, fon autre frere, en 1693. Il fut nommé medecin de noffeigneurs les enfans de France, & enfin, en 1732, le roy Loüis XV le prit pour fon premier medecin.

En 1723, François Chicoyneau, fils du premier medecin du roy, avoit été reçû en furvivance de fon pere en la charge de chancelier & lui a fuccédé en celle de confeiller en la cour des comptes, aydes & finances.

La plûpart de tous ces chanceliers ont donné au public plufieurs traitez de medecine que je ne raporte point en détail, pour ne pas groffir cet article ; mais le lecteur curieux pourra les voir plus au long dans l'Hiftoire des medecins, qui nous a été donnée par Volfgang Juftus *in Chronologia medicorum*, dans les Vies des illuftres medecins de Pierre Caftellan, profeffeur de Louvain, dans Jean-Antonide Vander-Linden, *De fcriptis medicorum*, & dans le livre de Jean Sambuc, qui a pour titre : *Icones feu imagines medicorum veterum & recentiorum*.

Vander-Linden, page 107.

Jean-Etienne Strobelberger, medecin allemand, qui avoit pris le bonnet de docteur à Montpellier, fit imprimer en 1630, à Nuremberg, un in-douze avec ce titre : *Prælectiones monfpelienfes*, où il parle de l'établiffement de l'école de Montpellier, des loix & des ufages qui lui font propres, des fçavans hommes qu'elle a produit, non feulement pour la France, mais encore pour les royaumes du nord, dont il nous donne le catalogue. J'ai crû devoir me borner ici aux feuls auteurs natifs de cette ville, en exceptant de cette règle le feul Rabelais, qui eft encore auffi célebre à Montpellier que s'il y avoit pris naiffance.

Tout le monde sçait que François Rabelais étoit natif de Chinon, dans la Touraine, & qu'après tous les changemens qui font marquez dans fa vie, il vint étudier la medecine à Montpellier, où il prit les degrez de doƈteur & où il fit imprimer les aphorifmes d'Hipocrate en latin. On dit que le chancelier Duprat ayant donné atteinte aux privileges de la faculté de medecine de Montpellier, Rabelais eut l'adreffe de les faire rétablir ; mais l'expedient qu'il prit pour avoir audience eſt plus digne de remarque, car on ajoûte que s'étant adreffé au fuiffe de ce chancelier, il lui parla latin, & celui-ci ayant fait venir un homme qui fçavoit cette langue, Rabelais lui parla grec ; un autre qui entendoit le grec ayant paru, il lui parla hébreu ; par hazard un profeffeur en langue hébraïque s'étant trouvé là, Rabelais lui parla en arabe, & à un autre encore en fyriaque ; de forte qu'un tel homme ayant quelque chofe de prodigieux, on courut en avertir le chancelier, qui charmé de la harangue qu'il lui fit & de la fcience qu'il fit paroître, rétablit, à fa confidération, les privileges de l'univerſité de Montpellier. En réconnoiffance de ce fervice, on mit fon portrait dans la grande fale des écoles, où on le voit encore avec ceux des plus illuftres medecins de cette faculté ; & l'on fait porter à tous ceux qui font reçûs doƈteurs en medecine une vieille robe qu'on dit être celle de Rabelais.

* Les autres doƈteurs natifs de cette ville qui ont compofé des livres de medecine font : Page 351.

Denis Fontanon, qui vivoit, fuivant la chronologie de Juftus, en 1532. Il laiffa plufieurs oùvrages qui furent imprimez diverfes fois à Lyon & enfuite à Francfort. Sa pofterité a donné des officiers à la chambre des comptes en 1582 & 1608, & un premier conful à la ville en 1686. Vander-Linden page 152.

Honoré Caftelan, profeffeur à Montpellier, fut pris par la reine Catherine de Medicis pour fon medecin. On a de lui un difcours imprimé chez Vafcofan, en 1555, avec ce titre : *Oratio qua futuro medico neceffaria explicantur.* Ce difcours fut réimprimé à Strasbourg, en 1607, avec des notes d'un medecin de cette ville. Idem, page 285.

Jean Bocaldus ou Bocaudius. On a de lui un in-folio, avec ce titre : *Tabulæ curationum & indicationum ex prolixa Galeni methodo in fumma rerum capita contraƈta*, à Lyon, chez Frelloni en 1554. Idem, page 335.

Guillaume Rondelet nâquit à Montpellier en 1506. Son pere, qui étoit un riche marchand épicier de cette ville, l'appliqua dès fa jeuneffe aux belles-lettres, & pour l'y perfeƈtionner davantage, il l'envoya à Paris à l'âge de dix-neuf ans, d'où il revint pour étudier la medecine à Montpellier. Les grands progrès qu'il y fit en peu de tems le mirent en état d'aller exercer fes talens dans la Provence & en Auvergne, où il acquit de la reputation.

A son retour, il paſſa docteur à Montpellier en 1537, & pour donner de l'exercice à son eſprit vif & penetrant, il alla à Anvers, à Bourdeaux & à Bayonne, pour y faire des obſervations ſur les poiſſons & principalement ſur les baleines. Son habileté & ſa converſation pleine de gayeté & de politeſſe lui gagnerent les bonnes graces du cardinal de Tournon, qui le prit avec lui dans les voyages qu'il fit en Allemagne, en Italie & dans la haute Allemagne, pour le ſervice de nos rois.

Rondelet, dans tous ces voyages, ſe perfectionna dans la connoiſſance des poiſſons, qu'il avoit à cœur. Il profita beaucoup auprès des curieux de Rome & de Veniſe & avec les profeſſeurs des univerſitez de Piſe, de Boulogne, de Ferrare & de Pavie qu'il viſita. Son ouvrage ſur les poiſſons étant déjà prêt, il vint à Montpellier en 1550, pour le retoucher à loiſir. Il y employa quelques années avec beaucoup de ſoins & de fraix, pour en faire graver les planches & pour en revoir l'impreſſion qui ne commença de paroître qu'en 1554, c'eſt un gros in-folio, où il traite de la nature & des proprietez de poiſſons, dont il donne les figures. Il le dédia à ſon protecteur le cardinal de Tournon, & c'eſt dans l'epître dédicatoire qu'il reconnoît avoir acquis la plûpart de ſes connoiſſances ſur cette matière, dans les voyages qu'il eut l'honneur de faire à ſa ſuite.

Cet ouvrage lui acquit beaucoup de réputation chez les étrangers & parmi ſes concitoyens ; en ſorte que la charge de chancelier étant venuë à vacquer en 1555 par la mort de Jean Schyron, il y fut nommé cette même année, & Rondelet, pour faire honneur au choix qu'on avoit fait de ſa perſonne, n'épargna dépuis ni ſes travaux, ni ſa plume, ni ſon crédit pour la gloire de l'univerſité.

Il obtint du roy les ſommes neceſſaires pour bâtir à Montpellier un théâtre d'anatomie, & il fut ſi laborieux (quoiqu'avec une ſanté aſſez foible) qu'il faiſoit trois ou quatre préleçons par jour, qu'il n'interrompit pas même les jours feriez. Il fit un amas de la plûpart des poiſſons dont il avoit parlé dans ſon livre ; &, pour en laiſſer à la poſterité une image plus vive, il les deſſecha avec tant d'adreſſe, qu'on les voyoit encore ſoixante ans après dans le jardin royal de médecine, au raport de Strobelberger, qui paſſa docteur en 1615.

Strobelberger, in ejus eloquio.

Une des choſes qui doit rendre plus précieuſe au public la mémoire de Rondelet, c'eſt la découverte qu'il fit des eaux minerales de Balaruc, ſi peu connuës avant lui, que le chapitre de Maguelone (à qui elles apartenoient) en fit vente à des particuliers pour une ſomme très-modique. Les habitans de Montpellier, qui dans leurs maladies avoient recours aux étuves publiques qui étoient anciénement dans leur ville, commencerent à les abandonner, depuis que Rondelet eut mis en réputation les eaux de Balaruc. Nous aprenons cette circonftance de François Ranchin, dans fon Traité de la pefte.

En 1561, Rondelet fit imprimer à Lyon un Traité des poids & des mefures, & * cinq ans après il finit fes jours à Realmont en Albigeois, d'une diffenterie qu'il prit pour avoir mangé des figues avec excez. On raconte de lui qu'étant, dans fa jeuneffe, à la métairie dite de Rondelet, apartenante à fa famille, il y prit cette forte inclination qu'il eut toute fa vie, pour connoître la nature & la propriété des poiffons, en voyant les chaffe-marées s'arrêter fouvent dans cette métairie, où ils étoient obligez de faire alte en portant leur poiffon à Montpellier. *Page 352.* *Strobelberg Ibidem.*

Ifaac Joubert, fils de Laurent. On a de lui un in-8° fur la chirurgie de Guy de Chauliac, où il donne la figure des inftrumens dont on fe fervoit de fon tems pour les differentes operations qu'il traite. Ce livre fut imprimé à Lyon en 1585. *Vander-Linden, page 124.*

Jean Varanda, fut un des medecins de Montpellier que Guy Patin eftimoit le plus : *In primis colo* (dit-il dans fa dixième lettre à Mr. Falconet) *Joubertum; Varandæum & Ranchinum.* Il donna au public divers ouvrages dont on voit le catalogue dans Vander-Linden. La famille de Varanda, maintenant éteinte, a donné des profeffeurs à l'école de droit, des officiers au préfidial. *Page 412.*

Nicolas d'Ortoman, profeffeur en medecine à Montpellier & depuis premier medecin du roy Henry IV, fit imprimer à Lyon, chez Charles Pefnot, en 1579, un traité *De caufis & effectibus thermarum Bellilucanarum,* c'eft-à-dire des bains de Balaruc, où il marque le bon & le mauvais ufage qu'on peut faire de ces bains. Il confirme ce que nous avons dit ailleurs, que Rondelet mit ces eaux en réputation après avoir vû les bons effets qu'elles avoient produit fur fon bon ami Guillaume de Chaume, feigneur de Fouffan.

Il eut pour fucceffeur, dans fa chaire de profeffeur, Pierre d'Ortoman, fon fils, dont la famille fubfifte encore à Montpellier.

François Ranchin nâquit à Montpellier vers l'année 1560, & prit dans fa jeuneffe le parti de l'église, comme il paroît par les lettres de doctorat qu'il donna en 1615, à Jean Etienne Strobelberger, où il prend le titre de prieur de St. Martin de Florac, de St. Etienne de Montaut & de St. Pierre de Vebron. Il conferva ces trois benefices pendant qu'il fit fes études de medecine & même après le mariage qu'il contracta avec Marguerite de Carlencas, comme il étoit affez ordinaire en ce tems de trouble.

Il fut fait chancelier après la mort d'André du Laurens, arrivée en 1609,

& durant plus de trente ans qu'il poffeda cette charge, il travailla fans relâche pour l'honneur de fa faculté, tant par les réparations qu'il fit faire aux colléges de medecine, que par les fçavans traitez qu'il donna au public. En l'année 1620, il fit établir à fes dépens le theâtre d'anatomie, comme on voit par l'infcription qui y refte encore.

Q. F. F. S.

Theatrum hocce anatomicum olim à majoribus conftructum, injuria temporum collapfum, F. RANCHINUS, cancellarius & judex univerfitatis, in gratiam patriæ & pofteritatis gloriam, ornamentumque academiæ, perpetuamque memoriam, propriis fumptibus reftauravit & magnifice exornavit. Anno . DC. XX.

La même année il repara le collége des Douze-Medecins, autrement apellé le collége de Mende, où il fit fa demeure. On y voit encore fon bufte du côté du jardin, avec les armoiries des Ranchins au bas; & fur la porte de l'entrée de ce collège, on lit cette infcription gravée fur une pierre de marbre. *Collegium hocce duodecim medicorum ab Urbano V. pont. max. fundatum, vetuftate corruptum, & ruinam minitans, reparavit & ad meliorem faciem formamque reduxit F. Ranchinus, canc. univerfitatis medicinæ Monfpelienfis, anno M. DC. XX.*

En 1627, il fit imprimer à Lyon, chez Pierre Ravaud, un in-quarto en latin, intitulé *Opufcula medica*, qui comprend un traité general fur toutes les maladies & plufieurs autres fur certaines maladies en particulier. C'eft au commencement de ce livre que l'on trouve une hiftoire abrégée de la faculté de medecine de Montpellier, dans un difcours qu'il avoit fait autrefois à l'ouverture du collège qui a pour titre *Sacrum Apollinare*. On voit dans cet ouvrage, comme dans tous les autres de François Ranchin, beaucoup d'efprit & de vivacité, fur tout dans fa préface fur le ferment d'Hipocrate,

* Le bonheur de la ville voulut qu'il fe trouvât premier conful en 1629, lorfque la pefte s'y fit fentir ; car il travailla fans rélache à la confervation de fes compatriotes; &, comme s'il n'avoit pas voulu borner fes fervices aux perfonnes de fon tems, il écrivit pour la pofterité un Traité de la pefte, où il donne une hiftoire détaillée de celle qui venoit d'affliger Montpellier : il y marque les précautions qui font à prendre pour preferver les villes de la contagion, la maniére de fe conduire quand le mal y eft entré, & comment il faut les définfecter après que la pefte a ceffé. Cet ouvrage eft compris dans le livre qui a pour titre : Opufcules ou traitez curieux en médecine, de François Ranchin, chancelier de l'univerfité de Montpellier, à Lyon, chez

Pierre Ravaud, en 1640. Il mourut cette même année & laiffa un fils qui fucceda à tous fes bénéfices, avec une fille qui époufa M. de la Baume, lieutenant de roy de la ville ; il legua fa bibliothéque aux capucins, où l'on en voit encore les débris, avec fon portrait en grand.

Lazare Riviere, fils & petit-fils d'Alexandre & Martin Riviere, auditeurs en la chambre des comptes, nâquit à Montpellier en 1590. Son penchant pour la medecine le porta, dès fa jeuneffe, à l'étude de cette fcience, dans laquelle il fe rendit fi célébre, que fes écrits ont été traduits en plufieurs langues étrangeres.

Son premier livre eft un in-4° qui a pour titre *Inftitutiones medicæ*, où il met toutes les queftions en forme de théfe, dont il donne les preuves avec la réponfe aux objections qu'on pouvoit y faire. Cette maniére parut fi commode pour la difpute des écoles, qu'on fut obligé d'en faire plufieurs éditions. On l'eftima beaucoup en Angleterre, où le célébre Willis donnoit à l'auteur le nom d'homme divin, *divus Riverius*.

Son fecond ouvrage eft un autre in-4°, fous le titre d'*Obfervationes medicæ*, où il raporte l'épreuve que lui & plufieurs autres medecins de fon tems avoient fait de certains remédes fur divers malades qu'il nomme, avec le lieu, le tems & les fymptômes de leurs maladies : ce qui fut d'autant mieux reçû du public, que cette maniére d'écrire, en forme d'hiftoire, intereffoit plus particuliérement le lecteur.

Son troifiéme ouvrage eft la Pratique de la médecine jointe à la théorie, en deux gros in-douze, qui fut imprimé diverfes fois à Paris, à Lyon, à Leipfic, à la Haye, à Londres, à Gouda dans la Hollande.

Lazare Riviere eft regardé comme un des plus grands praticiens qu'il y ait eu. Il mourut doyen des profeffeurs de Montpellier & laiffa un fils tréforier de France, de qui la pofterité fubfifte encore.

A tous ces auteurs natifs de Montpellier on peut ajoûter, felon l'ordre du tems, Samuël Formi & Denis Pomaret, célébres chirurgiens, dont les obfervations de medecine font imprimées avec celles de Lazare Riviere.

Pierre Magnol s'eft rendu (dès nos jours) recommandable par divers traitez de botanique qu'il a donné au public : il nâquit à Montpellier en 1638 & prit le bonnet de docteur en 1659.

Le roy l'honora, en 1663, de la charge d'un de fes medecins ordinaires ; & il auroit reçû de plus grandes graces fi la réligion proteftante, qu'il profeffoit, n'y eût mis obftacle; mais après la révocation de l'edit de Nantes, qui entraîna fa converfion, il fut pourvû d'une charge de profeffeur & en mêmetems de directeur, pour trois années, du jardin royal des plantes de Montpellier.

Ce terme étant expiré, il obtint un brevet à vie & fut nommé, en 1690, académicien pour la botanique de la société royale des sciences de Montpellier. La mort de Monsieur Tournefort, academicien pensionnaire de celle de Paris, le fit choisir pour remplir sa place, en sorte que Magnol succeda à Paris à celui qui avoit été son éleve à Montpellier.

Ses differens emplois le mirent en grand commerce avec les sçavans de l'Europe pour la botanique, sur laquelle il écrivit plusieurs livres.

Le premier est *Botanicum Monspeliense*, où il explique la nature & la propriété des plantes qui naissent aux environs de cette ville, imprimé à Montpellier en 1686, & ensuite à Lyon.

Le second *Prodromus historiæ generalis plantarum, in quo familiæ plantarum per tabulas disponuntur*, à Montpellier en 1689.

Le troisiéme, *Hortus regius Monspeliensis*, où il donne le catalogue des plantes dont on fait la démonstration dans ce jardin, imprimé à Montpellier en 1697.

Le quatriéme est *Novus caracter plantarum*, &c., imprimé à Montpellier en 1720, par les soins de son fils, qui est professeur comme lui dans l'université de Montpellier.

Il mourut le 21 may 1715, quelques mois avant la mort de Loüis-le-Grand, son bienfacteur.

Antoine Deidier, natif de Montpellier & professeur en cette ville, a donné au public plusieurs traités de médecine.

En 1715, il fit imprimer à Lyon la Chimie raisonnée.

En 1716, *Institutiones medicinæ theoricæ, phisiologiam & patologiam complectentes*, imprimé à Montpellier.

En 1722, deux dissertations medicinales & chirurgicales, l'une en latin sur les maladies veneriennes, imprimé à Londres en 1722, & l'autre sur les tumeurs, traduite en françois par un chirurgien de Paris, qui l'a faite imprimer à Paris en 1725.

En 1732, on a imprimé de lui, à Paris, un nouveau Traité des tumeurs avec une dissertation préliminaire sur la chirurgie pratique & des observations chirurgicales.

J'ay raconté, dans le cours de cette histoire, comment il fut honoré de la croix de l'ordre de St. Michel, en récompense des services qu'il rendit à la Provence durant la peste de 1722. Sa majesté l'a dépuis apellé à Marseille pour y être medecin des galeres de France.

CHAPITRE SECOND.

DE LA FACULTÉ DU DROIT.

NOUS aprenons l'origine des écoles du droit & particuliérement de celle de Montpellier, de l'Histoire du droit françois, composée par Mr. l'abbé Fleury. Il dit que les loix romaines ayant été redigées vers le milieu du sixiéme siécle, par ordre de l'empereur Justinien, elles ne pûrent être observées en Italie, à cause de l'irruption des Gots & des Lombards, qui se suivirent de près, ce qui fit perdre la plûpart des exemplaires qu'on en avoit; en sorte que l'empereur Charlemagne, après avoir chassé les Lombards de l'Italie, ne put y rétablir le droit romain (comme il en avoit le dessein), parce que ses jurisconsultes ne pûrent recouvrer les livres de Justinien.

§ XIX.

Ce ne fut qu'en 1137 que l'empereur Lothaire & le pape Innocent II, faisant la guerre à Roger, roy de Sicile & de Naples, trouverent à Almaphi dans la Poüille, un exemplaire du Digeste, que les Grecs, anciens habitans de cette province, y avoient conservé.

Après cette découverte, l'empereur ordonna qu'on enseignât le droit romain dans les écoles publiques & qu'on jugeât les procès selon ces mêmes loix. En consequence de cet ordre, Irnerius commença à Bologne en 1150, de faire des leçons publiques sur les livres de Justinien; ce qui lui attira de toute l'Europe un grand nombre d'auditeurs.

Placentin, qui vivoit à Montpellier dans ce même tems, alla étudier sous Irnerius à Boulogne, d'où, après s'être perfectionné dans la connoissance du droit, il vint l'enseigner publiquement à Montpellier, comme tous les écrivains sur cette matiére le réconnoissent, & particuliérement Mr. Catel dans ses Mémoires du Languedoc.

Pancirole, Fleury, Ficher, Paquier, page 293.

Etienne Ranchin, dans la préface de ses Décisions, fixe l'époque de cet établissement en 1160, *anno millesimo centesimo circa sexagesimum, scholæ illæ erectæ fuere;* & le président Philipi ne s'écarte pas beaucoup de son sentiment en les faisant commencer en 1162; mais, quoi qu'il en soit de cette petite diference, il est certain que cette école devint bientôt célebre, puisque Azo, surnommé le maître du droit & la source des loix, quitta Bologne sur la fin de ce même siécle pour venir enseigner à Montpellier, où il fut si bien accüeilli par les seigneurs de cette ville, qu'il y continua ses leçons durant dix années,

PAGE 355.

Catel, Ibidem.

III. 67

La reputation que lui & Placentin avoient attiré à cette école porta le roy ſt. Loüis à faire le premier règlement que nous ayons pour l'école du droit. Il ordonna par ſes lettres du mois de juin 1230, que l'evêque de Maguelone & ſes ſucceſſeurs recevroient le ferment de tous ceux qui voudroient enſeigner à Montpellier : *Recipiendi juramentum à licentiandis ſeu doctorandis in facultate canonica ſeu civili, in ſtudio villæ Montiſpeſſulani.* Ces dernieres paroles du roy St. Loüis prouvent que le droit canon étoit déjà enſeigné à Montpellier ; & le pape Nicolas IV n'en laiſſe aucun doute dans la bulle qu'il donna ſur la fin de ce même ſiècle, pour l'érection des écoles de Montpellier en univerſité.

Baluze, Papa-
rum avenion. tom.
1, page 976.

Dans le tems de cette érection, le fameux Guillaume de Nogaret, ſi connu par les differens du roy Philippe le Bel & de Boniface VIII, étoit profeſſeur ès loix, comme dit Mr. Fleury dans ſon Hiſtoire eccleſiaſtique. Nos actes l'apellent ſimplement docteur ès loix, ſelon le ſtile de ce tems là ; mais ils ne laiſſent aucun doute qu'il ne fût alors réſident à Montpellier avec toute ſa famille.

La premiere preuve eſt tirée d'un acte d'achat fait, au mois de juin 1291, par Guillaume de Nogaret, docteur ès-loix, d'une maiſon ſituée à Montpellier proche l'égliſe de St. Firmin & à lui vendue par Bernard & Bertrand Catalan.

La ſeconde preuve vient d'un acte paſſé en 1293 entre Gaucelin, ſeigneur de Lunel, & Guillaume de Nogaret, qui prend la qualité de tuteur des enfans de Mongros le vieux, habitant de Montpellier : ce qui prouve qu'il y habitoit lui-même.

La troiſiéme preuve vient d'un acte de 1302, dans lequel le notaire du roy de Mayorque, qui le dreſſa, dit qu'il l'a fait à la requiſition du ſuſdit Guillaume de Nogaret, maintenant (ajoûte-t-il), chevalier du roy de France : *Per prædictum dominum Guillelmum de Nogareto, nunc militem regis Francorum.*

Il eſt vrai que Guillaume de Nogaret étoit alors dans les bonnes graces du roy Philippe le Bel, qui lui donna la garde de ſon ſceau en 1303 & le fit chancelier de France en 1308. Cette grande élevation lui facilita l'échange qu'il fit, en 1310, de ſa maiſon de Montpellier près de St. Firmin, avec la terre de Liviere, qui apartenoit aux chevaliers de Rôdes & qui convenoit parfaitement à celle de Maſſillargues, qu'il tenoit des liberalitez du roy Philippe le Bel.

Il eſt à obſerver que dans l'acte de 1302, il eſt fait mention d'un Mathieu de Nogaret comme témoin de cet acte ; ce qui prouveroit que Guillaume n'étoit pas le ſeul de ſa famille qui réſidât à Montpellier. Il y eſt auſſi parlé trois ou quatre fois d'un Pierre Roch, comme locataire d'une partie de la maifon que Guillaume de Nogaret avoit acheté près de St. Firmin.

Tous ces actes m'ont été communiquez par M. le marquis de Calviffon & certifiez de fa propre main.

Après cette petite digreffion, qui m'a paru néceffaire pour revendiquer à Montpellier un citoyen illuftre que les villes de Nîmes & de Touloufe ont voulu lui difputer, je reprends l'hiftoire de la faculté du droit.

L'érection que le pape Nicolas IV avoit fait de nos écoles en univerfité, fit établir un cérémonial tout nouveau pour la reception des docteurs, qu'on commença d'exercer, en 1293, en faveur de Guy de St. Amans, auquel on donna publiquement le bonnet de docteur. *Petit Talamus, ad ann. 1295.*

Depuis ce tems, l'école du droit alla toûjours en augmentant, foit par le merite des profeffeurs, foit par la qualité des étudians. Le célèbre Pierre Bertrand, depuis cardinal d'Autun, y profeffa l'un & l'autre droit, comme il le dit lui-même dans la préface de fon livre *Scrinium juris*, qui eft raporté dans les preuves de l'hiftoire des cardinaux François. Berenger de Fredol l'un des compilateurs du Sexte & depuis cardinal, y faifoit alors fes études, Pierre Dejean & Barthelemy Clufel, docteurs ès loix à Montpellier, font mentionnez dans l'hiftoire des * differens entre Boniface VIII & Philippe le Bel pour l'année 1303. Pierre de Leftang eft connû pour l'année 1308, par une harangue qu'il fit à Montpellier, lorfque Berenger de Landorre, depuis général des Jacobins & archevêque de Compoftelle, y prit la licence. Cette harangue eft parmi les manufcrits de la bibliothéque de Colbert avec ce titre: *Arenga quam fecit & dixit dominus Petrus de Stagno, quando Berengarius de Landorra fuit licentiatus in Montepeffulano.* Dominique Serano, depuis general de l'ordre de la Mercy & cardinal du titre de St. Calixte, profeffoit environ ce tems-là à Montpellier; un hiftorien de fon ordre l'apelle *Infignis academiæ Parifienfis & Montifpeffulanæ, juris utriufque doctor & cathedrarius.* *Page 326.* *PAGE 356.* *Baluze, tom. 1. Pap. avenion., pag. 694.* *S. Linac.*

En 1311, Pierre Jacobi, natif d'Orléans, enfeignoit auffi à Montpellier, où il dictoit à fes écoliers fon livre intitulé: *Aurea practica libellorum*, qui fut imprimé dépuis à Cologne en 1575, in-4°. On lit dans le frontifpice de ce livre, qu'au jugement des plus grands jurifconfultes, cet ouvrage eft autant neceffaire à ceux qui profeffent les loix que le bréviaire l'eft aux prêtres. *Opus tam utile ac neceffarium, ut magni nominis jurifconfulti cenfuerint, non minus jurifconfultum hoc volumine quam facerdotem breviario, inftructum effe oportere.*

Peu de tems après, c'eft-à-dire en 1317, le fameux Petrarque vint étudier le droit civil à Montpellier, comme il le dit lui-même dans fes epitres familiéres: *Ego quidem puer deftinatus à patre, vix duodecimum ætatis annum fu-* *Lettre 4, liv. 20.*

pergreſſus, ad Montempeſſulanum primo, inde Bononiam tranſmiſſus, ſeptennium integrum in ſtudio legum aſſumpſi. Il étoit né le 13 août 1304 & par conſéquent il avoit paſſé ſa douzième année en 1317.

Son ſéjour à Montpellier fut de quatre ans, comme il le dit dans l'hiſtoire de ſa vie; & nous aprenons de Philippe Thomaſſin, dans ſon éloge des hommes ſçavans, que Petrarque eut pour profeſſeurs à Montpellier, Jean André, & Cinus Sigiſbuld de Piſtoye. *In Montepeſſulano audivit Joannem Andream & Cinum Sigisbuldum Piſtorienſem.*

<small>Page 82 & 163</small> On compte parmi les profeſſeurs illuſtres de ce tems-là, Jean Faber, qui dictoit à Montpellier ſes commentaires ſur les Inſtitutes, qu'on vit imprimer depuis; & l'on ajoûte que ce grand juriſconſulte fut élevé en 1323 à la charge de chancelier de France, comme on le peut voir dans le Feron.

En ce même tems, Arnaud de Verdale (qui fut depuis evêque de Maguelone) profeſſoit le droit canon à Montpellier, où il fut témoin des grands differens qui s'éleverent entre le recteur de la faculté du droit & Pictavin de Monteſquiou, alors evêque de Maguelone. Nous aprenons de la bulle du <small>Livre du recteur, fol. 26.</small> pape Benoît XII, donnée à ce ſujet, le commencement & le progrès de cette grande affaire. Elle porte que le recteur de la faculté ayant fait de ſon chef certains ſtatuts, pour obliger les docteurs, les bacheliers & les étudians, à lui prêter ſerment au préjudice de l'evêque de Maguelone, ce prélat fit publier une ſentence d'excommunication contre le recteur, qui en reléva appel à la métropole de Narbonne ; mais l'evêque ayant fait autoriſer ſa ſentence par des lettres apoſtoliques, le recteur eut recours au pape, qui <small>Ibidem, fol. 29 & ſeq.</small> nomma ſur les lieux le cardinal Guillaume d'Aura, du titre de St. Etienne *in Cælio-Monte*, abbé commandataire de Montolieu, diocéſe de Carcaſſonne, pour terminer cette grande affaire ; & ce cardinal en ayant pris la premiere connoiſſance, pria Benoît XII de la remettre au cardinal Bertrand de Deucio du titre de St. Marc, archevêque d'Embrun, lequel, après avoir écouté toutes les parties intereſſées & examiné les ſtatuts faits par le recteur, prit le parti de les caſſer & d'en dreſſer des nouveaux où, en entrant dans un fort grand détail, il régle les droits & les obligations de chaque membre du corps & donne des loix pour la diſcipline academique.

Ces ſtatuts ont été regardez depuis comme les loix fondamentales de la faculté du droit ; & ſi l'evêque & le recteur firent dans la ſuite quelques réglemens particuliers, ce ne fut qu'en explication des ſtatuts du cardinal Bertrand, dont voici les articles les plus conſidérables que j'ai tiré du livre du recteur.

<small>Page 33.</small> « La faculté du droit ſera compoſée du recteur, de douze conſeillers & « des étudians, diviſez en trois nations differentes, ſçavoir : des provinciaux,

« des Bourguignons * & des Catalans. Le recteur fera pris tour à tour de
« ces trois nations ; il entrera en charge le jour de la purification & l'exer-
« cera pendant un an : lui & fes confeillers doivent être clercs, nés de lé-
« gitime mariage & gens prévoyans, pacifiques & mûrs, qui fe faffent diftin-
« guer plus par leur probité que par leur naiffance : le premier des douze
« confeillers fera un chanoine de Maguelone, le fecond de la ville de Mont-
« pellier & les autres du corps des trois nations dont il a été parlé. Leur
« pouvoir commencera & finira comme celui du recteur, c'eft-à-dire, du
« jour de la purification en un an. Ils doivent tous avoir paffé l'âge de
« vingt-cinq ans lorfqu'ils feront élûs ; & quand on voudra faire leur élec-
« tion, le recteur en charge convoquera fur la mi-janvier les confeillers
« dans la maifon des freres prêcheurs, ou tel autre lieu convenable qu'il
« voudra ; & après la propofition faite, il recuëillera les voix & vuidera le
« partage s'il y échoit, ou bien il remettra l'élection à un autre jour.

« L'élection convenuë, on la publiera au fon de la cloche de l'univerfité la
« veille de la purification ; & le nouveau recteur & confeillers l'ayant
« acceptée, les anciens en pourfuivront la confirmation auprès de l'evêque
« de Maguelone, qui fera tenu de la donner gratis : mais jufqu'à ce qu'ils
« l'ayent reçûë, les anciens recteur & confeillers refteront en exercice.

« Celui qui ayant été élû pour recteur ou confeiller, refufera d'accepter
« fon élection, fera privé pour toûjours des honneurs, privileges & utilitez
« de l'etude, à moins que l'evêque du confeil de la plus grande partie des
« confeillers, ne voulût l'en difpenfer pour cette année ; cependant l'ancien
« recteur & confeillers procederont à une nouvelle élection.

« Et fi le recteur en place vient à mourir dans le cours de fon année
« avant la St. Jean, on choifira un autre recteur de la même nation que lui ;
« mais s'il meurt après la St. Jean, on fe contentera de nommer un vice-
« gérant de la même nation, qui fera confirmé par l'evêque. Le même s'ob-
« fervera fi le recteur venoit à quitter l'étude dans l'année de fon rectorat ;
« & ce que l'on dit du recteur s'obfervera pour les confeillers.

« Les nouveaux recteur & confeillers prêteront ferment entre les mains
« de l'evêque, felon la forme ordinaire ; mais s'ils étoient chanoines de Ma-
« guelone, ils le prêteront fuivant l'ufage particulier de leur églife.

« Dans toutes les affemblées & actes publics, le recteur doit précéder
« tous docteurs, bacheliers & écoliers, de quelque grande condition & état
« qu'ils foient & après être forti de place, les écoliers doivent toûjours lui
« déferer dans les écoles.

« Les docteurs precederont les bacheliers dans tous les actes : les docteurs
« *in utroque*, precederont ceux qui ne le font que dans un feul des deux

« droits, civil ou canonique. Les plus anciens auront le pas fur les plus
« jeunes, & celui qui eft *actu legens decretum* fur ceux qui ne font pas en
« exercice, quoique docteurs *in utroque*. »

Après ces premiers réglements qui régardent les principaux membres de
la faculté, le cardinal Bertrand defcend dans un plus grand détail, pour le
culte divin & pour la décence des habits : ce qui peut fervir à connoître les
mœurs & la manière de fon fiécle.

« Les recteur, docteurs & bacheliers (dit-il) & tous autres du corps
« affifteront tous les dimanches à la meffe, qui fera célébrée folemnelle-
« ment dans l'églife des freres prêcheurs, après le fermon qui fera fait *ad*
« *clerum*, & ceux qui y manqueront feront pointez ; fçavoir, le recteur à
« à cinq fols, les docteurs & les confeillers à deux fols & les bacheliers à
« douze deniers.

« Tous les ans on dira une meffe folemnelle dans la fufdite eglife pour
« les morts de l'univerfité pendant l'octave de l'epiphanie. Il y aura dix tor-
« ches à l'élévation & un drap d'or fur la repréfentation. *Et unus pannus*
« *aureus*. On donnera aux freres prêcheurs pour la pitance, cinquante fols
« de monnoye courante.

« Les écoles vacqueront tout le tems qu'on fera les funerailles de
« quelqu'un du corps de la faculté : ceux qui manqueront de s'y trouver
« feront pointez ; fçavoir : le recteur à dix fols, les docteurs *actu legentes*
« à cinq, les bacheliers à * deux & les écoliers à fix deniers : que fi le
« défunt eft pauvre, les fraix des funerailles feront faits aux dépens de
« l'univerfité.

« Quant à la décenfe des habits, il ordonne que les écoliers hors de leur
« maifon ne porteront que des habits honnêtes, fur-tout ceux que l'on
« porte par-deffus *Veftes honeftas præfertim fuperiores*. Ils ne feront ni trop
« étroits, ni trop courts, ni trop longs. *Non autem ftrictas, nec nimia brevitate,*
« *nec longitudine, notandas*. Leurs couvre chefs & caleçons ou haut-de-chauf-
« fes, ne doivent être ni trop ouverts, ni trop ferrez : *neque capitias, neque ca-*
« *nefonas nimis apertas vel ligatas* ; mais que leurs habits fuperieurs foient
« conformes à l'ancien ufage, *sed juxta morem antiquum veftes fuperiores de-*
« *ferant ordinatas*.

« On peut connoître ces anciennes manières de s'habiller, par les vieilles
« gravures que nous avons de ce tems-là.

« De plus (ajoûte le cardinal Bertrand) qu'aucun n'ofe porter des ha-
« bits dont la canne coûte plus de vingt-cinq fols de monnoye courante &
« qu'aucun, pas même le recteur ou les docteurs, fuffent-ils de maifon
« royale ou de celle du duc, prince & comte, n'ofent porter dans les écoles

« des fourrures de vair, à la réferve feulement, que les nobles & les digni-
« tez des églifes cathédrales ou collégiales, pourront porter à leur capuces
« une fourrure de vair, mais non pas dans le refte de leurs habits.

« Les docteurs ou licentiés *legentes*, s'ils font religieux, auront toûjours
« la chape fermée & les féculiers la chape ronde, lorfqu'ils feront leurs
« leçons, lorfqu'ils paroîtront dans l'églife ou qu'ils marcheront par la
« ville.

« Les docteurs féculiers qui enfeignent le droit canon, feront tenus de
« lire avec la chape rouge.

« Il eft défendu fous peine d'excommunication, qu'aucun ecolier faffe
« carillon dans la ville, ou qu'il aille par les ruës en danfant : *neque trepudiet,*
« *neque corizet.*

« Les jeux des dez & de hazard leur font défendus ; & fi pour fe défen-
« nuyer dans leur maifon ils joüent entr'eux, que ce ne foit pas jufqu'à per-
« dre au-delà de deux fols de monnoye courante.

« Les docteurs, bacheliers ou écoliers, ne pourront, fous peine d'excom-
« munication *ipfo facto*, fe faire un compere ou une commere & les écoliers
« éviteront avec foin les folies du carnaval, où l'on a coûtume de fe jeter
« des pailles, des pierres ou autres chofes & de fe voler réciproquement les
« viandes aprêtées.

« Aucun ne portera des armes offenfives, à moins qu'il n'en eût la per-
« miffion de l'evêque pour fe défendre en cas d'infulte ; ce qui néanmoins
« doit être accordé rarement.

« Il eft défendu auffi à toute perfonne de Montpellier de loüer ou prêter
« des armes aux écoliers, lorfqu'elle fçaura qu'ils ont quelque démêlé
« entr'eux. »

On attribuë ces deux derniers articles à un événement célébre, qu'on raconte encore à Montpellier comme une chofe très-certaine. On dit que les étudians ayant fait du défordre dans les fauxbourgs du Peirou & de St. Guillem, où ils avoient bleffé quelques habitans du quartier, ceux-ci vinrent les attendre lorfqu'ils revenoient fur le tard de Ste. Eulalie ; & pour diftinguer les étrangers, à qui ils en vouloient plus qu'à ceux du pays, ils obligeoient tous les paffans de leur dire en patois, *Dieu vous don bonne nioch ;* ce que les étrangers avoient beaucoup de peine à prononcer. Sur cette marque ils en tuerent grand nombre & jetterent leurs corps dans les puits du voifinage.

Cet événement, quelque bizarre & funefte qu'il fût, m'a paru digne d'ê- *Livre des juges,* tre marqué dans cette hiftoire, depuis que j'ai vû dans l'ancien teftament, *chap. 12.* que les troupes de Jephté fe fervirent d'un pareil ftratagéme, pour reconnoître au paſſage du Jourdain les Ephraïmites, en les obligeant de dire le mot de Schibboleth, qu'ils ne ſçavoient pas prononcer, ſur quoi ils furent poignardez & jettez dans la riviere.

Le nom de *Dieu vous don bonne nioch*, reſta à la ruë où l'action s'étoit paſſée, qui va du Peirou à St. Guillem, en paſſant au jardin de Trincaire. J'ai vérifié la choſe dans les archives de la ville & mieux encore dans celles du bureau des * tréſoriers de France, où l'on voit l'inféodation qui fut faite de cette ruë à André de Trincaire, juge-mage, le 13 février 1620. Il eſt marqué dans l'acte que cette ruë avoit 123 cannes & demi de longueur & 12 pans de largeur; ce qui donne lieu de croire qu'elle eſt enclavée dans toute la longueur du jardin de Trincaire.

Les articles ſuivans regardent l'heure des études publiques & les traitez qui devoient être enſeignez dans le cours de chaque année. Le cardinal Bertrand entre ſur cela dans un fort long détail, où il fait entrer tous les livres du droit civil & du droit canon. Je crois qu'il me ſuffira de dire ici, qu'on faiſoit quatre leçons par jour : les deux premieres à ſept & dix heures du matin & les deux autres à trois & cinq heures du ſoir. Il eſt ſouvent fait mention de ceux qu'on apelloit *Legentes ordinarie* & de ceux qu'on nommoit *extraordinarie Legentes*; ce qui donne lieu de penſer qu'il y avoit pour le droit civil & pour le droit canon, des docteurs fixes pour enſeigner l'ordinaire ; & lorſqu'un docteur étranger & même un ſimple bachelier, demandoit à faire des leçons publiques, on le lui permettoit à certaines conditions, dont l'une étoit, qu'il ne concourroit jamais pour l'heure avec les docteurs qui enſeignoient l'ordinaire. Pour cet effet on aſſigne à ces docteurs de l'extraordinaire les heures du ſoir, laiſſant aux autres celles du matin. Ils devoient commencer les uns & les autres le ſecond jour après la St. Luc & finir leurs leçons la veille de la nativité de la Vierge.

« Tout écolier (continuë le cardinal Bertrand) qui veut devenir bache-
« lier doit avoir étudié ſix ans avant que de commencer à lire.

« Le bachelier qui veut devenir docteur, doit avoir lû cinq ans dans l'é-
« tude de Montpellier ou dans quelque autre étude générale, à moins que
« l'evêque avec le conſeil des docteurs, ne le diſpenſe d'une partie de ce
« tems.

« Les lectures finies, il ſera préſenté aux prieurs des docteurs, qui fera une
« information ſommaire de ſes vie, mœurs & naiſſance, & étant jugé ca-
« pable, il ſera préſenté à l'evêque de Maguelone ou à ſon député ; & au
« cas que le ſiége fût vacquant, on le préſentera à quelqu'un des trois ar-
« chidiacres ſelon leur rang, & à leur défaut à l'official de l'evêché, qui ſur
« le raport du prieur, des docteurs ou de ſon ſubſtitut, donnera jour au ba-

« chelier pour l'examen, dont il donnera les points dans l'èglife de St. Fir-
« min. Le bachelier fe rendra, fur le foir du jour qui lui aura été affigné, à
« la maifon de l'evêque, où il fubira l'examen & fur le fuffrage des exami-
« nateurs il fera admis ou réfufé.

« Une fois qu'il fera admis, il pourra prendre le bonnet quand il voudra,
« foit dans l'univerfité de Montpellier, ou dans toute autre ; mais felon la
« conftitution du pape Clement V, on déclare que les fraix du doctorat ne
« peuvent paffer la fomme de trois cens tournois d'argent, fous quelque
« prétexte que ce foit.

« Le jour pris pour le doctorat, on fonnera la cloche de l'univerfité vers
« les dix heures, & celui qui doit prendre le bonnet fe rendra à l'èglife de
« N.-Dame des Tables, accompagné de toutes les perfonnes qui voudront
« lui faire honneur, & des écoliers qui, dans cette occafion, doivent fe
« montrer diligens ; il y fera fait lecture d'une loy ou d'un décret, qu'il ex-
« pliquera briévement : & après quelques argumens qui dureront autant
« qu'il plaira à l'evêque ou au préfident, il fera conduit à l'autel, où le pré-
« fident ayant interrogé de nouveau les docteurs fur la capacité du pré-
« fenté, il lui fera prêter ferment & il lui donnera pouvoir d'enfeigner par
« tout; après quoi le docteur qu'il a choifi pour parrain lui donnera les
« marques du doctorat, fçavoir : la chaire, le livre, le bonnet, le baifer & la
« bénédiction. »

Pour fournir aux fraix communs de l'univerfité & particuliérement pour
les meffes & pour les funérailles, le cardinal Bertrand ordonne que tous les
bacheliers qui commenceront à lire payeront quatre fols de monnoye
courante; les écoliers qui ont des bénéfices deux fols, & les autres douze
deniers, qui devoient être levés & gardés par des écoliers choifis par le
recteur pour en rendre compte.

La capfe ou l'on enfermoit cet argent devoit être tenüe dans la facriftie
des freres prêcheurs ou ailleurs, fi le recteur le jugeoit à propos. Elle devoit être * féparée en deux parties, dans l'une defquelles on devoit tenir le
fceau de l'univerfité, avec l'original des préfens ftatuts, dans l'autre l'argent
de la capfe qui devoit être fermée à trois clefs, dont le recteur en avoit une
& les deux autres devoient être gardées par deux confeillers de deux nations
autres que celle du recteur.

PAGE 360.

La collecte qu'on faifoit pour les docteurs qui lifoient l'ordinaire devoit
être faite entre la St. André & Noël ; celle qu'on faifoit pour les bancs, dépuis Noël jufqu'à la fin du carnaval. La taxe de chaque écolier pour la taille
de fon docteur étoit de dix fols monnoye de cours, & pour les bancs cinq
fols.

Il eſt déclaré que les écoliers ne payeroient rien aux doɗeurs qui liſent le Digeſte vieux, l'Infortiat, les trois livres du Code, les Authentiques, l'uſage des fiefs ou le livre des Inſtitutes, à moins qu'ils n'euſſent fait une convention particuliére du ſalaire qu'ils devoient donner à leur doɗeur; & pour lors ce ſalaire ne devoit pas exceder la ſomme de huit ſols monnoye courante.

« Ceux qui liront le ſoir pour l'extraordinaire du decret n'exigeront
« rien de leurs écoliers, à moins que les écoliers, à cauſe de la ſcience émi-
« nente de leurs doɗeurs, ne ſe fuſſent obligés à un certain ſalaire.

« Il y aura (continuë toûjours le cardinal Bertrand) un bedeau général
« de l'univerſité qui ſera perpetuel, à moins que pour cauſe raiſonnable il
« fût dépoſé par le reɗeur & par ſes conſeillers, auſquels il apartient de le
« choiſir. Il ne pourra point exercer qu'il n'ait prêté ferment & qu'il n'ait
« été confirmé par l'evêque de Maguelone; ce qui ſera fait ſimplement
« ſans autre cérémonie.

« Son office eſt de faire ſonner la cloche aux heures accoûtumées, & de
« garder la clef du clocher; il ſera en perſonne dans les écoles, les dénon-
« ciations néceſſaires, comme celles des jours de fêtes & des aɗes qui de-
« vront être faits : il portera les ordres du reɗeur, & donnera caution que
« dans trois ans, du jour de ſa réception, il aura tous les livres qui doivent
« être lûs dans les écoles, ſçavoir : pour les deux premiéres années, le texte
« du droit civil & canon, avec leurs gloſes & pour la troiſiéme année, la
« ſomme d'*Hoſtienſis*, l'apparat d'Innocent & de Jean-André, *in ſexto libro*
« *Decretalium & Clementinis;* pour chacun deſquels livres, on lui payera une
« taxe, *pecias taxatas*.

Il eſt à obſerver, pour l'intelligence de cet article, que l'imprimerie n'étant pas encore en uſage, on ſe ſervoit de manuſcrits, dont le bedeau faiſoit proviſion, pour les loüer enſuite aux écoliers; de là vient, qu'on lui faiſoit promettre d'en ramaſſer une certaine quantité & de donner caution qu'il les auroit dans un certain tems : pour cette raiſon, on taxoit en ſa faveur chaque exemplaire qui devoit être revû auparavant par le reɗeur.

Ce bedeau étoit tenu de dénoncer les leçons qui devoient être faites par des doɗeurs étrangers, d'avoir un calendrier des jours fériés & une copie des preſens ſtatuts; on l'obligeoit, pour être mieux connu des écoliers, à ne ſortir jamais de ſa maiſon ſans porter ſa baguette verte, *virgam viridis coloris*, & on lui permettoit d'exiger pour ſon ſalaire deux ſols de chaque bachelier & douze deniers tout au moins de chaque écolier.

Un autre ſorte d'office dans les écoles du droit, étoit celui des banquiers apellés *Bancarii*, à cauſe du ſoin qu'ils avoient des bancs de l'école : ils fervoient les docteurs qui lifoient actuellement; en forte que chaque docteur avoit un banquier pour l'accompagner à l'école, pour garder fes livres & ceux de fes écoliers. Il étoit permis à ces banquiers d'avoir des livres à eux pour les loüer ou les vendre aux écoliers, après avoir été revûs par le recteur, qui avoit droit de les confifquer ou de les faire brûler, s'ils n'étoient pas conditionnés. On leur permettoit de porter des baguettes fans couleur *fine aliqua pictura*, & d'exiger douze deniers de chaque écolier du docteur qu'ils fervoient, payables dans le tems qu'on feroit la collecte de leur docteur; mais, ce docteur venant à finir, l'office du banquier venoit à ceffer, à moins qu'un autre docteur ne voulût le reprendre.

« Il eft défendu à tous les membres de l'univerfité, fous peine d'excom-
« munication, de fe débaucher les écoliers; autre défenfe, fous peine d'ex-
« communication *ipfo facto*, de fe fupplanter directement ni indirectement,
« dans le loyer des * maifons, & d'abufer du privilége qu'ils avoient de
« faire entrer du vin dans Montpellier. »

PAGE 361.

Il eft à obferver que pour procurer aux membres de l'univerfité la facilité de fe loger dans la ville, on établit trois taxateurs, dont l'un étoit nommé par le recteur & par fes confeillers; l'autre, qui ne pouvoit être ni du corps de l'univerfité, ni de la ville de Montpellier, étoit nommé par l'évêque de Maguelone, & le troifiéme choifi par les confuls, pour régler entre eux le prix du loyer.

Après toutes ces difpofitions particuliéres, les ftatuts finiffent par la forme du ferment que chacun des membres devoit prêter.

« Le recteur, en demandant fa confirmation à l'évêque, devoit jurer fur
« les faints Evangiles qu'il procureroit de tout fon pouvoir le progrès de
« l'étude de Montpellier; qu'il feroit fidelle à l'évêque & à l'églife de Ma-
« guelone; qu'il ne feroit aucun ftatut qui pût préjudicier à l'un ni à l'au-
« tre; qu'il ne feroit point vacquer les écoles au-delà de huit jours, fans le
« confentement de l'evêque ou de fon vicaire; & qu'il ne prêteroit ferment
« à qui que ce fût au préjudice de la fupériorité de l'evêque fur les
« écoles, &c. »

Les confeillers nouvellement élûs juroient entre les mains du recteur de l'aider de leurs confeils auffi tôt qu'ils feroient apellés & de procurer l'obfervation des ftatuts.

Les docteurs & bacheliers, avant que de commencer à lire l'ordinaire ou l'extraordinaire, promettoient entre les mains du recteur de lire, aux heures prefcrites par les ftatuts, les livres qui leur étoient marqués.

Celui qui devoit récévoir le bonnet de docteur juroit fidelité à l'evêque & à l'églife de Maguelone & promettoit de leur donner fidel confeil toutes les fois qu'il en feroit réquis, de ne rien faire fciemment contre leurs intérêts & de garder les ftatuts particuliers qui regardent les doƈteurs.

Le ferment des écoliers entre les mains du reƈteur portoit en particulier que, bien loin de fomenter les rixes qui s'éléveroient entre les membre du corps, ils feroient leur poffible pour entretenir la paix.

Le bedeau promettoit obéiffance au reƈteur & aux confeillers de garder le fecret dans les affaires qui lui feroient commifes, & de n'ôter direƈtement ni indireƈtement les écoliers aux doƈteurs ; quant aux banquiers, on leur faifoit promettre en général de fe bien acquitter de leur devoir tant qu'on les laifferoit en place.

« Fait & publié à Avignon dans la maifon du cardinal Bertrand, du titre
« de St. Marc, en fa prefence & de fon ordre, témoins : Hugues de Manda-
« got, prévôt d'Embrun, Pierre Gafton, chanoine d'Alby, doƈteur ès loix,
« Raynaud, chanoine de Cavaillon & Jean de Montfleur, bachelier & fyn-
« dic de l'univerfité de droit de Montpellier, le 20 juillet 1339. Signé &
« fcellé du fceau du cardinal. »

Ces ftatuts ayant été dreffez de la forte, on les fit aprouver par le pape, après quoi le cardinal Bertrand commit fon neveu Paul de Deuxio, moine & camerier de St.-Guillem-du-Défert, pour les notifier à tous les membres de la faculté. La chofe fut exécutée au commencement de 1340, fans aucune contradiƈtion des parties. On leva l'excommunication prononcée jadis par l'evêque Piƈtavin contre le reƈteur & fes adherans, qui promirent tous d'obferver ces ftatuts fous peine d'excommunication, refervée à l'evêque de Maguelone & à fes fucceffeurs.

En conféquence, Eftienne Martinengue, nouveau reƈteur, fit confirmer fon éleƈtion par Arnaud de Verdale, qui rempliffoit alors le fiége de Maguelone. Il lui prêta ferment comme chancelier de l'univerfité, & en cette qualité, Verdale donna cette même année des lettres de doƈteur à Guillaume Colombani.

Le bon ordre que ces ftatuts établirent dans la faculté du droit la rendirent plus floriffante qu'elle n'avoit encore été. Le célèbre Jacques Rebuffi commença peu d'années après d'enfeigner le droit civil à Montpellier, où il diƈta fes commentaires fur les trois livres du Code, qui ont été imprimés depuis Guillaume Grimoard, connu fous le nom du pape Urbain V, enfeignoit alors le droit canon,[*] comme on a pû l'obferver dans les confultations que j'ai raportées de lui, pour les confuls de Montpellier. Ce pape, étant venu à Montpellier en 1367, tira de la charge de profeffeur Bernard de Caftelnau, pour le faire evêque de Cahors, & le fit facrer à Montpellier par le cardinal de Canillac. En ce meme-tems, le cardinal Pierre de la Vergne paffa docteur en decret en cette ville; & le pape Gregoire, fucceſſeur immédiat d'Urbain V, fit cardinal le fameux Pierre de Lune, connu fous le nom de Benoît XIII, lorſqu'il enſeignoit actuellement le droit canon à Montpellier, *in gimnaſio Monſpelienſi*, où il eut pour auditeur le célébre Pierre de Nieme *(ſic)*, qui le témoigne lui-même dans ſon livre du Schiſme.

On compte, dans le cours de ce ſiécle, parmi les illuſtres écoliers de cette faculté, trois jeunes ſeigneurs de la maiſon de la Mark, qui paſſerent à Liége en 1350, pour venir à Avignon viſiter la cour romaine, & de là ſe rendre à Montpellier pour y étudier en droit : *Tres domicelli de Marca, fratres comitis Engelberti, videlicet Adolphus, Theodoricus, & Everardus, in die SS. Marci & Marcelliani, venerunt Leodium & mecum manſerunt ibidem, donec ipſos ad curiam romanam & ad Montempeſſulanum procuravi tranſmitti.* De ces trois freres, Thierry fut celui qui ſe rendit le plus recommandable par ſes études, comme nous l'aprenons de la Chronique de evêques d'Oſnabruc.

Le nombre & la diſtinction des étudians ſe ſoûtint juſqu'à la fameuſe ſédition arrivée ſous le duc d'Anjou en 1379. Elle les diſperſa tous, & les obligea de ſe retirer pour la plûpart à Orange, où (ſelon l'hiſtoire de cette ville) ils donnerent lieu à l'établiſſement d'une univerſité. Mais le calme ayant été rendu à Montpellier, ils y revinrent bien tôt, & le nombre y fut auſſi grand qu'auparavant.

La choſe conſte par un ſtatut du 25 février 1399, dans lequel Antoine de Louviers, evêque de Maguelone, régle le pas & la ſéance entre les membres de la faculté. Il y ordonne qu'on ſe rangera dans les écoles à meſure qu'on y entrera. Qu'il n'y aura de la diſtinction que pour les dignitez pontificales, pour les fils des empereurs, ducs & comtes; pour les abbés qui ont reçû la benediction, & pour les docteurs, qui à cauſe de leur grade, doivent précéder les étudians. Et parce (ajoûte-t-il) que les chanoines de Maguelone ont les prérogatives d'honneur dans cette école, on décerne au prévôt de cette égliſe (s'il eſt étudiant) le pas ſur les autres nobles. Fait à Montpellier, dans la chapelle de la maiſon épiſcopale, où s'étoient rendus les membres de la faculté, en ſi grand nombre (dit l'acte) qu'ils ne pouvoient pas y contenir.

Le grand ſchiſme qui ſurvint dans l'égliſe à l'occaſion des divers concurrens à la papauté, fit partir l'evêque de Maguelone avec pluſieurs docteurs de l'univerſité de Montpellier, pour aſſiſter aux aſſemblées de l'égliſe de France, qui furent tenuës à Paris, par ordre du roy Charles VI. Il eſt fait mention de ces députez dans les actes de ces aſſemblées & dans ceux du concile de Conſtance, qui fut ouvert le 16 novembre 1414. Martin V, qui fut élû pape dans ce concile, conſerva tant de bienveillance pour l'université de Montpellier, qu'il la combla, pour ainsi dire, de ses graces.

On a dix ou douze bulles de lui, tant pour la conservation que pour l'extension des privileges de l'université; dans l'une il les exempte d'être citez à Rome, tandis que Loüis Lallemant, evêque de Maguelone, & François de Soconeio, archevêque de Narbonne, seront sur les lieux, pour leur rendre justice; dans l'autre, il les exempte des tailles, gabelles & autres subventions des villes, conformement aux lettres du roy Jean, du mois de may 1351, *nullatenus in futurum compellantur ad contribuendum exactionibus, talliis, vel subsidiis, pro quacumque ratione, sive causa faciendis in dicta villa Montispessulani*. Le pape leur accorde toutes les graces & privileges dont joüissent les études d'Orléans & de Toulouse, quels qu'ils puissent être, *quæ habentur pro expressis*. Puis, descendant dans un plus grand détail en faveur des etudians, il leur permet (quelques bénéfices ou dignitez qu'ils ayent) d'étudier durant dix ans dans l'université, & d'y prendre des grades, nonobstant les constitutions d'Honoré III, & les coûtumes de leur église.

PAGE 363. * Par une autre bulle, il veut que tous les étudians, docteurs, & autres membres de l'université perçoivent tous les fruits de leurs bénéfices, excepté les distributions quotidiennes, soient que lesdits bénéfices soient à charge d'âme, ou non ; voulant seulement que le service des paroisses n'en souffre point, & qu'on y fasse pourvoir par d'autres ministres.

Il dispense ceux qui sont déjà soûdiacres de se faire promouvoir durant le *septennium* au diaconat ou à la prêtrise, quelque obligation qu'ils en eussent, par la nature de leurs bénéfices, & nonobstant les dispositions des conciles de Latran, & de Lyon, à quoi le pape déroge ; voulant seulement qu'il soit pourvû de bons vicaires aux bénéfices à charge d'ame.

Et pour l'execution de toutes ces bulles, il nomme l'abbé de St. Sauveur d'Aniane, & le prévôt de Maguelone. Donné le 17 des kal. de janvier, dans la cinquieme année de son pontificat, c'est-à-dire 1420.

Je ne sçai si ces nouveaux priviléges ne donnerent pas lieu au grand procés qu'il y eut peu de tems après entre le bailly de la ville & le recteur de l'université, à l'occasion du désordre que les écoliers firent dans la maison d'une veuve qui demeuroit près de l'église de St. Jean. Le bailly en ayant fait arrêter deux des plus coupables, les autres écoliers furent l'insulter dans l'église de St. Firmin, où il entendoit la messe ; & le recteur non content de réclamer ses prisonniers, pour être traduits dans les prisons de l'évêque, priva l'assesseur du bailly de tous les droits de l'université, dont il étoit membre, & fit publier l'acte de dégradation par le prieur de St. Mathieu. Cette affaire ayant traîné longtems & causé beaucoup de trouble à Montpellier, fut portée à Poitiers, où la plus grande partie du parlement de Paris avoit fuivi le roy Charles VII, & par la médiation de très-redoutable feigneur *metuendiſſimo Domino* Jean de Bailly, confeiller du roy, & préfident de la vénérable cour du parlement de Poitiers, il fut réglé :

Que les priviléges de l'univerfité refteroient dans leur entier, & que le cas arrivé feroit regardé comme non avenu, fans qu'on en pût tirer aucun préjugé contre lefdits priviléges, ni établir aucun nouveau droit au bailly de la ville ;

Que les injures dites ou faites, de part & d'autre, feroient oubliées ;

Que l'affeffeur du bailly feroit rétabli dans fes droits de l'univerfité, & qu'il défifteroit de l'apel qu'il avoit rélevé par devant l'evêque de Maguelone.

« Fait & tranfigé à Montpellier, le 23 janvier 1428, entre Robert Pinchon,
« prieur de Burjet, recteur de l'Univerfité, Jean Rebuffi, licentié, Jean Vil-
« laris, moine, Aimar Sengla, bachelier, confeillers du recteur, d'une part ;
« Et Jean Auriol, bailly de Montpellier, Philibert de Neves, foû-bailly,
« Firmin Capvillers, vicaire, & autres officiers royaux de la cour ordinaire
« de la ville de Montpellier, d'autre. »

L'arrivée du roy Charles VII à Montpellier, en 1437, parut au recteur & aux confeillers de l'univerfité une occafion favorable pour obtenir la confirmation de tous leurs priviléges, & particuliérement de l'immunité des tailles. Ils travaillerent fi heureufement pendant le féjour du roy, qu'ils obtinrent enfin des lettres-patentes dans lesquelles le roy Charles VII fait un grand éloge de leur faculté, & leur accorde plufieurs graces : *Attendentes* (dit-il) *quod ab ipſo famoſo ſtudio tanta manaverint ſalutiferæ fluenta doctrinæ ;* il leur confirme les libertez, prérogatives, immunités, exemptions, franchifes & priviléges accordez par fes prédeceffeurs, Charles le Bel en 1326, & le roy Jean en 1350. Il exempte tous les membres de cette univerfité *ab omnibus impoſitionibus, gabellis, quarta aut octava parte vini & aliorum fructuum excretorum tam in ſuis prædiis patrimonialibus quam aliis, ratione beneficiorum ecclefiaſticorum ſibi competentibus & pertinentibus, etiam & à talliis perſonalibus, vectigalibus, pedagiis, angariis & perangariis ; ſint & remaneant in perpetuum quieti, liberi, franchi, immunes, pariter & exempti.*

Il leur permet d'apeller à Montpellier, par devant les confervateurs de l'étude, toutes leurs parties qui n'en feront pas éloignées plus de cinq journées de chemin, même dans les diocéſes de Rhodés & de Vabres.

Item, que les officiers de la cour du roy dans Montpellier ne puiffent entrer ou vifiter leurs maiſons fous quelque prétexte que ce foit, mais feulement de la* maniere qui a été reglée par les tranfactions paſſées.

PAGE 364.

Item, qu'ils ne pourront être cités ou ajournés hors la ville par quelque juge que ce foit en matiere civile ou criminelle. Donné à Pézenas au mois de may 1437.

Quelques députez de l'univerfité de Montpellier étoient alors au concile de Bafle, où Eugene IV fut donné pour fucceffeur à Martin V, qui étoit mort au commencement de ce concile. Eugene le continua jufqu'en 1443, & Nicolas V lui ayant fuccedé trois années après, le recteur & confeillers de la faculté du droit furent obligez de lui porter plainte contre les confervateurs apoftoliques : ils expoferent au pape que l'archevêque de Narbonne, l'abbé d'Aniane & le prevôt de Maguelone, nommez dans les bulles de fes prédeceffeurs pour confervateurs de leurs ftatuts & priviléges, fe contentoient de fubdéleguer une ou plufieurs perfonnes qui par leur négligence ou leur incapacité portoient plus de préjudice que d'avantage à la faculté. Sur quoi Nicolas V ordonna que les confervateurs ne pourroient fubdéleguer qu'une feule perfonne, au gré du recteur & de fes confeillers, qui feroit préfentée par eux aux confervateurs ; il voulut encore que les confervateurs eux-même ou leur fubdélegué fuffent tenus de faire tous actes judiciaires de leur charge dans l'églife du prieuré de St. Firmin, ordre de St. Auguftin ou tel autre lieu convenable que le recteur & confeillers jugeroient à propos, *nonobftantibus, &c.* Donné le 13 des kal. de fevrier, dans la troifiéme année de fon pontificat.

Cette décifion, felon toutes les aparences, ne fatisfit pas longtems le corps de la faculté, puifque nous trouvons qu'ils renouvellerent leurs plaintes au pape Alexandre VI, environ cinquante ans après, fur le prétexte (puifqu'il faut le dire) qu'il étoit rare de trouver dans le clergé de Montpellier des fujets capables de cette fonction, *cum in dicta villa, paucæ perfonæ in dignitate ecclefiæ conftitutæ jurifdictionis capaces reperiantur.* Sur cette raifon, le pape leur permit de choifir pour fubdélegué un docteur d'entr'eux ou licentié *in utroque*, un chanoine de Maguelone ou d'une autre cathédrale, quand même il n'auroit pas d'autre dignité, pourvû d'ailleurs qu'il fût idoine & d'une litterature fuffifante, auquel cas le pape veut qu'ils puiffent le préfenter aux confervateurs pour récevoir d'eux la fubdelégation qu'il exercera, dit-il, avec les mêmes pouvoirs que les confervateurs eux-mêmes, *nonobftantibus*, &c. Donné la veille des ides de juin, en la 6e année de fon pontificat, c'eft-à-dire 1498.

La connexité de ces deux faits, que j'ai crû ne devoir pas féparer, m'a empêché de marquer fuivant l'ordre des tems l'affemblée d'Orleans, convoquée en 1478 par le roy Loüis XI, durant les differens qu'il eut avec Sixte IV. La chronique fcandaleufe de fon régne parle fi avantageufement des docteurs de Montpellier qui furent apellés à cette assemblée, qu'il m'a paru ne pouvoir mieux faire que d'en raporter ici les propres termes.

« En 1478 le roy fit faire grande assemblée de prélats, gens d'église, de
« grands clercs, tant des universités de Paris, Montpellier, que d'autres
« lieux, pour eux s'assembler en la ville d'Orleans pour trouver moyen de
« r'avoir la pragmatique, & que l'argent des vacans bénéfices ne fût plus
« porté à Rome ni tiré hors de ce royaume, & pour cette cause se tint ladite
« assemblée à Orleans, où présidoit pour le roy monseigneur de Beaujeu,
« monseigneur le chancelier & autres du conseil du roy, lequel monsei-
« gneur le chancelier dit & déclara les causes pourquoi ladite assemblée
« étoit ainsi faite audit Orleans, à laquelle proposition fut répondu par
« Me Jean Huë, doyen de la faculté de théologie en l'université de Paris, &
« aussi y parla pour l'université de Montpellier un autre grand clerc qui
« aussi parla moult bien. »

Nous ne saavons pas le nom de cet habile docteur, encore moins s'il étoit de la faculté de théologie ou de celle du droit canon. Quoi qu'il en soit, la vérité de l'histoire ne me permet pas de dissimuler que depuis ce tems-là le relâchement parut s'être introduit dans nos écoles, & qu'on s'y prépara insensiblement aux erreurs & aux désordres du XVIe siécle.

Les preuves que j'en ai sont tirées des statuts faits en ce même tems par le recteur de l'université. Le premier est de 1472, où Mathieu Graverol, de la ville * de Montpellier, & recteur pour la nation des provinciaux, dit, en déplorant le passé : *In memoriam repetentes rectores olim nostræ almæ universitatis, summis præmiis summoque honore ornatos fuisse, nunc vero perpaucis, uti commodis,* &c.

PAGE 365.

Le second est de Vital Gachon, recteur pour la nation de Bourgogne, qui dit dans un réglement fait en 1485 : *Attendentes quod nonnulli scolares jurati & suppositi nostræ universitatis, tam religiosi ecclesiæ Magalonæ collegiorum sanctorum Benedicti, Germani & Rufi, quam etiam sæculares ætate ac scientia juvenes, nescientes in semitis rationis dirigere gressus suos, &c.*

Le troisiéme est de Jean Griffi, prieur de l'église collégiale de Ste. Anne, recteur pour la nation des Provençaux en 1502, qui déclare privez de leurs fonctions les officiers de l'université qui s'absenteroient au-delà d'un mois.

Enfin les choses vinrent en un état qu'il falut que les consuls de Montpellier passassent une transaction avec le corps de l'Université pour le tems & la forme de leurs leçons, moyennant deux cens livres tournois que la ville leur donneroit tous les ans. Cette transaction porte que le recteur & ses conseillers nommeront chaque année, dans l'église des saints Benoît

& Germain, quatre docteurs des deux facultés, c'eft-à-dire deux du droit civil & deux du droit canon, pour enfeigner perfonnellement, depuis la Saint-Luc jufqu'à la Saint-Jean, avec permiffion à eux de faire fupléer par quelqu'autre depuis la Saint-Jean jufqu'à la mi-feptembre.

Fait & aprouvé par Bernardin de Ranco, recteur pour la nation des Catalans. Pierre Lumbard, facriftain de Saint-Germain. Borrut, chanoine de Maguelone. Ademard Yfard, facriftain de Saint-Ruf, Jean Textoris jeune, confeillers du recteur & autres.

Quoique tous ces témoignages fervent de preuve du rélachement qui s'étoit gliffé dans les exercices fcolaftiques, il faut néanmoins avoüer que la faculté de droit n'eut gueres jamais de plus illuftres ecrivains. De ce nombre eft Nicolas Boëri, connu par le livre qui a pour titre *Decifiones Burdegalenfes*; Pierre Rebuffi, qui eft au rang des plus grands canoniftes; Jean Philippy, également récommandable par fes charges, par fes écrits & par fes emplois; Etienne Ranchin, profeffeur en droit & fon hiftorien en quelque manière, par la vive peinture qu'il nous a laiffé des troubles qui affligerent Montpellier en 1562 & qui défolerent l'univerfité de cette ville.

« Tout y étoit dans le trouble & dans le défordre pour les difputes fur la « réligion, & plût à Dieu (ajoûte-t-il) qu'on fe fût arrêté aux feules con- « troverfes; mais les ennemis de la paix prenant occafion de ces difputes « pour tout ofer & pour tout entreprendre, fufciterent le peuple, qui « devint enfin le maître des loix. Les magiftrats étoient obligés de lui « obéïr, & de récevoir chés eux les gens de guerre que le peuple leur en- « voyoit en garnifon. Ils voyoient, fans ofer fe plaindre, ruiner les maifons, « les temples, les monafteres & les edifices publics, parmi lefquels nos « ecoles qui étoient hors la ville furent entièrement détruites, & en même « tems la tour de l'univerfité, l'un des plus beaux ouvrages qu'il y eût « pour la grandeur & la folidité du bâtiment, la cloche & le clocher furent « renverfés, en forte qu'il n'y refte plus que des mafures. »

Ces dernieres paroles d'Etienne Ranchin nous font voir clairement que les ecoles du droit furent jufqu'à ce tems-là hors la porte du Peirou, dans le lieu apellé la tour de l'Univerfité ou de Ste. Eulalie, à caufe du voifinage de l'églife des réligieux de la Mercy, apellés communément les réligieux de Ste. Eulalie, pour les raifons que nous en avons dit ci-devant.

Il paroît par les fuites de la préface de Ranchin, qui n'imprima fon livre qu'en 1580 que les chofes refterent par raport aux écoles dans le même état qu'il les avoit décrites pour l'année 1562, puifqu'il finit par des vœux & des prières pour le rétabliffement des ecoles de droit, qui ne furent rétablies enfin que fous le regne de Henri IV. Les profeſſeurs allerent pour lors faire leurs leçons prés de l'églife de Ste. Anne, où le concours des étudians ne fut pas à la vérité fi grand qu'autrefois, mais on ne laiſſa point d'y remarquer des fujets qui fe rendirent très-illuſtres. De ce nombre fut le célébre Nicolas-Claude Peireſc, l'un des plus beaux * génies de fon tems, qui vint étudier à Montpellier en 1602 & prendre fes grades fous Julius Pacius. PAGE 366. *Gaſſendi*, *Vita Claudii Peireſc.*

Ce célébre jurifconfulte avoit été attiré d'Italie par le roy Henry IV, comme il le dit lui-même dans fon epître dédicatoire au cardinal Barberin : *Beneficio chriſtianorum principum illectus, ab Italia domicilium tranſtuli.* Il étoit profeſſeur à Montpellier au commencement du dernier fiécle, & fit imprimer en 1606 un in-folio fur les Conſtitutions imperiales, fur les Pandectes, fur le Code & fur les Décretales, qu'il dédia à Pierre de Bocaud, premier préfident en la cour des aydes. En 1631, il donna au public un gros in-12 fous le titre *Legum conciliatarum centuriæ decem,* qu'il dédia au cardinal Barberin, legat en France. Il laiſſa une bibliothéque choifie qui fut augmentée par fon fils Laurens Pacius, héritier de fes biens & de fon fçavoir. Ils ont laiſſé à Montpellier une poſterité qui fubfiſte encore.

Nous aprenons des préfaces qui font à la tête des ouvrages de Pacius que le fiége de Montpellier en 1622 interrompit l'exercice des écoles, & que la peſte de 1629, durant laquelle les profeſſeurs étoient obligez de veiller aux portes de la ville, l'empêcha de travailler à l'impreſſion de fon dernier livre. On compte parmi fes collegues dans la chaire de profeſſeurs Jean de Solas, confeiller au préfidial; Guillaume Ranchin, avocat général en la cour des aydes; Gafpard Perdrix & Jean André de la Croix, officiers du préfidial. La cour des comptes, aydes & finances, a vû dépuis parmi fes officiers trois profeſſeurs en droit, fçavoir : Pierre de Solas dans le tems de l'union de ces deux compagnies; Loüis Vignes, confeiller en cette cour & puis procureur général; enfin Philippe de Perdrix, mort en 1709.

Parmi les profeſſeurs de mérite qu'il y a toûjours eu dans cette faculté, le public conferve avec plus de vénération la mémoire d'Antoine Cauſſe, autant eſtimable par fon fçavoir & fon élégance, que par fa modeſtie & par fa piété. On difoit de lui que fi les livres des loix venaient à fe perdre, il auroit été capable de les dicter par cœur, tant il les poſſedoit exactement. Sa belle latinité lui attiroit dans les actes publics grand nombre d'auditeurs, qui n'admiroient pas moins la juſteſſe de fes expreſſions, que la politeſſe & la modeſtie qui accompagnoient tous fes difcours. Ceux qui ont pris des grades fous lui dans l'efpace de trente ans qu'il a profeſſé, s'aplaudiſſent encore d'avoir étudié fous un fi grand maître, & ils n'ont pas oublié tout ce qu'il leur dit d'obligeant à leur réception, tant il avoit l'art de dire des choses propres à un chacun, sans aucun mélange de flaterie.

L'exacte pieté dans laquelle il vécut toute sa vie ne lui fit connoître d'autre plaisir que celui de l'étude, du culte de sa réligion & du soin de sa famille. L'aîné de ses enfans est professeur comme lui dans l'ecole du droit, & le second (qui a pris l'état ecclesiastique) est agrégé de la même faculté. Il étoit né à Meirargues, à deux licuës de Montpellier, le 28 may 1651, & mourut regreté de tous les honnêtes gens le 20 may 1717.

Je crois ne pouvoir mieux finir l'article de cette faculté que par un abregé de la vie des grands jurisconsultes qu'elle a produit, & qui après avoir pris naissance à Montpellier ont illustré leur patrie par leurs sçavans écrits. Le premier est :

Pierre Placentin, qui est reconnu par divers auteurs pour être né à Montpellier, *in Montepessulano, ubi docuit & originem traxit* (dit Pancirole), *defunctus est*. Denis Simon, dans sa Bibliothèque des auteurs du droit, dit de lui en propres termes, qu'il est le premier qui vint enseigner en France à Montpellier, d'où il étoit. Son penchant pour l'étude des loix romaines lui fit quitter sa patrie pour aller étudier à Bologne sous Irnerius, comme nous l'aprenons de Mrs. Dupuy dans leur Catalogue de la bibliothèque de Thou. Le séjour considerable qu'il fit en Italie donna lieu à Etienne Pacquier de le confondre avec les autres docteurs qui enseignerent à Bologne. Placentin (dit-il dans ses recherches) est le premier docteur italien qui vint enseigner en France, par où il ne faut pas entendre que l'Italie lui eût donné naissance, mais seulement qu'il en étoit docteur, comme nous apellons docteurs de Paris, mille étrangers qui en reviennent après y avoir pris leurs grades.

PAGE 367.

Les seigneurs de Montpellier, qui profitoient de tout ce qui pouvoit contribuer * à l'illustration de leur ville, révirent Placentin avec joye & le protegérent dans tout ce qui pouvoit aider l'établissement de son école ; ils l'employerent utilement dans leur conseil, & leur estime pour lui fut si constante que Guillaume, fils de Mathilde, voulut honorer de sa presence ses funerailles. Il fut enterré dans le grand cimetiere de St. Barthelemy, qui étoit hors la ville, où nos annales marquent qu'il n'y avoit aucun docteur ou écolier étranger qui, en passant à Montpellier, n'allât visiter son tombeau.

Cette marque de vénération continua jusqu'en 1562, où les troubles de la religion protestante faillirent à causer la ruine entiere de Montpellier. Le tombeau de Placentin fut renversé & enseveli sous les ruines de l'église de St. Barthelemy, où il resta caché jusqu'en 1663 qu'il fut découvert par les peres Carmes Déchauflez, qui travailloient à bâtir leur couvent dans le cimetiere de St. Barthelemy qu'on leur avoit donné : ils trouverent fur une table de marbre l'inscription fuivante, telle que Catel l'a raportée dans les mémoires du Languedoc.

PETRA PLACENTINI CORPUS TENET HIC TUMULATUM
SED PETRA QUÆ CHRISTUS EST ANIMAM TENET IN PARADISO
IN FESTO EULALIÆ VIR NOBIS TOLLITUR ISTE
ANNO MILLENO DUCENTENO MINUS OCTO.

Jacques Rebuffi, fils d'Audemar, nâquit à Montpellier vers le milieu du XIVe fiécle; il y enfeigna les loix durant plus de trente ans avec tant d'aplaudiffement que l'école de droit de cette ville l'a mis en quelque maniere au rang de fes fondateurs, en faifant porter fur les maffes d'argent de fes bedeaux l'éfigie dorée de Jacques Rebuffi avec celles de Placentin & d'Azo, qui deux cens ans auparavant avoient donné commencement à leur ecole.

En 1395, le roy Charles VI lui donna des lettres de nobleffe dans lefquelles il eft dit qu'il avoit déjà profeffé le droit à Montpellier depuis plus de vingt ans, qu'il avoit exercé la charge d'avocat du roy dans la fénechauffée de Beaucaire, & celle de juge du palais à Montpellier. Ce fut en cette qualité qu'il mit, à l'abfence du gouverneur, une des premieres pierres au monaftere des religieufes de St. Gilles & de Ste. Catherine, comme il eft raporté dans notre Talamus pour l'année 1388.

Il eft fait mention de lui dans la plûpart des actes importans que la ville paffa de fon tems, & on lui attribuë le bon ordre qui eft dans nos regîtres publics depuis les rois d'Arragon jufqu'à lui. J'ai remarqué ailleurs que fa mort caufa l'interruption qui fe trouve dans le petit Talamus depuis 1428 qu'elle arriva jufqu'en 1502.

Il fut enterré dans l'églife de Maguelone, derriere la grande porte à main gauche en entrant. On y voyoit encore fon tombeau avant la derniere révolution de cette ifle. Il y étoit repréfenté à genoux devant une image de la Ste. Vierge, avec cette infcription latine.

Orate pro domino Jacobo Rebuffi, legum comite, cujus anima in Domino requiefcat, qui obiit anno ab incarnatione Domini 1428 & die 21 Martii.

Ses ouvrages font les commentaires fur les trois livres du code.

Nicolas Boëri, que quelques récens ont apellé Boyer, eft un de ceux qui ont fait le plus d'honneur à la faculté de droit de Montpellier & à cette ville dont il étoit natif.

Sa profonde érudition & fa probité, l'éleverent de la chaire du droit à la charge de conseiller d'état & à celle de préfident au parlement de Bourdeaux où il acquit la reputation d'un parfait magiftrat.

Mr. Dalefme, confeiller en ce parlement, a écrit fa vie que l'on peut voir au commencement des œuvres de Boërius.

PAGE 368.

Il nous aprend qu'il nâquit à Montpellier environ l'an 1468, de Vincent Boëri *, du pays d'Auvergne, qui étant venu à Montpellier, s'y établit & époufa Jeanne Fournier, fille de la ville, dont il eut un grand nombre d'enfans. Nicolas fut celui qui fe diftingua le plus, quoiqu'il eût eu le malheur de perdre fon pere à l'âge de quatre ans. Son heureux naturel lui fervit de guide ; il dévora les premiers élemens des belles-lettres, & s'étant adonné à l'étude du droit, il y fit de fi grands progrès qu'il fut en état environ l'âge de trente ans de remplir à Bourges une chaire de profefleur qu'on lui défera d'une commune voix.

A fes leçons publiques, il ajoûta divers traitez particuliers qui font *De ordine graduum utriufque fori*, *De cuftodia civitatum*, *De feditiofis*, & des additions au traité de Dynus, *De regulis juris*, que Mr. Dalefme eftime encore plus que le traité même.

Tous ces ouvrages lui acquirent une eftime fi génerale que l'archevêque de Bourges, Guillaume de Cambray, lui donna fa petite niéce, nommée Marie Bourfier, qu'il époufa en 1499.

Cette alliance l'attacha encore plus particuliérement au Berry, & pour fe rendre plus utile à ce pays, il en redigea toutes les coûtumes & les éclaircit de fi belles notes que plufieurs autres pays de coutume firent travailler à de femblables ouvrages pour l'éclairciffement de leurs loix.

Sa réputation étant allée jufqu'à la cour, le roy Loüis XII l'y attira par une charge de confeiller d'état qu'il lui donna : Boëri quitta Bourges fept ans après fon mariage, & il vécut à la cour dans la même application qu'il avoit toûjours fait paroître pour l'étude & pour fes devoirs.

Environ douze ans après, le roy François premier ayant apris qu'une charge de prefident au parlement de Bourdeaux venoit de vacquer, il en gratifia Boëri qui vecut encore plus de vingt ans dans cette place où il fe diftingua par toutes les vertus d'un digne magiftrat & d'un parfait chrêtien.

L'auteur de fa vie loüe beaucoup fon integrité, fa modération & fa charité envers les pauvres, il fit bâtir durant fa vie à Bourdeaux l'hôpital des malades, & après fa mort il fit les pauvres fes héritiers & voulut être enterré parmi eux dans le cimetière public.

Outre les legs confiderables qu'il fit aux filles de l'Annonciation et aux filles penitentes de Bourdeaux, il donna fes livres & fes écrits au parlement de cette ville qui fit ranger fes livres dans une bibliothéque qu'il augmenta depuis confiderablement; il envoya les écrits de Boëri à Lyon pour y être imprimés, dont le principal eft fous le titre de *Decifiones burdegalenfes*, où dans trois cens foixante-fix décifions, il traite avec beaucoup d'érudition & de méthode les points du droit qui font en ufage. L'impreffion la plus ancienne que j'en ay vûë fut faite à Francfort en 1574, & depuis on les a réimprimées à Cologne en 1614, avec plufieurs autres traités particuliers, comme : *De ftatu & vita heremitica, De feditiofis, De cuftodia clavium portarum civitatis, & additionibus in tractatum Joannis Montani de authoritate magni confilii.*

Il mourut en 1539, aprés avoir nommé pour exécuteur de fon teftament Mr. d'Aigremont, archevêque de Bourdeaux, avec plufieurs officiers de ce parlement.

L'auteur de fa vie, qui eft écrite en latin, finit par ces mots: *Gratulemur Boërium Montipeffulano dulciffimæ patriæ, gratulemur Biturigibus, gratulemur Aulicis, gratulemur fenatui Burdigalenfi, gratulemur univerfæ Gallorum reipublicæ, hominem doctum pium, &, ut tandem finiam, virum omnibus numeris abfolutiffimum.*

Pierre Rebuffi, arriére-petit-neveu de Jacques, ne fe rendit pas moins recommandable que fon grand-oncle dans toutes les fonctions de jurifconfulte qu'il exerça & par les fçavans traitez qu'il nous a laiffez.

Il nâquit en 1500 à Baillargues, à deux lieuës de Montpellier, dans une maifon qui étoit depuis longtemps à fa famille, & qu'elle conferve encore de nos jours. Son pere étoit Jean Rebuffi & fa mere Magdeleine Declary. Après avoir fait à Montpellier fes premiéres études & donné de lui de grandes efperances, il fut recherché par les univerfitez du royaume les plus célébres pour le droit. De Touloufe où il fut apellé, il alla à Cahors, où il enfeigna durant cinq ans; de * Cahors à Bourges, où il eut pour collegue le fameux André Alciat, que les liberalitez du roy François I avoient attiré d'Italie; de Bourges, il fut apellé à Paris par ce même prince pour y enfeigner le droit canon; c'eft là qu'il acheva fon *Praxis beneficiorum*, qui eft entre les mains de tout le monde, & où il explique avec beaucoup de méthode les difpofitions qu'il faut avoir pour parvenir aux bénéfices, ce qu'il faut faire pour les conferver & la maniére dant on peut les perdre.

PAGE 369.

En 1537, il fit fon traité fur la fameufe bulle *in cæna Domini*, de Paul III, qu'il dédia au même pape.

En 1539, il préfenta au roy François I fon travail fur le concordat entre Leon X & ce prince.

En 1540, il publia fes annotations fur les régles de la chancellerie.

Par tous ces differens traitez, aufquels les canoniftes ont encore recours dans les queftions les plus difficiles, on peut aifément juger qu'il mérita beaucoup du pape, du roy & du clergé : auffi en reçut-il fouvent des offres très-avantageufes ; mais, content du plaifir que les fçavans trouvent dans l'étude & dans la fatisfaction d'être utiles au public, il fe borna aux fonctions de profeffeur & d'avocat qu'il exerça à Paris, où il plaida & confulta jufqu'à fa mort.

On peut voir une partie des circonftances que je viens de raporter dans une epître de François Floret qui eft au commencement du traité de Rebuffi fur le concordat & qui font voir l'eftime générale où il étoit.

Je fçai que dans les dialogues des avocats, que l'on trouve dans les opufcules de Loyfel, il n'eft pas parlé de Pierre Rebuffi comme d'un homme fort employé pour la plaidoirie, mais dans cette même pièce (qui eft une efpèce de fatyre) l'auteur ne peut s'empêcher de lui donner des loüanges pour fon travail fur le droit canon ; voici fes propres paroles :

Maintenant la fcience du droit canon eft quafi éteinte au palais, & n'y a gueres qu'au grand confeil qu'on s'y étudie, & n'eût été que maître Pierre Rebuffe en a écrit plufieurs traitez, qui font encore plus eftimez en Italie qu'en France, la fçience en feroit quafi perduë, qui eft caufe qu'il ne doit être oublié entre nos avocats.

Il mourut à Paris d'une fièvre quarte en 1557 & laiffa héritier de tous fes biens Audemar Rebuffi, fon neveu, qui prit foin de la révifion des ouvrages de fon oncle, & à qui nous devons les collections des édits & ordonnances de nos rois dépuis St. Loüis en 1226 jufqu'en 1559 qu'elle fut imprimée à Lyon.

Il fit enfuite imprimer des commentaires que fon oncle avoit écrit en latin fur ces mêmes ordonnances, qui ont pour titre : *Commentaria in conftitutiones feu ordinationes regias auth. D. Petro Rebuffo, Montepeffulano jurium doct. ac comite juris pontificii ord. prof. parif. & ibidem in fupremo fenatu caufarum patrono, cura & diligentia D. Audomari Rebuffi, jurium doct. ejus. nepotis. Lugd. fub fcuto veneto 1599, in-folio.*

Etienne Ranchin, originaire d'Uzés, nâquit au commencement du xvie fiécle. Son mérite lui ayant fait obtenir une charge de profeffeur en droit, il attira à Montpellier Jean de Ranchin, fon frere, grand-vicaire & official d'Uzés, qui fut confeiller en la cour des aydes en 1558. Etienne lui fucceda dans cette charge en 1561, & il établit en cette ville une famille nombreufe qui a produit quantité de fujets diftinguez dans la robe, dans l'églife, dans la médecine & dans les belles-lettres.

Il fit des notes fur les décifions de Guy Pape, qui fe trouvent imprimées dans l'édition de Lyon en 1577 ; mais fon principal ouvrage eft celui qui a pour titre : *Mifcellanea decifionum juris tam civilis quam canonici ex magis approbatis & receptis authoribus.*

C'eft un fommaire des règles les plus certaines & les plus ufitées du droit, où, fans propofer des efpéces, comme plufieurs avoient fait avant lui, il fe contente, pour rendre fon ouvrage plus court, d'indiquer les auteurs qui appuyent fes décifions.

Cet ouvrage in-folio fut imprimé à Lyon en 1580 & dédié à Pierre de Panifla, fon bon ami, premier préfident en la fouveraine cour des generaux; c'eft le nom qu'on donnoit alors à la cour des aydes.

* Il le compofa, comme il le marque lui-même dans la préface de ce livre, durant les premiers troubles de réligion, en 1562. L'interruption des écoles publiques lui en donna le loifir, & la réfolution qu'il prit de ne pas quitter la ville dans ce tems orageux le rendit témoin oculaire des défordres qui fe pafferent à Montpellier, dont il nous a laiffé un portrait racourci.

PAGE 370.

Il y déplore le prétexte de réligion dont plufieurs fe fervoient pour renverfer tout : la neceffité où les mal intentionnez fe trouvoient d'émouvoir le peuple pour en être foûtenus; l'abus que le peuple faifoit du pouvoir qu'on lui avoit laiffé prendre, & il finit par cette belle réflexion: « Que fi le « peuple dans fon état ordinaire fert patiemment, il commande avec un « empire infuportable lorfqu'il eft le maître. »

Nous aprenons dans la préface de ce même livre l'obligation que le peuple impofoit à toutes les maifons confidérables de loger & de nourrir une troupe de foldats; le renverfement que l'on fit de tous les édifices publics qui étoient hors la ville, & particuliérement des écoles du droit & de la tour de l'Univerfité qu'il apelle *opus certe magni laboris & artificii, affabre ædificatum.*

Ce livre a été traduit en françois & imprimé à Geneve en 1709 avec ce titre : Les décifions d'Etienne Ranchin, rangées par ordre alphabétique, avec des annotations par raport aux conftitutions de Loüis le Grand, par Philippe Bornier, natif de Montpellier, réfugié en Brandebourg. Mais il eft à obferver que la préface d'Etienne Ranchin, dont j'ai parlé ci-deffus, a été fuprimée dans cette nouvelle édition.

Il eut un frere nommé Jean Ranchin, feigneur de Savillac, dont il fait mention dans fon épître dédicatoire à Robert de Girard, evêque d'Uzès, qui eft à la tête d'un autre de fes livres, fur le chapitre *Rainetius extra de teftamentis.*

C'est une continuation du traité que Benedicti ou Benoît, jurisconsulte & conseiller au parlement de Toulouse, avoit commencé sur le chapitre du sexte, mais qu'il avoit laissé imparfait. Etienne Ranchin en a fait la troisiéme partie que Mr. Benoît n'avoit pû achever, & le tout fut imprimé à Lyon en 1582.

Il laissa un autre frere nommé Guillaume, dont nous parlerons plus bas.

Jean Philippy, président en la cour des aydes de Montpellier & intendant de Languedoc sous le connétable Henry de Montmorency, nâquit à Montpellier en 1518, & eut pour pere Eustache Philippy, conseiller en la même cour.

Il s'est rendu recommandable par deux livres également utiles aux jurisconsultes & aux officiers des cours des aydes, qui furent imprimez pour la première fois sous le regne de François II.

Le premier a pour titre *Joannis Philippy responsa juris*, qui contient les décisions qu'il avoit données sur presque toutes les matières du droit dans les differentes charges qu'il eut à exercer. Ce livre, qui est un in-folio de trois cens pages en deux colonnes, fut imprimé pour la seconde fois à Montpellier en 1603, son auteur étant âgé de quatre-vingt-cinq ans.

Le second, qui est de la même grandeur, a pour titre : Edits & ordonnances de nos rois concernant l'autorité & jurisdiction des cours des aydes de France, sous le nom de celle de Montpellier ; où l'on peut voir l'histoire des cours des aydes du royaume par les edits & les ordonnances que Philippy raporte selon l'ordre des tems, & qu'il a éclairci par des sçavantes notes; mais ce qui réleve le prix de son livre est une préface latine qui a pour titre: *Priscorum nostrorumque munerum summa*, où il parle de toutes les impositions établies autrefois par les anciens, d'où les nôtres ont pû prendre leur origine. Cette préface, qui n'a gueres plus qu'une quarantaine de pages in-folio, vaut un livre entier par l'érudition exacte qui y est employée par le discernement & la clarté qui y regne par tout.

La premiere édition en fut faite par le privilege du roy François II, qui mourut en 1560, & elle fut si recherchée qu'il ne s'en trouvoit plus d'exemplaires en 1596, comme porte le privilege du roy Henry IV. L'auteur le fit imprimer à Montpellier l'année suivante, & y ajoûta un traité qui a pour titre: Arrêts de consequence de la cour des aydes de Montpellier, où l'on voit la jurisprudence de cette cour sur le fait des tailles, des gabeles, de l'équivalent des décimes & autres impositions, dont le jugement est attribué à cette cour.

PAGE 371.   *Il dédia ses *Responsa juris* à la cour des aydes & à la ville de Montpellier; fes édits à Guillaume Peliffier, fecond du nom, evêque de cette ville, grand homme de lettres & fon bon ami; fes arrêts au connêtable Henry de Montmorency, auprès duquel il avoit exercé la charge d'intendant de juftice dans tout le Languedoc en 1577 par ordre du roy Henry III & continué quelques autres années.

Je fais mention de fes epitres dédicatoires, parce que j'y ai trouvé les particularitez que je marque fur fa perfonne & fur fes ouvrages; je crois même pouvoir inferer dans cet article l'épitaphe du connêtable Anne de Montmorency qu'il raporte dans fon épitre au connêtable Henry, où en peu de mots l'on voit l'âge, les combats & les bleffures d'Anne de Montmorency, fon pere, tué à la bataille de Saint-Denis.

Octo qui decies annos peregit,

Octo qui prælia & cruenta geffit,

Octo vulneribus jacet peremptus.

Je n'ai pû découvrir l'année où mourut Jean Philippy, mais par la conclufion qu'il met lui-même à la feconde édition de fes réponfes fur le droit, on aprend qu'il a vêcu au moins jufqu'à quatre-vingt-cinq ans, qu'il a fervi cinq de nos rois durant cinquante-quatre, & vêcu avec fa femme, dont il ne marque point le nom, durant cinquante-trois ans.

Opufculum hoc refponforum, dit-il lui-même, *abfolvi mihi dedit Deus opt. max. anno falutis* 1602 *ætatis meæ ejufdem Dei beneficio anno* 85 *& obfequii quinque noftrorum regum chriftianiff. anno* 54.

Les cinq rois dont il parle font Henry II, François II, Charles IX, Henry III & Henry IV. Le tems qu'il a vêcu avec fa femme eft marqué autour de fon portrait, qui eft au commencement du même livre : *Connubii conjugalis anno* 53, & dans l'endroit de la préface où il nous aprend le nom de fon pere, il marque auffi celui de fon frere Guillaume Philippy, qui fut procureur général de la cour des Aydes.

Il ne laiffa qu'un fils apellé Loüis Philippy de Bucelli, qui lui fucceda en la charge de préfident, & qui ayant toûjours vêcu dans le célibat, parvint à une grande vieilleffe, & avec lui finit en 1635 la famille des Philippy qui avoit donné quatre officiers à la cour des aydes de Montpellier. Leur mérite fit dire à un poëte de ce tems-là :

Define, Roma, tuos deinceps jactare Philippos,

Urbs mage clarentes Monfpelienfis habet.

Antoine Uzillis, étant professeur ès loix à Montpellier, fut nommé par le roy Henry II pour remplir une des charges de conseiller au présidial qu'il venoit de créer en cette ville par son édit de 1552. Uzillis, pour faire mieux connoître l'esprit de cette création, fit imprimer à Lyon, en 1566, un petit livre qui a pour titre : *Constitutionis ad curiarum præsidialium authoritatem pertinentis brevis & lucida expositio.*

Peu de tems après il publia des commentaires sur le livre *De actionibus 4ᵉ libr. Institut.*

Son mérite distingué lui attira l'estime & l'amitié de Guittard de Ratte, evêque de Montpellier, qui lui donna sa sœur Antoinette de Ratte, de laquelle il eut Etienne Uzillis, qui fut son successeur en la charge de conseiller au présidial & mourut conseiller en la chambre de l'édit à Castres.

Jean, son cadet, lui succeda en celle de professeur, & laissa un fils nommé aussi Jean, qui mourut doyen des avocats de Montpellier en 1679.

PAGE 372.

Guillaume Ranchin, professeur en droit de l'université de Montpellier, fit imprimer en 1594 un traité sur les successions *ab intestat*, qui a pour titre* : *Guillelmi Ranchini in Monspeliensi schola antecessoris tractatus de successionibus ab intestato*, où il concilie sur cette matiere le droit françois avec le droit romain. L'exemplaire que j'en ai vû est un in-12 de l'imprimerie de Hugues la Porte, à Lyon : il est dédié à Pierre de Rosel, ancien juge-mage de Nîmes & premier président en la cour des aydes de Languedoc, dans le tems de cette édition, c'est-à-dire en 1594.

Antoine Despeisses, que plusieurs personnes de Montpellier se souviennent d'avoir vû, s'est rendu récommandable dans le XVIIᵉ siècle par un grand ouvrage in-folio où toutes les plus importantes matieres du droit romain sont méthodiquement expliquées & accommodées au droit françois.

Il y raporte les arrêts des cours souveraines avec les sentimens des auteurs anciens & modernes qui autorisent ses décisions, & pour le rendre plus à portée de tout le monde, il l'a écrit en françois, ce qui n'a pas peu contribué à rendre son livre d'un trés-grand usage dans tout le royaume.

Il traite d'abord de toute sorte de contrats comme achat, loüage, société, mandemens, prêts, dépôt, commodat, précaire, gages, échange, donation, dot, mariage, tuteurs & curateurs.

Ensuite de ce qu'il apelle accidens des contrats, sçavoir des servitudes, cautions, hypotéques, & de la conjonction des contractans.

La maniere d'executer ceux qui refusent de satisfaire à leur contrat fait le sujet du second tome avec les moyens par lesquels les obligations des contractans prennent fin.

Le troisiéme tome comprend la pratique civile & criminelle avec un traité des droits seigneuriaux, dans un fort grand détail.

Enfin, on voit dans le quatriéme la matiere des tailles & de toute forte d'impositions, traitée à fonds, & ensuite les matiéres bénéficiales.

Il est facile à comprendre que dans cette distribution de son ouvrage, il a renfermé toutes les matiéres du droit dans un ordre très-méthodique; & ce qui en fait un éloge, qui certainement n'est pas équivoque, c'est le grand usage qu'on fait de ses écrits, non-seulement dans le royaume, mais encore dans les pays étrangers, depuis qu'après sa mort ils ont été traduits en latin.

J'ai tiré les principales circonstances que j'ai à raporter de sa vie de l'épitre dedicatoire à feu Mr. de Fieubet, premier président au parlement de Toulouse que les Haguetans de Lyon ont mis à la tête de son ouvrage, qu'ils ont imprimé diverses fois. Ils nous aprennent que feu noble Antoine Despeisses, « ancien & fameux avocat de Montpellier, avoit passé les premieres
« années de sa profession au parlement de Paris où il forma une si étroite
« liaison d'étude avec noble Jean de Bouques, son compatriote, qu'ils prirent la resolution d'écrire conjointement & à communes veilles sur
« toutes les matieres du droit civil.

« Leur coup d'essai sur le Traité des successions, imprimé à Paris en 1623
« & dédié au fils de Mr. le chancelier de Sillery, qui les honora depuis de
« sa protection & de ses bons avis pour la continuation de leur travail.

« Despeisses ayant perdu son ami & son cher compagnon d'étude, se
« trouva chargé lui seul de tout le poids de l'ouvrage, auquel il travailla
« constamment durant quarante ans, après avoir pris la resolution de
« quitter le barreau par une occasion assez divertissante. »

Je la tiens d'un homme de grande probité & qui avoit la confiance de toute sa famille. On raconte que Mr. Despeisses, plaidant un jour, & faisant de grandes disgressions, selon l'usage de son tems, vint à parler de l'Ethiopie & en parla long tems. Le procureur, qui l'écoutoit derriere lui, & qui s'ennuyoit sans doute, dit à ses voisins, sans croire être entendu de l'avocat: ah! le voilà dans l'Ethiopie, il n'en sortira jamais. Ces paroles entenduës de Despeisses le troublerent si fort qu'il ne put plus se remettre, de sorte que pliant sa robe & prenant son procès sous le bras (car il étoit fort vif), il sortit à la hâte du barreau, où il ne voulut plus monter dépuis, & il se borna à donner chez lui conseil aux parties & à travailler à perfectionner son grand ouvrage.

*Il donne, dans son avertissement au lecteur, les raisons qui le déterminérent à le composer en françois, quoiqu'il y promette de le traduire un jour   PAGE 373.

en latin en faveur des étrangers, mais il en fut empêché par la mort, qui l'enleva d'une manière assez remarquable, « car à la même heure que son « imprimeur Haguetan étoit en traité avec lui pour mettre ses manuscrits « sous la presse, comme il passoit de son étude en sa chambre avec une « gayeté extraordinaire, il tomba inopinément en une foiblesse agonisante, « de sorte que dans peu d'heures, après avoir recommandé son ame à Dieu « & son livre à ses amis, il expira aussi tranquile & content (ajoûte Hague- « tan) que feroit une bonne mere, qui après une penible grossesse & un « douteux accouchement, mourroit toute consolée quand on lui diroit « votre fils vivra. »

Il mourut âgé de 64 ans, dans sa maison de l'Aiguillerie qui fait coin avec celle de Mr. de Guilleminet. Denis Simon, dans sa Bibliothèque des auteurs du droit, dit que ce fut en 1658, d'où l'on peut déterminer sa naissance en 1594. Il étoit de la religion protestante, & il ne laissa de son épouse, Susanne de Plantavit, qu'une seule fille, qui fut mariée à Mr. de Massanes, conseiller en la cour des aydes, pere de celui d'aujourd'hui; mais étant morte sans enfans, son bien retourna à sa mere, qui eut pour héritieres mademoiselle de St. André & madame de Cadoüanne, mere de Mrs. de Juges, conseillers au parlement.

Boniface, jurisconsulte provençal, parle peu avantageusement des écrits de Despeisses, prétendant qu'il n'a fait qu'un foible recueil de ce qu'il a trouvé dans les autres, & qu'il ne touche les matières que fort legerement; cependant le même Boniface cite souvent Despeisses, & son propre ouvrage, au jugement des connoisseurs, ne vaut pas de beaucoup celui qu'il voudroit dépretier: on voit assez que l'envie, quelquefois trop ordinaire entre les auteurs, pourroit bien l'avoir fait parler de la sorte, mais le public n'est pas obligé de l'en croire sur sa simple parole.

Philippe Bornier, auteur du livre qui a pour titre: Conferences des nouvelles ordonnances du roy Loüis XIV, étoit petit-neveu de Philippe de Bornier, conseiller en la chambre des comptes en 1600, & président en 1617. Son pere qui portoit aussi le nom de Philippe, fut lieutenant particulier en la sénéchaussée, gouvernement & siége présidial de Montpellier. Il lui succeda dans cette charge qu'il transmit à Jacob, son fils, aujourd'hui juge-mage.

La science des loix, qui étoit comme héréditaire dans leur famille, porta l'auteur des conférences à faire voir la conformité qu'il y avoit entre les ordonnances de Loüis XIV & celles des rois, ses prédecesseurs, & avec le droit romain. Le grand nombre d'éditions qu'on a fait de son ouvrage en fait un éloge qui ne peut être douteux, puisqu'il n'est guéres d'avocats qui puissent s'en passer pour résoudre les difficultez qui se présentent pour l'execution des ordonnances.

Son ouvrage est en deux tomes in-4°. Le premier qui contient les matiéres civiles est dédié à M. de Châteauneuf, sécretaire d'état pour la province du Languedoc. Le second, sur les matiéres criminelles, est dedié au fameux M. Pussort, qui avoit dressé les ordonnances de Loüis XIV. Bornier lui dit avec autant d'esprit que de modestie, que si les observations qu'il lui présente ne marquent pas la moindre partie des beautez qu'on pourroit découvrir dans l'ordonnance, elles ont quelque chose de semblable au sablon doré, qui n'ayant que la couleur de l'or, ne laisse pas de marquer la richesse des mines où il prend sa teinture.

La connoissance qu'on avoit à la cour de sa grande capacité pour les affaires le fit choisir pour commissaire du roy dans les sinodes que ceux de la réligion eurent permission de tenir jusqu'à la révocation de l'édit de Nantes. Il le fut aussi dans la recherche des nobles, faite en 1668, &, deux ans après, à l'occasion des troubles du Vivarez. Enfin le roy, pour reconnoître ses services, lui fit expedier un brevet de conseiller d'état.

Raymond Martin, jeune avocat de Montpellier, laissa, en mourant à la fleur de son âge, un Traité du domicile, par raport au privilége d'arrêt accordé aux habitans de Montpellier, dans lequel il établit avec beaucoup d'ordre & de clarté les principes sur ce qui doit véritablement constituer le domicile, & il explique l'étendue & les restrictions que doit avoir le privilege d'arrêt, imprimé chez Jean Martel en 1728.

CHAPITRE TROISIÉME.

DE LA FACULTÉ DES ARTS.

L'HISTOIRE des poëtes provençaux, écrite par le moine de l'isle d'Hieres, & par celui de St. Cesaire d'Arles, fait mention de quelques poëtes de Montpellier, qui cultivoient les belles-lettres dans le XIIe siécle.

Jean Nostradamus, qui a continué leur histoire, parle de quelques autres poëtes de la même ville. Ainsi il n'est point douteux que, tandis que la médecine & la science du droit fleurissoient à Montpellier, les beaux arts y fleurissoient aussi, puisqu'ils doivent servir d'entrée à toutes les autres sciences. Nous en avons une preuve encore plus positive, tirée des réglemens faits en 1242 par Jean de Montlaur, evêque de Maguelone, qui fupofent qu'il y avoit à Montpellier longtems avant lui une école toute formée de regens & d'écoliers : l'adreffe de fon mandement en eft une efpéce de démonftration. *Dilectis filiis magiftris & fcolaribus in grammatica & logica apud Montempeffulanum & Montempeffulanulum ftudentibus*. Gariel raporte ce mandement tout au long, mais je me contenterai d'en donner ici le précis.

Il régle d'abord que fa préfente conftitution fervira pour lui & pour fes fucceffeurs à perpetuité : *Per nos & per fucceffores noftros conftitutione perpetua ordinamus.*

« 1° Que perfonne n'enfeignera fans avoir été examiné par l'evêque ou « par fes députez; les feuls maîtres de Paris étant exemts de cet examen, « mais non pas de l'aprobation.

« 2° Après avoir fubi l'examen, on jurera foy & obéïffance à l'evêque & « à la cour de Monpelieret.

« 3° Chaque nouveau maître commencera fes leçons dans l'églife de « Ste. Foy, à Montpelieret, ou bien dans quelqu'autre des lieux où l'école « eft generale.

« 4° Les anciens maîtres qui feront invitez aux premiéres leçons des « commençans feront tenus de s'y trouver.

« 5° Aucun ne recevra les écoliers d'un autre fur aucun prétexte.

« 6° Les ecoles feront fermées les jours de fête.

« 7° Les maîtres & les ecoliers affifteront à l'enterrement de ceux de « leur corps.

« 8° Ils feront tenus de fe rendre à Maguelone lorfque l'evêque ou fon « official les y appelleront pour prendre leur confeil.

« 9° Par quelque motif que ce foit, nul ne fuplantera fon confrere dans « le loyer de la maifon qu'il aura pris ou qu'il voudra prendre.

« 10° Les maîtres ou écoliers qui auront des bénéfices ou qui feront « dans les ordres facrez porteront l'habit clerical, & les réguliers celui de « leur profeffion.

« 11° Ils doivent tous aider de leur confeil leurs confrères lorfqu'ils « auront à plaider contre quelqu'un qui ne fera pas de leur corps.

« 12° Les rangs & les honneurs feront réglez par l'ancienneté.

« 13° Le doyen fera avertir des jours feriez.

« 14° On lira le préfent réglement à l'ouverture des écoles, & on en « jurera l'obfervation ; il ajoûte, *ad cautelam*, que le bailly de Montpelieret, « l'official de l'evêque & le recteur de l'Univerfité en auront chacun une « copie qu'ils prêteront fans difficulté à qui les demandera, & qui leur « feront rendues fans retardement.

« Il attache la peine d'excommunication aux infracteurs de ce réglement,
« & il donne fa bénédiction à ceux qui les obferveront.

« Signé en plomb à Montpellier, dans la fale de l'evêque, fous la chapelle,
« l'an 1242, & le 27 de mars, en préfence de maître Vincent Villas, doyen,
« maître Germain, recteur de l'Univerfité, & maître Dieu-Donné de Pratis,
« Berenger Arnaudi, & maître Bernard du Fefc, notaire, qui a écrit le pré-
« fent acte. »

PAGE 375.

On peut apercevoir dans ces réglemens beaucoup de conformité avec ceux que le cardinal Conrad fit 50 ans après pour l'école de médecine, & il eft à croire que le cardinal voulut faire ufage pour la médecine du bon ordre qu'il trouvoit déjà établi pour l'école des arts ; mais il eft à obferver que l'evêque fait mention de Montpelieret, qui lui apartenoit alors, & que ce ne fut pas fans deffein qu'il affigna pour les premières leçons l'églife de Ste-Foy, qui étoit fituée dans la partie epifcopale.

Les arts furent compris dans l'érection que le pape Nicolas IV fit, fur la fin de ce même fiécle, des écoles de Montpellier en univerfité. Alors les rois de Mayorque, voulant attirer cette etude dans la partie de Montpellier qui leur apartenoit, firent bâtir dans la ruë de la Blanquerie l'Ecole-Mage, qui conferva ce nom jufqu'aux commencemens des troubles de la religion. Elle étoit fituée dans le même lieu où eft aujourd'hui l'hôpital St. Eloy, & les grandes fenêtres à la gothique qui reftent encore fur la façade ne laiffent aucun doute fur l'ancienneté de fon bâtiment.

C'eft là que des maîtres, gagez par la ville, enfeignerent à la jeuneffe les premiers élemens des fciences jufqu'en 1562, qui fut le tems où les novateurs commencerent de paroître à Montpellier. Ils fe faifirent de l'Ecole-Mage, d'où ils partirent, comme nous l'avons vû, pour s'emparer de l'églife de St. Mathieu, qui n'en eft pas fort éloignée.

Les troubles, qui commencerent dès lors à Montpellier, firent ceffer l'étude des belles-lettres, en forte que, l'Ecole-Mage étant devenuë inutile, nos confuls y transfererent l'hôpital St. Eloy, qui étoit originairement dans le faubourg de Lates.

Ce ne fut qu'en 1596 qu'ils refolurent de rétablir le collège des arts. Ils s'adrefferent pour cet effet au roy Henry IV, qui leur permit, par fes lettres-patentes du 9 juillet, de rétablir le « collège qui jadis fouloit eftre dans cette ville pour l'inftruction de la jeuneffe ».

Alors ils acheterent les maifons que nous avons vû autrefois dans le lieu où eft à prefent la nouvelle églife des jéfuites, où ils établirent un principal, un profeffeur de rhétorique, & des regens fubalternes, tous choifis de la religion proteftante, qui refterent en poffeffion de ce collége jufqu'après le fiége de Montpellier par Loüis XIII.

Dans cet intervale, ils recoururent au roy Henry IV pour éviter de s'adreffer à l'evêque de Maguelone dans la collation du grade de maître-ès-arts : ils lui reprefenterent que les regens & ceux de ce college, aufquels (difoient-ils) il apartient de conferer le degré de maître ès-arts, n'avoient ofé l'entreprendre, parce qu'on avoit oublié, par inadvertance, d'en faire mention dans les lettres-patentes de 1595. Sur quoi Henry IV, pour ménager les conjonctures délicates où étoient alors les affaires, donna de nouvelles lettres en 1607 par lefquelles il permit au principal & autres ayant charge audit collège de conferer la maîtrife ès-arts, fans aller recourir ailleurs. « Et fur ce (ajoûte le roy), impofons filence à nôtre procureur general, & interdifons à nôtre cour de parlement de Touloufe d'en prendre connoiffance, laquelle nous refervons à nôtre confeil privé. »

On vécut fous cette derniere loy jufqu'en 1629, qui fut l'année où l'on ôta aux proteftans la direction de ce collége, qui fut donnée aux R. PP. jéfuites. Dès lors les evêques de Montpellier rentrerent dans leur ancien droit de conferer le grade de maître ès-arts, qu'ils donnent fur le témoignage des deux profeffeurs de philofophie, & après un acte public.

Il eft tems que je faffe connoître les auteurs anciens & modernes qui fe font diftinguez à Montpellier par leurs écrits fur les belles-lettres. Le plus ancien eft :

Bernard de Treviez, dit en latin *Bernardus de Tribufviis*, qui vivoit dans le XIIe fiécle. Il eft l'auteur des vers leonins qui font raportés dans Verdale fur les anciens evêques de Maguelone. Il fit auffi les quatre vers qui reftent encore fur la porte de cette églife, au bas defquels on voit le nom de Bernard de Treviez, marqué de la forte : *B. de III Viis* d'où, en ôtant les ponctuations & en changeant quelques lettres, ceux qui ont fourni des mémoires à Felibien fur la vie des plus célèbres architectes ont formé le nom de Boiiliviis qu'ils ont donné à un prétendu architecte.

Ce même poëte, pour célébrer les grandes largeffes que Pierre, comte de Melguëil, avoit faites à l'églife de Maguelone, fit un poëme à fon honneur, dont le fameux Rabelais prit occafion, dans le tems qu'il réfidoit à Montpellier, de forger, pour l'amufement du peuple, le roman de Pierre de Provence & de la belle Maguelone, où il femble avoir affecté des anacronifmes continuels, qui ont été relevez par Catel dans fon Hiftoire fabuleufe du Languedoc.

David Daniel, felon Noftradamus dans la Vie des poëtes provençaux, étoit natif de Montpellier, quoique les habitans de Beaucaire & de Tarafcon veüillent s'en faire honneur. Il écrivit plufieurs comedies & tragedies dans le goût de fon tems, & il dédia en 1189, au roy Philippe-Augufte, un grand poëme fur des fujets de morale.

On ne trouve point (ajoûte Noftradamus) aucun poëte provençal qui ait écrit plus doctement que lui: Petrarque même l'a imité en plufieurs endroits, & s'eft fervi avantageufement de fes inventions poëtiques.

Urfine des Urcieres, de la ville de Montpellier, eft nommée par Noftradamus entre les dames qui tenoient, fuivant le goût de fon tems, la fouveraine cour qui décidoit des points de galanterie propofés par les poëtes : il parle auffi d'une autre dame de Montpellier nommée Rixinde ou Richilde, de la maifon de Montauban, pour laquelle Roolet de Graffin, célèbre poëte, prit une fi grande paffion que, n'ayant pû rien obtenir d'elle, il abandonna le monde & fe rétira par défefpoir dans un monaftere d'Avignon le plus auftere qu'il put trouver. Il vivoit en 1229.

Guillaume Durand, dans le XIIIᵉ fiécle, étoit natif de Montpellier, felon le moine des ifles d'Hieres & celui de St. Cefaire, d'Arles. Ils parlent de lui comme d'un grand jurifconfulte & d'un habile poëte.

« Il vécut, difent-ils, en continuelle fobriété, qu'étoit un fingulier moyen pour la confirmation de fa memoire que chacun admiroit; car quand il lifoit quelque beau livre en roman, fût-il en profe ou en rime, il le récitoit incontinent mot à mot. »

La fin de ce poëte a quelque chofe d'approchant de celle d'Abailar & d'Eloïfe, car on raconte qu'ayant réfolu, fuivant la mode des poëtes de fon tems, de fervir une dame de la maifon de Balbe en Provence, il prit une paffion fi forte que fa dame étant tombée malade, & le bruit s'étant répandu qu'elle étoit morte, Durand en mourut lui-même de douleur ; cependant la malade ayant récouvré fa fanté & apris qu'elle étoit caufe de la mort de fon amant, elle en fut fi touchée qu'elle fe retira dans un couvent où elle mourut réligieufe à l'âge de foixante ans. On marque la mort de Guillaume Durand en 1207.

Noftradamus fait mention, pour le XIVᵉ fiécle, d'une dame de Montpellier de la maifon d'Andréa, pour laquelle Pierre Bonifaciis, gentilhomme de Provence, fit plufieurs poëfies qu'il raporte, mêlées de langage du païs & de catalan.

Jacques de Montagne, préfident en la cour des aydes de Montpellier, compofa la Vie de Marie Stuart, reine d'Ecoffe, enfemble l'Hiftoire des chofes mémorables & rémarquables en l'Europe depuis 1557 jufqu'en 1598.

Il eft fait mention de ce dernier ouvrage dans les provifions des differens offices qu'il obtint pendant fa vie.

En 1555, il quitta la charge de procureur du roy en la ville du Puy & baillage du Velay, pour être avocat general en la cour des aydes de Montpellier.

En 1570, il permuta ce dernier office contre celui de juge criminel qu'avoit Alexandre Barenton.

En 1576, il fit enregîtrer en la chambre des comptes les lettres d'anobliffement qu'il avoit obtenu du roy Henry III, où il eft qualifié préfident, garde-fceau à la cour des aydes, maître des requêtes ordinaire de la reine-mere & du duc d'Alençon, frere du roy.

Il réfigna fon office de préfident à fon fils Henry, qui ne put y être reçu. Son fecond* fils, Jacques de Montagne, a laiffé une pofterité qui exerça de pere en fils, depuis plus de foixante ans, la charge de lieutenant principal.

Jacques de Rochemore, dont la famille a donné plufieurs officiers à la cour des aydes, fit imprimer en 1557 une traduction de Guevarra.

Pierre d'Ampmartin, confeiller du roy & gouverneur de Montpellier, fit imprimer en 1599 un in-4° qui a pour titre : « La vie de cinquante perfonnes illuftres, avec l'entre-deux des tems. »

Son premier tome, qui eft divifé en cinq livres, contient la vie des empereurs Augufte, Tibere, Vefpafien, Nerva & des Antonins, qu'il a écrit dans le goût de Plutarque, en entrant comme lui dans la vie privée de ces princes; & pour lier leur hiftoire, il marque les grands évenémens arrivés dans l'intervalle d'un regne à l'autre, ce qu'il apelle l'entre-deux des tems.

Il préparoit au public neuf autres tomes qui auroient contenu chacun la vie de cinq hommes illuftres, choifis dans tous les états de l'Europe pour fervir d'exemple au prince à qui il cherchoit d'être utile, mais la mort, qui le prévint, arrêta l'impreffion du refte de fon ouvrage.

Il dédia fon premier livre au roy Henry IV, à qui il dit : « Je ferai voir un jour, Dieu aidant, les merveilleufes particularitez de vôtre regne, par le recit des chofes où j'ai eu quelque part, ayant commencé, il y a trente ans, par le voyage que je fis en Angleterre, fous le commandement de la reine, votre mere, & depuis fous vos yeux, ayant eu l'honneur d'être employé à la négociation de plufieurs grandes affaires, tant dedans que dehors le royaume. »

Dans une autre epître à Mrs. des états du Languedoc, il dit : « l'obligation que j'ai à cette province où je fuis né, & où mon pere, mon ayeul & mon bifayeul ont exercé des charges honorables, m'a fait rechercher tous les moyens que j'ai pû de lui être utile; mais les occupations que j'ai eu dès ma jeuneffe, tant dedans que dehors le royaume, & les calamités publiques que nous avons vûës & fenties avec douleur, m'ont prefque rendu étranger dans ma patrie jufqu'à ce que j'ai regagné le doux abri du Languedoc, pour rendre, Dieu aidant, les derniers foupirs dans le même air que j'ai premièrement refpiré. »

Il promet, fur la fin de cette epitre, de parler des anciennes familles de cette province, en traitant de fes confins, des villes, places, forterefles qui y font, ce qui fe verra (dit-il plus naïvement) en la tiffure du VI. cinquain.

François de Rouffet, originaire de Grenoble, & dont la famille transférée à Montpellier a donné des officiers au préfidial et à la cour des aydes de cette ville, fit imprimer au commencement du dernier fiécle l'Hiftoire tragique de fon tems, qui a été augmentée depuis de plufieurs événemens funeftes arrivez dans le refte de ce même fiécle.

Son langage eft déjà fort vieux, mais il regne dans tout l'ouvrage beaucoup de jugement & de précifion : je ne fçai même s'il ne feroit pas encore du goût de notre fiécle, s'il étoit traduit en meilleur langage.

Pierre d'Ampmartin fût pourvû en 1585 de l'office de gouverneur de Montpellier, que fouloit tenir Me. Simon Fifes, ainfi raporté dans les régitres du palais où il eft qualifié de procureur général du feu duc d'Anjou, c'eft-à-dire Henry III. Sa famille a donné divers officiers à la cour des aydes.

Guillaume Ranchin, avocat general en la cour des aydes de Montpellier, fit dans l'exercice de cette charge plufieurs difcours qui furent imprimés, en 1604, dans un livre qui a pour titre : Prémier recüeil des publiques actions d'eloquence françoife. On y voit des difcours prononcés par Guy du Faur, feigneur de Pibrac, par Antoine Loifer, Guillaume du Vair & plufieurs autres, parmi lefquels il y a quatre difcours de Guillaume Ranchin, dont le plus rémarquable eft celui qu'il fit en 1598 fur l'enrégîtrement des lettres de furvivance au gouvernement du Languedoc, de Henry de Montmorency, fils du dernier connétable de ce nom.

Le même Ranchin, profeffeur ès-loix, fit en cette qualité le Traité des fucceffions *ab inteftat*, dont j'ai parlé dans l'article de la faculté du droit.

David le Sage, bourgeois de Montpellier, a fait en vers patois un livre de poëfies intitulé les Folies du Sage ; il eft rempli de plufieurs fonnets, elegies, fatires & epigrammes, dont voici quelques fragmens.

* *Lou temps, certos, lou tems nous tombo* PAGE 378.
De jour en jour dedins la toumbo,
Et la mort, à que penfan pas,
Nous talouno de pas en pas.

Aquest siecle es tant variable,

Que noun s'y trove res de stable,

De ferme, ni d'assegurat.

Una febre per tant pau sié forto,

Dins un tornoman nous emporto;

Et cependant toutes crezen

Vivre may que Mathieu Salem.

Messieurs, que degus non s'offence,

Aquel qu'a may de sen qu'y pense.

Il étoit né huguenot, comme il paroît dans un sonnet qu'il adresse au baron de Peraut, mais il mourut catholique, comme on doit l'inferer de son testament en vers, où il dit qu'il veut être enterré à St. Pierre sans bruit & avec la croix du curé.

Sa catholicité, néanmoins, paroît fort suspecte pour les mœurs, par l'aveu qu'il fait souvent de sa mauvaise conduite & par le dérangement de ses affaires, qui l'obligeoient de recourir souvent à la bourse de ceux qui vouloient lui faire plaisir.

Il paroît aussi par ses ouvrages avoir vecû en assez mauvais ménage avec sa femme, soit par le mauvais exemple qu'il lui donnoit, soit par le dérangement de ses affaires: il s'en explique de la sorte à un de ses amis:

Moun grand diable d'amic, que faren toutes dous?

Tu fies mau maridat, & yeu encaro pire,

De que tu, ni may yeu, noun aven pas à rire;

Car se l'un es negat, l'autre es dedin un pous.

Les vers qu'il fit sur l'entrée à Montpellier de la duchesse de Montmorency, Felice-Marie des Ursins, en 1617, & ceux qu'il composa sur la peste de 1640 donnent lieu de croire qu'il étoit né sur la fin du xvie siécle. On sçait d'ailleurs qu'il mourut vers 1650.

Il avoit de l'imagination & de la facilité à parler fa langue naturelle; mais les obfcenitez qu'il a mêlé dans la plûpart de fes ouvrages ont fait dire de lui ce que Defpreaux a dit du poëte Renier :

Heureux fi fes difcours, craints du chafte lecteur,

Ne fe fentoient des lieux que frequentoit l'auteur,

Et fi du fon badin de fes rimes lyriques,

Il n'allarmoit fouvent les oreilles pudiques,

Après l'art de le Sage,
* N. Roudil, avocat de Montpellier, qui fit imprimer les Folies du Sage, fit lui-même en langage vulgaire diverfes piéces de poéfie fort eftimées de fon tems. De ce nombre eft un fonnet fur la belle matineufe.

PAGE 379.

Ioi fur lou grand mati ieu foui fourtit deforo,

Per refrefca moun cor que brullo commo un four,

Quand ai vis pauc à pauc appareiffe l'auroro,

Que laffo de dourmi reveillavo lou jour,

Rouffindo en memo-temps, doun l'amour me devoro,

Pareis en tant d'atrez qu'elle porto toûjour,

Que cadun que la vei tout esbaït demoro,

Et crey qu'acos aqui la maïre de l'amour.

Cependant lou sourel fortis lou cap, mourreges,

E vezen que per tout la terro é lair flammeges,

Et qu'aquello beutat trelufiffié may quel,

De pou davé laffroun prez d'aquello poulido,

Sans liou dire dous cops, s'en es fugit d'aufido,

Et Rouffindo defpioy nous fervis de sourel.

On assûre que Mr. Roudil laissa en manuscrit un dictionnaire patois du langage de Montpellier, que ses héritiers ont négligé de faire imprimer.

Pierre Gariel, natif de Montpellier & chanoine de la cathédrale de cette ville, a composé divers traitez pour éclaircir l'histoire de son pays.

Il fit imprimer en 1631 un in-12 qui a pour titre « l'origine, les changemens & l'état présent de l'église cathedrale St. Pierre de Montpellier. »

En 1645, il fit paroître la suite des gouverneurs de la province du Languedoc, depuis les Romains jusqu'à nous, qu'il dédia dans la seconde édition à Mr. de Verneüil, gouverneur de cette province.

En 1652, on vit sous son nom un in-folio qui a pour titre : *Series præsulum Magalonensium*, écrit avec plus d'ordre & plus de goût que ses autres ouvrages. On lui reprocha pendant sa vie qu'il s'étoit servi de la plume du pere Bonnefoy, jésuite, & véritablement on trouve dans le catalogue des écrivains de la société que le pere Bonnefoy avoit composé ce livre sous le nom d'autrui. *Benedictus Bonnefoy natione Gallus, scripsit alieno nomine seriem seu historiam episcoporum Magalonensium*. Ce livre fut réimprimé à Toulouse en 1665, & il a été d'un grand usage jusqu'à présent.

En cette même année, Gariel donna au public un petit in-folio sous ce nom : Idée de la ville de Montpellier, où il donne quelques parcelles de l'histoire de cette ville qu'il a laissées fort imparfaites. Son stile ampoulé, joint à ses digressions trop fréquentes, rendent sa lecture fort ennuyante.

Charles de Figon, conseiller en la chambre des comptes de Montpellier sous le regne de Charles IX, fit imprimer à Paris, en 1580, chez Guillaume Raurey, ruë St. Jean-de-Beauvais, un état de la France, in-12, qui a pour titre : « Discours des etats & offices, tant du gouvernement que de la justice & des finances de France, contenant une briéve description de l'autorité, jurisdiction, connoissance & de la charge* particuliere d'un chacun d'iceux, par Charles de Figon, conseiller du roy & maître ordinaire en la chambre des comptes séant à Montpellier. »

PAGE 380.

C'est un abregé fort succint de l'état de la France qui a été augmenté depuis jusques au point où nous le voyons aujourd'huy.

La famille de l'auteur ne subsiste plus à Montpellier, & il pourroit bien être du nombre de plusieurs autres qui vinrent de Paris & autres villes du royaume, prendre à Montpellier des charges qu'ils ne transmirent pas à leur posterité.

Claude Vanel, conseiller en la cour des comptes, aydes & finances de Montpellier, fit imprimer en 1689 chez Charles Osmont, à Paris, un Abrégé de l'histoire générale des Turcs. Il vendit son office cette même année pour se retirer en Hollande, où il composa une Histoire des maîtresses des rois de France, & ensuite l'Histoire d'Angleterre.

David Brueys, de la ville de Montpellier, a composé plusieurs ouvrages sur differentes matiéres ; je me contente de marquer ici ceux qui regardent les beaux arts.

En 1684, il fit imprimer à Paris, chez la veuve Mauger, une paraphrase de l'Art poétique d'Horace qu'il dédia à monseigneur le duc du Maine.

En 1695, il donna au public les comédies du Grondeur & du Muet, qui sont imprimées avec les œuvres de Palaprat.

Peu de tems après, il fit paroître la tragédie de Gabinie, qui fut reçûë avec aplaudissement.

En 1709, il composa, sur les procés verbaux que Mr. de Bâville lui fit remettre, l'Histoire des fanatiques qui affligerent le Languedoc au commencement de ce dernier siécle. Cette histoire est imprimée en deux tomes in-12, chez Jean Martel, à Montpellier.

Nous verrons plus bas les autres ouvrages du Sr. Brueys.

Henry de Ranchin, conseiller en la cour des comptes, aydes & finances de Montpellier, fit imprimer en 1697, à Paris, chez Delaune, les Pseaumes de David en vers françois, qu'il dédia au roy Loüis XIV. On se souvient encore (pour la singularité de la pensée) des vers suivans qu'il fit sur une dame de mérite, soupçonnée de jansenisme.

Au tems qu'à vos apas tout cœur rendoit les armes,

Que tout cœur cedoit à vos charmes,

Par vous le mot de tous n'étoit pas rebuté.

D'où vient donc qu'au tems où nous sommes,

Aux seuls élûs vous l'avez reservé ?

Quoi ! Dieu ne peut-il pas faire pour tous les hommes

Ce qu'à l'égard des cœurs a fait votre beauté !

A tous les ecrivains de la famille de Ranchin dont j'ai déjà parlé, je pourrois ajoûter Jacques de Ranchin, conseiller en la chambre de l'edit, & originaire de Montpellier par son pere & par sa mere, qui fit le fameux triolet :

Le premier jour du mois de may

Fut le plus beau jour de ma vie, &c.

Ménage le trouva si beau qu'il l'apelle le roy des triolets. Ce même auteur fit les stances du pere Rivalde, son fils, qui ont été traduites dans presque toutes les langues de l'Europe.

Jacques de Griffi, seigneur de St. George & de Juvignac, conseiller en la cour des comptes, aydes & finances en 1664, nous a laissé une paraphrase en * vers sur le *Dies iræ, dies illa*, dans le goût du fameux sonnet de Débarraux, qui commence : Grand Dieu, tes jugemens sont remplis d'équité, &c.

PAGE 381.

Je me contente de donner la premiere stance de cette paraphrase, qui a beaucoup de sentiment & d'élevation. Mais on reproche à l'auteur de retomber souvent dans la même pensée.

Que ce jour sera triste, affreux & lamentable,

Où par ordre divin, de mille endroits divers,

Le feu venant du ciel pour brûler l'univers,

Fera de tout le monde un bucher effroyable.

La fameuse sibille & le prophéte roy,

Ces fidelles témoins, & si dignes de foy,

Nous l'annoncent tous deux d'une voix assurée,

Et chantent dans leurs vers qu'un jour cet element

Descendant du plus haut de la voûte azurée,

Ne produira partout qu'un triste embrasement.

Je pourrois citer plusieurs autres ouvrages de nos poëtes qui sont faits dans ce goût naturel & gay que le climat de Montpellier leur inspire, mais je me borne aux vers suivans sur un point de notre histoire, qu'une dame de la ville (d'un esprit fort cultivé) fit sur la prairie de Maurin, apartenante au chapitre, & qu'elle supose lui avoir été donnée par les deux demoiselles qui donnérent à Montpellier le nom de *Mons Puellarum*.

C'est une agréable prairie,

Toûjours verte, toûjours fleurie,

Dans un endroit nommé Maurin,

Qui passoit pour être mal sain;

Mais c'étoit une médifance,
Que l'on avoit pris la licence,
De débiter mal à propos.
Il faut bien vous dire deux mots
De fa prétenduë origine :
On prétend que dame Maurine,
Perfonne de diftinction,
Et fa fœur dont on tait le nom,
Joüiffoit de cet héritage.
Elle fut riche, belle & fage,
Et vécut dans le célibat. * PAGE 382.
Si ce fut fans aucun combat,
Cela n'eft pas de mon hiftoire,
Il vous fera permis de croire
Tout ce que bon vous femblera ;
Mais on dit qu'elle eut pour papa
Le roy de l'ifle de Minorque,
Proche de celle de Mayorque,
Peut-être étoit-il roy des deux.
D'abord il fe crut malheureux
De n'avoir produit que deux filles,
Mais quand il les vit fi gentilles,
Il fe confola, ce dit-on,
De n'avoir pas eu de garçon.

Après sa mort nos demoiselles,
Que l'on apelloit les Pucelles,
Se mirent en possession
De sa riche succession.
Pour le siege de leur empire,
On raconte qu'elles choisirent
Cette ville de grand renom,
Qu'elles nommerent de leur nom.
Je ne sçai pas si la cadette
Fut en son temps bien ou mal faite.
La chronique n'en a dit rien,
Ainsi je n'en dis mal ni bien.
On croit qu'elle fut peu de chose,
A cet article chacun glose,
C'est de quoi j'ai peu de souci,
Et vous pouvez gloser aussi.
Revenons à sa sœur aînée,
Qui fut jadis si renommée,*
Que sa mémoire en durera,
In sæculorum sæcula.
On conte que cette princesse
Fut d'une si grande richesse,
Qu'elle avoit des sabots d'argent,
Elle alloit donc clopin, clopant :

PAGE 383.

Cela vous paroît incommode,
Dans ce tems-là c'étoit la mode.
Elle s'ennuya dans la cour,
Et lui préfera le féjour,
De cette campagne charmante,
Que dans ces vers-ci je vous vante ;
Mais il falut finalement
Proceder à fon teftament ;
On dit qu'elle fut fort en peine,
Et même qu'elle eut la migraine
Pour le choix de fon héritier,
Qui fut enfin un grand guerrier,
Qui par fes foins & fa prudence,
Maintint la paix & l'abondance.
Mais pour revenir à Maurin,
Un moine de St. Auguftin,
Qui dirigeoit fa confcience,
Le recherchoit avec inftance,
Et fit fi bien par fon crédit,
Qu'à la fin il y réüffit;
Je ne fçai s'il étoit habile,
Ou la bonne fille imbecile,
Mais je fçai bien qu'à fon couvent
Elle en fit un riche préfent.

Que j'aurois lieu d'être contente, *

Si quelque charitable infante

Vouloit bien m'en donner autant,

Ce n'eft pas que j'aime l'argent ;

J'en fais peu de cas, je vous jure,

Mais j'aimerois ce qu'il procure ;

Et mal employé je le tiens,

Entre les mains de ces faquins,

J'entends de ces faquins de moines,

Car à préfent qu'ils font chanoines,

Ils font de fort honnêtes gens, &c.

CHAPITRE QUATRIÉME.

DE LA FACULTÉ DE THEOLOGIE

QUOIQUE l'école de théologie n'ait été unie à l'univerfité de Montpellier qu'en 1452, il eft néanmoins certain qu'on l'enfeignoit en cette ville longtemps avant fon union : la chofe confte, par l'expofé que le recteur & le corps de l'univerfité firent au pape Martin V, qui dit dans fa bulle, *eorum petitio continebat quod in dicta villa Montifpeſſulani ſtudium theologiæ non exiſtit authoritate apoſtolica ordinatum, quamvis in locis aliquibus theologia ipfa legatur.*

Ces differens endroits, où il eft dit qu'on enfeignoit la théologie, étoient les couvens des quatre réligieux mandians, avec celui de la Mercy & des Bernardins, qui furent établis à Montpellier dans le XIIIe fiécle ; & les monafteres de Saint Germain & de Saint-Ruf, fondés dans le XIVe.

La preuve, pour Saint-Germain & pour Saint Ruf, eft tirée des actes de leur fondation, dans l'un defquels le pape Urbain V dit qu'il veut qu'on étudie dans ce monaftere de St. Germain, aux fciences divines & humaines, afin (dit-il) que l'ordre de St. Benoît en reçoive plus de luftre : *& ordo ifte fcientiæ divinæ pariter & humanæ fulgoribus rutilet.*

Le cardinal Anglic, frere d'Urbain V, en fondant le collége de St. Ruf, ordonne qu'il y ait quatre collégiés en théologie, *quatuor in facra pagina.*

Quant aux réligieux mandians, rien n'eft plus ordinaire dans le petit Talamus que d'y voir faire mention des lecteurs en théologie de ces quatre couvens, qui faifoient tour à tour, dans la place de l'Hôtel de Ville, les fermons ufités en ce tems-là pour les proceffions générales & autres caufes extraordinaires.

Ces lecteurs avoient coûtume, lorfqu'un docteur infigne paffoit par Montpellier, de le prier de faire quelques leçons dans leur école ; ainfi nous voyons dans Wadingue, que St. Antoine de Padoüe étant venu dans cette ville en 12.., il expliqua les faintes lettres, dans l'école des freres mineurs ; ainfi le fameux Raymond Lulle, au raport de Monfieur Fleury, expliqua à Montpellier fon art démonftratif, autrement dit, l'art de trouver la verité, avec lequel il efperoit pouvoir prouver * aux infideles, les mifteres de l'Incarnation & de la Trinité.

Mais la preuve la plus authentique que nous ayons pour l'école de théologie, vient des lettres-patentes du roy Jean, que je raporte au bas de cette page, dans lefquelles le roy lui donne le nom de faculté, quoiqu'elle ne fût pas encore unie au corps de l'univerfité ; & après avoir relevé le travail & l'application des docteurs en théologie, il leur permet de fe faire précéder par des bedeaux, portant des maffes d'argent, ou telles autres qu'ils voudroient.

Enfin, le pape Martin V, à la follicitation de l'evêque de Maguelone & des autres facultés, les agrégea au corps de l'univerfité de Montpellier, à la charge, que les facultés de théologie & de droit, ne feroient dorénavant qu'un même corps, & que les réligieux mandians ne pourroient exercer la charge de recteur, auquel tous les membres des deux facultez devoient être foûmis. Donné à Rome le xvi des kalendes de janvier, dans la cinquiéme année de fon pontificat, c'eft-à-dire 1422.

Il faut qu'on ait trouvé dans la fuite bien des difficultez à l'execution de cette bulle, puifque ce ne fut qu'en 1471 que les deux facultez convinrent des articles qui devoient être obfervez de part & d'autre : nous trouvons ces articles dans le livre du recteur, où l'on voit les noms de tous ceux qui intervinrent dans cet acte, & les loix particulières qui furent dreffées, au nom de Robert Pinchon, recteur de l'univerfité. Il eft dit dans le préambule que, pour faire finir les differens, qui étoient entre les profeffeurs en droit & les maîtres en fainte théologie, il fait les ftatuts fuivans, du confeil des doc-

teurs & maîtres des deux facultez, sçavoir: pour celle du droit, Jean Pontier, prieur des docteurs de cette faculté, Pierre Pataran, Leonard Violette, Jacques Arquier, Nicolas Crofet, Raymond Robert, Dieudonné Vernhes, Charles de Frontignan, Antoine Tronchin, tous docteurs ès loix, & du confentement des confeillers de l'univerfité, & de quantité d'hommes nobles licentiés & bacheliers, « sçavoir: Gerard Cornavin, collecteur du pape,
« Hugues, Geraud, archidiacre de l'églife cathédrale de Rhodès, Raymond
« Buxic, Jean Rebuffy, Jean Urbicen, Guillaume Bolet, Michel Simon, Jean
« Barrerie, Jacques Prunet, Pierre Ferdinand, ci-devant recteur, Pierre Du-
« rand, prieur de Lunel, Bernard de Concles, Michel Pierre, Aimery Sen-
« glar, du diocéfe de Viviers, Jean Mafot, Antoine Rolais, & plufieurs au-
« tres bacheliers *in utroque.* »

« Et pour la faculté de théologie, du confentement & expreffe volonté
« des révérends-maîtres Jean Artauld, doyen de ladite faculté du diocéfe de
« Viviers, Robin, provincial des Auguftins, Privat, chapelain, Jean de Rivo,
« Raymond * Julien, Mandon Balaret, Guillaume Burgorel, Arnaud Ruffi,
« Sauveur de Rive-Male, Jean-Pierre Balaigue, & Jacques de Cabanes, au
« nom & pour toute l'univerfité.

« Il eft établi, qu'il y aura un decan ou doyen de la faculté de théologie,
« pris d'entre les maîtres de ladite faculté : *qui fcilicet fit anterior incorpora-*

PAGE 386.

JOANNES, Dei gratia Francorum rex, notum facimus univerfis; quod ad fupplicationem dilectorum noftrorum magiftrorum, baccalariorum & fcolarium facultatis theologiæ univerfitatis Montifpeffulani, & in favorem dictæ fcientiæ, ac dictorum magiftrorum baccalariorum & fcolarium qui pro dicta fcientia acquirenda & ad erudiendum & fovendum populum in fancta fide catholica, ad falutem animarum fidelium & ad laudem & gloriam beatiffimæ Trinitatis, plures dies, noctefque fuftinuerunt & fuftinent vigilias, abftinentias & labores. Magiftris, baccalariis & fcolaribus prædictis ac bedellis fuis modernis & futuris concedimus, ut dicti bedelli de cætero tam in focietate dictorum magiftrorum quam alibi, fuum officium exercendo virgas argenteas vel alias quales voluerint tenere & portare valeant, tenore præfentium concedimus authoritate regia & de gratia fpeciali. Mandantes fenefcallo Bellicadrii, cæterifque jufticiariis noftris, ut dictos bedellos noftra præfenti gratia pacifice gaudere faciant, nec ipfos in contrarium impediant feu impediri permittant à quibufcumque quomodolibet. Et fic volumus in pofterum obfervari, & ut præmiffa perpetuæ ftabilitatis robur obtineant, & vigorem noftrum quo ante regni noftri fufceptum regimen utebamur figillum duximus præfentibus apponendum. Datum apud Montempeffulanum XV die januarii anno Domini M. CCC. L.

« *tione præsens & residens*. Son office sera de veiller à la conservation des pri-
« viléges, libertés & honneurs de la faculté, de même qu'à l'observation
« de ses reglemens.

« *Habeat semper proponere, & apponere in primo loco tam in vesperiis quam in
« aula, & invigilare circa fienda principia quæ fiant tempore debito & etiam in in-
« ceptione lecturæ dictæ facultatis theologiæ.*

« Il sera tenu de veiller aux propositions hérétiques, erronées ou mal-
« sonnantes, qui pourroient échaper dans le cours desdits actes de théolo-
« gie, & avec le conseil des maîtres de la faculté, il tachera, par ses avertisse-
« mens charitables, de les faire révoquer à ceux qui les auroient avancées.

« Il aura soin de faire distribuer les bonets & les gands qu'on doit don-
« ner, selon la coûtume, au chancelier, au recteur, & à leurs lieutenans &
« autres de l'université.

« Lorsque sa place viendra à vacquer, son successeur sera confirmé par
« le chancelier & par le recteur, comme chefs immédiats de l'université. »

Il jurera tous les ans entre les mains du recteur ou de son lieutenant, de
garder les statuts de l'université faits ou à faire, & d'observer de point en
point ce qui regarde son office de doyen.

« Dès qu'un nouveau recteur de l'université aura été confirmé par le
« chancelier où par son vicaire, & qu'il aura pris possession de sa nouvelle

MARTINUS *episcopus, servus servorum Dei, ad perpetuam rei memoriam. Dum atten-
tæ considerationis intuitu, in mente nos-
tra revolvimus quod thesaurus cujuscumque scientiæ, quo magis in alios stu-
diose diffunditur, eo studii* * *diligentia in
docente copiosius augmentatur, quodque
quasi lucerna ardens in monte, scilicet in
villa Montispessulani diœcesis Magalonensis studii disciplina, ut illic ad vitæ
fructum rationalis creaturæ, præsertim
doctrina theologiæ facultatis ducat effectum, ne in gustu terrenorum desiderio-
rum vetita veteris prævaricationis ille-
cebra educatur. Cum itaque, sicut exhibita pro parte venerabilis fratris nostri
Ludovici episcopi Magalonensis, venerabilis fratris Francisci archiepiscopi Narbonensis camerarii nostri locum-tenentis,
necnon dilectorum filiorum rectoris &
universitatis studii dictæ villæ petitio continebat quod in ipsa villa studium theologiæ facultatis non existit, authoritate apostolica ordinatum, quamvis in
locis aliquibus theologia ipsa legatur; quodque cum inibi artium, medicinæ, ac utriusque juris facultates juxta
præfati studii fundationem primævam
dumtaxat legantur & audiantur, deside-
rant quod etiam theologiæ facultatis
prædictæ, studium inibi existat authoritate apostolica institutum. Quare cum
episcopus Magalonæ pro tempore existens Cancellarius dicti studii existat. Pro
parte dictorum episcopi, rectoris & uni-*

« charge, dans l'églife de Ste Eulalie (comme c'eft la coûtume), le doyen
« de théologie lui prêtera ferment, ou en un autre temps, fous le bon plai-
« fir du recteur.

« Le doyen pourra commettre, pour fes fonctions, le plus ancien des
« maîtres de théologie ; mais s'il s'abfente au-delà d'un mois, celui qu'il
« aura commis fera tenu de prêter ferment au recteur, pour tous les chefs
« fur lefquels le doyen eft tenu de jurer.

« Les bedeaux de l'univerfité doivent obéïr au doyen de théologie dans
« tout ce qui régarde l'office de doyen ; la permiffion en ayant été préala-
« blement demandée par les bedeaux à Mr. le recteur, & obtenuë de lui.

« Le prieur des docteurs en droit, précedera le doyen de théologie, dans
« tous les actes de droit canon ou civil, & le doyen, précedera le prieur
« dans * tous les actes de théologie ; mais dans tous les autres actes & au-
« tres lieux, ils fe précederont alternativement l'un & l'autre, d'année en
« année.

« Les provinciaux des quatre ordres mandians ne pourront précéder
« dans l'univerfité le prieur des docteurs en droit, ni le doyen de théologie,
« pas même ceux de leur ordre ; mais fi leur général, ou autre notable per-
« fonnage y venoit, on laiffe au jugement de Mrs. le chancelier & recteur,
« de régler leur place.

verfitatis fuit nobis humiliter fupplicatum ut fuper hoc eis & eidem ftudio providere de authoritate apoftolica dignaremur.

Nos igitur cupientes dictæ theologiæ ftudium ampliare, *hujufmodi fupplicationibus inclinati, ex noftra certa fcientia, authoritate apoftolica præfentium tenore ftatuimus, ac etiam ordinamus :* quod in ipfa Montifpeffulani villa deinceps, futuris perpetuis temporibus ftudium generale theologiæ facultatis exiftat ibique dicta theologiæ facultas, ficut una aliarum facultatum hujufmodi, inibi & aliis generalibus ftudiis legi, doceri, & audiri * confuevit, legatur, doceatur & audiatur ; ac in ea quicumque gradus fcolaftici exerceri, necnon baccalariatus, licentiatus, magifteriatus infi-

gnia, ad inftar aliorum ftudiorum generalium tradi, & concedi ac accipi valeant. Quodque *magiftri, doctores licentiati, baccalarii, & ftudentes in eadem theologiæ facultate, in præfato Montifpeffulani ftudio legentes pro tempore omnibus & fingulis privilegiis, libertatibus, conceffionibus, immunitatibus & gratiis quibis magiftri, doctores, licentiati, baccalarii, ac ftudentes in eifdem facultatibus ac ftudiis generalibus gaudent uti ac gaudere poterunt in futurum. Similiter uti & gaudere poffint, debeant, & valeant libere & licite.*

Ac nihilhominus quod hujufmodi facrorum canonum & legum facultates in ftudio prædicto, de cæteris unicam univerfitatem faciant, & unum corpus conf-

« Les réligieux mandians qui étudieront en médecine, ne feront pas te-
« nus aux ftatuts de l'univerfité, qui font incompatibles avec leur état,
« comme de payer la collecte des docteurs, ni d'être examinez fur leurs
« mœurs & fur leur naiffance, comme auffi de n'être pas tenus d'avoir lû
« un certain nombre d'années pour obtenir la licence : quant aux autres
« ftatuts, déjà faits ou à faire, ils feront tenus de les obferver.

« Tout théologien (foit-il des quatre ordres des mandians, ou autre qui
« fera admis à lire le livre des fentences) jurera entre les mains du chan-
« celier & du recteur qu'il ne prendra point de grade dans une autre uni-
« verfité, ni fous aucun autre maître que celui qui l'aura préfenté à la lec-
« ture ; mais dans le cas d'une longue abfence ou d'infirmité notable de
« fon maître, il aura recours au chancelier & au recteur, qui du confeil de
« tous les maîtres & regens, lui permettront de prendre le bonnet, après
« en avoir donné connoiffance à fon premier maître.

« Tout maître de théologie, qui voudra fe faire incorporer dans celle de
« Montpellier fera tenu de donner *birrum* & *chirotecas*, au chancelier, au
« recteur, & aux maîtres en théologie feulement, de même que les nou-
« veaux docteurs en droit n'en doivent pas donner aux maîtres en théolo-
« gie. »

Le nouvel incorporé en théologie, fera tenu de venir dans la maifon du
recteur, prêter entre fes mains le ferment accoûtumé, & payera pour les
droits de l'univerfité, un demi-franc d'or.

Ceux qui feront admis au grade de bachelier en théologie payeront pour
les droits de l'univerfité, deux moutons d'or, & lorfqu'ils commenceront à
lire les quatre livres des fentences, ils payeront un mouton d'or.

tituant, cujus caput rector fecundum an-
tiqua ftatuta ipfius ftudii eligendus exif-
tat, ac præfati magiftri, doctores, licen-
tiati, baccalarii, & ftudentes in theologia
ftatutis, ac confuetudinibus laudabilibus &
approbatis ftudii prædicti factis, & cano-
nice faciendis dicto rectori fubfunt, ejuf-
que monitionibus & mandatis obediant,
quemadmodum præfati canonum & le-
gum doctores, licentiati, baccalarii &
ftudentes fubfunt & obediunt. Ac in his
quæ tangerent theologiæ facultatem una
cum præfatis doctoribus, licentiatis, bac-

calariis, ac ftudentibus, poffint ac debeant
intereffe, falvo, quod ficut doctores legum
& canonum, rectores effe non poffunt fic
etiam magiftri in theologia, nullatenus
effe poffint. Ac etiam religiofi de ordine
mendicantium, in quocumque gradu vel
flatu conftituti. Nonobftantibus quibuf-
cumque, &c.

Nulli ergo hominum liceat, &c.

Datum Romæ, apud S. Petrum XVI,
kal. Januarii. Pont. noftri anno V, de
mandato domini noftri papæ. Ja. De
Arminio. At de Lufchis.

Ils donneront au bedeau général, & au bedeau du recteur, & à celui des docteurs, & aux banquiers, ce qu'ont coûtume de donner les bacheliers des autres facultés.

Page 388. * Tout théologien qui prendra le bonnet, payera aux trois bedeaux huit écus d'or partagés entr'eux à égales parts.

S'ils sont plusieurs qui prennent le bonnet en un même jour, chacun payera un mouton d'or au prieur des docteurs.

Chaque prétendant à la licence de théologie, donnera quatre écus d'or à Mr. le chancelier, pour l'examen & pour la licence.

A chaque docteur-regent, *pro responsione quæstionis*, un demi-franc.

A chaque examinateur, un écu d'or.

Aux deux maîtres qui assisteront à la vesperie, un écu d'or chacun.

Aux quatre maîtres qui assisteront à son aulique, un écu d'or chacun.

Tout bachelier ayant subi l'examen, & étant aprouvé par le plus grand nombre sera apellé par le bedeau, de la part du seigneur chancelier ou de son vicaire, qui lui donneront la licence le jour qu'ils jugeront à propos, pourvû que ce ne soit pas le jour-même de l'examen.

Aucun religieux des quatre ordres mandians, *cujuscumque fit status*, ne pourra être choisi pour être du nombre des douze conseillers.

Celui qui voudra lire en théologie sera presenté par le maître qu'il aura choisi, à M. le chancelier, ou à son vicaire, au recteur ou à son lieutenant.

Nul ne sera admis, s'il se trouve né d'un mariage illégitime, s'il est noté d'infamie, ou si étant religieux, il a apostasié de son ordre.

Aucun religieux mandiant ne sera admis s'il a été incarcéré dedans ou dehors de son cloître pour ses démerites, de quoi il sera interrogé de bonne foi par MMrs. le chancelier & le recteur.

Plus, aucun d'eux ne sera admis à lire, qu'il n'ait une permission par écrit, signée de son supérieur, qu'il représentera à MMrs. le chancelier & recteur.

Les maîtres, licentiez ou bacheliers, qui auront été incorporez, prêteront serment entre les mains de Mr. le recteur, comme on a accoûtumé de faire dans la faculté du droit; & pour ce serment, ils payeront au tresorier de l'université, un demi-franc d'or.

Nul ne sera admis à la licence ou doctorat en théologie qu'il n'ait expliqué les quatre livres des sentences, sous le docteur regent, à moins qu'il n'en eût sur cela une dispense speciale du pape.

Les bacheliers liront entierement les quatre livres des sentences, qu'ils tacheront d'expliquer, pour l'utilité de leurs auditeurs, en raportant l'interpretation des auteurs les plus récens, & ils ne traiteront point des matieres qui ne puiffent convenir à la faculté.

Ils pourront dicter de mémoire, ou tenir leur cayer devant eux, felon qu'il leur conviendra le mieux.

Les bacheliers feront quatre actes publics, felon la coûtume.

Le premier, à la fête de la St.-Luc.

Le fecond, après la fête de la Nativité.

Le troifiéme, dans le carême.

Et le quatriéme, après l'octave de Pâques.

Les jours en feront affignez par le recteur ; & dans tous ces actes, les bacheliers difputeront fur des matieres convenables.

Qu'ils difputent entr'eux, & qu'ils s'impugnent mutuellement, fans aucune parole offençante, mais avec modération, & qu'ils fe communiquent de bonne foi leurs conclufions, leurs corrolaires, & les repliques qu'ils auront à faire.

Aucun bachelier ne pourra s'abfenter, fans neceffité preffante, dans le cours de fes lectures, de quoi il donnera connoiffance au chancelier & au recteur, ou à leur fubdelegués ; autrement il ne pourra être promû à un grade fuperieur, à moins qu'il n'ait rempli le nombre de fes leçons.

Après les trois premiers actes faits par le bachelier, fon docteur-regent le conduira, auffi-tôt qu'il le pourra, à Mr. le chancelier ou à fon vicaire, & le leur prefentera pour le grade formé de bachelier, & pour fubir l'examen privé : & fur la fuplique & témoignage du docteur-regent, Mr. le chancelier ou fon vicaire, lui affigneront un tems convenable pour l'examen ; & dès-lors il fera apellé, bachelier prefenté.

* Le chancelier ou fon vicaire lui donneront dans la chapelle epifcopale les points tirez du premier & du troifiéme livre du maître des fentences, & ainfi tour à tour à tous les bacheliers qui fe prefenteront. PAGE 389.

Les points feront donnés le matin, foleil levant, pour être répondus le lendemain dans la chapelle épifcopale, fur l'heure des vêpres.

Le bachelier communiquera fes pofitions fur les deux points qui lui ont été donnez, à Mr. le chancelier ou à fon vicaire, s'ils jugent à propos, & à chacun des maîtres qui doivent l'examiner.

Que fi Mr. le chancelier ne veut pas préfider en perfonne à l'examen, il fera fuplié par les maîtres de nommer pour cet acte quelqu'un du corps de l'univerfité, parce que cet examen devant être fait, non-feulement fur la fcience & la littérature, mais encore fur les mœurs, converfation & vie, il arrive qu'on dit alors bien des chofes qui ne doivent pas être connuës hors de la faculté.

Nul maître, licentié ou bachelier, ne fera aucun acte fcolaftique dans cette univerfité, qu'il n'y foit incorporé, avec permiffion du recteur & le doyen apellé.

Fait & réglé dans la chapelle epifcopale le 12 mars 1471, en préfence de révcrendiffime pere-en-Dieu Guillaume, par la grace de Dieu, evêque de Maguelone, chancelier de cette univerfité, & de témoins & notaire, fçavoir Robert, bachelier, *in utroque*, prieur du prieuré St. André de Beorfet, diocéfe de Viviers, recteur de l'univerfité de l'étude générale de la ville de Montpellier pour la nation de Bourgogne, Jean Artaud, *in facra pagina profeffor egregius & facræ facultatis theologiæ decanus*.

Dans le refte de la fignature, les maîtres & les docteurs font mêlez conformément aux ftatuts précédens.

Signé noble-homme Hugues Ferrucii, licentié ès loix & bachelier en décret, vicaire & official du feigneur evêque.

Arnaud de Chalet, moine de Pfalmodii, licentié en décret, Jacques Pruneti, Michel Gaychii, qui tous, avec les fufnommez, au commencement de cet acte ont eu recours à l'evêque de Maguelone, *ad quem fpectat*.

On vécut fous ces loix jufqu'en 1562 qui eft la fatale époque du renverfement de tous les monaftéres de Montpellier. Les etudes y cefferent dés-lors, & l'on ne fongea plus à s'affembler à Ste-Eulalie, qui fervoit aux actes de théologie, de même qu'à ceux du droit. Les chofes refterent en cet état durant tout le refte du xvie fiécle, & ce ne fut qu'en 16.. que Mr. de Fenoüillet voulant rétablir en cette ville les exercices de théologie, fit faire un acte public à un réligieux auguftin qui demandoit à recevoir les grades. Il les lui conféra folennellement, après quoi pour commencer à remettre cette étude dans Montpellier, il permit aux PP. Jacobins d'enfeigner la théologie dans leur couvent de St. Mathieu, ce qu'ils continuerent de faire jufqu'en 1682, auquel tems le roy Loüis XIV ayant créé deux charges de profeffeur en théologie à Montpellier, il les unit au collége des jéfuites de cette ville où les étudians vont maintenant prendre leurs leçons, & après y avoir fait dans le cours de leurs études les actes publics, ils vont, fur les certificats des profeffeurs, fubir le dernier examen à l'evêché, où le vice-chancelier de l'evêque leur confere les grades.

Quoique cette faculté foit la moins ancienne de toutes celles de l'univerfité de Montpellier, foit par le tems où elle commença, foit par raport à celui où elle fut rétablie, elle n'a pas laiffé de donner à Montpellier divers théologiens diftinguez par leurs écrits, tels que font :

François-Amé Pouget, natif de cette ville, auteur du catéchifme de Montpellier, qui renferme un cours de théologie entier & complet. Il commença de le faire imprimer en 4 tomes in-12 en 1701, puis en un in-4° en 1703, & enfin en deux in-folio en latin avec les autoritez fur lefquelles il fonde fes décifions. L'accueil que tous les diocéfes du royaume ont fait à ce catéchifme, & les traductions qu'on en a fait en italien, en efpagnol, en flamand, en anglois & même en chinois, ferviront à ce livre d'un plus grand éloge que tout ce que j'en pourrois dire.

Jacques-Hercule de Crofet, prieur de Camarignan, & docteur de Sorbonne, donna* au public en 1698 les réponfes bu'il fut chargé de faire par Mr. l'evêque aux demandes propofées dans les conferences ecclefiaftiques de fon diocéfe fur le facrement de penitence & fur la fimonie. PAGE 390.

Jean Coudurier, avocat général en la cour des comptes, aydes & finances de Montpellier, avoit fait imprimer en 1667 un petit livre fous ce titre: Harmonie du droit divin avec le droit humain touchant l'ufure, les intérêts & la conftitution de rente qu'il augmenta depuis en 1687 & fit un gros in-12 fur l'ufure où il fait voir fon injuftice, & parcourt les différens prêts qui font permis ou illicites; il finit par un traité particulier des Monts de Piété qu'il établit à Montpellier pour le foulagement des néceffiteux. Il ne donne dans fon livre aucune règle qu'il n'eût pratiqué luimême, car la mémoire de ce digne magiftrat eft encore en très-grande vénération par les aumônes qu'il fit pendant fa vie & par fes liberalitez pour la décoration des autels.

David Brucis, né à Montpellier dans la réligion proteftante, fe fit catholique en 1683, & pour faire connoître au public les motifs de fa converfion il compofa un livre intitulé: Examen des raifons qui ont donné lieu à la féparation des proteftans, fait fans prévention fur le concile de Trente, fur la confeffion de foy des églifes proteftantes & fur l'écriture fainte. Paris, chez Couterot.

En 1685, il fit imprimer la Défenfe du culte extérieur de l'églife catholique, où il montre auffi les défauts qui fe trouvent dans le fervice public de la R. P. R., à Paris, chez Sebaftien-Mabre Cramoify.

En 1686, il donna au public fa réponfe aux plaintes des proteftans contre les moyens qu'on employe en France pour les réunir à l'églife catholique, où il refute les calomnies qui font contenuës dans le livre intitulé: La politique du clergé de France, & autres libelles de cette nature: à Paris, chez Mabre Cramoify.

En cette même année, il publia un traité de l'Euchariftie en forme d'entretien, dans le goût de Minutius Felix dans fon Octavius, où fans entrer dans dans la controverfe il prouve la réalité fur des véritez avouës de part & d'autre: à Paris, chez le même.

En 1687, il fit un traité de l'église, où fans entrer dans les queftions qui ont été agitées, il montre que les principes des calviniftes fe contredifent, pour fervir de réponfe aux derniers livres de Mrs. Claude & Jurieu : à Paris, chez Sebaftien-Mabre Cramoify.

En 1700, il fit imprimer à Paris chez Barthelemy Girin, un traité de la fte. meffe, où fans entrer dans la controverfe il montre qu'elle eft fondée fur un dogme de foi & fur des faits avoüez de tous les chrétiens.

Enfin en 1709, il publia à Montpellier de l'imprimerie de Jean Martel un traité de l'obéiffance des chrétiens aux puiffances temporelles, où il montre par l'écriture fainte & par l'hiftoire de l'églife, en quoi les chrétiens doivent obéïr à leurs fouverains, quoique de différentes réligions, en quoi ils doivent refufer de leur obéïr, & quelle conduite ils doivent garder dans leur refus.

Il laiffa en mourant un ouvrage pofthume du legitime ufage de la raifon, principalement fur les objets de la foy, qui a été imprimé après fa mort chez Coignard fils, en 1717.

L'abbé de Pezenes, de la famille de Mrs de Beaulac, qui a donné plufieurs officiers à la cour des aydes & au bureau des finances de cette ville, fit paroître fur la fin du dernier fiécle beaucoup de talent pour la chaire.

En 1690, il prononça le panégirique de St. Loüis dans la chapelle du Louvre devant Mrs. de l'Académie des fciences ; & après fa mort qui arriva peu d'années après, on fit imprimer à Paris un tome de fes fermons qui contient les panégiriques de St. Charles, de St. Loüis, de St. Jofeph, de St. Jean-Baptifte & de St. Benoît, avec des fermons de morale fur la foy, les tentations & la profeffion réligieufe, & fur les miftéres de l'annonciation de la Pentecôte & la fête de tous les faints. Sa mort prématurée priva l'églife d'un excellent prédicateur & fit perdre à la ville de Montpellier, fa patrie, un grand fujet qui lui auroit fait beaucoup d'honneur.

CHAPITRE CINQUIÉME.

DE LA CHAIRE DES MATHEMATIQUES

LE roy Loüis XIV, voulant donner moyen aux gens de mer d'aprendre le pilotage & l'hydrographie, ordonna par une déclaration du mois d'août 1682 qu'il feroit établi des profeffeurs d'hydrographie dans les villes maritimes de fon royaume pour enfeigner la navigation. « Et « d'autant (ajoûte le roy) que la ville de Montpellier eft la plus commode

« & la plus proche du port de Sette, qui eft le principal de la province du
« Languedoc, Sa Majefté crée, érige & établit en cette ville un profeffeur
« royal de mathématiques & d'hydrographie de l'univerfité de Montpel-
« lier, pour y être enfeigné publiquement par celui qui en feroit pourvû
« les mathématiques & l'hydrographie. »

Mais, afin de connoître mieux les écoliers qui fe feront rendus les plus
affidus, Sa Majefté « veut qu'ils soient tenus de s'infcrire une fois tous les
« mois dans le régitre gardé par le profeffeur dont il envoyera un extrait
« au fécrétaire d'Etat ayant le département de la marine.

« Veut Sa Majefté que les capitaines, maîtres ou patrons de navires
« foient examinez par ledit profeffeur & tenus de prendre fes lettres d'at-
« teftation comme ils ont été trouvés fuffisans & capables de faire les
« fonctions defdites charges.

« Que le profeffeur qui fera établi faffe fes leçons publiques quatre jours
« de la femaine dans les écoles de la faculté du droit, & qu'il aye rang &
« féance immédiatement après les profeffeurs de ladite faculté, fans pour-
« tant qu'il puiffe participer à leurs émolumens, & qu'il joüira des mêmes
« honneurs, prérogatives, prééminences, habillemens & autres avantages,
« tant defdits profeffeurs en droit que des profeffeurs en mathématiques
« & d'hydrographie des autres villes de fon royaume.

« Elle accorde audit profeffeur, pour lui tenir lieu d'émolument, la
« fomme de trois livres payables pour chaque écolier toutes les fois qu'il
« s'infcrira dans fon régitre, & celle de douze livres pour les atteftations
« d'étude qu'il leur délivrera après deux années, & autant pour les lettres
« d'atteftation que les capitaines, maîtres & patrons de navires feront
« tenus de prendre, fe refervant Sa Majefté de pourvoir dans la fuite aux
« gages de cette charge.

« Et parce que la ville de Frontignan fait le principal commerce
« maritime de la province du Languedoc, veut Sa Majefté que ledit
« profeffeur y aille paffer les mois d'août, feptembre & octobre, pour y
« enfeigner publiquement tout ce qui fera néceffaire pour la navi-
« gation ordinaire de cette ville, ordonnant aux confuls de Frontignan
« de lui fournir un lieu propre & commode dans l'hôtel commun de
« cette ville, pour y faire fés leçons publiques, avec défenses aux patrons
« de ladite ville d'admettre dorénavant les jeunes matelots à gagner
« l'entière part (felon le ftile maritime dudit lieu) qu'ils n'ayent été
« examinez par ledit profeffeur, & trouvez capables de conduire les
« bâtiments par tout où lefdits patrons ont accoûtumé d'aller négocier.
« Si mandons, &c. »

Peu de mois après cette déclaration, le roy nomma à la charge de professeur de mathématiques qu'il venoit de créer, & en donna des provisions au sr. Nicolas Fifes, doćteur & avocat, qui avoit déjà enseigné les mathématiques & rendu plusieurs personnes capables d'être ingénieurs dans les armées du roy (comme ses provisions le portent expressément). Dès-lors les écoles de mathématiques furent publiquement ouvertes à Montpellier, & ont été continuées jusqu'à présent par le sieur de Clapiers & par Antoine Fifes, fils & successeur de Nicolas.

Nous avons de ce dernier un traité d'arithmetique imprimé à Montpellier chez J.-R. Gontier en 1688, & dans l'année suivante il donna au public les *Elémens d'astronomie où sont expliquez les cercles de la sphére, les noms & les mouvemens des astres, avec les principes de la géographie, de la navigation, du calendrier & des cadrans.

Le sieur de Clapiers, son successeur dans la chaire de mathématiques, donne au public depuis plusieurs années les éphemerides ou journal des mouvemens des astres, au méridien de Montpellier.

On a de lui un cours entier de mathématiques qui roule en manuscrit entre les mains des étudians en mathématique.

Parmi les autres bons mathématiciens que la ville de Montpellier a produit, on compte les peres Jean Durranc & P. Castel, jésuites, tous deux natifs de cette ville, qui sont récommandables par leur science & par leurs écrits. Le premier est professeur de mathématiques à Toulouse depuis plusieurs années, & a composé divers traités qui sont prêts d'être mis au jour. Le second fut apellé à Paris en 1720 pour travailler aux mémoires de Trevoux sur les ouvrages de mathématique & de philosophie dont il y a plus de cent extraits de lui.

En 1724, il donna deux gros volumes in-12 sur la pesanteur. C'est un sistême complet de phisique, qui donne beaucoup plus que le titre ne promet. Cet ouvrage, sans donner dans l'hypothése, & en suivant pas à pas l'histoire simple de la nature, est peut-être aussi nouveau par raport à Neuton & à Descartes que ceux-ci l'ont été par raport aux anciens.

Ses deux grands sistêmes des causes libres & de l'organisation de la terre ont été adoptés par des auteurs célébres, & ses sentimens ont déjà roulé dans les écoles.

En 1729 parut sa Mathématique universelle, en un grand in-4°, qui a été si fort goûté des Anglois qu'ils ont donné à l'auteur une place dans leur société royale des sciences, ce qu'ils n'avoient jamais fait à l'égard d'aucun jésuite ni réligieux.

A ces illustres mathématiciens, je crois pouvoir joindre les peintres célébres que Montpellier a produit, puifque l'optique fait une partie des mathématiques ; le premier de tous est :

Sebaftien Bourdon, né en cette ville au commencement du dernier fiécle, & mort à Paris en 1669.

Nous aprenons de Felibien, dans fa Vie des peintres, que Bourdon ayant paffé une partie de fa jeuneffe en Italie, vint à Paris où le tableau du may qu'il fit pour NotreDame (repréfentant le crucifiement de faint Pierre) lui attira l'eftime des connoiffeurs qui conçurent dès lors des grandes efperances de lui, parce qu'il étoit jeune, & il avoit beaucoup de facilité & une grande liberté de pinceau dans tout ce qui fe faifoit.

Le plus agréable de tous les tableaux qu'il fit dans fes premiers commencemens étoit chez Mr. de Lizieux, où il avoit reprefenté Alvanius, qui fortant de Rome avec fa femme & fes enfans, après que les Gaulois eurent pris la ville, & rencontrant fur fon chemin le grand-prêtre & les veftales qui alloient à pied, en portant les vafes facrés, il fit defcendre toute fa famille de fon char pour y faire monter les veftales qu'il conduifit où elles vouloient aller.

On voit encore à Chartres deux tableaux de lui, l'un au grand-autel de l'églife de St. André, reprefentant le martyre du faint, & l'autre dans les chapelles baffes où la vierge tient l'enfant Jefus, mais le plus grand de tous fes ouvrages eft la galerie de Mr. de Breton-Villers, dans l'ifle Notre-Dame, qu'il a peint avec une fraîcheur & vivacité de couleur qui furprend d'abord.

Les troubles de Paris qui furvinrent en 1648 obligerent Bourdon de quitter la France pour aller en Suede auprès de la reine Christine, à laquelle il donna ce grand goût pour la peinture qui lui fit ramasser les tableaux des plus célèbres peintres qui parent aujourd'hui les apartemens du palais royal.

A fon retour de Suede, Bourdon vint revoir fa patrie en 1657 & fit à Montpellier les portraits de plufieurs particuliers qu'on y conferve avec beaucoup de foin.

Les confuls de cette ville le prierent de faire leur tableau qu'il fit placer fur la porte de la fale de l'hotel de ville d'où il n'a jamais été ôté, contre le * fort ordinaire de ces fortes de tableaux qui changent de place felon qu'il plaît aux nouveaux confuls.

PAGE 393.

En ce même-tems, les chanoines de St. Pierre lui ayant demandé un tableau pour leur maître-autel, Bourdon prit pour fujet la chûte de Simon le magicien, attribuée aux prieres de faint Pierre, qui eft reprefenté au milieu d'une grande foule de peuple, & au bas du trône de l'empereur Neron. Les spectateurs ont les yeux fixés sur le magicien élevé en l'air, dans le moment qu'il va être renverfé pour fe précipiter en bas. On découvre fur leur vifage divers fentimens de curiofité, de furprife & de frayeur; & fur celui de faint Pierre, beaucoup de ferveur & de confiance dans fa priere. Le peintre s'y eft peint lui-même parmi les fpectateurs, & l'on voit fa tête qui fort au bas du côté droit du tableau.

Quelque eftimable que fût cet ouvrage, un autre peintre de la ville ofa bien en faire une fanglante critique, qu'il donna imprimée au public. Bourdon s'en vengea par les voyes de fait, qui étoient affés ordinaires en ce tems-là. Mais pour tourner en ridicule fon adverfaire, il le peignit fous la figure de l'envie, dans les peintures qu'il fit dans la chambre que le Sr. de Robin preparoit pour le roy Louis XIV, qu'il eut l'honneur de recevoir chez lui en 1660.

Bourdon étant retourné à Paris, fut employé pour le roy au château des Tuileries; mais à peine eut-il achevé le plafond d'une chambre de l'apartement bas, qu'il mourut affés fubitement, étant actuellement recteur de l'académie de peinture.

Depuis ce peintre célébre, Montpellier a eu Jean Troy, frere de François de Troy, de l'académie royale. Il devint comme naturalifé de Montpellier par le long féjour qu'il y fit durant vingt ou trente années, pendant lefquelles il fit en cette ville plufieurs portraits très-eftimez. Mr. le cardinal de Bonzi le fit nommer directeur d'une académie de peinture, que la province établit à Montpellier fur la fin du dernier fiécle, & qui a produit des peintres renommez, parmi lefquels eft le Sr. Raoux, qui eft revenu dans ces derniers tems à Montpellier, pour faire les peintures du château de la Mouffon.

L'ouvrage le plus confiderable que Jean de Troy aye fait en cette ville, eft le tableau du paralitique, gueri par faint Pierre à la grande porte du temple de Jerufalem, qu'on a placé fur la même ligne que celui de Bourdon, dans le fanctuaire de l'églife cathédrale, au côté de l'épitre.

Hyacinthe Rigaud, connu dans toute l'Europe par fes beaux portraits, prit fes premières leçons de peinture à Montpellier, où il furpaffa bientôt fes maîtres, & fe fit un chemin aux emplois les plus honorables de fa profeffion. Après avoir été profeffeur & recteur de l'académie royale, il fut choifi pour faire les portraits en grand des rois Loüis XIV & Louis XV.

Henry Verdier, peintre de l'hôtel de ville de Lyon, nâquit à Montpellier en 1655. Il prit dans cette ville fes premières leçons de peinture, fous Ranc le pere, avec le célébre Hyacinthe Rigaud, qui y étudioit en mêmetems. Ils en partirent enfemble, pour aller fe perfectionner à Paris; mais étant arrivez à Lyon, Verdier y fut arrêté pour divers ouvrages qu'on lui donna, & enfin pour remplir la place de Thomas Blanchet, peintre de l'hôtel de ville, & directeur des ouvrages qu'on fait en tout genre de peinture dans cette grande ville. Verdier s'y arrêta pour le reste de ses jours, & pendant ce tems, il y fit grand nombre de portraits de personnes très-distinguées, tels que ceux du prince de Danemarc à son passage par Lyon, du prince d'Harcourt, du cardinal de Boüillon, du maréchal de Villeroy, & de l'abbesse de St. Pierre.

On voit de lui, dans la chambre criminelle du palais de justice, deux grands tableaux, où il a représenté deux jugemens mémorables, tirez de l'histoire grecque & romaine. Le premier est de Seleucus législateur des Locriens, qui par une de ses loix avoit condamné les adulteres à perdre la vûë, & qui se trouvant obligé de prononcer contre son propre fils, surpris dans ce crime, voulut, pour montrer tout à la fois la tendresse du pere, & l'incorruptible exactitude des juges, qu'on commençât par lui crever un œil à lui-même, & ensuite un * autre à son fils. Ainsi la loi fut observée dans toute son étenduë, & son fils ne fut point privé entièrement de la vûë. PAGE 394.

Le second jugement est d'un préteur romain, au sujet d'une mere & de sa fille mariée qui avoit des enfans. L'histoire porte que la mere, irritée contre sa fille, entra chez elle & assomma tous ses enfans; sur quoi la fille etant survenuë prit des mains de sa mere le gros bâton dont elle s'étoit servie, & l'en assomma elle-même. Le préteur ayant pesé toutes les circonstances de ce parricide, renvoya les parties à comparoître dans cent & un ans.

Nous avons à Montpellier, dans la chapelle des penitens, la prise du Sauveur dans le jardin des Oliviers, de la main de Henry Verdier; & l'on garde chez les carmes déchauffez de Lyon, une copie qu'il a fait du tableau de Garcin, représentant l'aparition du Sauveur à sainte Therese. On dit que lorsque le temps aura donné un caractére d'ancienneté à ce tableau, les connoisseurs pourront douter si ce n'est point l'original même.

Cet habile peintre mourut à Lyon en 1721, âgé de 66 ans.

Jean Ranc, natif de Montpellier, fut reçû academicien en 1703, il a travaillé à Lisbonne pour le roy de Portugal, & il est actuellement en Espagne au service de leurs majestés catholiques.

Pierre Granier, de l'academie royale de sculpture, né aux Mateles, à deux lieuës de Montpellier, fut envoyé à Rome par Mr. de Louvois; & après son retour, on l'employa pour diverses statuës, qui sont dans le parc de Versailles, & dans les sales de l'académie des arts de peinture & sculpture.

CHAPITRE SIXIÉME.

DE LA SOCIÉTÉ ROYALE DES SCIENCES

L'ÉTABLISSEMENT de l'académie royale des fciences, que le roy Loüis XIV fit à Paris en 1699, donna lieu, en 1706, à celui de la fociété royale de Montpellier, qui felon les termes de fes lettres-patentes, eft comme une extenfion & une partie de celle de Paris. Elle eft compofée de trois fortes d'académiciens ; fix honoraires, quinze affociez & quinze élevés, aufquels il eft permis de s'affembler pour faire les obfervations & les recherches que la temperature & la férénité de l'air les met en état de faire plus facilement qu'en aucun autre endroit.

Il eft vrai qu'ils en ont déjà fait de trés-finguliéres, comme celles qu'ils donnerent au public fur l'éclipfe de l'année 1706, fur les colomnes de lumiére qui parurent de nuit fur les montagnes de Cevenes en 1713, fur les propriétés de l'aragnée, d'où l'on tire de la foye, avec laquelle on fait des ouvrages plus fins que ceux des vers à foye ordinaires ; fur la calcination de divers metaux dont ils ont extrait des fels & des huiles d'une propriété finguliére : enfin la carte générale de la province, où les plus petits lieux de chaque diocéfe font marquez dans leur jufte proportion de l'un à l'autre.

Mais pour ne pas prévenir le recueïl qu'ils donneront un jour de toutes leurs découvertes, je me contente de dire qu'ils fe font partagez toutes les fciences fur lefquelles chacun eft engagé de travailler : on en voit la diftribution dans les lettres-patentes de leur établiffement ; & le choix qu'il a plû au roy de faire de quelques-uns d'entr'eux, pour fervir auprès de fa perfonne, n'eft pas un petit éloge de cette illuftre fociété.

Pour les MATHÉMATIQUES, foit à la géométrie, à l'aftronomie, ou aux mécaniques, les Srs de Clapiez & de Plantade, auteurs de la carte générale du Languedoc.

Pour l'anatomie, les frs Aftruc, Gondange & la Peronie, dépuis premier chirurgien du roy.

*Pour la chimie, les frs Riviere, Matte & Gauteron, qui eft d'ailleurs fecrétaire perpetuel de la fociété.

Pour la botanique, les frs de Chicoyneau, dépuis premier médecin du roy, Magnol & Niffole.

Pour la fcience naturelle, les frs Chirac, jadis premier médecin du roy, Rideux & Icher.

Tous ces Mrs. s'affemblent chaque jeudy de la femaine pour les exercices de la fociété, & plus particuliérement le jour de St. Loüis, pour affifter au panégirique du faint & à la meffe qu'ils font chanter pour la confervation & la profperité du roy.

Mais la plus remarquable de toutes leurs affemblées fe fait pendant la tenuë des Etats de la province, lorfqu'ils fe tiennent à Montpellier : le lieu de l'affemblée eft dans la grand-fale des Etats où chaque académicien lit fes obfervations en préfence du préfident de la fociété ; monfeigneur l'archevêque de Narbonne & des autres académiciens honoraires, Mr. l'evêque de Montpellier, M. le marquis de Caftries, gouverneur de la ville & citadelle de Montpellier ; Mr. l'intendant de la province, et Mr. Bon, premier préfident en la cour des comptes, aydes & finances.

M. l'abbé Bignon, confeiller d'Etat, eft auffi nommé pour académicien honoraire de cette fociété, mais fi elle n'a été jamais honorée de fa préfence, elle a le folide avantage de joüir de fa protection & du fecours de la fupériorité de fes lumiéres fur toutes les fciences.

Conformément a un article de leurs ftatuts, les places qui font venuës à vacquer dépuis leur établiffement ont été remplacées à la pluralité des fuffrages de tous les académiciens honoraires & affociez : ainsi meffire René-François de Beauveau, archevêque de Narbonne, a pris la place de feu meffire Charles le Goux de la Berchere, fon prédeceffeur dans cet archevêché ; monfeigneur l'archevêque d'Alby a pris la place de Mr. le marquis de Caftries, fon frere, gouverneur de Montpellier ; Mr. de Bernage St. Maurice, celle de Mr. de Bernage, fon pere, intendant de la province, qui avoit fuccedé à Mr. de Bâville, nommé dans les lettres-patentes de la fociété.

HISTOIRE DE MONTPELLIER

LIVRE TREIZIÉME

Des colleges de l'univerſité.

COLLEGE DE MEDECINE

FRANÇOIS Ranchin, dans ſon *Apollinare ſacrum*, dit poſitivement que les Guillaumes, ſeigneurs de Montpellier, firent bâtir ce college dans le douziéme ſiécle, environ le tems qu'ils donnerent, en faveur de l'ecole de medecine, la déclaration que j'ai raportée dans l'article de cette faculté.

L'état où eſt aujourd'huy ſon bâtiment eſt une preuve ſenſible de ſon ancienneté, puiſque les fenêtres à la gothique, dont les marques reſtent encore ſur les murailles, ne peuvent être que de ce tems-là.

Ceux qui le firent bâtir prirent ſoin d'y ménager tout ce qui pouvoit être commode & néceſſaire aux exercices de cette école : un jardin pour les arbuſtes & les plantes les plus curieuſes ; un théâtre d'anatomie, *olim à majoribus conſtructum* (dit celui qui le fit réparer en 1620), une chambre de conſeil, avec une grande ſale pour les exercices publics, que François Ranchin fit entourer d'un double rang de portraits des plus célébres médecins de la faculté.

Franç. Ranchin.

Dans ces derniers tems, premier Chirac, premier medecin du roy, leur a procuré les moyens de faire bâtir un autre théâtre pour les démonftrations de chimie, où les étudians, affis en amphithéatre comme dans celui d'anatomie, peuvent aifement, fans s'incommoder les uns les autres, voir & entendre leur démonftrateur.

La principale façade de ce collége eft incruftée de plufieurs bulles des papes & déclarations de nos rois en faveur de l'ecole de medecine, qui font gravées fur la pierre, la plûpart en lettres gothiques, avec l'éloge de quelques chanceliers & profeffeurs célèbres, qui a été tranfcrit dans l'*Apollinare facrum* de François Ranchin.

L'ANCIEN COLLEGE DU DROIT
DIT LA TOUR DE Ste. EULALIE.

PAGE 398.

NOUS ne connoiffons ce collége que par les écrits de nos anciens & par les débris qui en reftoient encore fur la fin du dernier fiécle. Etienne Ranchin, qui vivoit dans le tems qu'on le détruifit, l'apelle *opus certe magni laboris & ædificii, affabre ædificatum*. La chofe paroiffoit encore en 1680 lorfque le fr. Lefevre, voulant bâtir fon jardin à la defcente du couvent de la Mercy, il tira des démolitions & des fondemens de la tour de Ste. Eulalie toute la pierre qu'il lui falut pour fon logement, pour la clôture de fon jardin & pour un grand puits très-profond qu'il y fit creufer.

On a pû voir dans l'article du droit civil & canonique que les actes de cette faculté fe faifoient à la tour de Sainte Eulalie, & qu'après que la théologie lui eut été unie, il refta encore affez de bâtiment pour fervir aux exercices de ces deux facultez, qui après leur rétabliffement changerent de lieu, comme nous l'avons dit dans leur article.

COLLEGE DE S.-GERMAIN

LE pape Urbain V, en fondant à Montpellier le prieuré de Saint-Germain, ne fe propofa pas feulement de bâtir une maifon de l'ordre de Saint Benoît, mais il voulut encore qu'elle fervît de collége pour feize réligieux qui y feroient envoyez par l'abbé de St. Victor de Marfeille.

Statuimus quod in dicto prioratu, debeant esse sexdecim monachi, qui per abbatem Sti. Victoris, tam de ipso suo quam de aliis prioratibus, & locis à dicto monasterio dependentibus ad studendum in jure canonico & civili mittantur. Ils avoient un docteur-régent de leur ordre, dont il est souvent fait mention dans les régîtres de l'université, laquelle se rendoit en corps, certains jours de l'année, dans leur maison apellée quelquefois collége de Saint-Germain, & quelqu'autre fois collége de Saint-Benoît. Les sciences y fleurirent jusqu'aux premiers troubles de réligion où le monastère ayant été détruit, les exercices de collége y cesserent entièrement.

On dit que leurs écoles étoient dans le lieu où sont aujourd'hui les écuries de l'evêché, où plusieurs personnes vivantes se souviennent d'avoir vû une chaire de pierre qui servoit à leur docteur-régent.

J'ay parlé ailleurs de la grande bibliothéque que le pape Urbain V leur avoit donné dans cette maison.

LE COLLEGE DE S.-RUF

CETTE maison avoit le titre d'église collégiale à cause des personnes qui la composoient, lesquelles étoient tenuës de faire le service divin dans leur chapelle. On lui donnoit aussi le nom de collége à cause des etudians qu'il y avoit & de leur docteur-regent qui étoit agrégé à l'université. J'ai raporté dans l'article de l'église collégiale de Saint Ruf les loix particuliéres qu'on leur prescrivit pour la vie ecclesiastique & réguliere; mais dans cet article je* crois devoir faire mention des statuts que le cardinal Anglic fit pour eux comme étudians.   PAGE 399.

Il dit dans le IX. article, qu'il fonde dix-huit places d'étudians; sçavoir, six pour les arts, huit pour le droit canon, & quatre pour la théologie, *quorum sex in scientiis primitivis, octo in jure canonico & civili, & quatuor in sacra pagina.*

Il veut qu'ils soient tous de l'ordre de St. Ruf, & qu'ils ne puissent étudier dans ce collége au-delà de sept ans; *qui non debent remanere in collegio studendi causa, nisi per septennium.* Que si au-delà de ce nombre, d'autres réligieux du même ordre demandoient à y être reçus, ils ne le pourront qu'en payant leur pension, *sic admissi debent in expensis providere.*

Tous doivent parler latin dans leur conversation ordinaire, parceque (ajoûte-t-il) le fer s'aiguise avec le fer, & que la conversation, vaut plus que la simple lecture : *quia ferrum ferro acuitur, & plus valet collatio quam lectio.*

Il leur prescrit des loix très-severes pour la conservation de la bibliothéque ; voulant que dans la chambre la plus commode de la maifon, on tienne les livres attachez par une chaîne de fer, fur des pupitres où chacun pourra venir étudier : & pour cette raifon, chacun aura une clef de la bibliothéque, mais perfonne n'en pourra tirer aucun livre ; au contraire, le prieur fera tenu d'en faire fouvent la vifite, & de faire enchaîner les livres qui par l'ufage fe feroient détachez : il veut que tous ceux qui auroient enlevé quelque livre, foient exclus *ipfo facto* du collége; que tout prieur entrant en charge jure expreffement l'obfervation de ce ftatut, & que tous les etudians, à leur réception, faffent le même ferment.

Pour prévenir leur inadvertance, par rapport au feu, il ordonne « que « dans fon collége, il y ait un officier apellé garde-feu, nommé chaque « famedy de la femaine, pour faire tous les foirs la vifite des chambres, & « voir fi quelqu'un tient fa chandelle trop proche du lit, ou s'il y a de la « paille dans les chambres inhabitées, qui pût donner lieu à quelque incen- « die : & pour plus grande précaution, il veut que dans le jardin, il y « aye toûjours une grande pile remplie d'eau à laquelle on puiffe récourir « en cas de befoin. »

Il ordonne, pour exercer les étudians, qu'un d'entr'eux, au choix du prieur, faffe tous les jours de folemnité une conference, *litterali fermone ad arbitrium prioris.*

Pour les tenir plus en crainte, il veut que le prieur, avec le confeil du plus grand nombre des chanoines de la maifon, aye droit de mettre dehors les fujets vicieux ou fcandaleux. Qu'aucun étudiant ne forte fans fa permiffion & que s'il revenoit après les portes fermées, il foit pour toûjours exclus du college. Dans cette vûë, il ordonne qu'on ferme la grande porte, lorfqu'on commence le foir à ne pas reconnoître les gens par la ville, & qu'on ne l'ouvre le matin que lorfque les ruës commencent d'être frequentées.

Par un article de fon teftament, il leur donne, pour augmenter leur bibliothéque, tous les livres qu'il avoit à Avignon, fauf quelques-uns dont il avoit déjà difpofé.

Les fciences fleurirent dans cette maifon jufqu'aux premiers troubles des proteftans, qui y firent ceffer tous les exercices d'étude, de même que dans les autres colleges de la ville. Les places des étudians refterent vacantes, & ce ne fut que foixante ans après que, leur maifon ayant été rétablie de la manière que nous l'avons dit, l'abbé général de l'ordre y envoya des jeunes étudians, que nous avons vû jufqu'au commencement de ce fiécle faire, leurs études de grammaire, de philofophie & de théologie, au college des jéfuites ; mais cet ufage a changé, de la manière que je l'ai dit dans l'article de l'églife collégiale de St. Ruf.

COLLEGE DE VALMAGNE

LES lettres de Jacques I, roy d'Aragon & de Mayorque, que je raporterai au bas de cet article, nous apprennent que le college de Valmagne fut établi en 1263, & qu'il étoit situé dans le faubourg de St. Guillem, tout auprès d'un four bannal des seigneurs de Montpellier, & dans un fonds qui avoit servi de cimetiére aux juifs de cette ville. Il paroît par ces mêmes lettres que les moines de Valmagne, avec les forains, étoient admis à cette étude. *Ad opus vestri ordinis, & aliorum qui in dicto studio scientiam sacrarum volent addiscere scripturarum.* Il conste aussi par les titres de l'abbaye de Valmagne, qu'il y avoit un proviseur de l'ordre pour le gouvernement de ce college, & que ses droits augmenterent si considerablement, qu'il acquit avec le tems la directe de toutes les maisons du faubourg qui sont sur la droite en sortant de la ville. Mais la guerre ouverte que les réligionnaires firent aux anciennes fondations, & particuliérement à leurs titres, fit perdre aux religieux de Valmagne la plûpart des reconnoissances qu'ils avoient dépuis leur college jusqu'aux fossez de la ville.

Il est fait mention de ce college dans un vieux manuscrit de la cathédrale, qui a pour titre, *privilegia ecclesiæ Magalonensis*, où l'on indique un accord fait le 8 & le 9 des kalendes de janvier 1263, entre le chapitre de Maguelone & Bertrand d'Auriac, abbé de Valmagne, au sujet de la fondation de ce college. J'en ai recouvré l'original qui m'a été communiqué par Mrs. de l'abbaye, dans lequel il est dit au sujet des offrandes, dons & droits curiaux de sepulture qui se feroit des étudians dans la chapelle dudit college, que quatre portions les trois seroient attribuées au Sr. abbé de Valmagne, & la quatriéme au chapitre de Maguelone, & au curé de St. Firmin. Voici les lettres-patentes du roy Jacques I, dont j'ai parlé ci-devant.

Noverint universi quod cum nos Jacobus, Dei gratia rex Aragonum, Majoricarum & Valentiæ, comes Barcinonæ & Urgelli, & dominus Montispessulani, inter alios ordines ordinem Cisterciensem puro corde diligamus, & dilectionem prædictam non verbo tantum, sed verbo & opere eidem ordini ostendere debeamus. Idcirco ad honorem Dei & gloriosæ Virginis matris ejus Mariæ, ob remedium animæ nostræ & nostrorum parentum, damus & concedimus per nos & successores nostros monasterio Vallis-Magnæ & vobis fratri Bertrando abbati, & conventui monachorum ejusdem, & successoribus vestris in perpetuum, totum illum locum ab integro quem habemus in Montepessulano prope illum furnum nostrum, & juxta hortum & domos Vallis-Magnæ antiquas, in quo Judæi Montispessulani sepeliri solebant. Ad faciendum & con-

ſtruendum ibidem ſtudium theologiæ, ad uſum veſtri ordinis monachorum & aliorum qui in dicto ſtudio ſcientiam addiſcere ſacrarum volent ſcripturarum. Volentes & concedentes vobis & ſucceſſoribus veſtris abbatibus & monachis, monaſterii ante dicti, quod dictum locum cum omnibus melioramentis quæ ibi feceritis, teneatis, & poſſideatis cum introïtibus, exitibus, confrontationibus ſuis & pertinentiis univerſis, à cœlo in abiſſum. Ad faciendum inde veſtras proprias voluntates, prout melius dici vel intelligi poteſt, ad veſtrum & veſtrorum ſucceſſorum, bonum, & ſincerum proficuum & ſalvamentum. Vobis tamen facientibus in dicto loco ſtudium ſupra nominatum, concedimis iſtud de donatione iſta quod dictum locum vendere alicui non poſſitis, nec aliter alienare ; ſed quod ſemper ſit ad dictum ſtudium deputatum. Et quia in iſto ſtudio authorem fundatorem eſſe volumus & patronum, recipimus ſub noſtra protectione, defenſione, & guidatico ſpeciali dictum locum & monachos, ac etiam omnes alios ibidem habitantes ſive habitaturos; vel bona eorum in aliquo loco dominationis noſtræ, invadere, offendere, gravere, aut etiam pignorare, culpa, crimine, vel debito alieno, niſi ipſi fuerint principales debitores, aut pro aliis fidejuſſores conſtituti. Nec etiam in his caſibus niſi prius in ipſis fraus inventa fuerit de directo. Mandantes tenentibus locum noſtrum, bajuliis, curialibus, conſulibus, * ac aliis officialibus Montiſpeſſulani, & univerſis aliis officialibus & ſubditis noſtris præſentibus & futuris, quod hoc guidaticum noſtrum firmum habeant & obſervent, & contra ipſum non veniant, nec aliquem venire permittant aliquo modo vel aliqua ratione. Imo dictum locum & alios ſupra nominatos, & bona eorum manuteneant, ubique protegant, & defendant. Ipſis autem querelantibus præbeant juſtitiæ complementum. Quicumque vero contra hoc guidaticum noſtrum venire attentaverit, iram & indignationem noſtram, & pœnam mille marabutinorum ſine aliquo remedio ſe noverit incurſurum. Damnis & injuria dicto loco, monachis ac aliis ſupradictis latis, primitus & integre reſtitutis. Datum Iſlerdæ ſeptimo idus junii, anno Domini 1263. Teſtes ſunt D. Guillelmus de Entença, Guillelmus de Cardona, Gairaudus de Pinos, Atho de Fabriciis, R. Guardia. Per manum Raymundi, de Rhutenis notarii.

En conſequence de ces lettres, il fut paſſé un compromis entre l'abbé de Valmagne & la communauté des juifs de Montpellier, dans lequel il eſt dit que les juifs aprouvent le don de leur cimetiére fait par le roy au college de Valmagne, & que l'abbé leur donnera dix livres pour en faire retirer les oſſemens de leurs morts.

Cet acte eſt dans les archives de l'abbaye, d'où j'ai tiré tout ce que je viens de raporter du college de Valmagne.

On y voit auſſi un privilege accordé en 1265 par le pape Clement IV aux réligieux de ſe ſervir de la maiſon et college de Montpellier pour leurs études, avec les mêmes libertez, immunitez & privileges qui ſont accordez aux freres de leur ordre, étudians à Paris.

LE COLLEGE DE BRESSE

IL paroît par des actes qui m'ont été envoyez de Pezenas que ce college fut fondé en 1358 par Bernard Trigardy, evêque de Breſſe dans la Lombardie, qui avoit été auparavant réligieux de l'abbaye de Valmagne, dans le diocéſe d'Agde. Son teſtament, reçû à Breſſe par Conrad-André, notaire, parce qu'il donne * une maiſon qu'il avoit dans le Courrau & fauxbourg de Montpellier pour l'habitation de dix pauvres clercs de la ville de Pezenas, dont il étoit natif lui-même, voulant qu'ils fuſſent pris de ſa famille ou de ſa parenté, s'ils s'en trouvoit, *in gradu & linea præfati teſtatoris & de genere ſuæ ſtirpis ſi in ea extabunt*, & à leur défaut qu'on les prenne indifferemment de la] ville de Pezenas, donnant pour cet effet trois mille quatre cens florins d'or avec tous ſes livres & ſes meubles.

PAGE 402.

Il prit la précaution (comme il avoit été réligieux) de demander au pape Innocent VI la permiſſion de teſter & de faire cette fondation, ce qui lui fut accordé par une bulle qui eſt inſerée dans ſon teſtament.

On ajoûte que, s'étant fait porter à Montpellier, il y mourut en 1360, ayant nommé pour ſon executeur teſtamentaire le cardinal d'Albane, qui crut ne pouvoir mieux placer ſon argent que ſur les conſuls de Montpellier

INNOCENTIUS *epiſcopus, ſervus ſervorum Dei, venerabili fratri Bernardo epiſcopo Brixſenſi, ſalutem & apoſtolicam benedictionem. Pia fidelium vota ex quibus fructus ſcientiæ litterarum valeat provenire, apoſtolico libenter favore proſequimur, illiſque aſſenſum benevolum impertimur. Sane petitio pro parte tua nobis exhibita continebat quod tu de ſalute propria cogitans, & terrena in cæleſtia ac tranſitoria in æterna cupiens felici commercio commutare, propoſuiſti & intendis de bonis tibi à Deo collatis, & per te licite acquiſitis, in auxilium & juvamen pauperum clericorum ſtudiis litterarum inſudare volentium, quamdam in loco Montepeſſulano Magalonenſis diœceſis, ubi generale ſtudium viget, domum fundare, in qua decem pauperes ſcholares hujuſmodi litterarum vacantes ſtudio & nihilominus in locis ad hoc aptis & congruis perpetuos annuos reditus ex quibus ipſi decem ſcholares in ipſo ſtudio poſſint perpetuis ſucceſſive temporibus ſuſtentari, ita quod eorum ſingulis quinque ſolidi monetæ regalis quæ in regno Franciæ curret pro tempore ſingulis ſeptimanis, ex ipſis reditibus miniſtrentur. Et quod tu jam motu proprio in ejuſmodi tui propoſiti executione procedens nonnulla hoſpitia & annuos reditus ad effectum dicti operis procedendi, & ordinationes præmiſſas & alia quæ ad hoc neceſſaria fuerint faciendi li-*

qui empruntoient alors pour des besoins pressans de la ville. Ils fournirent assez long-tems à l'entretien de ces etudians, mais peut-être avec trop de profusion, car environ quarante ans après, ils prétendirent y avoir employé au-delà des capitaux qu'ils avoient reçu, ce qui donna lieu aux abbez de Valmagne, protecteurs de ce college après la mort du cardinal d'Albane, de faire assigner en cour de Rome les consuls de Montpellier, qui se plaignirent au roy Charles VI de ce qu'on les appelloit hors du royaume. Sur quoy le roy donna ses lettres du 12 août 1405, par lesquelles il commet le gouverneur de Montpellier pour oüir les parties sur les lieux & terminer leur different sans forme de procès, *absque strepitu & figura judicii.*

Nous ne sçavons pas bien quelle fut la sentence du gouverneur, mais nous ne trouvons plus des vestiges de ce college, & s'il en resta encore apres le tems dont nous parlons, il est certain qu'il finit entiérement durant les troubles de la réligion.

centiam concedere, necnon tibi quoad vixeris, & post obitum tuum abbati qui est pro tempore monasterii Vallis-Magnæ cistercienfis ordinis, Agatenfis diœcefis (in quo olim monachus professus extitisti) instituendi seu ponendi, & deputandi ejusmodi pauperes scholares, usque ad præfatum numerum, eosque exinde pro tuo & post obitum abbatis prædicti arbitrio libere amovendi, tollendi, & revocandi, & alios ibidem collocandi potestatem concedere de benignitate apostolica dignaremur. Nos itaque hujusmodi pium propositum commendantes, quæcunque per te in præmissis acta sunt, rata & grata habentes, illaque authoritate apostolica approbantes fraternitati tuæ hujusmodi licentiam, per te super his ut præmittitur postulatam authoritate apostolica largimur. Ac tibi quoad vixeris, & post obitum tuum ejusdem abbati Vallis-Magnæ jus & potestatem prædictam in perpetuum concedimus, jure quolibet alieno in prædictis semper salvo. Nonobstantibus dicti cistercienfis ordinis professoribus existentibus, necnon constitutionibus & privilegiis apostolicis vel aliis statutis & consuetudinibus ordinis, monasterii & studii prædictorum contrariis.

Nulli ergo omnino, &c... Datum Avenione, septimo idus februarii. Pontificatus nostri anno primo. C'est-à-dire, en 1352.

LE COLLEGE DE GIRONE

LE procez qu'il y a eu de nos jours au sujet du collége de Girone donna lieu à une transaction d'où l'on peut tirer plusieurs éclaircissemens pour la connoissance de ce collége.

Elle porte que Jean Brugerie, de la ville de Girone, voulant fonder à Montpellier deux places d'étudians en medecine, natifs de la même ville, legua par fon teftament la fomme de huit cens écus d'or pour être employez à l'achat de quelque bien-fonds qui pût fervir à l'entretien defdits étudians, & nomma pour fon executeur teftamentaire, & pour patron meffire Jean du Verger, préfident au parlement de Languedoc, féant alors à Montpellier, lequel ayant requis Catherine Boubal, héritiére de Jean Brugerie, de payer ladite fomme de huit cens écus d'or, pour être employez conformement à la volonté du teftateur, elle ceda par acte du onze décembre 1468 une maifon dont ledit collége joüit actuellement vis-à-vis celui de Mende, & quelques biens-fonds confiftans en metairies, cazal, devois & terres fituées dans les paroiffes de Londres, Rouët & Saint Martin de Londres, avec leurs appartenances & dépendances.

Il paroît par un acte du 21 juillet 1553, raporté dans la tranfaction, que les collégiez avoient joüi de l'effet de cette ceffion jufqu'aux troubles des calviniftes, durant lefquels la ville de Girone ayant difcontinué d'envoyer des ecoliers à Montpellier, noble Simon de Gozon, feigneur de Boutonet & patron du collége de Girone en qualité d'héritier de Jean du Verger, vendit en l'abfence des collégiez (pour le prix de fept cens cinquante écus fol) toutes les terres apartenantes à leur collége, à noble François de Roquefeüil, feigneur de Londres. PAGE 403.

Les feigneurs de Londres en joüirent jufqu'au rétabliffement de la réligion catholique à Montpellier où les freres prêcheurs de cette ville, prétendant que le collége de Girone étoit abandonné, obtinrent du roy Loüis XIII un don de tous les biens qui lui avoient apartenu ; mais lorfqu'ils voulurent en prendre poffeffion, les confuls & jurats de la ville de Girone s'y opoferent comme n'ayant été oüis ni apellez, & ayant mis en inftance le feigneur de Londres avec les freres prêcheurs, ceux-ci furent déboutez de leurs prétentions par arrêt du parlement de Touloufe du 21 mars 1642 & les findics de la ville de Girone maintenus dans la poffeffion des biens dépendans de ladite fondation pour les fruits d'iceux être employez à l'inftruction de deux écoliers de la ville de Girone.

Par ce même arrêt, le fr. de Roquefeüil fut condamné à défifter des biens du collége, ce qui donna lieu à plufieurs vérifications fur la confiftance des biens, qui fe trouvant confondus avec ceux du feigneur de Londres, rendirent la conclufion du procez plus difficile.

Enfin les parties ayant pris le parti d'en venir à une tranfaction, il fut convenu que les terres en litige refteroient en propre au feigneur de Londres, moyennant une rente annuelle de deux cens cinquante livres qu'il payeroit au findic du collége de Girone, & pour la reftitution des fruits qu'il avoit perçû depuis plus d'un fiécle, il payeroit une feule fois neuf mille livres pour être employées à la réparation du collége.

L'execution de ce dernier article a été diferée jufqu'à préfent, car le local du collége eft encore vacant, comme il l'étoit du tems des troubles de la réligion; fon emplacement eft toûjours vis-à-vis du collége de Mende (comme il a été dit) & fon entrée attenant la maifon de Patrij, où l'on voit encore une porte de pierre de taille dans le goût du quatorziéme fiécle.

Il eft apellé dans quelques actes le college de Boutonet, peut être parce que Simon de Gozon, feigneur de Boutonet, avoit fuccedé au droit de patronage de ce collége au préfident du Verger, dont il étoit héritier, mais il ne paroît pas que ce droit fût attaché à fa feigneurie, quoiqu'il le fût à fa perfonne.

LE COLLEGE DE MENDE
DIT DES DOUZE MEDECINS.

J'AI raporté dans le cours de cette hiftoire la bulle de fondation de ce collége faite par le pape Urbain V en 1369, où l'on voit les motifs qu'il eut dans cet établiffement, & les confronts de la maifon qu'il fit bâtir pour douze étudians du diocéfe de Mende dont il étoit originaire lui-même.

J'ajoûterai feulement que nous ne trouvons point les réglemens qu'il promet dans fa bulle de leur donner un jour, non plus que la dotation qu'il leur fait efperer. Il y a lieu de croire qu'il chargea de leur penfion les moines de St. Germain, à qui les chanoines de Saint Pierre ont fuccedé, & qui payent tous les ans une certaine fomme aux étudians de ce collége qui font préfentez au chapitre par l'evêque de Mende.

Il y avoit une riche bibliothéque de manufcrits que le pape Urbain V avoit * pris foin d'y ramaffer. Les places en étoient fi bonnes qu'on les regardoit comme les meilleures de toutes les fondations qu'il y avoit à Montpellier, ce qui donna lieu fans doute à l'infcription qu'on mit alors fur la porte du college, & qui y fubfifte encore.

PAGE 404.

FELICES VIGEANT MEDICI, QUOS PAPA CREAVIT URBANUS QUINTUS, QUI MIMATENSIS ERAT.

LE COLLEGE DU VERGIER

AUTREMENT DE LA CHAPELLE NEUVE.

L'ACTE le plus pofitif que nous ayons fur la fondation de ce college eft un procés-verbal fait par Guillaume Paniffe, juge du gouvernement de Montpellier, adreffé au prieur & fupôts des deux facultez de droit & de médecine, où il eft dit :

Que ce college fut fondé & dotté, premiérement par Me Jean Brugerie, médecin du roy, pour deux étudians en médecine, & enfuite par noble & puiffant feigneur Jean du Vergier, préfident au parlement de Touloufe, pour deux autres étudians en droit, dans une maifon fituée à la ruë de la Coyraterie.

Il raporte la teneur des lettres du roy Loüis XI adreffées à Jean du Vergier, préfident au parlement, & à Hubert Malenfant, fes confeillers au parlement de Languedoc, portant que Pierre Matte, tréforier du roy en la ville & baronnie de Montpellier & Omelas, lui a expofé que feu Jean Brugerie, maître ès-arts & docteur en médecine, auroit légué par fon teftament huit cens écus d'or, avec plufieurs livres de médecine pour l'établiffement d'un college où deux écoliers en médecine acheveroient le cours de leurs études, & qu'après la mort dudit Brugerie, fes exécuteurs teftamentaires auroient donné une maifon fituée en la ruë de la Coyraterie, avec des meubles & immeubles pour la valeur de fept cens écus d'or, ce qui néanmoins auroit fouffert difficulté par le peu de foin de certains Arragonois, ennemis du roy, qui laiffoient diffiper les livres leguez par ledit Brugerie, jadis notre médecin (dit Loüis XI) *qui cum in humanis ageret nofter medicus & phificus fuit, & plurima grata nobis impendit officia.* C'eft pourquoi le roy mande à du Vergier & à Malenfant qu'ils ayent à prendre foin de ce college, lequel Sa Majefté confirme & aprouve, donnant pouvoir à chacun d'eux, l'un pour l'autre, de faire des ftatuts & réglemens pour cette maifon, & augmenter le nombre des écoliers, fi les revenus en devenoient fuffifans. Donné à Péronne le 30 août 1468 & de fon regne le huitiéme.

En confequence, les frs. du Vergier & Malenfant, en qualité de commiffaires du roy, drefferent les ftatuts fuivans, où d'abord ils marquent les confronts de ce college, dont le logement avoit jadis apartenu à Jean Raymond Coyratier, habitant de Montpellier, laquelle maifon (difent-ils) donne d'un côté fur la ruë qui porte fon nom, & de l'autre fur la ruë qui va de la Coyraterie au Pile St. Gilles.

Ils déclarent qu'à la prière expreffe de Pierre Matte, patron de ce college, il fera apellé college du Vergier, en reconnoiffance des bienfaits que ce feigneur a fait & veut faire pour cet établiffement, en fondant la chapelle dite de Brocamin dans l'églife de Notre-Dame des Tables à l'autel de St. Jean, laquelle chapelle (dont ledit feigneur du Vergier a le patronage) il donne pour la fondation de ce college avec quantité d'autres effets pour fon érection & dotation, ce qui oblige ledit Pierre Matte de reconnoître que ledit feigneur du Vergier en eft le fondateur, & que fans fes foins ce college n'auroit jamais été rétabli.

PAGE 405.

« On régle donc qu'à l'avenir il y aura dans ce college quatre collegiez,
« dont* les deux pourront étudier en médecine, fi le patron le juge à pro-
« pos, & les deux autres à la jurifprudence, fi on les y trouve propres, auf-
« quels on donnera un ferviteur pour les fervir dans les chofes neceffaires :
« que fi on ne trouve pas des fujets propres pour l'étude de la médecine,
« on laiffe à la volonté du patron Pierre Matte & de fes fucceffeurs, de les
« faire étudier tous quatre à la jurifprudence, & ils vivront tous, tant des
« biens donnez par Brugerie, que par du Vergier.

« Les collegiez ne pourront être reçûs qu'ils n'ayent donné des répon-
« dans de leur fage conduite, lefquels s'obligeront de réparer les domma-
« ges que les collegiez auroient caufé à la maifon, même par faute legere.

« Tous les ans à la fête de St. Jean, le patron nommera un prieur d'en-
« tre les collegiez, qui aura la préference fur les autres. Il pretera ferment
« entre les mains du patron ou de fon procureur, aufquels tous les mois il
« rendra compte de l'adminiftration des biens du college, & il fera libre au
« patron de le deftituer, ou de le continuer plufieurs autres années, en lui
« faifant renouveller fon ferment, & l'obligation de rendre compte.

« Les clefs de la maifon feront toûjours entre les mains du prieur,
« qui prendra foin de la faire ouvrir, & fermer, aux heures convenables.

« Il prendra foin de faire enchaîner fur des pupitres, les livres délaiffez
« par Jean Brugerie, de la maniére qu'on fait dans les autres bibliothéques,
« dont on fera autant de clefs qu'il y aura de collegiez : & à la fin de cha-
« que année le prieur vérifiera les livres, & en remettra un inventaire au
« patron, ou à fon procureur.

« Le patron, à toute heure du jour & de la nuit, pourra vifiter les cham-
« bres des collegiez, & les punir felon leurs fautes.

« S'il arrive qu'on établiffe des écoles dans ce college, le prieur (s'il en
« eft capable) pourra y enfeigner.

« La pleine & entiere difpofition pour le choix des collegiez, qui feront
« pris de quelque païs que ce foit, *undecumque affumendorum,* apartiendra
« au patron Pierre Matte, & à fes fucceffeurs, ou ayant caufe ; & ils établi-
« ront les collegiez en leur place, fans être tenus d'en donner aucune par-
« ticipation au prieur, aux autres collegiez, ni à aucun préteur ou juge.

« Les collegiez vivront enfemble dans la même maifon, & mangeront à
« la même table, à laquelle ils ne pourront admettre aucun étranger. Ils ne
« pourront auffi lui donner entrée dans la bibliothèque, fans qu'aucun
« d'eux ne foit préfent, durant tout le tems que l'étranger y étudiera. Ce
« qui (ajoûtent-ils) eft fi important, que plufieurs autres bibliothéques fe
« font perduës, faute de cette précaution, & que les livres ont été mutilez
« ou emportez.

« Le patron, ou fon procureur, pourra faire changer de chambre tant le
« prieur que les collegiez, qui feront tenus de lui obéïr en cela, afin qu'il
« n'arrive point de conteftation, ni de procés fur cet article, comme il en
« eft arrivé en plufieurs autres colleges.

« Ils ne pourront s'abfenter de la maifon fans la permiffion du patron,
« qui fans autre forme de procés, pourra dans ce cas donner leur place
« à un autre.

« Ceux qui étudient en médecine, pourront demeurer fix ans dans le
« college, y compris le tems qu'ils auront employé (avec la permiffion du
« patron) à pratiquer ailleurs : & ceux qui étudient en droit, pourront y
« demeurer cinq ans. Que fi après avoir employé tout ce tems à l'étude du
« droit civil ou canonique, ils veulent étudier à l'autre, le patron pourra
« leur accorder un fecond *quinquennium,* & renvoyer même à la grammaire
« ceux qu'il verroit n'être pas affez forts pour la médecine ou pour le droit,
« fans toutefois qu'ils perdent leur place.

« Tous les étudians du college feront tenus d'affifter aux leçons de leur
« docteur, à celles des licentiez ou bacheliers, & à tous les actes publics de
« l'univerfité. Et lorfqu'ils auront rempli leur tems d'étude, ils feront leurs
« leçons pour la licence & pour le doctorat, faute de quoi ils pourront
« être chaffez par le patron.

* « Le prieur & les collegiez diront tous les jours l'office de la vierge, &, PAGE 406.
« celui des morts, avec l'oraifon pour Jean Brugerie, fondateur de deux
« places dans leur college, & pour la profpérité du feigneur Jean du Vergier,
« qui en a fondé deux autres. Ils recevront le facrement de l'euchariftie du
« moins deux fois l'année, à moins que leur confeffeur ne le juge autrement.

« Outre les priéres ordinaires à la fin & au commencement du répas, ils
« diront un *De profundis,* avec deux oraifons.

« Le jeu leur est défendu, tant au-dédans qu'au-dehors de la maison : ils
« n'y auront aucun chien, & il suffira qu'il y en aye un pour la garde com-
« mune : ils ne pourront porter d'épée, *ultra mensuram unius palmæ;* ils n'i-
« ront de jour ni de nuit par la ville avec des armes, & n'introduiront
« point dans le college des femmes suspectes, sous peine de privation de
« leur place.

« Les absens ne joüiront point des fruits de la maison, & les présens se
« contenteront d'une nourriture frugale, afin que le surplus des revenus de
« la maison puisse être employé aux reparations. Sur quoi on cite cet
« axiome, *pro præsentibus modicum, pro absentibus nihil.*

« Ils se rendront au son de la cloche à tous les exercices du collége,
« comme au dîner & souper. Ceux qui y manqueront seront privez du
« pain, du vin & de la pitance.

« Nul ne prendra les grades de bachelier, licentié, ou docteur, aux dé-
« pens du college.

« S'il tombe malade, on ne lui donnera des biens du college que la seule
« portion qu'il auroit en santé; mais s'il vient à mourir sans laisser de quoi
« payer sa sepulture, le college en fera les frais du consentement du patron.

« Nul marié ne peut être reçû dans la maison; mais à l'égard d'un
« homme veuf le patron pourra user de dispense.

« Et parce que la peste qui a affligé le Languedoc dans les années précé-
« dentes a ruiné plusieurs colleges, en causant la désertion des ecoliers, &
« la ruine des bâtimens : Nous, juge & commissaire du roy, ordonnons
« que tous les actes quels qu'ils soient, seront passez au nom du patron du
« college, qui doit en être regardé comme le fondement solide, & auquel
« apartient l'entiere disposition des biens de la maison. Que si le prieur ou
« les collegiez vouloient aller contre ce réglement, nous déclarons en
« vertu de l'autorité royale qui nous est confiée, nulles de plein droit, tou-
« tes les opositions qu'ils pourroient y faire.

« Que si par guerre, peste, ou autres fléaux de Dieu, les révenus du col-
« lége venoient à périr, le patron pourra diminüer le nombre des écoliers,
« & suprimer le serviteur qui y sert à présent ; comme aussi il pourra les
« augmenter, si les revenus devenoient plus grands, par l'union de quel-
« que benefice, donation, ou autres moyens.

« Le prieur ni les collégiez, ne pourront se souftraire à l'autorité de leur
« patron sous quelque prétexte que ce soit, même sous celui d'excommuni-
« cation ou d'interdit, qu'il auroit encouru.

« Ledit patron pourra loger dans le collége avec ses serviteurs, & il en
« administrera tous les biens, avec un plein & entier pouvoir.

« Les quereleurs & les mal-vivans, feront chaffez de la maifon, fans ef-
« perance d'y rentrer jamais.

« Le patron aura le pouvoir de conftruire une chapelle, dans l'enclos du
« collége ou attenant. Les collégiez qui feront prêtres, feront tenus d'y
« dire la meffe deux fois la femaine, aux jours que le patron leur marquera;
« & en attendant qu'elle foit conftruite, ils diront la meffe à Nôtre-Dame
« des Tables.

« Tous les collégiez, de quelque condition & qualité qu'ils foient, jure-
« ront entre les mains du patron, de lui être obéïffans, de garder les pré-
« fens ftatuts, & de procurer de tout leur pouvoir le bien & l'utilité du col-
« lége.

« Fait & publié dans le collége du Vergier, le 19 novembre 1468, en
« préfence de témoins, &c.

« Quelque tems après, Jean du Vergier qui étoit confeiller-clerc, unit à
« fon college le prieuré de St. Criftol, diocéfe de Nîmes, dont il joüiffoit.
« Ce bénéfice fait maintenant le principal revenu du college, qui entretient
« quatre collégiez, dont le premier eft ecclefiaftique, & a le titre de prieur :
« fa place eft à vie, & celle de trois autres, n'eft que pour cinq ans. Ils font
« nommez par les profeffeurs & agregez de la faculté du droit, comme il
« a été réglé par divers arrêts de parlement. »

PAGE 407.

COLLEGE DES JESUITES

LE roy Loüis XIII étant venu dans le Languedoc en 1629 pour les raifons que nous avons dit dans le cours de cette hiftoire, fit expedier à Nîmes le 15 juillet de la même année un brevet où il eft dit que « Sa Majefté voulant donner moyen à fes fujets de Languedoc
« d'être mieux inftruits que par le paffé, tant en la doctrine chrétienne
« qu'ès fciences humaines & philofophie, a ordonné que dans la ville de
« Montpellier (une des principales dudit pays) il fera établi un college de
« la compagnie de Jefus au lieu où eft à préfent le college des humanitez.
« La dotation duquel, avec les apartenances, dépendances, privileges,
« droits & exemptions, Sa Majefté donne & octroye aux peres de la com-
« pagnie de Jefus. »

En confequence de cet ordre, les confuls de Montpellier mirent ces peres en poffeffion de l'ancien college, & Mr. de Fenoüillet, pour agrandir leur logement, donna la fale (dite) de l'evêque qui n'en étoit feparée que par une ruë, fur laquelle on jetta un pont de bois pour communiquer de l'un à l'autre.

Ces peres refterent dans ce logement compofé de differentes maifons, jufqu'en 1680, où la ville voulant leur donner le moyen de fe loger plus commodément, leur donna trente mille livres, & le roy leur accorda l'emplacement du petit fceau & la ruë dite de Montpelieret, pour pouvoir porter leur nouveau bâtiment fur les fondemens des anciennes murailles de la ville.

Cet édifice ayant été mis en l'état où on le voit aujourd'hui, la ville fit commencer, à fes dépens, la cour des claffes, qui étant achevée, fera de cette maifon un des plus beaux colleges qu'ils ayent dans le royaume.

Les agrémens qu'on y trouve la font rechercher avec empreffement par ceux qui font les plus avancez en âge, ce qui fit dire à un de leurs généraux, *quid eft illud Monfpelium ad quod omnes fenes accurrunt tanquam ad arborem vitæ?* Leurs fuperieurs l'ont toûjours pourvûë des meilleurs fujets de leur province, parmi lefquels celui dont la mémoire eft en plus grande vénération eft fans contredit faint Jean-François Regis qui fit fa profeffion dans cette maifon le 6 novembre 1633, comme on le voit écrit de fa main dans leurs régîtres.

COLLEGE DE S^{TE} ANNE

LORS du rétabliffement des études, après le fiége de Montpellier, on commença de donner le nom de collége Sainte Anne à la maifon qui fert aujourd'hui de fiége à la jurifdiction du petit fceau royal de Montpellier, parce qu'on y établit alors fous le regne de Henry IV les écoles du droit qui avoient été auparavant à la tour de Sainte Eulalie. On ne doute point qu'Etienne Ranchin, profeffeur en cette faculté, ne contribuât beaucoup à cet établiffement, tant à caufe du grand défir qu'il en avoit, & qu'il témoigne dans plufieurs endroits de* fes ouvrages, que par l'infcription que fon fils François Ranchin, chancelier en medecine, fit graver fur la façade du collége Sainte-Anne, où on lit :

PAGE 408.
Dans la préface de fes Décifions.

D. M.

Stephani Ranchini Uceticenfis, in fuprema fubfidiorum curia fenatoris, & in Placentinea academia profefforis primarii: florentiffimæ familiæ parentis, qui anno

Dni. M. D. LXXXIII ÆTATIS LXXIII, profeſſionis XL, in hoc Montepelio diem obiens noviſſimum, ut poſteris ſuum erga hanc ſcolam teſtaretur amorem, in proxima D. Annæ æde corpus condiri teſtamento juſſit.

D. quoque M.

Guillelmi Ranchini Monſpelienſis, Stephani filii, & ejuſdem in Placentinea profeſſione ſucceſſoris, viri conſularis, & in tribunali Toloſano ſenatoris, defuncti & ſepulti in Montepelio, anno M. DC. V, ÆTAT. XLV, FRANCISCUS RANCHINUS CANCELLARIUS UNIVERSITATIS MEDICINÆ, illius poſt quinque alios filius, licet uterque in ſcriptis perennet, memor tamen paternæ benedictionis in qua deceſſit, & fraternæ pietatis, poſuit anno Domini M. DC. XVI.

Ce college ſervit aux écoles du droit juſqu'en 1682 qu'elles furent transferées au college du Vergier ou de la Chapelle Neuve, pour les raiſons que j'ai dit ailleurs, & l'on mit alors au college Ste. Anne la cour royale du petit ſceau, qui y ſubſiſte encore.

RECUEIL
D'ARNAUD DE VERDALE
EVEQUE DE MAGUELONE

Sur les anciens evêques ſes prédéceſſeurs

IN nomine ſanctæ & individuæ Trinitatis, Patris & Filii, & Spiritus ſancti. Amen.
Incipit catalogus epiſcoporum Magalonenſium, per reverendum in Chriſto patrem D. Arnaldum de Verdala, Dei providentia Magalonenſem epiſcopum, editus & etiam publicatus. Et primo incipit prologus ſic.

Sanctorum Machabæorum geſta referunt & deſcribunt quod Matathias appropinquans morti ſuæ, dixit filiis ſuis : Mementote operum patrum quæ fecerunt in generationibus ſuis, & accipietis gloriam magnam & nomen æternum. Et quoniam omne datum optimum, & omne donum perfectum deſurſum eſt, deſcendens a patre luminum, ſicut legitur Jacobi cap : 1°. Quia etiam cujus donum, vel munus frequenter aſpicitur, hujus memoria diftri&ius retinetur, prout in concilio Viennenfi tit. de reliquiis n° 2, circa medium continetur, idcirco donum iftud, nobis in verbis præaffumptis divinitus infpiratum, debemus æterna memoria commendare [1].

Igitur nos Arnaldus de Verdala, juris utriufque profeffor minimus, Magalonenfium epifcopus licet indignus, opera, gefta feu facta epifcoporum prædecefforum noftrorum Magalonenfium volentes colligere, ut inde nomen æternum & gloriam accipere mereamur, ipfa ad æternam rei memoriam, authoritate noftra ordinaria duximus publicanda, & in archivis publicis noftræ Magolonenfis ecclefiæ confervanda, ne traditiones quas antiquitus a patribus fufcepimus, violentur. Quare, rogati a devotis noftræ ecclefiæ, ut otium devitemus, divino auxilio invocato, catalogum hujufmodi duximus ordinandum.

Sane poft primum annum Caroli imperatoris, qui circa annum domini 727, vel circa imperavit, Sarraceni per mare difcurrentes intrabant infulam Magalonæ, *per Gradus*[2], & inde caftra circum jacentia vaftabant, ideo a dicta infula per dictum Carolum Sarracenis exactis, ædificiis & ecclefia funditus dirutis, ne ibi Sarraceni poffent recipi, & canonicis tunc fæcularibus exiftentibus ad montem de Subftantione mutatis, privilegia, regiftra, & monumenta ipfius ecclefiæ Magalonenfis perdita & deftructa fuerunt. Quapropter paucas fcripturas antiquas præteritorum temporum potuimus reperire, quibus de ftatu dictæ eccle-

---

[1] Le pere Labbe dans cet endroit, a fupprimé le refte de la préface, qui ne fait rien à l'hiftoire de Maguelone, j'en ufe de même pour cette raifon.
[2] Gradus, Grau, ou paffage des eaux de la mer dans l'étang.

fiæ feu epifcoporum mortuorum daretur nobis cognitio. Illos autem quos reperire potuimus in præfenti catalogo duximus regiftrandos. Quocirca non miretur difcretio legentium, quod primum principem feu fundatorem hujus ecclefiæ minime recenfeamus, cum nihil de illo potuerimus invenire.

BOETIUS

BOETIUS, epifcopus Magalonenfis, qui antea Carpentoracenfis epifcopus fuerat, & tali nomine anno 588 Matifconenfi concilio interfuerat, hoc anno 589, tertio concilio Toletano per Genefium ecclefiæ Magalonenfis archidiaconum & Boëtii vicem gerentem interfuit, ut ex actis hujus concilii compertum eft.

Quod concilium anno quarto piiffimi ac Deo fideliffimi *Recaredi*, regis Hifpaniarum, fub Pelagio, papa fecundo, congregatum fuiffe tradunt omnes hiftorici.

Cum autem Leovigildus decimus-quartus Gothorum rex, Goisvintham, Athanagildi regis filiam, fibi matrimonio conjunxiffet, & antea eidem regi a Theodofia alia fibi uxore filii duo fuiffent, quorum fenior Hermenegildus, junior Recaredus nominabatur, Leovigildus maximo odio profecutus eft filium fuum Hermenegildum, eo quod a fecta parentum abhorreret, & edoctus chriftianam religionem per filiam Childeberti Regis Francorum, quam fibi in matrimonium conjunxerat, palam fe chriftianum profeffus effet, eum tandem extremo capitis fupplicio adfecit. Qua de re paulo poft pœnitens, * ac feptem dies in fletu perdurans, pro iis quæ contra Deum & Hermenegildum filium inique, & crudeliter molitus erat, fpiritum exhalavit Leovigildus.

Ei Recaredus, alter filius, fucceffit. Sed patri multo diffimilis fuit, & ab ineunte ætate chriftianiffimus, eo quod a Leandro hifpalitano epifcopo, & a Fulgentio præfule in fide chriftiania inftitutus, primo fui regni anno tam blandis verbis quam firmis rationibus, multis epifcopis & pluribus proceribus arianis, hanc hærefim abjurare perfuafit, ac fanctiffimo decreto ftatuit ut bona ecclefiæ quæ a predeceffibus fuis ablata, & in publicum addicta fuerant ecclefiafticis reftituerentur.

Præterea, quarto regni fui anno ob extirpandam arianam hærefim, & reparandum fanctæ ecclefiæ ftatum, hoc concilium Toleti celebravit, cui fexaginta duo, vel feptuaginta epifcopi, tam ultramontani quam citramontani, præter fex metropolitanos interfuere, quorum authoritate & decreto ariana hærefis condemnata eft, & in hac fancta fynodo, rex ipfe Recaredus miferatione divina compunctus, cum Badda uxore fua & omnibus Gothorum proceribus, multis præfulibus, qui hanc hærefim diu profeffi erant, fe catholicæ legi fubdiderunt, & accepto fanctæ crucis fignaculo, cum chrifmatis unctione, crediderunt Jefum Chriftum Filium Dei æqualem cum Spiritu fancto, regnantes in fæcula fæculorum.

Et quoniam in quarta hujus concilii feffione ordinatum fuerat quod Judæis non liceret chriftianas habere uxores, nec in ufus proprios mancipia comparare chriftiana, nec alia officia publica agere poffe, unde eis occasio tribueretur pœnam Christianis inferre, ideo Judæi omnem moverunt lapidem, & totis viribus has constitutiones infestas facere nisi sunt. Imo ingentem pecuniam Recaredo promiserunt, si eas rescindere vellet; sed piissimus rex ad id consentire noluit, & accuratam hac de re Gregorio, qui in pontificatu Pelagio successerat, epistolam scripsit. Et interim ipse rex Recaredus, ut notatur in compendio historiali Roderici Toletani, Gironam appullit, & ibi ad sepulchrum Sti. Felicis coronam regiam Deo dicavit, & accepto responso non solum hujus concilii constitutionibus subscripsit, sed & sua authoritate regia sigillo regni confirmavit : quin imo, ut & ipsa Bedda regina uxor sua, & quotquot pontifices, & proceres qui concilio adfuerant, ei subscriberent. Eodem anno 589, ipsemet Boëtius secundo Narbonensi adfuit, cujus præfatio fuit sic : « In « nomine Domini nostri Jesu-Christi, anno feliciter quarto « regni domini nostri gloriosissimi Recaredis, regis Narbo- « næ, Migetius,* Sedatius, Benenatus, Boëtius, Pelagius, « Nigridius, Agrippinus & Sergius, episcopi Galliæ pro- « vinciæ, concilia antiqua patrum, vel decreta, cum Dei « timore observare cupientes, Nos in urbe Narbonæ, se- « cundum hoc quod sancta synodus per ordinationem « gloriosissimi domini nostri regis in urbe Toletana defi- « nivit, die kalendarum novembris, deo auspice, in unum « convenimus, & aliquanta quæ pie & juste sunt edita, « recapitulare fecimus, quæ in ipsa synodo tenore capitu- « lorum evidenti jure declarantur. In quorum capitulo- « rum subscriptiones sunt :

PAGE 412.

« Migetius in Christi nomine, ecclesiæ catholicæ Nar-

« bonenfis epifcopus, has conftitutiones, fecundum quod
« nobis, & fratribus noftris Deo infpirare placuit, relegi &
« fubfcripfi.

« Boëtius in Chrifti nomine ecclefiæ Magalonenfis
« epifcopus in hac conftitutione interfui, & fubfcripfi. »

Vixit ipfe Boëtius, ut probabile eft, in epifcopatu vigintinovem, vel triginta annis.

GENESIUS

GENESIUS, epifcopus Magalonenfis, eum effe puto, qui, ut archidiaconus & Boëtii procurator, tertio concilio Toletano interfuit. Ipfi Boëtio in epifcopatu fucceffit anno 628, vel 629 ; interfuit quarto concilio Toletano, per Stephanum archidiaconum Magalonenfem, & vicarium fuum, ut patet infcriptionibus ejufdem concilii, quod quidem concilium congregatum fuit a Sifemundo, Gothorum rege, qui ope Francorum Hifpaniæ regnum adeptus, plurimas urbes fubjecit, & Judæos fub pœna mortis baptifari præcepit : cui mandato multi metu mortis fteterunt, multi tamen corpore tantum, non corde abluti, ad ipfam quam prius habuerant perfidiam regreffi funt. Plerique ex eis blafphemantes in Chriftum, non folum Judaïcos ritus fequi, fed etiam abominandas circumcifiones exercere prefumpferunt. De quibus confulti piiffimi ac religiofiffimi patres, decreverunt quod deinceps nulla vis inferretur Judæis ad credendum, « cui enim vult
« Deus miferetur & quem vult indurat. Non ergo vi, fed
« libera voluntate ut convertantur fuadendi funt, nec pe-

« nitus impellendi. Qui vero jampridem ad christianita-
« tem coacti fuerunt, si sacramentis divinis sociati, & bap-
« tismi gratiam susceperunt, & corporis ac sanguinis Do-
« mini facti sunt participes, oportet ut fidem, quam vi,
« vel necessitate amplexi sunt, tenere cogantur. »

Vixit idem Genesius in episcopatu annis triginta-quinque, vel circiter.

EUMERIUS

*EUMERIUS[1] in episcopatu Magalonensi, anno Domini 660, successit Genesio, & anno quinto Recesvindi, Gothorum regis, interfuit concilio Toletano, ubi authoritate quinquagintaduorum episcoporum, & plurium abbatum, & procuratorum, sanctissime ordinatum est præter alia :

PAGE 413.

« Ne quis pretextu incommodæ ægritudinis Quadrage-
« simæ jejunium solvat. Quod si quis esum carnium hoc
« tempore præsumpserit attentare, non solum reus erit
« dominicæ resurrectioni, verum etiam alienus ab ejus-
« dem sancta communione, & hoc illi cumulabitur ad
« pœnam, ita ut toto illius anni curriculo ab omni esu
« carnium abstineat gulam, quia sacrorum dierum oblitus
« est disciplinam. Ille autem, quem morbus incurvat, aut

---

1 * Ste Marthe dans le *Gallia Christiana* & Gariel dans le *Series Præsulum Magalonensium* n'ont pas compris *Eumerius* parmi les evêques de Maguelone, parce qu'ils l'ont regardé comme un simple abbé, qui assista au concile de Tolede, dont il est ici parlé. J'ai suivi leur sentiment au commencement de ce volume, en donnant la suite de nos evêques ; mais en raportant les écrits de Verdale, je n'ai pas crû pouvoir suprimer ce qu'il a dit d'*Eumerius*.

« langor extenuat vel neceffitas arctat, nihil a fe præfu-
« mat accipere, nifi a facerdote permiffum ei fuerit. »

Per hæc ipfa tempora Eumerius, cum effet vir eloquentia infignis, & in difputando vehementiffimus, adverfus quemdam Pelagium & Thudinum, hæreticos, qui in hac Gallia Gothica juxta Helvedii hæresim affirmabant Mariam beatiffimam Virginem, poft Chriftum, alios de viro fuo Jofeph fufcepiffe filios, impugnare non deftitit. Vixit in epifcopatu annis 12, vel, ut probatum eft, decem & feptem.

GUIMILDUS

GUIMILDUS Eumerio fucceffit anno a nativitate Chrifti 672, & fi Beutherum audimus, anno 677 fub rege Vamba, 24 Hifpaniarum rege.

Tradunt autem hiftorici quod poftquam Vamba Toleti fummo cum apparatu rex proclamatus fuit, & in templo divæ Mariæ regiis infignibus decoratus, quidam Authildericus, comes Nemaufenfis, a fuperiorum regum decretis deficiens, Judæos in provinciam fuam denuo invexit, & faces rebellionis in eam injecit, atque ad defectionem, univerfam Gothiam Gallicam impuliffe retulerunt certiffimi nuntii. Cui adhærentes Guimildus, Magalonenfis epifcopus, & Ramirus abbas, Aregium, Nemaufenfem, de fua fede * expellunt, & cum rebellibus circumjecta Nemaufi loca invadunt & occupant.

Rex igitur Vamba juftum conflans exercitum, duce

Paulo, de mortui regis cognato, jubet illico in hanc provinciam tranfportari, ut illa conjurationis bella retunderet. At ille perfidus arma regia in ipfum regem convertit, & Narbona capta, nomen & infignia regis fibi vindicavit, quodque ut facilius exequatur, jubet afportari diadema quod in fano Sti. Felicis Gerundenfis rex Recaredus in perpetuum anathema appenderat. Quo facto, omnia facra & profana depopulatur, fed brevi Dei vindicem manum fenfit. Nam de his omnibus rex Vamba quam diligentiffime ab Argebaro, Narbonenfi epifcopo certior factus, fortiffimum in rebelles fine mora duxit exercitum, & primo impetu rem abfolvit. Bitteras quippe, Agatham, Magalonam, Barcinonem, & Narbonam in poteftatem fuam redegit & rebellem Paulum cum Guimildo & fuis confociatis intra Nemaufi munimenta compellit, obfidet, capit, & una cum nobilioribus ejufdem facinoris fociis, Toletum jubet afportari, ubi in perpetuam cuftodiam quæ perfidorum eft pœna, lata fententia reconduntur.

Ut autem depopulationes, vaftationes Nemaufo antiquæ Gothicæ-Galliæ illatas refarcirent, eos compelli juffit, Guimildum ab epifcopatu deponi fecit, & ipfe Paulus ut omnibus fpectaculo & ludibrio foret, barba, capilloque abrafis, pedibus ut plurimum & capite nudis in publicum exponitur, tum demum in cœcum ergaftulum, ac prohinde in mortem acerbiffimam mittitur.

Vixit autem Guimildus in epifcopatu annis decem & feptem, vel, fecundum alios, fexdecim tantum.

VINCENTIUS

VINCENTIUS, qui & anteà archidiaconus Magalonenfis fuerat, Guimildo fucceffit, & anno 683 interfuit XIII concilio Toletano, quod anno 4° Ervigii, Hifpaniarum regis authoritate congregatum eft, & fub Leone papa celebratum, ubi per 48. epifcopos & tres metropolitanos fanctiffime conftitutum fuit, ne quis rex, aut alia perfona, viduam defuncti regis uxorem ducere poffet, aut per adulterum fub pœna excommunicationis cum illa mœchari.

Item Vincentius fubfcripfit actis fexti concilii Conftantinopolitani, fub Conftantino quarto recepti. Et paulo poft contra Appolinaris hærefim renovatam : qui duas naturas, divinam fcilicet & humanam, in Chrifto-Jefu negabat. Quæ quidem acta fanctiffimus papa Sergius in Hifpaniam mifit, ut congregatis pontificibus & eorum authoritate confirmata, in toto Gothiæ regno publicarentur.

Vixit autem Vincentius in epifcopatu viginti-duobus annis, vel circiter, ut probabile eft.

SEDES VACAT QUASI PER SÆCULUM

Unde autem hoc ? Caufæ deducendæ funt, tam rationibus, quam authoritatibus fummorum virorum qui hac de re & eodem tempore fcripferunt.

AMICUS EPISCOPUS

SAINTE Marthe aprouve dans son Gallia Christiana les conjectures de Gariel, qui dit que cet Amicus, frere de St. Benoît d'Aniane, étoit comte de Maguelone, & nullement evêque, comme Verdale paroit l'avoir crû. Il met à sa place un Jean I, qui est connu par sa souscription au concile de Narbonne, tenu en 788, contre Felix d'Urgel.

Après la mort de Jean I, St. Benoît d'Aniane, qui avoit beaucoup de credit auprès de l'empereur Loüis le Débonnaire, procura à l'église de Maguelone Stabellus qui suit, & que Verdale a compris dans son Catalogue en ces termes :

STABELLUS

STABELLUS fuit episcopus Magalonensis anno 804. De illo nihil adhuc reperi, nisi quod interfuit memorabili bello quod eodem tempore apud Roncemvallem factum est.

Idem Stabellus interfuit consecrationi ecclesiæ Anianensis, ut constat ex fundatione ejusdem ecclesiæ.

En cet endroit, les manuscrits que nous avons de Verdale commencent à varier; car les uns confondent Ricuin I. avec Ricuin II., en attribuant à l'un les actions de l'autre, & ils ne font aucune mention des evêques Abbo, Gontier & Wibald, qui avoient précédé Ricuin II.

Quelques autres parlent d'Abbo & de Gontier ; mais il est visible que les copistes de Verdale ont inséré dans son livre les remarques que quelques sçavans avoient écrit à la marge, puisqu'on trouve citez dans le corps de l'ouvrage divers auteurs qui n'ont écrit que long-tems après Verdale ; entr'autres le pere Sirmond dans ses Conciles, qui fit sa compilation plusieurs siècles après lui.

Je me borne à continuer de suivre l'exemplaire de feu Mr. Plantavit, evêque de Lodève, lequel me paroît beaucoup moins défectueux que les autres que j'ai pû voir :

RICUINUS *

DE isto non reperi aliam certitudinem, nisi quod Ludovicus de quo infra fit mentio, imperabat circa annum Domini 820, & quod in tabulario antiquo Magalonensis ecclesiæ talis antiqua scriptura reperta est :

« Cum rerum gestarum recordatio admodum sit ne-
« cessaria, & humanæ naturæ vis, ad ea quæ gesta sunt se-
« riosius recolenda nequaquam sufficiat; utile plurimum
« mortalibus fuit ut actuum qualitates & modus, scrip-
« tura promulgante, memoriæ mandarentur. Menti ideo
« nobis extitit litteris explicare quanta fuerit diligentia,
« quanta devotio in viris præclarissimis, qui universæ
« carnis viam in Domino abierunt, circa allodia sua pro
« æternæ remunerationis fructu Magalonensis ecclesiæ
« juri mancipanda. »

Placuit itaque retexere primordio quonam modo Montispessuli & Montispessulani villæ cum adjacentiis suis Magalonensi ecclesiæ sint acquisitæ.

Duæ quondam (ut in scriptis & fama pertinace comperimus) fuerunt sorores quarum altera Montempessulanum, altera Montempessulanulum possidebant. Beatus namque Fulcranus a Substantionensium comitum stemmate maternum sanguinem ducens, Magalonensis archidiaconus, gloriosissimus post modum Lutovensium episcopus, istarum frater fuisse comprobatur. Verum istæ cum meliori consilio revolvissent quod inordinato & præcipiti curfu tranfeat mundus, & concupifcentia ejus, de terrena ac tranfitoria poffeffione ftatuerunt efficere, quo poffent cœleftia in perpetuum poffidere. Earum igitur fuit deliberationis confilium, ut poffeffionem & poffeffionis jus quod in iis villis, & in pertinentiis ad eas videbantur habere, ad Magalonenfem ecclefiam jure perpetuo poffidendam transferrent.

Hoc ergo votum Domino perfolventes, has villas cum adjacentiis fuis, Domino Deo & beatis apoftolis Petro & Paulo Magalonenfis fedis, & Ricuino, ejufdem fedis venerabili epifcopo, donatione in perpetuum valitura deftinaverunt.

Erat autem in his partibus tunc temporis vir nobilis quidam Guido nomine, qui (ut nobis traditum eft) ex terris five prædiis cum Melgorienfi comite militabat. Hic quadam die venerabilem adiit Ricuinum Magalonenfem epifcopum, & ut ei Montempeffulum ad feudum donaret, multis precibus impetravit. Accepit ergo Guido à Ricuino Montempeffulum ad feudum, & præftitit ei fidelitatem * & homagium, expofita ei fecuritate, ut ei & Magalonenfis fedis canonicis deinceps fidelis effet in omnibus.

PAGE 417.

Ludovicus etiam, divina miferante gratia, imperator Auguftus, inter fuæ largitatis donaria Magalonenfem ecclefiam non reliquit immunem.

Inter cœtera ergo beneficia quæ eidem ecclefiæ plurima contulit fanctiffimo Argimiro, ecclefiæ præfulante, pro æternæ vitæ præmia capeffendo Villam-Novam (a) pleno Dominio in perpetuum poffidendam Magalonenfi

(a) Villeneuve-lez-Maguelone.

(b) Le château du Terrail.
(c) Baillargues.
(d) St. Jean de Vedas.
(e) Montels.
(f) Chaulet.
(g) Cocon.

ecclesiæ restituit. Præterea villam de Terraliis (b) & villam de Bajanicis (c), villam de Vedatio (d) & villam de Montelio (e), villam de Chaulet (f) & villam de Cocone (g), cum omnibus pertinentiis suis eidem Magalonensi ecclesiæ delegavit.

* De Gigean.

Berengarius autem, illustrissimus comes Melgoriensis, pro animabus Gislæ comitissæ & Bernardi filii sui, castrum de Gigeano * quod à Ricuino Magalonensi episcopo per donationem acceperat, eidem Magalonensi ecclesiæ reddere congruum duxit.

La Verune.

Castrum vero de Veruna, cum omnibus quæ in ejus terminis Fredolus de jure possidebat, Ricuino episcopo Magalonensi in integrum recognovit; & tunc usque in hodiernum diem qui post eum loco ejus hæreditario jure successerunt, a Magalonensi episcopo in beneficium habuerunt.

Vic.

Giroardus quidem nobilis, quidam vir, villam de Vico, cum omnibus adjacentiis suis Magalonensi ecclesiæ donavit.

Agonez.

Guzargues.

Bernardus igitur, Melgoriensis nobilissimus comes, villam de Prunesto quæ est in territorio Bitterensi villam Exindrio & villam de Arboratis & Murmuranegues, & in vicaria Agonensi ecclesiam Sti. Baufilii cum omnibus ad ipsam pertinentibus, & villam de Augusanicis & villam de Novigens Magalonensis ecclesiæ dominio subjugavit.

Australdus autem, præclarissimus quidam vir, villam quæ Virag appellatur Magalonensi ecclesiæ & Ricuino ejusdem sedis episcopo pleno jure tradidit possidendam.

Ipfe etiam Auftraldus villam de Maftalgo, Magalonenfis fedis, prædiis adfcripfit.

Ecclefia autem de Roët, & villa de Perolz, villa Sti. Dyonifii de Gineftet cum omnibus adjacentiis fuis, Magalonenfis fedis ab antiquo allodia, nuncupantur. Roüet, Perolz, St. Denis de Gineftet.

Villam autem de Lunello-Veteri, & villam Sti. Bricii, villam de Pratis, & villam de Jacone cum pertinentiis fuis ecclefia Magalonenfis per tempora multa in allodium poffidet. St. Brez, Prades, Jacou.

Hæc autem ob hoc litteris commendamus, ut legentes noveritis, quod hæc procul dubio fint ecclefiæ Magalonenfis allodia, de quibus & a quibus eidem ecclefiæ tradita funt recolentes *.

ARGEMIRUS

PAGE 418.

DE ifto non reperi certam mentionem, nifi quod in libris antiquis legitur, & fpecialiter in lunario antiquo, quod Ludovicus, divina gratia imperator auguftus, inter alia fuæ largitatis donaria, Magalonenfem ecclefiam non reliquit immunem.

Inter cætera ergo beneficia quæ eidem ecclefiæ contulit, fanctiffimo Argemiro Magalonenfi ecclefiæ præfulante, pro æternæ vitæ præmio capeffendo, Villam-Novam, prope Magalonam, quam Carolus, ejus proavus, in odium Sarracenorum ecclefiæ abftulerat, prout in privilegiis fuis continetur, pleno dominio in perpetuum poffidendam reftituit; præterea villam de Terraliis, villam de Le Terrail.

<small>Baillargues, St. Jean de Vedas. Montels. Chaulet. Cocon.</small> Bajanicis, villam de Vedatio, villam de Montelio, villam de Chauleto & villam de Cocone cum omnibus pertinentiis suis eidem episcopo donavit.

Et reperi in chronico quod Ludovicus iste imperabat anno ab incarnatione Domini 830.

Sciendum etiam, quod in legenda beati Antonini martyris Appamiensis, inter alia continetur quod cum Theodoricus, Appamiarum rex paganus, beatissimum Antoninum, fratrem suum, in duro carcere intrusisset, & catena ferri maximi ponderis ejus collum alligasset, contigit quod quidam puer, nomine Almachius, cujusdam viri clarissimi & patricii filius, Spiritus-Sancti gratia roboratus, intravit ad Antoninum in carcere, & catenam in ejus collo pendentem sustentabat suis brachiis & ministrabat eidem. Sed rex paganus, existimans servum Dei ferri pondere & fame defecisse, venit ad vestibulum carceris, & videns Almachium puerum catenarum pondera sustentantem, iratus fecit eum ex alto præcipitari. Sed angelus Dei illum servavit illæsum. Tunc Theodoricus, inveniens Almachium puerum illæsum, interrogavit eum quomodo de tanto præcipitio evasisset illæsus : puer vero referebat quod, per orationes magistri sui Antonini, angelus Domini in ejus præcipitio adfuerat, & eum incolumem servaverat; regi quoque indicans : « prope est ut Dominus Jesus-Christus injurias servi sui Antonini vindicet, & cruciatus ejus in te retorqueat; ad prælium enim quod imminet in * Pen-

---

* *Pentoniam civitatem.* Cette ville nous est inconnuë, mais la suite de la narration de Verdale nous donneroit lieu de croire qu'elle étoit dans le diocése de Maguelone, puisqu'il ajoûte les paroles suivantes : *Theodoricus perrexit ad bellum Magalonensis insulæ, ubi victus extitit & interfectus.*

toniam civitatem accedes, in quo cum univerſo exercitu tuo interibis. « Poſt paucos autem dies, ſecundum prophetiam Almachii pueri, Theodoricus rex perrexit ad bellum Magalonenſis inſulæ, adverſus Pipinum imperatorem *, patrem magni Caroli chriſtianiſſimi, ubi victus in fugam converſus, cum univerſo ſuo exercitu extitit interfectus.

PAGE 419.

PETRUS, PRIMUS
Hujus Nominis.

DE iſto Petro non invenimus aliquam certam narrationem, niſi quod vidimus inſtrumentum in quo continetur quod Bernardus, comes Subſtantionenſis, ſedente iſto Petro in epiſcopatu Magalonenſi, donavit monaſterio Sancti-Michaëlis de Cluſa eccleſiam Sanctæ-Crucis, quæ eſt prope Melgorium. Quæ donatio fuit facta anno Domini 1003, regnante Roberto rege.

Anno 1003.

ARNALDUS

ARNALDUS, hujus nominis primus, fuit electus anno Domini 1048; vixit in epiſcopatu annis 30; obiit anno Domini 1078, videlicet quarto kal. julii, & in ejus ſepulchro ſcripti ſunt verſus ſequentes.

1048.

Hic jacet Arnaldus, ſedis pater hujus & author,

Annis triginta præditus officio.

Qui poſtquam Ieroſolimam devotus adivit,

Ut redit, in villa fertur obiſſe nova.

Protinus hic julias tranflatus quarto kalendas,
In foribus clauftri fub gradibus fitus eft.
Noĉte vero hinc monitus præful per eum Gothofredus,
Ifluc condigno tranftulit obfequio.

Præterea in archivo tales verfus funt reperti de ejus vita.

Magalona.

Hic locus infignis fuit urbs habitata malignis
Gentibus, unde ruit quod fcelerata fuit.
Carolus hanc fregit poftquam fibi marte fubegit,
Ob Sarracenos, quod tueretur eos.

Arenæ Nemau-
fenfes.

Tunc Nemaufenas comburi juffit arenas,
Aptas præfidio perfidiæ populi.
Inde manens annis urbs hæc deferta trecentis,
Tandem pontificem reperit artificem.

PAGE 420.

* *Præfulis Arnaldi fit femper fubdita laudi,*
Cujus naĉta vicem, crevit in hunc apicem.
Hic muros jecit, hic turres undique fecit,
Clerum divinis contulit officiis.
Inde gradum claufit, quo prædo piraticus haufit.
Sæpe latrociniis littora noftra fuis.
Navibus introitus per eum, gradus alter apertus,
Non procul a terris eft Magalona tuis;
Illicitumque thorum diffolvit presbyterorum,
Pontem conftituit, poft mare tranfabiit.
Ut rediit moritur, in fua fede fede fepelitur;
A fe compofitum fervet ut ipfe locum.

Ad majorem tamen evidentiam dicendorum fciendum eft quod civitas Magalonenfis, antea famofa & opibus ditiffima, apud veteres floruerat. Erat enim ibi portus maris, vocatus Portus Sarracenus ufque ad hodiernum diem, per quem gradum galeæ Sarracenorum liberum habebant ingreffum, & inde frequenter adfportabant quæcumque inveniebant. Sed temporibus magni imperatoris Caroli, eo jubente, deftructa fuit, non in odium ecclefiæ, fed quia Sarraceni ad ipfam per gradus habebant refugium, & caftra feu oppida circumvicina, quæ tunc erant modica, pro eo quod nondum Monfpeffulanus conftructus fuerat, devaftabant. Quæ civitas Magalonenfis per Carolum funditus deftructa, nec chriftianis habitaculum, nec paganis refugium exhibebat; fed, quamvis priftini decoris honorem perdiderit, nomen tamen retinuit, & caput effe epifcopii non reliquit.

Deftructio igitur hujus civitatis caufa fuit quare libri, regeftra, inftrumenta, privilegia & antiqua alia monumenta fuerunt pro majori parte perdita & etiam diffipata. Propter quod fundamenta hujus facræ ecclefiæ, feu gefta patrum precedentium, minime potuimus reperire. Tunc namque canonici fæculares, numero xii in eadem ecclefia exiftentes, ad civitatem Subftantionem, quæ tunc juxta Caftrum-Novum, fatis fortis exiftebat, confugerunt, & ibidem trecentis annis permanferunt. Pauci clerici feu presbyteri, qui cantandi habebant officium in eadem ecclefia, apud fanctorum reliquias, quæ multæ atque prætiofiffimæ ibidem ufque hodie fervatæ funt, fua officiola celebrabant; & ibidem Magalonenfis pontifex rariffime accedebat.

* Quæ quidem defolatio per multa fuccedentium temporum & epifcoporum curricula perduravit, nec aliquis qui injuriam impediret extitit, fed omnes, ficut levita & facerdos, qui homines latrones inciderat, & femivivus remanferat (ficut in evangelio legitur), pertranfibant; & huic mœftæ & defolatæ fuæ matri ecclefiæ, mifericordiam impendere negligebant.

Et quia claufis oculis pertranfibant, demum Deus de cœlo hanc miferabilem ruinam dictæ ecclefiæ profpiciens, *& compeditorum gemitus audiens, & folvens filios interemptorum, ut annunciarent in Silo nomen Domini, & laudem ejus in Jerufalem, quia placuerunt illi lapides ejus*, dixit illud verbum quod legitur 1° Regum, 2° Cap.: *Sufcitabo mihi facerdotem fidelem, qui juxta cor meum & animam faciat, & ædificabo ei domum fidelem*, &c.

Sacerdos ifte fuit dictus Arnaldus, bonæ memoriæ, primus hujus nominis, de quo nunc agitur, Magalonenfis epifcopus, qui miferabiles ruinas hujufmodi, quafi in defertum pofitas, refpiciens, & fe ad fublevandas neceffitates ipfas impotentem attendens, cum fibi opes ad fumptus tanti operis non adeffent, præfertim quia poffeffiones & jura epifcopalia erant per nobiles & alios occupata, ad reparationem hujufmodi manus fuas apponere fubito non eft aufus, fed fuum cogitatum jactans in Domino, non abfque anxietate & paupertate nimia, ad dominum Joannem papam XX direxit ocius, pro confilio & auxilio, greffus fuos, & ei miferabilem ftatum fuæ ecclefiæ explicavit.

Dictus autem fummus pontifex, neceffitatem illam

sedula mente confiderans, confilium quod potuit negotio huic exhibuit, & omnibus populis Magalonenfis diœcefis, ac aliis audituris & intelligentibus, tam propinquis quam longe pofitis, mifit epiftolam, quam per omnes epifcopos confirmari, & fubfcribi voluit in hunc modum :

« Joannes epifcopus, fervus fervorum Dei, omnibus
« bona facientibus ecclefiæ Magalonenfi, ad honorem
« apoftolorum principis Petri & doctoris gentium Pauli
« dedicata, & dedicanda, falutem cum benedictione
« apoftolica & abfolutione.

« Supradictam Magalonenfem ecclefiam peccatis exi-
« gentibus ad nihilum redactam audivimus. Unde valde
« dolemus. Quia ecclefiarum defolatio chriftianorum
« detrimentum effe dignofcitur, ob hoc quidem tam
« ecclefiæ fupradictæ quam & omnibus circum-circa de-
« gentibus fuggerere voluimus chriftianis, ut in reftau-
« ratione hujus ecclefiæ laborent. Peccatorum namque
« fuorum veniam & indulgentiam promereri, à jufto
« judice apoftolica authoritate fpondemus, quicumque
« de propria hæreditate vel de propriis bonis offerendo,
« aut de beneficiis ipfius * reddendo, ecclefiam fupra-
« dictam refervare nifus fuerit; nam unam & fimilem
« mercedem accipiet qui propria offeret, & qui bene-
« ficia reddet in commune, & benedictione pariter & ab-
« folutione apoftolica fruetur. Quod fi aliquis epifcopus,
« vel cujufcumque dignitatis homo, quod ibidem obla-
« tum fuerit pravo ingenio alienare, ufurpare vel ven-
« dere voluerit, maledictione anathematum percellatur,
« habeaturque extraneus a chriftianorum confortio, &

« regno Dei. Hoc vero decretum firmari volumus, ab
« omnibus epifcopis quos Arnaldus invitaverit, ficut nos
« fecifle inferius cognofcent ††. Bene valete.

Aldericus, Dei gratia Vercellenfis epifcopus.
Raynaldus, Dei gratia Papienfis epifcopus.
Petrus, quem dicunt epifcopus Stæ. Rufinæ, fubfcribens firmavit.
Ifmundus, archiepifcopus Ebredunenfis firmavit.
Aldericus, epifcopus Aurelianenfis ecclefiæ †.
Raymundus, epifcopus de Mende.
Deodatus epifcopus Cadorcenfis.
Stephanus, Anconenfis epifcopus, firmavit.
Aribertus, epifcopus Lunenfis, firmavit.
Alvicus, epifcopus Aftenfis, firmavit.
Bernardus, Agennenfis, firmavit.
Vaudinus, Taurinenfis, firmavit.
Deodatus, epifcopus Tolonenfis, firmavit.
Petrus, epifcopus Maffilienfis, firmavit.

Hanc igitur epiftolam manu habens Arnaldus, prædictus epifcopus, ab urbe Roma rediit, & deinde juxta dictum apoftoli : *Dum tempus habemus, operemur bonum,* in cuncto labore non defecit, fed fumptibus innumeris præparatis, diem dedicandi ecclefiam conftituit, & profectus circumquofque archiepifcopos & epifcopos, tam ex vicinis quam longinquis partibus, convocavit.

Quod ut melius enucleemus, fingulorum nomina, urbes & provincias præfentialiter inferamus, ut evidentius cognita eorum authoritate & dignitate, fidelis quifque & humilis, dicta eorum cum gaudio legat, vel audiat; infidelis vero vel fuperbus fi quis (quod abfit) fuerit, timore percuffus Domini, & fi non fponte, faltem invitus fufcipiat, alioquin tamquam miferrimus, quicumque fit, juxta vocem Domini remaneat judicatus.

Hæc funt igitur nomina per fedes & provincias declarata : Gifredus, archiepifcopus Narbonenfis; Leodegarius, archiepifcopus Viennenfis *; Guineminarius, archiepifcopus Ebredunenfis (a); Auftencus, epifcopus Anicienfis, Frontinus epifcopus Nemaufenfis; Bernardus, epifcopus Bitterenfis; Gonterius; epifcopus Agathenfis; Roftagnus epifcopus Lodovenfis ; Hugo, epifcopus Entienfis; Alfonfus (b), epifcopus Aftenfis; Gilbertus epifcopus Barcinonenfis ; Arnaldus epifcopus Elnenfis; Petrus (c), epifcopus Carcaffonnenfis & dictus; Arnaldus, Magalonenfis epifcopus. Quibus in unum congregatis, præfatus pontifex Arnaldus epiftolam præparatam Joannis papæ protulit, & cujus rei gratia convocaffet, feriofius intimavit. Tunc omnibus in commune placuit, ut & ipfa decreta apoftolica confirmarent, & amplius abfolutionem & benedictionem populi & ad honorem fanctæ ecclefiæ augmentarent.

Page 423.

Raymbaldus archiepifcopus Arelatenfis.

Les PP. Benedictins dans leur Hiftoire du Languedoc, tome 2, page 607, dans les notes, mettent la dédicace de la nouvelle église de Maguelone fous l'evêque Arnaud en 1054, parce que c'eft précifément l'année où les evêques qui affifterent à cette cérémonie, vivoient tous alors.

Ils font quelques changemens aux noms de ces evêques, qui peuvent fervir à corriger les copiftes de Verdale, par exemple (a) au lieu d'*Auftencus* epifcopus Anicienfis, ils font lire *Auftindus archiepifcopus Aufcienfis*, archevêque d'Auch.

(b) Au lieu d'*Alfonfus Aftenfis*, ils font lire *Elephantus Aptenfis*, la ville d'Apt en Provence étant beaucoup plus près de Maguelone que la ville d'Afti en Italie.

(c) Et au lieu de *Pierre de Carcaffonne*, ils mettent *Wifred*, qui étoit alors evêque de cette ville.

« Decreverunt ergo, ut fi quis homo in vita fua hære-
« ditatem fuam ad ecclefiam fupradictam poft mortem
« fuam concefferit, & de peccatis fuis confeffus fuerit,
« & in cimeterio ecclefiæ memoratæ fepultus fuerit, ab
« omnibus peccatis, & de quibus pœnam fufcepit, abfo-
« lutus fit, & particeps fiat vitæ æternæ & regni Dei. »

Addiderunt quoque ut quicumque homo cujufcumque provinciæ ad folemnitatem dedicationis hujus ecclefiæ quæ per fingulos annos celebrabitur advenerit, & de jufto labore fuo aut hæreditate oblationem Deo fecerit, & peccata fua eo die, vel infra octo dies confeffus fuerit, fi infra terminum illius anni mortuus fuerit, apoftolicam abfolutionem & epifcopalem habeat, & remiffionem peccatorum, & vitam æternam accipiat. Super hoc firmaverunt hæc quæ ipfa ecclefia habeat legitime, ut fi quis penitens ad ipfam ecclefiam venerit, & abftinendi ab ecclefiæ introitu in primum præceptum habuerit, ipfam ecclefiam licenter introeat pacis ofculum libere accipiat, & fi qua funt fimilia, præterquam fanctam euchariftiam quam minime accipiat.

Quibus peractis idem beatæ memoriæ Arnaldus epifcopus, ponens manum ad fortia gradum præfatum lapidibus & lignis ante omnia claudere & obftruere feftinavit. Deinde, anxietate nimia preffus, ut tam egredientibus quam ingredientibus infulam (ad quam nullum nifi navale iter effe poterat) liber pateret acceffus,*juxta verbum propheticum fuum, jactans in Domino cogitatum, tam prece quam pretio rates conduxit, & artifices collocavit, ac per ftagni latitudinem, pontis ftravit longitudinem ad utilitatem hominum perpetuo duraturam, permansuram, & sui nominis memoriam perpetuo.

Subsequenter parrochianos suos convocavit, eosdemque ad eleemosynas largiendas, pro reædificatione dictæ ecclefiæ facienda. Piis monitis inducere non omisit, adeoque multi, ejus admonitionibus, terras, prata, vineas, census, allodia, pecunias, & alia bona sua, pro redemptione suorum peccaminum eidem ecclefiæ contulerunt, ex quibus eleemosynis, & aliis bonis suis, ecclefiæ Magalonensi, turres, muros & omnes officinas necessarias, & fortalitia omnia, quæ usque nunc patent omni intuenti, ædificari solemniter fecit. Demum attendens quod duodecim canonici sæculares cum duodecim præbendatis, tunc in dicta ecclesia existentes, in dicta insula residere nolebant, se relegatos quodammodo reputantes, cogitavit quod regulares canonici (ut pote magis vitæ solitariæ & contemplationi dediti) ibidem melius resiterent, & Deo ac beato Petro in divinis melius deservirent, induxit ejus salutaribus monitis canonicos ipsos sæculares ut religionis beati Augustini habitum vellent assumere. Qui sibi respondebant quod pusillum eorum patrimonium minime sufficeret ad omnes expensas regularium canonicorum hujusmodi supportandas, quibus vir Dei respondit : Deus & ego tantum communiæ vestræ de proprio largiemur, quantum vobis & successoribus vestris sufficiet abundanter.

Et tunc idem pontifex emit stagnum Magalonense a quadam comitissa Melgorii, & ipsius pulmentum, retentis sibi decimis & dominio, ac pratum de Villanova, condaminam & hortum ei contiguum, nec non molendina de Tetragamendico fua propria, planterium de Cocone, dedit liberaliter communiæ canonicorum prædictorum.

Et dum communiam ipfam conftitueret ad ipfos regulares canonicos fuftinendos, fuit ultra mare, ad fepulchrum Domini, & inde rediens apud Villam-Novam, viam fuit univerf carnis ingreffus, & inde portatus Magalonam.

BERTRANDUS

BERTRANDUS electus fuit epifcopus anno 1078, propter crimen simoniæ fuit ab epifcopatu amotus. Quare non meretur inter alios epifcopos nominari, nec ut epifcopus hujus eccleſiæ in catalogo ifto fcribi. Unde ifte non dicitur dicto Arnaldo fucceſſiſſe, fed potius Gothofredus.

GOTHOFREDUS*

GOTHOFREDUS fucceſſit in epifcopatu Arnaldo primo, circa annum Domini 1080, unde verfus.

Inde Deo fidus, fucceſſit ei Gothofredus,

Ante simoniaco præfule depofito.

Hic penitus munus virtutum contigit unus,

Doctor veridicus, pontificumque decus.

Nos hic apostolicæ fundavit in ordine vitæ,

    Et libertatem reddidit ecclesiæ.

Militibus tulit ecclesias, comitesque coëgit,

    Se versis vicibus subdere præsulibus.

Post mare transivit, loca contemplatus, obivit,

    Conditus in gremio, Mons-Peregrine, tuo.

Vixit in episcopatu annis 28, obiit anno 1108, & est sciendum quod anno Domini circà 1080, idem bonæ memoriæ Cothofredus Episcopus, quod ejus prædecessor Arnaldus, de Canonicis regularibus instituendis in Magalonensi ecclesia, morte præventus, efficere non potuit, ipse Gothofredus deo annuente complevit. Et ibidem canonicos regulares de novo instituit, & ad eorum sustentationem communiæ, omnes ecclesias Villæ-novæ, ecclesias sanctarum virginum Eulaliæ & Leocadiæ de Valle, Ecclesiam d'Exindrio, Ecclesiam de Maurino, Ecclesiam de Cocone, Ecclesiam de Montelio & de Chauleto, Ecclesiam de Pruneto, Ecclesiam sanctorum Cosmi & Damiani, Ecclesias de Juviniaco & de Alteyranicis, de Pigniano, Sti. Joannis de Vedacio, Sti. Georgii de Dorcas, Sti. Joannis de Muro-Veteri, Ecclesias omnes Montispessulani, de Centrayranicis, de Salzeto, de Novigens, Sti. Petri & Sancti Joannis de Monte Arbedone, Sti. Michaëlis & Sti. Vincentii de Salviniaco, & Sti. Salvatoris de Peyrols, Ecclesias Sti. Joannis de Freganicis, Sti. Marcelli de Frayres, Stæ. Mariæ de Ozorio, Stæ. Agnetis de Menojol, Sti. Sepulchri de Salazone, Sti. Romani de Melgorio, Sti. Stephani de Gi-

nefteto, et Sti. Dyonifii, Ecclefiam Sti. Bricii, Ecclefiam
Sti. Felicis de Subftantione. Ecclefias de Caftellonovo &
Sti. Ciricii, Ecclefiam de Claperiis, Ecclefiam de Corcone,
Sti. Joannis de Pratis, Sti. Bartholomæi de Albanbanicis,
Sti, Joannis de Bodia, Sti. Vincentiani, Stæ Mariæ de
Gornerio, & ecclefiam de Exalchiato.

Anno 1085, kal. maï Petrus Comes Melgorii Domino
Gregorio*, papæ & Romanæ ecclefiæ donavit in perfonis
petri Albanenfis epifcopi, apoftolicæ fedis legati, & dicti
Gothofredi Magalonenfis epifcopi comitatum Subftantionenfem, & jus quod habebat in epifcopatu Magalonenfi,
& pro dicto comitatu promifit ecclefiæ pro cenfu annuo
date unam unciam auri.

SEQUITUR INSTRUMENTUM

IN nomine fanctæ & individuæ trinitatis, patris & filii
« & fpiritus fancti, ego Petrus comes Melgorienfis
« pro redemptione animæ meæ, nec non & parentum
« meorum, uxorifque & filii, dono domino Deo, &
« beatis apoftolis ejus Petro & Paulo, meipfum, & totum
« honorem meum, tam comitatum Subftantionenfem,
« quam epifcopatum Magalonenfem, omnemque hono-
« rem eidem epifcopatui appendentem, figut ego & an-
« teceffores mei comites hactenus habuimus, & tenui-
« mus in allodium. Ita utrumque (quantum juris mei
« eft) dono & trado ego per allodium fanctæ ecclefiæ
« romanæ, & sanctis apoftolis Petro & Paulo, nec non
« & papæ Gregorio feptimo, & omnibus fuccefforibus

« ejus, qui in sede apostolica per meliorem partem car-
« dinalium, & reliqui cleri, & populi fuerint canonice &
« catholice electi & confecrati, ut prædifius comitatus
« Substantionensis, & episcopatus Magalonensis, jure pro-
« prio sit beatorum apostolorum Petri & Pauli, ego
« autem prædictum comitatum habeam per manus Ro-
« mani pontificis sub illius fidelitate, & singulis annis
« pro censu persolvam unciam auri optimi. Similiter
« quoque & filius meus, vel quilibet alius omnis qui ex
« hæreditario jure mihi successerit, prædictum comitatum
« per manum romani pontificis ad fidelitatem illius te-
« neat, & prædictum censum (id est) unciam auri optimi
« singulis annis persolvat. Sit vero in potestate romani
« pontificis in episcopatu Magalonæ quem placuerit
« Episcopum juste & canonice ordinare, & per eum
« authoritate ejus liceat Magalonensi ecclesiæ, juxta cons-
« titutiones & decreta sanctorum Patrum, personam
« probabilem & idoneam, ad regendum populum &
« res ecclesiasticas. Liceat inquam, & ex hoc & deinceps
« qualem decrevimus personam scilicet probabilem &
« idoneam in episcopum eligere, absque ulla mei, vel
« alicujus hæredum, aut successorum meorum contra-
« dictione. Si quis autem (quod absit) hæredum aut
« successorum meorum contra hanc donationis & con-
« firmationis nostræ authoritatem, & privilegium insur-
« gere præsemptuose, & obviare attentaverit, & de
« prædicto comitatu dominum suum romanum pon-
« tificem esse debere, recognoscere noluerit, & præno-
« minatum censum de comitatu; item unciam auri sin-

« gulis annis perfolvere recufaverit, aut in libertate eccle-
« fiaftica de fubftituendo epifcopo in epifcopatu Ma-
« galonenfi ei contradictor extiterit, non valeat vendi-
« care quod injufte epetit, & perfolvat mulctam, quam
« lex romana per Theodofium, Arcadium & Honorium
« promulgata, decrevit & infuper ecclefiafticæ fubjaceat
« difciplinæ quam velut facrilegus & fanctæ ecclefiæ
« deftructor incurrit. Feci autem prædictam donatio-
« nem de comitatu & episcopatu, ego Petrus comes
« beato Petro & romano pontifici, in manu Petri Alba-
« nenfis epifcopi, romani legati, & Gothofredi Magalo-
« nenfis epifcopi per inveftituram annuli mei, & Flo-
« tardi abbatis Thomeriarum, Anno incarnationis 1085,
« indictione VIII. quinto kal. maii, Actum per manum
« Stephani; fignum Dalmacii † Raymundus † Signum
« Pontii de Montlaur † Petrus fignavit. Adelmodis co-
« mitiffa confirmavit; fignum archidiaconi † Raymundus
« comes filius ejus firmavit. »

Ifti omnes ex præcepto comitis firmaverunt ante altare fti. Petri. Teftes Orgerius archidiaconus, & Deodatus canonicus. Teftis Gothofredus epifcopus, in cujus manu factum eft.

Anno 1087. Urbanus papa confirmavit dicto epifcopo Gothofredo donationem de epifcopatu, & fuccefionem dicti comitatus Subftantionenfis fibi factam.

Anno 1090. Guillelmus de Montepeffulano, guerpivit Gothofredo epifcopo ecclefias beatæ Mariæ de Montepeffulano & de Montepeffulaneto, & juravit eidem epifcopo fidelitatem.

Anno 1095, Urbanus papa fecundus confirmavit dictis canonicis Magalonenfibus multas ecclefias fibi, ut fupra, per epifcopum Gothofredum donatas.

Anno 1096, in vigilia apoftolorum Petri & Pauli, Urbanus papa fecundus, qui ad vifitandas & confirmandas Galliæ ecclefias tranfiverat, ad preces dicti Gothofredi epifcopi intravit Magalonam, ibique ftetit per quinque dies; & tunc fecunda die adventus fui, fcilicet dominica, congregato totius pene Magalonenfis epifcopatus clero & populo, fermone facto affiftentibus archiepifcopis Pifano & Tarraconenfi ac epifcopis Albanenfi, Signienfi, Nemaufenfi & Magalonenfi, præfentibus comite Subftantionenfi; Guillelmo Montifpeffulani domino, & aliis terræ nobilibus, totam infulam Magalonenfem folemniter confecravit, & omnibus in ea fepultis & fepeliendis abfolutionem omnium delictorum conceffit, & multa alia privilegia eidem ecclefiæ donavit, [& fecundo loco poft Romanam ecclefiam honorificandam* decrevit, & fideles de quibufcumque locis ut fe ibidem fepeliri facerent diligenter monuit.

PAGE 427.

Et tunc conftitutum eft ab ipfo Gothofredo epifcopo ut, in commemoratione ac veneratione proceffionis hujufmodi, fingulis annis à clero & populo hac die in circuitu dictæ infulæ proceffio folemnis fiat, & duodecim pauperes reficiantur.

Eodem anno 1096, idem papa Urbanus apud Clarum-Montem in Arvernia, generale concilium tenens, audita querela dicti epifcopi Gothofredi, quod monachi Anianenfes nolebant fibi tanquam fuo ordinario obedire, eofdem monachos fortiter arguit, & dictas querelas pro parte dicti epifcopi declaravit.

Anno 1099, Raymundus comes Melgorii, propter naufragium & albergas quas per vim in Villa-Nova & alibi in allodiis Sti. Petri contra teftamentum patris fui accipiebat, à Gothofredo epifcopo excommunicatus eft, & etiam epifcopus ivit Romam, quem paulo poft comes fuit fecutus. Et ambobus exiftentibus coram domino papa Urbano fecundo, epifcopus de comite eft conqueftus, videlicet de violatione teftamenti fui patris Petri, qui honorem, quem dederat ecclefiæ Sti. Petri in allodium perpetuum, auferebat. Et tunc in præfentia cardinalium & multorum nobilium & canonicorum Magalonenfium, dictus comes guerpivit dicto epifcopo Gothofredo in manu domini papæ, juxta teftamentum patris fui, omnes res ecclefiafticas & albergas, quas in honore Sti. Petri exigebat, & facto homagio domino papæ, recepit comitatum ab eo fub cenfu annuo unius unciæ auri.

Die vero nativitatis Stæ. Mariæ, reverfus de Roma, habuit placitum cum dicto epifcopo in præfentia multorum nobilium & canonicorum, & guerpivit omnes ecclefiafticas poffeffiones omnefque malos ufaticas, & albergas quas injufte accipiebat, & epifcopo promifit auxilium & defenfionem per fidem plenariam contra omnes homines.

Et eodem anno, ivit idem comes ad Sanctum-Jacobum, & dimifit ecclefiam Sti. Cofmi, de qua erat quæftio inter canonicos Magalonenfes & monachos Anianenfes, de qua fuerat compromiffum & definitum per Bertrandum

Narbonenfem archiepifcopum reverendiffimum, Nemaufenfem epifcopum & abbatem Sti. Theofredi. Et cartam quam dicti monachi de dicta ecclefia habebant comburi fecit. Et elegit fepulturam fuam in ecclefia Magalonenfi, juxta patrem fuum.

Anno 1085, kal. Maii, Petrus bonæ memoriæ comes Melgorii, dedit Romanæ ecclefiæ & beato Gregorio papæ feptimo, comitatum Subftantionenfem *. PAGE 429.

Et totum jus quod habebat in epifcopatu Magalonenfi, quem antea cum vacabat, pleno jure conferebat. Poftea recepit ipfum comitatum Subftantionenfem pro fe & hæredibus fuis in feudum ab eodem romano pontifice, fub facramento fidelitatis & cenfu annuo unius unciæ auri optimi. Quæ donatio fuit facta in manibus domini Petri Albanenfis epifcopi, apoftolicæ fedis delegati, & Gothofredi Magalonenfis epifcopi.

Anno 1087, Urbanus, papa secundus, pontificatus fui anno decimo conceffit dicto Gothofredo & ejus fuccefforibus totum jus quod dictus comes Subftantionenfis fibi refignaverat in epifcopatu Magalonenfi. Conceffit etiam eidem epifcopo & ejus fuccefforibus infiftere ut clerici ad canonicam & religiofam vitam convertantur, arguendo, obfecrando, increpando.

Anno 1090, dictus Gothofredus epifcopus dedit in feudum monafterio Gellonenfi, alias vocatum Sti. Guillelmi de Defertis, caftrum Sti. Martini de Londris, retentis St. Martin de Londres. quibufdam juribus. Item confirmavit abbati & monachis de Pfalmodio ecclefias de Celefio, de Sancta Columba, de Sulfinis & de Mutationibus, retenta fibi quarta parte.

Item anno 1101. Pontius Jordani dedit bona sua sibi & Sancto-Petro & dedit canoniæ ecclesias de Cas- tro-Novo, Sti. Martini de Crecio, Stæ Eulaliæ de Veyruna.

<small>Castelnau le Crez.</small>

GALTHERIUS

GALTHERIUS succeffit Gothofredo anno 1110, inde versus :

Illi Galtherius succedit filius ejus,

Filius obsequio, filius officio,

Doctus & astutus, percomis, clarus, acutus,

Magnus consilio, magnus & eloquio.

Corpore procerus & religione severus,

Impatiens sceleris, compatiens miseris.

Normæ cultores & nostros auxit honores,

Crevit thesaurus, fabrica, fama, domus.

Inde sequens tristi vestigia sorte magistri,

Interiit positus quo pater ante suus.

Vixit in epifcopatu annis 23 mensibus 8 diebus 22 ; obiit anno 1133, octavo idus decemb.

<small>PAGE 425.</small> Hic religioni & ordini magnam operam dedit. Caput ecclesiæ Magalonensis ruinosum fulcivit. Turrim sancti sepulchri, cellarium, refectorium & dormitorium à fundamentis fecit, calicem aureum ponderis quatuor marcharum, crucem auream & argenteam, cappas, planetas,

tunicas, dalmaticas, pallia ferica & aurea, libros & alia ornamenta pretiofa eidem ecclefiæ contulit, ecclefias de Sancto-Britio & de Laureto communiæ donavit. <small>St. Brez. Laures.</small>

Anno 1118, Ademarus de Monte-Arnaldo guerpivit eidem epifcopo ecclefiam de Sefteiranicis.

Anno 1122, recepit guerpitionem ecclefiæ de Caza-Veteri. <small>Cazevieille.</small>

Anno 1123, recepit recognitionem caftri de Gigeano. <small>Gigean.</small>

Anno 1128, kal. Maii, confirmavit ædificationem ecclefiæ de Murelis, conftructam miraculofe per quemdam presbyterum ignotum, & anniverfarium pro ipfo presbytero inftituit annis fingulis in dicta ecclefia celebrari, prout in quadam fcriptura antiqua dictæ ecclefiæ continetur.

RAYMUNDUS

RAYMUNDUS primus fucceffit Galtherio, anno 1129. Vixit in epifcopatu annis 16, menfibus 3, diebus 10, obiit anno 1148, fecundo kal. januarii.

Hic dum vixit religioni & ordini navavit magnam operam, & ecclefiam Magalonenfem à fundamentis conftruxit, cifternam etiam fieri, & turrim fancti fepulcri à muris fuperius confummavit, & turrim Sanctæ-Mariæ fimiliter à muris fuperexaltavit, & turrim coquinæ à fundamentis ædificavit, altare Sancti-Petri & cathedram epifcopalem retro ipfum, ac lavacrum clauftri fuperioris fimiliter fecit, & cortinale ac portalitia & murum quo clauditur cimeterium laïcorum, domum molendini, & in qua reconduntur lecti lignei, domum converforum, domum in qua recipiuntur equi juxta pontem, ecclefias fancti Defiderii & de Molinis, ac honorem Raymundi Hebrardi de Coconeto communiæ dedit.

<small>St. Brezeri & Molines.</small>

Libris, calicibus & diverfis pretiofis ornamentis ecclefiam Magalonenfem ditavit.

Anno 1137, fecit compofitionem cum militibus de Gigeano.

<small>Château de Lates.</small>

Anno 1140, fecit quandam compofitionem cum Guillelmo de Montepeffulano fuper caftro de Palude.

Anno 1144, fecit unam longam compofitionem cum canonicis Magalonæ quæ eft fcripta in legendario parrochiali ecclefiæ Villæ-Novæ, quæ incipit in proverbiis Salomonis, & finit in epiftolis Pauli ad Romanos, in feptimo folio ultimi quaterni dicti legendarii.

<small>PAGE 431.</small>

* Anno 1149, emit feudum quod tenebat ab eo B. Aranfredi in parrochia Sti. Dyonifii de Montepeffulanello.

Anno 1155 & menfe aprili, Adrianus papa tertius, confirmavit eidem epifcopo nominatim omnes poffeffiones, caftra, loca & jura tunc eidem ecclefiæ & epifcopatui acquifita.

Anno 1156, Ludovicus, rex Franciæ ac imperator, confirmavit eidem nominatim caftra, loca & jura quæ tenebat.

Anno 1157, acquifivit multas poffeffiones, in parrochia Sti. Dyonifii de Montepeffulanello.

Anno 1146, certi nobiles Sti. Salvatoris de Montilis guerpiverunt dicto domino Raymundo Magalonenfi epifcopo, medietatem decimarum, primitiarum & oblationum quas habebant in dicta parrochia & ecclesia de Montilis.

Montels.

JOANNES DE MONTELAURO

JOANNES de Montelauro, canonicus Magalonensis, castri de Montelauro, Magalonensis diœcesis, primus hujus nominis, successit Raymundo primo circa annum 1158 & tempore electionis suæ (prout reperitur in quadam chronica antiqua, quæ est in archivio episcopali) fuit magna dissentio in capitulo super nova creatione præpositi. Et cum magna pars capituli canonicorum filii Belial, ut refert chronica, nolentes esse sub jugo & disciplina sui episcopi, vociferando clamaverunt, quod nullo modo fieret electio episcopi, nisi fieret electio præpositi, licet duæ partes & amplius nollent præpositum habere, tamen ad vitandum scandalum, fuit per totum capitulum definitum, quod crearetur novus præpositus, salvis, in omnibus dignitate episcopali, & dignitate prioris majoris, & quod nullo modo se de spiritualibus intromitteret, & quod haberet & gubernaret domum vocatam communiæ, & ageret ac defenderet causas communiæ, & intromitteret se de temporalibus ad domum communiæ pertinentibus. Et tunc fuit electus in episcopum hic Joannes primus, & in præpositum fuit electus Bernardus.

Hujus Joannis tempore, Alexander papa III declaravit quæstionem subortam inter ipsum Joannem episcopum, & Fulcrandum præpositum super provisione beneficiorum, per canonicos Magalonenses gubernari solitorum, quam declarationem Celestinus, papa III, postea circa annum 1180 confirmavit.

Idem dictus Alexander papa declaravit quæstionem subortam inter dictos episcopum & præpositum, super custodia munitionis Magalonensis, quam etiam Honorius papa tertius postea confirmavit.

* Idem etiam Alexander papa declaravit potestatem & jurisdictionem civilem, regularem & criminalem, quam habet episcopus super dictos canonicos.

Anno 1159, dictus Alexander confirmavit nominatim ecclesias per episcopum donatas canonicis, & multa alia bona ad canonicos pertinentia.

Anno 1162, decimo mensis Julii, fuit concorditer inter dictos Joannem & Fulcrandum præpositum concordatum, & per papam Alexandrum tertium confirmatum quod præpositus possit ordinare cellarium Magalonæ, procuratorem communis mensæ, & constituere custodem in pannis, & lecti tæniis mortuorum, cum consilio tamen episc : & sanioris partis capituli.

Item quod vacantibus Ecclesii ad communitatem pertinentibus præpositus habeat custodiam earum, donec consilio episcopi, præpositi & sanioris partis capituli, persona idonea fuerit instituta & quædam ι .

Anno 1163, fuit facta compositio inter ipsos episcopum & præpositum, quod omnis justitia de Villa-Nova pertineat ad episcopum, sed liceat præposito debita & usatica sua ab omnibus suis exigere, & controversias civiles suorum hominum terminare & quædam alia.

Anno 1163, tertio idus aprilis, quæ tunc fuit quarta feria post Pascha, Alexander papa tertius, pontificatus sui anno quarto, cum certis cardinalibus & prælatis appulit Magalonam, & stetit ibi tribus diebus, & sexta feria dedicavit majus altare in ecclesia Magalonæ in honorem apostolorum Petri & Pauli, & exinde ivit versus Franciam ad reformandam pacem inter reges Franciæ & Angliæ, & ad animandum eos contra Octavianum schismaticum, qui temere sedem Romanam usurpaverat.

Hic vixit in episcopatu annis 28, mensibus 8, diebus 12.

Anno 1163, fuit facta alia compositio inter dictos episcopum & præpositum, de qua habetur in archivis sive in archivo episcopali publicum instrumentum.

Anno 1165 & mense julii, Pontius Narbonensis archiepiscopus, Aldebertus Nemausensis episcopus & Gaucelinus Lodovensis episcopus arbitri per dictos Joannem episcopum & Bernardum Gaucelinum præpositum electi declaraverunt quod oblationes quæ ad manum episcopi apud Magalonam offeruntur usque ad sex denarios sint sacristæ & ultra sint episcopi.

Item quod episcopus habeat bannum in toto castro de Villanova, & toto ejus terminio nunc & in futurum in domino facientes excoli, episcopus habeat tantum proclamationem & coercitionem.

* Anno 1168, Bernardus præpositus obligavit capitulum ad faciendum anniversarium pro anima dicti Joannis

PAGE 433.

episcopi, prout in instrumento continetur, quod est in dicto archivo.

De Ganges.
Anno 1168, idem fecit compositionem cum domino Aganthico super clavem & custodiam cloquerii ecclesiæ dicti loci, & quibusdam aliis, de qua prior dicti loci habet publicum instrumentum.

Anno 1168, fuit facta inter eosdem compositio quod episcopus possit recipere de libris armarii sub certa forma & quædam alia.

Lunel-Viel.
Saussan.
Anno 1169, idem Joannes episcopus donavit dicto Bernardo & capitulo ecclesias de Lunello-Veteri & de Salsano, retentis sinodis & episcopalibus juribus, & pro cartone in ecclesia de Lunello 16 sextarios frumenti, & 24 sextarios hordei, & in ecclesia de Salsano 10 sextarios.

Anno 1180, fecit compositionem cum abbate Vallis-Magnæ, cistercienfis ordinis, super decimis possessionum quas habet in diœcesi Magalonensi.

Anno 1181, recepit recognitionem salinarum de Campo-Novo à Raymundo & Joanne de Flexis.

GUILLELMUS GAUCELINI.

GUILLELMUS Gaucelini reperitur quod sedebat anno Domini 1181, sed aliqua gesta sua non potuimus reperire; videtur tamen tenuisse episcopatum novem annis, cum Guillelmus Raymundi fuerit electus anno 1190.

GUILLELMUS RAYMUNDI.

GUILLELMUS Raymundi, primus hujus nominis canonicus Magalonæ, fucceffit domino Joanni de Montelauro. Electus anno 1190, vixit in epifcopatu annis fex, menfibus quatuor, diebus 17, obiit fexto kalendas februarii.

Anno 1190, fecundo menfis novembris, compromifit cum Guidone, præpofito Magalonenfi, supra multis quæftionibus fuper conftructionem munitionis caftri Villæ-Novæ, & decurfu veteris gazilliani, feu cloacæ dicti loci, & fpatio inter muros & domos villæ prædictæ, fuper decimis animalium, hortorum, vinearum, & prædiorum epifcopi quæ habet in decimaria Villæ-Novæ, fuper jurifdictione hominum dicti loci, pifcationibus, falinis, indumentis epifcopi, & quibufdam aliis articulis. Qui articuli fuerunt per arbitros declarati, & per Celeftinum, papam tertium, ipfa fuit declaratio confirmata.

Anno 1197, decimo kalendas maii, Innocentius, papa tertius, * dedit domino dicto epifcopo in feudum comitatum Melgorienfem, cum bulla plumbea, fub his verbis: PAGE 434.

« Innocentius epifcopus, fervus fervorum Dei, vene-
« rabili fratri Guillelmo, epifcopo Magalonenfi, falutem
« & apoftolicam benedictionem. Apoftolicæ fedis beni-
« gnitas proinde penfans merita fingulorum his quos
« fibi fideles fpecialiter invenit & devotos, fpecialem con-
« fuevit gratiam exhibere, ut ipfi grata fuæ devotionis

« præmia se gaudeant excepisse, & alii ad ejus obsequia,
« eorum exemplo merito provocentur. Hinc est quod
« devotioni quam tu & Magalonensis ecclesia retroactis
« temporibus ad apostolicam sedem noscimini habuisse,
« ac habere in futurum speramini attendentes, comitatum
« Melgorii sive Montisferrandi, qui ad jus & proprieta-
« tem ecclesiæ Romanæ noscitur pertinere, cum omni-
« bus pertinentiis ejus in feudum concedimus tibi ac
« successoribus tuis, sub annuo censu viginti marcharum
« argenti, nobis & successoribus nostris in festo resurrec-
« tionis dominicæ persolvendo, salvo nihilominus alio
« censu quem pro alia causa ecclesiæ Romanæ debetis.
« Itaque tu & successores tui nobis & successoribus nos-
« tris fidelitatem propter hoc specialiter facietis, & per
« Romanam dumtaxat ecclesiam ipsum recognoscetis &
« tenebitis comitatum, & de ipso facietis guerram & pa-
« cem ad mandatum ipsius. Nec castrum Melgorii seu
« castrum Montisferrandi cum sint comitatus caput,
« cuiquam infeudare, seu quomodolibet alienare, ullate-
« nus præsumetis absque apostolicæ sedis licentia spe-
« ciali. Minora etiam feuda quæ ad ipsum pertinent comi-
« tatum nulli concedetis omnino extra Magalonensem
« diœcesim commoranti. Nulli ergo homini liceat hanc
« paginam nostræ concessionis infringere, vel ausu teme-
« rario contraïre. Si quis autem hoc attentare præsump-
« serit, indignationem omnipotentis Dei & beatorum
« apostolorum ejus Petri & Pauli noverit se incursurum.
« Datum Laterani 8 kalend. maii, pontificatus nostri
« anno 18. »

Quam infeodationem fubfequenter fere Honorius III, Gregorius IX, Alexander IV, Clemens III, Greg. X, confirmarunt, prout fpecialiter in confirmatione Gregorii decimi continetur.

Sane, quia poffet in pofterum ab aliquibus induratis ecclefiæ revocari in dubium, qualiter dictus comitatus ad Romanam pervenit ecclefiam, fciendum eft quod comes Melgorii, dudum ipfum comitatum in puram eleemofynam Romanæ ecclefiæ contulit, prout inftrumento publico in noftro archivo publico reperto feriofius continetur. Cujus tenor nofcitur effe talis.

In nomine fanctæ & individuæ trinitatis patris, &c. Retro * quare inter gefta Gothofredi quod ibidem fcriptum eft. Page 435.

Qualiter autem dictus comitatus, prius ad Romanam deinde ad Magalonenfem ecclefiam pervenerit, in quadam epiftola domini Clementis, papæ IV, sereniffimo domino Ludovico Francorum regi tranfmiffa, in dicto præcedenti archivo regiftrata plenius explicatur. Ideo ipfam ad æternæ rei memoriam de verbo ad verbum, nihil remoto vel addito, duximus inferendam :

« Clemens epifcopus, fervus fervorum Dei, cariffimo
« in Chrifto filio Ludovico, regi Francorum illuf-
« tri, salutem & apoftolicam benedictionem. Quia qui-
« dam ex ignorantia, quidam ex malitia veritatem inter-
« dum fepeliunt, interdum quibufdam coloribus adulte-
« rinis obducunt; ideo, fili cariffime, recte agis fi quoties
« tibi aliqua referuntur, quorum tibi expediat plenam
« habere notitiam, caufam quam nefcis diligentius in-

« vestigas, quia judicio cognita constant, sic incognita
« casu sane, quia nuper à nobis tua serenitas requisivit
« quid de comitatu Melgoriensi quem venerabilis frater
« noster Magalonensis episcopus possidet, sentiremus cum
« tuæ celsitudini sit suggestum quod vel tibi vel dilecto
« filio Petro Peleti domino Alesti, vassallo tuo, fiat in-
« juria, ad quam tibi breviter respondemus prout constat
« ex vetustissimis apostolicæ sedis documentis : comita-
« tus prædictus feudem est romanæ ecclesiæ censuale
« quod juste tenuit (ut communiter dicitur) aliquo tem-
« pore bonæ memoriæ Bertrandus comes abavus dicti
« Petri, sed & comes Tolosanus juste, ut ipse dicebat,
« injuste, ut plurimi sentiebant, illud diversis tempori-
« bus tenuerunt. Verum, cum comes Tolosanus pater
« quondam comitis Tolosani proxime jam defuncti, ex
« causis ad judicium apostolicæ sedis pertinentibus per
« se & Innocentium papam prædecessorem nostrum ter-
« ris suis & honoribus privatus, suis meritis congruen-
« tem sententiam excepisset, bonæ memoriæ Petrus de
« Benevento, subdiaconus, in illis partibus apostolicæ
« sedis legatus comitatum prædictum quem idem comes
« eodem tempore possidebat ad jus romanæ ecclesiæ
« (sicut debuit) revocavit, quod tempore præcedente Ray-
« mundus Peleti proavus dicti Petri restitui sibi petiit à
« legato prædicto ; cui nolens sicut ipse debuit eidem ne-
« gare justitiam, auditorio sibi concesso ; Guillelmum Ma-
« galonensem episcopum constituit ad jus romanæ eccle-
« siæ defendendum, fuitque in eodem negotio eousque
« processum, quod lite contestata fuit ex parte procura-

« toris exceptum quod idem comitatus unam libram
« auri debebat annuam Romanæ ecclefiæ cenfualem, &
« erat de ipfius dominio, quam non folverat multo tem-
« pore retro acto. »

« *Quod idem actor fuit de plano confeffus, & nihilo-
« minus ad probandum jus fuum, quod fuerat à procu-
« ratore negatum, teftes produxit plurimos, & quidquid
« in caufa fuerat, remanfit indecifum ; fed tempore fe-
« quenti, cum videret Romana ecclefia dictum Raymun-
« dum, intentionem fuam in judicio non fundaffe, quod
« etiam fi feciffet fibi prodeffe non poterat, propter ceffa-
« tionem canonis annui non foluti; remque litigiofam
« non effe perpendens, quoniam fine fpeciali mandato
« legatus memoratus non potuit deducere in judicio.
« Dicto prædeceffori placuit fupradictum comitatum,
« Magalonenfi epifcopo & fuis fucceffioribus, fub cenfu
« annuo in feudum concedere, ficque ipfe & omnes ejus
« fucceffores exinde pacifice poffederunt. Hoc falvo,
« quod defunctus ultimo comes Tolofanus Melgorium,
« & quædam caftra alia epifcopo abftulit fupradicto, fed
« poftmodum ad fe rediens, reddidit liberaliter & liben-
« ter. Et hæc quæ de dicto legato præmifimus facta no-
« veris antequam recordationis inclytæ pater tuus Fran-
« ciæ rex effectus negotium affumeret Albigenfium, imo
« & antequam pater, vivo crucis facræ fufcepto caractere,
« civitatem diens Tolofam, potenter & viriliter eam
« obfidione vallaffet. Nos autem qui dictum Petrum &
« prædeceffores fuos perfincere dileximus ab antiquo ;
« hæc omnia fæpe revolvimus & fideliter laboravimus

PAGE 436.

« in ftatu alio conftituti, ut Magalonenfis ecclefia aliquid
« ei daret, nec potuimus obtinere. Nuper vero ex quo
« licet immeriti fedem confcendimus altiorem, ad ejus
« Petri devotam inftantiam venerabili fratri noftro Maga-
« lonenfi epifcopo dedimus poteftatem ei aliquos reddi-
« tus affignandi. Ad quos nos induxit ejufdem Petri &
« ejus domus dilectio jam præfcripta, & honor ejufdem
« epifcopi & utilitas cui credebamus expediens, ut poffe-
« mus fcrupulum confcientiæ, fi quis erat, redimere,
« vulgi clamoribus fatisfacere, cum juris neceffitate cef-
« fante, & dictam domum fatis fibi vicinam in fua gratia
« retinere. Quocirca, fili cariffime, nemo tibi fuadeat
« præjudicium in his omnibus, vel eorum aliquo tibi
« factum nifi forfan ad id fe velint convertere qui de fede
« apoftolica male fibi fentiunt, ut inquirant quomodo
« Romana ecclefia in regno Franciæ feudum habere po-
« tuerit, cum nec regnum cum regibus natum fuerit nec
« à folis regibus acquifitum. Si enim veteres legant hifto-
« rias de Narbonenfi acquifitione provinciæ, perfonales
« labores, invenies Romanorum pontificum & fudores
« qui non tam regum fuerunt focii in victoriis, quam
« regum nunc fequaces, nunc focios habuerunt, tanquam
« Narbonenfis negotii domini principales. »

« Tu ergo contentus regni tui finibus, & latitudine
« quam[a] virtute mirifica noftris temporibus dominus
« ampliavit, dictum epifcopum, & in ipfo romanam eccle-
« fiam non perturbes, nec fufurronum fomniis irriteris,
« qui quanquam loquentes placentia, fufurronum ipfo-
« rum ftimulis credulis auribus, fel mellitum inftillant.

PAGE 437.

« Quod in te, fili, poffe non credimus tuæ dudum cir-
« cumfpectionis conftantiam experti.

« Cœterum de moneta Melgorienfi, quam idem epif-
« copus feudi facit, ut dicitur, in feudo ecclefiæ, ei fcri-
« bimus quod juri confonum arbitramur, & chriftianæ
« conveniens honeftati.

« Clemens epifcopus, fervus fervorum Dei, venerabili
« fratri Guillelmo Magalonenfi epifcopo S. & apoftoli-
« cam benedictionem. Irritatus fufurronibus, cariffimus
« in Chrifto filius nofter Ludovicus, rex Francorum illuf-
« tris, fuper Melgorienfi comitatu, quem in fui præjudi-
« cium & injuriam à te poffideri dicebant, prudenter nos
« confuluit, cui plenam fcripfimus veritatem, qua &
« ipfum credimus fore contentum. Idcirco nullius minas
« timeas, nam qui te tanget pupillam oculi, noftri tan-
« get. Noftrum enim in hac parte negotium agitur, &
« non tuum. Sane de moneta milliarenfi, quam in tua
« diocœfi cudi facis, miramur plurimum cujus hoc agas
« confilio ? Non quod injuriam facias dicto regi, fi in
« fundis non fuis fabrices, fed regi gloriæ, extra cujus
« dominium nec hoc potes, nec aliud operari. Quis
« enim catholicus monetam debet cudere cum titulo
« Mahometi ? quis etiam licite poteft effe alienæ monetæ
« percuffor ? Cum nulli eam liceat cudere, nifi cui, vel
« fummi pontificis, vel principis authoritate conceditur.
« Quod nullus unquam fic effufe conceffit, ut omnis
« generis monetæ faceret, data authoritate ad rem cer-
« tam, quonam pacto extendetur ? Si confuetudinem for-
« fan allegas, prædeceffores tuos accufas potius quam

« excusas, cum perversæ consuetudines dici debeant cor-
« ruptelæ. Quod si, consuetudine & jure cessantibus, lucro
« inhias, vide quantum dedeceat excellentiæ pontificalis,
« honores, negotiationem ejusmodi exercere, quam in
« inferiori gradu clericis reprobamus. Cœterum, si vene-
« rabilem fratrem nostrum Agathensem episcopum requi-
« reres, audires utique ab eodem quantum ei dissuasi-
« mus ad opus simile provocatum, cum essemus in
« statu alio constituti. Hinc est quod fraternitati tuæ !per
« apostolica scripta mandamus, quatenus si in regiis feu-
« dis hoc facis pareas prohibenti, si alibi nihilominus
« omnino desistas. Cum & Deo & nobis displiceat, &
« non sit tuæ congruum honestati. Datum Viterbii xvi
« kal. octob., pontificatus nostri an 2º.

Porro ut laborum & expensarum onera quæ præfatus, venerabilis* prædecessor noster Guillelmus, occasione acquisitionis comitatus hujus sustinuit, posteris memoriæ ministrentur, sciendum est nos in archivis nostris, & in monimentis fide dignis legisse, quod dictus dominus papa Innocentius III, qui dictum feudum concessit, à dicto prædecessore habuit 1220 marchas sterlingiorum argenti, & domini cardinales 500 libras provisionum. Item camerarius domini papæ habuit pro se 320 libras provisionum, valentes centum marchas sterlingiorum prædictorum. Item habuit unum rocinum & unum mulum qui constiterant 35 libras. Item capellanis, clericis, notariis, hostiariis, trocarciis, scriptoribus & aliis familiaribus domini papæ 500 libras. Item pro litteris scribendis & bullandis, quinque libras. Item expenderunt procuratores hujus negotii eundo Romam, ftando, & redeundo pro equitaturis raubis & aliis expenfis 300 libras. Item conftiterunt ufuræ dictæ monetæ mutuæ 25000 libras. Et fic conftitit dictum negotium quantum ad curiam romanam ultra expenfas alias factas in partibus iftis, in adipifcendis poffeffionibus, vendicationibus, litigiis & recuperationibus caftrorum & jurium dicti comitatus 6600 libr. melgorienfes, anno domini 1190, 13 kal. julii præfente ipfo domino Guillelmo, & multis aliis archiepifcopis & epifcopis apud Sanctum-Egidium, ad mandatum domini Millonis domini papæ Innocentii III legati, ad partes iftas. Dominus Raymundus quondam dux Narbonæ & comes Tolofæ, & marchio provinciæ, pro animæ fuæ remedio conceffit omnibus ecclefiis & dominibus religiofis provinciarum Viennenfium, Arelatenfium, Auxitanentium, Burdegalenfium & Bituricenfium fecundum ftatuta canonum immunitatem, & pleniffimam libertatem. Videlicet in hæc verba : « Quod albergarias, « procurationes, feu exactiones quafcumque, feu tallias, « nullo unquam tempore per me, vel per alios requi- « ram, & requirentes pro poffe meo fideliter coercebo. « Defunctis ecclefiarum epifcopis, vel rectoribus aliis, « ipfas, vel domos earum, nec per me, nec per alios nul- « lo modo fpoliabo, nec adminiftrationi earum feu cufto- « diæ, ocafione alicujus confuetudinis, vel aliqua alia re, « me ullatenus immifcebo, fed omnia fine diminutione « aliqua, defuncti fucceffioribus referventur. Electioni « etiam epifcopi, vel rectoris ecclefiæ faciendæ per me, « vel quamcumque perfonam me nullatenus immifcebo;

« nec aliquam malitiam faciam, nec impedimentum
« præstabo, quominus electio libere celebretur. Præterea
« poffefliones omnes, & jura ecclefiarum (fi qua injufte
« detineo), iis reftituere pleno jure promitto. Infuper
« omnia jura ecclefiarum & domorum religiofarum, ficut
« decet catholicum principem in præfatis provinciis
« totis vifceribus protegam. Si quis autem contra præfa-
« tam immunitatem & libertatem à me indultam eccle-
« fiis, & aliis domibus religioforum venire præfumpferit,
« ipfum pro poffe meo viriliter coercebo. »

Anno 1193, Raymundus epifcopus recepit recognitionem à Raymundo de Cornone, domino in parte caftellaniæ capitis-caftri de Gigeano.

Anno etiam 1193, dedit in acapitum B. de Laufa fex pecias terræ, & fex pecias vineæ ad ufaticum 13 feftardiorum hordei, & 13 denar. Melgorienfium.

GUILLELMUS DE FLEXIO.

GUILLELMUS de Flexio fecundus hujus nominis canonicus Magalonenfis, fucceffit Guillelmo Raymundi circa annum 1197, vixit in epifcopatu annis 7, menfibus 9, diebus 6, obiit idibus decembris anno 1203. Confirmavit acapitum manfi de Laufa, datum per dominum Guillelmum Raymundi ejus prædeceflorem

Eodem anno, fecit cudi apud Melgorium maximas quantitates melgorienfium folidorum.

Fecit etiam excambium cum præpofito Magalonenfi, anno 1202, de quibufdam allodiis quæ percipere confueverat, de tribus poffeffionibus, ut latius continetur in libro nigro, fol. 101.

GUILLELMUS DE ALTINIACO

GUILLELMUS de Altiniaco, tertius hujus nominis, canonicus Magalonenfis, oriundus de diocœfi Lodovenfi, fuit factus epifcopus anno Domini 1203. Emit medietatem vicariæ-curiæ Montifpeffulani quingentos folidos melgorienfes.

Anno 1208, obtinuit confirmationem civitatis Magalonæ, & aliorum locorum temporalium in ipfa confirmatione expreffatorum, ab inclitæ recordationis domino Ludovico, Francorum rege.

Anno 1213, fundavit hofpitale Sancti-Stephani de Brianicis.

Anno 1214, permutavit cum priore Sti. Firmini, tunc gubernante veftioriam Magalonenfem, ecclefiam parrochialem de Grabellis, pro ecclefia parrochiali de Muro-Veteri. _{Grabels. Murviel.}

Anno 1215, conceffit confulibus Montifpeffulani duos denarios de illis duodecim quos epifcopus Magalonæ in moneta melgorienfi percipere confuevit.

Eodem anno dedit ad acapitum dictis confulibus Montifpeffulani * totum nemus de Valena, retentis decem albergiis militum annuis, jurifdictione & quibufdam aliis, & habuit inde ab ipfis 25 folidos melgorienfes, prout in inftrumentis inde receptis continetur. _{PAGE 440.}

Anno 1217, impignoravit bajuliam caftri de Melgorio Raymundo de Sancto-Firmino pro duodecim folidis melgorienfibus.

BERNARDUS DE MESUA.

BERNARDUS de Mefua, primus hujus nominis canonicus Magalonenfis, fucceffit domino Guillelmo de Altiniaco, & fuit electus anno 1217, vixit in epifcopatu annis 14, menfibus 5, diebus 14, obiit 8°. kal. januarii anno 1233.

Anno 1218, recuperavit à Raymundo de Sancto-Firmino bajuliam de Melgorio impignoratam pro duodecim folidis melgorienfibus, per dominum Guillelmum de Altiniaco, ejus proximum prædecefforem.

Anno 1224, videlicet 12 kal. aprilis, obtinuit definitivam fententiam quæ habetur in archivo noftro, quod abbas Anianenfis tenetur venire ad finodum Magalonenfem.

Montauberon. Anno 1225, fecit compofitionem quæ habetur in archivo, cum Roftagno de Monte-Arbedone & confortibus fuis, quod medietas patuorum de Monte-Arbedone effe epifcopi, & alia medietas remaneret dictis confortibus, quam tenent in feudum ab epifcopo.

Anno 1226, recuperavit caftrum de Balafuco, quod tenebat violenter Guido Capitis-Porci, & licet diu pro dicto caftro litigaverit, finaliter obtinuit fententiam coram archiepifcopo Narbonenfi, à fede apoftolica fuper hoc delegato.

Anno 1221, videlicet 12 kal. feptembris, recepit à domino Agantici recognitionem medietatis caftri de Brixiaco. De Ganges. Briffac.

Anno 1227, dominus de Roquafolio reddidit fibi medietatem caftri de Brixiaco, quam ab eodem epifcopo tenebat in feudum.

Anno 1230, videlicet quarto kal. aprilis, fecit recognitionem cum dominis caftri de Arfatio fuper modo recognofcendi fibi dictum feudum quæ habetur in archivo. Affas.

Anno 1233, obiit 8 kal. januarii, & eodem anno fede vacante, vicarii fundaverunt generale monafterium Sti-Leonis, prope Montem-Laurum, de qua fundatione habetur inftrumentum in archivo. St. Leon de Montlaur.

Anno 1225, circa finem augufti, idem Bernardus conceffit certas poffeffiones apud Coconum & Maurinum, præpofito Magalonenfi, * cenfum annuum duarum albergarum, & de hoc eft inftrumentum in archivo. Cocon. Maurin.
PAGE 441.

Eodem anno 5 kal. feptembris, conceffit domino Joanni de Montelauro præpofito, in feudum, dominium caftri de Londris, & de hoc habetur inftrumentum in archivo. De Londres.

Anno 1218, 10 kalendas julii, conceffit ad feudum honoratum, domino Jacobo regi Aragonum, domino Montifpeffulani, quatuor denarios fuper moneta melgorienfi in qualibet libra dictæ monetæ, dedit etiam eidem totum jus quod habebat in caftro de Piniano & Salzano, & domum, ac hominium, & alia quæ dominus Montifpeffulani epifcopo facere tenebatur pro caftris de Frontiniano, de Caftris, de Caftro-Novo, de Senteiranicis, feu Pignan. Sauffan. Caftries. Caftelnau. Centrairargues.

proftratis publicis & ripariis, & patuis, pro quibus omnibus dictus dominus Montifpeffulani, debet dare domino epifcopo & ejus fucceffioribus, annis fingulis, fi ab eis requiratur pro fervitio unum marabotinum auri & valentiam de hominibus dictorum caftrorum, pacto quod fi dicta caftra feparentur à dominatione dictæ villæ Montifpeffulani, epifcopus poffit omnia prædicta feuda recipere pro commiffo. Pro qua infeudatione habuit epifcopus viginti folidos melgorienfes. Inftrumentum eft in archivo, inter inftrumenta monetæ Melgorii.

JOANNES DE MONTELAURO.

JOANNES de Montelauro, dictæ domus de Montelauro fecundus hujus nominis, canonicus Magalonenfis, fucceffit domino Bernardo de Mefua. Anno 1234, fuit electus, vixit in epifcopatu annis 14, menfibus 9, diebus 5; obiit anno 1248, nonis maii.

Montlaur. Anno 1235, videlicet 5 kal. octobris, recepit recognitionem à matre Roftagni de Montelauro pro dicto caftro de Montelauro, & de hoc habetur inftrumentum in archivo, fed poftmodum, frater fuus in ejus odium, recognovit dictum casftrum fe tenere à rege, & extunc recuperari non potuit.

Anno 1234, dedit in emphiteofim manfum de Cafismalis.

St. Geniez, abbaye. Anno 1236, recognitionem accepit ab abbatiffa de Sancto-Genefio pro dicto monafterio, ut habetur inftrumentum in archivo.

Anno 1240, videlicet 8 kal. augufti, reduxit quatuor albergas, quas faciebat Raymundus Guillelmi de Monteferrario pro manfo de Reftinclericis, fito in parrochia Sti. Salvatoris de Pinu, ad 4 capones cenfuales. Et de hoc habetur inftrumentum in archivo. Montferrier.
Reftinclieres.
St. Sauveur du Pin.

* Anno 1241, dedit utrum vini, quod epifcopus habebat in caftro de Gigeano, & multas alias libertates hominibus & univerfitati de Gigeano. PAGE 442.

Anno 1242, fecit compofitionem ecclefiæ Magalonenfi fatis inutilem cum præceptore Grandis-Montis prope Montem-Arbedonem, quæ habetur in archivo. Gramont.
Montauberon.

Anno 1243, videlicet 8 idus junii, recepit recognitionem caftri de Montelauro, quod tunc ab epifcopo Magalonenfi tenebatur, & baneria epifcopalis, fuper turrim dicti caftri ponebatur à Bermundo de Sumidrio, filio Bertrandi. Quæ recognitio & alia de qua fupra facta eft mentio habetur in archivo epifcopali. Sommiere.

Anno 1246, recepit recognitionem folemnem, & juramentum fidelitatis fuper corpore Chrifti, pofito fuper altare Sti. Firmini de Montepeffulano à domino Jacobo, rege Aragonum & Majoricarum, domino villæ Montifpeffulani, & caftro de Palude, vulgariter dicto de Latis. Château de Lates.

Anno 1233, exiftentes præpofitus Magalonenfis & vicarius generalis, fede vacante, fundavit monafterium Sti. Germani, tunc exiftens in monte Sti. Leonis, & habetur de hoc inftrumentum in archivo. Et fuper eo retinuit epifcopus canonem, unum obolum aureum, in fynodo Sti. Lucæ annis fingulis perfolvendum.

Anno Domini 1230, 1° kal. martii, dictus dominus

Joannes dedit & univit cum confilio domini Petri, archiepifcopi Narbonæ, & capituli Magalonenfis, hofpitale de Silva-Gauterii, diœcefis Magalonenfis, monialibus Sti. Leonis, cum ecclefia in eodem hofpitali fita, cum omnibus juribus & pertinentiis, nemoribus, pafcuis, filvis, venationibus, faltibus, devefiis & omnibus rebus mobilibus & immobilibus, corporalibus & incorporalibus, ad ipfum hofpitale pertinentibus quoquomodo, retentis tamen fibi & fuccefforibus fuis epifcopis Magalonenfibus, duobus feftariis olei boni & pulchri, in fefto Sti. Vincentii, apud Montempeffulanum, in aula epifcopali afportandis, pro cenfu annuo perfolvendis, prout conftat per inftrumentum publicum, manu magiftri Bernardi de Cofta Montifpeffulani, & curiæ dicti domini epifcopi confectum.

RAYNERIUS.

FRATER Raynerius, de ordine FF. prædicatorum Lombardus, fucceffit domino Joanni de Montelauro fecundo, vixit in epifcopatu annum & dimidium, obiit anno 1248, idibus januarii.

* Anno 1248 & menfe decembri, creavit officium veftiarii, cum antea folveretur veftiaria canonicorum per priorem Sti. Firmini, qui tenebat ecclefias de Grabellis & de Juviniaco, de quibus eft inftrumentum in archivo.

Eodem anno, 3° idus decembris, fecit compofitionem cum abbate Francarum-Vallium, ordinis ciftercienfis, super juribus garrigiæ de Pinu, quæ in archivo episcopali habetur.

Anno 1248, videlicet 12 kal. septembris, vendidit emolumenta temporalia quæ habebat episcopus in castro de Agusanicis, priori dicti loci, retento usatico 40 solidorum melgoriensium, & hoc pretio centum librarum, prout in instrumento quod habetur in archivo continetur. Guzargues.

Audivimus etiam dici ab antiquis pluribus fide dignis, qui ut dicebant jurati in casibus nostris, à majoribus suis audierant, quod dictus episcopus fuit cum hostia consecrata veneno interfectus; & tunc fuit in ecclesia Magalonensi ordinatum ut diaconus & subdiaconus in altari majori beati Petri cum presbytero assistentes, de manu sacerdotis ibidem celebrantis, & de eadem hostia consecrata, & de eodem sanguine communicarent.

Anno 1247, kal. aprilis, acquisivit ecclesiam parrochialem beatæ Mariæ de Melgorio episcopali mensæ, præposito & capitulo. Et dedit eis pro excambio ecclesias Sti. Petri de Cornone, Sti. Juliani de Casaligniis, Sti. Stephani de Castriis, & Sti. Theodoriti de Veranicis, cum earum capellis, retentis tamen in eisdem sibi, & successoribus suis reverentiæ episcopali debitas procurationes, & antiquas sinodos & paradas. Cornom.
Comballiaux.
Verargues.

PETRUS DE CONCHIS

PETRUS de Conchis, oriundus de Montepessulano, canonicus Magalonensis, primus hujus nominis, succeffit domino Raynerio, anno 1248. Vixit in epifcopatu annis fex, menfibus 10.

Anno 1249, fecit quamdam compofitionem cum rege Aragonum, tunc dominum Montifpeffulani, quæ habetur in archivo.

Anno 1250, de menfe januarii, fecit quamdam compofitionem cum veftiario Magalonenfi, feu ejus procuratore, quod pro viginti folidis veftiarii, fibi debitis per ipfum veftiarium, haberet decem albergas annuas, quas faciebat dicto veftiario Guillelmo de Valloquefio, pro feudo baffæ jurifdictionis de Grabellis, quæ compofitio habetur in archivo.

Murviel.

PAGE 441.

Anno 1251, obtinuit à priore de Muro-Veteri, qui tunc erat,* jurifdictionem temporalem, quam dictus prior habebat in dicto caftro de Muro-Veteri, & quam ab epifcopo tenebat. Et pro recompenfatione dedit fibi unum modium frumenti, & unum modium vini quem percipiebat pro cartone in ipfa ecclefia, & unum modium mixturæ quem habebat pro ufatico, prout cavetur in inftrumento quod eft in archivo.

Anno 1252, dedit confulibus maris Montifpeffulani poteftatem faciendi gradum & turrim in plagia noftra de Melgorio, fub cenfu annuo quatuor librarum piperis valde boni, & perieriis noftris de Cornone præjudiciabilem, fed tamen eis ufi non fuerunt.

GUILLELMUS CHRISTOPHORI

GUILLELMUS Chriſtophori, oriundus de Montepeſſulano, hujus nominis tertius, canonicus Magalonenſis, ſucceſſit domino Petro de Conchis anno 1256, vixit in epiſcopatu annis ſex, menſibus 8, minus uno die. Obiit anno 1263, 19 kal. februarii.

Anno 1257, dedit ad acapitum, hominibus de Balaluco, certas poſſeſſiones de Brauſt(?), de Molena, de Aquis, de Moleria, de Malras de Podio-Mejano, ad uſatica quatuor ſextariorum hordei, & habuit pro intrata decem libras melgorienſes. Bains de Balaruc.
Puy-Mejan.

Anno 1260, compromiſit cum domino Jacobo, rege Aragonum, tunc domino Montiſpeſſulani, in dominum Guidonem Fulcodi Narbonenſem electum, ſuper juriſdictione partis epiſcopalis Montiſpeſſulanuli, cognitione & punitione criminis hæreſis, & bonis hæreticorum confiſcatis, limitatione juriſdictionis temporalis in Montepeſſulano, judæis in parte epiſcopali commorantibus, juramento fidelitatis per homines montiſpeſſulani præſtando; furnis in parte epiſcopali faciendis, peiſſonaria & tincto rubro recognitio facienda epiſcopo per ipſum regem, de Montepeſſulano, & caſtro de Latis, & etiam de appellationibus à curia dicti regis emittendis. Et hæc compoſitio habetur in quaterno. Ecarlate.

Anno 1261, ordinavit fieri monetam melgorienſem uſque ad centum millia librarum.

Candillargues. Anno 1262, kal. julii, recepit recognitionem manfi de Ravat, quod eft prope Sanctam Crucem de Quintillianicis.

PAGE 445.

BERENGARIUS FREDOLI.

BERENGARIUS Fredoli, domus de Veyruna, canonicus Magalonenfis, fucceffit domino Guillelmo Chriftophori anno Domini 1262, vixit in epifcopatu annis 34, menfibus 8, diebus 3. Obiit anno 1295, nonis januarii.

Grabels. Anno 1262, fecit compofitionem cum veftiario Magalonenfi fuper jurifdictione de Grabellis.

Eodem anno acquifivit à procuratore fratrum minorum Montifpeffulani novem feftaria & tres cartones bladi cenfualia.

Anno 1263, fecit compofitionem cum fratribus prædicatoribus Montifpeffulani, quæ habetur in archivo.

Juviniac.
Grabels.
Subftantion.
Caunelles.
Valredonez.
Montarnaud.
Eodem anno emit à Bonifacio Guidonis-Capitis-Porci 158 feftaria hordei, & undecim libras 14 folidos melgorienfes cenfualia, quæ habebat in parrochiis de Juviniaco, de Grabellis, de Subftantione, de Caunellis, de Vallere-Donefio, de Monte-Arnaldo, & quidquid juris in eis habebat pretio viginti folidorum melgorienfium; inftrumentum eft in archivo.

Métairie dite de la Magdelaine, appartenante aujourd'hui à Mrs. Duché. Anno 1265, recepit recognitionem caftri de Montelauro; à Bermundo de Sindrio inftrumentum eft in archivo.

Anno 1268, 13 kal. julii, emit à Guillelmo Deodato de Podio firmam de Balafuco, pretio centum librarum magalonenfium, & leudas de Gigeano à B. de Grafilha- nicis, pretio undecim librarum.

Grazillargues.

Anno 1271, limitavit territoria caftrorum de Gigeano & de Balafuco.

Anno 1277, fecit aliam limitationem caftrorum cum domino Jacobo, rege Aragonum.

Anno 1278, 2 kal. julii, fecit compofitionem cum rege Majoricarum Jacobo, cum compromiffo in dominum Petrum de Montebruno, Narbonenfem epifcopum, in qua fuit declaratum quod bajulus curiæ epifcopalis, ad denunciationem vel requifitionem bajuli curiæ dicti regis, in capiendis reis in parte fua, eo dumtaxat neceffitatis debito teneatur, quo bonus & juftus judex ad denunciationem privati cujuflibet, ex feipfo, vel fui officii debito teneretur. Item fuit definitum quod vocato procuratore regis, & non ante, liceat curiæ epifcopali ex caufa pœnam corporalem mitigare, & in pœnam pecuniariam convertere, de qua debet dare tertiam partem dicto procuratori regis, & quod bajulus epifcopi juret, in fui electione in prædictis bene & fideliter fe habere, & nullam fraudem committere.

* Item, quod tenentes in parte epifcopali falfas menfuras, & pondera, & ibi delinquentes in eis, in curia epifcopali ftent juri, & prædicta ibi definiantur, & puniantur, falvo quod fi mors, vel membri mutilatio pro prædictis imponenda, fiat ut fupra eft declaratum.

Page 446.

Item, quod jurifdictio ftagni gradus de Carnone, & de

Magalona pertineat ad epifcopum, falvo quod delinquentes, vel contrahentes in caftro de Latis, fi fugiant, gentes regis poffint eos ibi capere & retinere.

Debent tamen gentes epifcopi, fi ibi fint, hoc fignificare, quod ipfum reum volunt inde extrahere, ubi reus ipfe faceret larem, in parte epifcopali Montifpeffulanelli, nam tunc debet fervari antiqua compofitio.

Item, quod curiales regis non intrent cum armis in partem epifcopalem ad capiendum reos, nifi flagrante crimine ibi confugientes. Sed & tunc fine licentia curialium epifcopi inde non extrahantur.

Item, quod rex in feptem tabulis recipiat lumbos porcorum, & media pectora vaccarum.

Item, quod homines partis epifcopalis recipiantur per curiam regis in corretarios* & proxenetas*, efto tamen quod non mutent fe in parte regia.

Item, quod rex feu gentes ejus non impediant directe vel indirecte epifcopum, feu ejus officiales, quominus poffint libere uti jurifdictione ecclefiaftica, & clericos, feu perfonas ecclefiafticas capere, feu capi facere, cum armis, vel fine armis, prout res exiget, commorantes feu inventos delinquentes in parte regia, & inde extrahere, fi per hoc temporali jurifdictioni regis præjudicium minime generetur.

Et quod nuntii curiæ epifcopalis, & regis, poffint portare libere baculos, in parte utraque, ut fic cujus curiæ fint nuntii cognofcantur, nec per hoc alicui jus accrefcat.

Item, quod fuper curfum monetarum melgorienfium

---

* * Termes fynonymes.

fervetur compofitio facta cum domino Jacobo, rege Aragonum.

Anno 1280, die 22 octobris, fuit fundatum ftudium Montifpeffuli per dominum Nicolaüm papam III.

Anno eodem kal. decembris, fundavit & dotavit capellam Sti. Blafii, quæ eft inter aulam & cameram epifcopales Melgorii, in qua ordinavit inftitui capellanum perpetuum qui tenetur * quotidie miffam in ea celebrare, & in horis canonicis in parrochiali ecclefia beatæ Mariæ, ibi contigua intereffe. Cui capellano pro victu affignavit de bonis menfæ epifcopalis, in ecclefia de Aleyranicis octo feftarios frumenti & octo hordei, in ecclefia Sti. Nazarii de Medullo duodecim feftarios, & unum modium vini puri in ecclefia de Balhanicis, & feftarios frumenti, & duo hordei apud Montempeffulanum vel Melgorium portandos, & oblationes denariorum ad manus ipfius capellani venientes. Et quod capellanus poffit comedere in domo, cum aliis capellanis, quando epifcopus erit ibi; & quod epifcopus habeat fibi clericum qui juvet in officio, & portet alia onera capellæ; poftea fuit dictæ capellaniæ bona vinea collata.

PAGE 447.

Lairargues.
Mezouls.
Baillargues.

Eodem anno, videlicet 5 kal. februarii, quia comes Ruthenenfis & dominus de Roquafolio tenebat ab eo in feudo medietatem caftri de Brixiaco, nolebat fibi facere recognitionem, expugnavit caftrum ipfum, & vi armorum cœpit ipfum, & gentes ipfius comitis quæ intus erant.

Château de Brif-fac.

Anno 1280, dedit in emphiteofim univerfitati de Balafuco, fub certis conditionibus, patua dicti loci pro quibus habuit quinquaginta libras melgorienfes.

Anno 1282, dotavit ecclefiam ruralem Sti. Michaëlis de Villa-Paterna, prope Gigeanum, de uno modio frumenti & alio hordei, quos prior de Montebafeno faciebat pro cartone, retentis pullis, caponibus, vifitatione, procuratione. Poftea permutavit dictam ecclefiam cum ecclefia parrochiali Sanctæ-Perpetuæ prope Melgorium, cum prioriffa & monialibus Sti. Felicis de Monte-Sevo.

Montbazen.

De Gigean.

Anno 1282, fecit tertiam compofitionem cum rege Aragonum & confulibus Montifpeffulani fuper moneta melgorienfi.

Eodem anno, 2 nonas januarii, limitavit cum domino Jacobo, rege Aragonum, omnia caftra, aquas, terras inter fe contiguas.

Anno 1285, menfe octobri, confirmavit compofitionem factam inter Bertrandum de Duroforti, veftiarium, & Bertrandum de Vallauquefio, domicellum, fuper baffa jurifdictione loci de Grabellis.

Murviel.
Treviez.
Ganges.

Anno 1286, univit menfæ epifcopali ecclefias de Muro-Veteri & de Tribus-Viis, & divifit ecclefiam de Agantico, & quartonem de Columbiis.

Page 448.

* Anno eodem, videlicet 12 kal. feptembris, conceffit multas præjudiciales libertates hominibus, & univerfitati caftri epifcopalis de Villa-Nova.

Anno 1288, emit furnum de Muro-Veteri, pretio fexdecim librarum melgorienfium.

Anno 1292, attendens quod rex Majoricarum nimis opprimebat jurifdictionem temporalem in Montepeffulano, ideo jurifdictionem ipfam permutavit cum domino Philippo, Francorum rege, pro cujus recompenfatione

habuit bajuliam Salveti & Duroforti, & castrum de Pos- <small>Sauve.
Durfort.
Pouffan.</small>
sano. Fuit exterminator & assignator ad hoc deputatus
dominus Petrus de Capella, tunc Carcassonæ episcopus.

Anno 1295, emit à domino de Veyruna medietatem
molendini de Balasuco, quartam partem stagni de Aygues, <small>Balaruc.
Les bains de Ba-
laruc.</small>
& medietatem usaticorum certarum terrarum de Balasuco,
pretio 150 librarum melgoriensium.

Anno eodem emit apud Melgorium condaminam de
Sancta-Cruce, & illam quæ est in exitu portalis Sanctæ-
Crucis, pretio 20 solidorum melgoriensium, & fecit
aulam & cameram episcopalem dicti loci.

GAUCELINUS DE GARDA

SCIENDUM est quod mortuo domino Berengario
Fredoli, canonici Magalonenses in discordia elege-
runt dominum Bernardum de Viridisco, canonicum Magalonensem & priorem Sancti-Firmini, illitteratum & indignum. Et accedens ad papam Bonifacium apud Ana-
gniam, cum instructoribuis suis, propter insufficientiam
non fuit admissus, & data potestas instructoribus ut alium
idoneum de se nominarent. Et quia non potuerunt con-
cordare, petierunt dictum dominum Gaucelinum, qui tunc
erat episcopus Lodovensis. Et tunc dictus dominus Boni-
facius ipsum transtulit ad episcopatum Magalonensem, &
erat clericus sæcularis domus de Garda, mimatensis diœcesis, anno 1296, de mense augusti. Vixit in episcopatu
annis octo, mensibus sex, diebus tribus. Obiit anno 1305,
videlicet 5 idus martii.

Anno 1296, de menfe decembri, fuit fibi data poteftas per capitulum generale Magalonæ (quia erat difcors fuper collatione beneficiorum canonicorum) quod poffet conferre omnia beneficia canonicorum ufque ad quinque annos tunc proxime futuros, et ita fecit.

PAGE 449.

* Anno 1297, 7 idus junii, recenfuit ftatuta facta per dominum Berengarium Fredoli, ejus prædecefforem, fuper bonis canonicorum mortuorum, & tranflatorum.

Eodem anno, fecit compofitionem cum confulibus Montifpeffulani fuper furtis nemoris de Valena.

Eodem anno, fecit aliam compofitionem cum confulibus de Frontiniano fuper ftagno vocato Aigues, fito in territorio de Balafuco. Qua compofitione confules ipfi debent dare fingulis annis, pro ufatico dicti ftagni, epifcopo Magalonenfi, in carnis privio quindecim libras.

Eftang de Tau.

Anno 1303, limitavit ftagnum de Tauro, & quantum in eo diœcefis Magalonenfis, & Agathenfis fe extendunt, cum epifcopo Agathenfi, de quo habetur inftrumentum in archivo.

Eodem anno 1303, nonis martii, fecit teftamentum fuum.

PETRUS DE LEVIS.

PETRUS de Levis, fecundus hujus nominis, clericus fecularis, domus marefcalli Mirapifcenfis, provifus per dominum Clementem, papam quintum, fucceffit domino Gaucelino de Garda, anno Domini 1304, ftetit epifcopus Magalonenfis ferme quinque annis.

Deinde fuit tranflatus ad epifcopatum Cameracenfem. Anno 1308, permutavit certa ufatica quæ faciebat dominus præceptor Sancti-Salvatoris domus Theutonicorum Montifpeffulani, cum quibufdam aliis ufaticis, per eumdem præceptorem fibi datis.

JOANNES DE CONVENIS.

JOANNES de Convenis, hujus nominis tertius, filius comitis Convenarum, clericus fæcularis, provifus per dominum papam Joannem XXII, fucceffit domino Petro de Levis anno 1309; ftetit epifcopus Magalonenfis annis octo. Deinde fuit 7 de menfe novembris tranflatus per eumdem dominum papam ad novum archiepifcopatum Tolofanum.

Anno 1313, limitavit caftrum Melgorii cum caftro de Caftriis.

* Anno 1316, die 3 junii, propter defectum confefarii Magalonenfis, in capitulo generali fecit gubernatorem confefariæ, de quo habetur inftrumentum in archivo.

GAILHARDUS SAUMATE.

GAILHARDUS Saumate, oriundus de Villa-Nova, Ruthenenfis diœcefis[1], clericus fecularis, provifus per dictum dominum Joannem papam XXII, cujus erat

---

[1] Il faut lire Rienfis diœcefis, au lieu de Ruthenenfis, felon la remarque de Mr. de Sainte-Marthe, qui dit l'avoir ainfi vérifié dans les actes du Vatican. *Gallia Chriftiana.*

familiaris. Succeffit domino Joanni de Convenis anno Domini 1317, de menfe novembris, ftetit epifcopus 9 menfibus. Deinde fuit tranflatus per eumdem dominum papam ad archiepifcopatum Arelatenfem, anno 1318 de menfe augufti.

Anno à nativitate Domini 1317, 14 kalendas decembris, fecit vicarium generalem dominum Oldericum, avunculum fuum.

Anno ab incarnatione Domini 1317, videlicet 22 die menfis februarii, dictus dominus Oldericus, vicarius generalis, cepit manfum de duabus cazis parrochiæ Sti. Vincentii in commiffum, pro eo quod Raymundus de Conchis negaverat fe tenere dictum manfum ab eo. Sed poftea, ad preces domini Petri de Offa, fratris dicti domini papæ Joannis XXII, cujus dictus dominus Raymundus fe dicebat confanguineum, dictus dominus Oldericus dedit eidem Raymundo de Conchis dictum manfum ad novum acapitum. Et de hoc habetur inftrumentum in archivo.

ANDREAS FREDOLI.

ANDREAS Fredoli, domus de Veyruna, qui antea exiftens canonicus Magalonenfis, fuerat factus epifcopus Ucetienfis, tranflatus inde fuit per dominum Joannem papam XXII ad epifcopatum Magalonenfem, anno à nativitate Domini 1318, die octava februarii. Vixit in epifcopatu annis X, diebus 23; obiit die ultima februarii.

Anno 1324, 8 kal. februarii, idem dominus papa ordinavit quod nullus canonicus Magalonæ poffit effe judex authoritate domini papæ, nifi fit in dignitate vel beneficio conftitutus, &c.

PAGE 451.

JOANNES DE VIRIDISCO.

JOANNES de Viridifco, hujus nominis quartus, dicti loci de Viridifco Lodovenfis diocœfis, oriundus; antea præpofitus & canonicus Magalonenfis decretorum doctor, fuit provifus per dominum Joannem papam XXII.

Anno à nativitate Domini 1328, die 8 aprilis, fuccefsit domino Andreæ Fredoli. Vixit in epifcopatu annis fex, diebus 11, obiit anno 1334, die octava augufti.

Anno 1330, die 24 aprilis, publicavit ftatuta facta fuper divifione carnaligiorum totius diœcefis in fynodo pafchali.

Anno 1331, in capitulo generali omnium fanctorum prefidens, publicavit magna ftatuta, quæincipiunt « Salvator, &c, » cum inftrumento recepto per magiftrum Guillelmum Clari.

Eodem anno, & in eodem generali capitulo, divifit feu feparavit ecclefias parrochiales de Matellis & de Caza-Veteri, ab ecclefia parrochiali Sti. Joannis de Cucullis.

Les Matelles & Cazevieille. St. Jean de Cuculles.

Eodem anno, fecit compofitionem cum domino Agantici fuper cuftodia campanili Agantici, & multis aliis articulis, de quibus recepit inftrumentum magifter Guillelmus de Clari.

Ganges.

Anno 1332, limitavit territorium de Melgorio cum territorio partis regiæ Montifpeffulani, excambiatæ cum domino rege Franciæ. De qua limitatione habetur inftrumentum in archivo.

PICTAVINUS DE MONTESQUINO.

PICTAVINUS de Montefquino, nobilis domus de Montefquino, Auxitanæ diœcefis, oriundus, clericus fecularis, legum doctor, fuit provifus per dominum papam Joannem XXII, anno 1334, de menfe octobris, fucceffit domino Joanni de Viridifco. Stetit ibi epifcopus 4 annis, menfibus 3, diebus 17, & fuit tranflatus per dominum Benedictum ad epifcopatum Albienfem, anno à nativitate Domini 1339.

Eodem anno fecit compofitionem hominibus Aquarum-Mortuarum fuper leudas & ftatuta per eos folvenda in paffu ftagni de Cornon.

DEO GRATIAS.

EXPLICIT LIBER CATALOGI.

TABLE

DES

NOMS DES LIEUX ET DE PERSONNES

CITÉS

DANS L'HISTOIRE ECCLÉSIASTIQUE DE MONTPELLIER

Correspondant au second volume de la première édition & au troisième volume de la seconde

NOTA. — La pagination suivie est celle de la présente édition. — Les *italiques* indiquent les noms de lieux

A

Abailard, 567.
Abbo ou Abbon, évêque de Maguelone, 17, 18, 625.
Archer (Guérin d'), 119.
Achéry (d'), auteur déjà cité, 351.
Aciscle (saint), 144.
Acre, 44.
Actiles (de), voy. *Fabri de Actiles*.
Adalphredus, prêtre, 18.
Adèle, comtesse de Melgueil, 29.
Adelmondis, comtesse de Melgueil, 644.
Ademar (Bernard), 88.
Adémar, clerc, 332.
Adémar (Pierre), nommé évêque de Maguelone, 212, 213.
Adémar (Pierre), évêque de Lescar, puis de Maguelone, 298.
Adémar (Raymond), damoiseau, 118.
Adhémar de Montarnaud, 649.
Adiffon, 373 (*note*).
Adriatique (L'), 338.
Adrien, pape, 312, — III, pape, III.

650, — IV, pape, 51, 53, — V, pape, 294.
Ætherius, le plus ancien évêque de Maguelone connu, 8.
Affinel, lisez Aftinel (Hugues d'), prieur claustral, 133.
Afrique (L'), 14, 343.
Aganticum, voy. *Ganges*.
Agatha, voy. *Agde*.
Agde, surpris par le comte Paul, 10, — pris par le roi Vamba, 623, — 7, 13, 378, — (diocèse d'), 367, — (archidiacre d'), 41, — (évêque d'), 18, 86.
Agelabus, archevêque de Narbonne, 10.
Agen, 24.
Agnès, 60, 70.
Agonensis vicaria, voy. *Agonez*.
Agonez, 21, 628.
Agremont (Mgr d'), archevêque de Bordeaux, 555.
Agrippinus, évêque de Gaule, 619.
Agritius, 7.
Aguesseau (d'), intendant de la province, 504, 490.

Agusanicis (villa de), voy. *Guzargues*.
Aiguillon (le P. Gautier), 463.
Aigalades (les), 432.
Aigrefeuille (Bernard d'), consul, 153.
— (Guillaume d'), cardinal, 187, 193.
— (Pierre d'), archidiacre de Maguelone, 65, — président, 123.
— (Aigline d'), sœur Prouillane, 465.
Aiguelongue (tènement de l'), près M., 99.
Aigues, 673, 680.
Aigues-Mortes, 155, 406, 470, 684.
Aiguillon (d'), président de la cour des Aides de M., 502.
— (Léonard d'), prévôt de M., 258, 307.
— (clos d'), sur le chemin de Nimes, 437.
Aigulfe, comte de Maguelone, 309.

Aimeric, 21.
— métropolitain, 316.
Aimery, archevêque de Narbonne, 20.
— vicomte de Narbonne, 71.
Aimon (Guillaume), 21.
— le moine, 16.
Aire (Atin d'), treforier de l'ordre de Malte, 132.
Aire, 300.
Airebaudoufe (d'), préfident, 268.
Aires (prieur d'), 100.
Aix, 326.
Aix (archer d'), 80.
Aix-la-Chapelle, 16, 310, 312.
Alais (baron d'), voy. Verger (Jean du).
Alais, interdit à Bernard Pelet, 56.
Alanus, auteur cité, 330.
Albane (cardinal), 603.
Albano, 209.
— (l'évêque d'), 35.
— (évêque d'), voy. Grimoard.
Albanhanicae, 642.
Albert, patriarche de Jérufalem, 432.
— (Raymond), archidiacre, 112.
Albi ou Le Blanc, camérier du monaftère St-Benoît, 238.
Albia, docteur en droit de M., 498.
Albigeois (les), 59, 66, 99.
Albon (Pierre), 146.
Albornos (d'), fa mort, 186.
— (Gilles Alvarès d'), cardinal, 185.
— (le cardinal d'), 209.
Alby, fon diocèfe eft divifé pour former celui de Caftres, 126, 7.
— (évêque d'), 18.
Alcala, 435.
Alciat (André), 555.
Alcuin, abbé de St-Martin-de-Tours, 311.
Alcuin, 312.
Aldebertus, évêque de Nimes, 653.
Aldericus, évêque, 636.
— évêque de Verceil, 636.
Aleman (Louis), nommé évêque de Maguelonne, 215.
— évêque de Maguelone, puis archev. d'Arles, 299.

Alemande (Senezone), fœur du monaftère de Brouillan, 457.
Alemandi (Barthélemy), 389.
Alemannes (Bernard), doêteur en décret de M., 202.
Alençon (la duchefſe d'), 422.
— (le comte d'), 344.
— (le duc d'), 568.
Alefto (Jean de), chapelain du pape Clément V, 515, 520, 523.
Aleth, 7.
— érigé en évêché par le pape Jean XXII, 125.
Alexandre III, pape, vifite Maguelone, 56.
— pape, aborde à Maguelone, 286.
— pape, fe rend à Maguelone, 432.
— pape, prend fous fa protection les religieufes du Vignogoul, 454, 92, 94, 181, 451, 304, 351, 415, 431, 94, 98.
— IV, pape, 202, 435 522, 434.
— VI, pape, 368, 548.
— VII, pape, 488.
Alexandrie, 514.
Alexio (Jean de), 433.
Alfonfus, évêque d'Afti, lifez : Elephantus, évêque d'Apt, 423.
Algar (baronnie d'), 335.
Alimburge, abbeffe de St-Geniez, 450, 449.
Alife (comté d'), 132.
Allemagne (l'), 48, 81, 309, 314, 322, 486, 528.
Almace (d'), archevêque, tient un concile à Narbonne, 3.
Almachius, 630.
Almande (Marguerite), abbeffe du Vignogoul, 459.
Almanfor, célèbre médecin, 520.
Almeras (Pierre d'), 146.
Almodis, femme de Pierre de Melguoil, 32.
Alphonfe, comte de Touloufe, 48.
— duc de Ferrare, 275.
— roi de Caftille, 48.
— de Caftille, 336.
— IIe roi de Caftille, 343.
— de Tolède, fyndic du cou-

vent des Auguftins de M., 166.
— frère de Louis IX, 100.
Alquier, archidiacre de Lodève, 32.
Alfuce (l'), 491.
Alteyranicae, voy. Teyran.
Altiniac (Guillaume d'), abbé d'Aniane, 79,
— élu évêque de Maguelone, 70.
— (Guillaume d'), 74, 76.
— évêque de Maguelone, 220.
Altiniac (Guillaume d'), 385.
Aluin (duchefſe d'), 171.
Alvanius, 591.
Alvicus, évêque d'Aft, 24, 638.
Amalfi, dans la Pouille, 533.
Amalri, auteur cité, 296.
Amalric, archevêque de Narbonne, 77.
— (Pierre de), bourgeois, 375.
— vicomte de Narbonne, 119, 288, 336.
Amaury, comte de Montfort, 79.
Ambriofi (Deodat), bally royal de M., 464.
Ambialet, dans le diocèfe d'Albi, 247.
Amboife (George d'), cardinal, 294.
— (Louis de), évêque d'Albi, confacre la cathédrale Ste-Cécile, 294.
Ambroife (le P.), fupérieur des Carmes Déchauffés de M., 445.
Amédée, abbé de Valmagne, 59.
— duc de Savoie, élu pape, 216.
Amicus, frère de St-Benoît d'Aniane, 625.
— (le cardinal d'), 208.
Anagnie (Anagni), 116, 118, 208, 679.
Anaftafe IV, pape, 50, 73.
Anatico (Pons de Gaudet de), 119.
Ancelin (Gilles), archevêque de Narbonne, 113.
André (Guillaume), conful, 154.
— (Guillaume d'), 239.
— (Jean), profeſſeur de droit à M., 536.
Andréa (maifon d'), ancienne famille de M., 567.
Andrieu (Jean), prêtre des dames de Ste-Urfule de M., 469.

Andrieu (Pierre), prieur de St-Mathieu de M., 218,— 503.
Ange-Gardien (confrérie de l'), 405.
Angeli (Jean), profeſſeur ès-lois, 458.
Angelis (Jean), chancelier de l'Ecole de Médecine de M., 524.
Angera, 13.
Anges, 13.
Anglade (Pierre), prêtre, 255.
Anglais (les), lèvent le fiège d'Orléans, 218. 590.
Angleterre (l'), ſa guerre avec la France, 203.
Angleterre (l'), 48, 518, 486, 568, 653.
Anglia, voy. *Angleterre*.
Anglic, cardinal, frère du pape Urbain V, 599.
— cardinal, 183, 201, 366, 484.
— cardinal, frère d'Urbain V, 579.
— Voy. *Grimoard*.
Angoulême (ducheſſe d'), 228.
— régente, 422.
Aniane (monaſtère d'), fondé par Saint-Benoit, 310.
Aniane (l'abbé d'), 511, 120, 220.
— Voy. *Vernobs* (Pierre de).
— les religieuſes d', 35.
— (moines d'), 41.
Anjou (le duc d'), 181, 202, 205, 207, 337, 382, 423, 545, 464, 512, 569. — Se venge de Montpellier, 360.
Anne d'Autriche paſſe à M., 471, 273.
Annecy en Savoie, patrie de Pierre de Fenouillet, 267, 272, 470.
Annian, ruiſſeau, 310.
Anſelme (ſaint), archevêque de Cantorbéry, 36.
Anthemius (Publius), 123.
Anthomne (Guillaume de), ſéndchal de Beaucaire & de Nimes, 101.
Antibes, 439.
Antilla (Philippe de), recteur, 179.
Antonins (les), 568.
Antoine (archevêque d'Arles), 43.
— (Guillaume), docteur ès lois, 206.

Antoine de Padoue (ſaint), 421.
Anvers, 528.
Aphrodife (ſaint), évêque de Béziers, 6.
Apicius, ſon traité *De re culinaria*, 138.
Apollinaire, hérétique, 624.
Apollinaris, voy. *Apollinaire*.
Apt (évêque d'), 18.
Aquaria (Imbert de), archevêque d'Arles, préſide à la conſtruction de l'égliſe de Ste-Croix de M., 66.
Aquaria (Imbert de), 395 (*note*).
Aquaſparſe (Mathieu de), miniſtre général de l'ordre de St-François, 421.
Aquapendente, 337.
Aquae, voy. *Aigues*.
Aquituine (l'), 24.
Aragon (maiſon d'), 56.
Aragon (l'), 161, 343.
Aramont (Marguerite d'), abbeſſe du Vignogoul, 458, 459.
Aranfredus, 650.
Aranfredy (Bernard), 50.
Arboras, 21, 628.
Arboratis (villa de), voy. *Arboras*.
Arcadius, pape, 644.
Archange (le P.), provincial des Capucins, 268.
Ardo (l'abbé), 16.
Aregius, évêque de Nimes, 10, 622.
Arcſquiers (bois d'), 44, 66, 76.
Argemire, évêque de Maguelone, 16, 372.
Argentière (l'), 327.
Argebarus, évêque de Narbonne, 623.
Argemire, 628.
— évêque de Maguelone, 629.
Argenvilié (dom Joseph), abbé de Septfons, 362.
Argoud (Pierre), ſacriſtain, 361.
Aribert, évêque de Luna, 24, 636.
Aribertus, voy. *Aribert*.
Arimini (Grégoire de), général Auguſtins, 436.
Arnaldus, évêque d'Elne, 637.
— voy. *Arnaud*.
Ariſteri (Pierre), prieur de St-Martin-de-Sussargues, 368, 401.
Arles, 6, 7, 8, 17, 66, 109, 216,
217, 326, 339, 340, 481, 525.
— (archevêques d'), 18, 80.
— (Guillaume d'), 409.
— (Pierre d'), vicaire général à M., 268.
— vicaire général de M. de Fenouillet, 396.
Armagnac (le comte de), gouverneur de la province, 512, 344.
Armazan, dans le dioceſe de Nimes, 360.
Arménie (commandeur d'), 132.
Armengaud (Blaiſe), célèbre médecin de M., 520.
Arnail (le clos d'), où fut bâtie l'égliſe des fœurs Prouillanes, 463.
Arnail (Bernard), fait une donation aux religieuſes de Vignogoul, 454.
Arnal (Guillaume), 21.
Arnaud, abbé de Citeaux, 324.
— archevêque de Narbonne, 46.
— évêque de Maguelone, ferme le grau qui faiſait communiquer l'étang à la mer, 26.
— 1er, évêque de Maguelone, 22, 92, 347, 631.
— (Béranger), chanoine de Maguelone, 86, 101.
— (Guillaume), inquiſiteur, 331.
— (Pierre), notaire, 332.
— vicomte de Polignac, 119.
Arnaudi (Arnal), moine de St-Germain de M., 254.
— (Berenger), 565.
Arnauld, évêque d'Elne, 25.
Arquier (Jacques), docteur ès lois, 580.
Arras, 343.
Arreblay (comte d'), 438.
Arrufat (Guillaume), cardinal, 291.
Artaud, 395 (*note*).
Arſatium, voy. *Aſſas*.
Artauld (Jean), doyen de la Faculté de droit, de la Faculté de théologie, de Viviers 580, 586.
Arts (Faculté des) à M., 563 & ſuiv.
Arufat (Florence), abbeſſe de St-Geniez, 450.

688   Table des noms des lieux & de personnes

Arzas (Roftang d'), 47.
Afpiran, 13.
Affas, 107.
— (château d'), 88, 667.
Affas (confeigneurs d'), 81.
Affife (faint François d'), 492.
Aft, 24.
Atbrand (champ d'), 85.
Atbrand (Jean), prévôt de Maguelone, 108, 121.
— prévôt de Maguelone, 305.
— (Raymond), feigneur du Sauffan & de Pegueiroles, 117.
Athanagilde, fille du roi Léovigilde, 617.
Athon (Raymond), évêque de Mirepoix, 156.
Aubert (Audouin), neveu d'Innocent VI, nommé évêque de Maguelone, 168.
Aubert (Etienne), cardinal, puis pape fous le nom d'Innocent VI, 167.
Aubijoux (d'), gouverneur de la ville & citadelle de M., 430.
Aubrac, en Rouergue, 117.
— (Religion d'), leur régle eft confirmée par Alexandre III à M., 56.
Auch, 319.
Audibert (Antoine), prêtre, 217.
Auger, archidiacre de Maguelone, 32, 36.
— auteur cité, 296.
Augufte, empereur romain, 568.
Auguftins (églife des), agrandie & facrée par Mgr Pradel, 284.
— (couvent des) à M., 435.
— (le pont des), 485.
Aulagne (Henri), 502.
Aumelas (Mme d'), 503.
Aura (d'), cardinal, abbé de Montolieu, 156.
— (d'), 160.
— (Guillaume d'), 164.
— cardinal, 536.
Aurad (Arnaud), 40.
Auriac (Bertrand d'), abbé de Valmagne, 601.
Auribel (Martial), général de l'ordre des Frères Prêcheurs, 458.
Aurillac, concile, 294.

Auriol (Jean), bailly de M., 547.
Auroux (prieuré d'), 367.
Auffac (Agnès de), prieure du couvent des Prouillanes, 465.
Aufanicis (chapelle de), 164.
Aufone (évêque d'), 18.
Auftencus, évêque du Puy, lifez : Auftindus, archevêque d'Auch, 637.
Auftindus, archevêque d'Auch, 25.
Auftraldus, 21, 628.
Authildericus, comte de Nimes, 622.
Autun, 34.
Auvergne (l'), 6, 311, 527, 554.
Avignon, 125, 156, 165, 177, 190, 201, 203, 207, 295, 344, 357, 418, 457, 462, 470, 481, 523, 544, 627.
Auxerre, 168.
Avena (Gaudiofe de), abbeffe du Vignogoul, 459.
Averroès, 509, 514.
Avicenne, 509, 514.
Avignonet, 332.
Avila, en Efpagne, 343.
Aviler (Auguftin d'), architecte, 283.
Avitus, 8.
Aycard (Pierre), conful, 153.
Aymard (Berenger), 47.
Aymé, grand prieur de St-Gilles, 370.
Aymeri (Pierre), 429.
Azebes (Diego de), évêque d'Ofma, 70, 324.
Azemar (Jeanne), abbeffe du Vignogoul, 459.
Azo, profeffeur de droit à M., 509.
— vient enfeigner le droit à M., 533, — 553.

B

Babote (tour de la), à M., 183.
Badda, femme de Récarède, 618.
Baillargues, lieu de naiffance de Pierre Rebuffi, 555, — 16, 52, 60, 627, 677.
Baillarguet, 224.
Baillet, auteur cité, 339.
Bailly (Jean de), confeiller du roi, 547.

Bajanicis (villa de), voy. Baillargues.
Baladun (Guillaume de), 119.
Balaigue (Jean-Pierre), 580.
Balanicis (églife de), 42.
Balaruc, 528, 666, 673, 679.
— (château de), 82, 85.
Balafucum, voy. Balaruc.
Balbe (maifon de), 567.
Bâle, 216, 218, 548.
Baluze, fes Capitulaires, 17.
— cité, 18, 66, 74, 152, 166, 184, 190, 209, 276, 290, 293, 337, 360, 415, 512, 534.
Bar (comteffe de), voy. Yoland.
Barach (Bertrand), 417.
Barbeirargues (feigneurie de), 75.
Barcelone, prife par le roi Vamba, 623.
Barcelone, 13, 29, 88, 305, 343, 421, 425, 601.
Barcinona, voy. Barcelone.
Barenton (Alexandre), juge criminel, 568.
Barjac, 327, 486.
Baro (Barthélemy), 416.
Baroche (Mgr Rouffeau de), évêque de Céfarée, 488.
Baronius, cardinal, 339.
Barral, vicomte de Marfeille, époufe Marie de M., 345.
Barre (Bernard de), 119.
— (Pierre de) chevalier, 119.
Barrerie (Jean), 580.
Barrey (Fulcrand), grand vicaire de J. de Bonzi, 268.
Barrès (Fulcrand de), évêque d'Agde, 472.
Barti (archevêque de), voy. Prignano (Barthélemy de).
Barrière (Albert de), 226.
— (Barthélemy), grand vicaire de Maguelone, 211.
— (Ifarn de), nommé évêque de Maguelone, 222, 299, 307, 368, 401.
Bar-fur-Aube, 491.
Barthe (Fulgence de la), fupérieur des Récollets, 442.
Barthélemy, vend fa maifon aux fœurs de Ste-Urfule de M., 472.
Barthélemy (Antoine), moine de St-Germain de M., 254.

Barthélemy (Jacques), prieur de St-Thomas, 379.
— (Jean), vice-bailli, 112.
Bas (Guillaume de), général de la Mercy, 334, 429.
Bas, 335.
Baffole (Dieudonné), chancelier de l'école de médecine de M., 524.
— médecin ordinaire du roi Charles VII, 521.
Baftier (Pierre), chanoine de Maguelone, 254.
Baudan, préfident, 271, 349.
Baudouin, empereur de Conftantinople, 88.
Baume (de la), lieutenant du roi de M., 531.
— (feigneur de la), voyez *Bonail (Barthélemy)*.
Baux (Jean de), archevêque d'Arles, 164 (voy. *Beaux*).
Baux (le feigneur de), fait affaffiner le comte de Melgueil, 50.
Baville (de), 430, 573, 595.
Bayle, fon Dictionnaire, 138.
Bayonne, 528.
Bazas (evêque de), voy. *Montefquiou*.
— 300.
Béatrix, abbeffe du Vignogoul, 459.
— époufe de Bernard Pelet, 73.
— fille d'Adèle de Melgueil, 29.
— fille de Bernard de Melgueil, 48.
Beaucaire, 109, 566.
— (le fénéchal de), 100, 108, 128, 150, 211, 219, 223.
Beauchâtel (Arnaud de Becorton de), 119.
Beaufort (comte de), 344.
— (Charles de), marquis de Canillac, 306.
— (Guillaume de), frère de Clément VI, 192.
— (Philippe de), bachelier ez lois, 206.
Beaujeu (Mgr de), préfide l'affemblée d'Orléans, 548.
Beaulac (de), 588.
Beaulieu (Aigline de), 492.
— (Guiraud de), 492.

III.

Beaulieu (Guy de), 80.
— (Petronille de), 80.
Beaulieu (feigneurie de), 258.
Beaupry (Raymond de), prévôt de Maguelone, 123, 305.
Beauté (château de), où meurt Charles V, 210.
Beauvais en Picardie, patrie du profeffeur Jean Hucher, 525.
Beauvau (François-René de), archevêque de Narbonne, 595, 303.
Beaux (R. de), prince d'Orange, 86.
Beauxhortes (Jean-Antoine de), prévôt de M., 308.
Beauxhoftes (Mlles de), 503.
Becorton (de), voy. *Beauchâtel*.
Bedoc (François), chanoine d'Aix, 354.
— (Guillaume), 60.
— (Louis), 379.
— (Raymond), 389.
Bedos (Guigon), 461.
Bego & fes frères, 448.
Beiffac, diocèfe de Limoges, pays natal d'Innocent VI.
Bellay, 470.
Bellegarde (de), 119.
Belleval, 409.
— (François-Ignace de), prévôt du Chapitre de M., 308.
— (Martin Richer de), chancelier de l'Ecole de médecine de M., 525.
Bellièvre (Pompone de), chancelier, 267.
Benedicti ou Benoît, jurifconfulte au Parlement de Toulouse, 558.
Benenatus, évêque 619.
Bénévent (Guiraud de), 492.
— (Pierre de), 104.
Benoît XI, pape, 187.
— XII, pape, 155, 161, 162, 169, 298, 536.
— XIII, pape, 212, 214, 298, 301, 545.
Benoît d'Aniane (faint), 15, 16.
— fils d'Aigulfe, 309, 625.
Berald (François), tué à l'église St-Pierre, 440.
Berardi (Pierre), évêque d'Agde, 166.

Beraud (Françoife), mère de Ch.-J. Colbert, 283.
— (Joachim), grand audiencier de France, 283.
Berchère (Charles Le Goux de la), archevêque de Narbonne, 595.
Berengarius, voy. *Bérenger*.
Bérenger, comte de Melgueil, 21, 628.
— évêque de Barcelone, 334.
— (Hugues), fait une donation aux chevaliers de St-Jean, 370.
— Voy. *Eléazar* (le P.)
Bermond (le P. Nicolas), 439.
Bernage (de). Voy. *St-Maurice*.
Bernard, abbé d'Aniane, 60.
— comte de Cominges, 304.
— comte de Melgueil, 21, 286.
— comte de Subftantion, 631, 448.
— duc de Septimanie, 16.
— Ier, évêque d'Agde, 87.
— évêque d'Agen, 24, 636.
— évêque de Béziers, 25, 637.
— évêque de Brixia, en Vénétie, 175.
— (Frère), furnommé le Délicieux, 292, 295.
— prévôt de Maguelone, 55.
— prieur clauftral de Maguelone, 65.
— le Pénitent, 57, 321.
— (faint), 48, 513.
— de Sienne (faint), 438.
Bernarde, abbeffe du Vignogoul, 459.
Bernardus, voy. *Bernard*.
Bernis (Gabrielle de), abbeffe du Vignogoul, 459.
— (L.-Angélique de Bérard de), abbeffe du Vignogoul, 459.
Berry (Le), 311, 554.
Bertier (Jean-Louis de), évêque de Rieux, 300.
Bertold, duc de Turinge, 514.
— (Pierre), archidiacre de Maguelone, 58.
Berton (Pierre), prieur, 206.
Bertrand, abbé de Villemagne, 601.
— archev. de Narbonne, 646.

86*

Bertrand (Pierre), cardinal d'Autun, 535, 544.
— évêque de Béziers, 59.
— évêque de Maguelone, déposé pour simonie, 30, 218, 640.
— évêque d'Ostie, 354, 357.
— sacristain de Maguelone, 60.
— (Antoinette de), abbesse de St-Geniez, 450.
Bertraudus, voy. *Bertrand*.
Besançon, 325, 491.
Besons (Armand-Bazin de), évêque d'Aire, 300.
— (de) intendant du Languedoc, 300, 442.
Bessan, 378.
Bessède (Guillaume), 146.
Besseire, 331.
Beterris, voy. *Béziers*.
Béthanie, 5.
Beuther, auteur cité, 345, 622.
Beutherus, voy. *Beuther*.
Bezaffe (Marie), 375.
Béziers, surpris par le comte Paul, 10.
— pris par le roi Vamba, 623,
— cité, 8, 13, 57, 324, 442, 461, — (évêque de), 18.
Béziers (Guillaume de) chancelier de l'Ecole de médecine de M., 523.
Bias (Jeanne de), abbesse de St-Geniez, 450.
Bignon (l'abbé), 490.
— conseiller d'Etat, 595.
Billom, en Auvergne, 470.
Biron (duc de), 265.
Biscayé (la), 11.
Bitteræ, voy. *Béziers*.
Blaisois, (le), 525.
Blanche, mère de Louis IX, 101.
Blancher (Raymond), 377.
Blanchet (Thomas), peintre, 593.
Blanchon (Firmin), moine de St-Germain de M., 254.
— Marcellin, chanoine de Maguelone, 254.
Blandiac (Bertrand), 88.
— (Guillelm), 88.
— (Jean de), évêque de Nimes, 166, 191.
— prieur de St-Jacques de Fabrègues, 238.

Blanquerie (porte de la), 381.
— (la), Mgr de Fenouillet, y fait construire le couvent de la Visitation, 471.
Blaquière (Antoine), consul de M., 427.
Bocadus ou Bocaudius (Jean), docteur de l'école de M., 75, 527.
Bocaud, président, 396.
— (Pierre de), 1er président en la cour des aides, 551.
Bociacis (Raymond de), prévôt de Maguelone, 107, 580.
— prieur de St-Firmin, 305.
Boëri (Nicolas), célèbre jurisconsulte, 44, 550, 553.
— (Vincent), 554.
Boëtius, évêque de Gaule, 619.
— de Maguelone, 9, 10, 617.
Boirargues (de), 342.
Boisseron, brûlé par Amaury, 79.
Boissière (mas de la), 171.
Boissière (Marthe), sœur Prouillane, 465.
Boisson (Pierre), maréchal, de M., 461.
Bollandus, auteur cité, 314, 321.
Bolet (Guillaume), 580.
Bologne, 425, 528, 533, 552.
Bon (Guillaume), une clause de son testament, 381, 390.
Bon, premier président en la cour des comptes de M., 595.
Bona (Jacques), fonde à M. un hôpital pour les pauvres orphelins, 480.
Bonafuce, abbesse de St-Geniez, 450.
Bonail (Barthélemy), 221.
— (Jean), nommé évêque de Maguelone, 221, 299, 306, 494.
— (Secondin), prieur de Ste-Marie de Londres, 239, 253.
Bonami (Pierre), sa maison est acquise pour servir d'Hôtel de Ville, 401.
— (Raymonde), sœur Prouillane, 465.
Bonet (Etienne), moine de St-Germain de M., 254.
— d'Avignon, 86.

Boniface, jurisconsulte, 562.
— pape, 6.
— VIII, son démêlé avec Philippe le Bel, 118, 116, 288, 290, 294, 375, 421, 534, 679.
Bonifaci (Pierre), consul, 385.
Bonlieu, voy. *Vignogoul*.
Bononia (Bologne), 360.
Bonpas (Chartreux de), 9.
Bon-Pasteur (établissement du), à M., 477.
Bonzi (Jean de), évêque de Béziers, 268.
— (Pierre de), cardinal, 302, 438, 450, 592.
— (Elisabeth de), marquise de Castries, 300, 302.
Bordeaux, 301, 430, 432, 528, 554.
Bordes (L.), fondeur, 350.
Bornier (Jacob de), juge mage à Montpellier, 562.
— (Philippe de), auteur cité, 557, 562.
Borron (Pierre), prieur des frères Prêcheurs à M., 208.
Borrut, chanoine de Maguelone, 550.
Bosanquet, 470.
Bosc (Asturge de), sœur du monastère de Prouillan, 457.
— (Bernard de), chanoine de Maguelone, 227.
Bosquet, auteur cité, 32, 74, 169.
— (Mgr François de), évêque de M., établit à Lunel les sœurs de St-Charles, 473.
— meurt d'apoplexie, 278.
— érige Ste-Anne en église paroissiale, 401.
— (François de), cité, 276, 391, 405, 442.
Bosquette (Eléonore), sœur du monastère de Prouillan, 457.
Bossuge (Raymond de), prieur de St-Firmin, 305.
Bossuet, évêque de Meaux, 489.
Boubal (Catherine), héritière de Jean Brugerie, 605.
Boucaut (François de), évêque d'Aleth, 302.
Boucicaut (Geoffroy de), dit le

Maingre, gouverneur du Dauphiné, 339.
Bouïs (Dieudonné), 153.
Buiffon (Antoine), 379.
Boulogne, 209, 216, 358.
— (le cardinal de), 181.
Bouques (Daniel), 501.
— (Jean de), 561.
Bourbon (Armand de), prince de Conti, 300.
— (François de), 267.
— (Louis de), 211.
Bourdaloue (le P.), à M., 280.
Bourdon (Sébaftien), peintre célèbre de M., 591.
Bourgdieu (le Fr.), 441.
Bourges. Il y est tenu un concile, 294 ; — cité, 352, 554, 555.
Bourges (Jacquette), religieufe de St-Gilles, 468.
Bourgogne (Mathilde de), époufe de Guillaume de M., 372.
— (les ducs de), 344.
Bourgoin (le P.), général de l'Oratoire, 472.
Bourguignons (les), 537.
Boufquet, préfident, 441.
— (Mme du), 476.
— de Montlaur, abbé de Franquevaux, 350, 503.
Boursier (Marie), petite nièce de l'archevêque Guillaume de Cambrai, 554.
Bouffagues (Déodat de), feigneur de Puyfalicon, 498.
Bouffigues (Anne de), fondatrice du couvent de Ste-Urfule de M., 472.
Boutonnet, 373, 432, 507.
Boyer (Jean), prieur de St-Thomas, 379.
— nom donné par quelques auteurs à Jacques Boeri. Voy. *Boëri*.
Braconet (feigneur de), 119.
Brancacio (Landolphe), cardinal, 291.
Brandebourg, 557.
Brando (Caftiglione), vicaire gén. de Maguelone, 217.
Bravard (Charles), chanoine de la cathédrale de St-Pierre, 476.
Breffe, en Italie, 339.

Breffe, (collége de), fa fondation, 603 & fuiv.
— lifez *Brefcia*, 603.
Breton-Villers (de), 591.
Briçonet (Guillaume), évêque de Lodève, 227.
Briges (Anne de), abbeffe de St-Geniez, 450.
Brigite (fainte), de Suède, 190.
Brigitte (fainte), fa prédiction au pape Urbain, 203.
Brignac (Jean de), prieur de St-Brès, 253.
Brignon (Charles-Raymond de), prévôt du chapitre de M., 307, 350, 391.
Brinhon (Guillaume de), 119.
Brioude, 327, 486.
Briffac, 667.
— (château de), 82, 107, 212, 447.
— (terre de), 88.
Briffac (de), cède fa maifon pour en faire le couvent de St-Charles, 474.
— (Marguerite de), religieufe du couvent de St-Gilles de M., 468.
Briffonet (Pierre), général des finances en Languedoc, 386.
Brixiacum, voy. *Briffac*.
Broa (Agnès de), 389.
— (Guillaume de), 98.
— archevêque de Narbonne, 288.
— (Martial de), 390.
— (Rigaud de), marchand de M., 389.
Broue (Guillaume de la), 102.
Brueys (David), écrivain natif de M., 573, 587.
Brugerie (Jean), médecin de Louis XI, 404.
— de Girone, fonde à M. deux bourses d'étudiants en médecine, 605, 607.
Bruguier, premier directeur de l'hôpital St-Jacques de Montpellier, 497.
Bruguières (Bernard de), prieur de St-Martin de Londres, 100.
Brun (aire de), à M., 498.
Brunenchi (Jean), jurifconfulte, 202, 211.

Brunier (Gafparde-Angélique), fupérieure des fœurs de la Vifitation de M., 470.
Bucelin (Gabriel), 321.
Buccelli (Jacques), conful de M., 427.
— (Louis-Philippy de), 559.
— (Marguerite), veuve de Jean de Narbonne, 226.
— (Tanneguin de), commandeur de M., 227.
Bugey (Le), 215.
Buiboux (Jean de), 132.
Burgorel (Guillaume), 580.
Burgues (métairie de), 463.
Burgues, 423.
Butkens (Dom Chriftophle), 321.
Buxie, voy. *Bociacis*.
Bzovius, auteur cité, 184, 333.

C

Cabanes (Jacques), 580.
— (Pons de), conful de M., 206.
Cabanier (Bernard), prieur de Teiran, 376.
Cabaffe (Raymond), vicaire de l'inquifiteur, 214.
Cabrera (Don Alphonfe de), 344.
Cabreroles (Adémar de), prévôt de Maguelone, 107, 110, 117, 305.
Cabride (François), chancelier de l'école de médecine de M., 524.
Cadouanne (Mme de), 562.
Cadoule (Ginette de), fœur du monaftère de Prouillan, 457.
Caen, 261.
Cahors, 125, 331, 555.
Cailar (François), chanoine de Maguelone, 254.
Calciat (églife de), 31.
Calixte II, pape, excommunie l'empereur Henri, 43.
— 181
— III, pape, 94,
Calmez (Jacques), prieur de Villegly, 255.
Calvin, 411.
— (Jacques), moine de St-Germain de M., 254.

Calviffon (Françoife de), abbeffe du Vignogoul, 459.
Calviffon (le marquis de), 371, 535.
Camargue (la), 371.
Cambacérès (de), 396.
Cambous (de), 265.
Cambray, 122, 228.
Cambray (Etienne de), évêque d'Agde, 220.
— (Guillaume de), archevêque de Bourges, 554.
Caminade, préfident au parlement, 207.
Campan, 488, 491.
Camponovo, 59.
Camps (Guillaume de), prieur de Maguelone, 58.
Camufat (Jean), imprimeur à Paris, 276.
Candillargues, 674.
Canet (P.), marchand de M., 390.
Caniboici (Guillaume), profeffeur en droit canon, 254.
Canillac (le cardinal de), mort à Avignon, 181, 184, 193, 362, 365, 544.
— (Garcine de), femme de Guillaume de Beaufort, 192.
— (Marc de), 119.
— (Pons de), abbé d'Aniane, 107.
— Raymond (de), vicaire général & prieur de St-Firmin, 131.
— (Raymond de), archevêque de Touloufe, 298.
— tranfige avec Piétavin de Montefquiou, 306.
— prieur de St-Firmin, 499.
— fa mort, 192.
— cité, 132, 151.
— prévôt de Maguelone, 164.
Cannes (le P. Honoré de), prêche la miffion de M., 281.
Cantorbery, 36.
Cap de Porc (Guy), 82, 98, 107.
Capelle-Nove (la), 381.
— (rue de la), 472.
Capucins (les PP.), à Montpellier, leur établiffement, 409, 440.
Capvillers (Firmin), vicaire, 547.
Caravettes (bois & feigneurie de), 157, 171, 191, 220.

Carbon (Raymond de), frère mineur, 332.
Carcaffo (Carcaffonne), 8.
Carcaffonne, 109, 156, 295, 299, 325, 425, 439.
— (évêque de), 18.
— voy. Crefcent.
— (fénéchauffée de), 215.
Cardaillac (Bertrand de) évêque de Cahors, 182.
Carefcaufes (fief de), 118.
Carlencas (Marguerite de), 529.
Carman, 324.
Carmel (mont), 432.
Carmes (rue des), 199.
— (tour des), à M., 183.
Carmes (les) de M., interdits par Raymond de Canillac, 131.
Carmes-Déchauffés (les), à M., 443.
Carolus imperator, voy. Charles-Martel.
Carnon, 155, 675.
Carrete (Emmanuel), amiral, 132.
Carrière (vallée de), 44.
Carfan (Hugues de), reéteur de la Part-Antique, 128, 162.
Cafenove (Jean), entrepreneur de M., 388.
Cafis-Malis, 668.
Caffan (chanoines de), 58.
— (églife de), 43.
Caftanet (Bernard de), promu cardinal par Jean XXII, 125.
— cardinal, chapelain de Clément IV, 293.
Caftanis (Caufide de), fœur Prouillane, 465.
Caftel (le P.), mathématicien, 590.
Caftelan (Honoré), profeffeur à l'école de médecine de M., 527.
— médecin de la faculté de M., 521.
Caftellan (Pierre), profeffeur de Louvain, 526.
Caftellane (Alphonfe de), 253.
Caftellar (Raymond de), reéteur de l'Univerfité de M., 208.
Caftelnau, dit Caftelnau-le-Lez, près M., 14, 141, 181, 302, 348, 361, 442, 498, 507, 667.
— (château de), 78.

Caftelnau (églife de), 31.
— (maladrerie de), fon établiffement, 481.
— (pont de), emporté par le Lez, 151.
Caftelnau (Bernard de), doéteur en droit de M., nommé évêque de Cahors par Urbain V, 182, 544.
— (évêque de St-Papoul), 190.
— (Hugues de), 40.
— (Pierre de), archidiacre de Maguelone, 65.
— (Pierre de), affaffiné à St-Gilles, 70.
— (Pierre de), légat du Saint-Siège, 324.
— (Bernard de), meurt à M., 203.
Caftelnaudary, 334.
Caftres, érigé en évêché par le pape Jean XXII, 126.
— cité, 7, 560.
Caftries, 305, 667.
— (château de), 51, 341.
— (églife de), 89.
Caftries (Aigline de), 288.
— (Eléazar de), 43, 80.
— (Ermenfende de), 52.
— (Henriette de la Croix de), fupérieure des fœurs de la Vifitation de Montpellier, 472.
— (Louife-Théréfe de la Croix de), abbeffe de St-Geniez, 451.
— (Renée-Angélique de la Croix de), abbeffe de St-Geniez, 451.
— prieure de Saint-Félix de Montceau, 454.
— (Mme de), 442.
— (Raymond de), 65.
— (baron de), 420, 441.
— (le marquis de), 342, 405, 444, 595.
— (de), voy. *Dalmas*.
— (marquis de), voy. *La Croix de Caftries*.
Caftrum-Novum, voy. *Caftelnau*.
Catalan (Angélique de), 476.
— (Bernard), 534.
— (Bertrand), 534.
Catalans (les), 537.

Catalogne, 17, 163, 288, 335.
Catel, auteur cité, 17, 18, 33, 169, 184, 218, 342, 533, 553, 566.
Catherine de Sienne (sainte), 203.
Caton (Guillaume), 379.
Caturce (Jean), 381.
— (Raymond), bourgeois de M., 297.
— (maison des), 297.
Caunelles, 674.
Caufide (Marguerite), sœur Prouillane, 465.
Caufit (Guillaume), bourgeois de la ville de M., 356.
Caufiti (Pierre), fonde une chapelle à l'hôpital de la Magdeleine de M., 131.
— (Pierre), 499.
Cauffe (Antoine), professeur en droit à M., 404, 551.
Cavaillon, 32.
Cavalier (Guillaume), prieur de Saint-Paul de M., 376.
Caze-Dieu, 39, — voy. *Chaize-Dieu*.
Cazeneuve, auteur cité, 32.
Cazertes, 252.
Cazes (Gaudiofe de), sœur Prouillane, 465.
Cazevieille, 305, 649, 683.
— (église de), 89.
Cuzillac, 218.
— (église de), 60.
Cazouls (Guillaume de), évêque de Lodève, 288.
Cécèles (église de), 429.
Celaigo, 37.
Celefium, voy. *Cécèles*.
Céleftin, pape, 304.
— II, pape, 48, 50.
— III, pape, 62, 64, 93, 495, 652.
Cellani (Pierre), toulousain, 331.
Cellenenve, près M., 353, 463.
Centrairargues, 667.
— (église de), 45.
Cerémonieux (Pierre le), roi d'Aragon, 210, 335.
Cerrarius (Martin), commandeur de Ste-Eulalie de M., 430.
Cers (église de), 642.
Céfaire, prieur d'Heifterbach, en Allemagne, 518.
IV.

Céfelly (de), préfident, 437.
Ceffac, en Quercy, 166.
Cette, 589.
Cévennes (les), 282, 594.
Cézaire, moine d'Heifterbach, 383.
Cezène, dans la Romagne, 338.
Chailar (Pons Bremond du), 119.
Chaife (Mme de la), tante du P. de la Chaife, 466.
Chaize-Dieu (la), 19.
— (moines de la), 151.
Chalet (Arnaud de), moine de Pfalmodi, 586.
Châlon (l'évêque de), ambaffadeur à Rome, 228.
Chalons-fur-Marne, 265.
Chambèry, 470.
Chambron (Jean de), archidiacre, 117.
Chamdori (Girard), chanoine de Maguelone, 253.
— cité, 298.
Champs (M. des), 502.
Chanac (Foulques de), archevêque de Paris, 169.
Chantal (Mme de), supérieure générale de l'ordre de la Visitation, 470.
Chapelle (Pierre de la), évêque de Carcaffonne, 679.
Chapelles (Durand des), évêque de Maguelone, 306, 467.
— (des), voy. *Durand*.
Chapelle-Neuve (la), 403.
Charité (hôpital de la), établi à M., au faubourg Pila St-Gély, 481, 502.
Charlemagne foumet l'Italie, 310.
— chaffe les Lombards de l'Italie, 533.
— 16, 24, 311.
Charles Martel ruine Maguelone, 309, cité, 5, 14, 22, 90, 616.
— empereur, 633.
— le Bel accorde des privilèges à l'Univerfité de M., 129, 547.
— V, roi de France, 169, 178, 188, 190, 196, 203, 205, 337, 500.
— meurt au château de Beauté, 210.
— VI, roi de France, prend un médecin de la faculté de M., 521.
Charles VI. Affemblées de l'églife de France tenues à Paris par fon ordre, 545.
— donne des lettres de nobleffe à Jacques Rebuffi, 553.
— vifite M., 211.
— cité, 298, 501, 341, 604.
— VII, facré à Reims, 218, 299.
— roi de France, 216.
— à Poitiers, 547.
— arrive à M., 547.
— fait lever aux Anglais le fiège d'Orléans, 402, 521, 306.
— VIII fonde à M. deux nouvelles chaires de profeffeurs, 522, cité, 226, 299, 521, 386, 424, 425.
— IX augmente les gages des prof. de M., 522, cités 258, 260, 521; — à M., 393, 559, 572.
— roi de Navarre, 426, 492.
— le Boiteux, roi de Naples, 421.
— IV, empereur, 189, 519.
Charles-Quint, empereur, 227.
Charpenne (François de), grand vicaire & provincial des Auguftins, 268.
Charrot (Jean), 417.
Charroux (monaftère de), dans le diocèse de Poitiers, 311.
Chartres, 260, 591.
Chartres (Renaud de), 219.
Chateauneuf, près de Subftantion, voy. *Caftelnau*.
Château-Neuf-St-Remezi (Guillaume de), 119.
Chateauneuf (Vincent de), 427.
— (de), fecrétaire d'Etat pour la province de Languedoc, 563.
Châtillon (amiral de), devant M., 400, 437, — (le duc de), 490.
Chaulet, 16, 628.
— (église de), 31, 641.
Chaulet, cardinal, 425.
Chauliac (Guy de), médecin de la Faculté de M., 520.

87

Chaume (Guillaume de), seigneur de Pouffan, 529.
Chazaut (garrigue del), 100.
— (moulin de), 76.
Chefdebien (de), préfident à la cour des aides de M., 503.
Cherlieu (fondation de), appartenant à l'abbaye des sœurs de St-Geniez, 448.
Cheval-Vert (l'isle du), dans le faub. de la Saunerie, 505.
Cheval-Vert (le logis du), 354.
Chicoyneau, profeffeur de botanique, premier médecin du roi, 594.
— (François), chancelier de l'Univerfité de Montpellier, 521, 526.
— (Gafpard), chancelier de l'école de médecine de M., 526.
— (Michel), chancelier de l'école de médecine de M., 526.
Chièvres (Guillaume de), .227.
Childebert, roi des Francs, 617.
Childebertus, voy. Childebert.
Chinon, patrie de Rabelais, 527.
— en Touraine, 291.
Chirac (Pierre), profeffeur à la Fac. de méd. de M., 521.
— de la Société royale des fciences de M., 594.
— premier médecin du roi, 598.
Chiriac (monaftère de), dans le diocèfe de Mende, 177.
Chomeil (Louis-Pierre), dernier abbé de S-Ruf, 361.
Chouet (François), imprimeur à Genève, 524.
Chrétien (le P. Antoine), 440.
Chriftine, reine de Suède, 591.
Chriftol (Jean), 493.
Chriftophle (Guillaume), archidiacre, puis évêque de Maguelone, 99, 101, 289, 673.
Chriftophorus, voy. Chriftophle.
Ciaconius, auteur cité, 169.
Cinus-Sigisbuld, profeffeur de droit, 536.
Circium, voy. Cers.
Clair, 438.

Clairvaux, 320.
Claparède (Jean), 153.
Claperium, voy. Clapiers.
Clapiers (de), profeffeur de mathématiques, 590 594.
— (Catherine de), prieure du monaftère de Prouillan, 457, 465.
Clapiers (églife de), 31, 642.
Claret (Guillaume de), 239.
— (Louis de), prévôt du chapitre de M., 268, 307.
— évêque de St-Papoul, 300.
— confeiller au parlement, 428, 409.
Clarus-Mons, voy. Clermont-d'Auvergne.
Clary (Etienne), notaire de M., 490.
Claude, 588.
Clauzel (Hugues), moine de St-Germain de M., 254.
Clavet (M. de), 420.
Clément I, pape, 454.
— III, pape, 34, 61, 657.
— IV, pape, 94, 99, 104, 106, 108, 288, 602, 657, voy. Fulcodi.
— V, pape, fa mort, 124, 480, 515, 541, 121, — vient à M., 122, 181, 290, 296, 398, 680.
— VI, pape, fuccède à Benoit XII, 164; — meurt à Avignon, 167, cité, 169, 297, 343, 344, 354, 357, 465, 522.
— VII, élu pape, 208, cité, 211, 229, 231, 422, 439, 484.
— VIII, pape, 267.
— X, pape, 488.
Clermont-d'Auvergne, 9, 35, 48, 645.
Clovius, auteur cité, 265.
Cluny, il y eft tenu un concile par Calixte II, 43.
Clufa (monaftère de), en Piémont, 21.
Clufel (Barthélemy), doéteur ès-lois à M., 535.
Cluzenet (églife de), 82.
Cocon, 16, 28, 31, 40, 52, 305, 628, 640, 642, 667.
Cocone (villa de), voy. Cocon.

Cocon (Guillaume-Hebrard de), 47.
Codo (Jean de), prêtre, 469.
Cogat (Raymond), orfèvre, 129.
Coignard fils, 588.
Colbert, évêque d'Auxerre, 283.
— nommé évêque de M., 283, — facre l'églife des Carmes Déchauffés de M., 445, cité, 350.
— (Jean-Baptifte), archevêque de Rouen, 283, 293.
Cologne, 9, 425, 436, 535, 555.
Colombani (Guillaume), doéteur, 161, 544.
Colombier (Jean), 202.
— (Morin du), aumônier du roi, 488.
Colombière, sœur du monaftère de Prouillan, 457.
Colombis (le P.), 334, 336.
Combret (Hugues de), chanoine de Maguelone, 382.
Colomby, auteur cité, 169.
— (les demoifelles de), dirigent le couvent du Bon-Pafteur à M., 476, 477.
Colonis (Bernard de), chancelier de l'Ecole de médecine de M., 523.
Combaillaux, 671.
Combaillaux (château de), 162.
Cominges, 7.
Cominges (Arnaud Roger de), premier évêque de Lombez, 126.
Cominges (Jean de), occupe le fiège de Maguelone, 122, — archevêque de Touloufe, 297, — élu cardinal, 130, — (Mgr de), facre l'églife de la Vifitation de M., 471, 681.
Cominges (le comte de), 345.
— (Simon de), fa mort, 126.
Compaigne (Ange), 238.
— (Gautier), fonde un hôpital à M., 480.
Compiègne, 17, 176.
Compoftelle (archev. de), voy. Landorre, 537.
Conches (Raymond de), 127, 682.
Conchis (Guillaume de), hiftorien cité, 24.
— (Pierre de), chanoine, puis évêque de Maguelone, 97, 100, 289, 417, 671.

cités dans l'Histoire de Montpellier. 695

Conchis (Thomas de), 1er conful de M., 97.
Condom, 439.
Condom (évêque de), voy. Alemannes.
Conelles (Bernard de), 580.
Conques (monaftère de), dans le diocèfe de Rodez, 311.
Conrad, cardinal, fait des règlements pour les écoles de M., 514, cité, 565.
— André, notaire de M., 603.
Corandius (Jean), chancelier de l'école de médecine de M., 524.
Conftance, 213, 340, 433, 545.
Conftance, empereur, 8.
— fille de Mainfroy, fon mariage avec Pierre d'Aragon, 385, cité, 165.
Conftantin, cité, 8.
— empereur, 7, 276.
— IV, 624.
— frère convers des Chartreux, 74.
Conftantinople, 322.
Conti (prince de), gouverneur du Languedoc, 300, 302, 389.
Convene, voy. Comminges.
Conzié (François de), légat à Avignon, 215.
Corbières, ruiffeau, autrefois Annian, 310.
Cordeliers (le clos des), 492.
Cordove, 144, 514.
Coriolan (Ambroife de), général des Auguftins, 436.
Cormery (abbaye de), 311.
Cornavin (Gérard), collecteur du pape, 580.
Cornelia, fille de Lucius, 123.
Corneto, en Italie, 186, 190, 204.
Cornon, 671, — (églife de), 89, — (étang de), 684.
Cornon (Guillaume de), 42, 44.
— (Huguette de), religieufe de Montfeau, 451.
— (Othon de), 44, 59, 451.
— (Pierre de), feigneur de Cornonterrail, 117, 76.
— (Raymond de), 62.
Cornonterrail, 76. — Voy. Cornon.
Coron, dans la Morée, 402.

Coronate (Adelaïs), abbeffe de St-Geniez, 450.
Cortade (églife de), dans le diocèfe d'Albi, 234.
Cortaud (Jean), médecin de M., 521.
Cofta (Aimeric de), prieur de Baillargues, 239, 253.
— (Bernard de), 412.
— (Jean de), docteur en droit, 223.
— (Jean de), prévôt du Chapitre de Maguelone, 306, 368.
Coftanni (Galhard), moine de St-Germain de M., 254.
Cofte (le fieur de la), 489.
Cofte-Frège, ancien quartier de M., 178, — où eft fondé le couvent de St-Ruf, 209.
Courbeffac, 224.
Courdurier (Jean), avocat général à la cour des comptes de M., 587.
Courlande (duché de), 495.
Cournonterral, démolition de fon temple, 277. Voy. Cornonterrail.
Couterot, imprimeur de Paris, 587.
Coyratcrie (la), ancienne rue de M., 607-608.
Crefcent, évêque de Carcaffonne, 6.
Crez (Agnès du), religieufe de St-Gilles de M., 468.
Chriftophle (Guillaume), prieur de St-Firmin, 497.
Croiffy (marquis de), voy. Colbert.
Croix (de la), 378.
— (Godefroy de la), tréforier des guerres, 389.
— (La), voy. La croix de Caftries.
Cros (Pierre de), archevêque d'Arles, 200.
Crofet (Jacques-Hercule de), docteur de Sorbonne, 587.
— (Nicolas), docteur ès lois, 580.
Crouzet, juge-mage, 430.
Crozols (Philippe de), 153.
Cruffol (comte de), 439.
— (François de), 226.
Cuculles (étang de), 66, 304.
Cujas, auteur cité, 258.

Cumbas, appartenant aux religieufes du Vignogoul, 455.
Cunny (de), premier conful de Lunel, 473.

D

Dacier, frère du comte de Cruffol, 439.
Dactiles (Faber), prévôt de Maguelone, 306.
Dafis (Bernard), évêque de Lombez, 300.
— (Jacques), avocat général, 261.
Dalefme, confeiller au parlement de Bordeaux, 554.
Dalmas, archidiacre de Maguelone, 29.
— (Beranger), 88.
— de Caftries, 42.
Dampmartin (Pierre), confeiller du roi, 568.
— gouverneur de M., 569.
Danville, 257.
— s'unit avec les Huguenots, 258.
Danemark (le prince de), traverfe Lyon, 593.
Daniel (David), auteur de la vie des poètes provençaux, 566.
Dauphiné (le), 209.
Dauria (Garcias), frère prêcheur, 332.
Debrauft, 673.
Dèce, empereur, 6.
De Clary (Magdeleine), mère de Pierre Rebuffi, 555.
Defaut, habitant de M., 268.
Degrefeuille (Pierre), 1er conful de M., 402. Voy. Aigrefeuille.
Dejan (Girbert), évêque de Carcaffonne, 166.
— (Pierre), docteur ès-lois à M., 535.
Deidier (Antoine), profeffeur de médecine à l'école de M., 532.
Delfau, 273.
Delort, cité, 440.
Denis (faint), év. de Paris, 6.
— de Sens, 119.
Déodat, chanoine, 644.

Déodat, évêque de Cahors, 636.
— évêque de Maguelone, 176. 179.
— évêque de Toulon, 24, 636.
Deodatus, voy. *Déodat.*
Desbaraux, auteur cité, 574.
Descartes, 590.
Despeisses (Antoine), 561.
Desports (Marie), prieure de St-Félix, 454.
Despréaux, 571.
Deucio (Bertrand de), cardinal, 536.
— (Gaucelin de), évêque de Maguelone, 183, 201.
— voy. & *Deuxio.*
Deux (Bertrand de), évêque de Nimes, 184.
— (Gaucelin de), év. de Mag., 189,— sa mort, 192, 221.
— (Jacques de), évêque de Nimes, 184.
— (Paul de), évêque de Nimes, 184. Voy. *Deucio* & *Deuxio.*
Deuxio (Bertrand de), archevêque d'Embrun, 161.
— (Paul de), moine & camérier de St-Guilhem-du-Désert, 161.
— voy. *Deucio* & *Deuxio.*
Deux-Cases (métairie de), 127.
Deux-Vierges (Paul des), grand-vicaire de Maguelone, 157.
Devèze (Claude), syndic du collège St-Germain, 253.
Didier, évêque de Cavaillon, 32.
Die (Guillaume de), 40.
Diedo (François), sénateur de Venise, 339, 337.
Dieudonné (Raymond), consul, 154.
— évêque de Rodez, 316.
Dijon, 310, 352, 491.
Dimecre (les dames du), 480.
Dioclétien, 7.
Demenge (Jean), 498.
— (Marthe), religieuse de St-Gilles de M., 468.
Dominique (saint), cité, 70, 331, 423, 426, 463, — établit à M. l'ordre des frères Prêcheurs, 79.
— (le P.), général des Carmes Déchaussés, 443.

l'ordre de Florence, évêque de St-Pons, 466, — archevêque de Toulouse, 169.
Donat (Pierre), 482.
Donseilhas (font de las), 400.
Dorgier (Légier), gouverneur de M., 423.
Doumergue (Pierre), prieur de Gornies, 253.
Douze-Médecins (collége de), fondé à M. par Urbain V, 189.
Droit (ancien collège de), 598.
— (Ecole de) de M., 533 & suiv.
Du Cange, cité, 516.
Ducas (Michel), 276.
Duché, 221.
Duchesne, auteur cité, 13, 42, 57,
— auteur de la *Vie des cardinaux français,* 293.
Ductos (Pierre), cardinal, 168.
Dumas (Jean), 221.
Dumont (Jérôme), docteur, 429.
Dupin (Pierre), auteur cité, 337.
Duprat, chancelier, 527.
Dupuy (Arnaud), conseigneur du lieu de Puyvoisin, 458.
— (Bernard), évêque d'Agde, 268.
— (Dieudonné), 107.
— (Guillaume), chevalier, 354, 390.
— (Imbert), promu cardinal, 130, 297, —fonde l'église collégiale de St-Sauveur, 495, 354.
— (Jean), prieur de N.-D. des Tables, 216.
— (Raymond), écuyer, 390.
— (M™), auteurs cités, 119, 552.
Duranc (Bernardin), 253.
Durand (Guillaume), jurisconsulte & poète, 567.
— (Pierre), prieur de Lunel, 580.
— des Chapelles, évêque de Maguelone, 169, 175.
Duranti (Jean-Etienne), premier président, 261.
Durantin (Antoine), prieur de Vendargues, 253.
Durfort, 113, 211, 216, 448.
— (château de), 170.

Durfort (Bertrand), vestiaire de Maguelone, 107, 447.
Durranc (le P. Jean), mathématicien, 590.
Dutil (Raymond), inquisiteur, 215.
Duvergier (collège), 607 & suiv.

E

Ecole-Mage (l'), sa fondation, 565.
Edesse, 322.
Edouard III, roi d'Angleterre, 190.
Eginon, cardinal, fait des règlements pour l'école de droit de M., 509, 289. voy. *Urach.*
Egassieu (porte de l'), 433.
Eléazar (le P.), fondateur de l'abbaye de St-Geniez.
Elephantus, évêque d'Apt, 25.
Elipand, archevêque de Tolède, 311.
Elisabeth de Savoie, 275.
Elna, 7, 13; voy. *Elne.*
Elne (évêque d'), 18, 111, 305.
Eloïse, 567.
Emard (Charles), évêque de Chalon, 232.
Embrun, 24, 326, 481.
Embrun (archev. d'), 18; — voy. *Deucio.*
Emperi (terroir de l'), 220.
Emposte (châtellenie d'), 132.
Engaran (Raymond), chanoine de Maguelone, 254.
Enguerran, chanoine de St-Pierre, 303.
Enoch, 8.
Epine (M™e de l'), 430.
Eraut (Hérault), rivière, 310.
Erfort (l'évêque d'), 518.
Ermemirus, 17, 18.
Ermengarde, fille de Rostang, abbesse de St-Geniez, 450.
— abbesse du Vignogoul, 459.
— vicomtesse de Narbonne, 57.
Ermengaud, doyen du monastère de St-Gille, 76.
Ermensende, femme de G. de Fabrègues, 44.
Ervige, 14.
Ervigius, roi d'Espagne, 624.

Escures (Alexandre des), comte de Lyon, prend la qualité de vicaire général de l'ordre du St-Esprit, 487, 491.
Espagne (l'), 7, 144, 209, 343, 395, 421, 424, 486.
Espériac (Guillaume d'), sénéchal de Beaucaire, 163.
Espinasson (Guillaume d'), docteur en droit, 165.
Esplanade (l'), 381.
Estang (Pierre de l'), 389.
Este (le cardinal d'), 277, 296.
Etampes, 148.
Ethiopie (l'), 561.
Etienne, archidiacre de Maguelone, 10, 620.
— (Bertrand), 239.
— comte de Thiers, fondateur des religieux de Grammont, 628.
— évêque d'Ancône, 24, 636.
— évêque de Narbonne, 6.
— VI, pape, 17, 19.
Etiennette, abbesse de St-Geniez, 450.
Eudoxie, femme de Guillaume de M., 60.
Eugène III, pape, écrit à Guillaume de M., 49, cité, 50, 53.
— IV, élu pape au concile de Bâle, 548, cité, 453, 216, 218.
Eugenius, évêque de Nimes, 9.
Eulalie (sainte), 144, — vierge & martyre, 352.
Euménius, abbé, figure au 5ᵉ concile de Tolède, 10.
Eumérius, évêque de Maguelone, succède à Genesius, 621.
Eunnes (l'abbé d'), 452.
Enrops (l'), 14.
Eustrogie, mère de saint Fulcrand, 315.
Eute (le P. Isidore de l') récollet de la citadelle de M., 462.
Evreux, 492.
Exindrio, 641.
— (villa de), 417.
Exupère, 7.

F

Faber (Marie-Renée), supérieure des sœurs de la Visitation de M., 470.
— (Jean), professeur de droit à M., 536.
Fabien, pape, envoie des apôtres dans les Gaules, 6.
Fabre, chanoine de St-Pierre, 503.
— (Jeanne de), prieure de St-Félix, 454.
— (Pierre), dit Piquet, 377.
Fabrègues, 44, 213.
Fabrègues (Béranger de), 100, 128, 306.
— (Guillaume de), 44, 117.
— (Marie de), femme de B. de Montlaur, 485.
Fabri (le P. Dieudonné de), 463.
— de Actiles, prévôt de Maguelone, 219.
Falgario (Raymond de), prieur, 425.
Farlet, 441.
Farre (Anne de la), prieure de St-Félix, 454.
Faucher, chanoine & vicaire général, 434.
— ministre protestant de M., 270.
Faucon (Françoisde), évêque, 299.
Faugerolles (Frederic de), maréchal, 132.
Faur (Guy du), seigneur de Pibrac, 569,
Fayet (Gabrielle de Bertrand de), abbesse de St-Geniez, 451.
Félibien, 566, 591.
Félix d'Urgel, 311.
— IV, pape, 216.
— (saint), 10.
Fenouillet (Pierre de), 267, 271, 273, 349, 377, 397, 430, 440, 462, 470, 473, 586, 611, — meurt à Paris, 274, — déclare paroissiale l'église de N.-D. des Tables, 389.
Fenouillette (métairie de), 455, 456.
Ferdinand, fils du roi de Mayorque, 295.
— (Pierre), 580.

Ferdinand (maison de), 497.
Ferrand (Jean), moine de St-Germain de M., 254.
Ferrare, 218, 528.
Ferrare (maison de), 275.
Ferrarius, auteur cité, 323.
Ferrier (saint Vincent), prédicateur, 212.
Ferrières, 491.
Ferrières (Pierre de), 498.
Ferruccii (Hugues), vicaire et official de l'évêque de M., 586.
Ferté (le P. de la), prédicateur à M., 281.
Fesc (Bernard de), notaire, 86, 555.
Fesquet, 442.
— (seigneur du), voy. *Bonail* (Barthélemy).
Ficher, auteur cité, 533.
Fieubet (de), 1ᵉʳ président au parlement de Toulouse, 501, 561.
Figères, en Espagne, 288.
Figon (Charles de), conseiller en la chambre des comptes de M., 572.
Figuières (Pierre de), 88.
— (Pons de), 88.
Finard (Guillaume), de l'ordre des frères prêcheurs de Provence, 457.
Firmin (saint), évêque d'Uzès, 9.
Fifes (Simon), 569.
— (Antoine), professeur de mathématiques, 590.
— (Nicolas), nommé par Louis XIV à la chaire de professeur de mathématiques, 590.
Flagellans (les), 124.
Flandres, guerres avec Philippe le Bel, 295, — (les), 322.
Flavacourt (Guillaume de), archevêque de Rouen, 295.
Fleires (Pierre de), évêque de St-Pons, 268.
Fleix (Guillaume de), évêque de Maguelone, 64, — sa mort, 67, cité, 289, 324, 395 (*note*), 664.
— (Jean de), 59, 654.
— (Raymond de), 59, 654.
Flexio (G. de), voy. *Fleix*.
Fleury, auteur de l'*Histoire ecclésiastique*, 97, 102, 109, 125, 169, 296.

Fleury (André-Hercule de), cardinal, 301, 337, 509, 511, 533, 534.
Fleyres (Jean-Jacques de), coadjuteur de St-Pons, 300, voy. *Fleires*.
Florac (Raymond d'Anduze de), 119.
Florence, 344.
Florenfac, 378.
Florentins (les), excommuniés par le pape, 203.
Floret (François), 556.
Flotard, abbé de Thomières, 644.
Flour (saint), évêque de Lodève, 6.
Foix (le duc de), gouverneur du Languedoc, 217.
— (Pierre de), vicaire général à Avignon, 481.
Folzerats, 47.
Fondi, 208.
— (comte de), voy. Honorat.
Fontanez, 216.
Fontanon (maifon du fieur) où fut établi le couvent du Bon-Pafteur, 477.
Fontanon (Denis), doćteur de la faculté de M., 527.
Fontès (Marie de), fondatrice du couvent de Ste-Urfule de M., 472.
Fontfroide (l'abbé de), 452.
Fontfroide (abbaye de), 324.
Forcalquier (comté de), 109.
Forêt (de la), voy. *Toiras*.
Forêt (de la), 444.
Formi (Samuel), chirurgien de M., 531.
Fornoles (Géraud de), facriftain de Maguelone, 76.
Fortanier, clerc, 332.
Foffeneuve (abbaye de), ordre de Citeaux, 204.
Foffeneuve (moines de), 205.
Foulques, comte d'Aujou, 34.
Four-du-Caftel (île du), où les Carmes bâtirent une chapelle, 434.
Fourelhet (Jean), de M., 461.
Fourillet (Pierre), 379.
Fournier (Jacques), évêque de Mirepoix, puis pape fous le nom de Benoît XII, 156.
Fournier (Jeanne), 554.
Francfort, 527, 312, 555.

François Ier nomme Boëri préfident du parlement de Bordeaux, 554, — cité, 227, 229, 256, 300, 347, 422, 521, 555.
— II, roi de France, 521, 378, 558, 559.
François (faint), 329, 421.
Franquevaux, 670.
Franquevaux (l'abbé de). Sa maifon devient le couvent des fœurs de la Providence, 474.
Frayres, voy. *Fréjorgues*.
Freauville (Nicolas de), 292.
Frédéric, empereur excommunié au concile de Lyon, 88, cité, 87, 424.
Fredol (André de), transféré de l'évêché de d'Uzès à celui de Maguelone, 127, — mort à Avignon, 130, cité, 162, 296, 682.
— (Berenger de), chanoine, puis évêque de Maguelone, 106, — cède à Philippe le Bel tous les droits qu'il avait fur M., 113, — confacre l'églife des Prouillanes, 463, — cité, 111, 171, 221, 288, 290, 296, 305, 420, 426, 513, 535, 628.
— (Guillaume de), évêque de Béziers, 163, 212, 296.
— (maifon de), 293.
— (Pierre de), abbé de Franquevaux, 128, — feigneur de La Vérune, 21, 117, 296.
— de Subftantion, 16.
Fredolus, voy. *Fredol*.
Freganicæ, voy. *St-Jean de Fréjorgues*, 641.
Fréjorgues, 641.
Fréjus (l'évêque de), voy. Fleury.
Frelloni, imprimeur à Lyon, 527.
Frères-Mineurs (les), 421.
Frizon, auteur cité, 296.
Frodon de Barcelone, 17, 18.
Frontignan, 140, 155, 227, 257, 297, 306, 349, 589, 680, — (château de), 78, 85.
Frontignan (Charles de), doćteur ès-lois, 580.
— (Henri de), 219.

Frontinus, évêque de Nimes, 637.
Froterius, évêque de Nimes, 25.
Fubfifart (?), doćteur en droit canon, 389.
Fulbold, 16.
Fulci (Guillaume), prieur de Montauberou, 153.
Fulcodi (Guy), de St-Gilles, 100, — pape sous le nom de Clément IV, 288, cité, 673.
Fulcran, archidiacre de Maguelone, 55, 304, 652, puis évêque de Lodève, 286, 315, 347, 626.
— (les fœurs de faint) donnent M. & Montpellieret à l'évêque Ricuin, 20.
— évêque de Toulouse, 92.
Fulgence, évêque de Séville, 618.
Fulgentius, voy. Fulgence.
Fumée (Adam), doćteur de M., premier médecin du roi Charles VII, 521.

G

Gachon (Vital), reċteur, 549.
Gadagne (prieuré de), dans le comtat d'Avignon, 361.
Gadiran (rivière de), 455.
Gaifier, duc d'Aquitaine, 311.
Gaillard (N.), 146.
— voy. *Saunate*.
Gaillou (château de), 301.
Galberti (Guillaume), chancelier de l'école de médecine de M., 523.
Galdemar (Bernard), 41.
Galiac (Jean de), 406.
Galien, 520.
Galières, 441.
Gallar, 13.
Galliciane, abbeffe de St-Geniez, 450.
Galfa, appartenant à l'abbaye de Vignogoul, 455.
Galtherius, évêque de Maguelone, fuccefieur de Gothofredus, 648.
Galtier (Sébaftien), archidiacre, 253.
Ganges, 52, 212, 221, 667, 678, 683, — (églife de), fon uniou avec la manfe épifcopale, 129.

Ganges (Guillaume de), 485.
Ganges (seigneur de), 82.
Gama (Marguerite de), abbesse de St-Geniez, 450.
Gap, 267.
Garcin (P.), archidiacre de Maguelone, 76.
— peintre, 593.
Garcinde, femme de Pons, comte de Toulouse, 20.
Garde (Gaucelin de la), décédé au château du Terrail, 400.
— (Pons de la), évêque de Mende, 298.
— prieur de St-Firmin, 362.
Gardès (Jeanne), fondatrice du couvent de Ste-Ursule de M., 472.
Gariel (Pierre), chanoine de la cathédrale de M., historien de M., 5, 8, 19, 46, 53, 61, 97, 152, 166, 175, 184, 196, 205, 217, 220, 228, 256, 266, 330, 346, 368, 386, 397, 432, 461, 499, 564, 572, 621, *note*, 625.
Garnier (Jean), nommé évêque de Maguelone par Henri IV, 265, cité, 306, 393, 409, — prieur de Cardonnet, 457.
Garrigue (Pierre), prêtre & prieur, 352.
Garsabalde (Jeanne), prieure de St-Félix, 454.
Gase (Jean), abbé d'Aniane, 178.
Gascogne (la), 310.
Gase, abbé d'Aniane, nommé évêque de Nîmes, 184.
Gasque (Raymonde), prieure des religieuses de St-Gilles de M., 468.
Gassendi, célèbre jurisconsulte, 551.
Gaston (Pierre), chanoine d'Albi, 544.
— de France, 273.
Gatien, 6.
Gaucelin, évêque de Lodève, 59.
— (Béranger), archevêque de Narbonne, 70.
— (Bernard), chanoine, 36, 55, — prévôt du chapitre de Maguelone, 303, 653.
— (Guillaume), 146, — évêque de Maguelone, 654.
— (Guillaume-Raymond), 44.

Gaucelin (Pierre), 218.
— (Pons), chanoine, 36.
— (Raymond), seigneur de Lunel, 86, 104, 399, 534, — (maison des) seigneurs de Lunel, 304.
Gaudalric, prévôt de Maguelone, 303.
Gaudet (de), voy. *Analico*.
Gaudette (Pierre de), 418.
Gaudiause, fille de Bernard de Florensac, 376.
— veuve de Pierre l'Estang, 389.
Gauldemar (Bernard), chevalier, 107.
Gaules (les), 6.
Gaulois (les), 591.
Gauffette, sœur du monastère de Prouillan, 457.
Gauteron, secrétaire perpétuel de la Société royale des sciences de M., 594.
Gautier, évêque de Maguelone, 39, 90, 289, 398, — hermite, fonde à M. un hôpital pour les étrangers, 123.
— (Géraud), 100.
— (Marquette), 100.
— (Nicolas), 329, 487.
Gaychii (Michel), 586.
Gelase II, pape, arrive à Maguelone, 42, cité, 181.
Gellone (monastère de), nom primitif de St-Guillaume-le-Désert, 37, 647.
— origine de ce monastère, 312.
Gendron (Pierre), entrepreneur de M., 388.
Genebrard, historien cité, 24.
Gênes, arrivée du pape Urbain V, 185, cité, 57, 204.
Genesius, archidiacre de Maguelone, 9, 10, 617.
Genève, 396, 470, 524, 525.
Genève (cardinal de), voy. *Robert*.
Geniez (saint), 447.
Génois (les), ravagent les côtes des environs de M., 57, cités, 185.
Genouillac (Martial de), chancelier de l'Ecole de médecine de M., 524.
Gentil (Hilaire), 502.

Gerard, 21.
Geraud, évêque de Nîmes, 448.
— (Hugues), archidiacre de l'église cathédrale de Rodez, 580, — évêque de Cahors, dégradé, 292.
Germain, recteur de l'Université de M., 565.
Geura, femme de Raymond Pons, 44.
Gévaudan (évêque du), 7.
— (le), 177.
Giaconius, cité, 193.
Gibret (château de), 316.
Gifroid, archevêque de Narbonne, 25.
Gigean, 45, 50, 58, 107, 157, 346, 453, 628, 649, 669.
Gigeano (castrum de), voy. *Gigean*.
Gigean (château de), réparé par les soins de Mgr Bosquet, 278, cité, 21.
Gigean (Béranger de), 62.
— (les religieuses de), 451.
Gignac, 270, 474.
Gilbert, évêque de Barcelone, 25, 637.
Gilles (Jacques) ou Ægidii, chancelier de l'Ecole de médecine de M., 523.
Gimier (saint), évêque de Carcassonne, 7.
Ginestet, 641.
Giniens (Bernard), 377.
Girard (Raymond), archiprêtre, 76.
— donne à l'évêque de Maguelone Vic avec ses dépendances, 628.
— (Robert de), évêque d'Uzès, 557.
Girin (Barthélemy), imprimeur de Paris, 588.
Girardus, voy. *Girard*.
Girona, voy. *Girone*.
Girone, visitée par le roi Recarède, 10, cité, 17, 18, 29, 288, 605, 619.
Gironne (Jean, comte de), 210.
Girone (collège de), 604 et suiv.
Gisla, comtesse de Melgueil, femme de Berenger, 628.
Godefroy, évêque de Maguelone, 30, 34, 303, 376, 380, 383.

Godmar, 17, 18.
Goifvintha, fille du roi Athanagilde, 617.
Gondi (Pierre de), cardinal, 261.
Gondran, voy. Eléazar (le P.)
Gonnet (le P.), cité, 403, 425.
Gontard de Montpellier, 81.
Gontier, évêque d'Agde, 25, 637,
— évêque de Maguelone, 19, 20, 625.
— (R.), imprimeur de M., 590.
Gonzaga, cité, 439.
Gonzague (François), historien, 421.
Gordièges, 302.
Gordon (Jean), médecin de la Faculté de M., 520.
Gornerium, voy. Gorniès.
Gorniès (église de), 641.
Gothard, 338.
Gothie (la), 310.
Gothofredus, ou Gothofridus évêque de Maguelone, 640, 657.
Goths (les), 533, 617.
Gouffier-Boiffy (Artus de), 227.
Goufe (Simon), 502.
Gozon (Aftorg de), prévôt, 306.
— (Jean de), prieur de Fabrègues, 216.
— (Simon de), feigneur de Boutonnet, & patron du collège de Girone, 605.
Grabels, 107, 128, 665, 670, 674.
— (église de), 89, — (prieuré de), 140, 164.
Grace (monaftère de la), Gélafe II figne une bulle en fa faveur, 42.
Grammont (religieufes de), 417.
Gramon (Hugues), chanoine de St-Pierre, 503.
Gramont, 669.
Grandis (le P.), 463.
Granier (Jean), évêque de Maguelone, lifez & voyez Garnier (Jean).
— (Pierre de), 329, — de l'Académie de M., 593.
Granfelve (abbaye de), 319.
Gras (Pierre), fondateur de l'hôpital de Ste-Marthe, à M., 500.
Grafcy (Marie-Jacqueline), fupérieure des fœurs de la Vifitation de M., 470.
Grafillargues, 675.

Grafillargues (Bernard de), 107.
Graffe (Pierre-Raymond de), général des Carmes, 434.
Graffet (Gabriel de), procureur gén. en la chambre des comptes, 402.
Graffin (Jean), médecin ordinaire de Charles VIII, 521.
— chancelier de l'école de médecine de M., 524.
— (de), poète, 567.
Grave (marquis de), 397.
Gravero (Mathieu), recteur, 549.
Grecs (les), 533.
Greffe (de la). Son jardin fert d'emplacement aux Petites-Maifons de M., 508.
— (Antoine Trinquaire de la), 440.
Grégoire, 371, — pape, 366, 545, 642 — fucceffeur de Pélage, 619.
— IV, pape, 17.
— VII, pape, 31, 34, 647.
— VIII, pape, 183.
— IX, pape, 83, 84, 95, 382, 522, 451, 657.
— X, pape, tient un concile à Lyon, 294, cité, 214, 304, 486, 657.
— XI, pape, fucceffeur d'Urbain V, 169, — s'en retourne à Rome, 203, — meurt à Rome, 207, cité, 179, 193, 205, 337, 362.
— XV, pape, 487.
— de Tours, 6.
Grenade, 336, — (royaume de), 343.
Grenoble, 32.
Grenouillères (métairie de), 66, 304.
Griffi (Jean), prieur de l'église collégiale de Ste-Anne, 549.
Griffi (Gilbert), chancelier de l'école de médecine de M., 524.
Grille (Antoine de), général des aides, 409, 503.
Grimoard (Anglic), évêque d'Albano, 204, — frère d'Urbain V, 187.
— cardinal, 209, 298, 464, — fonde l'église collégiale de St-Ruf, 358.

Grimoard (Guillaume), pape fous le nom d'Urbain V, 165, 544, — feigneur de Grifac, 177, — doéteur & doyen de Cluny, 165.
Grœvius, auteur cité, 123 (note).
Gros (Giraud), 106.
— (Jean), orfèvre de M., 106.
Guardia, 602.
Guazanhaire (Pierre), chancelier de l'Ecole de médecine de M., 523.
Guerre (Raymond), 76.
Gui, fouche des Guillaume, 20.
Guibert de Ravenne, 34.
Guido (Bernard), évêque de Lodève, 24, 294, 297, 627, — prévôt de Maguelone, 433.
Guienne, 433.
Guifredus, archev. de Narbonne, 29, 636.
Guigues (Jacques), conful de M., 206.
Guilhermin (de), archidiacre, 389.
Guillaume, évêque d'Alet, 166,
— évêque d'Avignon, 370, — évêque de Maguelone, 171, — oncle de Guy, 485, 586, — évêque de Laon, 219, — évêque de Nîmes, 370.
Guillaume, fils d'Ermengarde, 32, 40, 286, 372, 380.
— fils d'Ermenfende, fonde l'église Ste-Croix, 392, 464, — fait une donation à l'hôpital St-Lazare, 482, cité, 303, 318, 351, 372, 383, 414.
— fils de Mathilde, 351, 372, 395, 417, 482, 514, 552.
— de M. époufe Sibille, 46.
— fils de Sibille, 303, 351, 372, 395.
— (Raymond), évêque d'Agde, 287, — évêque de Lodève, 286, — évêque de Maguelone, 61, — de Pofquières, 286, — évêque de Nîmes, 286.
— le Chevelu, 19.
— le Conquérant, 351.
— neveu de Charlemagne, 312
— II, évêque de Béziers, 286.
— IV, évêque de Maguelone, 305.

cités dans l'Histoire de Montpellier. 701

Guillaume (maison de), hôte, 500.
— de Entença, 602.
— (les), seigneurs de M., 379, 644, 597.
Guillem (Bernard), 335.
Guillemeau (Charles), médecin de Paris, 521.
Guilleminet (de), 561.
Guimaude, mère de G. de Fabrègues, 44.
Guimildus, évêque de Maguelone, successeur d'Eumerius, 10, 622.
Guineminarius (?), archev. d'Yverdun, 637.
— archevêque d'Embrun, 25.
Guiramende (Sibille), sœur du monastère de Prouillan, 457.
Guiraud, prieur du couvent des frères Prêcheurs de M., 108, 426.
Guintonia (Henry de), chancelier de l'école de médecine de M., 523.
Guy, archevêque de Vienne, élu pape, 43.
— prévôt de Maguelone, 61.
— de Montpellier, fondateur des Hospitaliers du St-Esprit, 326.
— frère de Guillaume de M., 55.
— 4e fils de Guillaume, fondateur de l'hôpital du St-Esprit, 485.
— (Pierre), prieur du couvent des Augustins de M., 166, 436.
— dit Tête-de-Porc, 666.
Guy-Pape, 557.
Guzargues, 52, 671.

H

Haguetans (les), de Lyon, 561.
Halene (Guillaume), recteur de Ste-Foy, 382.
Harcourt (Jean d'), archevêque de Narbonne, 220.
Hallé (François de), archevêque de Narbonne, 222, 307.
Harcourt (le prince d'), 593.
IV.

Harlay (Mgr Roger de), évêque de Lodève, 473.
Harfy (Jean), imprimeur, 525.
Haudessens (François de), prévôt de M., 308.
Hébrard (Raymond), 650.
Hedose, prieur de St-Paul de Fenouillet, 156.
Helena (Elne), 8.
Hélie, général des Jacobins, 205.
Helladius (?), évêque de Lodève, 7, 9.
Henin-Lietard (J.-Fr.-Gabriel de), évêque d'Alais, 302.
Henri Ier, roi de France, 29.
— II, 260, 521, 559.
— III, 261, 408, 559, 568, 569.
— IV, empereur, 34.
— IV, roi de France, 261, 261, 263, 265, 274, 300, 387, 408, 440, 487, 521, 525, 551, 558, 576, 612.
— V, empereur, 42.
— (Jean, chanoine), 219.
Henry, archevêque de Trèves, déposé, 293.
Herberie (place de l') à M., 401.
Hermenegilde (saint), 144.
— fils de Leovigilde, roi des Goths, 617.
Hermet (Pierre), apothicaire de M., 461.
Héro ou *Noirmoustiers* (île d'), 311.
Heusière (Laure de), sous-prieure des sœurs Prouillanes, 465.
Hierosolyma (Jérusalem), 28.
Hilaire, évêque de Narbonne, 6.
— (Hugues), mercier, 375.
— (saint), évêque de Carcassonne, 7 ; — évêque de Poitiers, 8.
Hildebrand, consul des Pisans, 57.
Hilduin, abbé de St-Denis, 6.
Hippocrate, 527.
Hippolyte (saint), martyr, 352.
Holanic (Jean), notaire de M., 382.
Holans (Guillaume), 155.
Holstenius, bibliothécaire du Vatican, 313.
Hollande (la), 573.
Hongrie (royaume de), 214, 486,
— (prieur de), 132.
Honorat, comte de Fondi, 204.
Honoré II, pape, 41.

Honoré III, pape, successeur d'Innocent III, 486, 78, 81, 95, 183, 345, 419, 423, 486, 514, 546.
Honorius, pape, 652, 657.
Hôpital-Général. Tous les biens et revenus de l'ordre St-Lazare lui sont réunis, 484.
— de M. Son établissement, 504 & suiv.
Horace, poète latin, 573.
Hucher (Jean), chancelier de l'école de médecine de M., 525.
Hue (Jean), doyen de la faculté de théologie de Paris, 549.
Huesca en Aragon, 106, 429.
— (l'évêque de), 193.
Hugo, évêque, 637.
Hugues, archevêque de Lyon, 34.
— comte de Rodez, 88, 104.
— évêque, 25, — évêque d'Agde, 193 ; — évêque de Grenoble, 32.
— (Honoré), prieur de Grammont, 260.
Huile (plan de l'), 401.
Humbert, cité, 424.
Hyères (les moine de l'île d'), 563.

I

Icher, de la Société royale des sciences de M., 594.
Ildefonse d'Aragon, 56.
Ilderic, comte de Nîmes, 10.
Imbert, cardinal, 425.
Inde (monastère d'), près d'Aix-la-Chapelle, 313.
Inguimbert (Guillaume), 239.
— moine de St-Germain-de-M., 254.
Innocent II, pape, vient à Maguelone, 47.
— pape, en guerre avec Roger, roi de Sicile, 533.
— III, pape, donne à l'évêque de Maguelone le comté de Melgueil, 74, cité, 65, 655, — (mort d'), 78, cité, 70, 220, 324, 329, 333, 395, 486, 663.

88

Innocent IV, pape, fe réfugie en France, 87, — fixe le nombre de religieufes qui doivent être reçues au Vignogoul, 455,— prend fous fa protection les religieufes de St-Félix de Montceau, 452, cité, 99, 333, 335.
— V, pape, donne l'évêché d'Albi à B. de Caftanet, 294.
— VI, pape, élu à Avignon, 167, — fa mort, 177, cité, 176, 193, 512, 603.
— X, pape, 275, 277.
Irnerius, profeffeur de droit à Bologne, 533, 552.
Ifabelle, fille de Jacques le Conquérant, 321. Voy. Izabelle.
Ifidore (faint), évêque de Séville, 10.
Ifle-Barbe (monaftère de l'), 311.
Ifmundus, évêque d'Yverdun, 422.
Italie (l'), 14, 161, 314, 486, 528, 533, 591.
Izabelle, marquife de Montferrat, 196.
Izalquier (Raymond), 196.
Izarn, évêque de Maguelone, 223.

J

Jacob (Ermenfende), fœur du monaftère de Prouillan, 457.
Jacobi (Jean), maître en médecine à M., 189.
— (Pierre), profeffeur de droit à M., 535.
Jacobins (les), établis à Touloufe, 425.
Jacobus (Jean), chancelier de l'école de médecine de M., 523.
— voy. Jacques.
Jacone (villa de), voy. Jacou.
Jacou, 224, 629.
Jacou (Béatrix de), 56.
Jacques, archevêque de Narbonne, affemble un concile général à M., 78.
— les rois d'Aragon & feigneurs de M., 78 ; 85, 98, 102, 110, 115, 123, 130, 186, 218, 289, 297, 305, 321, 334, 335, 317, 338, 380, 421, 422, 426, 428, 432, 452, 454, 455, 463, 484, 496, 519, 601, 667, 673, 675.
Janfenius, 277.
Jaucels (monaftère de), dans le diocèfe de Béziers, 317.
Jaufferan, confeiller au préfidial, 498.
Jean, abbé de Valmagne, 457.
— archiprêtre de St-Firmin, 482.
— cardinal de St-Marc, puis de Ste-Sabine, 169.
— évêque de Maguelone, 15, 415, 651 et fuiv.
— évêque de Nîmes, 193.
— prêtre, bâtit l'églife de Murles, 43.
— prieur de Saint-Firmin, 52.
— VIII, pape, 17.
— XX, pape, adreffe une lettre aux fidèles du diocèfe de Maguelone, 23, cité, 634.
— XXI, pape, 294.
— XXII, élu pape à Avignon, 125 ; érige Lombez en évêché, 125, cité, 7, 151, 292, 295, 297, 418, 429, 522, 681.
— XXIII, 214.
— II, roi de France, 392, 426, 433, 464, 546, 579.
— roi de Bohême, vient confulter les médecins de M., 519.
Jeanne, fille de Raymond de Touloufe, époufe Alphonfe, frère de Louis IX, 100.
— de France, époufe Charles de Navarre, 492.
— reine de Naples, 177, 631, 208.
Jérufalem, 37, 286, 322, 432, 631.
Jéfuites (collège des), fon établiffement à M., 611.
Joannin (Gérald), 65.
— (Jean), conful, 154.
Joannis, voy. Jean.
Joly, avocat général à la cour des aides, 268.
— évêque d'Agen, 411.
Joly (Catherine de), prieure de St-Félix, 454.
Jordan, cardinal, 425.
Jorymar, notaire du chapitre de Maguelone, 255.
Jorzi (Thomas), cardinal, 291.
Joubert (Ifaac), fils de Laurent, docteur de l'école de M., 529.
— (Laurent), chancelier de l'école de médecine de M., 525, 648.
Jourdan (Pons), 37.
Joyeufe (de), 439.
Judith, fille de Gondran, 447.
Jugée (Hugues de la), évêque de Béziers, 166.
— (Pierre de la), archevêque de Narbonne, tient un concile provincial à Béziers, 166, 181, 193.
Juges (de), confeiller au parlement, 562.
Jules II, pape, fes différends avec Louis XII, 227.
Julien (Raymond), 580.
— de Tolède, 12, 13.
Juncharias (Jonquières), 19.
Jurieu, 588.
Juft (faint), 144.
Juftinien, empereur, 533.
Juftus (Volfgang), auteur cité, 526, 527.
Juvénal (pont), emporté par le Lez, 151.
Juvignac, 107, 674, — (dimerie de), 118, — (églife de), 31, 89, 641 ; — paroiffe de), 367 ; — (prieuré de), 140, 164 ; — (feigneur de), voy. Griffy (Jacques de).

K

Krantzius, auteur cité, 337.

L

Labbe (le P.), 157, 616 (note).
La Chaife (le P. de), 490.

cités dans l'Histoire de Montpellier.　　703

La Croix (André de), officier du présidial, 551.
— de Castries (Armand-Pierre de), archevêque, 302.
La Garde (Gaucelin de), évêque de Maguelone, meurt à son château du Terrail, 120, cité, 115, 456, 679.
— (Pons de), prieur de St-Firmin, 194, 176.
Lairargues, 677.
Lallemant (Louis), évêque de Maguelone, 546.
Lambert (Pierre), légat du Saint-Siège, 254; — secrétaire du pape, 253.
Lambia, 13.
Lamousson (La Mosson), rivière près de M., 29, 37, 47, 52, 76.
Lamusa, 13.
Lancastre (le duc de), 202.
Landorre (Béranger de), général des Jacobins, 535.
— (Guillaume de), abbé d'Aniane, 157.
Lanfranc, général de l'ordre de St-Augustin, 435.
Languedoc (le), ravagé par la peste, 102, cité, 5.
Languissel d'Aubais (Bernard de), 119.
Lantissargue, 561.
Lanuejols, 100.
Laporte (Hugues), 561.
Lara (maison de), 336.
Largentière, 486.
Larida, voy. Lerida.
Larzac, 221.
Lastour (Bérenger de), 161.
Laterosu, 13.
Latas, 40, 59; — (terroir de), 62, 211, 351, 361; — (château de), 48, 103, 356, 669, 49; — (port de), 49; — (porte de), 381.
La Tour (Guillaume de), prévôt de Maguelone, 127, 306.
Latran, 59, 546.
Latude (sœur de), du couvent de St-Charles de Lunel, 473.
Laudun (Guillaume de), vestiaire de Maguelone, 133, 157, 164, 192, 172.
Launac (château de), 67; — (terre de), 398.

Laurens (André du), chancelier de la fac. de médecine de M., 1er médecin d'Henri IV, 521, 525, 529.
— (Gaspard du), archevêque d'Arles, 339.
Lauret, 39, 224, 649.
Lauri (Guillaume), 86.
Lausselergues (Jean de), 238, 253.
Lauthier (Raymond), consul de M., 206.
Lautier (Pierre & Jean), 376.
Lauze (métairie de la), 67, 88; — (terroir de la), 390.
Lauze (Bernard de la), 62.
Lauzière (Pons de), chanoine de Lodève, 171.
Lavanet, 393.
Lavaurs, 7.
La Vérune, 37, 141, 259; — (château de), 52, 212, 270;
— (terre de), achetée par Mgr Pradel, 282, 290.
La Vérune (Frédol de), prieur de Castries, 101.
— (Pierre de), 59, 62.
Laverune, 628.
Lazare, 5.
Léandre, évêque, 618.
Le Blanc (Jean), 99.
Lechas, prieur de Cluzenet, 82.
Le Féron, 219, 521, 536.
Lefèvre, 598.
Legados (porte du), à M., 188.
Léger, archevêque de Vienne, 25.
— évêque de Maguelone, 453.
Leidrade, archevêque de Lyon, 311, 312.
Le Jeune (le P.), prêtre de l'Oratoire, 411.
Le Mazuyer, président au parlement, 207.
Lemire, auteur cité, 323.
L'Enfant, cité, 434.
Léocadie (paroisse de), 107.
Léocadie (sainte), 144.
Leodegarius, archev. de Vienne, 422.
Léon (saint), pape, 8.
— III, pape, 24, 312.
— X, pape, 300, 555, 453, 624.
Leovigilde, roi des Goths, 617.
Le Pul (le P.), prieur, 428.

Lerida (Gimond de), 62.
Le Roy (Guillaume), évêque de Maguelone, 217.
Le Sage (David), poète de M., 569.
Lescarris (métairie de), 223.
Lesdiguières (connétable de), 409, 428.
Lestang (Christophe de), évêque de Carcassonne, 268.
Leuse (Pierre de), consul de M., 427.
Lévis (Guy de), 121.
— (Pierre de), succède à Gaucelin de Lagarde, évêque de Maguelone, 680, 121; — archevêque de Cambrai, 297.
Levefon (Bermond de), évêque de Beziers, 451.
Leytoure, 439.
Lez (le), rivière près M., 14, 47, 82, 86, 107, 192, 356, 414.
Liban (Mont), 320.
Lille, 424.
Limoges, 6.
Limoges (Guillaume de), 40.
Limousin, 418.
Linden (Van der), auteur cité, 521.
Linsernet (moulin de), 76.
Lisbonne, 593.
Livière (terre de), 534.
Livonie, 495.
Lizieux (de), 591.
Lodève, 7, 8, 13, 227, 317, 473.
Lodève (évêque de), 18.
Lombardie (La), 338, 603.
Lombards (les), font irruption en Italie, 533.
Lombez, érigé en évêché par le pape Jean XXII, 125; — cité, 300.
Londres, près Montpellier, 605.
— (château de), 304.
Long (B.), de M., 86.
Lothaire trouve à Amalfi un exemplaire du Digeste, 533.
Loubens (de), voy. *Verdale*.
Louis, duc d'Anjou, frère de Charles V, 203.
— roi d'Aquitaine, 311.
— roi de Sicile, 211.
— Ier, dit le Débonnaire, roi de France, 16, 24, 51, 312, 625.

Louis II, dit le Bègue, roi de France, 17.
— VI, dit le Gros. Gélafe II implore fa protection, 42
— VII, dit le Jeune, roi de France, 48, 51, 650.
— VIII, roi de France, ordonne la démolition des murailles de Narbonne, 71, 665.
— IX, roi de France, reçoit de l'évêque Pierre de Conchis une reconnaiffance pour la partie de Montpellieret, 100; — fait le premier règlement pour l'école de droit de M., 534; — canonifé fous Boniface VIII, 295, cité, 105, 108, 288, 289, 293, 297, 432, 518, 556.
— XI, confirme l'établiffement du collège Duvergier à M., 607, cité, 404, 524.
— XII, attire à fa cour le jurifconfulte Boëri, 554, cité, 223; — roi de France, 226, 352.
— XIII donne aux frères prêcheurs les biens qui avaient appartenu au collège de Girone, 603; — vient en Languedoc, 611, cité, 91, 147, 207, 269, 273, 300, 342, 349, 358, 367, 380, 396, 409, 437, 440, 441, 443, 451, 512, 487, 566.
— XIV, paffe à M., 471, 592; — établit un hôpital général à M., 504; — crée deux charges de profeffeur de théologie à M., 586; — cité, 275, 279, 301, 397, 418, 438, 443, 466, 484, 522, 532, 573, 588, 592.
— XV, roi de France, 301, 521.
— (faint), évêque de Touloufe, 421; — canonifé à Avignon, 125; — de Marfeille, 422.
Loupian, 213, 367.

Louviers ou Loviers (Antoine de), nommé évêque de Maguelone, cité, 211; — cité, 221, 306, 392, 545, 436.
Louvois (de), grand-maître des chevaliers de St-Lazare, 489.
— miniftre de Louis XIV, 593.
Louvre (le); il y eft tenu une affemblée de feigneurs & prélats contre le pape Boniface VIII, 118.
Loyfel (et non Loifer), auteur cité, 556, 569.
Lozière (Cécile de), prieure de St-Félix, 454.
— (Ermefende de), abbeffe de St-Geniez, 450.
Lucius II, pape, 50.
— III, pape, 60.
Ludovicus, voy. Louis.
Lulle (Raymond), 579.
Lombard (Pierre), facriftain de St-Germain, 550.
Lune (Pierre de), élu pape à Avignon, 212, cité, 179, 209, 545.
Lunel, 141, 211, 473.
Lunel (Pons de), facriftain, 121.
Lunel-Viel, 127, 304, 654; — (églife de), 55.
Lupus, ravage les environs de Béziers, 13.
Luques, 360.
Lufignan (Pierre de), roi de Chypre, 189.
Luteba, voy. Lodève.
Lyon, 6, 87, 97, 125, 228, 290, 327, 455, 525, 527, 546, 556, 593.
Lyfippi (Pierre), chanoine de Maguelone, 219.

M

Mabillon (le P.), fes Analectes, 46.
Mabre-Cramoify (Sébaftien), imprimeur à Paris, 587.
Macaï, 13.
Madalon (Aymeric), prieur de St-Guilem de M., 112.
Madières (Guillaume de), 286.
Magalona, voy. Maguelone.

Magat (Antoine), conful de M., 427.
Magdeleine, 5.
Magdeleine (hôpital de la), fondé à M., 131, 499.
Maguelone, prife par le roi Vamba, 414, 8.
Maguelone, 8, 272, 346, 349, 365, 546, 616, 623; — (graude), 14.
Maguelone (év. de), 5.
Mahania (Jacques de la). Voy. Manhania.
Maillac (de), 490.
Maine (le duc du), 573.
Mainfroy, roi de Sicile, 385.
Mairofe (Bérenger), fait une donation en faveur des religieufes de St-Gilles de M., 171.
Maiffende (Jacques), juge de la cour du palais de M., 206.
Majoricæ, voy. Majorque.
Majorque, 5, 57; voy. Mayorque.
Malbofc (Anne de), abbeffe de St-Geniez, 450.
— (Maragde de), abbeffe de St-Geniez, 450.
Maldura (Louis), auteur cité, 337.
— (Pierre-Louis), 338.
Malenfant (Hubert), 607.
Malède (F.), cité, 417.
Male-Vieille (cap), 327.
Malhiac (Jacques), prêtre, curé de St-Guilhem de M., 458, 485.
Malipelli (Pierre), chanoine de Maguelone, 254.
Mallemont ou Maumont en Limoufin, 343.
Malras, 673.
Malrive (Jean de), 406.
Malthe (chevaliers de), 67.
Maltois, fculpteur, 349.
Malveiranègues, propriété des fœurs du Vignogoul, 455.
Malvenda, hiftorien cité, 593.
— (Thomas), cité, 423.
Mandagout (Guillaume de), archevêque d'Embrun, 290.
— (Hugues de), prévôt d'Embrun, 544.
Mandon-Balaret, 580.
Mandronet (arc de), 373.
Manhania (Hugues de), évêque de Segovie, 206, 208.
— (Jacques de), conful de M., 179, 422, 464.

Manny (Pierre), 239.
Manny (la maison de), où s'établissent les sœurs de Ste-Ursule, 472.
Manse (de), tréforier, 434.
Manso (Jacques de), moine de St-Germain de M., 239, 254.
Maranègues (terroir de), 394.
Marc (Jacques), seigneur de Boutonnet, 157.
— (Jean), jurisconsulte, 122.
— (Pierre), 74.
Marca (de), historien cité, 24, 276.
Marc-Aurèle, empereur, 6.
Marcianicis (de), dans le comté de Substantion, 448.
Marcillia (Jacques de), chancelier de l'école de médecine de M., 523.
Marguerite de Provence, femme de Louis IX, 83.
— de Navarre, 525.
Mariana, son *Histoire d'Espagne*, 7, 8.
Marie de M. donne aux religieuses de Montfeau le château de Mirevaux, 451.
Marie de Montpellier, citée, 304, 321, 345, 482.
— fille de Charles-le-Boiteux, roi de Naples, 422.
Marie-Thérèse d'Autriche, 301, 411.
Marignac (Marie Bournet de), prieure de St-Félix, 454.
Marigny (Louise-Dorothée de), fondatrice du couvent de la Visitation de M., 470.
Mark (de la), évêque de Liège, 292.
— (maison de la), 545.
Marliac (Elisabeth de), mère de Pierre de Levis, 122.
Marquerose (marquis de la), voy. *Pradel*.
Marquise (la), en Camargue, 371.
Marseille, Grégoire XI y séjourne, 204; — cité, 24, 190, 228, 327, 432, 518.
— (église de), 5.
— (évêques de), 18, 80.
Marsillan, 367.
Marsille (Théodore), auteur cité, 265.

Martègue, en Provence, 262.
Martel (Jean), imprimeur de M., 563, 573.
Martène (le P.), cité, 331, 424.
Marthe, 5.
Martial, 6.
Martin V, élu pape au concile de Constance, 545; — unit la théologie aux autres facultés de l'Université de M., 511; — cité, 215, 216, 299, 453, 578.
— (Barthélemy), moine de St-Germain de M., 254.
— (Jean), doyen du chapitre de Maguelone, 253.
— (Raymond), de M., 206, 563.
— (saint), confesseur, 352.
— (Marie de), supérieure des sœurs de Ste-Ursule de M., 472.
Martinengue (Etienne), recteur de l'Université de M., 161, 165, 544.
Martini (Jean), premier médecin du roi Charles VIII, 621.
Mas (Pierre), prévôt de M., 308.
Mas-de-Dieu (Guillaume du), 76.
Maset (Mathieu), prieur de Suffargues, 390.
Manso (mas de), 18.
Massanes (de), conseiller à la cour des aides, 562.
Masses (Merauld de), grand prieur de St-Gilles, 370.
Massiac ou Messay en Berry, 311.
Massilargues, 534.
Massot (Jean), 580.
Mastalgo (villa de), 21, 417.
Matathias, 615.
Matelles (les), 683.
Mathe, chanoine, 262.
Matte, de la Société royale des sciences de M., 594.
— (Pierre), tréforier du roi, 607.
Matthœi (Bertrand), chanoine de Viviers, & official de Maguelone, 112.
Mauger (Vve), imprimeur à Paris, 573.
Mauguio, 681, voy. *Melgueil*.
Maureillan, 99; — (l'étang de), 66; — (métairie de), 56.

Maures d'Espagne (les), 18, 105, 336, 395.
Maurin, 52, 81, 667; — (église de) 641.
Maurine (Dame), 575.
Mayorque (évêché de), 433.
— (Isabelle de), fille de Jacques III, 422.
Mazères (Guillaume de), 520.
Meaux, 299.
Médecine (collège de), sa fondation par les Guillaumes, 597.
Médicis (Catherine de), 228, 259.
— (Marie de), 525.
Méditerranée (la), 28.
Meirargues, près de M., 80, 492, — près de M., 552.
Melgorio, voy. *Melgueil*.
Melgueil reçoit la visite du pape Gélase II, 43; — démolition de son temple, 277; — cité, 151, 212, 306, 360, 641; — (comté de), 74, 162.
Melgueil (Guiraud de), 88.
— (Raymond de), 73.
— (comte de), voy. *Pradel*, (les comtes de), 481.
Même (Henri de), président, 276.
Ménage, auteur cité, 574.
Menard (Dom Hugues), 321.
Menat ou Manlieu (monastère de), en Auvergne, 311.
Mende, 7, 24, 294, 304, 606; — (chanoines de), 58; — (collège de) ou des *Douze-Médecins*, 606 & suiv.; — (diocèse de), 116.
Mercadier (Guiraud), 146.
Mercy (couvent de la), 598.
Mercy (religieux de la), leur établissement à M., 88.
Merdanson (le), 125, 498.
Merven (Guillaume), chancelier de l'école de médecine de M., 524.
Mesclas (métairie de), 223.
Mesmin (monastère de), 311.
Mesoa (B. de), voy. *Mezoa*.
Mésopotamie (La), 322.
Messmergue (terroir de), 84.
Mestut, voy. *Meza*.
Meyrose (Béranger), riche bourgeois de M., 467.
Mèze, 367.

Mezoa (Bernard de), évêque de Maguelone, 77 ; — confacre à M. l'église des frères Prêcheurs, 80 ; — meurt en allant à Rome, 82 ; — cité, 146, 289, 304, 385, 424, 516 (note), 666.

Mezouls, 677.

Michaelis (Sébastien), auteur cité, 265.

Micy (monastère de), 311.

Migetius, évêque de Gaule, 619.

Milhau en Rouergue, 85, 486.

Milhau (Pierre de), général des Carmes, mort à M., 434, 431.

Milon, légat, 70.

Mineurs (couvent des frères), à M. ; assemblée tenue au sujet de Boniface VIII, 119.

Mineurs (frères), leur établissement à M., 80 ; — leur querelle avec les frères Prêcheurs de M., 108, 109.

Minorettes (sœurs), 461.

Minorque, 575.

Minutius (Félix), 587.

Mirabel (Pons de), 119.

Miramar (Hugues de), 83, 146.

Mirepoix, 7.

Mirepoix (maréchal de), 680.

Mirevaux, 107 ; — (Mireval), 37, 367 ; — (château de), donné par Marie de M. aux religieuses de Montceau, 451 ; — cité, 85, 346.

Mirevaux (André de), 221.

Miron (Tripot de), 461.

Miséricorde (dame de la), 476.

Misson, 373 (note).

Modène (maison de), 275.

Moine (Bertrand le), 47.

Moissac, 331.

— (monastère de), en Quercy, 311.

Moissac (l'abbé de), 200.

— (le sénéchal de), 487.

Molanus, auteur cité, 123.

Molines, 649 ; — (église de), 47.

Molette (Anne de), abbesse de St-Geniez, 450.

— (Catherine de), abbesse de St-Geniez, 450.

Moncontour, 400.

Mongranier, 350.

Mongros le vieux, habitant de M., 534.

Mons-Arbedo, voy. Montauberon.

Mons-Peregrinus, voy. Mont-Pélerin.

Montagnac (Pierre-Bernard de), 65.

Montagne (Jacques de), 567.

Montaigu (Giraud de), hospitalier de l'ordre de Malte, 132.

Montalet (Marie de), voy. *Vestric*.

Montana, 13.

Montaner, auteur cité, 345.

Montanier (Pierre), supérieur des religieuses Prouillanes, 465.

Montarac(Pierre de), cardinal, 194.

Montardier (archiprêtre de), voy. Barrière (Barthélemy).

Montarnaud, 107, 408, 649, 674.

Montarnaud (Adhémar de), 45.

— (Berenger Palissa de), 154.

— (le prieur de), intente un procès aux religieuses du Vignogoul, 456.

Montaruc (Pierre de), cardinal, 193, 298 ; — évêque de Pampelune, 362.

Montauban, 7, 17.

Montauberon, 81, 140, 219, 417 ; — (église de), 641.

Montauberon (Guillaume de), 76.

Montauberon (Rostang de), 81, 666.

Montbazin (église de), 59 ; — prieur de, 161.

Montbrun (Pierre de), archevêque de Narbonne, 288.

Montbrun (comté de), 286.

Montchal (Pierre), archevêque de Toulouse, 273, 333.

Montdidier (Erméniarde de), 84.

Montefiascone, près de Viterbe, 188, 205.

Monteils (Pierre de), 88.

Montel, 353. Voy. Montels.

Manteleon (Pierre de), 76.

Montelium, voy. Montels.

Montenard (Jeanne de), abbesse du Vignogoul, 459.

Montels, 16, 140, 651 ; — (église de), 31, 641.

Monterenc (Arnaud de), 119.

Monteriis (Raymond de), chancelier de l'école de médecine de M., 523.

Montesevo (église de), 50 ; — (montagne de), 305.

Montesevo, voy. St-Félix de Montfeau.

Montesquino (de), voy. *Montesquiou*.

Montesquiou (Pictavin de), nommé évêque de Maguelone, 152, 536 ; — nommé à l'évêché de Maguelone par le pape Jean XXII, 684 ; — transféré à Albi par Benoît XII, 156 ; — cité, 298, 155, 162, 172.

Montfaucon (de), 441.

Montfavet (Bertrand de), promu cardinal par Jean XXII, 125.

Montferrand, 212, 656 ; — (château de), 42 ; — cité, 78, 154, 257, 270 ; — (comté de), 162, 108.

Montferrand (comte de), voy. *Pradel*.

Montferrat (le marquis de), 422.

Montferrier, 669.

Montferrier (Antoine du Caylar de), chanoine de Maguelone, 349.

— (conseigneurs des), 88.

Montferrier (Guillaume de), 62 ; — (maison de), 393.

Montfleur (Jean de), syndic de l'Université de droit de M., 544.

Montfort (Simon de), 71, 74, 334, 398.

Montjoye (Guillaume de), évêque de Béziers, 220.

Montlaur (château de), 668.

Montlaur (de), 441.

— (Antoine de), prieur de Novigens, 239, 253.

— (Bertrand de), 485.

— (Guillaume de), consul, 385 ; — cité, 54, 157.

— (Jean de), archidiacre de Maguelone, 456 ; — évêque de Maguelone, fait des règlements pour l'école des arts de M., 510 ; — cité, 26, 54, 58, 81, 82, 90, 112, 117 ; — prieur de Saint-Firmin, 128,

146, 286, 289, 303, 304, 564; — succeffeur de Raymond Ier, 651, 668.
Montlaur (feigneur de), voy. *Verger* (Jean du).
— (Jeanne de), prieure de St-Félix, 453, 454.
— (Marguerite de), 'abbeffe de Vignogoul, 457, 459.
— (Pierre de), damoifeau, 119.
— (Pons de), père de l'évêque de Maguelone, 54 ; — prévôt de Maguelone, 32 ; — cité, 47, 303.
— (Raymond de), 107.
— (Ricarde de), 65.
— (Roftang de), 83, 668.
— (Triftan de), feigneur de Murles, 219.
Mont-Majour (l'abbé de) 180.
Montmirac (Bertrand de), 76.
— (Marie de), 76.
Montmorency (chevalier de), 269.
— (duc de), gouverneur de M., 207.
— (Anne de), 559.
— (Henri de), connétable, vient à M, 269, 307.
— (ducheffe de), voy. *Urfins* (Félicie-Marie des).
— (P.-H. Thibaut de), grand-maître de l'ordre du St-Efprit, 489.
— (Paul-Sigifmond de), 490.
Montolieu, dans le diocèfe de Carcaffonne, 536.
Montpeiroux (Gaucelin de), 100.
— (Michel de), 107.
— (maifon de), 300.
Mont-Pèlerin, 289. — Godefroy, évêque de Maguelone, y eft enfeveli, 641.
Montpellieret, cédé à Philippe-le-Bel, 305 ; — étendue de la paroiffe, 381 ; — cité, 20, 52, 85, 100, 128, 150, 347.
Montpenfier (duc de), 267.
Montpezat (chevalier de), 269 ; — (Roftang de), 86.
Montrodat (Guillaume de), 119.
Montredon, 128.
Montredon (Bertrand de), 45.
— (Elzéar de), 45.

Montrieu (Chartreufe de), 83.
Montfeau, voy. *St.-Félix-de-Montfeau*.
Mor ou *Mormonfler*, près de Saverne, 312.
Moralez (Ambroife), auteur de *Chroniques d'Efpagne*, 9.
Moreri, auteur cité, 296.
Morèze (Michel de), 101.
Morlin (Jean), 422.
Moular, en Savoye, 470.
Mounier (Guillaume), prêtre, 381.
Mourgues (métairie de las), 462.
Mudaifon, 37, 647.
Mujolan (Raymond de), 163.
Murat (de), voy. *Vernobs* (Pierre de).
Murcie (royaume de), 335.
Muret, bataille contre les Albigeois, 345.
Murles, 107 ; — (château de), 164, 649 ; — (la rue de M. de), où fut établi le couvent du Bon-Pafteur, 477.
Murles (Pierre de), 336 ; — feigneur de), 54, 269 ; — voy. *Montlaur* (*Triftan de*) ; 476.
Murmuranègues, 20, 628.
Murs (Flandrine de), 451.
— (Pons de), 451.
Murus-Veterus, voy. *Murviel*.
Murviel, 99, 122, 456, 641, 665, 678 ; — (églife de), 45.
— (Antoine de), 218.
— (Bernard de), prévôt de Maguelone, 89, 100, 304.

N

Naples, voyage de Clément VII, allant vifiter la reine Jeanne, 208, 343, 533.
Narbona, voy. *Narbonne*.
Narbonnaife (la), 7.
Narbonne, pris par Paul, 623 ; — cité, 6, 8, 33, 57, 103, 156, 276, 288, 305, 316, 324, 326, 433, 481, 536.
— (archev. de), 80.
Narbonne (l'archevêque de), 451, 511 ; — voy. *Fulcodi* (Guy).

Narbonne (évêque de), voy. *Vervins* (de).
— (Etienne de), frère mineur, 332.
— (Jean de), 227.
Natalibus (Pierre de), auteur cité, 337.
Navarre (reine de). Des honneurs funèbres lui font rendus à M., 201.
Néfridius, archevêque de Narbonne, 312.
Nemaufus [Nîmes], 8.
Neme, voy. *Nieme*.
Néron, empereur romain, 591.
Nerva, empereur romain, 568.
Neftorius, 311.
Neuville, diocèfe de Beauvais, 58.
Nèves (Philibert de), fous-bailli de M., 547.
Newton, 590.
Nicolas, 420.
— III, pape, 294, 677.
— IV, pape, érige les écoles de M. en univerfité, 510, 565 ; — cité, 111, 181, 295, 421, 429.
— V, fuccède au pape Eugène IV, 728.
Nieme (Pierre de), 545.
Nigridius, évêque de Gaule, 619.
Nîmes, 7, 10, 216, 472 ; — (évêques de), 18.
Niffole, célèbre botanifte de M., 594.
Noals, 88.
— (Garrigue de), 107, 305.
Noailles (le cardinal de), 301, 490.
— (le duc de), commandant de la province de Languedoc, 280.
Nogaret (Guillaume de), profeffeur de droit, 534 ; — accufe le pape Boniface VIII, 118.
— (Mathieu de), 534.
Nolafque (faint Pierre), se rend à M., 428 ; — cité, 334.
Nolhac (Hugues de), chanoine de Maguelone, 266.
Normandie (la), 261, 276.
Noftradamus, fon *Hiftoire de Provence*, 209.
— (Jean), cité, 563, 566.

Notre-Dame (église de), sacrée par Mgr. Pradel, 281.
— *d'Adau* (prieuré de), près d'Arles, 224.
— *de Bethléem* (confrérie de), instituée à M., 202.
— *-des-Bonnes-Nouvelles* (église de), origine de sa fondation, 402.
— *-du-Grau*, 409.
Notre-Dame-de-Paris, Philippe-le-Bel y fait assembler les seigneurs & prélats de son royaume, 118.
— *-du-Pont-Ambroix*, 450.
— *-des-Ports*, 17.
— *de Rouviège*, 353.
— *des Tables*, érigée en paroisse, 76 ; — citée, 29, 53, 78, 84.
— (hôpital de), à la porte de Lates, 480 ; — (l'île), 591.
Nouaillé (monastère de), dans le diocèse de Poitiers, 311.
Nougarède (Pierre), célerier du monastère St-Benoît, 238.
Nouvelles (Marie-Eléonore des), supérieure des sœurs de la Visitation de M., 470.
Novempopulanie (La), 310.
Novigens, 21 ; — (St-André de), 641.
Nuremberg, 526.

O

Obilion (hôpital de la porte d'), 492 ; — (porte d'), plus tard porte de Lates, 80, 452, 86, 103.
Obilion (Pons d'), 47.
Octavien, schismatique, 653.
Odon & ses fils, 448.
Olargues (Pons d'), chanoine de Maguelone, 175 ; — prévôt, 306.
Olderic, évêque d'Orléans, 24 ; — de Verceil, 24 ; — vicaire général de Maguelone, 682.
Olives (Arnaud d'), 132.
Olivet (chapelle d'), près de Villeneuve, 247.

Olivier (d'), conseiller au parlement, 476.
Omelas (Berenger d'), sacristain, 112, 117, 456.
Onufre, cité, 169.
Oraison (marquis d'), 269.
Orange, 8, 545.
— (prince d'), voy. *Beaux*.
Orléans. Une assemblée y est convoquée par Louis XI, 548 ; — cité, 24, 218, 299, 403, 535, 546.
Orléans (le duc d'), régent, 301.
Orthoman (Nicolas d'), de la faculté de M., 1er médecin d'Henri IV, 521 ; — professeur de médecine à M., 529.
— (Pierre d'), professeur de médecine de M., 529.
Ortouls (Etienne), prieur de l'église de Montferrier, 112.
Osmido, archevêque d'Embrun, 24.
Osmont (Charles), imprimeur à Paris, 572.
Osnabruc, 545.
Ossa ou Eusse (Jacques d'), cardinal, puis pape sous le nom de Jean XXII, 125.
— (Pierre d'), frère du pape Jean XXII, 127.
— (le cardinal d'), 260.
Ossone (duc d'), 503.
Ostie, 204 ; — (évêque de), voy. *Aubert* (Audouin).
Ostie (évêque d'), voy. Bertrand.
Ourbion ou la *Grace*, diocèse de Carcassonne, 311.
Ozario, 140.
Ozorium, voy. *St-Aunès-d'Auroux*.

P

Pacius (Laurens), 551.
Padoue, 372.
Padoue (St-Antoine de), 579.
Palas appartenait aux sœurs de Vignogoul, 455.
Paléologue (Jean), empereur de Constantinople, 189.
Palestine (la), 44.
Palissa (de), voy. *Montarnaud* (Bérenger de).

Palma (Eléazar de), 218.
Palmière (Braidette), femme de Izarn Teinturier, 390.
Palulongue (la), 371.
Pamiers, érigé en évêché par le pape Boniface VIII, 126, 7.
Pance (Louis), consul, 427.
Pancirole, auteur cité, 533.
Panisse (Guillaume), juge du gouvernement de M., 607.
— (Pierre), 557.
Pannat (Louis de), 457.
— (Marguerite de), abbesse de Vignogoul, 459.
— (Philippe de), seigneur d'Aleft, 457.
Papoul (saint), disciple de Saturnin, 6.
Pâquier, habitant de M., 268.
Pardelles (Guillaumette de), abbesse de St-Geniez, 450.
Paris, 43, 212, 267, 333, 344, 352, 433, 457, 464, 556, 572, 587.
Paris (Mathieu), cite l'école de médecine de M., 518.
Part-Antique (la), 181.
Pataran (Pierre), docteur ès-lois, 580.
Pascal II, pape, 34, 42, 95.
— (Dominique), consul de M., 206.
Pasquier (Etienne), 533, 552.
Pasteur (saint), 144.
Patin (Guy), auteur cité, 521.
Patouillet (le P.), prédicateur à M., 281.
Paul, archevêque d'Aquilée, 312.
— (le comte), sa révolte contre Vamba, 10, 623.
— (le P.) du St-Sacrement, 444.
— (Serge), prêche l'évangile à Narbonne, 6.
— III, pape, 231, 236, 252, 300, 348, 555.
— V, pape, 487.
Paulin, 7.
— évêque de Trèves, 8.
Paulus, voy. *Paul*.
Pause (Jean Plantavit de la), évêque de Lodève, 71, 276, 277, 282, 317.
Pavie, 24, 310, 528.

Pavo (Bérenger de), gouverneur de M., 206.
Paz (Laurens), docteur ès lois, 206.
Pechabou, 146, voy. Puéchabou.
Pechfalicon (Puiffalicon), 196.
Peirade (la), jetée qui allait du pont de Maguelone jufqu'à Villeneuve, 127.
Peire (Aftorg de), 119.
Peirelade (Arnaud de), jurifconfulte, 111.
Peirefc (Nicolas-Claude), 551.
Peirolis (Durand de), 153.
Peiroïos (Bernard de), fyndic, 154.
Peirou (le), réparation de fes murailles, 179 ; — (promenade du), fa conftruction fous M. de Bâville, 430, voy. Peyrou.
Pelage, pape, 617.
— évêque de Gaule, 619, 622.
Pélegrin (Jean), 239.
Pèlerin, en Syrie, 45.
Pélerin (château), près de Tripoli, où mourut l'évêque Godefroy, 38.
Pelet (Bernard), 55 ; — comte d'Alais, 104.
— (Bertrand), 56.
— (Gafpard de), lieutenant de roi, 261.
— (Guillaume), prieur de St-Vincent de Lunel, 238; — prévôt, 258, 307.
— (Pierre), 105, 107.
— (Raymond), feigneur d'Alais, 119, 658.
Peliffier (François), clerc de Melgueil, 254.
— (Guillaume), évêque de Maguelone, 226, 228, 237, 253, 246, 299.
— II, évêque de M., 300, 367, 439, 461, 559.
Pellier (Robert), fondateur de l'hôpital de la porte de Lates, 492.
Pénitents-Blancs (confrérie des), 408.
Pennafort (Raymond de), confeffeur du roi Jacques, 334.
Pentonia civitas, 630.
Pepin-le-Bref, fils de Charles-Martel, 15, 309, 631.

Péraut (baron de), 570.
Percin (Le P.), religieux dominicain, 331.
Perdrix (Gafpard), officier du préfidial, 551.
— (Philippe de), 551.
Perefixe (Guillaume), 80.
Peregrin (Guillaume), 153.
Perez (Nicolas), 13e général de l'ordre de la Merci, 429.
Périer (le jardin de), 492.
Périgueux, 439.
Périnel (Olivier), chanoine de Maguelone, 254.
Pérols, 224, 470, 629 ; — (église de), 641.
Péronne, 607.
Perpignan, 7, 288, 335, 464.
Perpignan (Guy de), 433.
Perrin (de), 371.
Petites-Maifons (l'hôpital des) à M.; fa fondation, 507.
Pertuis (Jean), 227.
— (Hugues de), 206.
Petra (Pons de), feigneur de Ganges, 117, 122.
Pétrarque vient étudier le droit à M., 535 ; — cité, 177, 567.
Peyrols, voy. Pérols.
Peyrou (portail du), 461.
Pézenas, 423, 472, 548, 603.
Pezènes (l'abbé de), prédicateur, 588.
Philippe, 6.
— Ier, roi de France, époufe Bertrade, 34.
— II, dit Augufte, roi de France, confirme les privilèges de l'évêque de Maguelone, 76 ; — cité, 61, 567.
— III, dit le Hardi, roi de France, 268, 321.
— IV, dit le Bel, fon démêlé avec le pape Boniface VIII, 118 ; — fait l'acquifition de Montpellier, 290, 295 ; — roi de France, 305, 337, 352, 422, 464, 534, 678.
— V, dit Le Long, roi de France, 125, 292.
— de Valois, 371, 67, 86, 131, 155, 163, 297, 426.

Philippy, préfident, 403, 408 ; — cité, 307, 400, 500, 533.
— (Jean), préfident en la cour des aides, 558.
Phœbus (François-Marie), archevêque de Tarfe, 489.
Pibris (Simon), gardien des PP. Recollets de M., 461.
Pictor (de), 269.
Pie II, pape, 220, 481.
Piechagut, 157.
Piémont (le), 21.
Pierre, abbé de Cluny, 414.
— archevêque d'Aix, 32.
— archevêque de Narbonne, 49.
— comte de Melgueil, 30, 566, 642.
— comte de Subftantion, 303.
— évêque de Carcaffonne, 637.
— évêque de Lodève, 70.
— IV, évêque de Lodève, 516 (note).
— évêque de Maguelone, 21, 448, 631.
— évêque de Marfeille, 24, 636.
— évêque de Ste-Ruffine, 24.
— roi d'Aragon, époufe Marie de M., 345 ; — cité, 70, 163, 384, 417.
— feigneur de la Vérune, 37.
— (Bertrand de), 212.
— (Michel), 580.
— & Arnaud de M., frères jumeaux, leur hiftoire, 333.
Pierrefixe (Guillaume de), fonde à M. l'hôpital St-Jacques, 496.
Pierre-Fort (Bremond de), feigneur de Ganges, 119.
Pierre-Serriette (Guichard de), 119.
Pignan, démolition de fon temple, 277 ; — cité, 44, 81, 667 ; — (château de), 78 ; — (église de), 31, 641.
Pignan (Guillaume de), fait une donation aux religieufes du Vignogoul, 454 ; — cité, 161.
Pignianum, voy. Pignan.
Pile-St-Gilles, ancienne porte & quartier de M., 181, 381, 608.
Pinchon (Robert), recteur de l'univerfité de M., 218 ; — cité, prieur de Burjet, 547, 579.

Pinel (Jean), moine de St-Germain de M., 254.
Pinet, 52.
Pipinus, voy. *Pépin*.
Piquet (Honoré), premier médecin de Louis XII, 521 ; — chancelier de l'école de médecine de M., 524.
Pifans (les), 185.
Pife, 89, 204, 227.
Pife (l'archevêque de), 35.
Pifis (Jean de), chevalier de l'école de médecine de M., 523.
Pifloie, 536.
Placentin, profeffeur de droit à M., 509 ; — fe rend à Bologne pour y étudier le droit, 533 ; — cité, 494, 552.
Plaifance, 34, 37, 338.
Planaftel, 437.
Plancy (Pierre de), prieur de Malte, 131.
Plan-d'Agde, 87.
Planque, 393.
Plantade (Jean-Jacques de), confeiller à la cour des comptes, 272 ; — de la Société royale des fciences de M., 394.
Plantavit, 6.
— (de), évêque de Lodève, 625.
— (Suzanne de), 562.
— voy. *Paufe* (de la).
Pleffis-lez-Tours, 352.
Pleffis-Pralin (maréchal de), 471.
Plutarque, 568.
Poitiers, affemblée générale du clergé, 300 ; — cité, 8, 290, 547.
Poitiers (comte de), voy. *Philippe le Long*, 125.
Poitou (le), 311.
Poligny, 491.
Pologne (la), 491.
Pomaret (Denis), chirurgien de M., 531.
Pomereu (de), 490.
Ponceau (Jacques), premier médecin du roi Charles VIII, 521.
Pons, abbé de Cluny, 43.
— comte de Touloufe, 20.
— évêque de Narbonne, 653.
— prévôt de Maguelone, 29, 32.

Pons, (Antoine), procureur général de l'ordre du St-Efprit, 487.
— (Godefroy), 62.
— (Raymond), 44.
— II, prévôt de Maguelone, 305.
— (faint), martyr, 20.
Pontanès (lisez *Fontanès*), 113.
Pontier (Jean), prieur des doéteurs de la faculté de M., 580.
Popian appartenait à l'abbaye du Vignogoul, 455.
Portalière (la), lieu d'exécution à M., 215.
Portale (Martine), fœur prouillane, 465.
Porto, 295.
Porcher (Roftaing), agrandit l'hôpital de la porte de Lates, 492.
Poffel (Jeanne), religieufe de St-Gilles de M., 468.
Portovenere, arrivée d'Urbain V à —, 186.
Pofquières, près de Vauvert, 46, 360.
Pofquières (Roftang de), 80.
Pouderoux, prieur de Saint-Paul, 377, 420.
Pouget, chanoine de la cathédrale de M., 228.
— (François-Amé), théologien, auteur du catéchifme de M., 586.
Pouille (la), 533.
Pouffan, démolition de fon temple, 277 ; — cité, 19, 113, 151, 211, 218, 222 ; — (château de), 78, 170, 679.
Pradel (Charles de), nommé évêque de M., 279 ; — bénit la chapelle des fœurs du Vignogoul, 458 ; — transfère à M. les fœurs de St-Charles de Lunel, 474 ; — cité, 350, 358, 367, 391, 450, 475, 504.
— (Claude de), prévôt de M., 308.
— (fœur de), du couvent de St-Charles de Lunel, 473.
Pradelles (Gaucelin de), nom donné par Bzovius à Gaucelin de Deux, 184.

Prades, 60, 107, 629, 425 ; — (églife de), 425 ; — (feigneur de), 75.
Pradines (Ifabeau de). abbeffe du couvent de Ste-Claire de M., 461.
Prague, 9.
Prati (Dieudonné de), 565.
Pratis (villa de), voy. *Prades*.
Prêcheurs (frères), leur établiffement à M., 79 ; — leur querelle avec les frères Mineurs de M., 109 ; — cités, 423.
Prenefle, 298.
Prignano (Barthélemy de), archev. de Barri, élu pape, 207.
Privas, affiégé par Richelieu, 271, 349.
Profa bien de l'abbaye du Vignogoul, 455.
Proulhe, 205, voy. *Prouille*.
Prouillan (monaftère de), 457.
Prouillanes (les), religieufes de St-Dominique de M., 462 & fuiv.
Prouille (monaftère de), dans le diocèfe de St-Papoul, 463. Voy. *Proulhe*.
Provence (la), 5, 109, 527, 310, 325, 342, 425, 433, 439, 567.
Providence (maifon de la), 474.
Prunefto, 628.
Prunet, 21.
— (églife de), 31, 641.
Prunet (Jacques), 580, 586.
Pruffe (la), 495.
Pfalmodi, 37.
Pfalmodi (l'abbé de), direéteur des fœurs de St-Geniez, 306, 448.
Pfellus, auteur cité, 276.
Pulveret (Etienne), évêque d'Aleth, 268.
Puffort, auteur des ordonnances de Louis XIV, 563.
Puy (le), en Auvergne, 7, 295, 305, 470, 568.
Puy (Bernard du), chanoine de Maguelone, 118.
— (évêque du), voy. *Fulcodi* (Guy).
— (Imbert du), cardinal, mort à M., 165.
— (Pierre du), 37.

cités dans l'Histoire de Montpellier. 711

Puylaurens (Guillaume de), 331, 346.
Puy-Maurin, 456.
— -*Méjan*, 673.
Puyferguier (Berenger de), 57.

Q

Quarante (Béatrix de), sœur Prouillane, 465.

R.

Rabaval, 13.
Rabelais, 526, 566.
Rabin (de). Voy. *Robin* (de), 258.
Rading, auteur cité, 109.
Rafinefque (fire), 502.
Raimbaud, cité, 370.
Rambaut, archevêque d'Arles, 25, 637.
Ramir ou Raminir, 10.
Ramire, abbé, 622.
Ranc père, 592.
— (Jean), né à M., académicien, 593.
Ranchin (de), 270.
— grand vicaire, 350.
— (Etienne), 512, 550, 556, 598, 612.
— (François), profeffeur à la faculté de médecine de M., 522 ; — auteur de l'*Apollinare facrum*, 597; — auteur cité, 308, 339, 340, 529, 612.
— (Guillaume), avocat général à la cour des aydes, 551, 569 ; — profeffeur de droit à Montpellier, 560.
— (Jacques de), 573.
— (Henri de), 573.
— (Jean), licencié en droit, 255, 556 ; — feigneur de Sanillac, 557.
— (Pierre), provincial des frères Prêcheurs de Provence, 457.
Ranco (Bernardin de), veftiaire de Maguelone, 238 ; — recteur,

550 ; — (Pons de), chanoine de la cathédrale de Nimes, 254.
Randon (Guillaume de), 119.
Raoul, moine, 324.
Raftagnal (moulin de), 107.
Ratisbonne, 312.
Ratte (de), préfident, 503.
— (Antoinette de), 560.
— (Guitard de), archidiacre, 260 ; — évêque de Maguelone, 261, 263, 268, 300, 387, 407, 560.
— (Pierre de), moine de St-Germain de M., 254; — confeiller à la cour des aides, 264.
Rautey (Guillaume), imprimeur de Paris, 572.
Ravaud (Jean), imprimeur de Lyon, 525.
— (Pierre), imprimeur à Lyon, 530.
Raymbaldus. Voy. Rambaut.
Raymond, chanoine & archidiacre de Touloufe, 332.
— comte de Melgueil, 29, 646.
— -Bernard, comte de Melgueil, a un différend avec l'évêque Godefroy, 36.
— comte de Touloufe, 38, 54, 73, 220, 325.
— damoifeau, 166.
— évêque d'Agde, 70, 118.
— (Pierre), évêque de Lodève, 49.
— (Les) évêques de Maguelone, 46, 90, 351, 370, 433, 482, 649.
— évêque de Mende, 24, 636.
— (Florence), 381.
— notaire, 602.
— -Guillaume, de M., 395 (*note*).
— (Ricarde), prieure de St-Félix, 453, 454.
Raymondi (Antoine), dit de Brignon, chanoine de Maguelone, 254.
Raynaud, chanoine de Cavaillon, 544.
— évêque de Pavie, 24, 636.
Raynerius (Raynier). Voy. *Reynier*.
Razès, auteur arabe, 7.

Réalmont, en Albigeois, 529.
Rebuffi (Audémar), 556.
— grand-vicaire, 350.
— (Jacques), doéteur ez lois, 206 ; — enfeigne le droit civil à M., 544, 553.
— (Jean), 547, 555, 580.
— (Nicolas), affaffiné près de Caftelnau, 410.
— (Pierre), grand vicaire, 410, 550, 555.
Récarède, roi Vifigoth, 9, 623, 617.
Récollets (les), à M., 442, 462.
Récollets (Eglife des), rebâtie & facrée par Mgr. Pradel, 281.
Regio, 275.
Régis (faint Jean-François), 612.
Regourd (le P.), jéfuite, 411.
Reilhac (Marie de), fondatrice du couvent de Ste-Urfule de M., 472.
Reims, 48, 218, 299.
Relavie (Guillaume de), grand commandeur de Malte, 132.
Remiffe, 503.
Remond (Alphonfe), auteur cité, 335.
Renaud, cardinal d'Efte, nommé évêque de M., 275.
— de Montpellier, évêque de Béziers, 287.
Renaudot (Théophrafte), médecin de M., 521.
René, prêtre, 152.
Renier, 571.
Renofcinde (le duc), réfifte au roi Vamba, 10, 11.
Repenties (les), 476.
Reftinclières, 100, 669.
Reuter, auteur cité, 346.
Revel, patrie d'Antoine de Louvier, évêque de Maguelone, 211.
Reynie (de la), 490.
Reynier, évêque de Maguelone, empoifonné par une hoftie, 96 ; — cité, 89, 305, 670.
Rhazès, médecin arabe, 520.
Rhodes (Pierre), marchand de M., 500.
Rhodez, 294, 602.
Rhône (le), 470.
Rhutenis, voy. *Rhodez*.

Ribafora, 13.
Ribanſon (le), voy. Merdanſon.
Ribera, 13.
Ricarde (Florence), fœur Prouillane, 465.
Richard, de Sienne, 290.
Richelieu vient à M. & arrête les travaux de la cathédrale, 271 ; — cité, 349, 503.
Richilde, voy. Rixinde.
Ricuin, évêque de Maguelone, fondateur de l'église St-Pierre de la Salle, 396 ; — cité, 16, 20, 316, 347, 626.
Rideux, de la Société royale des ſciences de M., 594.
Rieux, érigé en évêché par le pape Jean XXII, 125 ; — cité, 7, 300.
Rieux (comte de), 269.
Riez, 126.
Riez (évêque de), 80.
Rigaud (Hyacinthe), célèbre peintre, 592.
Rigaudon (le P.), 430.
Rignac (de). Les religieuſes du Vignogoul achètent ſa maiſon pour s'y établir, 458 ; — cité, 107, 121, 438.
— (Jean de), conſeiller à la cour des aydes, 45.
Rimini, dans la Romagne, 338.
Ripa (Jean de), 106.
Ris (Faucon de), 299.
Rivalde (le P.), 574.
Rivarius, auteur cité, 346.
Rivemale (Sauveur de), 580.
Rives (Pierre), frère Prêcheur, 206.
Rivière (Lazare), profeſſeur de l'Ecole de medecine de M., 531 ; — de la Société royale des ſciences de M., 594.
— (Martin), auditeur en la chambre des comptes, 531.
Rivo (Jean de), 580.
Rixinde, 567.
Robert (l'hôpital), 452.
Robert, bachelier, 580.
— cardinal de Genève, élu pape, 208.
— (comte), 16.

Robert, roi de France, 21, 631.
— roi de Naples, 343.
— (Raymond), docteur èslois, 580.
— (André), 440.
Robin, préſident, 266, cité, 258, 466.
— provincial des Auguſtins, 580.
— (de), 592.
— (Géraud de), évêque de Lodève, 268.
Roch (Etienne), 336, 390.
— (Imbert), député de M. auprès de Grégoire XI, 337.
— (Jacques), évêque d'Hueſca, ſecrétaire de Jacques le Conquérant, 336.
— (Pierre), 535.
— (Raymond), député auprès de Pierre le Cérémonieux, 336.
— (ſaint), ſa mort à M., 129, 130 ; — ſa vie & ſa mort, 337 & ſuiv.; — cité, 341.
— (famille de), 336.
Roche (Raymond de la), veſtiaire de Maguelone, 99 ; — moine de St-Guilhem, prieur de St-Martin de Londres & ſeigneur d'Aſſas, 128.
Rocheblave (Vincent de), vicaire de Lanuéjols, 254.
Rochefort (Bernard de), frère prêcheur, 332.
— (Gontran Amic de), 119.
— (Marguerite de), ſœur du Vignogoul, 458.
Rochemaure, 503.
Rochemore (Jacques de), 568.
Rochon (Alexis), cloîtrier de St-Ruf, 361.
Rocinola, 13.
Rodes (Pierre de), marchand pelletier, 375.
Rodez, 305 ; — (diocèſe de), 547, voy. Rhodez.
Roger (Pierre), cardinal de St-Nérie, 164 ; — pape Grégoire XI, 191.
— comte de Foix, 325.
— (Pierre), fils du comte de Beaufort, 344.

Roger, roi de Sicile & de Naples, 533.
Rolais (Antoine), 580.
Romagne (La), 338.
Romain (Hiérome), hiſtorien, 435.
— (les), 207.
Roman, ſergent, 396.
Romant (Garrigue del), 99.
Rome, l'évêque Godefroy y fait un voyage, 36 ; — cité, 17, 25, 59, 75, 184, 190, 203, 205, 227, 312, 333, 338, 345, 252, 273, 327, 328, 416, 421, 443, 471, 482, 486, 513, 528, 546, 549, 579, 583, 591, 646.
Rome (Jacques de), fondateur des écoles de la Miſéricorde, 122.
Roncevaux, défaite des troupes de Charlemagne, 625.
Rondelet (Guillaume), chancelier de l'école de medecine de M., 524, 527.
Roque-Aînier (la), 52, 163.
Roquefeuil (Eliſabeth de), 88.
— (Henri de), 107.
— (Raymond de), 82, 88, 119 ; — (de), 605 ; — (ſeigneur de), 667, 677.
Roquemaure, 124.
Roqueſel (Guillaume de), 395 (note).
Roquette (Fredol de la), 76.
— (Gaudioſe), ſœur du monaſtère de Prouillan, 457.
Roſeguio (Bernard de), archevêque de Toulouſe, 221.
Roſel (Pierre de), premier préſident en la cour des aides, à M., 502, 560.
Roſſet (Alexandre), 422.
— de Roquezel (Jean-Louis de), 301.
Roſtang (Alexix), 56.
— évêque de Lodève, 25, 637.
— (Guillaume), docteur èslois, 375.
Roſveide, auteur cité, 323.
Roudil (N.), avocat de M., 571.
Roue (Claude de la), auteur cité, 337.
Rouen, 270, 343.
Rouen (archevêque de), voy. Colbert.

Rouergue (le), 56, 316.
Rouet (le), 42, 52, 605, 629.
Rouille (Pierre de la), abbé, 258;
— évêque de M., 307.
Roure (le comte de), lieutenant général de la province de Languedoc, 362.
Rouffet (François de), 569. Voy. Roffet.
Rouffillon (le), 439.
Rouvière, 2e conful, 430.
Rouvres (Robert de), nommé évêque de Maguelone, 218; cité, 306.
Roux (Guillaume de), entrepreneur, de M., 388.
Roveirac (Roger de), fénéchal de Beaucaire, 150.
Rovere (Bérenger de), vicaire général & official de Maguelone, 206.
Rovere (Guillaume de), archidiacre de Maguelone, 58.
Roy (Bertrand), 406.
Rudavel, miniftre, 411.
Rue (le P. de la) prédicateur à M., 281.
Ruffi (Arnaud), 580.
Ruffi (Pierre), 60.
Rufus, 13.
Rufticus (Ruftique), évêque de Narbonne, 8, 9.

S

Sabrans (Pons), conful de M., 464.
St-Acace (églife de), 225, 373.
Saint-Adrien d'Adiffan, 235.
— -Amans de Cambous (églife de), dans le diocèfe d'Albi, 234.
Saint-Amans (Guy de), 535.
Saint-Andoque (églife de), 18.
Saint-André (Mlle de), 562.
Saint-André de Buèges (églife de), 31; — de Bodia, 235; — de Cuculles (églife de), 60.
— — de Maurin, 62, 140.
— — de Molines, 234.
— — de Vèrargues, 235.
Saint-Ange (George de), cardinal, 62.

Saint-Antoine (hôpital de), fondé à M. par le roi Sanche, 128, 480; — (commanderie de), 497.
Saint-Antoine de Cadoule, 67.
Saint-Antonin, cité, 24.
Saint-Arnaud (églife de), 401.
Saint-Auban (de), 269.
Saint-Aunès, 491.
— — d'Auroux, 641.
Saint-Barthélemy, cimetière fondé par l'évêque Arnaud, 29, 408, 552.
— — (hôpital de), à M., 480.
— — de Baillargues, 31.
— Bauzeli (églife de), 21.
— Bauzille (églife de), 44.
— Bauzile de Montmel, 305; — (prieuré de), 453.
— — de Montfeau, 107.
— — de Putois, 234.
— Benoît (églife de), 549.
— Bertin (abbaye de), 322.
— Bertrand de Comminges, 291.
Saint-Bonnet (Frédol de), évêque du Puy, 146.
— — de Toiras (Claude de), prévôt de Montpellier, 307.
— — (Claudine de), abbeffe du Vignogoul, 459.
— — (Simon de), voy. Toiras.
Saint-Brès, 39, 42, 52, 224, 629, 649; — (églife de), 31.
Saint-Cefaire d'Arles (le moine de), 563.
Saint-Chaffre (monaftère de), dans le diocèfe du Puy, 311.
— Charles (monaftère de), 473 & fuiv.
Saint-Claude (de), 444.
— (confrérie de), 407.
Saint-Clément de Fons (églife de), 42.
— Come (églife de), 31, 373;
— — (chapellenie de), 225.
— Cofme & St-Damien (églife de), 392, 641.
— Criftol (prieuré de), dans le diocèfe de Nimes, 611.
— Damien (églife de), 31.
— Denis de M., 52; — pa-

roiffe érigée à M. par Mgr Colbert, 383; — (églife de), 31.
Saint-Denis (paroiffe de), 17, 371, 650.
— Denis de Gineflet, 141, 235.
Saint-Didier (Ermeniarde de), abbeffe de St-Geniez, 450
— Dominique (religieufes de), 109.
Saint-Drezery (églife de), 47, 234, 650.
Sainte-Anne (collège de), 612-613; — (églife de), fa fondation, 368, 373.
Sainte-Catherine (confrérie de), 406; — (religieufes de), 467 & fuiv.
— — de Sienne (religieufes de), 484.
Ste-Cécile des Trois-Loups (églife de), 225, 373.
Sainte-Cécile (le cardinal de), légat du St-Siège, 288.
Sainte-Chriftine de Melgueil (paroiffe de), propriété des religieufes de Montfeau, 452; — (églife de), 110.
Sainte-Claire (abbaye de), 98, 459 & fuiv., 471.
Sainte-Claire (les filles de), 109, 442.
Sainte-Colombe, 37.
— — (paroiffe de), 84;
— — (prieuré de), 450.
— — (églife de), 647.
Sainte-Colombe (de), voy. Beauxhostes, 308.
Sainte-Croix, églife de M., fa fondation, 351, 392, 394; — citée, 100, 216, 373; — (églife de), près de Melgueil, 21; — (territoire de), 162.
Sainte-Croix (confrérie de), 406.
Sainte-Eulalie (églife de), 31; — (paroiffe de), 107.
— Foy (églife de), annexe de St-Denis, 382.
— Léocadie du Val (églife de), 31.
Saint-Elpide (Alexandre de), général des Auguftins, 436.

Sainte-Marie (hôpital de), 486.
Sainte-Marie (cardinal de), voy. Verdale.
— — de Bethléem (confrérie de), 406.
Sainte-Marie de Fabrègues (église de), 42.
— — du Garnier (église de), 31.
— — de Lèzes (églife de), 398.
— — des Teutons, ancien hôpital de M., au faubourg de la Saunerie, 354.
— — de Valence (église de), 234.
— — du Château, églife de M., proche le palais, 352.
— — Magdeleine (église de), 373.
— — Marthe (hôpital de). Sa fondation à M., 500.
Sainte-Marthe (MM. de), auteurs cités, 9, 118, 152; —, 168, 184, 211, 228, 286, 303, 621, 625.
Sainte-Phamfel, 491.
— Radegonde (monaftère de) 311.
Saint-Esprit (hôpital du), à M., fa fondation, 480, 485 & fuiv. — cité, 81.
— Etienne de Caftries, 235.
— — de Cazevieille, 234.
— — de Gineftet (église de), 31.
— — de-Montaut, 529.
— — de St-Nuntio (églife de), 42.
— — de Pignan, 455.
— — de Viols (église de), 42.
Sainte-Trinité (églife collégiale de la), à Maguelone, fa fondation, 362.
Ste-Trinité (frères de la), leur étabissement à M., 79.
Sainte-Urfule (le jardin de), à M., 467.
Sainte-Urfule (religieufes de), 472 & fuiv.
Saint-Félix de Montfeau (monaftère de), près de Gigean, 453; — cité, 82, 110, 380, 346, 451.
Saint-Félix (Jeanne de Claret de), abbeffe du Vignogoul, 459.
Saint-Félix-de-Murles (église de), 42.
— — de Subftantion (églife de), 31.
— Filbert (monaftère de), dans l'île de Noirmoutier, 311.
— Firmin (églife de), foudroyée, 192; — citée, 78, 546; — (paroiffe de), 17, 371; — (le prieur de), 49.
Saint-Firmin (Raymond de), 82, 666.
Saint-Fructueux (églife de), 55.
— Geniès (abbaye de), 84, 447 & fuiv., 668; — (églife des religieufes de), 21, 60.
— George, près de M., 31, 425, 455.
Saint-George, préfident, 524.
— — (feigneurs de). Voy. Griffi (Jacques de).
Saint-Germain (églife de), à M., 406, 550; — (monaftère de), fondé à M. par Urbain V, 178; — fa defcription, 197 & fuiv.; — cité, 200, 230; — (monaftère de), 669.
— — d'Auxerre (abbaye de), 177.
— — de Forneils (églife de), 82.
— — en Laye, 128.
Saint-Germain-de-Fournez (prieuré de), 453.
— Gervais (Bernard de), chanoine de Maguelone, 76.
— — (Pierre de), commandeur de l'hôpital de Salaifon, 81.
Saint-Gilles, où meurt le pape Gelafe II, 43; — cité, 48, 74, 286, 325.
Saint-Gilles (l'abbé de), 57, 120;
— (religieufes de), 467 & fuiv.
Saint-Gilles (St-Gély) du Fefc, 45, 235.
— — de Vauvert, 360.
— Guillem (églife de), annexe de St-Firmin, 379; — hôpital de M., fa fondation, etc., 484 & fuiv.; — cité, 452, 464, 480.
— — du Défert, 40.
Saint-Ibéri (l'abbé de), 201.
Saint-Jacques (chapelle de), 373; — faubourg de M., 373; — (hôpital de), à M., 480, 493, 496.
— — de Compoftelle, 80, 496.
— — de Prades, 224.
— Jean (églife collégiale de), fon établiffement à M., 370; — citée, 546.
Saint-Jean (Burgonde de), abbeffe de St-Geniez, 450.
Saint-Jean de Buèges, 141, 642; — (églife de), 31.
— — de Cocon, 18.
— — de Cucultes, 234, 683.
— — de Félines (églife de), 42.
— — de Murviel (églife de), 31.
— — de Nods, diocèse de Rodez, 234.
— — de Védas, 165, 437, 628; — (églife de), 31, 641.
Saint-Julien-de-Tournefort (hôpital de), fa fondation à M., 501.
— Juft (Bertrand de), damoifeau de Montferrier, 107.
— — (Bernard de), damoifeau de Montferrier, 305.
— — (Pons de), évêque de Béziers, 288.
Saint-Laurens de Pfalmodi, 406.
— Lazare (hôpital), à M., 482.
— Léon (monaftère de), établi par Jean de Montlaur, 453; — cité, 82, 110, 667.
— Loup (pic de), 192.
— Maixant (monaftère de), dans le diocèfe de Poitiers, 311.

Saint-Martin (château de), 458.
— — de *Caveirac* (prieuré de), 361.
— — du *Crés*, 37, 51, 648; — (églife de), 43.
— — de *Lairargues*, 353.
— — de *Londres*, 37, 88, 605, 647, 667; — (églife de), 40, 76.
— — de *Prunet*, 225, 373, 462; — (églife de), 399.
— — d'*Efcophiac* (églife de), 42, 60, 361.
— — de *Florac*, 529.
— — de *Suffargues*, 368.
— — de *Vallcratcufi* (églife de), 42.
— — du *Vignogoul*, 455.
— *Mathieu*, églife de M., 29, 373.
— *Maur* (couvent de), fur le chemin de Caftelnau, 192; — (hôpital), 496.
— — de *Subftantion* (églife de), 42.
— *Maurice* (églife de), 373.
St-Maurice (De Bernage de), 595.
Saint-*Maurice-de-Sauret* (prieuré de), 223, 306.
Saint-Michel (de), grand vicaire, 278.
Saint-Michel de Guzargues, 43.
— — de *Mujolan* (églife de), 60.
— *Nazaire* (prieuré de), 367.
— — de *Briffac*, 234.
— *Nicolas* (chapelle de), fon ancienneté, 29, 33, 393.
— *Omer*, 322.
— *Papoul*, érigé en évêché par le pape Jean XXII, 125; — cité, 7, 300, 332.
St-Papoul (évêque de), voy. *Caftelnau* (Bernard de).
Saint-Paul (églife de M.), 29, 273.
— — de *Cabrières* (églife de), 55.
— — de *Frontignan* (églife de), 42; — (prieur de), 220.
— — de la *Magdeleine*, 225.
— — de *Merojol* (églife de), 60.

Saint-Paulin (le P. Martial de), premier fupérieur des carmes déchauffés de M., 445.
— — (le P. Eugène de), frère du précédent, 445.
Saint-Pierre (églife cathédrale de), fon hiftorique, 347 & fuiv..
— — de-*Blagnaux*, 235.
— — de *Die*, en Dauphiné, 209.
— — de *Ganges* (églife de), 60.
— — de la *Salle* (églife de), 396.
— — de *Maguelone* (églife de), 16.
— — de *Pouffan* (églife de), 40.
— — de *Vebron*, 529.
— *Pons*, érigé en évêché par Jean XXII, 125; — cité, 7, 300; — abbaye, 20.
— — de *Manchiens*, 196.
Saint-Prifque (cardinal de), 66, 395.
— Quentin (Guillelme de), fœur du monaftère de Prouilan, 457.
— Roch (confrérie de), 405.
— Romain (Bernard de), 429.
Saint-Romain de Melgueil (églife de), 45.
Saint-Roman, 396.
— — (de), neveu de Fenouillet, 273.
Saint-*Ruf* (collège de), 599 & fuiv.
— — (églife de), fondée par Grimoard, 358.
Saint-Ruf (chanoines de), 58.
— Sacrement (confrérie du), 405.
Saint-Salvaire (Portalière de) ou *St-Sauveur*, à M., au fauxbourg de la Saunerie, 357.
— *Saturnin d'Agonez*, 234.
— *Sauveur* (collège de), de M., 451; — (églife de), fondée par Imbert du Puy, 165.

St-Sauveur d'Aniane (l'abbé de), réunit les deux monaftères de St-Félix et de St-Léon, 453; — cité, 546; (églife de), 16.
Saint-Sauveur de Montils, près Lunel, 235.
— — du *Pin* (églife de), 42, 669.
Saint-Savin, en Poitou, 311.
— *Sébaftien de Caffanhac*, 225.
— — de *Marolio* (églife de), 42.
— — de *Meirargues* (églife de), 43.
— *Seine* (monaftère de), près de Dijon, 310.
— *Seriez* (églife de), 31.
— *Sernin* (églife de), à Touloufe, 168.
— *Sigalène de Grave*, 234.
— *Silveftre de Brouffes* (églife de), 42.
Saint-Suffren (confrérie de), 406.
Saint-*Thibery*, 314. Voy. Saint-Ibéri.
— *Thomas* (églife de), annexe de St-Firmin, 378; — cité, 29.
Saint-Véran (de), 376.
Saint-Victor (monaftère de), de Marfeille, 177.
Saint-Vincent (paroiffe de), 127.
— — de *Jonquières*, 19; — (églife de), 60.
— *Vincentien* (églife de), 31.
Saint-Yrier (Elie de), évêque d'Uzès, 166.
Sala (Dominique de), 401.
— (Raymond de), hoftalier d'Orillac, 208.
Salaifon (hôpital de), 81.
Salaifon (Adélaïs de), religieufe de Montfeau, 451.
— (Guillaume de), 451.
Salas (Mathieu), conful de M., 206.
— (Pierre), conful, 154.
Sale (Jean de la), chanoine de Maguelone, 254.
— (Pierre de la), moine de St-Germain de M., 254.
Sales (faint François de), 267, 272, 470.

Sales (Jean-François de), frère de St-François, 470.
Salon, en Provence, 121, 217.
Salfas (Ermengarde de), 45.
— (Pierre de), 45.
Salvinincum, voy. Sauviac.
Salzanum, voy. Sauffan.
Salzeiret (bois de), 76.
Sambia, 13.
Sambuc (Jean), auteur cité, 526.
Sancerre (Louis de), maréchal de France, 383, 389.
Sanche, roi de Mayorque, 422 ; — roi d'Aragon, cité, 338 ; — fa mort, 129.
— feigneur de M., fonde l'hôpital St-Antoine, 480 ; — feigneur de M., cité, 123, 497.
Sancta-Agnes de Menojol. voy. St-Annès d'Auroux.
Sancta-Eulalia de Valle (Mireval), 425.
Sancta-Leocadia de Valle (Mireval), 425.
Sanctus-Bricius, voy. St-Brès.
Sanctus Johannes de Bodia, voy. St-Jean de Buéges.
Sanfuhac (feigneur de), voy. Pierre-Fort.
Sarlat, 303.
Sarnelli (Jean), 239.
Sarniac, dans le diocèfe de Nîmes, 361.
Saporis (Bernard), conful de M., 206.
— (Léger), évêque de Maguelone, 218, 299, 403.
Saporta (Antoine), chancelier de l'école de médecine de M., 524.
— (Jean), médecin de M., 525.
— (Louis), profeffeur de médecine, 524.
Sarraceni, voy. Sarrazins (les).
Sarragoce (le cardinal de), 181.
Sarrafins (les), 14, 22, 42, 616, 632.
Sarrat (Jean de), prévôt de Maguelone, 237.
— (Michel de), prévôt, 307.
— (Secundin de), prévôt, 306, 307.
Sarremejean, 437.
Sarret (de), 437, 497.

Sartre (Jean de), confeiller à la cour des comptes, 442, 466.
— (Mme Marie de), 476.
Saturnin (faint), 6.
— évêque d'Arles, 8.
Saulnier (Pierre), protes., 327.
Sault (François, chevalier de), 1er évêque d'Alais, 283.
Saumate (Gaillard de), évêque de Maguelone, puis archevêque d'Arles, 126, 681.
— (Oldéric de), oncle de l'évêque de Maguelone, 127.
Saunerie (la), faubourg de M., 131, 354; — (porte de la), 461.
Saure, 170.
Sauret, sur le Lez, fondation d'un couvent de religieux de Cluny, 413.
Saurin (Jean de), 238 ; — moine de St-Germain de M., 254.
Sauffan, 304, 654, 667.
Sauffan (Jean), 163.
Sauffay, cité, 323.
Sauteyrargues, 649 ; — (églife de), 641.
Sauve, 216, 679 ; — (baillie de), 113.
— (baronnie de), aliénée par Mgr Pradel, 282, 463.
Sauve (baron de), voy. Pradel.
— (Bérenger de), chanoine de Maguelone, 191.
— (Catherine), reclufe, brûlée à M., 214.
Sauviac (églife de), 641.
Sauzet (églife de), 641.
Savaron, préfid. en la fénéchauffée de Clermont en Auvergne, 8 & 9.
Savelli (Luc), 204.
— (maifon de), voy. Honoré III.
Savillac, 557.
Savoie (duc de), voy. Amédée.
Saxius, auteur d'une Hiftoire des archevêques d'Arles, 9.
Schomberg (Mme Alwin de), 434.
Schyron (Jean), chancelier de l'école de médecine de M., 524, 528.
Sedatius, évêque, 619.

Segni (l'évêque de), 35.
Ségovie (évêque de), voy. Manhania (Hugues de).
Seguier, chancelier, 276.
— (Pierre), conful de M., 464.
Scinen (comte de), voy. Urach.
Seleucus, 593.
Selva, 17, 18.
Senar, 273.
Senaret (Guibert de), comte de Montferrand, 119.
— (Guy de), 119.
Sengla, 1er conful, 430.
— Sengla (Aimar), bachelier, 547, 580.
Senilhac (Jean), conful de M., 427.
Senigal (duché de), 495.
Sens, 83, 94.
Sens (l'archev. de), 439.
Septfons (abbaye de), 362.
Serano (Dominique), général de l'ordre de la Mercy, 343 ; — cité, 429, 535.
Serge, pape, 624.
Sergius, évêque de Gaule, 619.
Sernel (Guigonne de), 406.
Serre (la), 98.
Serres (de), cité, 396, 401, 408.
Serriete (Brulhon de), 119.
Servian (prieuré de), 367.
Servus-Dei, 17.
Sette (Cette), 175.
— voy. Cette.
Séville, 10.
Sextaflatio (fubftantion), 14.
Sibille, femme de Guillaume de M., 46.
— mère de Guillaume de M., 236.
Sciences (Soc. royale des), établie à M., 594.
Sicile (La), 14, 486, 533.
Sidoine Appollinaire, cité, 265.
Sigifmond, empereur, arrive à M., 213, 434.
Sillery (chancelier), 561.
Silve-Gautier, 670.
Simeonis (Michel), licencié ès-lois, 377.
Simon (Denis), auteur cité, 552, 562.
— (Michel), 580.
— le Lépreux, 5.
Sindrio (Bermond de), 674.

Singrio (église de), 31.
Sirmond (le P.), 8, 18, 625.
Sifemundus, roi des Goths, 620.
Sixte (faint), martyr, 352.
— IV, pape. Ses différends avec Louis XI, 487, 548.
Smaragde (Ardon), difciple de faint Benoît, 314.
Sobeyran (Guillaume de), archidiacre de Maguelone, 58.
Soconcio (François de), archevêque de Narbonne, 546.
Soiſſons (l'évêque de), 118.
Solaiges (Bernard de), 239.
Solas (Jean de), confeiller au préfidial, 551.
— (Pierre de), 551.
Solempniac (Gibert de), 119.
Solier (Pierre), moine de St-Germain de M., 254.
Solo (Gérald de), chancelier de l'école de médecine de M. 524.
Solognac, près de Limoges, 311.
Sommières, 101, 212, 669.
Soquier (Jean), prieur, 202.
— (Pierre), bourgeois, 390.
Sorège (Pons), facriftain de Maguelone, 108, 305.
Sorègue (Pierre de), prévôt de l'églife de Maurcillan, 99.
Sosbix [?] (Arnaud), prieur de Montech, 325.
Souabe (La), 339.
Soubez (Jeanne de Carcaſſonne de), prieure de St-Félix, 454.
Souche (le logis de la), 497.
Sponde (Henry), évêque de Pamiers, 276.
Stabellus, évêque de Maguelone, 16, 625.
Staleth, 13.
Stephanus, voy. *Etienne*.
Stoc (Simon), 432.
Strella (Arnaud de), curé de N.-D.-des-Tables, 378.
Stremoine, 6.
Strobelberger (Jean-Etienne), médecin allemand, 526, 529.
Stuart (Marie), reine d'Ecoſſe, 567.
Subjet (Antoine), évêque de Maguelone, 258, 307, 418, 502.
Subſtantion, les chanoines de Maguelone s'y retirent, 22 ;
— devient ſiège épifcopal, 633 ; — cité, 14, 15, 91, 107, 144, 315, 347, 674 ; — (église de), 641.
Subftantion (chanoines de), 20.
— (les comtes de), 16, 481.
Suède (la), 591.
Suffredi (Jacques), chanoine célerier, 389.
Suffrède (faint), évêque de Carpentras, 377.
Suger (l'abbé), premier miniftre de Louis le Gros, 42.
Suiſſe (La), 339.
Sulpice-Sévère, 6.
Surgerius, profeſſeur de droit, 110.
Surianus ou Soarius, premier comte d'Urgel, 19.
Suriech (Guillaumette de), prieure de St.-Félix, 454.
Surius, auteur cité, 339.
Suſiac (Etienne de), cardinal, 290.
Suffargues, 21.
Sylvius, auteur cité, 258.

T

Taillade (Pierre de la), 162.
Taixier (Raymond), grand-vicaire, 164.
Talaifac (Pierre), moine de St-Germain de M., 254.
Talerand de Périgord, cardinal, 168.
Tarafcon, 567.
Tarbes, 300.
Tarenta (Valefcus de), médecin de M., 520.
Taru (Le), 331.
Tarragone, 17 ; — voy. *Terragone*.
Tau (étang de), 118, 175, 680.
Taur (églife du), à Touloufe, 168.
Tedivius, évêque d'Agde, 516 (note).
Teinturier (Izarn), 390.
Teirargues, 80.
Templiers (les), leur procès, 290.
Terier (Raymond), 389.
Terracine, 204.
Terrade (la), 487.
Terragone (l'archevêque de), 35, 218.
— (le cardinal de), 181.
Terrail (le), 16, 52, 71 ; — (château du), réparé par les foins de Mgr Bofquet, 278 ; — cité, 88, 151, 170, 220, 628, 629.
Terraliis (villa de), voy. *Terrail*.
Terre-Sainte (la), 26, 45, 88, 176, 518.
Téfin (Teffin), fleuve d'Italie, 310.
Tetramendic (moulin de), 28, 37.
Teule (Pierre), conful de M., 206.
Teutons (hôpital des), à M., 480, 495.
Texeri (Bernard de), prieur de Frontignan, 153.
Texeriis (Guillaume de), chanoine de Nîmes, 354.
Texier (Bernard), bailly royal de M., 465.
— (Sibille), fœur Prouillane, 465.
Teftoris jeune, confeiller du recteur, 550.
Teyran (château de), féjour de Foulques de Villaret, 130 ; — (églife de), 425.
Teyferi (Pierre), 153.
Thauleri (Guérin), commandeur de l'hôpital du St-Efprit, 218.
Théobald, évêque de Coron, dans la Morée, 176.
Théodoric, 630.
Théodard (faint), archevêque de Narbonne, 17.
Théodofe, pape, 644.
Théodofia, femme de Léovigilde, roi des Goths, 617.
Théodulfe, évêque d'Orléans, 311, 314.
Théologie (faculté de), fon établiſſement à M., 578 & fuiv.
Thibaut, évêque de Coron, 402.
Thierry, évêque de Lodève, 315.
Thomas (faint), fes reliques volées, 205-206.
— d'Aquin (faint), 204, 426.
Thomaſſin (Philippe), cité, 536.
Thou (de), 258, 525, 552.
Thudinus, hérétique, 622.
Tibère, empereur romain, 568.
Tibre (Le), 328.

Ticas (Pierre), 33.
Tilhol (Nolafque), 430.
Tinel (Guy), gardien des frères Mineurs, 178.
Toiras (de la Foreft de), fénéchal de M., 387, 388, 430 ; — maifon de), 300 ; — voy. *Saint-Bonnet* (de).
Tolède, 9, 13, 143, 144, 618, 621.
Tolède (Alphonfe de), docteur en théologie, 436.
Toletum, voy. *Tolède*.
Tolofa (Touloufe), 8.
Tornamire (Jean de), doyen de la faculté de médecine de M., 520.
Tortofe, frère de Guillaume de M., 51, 55.
— (Guillaume de), 51, 52.
Tortozet, 335.
Tofcane, 337.
Toulon, 24.
Touloufe (arrivée de Charles le Bel à), 128 ; — les réformés s'en rendent maîtres, 206-207 ; — cité, 6, 8, 18, 29, 168, 203, 205, 216, 221, 264, 266, 276, 319, 324, 331, 425, 470, 481, 546, 572, 590, 659.
Touraine (la), 527.
Tournefort, 532 ; — (hôpital de), 493.
Tournel (Guérin de), 119.
Tournemire, 361.
Tournemire (Jean de), chancelier de l'école de médecine de M., 524 ; — profeffeur en médecine, 189 ; — médecin du pape, 465.
Tournon (le cardinal de), 528.
— (Guiot de), 119.
Tour-Ste-Eulalie, 598.
Tours, 6, 302, 415.
Touzart (le P. Séraphin), 443.
Treille (Bernard de la), facriftain de Maguelone, 76.
— (Guillaume de la), facriftain de Maguelone, 304.
— (mère de la), première fupérieure du couvent de St-Charles de Lunel, 473.
Trémolet (Antoine), médecin de François Ier, 521.
Trépaffens (Pierre de), 76, 417.
Treffan (de), 269.

Treffan (Françoife de), fondatrice du couvent de Ste-Urfule de M., 472.
Trèves, 8.
— (églife de), adminiftrée par Bernard de Caftanet, 293.
Tréviers, 678.
Tréviers (Bernard de), chanoine de Maguelone, 26, 45, 58, 566.
Trial (Jean), marchand de foie, 375.
— (Pierre), prieur de St-Jean de la Roque-Ainier, 253, 254.
— (Raymond), 502.
Trigardy (Bernard), évêque de Breffe en Lombardie, 603.
Trincaire (Pierre), chanoine de Maguelone, 254.
— (André de), juge mage, 540. Voy. *Trinquère*.
Trincavel, vicomte de Béziers, 288.
Trinitaires (hôpital des), 496.
Trinitaires (les) de M., 419.
Trinquère (Jean de), 418.
— (de), juge-mage, 466.
— (Samuel), juge-mage, 503.
— (Ricarde), fœur Prouillane, 465.
Tripoli, 38.
Trithème, auteur cité, 89.
Trivulce (Augufte), cardinal, 232, 247.
Tronchin (Antoine), docteur èslois, 580.
Trontin (Jean de), vicaire, 112.
Trophime, 6.
Troffellery (Jean), médecin de Charles VIII, 521.
Troy (François de), frère de Jean de Troy, 592.
— (Jean de), peintre célèbre de M., 592.
Troyes, 17, 328, 486.
Tudenfis (Lucas), 13.
Tufani (Marguerite), veuve d'Antoine de Grille, 503.
Tulles, 299.
Turcs (les), menacent l'île de Rhodes, 131.
Turcs (les), 572.
Turculhas-Piftor (André), 389.
Turin, 24.

Turinge (Bertold de), 81.
Turnèbe, auteur cité, 258.
Turquie (la), 214.

U

Ughel, hiftorien cité, 296.
Univerfité (tour de l'), 550.
Urach (Conrad d'), légat du pape à M., 81.
— (Epignon d'), comte de Seinen, 514.
Urbain Ier, pape, 427.
— II, pape, 32, 34, 71, 92, 181, 645.
— IV, pape, 429.
— V, vient à M., 426 ; — fait bâtir à M. le collège des Douze - Médecins, 522 ; — fonde le collège de St-Germain, 598 ; — cité, 168, 176, 178, 189, 195, 198, 200, 205, 207, 230, 342, 359, 416, 422, 433, 520, 606.
— VI, élu pape, 207.
— VIII, pape, 275, 487.
Urbicen (Jean), 580.
Urcières (Urfine des), 567.
Urgel (évêque d'), 18 ; — 312, 425.
Urgellum, voy. *Urgel*.
Urfins (Félicie-Marie des), 570.
— (Guillaume-Juvénal des), 219.
Urfulines de Lunel, établies à M. fous le nom de fœurs de St-Charles, 281.
Uzès, 556.
Uzès (chanoines d'), 58.
Uzès (évêque d'), 18.
Uzillis (Antoine), profeffeur de droit à M., 560.

V

Vabres, en Rouergue, 252, 303 ; — (diocèfe de), 347.
Vacher (Bertrand), profeffeur en théologie, 434.

Vadingue, auteur cité, 337, 422, 439, 492.
Vailhauquès (Guillaume de), voy. *Valhauquez*, 672.
Vair (de), facriftain de Cluny, 90.
— (Guillaume du), 569.
Valcourtois, 503.
Valena, voy. Valène.
Valence, 425, 429, 601 ; — en Dauphiné, 234, 525 ; — royaume, 335, 344.
Valencé (de), gouverneur de M., 410.
Valène (le bois de), propriété municipale, 75, 88, 108, 157, 171, 220, 506, 665.
Valenot (Nicolas), 379.
Valentia, voy. *Valence*.
Valentinien, empereur, 8.
Valernod (Pierre de), évêque de Nîmes, 268.
Valette (Planque de la), confeiller au préfidial, 404.
Valeville (Maur de), nommé évêque de Maguelone, 219.
Valflaunès (prieuré de), 220.
Valhauqués, 164.
Valhauquez (le prieur de), intente un procès aux religieufes du Vignogoul, 456.
— (Bernard de), 54.
— (Bertrand de), 107.
— (Guillaume de), 128.
— (Pons de), 99.
Vailhauquez (Raymond de), évêque de Béziers, 288.
Vallier (Dlle de), fœur de St-Charles de Lunel, 473.
Vallis-Magna, voy. *Villemagne*.
Vallon (Marie-Marguerite de), fupérieure des fœurs de la Vifitation de M., 470.
Valmagne, 59 ; — (abbaye de), 287 ; — dans le diocèfe d'Agde, 603 ; — (collège de), 601 & fuiv.
Valmagne (l'abbé de), directeur des religieufes du Vignogoul, 455 ; — chargé par le pape de reformer le monaftère de Montfeau, 120, 452, 481.
Valois (Guillaume de), chanoine, 219.
Valredonès, 674.
Valricher (abbaye de), 261.

Valfernay (Pierre de), cité, 287.
— hiftorien, 326.
Valz (monaftère de), 295.
Vamba, roi des Vifigoths, 10 ; — cité, 14, 622.
Vander-Linden (Jean-Antoni de), auteur cité, 526.
Vanel (Claude), confeiller à la cour des comptes de M., 572.
Varanda (David), profeffeur ès-lois, 503.
— (Jean), médecin de M., 529.
Varènes (Jean de), fénéchal de Beaucaire, 119.
Vargas, hiftorien de l'ordre de la Mercy, 88, 336, 344.
Vafcofan, imprimeur, 527.
Vaffadel (Raymond), 107.
Vaudinus, évêque de Turin, 636.
Vaudois (les), 59, 330.
Védas, 16.
Vedatio (villa de), voy. *St-Jean de Védas*.
Veirargues, 305, 671 ; — (églife de), 89.
Veiras, 492.
Veiffière, 393.
Velay (le), 568.
Venaiffin (comtat), 189.
Venejean (Guillaume de), 395 (note).
Venife, 256, 339, 340, 528.
Vénitiens (les), 185.
Ventadour (Guy de), prévôt du chapitre de Maguelone, 65, 76, 304, 410.
Verceil, 24.
Verceil (Jean de), mort à M., 424.
Verchant, 493, 503.
Verdale (Arnaud de), nommé évêque de Maguelone, 156 ; — donne des ftatuts au chapitre de Maguelone, 157-158 & fuiv. ; — évêque de Maguelone. Son recueil fur les anciens évêques, fes prédéceffeurs, 615 & fuiv. ; — fa mort, 166 ; — cité, 16, 21, 31, 39, 61, 81, 88, 91, 105, 116, 147, 155, 286, 298, 303, 315, 347, 376, 381, 436, 536, 544.

Verdale (Hugues de Loubens de), grand maître de Malte, 156.
Verdier (Henri), peintre de l'hôtel-de-ville de Lyon, né à M., 592.
Verger (collège du), 404.
Verger (Jean du), préfident au parlement de Touloufe, 404, 605.
Vergne (Pierre de la), cardinal, 544.
Vernet (Françoife de), fœur Prouillane, 465.
Verneuil (de), gouverneur de la province de Languedoc, 572.
— (duchefſe de), 475.
Vernicle (Jean de), grand vicaire de Maguelone, 157.
Vernobs (Pierre de), nommé à l'évêché de Maguelone, 201 ; — quitte Avignon, 210 ; — évêque de Maguelone, 465.
Vernhes (Dieudonné), docteur ès-lois, 580.
Verrières (métairie de), 107, 305.
Verteil (Guillaume de), bailli, 112.
Veruna (caftrum de), voy. *Lavérune*
Vérune (terre de la), 98 ; voy. *La Vérune*.
Vervins (Mgr de), évêque de Narbonne, 207.
— (Louis de), archevêque de Narbonne, 268.
Vefenobre (Guillaume de), prieur de St-Denis, 467.
Vefpafien, empereur romain, 568.
Veftric, 437.
Veftric (Marie de Bérard de), abbeffe du Vignogoul, 459.
Vetere (camp de), 504.
Viator, évêque de Maguelone, foufcrit au concile de Prague, 9.
Vic, 52, 65, 107, 155.
Vic (feigneur de), 66 ; — (confeigneur de), 107.
Victoire (fainte), 144.
Victor II, pape, ordonne un concile contre les fimoniaques, 29.
— III, pape, 32.
Vidal, chanoine de St-Pierre, 503.

Vidal (Rique), fœur Prouillane, 465.
Vienne, en Dauphiné, 108, 123, 212, 290, 326, 425, 436, 481.
Vienne (Gafton de), 329.
Vigne (Louis de), évêque d'Uzès, 268.
— (Michel de la), médecin de Paris, 521.
— (de), procureur général à cour des comptes, 397.
— (Louis), procureur général, 551.
— (N...), 423.
Vignogoul (le), 380; — abbaye du, 98, 454 & fuiv.; — (religieufes du), transférées à M., 281; — citées, 466.
Viguorio (Brémond de), 119.
Villa-Nova, voy. *Villeneuve.*
— *Paterna*, 447.
— *Portus* (N.-Dame-des-Ports) 15, 17.
Villani, 292, 297.
Villaret (Foulques de), grand maître de Rhodes, 130; — cité, 370, 398.
Villaris (Jean), moine, 547.
Villars (le comte de), 257.
Villas (Vincent), 565.
Villefranche (faubourg de), à M., 85, 373, 497; — (portalière de), 498.
Villegly, diocèfe de Carcaffonne, 255.
Villemagne, 314, 601.
Villeneuve, 16, 20, 55, 58, 76, 91, 137, 149, 216, 221, 224, 304, 349, 367, 652, 653; — diocèfe de Riez, 126; — (églife de), 641; — (faubourg de), 373.
Villeneuve (Arnaud de), médecin du pape Clément V, 520.

Villeneuve (Bérenger de), chanoine de Lodève, 171.
— (Bertrand de), veftiaire de Maguelone, 128, 153.
— (Elion de), grand-maître de Rhodes, tient à M. un chapitre général de l'ordre, 131.
— (Geoffroy de), prieur de St-Firmin, 133.
Villeneuve-la-Crémade, dans le diocèfe de Béziers, 361.
— *lez - Avignon* (Chartreufe de), 168.
— *lez-Maguelone*, 61, 259, 627, 639.
Vincennes, 196, 352.
Vincent, archidiacre de Maguelone, 624.
— Ier, évêque de Maguelone, 9.
— II, évêque de Maguelone, 13, 14.
— de Beauvais, hiftor. cité, 24.
— Ferrier (faint), 427, 434.
— frère dominicain, 334.
Violette (Léonard), docteur ès-lois, 580.
Viols, 88.
Virag, 21, 628.
Viridifcus, voy. *Viffec.*
Vifigoths (les), 9.
Vifitation (religieufes de la) 470 & fuiv.
Viffec (Bernard de), archidiacre, 112; — chanoine de Maguelone, 679.
— (Jean de), tient un fynode à M., 131; — évêque de Maguelone, 130;.— fa mort, 151; — cité, 150, 162, 296; prévôt, puis évêque de Maguelone, 306.

Vitalis, 216.
Viterbe, 105, 109, 186, 662.
Vivarais (le,, 563.
Vivens (Jacques), vicaire général de Maguelone, 220.
Viviers, 7; — (évêque de), 40.
Volfques (étang des), 5.
Voute (Raymond de la), 119.
Vraie-Croix (confrérie de la), 406.
Vuibald ou Vuabald, évêque de Maguelone, 20.

W

Wadingue, auteur cité, 579, voy. *Vadingue.*
Waudin, évêque de Turin, 24.
Wibald, évêque de Maguelone, 415; — voy. *Vuibald.*
Wifred, évêque de Carcaffonne, 25, 637 (*note*).
Willis, favant anglais, 531.

X

Xindrio, 21, 52.

Y

Yoland, comteffe de Bar, 210.
Yfard (Ademard), facriftain de St-Ruf, 550.

Z

Zurita, cité, 345, 346.

TABLE

DES MATIÈRES

CONTENUES EN CETTE SECONDE PARTIE

Nota. — La pagination est celle de la première édition, dont les chiffres ont été maintenus en manchettes dans les marges de cette réimpression.

A

	Pages
Abbaye de St. Geniez.	295
Abbaye de Gigean.	298
Abbaye du Vignogoul.	300
Abbaye de Ste. Claire dite du Paradis, & de St. Damien.	305
Abbé (l') Suger, visite à Maguelone le pape Gelase II de la part du roy Loüis le Gros.	25
Abbo, evêque de Maguelone.	10
Ætherius, evêque de Maguelone.	
André-Hercule de Fleury, cardinal.	199
André de Fredol, pris du chapitre de Maguelone pour être evêque d'Usès, fut transferé de cette eglise par le pape Jean XXII pour retourner à Maguelone ; il y travaille pour pacifier son chapitre & son diocèse.	83
Antoine Subjet est nommé à l'evêché de Montpellier par le roy Charles IX. Il soûtient tout ce qu'il a à souffrir dans son diocèse, par un grand courage & par une vie fort exemplaire.	170
Antoine de Louvier est nommé à l'evêché de Maguelone par Clement VII, dont il étoit trésorier. Il gouverna son diocèse par son vicaire, & le voyage de Charles VI en Languedoc ayant attiré à Montpellier l'evêque de Maguelone, il en reçut plusieurs marques de protection. Après sa mort il fut porté à Vienne en Dauphiné d'où il étoit.	139
Argemirus, evêque de Maguelone.	10
Armand Basin de Bezons, archevêque de Roüen.	199
Arnaud I fait la dédicace de Maguelone, introduit la vie régulière dans son chapitre, assiste à divers conciles, fait le voyage de la Terre Sainte, & meurt à son retour.	18
Arnaud de Verdale, auteur de l'Histoire des evêques de Maguelone, ses prédecesseurs. Il tient un sinode pour son diocèse & s'employe beaucoup pour l'Université. Il a des affaires à la cour de France & à la cour de Rome qu'il termine heureusement. Fait recevoir à son chapitre les bulles de Benoît XII pour les eglises cathédrales ; il acquiert la terre de St. Jean de Vedas du roy de Mayorque, qui commence à démembrer la seigneurie de Montpellier.	107
Verdale assiste au concile de Beziers tenu par Pierre de la Jugie.	108
Arnaud (St.) Eglise dans la ville aujourd'hui Ste. Anne.	266
Assemblée de toute la noblesse du Languedoc dans le couvent des freres mineurs à Mont-	

pellier au sujet des differens de Boniface VIII & le roy Loûis le Jeune. 78

Audoüin Albert, neveu du pape Innocent VI qui le fit cardinal. Il fonda à Touloufe le collége de Maguelone, fut cardinal d'Oftie, & comme tel il facra le pape Urbain V. 112

Azile (Droit d') prétendu par plufieurs religieux, p. 86. Par les Auguftins, p. 101. Par les Carmes 101

B

B*âtimens* de l'ifle de Maguelone. 96
 Benoît (St.) d'Aniane. 205
Berenger de Fredol reçoit l'hommage de plufieurs feigneurs de fon diocéfe, & continuë de faire battre la monnoye de Melgueil. Il fe fert de l'autorité du pape pour arrêter plufieurs abus qui s'étoient gliffés parmi les religieux nouvellement établis. Il conferve fes droits fur l'Univerfité, qui furent réglés par la bulle de Nicolas IV & échange avec le roy Philippe le Bel la feigneurie de Montpellieret. 69
Bernard le penitent. 213
Bernard de Mefoa, evêque, tranfige avec les confuls de Montpellier, après l'acquifition du comté de Melgueil, voit fonder plufieurs maifons religieufes à Montpellier. Il fit donner par le cardinal Eginon des réglemens à l'École de Médecine. 50
Bertrand I eft dépofé comme fimoniaque. 19
Bertrand II étoit préfident à la cour des aydes de Paris lorfqu'il fut fait evêque de Maguelone. 144
Boëtius, evêque de Maguelone, affifte au concile III de Tolede, & à celui de Narbonne en 589. 4

C

Capucins (les) 291
 Cardinal (le) de *Canillac*. 129
Cardinal (le) de *Caftagnet*. 194
Carmes (les) Déchauffés. 293
Caftiglioné-Brando, depuis cardinal, avoit été veftiaire de Maguelone & grand-vicaire de l'evêque Guillaulme le Roy. 143
Caufes civiles & caufes criminelles des chanoines de Maguelone. 114
Celerier de Maguelone. 89

Chaire de mathématiques. 391
Chanoines prieurs. 76
Chanoines clauftraux. 76
Chapelle de l'Hôtel de Ville. 100
Eft bénite par l'evêque de Coron dans la Morée. 127
Chapelle du Confulat. 266
Chapelle-Neuve. 267
Charles de Pradel fut donné pour coadjuteur à fon oncle François de Boufquet, evêque de Montpellier. Il employa tout le tems de fon epifcopat en œuvres de charité ou de zèle pour la converfion des réligionnaires & pour la perfection de fon diocéfe. Il mourut des fatigues qu'il avoit pris dans fes vifites.
Charles-Joachin Colbert, nommé à l'evêché de Montpellier en 1696.
Eft facré à Paris l'année fuivante.
Arrive à Montpellier où il donne des grandes marques de zèle & fait compofer le catéchifme dit de Montpellier.
Il érige la paroiffe St. Denis pour les fauxbourgs de la ville.
Il fait bâtir la chapelle de la Verune.
Forme une bibliothèque des plus belles de la province.
Eft magnifique dans fes ornemens d'eglife.
Tombe malade à la quarante-deuxiéme année de fon epifcopat de la maladie dont il mourut en 1738.
Eft enterré à l'hôpital général de cette ville dont il fit les pauvres fes héritiers univerfels. 187
Collége de St. Ruf, fondé à Montpellier par le cardinal Anglic Grimoard. 137
Collége de médecine. 397
Collége du droit, dit la Tour de Sainte-Eulalie. 398
Collége de St. Ruf. ibidem.
Collége de Valmagne. 400
Collége de Breffe. 400
Collége de Gironne. 404
Collége de Mende, dit des Douze-Médecins. 403
Collége du Vergier, autrement dit la Chapelle neuve. 404
Collége des jéfuites. 407
Collége de Ste. Anne. ibidem.
Comté de Melgueil, rendu feudataire au St. Siége par le comte Pierre. 20
Principales régles des chanoines réguliers de Maguelone. 20
Concile de Villa-Portus. 10 & 11
Concile de St. Vincent de Jonquières. 11
Confrérie de N. Dame de Bethléem à la cha-

	pages
pelle de l'Hôtel de Ville, fondée en 1374, détruite en 1662.	
Confréries de piété.	268
Confrérie de Pénitens blancs.	270
Confrérie de la vraye Croix.	268
Confrérie de St. Claude.	269
Confécration de l'eglife Ste. Croix, par le cardinal de St. Prifque.	43
Cofme (St.) St. Damien, eglife particuliére de Montpellier.	260
Croix (Ste.) Eglife particuliére de Montpellier.	261

D

Dédicace de l'eglife de Maguelone, par l'evêque Arnaud.	16
Denis (St.) Paroiffe de Montpellieret.	252
Déodat, evêque de Maguelone, fous qui fut faite la bénédiction de la chapelle de l'Hôtel de Ville.	118
Defcription de l'eglife & monaftére de St. Germain.	129
Dominique Serano, onzième général de l'ordre de la Mercy & cardinal.	218
Droit d'entrée des chanoines de Maguelone.	98
Durand des Chapelles prête hommage au roy des terres de fon evêché relévant de la couronne. Il ramene par fa patience la plûpart de fon chapitre, qui l'avoit fort mal reçû lorfqu'il fe préfenta à Maguelone.	115

E

Ecoles anciennes de Montpellier.	339
Eglife cathédrale de St. Pierre.	231
Eglife collégiale de Nôtre-Dame du Palais.	233
Eglife collégiale de St. Sauveur.	235
Eglife collégiale de la Ste. Trinité.	241
Eglife collégiale de Ste. Anne.	244
Eglife collégiale de St. Jean.	245
Eglife collégiale de St. Ruf.	238
Eglife du feminaire.	268
Epître de St. Ruftique, archevêque de Narbonne, & des evêques de fa fuffragance au pape St. Leon.	3
Evêques pris dans la maifon de Guillaume, feigneur de Montpellier.	189
Autres evêques pris des maifons confidérables du diocéfe.	9
Ceux que la feule maifon de Fredol a donné.	192 & 196

F

	Pages
Faculté de médécine.	342
Faculté du droit.	354
Faculté des arts.	374
Faculté de théologie.	384
Flagellants à Montpellier.	81
Fonds pour l'entretien des offices de Magueguelone.	91
Foy (Ste.) Annexe de St. Denis dans la ville.	253
François Bofquet, evêque de Montpellier, récommandable par fon fçavoir & par fa vie epifcopale.	182
Fulcrand (St.), evêque de Lodeve.	209

G

Gaillard de Saumate eft nommé par le pape Jean XXII à l'evêché de Maguelone qui le retient auprès de lui à Avignon, neuf mois après il le transfére à l'arehevêché d'Arles.	83
Gaucelin de Lagarde, le chapitre lui transfere pour cinq ans le pouvoir de nommer à tous les bénéfices. Il eft protégé par le pape Boniface VIII pour la poffeffion du comté de Melgueil. Il prend part aux démêlez de Loüis le Jeune & de Boniface VIII.	75
Gaucelin de Deucio eft nommé à l'evêché de Maguelone par Urbain V dans le tems que ce pape étoit à Montpellier, il fut long-tems dans fes bonnes graces, fut fait tréforier du Comtat Venaiffin, & après la mort d'Urbain, étant revenu à Montpellier, il eût des grands démêlez avec les confuls pour la juftice du bois de Valene.	124
Gaucelin la Garde I du nom.	
Gaucelin de Pradeles II du nom.	
Gautier, evêque de Maguelone, fait beaucoup de préfens à fon eglife cathédrale & aux autres de fon diocéfe. Il y termine plufieurs differends, & part pour la Paleftine où il meurt.	28
Genefius, evêque de Maguelone, affifta par procureur au concile de Tolede.	4
Germain (St.) Prieuré à Montpellier. Bulle de fa fondation par Urbain V.	126
Godefroy, evêque de Maguelone, reçoit l'hommage du feigneur de Montpellier, 21. Perfectionne la régularité dans fon chapitre, 20. Affifte à plufieurs conciles, part pour la Terre Sainte & y meurt.	24

Gontier, evêque de Maguelone. 21

Guillaume Raymond, evêque de Maguelone, fait plufieurs traités avec fon chapitre & reçoit plufieurs reconnoiffances de divers feigneurs de fon diocéfe. Il laiffa plufieurs preuves de fon fçavoir & de fa piété. 39

Guillaume de Fleix donne lieu à la Décretale *Cum olim de sententiá & re judicatá*. Il fait confacrer l'eglife Ste. Croix. Il garantit fon diocéfe des erreurs des Albigeois. Il eft dépofitaire du teftament du dernier de nos Guillaumes. 42

Guillaume d'Altiniac obtient une fauve-garde du pape Innocent III pour les habitans de Montpellier durant la guerre des Albigeois. Affifte au concile de Montpellier en 1214. Canons de ce concile. Union du comté de Melguëil à l'evêché de Maguelone. 45

Guillaume Chriftophle fait tenir dans fon diocéfe un concile provincial par Jacques, archevêque de Narbonne en 1224. Il termine par la médiation de Clement IV les démêlez des evêques, fes prédeceffeurs, avec le roi d'Aragon. 66

Il finit par le même moyen, les démandes du comte Pelet de la comté de Melguëil. 68

Guillaume le Roy, fucceffeur immédiat de Loüis Alleman, acheva l'union de la théologie à l'Univerfité commencée fous fon prédéceffeur. 143

Guillaume Pelliffier, I du nom, evêque de Maguelone. De fon tems fe tint à Montpellier la fameufe conférence entre Guillaume de Chievres & Artus de Gouffier-Boiffi, pour les intérets de Charles-Quint & François I. Peliffier affifta Gouffier dans fa derniere maladie. Il fit une réformation de tous les livres à l'ufage de fon eglife & réfigna fon evêché en faveur de fon neveu. 150

Guillaume Pelliffier II du nom fut en réputation d'homme de lettres & très-propre pour les affaires. Le roy François I l'employa au traité de Cambray & l'envoya à Rome pour la fécularifation du chapitre de Maguelone & pour lui récouvrer de grace plufieurs manufcrits. Il fit à Montpellier la tranflation des religieufes de Ste. Claire dans la maifon dite la petite Obfervance, mais il eut le malheur de voir cette ville livrée à l'héréfie de Calvin, non fans foupçon de l'avoir protegée. 170

Guilaume (F.), de Montpellier, réligieux de Citeaux. 221

Guillaume Arnaud, inquifiteur de la foy & martir. 220

Guillaume le Roy V.

Guillem (St.) Annexe de St. Firmin dans les fauxbourgs. 252

Guimilde, evêque. 8

Guitard de Rate eft nommé à l'evêché de Montpellier par le roy Henry IV qui avoit éprouvé fa fidelité en plufieurs occafions; il foûtint le tems orageux de fon epifcopat avec beaucoup de fermeté, & mourut trop tôt pour fon diocéfe en allant à Touloufe. 173

Guy de Vantadour, prévôt de Maguelone. 201

Guy de Montpellier, fondateur des hofpitaliers du St. Efprit. 217

H

Hofpitalité exercée à Maguelone. 88

Hôpitaux anciens & modernes de la ville de Montpellier. 317

Hôpital St. Guillem. 320

Hôpital du St. Efprit. 322

Hôpital St. Eloy. 325

Hôpital & Cimetière Saint-Barthélemy. 237

Hôpital des Teutons. 328

Hôpital St. Maur ou des Trinitaires. 328

Hôpital St. Jacques. 329

Hôpital St. Antoine. 330

Hôpital de la Magdelaine. 331

Hôpital de Tournefort. 332

Hôpital de la Charité. 333

Hôpital général. 334

Hôpital des Petites Maifons. 337

I

Jean de Montlaur I du nom termine plufieurs differents dans fon diocéfe, donne des marques de fon zéle pour la difcipline ecclefiaftique & pour fon chapitre, fait plufieurs réparations à fon eglife, affifte au concile général de Latran contre les Albigeois. 39 & fuivantes.

Jean de Montlaur II du nom a des grandes broüilleries avec le roy Jacques d'Arragon, p. 55, qui à l'exclufion de la juftice ecclefiaftique, attribuë tout à la juftice royale.

Jean de Cominges termine à Villeneuve un grand different. Fait fa demeure ordinaire à Murviel. Il fecourt extraordinairement.

	Pages
fon diocèfe dans une contagion, eft nommé par Jean XXII, archevêque de Touloufe.	
Jean Gafc, abbé d'Aniane, met la première pierre à l'eglife de St. Germain.	118
Jean Bonail étoit veftiaire de Maguelone quand il en fut fait evêque; il fut facré par l'archevêque de Touloufe, le fiége de Narbonne étant vacant. Il fe rendit recommandable par fon efprit de paix, par fon fçavoir & par fa charité envers les pauvres.	146
Jean de Barriere fut fait evêque de Maguelone par le crédit de François de Halé, archevêque de Narbonne & de Jean de Cofta, prévôt de Maguelone. A fon entrée il prêta fon ferment de fidélité au roy, il pacifia les diffenfions entre les profeffeurs de l'Univerfité & les chanoines de Maguelone, il fe régla avec eux fur la collation des bénéfices de fon diocèfe, il fit des réglemens pour l'élection des profeffeurs & confirme la fondation de la collégiale de Sainte Anne.	148
Jean de Viffec vit à Montpellier tenir un chapitre général de l'ordre des chevaliers de St. Jean de Jerufalem; à leur exemple il en tint un à Maguelone où l'on fit les réglemens les plus amples que nous ayons pour le chapitre de Maguelone.	86
Apaife une émotion entre le peuple & les confuls de Montpellier.	98
Jean Garnier eft nommé à l'evêché de Montpellier par le roy Henry IV, rétablit N. Dame des Tables, part pour Touloufe, & en revient avec la maladie dont il mourut.	175
Imbert du Puy, cardinal.	197
Infirmier de Maguelone.	91
Inondation extraordinaire à Montpellier.	81
Inquifition, premier acte d'inquifition fait à Montpellier.	141
Jumeaux (les deux B. B.) de Montpellier.	221

L

Leger Saporis fit la bénédiction de la chapelle de N. Dame des Bonnes Nouvelles, il reçut plufieurs hommages dans fon diocèfe, il ne vécut pas plus de deux ans dans fon evêché.	143
Limites Anciennes de la province ecclefiaftique de Narbonne.	6
Loüis Alleman eft fait evêque de Maguelone par le crédit de François de Conzié, fon oncle, archevefque de Narbonne, légat à	

	Pages
Avignon. Loüis unit la Faculté de théologie à l'Univerfité, il reçut plufieurs graces du roy Charles VII, & peu de tems après il fut transféré à Arles par Martin V & fait cardinal.	142

M

Maladrerie de Caftelnau.	319
Mandat quotidien à Maguelone.	89
Marie de Montpellier, reine d'Aragon.	229
Marie (Ste) de Lezes, eglife des Templiers.	263
Martin (St.) de Prunet, eglife particuliére hors la ville.	264
Mathieu (St.) Annexe de S. Firmin dans la ville.	250
Maure de Valleville étoit chanoine de Maguelone lorfqu'il en fut facré evêque par Jean de Harcourt, archevêque de Narbonne. Il baptifa à Montpellier plufieurs Maures qui demandérent à embraffer la réligion chrétienne. Il donna un exemple de déclaration à nos confuls fur le bois de Valene & le mas de Caravetes.	145
Monafteres anciens & modernes de la ville de Montpellier.	273
Murviel. Son ancienneté.	80

N

Nicolas (St.), eglife particuliére de Montpellier.	260
Nôtre-Dame des Tables érigée en paroiffe.	50
Nôtre-Dame des Bonnes-Nouvelles.	266
Nourriture des chanoines de Maguelone.	89

O

Office de l'églife de Maguelone.	93

P

Paroiffe de S. Firmin.	247
Paradis, abbaye exemptée de la jurifdiction epifcopale, par l'evêque Pierre de Conchis.	64
Pafteur (le Bon).	315
Paul (St.) Annexe de Saint-Firmin dans la ville.	250
	91

	Pages
Pierre (St.) de la Sale, églife particuliére de Montpellier.	263
Pierre de Caftelnau, légat du St. Siége, & martir à St. Giles.	215
Pierre de Conchis, evêque de Maguelone, reconnoît au roy S. Loüis la feigneurie de Montpellier.	66
Pierre de Levis eft nommé par Clement V au fiege de Maguelone pour pacifier le chapitre; il a le bonheur de voir à Montpellier le pape, fon bienfaicteur, qui le transféra à l'archevêché de Cambray.	60
Pierre de Vernobs, abbé d'Aniane, eft nommé à l'evêché de Maguelone par le pape Grégoire XI. Il refta longtemps à Avignon où il étoit tréforier du pape. Durant fon féjour, on fit à Montpellier les honneurs funèbres de la reine de Navarre. Il écrivit aux habitans de Montpellier au fujet des Florentins excommuniez du pape. Revient à Maguelone, & y tient un chapitre général. Il eut l'honneur de recevoir à Montpellier dans l'églife de Nôtre-Dame des Tables le roy Charles VI.	132
Pierre Ademar eft nommé à l'evêché de Maguelone par le fameux Pierre de Lune, qui l'avoit connu à Montpellier lorfqu'ils y enfeignoient enfemble dans l'Univerfité de cette ville.	140
Pierre de Fenoüillet eft nommé à l'evêché de Montpellier par le roy Henry IV. Il affifte au concile de Narbonne, introduit les Capucins à Montpellier, fait l'oraifon funebre du roy Henry IV. Affifte aux Etats Généraux ténus à Paris, exhorte le roy Loüis XIII à entreprendre le fiége de Montpellier, après lequel il apelle dans la ville tous les réligieux qui en avoient été chaffez, fait donner le collége de la ville aux jefuites, fonde la vifitation & entreprend de bâtir une cathédrale.	178
Pictavin de Montefquiou tranfige avec les habitans d'Aigues-Mortes pour le paffage de Cornon, il permet aux confuls de fonder la chapelle de l'hôtel de ville, p. 102. Eft transféré à Alby par Benoît XII.	102
Pont de Maguelone.	97
Prévôt de Maguelone, fes principaux dévoirs envers la communauté de Maguelone.	87
Prieuré de Pouffan, confirmé aux Moines de la Chaife-Dieu par Jean de Viffec.	99

R

	Pages
Raymond, evêque de Maguelone, fait plufieurs réparations à fa communauté, s'attire la confiance de Bernard, comte de Melgüeil, reçoit le pape Innocent II, réfugié en France, fes démélez avec le feigneur de Montpellier & avec fon chapitre, fait une donation à l'hôpital St. Jean de Jerufalem. Il obtient du roy Loüis le Jeune la confirmation des priviléges de fon églife.	29
Raymond de Canillac, prévôt de Maguelone.	203
Récollets.	292
Récueil d'Arnaud de Verdale, evêque de Maguelone, fur les anciens evêques, fes prédecefleurs.	
Réfectorier de Maguelone.	90
Reinier, evêque de Maguelone, étoit réligieux de St. Dominique quand il fut nommé à ce fiége, il fit plufieurs difpofitions en faveur du veftiaire de fon églife, & mourut d'une mort funefte.	58
Religieufes de St. Léon, fondées par Jean de Montlaur.	55
Religieufes de St. Dominique dites les Proüillanes.	305
Religieufes de Ste. Cathérine & de St. Giles.	308
Religieufes de la Vifitation.	310
Religieufes de Ste. Urfule.	311
Religieufes de St. Charles.	312
Religieufes du Refuge.	313
Religieux de Cluny, près de Sauret.	273
Religieux de Gramont.	275
Religieux Trinitaires.	277
Religieux Conventuels de Saint François.	278
Religieux de St. Dominique dit les Freres Prêcheurs.	279
Religieux de la Mercy.	283
Religieux Carmes.	285
Religieux Auguftins.	287
Religieux de l'Obfervance.	289
Reliques de St. Thomas d'Aquin procurées à l'Univerfité de Montpellier par le pape Grégoire XI.	134
Robert de Prouves fut garde du fceau & exerça la chancellerie fous le roy Charles VII, auprès de qui il paffa tout fon epifcopat. Nous n'avons de lui que la nomination de fes grands vicaires & l'hommage qu'ils prêterent pour lui au fénéchal de Beaucaire.	145
Roch (St.)	224
Ricuin I du nom, evêque de Maguelone.	9
Ricuin II.	

S

	Pages
Sacriſtain de Maguelone.	94
Secherſſe extrême à Montpellier en 1313.	81
Secularifation du chapitre de Maguelone.	151
La bulle eſt publiée à Montpellier.	167
Sigifmond, empereur, paſſe à Montpellier pour aller en Eſpagne.	140
Simon.	
Sinagogue des juifs établie à Montpellier fous Pierre de Vernobs.	138
Société royale des ſciences.	394
Stabellus, evêque de Maguelone.	9

T

Tables (Notre-Dame des), érigée en paroiſſe dans le XIII ſiècle.	254
Thomas (St.) Annexe de S. Firmin dans les fauxbourgs.	251
Trinité (fondation du collège de la) par le cardinal de Canillac.	128

V

	Pages
Veſtiaire, office de la communauté de Maguelonne.	91
Viator, evêque de Maguelone.	4
Vie privée des chanoines de Maguelone.	93
Vignogoul, abbaye, tranſige avec l'evêque de Maguelone, Pierre de Conchis.	64
Urbain II, pape, vient à Maguelone, où il bénit & confacre l'égliſe.	22
Vincent Ferrier (St.) ſéjourna à Montpellier.	140
Vincent I, evêque de Maguelone eſt regardé comme le fucceſſeur immédiat d'Æterius.	4
Vincent II, evêque de Maguelone, fucceda immédiatement à l'evêque Guimildus.	6
Union du comté de Melgueil à l'evêché de Maguelone.	48
Urbain V Guillaume Grimoard eſt élû pape ; il vient à Montpellier, y fait la dédicace de l'égliſe de St. Germain, nomme à l'evêché de Maguelone Gaucelin de Deucio.	121
Wibal, evêque à Subſtantion.	12

NOTA. — Cette table eſt remplie d'erreurs de pagination commiſes par les premiers éditeurs & que le lecteur eſt prié de rectifier à l'aide de la table générale des noms propres de lieux & de perſonnes.

TABLE
DES MATIÈRES

CONTENUES DANS L'HISTOIRE ECCLÉSIASTIQUE

	Pages
PRIVILÈGE DU ROY	VII
DÉDICACE à Monseigneur Berger de Charancy	IX
PRÉFACE	XI
SUITE CHRONOLOGIQUE des évêques de Maguelone & de Montpellier	3
LIVRE PREMIER. — Contenant la fuite des évêques de Maguelone jufqu'au renverfement de cette ifle fous Charles Martel	5
CHAPITRE PREMIER. — I. Sentiment de Gariel fur l'origine de l'églife de Maguelone. II. Ce que l'on peut croire de fon fentiment. III. Preuves certaines de fes évêques dans le cinquième fiècle	5
CHAPITRE SECOND. — I. Succeffeurs d'Ætherius dans l'évêché de Maguelone. II. Revolte de l'évêque Guimildus contre le roy Vamba. III. Irruption des Sarrafins dans le Languedoc qui occafionnerent la deftruction de Maguelone. IV. Et le changement du fiège à Subftantion	9
LIVRE SECOND (*Première partie*). — Contenant la fuite des évêques qui réfiderent à Subftantion depuis 737 jufqu'au onzième fiècle	15
CHAPITRE PREMIER. — I. Raifons du vuide qui fe trouve dans l'hiftoire des premiers évêques qui réfiderent à Subftantion. II. Suite de ceux qui nous font connus. III. Premier & fecond concile de Villa-Portus, dans le diocèfe de Maguelone	15
CHAPITRE SECOND. — Concile de St-Vincent de Jonquieres. II. Suite des évêques jufqu'à Arnaud premier. III. Qui forme le deffein de rétablir l'églife de Maguelone	19
CHAPITRE TROISIÈME. — I. Paroles de Verdale fur le deffein projetté par l'évêque Arnaud. II. Bulle qu'il obtient pour cet effet du pape Jean XX. III. Obfervations fur Verdale. IV. Dédicace de l'églife de Maguelone	22
CHAPITRE QUATRIÈME. — I. Bertrand, évêque de Maguelone, eft dépofé comme fimoniaque. II. Godefroy eft mis à fa place. III. Il perfectionne la régularité déjà établie dans fon chapitre. IV. Pierre, comte de Melgueil, fe rend feudataire du Saint Siège. V. Le feigneur de Montpellier rend hommage à Godefroy. VI. Qui affifte à plufieurs conciles	30
CHAPITRE CINQUIÈME. — I. Rigles principales des chanoines réguliers de Maguelone. II. Le pape	

Table des Matières

	Pages
Urbain II à Maguelone où il benit & confacra l'églife. III. Suite de la vie de l'evêque Godefroy. IV. Son voyage & fa mort dans la Paleftine.	34
CHAPITRE SIXIÈME. — I. Gautier fuccède à Godefroy. II. Il fait plufieurs prefents à fon eglife cathedrale & aux autres de fon diocèfe. III. Il y termine plufieurs differents. IV. Le pape Gelafe II à Maguelone, où l'abbé Suger va le vifiter de la part du roy Loüis le Gros. V. Suite de la vie de l'evêque Gautier. VI. Son voyage & fa mort dans la Paleftine	39
CHAPITRE SEPTIÈME. — I. Raymond Ier fait plufieurs réparations à Maguelone. II. S'attire la confiance de Bernard, comte de Melguëil. III. Reçoit à Maguelone le pape Innocent II, réfugié en France. IV. Doutes que l'on a s'il sçut fe conferver les bonnes graces de ce pape. V. Ses démêlez avec les feigneurs de Montpellier. VI. Et avec fon chapitre. VII. Il fait une donation à l'hôpital St-Jean de Jerufalem. VIII. Reçoit des graces d'Anaftafe & d'Adrien quatrième. IX. Et obtient du roy Loüis le Jeune la confirmation des privilèges de fon églife. X. Fin de la vie de cet evêque	46
CHAPITRE HUITIÈME. — I. Election de Jean de Montlaur à l'evêché de Maguelone. II. Il termine plufieurs grandes affaires dans fon diocèfe. III. Donne des marques de fon zèle pour la difcipline ecclefiaftique & pour fon chapitre. IV. Fait plufieurs reparations à fon églife. V. Obtient diverfes graces du roy Loüis le Jeune. VI. Affifte au concile général de Latran contre les Albigeois, dont il preferve fon diocèfe. VII. Actions particulieres de cet evêque avant fa mort	54
CHAPITRE NEUVIÈME. — I. Guillaume Raymond, abbé d'Aniane, fuccede à Jean de Montlaur. II. Il fait plufieurs traitez avec fon chapitre. III. Reçoit les reconnoiffances de divers feigneurs de fon diocèfe. IV. Preuves qui nous reftent de la fcience & de la piété de ce prélat	61
CHAPITRE DIXIÈME. — I. L'élection de Guillaume de Fleix eft confirmée par le pape Céleftin III. II. Un different arrivé dans fon chapitre donne lieu à la decretale *cum olim*. III. Tranfactions entre le prévôt de Maguelone & quelques feigneurs de fon voifinage. IV. Confécration de l'églife de Ste-Croix à Montpellier. V. Soins de l'evêque pour garantir fon diocèfe de l'herefie des Albigeois. VI. Et pour en entretenir les hôpitaux. VII. Il eft dépofitaire du teftament du dernier des Guillaumes, feigneurs de Montpellier	64
LIVRE SECOND (*Deuxième partie*). — Contenant la vie des évêques de Maguelone qui tinrent le fiège de cette ville sous la domination des rois d'Aragon et de Mayorque	69
CHAPITRE PREMIER. — I. Guillaume d'Altiniac, évêque de Maguelone. II. Sauvegarde du pape Innocent III, pour les habitants de Montpellier, durant la guerre des Albigeois. III. Canons du concile de Montpellier en 1215. IV. Union de la comté de Melguëil à l'evêché de Maguelone. V. Vente du bois. VI. Acquifitions faites par le chapitre. VII. Erection de N.-Dame des Tables en paroiffe	69
CHAPITRE SECOND. — I. Commencemens de Bernard de Mezoa, évêque de Maguelone. II. Protection du pape Honoré III pour la ville de Montpellier. III. Fondations qui y furent faites de plufieurs maifons religieufes. IV. Reglemens pour l'école de médecine. V. Temporel de l'évêché	77
CHAPITRE TROISIÈME. — I. Fondation des religieufes de St. Leon, par Jean de Montlaur. II. Commencements de cet evêque. III. Hugues de Miramar. IV. Abbaye de St. Geniez. V. Brefs du pape Gregoire IX pour Montpellier. VI. Broüillerie entre le roy Jacques I & l'evêque de Maguelone. VII. Faculté des arts. VIII. Premier concile de Lyon	82
CHAPITRE QUATRIÈME. — I. Reinier, évêque de Maguelone. II. Defcription des anciens bâtimens de cette églife. III. Maniere de vivre des anciens chanoines. IV. Le prévôt eft fubftitué au pouvoir du prieur majeur pour le spirituel. V. Differens entre le prévôt & l'evêque. VI. Collation des benefices. VII. Prieurés de la campagne. VIII. Dépendance de tous les membres du chapitre. IX. Dignitez & offices clauftraux. X. Mort de l'evêque Reinier.	89
CHAPITRE CINQUIÈME. — I. Election de Pierre de Conchis. II. Religieufes du Vignogoul & du Paradis. III. Reglemens d'Alexandre quatrième pour le chapitre de Maguelone. IV. Affaires particulières de l'évêché & du chapitre. V. Reconnoiffance faite par l'evêque au roy St. Loüis.	

Table des Matiéres 731

Pages

VI. Guillaume Criftophle fuccede à Pierre de Conchis. VII. Son accommodement avec le roy d'Aragon. VIII. Il eft protegé auprès du roy St. Loüis par Clément IV. IX. Lettre du pape fur la monnoye de Melguëil. 97

Chapitre sixième. — I. Berenger de Fredol, evêque de Maguelone. II. Affaires temporelles qu'il eut dans fon diocéfe. III. Autres affaires avec les réguliers. IV. Autres avec le roy d'Aragon au fujet de l'univerfité. V. Bulle du pape Nicolas IV. VI. Differens entre les officiers du roy & ceux de l'evêque. VII. Qui finiffent par un interdit géneral. 106

LIVRE TROISIÈME. — Evêques de Maguelone depuis l'acquifition de Montpellieret par le roy Philippe le Bel, jusqu'à l'acquifition de Montpellier par Philippe de Valois. 115

Chapitre premier. — I. Gaucelin de la Garde eft transferé de Lodève à Maguelone. II. Il travaille à pacifier fon chapitre. III. Il eft protegé par Boniface VIII au fujet de la comté de Melguëil. IV. Il reçoit plufieurs reconnoiffances des feigneurs de fon diocéfe. V. Il prend part aux démêlez entre Boniface VIII & Philippe le Bel. VI. Il meurt en 1303. 115

Chapitre second. — I. Troubles dans le chapitre pour donner un fucceffeur à Gaucelin de la Garde. II. Le pape nomme à fa place Pierre de Levis, qu'il transfere enfuite à Cambray. III. Jean de Cominges lui fuccede. IV. Grande fécherefse à Montpellier. V. Jean de Cominges eft fait premier archevêque de Touloufe. 120

Chapitre troisième. — I. Gaillard de Saumate, evêque de Maguelone, transferé à Arles. II. André de Fredol lui fuccede. III. Affaire qu'il eut avec fon chapitre & avec les feigneurs de fon diocéfe. IV. Mort de faint Roch fuivie de celle d'André de Fredol. V. Jean de Viffec, evêque de Maguelone. VI. Chapitre géneral des chevaliers de Rhodes tenu à Montpellier. VII. Grands règlements faits par les chanoines de Maguelone. 126

Chapitre quatrième. — I. Hofpitalité exercée à Maguelone. II. Mandat quotidien. III. Celerier, refectorier, nourriture des chanoines. IV. Veftiaire, infirmier. V. Fonds pour l'entretien de tous les officiers. 134

Chapitre cinquième. — I. Vie privée des chanoines. II. Office de l'églife. III. Sacriftain & fes fonctions. IV. Bâtimens de l'ifle. V. Pont de Maguelone. VI. Droit d'entrée des chanoines. 142

Chapitre sixième. — I. Dernieres actions de Jean de Viffec. II. Pictavin de Montefquiou lui fuccede. III. Ses differends avec les confuls & les Auguftins. IV. Chapelle de l'hôtel de ville. V. Dernieres actions de Pictavin avant fa tranflation à Alby 150

Chapitre septième. — I. Arnaud de Verdale, evêque de Maguelone, auteur de l'Hiftoire des evêques, fes prédeceffeurs. II. Commencement de fon epifcopat. III. Sinode qu'il tient pour fon diocefe. IV. Ses foins pour l'univerfité. V. Affaires particulières qu'il eut. VI. Sa mort & fon éloge. 156

LIVRE QUATRIÈME. — Contenant la fuite des evêques, depuis Philipe de Valois jufqu'à la fécularifation de Maguelone fous François Ier 167

Chapitre premier. — I. Audoüin, cardinal, nommé à l'evêché de Maguelone. II. Il fonda le college de ce nom dans la ville de Toulouse. III. Durand des Chapelles lui fuccede. IV. Qui prête ferment au roy. V. Et tranfige avec fes chanoines 167

Chapitre second. — I. La chapelle de l'hôtel de ville confacrée fous Deodat, evêque de Maguelone. II. Création du pape Urbain V. III. Qui fonde le prieuré de St. Germain à Montpellier. IV. Son arrivée en cette ville. V. Il y fait la dédicace de l'autel de St. Germain. VI. Il nomme à l'evêché de Maguelone Gaucelin de Deux 176

Chapitre troisième. — I. Gaucelin dans les bonnes graces du pape. II. Urbain part de Marfeille pour Rome. III. Bulle de la fondation du prieuré St. Germain de Montpellier. IV. Naiffance de Charles, fils du roy de France. V. Fondation du college des douze médecins. VI. Retour du pape Urbain à Avignon, & fa mort. VII. Arrivé de Gaucelin à Montpellier, où il meurt. 184

Chapitre quatrième. — I. Mort du cardinal de Canillac. II. Fondation de fon collége de la Trinité. III. Defcription de l'eglife & monaftere de St. Germain 192

CHAPITRE CINQUIÈME. — I. Nomination de Pierre de Vernobs à l'évêché de Maguelone. II. Lettres qu'on reçoit de lui à Montpellier. III. Grégoire XI transfere le St. Siege d'Avignon à Rome. IV. Il procure à l'univerſité de Montpellier une relique de St. Thomas d'Aquin. V. Il meurt à Rome & Urbain VI eſt élu à ſa place. VI. Robert de Geneve diſpute la papauté à Urbain VI. VII. Le cardinal Anglic fonde à Montpellier le college de St. Ruf 201

CHAPITRE SIXIÈME. — I. Suite de l'article de Pierre de Vernobs, évêque de Maguelone. II. Clement VII nomme à ſa place Antoine de Lovier. III. Particularitez de la vie de cet évêque. IV. Pierre Ademar lui eſt ſubrogé après ſa mort. V. L'empereur Sigiſmond à Montpellier. VI Paſſage de St. Vincent Ferrier par cette ville 210

CHAPITRE SEPTIÈME. — I. Aggrégation de l'ecole de théologie au corps de l'univerſité par Loüis Aleman, évêque de Maguelone. II. Qui eſt transferé à l'archevêché d'Arles. III. Guillaume le Roy lui ſuccede à Maguelone. IV. Puis Leger Saporis. V. Bertrand. VI. Et Robert de Rouvres 215

LIVRE CINQUIÈME. — Depuis la ſécularifation du chapitre de Maguelone juſqu'au rétabliſſement de la religion catholique dans Montpellier ſous le roy Loüis XIII 229

CHAPITRE PREMIER. — I. Premier motif de la tranſlation de l'evêché de Maguelone. II. Difficulté qu'on y trouve. III. Expediens qu'on prend pour les ſurmonter. IV. Bulle du pape Paul troiſième pour cet effet. V. Il ſuprime les deux égliſes de Maguelone & de St. Germain pour en former celle de Montpellier. VI. Il décore cette ville du titre de cité. VII. Partage des benefices entre l'evêque, les dignitez, perſonats & chanoines du nouveau chapitre. VIII. Noms de tous les particuliers. IX. Leur rang & leur place dans le chœur & ailleurs 229

CHAPITRE SECOND. — I. Privileges accordez aux nouveaux chanoines. II. Droits de l'évêque. III. Droits du prévôt. IV. Reduction de pluſieurs places après la mort des titulaires. V. Collation des dignitez & canonicats du chapitre. VI. Maniere de les conferer. VII. Droit d'entrée de chacun du chapitre. VIII. Etabliſſement d'un théologal. IX. Service de l'ancienne égliſe de Maguelone. 241

CHAPITRE TROISIÈME. — I. Formalitéz obſervées pour la publication de la bulle. II. Signification qui en fut faite à Montpellier. III. Inſtallation des nouveaux chanoines. IV. Continuation de l'evêque Peliſſier. V. Renverſement de la religion catholique à Montpellier 253

CHAPITRE QUATRIÈME. — I. Antoine Subjet eſt nommé par le roy Charles IX à l'evêché de Montpellier. II. Il eut beaucoup à ſouffrir durant ſon epiſcopat. III. Qu'il ſoûtint avec beaucoup de courage & par une vie fort exemplaire. IV. Guitard de Ratte eſt nommé à ſa place par le roy Henry IV. V. Il fait ſon entrée publique à Montpellier. VI. Prête ferment au chapitre. VII. Il rétablit le culte dû aux ſaintes reliques. VIII. Viſite ſon dioceſe. IX. Et meurt en allant à Toulouſe 258

CHAPITRE CINQUIÈME. — I. Jean Garnier ſuccede à Guitard de Ratte. II. Il travaille efficacement pour ſon dioceſe. III. Rétablit l'égliſe N. Dame des Tables. IV. Reprime les miniſtres prétendus réformés. V. Va à Toulouſe & en revient avec la maladie dont il mourut. VI. M. de Fenoüillet lui ſuccède. VII. Naiſſance de cet évêque & ſes progrès. VIII. Il aſſiſte au concile de Narbonne. IX. Introduit les capucins à Montpellier. X. Il fait l'oraiſon funèbre du roi Henry IV. XI. Aſſiſte aux etats generaux tenus à Paris. XII. Exhorte le roy Loüis XIII d'entreprendre le ſiége de Montpellier. XIII. Après lequel il apelle dans la ville tous les religieux qui en avoient été chaſſez. Fait donner le collège de la ville aux jeſuites. Fonde le monaſtère de la Viſitation & de Ste Urſule. Entreprend de bâtir une cathédrale 265

CHAPITRE SIXIÈME. — I. François Boſquet ſuccede à M. de Fenoüillet. II. Il ſe rend recommandable par ſon grand ſçavoir & par une vie epiſcopale. III. Son neveu, Charles de Pradel, eſt ſon coadjuteur, dont la vie fut toute employée au ſoin de ſon dioceſe. IV. Charles-Joachim Colbert gouverne après lui l'égliſe de Montpellier & tint le ſiége durant quarante-deux ans. V. Le roi nomme à ſa place George-Lazare Berger de Charenci 276

LIVRE SIXIÈME. — Contenant le nom de pluſieurs autres évêques, pris du clergé de ce dioceſe. 285

	Pages
CHAPITRE PREMIER. — I. Evêques pris de la maison des Guillaumes, seigneurs de Montpellier. II. Quelques autres des maisons considérables du diocèse. III. Ceux que la seule maison de Fredol a donné.	285
CHAPITRE SECOND. — I. Le cardinal de Castanet. II. Suite des évêques de la maison de Fredol. III. Le cardinal Imbert Dupuy.	293
CHAPITRE TROISIÈME. — Suite des prévôts du chapitre de Montpellier.	303

LIVRE SEPTIÈME. — Des personnes distinguées par leur sainteté dans le diocèse de Montpellier. 309
    I. Saint Benoit d'Aniane, fondateur de l'abbaye de ce nom 309
    II. Saint Fulcran, évêque de Lodève. 315
    III. Frère Guillaume de Montpellier, religieux de Citeaux 318
    IV. Bernard, dit le penitent. 321
    V. Le B. Pierre de Castelnau, martir 324
    VI. Guy de Montpellier, fondateur des hospitaliers du St. Esprit 326
    VII. S. Guillaume Arnaud, inquisiteur de la foy & martir 331
    VIII. Les deux jumeaux de Montpellier. 333
    IX. Guillaume de Bas, second general de la Mercy. 334
    X. Saint-Roch. 336
    XI. Dominique Serano, onzième général de la Mercy, cardinal 343
    XII. Marie de Montpellier, reine d'Aragon 345

LIVRE HUITIÈME. — Des églises particulières. 347
    CHAPITRE PREMIER. — De l'église cathédrale St-Pierre de Montpellier 347
    CHAPITRE SECOND. — Des églises collégiales 351
        L'église collégiale de Notre-Dame du palais dite du château 351
        L'église collégiale de Saint Sauveur 354
        L'église collégiale de Saint Ruf. 358
        L'église collégiale de la Sainte Trinité 362
        L'église collégiale de Sainte Anne 368
        L'église collégiale de Saint-Jean 370
    Eglises paroissiales 371
        L'église paroissiale Saint-Firmin 371
        St. Paul, annexe de St. Firmin dans la ville 376
        St. Mathieu, annexe de St. Firmin dans la ville 377
        St. Thomas, annexe de St. Firmin dans les fauxbourgs 378
        St. Guillem, annexe de St. Firmin dans les fauxbourgs 379
        St. Denis, paroisse de Montpellieret 380
        Ste. Foy, annexe de St. Denis dans la ville 382
        Notre-Dame des Tables, érigée en paroisse dans le XIIIe siècle. 383
    Eglises particulières 392
        St. Cosme & St. Denis 392
        St. Nicolas 393
        Ste. Croix 394
        St. Pierre de la Sale 396
        Ste. Marie de Lezes 398
        St. Martin de Prunet 399
        St. Arnaud, aujourd'huy Ste. Anne 401
        La chapelle du consulat 401
        Notre-Dame des Bonnes-Nouvelles 402
        La chapelle neuve 403
        L'église du seminaire. 404
    Anciennes confreries de pieté 405
        La confrerie de la vraye Croix 406

	Pages
Confrerie de St. Claude.	407
Confrerie des Penitens blancs.	408

LIVRE NEUVIÈME. — Des monaſtères anciens & modernes de la ville de Montpellier 413
CHAPITRE PREMIER. — Les religieuſes de Cluny, près de Sauret 413
CHAPITRE SECOND. — Les religieux de Grammont 417
CHAPITRE TROISIÈME. — Les trinitaires. 419
CHAPITRE QUATRIÈME. — Les pères mineurs conventuels 421
CHAPITRE CINQUIÈME. — Les frères precheurs 423
CHAPITRE SIXIÈME. — Les religieux de la Mercy 428
CHAPITRE SEPTIÈME. — Les religieux Carmes 431
CHAPITRE HUITIÈME. — Les religieux Auguſtins 435
CHAPITRE NEUVIÈME. — Les religieux de l'Obſervance. 428
CHAPITRE DIXIÈME. — Les peres Capucins. 440
CHAPITRE ONZIÈME. — Les Recollets 442
CHAPITRE DOUZIÈME. — Les Carmes Dechauffez 443
LIVRE DIXIÈME. — Des monaſtères de filles dans le dioceſe de Montpellier 447
CHAPITRE PREMIER. — Abbaye de Saint-Geniez 447
CHAPITRE SECOND. — Abbaye de Saint-Félix de Montfeau, de Monteſevo, ou les religieuſes de Gigean. 451
CHAPITRE TROISIÈME. — L'abbaye de Bonlieu ou du Vignogoul 454
CHAPITRE QUATRIÈME. — L'abbaye de Sainte-Claire, dite du Paradis & de St. Damien 459
CHAPITRE CINQUIÈME. — Les religieuſes de St. Dominique, dites les Prouillanes 462
CHAPITRE SIXIÈME. — Les religieuſes de Ste. Catherine & de St. Gilles 467
CHAPITRE SEPTIÈME. — Les religieuſes de la Viſitation 470
CHAPITRE HUITIÈME. — Les religieuſes de Sainte-Urſule 472
CHAPITRE NEUVIÈME. — Second monaſtère de Sainte-Urſule dit Saint-Charles 473
CHAPITRE DIXIÈME. — Notre-Dame du Refuge 475
CHAPITRE ONZIÈME. — Le Pon Paſteur 477
LIVRE ONZIÈME. — Hôpitaux anciens & modernes de la ville de Montpellier 479
CHAPITRE PREMIER. — La Maladrerie de Caſtelnau 481
CHAPITRE SECOND. — Hôpital de St. Guillem 484
CHAPITRE TROISIÈME. — Hôpital du Saint-Eſprit, chef-lieu de l'ordre 485
CHAPITRE QUATRIÈME. — Hôpital de la porte d'Obilion ou de Lates dit aujourd'hui l'hôpital Saint-Eloy. 492
CHAPITRE CINQUIÈME. — Hôpital & cimetière Saint-Barthelemy 493
CHAPITRE SIXIÈME. — Hôpital des Teutons 495
CHAPITRE SEPTIÈME. — Hôpital Saint-Maur, ou des Trinitaires 496
CHAPITRE HUITIÈME. — Hôpital Saint-Jacques 496
CHAPITRE NEUVIÈME. — Hopital, ou commanderie de Saint-Antoine 497
CHAPITRE DIXIÈME. — Hôpital de la Magdeleine 499
CHAPITRE ONZIÈME. — Hôpital Sainte-Marthe 500
CHAPITRE DOUZIÈME. — Saint Julien de Tournefort. 501
CHAPITRE TREIZIÈME. — L'hôpital de la Charité 502
CHAPITRE QUATORZIÈME. — L'hôpital général 504
CHAPITRE QUINZIÈME. — L'hôpital des Petites Maiſons 507

	Pages
LIVRE DOUZIÈML. — Des anciennes écoles de Montpellier & de son université d'aujourd'huy .	509
CHAPITRE PREMIER. — De la faculté de médecine.	513
CHAPITRE SECOND. — De la faculté de droit.	533
CHAPITRE TROISIÈME. — De la faculté des arts.	563
CHAPITRE QUATRIÈME. — De la Faculté de théologie.	578
CHAPITRE CINQUIÈME. — De la chaire des mathématiques.	588
CHAPITRE SIXIÈME. — De la Société royale des sciences.	594
LIVRE TREIZIÈME. — Des colleges de l'Université.	597
L'ancien collège du droit dit de la tour Sainte-Eulalie.	398
College de Saint-Germain.	598
Le college de Saint-Ruf.	599
College de Valmagne.	601
Le college de Bresse.	603
Le college de Girone.	604
Le college de Mende dit des Douze Medecins.	606
Le college du Vergier autrement de la Chapelle Neuve.	607
College des Jesuites.	611
College de Sainte-Anne.	612
RECUEIL D'ARNAUD DE VERDALE, evêque de Maguelone, sur les anciens evêques ses prédécesseurs.	615
Boetius, 617 ; — Genesius, 620 ; — Eumerius, 621 ; — Guimildus, 622 ; — Vincentius, 624 ; — Amicus 625 ; — Stabelus, 625 ; — Ricuinus, 626 ; — Argemirus, 629 ; — Petrus primus hujus nominis, 631 ; — Arnaldus, 631 ; — Bertrandus, 640 ; — Gothofredus, 640 ; — Galtherius, 648 ; — Raymundus, 649 ; — Joannes de Montelauro, 651 ; — Guillelmus Gaucelini, 654 ; — Guillelmus Raymundi, 655 ; — Guillelmus de Flexio, 664 ; — Guillelmus de Altiniaco, 665 ; — Bernardus de Mesua, 666 ; — Joannes de Montelauro, 668 ; — Raynerius, 670 ; — Petrus de Conchis, 671 ; — Guillelmus Christophori, 673 ; — Berengarius Fredoli, 674 ; Gaucelinus de Garda, 679 ; — Petrus de Levis, 680 ; — Joannes de Convenis, 681 ; — Gailhardus Saumate, 681 ; — Andreas Fredoli, 682 ; — Joannes de Viridisco, 683 ; — Pictavinus de Montesquino.	684
TABLE DES NOMS DE LIEUX ET DE PERSONNES cités dans l'histoire ecclésiastique de Montpellier.	685
TABLE DES MATIÈRES contenues en cette seconde partie.	721
TABLE DES MATIÈRES contenues dans ce volume.	729

FIN DU TROISIÈME VOLUME.

ERRATUM. — Il se trouvera réuni à celui du quatrième volume. En outre les principales corrections que réclament des textes aussi défectueux que ceux de 1737 & de 1739 feront le sujet de notes dans le courant de ce volume.

www.ingramcontent.com/pod-product-compliance
Lightning Source LLC
Chambersburg PA
CBHW060905300426
44112CB00011B/1346